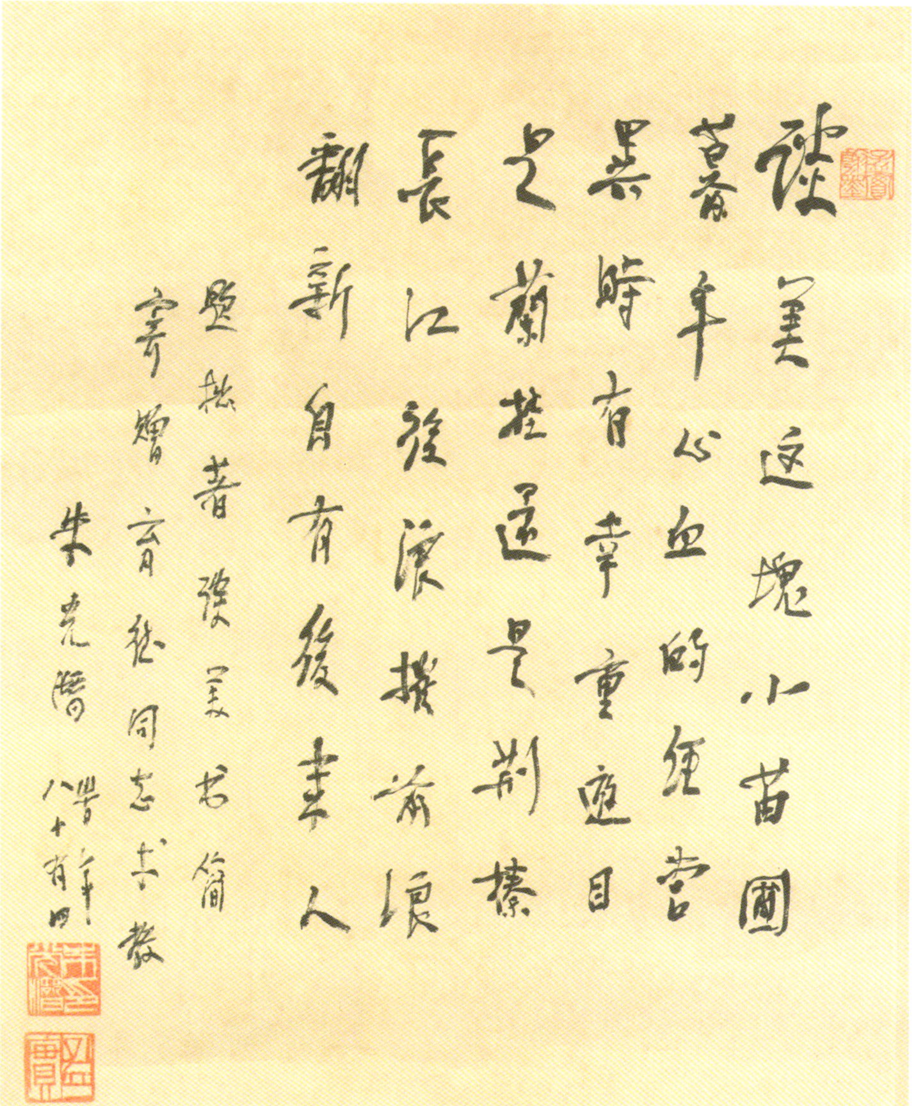

1981 年春，北京大学朱光潜教授亲笔书写《自题〈谈美书简〉》寄赠本书作者

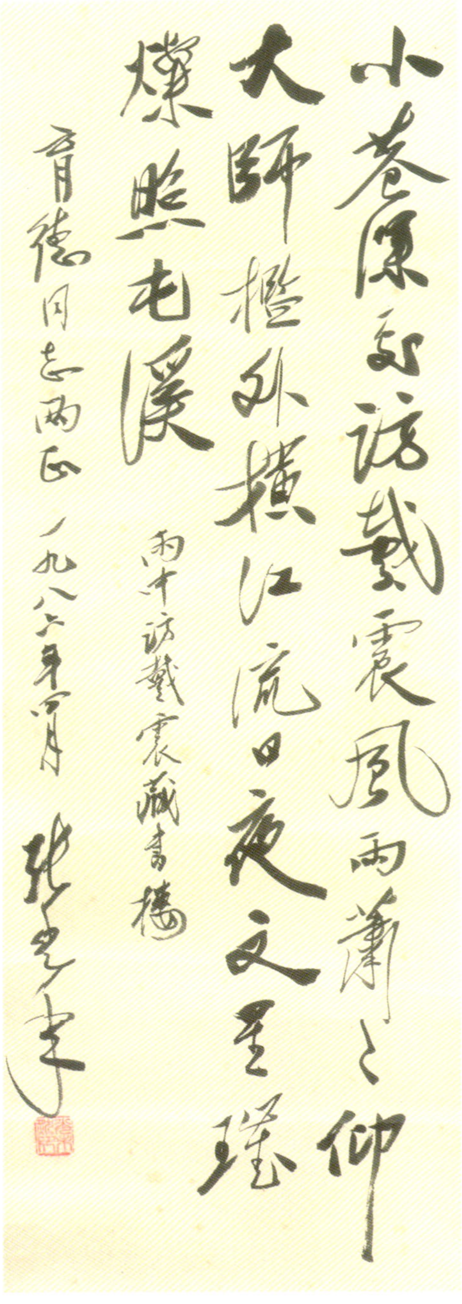

1986年4月，中国《文心雕龙》学会第二次年会在黄山屯溪召开。著名诗人、《黄河大合唱》词作者、学会会长张光年先生亲笔书写新作《雨中访戴震藏书楼》惠赠本书作者

陈育德美学文集

（上）

陈育德◎著

安徽师范大学出版社
ANHUI NORMAL UNIVERSITY PRESS
·芜湖·

图书在版编目(CIP)数据

陈育德美学文集：上、中、下册 / 陈育德著. —芜湖：安徽师范大学出版社，2022.1（2022.8 重印）

ISBN 978-7-5676-4895-1

Ⅰ.①陈… Ⅱ.①陈… Ⅲ.①美学—文集 Ⅳ.①B83-53

中国版本图书馆CIP数据核字(2020)第243155号

陈育德美学文集

陈育德◎著

责任编辑：李克非　房国贵　王　贤
责任校对：胡志恒　胡志立
装帧设计：张德宝　姚　远　汤彬彬
责任印制：桑国磊
出版发行：安徽师范大学出版社
　　　　　芜湖市北京东路1号安徽师范大学赭山校区　　邮政编码：241000
网　　址：http://www.ahnupress.com/
发 行 部：0553-3883578　5910327　5910310(传真)
印　　刷：苏州市古得堡数码印刷有限公司
版　　次：2022年1月第1版
印　　次：2022年8月第2次印刷
规　　格：700 mm × 1000 mm　1/16
印　　张：66.5　　插　页：4
字　　数：1022千字
书　　号：ISBN 978-7-5676-4895-1
定　　价：198.00元

1980年6月，全国第一次美学会议在昆明召开，皖籍美学大师、北京大学朱光潜教授当选中国美学学会会长，安徽代表与先生合影。后排自右至左：陈育德、钱广华、郭因、秦裕芳

1998年6月，陈育德在上海复旦大学与著名美学家蒋孔阳教授、语言学家濮之珍教授夫妇合影

2006年夏，陈育德登门求教恩师、著名中国古典文学理论家祖保泉教授（右）留影

1996年，在郑震教授从艺五十年艺术作品展览暨学术研讨会上，陈育德（左）与著名画家郑震教授（右）畅谈中西绘画艺术特色和交融问题

2005年，陈育德返乡探亲访友、扫墓祭祖，留影于蚌埠市怀远县涂山石榴园

2010年，陈育德在北京与敦煌研究院著名专家郑汝中先生（右）相会留影

1996年秋，中华美学学会在甘肃省张掖市召开，参观敦煌石窟陈育德（右2）与安徽师范大学王明居教授（左2）、汪裕雄教授（右1）合影

2010年8月，第十八届国际美学大会在北京大学召开，陈育德与北京大学美学与美育研究中心主任朱良志教授（左）合影

2019年10月，中国文艺理论学会成立四十周年暨祖保泉先生百年诞辰高端论坛在安徽师范大学召开，陈育德（中）与华东师范大学胡晓明教授（右）、安徽师范大学学报凤文学编审（左）合影

2019年10月，中国文学理论学会成立四十周年暨祖保泉先生百年诞辰高端论坛在安徽师范大学召开，陈育德与华东师范大学朱志荣教授（右）、首都师范大学陶礼天教授（左）合影

2020年10月，朱光潜暨皖籍现代美学家研究中心成立揭牌仪式暨学术研讨会在安徽师范大学召开，陈育德（中）、苏州大学刘锋杰教授（右）、安徽大学宛小平教授（左）合影

2021年6月，安徽师范大学美育研究中心成立揭牌仪式暨“新美育时代高校艺术教育的创新发展”学术研讨会召开，陈育德与著名美学家、山东大学曾繁仁教授（中），安徽师范大学高飞教授（左）合影

总　序

《陈育德美学文集》在多方面的热情支持和大力帮助下，即将付梓面世，文集中收入的两部专著和几十篇文章，到底有多大的学术价值是很难说的，安徽师范大学出版社可能顾及我长期从事高校学报编辑工作，退休后被出版社编辑部聘请做了几年责任编辑，乐此不疲，无怨无悔，为他人作嫁衣，愿意出版这本书，以示回报和奖励。对于这份情意，我领受了，谨此深表感谢。

我出身于贫苦的农民家庭，人民解放事业的胜利，新中国的成立，才得以上学读书。1956年毕业于安徽师范学院中文专修科，想不到会留校任教。1959年，合肥师范学院筹办学报，应调担任编辑。我走的是编辑学者化的道路，虽把大部分时间和主要精力用在学报编辑出版工作上，但同时也进行美学、文艺理论的专业教学与研究。几十年来，我虽然出版了近十部专著和合著，发表了近百篇文章，但具有较高质量的学术成果并不多，自己是很不满意的。对此，我进行了认真的反思。从客观情况来看，高校学报是综合性的学术刊物，审读方方面面的稿件，需要有较宽的知识面，这就使我书读的“杂”，学的知识“杂”，写的文章也杂，不能集中时间、精力把功夫都用到学习和研究美学、文艺理论上来。人们常说，编辑是“杂家”，无论是褒是贬，不是没有道理的。但更主要的是自己主观方面的原因。我好买书，爱读书，但兴之所至，随手拈来，读了就丢，不求甚解，更没有从自己的实际工作情况出发，缩短战线，集中精力，选定一两个课题作系统、深入的研究，我曾以“信马由缰，学无专攻”八个字来概括自己深以为憾的弱点。直到年过六十了，我才有所醒悟，虽然根性未除，却收敛了许多，不再像以前那样放野马，开始较为系统地思考和研究点问题，写出两本小册子《西方美育思想简史》（安徽教育出版社1998年）、《灵心妙悟——艺术通感论》（安徽教育出版社2005年）。这两部书出版后，学术界同行给予肯定性的评价，认为前者是我国出版的第二部研究西方美育思想史的著作，不仅具有较高的学术价值，也是很有现实意义的；后者将艺术通感理论的研究提高到一个崭新的水平，通过中西融通、综合比较重建了中国特色的通感理论。收入这本文集的论文，有些在学术界引起较大的反响，被其他报刊转载或收入论文集。《漫议审美能力的培养》一文，入选江苏人民广播电视台节目，分五次向观众播出。但我心里有数的，由于自己的文化知识根底不深，下的功夫不够。论著的学术质量仍然是不怎么样的。记得几年前，读过著名学者刘学锴教授谈治学经验的文章《我与李商隐研究》，其中讲到“文革”行将结束时，他已经年逾不惑，年龄、精力和学养都不允许他“把摊子铺大，只能攻其一点，不及其余了”。我们的年龄相差无几，想到他在唐诗特别是在李商隐研究方面所取得的丰硕成果和重大成就，以其经验之谈对照自己，感触颇深。我曾动情地对他说：“好个‘攻其一点，不及其余’，要是早把你的治学经验学到手，我就会少走很多弯路，不做那种广种薄收、劳而无功的事了。”我由此深深体会到，进行学术研究，走马观花、游而不击是不行的，必须夯实基础，由博返约，由浅入深，刻苦钻研，勇于创新，集中力量打歼灭战，才能有所成就，拿出高质量的成果来。

我在编选这部文集时，桌面上摆着近十部专著、合著和一百多篇文章，用哪些，不用哪些，是经过一番认真考虑、选择的，将自己觉得还有点学术价值和现实意义的收了进来，对有些已是时过境迁、明日黄花之作，一概弃之不顾。即使如此，由于写作的时间跨度达六十年之久，历史的局限性和自己学养的不足，所产生缺陷、偏颇和错误是不可避免的。为保持历史的真实面貌，我在整理文稿时，基本观点不作改动，一仍其旧，只是做些文字上修饰加工、内容上填补漏洞的工作。本文集的内容大致包括这样几个方面，一是美学、文艺学两本专著，即《西方美育思想史》《灵心妙语——艺术通感论》；二是对美学与美育、文艺学基本理论的研究成果；三是紧密联系不同时期文艺思想和创作倾向，进行探索和争鸣的文章；四是对皖籍近现代美学家、文艺理论家、艺术家的介绍和评论；五是有关美学、文学艺术问题的短章散论。这里应当说明的是，有几篇文章是我与几位同志合作写成的，均已一一注明。今天回想起来，当年切磋学问、真诚合作的情景犹历历在目，我怎能忘记他们的友情和劳绩呢?!

我一向认为，学术研究必须以马克思主义为指导，坚持理论联系实际的原则，贯彻“百花齐放、百家争鸣”的方针，才能得以不断发展，有所创新；如果脱离实际，闭门造车，只是在抽象的理论概念中兜圈子，能赢得多少读者，又有多大的现实意义呢？一花独放春何在，万紫千红春满园。我们只有解放思想，勇于探索和争鸣，才能迎来科学研究的春天。我由于从事编辑工作的关系，比较注意学术动态，因此联系不同时期的文艺思潮、创作倾向问题写了些文章，发表自己的见解，并与不同观点展开争鸣，如收入文集的文章中，就涉及对毛泽东文艺思想的评价、文艺的人性与阶级性、“两个源泉”说、“表现自我”说，以及左翼文艺阵营内部几次论争等诸多问题。在编这个集子时，想到近些年来的美学研究中，有人认为美的本质问题像童话中“皇帝的新装”，是个“伪命题”以及后实践美学的种种观点，为了表示自己的看法，将《论美的本质》一文也收入进来。我绝不认为自己的看法都是正确的，意在通过讨论，提高认识，知错必改，以服从真理为目的。所以，我的态度是：是非功过，知我罪我，任人评说。不管怎样，就算保存点可供研究参考的正面或负面的历史资料，对于问题研究推进和深入，也还是有些用处的。

这里要特别说明的是，《关于山水诗、花鸟画的阶级性问题》一文，我一直犹豫不决，经过再三考虑才决定收入文集的。第一，它在《合肥师范学院学报》1960年第1期发表后，《文艺报》同年第10期予以全文转载，当时以至“文革”后被收入几种论文集，并被1994年出版的《中国新文艺大系·理论史料集》(1949—1966)列入大事记，在学术界产生过较大的影响。我写这篇文章时，只有二十四五岁，今天看来，感到自己初出茅庐，年轻气盛，横冲直撞，不仅“左”得可爱，而且幼稚肤浅。记得鲁迅在《集外集·序言》中说：“我惭愧我的少年之作，却并不后悔，甚而至于还有些爱，这真好像是‘乳犊不怕虎’，乱攻一通，虽然无谋，但自有天真存在。现在是比较的精细了，然而我又别有不满于自己之处。”这话讲到了我的心里，唯其天真幼稚，才需要吸取营养，不断丰富、提高自己。因此，我怀着惭愧而不后悔“少作”的心情，决定将它收留了下来。第二，联系近些年来美学、文艺理论研究的实际情况，我们很少谈论文艺的阶级性问题，而是大讲人性、人的文学，有人否定“人是社会关系的总和”的马克思主义基本观点，有的要以人性发展为基本线索来编写文学史，这说明对文学艺术阶级性与人性关系的看法仍然存在着严重分歧。我认为，对作家、作品的评论，不作具体分析，只是简单化贴上阶级标签，固然是错的，但只以空洞、抽象的人性看问题，也是行不通的。以一种片面性反对另一种片面性，从一个极端走向另一个极端，都不是科学的态度。马克思主义经典作家提出以“美学的观点”与“历史的观点”相统一作为评论作家、作品“最高的标准”，既反对狭隘的阶级功利主义，也反对抽象的人性论，是完全正确的。拙文的观点虽然存在着公式化、简单化缺点，还是摆了事实，讲了道理的，可以作为一种意见以供进一步讨论。第三，得到了蒋孔阳先生的宽容与理解。当时学术界正在批判蒋先生的文艺思想，此文虽是遵命之作，思想观点却是自己的，并无违心之言。由于受到“左”的思潮影响，批判上纲上线，用语尖刻损人（均已删除），是非常错误的，不久我已有所认识。1963年，我曾到复旦大学拜访蒋先生，当面表示歉意，他却平静而又坦然地说：“没有什么的，你还放在心上。文艺的阶级性问题很复杂，是应当进行讨论的。”在此后三十多年的时间里，我同蒋先生有着较多的交往，他每有著作出版，必惠赠于我，从中深获教益。更令人难忘的是，他在身患重病、不久于人世时，因先前的许诺，还为拙著《西方美育思想简史》写了序言，给予很多鼓励。记得蒋先生在一篇文章中说，那次批判过去后，“我一切坦然，过去批判过我的一些同志，后来成了我的好朋友。”不是谬托知己，我大概可以算得上其中的一个。蒋先生从不摆学术权威的架子，宽大为怀，兼容共济，这种气量和胸襟，是值得我们学习的。他有一联语云：“为学不争一家胜，著述但求百家鸣。”我国古代哲人早就反对“去和而取同”做法，提出“和实生物，同则不继”的光辉思想，是符合事物对立统一的发展规律的。我们只有切实贯彻执行“百花齐放、百家争鸣”的方针，文化艺术、科学研究才能真正发展、繁荣起来。

在编辑这本文集的过程中，我回顾自己美学、文艺理论研究的历程，所取得的成绩是很可怜的，心情复杂而又沉重，不免产生一种沧桑之感。春秋代序，岁月如流，不知不觉，年八十有六矣。人生有限，学海无涯，我没有“老骥伏枥，志在千里”的勃勃雄心，但还记得鲁迅的话：“倘能生存，我当然仍要学习。”在今后的日子里，我当学而时习之，努力做到老有所学，学有所用，有心得就写点东西，有能力就做点事情，为新时代社会主义文化教育事业尽绵薄之力。

“晚晴无限斜阳暖，不信人间有暮寒”。工作着是美丽的，工作使老年人享受到斜阳的温暖、快乐和幸福。如此人生境界，虽不能至，心向往之！

陈育德

2021年7月5日

总目录

上　册

中　册

下　册

上册　目录

西方美育思想简史

灵心妙语——艺术通感论

西方美育思想简史

序

蒋孔阳

数年以前，陈育德同志对我说："现在有关美育的著作多起来了，美育愈来愈受到人们的重视。但是，美育在人类生活中究竟起什么作用？它与社会的发展究竟有什么关系？这还得从历史上加以探讨。因此，我想写一部西方美育思想史之类的书。如果写好了，还想请你给我写序。"

我当即表示，这是一件好事。如果书写好了，我一定愿意先睹为快，给你写序。

事隔数年，我已经忘记了。然而前不久，育德同志忽然专程送来他的书稿，要我提意见，要我写序。我说："育德同志，我要祝贺你呀！你为中国美学界做了件好事。"美育与时代有着密切的关系。一个进步的时代，美育往往推行得较好；一个落后的时代，美育一般都很滞后。从这部著作中，我们就可以看出美育的这种重要性。现在，我们社会正处在发展阶段，总结历史上审美教育的经验，对于提高人民的全面素质，是非常必要的。没有美育的教育是不完全的教育。

美育是以审美的方式教育人。审美活动对人的感化和教育常常是无形迹的、潜移默化的。它似乎有一种不可抗拒的力量，使人不得不受其影响，同时又让人感到愉快。因此，审美活动作为一种教育方式，其目的最终在于培养人、发展人，使人变得身心健康而趋于完美。正因如此，我们当代研究美学和教育学的学者，都不能忽视对美育的研究。缺少了美育的美学和教育学，其内容都是不够完整的。

粉碎"四人帮"以来，研究中西美学史和美学基本原理的著作日益增加，研究美育的著作也复不少。可惜，研究西方美育史方面的著作还不多见。前些年，涂武生同志写过一本《西方美育史话》。现在，育德同志又十年磨一剑，写出了《西方美育思想简史》。我觉得是非常必要的。在世纪之交的今天，我们国家要实现四个现代化的奋斗目标，必须提高全民族的科学文化素质，造就全面发展的一代新人，美育的重要性就显得更为突出了。而对于从事审美教育的人和美学研究的人，以及广大美学爱好者来说，全面了解西方美育思想发展的历史是很重要的。育德同志的这部著作正满足了这方面的要求。

育德同志近40年来，一直从事文艺学、美学的教学和研究，同时主持高校学报的编辑工作，职业使他养成了严谨的治学态度。这本书从思想内容到语言形式，都让我们感受到它是经过字斟句酌、仔细推敲的。据育德同志讲，他在写作过程中，对如何处理美育史与美学史、教育史之间的关系问题，颇费踌躇。他经过深入的探讨，认为美育史既与美学史、教育史有着密切的联系，又存在着原则的区别，要写好美育思想史，必须找到美学史与教育史之间的契合点，这个契合点就是以审美的方式影响人、教育人。他紧紧地围绕着这个中心，揭示了西方美育思想发展的历程。现在看来，他在这方面处理得是比较成功的。

通览全书，我觉得本书大致有以下几个特点：

首先，全书能以马克思主义理论为指导，把审美教育与人类社会实践活动紧密地联系起来，把审美的人当成具体的人、现实的人和社会关系总和的人来理解，这就使得对西方美育思想的研究具有了丰富、具体的历史内涵。作者运用历史唯物主义的观点，采取纵横结合、以点带面的方法，通过对具有代表性的美学家、艺术家、教育家美育思想评析，揭示了各个历史时期美育思想的基本内容和主导倾向，从而清晰地勾画出西方美育思想演变、发展的轨迹，把历史与逻辑较好地统一了起来。我认为这是本书一个显著的特点和优点。虽然某些具体观点别人可能会有不同意见，但这种研究方法是值得我们重视和坚持的。

其次，全书能紧密结合文化历史背景和美育的自觉实践来探讨西方美育思想的发展历程。作者在评价某一历史时期、某派某家的美育思想时，没有简单地以唯心与唯物划界来定其革命与反动、进步与落后，而是具体问题具体分析，是其所是，非其所非，力求得出实事求是的结论。如书中对中世纪美育思想分析、评价，就没有采取简单否定的态度，而是作了具体的、历史的分析，既批判了宗教神学对人性的禁锢，给美育造成的消极影响；又肯定了世俗文化艺术对宗教教育的渗透所产生的积极意义，展示出人性终将战胜神性的必然趋势，从而顺理成章地阐释了文艺复兴时代人文主义美育思想的实质。另外，作者还把文化历史背景、艺术家的创作实践同美育思想结合起来进行研究。例如，对但丁关于理解文学作品的四种方式，提倡用“俗语”写作便于普通人“相互传达思想”的阐发，对薄伽丘的《十日谈》、莎士比亚的戏剧、卢梭的《爱弥尔》、车尔尼雪夫斯基的《怎么办?》等作品中美育思想的抉发和评述等，过去美育研究对这方面的内容谈得不多，或是在阐释过程中有些牵强附会，而育德同志则能注意把这一点处理好。

最后，书中着重阐释了西方许多著名教育家的美育思想。过去从事美学和教育学研究的同志，对教育家的美育思想都重视不够，研究不多，可以说成了美学史、教育史两不管的地带，其实它是不可缺少的重要内容。育德同志的书弥补了这方面的欠缺与不足。他在认真研读一些著名教育家如捷克的夸美纽斯、瑞士的裴斯泰洛齐、德国的赫尔巴特和福禄培尔、俄国的乌申斯基等人大量著作的基础上，对他们的美育思想作了颇为深入、精当的阐释，这使得全书所探讨的内容更趋丰富、全面。

我个人认为，育德同志的这部《西方美育思想简史》，反映了他坚实的学术功底，不仅具有较高的学术价值，而且对于我们提高对美育重要性的认识，进一步加强美育工作，促进社会主义文明建设，也是很有现实意义的。因此，我乐于向广大读者、特别是教育工作者推荐这部著作。

1998年6月18日

于复旦九舍

前　言

西方美育思想史，是相对于世界东方特别是中国而言的，主要是研究欧洲审美教育思想产生、发展和演进规律的历史。古希腊罗马时期是西方美育思想史的光辉开端，其主导倾向是从“美在和谐”的思想出发，以培养“既美且善”的人作为美育的目的。柏拉图提出“美是理念”说，认为诗人摹仿自然，自然是“理念”的影子，诗只是影子的影子，不能反映真理，只能传播谎言，迎合“低劣的情欲”，因此，要把他们逐出“理想国”。但同时他又提出要用优美的艺术、特别是音乐教育青少年，“拿美来滋润心灵”，“培养起融美于心灵的习惯”，从而乐于接受美好的事物，厌恶和排拒丑恶的东西，以培养奴隶主贵族政权的统治者和保卫者。他把美育看成是贬抑感性的理性教育。亚里士多德不同于柏拉图。他把人的灵魂分为理性和非理性两部分，主张实行和谐教育，以培养理性为目的，但并不排斥感性，两者是统一的。他认为音乐教育的作用在于：(1) 教育；(2) 心灵的净化；(3) 紧张劳动后的精神松弛与休息。悲剧则能“借引起怜悯与恐惧来使这种情感得到陶冶”。这里，艺术教育不仅是进行道德、知识教育的手段，而且可以陶冶、净化人的感情，满足人的娱乐、消遣等精神享受。就是说，美育主要是一种情感教育，但要持“中庸”态度，以理节情，做到适度、适中、适当，既不贬抑情感，也不放纵情感。古罗马时期，贺拉斯力图把理性教育与情感教育统一起来，提出著名的“寓教于乐”的美育观点，但仍然是把审美愉悦作为“劝谕”的手段。朗吉弩斯 提出了“崇高”的审美作用问题，认为“崇高”可以激发人的壮丽、尊严的感情，开拓和提高思想境界，使人“俯视真理，高瞻远瞩”，“胸怀阔大，志气高远”，追求理想的、有意义的人生。这对拓展美育的领域是个贡献。中世纪的美育思想浸透着神秘主义、来世主义、禁欲主义，成为宗教神学的附庸。神学家们认为人生来是有罪的，上帝是至美至善的，是万美之源。人只有信仰上帝，心灵才会美。“只有心灵变得美的人才能看到美。”但这并不意味着古代人本主义美育思想到中世纪就“中断”了，留下的只是“一片空白”。上帝毕竟是人创造的，人性是扼杀、泯灭不了的。随着人本主义的世俗生活和文学艺术在宗教教育中曲折、潜隐地发展起来，美育思想也逐渐摆脱神学的羁绊，显露出人性的闪光。但丁的出现预示文艺复兴时期人文主义美育思想的诞生。

文艺复兴是新兴的资产阶级反对封建制度和宗教神学的思想解放运动，其巨大贡献在于重新发现了人，以“人权”反对“神权”，以“人性”反对“神性”，高扬人文主义的旗帜，把人视为宇宙的精华，万物的尺度。当时许多思想家、艺术家、教育家无情地批判了腐朽的封建教育，主张实行“自由教育”“通才教育”，把德育、智育、体育、美育结合起来，以培养心身和谐、乐观进取、多才多艺的“完人”。他们重视学生的审美活动和艺术教育，如著名教育家维多利诺创办的“快乐之家”，让儿童在优美的自然环境中，既受到道德、知识教育，又开展艺术活动，在审美愉悦中身心得以和谐发展。拉伯雷的《巨人传》、莫尔的《乌托邦》、康帕内拉的《太阳城》，都把艺术教育和审美活动作为生活的必不可少的内容，目的是培养个性自由发展的人。文艺复兴的人文主义美育思想虽然缺乏系统的理论，却大大拓展和丰富了美育的内容，为近代美育思想的发展提供了历史前提，打下了基础。

到了近代，随着教育学、美学作为独立学科的建立，美育思想才形成相对独立的理论体系。16、17世纪之交的捷克教育家夸美纽斯，被誉为“近代教育之父”其出版的《大教学论》，是近代第一部系统教育理论著作，把教育作为“一种愉快的艺术”，其中渗透着丰富的美育思想。1750

年，德国理性主义哲学家鲍姆嘉通出版了《美学》，第一次把美学作为一门研究感性的独立学科提了出来，被称作“美学之父”。他对美学性质的界定虽不完善，却启发人们重视审美心理特点和规律的研究。康德把审美判断作为科学理性与道德自由的中介和桥梁提了出来，阐述了审美活动带有根本性的“二律背反”问题，尽管他不能作出科学的回答，但却引导人们作进一步的探索、研究。在此基础上，美学家、诗人席勒于1795年发表了《美育书简》，首次提出“美育”的概念，并对美育的性质、特点及其社会作用作了系统的阐述和分析，使之具有相对独立的思想体系，因此被人们称为“第一部美育的宣言书”。席勒美育思想核心是人的自由问题。他认为理想的人性应该是感性与理性的统一，但近代社会把人变成“孤零零的碎片”，导致人性的分裂，从而丧失了自由与尊严；法国大革命所建立的“理性王国”并没有真正实现人的自由解放，只有通过审美教育，把感性与理性、个人与社会统一起来，消除人性的分裂与片面发展，才能获得个性的自由、精神的解放、人格的尊严，最终实现政治自由和社会改造。他还把美育与德育、智育、体育的性质与任务作了明确区分，不再把美育作为实现其他教育目的的手段，强调了美育自身的独特功能。席勒指出了资本主义制度造成人的片面发展、泯灭个性的弊端，其中包含着“异化劳动”思想的萌芽，从社会改造、政治自由的高度充分肯定了美育对人的全面发展的意义。但他要通过审美教育来解决资本主义制度的社会矛盾，否定以革命的方式从根本上改造社会，显然是过分夸大了美育的作用，由政治上的改良主义走向了审美的乌托邦。继席勒之后，黑格尔把西方资产阶级美学、美育思想推向高峰。尽管他的美育思想的哲学基础是唯心主义的，却到处贯穿着“宏伟的历史观”，运用历史发展的观点分析人类审美活动和艺术问题，特别是“审美带有令人解放的性质”的精辟论断，更是总结了德国古典美育思想的精华。以车尔尼雪夫斯基为代表的俄国革命民主主义美学家批判了黑格尔的唯心主义，提出了与“美是理念”针锋相对的命题——“美是生活”，把艺术作为“生活的教科书”，把审美教育与反对封建农奴制度，争取美好生活的斗争联系起来，显示出鲜明的人民性和战斗特色。

马克思主义的诞生实现了西方美育思想史的根本变革。马克思、恩格斯根据历史唯物主义的基本原理，在批判地吸取了一切美育思想遗产中优秀成果的基础上，第一次科学地揭示了人类审美活动的社会历史根源，指出资本主义私有制与诗歌和艺术是敌对的，“异化劳动”必然导致人的片面发展，并进而把美育与人的全面发展同消灭资本主义私有制，实现共产主义理想联系起来。他们主张审美教育与生产劳动、社会实践相结合，极大地拓展了美育的内容和领域，并把“按照美的规律”塑造全面发展的新人作为美育的根本任务，为审美教育奠定了坚实的科学基础。

综上所述，我们可以清楚地看出，从古希腊罗马时期到近代社会漫长的历史过程中，西方美育思想积累了非常丰富的内容和积极成果，其总的趋势是美育由进行知识、道德教育的辅助手段逐渐转变为一种具有独特功能的教育方式，特别是近代美育把个性的自由解放、培养综合的心理能力、促进人的全面发展提到了历史日程。马克思主义的诞生，为美育奠定了科学理论基础，指出了明确的发展方向。

毛泽东同志曾明确指出：“对于外国文化，排外主义的方针是错误的，应当尽量吸收进步的外国文化，以为发展中国新文化的借镜；盲目搬用的方针也是错误的，应当以中国人民的实际需要为基础，批判地吸收外国文化。”①这个对待外国文化遗产的正确方针，完全适用于对西方美育思想史的研究，应该成为我们的努力方向。这里谈谈自己几点粗浅的认识和体会。

第一，坚持以马克思主义理论为指导，对西方美育思想进行实事求是的科学分析与评价。马克思说：“物质生活的生产方式制约着整个社会生活、政治生活和精神生活的过程。不是人们的意识决定人们的存在，相反，是人们的社会存在决定人们的意识”②。这是马克思主义唯物史观的根本原则。物质生产决定精神生产，社会存在决定社会意识。西方美育思

①《毛泽东选集》，第3卷，人民出版社，1991年，第1084页。

②《马克思恩格斯选集》，第2卷，人民出版社，1995年，第83页。

想史作为思想文化史的一个分支，虽然有其自身的特殊的发展规律，但最终是由人类物质生产方式决定的，是社会历史实践的产物。它经历了许多性质不同的历史阶段，无不受到社会经济、政治的影响和制约，反映一定的时代精神，打上一定的阶级烙印。由于历史是在矛盾对立中发展、演化的，各种不同的美育思想有唯物与唯心之分，进步与落后之别，而且往往是精华与糟粕杂糅在一起的。面对如此错综复杂的历史现象，我们研究西方美育思想史必须掌握科学的世界观和方法论，即坚持以马克思主义为指导，运用唯物辩证的方法，社会实践的观点，在充分占有材料的基础上，“分析它的各种发展形式，探寻这些形式的内在联系”，才能揭示其发展规律，得出实事求是的科学结论。马克思、恩格斯对古希腊罗马、中世纪、文艺复兴和近代思想文化的分析为我们树立了卓越的榜样。那种把马克思主义当作现成的公式和套语，“按照它来剪裁各种历史事实”，贴标签，划成分，这就从根本上取消了具体问题具体分析的这一马克思主义活的灵魂。我们过去在这方面的失误，不是马克思主义本身的错误，而是以教条主义态度对待马克思主义的结果。目前，有人主张以人性的发展为基本线索来编写文学史，有人提出要突破社会实践观点的局限，认为它会把人变成“社会历史范畴”，把活生生的人排斥在社会生活视野之外，因而主张以人性、人情、爱、人道主义来研究美学、美育问题，这些做法和想法的正确性是大可怀疑的。文学、美学、审美活动当然离不开人，没有人的社会实践活动就没有美、艺术和审美教育。美育要培养人的审美能力，提高人的审美境界，就应该把人作为研究美育思想的出发点，见物不见人的美学、美育思想只能是直观的、形而上学的唯物主义，最终走向历史唯心主义。但是，人不是抽象的人，而是具体的、现实的人，是社会关系总和的人。人的思想、情感都是历史的产物，人的审美感觉、审美意识不是人的先天本性，而是在社会实践活动中形成、发展起来的。马克思在《1844年经济学—哲学手稿》中明确指出：“社会的人的感觉不同于非社会的人的感觉。只是由于人的本质的客观地展开的丰富性，主体的、人的感性的丰富性，如有音乐感的耳朵，能感受形式美的眼睛，总之，那些能成为人的享受的感觉，即确证自己是人的本质力量的感觉，才一部分发展起来，一部分产生出来。……一句话，人的感觉，感觉的人性，都只是由于它的对象的存在，由于人化的自然界才产生出来的。五官感觉的形成是以往全部世界历史的产物。”[①]审美教育本身就是一种社会实践活动，脱离社会实践还谈什么培养和发展人的审美感觉、审美能力？总之，把马克思主义简单化、庸俗化应当反对，但马克思主义基本原则必须坚持。如果回到费尔巴哈人本主义那里去，“把人的本质理解为‘类’，理解为一种内在的、无声的、把许多个人纯粹自然地联系起来的共同性”[②]，那西方美育思想史就会变成一笔糊涂账，美育思想就会丧失具体的历史内容，成为“矫揉造作的爱的宗教和贫乏无力的道德。”[③]

第二，根据批判吸收、洋为中用的原则，取其所长，去其所短，为我所用。中西美育思想由于产生的社会政治、经济、文化背景不同，各有自己独特的发展道路，自己的长处和短处，很难分出高下优劣来。在西方美育史上，除了中世纪把美育纳入宗教神学，以神性扼杀人性发展外，一般都是重视美与真的统一，重视人的个性自由发展的，特别是到了近代，人的自由发展问题成了美育的中心问题。席勒提出培养感性与理性、直观与思维和谐统一的自由人是美育基本任务，“通过自由去给予自由，这就是审美王国的基本法律”。但是，西方美育思想主要是以个人为本位的，不注重于群体意识的培养，往往渗透着个人主义、享乐主义和悲观主义的内容，特别是现代表现得更为突出。我国古代美育思想主要是在漫长的封建社会制度下发展的，儒家思想居于主导地位，毋庸讳言，既有民主性精华，也有封建性糟粕。先秦时期儒家对于美育是很重视的。孔子提出诗具有“兴、观、群、怨”的社会作用，培养人则是“兴于诗，立于礼，成于乐”，仁人君子修养身心要从学诗开始，最后完成于乐，可见儒家对于艺术教育是多么重视，如王国维在《孔子之美育主义》中所说，孔子教人是

①《马克思恩格斯全集》，第42卷，人民出版社，1979年，第126页。
②《马克思恩格斯全集》，第3卷，人民出版社，1960年，第5页。
③《马克思恩格斯全集》，第21卷，人民出版社，1965年，第335页。

“始于美育，终于美育”的。儒家倡导的“诗教”“乐教”，是一种美与善相统一的政治伦理美育，目的是实现政通人和，天下太平，它虽不否定美育的陶冶情感作用，但必须“乐而不淫，哀而不伤”，“发乎情，止乎礼义”。这个“礼义”显然就是封建宗法制度下君臣父子、尊卑长幼的等级秩序和行为准则。道家试图冲破儒家功利主义美育观的局限，强调人与自然的统一，追求回归自然、清静无为的自由境界。这种超脱现实、优游自然的态度，仍不能视为个性的真正独立与自由。儒道互补，构成了中国美育思想的基本特点。总的看来，中国传统美育思想是以伦理道德为中心的，重视人的内在修养、群体价值，是把个人的价值与对社会的责任、义务紧密联系在一起的。人与人、人与自然处于和谐、统一之中，因而具有巨大的向心力和凝聚力。但随着封建制度由盛而衰，特别是经过汉武帝提出“罢黜百家、独尊儒术”、宋明理学主张“存天理、灭人欲”，其阻扼人的个性自由发展的局限也日益暴露出来。封建科举制度的推行，士子们皓首穷经，做八股文章，代圣人立言，以文载道，经世致用，走“学而优则仕”的路，孔子教育学生那种“弦歌之声不绝”的景象已不复存在，哪里还谈得上进行审美教育，发展人的个性、才情。只是到了“五四”新文化运动前后，梁启超、王国维、蔡元培等才打破传统思想的束缚，吸取西方的美学、美育思想，产生以思想启蒙、个性解放为内容的近代美育思想。鲁迅、朱光潜、宗白华等从不同思想观点出发，都对中西美育思想的融合、沟通做出了很大贡献。

毛泽东同志指出：“中国应该大量吸收外国的进步文化，作为自己文化食粮的原料，……例如各资本主义国家启蒙时代的文化，凡属我们今天用得着的东西，都应该吸收。……把它分解为精华和糟粕两部分，然后排泄其糟粕，吸收其精华，才能对我们的身体有益，决不能生吞活剥地毫无批判地吸收。”[①]我们对中国传统美育思想，既要反对虚无主义，也不能一味颂扬；对西方美育思想，既不能一概排斥，也不能盲目搬用。我们应该

①《毛泽东选集》，第2卷，人民出版社，1991年，第706—707页。

立足于中国的现实需要，继承和发扬中国古代美育思想的优秀传统，批判吸收西方美育思想中有用的东西，以其之长，补己之短，中西融通，综合创新，以建立具有中国民族特色的社会主义的美育理论。

第三，密切联系当前审美活动实际，促进审美教育健康、深入的发展。

社会主义文化建设，不能割断历史，离不开人类创造的文明成果。我们学习和研究西方美育思想史，不是为历史而历史，必须密切联系当前审美活动的实际，把历史的经验和有益成果作为参考和借鉴，解决现实问题，避免重犯历史错误，促进审美教育健康、深入的发展。

我国正处于社会主义现代化建设新时期，科学技术的飞速发展，社会生产力的日益提高，人民群众生活的不断改善，为人民群众的审美需求提供了前所未有的物质条件，大大拓展了审美教育的领地。审美活动已渗透到社会生产、生活各个领域。科学与艺术、实用与审美结合，已成为当今时代思想文化发展的必然趋势。面对这一形势，审美教育怎么办？车尔尼雪夫斯基提出“美是生活”的命题，把人的审美活动与社会生活、应当如此的生活紧密联系了起来。马克思“人是按照美的规律来塑造”的著名论断，说明物质生产和精神生产都是按照“美的规律”进行的。这就启示我们，审美教育的范围不能局限在学校的课堂内，而要走向社会，走向群众，使之成为一种群众性的教育活动；在审美教育内容上，文学艺术固然是主要的、基本的，但不是唯一的，还应在科学技术、生产劳动、日常生活和人际关系中渗透美育内容，按照“美的规律”创造产品，塑造心灵，不断提高群众的审美能力和文化生活质量。这大概就是当前提出“审美文化”问题，并把“审美教育”称为“审美文化教育”的历史背景，目的在于通过审美教育培养人文精神，消除高科技和商品经济发展给人带来的负面效应。

我们知道，“美育”概念的正式提出是在欧洲启蒙运动时期。启蒙主义思想家们发现资产阶级建立的“理性王国”并非如人们所想象的那般美好，资本主义私有制造成人的理性与感性的分裂，个人与社会的对立，未能实现人的真正的自由与解放。于是，他们主张通过审美教育把人的感性与理性统一起来，协调个人与社会关系，以实现人的真正自由的发展。这个“人文困境”当时没有得到解决，在当今时代更是一个迫待解决的重大课题。西方发达国家存在着人的心理失衡、精神贫乏、物欲横流、人与人冷漠的金钱关系，迫使他们从东方文化中寻求精神资源，以摆脱面临的精神危机，就说明了这一点。我国正处于社会转型时期，随着改革开放的深入和现代化建设的发展，人的思想进一步解放，科学文化素质、审美能力有了显著提高，但在审美文化的价值取向上也存在着不容忽视的问题：一方面，由于应试教育和功利主义思想的影响，片面强调知识的灌输和道德行为的规范，重视理性教育，忽视感性、情感、想象能力和创新能力的培养，把审美教育只是作为实现智育、德育的手段，致使有些青年学生心理失调，片面发展，高分低能；另一方面，社会上有些人贪图物质享受，把文学作品、影视艺术当作单纯的消闲品，一味追求官能刺激、低级趣味，丧失了审美判断力、思考力，沦为感性的奴隶，以致美丑不分，把肉麻当有趣。我们如果对这种物质欲求与精神享受、理性与感性分裂的状况不加以认真对待，那么也会产生西方所谓的“单面人”和我们所揭露的言行不一的“两面派”。因此，我们要从“两个文明一起抓”的高度，重视和加强审美教育，在实践中扬弃中西美育思想的短处，综合两者的长处，防止理性的偏枯，挽救感性的沉沦，把个性自由与群体意识、科学理性与人文精神有机统一起来，全面提高人的思想文化素质，增强识别美丑的能力。“让美把丑与恶排斥出去”，这是当前审美教育的重要而紧迫的任务。

在西方近代美育史上，自从把美育作为一种独立的教育方式提出以后，对美育的目的作了值得重视的探索，其中心内容是不再把美育作为实现其他教育目的的一种手段，而是培养具有综合心理能力的完整的人，既把审美与人的求真、向善区别开来，也不把它们对立起来。席勒、黑格尔是如此；费希特也曾明确指出：“美的艺术不像学者那样只培育理智，也不像道德人民教师那样只培育心灵，而是培育完整统一的人。……而是把人的各种能力统一起来的整个心态（Gemüt），这是一个第三者，是前两者

（指理智与心灵）的综合。”[①]这是一个很有价值、应予吸取的见解。我们知道，审美活动本质上是一种形象思维活动，是感知、想象、情感、理解诸多心理能力有机综合的自由活动。它虽然不能通过逻辑判断、推理直接提供科学知识，却可以直观事物本质，发现真理；它不能强制人们遵守道德规范，却可以使人做到“随心所欲而不逾矩”，从善如流。在这个意义上，真善美是统一的。美可以启真、导善、健身。“四化”建设需要高素质的人才，审美文化素质是一个重要方面。我们的审美教育的着眼点应该放在塑造健全、完美的审美心理结构，发展综合性的创造思维能力上，以促进人的德、智、体、美、劳和谐、全面的发展，培养出高素质的跨世纪人才。

回顾历史是为了面向未来。20世纪就要过去，21世纪即将到来。新的时代呼唤美育的春天。没有美育的教育是不完全的教育。让祖国大地开遍美育之花，结出丰硕的智慧之果、文明之果!

① 蒋孔阳、李醒尘主编:《19世纪西方美学名著选》(德国卷),复旦大学出版社,1990年,第173页。

第一章　人类童年时代艺术的“永久魅力”

——古希腊时期的美育思想（上）

古希腊罗马是西方文明的发源地，也是西方美学、美育发展史的光辉开端。恩格斯在论及古代奴隶制的进步作用时说：“只有奴隶制才使农业和工业之间的更大规模的分工成为可能，从而为古代文化的繁荣，即为希腊文化创造了条件。没有奴隶制，就没有希腊国家，就没有希腊的艺术和科学；没有奴隶制，就没有罗马帝国。没有希腊文化和罗马帝国所奠定的基础，也就没有现代的欧洲。”①古希腊罗马奴隶制作为一种新兴的社会制度，推动了农业、手工业经济的发展和社会分工，为文化教育的繁荣创造了有利的条件，绚烂多彩的文学艺术为美育提供了丰富的内容。审美活动和艺术教育成为古希腊人生活中不可缺少的内容，并对以后西方美育思想的发展产生了深远的影响。

古希腊包括希腊半岛、爱琴海诸岛和小亚细亚半岛西部沿海地区。这里依山面海，土地肥沃，资源丰富，气候温和，阳光充足，生活富裕。民众除满足生存需要进行生产劳动外，还有一定的闲暇时间发展文化教育、从事艺术活动，身心得到较为和谐、自由的发展。从他们那天真、纯朴、乐观的天性中萌发出的美育思想，展现出灿烂的光彩和旺盛的生命力。

早在公元前12世纪到前8世纪，古希腊即由氏族社会向奴隶社会过渡，如恩格斯所说的走上了“文明时代的门槛”，史称“荷马时代”或

①《马克思恩格斯选集》,第3卷,人民出版社,1995年,第220页。

"英雄时代"。这个时期，古希腊人以集体的智慧，丰富的想象，创造出瑰丽多彩的神话传说和荷马史诗。马克思说："任何神话都是用想象和借助想象以征服自然力，把自然力加以形象化。"[①]在古希腊神话传说中，生动地表现出他们热爱美和艺术的天性。阿芙洛狄特是爱与美的女神，是人间爱情与美的赐予者；阿波罗是光明与青春女神，负责掌管诗歌与音乐；雅典娜是智慧女神，向人们传授雕刻、制陶和油漆的技艺；美惠三女神，赋予人们艺术创造、科学发明的神奇灵感；缪斯则是专门管理文艺活动的。在这种充满幻想色彩的神话中，已透露出他们对审美、艺术活动的重视。所以，"希腊神话不只是希腊艺术的武库，而且是它的土壤"[②]。这个时期的教育是以培养能征善战、品德高尚的英雄为宗旨，美育主要是结合军事训练、庆典祭祀活动进行的，跳舞、唱歌、颂诗成为必不可少的活动。荷马史诗既是希腊人的集体创作，又是他们的"百科全书"。柏拉图说，荷马是一位希腊的教育者。荷马史诗成为当时青年必读的教材，其中的英雄人物更是他们的光辉榜样。所以，古希腊人说："诗人是民众的教师。"

公元前6世纪到公元前4世纪，古希腊社会进入一个黄金时代，它由众多城邦组成，除个别城邦如斯巴达外，大都以奴隶主民主制取代了氏族奴隶主专制统治。由于手工业、商业和航海业的发展，城邦间的竞争带来的经济繁荣，因而在自由民主中形成一个比较强大的工商业阶层，并在政治、经济、文化生活中发挥巨大的作用。正是在这种社会历史背景下，古希腊人形成了一种比较进步的世界观。它既重视个人心身的和谐发展，又强调集体和国家的利益。这种古代民主主义思想，决定了古希腊审美教育的性质和光辉成就。

古希腊各个城邦之间，由于政治体制、经济、文化发展状况的不同，它们实施的教育制度、教育内容和方法也有明显的差别。斯巴达和雅典代表着相反的两种教育类型：斯巴达实施的军事体育教育，是极权主义的；雅典实施的全面发展的教育，是古典民主主义的。它们的美育也是如此。

①《马克思恩格斯选集》，第2卷，人民出版社，1995年，第113页。

② 同上。

应该指出，雅典的审美教育的性质、内容和方法，集中反映了古希腊以人为本位的民主主义时代精神。

一、斯巴达的美育

斯巴达是古希腊最大的一个城邦，实行农业奴隶主寡头专制统治。它为了对内镇压奴隶的反抗，对外进行经济掠夺，实行全民皆兵的政策，以服从战争需要。如恩格斯所说，“战争以及进行战争的组织现在已成为民族生活的正常职能”①。斯巴达教育的目的是训练服从国家需要、英勇善战的军人。

艺术教育为军事训练服务

斯巴达城邦的立法者明确规定：人从小就要接受严格的军事训练，否则就不能成为公民，更不能作为正式军人。教育在国家严格监督、组织、管理下进行，采取极其野蛮、严酷的方式教育青少年，以使他们长大成人后，能够严守纪律，服从命令，吃苦耐劳，不怕牺牲，报效国家。正如古罗马历史学家普卢塔克所说的：“至于阅读和写字，儿童学习的只是最必需的东西，他们所学习的其余的东西只是追求一个目的：绝对服从，承受艰难困苦，打仗和征服别人。”②为了服从这一教育目的，他们采取的教育方法和手段是十分严厉和残酷的，经常鞭打、惩罚学生，强迫学生忍受痛苦生活，甚至教他们去偷窃、抢夺、斗殴，以培养他们的勇敢机智、善于征战的品行和能力。军事训练、体魄锻炼几乎成了学校全部的教学内容，至于知识的传授、音乐和艺术教育被放在很不重要的地位。即使开展一些音乐、舞蹈和诗歌阅读活动，目的也不在于培养和发展学生的个性，而在于强化纪律，激励斗志，培养尚武精神。他们要求青少年必须学会唱根据法规、条令谱成的歌曲和战争进行曲。这些歌曲庄重严肃，雄强有力，用

①《马克思恩格斯选集》，第4卷，人民出版社，1995年，第160页。
② 转引自曹孚《外国教育史》，人民教育出版社，1979年，第8页。

以教育他们整肃纪律、英勇善战。他们认为轻佻、柔靡、格调不高的乐曲，会败坏社会风气，动摇道德基础，瓦解士气，是绝对不允许教给青少年的。他们对语言文学不感兴趣，文法、修辞教育也排不上号，只要求青少年能用简单的语言表达自己的思想就行了，力戒夸夸其谈，长篇大论。古希腊作家色诺芬曾形象地说，在斯巴达，从男孩子那里比从石像那里还难听到声音，可以说男孩子比女孩子还要沉默寡言。所以，斯巴达有“沉默是金”的谚语，人们也把他们的语言称作“拉哥尼亚式的简洁”。

重视荷马史诗与舞蹈

例外的是，他们认为荷马是最好的诗人，要求每个儿童都要背诵荷马史诗，把史诗中的英雄人物作为学习榜样。斯巴达人对舞蹈非常重视，把它当作军事操练、进行战备的一个组成部分。他们结合军训、体操进行多种形式的舞蹈活动，如：体操舞蹈，即在体育训练中，排成队列，做舞蹈造型；战争舞蹈，伴奏进行曲，模仿战斗动作；角力舞蹈，即模拟争斗、拼打，以决胜负；连珠线舞蹈，男子在前，女子在后，载歌载舞，串成一线，女子赞扬男子中的勇敢者，嘲弄胆小鬼。

重武轻文，忽视美育的消极后果

斯巴达艺术教育服从于军事、体格和道德意志的训练，而不在于人的个性的发展。其积极效果是培养一批体格健壮、善于征战、效忠国家的军人。色诺芬曾称赞说：“在整个希腊军队中，最健美的军人是斯巴达人。”但由于他们重武轻文，忽视智育、美育，压抑人的个性发展，致使斯巴达人心胸狭窄，偏执保守，缺乏想象力和创造力。这种军事化的教育，虽在战争中发挥过重大作用，但进入和平时期则走到了文明、进步的反面。这是斯巴达教育、包括美育的偏狭性、片面性的必然结果。亚里士多德在《政治学》一书中对此曾作过深入分析：“斯巴达之用意与企图受非难的一面……，乃是全部立法体系只在于培养城邦人民的一种品德——善战而已——因为这种品质有利于扩张势力，因之斯巴达人在战争中是安全的，但当他们拥有帝国时，这种安全即破灭了，这是无可避免的结果；他们不知道如何运用由和平所带来的闲暇时间，他们也不习惯于学习与战争有别的或优于战争的科学。”不重视美育就是一个突出的方面，并产生了消极后果。

二、雅典的美育

雅典教育是古希腊民主教育的典型。它与斯巴达教育相反，不是军事体育性质的。雅典政治上实行民主制，经济比较发达，科学文化水平很高，人民生活也是富裕的。雅典人为了适应保卫国家、从政经商以及对外交往的需要，不仅要求自己有强健的体魄，勇敢善战，而且还要有广博的文化知识，过人的聪明才智，纯正的审美趣味，因此理想的公民应该是道德、智慧、健康与审美集于一身的人。雅典国王伯里克利在阵亡将士国葬典礼演说中说：“我们爱好美的东西，但没有因此而至于奢侈；我们爱好智慧，但没有因此而至于柔弱。我们把财富当作可以适当利用的东西，而没有把它当作可以自己夸耀的东西。至于贫穷，谁也不必承认自己的贫穷为耻；真正的耻辱是不择手段以避免贫穷。在我们这里，每一个人所关心的，不仅是自己的事务，而且也关心国家的事务；就是那些最忙于他们自己事务的人，对于一般政治也是很熟悉的——这是我们的特点：一个不关心政治的人，我们不说他是一个注意自己事务的人，而说他根本没有事务。”[①]这种热情洋溢的语言实际表达了雅典所要求的理想的人，道出了它的教育宗旨，即培养关心国家大事、心身和谐发展、既善且美的人。“我们爱好美的东西”，说明他们把审美教育放在非常重要的位置上。

“缪斯教育”贯串于整个教育过程

雅典教育的主要内容是“七艺”——文法、修辞学、算术、几何学、

① 修昔底德:《伯罗奔尼撒战争史》,谢德风译,商务印书馆,1960年,第132页。

天文学、辩论术和音乐，艺术教育占有相当的分量和重要的地位。当时没有“美育”这个概念，他们称之为“缪斯教育”。实际上，雅典人把美育作为一项重要内容贯串于整个教育、教学过程之中，从学校教育、家庭教育到社会教育，从幼儿教育到成人教育，从初、中等教育到高等教育，无不渗透着审美活动与艺术教育的内容。

雅典的儿童7岁以前，主要是在家庭里进行教育，由父母指导他们做各种游戏活动，讲神话、童话故事给他们听。到了7岁，女子留在家中学做家务、缝纫和手工艺，同时读书写字，演奏乐器，练习唱歌；男孩子进入初级学校——文法学校和琴弦学校（即音乐学校）。在文法学校里，他们学些读、写、算的初步知识，在达到阅读程度时，即让他们接受文学教育。教师选择富有教育意义的诗歌、英雄传说、寓言故事要学生熟读、背诵，并以作品中英雄人物为榜样，学习他们高尚品德和英雄行为，希望学生将来成为和他们一样的人。在音乐学校里，他们主要是学习音乐知识、弹琴、唱歌、诵诗等，以培养审美感、节奏感、和谐感，涤除邪念，陶冶性情，养成良好的道德品行。到了十二三岁，他们一面在文法学校、音乐学校继续学习，一面进入体操学校，集中进行体育训练，开展五项竞技活动——竞走、跳高、角力、掷铁饼、投标枪，其着眼点虽在于培育强健的体魄，但也不放松智育和美育。在雅典人看来，健与美是分不开的。因此，他们进行体育训练时，辅之以舞蹈，伴之以唱歌、弹琴，使动作协调一致、整齐优美，不像斯巴达体育训练那样严酷野蛮，刻板单调，而是把体育与智育、美育结合起来，既可以锻炼健美的身体，又能够培养技能技巧、坚强的意志和高尚的道德情操。到了16—18岁，大多数平民子弟离开学校，去从事体力劳动和其他职业，只有少数贵族子弟升入国立体育馆。体育馆虽以体育为主要内容，但仍注意实施全面发展的教育。学生除进行更加严格的体育训练外，还要学习“三艺”——文法、修辞和哲学，培养演说、辩论的才能，经常开展唱歌、跳舞、演奏乐器及其他文娱活动。18—20岁的青年，从体育馆出来后再进行两年的高等教育，主要活动是接受军事训练和参加节日戏剧公演。在他们看来，戏剧不仅是教育手段，而且是一种组织、控制社会力量的演习。最后，他们通过宣誓服从纪律，英勇作战，效忠国家，即可享受公民权利，担任国家的军职和官吏。可见，雅典教育的主要特点是要把学生培养成德、智、体、美诸方面和谐发展的人。

审美教育的全民性

雅典的审美、艺术活动，不仅在家庭、学校教育中受到足够的重视，而且在一定意义上，可以说带有全民的性质。这里主要是自由民，作为“会说话的工具”——奴隶是不包括在内的。在雅典人的社会生活和文化活动中，诗歌、音乐、舞蹈具有重要意义，是必不可少的一项内容。首先，艺术活动与宗教、祭祀活动密切相关，构成各种仪式的一部分。他们把最好的艺术家邀请到自己的城邦来诵诗、跳舞、歌咏，而且不是个人行为，进行的是集体活动。荷马史诗成为希腊人的公共财富和人民的教师。每年春天葡萄藤泛青和秋季丰收时，人们总要向酒神狄奥尼苏斯祈祷和庆贺，歌咏队载歌载舞，表达对幸福生活的喜悦与追求。在伯里克斯统治时期，雅典艺术活动达到了顶峰，城市公共建筑实用而又美观，人们既是创造者，又是欣赏者。埃斯库罗斯、索福克勒斯、欧里庇得斯的悲剧和喜剧的演出，免费让大家观看，伊索寓言成为人们接受道德教育的教材。这些社会性的艺术活动，像磁石般地吸引着人们的心灵，既培养了高尚的审美情趣，又教育公民提高对国家的责任感，增强创造幸福生活的决心和勇气。

美育与体育的高度结合

由于古希腊城邦之间以及与其他民族的战争频繁，保卫国家是每一个公民的神圣义务。作为一个坚强、勇敢的战士，具有强健的身体是必不可少的素质。因此，他们非常重视体育活动。希腊人认为，“健全的精神寓于健全的身体”。对于以人为本位、以和谐为美的希腊人来说，身体不仅要健壮有力，而且要匀称、优美，做到健与美的结合，形体美与心灵美的统一。正如德谟克利特所说的：“身体的美，若不与聪明才智相结合，是某种动物性的东西。”[①]他们在体育竞技、比赛活动中，有着严格的审美要求，把身体健美有力、身心和谐作为追求的目标，具有神圣的意义，可以说它实质上是一种比美活动。参加体育竞技的人，不穿衣服，是裸体的，先是男子，后来女子也是如此。古希腊历史学家普卢塔克记述当时情况时说：“尽管少女们确乎是这样公开地赤身裸体，然而其间却绝看不到，也绝感不到有什么不正当的地方。这一切的运动都充满着嬉戏之情，而并没有任何的春情或淫荡。”[②]这就是说，他们以纯真的态度看待裸体，目的在于展示人体美。当时，雅典最盛大的体育活动是每隔几年举行一次的“奥林匹克”运动会，每个公民如能参加被视为最大荣誉。艺术家为优胜者塑像，立于神庙内外，作为光荣的纪念。正是由于这个原因，古希腊雕塑家在艺术上的最大成就，就是发现了人体美。米隆创作的《掷铁饼者》就是一件体育竞赛优胜者的纪念像，还有雅典娜、阿波罗、持矛者等等，体态是那样健美，心灵是那样纯洁高尚，那样富有智慧和创造热情，对未来是那样乐观和充满信心，每一座雕像都可以说是体育与美育高度结合的产物，闪耀着真、善、美统一的诗意光辉。

马克思在《〈政治经济学批判〉导言》中曾热情赞扬过古希腊艺术和史诗，他指出：它是人类童年时代的产物，“希腊人是正常的儿童”，他们通过幻想用一种不自觉的艺术加工方式反映了儿童天性中的“纯真”，显示出“永久的魅力”，至今“仍然能给我们以艺术享受，而且就某些方面说还是一种规范和高不可及的范本。”[③]古希腊艺术的高度繁荣，是由那个时代的政治、经济、文化发展状况决定的，与他们重视审美教育也是分不开的。

---

①《西方美学家论美和美感》，商务印书馆，1980年，第16页。

② 转引自迟轲：《西方美术史话》，中国青年出版社，1998年，第34页。

③《马克思恩格斯选集》，第2卷，人民出版社，1995年，第114页。

第二章　培养身心和谐、既美且善的人

——古希腊时期的美育思想（下）

古希腊民族是一个热爱美和艺术的民族，早在神话传说中就有一位文艺女神——缪斯，以致后来他们把艺术教育称之为“缪斯教育”。荷马史诗和初期抒情诗人的作品反映了古希腊人的生活状况和思想情感，其中已有了美育思想萌芽。如：“神赐给你神妙的歌唱艺术”，“神创造诗人是为了带给人们以快乐”（《奥德赛》），“悲伤永远不会住在那些为缪斯服务的人的家中”（萨福），“神赋予歌曲以魅力”，“魅力把一切令人欢乐的东西都给了凡人”（品达），初步触及诗歌、音乐的愉悦性和美感力量。“缪斯女神引动乐师，让它歌唱英雄的光荣事迹”（《奥德赛》），“用最优美的诗歌描绘崇高的人是值得的，只有这样，才能无愧于诗人的荣誉，当诗歌逐渐被忘却时，那些高尚的行为就永远泯灭了。”（品达）音乐颂扬英雄的光荣事迹，诗歌描写人的崇高行为，目的是让人们永远铭记英雄人物，效仿和学习他们的高尚行为，这表明他们已初步认识到文学艺术的社会教育功能。在他们看来，人的形体美虽然是很重要，但根本的还在于心灵和行为的美。《伊利亚特》写道，人的容貌尽管很美，如果品质恶劣，没有头脑，愚昧无知，便会受到人们的蔑视和谴责，相反地，“有的人容貌较差，但是上天使他的语言优美动听，使他彬彬有礼，口齿流利，大家都会像对待天神那样尊敬他”。女诗人萨福讲得更明确：“长得美的人只是外表美，而品德出众的人也是美的。”[1]人应当身心和谐、既美且善的思想，后来得以进一步发展，成为古希腊美育思想的真髓和缪斯教育的出发点和最终目标。

德国著名艺术史家文克尔曼曾说：“就希腊的政治体制和机构来说，古希腊艺术的卓越成就的最主要原因在于自由。在希腊，自由随时都有它的宝座。”[2]古希腊由奴隶主民主制取代了贵族奴隶主专制统治后，进入了一个繁荣昌盛的黄金时期，公民享有充分的民主和自由，并能在闲暇时间里保持良好、脱俗的心境，去创造美的东西和艺术品，因而艺术活动为全民所重视，美育在学校教育占有与德、智、体诸育同等重要的地位。古希腊的哲学家、教育家们对丰富多彩的艺术活动和美育实践进行了初步的理论概括，提出了较为系统的美育思想。

一、毕达哥拉斯派的美育思想

大约在公元前6世纪，毕达哥拉斯派把数学引入哲学和艺术领域，认为数是宇宙万物的本源、基始。整个宇宙就是由数和数的关系构成的和谐系统，是一部“天体的音乐”。人体与天体有相似之处，人的身体、灵魂的和谐，心理状态的平衡也是由数的恰当比例构成的。因此，人的内在的和谐与外在事物的和谐相契合、对应，可以改变和决定人的性格和思想感情。他们把数的观念用于音乐的分析时认为，音调表现出数的关系，音调是由音量决定的。音量不同，音调也就不同。“音乐是对立因素的和谐的统一，把杂多导致统一，把不协调导致协调。”[3]音乐声调的高低强弱，长短比例，表现出人的情绪、精神，能够引发人的心灵共鸣，产生“导引灵魂”“净化心灵”的作用。他们提出要严格区分好的和坏的音乐。好的音

① 塔塔科维兹：《古代美学》附录原文，杨力等译，中国社会科学出版社，1990年，第51—57页。

② 转引自朱光潜：《西方美学史》，上卷，人民文学出版社，1979年，第304页。

③《西方美学家论美和美感》，商务印书馆，1980年，第14页。

乐可以完善灵魂，坏的音乐则腐蚀灵魂，所以音乐不只是让人愉快，更重要的是塑造性格，培养美德。他们在考察了音乐的社会效果之后，对音乐教育提出了明确的主张："从儿童时代开始，对每个人进行音乐教育是必不可少的。为此，他们使用了那些证明是最好的旋律、节奏和舞蹈。他们判定哪些旋律是用于公共仪式上的，他们称之为'法定的'；哪些旋律是属于个人娱乐的。"①这说明他们是非常重视音乐教育的社会作用的。

毕达哥拉斯派以抽象的"数"来解释宇宙的本原，具有较为浓厚的神秘的宗教色彩，但其"美在和谐"的思想和强调用音乐净化灵魂的教育作用，却成了古希腊美育思想的基本精神，为后来的思想家所普遍接受，并获得了进一步的发展。

二、赫拉克利特的美育思想

被列宁称为"辩证法的奠基人之一"的赫拉克利特（约前530—前470），认为世界一切存在物，"过去、现在和未来永远是一团永恒的活火，在一定的分寸上燃烧，在一定分寸上熄灭"②，处于永久不断的运动、变化之中。他还讲过一句名言："人不能两次走下同一条河流"。河水在不停地流动着，人也在不停地运动着，万事万物的存在就是运动、变化的过程。根据这一富于辩证法的思想，他虽然接受了毕达哥拉斯"美在和谐"的看法，但赋予了新的解释和内涵。在他看来，"和谐"并不是抽象的"数"决定的，而是产生于对立面的斗争与统一。他说："互相排斥的东西结合在一起，不同的音调造成最美的和谐；一切都是斗争所产生的。"③对立面的斗争是恒久的、必然的，和谐是暂时的，相对的。因此美与不美也是相对的。人是美的，最美丽的猴子也赶不上人的美。但是，"最智慧的

① 塔塔科维兹：《古代美学》附录原文，杨力等译，中国社会科学出版社，1990年，第115页。

②《古希腊罗马哲学》，生活·读书·新知三联书店，1961年，第27页。

③《西方美学家论美和美感》，商务印书馆，1980年，第15页。

人和神比较起来，无论智慧、美丽和其他方面，都像一只猴子。”[①]正因为美产生于对立面的斗争，美与丑相比较而存在，没有丑也就没有美，对丑的发现往往是对美的认识的真正起点。他还指出，人都喜爱看得见的和谐，殊不知“看不见的和谐比看得见的和谐更好”[②]。这就是说，事物外在的形状、色彩、声音的和谐固然令人喜爱，但更重要的是把握事物由对立统一产生隐藏的、内在的和谐。人的“看不见的和谐”就是灵魂的美，智慧的美。真正富于智慧的人，不能以“庸众为师”，不能只靠两只眼睛看人，而要向心灵优美、智慧超凡的人学习，这就把审美活动引向了伦理和智慧的境界，把审美与提高道德水准、心智能力统一了起来。

赫拉克利特把朴素的辩证法思想引入审美领域，较之毕达哥拉斯派的“和谐”说前进了一大步，有助于扩大人的审美视野，发展人的审美能力，在西方美学、美育史上是个独特的贡献。

三、德谟克利特的美育思想

德谟克利特（约前460—前370）是古希腊最大的唯物主义哲学家。据说他写有《节奏与和谐》《论音乐》《诗的美》《论绘画》等美学著作，但均已失传，从保留下来的断简残篇看，涉及不少重要美育问题。他认为，人是一个和谐而有规律的整体。人与动物是不同的，动物是没有灵魂、理性和内在生活的。因此，决定人的本质的不是形体，而是灵魂，人的心灵美比形体美更重要。他说：“身体的美，若不与聪明才智相结合，是某种动物性的东西。”[③]“那些偶像穿戴和装饰得看起来很华丽，但是，可惜！他们是没有心的。”[④]在他看来，心灵的美就是智慧与德行。青年人与老年人相比，身体的有力和美主要属于青年，智慧的美则主要是老人。人如果

①《西方美学家论美和美感》，商务印书馆，1980年，第16页。

②《古希腊罗马哲学》，生活·读书·新知三联书店，1961年，第23页。

③《西方美学家论美和美感》，商务印书馆，1980年，第16页。

④ 同上，第16—17页。

像偶像那样，只是外表装饰得很华丽，心灵是空虚的，则是不美的。人只有心灵、行为、智慧的美才是真正的美。

他还对美感的特征、审美能力的培养的问题，提出了一些值得重视的看法。他说："音乐的产生不必出于需要，而是出于奢侈。"[①]这里所讲的"奢侈"，含有"闲暇"的意思，即是音乐创作不是直接满足动物性的生存需要。人为了生活必须进行生产劳动，但还要有闲暇时间从事音乐、艺术欣赏活动。这种活动是自由的、愉快的、享受的。他把人的快乐与享受分为两种，一种纯粹是感官的，如饮食、性欲之乐；一种是精神的，由美与善引起的。后一种快乐能够陶冶人的感情，启迪人的心智。人应当去追求有益的快乐，拒绝无益的享受。他说："巨大的乐趣来自观照美的作品"[②]。人应当去追求美的快乐与享受，但不能亵渎美，不能放纵无度，而必须有分寸，必须适中，否则就会走向反面。他说："任何人如果跨越了尺寸，最令人愉悦的东西也会变成最令人厌恶的。"[③]人对美和艺术欣赏的能力，既要有一定的先天禀赋，更重要的还要靠劳动和教育。他一方面肯定"只有禀赋很好的人能够认识并热心追求美的事物"，一方面又指出教育可以改变一个人，创造出第二本性。他说："任何艺术、任何科学知识，都不能不经研究而获得"[④]。"如果儿童让自己任意地不论去做什么而不去劳动，他们就学不会文学，也学不会音乐，也学不会体育，也学不会那保证道德达到最高峰的礼仪。"[⑤]有好的禀赋的人如果不经过教育和学习劳动，其能力就会丧失，变得趣味庸俗，难以获得高尚的快乐；而禀赋差的人，经过教育和学习劳动就能学会和享受美和艺术。这就揭示了劳动和教育对提高和发展人的艺术修养和审美能力的重要意义。

---

① 塔塔科维兹:《古代美学》,杨力等译,中国社会科学出版社,1990年,第125页。

② 同上,第123页。

③ 同上,第125页。

④《古希腊罗马哲学》,生活·读书·新知三联书店,1961年,第109页。

⑤ 同上,第114页。

四、智者学派的美育思想

真正把人提到社会的中心地位，重视人的智慧和能力培养的，还是智者学派。这是一批职业教师、私人办学的开创者。他们面对现实，主张教育要培养政治活动家。因此，公民要具备参与政治活动的本领，必须学会辩论术、修辞学以及其他方面的技能。一个人只有掌握了说服的艺术（辩证法）、说话的艺术（修辞法），成为高明的演说家，才能在政治斗争及其他场合占上风，取得胜利。他们从服务人生、社会的主张出发，把美育与实用技艺训练结合起来，并作了有意义的探索。普罗泰拉戈有句名言："人是万物的尺度，是存在者存在的尺度，也是不存在事物不存在的尺度。"①他们把人自身作为判断万事万物的唯一标准，否定传统宗教对美育的禁锢力量。因为，他们怀疑美的绝对性、普遍性，提出美的相对性、差异性和多样性问题。如描眉施黛的女子是美的，而男子这样做则是丑的；断发文身对有的民族是美的"装饰"，而在有的国家里则是对罪犯的惩罚。美丑是由时间、条件以及是否适合人的目的决定的："没有任何东西是完全美的，或是完全丑的，只是那掌握并区分它们的准则使得一些丑，一些美。"②他们根据艺术品对人的作用不同，把它分为愉悦的和有用的两种，前者主要是愉悦人的，而非有用的，首创享乐主义的审美观念。他们说："（雕像）是对真实的人体的模仿，它给观看者以快乐，但却没有任何实用目的。""美是通过视听给人以愉快的东西。"③后者则是有用的技艺，人要获得有用的知识、技能，既要有先天禀赋，又要靠后天实践。学生应该把学习技能与实际运用结合起来。他们说："没有实践的技艺和没有技艺的实践，都是没有用的。"④在实践中学习技艺，将技艺运用于实践，审美

① 《西方哲学原著选读》，上卷，商务印书馆，1981年，第54—55页。

② 塔塔科维兹：《古代美学》，杨力等译，中国社会科学出版社，1990年，第140页。

③ 同上，第142页。

④ 同上，第142页。

和艺术活动不只是静观美，而且更重要的是创造美。这是他们一个很可贵的美育思想。智者学派把艺术区别为使人愉快的和有用的两种类型，在当时并未引起希腊人的重视，因为他们的主导思想是美与善同一的，不可分割的。

五、苏格拉底的美育思想

苏格拉底（约前469—前399）的美学、美育思想接近于德谟克利特，与智者学派有所不同。他有一句名言：认识你自己。人要认识自己，就要运用自己的思维，关心和认识自己的灵魂，灵魂是人的聪明智慧、善恶美丑的所在地。善恶美丑决定于对人是否有用，是否适合人的目的。美与善是统一的。他说："任何一件东西如果能很好地实现它在功用方面的目的，它就同时是善的又是美的，否则它就同时是恶的和丑的。"[①]人最重要的是智慧和德行的美，"无聊的装饰"是用来欺骗外人的，"不加装饰的人体是最可爱的"。在他看来，从事农业生产是一种享受，是"一个自由民族所能做的增加财富和锻炼身体的手段"，既能"锻炼出最好的公民和忠实于社会的人"，又能"在最大程度上使身体健美"。他认为艺术的模仿，不仅是再现人的躯体，而且要表现灵魂，只有表现了人的灵魂的艺术才是"最动人心魄的，最令人愉快的，最亲切、最迷人和最可爱的"，智慧与美德给人以最大的快乐和享受。他说："即使修克西斯给我看他亲手画的漂亮女人的肖像，它给予我的快乐，也抵不上我默想眼前一个女人美德所得到的快乐的一半。"[②]总的看来，苏格拉底的美育思想核心是美、善同一的，自然有其片面性，但他突出了审美的社会伦理价值，具有鲜明的人文主义倾向；他强调了理性在审美活动中的作用，提出以智慧、知识来区分善恶美丑，否定所谓神示的灵感和动物式的直觉的作用。苏格拉底是古希腊美学、美育思想走向高峰的中介和桥梁，柏拉图、亚里士多德是它的集大成

①《西方美学家论美和美感》，商务印书馆，1980年，第19页。

② 转引自阎国忠：《古希腊罗马美学》，北京大学出版社，1983年，第66页。

者，使之系统化，更富于理论形态。

以上我们对毕达哥拉斯派、赫拉克利特、德谟克利特、智者学派和苏格拉底的美学、美育思想作了评述，从中可以看出古希腊从公元前五六世纪进入奴隶主民主制社会以后，随着文学艺术的繁荣，美学、美育思想获得了显著的进展，对美和艺术的本质及其社会作用有了初步的认识，尽管还比较简单、缺乏系统，思想观点各有不同，存在着唯物与唯心、朴素的辩证法与形而上学的对立与斗争。但是，他们不管是从自然哲学的、心理学的、还是社会伦理学的方法探讨审美活动、艺术的作用问题，都是立足于“人是万物的尺度”这个基点上，“美在和谐”是他们基本的思想，把培养身心和谐、既美且善的人作为美育的基本任务。他们为西方美学、美育思想的进一步发展打下了良好的基础，作了必要的准备。

古希腊的美学、美育思想到了柏拉图、亚里士多德手里，初步形成了较为系统的思想体系，在西方美学发展史上出现了第一个高峰。恩格斯曾说过：“在希腊哲学的多种多样的形式中，差不多可以找到以后各种观点的胚胎和萌芽。”[①]作为古希腊哲学一个重要组成部分的美学、美育思想，对整个西方美学、美育思想的发展有着巨大而深远的影响，它的各种思想观点差不多都可以从古希腊美学、美育思想中找到源头。探源方能知流，对古希腊美学、美育思想正确的把握与认识，是我们理解西方美学、美育思想发展历程的一把钥匙。

①《马克思恩格斯全集》，第20卷，人民出版社，1971年，第386页。

第三章　拿美来浸润心灵

——柏拉图的美育思想

柏拉图（前427—前347）是古希腊最大的唯心主义哲学家、美学家和教育家。他出身于奴隶主贵族家庭，20岁受到苏格拉底的影响，不久即投其门下，受教长达8年，成为苏格拉底的高足。苏格拉底被当权的贵族民主派处死后，柏拉图离开雅典，游历埃及、意大利等地，考察文物制度，从事讲学活动。直到公元前388年，他40岁时，才返回雅典，创办影响很大的“阿加德米”学园，一面收徒讲学，一面著书立说，培养出大批哲人、学者，亚里士多德就是其中的一个。他活了81岁，一生用对话体的形式写了40篇左右的论著，文体优美，语言生动，充满“苏格拉底式的辩证法”，内容涉及哲学、政治、教育、美学等方面问题，形成一套客观唯心主义的思想体系。他的美学、美育思想，除集中反映在早期写的《大希庇阿斯》篇以外，还散见于《理想国》《伊安》《高吉阿斯》《普罗塔哥拉斯》《会饮》《斐若德》《斐利布斯》《法律》诸篇。这些篇章均收入了《柏拉图文艺对话集》。

一、宣布诗人两条罪状，要把他们驱逐出“理想国”

柏拉图生活于古希腊民主势力上升并取代贵族专制统治时期。面对“礼崩乐坏”的局面，他从保守的政治立场出发，按照严格的贵族等级制度，精心设计了一个“理想国”。他在《理想国》中，把自由公民分为三等，第一等是治国的贤哲，第二等是卫国的武士，第三等是农民、手工业者和商人。第三等级的人只能从事生产劳动，以供养治国者和武士。至于奴隶更是等而下之，根本不把他们当人看待。为了实现这一政治理想，柏拉图除提出政治、法律、军事等方面一系列主张外，认为主要靠教育。通过教育把第一、二等人培养成“智慧”“勇敢”“道德完美”的统治者和保卫者，靠他们来维护和巩固奴隶主专制制度。为了培养维护奴隶主贵族统治的理想人才，使他们不受民主思想的感染和影响，在他的理想国里，对文化艺术实行严格的审查、管制，对于不符合他的培养目标的文艺作品则坚决采取排斥态度，不让它在“理想国”中有立足之地。通过对当时流行文艺作品的全面审查，他宣布了诗人、艺术家的两条罪状：

第一，诗人摹仿自然的内容是虚假的，不能给人以真理。柏拉图在哲学上是个客观唯心主义者，认为只有超感性的“理念世界”是绝对的、永恒的、真实的，而感性的“现象世界”是相对的、暂时的、不真实的。因此，体现绝对“理念”的神才能给人以真理和美，是世界的真正主宰。现象世界只是理念世界的“摹本”和“影子”，本来就是虚假的，而艺术摹仿现象世界，则成了“摹本的摹本”“影子的影子”，因而“和真理隔着三层”，就更加虚假、不真实了。他举例说，画家不懂得鞋匠的手艺，却画鞋匠，观众也不懂这种手艺，只凭绘画的颜色、形状来判断，就会信以为真，上当受骗。他甚至连荷马史诗也无情地加以否定，说：“他如果对于所摹仿的事物有真知识，他就不愿摹仿它们，宁愿制造它们，留下许多丰功伟绩，供后世人纪念。他会宁愿做诗人所歌颂的英雄，不愿做歌颂英雄的诗人。”[①]他断言艺术家所创造的艺术品，并没有反映真理和绝对的美，不能给人以真正的知识，不会使人从中得到教益，这样当然在“理想国”里不受欢迎了。他以唯心主义的神秘观点，否定文艺的认识作用，同唯物主义的反映论唱了反调。

第二，诗人摹仿的是人性中的“卑劣部分”，人们阅读文艺作品，摹

①《柏拉图文艺对话集》，朱光潜译，人民文学出版社，1963年，第73页。

仿其中的人物言行，必然变得“卑劣”，产生伤风败俗、毒化心灵的恶果。我们知道，古希腊的文学艺术有着人文主义的优良传统，是教育公民的主要教材，诗人被公认为“教育家”，对人培育和提高知识、技能和审美情趣发挥了很好的作用。这是谁也否定不了的客观事实。可是，柏拉图站在反民主的立场上，对诗人和当时流行的史诗、悲喜剧等艺术作品则取鄙弃、否定的态度，把民主派的得势、思想上的自由倾向，看成是道德风气的败坏，并归咎于文艺的腐化影响。他说：“摹仿诗人既然要讨好群众，显然就不会费心思来摹仿人性中的理性的部分，他的艺术也就不求满足这个理性的部分了；他会看重容易激动感情的和容易变动的性格，因为它最便于摹仿。”[①]在他的眼中，诗人把神和英雄描写得跟普通人一样，互相争吵，欺骗陷害，爱财享乐，感情没有节制，遇到灾祸就号啕大哭，这样是不可能培养出青年人的真诚、勇敢、镇静、有节制的理想品格的。悲剧尽量发泄悲伤、哀怜的感情，“拿旁人的灾祸来滋养自己的哀怜癖”，观众看了就会拿别人的痛苦作快乐，当自己遇到不幸和灾难时，就失去了承受的毅力。喜剧投合人们的“本性中的诙谐的欲念”，引诱观众从粗鄙、庸俗中寻求快乐，会于“无意中染到小丑的习气”。总之，艺术作品描写的是人性中卑劣的部分，无理性的部分，使人失去理性的控制，破坏了人们对神和英雄的信仰与崇拜，污染、毒害了青少年的心灵，理所当然地要加以禁止。所以，他说：“要防止我们的保卫者们在丑恶事物的影象中培养起来，有如牛羊在芜秽的草原中培养起来一样，天天在那里咀嚼毒草，以至日久就不知不觉地把四周许多坏影响都铭刻到心灵的深处。”[②]

根据诗人、艺术家的上述两条罪状，柏拉图提出要对他们实行严格的监督，强迫他们描写善的和美的东西，不准他们摹仿“罪恶、放荡、卑鄙和淫秽”，如果“犯禁”，就把他们“涂上香水，戴上毛冠”，驱逐出“理想国”，“除掉颂神的和赞美好人的诗歌以外，不准一切诗歌闯入国境”。这里很清楚，柏拉图以绝对理念反对人情物性，以“神”本位反对人本

①《柏拉图文艺对话集》，朱光潜译，人民文学出版社，1963年，第84页。

② 同上，第62页。

位，从而否定艺术和美育的社会作用，目的在于维护江河日下的奴隶主贵族的专制统治。

二、融美于心灵，培养“心身和谐”的人

柏拉图表面上攻击文学艺术，骨子里头是反对古希腊艺术的民主传统，对于能够维护贵族专制制度，有利于培养他的“理想国”的统治者和保卫者的文艺作品，不仅不加反对，而且要充分发挥它们的教育作用。他曾满怀激情地写道：

> 我们不是应该寻找一些有本领的艺术家，把自然的优美方面描绘出来，使我们的青年们像住在风和日暖的地带一样，四围一切都对健康有益，天天耳濡目染于优美的作品，像从一种清幽境界呼吸一阵清风，来呼吸它们的好影响，使他们不知不觉地从小就培养起对于美的爱好，并且培养起融美于心灵的习惯吗？①

这里，他非常清楚地知道艺术具有强烈的感染力量，美对人的心灵可以产生很大影响。因此，审美活动和艺术教育在他设计的“理想国”教育方案中占有相当重要的位置。他提出的教育方案主要是两个方面，一是体育，一是音乐教育。他说：“为了身体健康而实施体育；为了灵魂的美善而实施音乐教育”。怎样的音乐作品可以用来教育青少年呢？他从自己的政治理想出发，认为必须是能够为维护国家的政治目的服务的。音乐有摹仿善的，也有摹仿恶的，并能影响听众的性格、品德。因此，他对当时流行的乐曲进行了严格的选择，把一切表现悲哀、柔弱、使人陶醉的曲调都排除掉，结果适合于保卫国家的曲调只有两种：一种是能激励人们在战场上英勇坚定、临危不惧、百折不挠战斗下去的曲调，一种是使人在和平幸福环境中保持尽善尽美、温和性情的曲调。这都是国家的管理者、保卫者

①《柏拉图文艺对话集》，朱光潜译，人民文学出版社，1963年，第62页。

所需要的。

在审美教育中，柏拉图特别重视音乐的作用，认为“音乐教育比其他教育都重要得多”。其理由是，第一，“节奏与乐调有最强烈的力量浸入心灵的最深处，如果教育的方式适合，它们就会拿美来浸润心灵，使它也就因而美化；如果没有这种适合的教育，心灵也就因而丑化”。第二，“受过这种良好的音乐教育的人可以很敏捷地看出一切艺术作品和自然界事物的丑陋，很正确地加以厌恶；但是一看到美的东西，他就会赞赏它们，很快乐地把它们吸收到心灵里，作为滋养，因此自己性格也变成高尚优美”[①]。简言之，音乐教育所以重要，在于音乐有强烈的艺术感染力和渗透力，可以美化人的心灵，使人厌丑爱美，培养高尚完美的品格。用柏拉图自己的话说，“真正的爱只是有节制的音乐精神去爱凡是美的和有秩序的，……音乐应该归宿到对于美的爱。”[②]

柏拉图由于重视音乐教育，在论及体育时主张把两者很好地结合起来。他认为，人的美应当是“心灵的优美与身体的优美和谐一致，融成一个整体”。体育的任务不能只限于锻炼体力，如果只是专心于体育，不顾及美育，特别是音乐教育，就会使人陷于固执与粗暴。这两方面教育恰当的配合，才能培养出“心身和谐”的人。柏拉图的这个观点是很有道理的。

三、从小就培养起对美的爱好，美育要循序渐进

柏拉图认为教育对人是终生的事，但教育必须适合受教育者的年龄特征和性格发展的阶段。美育应当从小抓起，这对一个人美好性格的形成非常重要。他说：“一切事都是开头至关重要，尤其是对于年幼的，你明白吧？因为年幼的时候，性格正在形成，任何印象都留下深刻的影响。”儿童辨别能力差，但善于摹仿，易于接受感性事物，因此主要是通过讲故

①《柏拉图文艺对话集》，朱光潜译，人民文学出版社，1963年，第62—63页。

② 同上，第65页。

事、做游戏来实施美育。故事对他们“是道德影响的最好的一课”，游戏的好坏会影响社会秩序的稳定。母亲、保姆对儿童讲的故事要认真选择，看哪些应该讲，哪些不应该讲。他说：“让她们用故事来形成儿童的心灵，比起用手来形成他们的身体，还要费更多的心血。”[①]对儿童只能讲好的故事，让他们摹仿适合保卫者事业的一些性格，如节制、虔敬、宽宏之类的品行；如果讲不好的故事，他们听了就会摹仿丑恶、卑鄙的东西，结果弄假成真，在身体和心灵上打下很深的烙印。柏拉图明确指出：“摹仿这玩意儿如果从小就开始一直继续下去，就会变成习惯，成为第二天性，影响到身体、声音和心理方面。”在西方教育史上，柏拉图是第一个提出学前教育并以审美教育为主的思想家。

柏拉图认为：“美的理念”是世间一切美的事物的源泉，是“美本身”，一切事物“分有”了“美本身”，它才是美的。人靠感性知觉不可能把握美的理念，只有依靠理性才行，这显然颠倒了个别与一般、感性与理性、现象与本质的关系，是唯心主义的。但是，他在具体论述审美认识过程时，又是从个别到一般、从感性到理性、从现象到本质的，表现出一定的合理因素。他在《会饮》篇中提出审美教育要有一个循序渐进的过程。第一步从只爱某一个形体开始；第二步了解此一形体和彼一形体以至一切形体美是贯通的，这就是在了解个别形体美的基础上，通过比较、综合，进一步掌握美的普遍性；再深入一步，就要学会“把心灵的美看得比形体的美更为珍贵”，并进而由“行为和制度的美”到“各科学问知识”的美，从而进入“广大的美的领域”。他说：

> 这时他凭临美的汪洋大海，凝神观照，心中起无限欣喜，于是孕育无量数的优美崇高的道理，得到丰富的哲学收获。如此精力弥满之后，他终于一旦豁然贯通唯一的涵盖一切的学问，以美为对象的学问。[②]

①《柏拉图文艺对话集》，朱光潜译，人民文学出版社，1963年，第22页。

② 同上，第272页。

他把审美活动看作是一个由个别到一般、由现象到本质的过程，是一个由浅到深、由低级到高级、不断提升到庄严华美、诗情与哲理融会贯通的过程，如果我们扬弃其中的唯心主义和神秘色彩，对于开展审美教育活动，还是可以得到很有益的启发的。

四、理智节制情欲

柏拉图是从政治效果上看待美育的社会作用问题的，认为艺术教育对于国家和社会人生具有重大的意义。他提出：诗不仅能引起快感，而且对于国家和人生都有效用，诗不但是愉快的，而且是有用的。那么，艺术怎样才能对于国家和人生有用呢？柏拉图把人划分为三个等级，相应地人的性格也有三个等级，即哲学家的理智，武士的意志，农工商的情欲，前两者是国家的统治者和保卫者，后者是劳动者和被统治者。文艺只有以理智、意志节制和支配情欲，使不同等级的人各得其所，各司其职，才能实现和谐、完美、符合“正义”的理想国。为了培养能够统治和保卫国家的“正义”的人，他对审美教育提出了一套政治规范和标准。首先以是否对国家有用、有益来决定诗人、艺术家的去留问题，对于宣扬情欲、违背真理、危害世道人心的要驱逐出理想国，但有些诗人只要能找到理由，“证明他在一个政治修明的国家里有合法的地位，我们还是很乐意欢迎他回来，因为我们也很感觉到他的魔力。但是违背真理是在所不许的。”[①]其次对诗人进行严格的监督和对文艺作品进行检查，要“监督诗人们，强迫他们在诗里只描写善的东西和美的东西的影象，否则就不准他们在我们的城邦里做诗”[②]；禁止文艺作品“摹仿罪恶放荡、卑鄙和淫秽”等影象，因为它逢迎人的情欲，摧残人的理性，不利于培养“理想国”的统治者。对于政治思想不好的作品，说谎的作品，“它们愈美，就愈不宜于讲给要自

①《柏拉图文艺对话集》，朱光潜译，人民文学出版社，1963年，第88页。

② 同上，第62页。

由、宁死不做奴隶的青年人和成年人听。”[①]因为它“可以颠覆国家，如同颠覆一只船一样”[②]。柏拉图最反对的是城邦的保卫者从事戏剧的摹仿或扮演角色，理由是：他们应当专心致志地保卫国家，不应该摹仿旁的事；扮演者经常摹仿坏人坏事、软弱的人和事，习惯成自然，他们纯洁专一的性格就会受到损伤。在柏拉图看来，这是对培养真诚、勇敢、镇静、节制、正义的保卫者是十分有害的。他郑重提出：“我们只要一种诗人和故事作者，没有他那副悦人的本领而态度却比他严肃；他们的作品须对于我们有益；须只摹仿好人的语言，并且遵守我们原来替保卫者们设计教育时所定的那些规范。”[③]这里，我们可以清楚地看出，柏拉图是以十分鲜明的态度，第一个提出艺术要为政治服务的人，并是从维护奴隶主贵族等级制度的政治需要出发看待艺术的作用的，暴露出他强烈的反民主的思想倾向。

综上所述，可知柏拉图的美育思想是建立在他的客观唯心主义哲学体系基础上的，具有强烈的政治倾向性。他重视美育的目的在于为奴隶主贵族阶级培养理想的统治者和维护者；对古希腊艺术人文主义传统的一概否定，表现出他保守的、反民主的政治立场。但是，他重视审美教育对培养美善统一、心身和谐的人的重要作用，主张以健康的、高尚的、美好的艺术作品教育青少年，反对用丑恶的、颓废的、不健康的东西毒害他们心灵，强调理智在审美教育中的主导地位，无疑是有积极意义的，可资借鉴的。他的美育思想中无论是积极的方面，还是消极的方面，对于后来西方美育的理论和实践，都产生了很大的影响。

---

①《柏拉图文艺对话集》，朱光潜译，人民文学出版社，1963年，第36页。

② 同上，第40页。

③ 同上，第56页。

第四章　教育、净化、精神享受

——亚里士多德的美育思想

亚里士多德（前384—前322）是古希腊最伟大的哲学家、思想家，西方美学、美育思想的奠基者。他生于马其顿斯特吉拉城，父亲是宫廷御医，自幼受到良好的家庭教育。十七八岁时，他到雅典进入柏拉图学园学习，先当学生，后任教师，干了近20年。他勤思苦学，学识渊博，才华横溢，深受柏拉图赏识，称他是“学园的智慧”。直到公元前347年，柏拉图死后才离开雅典，到外地游历、讲学。公元前342年，他接受马其顿国王的邀请，担任马其顿王子——后来成为亚历山大大帝的老师。公元前343年，他回到雅典创办吕克昂学园。学园环境优美，学术空气浓厚，青年学子慕名而来，门庭若市，座无虚席。亚里士多德经常与学生一起，或在宽敞的走廊里，或在幽静的林荫道上，一面悠闲漫步，一面探讨学理，因而被人称为“逍遥学派”。这个学园很快成了古希腊科学、文化的中心。公元前323年，显赫一时的亚历山大大帝猝然病逝。雅典发生一场反马其顿运动，由于亚里士多德担任过亚历山大的老师，有亲马其顿之嫌，遭到指控和通缉，于公元前322年逃离雅典，同年死于优卑亚岛，终年63岁。

亚里士多德一生著作甚多，据说有400到1000种，不过大都失传。他广泛探讨了那个时代的文化、学术问题，在哲学、历史、逻辑学、伦理学、政治学、法学、教育学、心理学、文学艺术以及自然科学等领域，都取得了开创性的研究成果，是一位“百科全书”式的学者。马克思称他是

“一位伟大的研究家”[①]，被恩格斯誉为“最博学的人物”。他的美学、美育思想主要反映在他的《诗学》《修辞学》《形而上学》《物理学》《伦理学》《政治学》等著作中，特别是《诗学》为西方第一部系统的美学、文艺理论著作。俄国革命民主主义美学家车尔尼雪夫斯基曾说过：“亚里士多德是第一个以独立体系阐明美学概念的人，他的概念竟雄霸了2000余年”；“《诗学》是第一篇最重要的美学论文，也是迄至前世纪末叶一切美学概念的依据。”[②]这个评价基本上是符合历史事实的。他在西方美学、美育思想发展史上占有崇高的地位。

亚里士多德是柏拉图的门徒、弟子。他尊敬自己的老师，老师也非常赏识他。但他却讲过一句名言：“吾爱吾师，吾更爱真理。”他跟老师学习知识，但又不是踩着老师的脚印走路。他独立思考，勇于探索，追求真理，对柏拉图的学说既有所继承，又毫不容情批判了他的客观唯心主义哲学、美学思想。在哲学上，亚里士多德虽然动摇于唯物主义与唯心主义之间，但其美学、美育思想基本倾向是唯物主义的，并且鲜明地表现出古希腊人文主义的时代精神。

一、艺术是对自然的真实摹仿

亚里士多德首先批判了柏拉图唯心主义的“理念”说，认为世界万物不是抽象的、绝对的“理念”的产物，而是客观的真实存在。现象与本质、个别与一般是统一的，理在事中，不在事外，超现实的“理念”是虚幻的，根本不存在的。虽然他把事物存在的最终根源归结于“形式因”，即所谓“第一推动力”，没有完全摆脱唯心主义，但毕竟是站在唯物主义立场上，揭露了柏拉图“理念”说的唯心主义实质。列宁说：“亚里士多

①《马克思恩格斯全集》，第23卷，人民出版社，1995年，第73页。

② 车尔尼雪夫斯基：《美学论文选》，缪灵珠译，人民文学出版社，1957年，第129页、124页。

德对柏拉图‘理念’的批判，是对唯心主义，即一般唯心主义的批判。”[①]在亚里士多德看来，美的“绝对理念”是根本不存在的，美存在于具体事物之中，事物的“秩序、匀称和明确”就是美[②]。他说：“一个美的事物——一个活东西或一个由某些部分组成之物——不但它的各部分应有一定的安排，而且它的体积也应有一定的大小；因为美要倚靠体积与安排，一个非常小的活东西不能美，因为我们的观察处于不可感知的时间内，以致模糊不清；一个非常大的活东西，例如一个一千里长的活东西，也不能美，因为不能一览而尽，看不出它的整一性。”[③]他虽然把美看成事物的形式，但美的客观真实性、多样统一性却是毋庸置疑的。

由于亚里士多德与柏拉图在美的本质问题上有着根本的分歧，他们对艺术性质和作用的看法也是完全对立的。艺术即摹仿，是古希腊传统的艺术观念，但两人赋予它的内容则截然相反。柏拉图认为，艺术摹仿现实事物，现实事物又摹仿“理念”，只有理念是真实的，现实事物只是“理念”的“影子”，是不真实的，那么艺术只是“影子”的“影子”，摹仿的摹仿，和真理隔了三层，永远达不到真正的、最高的“理念”的美。而亚里士多德则针锋相对地提出：客观世界是真实的存在，艺术摹仿现实，不是虚幻的“影子”，而具有真实的内容。不仅如此，艺术对现实的摹仿不是照相式的，它能够反映事物的必然性和内在规律，比个别事物更真实、更美。他在《诗学》中说：“诗人的职责不在于描述已发生的事，而在于描述可能发生的事，即按照可然律或必然律可能发生的事。”[④]因此，诗比历史叙述已发生的个别事件，更“富于哲学意味”，更“带有普遍性”。至于画家能够把众人之美集中到一个人身上，他所画的人物“应比原来的人更美”。因此，艺术的内容不是虚假的，而是真实的；不是说谎骗人的，而是能给人以真理和智慧。他说：

①《列宁全集》，第38卷，人民出版社，1958年，第313页。

② 亚里士多德：《形而上学》，吴寿彭译，商务印书馆，1983年，第266页。

③ 亚里士多德、贺拉斯：《诗学·诗艺》，罗念生、杨周翰译，人民文学出版社，1962年，第25—26页。

④ 同上，第28页。

知识和理解属于艺术较多，属于经验较少，我们以为艺术家比只有经验的人较明智……因为艺术家知道原因，而只有经验的人不知道原因。只有经验的人对于事物只知其然，而艺术家对于事物则知其所以然。①

亚里士多德认为，摹仿是人的天性，人在摹仿中接受教育，不仅可以从中获得知识和真理，而且能够发现自己，“以人生为自然之善，故人皆生乐”，享受美善之乐，所以，“人对于摹仿的作品总是感到快感”。他正是在唯物主义摹仿论的基础上，以真、善、美相统一的思想观点，提出了比较系统的、完整的美育理论。

二、艺术教育要培养怡悦和高尚的幸福心灵

柏拉图从“理念”说出发，必然导致把感性与理性对立起来，主张艺术教育要以理性来控制、压抑人的感情欲望，只有把人性中的“卑劣部分”排除掉，回忆起“美本身”，才能进入理想的审美境界。因此，审美教育主要是理性教育。而亚里士多德则重视审美教育的情感作用，主张通过情感的陶冶、净化，发挥理智的节制、协调作用，使人性得以全面和谐的发展，而不只是把艺术教育作为实现政治、伦理目的的手段。他把人分为肉体和灵魂两大部分，灵魂又分为非理性和理性两部分。前者主要表现为情感、欲望，后者主要表现为思维、理性和道德意志。两者都是人性所固有的，因此，人只有把感性与理性统一起来，情感受到理性节制转化为行动，才能获得幸福，形成完美的人格。要把人追求美善的本性变为现实，则主要依靠教育。因此，合理的教育应该根据人的自然本性及其发展程序，把体育、德育、智育、美育结合起来。他认为，人的身体发展在先，灵魂的培养在后，美育是贯串于整个教育过程的。对青少年首先要实

① 转引自朱光潜:《西方美学史》,上卷,人民文学出版社,1979年,第74页。

施体育，而体育必须结合美育，既要使他们体格健壮，又要心灵优美。他说："在教育中，起首要作用的应该是健美的体格而不是野蛮的兽性的体格"[①]，把体育与美育结合起来。美和艺术既可使人求知、向善，又能给人以快感，既作用于感情，又影响着理智，因而美育与智育、德育是密不可分的。亚里士多德正是从真善美统一的观点出发，看出了美育的重要作用，甚至把艺术教育看作是与整个教育的目的一致的。他在《政治学》中说："教育的目的及其作用，有如一般的艺术，原来就在效法自然，并对自然的任何缺漏加以殷勤的补缀。"可见，亚里士多德对于美育培养理想的、完整的人看得多么重要，缺乏艺术教育的人，就是"肉体和灵魂残缺不全的人"。

在古希腊时代，对于艺术，特别是音乐的社会作用问题，存在着两种互相对立的观点，一是以毕达哥拉斯学派和柏拉图为代表，把音乐教育同政治、道德紧密联系起来，作为实现政治、道德目的的手段，忽视其娱乐作用；一是怀疑主义、享乐主义学派，他们认为音乐同睡眠、饮酒一样，可以用来消除疲劳和苦恼，是使人休息、快乐的东西，从而否定其政治、道德的教育功能。亚里士多德在这两个极端之间，对于审美快感则取折中调和态度，认为过与不及都是错误的，不利于人性正常、健康发展。他在《伦理学》中说：

> 人之求过度之乐，或于任何快乐求取过度，而其追随之道德意志，即为其乐之本身，并不计及从之而生之结果者，是其人为放荡者也。以其不复能悔，故实不可救药，与此相反者为不及。[②]

这就是说，快乐、艺术享受是人所必需和必然的，但应有节制，做到适度，"以正当之理性为其指归"。以理性来判断快乐是有益与有害，就把善与恶的概念引入了他的快乐论。他说："乐也有善恶之别，善行之乐，

① 转引自曹孚：《外国教育史》，人民教育出版社，1979年，第30页。
②《亚里士多德伦理学》，向达译，商务印书馆，1933年，第160页。

善而可欲，恶行之乐，恶而当拒，高尚之欲可嘉，卑下之欲可鄙。”[①]由于亚里士多德对感性与理性、快乐与德行关系的看法较为辩证统一，不偏执于一方，因而能够较为客观、全面地把握艺术的社会功能，克服那些片面、狭隘的观点。他在谈到学习音乐的作用时说：

> 我们赞成某些哲学家对乐调所作的区分，即把它们分为三种：伦理的乐调，实践或行动的乐调以及狂热的乐调。这些乐调像他们所说的，各有一种特质。但是我们还要说，音乐应该学习，并不是只为着某一个目的，而是同时为着几个目的，那就是（1）教育（2）净化……（3）精神享受，也就是紧张劳动后的安静和休息。[②]

这里所说的“教育”，是指的知识、道德的教育，用以提高人的心智、德行。对于“净化”作用，历来有不同的解释。“净化”是希腊语“Ka-Tharsis”（卡塔西斯）的意译，有人认为是宗教上的“涤罪”“净洗”的意思，有的认为是医学上的“宣泄”，“求心理的平衡”，有的认为是道德的“感化”、情感的“陶冶”。但从亚里士多德把它作为特定的艺术、美学概念看，主要是讲艺术（特别是悲剧、音乐）的心理、情感功能。他在《诗学》中说，悲剧的作用在于“借引起哀怜与恐惧，来使这种情感得到陶冶”。[③]在《政治学》中又说：“某些人特别容易受某种情绪的影响，他们也可以在不同程度上受到音乐的激动，受到净化，因而心里感到一种轻松舒畅的快感。因此，具有净化作用的歌曲可以产生一种无害的快感。”[④]这就是说，悲剧、音乐等艺术作品可以使人通过过分强烈的情绪、情感的宣泄、发抒，获得心理上的平衡和情感上的愉快，陶冶道德情操，提高精神境界，有益于身心健康。“精神享受”，很清楚是指人们在紧张的劳动以

①《亚里士多德伦理学》，向达译，商务印书馆，1933年，第240页。

②《西方美学家论美和美感》，商务印书馆，1980年，第44页。

③ 同上，第42页。

④ 同上，第45页。

后，从艺术中获得精神上的快乐，心身得以放松，消除疲倦和劳累。亚里士多德这里说明，艺术具有多种社会功能，不仅起着娱乐作用，而且可以修炼心智，提高精神能力，以便更好地从事理性沉思，探求真理，研究学问，获得知识。艺术既不是纯粹享乐的消遣品，也不只是实现政治、道德目的的工具和手段，既可培养人的高尚道德行为，陶冶、净化心灵，又可给人以心旷神怡的愉悦和享受。因此，艺术教育和审美活动是人生幸福所不可少的。所以亚里士多德在《政治学》中说："培养心灵应兼备怡悦和高尚的要素；幸福的心灵是这两种要素合成的心灵。"美育的作用正在于此。后来贺拉斯在《诗艺》中提出的"寓教于乐"的著名美育原则，很清楚是导源于亚里士多德的诗学的。

三、美善相乐——审美教育的基本原则

亚里士多德在《政治学》中说："美是一种善，其所以引起快感正因为它是善。"[①]美善不仅是一种美德，而且是美与善相互渗透中形成既美且善的完整的人。因此，美善相乐，是审美教育的一个基本原则。在亚里士多德的教育思想中，美育不是作为一个独立的内容和阶段进行的，而是根据青少年心身发展的不同时期，结合德育、智育、体育来实施的。他根据美善统一、以善为主的思想，确定不同类型的艺术在教育中的地位和作用。如同柏拉图一样，他十分重视音乐的教育作用，认为音乐学习适宜于青少年时期。一方面，年轻人不能忍受没有乐趣而喜爱甜美的任何事物，音乐具有一种自然而甜美的曲调和节奏，他们是乐于接受的。更主要的是，音乐是"最富于摹仿性的艺术"，能够直接反映人的内心情绪和道德感情，几乎可以诉诸人的心灵的各个方面：相应于心灵的理性部分，可以启迪人的智慧；诉诸心灵的实践要求，可以提高人的道德行为；诉诸心灵的非理性部分，可以得到娱乐和享受。总之，如他在《政治学》中所说

①《西方美学家论美和美感》，商务印书馆，1980年，第41页。

的，“音乐有一种形成性格的力量，因而应被列入青年人的教育之中”。音乐教育要取得良好的效果，首先要根据特定的目的、要求，遵循适当的原则，选择好曲调，如要以培养青少年的德行为主，就教他们唱伦理的曲调，而不能选那些鄙俚和败俗的东西让他们唱；当他们被狂热的情感支配时，唱的曲调要能使他们受到净化和陶冶，恢复心理上的平衡，产生适当的愉快感。其次，在音乐教育中可以让青少年登台演唱歌曲，弹奏琴弦，目的是为了培养德性，涵养心灵，锻炼熟练技巧，提高美的感受力、判断力。但是，应该防止专业训练的方法，因为他们如果养成专业乐工的习惯，目的是为了参加竞赛或公开演出，那他们就会唱庸俗、鄙陋的曲调，用以取悦观众，结果自己性格也会变得卑俗起来。这里暴露出亚里士多德轻视下层乐工艺人的贵族观点。

在亚里士多德看来，同音乐相比，绘画和雕塑就不那么重要，而居于次要地位。因为，“凭图形和色彩所创造的视觉印象实际上不是道德性格的表现，而只是道德性格的示意。他们描绘了处于某种激情中的人物，由此显示那个物体的性格。”①在他的眼中，绘画、雕塑不能像音乐那样直接反映人的道德性格，因而是“狭小而肤浅的”，但它毕竟摹仿了自然，也有着一定的教育意义，因此，他主张把绘画列入教学内容。他一方面要求画家能尽力描绘出人物的道德性格，发挥应有的教育作用；另一方面希望青年人欣赏摹写高尚道德性格的画家和雕塑家的作品，不要去模仿那些歪僻放侈的低劣之作。青少年学习绘画还可以培养自己对于“物体的形象的审美观念和鉴别能力”。亚里士多德把不同类型的艺术分出高低，虽不无偏颇，但其基本思想是十分明确的，即以美善相乐的原则实施艺术教育，目的在于培养具有高尚德行的人。对于败坏人的身心健康的艺术，他是坚决反对的：“任何职业、艺术、科学，凡是以使自由民的身体、灵魂、心理不适合于实践或运用其德行者，即为鄙俗的。所以我们称那些引致人体畸形的艺术为粗鄙的。”②

① 转引自舍斯特科夫：《美学史纲》，樊莘森等译，上海译文出版社，1986年，第53页。

② 转引自涂途：《西方美育史话》，红旗出版社，1988年，第53页。

亚里士多德的美育思想与柏拉图比较，有着巨大的、实质性的进步。他批判了柏拉图的唯心主义“理念”说，肯定美的客观性、艺术内容的真实性，使美育有了唯物主义的思想基础；他在政治上比柏拉图开明，是倾向民主的，因而他的美育思想不像柏拉图那样，从培养维护和巩固奴隶主贵族专制制度的目标出发，把美育作为服从和服务政治、道德需要的手段；他主要是从“自由人”的“人生至高的目的”出发，根据“随性乐生”的需要，重在通过美育培养身心全面和谐发展的人。特别应当指出的是，在西方美育思想史上，他第一次提出德、智、体、美全面发展的思想，并从教育学、心理学、伦理学和艺术学诸多学科的结合上，探讨和阐明了审美教育的特点、性质和作用，这是他的一个开创性的重大贡献。

当然，如同任何一个伟大的思想家一样，亚里士多德也不能不受到他所处的历史时代和所属阶级的局限，这在他的美育思想中也反映了出来。例如，他把人类活动分为认识或观照、实践行动和创造三种，其中观照和认识是最高尚的。按人的本性来说，勤劳和闲暇都是必须的，但闲暇比勤劳更重要。闲暇才能认识、观照，才能欣赏美和艺术，获得精神上的享受；闲暇才能进行理性思考，研究学问，探求真理。这种享用“闲暇”的幸福只有奴隶主阶级才拥有，而终生勤劳的人却是永远得不到的，与审美享受是无缘的。因此，他轻视劳动人民，轻视生产劳动，认为生产劳动影响和妨碍了人的智力的发展，这就使他未能触及美育与生产劳动的关系问题。他对下层乐工、艺人及其艺术才能，也是不放在眼里的。尽管如此，他在西方美育思想发展史上的巨大贡献和历史地位，却是永远不会动摇的；他的美育思想中很多有益的、闪光的东西，至今仍然可供我们吸取和借鉴。

第五章 寓教于乐才能符合众望

——希腊化和罗马时期的美育思想

从公元前338年马其顿王腓力浦二世征服希腊，到其子亚历山大建立横跨欧亚非的大帝国，直至公元前30年为罗马人所灭亡，大约300年，史称“希腊化时期”。从罗马帝国的形成、发展，到公元476年被日耳曼人灭亡，从此结束了欧洲奴隶制时代，又经历了300年的时间，史称“罗马时期”。在这六个多世纪里，随着欧洲奴隶制的发展、强盛到衰落、瓦解，古希腊文化教育发生了巨大变化，并为罗马文化所继承和发展。这一时期的美学、美育思想呈现出一番新景象，较之古希腊美育思想虽然大有逊色，但也取得了相当的成就，提出了不少新的命题，成为西方美育思想史一个不可缺少的环节和阶段。

所谓“希腊化”，有两个方面的文化含义：一就希腊古典文化自身而言，是指与其性质、内容有所不同的一个时期、阶段；一是指希腊古典文化打破其本土的限制，广泛传播和影响到其他地区和国家，既同化了其他文化，同时也失去了自身固有的特点和一致性。这种现象也明显地反映在美学、美育思想上。

自公元前四世纪中叶，发生伯罗奔尼撒战争后，希腊本土逐渐走向衰落，社会矛盾日益激化，长期处于危机和动荡之中，希腊人逐渐丧失无私履行公民义务、个人意志服从国家利益的热情，不再去追求至善至美的理想境界，而把注意力集中于个人生活的幸福，摆脱外在现实的痛苦与烦恼，以获得一席安身立命之地。正如一位英国学者所说的：“他们实际上关心的是伦理学——即关于一个人怎样安排生活的实际问题。”这个时期的教育以个人为中心，目的在于通过科学知识的学习，养成完善的人格，能够在风云变幻、动荡不安的社会里站稳脚跟，免遭失败，得到精神的安宁与心理的平衡。因此，学校教育的主要科目是数学、文法、修辞，目的在于加强学生个人品德的修养和文化知识的学习。学生也要背诵些古典文学作品，主要是为了弄通字、词、句，掌握写作、修辞的技巧。艺术教育逐渐失去了昔日的魅力和光彩。当然，这不是说希腊化时期的教育（包括美育）没有贡献，它毕竟打破了过去以城邦为中心的狭隘观念，拓展了教育对象的范围，扩大了希腊文化艺术的影响。

亚力山大大帝征服希腊以后，古希腊的文化中心由雅典转到亚历山大里亚城。托密勒王朝在这个城市建造了当时世界上最大的博物馆。它具有完善的科学设施，可以供数学、天文学、医学、动植物学等自然科学研究；另外还设有文学部，研究语言学、修辞学、哲学、文学等社会科学，并经常举办讲座。许多雅典的学者、诗人、艺术家来到这里讲学、献艺，大量渴求知识的青年纷纷来到这里学习。它在发展科学文化，扩大希腊文化的影响，沟通东西方文化方面发挥了重大的作用。博物馆的希腊文 museun 的原义是献给文艺女神缪斯（muses）的殿堂，它是进行艺术活动、审美教育的重要场所。学者们主要工作是搜集、整理古希腊哲学、文学、艺术典籍，并进行注解、阐释，与我国清朝乾嘉时期的朴学有点相似，变成了书斋里的学问，淡化了古希腊文学艺术、哲学、美学的生气勃勃的人文精神。在学校教育中，青少年主要学习辩论术、修辞学、文法学以及自然科学知识；文学教育也占有相当重要地位，教材主要是荷马史诗和希腊古典诗歌、散文、戏剧，教学方法较为刻板、机械、教条化。教师首先讲解作品字句、内容，重在道德教育，学生则先读字音，后解字义，死记硬背，很少去主动领会其中的艺术情趣和审美意蕴，对于学生心身和谐发展是不够重视的。

公元30年，罗马放弃共和制，建立起专制帝国，西方的政治、经济、文化中心由亚历山大里亚城转移到罗马。在头200年里，它处于强盛时期，政治稳定，经济繁荣，科学文化有长足的进步。在原有文化基础上，大量吸收、综合古希腊文化和东方文化，形成辉煌的罗马古代文化，特别是法学、农学、医学和建筑学等方面都达到了西方古代世界的最高成就。由于罗马科学文化成就偏重于实用科学，以满足奴隶主贵族、官僚奢侈享乐生活的需要，服从于专制帝国的长治久安，他们对于艺术活动和审美教育也是在这个范围内进行的。罗马的教育制度主要是承袭希腊化时期的，学校的主要任务是培养上层贵族子弟，使他们将来成为具有政治智慧和统治才干的官吏。他们更为重视辩论术、修辞学和文法学教育，虽然也阅读、记诵文学作品，但不是为了欣赏美味，提高艺术修养，而是以追求华丽辞藻、能言善辩为满足，致使教学内容日益空泛、平庸，脱离生活实际，日益趋向形式主义，科学知识和审美教育的含量是不高的。

在社会生活中，罗马居民中的大多数奴隶、农奴和士兵，是没有享受艺术、进行审美活动的机会的，打仗、劳动、服役才是他们的主要任务。他们只有在举行宗教仪式、庆典活动时，搞一些戏剧演出和其他游艺活动。在庆祝丰收和祈神降福时，他们可以载歌载舞，吹吹打打，甚至通宵达旦，如醉如痴，不能自已，这也可算作下层劳动者自己娱乐自己、自己教育自己的审美活动吧。而自由、富足的上层统治者则大兴土木，以高大宏伟的建筑，富丽堂皇的装饰，来显示帝国的强大与声威，表现自己豪华、奢侈的优越生活。因此，人们的审美趣味也发生了巨大变化，由“高贵化”“文雅化”取代了希腊朴素、典雅的美。博克哈特在《在康斯坦丁时代》一书中写道：“许多古代和现代的国家都能够在一种宏大的规模上进行建筑，但那个时代的罗马永远是独一无二的。因为由希腊艺术所激起的对美的热爱永远不会再同那些物质资源和一种置身于豪华壮丽之中的要求连结在一起了。”[①]这是一个非常正确的判断。罗马帝国后期，政治上日趋衰败，危机四伏，便进一步利用基督教神学来维系统治，消弭群众的反抗斗争，麻痹人们的心灵，使本来缺乏深刻内容和生机活力的审美教育，

① 转引自塔塔科维兹:《古代美学》,杨力等译,中国社会科学出版社,1990年,第223页。

更染了一层浓厚的宗教神秘主义色彩，预示着西方美育史将进入到黑暗的中世纪。

总的看来，希腊化和罗马时期的美学、美育思想虽不如古希腊那样丰富多彩和充满生机活力，但也有着自己的特点和成就。它扩大了古希腊美学、美育思想的影响，把审美活动与个人生活幸福、物质享受联系起来，强调了它的道德教育、实用功利的作用；贺拉斯提出的“寓教于乐”的美育原则具有普遍的、久远的意义；它扩大了美学、美育研究的范围，提出了一些新的命题。

一、美和艺术对人的生活幸福是否有益?

希腊化和罗马时期，奴隶社会由共和制转变成独裁专制，上层统治者追求政治权威和生活高贵化，下层民众则处于痛苦与不幸之中，造成个人与社会的脱节、疏离，形成以个人主义为基础的世界观。人们竭力回避由战乱、专权、不自由带来的矛盾、痛苦和烦恼，追求个人道德的完善和生活的幸福。在这种社会背景下产生了斯多葛派、伊壁鸠鲁派、怀疑派和折中主义的哲学、美学思潮。尽管他们的思想观点各不相同，政治倾向不一致，但在美学、美育问题上，他们都关心并试图回答：美和艺术对人的生活幸福是否有益?

斯多葛派的美学、美育思想是建立在本体论和伦理学基础上的。他们在回答“艺术是否能使人更美好”的问题时，认为大自然是宇宙性的艺术家，因为和谐、秩序和受一定的规则支配着自然界，没有什么东西比它更好更美的了。“它本身简直就是艺术家（artifex），就是任何利益和福祉的保护人和创造者”①。人只要顺应自然的秩序而生活，就能获得利益、快乐和幸福。在他们看来，大自然美的基础在于和谐、对称、比例，并由此来衡定人的美。“人体的美在于各部分之间的对称，在于健美的肤色和结

① 转引自舍斯塔科夫：《美学史纲》，樊莘森等译，上海译文出版社，1986年，第30页。

实有力的体质，……智慧的美则在于学识上的和谐和美德上的协调。”[①]这是一种自然道德审美论的观点。他们把人的美分为形体美和精神美，而形体美是极其次要的，起决定作用的是精神美，甚至把两者对立起来。人的美与德行是同一的。有位叫伊壁特阿斯的学者写道：“人的美不是形体美。你的身体、头发不是美的，但你的心灵和意志可能是美的。使心灵和意志变得美，你也就变得美了。”在他们看来，美和艺术绝对从属于善，并据此把艺术分为普通的艺术和自由的艺术，前者只是手艺人、工匠所从事的为生活提供消遣，而无任何审美理想或道德理想的目的；后者则为人们提供审美理想和道德理想，确切地说，“自由的艺术，只是关心德行的艺术。”[②]以道德美排斥感觉美，对娱乐的艺术持否定态度，这种道德主义的美育观显然是片面的，甚至超过了柏拉图的道德论美学。

如果说斯多葛派的美学、美育思想是道德主义的，那么伊壁鸠鲁派则是享乐主义的。这一派的主要代表人物是伊壁鸠鲁（前341—前270）和卢克莱修（约前99—前55）。伊壁鸠鲁认为谈论美就是谈论愉悦，“因为美如果不是令人愉悦的就不会是美的”[③]。假如美、善行、和谐诸如此类的事物给予我们愉悦，我们就珍视它们；假如它们不能给予我们愉悦，我们就抛弃它们。在他看来，美是“对耳目来说令人愉悦的东西”，美给予人的是感官的享受，而不是精神愉悦，把美感与快感等同了起来。对于艺术，他们也以是否令人愉悦决定取舍的。凡是不能令人愉快的诗歌，包括荷马史诗在内，都被视为“噪音”“胡说”“有毒的诱饵”，一律持否定态度，甚至同柏拉图一样，要把荷马驱逐出他们的国家。不过他们两人的基本出发点是完全不同的，一个是道德主义，一个是享乐主义。卢克莱修在他的著名的《物性论》中，既接受了伊壁鸠鲁的快乐论，认为美和善必然就是令人愉悦的。追求快乐是人的本性，满足人的情欲是对人的生命的肯定，因为美的愉悦是与爱密切联系在一起来的。但快乐、情欲和性爱，必须适

① 舍斯塔科夫：《美学史纲》，樊莘森等译，上海译文出版社，1986年，第31页。

② 塔塔科维兹：《古代美学》，扬力译，中国社会科学出版社，1990年，第260页。

③ 同上，第234页。

度，不能放纵，才能获得真正的美。他的这一思想较之伊壁鸠鲁的感觉主义有所进步。不仅如此，他还认为艺术摹仿自然是出于人类的需要，能够丰富人的精神生活，把人引向自由、光明的境界。他在《物性论》中写道："所有的歌曲、绘画和制作精巧而熠熠生辉的雕像，实践和热切的心灵创造能力，在他们一步步地向前进时，逐步地教育着他们。就这样一点一点地，时间把每个事物显示于人们的视野中，理性把每个事物高举入光明的境界。他们看到一个个事物在头脑里变得清楚了，直到他们通过艺术，达到最高的顶峰。"[①]这实际上超越了快乐论，肯定了艺术教育的社会作用和推进人类文明的积极意义。

怀疑派认为，在一切认识领域里无所谓真与假、是与非、美与丑的问题，任何判断都有存在权利，但又都是可以怀疑的。从这种怀疑一切的哲学思想出发，在他们看来，美学和艺术理论不能传达真理，根本不是一门科学，诗和音乐不仅无用、无益，而且是有害的，不能给人带来幸福。怀疑派的代表人物伊壁里斯库在《反对学者》一书中，首先否定毕达哥拉斯宇宙是"天体音乐""美在和谐"的思想，认为它是错误的，即使是正确的，一个和谐的事物，"也不能促使幸福到来，正如各种乐器所产生的和谐无助于幸福一样"[②]。诗是虚构的东西，缺乏客观的美，顶多给人以愉快，并不能传授知识，甚至造成精神混乱，损害人的美德和幸福。他在书中还专门写了一篇《反对音乐家论》，集中攻击音乐艺术和音乐理论，提出传统的关于音乐的心理效能和教育作用的理论是被夸大了的，甚至是一种幻想。如果有人听了音乐能不再悲伤、愤怒和恐惧，这只是暂时分散了注意力，并没有美化人的心灵。因为音乐终止后，人便会陷入更深的悲伤、愤怒与恐惧之中。如果说音乐对人有效力的话，那也不过同睡眠、饮酒一样起到镇定、兴奋作用，不能使人获得精神的健康、道德的完善。他的结论是：音乐"阻碍和反对人努力向善，从而使青年人轻易地走向纵欲

① 塔塔科维兹:《古代美学》,扬力译,中国社会科学出版社,1990年,第236页。
② 同上,第242—243页。

和放荡……。”[①]这种不加区别地否定艺术的教育功能，可能是针对当时出现的奢华淫靡的享乐艺术而发的，即使如此，也是极端片面的，是与古希腊优秀的美育思想传统相对立的。

二、艺术教育要发挥“寓教于乐”的作用

在古罗马美学、美育思想中，如前所述，对于文艺的作用的看法，各派彼此不同，相互对立，既有道德主义的，也有享乐主义的，怀疑派则根本否定艺术的教育作用。著名的作家、政治家、演说家西塞罗（前106—前43）虽然采取折中主义态度，试图把文艺的效用与娱乐的作用统一起来，但未对如何统一作出具体的论述。贺拉斯在《诗艺》中提出的“寓教于乐”的著名观点，才真正把文艺教育、娱乐双重功能统一起来，对西方美学、美育思想的发展是个突出贡献，并产生了深远的影响。

贺拉斯（前66—前8）是罗马由共和制向专制帝国转变时期的诗人、文艺批评家，曾参加罗马最高统治者渥大维亲信组织的官方文学社团。在政治上是帝制的拥护者，在美学思想上继承了亚里士多德的摹仿说。他的美学、美育思想集中反映在给罗马贵族皮索父子写的诗体长信中，即后来被著名修辞家、演说家昆体良定名的《诗艺》。

贺拉斯根据古希腊传统的“摹仿”说，认为文艺要真实地摹仿自然，作家必须到生活中去“寻找模型”，汲取丰富的材料，不能驴头不对马嘴的胡编乱造。艺术虽然允许虚构，也必须建立在真实的基础上。他说：“虚构的目的在于引人欢喜，因此必须切近真实。”[②]文艺创作要真实地反映生活，必须做到整一、适宜，合情合理，首尾一致，不能自相矛盾。这样，文艺作品才能发挥教育、娱乐相结合的作用。他从文艺的真实性出发，针对当时存在的形式主义、奢靡浮华的不良文风，把文艺的教育、娱

① 塔塔克维兹：《古代美学》，扬力译，中国社会科学出版社，1990年，第243页。

② 亚里士多德、贺拉斯：《诗学·诗艺》，罗念生、杨周翰译，人民文学出版社，1962年，第137页。

乐功能统一起来，提出了著名的“寓教于乐”的美育原则。他说：

> 诗人的愿望应该是给人益处和乐趣，他写的东西应该给人以快感，同时对生活有帮助。在你教育人的时候，话要说得简短，使听的人容易接受，容易牢固地记在心里。……寓教于乐，既劝谕读者，又使他喜爱，才能符合众望。[①]

文艺作品给人教益和乐趣的双重作用不是游离的，而是交融在一起的，道德教育是通过感情愉悦来实现的，“教”寓于“乐”中。他指出：古代诗人的作品教导人们划清公私界限，判别敬渎，制止淫乱，保卫邦国。诗歌可以激发人们的斗志，奔赴战场，指示“生活的道路”，同时又能够使人“在整天的劳动结束后”，获得愉悦和欢乐。因此，“你不必因为（追随）竖琴高手的诗神和歌神阿波罗而感觉羞耻”。他既反对“毫无益处”的、以“铜锈和贪得的欲望腐蚀心灵”的作品，又对那些“令人掉头不顾”的、毫无艺术趣味的说教之作坚决否定。在他看来，艺术的教育与娱乐作用虽然是有机统一的，但教育内容和读者的鉴赏能力是居于首位的。他明确指出：“时常，一出戏因为有许多光辉的思想，人物刻画又非常恰当，纵使它没有什么魅力，没有力量，没有技巧，但是比起内容贫乏，（在语言上）徒然响亮而毫无意义的诗作，更能使观众喜爱，更能使他们流连忘返。”[②]

文艺怎样才能发挥“寓教于乐”的作用呢？贺拉斯的观点概括起来大致是：第一，艺术的内容必须真实，不真实既不能教育读者，也不能使他们喜爱。第二，艺术要有形象性。他说：“诗歌就像图画：有的要近看才看出它的美，有的要远看；有的放在暗处看最好，有的应放在明处看，不怕鉴赏家敏锐的挑剔；有的只能看一遍，有的百看不厌”。因此，他主张

① 亚里士多德、贺拉斯：《诗学·诗艺》，罗念生，杨周翰译，人民文学出版社，1962年，第155页。

② 同上，第154页。

在创作时要根据年龄、性格描写人物，并认为舞台演出的视觉效果比听觉好。他说："通过听觉来打动人的心灵比较缓慢，不如呈现在观众眼前，比较可靠，让观众自己亲眼看看。"[①]第三，艺术要有魅力，以情感人。他说："一首诗仅仅具有美是不够的，还必须有魅力，必须能按照作者愿望左右读者的心灵。你自己先要笑，才能引起别人脸上的笑，同样，你自己得哭，才能在别人脸上引起哭的反应。你要我哭，首先你自己得感到悲痛。"[②]这些看法虽然不算怎样独到，但都是贯彻"寓教于乐"的美育原则所不可缺少的。

应该指出的是，贺拉斯在阐述"寓教于乐"时表现出较为浓厚的贵族阶级的思想立场。他说："如果一出毫无益处的戏剧，长老的'百人连'就会把它驱下舞台；如果这出戏毫无趣味，高傲的青年骑士便会掉头不顾。"[③]他以贵族阶级的眼光来看待艺术的"益处"与"趣味"，必然否定一般平民百姓的审美趣味和欣赏能力。他毫不掩饰地说："观众中夹杂着一些没有教养的人，一些刚刚劳动完毕的肮脏的庄稼汉，和城里人和贵族们夹杂在一起——他们又懂得什么呢？"[④]对于老百姓所欣赏的民间文艺，在他看来是庸俗的，低贱的，"这些虽然引起卖烤豆子、烤栗子的人的赞许，却使骑士们、长者们、贵人们、富人们反感，他们听了是不会心平气和的，更不会奖赏什么花环"[⑤]。很清楚，"寓教于乐"所要符合的"众望"，是以贵族阶级的道德原则、审美趣味为标准的。

在西方美育发展史上，贺拉斯第一次提出"寓教于乐"的原则，以格言的形式概括了艺术的特殊功能，把艺术的教育与娱乐的作用有机地统一起来，纠正了道德主义、享乐主义的片面性和错误看法，虽然未能作出系统、深刻的分析、论证，但却产生了深远的影响：它的理性主义、贵族的高贵性倾向为17世纪法国古典主义所接受；它强调文学艺术道德教育作

① 亚里士多德、贺拉斯：《诗学·诗艺》，人民文学出版社，1962年，第146页。

② 同上，第142页。

③ 同上，第155页。

④ 同上，第148页。

⑤ 同上，第150页。

用，受到18世纪启蒙主义思想家的推崇，直到19世纪浪漫主义文艺思潮兴起，它的影响才逐渐消退下去，以后就不断受到纯审美论者的责难和批判；即使如此，直到现在，“寓教于乐”仍不失为进行审美教育的一条基本原则，只是我们要赋予它以新的内容和形式，作出符合现代美育要求的阐释和实践。

三、崇高——伟大心灵的回声

罗马帝国的统治者雄心勃勃，要创造出前所未有的辉煌业绩，反映在美学思想中，则要求诗歌和艺术歌颂伟大的英雄人物，表现高尚的德行和思想境界，具有一种高贵的情调和风格。西塞罗把美分为美貌与尊严两种，并认为尊严是具有最大功用的“最大的美”。罗马时期出现了另一部重要美学著作《论崇高》，作者和成书年代至今尚无定论，一般认为是一个名叫朗吉弩斯的人写的，成书于公元1世纪。朗吉弩斯《论崇高》中，首次明确提出了“崇高”这一崭新的美学范畴，不仅体现了古罗马时期最高的审美理想，而且拓展了美学观念和艺术教育的范围，对后世产生了重大影响。因此，人们常把它与亚里士多德的《诗学》相提并论，英国诗人屈莱顿称誉朗吉弩斯是“亚里士多德以后最大的批评家。”[①]鲍桑葵在其《美学史》中也说：“单是崇高一词成为美学批评或修辞批评的一个术语……就是一个值得注意的事实。”[②]

朗吉弩斯的《论崇高》主要是一部修辞学著作。他对“崇高”，还没有下一个确切的定义，有时是指诗歌的艺术风格和措辞的高妙，有时把它看作是文艺作品的理想境界和最高准则。不过总的看来，它已超出了修辞学的范围，成为一个独立的美学范畴，因为朗吉弩斯对“崇高”的审美特征及其情感效应作了初步的、较有系统的分析和概括。他说：“崇高是一颗伟大心灵回声”。从这一基本思想出发，他提出“崇高”要具备五个条

① 马奇主编:《西方美学史资料选编》,上卷,上海人民出版社,1987年,第158页。

② 鲍桑葵:《美学史》,商务印书馆,1985年,第139页。

件，即："庄严伟大的思想"，"强烈而激动的感情"，"运用辞藻的技术"，"高雅的措辞"以及"整个结构的堂皇卓越"。而其中最重要的是"庄严伟大的思想"。不仅如此，他还把崇高问题伸展到整个社会生活和自然界，并热情洋溢地写道：

> 大自然把人放到宇宙这个生命大会场里，让他不仅来观赏这全部宇宙壮观，而且还热烈地参加其中的竞赛，它就不是把人当作一种卑微的动物；从生命一开始，大自然就向我们人类心灵里灌注进去一种不可克服的永恒的爱，即对于凡是真正伟大的、比我们自己更神圣的东西的爱。因此，这整个宇宙还不够满足人的观赏和思索的要求，人往往还要游心骋思于八极之外。一个人如果四面八方把生命谛视一番，看出一切事物中凡是不平凡的、伟大的和优美的都巍然高耸着，他就会马上体会到我们人是为什么生在世间的。因此，仿佛是按照一种自然规律，我们所赞赏的不是小溪小涧，尽管溪涧也很明媚而且有用，而是尼罗河，多瑙河，莱茵河，尤其是海洋。①

从这段话里，我们看出他既肯定了大自然的壮观、伟大与崇高，又指出人在与大自然的"竞赛"中显示出自身的不平凡、生命和心灵的伟大力量。如果我们撇开其中唯心主义的杂音，不是可以体察到他对崇高美的本质作了颇有见地的揭示吗？

在朗吉弩斯看来，崇高美有着不同于平凡的理智和享受的需要，而是以巨大的力量激发人的强烈情感，它"不必说服读者的理智"，甚至不让人们感到"可信"，就使人在惊异、狂喜、惊心动魄中，"以不可抗拒的魅力，能征服人的心灵"，产生一种激昂慷慨的喜悦，充满着"快乐和自豪"，使人"心胸旷大，志气高远"，"仰视真理，高瞻远瞩"，提高精神境界，去追求有价值、有意义的人生。他说："它就能把我们迷住了，往往

①《论崇高》，第35节，译文根据朱光潜：《西方美学史》，上卷，人民文学出版社，1979年，第114—115页。

立刻驱使我们向往于一切美丽的、尊严的、崇高的事物和它们所包罗的万象，从而完全支配我们的心情。”[①]但是，人们并不是消极、被动地接受崇高事物的影响，而是面对大自然的伟大力量和文艺作品提供的光辉榜样，以竞赛者的态度对待的，能够在欣赏中通过理智的思考和丰富的想象力，提升自己的心灵高度。“因为用竞赛的目光注视这些卓越的榜样，它们就会像灯塔那样放光来指导我们，而且会提高我们的灵魂使充分达到我们所设想的高度。”[②]这是一个很重要的思想，与后来康德对崇高的分析的观点颇有相似之处。人既然是崇高的事物和思想的雄心勃勃的竞赛者，因而那些把整个生活浪费在琐屑的、狭窄的思想和习惯的人，那些视财富、名声、权势、荣华富贵为幸福的人，都是为崇高、伟大的心灵所鄙弃的。他们本身是渺小的，既欣赏不了崇高风格的美，也写不出真正伟大的、具有崇高风格的作品来。他的正面结论是：“真正的才思只有精神慷慨高尚的人才有。……崇高的思想是当然属于崇高的心灵的。”[③]这就告诉我们，只有心灵崇高的人才能欣赏崇高美，才能创作崇高风格的作品，才能进行伟大的事业。

人的崇高的心灵是怎样形成的呢？朗吉弩斯认为，有的主要是依靠先天的禀赋，但更重要的是后天的教育、培养，特别是社会环境有着决定的意义。他反对“崇高是天生的”“天才是唯一能教授它的老师”的错误观点，提出要在竞赛中学习古人，创造性地摹仿经典作品，特别是它所表现的高尚的心灵，深刻的思想，伟大的人格，并与他们竞赛、争胜。

特别应该提出的，朗吉弩斯在《论崇高》最后一节，深刻地揭露了能与大自然竞争的崇高人物何其少的社会根源，是颇有见地的，很深刻的。在他看来，崇高的人物不是天生的，而是由其所处的社会环境是否适合于崇高人物成长决定的。当时罗马“高深宏大的天才的成长”所以会几乎完全终止，原因就在专制制度及其所产生的卑鄙无耻的贪求享乐和利欲造成

①《缪灵珠美学译文集》，第1卷，中国人民大学出版社，1987年，第128页。
②《论崇高》，《文艺理论译丛》，人民文学出版社，1958年，第2期，第40页。
③ 同上，第38页。

的。他借一位哲人的话说："民主是天才的好保姆"，而人们从童年起所接受的就是"专制制度的教育"，从而失去了天才发展、成长的最美好、最丰富的源泉——自由，因此培养出来的只是"灵魂上拴着锁链"的奴才，"谄媚的天才"，正如荷马所说的，"一旦为奴，就失却一半人的价值"，这样怎么会有崇高的人成长起来呢？他愤怒地写道："专制政治，无论怎样公正，可以确定为灵魂的笼子，一般人的监牢。"①至于在专制制度土壤里生出的利欲和享乐，则是奴役心灵、毁坏事业的"道德瘟疫"。一个人如果崇拜这两种腐朽的、不合理的东西，"他再也不会向上看了；他丧失了全部对于荣誉的关心，他的生活的败坏逐步进展着，直到全面的完结；他灵魂中的一切伟大东西渐渐褪色，枯萎，以至为其所鄙视"②。他最后说："如果我们的嗜欲任其流毒邻邦，它们将会犹如出柙的野兽，为整个文明世界带来洪水般的灾难。"③这话讲得何等深刻呵！它告诉人们，只有在民主、自由、具有良好道德风尚的社会里，才能培养出崇高的人，创造出崇高美来。

朗吉弩斯《论崇高》在西方美学、美育史上的贡献在于，他首次提出了"崇高"这一崭新的美学范畴，扩大了审美活动和艺术教育的范围，并作了富有独创性的、深刻的论述，可以说他是古罗马美学、美育思想的集大成者。

①《论崇高》,《文艺理论译丛》,人民文学出版社,1958年,第2期,第49页。

② 同上,第50页。

③ 同上,第50页。

第六章　艺术变成了宗教的奴婢

——中世纪的美育思想（上）

公元3世纪末叶，罗马帝国开始从强盛走向衰落，政治腐败，经济凋敝，民不堪命，社会矛盾尖锐，长期处于大动荡之中。在奴隶不断起义的打击下，加之北方日耳曼民族入侵，到5世纪欧洲奴隶制终于解体，代之而起的是封建制度。从5世纪到14世纪，欧洲封建社会延续了近一千年，史家称之为“中世纪”。

欧洲封建制度是在奴隶社会的废墟上建立起来的，初期由于落后的日耳曼民族不断入侵，战乱频仍，古希腊罗马城市遭到严重破坏，工商业和科学文化倍受摧残，同东方特别是中国封建社会比起来显得更为落后、分散，皇权与教权合一的统治力量格外强大，宗教神学取代了古代的人文精神。对于这一时期的政治思想、文化教育情况，恩格斯曾经作出明确的概括。他说：“中世纪是从粗野的原始状态发展而来的。它把古代文明、古代哲学、政治和法律一扫而光，以便一切都从头做起。它从没落了的古代世界承受下来的唯一事物就是基督教和一些残破不全而且失掉文明的城市。其结果正如一切原始发展阶段中的情形一样，僧侣们获得了知识教育的垄断地位，因而教育本身也渗透了神学的性质。……神学在知识活动的整个领域中的这种无上权威，是教会在当时封建制度里万流归宗的地位之必然结果。”①

①《马克思恩格斯全集》，第7卷，人民出版社，1959年，第400页。

在欧洲封建社会中，占统治地位的思想是宗教神学，这就决定了中世纪美育思想的基本性质和特点。基督教产生于公元1世纪初，“在其产生时也是被压迫者的运动：它最初是奴隶和被释放的奴隶、穷人和无权者、被罗马征服或驱散的人们的宗教。”①它宣传正义、平等、友爱、忍耐等思想，反映出下层群众的苦难生活而无力自救，把希望寄托于来世，反映出一种对现实不满和消极反抗的情绪。罗马统治者开始对基督教不仅未能接受，还采取了镇压手段，后来则竭力利用其消极、反动的一面，把它定为国家宗教，实行政教合一的政治体制，国王和教皇相互勾结，联合起来，以对付人民群众的反抗斗争，维护封建专制统治。法兰克王查理曼写信给教皇奥利三世，曾直言不讳地说，他的天职是用武力保护教会，教皇的职责是用祈祷支持他的武力。这样，教会就具有了至高无上的权力，把持、垄断着文化教育，成为封建专制制度的精神支柱。他们公然宣称：“一切科学和真理都在圣经里面”，“美是上帝的一个名字”。因此，一切文化教育、文学艺术活动都渗透着神学的内容。艺术教育必须服从和服务于基督教教义的阐释、宣传，以引导人们对于上帝的虔诚、信仰。艺术教育与宗教神学相结合，构成了中世纪美育思想的主要内容和基本特点。当然，随着历史的发展，社会的进步，宗教神学不可能一统天下，艺术教育世俗内容、人文精神也逐渐潜滋暗长地发展起来。

一、艺术由“女妖”变成宗教“美丽的婢女”

基督教教义的基本内容是神秘主义、禁欲主义和来世主义。在教会僧侣们的眼中，上帝是真理的化身和创造者，而“真理的制造者不喜欢任何谎言；一切伪作的东西在他看来都是罪过”。（德尔图良语）在他们看来，文学艺术作品都是“伪作”，不能提供“真理”，只能制造假象和谎言，人们看了就会“以假当真”，相信异教“邪说”，背叛上帝的“真理”。他们

①《马克思恩格斯全集》，第22卷，人民出版社，1965年，第525页。

鼓吹“原罪”说，认为由于亚当、夏娃偷食了禁果，人一出世就是有罪的，肉体就成了灵魂的监狱。人必须禁绝一切欲念、享受，以忍耐、服从、受苦来赎罪，拯救灵魂，求得来世的幸福，否则就要堕入黑暗、痛苦的地狱。当时一位名叫瓦拉特的行吟诗人曾写道：“地狱，人类的一本最黑暗的书”。[①]他们提出：人的“尘世生活是来世生活的准备”，只有摒弃尘世的欢乐，享受，实行禁欲主义，来世才能进入天堂。而艺术则是人的情欲的产物，它诱使人追求现世的欢乐与享受，结果离开上帝越来越远，最后走向罪恶的渊薮。按照这个逻辑，他们否定一切现实美，否定一切世俗文艺，特别是古希腊艺术的人文主义传统。古希腊非常重视缪斯教育，僧侣们则对缪斯这位司美、爱与文艺的女神竭尽诬蔑、丑化之能事，称她是“不贞不洁的姑娘”，给人吃的是“甜蜜的毒剂”，“用情欲缠人而不结果的荆棘来戕害理智的开花结果的种子”；维纳斯在他们眼中不仅不美丽动人，反而成了诱惑人的“女妖”；真实反映世道人心的戏剧艺术，被他们说成是虚幻的“海市蜃楼”。美育是以艺术教育为主要内容的，否定艺术的教育作用也就从根本上否定了审美教育。

但是，教会僧侣们对待艺术的态度是很矛盾的。他们一方面看到艺术表现人的情感、愿望和世俗内容，与宗教教义是不相融的，因而敌视和否定艺术。另一方面，他们不能无视艺术具有形象生动的特点和以情感人的力量，要比烦琐的、抽象的教条生硬灌输的效果大得多，因此在要不要利用艺术、特别是绘画来为宗教服务的问题上，教会内部的看法是有分歧、有斗争的。从公元4世纪开始，在长达百年的“破坏偶像”论战中，东正教冥顽不化的僧侣们坚持认为，耶稣基督虽为拯救人类降生于尘世间，但具有超现实、超感性的至高无上的神性。因此，“至高的神性是不能用人类的艺术和尘世的物质表现出来的”，“不应塑造成人体的形象”。凡是神像就是偶像，偶像必须打倒，才能真正信仰上帝。于是，他们开展了一场“破坏偶像”运动，野蛮地拆除古代神殿，破坏古代雕像、壁画，这种连

① 转引自戴本博主编:《外国教育史》,上卷,人民教育出版社,1990年,第183页。

圣像画都不准存在的极端态度，遭到教皇格里高利、查理曼大帝的反对。查理曼明确地说："圣像虽然不能摹拟肉眼所看不到的真理，所以不应该崇拜；但是画像毕竟是可以看见的，比那看不见的真理更易了解，更有意义，可以教育人民，可以帮助记忆，所以不应排斥圣像的艺术"。[①]经过这场斗争，他们在反对具有人文精神的古典艺术和世俗文艺浸入宗教领域的同时，也要利用艺术形式来宣传基督教教义，培养人的宗教感情，树立宗教信仰。

他们传教布道要有场所，于是大兴土木，建造教堂，建筑艺术便应运发展起来，成为中世纪艺术中最有成就的一个门类。那些哥特式教堂外部高耸入云的尖顶，犹如一支支燃烧着的火烛，引发人们产生一种缥缈虚幻、向往天国的情绪；内部涂金的高大廊柱，窗户镶满五彩斑斓的玻璃，太阳光射进来，显得深幽莫测，神秘辉煌，走进去令人有恍入"圣土"之感，给人精神上带来强大威力。费尔巴哈对此曾作过生动而又深刻的分析："自然仿佛躲避人类精神的视线，正如当时祭神的祈祷室里，光线不是通过纯洁无瑕、清澈透明的媒介物，而是通过涂过各种色彩的窗户射入的，仿佛纯洁的光亮对于背弃世界和自然界而转向上帝的、敬神的教区来说，是具有诱惑性、破坏性的东西，仿佛精神只有在把自然界遮掩起来的黑暗才能被祈祷的烛光所激发，……在否定性的宗教占统治地位的条件下，人仿佛不敢开展自己的视线，不敢用自己的手摘下知识树上的禁果。"当时拜占庭的历史学家普洛可比乌斯更加直截了当地说："一个人到这里来祈祷的时候，立即会相信，并非人力，并非艺术，而是只有上帝的恩泽才能使教堂成为这样，他的心飞向上帝，飘飘荡荡，觉得离上帝不远……。"[②]教堂建筑的神秘气氛，把人们引向超脱尘世、沉入彼岸世界的冥想之中，一切听从上帝的安排，无怪乎有人把它称作"不识字的人的圣经"！

在基督教教父们看来，音乐具有消除心灵污秽、消弭尘世罪过，直接

① 转引自缪朗山：《西方文艺理论史纲》，中国人民大学出版社，1985年，第227页。

② 转引自陈志华：《外国建筑史》，人民建筑工业出版社，1997年，第69—70页。

领悟神的启示的功能，对于引导和感化人们信仰上帝、向往天国具有特别重要的意义。因此，在各种教仪活动中，教徒总是在大风琴的伴奏下，用缓慢、凝重而单调的声音，高唱赞美歌和颂神诗，颂扬上帝的至高无上，天国的幸福美好，无怪乎有的学者说："音乐确实被当作'宗教的婢女'，但她不是卑贱的婢女，而是负有崇高使命的美丽的婢女。"[①]至于教堂内部的雕塑、壁画，几乎千篇一律的是圣子降生、使徒布道、耶稣受难、复活等宗教主题，人物头上笼罩着神圣的光轮，缺乏血肉生命，只是想象中的"神"的符号与象征。总之，艺术必须皈依于宗教，用以感化、净化人的心灵，从而虔诚地信仰上帝。这实质上是美育的宗教化。宗教化的美育，可以说是社会性的宗教美育，广大教徒在教堂中举行宗教仪式、做礼拜时接受它的教育和影响。

二、教会学校的"七艺"与美育

在中世纪初期文化教育普遍衰落的情况下，如恩格斯指出的，僧侣阶级是当时"唯一的受过教育的阶级"[②]。僧院设有图书馆和学校，成为识字读书、传抄和保藏书籍的中心，僧徒们在这里主要是研习神学，以背诵、抄写《圣经》为主要课目。他们除死记硬背宗教条文外，有时也读一点古罗马作家维吉尔、西塞罗的作品，多少有一点美育的内容。后来，他们开办了多种类型的学校，如僧院学校、教堂学校、教区学校等。这些教会学校都以训练、培养僧侣为主要任务。教学内容除神学这个教育"王冠"外，还为了吸收古希腊罗马的文化知识，逐渐增加了"七种自由艺术"，即首先是文法、修辞，然后是辩证法、算术、几何、音乐和天文学，简称之为"七艺"。"七艺"中有了比以前有较多的美育含量，世俗文化渗透进了神学。文法、修辞课主要学习拉丁文，也选读点文学作品，并进行散文和诗歌的习作；逻辑课教形式逻辑知识。学习这些课目是为了使学生

① 野村良雄:《音乐美学》,人民音乐出版社,1991年,第7页。

②《马克思恩格斯全集》,第21卷,人民出版社,1965年,第545页。

更好地记诵圣经，理解教义，净化感情，为神学辩护，反对“异端邪说”。他们对音乐是比较重视的，除了学唱宗教歌曲外，还要掌握一定的音乐理论知识，因为在举行宗教仪式、礼拜时，每个人都是要唱赞美歌和颂神诗的。其着眼点不是放在青少年心身健康发展上，而是出于狭隘的宗教实用目的，仍然是神学教育的一个组成部分。

公元9世纪，弗尔达修道院院长、美因菲地区大主教拉班，是个潜心钻研“七艺”、古典作品和宗教典籍的学者，在他所著《牧师教育》一书中，曾对“七艺”作了具体的阐述。如文法，拉班认为，“它是一门科学，使人学会解释诗人和历史学家的作品；它是一门艺术，使人能正确地写作和说话。人文科学之本，就在文法。”学生通过学习文法，才能了解构词的规范、修辞语言的妙处，音节、声律和诗体的知识，从而掌握正确的阅读、写作、讲演的艺术。“修辞是日常生活中有效地利用世俗谈话的艺术”，对“传布上帝的圣言”是有益的，并能帮助人们分清真伪，简洁、明白地传播真理，可使人乐而不倦地理解它、接受它。对于音乐的意义，拉班则更为强调，他认为，“音乐很有用途，也很卓越。对于音乐一无所知的人是不能以适合的方式胜任神职的。在教堂里，口齿清晰的读经和优美的赞美诗都是由音乐知识加以调节的。……通过音乐，我们能以最庄严的方式举行每一个礼拜仪式，音乐充满我们整个的生活。……我们从事美好事业时，正表示我们是音乐这门艺术的信徒；只要我们有过错，就会感到自己没有被音乐所吸引。……因此，对一个没有音乐知识的人来说，众多的事物对他都可能是关闭的，隐藏着的。”[①]这里可以看出中世纪学校教育对音乐的重视，并且比较深刻地触及了美育的心理作用。但“七艺”教育是为学生研读“圣经”、理解教义服务的，即使阿尔琴这位拉班的老师，对中世纪教育做出贡献的神学家，在讲授“七艺”时，也生怕学生阅读古希腊罗马文学作品，接受异端思想的影响。他对学生说：“圣经中的诗人已足够你们研究了，何以要用维吉尔的诗句去玷污你们的心灵呢？”但应

① 转引自戴本博主编:《外国教育史》,上卷,人民教育出版社,1990年,第201页。

当指出的是，教会学校讲授“七艺”，使学生掌握文法、修辞等方面的文化知识，结合基督教实际生活经验和有关背景材料，根据部分和整体互为依赖的关系来阐释、研究“圣经”，掌握文本的信息，从而理解、吸收和接受它，这种神学阐释学，如果剔除其宗教神学内容，它所提出的一些方法和原则，为如何理解文艺作品，发挥其教育功能，提供了一定的思想资料和有益的借鉴，在美育的实践和理论的发展上还是有一定积极意义的。

三、在“灰色的学习”中唱出美育新声

如果说宗教可以奴役人的精神，却无法主宰历史命运，改变不了社会发展的客观规律。从11世纪开始，代表世俗阶层的国王就同代表宗教势力的教皇发生了尖锐的矛盾和斗争，随着世俗政权的强大，教会权力的逐渐削弱。世俗文化方兴未艾，宗教文化已呈式微。民间文艺在人民生活土壤中成长、繁荣起来，表达下层群众反对封建制度和教会统治、追求美好、幸福生活的愿望和要求，以其清新刚健的气息冲破了中世纪宗教神学的乌烟瘴气，用自己的创作教育自己，对被宗教迷信污染的心灵起到了一定的解毒作用。同时，虚幻的神性总敌不过真实的人性，客观实践的呼声总比抽象的宗教说教更能教育人。因此，教会内部也产生了世俗意识与宗教神学的对立与斗争，有的较为开明的国王和教皇提出宗教艺术要向世俗艺术学习。他们说：“世俗艺术生动活泼，肖似现实事物，因此更能感动人，教会艺术应该向世俗艺术学习。”这就为世俗艺术走进神圣不可侵犯的宗教领地打开了门，为之输入了新鲜血液，增加了人性的色彩，赋予美育以新的内容。

到了中世纪后期，一批下层教士、青年僧侣由于受到古典人本主义思想和民间文学的影响，他们反对来世主义、禁欲主义，追求现世的幸福生活，有的明确表示：“我不愿登天堂，我爱人世间。”他们不遵守教会的清规戒律，被修道院里驱逐出来，过着无家可归的流浪生活，于是他们写下了不少民歌体的诗，抒发经院生活的不幸和痛苦，诅咒那折磨人的“灰色

的学习”，歌唱大自然的美好，歌唱春天和爱情，表现出对尘世生活欢乐与幸福的渴求、向往。中世纪留下的一部青年僧侣的《本尼督诗集》中写道：“抛开修道院里灰色的学习，／要寻快乐就趁着少年时，／你老了自有时间思索真理。”“久已渴望的春天，／终于来临，／爱情的大好时光，／煽起欢乐的火焰。／青年的伴侣啊，／让我们走到河边，／采摘一束鲜花／编成一条环链……。”[①]修道院的高墙深院关不住青年火热的心，宗教神学泯灭不了他们的美好理想。年青僧侣健康的充满青春活力的歌声，隐约地透露出新的美育思想和时代气息。意大利诗人但丁（1265—1321）的出现，标志着封建中世纪的终结和文艺复兴时代的到来，欧洲历史上出现了文学艺术的第二个高峰，美育开创了以人文主义为中心的新局面。黑格尔在《历史哲学》中说得好：“中世纪的艺术是沉了的夜色，文艺复兴的艺术是初吐的曙光！”

① 转引自缪朗山：《西方文艺理论史纲》，中国人民大学出版社，1985年，第255—226页。

第七章　唯有心灵变得美的人才能看到美

——中世纪的美育思想（下）

恩格斯指出："中世纪只知道一种意识形态，即宗教和神学。"①中世纪的美学、美育思想作为一种意识形态，也必然被纳入宗教和神学之内。随着欧洲封建制度的形成、发展和衰落，中世纪美学、美育思想发展大致经历了三个阶段：从公元初到5世纪，它依附于教父哲学，其理论来源是新柏拉图主义，主要代表人物是普洛丁、奥古斯丁；从公元6世纪到13世纪，它依附于经院哲学，占统治地位的前期是奥古斯丁的思想，后期是托马斯主义；中世纪末期，它开始由宗教神学向人学转化、发展，主要代表人物是伟大诗人但丁。前两个阶段的中心思想是：上帝是至真至善至美的，世界万事万物的美都是上帝创造的，人只有信仰上帝，心灵得以美化，才能看到上帝的美。所以，"唯有心灵变得美的人才能看到美"就成了中世纪宗教美学、美育思想的核心。但是，毕竟还是人创造了上帝，而不是上帝创造了人，其中不可避免地透露出某些符合人的爱美天性的思想，如强调人在审美活动中的主观心灵的作用，以神学的形式突破古代自然本体论美学的束缚，对美学思想的发展起了一定的积极作用。如果说普洛丁的美学、美育思想表现出古代人学向中世纪神学转变，那么但丁则标志着中世纪神学向文艺复兴时期人学的过渡，人文主义美学、美育思想的曙光开始出现在历史的地平线上。

①《马克思恩格斯全集》，第21卷，人民出版社，1965年，第328页。

一、普洛丁的美育思想

西方美育思想由古希腊罗马时代发展到中世纪，最重要的承上启下的代表人物是普洛丁。普洛丁（204—270）生活于罗马帝国的落日黄昏之际，世人处于黑暗、痛苦之中，对现实悲观失望，把幸福寄托于来世和彼岸世界，以信仰上帝获得精神上的安慰。普洛丁满怀救世热情，四处奔走，求师问道，寻求普度众生的诺亚方舟，成为当时最有影响的神学家。他精通哲学、修辞学，熟悉音乐、绘画。他40岁以后，即专心从事讲学、著述活动，弟子众多，云集门下，深受罗马教皇的赏识。他一共写下54篇文稿，死后由其弟子整理成书，名为《九章集》，其中《论美》《论理智美》是专门讨论美学、美育问题的，其他诸篇也有所涉及。

上帝是美的本源

普洛丁是新柏拉图主义的创始人，最早把古代唯心主义、东方神秘主义与基督教教义结合起来，以论证上帝的存在，并以此解释审美的本质问题。他根据柏拉图的“理念”说，提出上帝是“第一性的存在”，不是“万物中的一物”，而是万物的本源，一切美的事物都是从上帝那里“流溢”出来而被“分有”的。他说：“神才是美的本源，凡是和美同类的事物也都是从神那里来的。”①神是最高的美，有显现自身的要求，就像太阳必然要放光一样。神的光辉照到那里，那里就美。神的美“流溢”出心灵美，心灵美再“流溢”出事物美，因而美是有上下高低的等差的，其次序是：最高的是神的美，次等的是心灵美，等而下之的是物事美。他还由此对古典时代“多样统一”的美学观点作了新的解释，赋予宗教神学的含义，认为事物本身是个杂多体，无所谓美不美，只是“分有”了神的“理念”，成为“整一体”，才是美的。他说：“一件东西化为整一体了，美就

①《西方美学家论美和美感》，商务印书馆，1980年，第57页。

安坐在那件东西上面，就使那东西各部分和全体都美”[①]。这个“安坐”在事物上的“美”，实际上就是“神”，“所以一切人都须先变成神圣的和美的，才能观照神和美”[②]。他的美学、美育思想完全是以上帝为出发点和归宿，从属于神学的。

人的心灵美才能欣赏美

如果说，普洛丁的“流溢”说把美的本源归结于神，那么他的“回归”说则把人的审美活动看作是对神的信仰，灵魂的超升。他并不否定视听感官的审美作用，认为感知事物的美，不用眼睛看过是无法判定的，文辞和音乐的美也要通过听觉才能接受。但是，人只靠视听感官并不能认识美；人被感性的欲望冲动所支配，不仅不能达到美的境界，反而会走向堕落与罪恶的深渊。他曾形象地说：“未经净化的人到了地狱也要放在污泥坑里，因为不纯洁的人由于罪孽，所爱的就是污泥，就像肮脏的猪一样。”[③]在他看来，“心灵的伟大就在于对尘世事物的鄙视”，人只有摆脱尘世生活，禁绝一切情欲，回归于神，净化灵魂，与神一体，才能凭借神赐的“内在眼睛”“灵魂的听觉”认识美、领悟美。他说：“美是由一种专为审美而设的心灵的功能去领会的”。只有心灵美才能欣赏美。他以太阳打比方说：“倘若你看见自己变成了这种光辉，你就会立刻变成你所见的景象。只要你相信自己，而你虽然身在尘世，其实已经升到上界，无需任何引路人，只要你凝神注视去观照。……因为只有这种眼睛，才能观照那伟大的美。……如果眼睛还没有变成合乎太阳，它就看不到太阳；如果心灵没有变得美，它就看不到美。所以，无论何人，如果有心要观照神和美，都要首先自己是神圣和美的”。[④]很清楚，普洛丁把审美活动看作是神人感通、神秘体验的过程，这是一种典型的宗教唯心主义美学思想。如果按照

①《西方美学家论美和美感》，商务印书馆，1980年，第54页。
② 同上，第53页。
③ 同上，第57页。
④ 马奇主编：《西方美学史资料选编》，上卷，上海人民出版社，1987年，第184页。

这种思想进行审美教育，那么美育必然成为灌输神学的说教工具，遵从上帝的旨意，“让我逃回到所爱的故乡，脱离尘世生活，走向虚幻的天国”。当然，我们在批判他的宗教神秘主义审美观的同时，也应该看到，他强调人的心灵在审美中的决定作用，认为心灵美才能欣赏美，把美感与生理快感区别开来，其中是有一定的合理因素的。

二、奥古斯丁的美育思想

奥古斯丁（350—430）是中世纪基督教教父哲学的奠基人，有“宗教之父”之称。他早年生活放荡，沉迷于世俗享受；喜爱古希腊罗马文学作品，当过文学、修辞学教师，并写有美学著作《论美与适当》。他先是信奉摩尼教，后来皈依基督教，从此改过自新，过着清心寡欲的生活，埋首于《圣经》奥义的探索，撰写书稿33种、232部之多。除《论音乐》《论秩序》《论宗教的本质》外，他的美学、美育思想集中体现于自传体著作《忏悔录》中。他把毕达哥拉斯数的和谐说、柏拉图的“理念”说和普洛丁的“流溢”说糅合起来，建立了一套较为系统的基督教神学的美学、美育思想。

上帝是“万美之美”

奥古斯丁首先提出：究竟是事物给人以愉快才美，还是因其美才能使人愉快？他早年曾明确认为：事物本身是美的才能给人以愉快，美存在于事物的和谐、适当和比例之中。美是客观存在的。但到他信仰基督教之后，认识则发生了变化。他把毕达哥拉斯数构成万物、美在和谐的思想推向绝对化、神秘化，认为宇宙万物本来是杂乱无章的，数使之变成“整一体”，“整一是一切美的形式”。他说：“数始于一，一以其相等相似而为美；其他各数皆依次附加于一。……［因此，一切之形成］初皆有赖于与一相等相似之形式，形式则有赖于美之硕果，盖因美而生爱，因爱而生多，故此自一而始，一一相加，增殖不已”[①]。这就是说，“数”使事物多样统一，秩序、和谐的事物才是美的。那么，数从何而来？奥古斯丁的回答是：只能来自数的造物者——上帝。上帝万能，创造一切，也创造了数。“上帝按照一定的尺寸、数与重量排列万物”[②]，整个宇宙才成为一首“美丽的诗”。因此，上帝是“万美之美”，永恒的美、绝对的美；事物的美是暂时的美、相对的美，派生的美。事物的美与不美，要看它用于何种目的，只有当它成为上帝的印象和“痕迹”，人们把它当作上帝的象征来看待，从中领悟到上帝的爱，它才能是美的。“太阳、月亮、海洋、大地、鸟、鱼、水、谷场、葡萄和橄榄树——这一切都在帮助虔诚的灵魂颂扬信仰的奇迹。”[③]我们欣赏太阳的美，因为它象征着上帝的光辉，如果一种事物掩盖、遮蔽了上帝的光辉，不能作为认识神性美的中介、桥梁，只能给人以肉体的快感，刺激人的情欲，它不仅不美，而且是丑的、有害的。这种神学目的论，把信仰上帝作为审美判断的最高标准，必然把美育纳入于宗教教育的轨道。

事物愈接近心灵就愈加完美

为了使美育服从、服务于宗教神学的目的，奥古斯丁对审美经验、审美效应问题作了分析。首先，只有当人的心灵与美的事物构成某种对应和相似的关系，才能产生真正的美感。美的事物是和谐的，有节奏的，人的心灵也必须是和谐的，有节奏的，才能彼此契合、应和，产生审美体验，审美情感。一个人只有热爱美，美才能呈现出来，如果以世俗的、实用眼光看待美，对美就会视而不见。其次，他还对审美活动中直接感知与认识、理解的作用进行了区分，认为对绘画与文学的欣赏方式是不一样的，绘画重在形式，视觉的直接感知是主要的，看一幅画只要直观片刻即可判断它美与不美；而文学作品重在内容，仅仅注视语言文字是不够的，完全

① 《美学译文》，第1期，中国社会科学出版社，1980年，第183页。
② 塔塔科维兹：《中世纪美学》，中国社会科学出版社，1991年，第62页。
③ 同上，第68页。

靠直接感知不行，还必须通过认真阅读，深入理解，才能作出正确的审美判断。人们对高于事物美的神性美，更不能只靠视听感觉，而要以心灵、理智来认识。只有具备崇高的感情、纯真的灵魂、高度的理智的人，才能领悟神性美。他说："我相信我以肉眼所见之物愈是接近我以心灵理智之物，它便愈加完美。你以肉眼只能看到物质的事物，只有心灵我们才能看到整一性"[①]。奥古斯丁把心理学方法用于审美活动的分析，虽然本质上是理性主义的，带有浓厚的宗教信仰色彩，却是西方美学史上移情说、应和说的先声，对美育思想的发展是有积极意义的。

世俗艺术与宗教艺术——"有害的甜蜜"与"甜蜜的有益"

奥古斯丁深切地感受到艺术对人的重大作用与强烈影响，他站在宗教神学立场上，通过现身说法，竭力反对世俗艺术，宣扬宗教艺术。在《忏悔录》中，他痛不欲生地忏悔自己曾耽溺于世俗艺术，到上帝之外去寻求美的享受，致使灵魂堕落、罪孽深重，并指斥世俗艺术是虚伪的、"实际的和蓄意的欺骗"，是上帝的敌人。戏剧是"过眼烟云的海市蜃楼"，听音乐是满足"鄙俗的取乐"，表演是"耽迷于淫乐的狂乱"。但是，他同时又反复强调要尽可能地发挥艺术的感化作用，提出不论是用文字，还是用色彩、声音、形体创造出来的艺术作品，只要能使人们在不知不觉、潜移默化中去信仰上帝，都要给予重要的位置。我们听听他忏悔后对宗教音乐的感受吧：

现在对于配合着你的语言的歌曲，以优美娴熟的声音咏唱而出，我承认我还是很爱听的，但不至于留连不舍。这些歌曲以你的语言为灵魂，本应在我心中占有比较特殊的席位，但我往往不能给它们适当的位置。有时好像给它们过高的光荣：听到这些神圣的歌词，通过乐曲唱出，比了不用歌曲更能在我心中燃起虔诚的火焰。我们内心的各式情感，在抑扬起伏的歌声中找到了适合自己的音调，似被一种难以

① 塔塔科维兹:《中世纪美学》,中国社会科学出版社,1991年,第77页。

形容的和谐而荡漾。……回想我恢复信仰的初期，怎样听到圣堂中的歌声而感动得流泪，又觉得现在听了清彻和谐的歌曲，激动我的不是曲调，而是歌词，便重新认识到这种制度的巨大作用。①

这段话告诉我们，奥古斯丁对以上帝的语言为灵魂的音乐是多么喜爱，多么深深地激动着他，拯救了他堕落的灵魂。他曾说过，尽管我们不得不经常忍受有益的痛苦，我们却应当永远避免有害的甜蜜；而有益的甜蜜或甜蜜的有益当然是最好的。这里“有益的痛苦”，就是实行禁欲主义，压抑一切情欲，包括对世俗艺术的欣赏。欣赏世俗艺术，在他看来是“有害的甜蜜”；宗教艺术使人愉快地亲近上帝，才是最好、最完美的，他称之为“有益的甜蜜”和“甜蜜的有益”。奥古斯丁与有些传教士不同，没有一概排斥艺术，他看到了艺术的巨大的感染力、吸引力，是能为诱导人们信仰上帝服务的，用他的话说，即是“亲近上帝，为我有益。”这是他的美育思想的核心，对当时及以后的美育活动产生了很大的消极影响。

三、托马斯的美育思想

中世纪末期，宗教神学最重要的代表人物是托马斯·阿奎那（1226—1274）。托马斯出身于意大利贵族家庭，5岁到修道院接受启蒙教育。17岁进入那不勒斯大学学习，除必修“七艺”外，还阅读了亚里士多德的大量著作，后又获得巴黎大学神学博士学位。他先后在巴黎、科伦、罗马、那不勒斯等地任教，讲授神学、哲学，主要著作有《反异教大全》《神学大全》。这些著作被奉为经院哲学的“百科全书”。他把亚里士多德的哲学与宗教神学结合起来，并汲取了普罗丁、奥古斯丁的思想，建构了一个严密、系统的经院哲学体系。他没有写过专门的美学著作，只是根据其哲学体系的需要才有所涉及，但却在中世纪美学中占有非常重要的地位。

① 奥古斯丁:《忏悔录》,周士良译,商务印书馆,1987年,第216页。

美是认识的对象，善是欲念的对象

托马斯发展了亚里士多德“四因”说中的唯心主义的“形式因”，认为美在形式，没有形式就没有美，美属于形式因的范畴。他说：“美有三个因素：第一是一种完整或完美，凡是不完整的东西就是丑的；其次是适当的比例或和谐；第三是鲜明，所以鲜明的颜色是公认为美的。”[①]美的事物虽然在于形式的协调和鲜明，但这不是事物本身所固有的，而是由“创造因”产生的，“创造因”又是由“动力因”决定的。“上帝就是最初的动力因”。一句话，美的最终根源在于上帝。他曾直截了当地说：“家里如果是空空洞洞的，那就不会美。事物之所以美，是由于神住在它们里面。”[②]托马斯的这种观点，仍然同普罗丁、奥古斯丁一样，即美是上帝创造出来的，事物具有神性才美。

如果说托马斯对美的看法有什么发展的话，那就是他既指出了美与善的密切联系，又作了明确的区分。他认为，美和善都是以“真实的形式为基础”，二者是一致的，不可分割的，以致人们通常把善的东西也称赞为美的，但美与善究竟是有区别的。从与上帝的关系看，美与善虽然都是上帝创造的，但善最接近上帝，美则隔了一层，因此，善高于美，美低于善，但人通过认识美而补充善，从而更接近上帝。从与人的关系看，善是人的欲念的对象，是作为一种目的来看待的，因此善使人产生追求目的的冲动和得到欲念的满足；美是人的认识对象，只涉及认识功能，不追求欲念的满足，因此一眼见到美就使人愉快，这见到或认识本身就可使人满足。他的结论是：“凡是只为满足欲念的东西叫做善，凡是单靠认识到就立刻使人愉快的东西就叫做美。”[③]托马斯这种强调美的直觉性、超功利性、无目的性的观点，在近代美学特别是康德、克罗齐的主观唯心主义美学中，得到片面的、极端的发展，产生了很大影响。

---

①《西方美学家论美和美感》，商务印书馆，1980年，第65页。

② 同上，第66页。

③ 同上，第67页。

感性直观通过心灵理性才能认识美

托马斯还论及审美活动、美感问题。他认为审美活动是人区别于动物的一个重要标志，只有人才能对具体事物的美感到喜悦。人的审美认识不只是为了满足生存的需要，主要是从认识中获得精神上的满足与乐趣；而动物从对象那里获得的只是生存的需要，并由此产生本能的快感。他说："人分配到感官，不只是为获得生活的必需品，像感官在其他动物身上那样，并且还为着知识本身。其他动物对感官对象不会引起快感，除非这些对象与食和交配有关，但是人却可以单从对象本身的美得到乐趣。"[①]例如狮子听到牡鹿的声音而感到愉快，是因为它预示着一顿佳肴，而人听了感到愉快则是因为它本身的和谐。人怎样认识美并产生美感呢？他认为审美活动主要依靠视听感觉。因为视听感官与认识的关系最为密切，是为理智服务的。视听感官与心灵理智的结合就能认识到美，获得精神上的满足与乐趣。他说：对于美，"严格地讲，无论是感官还是心灵都不从事把握，而是人通过他的感官和他的心灵去从事把握。"[②]在他看来，人的视听感官与外界事物具有一种对应关系，当人的主观情感同化了客观对象，就把个别的感性形式"吸收"到心灵中去，认识到事物的真实"形式"，即掌握了美的本质。人们虽然一眼就能看到美而产生满足感，但这并不是"感性直观"，而是"理性直观"的结果。他说："纯洁而本质的美寓于观照的生活中，而关于智慧的观照就有过这样的话：我爱它的美。当种种道德品质发出理智的秩序所含的光辉时，这些品质也就受到了美的光照，而节制的品德尤其如此，并且正是它才能扫除足以掩蔽理智之光的迷雾"[③]。感性观照只有通过心灵理性才能认识美，而心灵的理性是神赋予的。他虽然把审美活动最终归结于神性，但已不像奥古斯丁那样一味否定、贬斥感性活动，多少透露了一些世俗的、人性的色彩。

①《西方美学家论美和美感》，商务印书馆，1980年，第67—68页。
② 塔塔科维兹：《中世纪美学》，中国社会科学出版社，1991年，第304页。
③ 伍蠡甫主编：《西方文论选》，上卷，上海文艺出版社，1963年，第150页。

艺术的教育功能——严肃的美德并不排斥所有的愉悦

托马斯从其神学观念出发，对艺术摹仿说作了新的阐释。他认为：“一切自然的东西都由神的艺术所创造，可以称之为上帝的艺术作品。”[①]艺术摹仿自然，就要学习上帝怎样创造自然，学习上帝创造的本领、技巧。他说：“艺术的过程必须摹仿自然的过程，艺术的产品必须摹仿自然的产品。学生进行学习，必须细心观察老师怎样做成某种事物，自己才能以同样的技巧来工作。与此相同，人的心灵在创造某种东西之前，也需要受到神的心灵的启发，也必须学习自然的过程，以求与之一致。”[②]这里，他把艺术对自然的摹仿看成是艺术家根据上帝的启示、学习上帝创造自然的过程。自然事物只是艺术的材料，艺术家从上帝那里获得心灵的理性启示，掌握了创造自然的艺术技巧，才能创作出艺术作品。托马斯这里赋予了“摹仿说”以神学的内容，但他强调艺术家主观创造作用，把自然摹仿与心灵表现结合起来，应该说是对“摹仿说”的一个发展。由此，他认为应当用宗教的和道德的观点来评判艺术的价值，并把艺术分为有用的和愉悦的两类。前者如绘画，可以用来对不识字的人进行宗教教育，服务于对上帝的崇拜，也可用于对人的道德教诲；后者如戏剧演出、乐器弹奏、诗歌朗诵，主要是使人获得愉快和享受。这两者并不是对立的，互不相容的。托马斯说：“严肃作为一种美德并不排除所有的愉悦，而只是排除多余的和混乱的愉悦。”[③]这种在严肃制约下的愉悦，是有序的，和谐的，合乎神性的；而所谓“多余的和混乱的愉悦”，则是指尘世的欢乐，是违反神性的。所以他郑重提出：“我们要谨防使和谐的心灵受损”。[④]如果剔除其中神学观念，这种把严肃的美德与美感愉悦统一起来，对理解审美教育的作用还是有一定意义的。

① 伍蠡甫主编:《西方文论选》,上卷,上海文艺出版社,1963年,第151页。

② 同上,第154页。

③ 塔塔科维兹:《中世纪美学》,中国社会科学出版社,1991年,第319页。

④ 同上,第312页。

总的看来，托马斯的美学、美育思想是其经院哲学体系的一个组成部分，主导倾向是宗教唯心主义的，他的目光是看着上界的，向着上帝的，而不是向着尘世的，看着芸芸众生的，但其中也潜隐地存在着某些尘世的、人性化的内容。正如波兰著名美学家塔塔科维兹所指出的："中世纪思想家倾向于不大注意尘世的美。但是我们却发现，中世纪鼎盛时期发生了变化，而且首先见于圣托马斯。他仍然称颂超验的美；但是，他的美的概念却是建立在尘世的美之中。"[①]这个评价不无道理，但后来人们往往丢掉他合理的东西，发展他维护宗教统治的内容，新托马斯主义就是如此。

四、但丁的美育思想

恩格斯指出："意大利是第一个资本主义民族。封建的中世纪的终结和现代资本主义纪元的开始，是以一位大人物为标志的。这位人物就是意大利人但丁。他是中世纪的最后一位诗人，同时又是新时代的最初一位诗人。"[②]但丁是封建中世纪到近代资本主义社会交界线上的人物。他的文化思想虽然没有完全摆脱神学思想的束缚和影响，但却表现出强烈的人文主义的倾向。这在他的美学、美育思想中有着鲜明的反映。

但丁（1263—1321）比托马斯小40岁，出身于破落的贵族家庭，少年时代受过良好教育，熟读罗马诗人维吉尔等的作品，研究哲学、神学和科学，擅长诗歌、绘画。青年时期积极参与政治斗争，拥护世俗政权，反对教皇统治，曾被选为佛罗伦萨共和国的执政官。后来教皇党得势，被判处终身流放，逐出境外。在流放期间，他写了不朽的长诗《神曲》，反对神权统治，肯定世俗生活，鼓吹个性解放和人文精神，是意大利的著名诗人，文艺复兴运动的先驱。他的美学、美育思想除在《新生》《神曲》中有所表露外，集中反映在《致斯加拉大亲王书》《宴会篇》和《论俗语》等著作中。

---

① 塔塔科维兹:《中世纪美学》,中国社会科学出版社,1991年,第299—300页。

②《马克思恩格斯选集》,第1卷,人民出版社,1972年,第249页。

神的美与人的美的二元论

但丁既宣扬上帝的永恒美，又肯定人的世俗美，是审美的二元论者。他把托马斯视为长者和先师，在《神曲》中赞颂他具有“永恒的美”，并从他那里接受了美的基本观念，认为上帝使美的事物“永恒”，事物的美在于和谐、秩序和明晰，美就是“与上帝相似的形式”。他在《天国篇》中写道：

> 天国的爱神以他那恩惠，
> 抹除了所有的谄媚，
> 而以灿烂之光照耀，
> 使所有美的事物永恒。①

他仍然像奥古斯丁、托马斯一样，对美的本质作神学的解释，美的最终根源在于上帝。但在谈到艺术创作时，他却把中心转到“人”上来，而不再是“神”了。他认为艺术创作纯粹凭借上帝创造世界的理智、技艺是不完善的，“爱情”是艺术的动力和源泉，正是“爱情”之所致，通过语言表达出来，才能产生“辉煌的形象”，创作出完美的作品。他在《宴会篇》中指出：上帝赋予人以理性和自由意志，人是高贵的，自由的。人既要爱上帝，也要追求自己的幸福和欢乐。文艺作品要表现武士的英勇、爱情的热烈和自由意志，安全、爱情、才德才是文艺作品的真正主题。它既要是善的，也应是美的，具有惩恶扬善和审美愉悦的作用。这里的“美”已没有多少神秘主义思想，而富有了人文主义精神。他说：“每一部作品中的善与美是彼此不同，各自分立的。作品的善在于思想，美在于辞章的雕饰。善与美都是可喜的”。②善在“思想”，美在“辞章”，善与美都能给人以快感，艺术不单纯是说教的工具，而要既有教益，又能使人获得美的

① 塔塔科维兹:《中世纪美学》,中国社会科学出版社,1991年,第343页。

②《西方美学家论美和美感》,商务印书馆,1980年,第68页。

享受。

文学作品的“四义”说

但丁美学思想由神学向人学的转变，也表现在他对文学作品意义的阐释上。阐释学的源头在中世纪的宗教神学，当时的神学家们对《圣经》故事和文学作品的解释，都要努力发现其字面下的象征、寓言的意义，把感性事物与上帝挂起钩来，用以宣传宗教神秘主义。但丁在《宴会篇》中提出的“四义”说虽不是独创，也没有完全摆脱神学的羁绊，但在具体说明《神曲》的主题时，却赋予了新的含义。他说：

任何一篇作品都可以在四种意义上来理解，所以应当给予解释。其一是字面上的意义，这一意义不超出文字本身。其二是譬喻的，这种意义隐蔽在诗的外罩之下，是美的谎言背后隐藏的真实。其三是道德上的意义，这个意义是我们的读者应当最勤勉地为了他们自己以及他们的学生的利益而孜孜以求的。其四是秘解的，即超感觉的意义。当一篇甚至在字面意义上也是指向永恒不朽的超自然物的作品，在精神含义上得到解释时，这种意义便会展现出来。①

这可以说是但丁对中世纪阐释学思想完整概括，如果扬弃他所谓“秘解的”“超感觉的”意义，他所提出的解释文学作品的方法、内容，对于我们正确解读文艺作品，把握作品的内容，进行审美教育还是很有借鉴作用的。特别应当指出的是，他在《致斯加拉大亲王书》中，阐述《神曲》字面意义和寓言意义时，明确交待了它的主题是“人”而不是“神”。他说：“仅从字面意义论，全部作品的主题是‘亡灵的境遇’，……但是如果从寓言意义看，则其主题是人，人们在运用其自由选择的意志时，由于他们的善行或恶行，将得到善报或恶报。”②“全书和这一部分的目的就是要

① 塔塔科维兹:《中世纪美学》,中国社会科学出版社,1991年,第344—345页。
② 伍蠡甫主编:《西方文论选》,上卷,上海文艺出版社,1963年,第160页。

使得生活在这一世界的人们摆脱悲惨的境遇，把他们引到幸福的境地。”[①]但丁在《神曲》中宣扬人要净化灵魂、超升天堂的神学思想的同时，也鲜明地肯定人对世俗生活幸福追求的合理性，表达了个性解放的时代精神，正是在新旧思想的冲突中，显露出人文主义的思想光辉。

用“俗语”写作便于普通人“相互传达思想”

但丁在西方美育发展史上另一个重大贡献，是提倡用俗语即意大利的民间语言进行文学创作。在中世纪，拉丁语是长期袭用的官方语言，文学作品及其他著作大都用拉丁语写成，只有上层贵族、僧侣阶级才懂得它、使用它。但丁从意大利民族统一的政治需要出发，为了使文学作品更好地表达普通百姓的思想感情，向官方使用的拉丁语提出了挑战。他认为，语言是人类区别于动物的标志之一，只有人类才使用语言互相传达思想感情。但当时存在着两种语言，一种是只有少数人才熟悉的“文言”，即拉丁语；一种是所有人都熟悉的、运用的，这就是“俗语”。但丁指出，俗语是人类真正元初的语言，从孩提时期就学习、使用了的。拉丁语是贵族语言，是不自然的，矫揉造作的；俗语是普通人的语言，是自然朴实的，高贵的。这种“俗语”，不是某一地方、某一城市的。“它的香气在每个市镇，但它的巢穴却不在任何一个城镇中”，而是从一切方言中筛选、提炼出来的意大利统一的民族语言，它的标准是光辉的、基本的、宫廷的（适用一切城市，具有权威性）、法庭的（公平的、公正合理的）。作家用俗语进行文学创作，可以达到像抒情歌曲那样优美、清楚、完整、流畅，具有“激荡人心”的力量，并由于使用“光辉的俗语”而获得的“荣誉和高贵”，甚至比“国王、侯爵、公爵以及其他王公大人更出名”。当然使用“高贵”的俗语必须有过人的“才识”和高尚的思想。但丁说：“最好的语言就适合于最好的思想。但是最好的思想只能来自天才与知识，所以最好的语言只适合于那些有知识、有天才的人。”[②]这里可清楚地看出，但丁提

① 伍蠡甫主编:《西方文论选》,上卷,上海文艺出版社,1963年,第162页。

② 同上,第171页。

倡用“俗语”创作的意义在于：第一，使文学创作便于普通百姓“互相传达思想”，从而接近了现实生活和广大民众；第二，“高贵”的俗语只有有知识和才能的人才能使用，换句话说，文学作品要表现作家才智，而非传达上帝的启示、宗教劝谕。这不是对宗教美育思想的一个很大的突破吗？！

但丁作为中世纪的最后一位诗人，标示着一个旧时代的终结和一个新时代的开始。随着以宗教神学为主要内容的美学、美育思想的衰微，到来的是高扬人文主义精神的文艺复兴，美学、美育思想的主题由“神”变为“人”，即对人的个性解放、自由幸福的追求!

第八章 人类是一件多么了不得的杰作！

——文艺复兴时期的美育思想

公元14世纪到16世纪，欧洲大陆掀起了一场声势浩大的反封建、反教权的思想文化解放运动。它发源于“资本主义生产发展最早的”意大利，后来伸展到英、法、德等国，以至席卷整个欧洲。这一历史时期被人称为“文艺复兴”。

“文艺复兴”一词最早是意大利画家、建筑学家瓦萨里（1511—1574）在其《优秀建筑家画家雕刻家传》中使用的，意在说明当时意大利造型艺术复兴古代艺术的审美原则，与中世纪宗教艺术是不同的，它是古希腊罗马艺术的“复兴”与“再生”。但究其实质来说，这是不确切的。“文艺复兴”是封建制度内部形成的资本主义生产关系的产物，不单纯是古典文化艺术的“复兴”和“再生”。约定俗成，以后史家就沿用它来标示这场思想文化运动。

当时，欧洲封建制度虽然仍处于统治地位，但在许多国家手工工场和商品经济已经发展起来，出现了资本主义生产关系的萌芽，如马克思所说，“正在崩溃的封建社会内部的革命因素迅速发展起来”。新兴的资产阶级为了打破封建制度的桎梏，发展资本主义经济，他们首先在思想文化领域里进行反对封建制度及其精神支柱宗教神学的斗争，于是打着复兴古典文化的旗帜，演出历史文化发展的新场面。他们重新认识、评价古希腊罗马的文化艺术，并以之为出发点和斗争武器，向束缚、禁锢人的思想自由发展的中世纪封建权威、旧传统和旧教条发起挑战，以创造出一个适应时代发展需要的新的思想文化。恩格斯在《自然辩证法》中写道：

拜占庭灭亡时抢救出来的手抄本，罗马废墟中发掘出来的古代雕像，在惊讶的西方面前展示了一个新世界——希腊的古代；在它的光辉的形象面前，中世纪的幽灵消逝了；意大利出现了前所未见的艺术繁荣，这种艺术繁荣好像是古典古代的反照，以后就再也不曾达到了。在意大利、法国、德国都产生了新的文学，即最初的现代文学；英国和西班牙跟着很快达到了自己的古典文学时代。旧的OrbisVTerrarnm（直译是“地环”，这是古罗马人对世界、地球的称呼——编者注）的界限被打破了；只是在这个时候才真正发现了地球，奠定了以后的世界贸易以及从手工业过渡到工场手工业的基础，而工场手工业又是现代大工业的出发点。教会的精神独裁被摧毁了……。①

这个精辟的论断揭示了文艺复兴运动的实质。他们复兴、利用古希腊文化，是为了驱除“中世纪的幽灵”，创造新的文化。当时一位法国诗人罗莎尔就写道：“我研究古人，为自己开辟道路”②。

“文艺复兴”时期的学者们站在时代的前列，立足于社会进步的需要，在发掘、整理、传播被中世纪忘却或歪曲了的古代文化遗产方面做了大量工作，进行新的阐释，继承和发扬其世俗的、人本主义的思想内容，否定中世纪的禁欲主义、蒙昧主义、来世主义，以“人性”反对“神性”，以“人道”反对“神道”，以“人权”反对“神权”，形成了“人文主义”的世界观。它歌颂人的伟大，赞美尘世生活的幸福，提倡人的自由全面的发展。对于文艺复兴时期的人文主义理想，莎士比亚在《哈姆雷特》中曾作过深刻的概括和热情的赞美：

人类是一件多么了不得的杰作！多么高贵的理性！多么伟大的力

①《马克思恩格斯全集》，第20卷，人民出版社，1965年，第360—361页。

②《外国文化——文艺复兴时期美术名家荟萃》，学林出版社，1988年，第2页。

量！多么优美的仪表！多么文雅的举动！在行动上多么像一个天使！在智慧上多么像一个天神！宇宙的精华!万物的灵长！①

审美活动是一种肯定人的本质力量的自由活动。由于人的自由、尊严、力量和价值受到普遍重视，人们对美和艺术的追求十分强烈，审美活动和艺术教育呈现出蓬勃的景象。文艺复兴时期的美育思想正是在人文主义思想基础上形成和发展起来的。它重视自然美，特别是人的美，主张艺术活动与自然科学结合起来，强调审美教育对人的身心和谐发展的意义，以培养适应新时代需要的思想解放、知识渊博、美善兼备、多才多艺、体格强健、乐观进取、勇于实践的“完人”，即莎士比亚所说的“宇宙的精华”。当时几乎所有重要的艺术家、教育家都肯定了艺术的教育作用，提出了审美教育的要求。不仅人文主义的学者、艺术家如此，甚至在下层民众中间也形成了一股追求美、热爱艺术的风气。文艺复兴早期的诗人彼脱拉克说：“木匠、皮匠、农民、百工都抛弃了自己的业务，而竞谈缪司和阿波罗。”②

一、美不在天国而在人间

文艺复兴时期人文主义者打破了中世纪神学的精神枷锁，以崭新的、开阔的眼光看待世界，发现大自然的美和人性的美，把美从天国拉回到人间，是他们对审美教育的一个重大贡献。他们认为，美不在天国，而在尘世；最美的不是神，而是人。意大利建筑家、诗人阿尔贝蒂热爱自然美，曾被无比美丽的自然风光感动得落泪。在他看来，美就在自然之中，爱美是人的天性，凡是不爱美的人都是粗野落后的，不文明的。他在《论雕像》中说：“大自然赋予万物之间的那种各得其所的高度美，而在这一点上，我们是效法那个给克罗多尼人塑造了女神形象的人，他从一些姿色出

①《莎士比亚戏剧集》(四)，朱生豪译，人民文学出版社，1954年，第187页。

② 转引自缪朗山:《西方文艺理论史纲》，中国人民大学出版社，1985年，第268页。

众的少女那里汲取了其中每一个人身上最优美、最秀丽的东西，而将它移置于自己的作品中。同样，我们也选择了很多被鉴赏家们认为最美的形体，从这些形体中取得一定的尺度，然后把它们互相比较，扬弃在这一或那一方面过偏的东西，于是选出那些经过用淘汰法进行一系列测验一再证实了的大小适中的尺度。”[①]诗人塔索也说：“美是自然的一种作品，……自然的作品本身原来既然如此，直接摹仿自然的艺术作品也就应如此。”[②]宇宙是和谐的，自然是美丽的，作为“宇宙的精华”的人就更不待而言了。他们满怀乐观主义精神肯定了人的形体和精神的美。洛伦佐·瓦拉在《论快感》中写道：“美是对人体的基本恩赐。……如果身体的健康、力量、灵巧和敏捷不应受到排斥的话，那么为什么对美、对美的追求和爱都必须加以排斥呢？我们知道，它们深深地植根于人们的感情之中呀!”[③]阿尔贝蒂还说过：“自然界即上帝创造了一方面具有神性的、另一方面具有整个凡人世界中最美的东西的人，……自然界给人以智慧、聪敏、记忆力和理智这许多神圣的、极为有用的特性，以便去辨别和领会什么是应当回避的和什么是应当去争取的，以便更好地保存自己。”[④]这种对自然和人的美的充分肯定和高度颂扬，就是对中世纪宗教神学压抑、摧残人性的否定。在他们看来，现实人生是美好的，爱美之心人皆有之，是不可压抑的，应当予以满足，使人在审美中获得享受和幸福。薄伽丘在《十日谈》中，通过十个青年十天讲的一百个故事，讽刺和揭露教会的虚伪、邪恶和丑行，真实地描写和讴歌了现实美和人性美。那个“绿鹅”的故事告诉我们，美不是“邪恶的东西”。美是爱的基础，美是幸福的源泉。人的爱美天性比宗教禁欲主义的说教更为有力，更能征服人的心灵。至于文艺复兴时期的绘画艺术，虽然大都还是宗教题材，画的是耶稣、圣母、使徒、善男信女，但在他们身上已经脱去了神秘、禁欲的气味、色彩，洋溢着人间

① 转引自《马克思列宁主义美学原理》，上卷，陆梅林译，生活·读书·新知三联书店，1961年，第64页。

②《西方美学家论美和美感》，商务印书馆，1980年，第73页。

③ 转引自舍斯塔科夫：《美学史纲》，樊莘森等译，上海译文出版社，1986年，第87页。

④ 同上，第94页。

的气息，有着浓烈的人性美和人情味。拉斐尔的《西斯廷圣母》中的圣母与圣子，并不是神，而是普通的人，使人感到可亲可爱。俄国著名的民主主义作家赫尔岑在观赏这幅名画后说："圣母好像在说：'请你们抱去吧，他不是我的。'但同时又把他紧贴在怀里，好像如有可能，她就带着他逃到一个遥远的地方去，用自己的奶来喂养这个并非'救世主'，而是自己普通儿子的普通婴儿。"[①]这都是文艺复兴时代对人性美的发现，是与中世纪的神学美学相对抗的人文主义审美观的形象体现。

二、艺术是反映自然的一面镜子

文艺复兴时期的思想家、艺术家把美从天国拉回到人间，在他们看来，作为人的审美活动集中表现的文学艺术，根本不是什么"宗教的奴仆"，也不是甜蜜的谎言，而是自然的一面镜子。它真实地反映现实人生，能够显示真理，帮助人们正确地认识现实人生，辨别是非善恶，获得美的享受与教益。这就使审美活动和艺术教育具有了积极的、乐观的、肯定生活的价值。他们继承和发展了古希腊美学中的"摹仿"说，认为艺术应以自然为范本，只有摹仿得惟妙惟肖，才是完美的、受人欢迎的作品。达·芬奇指出：人的一切知识都来源于感觉，"经验才是真正的教师"，非常重视感觉经验和知识在艺术创作中的作用。他说："眼睛叫做心灵的窗子，它是知解力用来最完满最大量地欣赏自然的无限的作品的主要工具。"[②]闭着眼睛就堵塞了心灵的窗子，镜子也就反映不出自然的真实面貌。因此，"画家的心应当像镜子一样，将自然转化为对象的颜色，并如数摄进摆在面前一切物体的形象，应当晓得，假如你们不是一个能够用艺术再现自然一切形态的多才多艺的能手，也就不是一位高明的画家。""画家如果拿旁人的作品做自己的标准和典范，他画出来的画就没有什么价值，他就得不

① 转引自迟轲:《西方美术史话》,中国青年出版社,1990年,第91页。

②《论绘画》,《西方文论选》,上卷,上海文艺出版社,1963年,第181页。

到好的结果。”[①]但“摹仿自然”并不意味着抄袭自然。他主张艺术家不仅用眼睛观察自然，而且要用头脑去思考，发挥丰富的想象力，以科学理性去揭示自然规律，创造出比自然更美更真实的“第二自然”，使艺术成为传布真理和德行的有力手段。莎士比亚反对艺术的虚假矫饰，提出要反映社会人生、时代发展的本来面目。他说：“戏剧的目的在一切时代都是而且将来也是自然前面的一面镜子”，“它的目的始终是反映自然，显示善恶的本来面目，给它的时代看一看它自己演变发展的本来面目”[②]。他在自己丰富多彩的戏剧创作中，集中地反映了那个时代的真实面貌，通过他那戏剧情节的生动性和丰富性，我们看到了一个如恩格斯所说的“五光十色的平民社会”。锡德尼在《为诗辩护》中，既强调艺术创作必须依靠自然，又指出诗人要发挥自由想象的能力，创造出完全崭新的、自然中所从来没有过的形象。他说：“没有一种传授给人类的艺术技巧不是以大自然的作品为其主要对象的。没有大自然，它们就不存在，而它们是如此依靠它，以致它们似乎是大自然所要演出的戏剧的演员。”但艺术毕竟不等同于自然。艺术是艺术家心灵创造的成果，是比自然更可爱、更珍贵的东西：“她的世界是铜的，而只有诗人才给予我们金的。”[③]文艺复兴时期的艺术家们认为艺术来源于现实生活，同时强调艺术的典型性、真实性，实质上是要拨开宗教神学笼罩在艺术上重重迷雾，把艺术从宗教的奴婢的地位中解放出来，发挥其愉悦身心、净化感情、认识真理的作用，以表达人文主义的时代精神和人生理想。

三、艺术使人既获得娱乐又获得教益

文艺复兴时期的艺术家、美学家针对中世纪神学家认为艺术传播罪恶、败坏人心的观点，继承和发扬了亚里士多德的“净化”说和贺拉斯的

① 伍蠡甫主编:《西方文论选》,上卷,上海文艺出版社,1963年,第138页。
②《莎士比亚全集》,第9卷,人民文学出版社,1978年,第68页。
③ 伍蠡甫主编:《西方文论选》,上卷,上海文艺出版社,1963年,第230—231页。

“寓教于乐”说，非常重视艺术的美感教育作用，指出人从艺术中既得到娱乐、消遣，又能受到教育，而且这种教育比抽象、枯燥的说教更有力量，更能感动人心。马佐尼在《神曲的辩护》中，对此作了很好的概括：“诗是一种摹仿的艺术，它是由人的社会功能制作出来的，使人既获得娱乐，又获得教益。”[①]莎士比亚在《威尼斯商人》中赞颂音乐的艺术魅力说：“无论怎样坚硬顽固狂暴的事物，音乐都可以立刻改变他们的性质；灵魂里没有音乐，或是听了甜蜜和谐的乐声而不感动的人，都是擅于为非作恶，使奸弄诈的；他们的灵魂像黑夜一样昏沉，他们的感情像鬼蜮一样幽暗；这种人是不可信任的。”在他看来，音乐具有净化灵魂的力量。真正能够欣赏美和艺术的人，心灵是明净、美好的；而那些为宗教迷信思想所禁锢的人，则是丑恶、奸诈的，他们的灵魂“像黑夜一样昏沉”，“像鬼蜮一样幽暗”。这正是对教会僧侣们鄙视、否定艺术、审美教育而发的。英国诗人、评论家锡德尼在著名的《为诗辩护》中，针对“诗是罪恶的学堂”的谬论，为诗作了有力辩护，充分肯定了文艺的愉悦和教育的功能。他指出：诗作为摹仿的艺术，“就是一种说话的图画，目的在于教育和娱情悦性”，而且诗比历史、哲学更能有效地打动人心。因为诗是以形象模仿自然的，可以创造，可以虚构。哲学和历史，一个提供一般的箴规，一个提供个别的事实；而诗则可通过虚构“完美的图画”，把事物的一般真理与特殊真实结合起来，为人们提供活生生的形象，打动人心，透入灵魂深处，在教育方面更有力量。哲学只有博学者才能了解它，只能教导已经受过教育的人，而诗带有“鲜明的光彩”，没有知识的人也能乐于接受，为之感动，在怡情悦性中向往、实践善行。因此，他说“诗人其实是真正的群众哲学家”[②]，“最卓越的工作中的最卓越的工人”[③]，这就把诗情与哲理有机统一起来。

当时人们刚刚挣脱中世纪禁欲主义、苦行主义的束缚，强烈追求现世

① 伍蠡甫主编:《西方文论选》,上卷,上海文艺出版社,1963年,第200页。

② 锡德尼:《为诗辩护》,钱学熙译,人民文学出版社,1998年,第23页。

③ 同上,第24页。

生活快乐和享受，这反映在有的美学家对文艺的娱乐和教益作用关系的看法上，似乎更偏重于娱乐、消遣方面，但总的倾向还是主张两者结合的。如意大利诗人、文艺理论家塔索在其《论英雄叙事诗》中，把诗的对象归结为美，并提出诗的目的分为有益、实用和无功利两个方面，并在对艺术的欣赏目的和功利目的加以对比时，认为前者比后者“更为高尚优雅”，“有益是较为不高尚的目的”，但他又指出欣赏快乐中“包含了公民的目的”，而且“还和美德亲邻相睦”，“它会使人的本性提高”，“喜爱快感的人往往宽宏而慷慨”。这里他把“有益的目的”视为“不高尚的快感”，把欣赏目的称作“高尚的快感”显然是偏颇的，但他毕竟是承认欣赏快感中包含着道德教育因素的[①]。值得特别提出的是卡斯特尔维屈罗在《亚里士多德〈诗学〉疏证》中，讲到诗人给人娱乐、教益的方式不同于哲学家、科学家时，虽有把文艺的娱乐、消遣作用和道德教育作用对立起来的倾向，认为诗的功用主要在娱乐，不应“以教益为主”，悲剧的目的是快感，不是实用。但是，他又明确提出诗的娱乐、消遣的对象，是一般没有文化教养的人民大众，“诗关系到一般人民的教育”。他说：“诗的发明既然是为着提供娱乐和消遣给一般人民大众，它所用的题材就应该是一般人民大众所能懂的而且懂了就感到快乐的那种事物。”[②]当时他提出这个观点是难能可贵的，反映了新兴资产阶级打破封建贵族垄断艺术，反对宗教禁欲主义，要求艺术群众化的民主倾向。这是文艺复兴时期美育思想的一个基本特点。

四、“通才教育”中的美育

意大利的人文主义者们还撰写了不少有关教育学的论著，如保罗·韦尔杰里奥的《论高尚道德与自由科学》、马费奥·韦焦的《论儿童教育和

① 参见包列夫：《文艺复兴时代的美学观点》，《现代文艺理论译丛》，第5辑，第84—85页。

② 伍蠡甫主编：《西方文论选》，上卷，上海文艺出版社，1963年，第194页。

他们的性格》、贾诺佐·马内蒂的《论自由教育》等。他们为了同中世纪经院教育相对抗，提出了“通才教育”“自由教育”“自由科学”的理论主张，美育问题在其中占有很重要的地位。保罗·韦尔杰里奥在《论高尚道德与自由科学》一文中说：“所谓自由科学指的是那些值得自由民学习的科学，也就是那些能够培养和提高人的美德与智慧的科学，并借助于这些科学使人们心身受到陶冶，使行为变得高尚起来……。”当时有些艺术家如达·芬奇就把绘画作为一门科学，在“自由科学”教育中，是包含有艺术内容的，所以，“自由科学在人们的心灵中产生令人感到惊讶的快感，并逐渐给人带来极丰硕的成果。”[①]“自由教育”“自由科学”既要给人以知识和智慧，提高人的道德修养，又要从中获得心灵快感，使心身都得到“陶冶”，后者实际上就是审美教育的作用。在他们所设计的教育课程中，包含着德育、智育、美育、体育等多方面的内容，把修辞学、音乐、诗歌、绘画都列入“自由科学”之中，修辞学教人善于辞令和正确地表达思想，音乐帮助人“和谐地生活”，诗歌使人“语言的优美和典雅”，绘画给人以技能技巧，可见他们所谓“通才教育”“自由教育”，实质上就是要把人培养成具有多方面知识才能、心身和谐发展的“完人”，以适应创造新的世界、发展商业经济、推动科学技术进步的需要。

把“通才教育”“自由教育”思想付诸实践的是意大利的教育家维多里诺。1423年，他创办了著名的孟都亚宫廷学校，命名为“快乐之家”，他被人称为“第一个新式学校的教师”。维多里诺有广博的知识，熟悉音乐艺术，认为音乐能够发挥时代的感情，对人的感化作用很灵敏。他办的这所学校虽然没有完全摆脱中世纪经院教育的传统，但在教学内容和方法上进行了重大改革，鲜明地表现出人文主义精神。科学知识教得生动活泼，学生学得津津有味，特别是把美育广泛地渗透于整个教育、教学过程之中。这所学校设在郊外的一座宫殿里，自然环境幽美，教室宽敞、舒适，阳光充足，墙上绘有儿童游戏的图画，学生经常阅读文学作品，吟唱

① 转引自舍斯塔科夫：《美学史纲》，樊莘森等译，上海译文出版社，1986年，第83页。

美好的乐曲，在艺术和美的氛围中，在自由的而不是强制的、快乐的而不是痛苦的学习活动中，发展个性，掌握知识，锻炼身体，陶冶情感，健康成长。以这种教育方式培养出来的人，不再是幽闭在中世纪经院中死啃圣经，在枯坐中感悟"神"的启示的无用之辈，而是身心健康、知识丰富、生动活泼的人。维多里诺认为，教育首先在于情感和知觉的教育。在"快乐之家"中，审美教育作为一种情感教育，成为学生愉快学习的精神源泉。

拉伯雷在他的《巨人传》中深刻地批判了经院主义教育，形象地阐明了人文主义的教育思想，认为教育的目的是把青年培养成为"一个十全十美、毫无缺陷的人，不管在品行、道德、才智方面，还是丰富的实际知识方面"。拉伯雷笔下的卡冈都亚王子，由于受到经院教育的毒害，成了个死板、愚蠢、痴呆的糊涂虫，后来国王把他交给一个人文主义者培养，将知识学习、体育锻炼与艺术教育结合起来，一方面学习数学、天文、地理、医学、解剖学等实际知识，注重于发展智力与培养品德；一方面参加文艺、体育、游戏、军事训练活动，使学习变得生动有趣、轻松愉快、富有吸引力，结果这个糊涂虫变成为一个知识渊博、身通百艺、能文能武的"通才"。由此，拉伯雷提出：真正新的教育要能培养出能读能写，能唱歌奏乐，会说五六种语言，会写诗和文章，勇敢、知礼、健壮、活泼，"想做什么便做什么"的人。这里，他深刻地揭露了宗教经院教育对人性的摧残，热情地肯定了人文主义教育对人的自由发展的巨大作用，并形象地揭示了美育在其中占有重要的地位。

五、美育与科学技术、生产实践相结合

恩格斯在赞扬文艺复兴时代的"巨人"时指出："那时的英雄们还没有成为分工的奴隶，分工所具有的限制人的、使人片面化的影响，在他们

的后继者那里是常常看到的”。[①]这时期还处于资本主义萌芽阶段，资本主义生产方式刚刚兴起，还没有把体力劳动与脑力劳动、物质生产与精神生产尖锐对立起来，为从封建制度解放出来的人的“个性”发展创造了有利条件，这就决定了文艺复兴美育的另一个重要特点，即是审美活动、艺术教育往往是同科学技术、生产实践活动联系在一起的。这从当时造型艺术大师们生活、创作道路和教授艺徒的情况可以清楚地看出来。当时科学与艺术教育是结合的，注意面向生产实践，直接研究自然科学，在实际操作中总结艺术经验，掌握艺术技能。他们描写人体就要研究人体的结构、比例；为了正确表现空间，就要研究数学、几何学，掌握线条、透视、画法。他们一般既从事体力劳动，又进行艺术创造，因而重视感性经验，重视科学方法，重视在实践中发展多方面的才能，从而成为不受分工造成片面化局限的、多才多艺的人，其中最有代表性的是达·芬奇和米开朗基罗。达·芬奇说：“科学是将领，实践是士兵”，他甚至认为“绘画是一门科学”。因此，他特别重视艺术与科学的结合，学习了光学、解剖学、数学等方面的知识，并借助这些知识提高自己的艺术技巧。他从少年时代开始，经过多方面的知识学习和实践锻炼，在漫长的艰苦劳动中，成为集众长于一身的不朽的艺术大师。米开朗基罗是一个石匠的儿子，他曾自豪而又自嘲地说：“我吃了石匠家的奶，所以爱石头。”他一辈子同石雕劳动打交道，创造出那么多精美绝伦的雕刻作品；他同时是伟大的画家，以艰苦的劳动，顽强的毅力，为教堂制作壁画、拱顶画。他曾花了四年时间，每天一个人仰卧在离地18米高的天花板下，创作了气魄宏伟的《创世纪》。当这幅巨作完成时，年仅37岁的画家，已经变得像个老人。他曾在一首诗中描述过自己那体脑并用的、苦工式的艺术创造：“我的胡须朝向天／我的脑袋弯向肩……／画笔上滴下的颜色／给我脸上画满了图案……／我的脸看不清道路／只能摸索向前……／前身皮肉拉长／背后皮肉缩短／像是绷上了弦。”在文艺复兴艺术大师们身上，艺术与科学技术、精神创造与

①《马克思恩格斯选集》，第3卷，人民出版社，1995年，第446页。

生产劳动是结合着的，在艰苦的劳动中培养和发展了他们多方面艺术才能。由此使我们认识到，审美活动和艺术教育不只是帮助人获得美的享受和愉悦，更重要的是培养创造美的能力；真正爱美的人，是进行艰苦劳动、奋力创新的人。

总之，文艺复兴时期的教育，继承和发展了古希腊"完人教育"的传统，实行"通才教育""自由教育"，为培养个性自由发展、多才多艺、知识渊博的新人做出了历史性的贡献，其中审美教育发挥了重要作用。

恩格斯说："这是一次人类从来没有经历过的最伟大的、进步的变革，是一个需要巨人而且产生了巨人——在思维能力、热情和性格方面，在多才多艺和学识渊博方面的巨人的时代。给现代资产阶级统治打下基础的人物，决不受资产阶级的局限。……那时的英雄们还没有成为分工的奴隶，分工所具有的限制人的、使人片面化的影响，在他们的后继者那里我们是常常看到的。但他们的特征是他们几乎全都处在时代运动中，在实际斗争中生活着和活动着，站在这一方面或那一方面进行斗争，一些人用舌和笔，一些人用剑，一些人则两者并用。因此就有了使他们成为完人的那种性格上的完整和坚强。"[①]文艺复兴是人类历史发展的重大转折，是西方文化艺术史上的又一个高峰，对丰富和发展西方美育思想做出了巨大的贡献。但由于它是从封建社会内部脱胎而来，其文化艺术、美育思想必然带有过渡的性质，存留着封建的残迹和神学的余韵，并且由于对古希腊罗马文化形式主义模仿的倾向发展，人文主义者培养全面发展的人的理想并未完全实现。16世纪末到17世纪初，以意大利为中心发展起来的"文艺复兴"思潮逐渐消歇，法国古典主义开始兴起，揭开了近代美育思想史新的一页。

①《马克思恩格斯选集》，第3卷，人民出版社，1995年，第445—446页。

第九章　理想国里的美育之花

——早期空想社会主义者的美育思想

恩格斯在《反杜林论》中指出："在16世纪和17世纪有理想社会制度的空想的描写。"[①]这里指的就是早期空想社会主义者托马斯·莫尔和托马斯·康帕内拉分别在《乌托邦》和《太阳城》中所描写的理想社会制度。

16世纪和17世纪，资本主义生产关系已经在封建社会内部逐渐发展起来，资本原始积累在欧洲大多数国家普遍展开，资产者和无产者的矛盾和斗争开始形成。少数贵族资本家以暴力掠夺的方式，聚敛了巨量财富，而城市平民和农民则陷入更加贫困的境地。马克思说："资本来到世间，从头到脚，每个毛孔都滴着血和肮脏的东西。"[②]莫尔·康帕内拉作为资本主义原始积累时期的见证人，敏锐地看到了当时社会制度的弊病，认识到私有制是一切罪恶的根源。他们怀着对被压迫、被剥削劳动群众的同情，积极寻求变革不合理的社会制度的方法、道路，描绘出一幅未来美好世界的蓝图。在他们精心设计的理想社会中，废除了私有制，人人参加劳动，社会财产公有，实行平均分配，生活富足、美满、幸福，并且特别重视文化教育和科学、艺术活动。在他们的理想国里，开放着鲜艳夺目的美育之花，为西方美育园地增添了新奇的内容和光彩。

---

①《马克思恩格斯选集》,第3卷,人民出版社,1995年,第58页。

② 同上,第265页。

一、托马斯·莫尔的美育思想

托马斯·莫尔（1478—1535）是文艺复兴时期杰出的人文主义者，1478年出生于伦敦一个富裕家庭，父亲是英国皇家高等法院法官。他1492年进入牛津大学，研读希腊古典文学，颇有造诣，开始崭露头角，后来成了英国赫赫有名的政治家和社会活动家。他阅历丰富，见闻广博，非常关注社会问题，同情劳动人民疾苦，积极谋划变革现实社会秩序的方案。1535年，莫尔因拒绝承认英王亨利八世是宗教领袖被判死刑。他视死如归，泰然自若地走上断头台，时年57岁。

莫尔于1515—1516年写成并出版了空想社会主义学说的第一部名著《乌托邦》，全名为《关于最完美的国家制度和乌托邦岛的既有益又有趣的金书》。"乌托邦"一词系古希腊语"Vtopia"的音译，意思是"无何有之乡""并不存在的地方"。全书分两部分：第一部分主要是揭露和批判当时英国社会制度的弊端和非人道性质，指出私有制是人类一切不幸的总根源；第二部分详细地描绘出一个实行公有制的、没有剥削和压迫的理想王国——乌托邦。莫尔第一次提出了空想社会主义的基本思想，成为空想社会主义学说的奠基者和创始人。

乌托邦——一个自由的审美王国

莫尔在《乌托邦》中首先对英国资本原始积累初期的"圈地运动"带来的严重后果，进行了真实的描述和深刻的批判。贵族、地主豪绅为了发展毛纺生产，围圈耕地，改做牧场，用来养羊，致使农民无田可耕，无业可就，流离失所，饿殍遍野，社会动荡不宁，出现了"羊吃人"的怪现象。莫尔对此愤怒地写道："你们的羊，一向是那么驯服，那么容易吃饱，据说现在变得很贪婪，很凶蛮，以至于吃人，并把你们的田地、家园和城市蹂躏成废墟。”[①]而贵族、地主、大商人则由此获取巨量财富，“这些人像雄蜂一样，一事不做，靠别人的劳动养活自己”，过着游手好闲、奢侈无度的生活；劳动群众则被他们“剥夺了自己的一切”。在莫尔看来，在这贫富不均、尖锐对立的社会里，由不劳而获的富人来掌权，国家是治理不好的。他说：“要是一个人享乐纵欲，周围却是一片呻吟哀号，那就意味着他不是管理国家的，而是管理监狱的”。[②]社会要有公平正义，人类要获得幸福，必须废除私有制。“如不彻底废除私有制，产品不可能公平分配，人类不可能获得幸福。私有制存在一天，人类中绝大的一部分也是最优秀的一部分将始终背上沉重而甩不掉的贫困灾难担子。”[③]

那么，未来的理想社会应该是怎样的呢？在莫尔的笔下，乌托邦既是人人劳动、财产公有、分配公平、互助互爱的大家庭，同时又是一个精神自由的审美王国。它从自然环境到城市建设，从劳动、工作到日常生活，从人际交往到文化教育，无不充溢着审美的、艺术的内容。这里表现出莫尔独特而新颖的美育思想。

乌托邦建立在一个新月形的岛上，海湾如同一个大湖，风平浪静。它由54个城市组成。城市“无不巨大壮丽”，街道宽阔整洁，建筑实用美观。居民住房外观很美，后面是宽敞的花园，长满花草树木，栽培得法，郁郁葱葱，“花园是对全城人民最富于实惠及娱乐性的事物”，[④]人人都喜爱它，从中获得美的享受。这里的人都是“有高度文化和教养的人”，没有不劳而获、游手好闲之徒，没有酗酒、赌博、奸淫、偷盗之类的犯罪行为。每人每天劳动、工作六个小时，业余时间根据自己的爱好、兴趣，从事游戏、文娱体育、学习知识和学术研究等有益活动。“乌托邦宪法规定：在公共需要不受损害的范围内，所有公民应该除了从事体力劳动，还有尽可能充裕的时间用于精神上的自由及开拓，他们认为这才是人生的快乐”。[⑤]

① 托马斯·莫尔：《乌托邦》，戴镏龄译，商务印书馆，1982年，第21页。

② 同上，第39页。

③ 同上，第44页。

④ 同上，第53页。

⑤ 同上，第60页。

开展审美的、艺术的活动，是他们获得“精神上的自由及开拓”、享受“人生的快乐”的重要途径之一。

莫尔认为，人符合于自然的生活，就是至善，就是幸福。构成人类的全部或主要幸福的是快乐，但不是任何一种快乐都是幸福的，只有符合人的自然本性和理性原则的高尚快乐，才是真正的幸福。乌托邦人崇尚纯朴、自然的美，反对浮华奢侈、矫揉造作的“美”。“华装盛服不受重视，丝绸被看成贱品，黄金是可耻的标志”。他们对于大自然赐予的美是非常重视和热爱的。“美观、矫健、轻捷，这些是乌托邦人视为来自大自然的特殊的令人愉快的礼品而高兴地加以珍视。甚至按大自然意旨与人类所独有的耳眼口鼻之乐，……他们也去追求，将其作为生活中愉快的调味品。”[①]但人不能因追求小快乐而妨碍大快乐，要追求高尚快乐，反对低级快乐。人们用眼睛领略宇宙灿烂庄严的外观，用口鼻去感受芳香的味道，用耳朵去辨别声音的和谐与不和谐，都会从中获得快乐，有益于身心健康。但这种快乐、享受必须是适度的，有节制的，以不引起痛苦的后果为原则。如果因快乐而鄙视美观、糟蹋健康，变敏捷为迟钝，就会害自己而又无益于他人，这是拒绝来自自然的一切好处，“对自己残忍而对自然忘恩负义的一种心境的标志”。莫尔这种建立在自然理性基础上的美育观，实际上是对剥削阶级穿金戴银、虚伪矫饰、迷恋声色的审美观念的否定。

在审美中追求精神的快乐是第一位的

莫尔把人的快乐分为两类：一是肉体的，是小快乐；一是精神的，是大快乐。乌托邦人不因贪图小快乐而忘记大快乐。他们并不否定人的形体美和生理的快适，但更重视德行美与精神上的愉悦。他说：“德行引导我们的自然本性趋向正当高尚的快乐，如同趋向至善一般。”“乌托邦人特别不肯放过精神的快乐，以其为一切快乐中的第一位的、最重要的。他们认为主要的精神之乐来自德行的实践以及高尚生活的自我意识。”[②]至于身体

① 托马斯·莫尔：《乌托邦》，戴镏龄译，商务印书馆，1982年，第80—81页。

② 同上，第80页。

的快乐，则首推健康，失去健康，就没有快乐。因此，他把人的道德行为的美看得比形体的美更重要，认为非笑别人外形的毁损或肢体残缺是可耻的，妻子的美德比美貌更为值得珍爱。他说："虽然不珍惜天然美被看作懒而愚的标志，可是涂脂抹粉的打扮据他们的意见是不光彩的装模作样。经验告诉乌托邦人，妻子无论怎样貌美总不及贤淑虔诚更能获得丈夫的恩爱。有些男人所向往的仅仅是漂亮面孔，但唯一能永远保持丈夫的爱情的还是贞操和柔顺。"①乌托邦人还给行善的人以荣誉，"对为本国建立显异功勋的伟人，他们在广场上树立雕像，以纪念其崇高业绩，希望后人能景仰前人的荣誉而奋发向上"。人的美德给予的精神上的快乐，是一种"有理智以及属于默察真理所获得的快乐"，或者"还有过去美满生活的惬意回忆以及对未来幸福的期望"。由此可以看出，"遵循自然的指导"，"服从理性的吩咐"，把审美活动与对真理的体认、幸福生活的追求紧密结合起来，是莫尔的一个很重要的美育思想，它充分地体现了文艺复兴的人文主义精神。

热爱学习，用艺术和知识培养理想的人

乌托邦的大部分公民，无论男女，劳动、工作之余，从不闲游浪荡，浪费时间，"总是把体力劳动后的剩余时间花在学习上"。他们学习各种有用的知识技能，开展健康有益的文娱活动，其中包含着丰富的艺术教育内容。他们把美育与学习生产技术、文化知识，培养高尚道德和锻炼身体结合起来，相互渗透，结合进行。据考茨基《莫尔及其乌托邦》援引莫尔的一封信中说："如果一个妇女在人人称羡的美德之中加上学习，那么，我看这比克里苏斯之富和海伦之美还可珍贵"。②他们学习的内容非常广泛，有天文、地理、几何、代数、医药、哲学、历史等，文学、音乐也是不可或缺的重要方面，特别是对那些在童年时代就有文学的特殊才能和爱好的人，还可以完全免除劳动，以便他们可以专心致志地学习。他们热爱古希

① 托马斯·莫尔：《乌托邦》，戴镏龄译，商务印书馆，1982年，第91页。

② 转引自涂途：《西方美育史话》，红旗出版社，1988年，第132页。

腊罗马的文学艺术，读起荷马史诗以及亚里士多德、索福克勒斯、希罗多德、琉善等人的作品来，兴味深浓，乐不知疲，理解也不费力。至于欣赏音乐，更是他们生活中必不可缺少的，“每逢晚餐，必有音乐”，饭后还要用一个小时开展文娱活动，或演奏乐曲，或诵诗唱歌，或念祈祷文，声调优美和谐。他们的全部音乐，无论是器乐还是声乐，都能表达出自然情感，声情并茂，融合无间。无论是祈祷词也好，还是表示快乐、慰藉、忧虑、悲伤的歌词也好，意义都能通过音调的形式表示出来，使听众深受感动，内心激奋。莫尔还特别指出，音乐给人的不只是身体的快乐，更重要的是精神上的享受。他说：“我们不时感到一种快乐，既不起于恢复身体某部分的亏损，又不是来自任何痛苦的消除，而是由于有某种东西，它能触动我们感官，使它感到一种秘密的非常动人的力量，吸引住它。这就是音乐产生的快乐。”[①]这里，莫尔已经不只是把艺术活动看作进行智育、德育的手段，而且触及了它的独特审美功能，指出了艺术对发展和培养人的精神自由的作用。他在《最可爱的孩子》诗中写道：

认真的研求，青年有为的焕发气概；
在精神上，备受优越艺术、丰富学问的栽培；
在谈吐上，流畅大方，风趣文雅，极其可爱；
不仅擅长言词，还有宝贵的思想存在；
这些，都使我们衷心欢乐喜爱，
也正是我和你们心心相印连成一块，
好像不单纯把你们当成我亲身肢体来看待。

这是莫尔对自己孩子的期望，也是他理想中完美的人。他们品德高尚，学识丰富，风度大方，谈吐文雅，同时还有高度的艺术修养。我们知道，莫尔所构想的理想社会——乌托邦是以农业和手工业生产为基础的，生产力水平不高，科学技术不发达，社会产品不丰富，分配带有平均主义

① 托马斯·莫尔：《乌托邦》，戴镏龄译，商务印书馆，1982年，第78页。

性质。人们头脑中还存在着较为浓厚的宗教意识，因此，莫尔心目中理想的人，缺乏现实基础，带有空想性质，是培养不出来的。

二、康帕内拉的美育思想

继莫尔的《乌托邦》之后约100年，西方又一部空想社会主义的奠基之作问世——这就是托马斯·康帕内拉的《太阳城》。

康帕内拉（1568—1639）出生于意大利卡拉布里亚省一个贫苦农民家庭，少小聪慧，13岁即能写诗，15岁进入修道院当修士。他埋头钻研古希腊罗马哲学和宗教神学，并阅读了不少医学和自然科学方面的著作。23岁，他的第一部著作《以感觉证明的哲学》问世，主要内容是论证直接经验的正确性，反对经院哲学的烦琐教条，具有鲜明的唯物主义倾向。后来，他既是教堂僧侣，也是知识渊博的学者、大学教授，具有激进思想的社会革新家。当时意大利正处于西班牙统治之下，内外反动势力横行无忌，宗教裁判所飞扬跋扈，社会经济衰退，贫苦农民和城市平民不断进行反抗斗争。康帕内拉积极参与组织、鼓动人民起义，因叛徒告密而被捕入狱，遭受监禁和折磨长达27年之久，但他毫不屈服，坚持斗争。1626年，他从监狱中释放出来，获得自由。他毅然为遭受宗教裁判所迫害的著名物理学家伽利略辩护，面临再次被捕的危险，便化装逃出意大利，流亡到法国巴黎，于1639年逝世。

《太阳城》是康帕内拉最重要的著作，1602年写成于狱中，直到1623年才正式出版。在冷酷、黑暗的监狱中，他无情批判意大利现存的社会制度，规划理想社会的蓝图，热切希望整个大地阳光普照，一片光明，人民过上自由、幸福、美满的生活，所以他把自己描绘的理想国家叫做“太阳城”。

康帕内拉在《太阳城》中，对私有制进行了有力的揭露和批判。他曾说过："我一生来就是要同暴政、诡辩、虚伪这三大恶行作斗争的。"[①]私有制产生自私自利，自私自利产生暴政、诡辩、虚伪及其他丑恶现象。"因为人们都想使自己的儿子得到很多的财富和光荣地位，都想把大批的遗产留给自己的后代；我们当中的每个人为了想成为富人或显贵，总是不顾一切地掠夺国家的财产；而在他们还没有势力和财产的时候，还没有成为显贵的时候，都是吝啬鬼、叛徒和伪君子。"他们巧取豪夺，尔虞我诈，占有钱财，必然丧失理性，导致社会腐败和混乱。这就使应当受到尊敬的人受苦受难，被恶人统治着；而那些统治者干尽坏事，却装得道貌岸然，把"混乱"说成"和平"，把"痛苦"称作"幸福"。在康帕内拉看来，要彻底改变这种不合理的社会制度，必须消灭私有制，实行公有制，建立像太阳城那样的理想社会。

太阳城——一个美丽的诗画之乡

太阳城建立在一个海岛上，由七个同心圆的城区组成。城墙坚不可摧，房屋壮丽华美，山顶广场中央矗立着一座拱形圆顶神殿，"建筑艺术是非常惊人的"，宝石闪闪发光，金灯长明不灭。太阳城实行公社制度，人人劳动，财产公有，公平分配，生活幸福美满。康帕内拉写道："他们的公社制度使大家都成为富人，同时又都是穷人；他们都是富人，因为大家共同占有一切；他们都是穷人，因为每个人都没有任何私有财产；因此，不是他们为一切东西服务，而是一切东西为他们服务。"[②]这样人人为我、我为人人的社会是怎样管理的呢？太阳城的最高统治者是⊙（太阳），他下面有三个领导人，一个"篷"（威力），掌管军事；一个"信"（智慧），掌管手工业、科学和艺术；一个"摩尔"（爱），掌管农牧业、物资分配、教育和生育。公社的领导人是由相应部门的负责人提名，经过全体公民选举产生出来的。他们受过良好教育，在文艺和科技方面所受训练使

① 转引自乔·奥·赫茨勒：《乌托邦思想史》，张兆麟等译，商务印书馆，1990年，第151—152页。

② 康帕内拉：《太阳城》，陈大维等译，商务印书馆，1982年，第24页。

得他们最适合治理国家。康帕内拉认为，如果让那些不懂任何手艺、游手好闲、役使大批奴仆、过着寄生和腐化生活的人管理国家，这样的社会就会成为一所培养罪恶的学校，产生出很多懒汉和恶棍，以致使国家濒于灭亡。太阳城由知识渊博、品德高尚而又不是学究的人负责管理，不仅能治理好国家，而且还研究他们管理范围内的科学，接受各种知识，并能指导人民学习科学知识。这样，他们必然会把科学、艺术和教育事业放在重要地位，充分发挥艺术的社会作用，实际上也就是这样做的。

太阳城可说是一个诗画之乡，非常重视艺术形象的教育作用，把诗歌、绘画作为社会教育的有力手段，让男女老少在审美愉悦中接受科学文化知识。按照负责管理自由艺术、手工业和各门科学的领导人的命令，各个城区的城墙里里外外、上上下下都画上美丽的图画，宣传各种科学文化知识，并能反映出各种科学非常严整的逻辑联系，内容丰富多彩，有日月星辰，河海湖泊，花草树木，鸟兽虫鱼，风俗民情，食物用具，历史人物，还有咱们中国人发明的以石球为弹的大炮和印刷术，等等。这些绘画还都配上相应的诗歌、散文加以说明，每道城墙都成了图文并茂的科学和艺术的长廊，成年人随时随地都可以从这里获得有趣的科技知识和审美享受。对于儿童，“太阳城有许多教师负责讲授这些绘画的意义；因此，儿童们在10岁以前就能毫不费力地、轻松地通过直观教学来掌握各种科学的基本知识了。”[①]

康帕内拉的这种想法，虽然带有浓厚的幻想色彩，但作为一种形象直观的教育方法，对普及科学知识，丰富群众文化生活，还是很有可资借鉴之处的。苏联十月革命胜利后不久，列宁曾对卢那察尔斯基说：“您还记得吗？康帕内拉在自己的著作《太阳城》中曾写道，在他幻想的社会主义城市的墙壁上画有壁画，这些壁画对于青年是自然科学和历史的形象教材，能够激发公民所应有的感情——总之，它们参加了教育和培养新的一代的事业。”[②]根据列宁的建议，当时苏联在莫斯科、彼得堡等城市进行

① 康帕内拉:《太阳城》,陈大维等译,商务印书馆,1982年,第9页。

② 转引自涂途:《西方美育史话》,红旗出版社,1988年,第139—140页。

“纪念碑宣传”，为一批著名革命家、思想家、科学家、艺术家树立雕像，在教育群众方面取得了很好的效果。

把艺术教育渗透到生产、生活中去

在太阳城里，一切公职、艺术活动、劳动和工作都是由管理者分配的，大家共同承担，每天不超过四小时，其余时间都可自由地、愉快地从事开发脑力和体力的各种活动，审美的、艺术的内容渗透到生产、生活的各个方面，是紧密地联系在一起的。每个人可以根据自己的爱好，或学习生产手艺，或阅读科学、文艺作品，或参加绘画、唱歌及其他文娱体育活动，特别是守卫、节日、庆典、祭祀活动更是离不开音乐、诗歌、绘画。卫兵守城换岗，或进行军事演习和狩猎，都要敲响板鼓，奏起雄壮的音乐；庆祝战争胜利，举行隆重仪式，统帅进入神殿后，由随军远征的诗人或历史学家讲述胜利的事迹；对于发明家和其他对国家做出贡献的人，则把他们的事迹纪录到英雄列传里，为他们画像、塑像，以供人们瞻仰、学习。太阳城里的人在神殿举行致祭活动或用餐后，除唱一支颂扬上帝的歌曲外，“他们也在自己的‘王’的指挥下唱赞美爱情、智慧和各种各样美德的歌曲。最后，每个男子，就选择一位他很喜欢的女伴，在圆柱下跳起严肃而非常好看的舞。”[①]每年庆祝重大节日，则更是盛况空前，鼓号震天，礼炮齐鸣，除上演戏剧、妇女大合唱外，诗人则颂扬光荣的统帅和他们的胜利，但颂扬的事迹必须真实，不可捏造浮夸。“如果某个诗人的颂扬缺乏真实性，甚至捏造某个英雄的事迹，他就会受到惩罚；凡是造谣的人就不配称为诗人；他们认为造谣是一种危害整个人类的行为，因为造谣可以夺去有德之人应得的赞扬，而且往往由于恐惧、阿谀、奉承或贪欲而把这些赞扬加给不道德的人”。[②]这里康帕内拉既充分重视艺术歌颂、表彰英雄人物的巨大作用，又强调必须是真实的，反对浮夸捏造，认为浮夸捏造是不道德的行为。这是一个非常重要的美育思想。它告诉我们，艺术教

① 康帕内拉:《太阳城》,陈大维等译,商务印书馆,1982年,第46页。

② 同上,第12页。

育必须以真实性为基础，否则就会产生美丑不分、是非颠倒的恶劣后果。

真正美的人是劳动者

在空想社会主义发展史上，康帕内拉第一个提出了劳动光荣的思想，主张教育与生产劳动相结合，其中包含着丰富的审美教育内容。在太阳城里，“凡是精通技艺和手艺的人，凡是能很熟练地应用它们的人就会最受人重视和尊敬”。①他们对那些鄙视工匠、不懂任何手艺、游手好闲、过着寄生和腐化生活的人，是嘲笑和轻视的，深恶痛绝的。康帕内拉把是否参加生产劳动，掌握科学、艺术知识，提到了培养什么人、关系国家兴亡的高度来看待的。太阳城里的人都要学习手艺，从事生产劳动，同时接受各种科学技术、文化艺术的教育。更难能可贵的是，康帕内拉还把人的美与生产劳动联系起来，认为劳动带来健康，健康的人才美，真正美的人是劳动者。这个思想在他对女性美的看法上清楚地表现出来。

太阳城的妇女由于参加劳动生产，“她们的皮肤呈现健康色，身体的发育也很好，都是一些体格匀称和富有朝气的人；那里的人认为体格匀称、活泼和富有朝气就是她们的美”；②而那些把美的基础建立在“脸上涂脂抹粉，穿高跟鞋来显示身材，穿长裙来遮掩粗腿”之上的妇女，其实是一种刁钻古怪的愿望，根本是不美的。这种现象之所以出现，是由于这些“妇女们的游手好闲，无所事事，这就使得她们的面貌衰老，容光减色，肌肉松弛，也不能匀称地发展体格；因此她们不得不涂脂抹粉，穿高跟鞋，他们不是用发展体格来达到美，而是以弱不禁风的体格为美，这样不仅破坏了自己的自然发展的健康，而且也破坏了他们后代的自然发展与健康。”③当然，这并不是要求妇女和男子一样劳动，重活是不让她们做的，同时也意味着压抑她们的艺术才能，“如果她们有绘画才能，可以让她们从事绘画。至于演奏音乐，那是妇女的工作，因为她们演奏起来能令人悦

① 康帕内拉:《太阳城》,陈大维等译,商务印书馆,1982年,第12页。

② 同上,第22页。

③ 同上,第15—16页。

耳。”[①]这里，康帕内拉在充分肯定劳动者的美的同时，对不劳而获的寄生阶级的审美观也作了无情的批判。这个宝贵思想，与车尔尼雪夫斯基在《生活与美学》中所作的劳动妇女与贵妇人审美观的比较非常相近，但康帕内拉要早于车尔尼雪夫斯基200多年，可能后者受到了前者思想的影响。

总的看来，早期空想社会主义者处于资本主义刚刚发展时期，社会化的大生产还没有建立起来，无产阶级没有作为独立的政治力量走上历史舞台，他们没有、也不可能看到解决社会矛盾的现实力量。他们设计的社会主义蓝图是空想的、虚构的，其中带有浓厚的小生产者平均主义和宗教信仰的色彩，因此，这朵理想国里的美育之花是结不出果实来的。但是，空想社会主义毕竟放出了“共产主义思想的微光”（恩格斯语），他们的包括美育思想在内的教育主张也是如此。他们肯定生产劳动在人类发展中的重要意义，主张教育与生产劳动相结合，把审美、艺术教育融合到生产、工作和日常生活中，使美育成为一种广泛的社会教育，却是社会主义思想中的宝贵财富，是我们应当进行科学地分析，去粗取精，加以继承和发扬的。

① 康帕内拉:《太阳城》,陈大维等译,商务印书馆,1982年,第1页。

第十章　教育：把一切事物教给人类的愉快的艺术

——夸美纽斯的美育思想

约翰·阿姆斯·夸美纽斯（1592—1670）是捷克著名的爱国者、伟大的教育家。他出生在属于民主教派“捷克兄弟会”的一个磨坊主家庭，两岁失去双亲，在乡村学校读了四年书即辍学，自幼未能受到良好教育，但却唤起他对教育的浓厚兴趣。他后来在兄弟会的资助下受到中等、高等教育。大学毕业后，夸美纽斯被选为兄弟会牧师，主持兄弟会学校工作，成为这个教派的领袖之一。他积极参加反对德国封建贵族和天主教会反动势力的斗争，以实现人人平等、亲如兄弟的社会理想。30年战争时期，兄弟会遭到残酷镇压，他和其他会员一起流落到波兰的黎撒，主办兄弟会的古典中学。他一方面进行教育改革的实践，一方面进行教育理论研究，出版了《语言和科学入门》《大教学论》《母育学校》，从而赢得很高的声誉。英国国会邀请他去研究“泛智教育”问题，到达英国后，因英国发生内战而中断研究。他又到瑞典、波兰、匈牙利等国家，继续从事教育实践和理论研究，写出《论天赋才能的培养》《泛智学校》以及著名教科书《世界图解》等著作。1656年，他移居荷兰阿姆斯特丹城直到逝世。他毕生从事教育事业，要把年轻一代培养成有知识、有能力、有教养的人，献身祖国独立事业，争取人人平等，为消灭封建特权而英勇斗争的人。

夸美纽斯生活于欧洲封建制度开始解体、资本主义制度逐渐形成的历史时期，政治经济的巨大变革，科学技术的迅速发展，意识形态的变化更新，在教育领域引起强烈的反响。他站在新兴资产阶级立场上，系统研究了古希腊的人本主义教育思想，吸取了文艺复兴时期人文主义教育成果，在自然科学和经验主义哲学的启迪和影响下，对中世纪经院教育作了较为全面的批判，为近代教育的发展提供了系统的主张，奠定了理论基础。他因此被称为“教育史上的哥白尼”“近代教育之父”。

一、教学是一种使人感到愉快的艺术

夸美纽斯的著作颇为丰富，其中最著名的是《大教学论》。这是西方近代史上第一部系统的教育科学专著，对近代教育体系的建立和发展产生了巨大的影响，甚至有人不无夸大地说：“倘若各时代的关于教育学的著作全给丢了，只要留得《大教学论》在，后代的人便仍可以把它作个基础，重新建立教育的科学。”[①]在《大教学论》中，他从教育对象、培养目标到教学内容、原则、方法，系统地阐述了自己的教育思想。他在该书《致意读者》中写道：

> 教学论（didactic）是指教学的艺术，……就是一种把一切事物教给一切人类的全部艺术，这是一种教得准有把握，因而准有结果的艺术；并且它又是一种教起来使人感到愉快的艺术，就是说，它不会使得教员感到烦恼，或使学生感到厌恶，它能使得教员和学生全部得到最大的快乐；此外，它又是一种教得彻底、不肤浅、不铺张，却能使人获得真实的知识，高尚的行谊和最深刻的虔信的艺术。[②]

他主张教育要普及，面向“一切人类”，而不是少数贵族子弟，表现出民主主义思想；教育应该培养出知识广博、道德高尚、笃信上帝的人，目的是为现世的生活和来世的“永生”做准备；为了使学生能够“迅捷地、愉快地、彻底地懂得科学，纯于德行，习于虔敬”，教学应该成一种

① C.C.spiolmann语，见《大教学论》，人民教育出版社，1957年，插页。

② 夸美纽斯：《大教学论》，人民教育出版社，1984年，第3页。

艺术。这里虽然没有明确提出美育问题，但并不意味着他忽视美育。他把教学作为一种愉快的艺术，其中必然蕴含“寓教于乐”的审美因素；在他提倡的博学、德行、虔信教育中，文学艺术是重要的内容；他在阐述直观性教学原则时，特别重视发挥艺术形象的独特作用。夸美纽斯美育思想的显著特点是：不像中世纪美育那样，让学生教条式地学习古典文学和语言技巧，而是注重于功利与实践，通过艺术手段使学生愉快地掌握有用的知识，培养德行和能力，以适应社会生活的需要。把教学变成一种艺术，把美育渗透于各科教学之中，这是近代教育区别于传统教育的一个显著特点。

二、遵循自然适应性原则，培养外在美与内在美和谐统一的人

夸美纽斯生活于由中古到近代的过渡时期，又是个虔诚的宗教徒，不可能摆脱基督教的“创世说”，认为世界和人“均归于万有之源的上帝”。但是，他没有把现世与来世对立起来，并旗帜鲜明地否定了“原罪说”，对世界和人的看法的主导倾向是人文主义和乐观主义的。他认为，宇宙万物是“上帝的创作”，“人是造物中最崇高、最完善的，最美好的”，是高贵和尊严的。宇宙万物存在着普遍的“秩序”。秩序构成和谐，和谐便是完善。整个世界像一座大钟，由许多转轮和零件组合而成，相互配合，相互作用，才能正常地运转、报时。秩序是保证事物和谐发展的灵魂。世界是和谐的“大宇宙”，人是奇妙的“小宇宙”。人像一架钟和一件乐器，心身也是和谐的。他说：“人的本身，里外都是一种和谐”。人能知道万物的性质，具有管束万物的能力，使万物均为己用。这是人的自然本性决定的。夸美纽斯针对强制性的封建教育，尖锐地指出：严酷的教育方法，使学生对知识感到厌恶，是反人性、反自然的，“以致学校变成了儿童恐怖的场所，变成了他们的才智的屠宰场”。[①]教育要把一切知识教给人，必须

① 夸美纽斯：《大教学论》，人民教育出版社，1984年，第61页。

遵循“自然适应性原则”，即根据宇宙的“秩序”和人的自然本性，像园丁、画家、建筑师那样“步随自然的后尘”，讲求教学艺术，才能把他们培养成身体、智慧、德行和信仰都得到和谐发展的人。和谐就是美。学生要在审美快乐中接受一切知识。一切和谐的事物都是合乎自然的，都是为人所乐于接受的。夸美纽斯非常形象生动地阐明了这个道理：“人爱和谐，渴求和谐，这是很明显的。因为谁不喜欢一个长得美好的人，一匹精致的马，一张美丽的像片，或者一张媚人的图画呢？这原因若不是因为部分与颜色的比例令人喜悦又是什么呢？这种眼的快感是很自然的。并且谁不喜欢音乐呢？这又是什么原故呢？是因为和谐的声音生出了一种悦耳的调和。”①总之，在夸美纽斯看来，自然是和谐的，适应自然的和谐教育给人以快乐，实质上体现了“寓教于乐”的审美教育原则。

从“和谐为美”这一思想出发，他认为一个人应该是外在美与内在美和谐统一的，而两者相比较，智慧和道德相统一的美更为重要。对人来说，美貌于人生只有一种附带的好处，如果一味迷恋、沉溺于美色之中，它就变成了“多余的浮华”，“有害的障碍”。他曾引用《圣经》中“妇女美貌而无见识，如同金环带在猪鼻上”的话，并加以发挥说：“因为，宝石不镶在铅上而只镶在金子上面，这种配合使两者都更美丽，所以知识不该和不道德结合，而只应和德行结合，这样，两者便可增加光采。”②他还形象地说：“富人没有智慧岂不是等于吃饱了糠麸的猪仔？贫人不懂事岂不等于负重的驴子？美貌无知的人岂不只是一只具有羽毛之美的鹦鹉，或是一把藏着钝刀的金鞘？”③因此，美貌、智慧、德行三者统一，相得益彰，益增其美，才是真正和谐、全面发展的人。

① 夸美纽斯:《大教学论》,人民教育出版社,1984年,第34页。

② 同上,第59页。

③ 同上,第42页。

三、艺术教育要培养人的记忆力、想象力和创造能力

夸美纽斯根据经验主义哲学思想，反对刻板、机械、教条主义的教学，把直接经验作为教学的金科玉律，详尽、深入地论述了直观性原则，并且特别重视审美和艺术在教学中的特殊作用。他认为，教学是一种艺术，教学方法应当从自然本身去寻找，“因为艺术若不模仿自然，它就必然什么都作不了”。[①]艺术具有直观性的特点，按照自然适应性原则，“教学的恰切的秩序应当从自然去借来，不能受到任何障碍”。因此，审美和艺术活动必然是直观性教学的重要组成部分。在教学活动中，应当利用美的事物和艺术作品吸引和感染学生，点燃学生的心灵之火，发展他们的五官感觉能力，激发他们的学习兴趣和求知欲望，在轻松愉快的气氛中，自觉地去接受和掌握知识。他说：“眼睛看到美丽的图画，耳朵听到优美的曲调，用不着督促就会去欣赏的”。[②]据此，他提出教科书最好用戏剧对话体裁来编写，并配以生动的插图和浮雕。他编写的《语言和科学入门》《世界图解》两本教科书，就具体实践了这一主张，并亲自绘制了200多幅插图，受到莱布尼兹、歌德、乌申斯基的高度评价。他由此提出一个教学原则：“在人类知识百科全书式的读物面前，艺术总放在前面，科学总放在后面；虽则科学所教导的是事物的本身，而艺术所教导的则是操纵事物的方法。”[③]这个原则未必科学，但从中可以看出他强调运用艺术方法进行直观教学的重要性。

此外，夸美纽斯认为审美活动和艺术教育有助于发展学生的记忆力和想象力。他指出，一切知识都是从感知开始的，直接感知事物比文字学习更重要，艺术形象对于提高学生才能和智慧有着重要意义。他说：“所教的科目不仅应该用口教，这只能顾到耳朵，同时也应该用图画去阐明，这

① 夸美纽斯:《大教学论》,人民教育出版社,1984年,第79页。

② 同上,第109页。

③ 同上,第94页。

样利用眼睛的帮助去发展想象。”[①]“一切儿童都有一种画画的天生欲望，这种练习就可以使他们感到快乐，他们的想象就可以从感官（指听觉、视觉）的双重动作得到激发。”[②]

夸美纽斯在《大教学论》中还专门论述了艺术教育的方法问题。他指出：在艺术教学中，教师不能用理论去阻留学生做实际的工作，应该在实践中学习，从雕刻去学习雕刻，从绘画去学习绘画，从唱歌去学习唱歌。他说：“凡是学习任何艺术的人，都应当用心去正确地模仿他们的范本，使自己精通那门艺术的基础。”[③]学生通过对艺术范本的认真摹仿、反复练习和实践，在熟悉规则、懂得利用材料和使用工具的基础上，经过分析、比较和综合，可以获得艺术家“隐藏他的艺术中的艺术”，即深切体味到艺术的内在意蕴，然后才能辨别出自己和别人的艺术作品的好坏，从而提高自己的艺术独创能力。他特别强调教导艺术理论、规则应当尽量简短，最重要的是艺术实践，把实际练习放在主要位置上。他说：“我们的真正目标是使学习艺术的学生惯于制出表现首创性的作品，而不仅模仿放在他跟前的事物。”[④]因为“产生一个艺术家的是实践，不是别的。”[⑤]

这里，夸美纽斯不仅阐明了审美和艺术活动对贯彻直观性教学原则的作用，而且指出了美育不能只讲规则、理论，模仿范本，更重要的是艺术实践，这样才能真正培养和提高学生的审美素质和艺术创造能力。

四、根据青少年学龄阶段进行艺术教育

夸美纽斯根据自然适应性原则，把婴儿到成人划分为四个学龄阶段——婴儿期、儿童期、少年期、青年期，并相应地设立四种学校——母育学校、国语学校、拉丁学校（或文科中学）、大学（或专门学校）。他认

① 夸美纽斯:《大教学论》,人民教育出版社,1984年,第116页。

② 同上,第150页。

③ 同上,第169页。

④ 同上,第170页。

⑤ 同上,第171页。

为从诞生到二十四、五岁的人，是最适合的教育阶段，并根据青少年不同的年龄、生理和心理特点，规定了各级学校的课程、教学内容和方法，其中都包含有较为丰富的艺术教育的内容。在家庭办的母育学校里，儿童要熟记些韵文，学会唱简易的赞美诗，懂得些初步的音乐知识，但主要是编写些包括各科知识的图画读物给他们看，使事物在儿童的心灵中留下生动的印象，从书本中得到乐趣，增加他们阅读的兴趣。在国语学校里，学生不仅要阅读文学作品，而且要掌握修辞知识、练习写作，同时要学会咏唱著名乐曲。凡是有音乐特长的学生，可让他们学习更深一点的音乐知识。他们还要经常举行学习竞赛，看谁记得最多，唱得最好，算得最好。在拉丁语学校里，“学生应当学习四种语文，应当对艺术求得一种百科全书式的知识”，有的要达到音乐家的水平。在大学里，对18—24岁的青年进行“智育”教育，主要精力用于学习适合自己天赋才能的科学；对于音乐、诗歌或演说具有专长的学生，可以选为主修专业，进行专门培养和训练。对于作家的作品，他们不仅要阅读，还要在教师指导下开展讨论和辩论。但是，教师不能让学生阅读那些“没有价值的书籍”，特别是“淫佚的诗人和戏剧家的作品”。他引用前人的话说：“蜜蜂避免枯萎的花儿；内容不洁的书籍不应当打开。”因为有害的诗像“魔鬼的酒”，“它可以使不当心的人陶醉，使他们入睡，一旦入睡后，它便拿些古怪的想法，危险的诱惑和最卑下的欲望强加于他们。所以，我们应当防备这种撒旦的迷药。”[①]在他看来，《圣经》是真理和智慧的源泉，文字比“蜜糖还甜蜜”，青年人首先要阅读《圣经》，才能心明眼亮，否则就会被异教徒的和其他不好的书籍所引诱，“用它们尘世的甜言蜜语使得心智变盲目”。这反映了夸美纽斯宗教神学的保守落后思想，但他强调青年要阅读健康、优美、思想纯正的文学艺术作品，还是有可取之处的。

除了绘画、音乐、诗歌外，夸美纽斯还很重视游戏和戏剧对青少年的教育作用。因为，这两种美育活动的模仿性比较强，他们既可从中得到消

① 夸美纽斯:《大教学论》,人民教育出版社,1984年,第205页。

遣、娱乐，又可借此熟悉各行各业的活动，为将来从事正经事业做准备，成为“实际生活的真正序幕”。他认为戏剧表演对青少年的好处是：（1）可以通过正反面生活经验的对比，有利加深记忆，启迪智慧；（2）让他们参加表演是积极的鼓励，家长看到孩子的成绩和进步，会由衷地感到高兴；（3）通过表演可以熟悉世态人情，正确判断美德与恶行，学习和模仿好的榜样。他说：“对于严肃的事业来说，戏剧表演是一种最美好的准备；缺少了它，就谈不上具有心灵的充实的文化。”①

夸美纽斯作为一位资产阶级民主主义的教育改革家，为建立符合新兴资产阶级需要的教育体系，尽到了自己的历史责任，做出了巨大贡献，但也不可避免地存在着那个时代给予他的限制。在他的教育思想（包括美育思想）中，存在着较为浓厚的宗教神秘主义色彩，把教育的基本任务规定为使人认识自己，熟悉万物，形成德行，虔信上帝。因此，人们接受教育既是为现世生活作准备，但最终目的是“永生的准备”，“皈依于上帝”；他过分强调感性认识在学习知识、培养德行中的作用，把美育主要是作为途径、手段看待的，而对美育的独立功能是重视不够的。但这掩盖不了他美育思想中的民主主义、人道主义的光辉。他重视实践，面向现实，把教育作为一种艺术，把教师比作园丁，把学校看作“智慧的工厂”，重视美育在培养学生具有“百科全书式”的知识、多种实际能力中的作用，是适应新兴资产阶级的发展需要的，为近代美育理论和实践的发展做出了重要贡献。

---

① 转引自涂途：《西方美育史话》，红旗出版社，1988年，第162页。

第十一章 把真与善和趣味融成一片

——法国古典主义美育思想

从17世纪开始，欧洲历史发展到近代时期，随着资本主义经济的发展，自然科学的巨大进步，人们对于资本原始积累时期野蛮的掠夺、连年战乱所造成的巨大灾难进行了“形而上学的沉思”，于是文艺复兴时期个性解放、积极乐观、朝气蓬勃的“巨人”精神消解了，开始寻求一种新的社会价值观念——崇尚理性、克制自我、严守规范与秩序。罗素在他的《西方哲学史》中对此曾作过很好的概括，他说：

> 从1660年到卢梭这一时期，充满了对法国、英国和德国的宗教战争和内战的追忆。大家深深意识到混乱扰攘的危险，意识到一切激烈热情的无政府倾向，意识到安全的重要性和为达到安全而必须做出的牺牲。谨慎被看作是最高美德，理智被尊为对付破坏性的狂热之辈顶有力的武器，优雅的礼貌被歌颂为抵挡蛮风的一道屏障。牛顿的宇宙井然有序，各行星沿着合乎定则的轨道一成不变地绕日回转，这成了贤良政治的富于想象性的象征。表现热情有克制是教育的主要目的，是上流人最确实的标记。[①]

这一社会思潮反映在哲学上是理性主义，在文化教育、文学艺术方面则是古典主义。当然，这并不意味着理性主义、古典主义的兴起与文艺复

① 罗素：《西方哲学史》，下卷，何兆武，李约瑟译，商务印书馆，1997年，第215页。

兴没有联系，而是在继承文艺复兴人文主义思想，反对中世纪盲目信仰、禁欲主义和经院哲学的基础上，更加重视人的理性。它以古希腊罗马文化艺术，特别是罗马文化严肃、冷峻、规范、秩序的风格作为典范和楷模，寻找艺术的普遍原则，追求一种文辞的高雅，形式的整饬、严谨，思想的明晰、规范，所以史家一般称之为新古典主义或假古典主义，以之与古希腊罗马的文化艺术相区别。古典主义作为一种文化艺术思潮，曾出现于英、法、德、意等欧洲许多国家，其中以法国最具有典型性和代表意义。

法国古典主义美学、美育思想是在君主专制体制鼎盛时期产生的。我们知道，法国经过百年战争，1453年终于战胜英国，资本主义工商业日渐发展起来。到了17世纪，新兴资产阶级与封建贵族阶级处于势均力敌的地位，“任何一方未能压到另一方”，为使“贵族和市民保持平衡”，便产生了相互妥协的君主专制政权。它既鼓励发展资本主义经济，又在政治上实行高度的中央集权。到了路易十四时期，君主专制达到顶峰，他总揽大权，“朕即国家”，以太阳为王徽，被人称作“太阳王”。他对外以武力称霸欧洲，对内反对封建割据，推行重商主义，强调公民对国家的义务与服从，宣扬法国的伟大与荣耀。政治上的专制主义必然导致文化上的专制主义。路易十三、十四时期，炙手可热的两个宰相黎塞留、玛扎里尼相继执政，把文化教育、文学艺术置于国家政权的直接控制之下。从公元1634年起，黎塞留先后建立了法兰西学院、绘画和建筑学院，负责制订具有法律权威的思想文化政策，对文艺创作进行严格的控制和审查，要求艺术必须为君主专制政治服务，不得越雷池一步。这就形成了政治上的专制主义、哲学上的理性主义、艺术上的古典主义三位一体的局面。笛卡尔的理性主义为古典主义奠定了哲学基础，布瓦洛的《诗的艺术》成了古典主义文艺创作的法典，高乃依、拉辛、莫里哀的悲剧、喜剧则是古典主义美学的形象体现。从这里可以看出法国古典主义美育思想的特点就是：表现市民阶级与封建贵族相妥协的生活情调和人生理想，崇尚理性，以理节情，服从法则，恪守道德规范，为君主集权政治服务。

一、笛卡尔的美育思想

笛卡尔（1596—1650）是17世纪法国卓越的哲学家、数学家、物理学家、生理学家。他出身于贵族家庭，幼年在耶稣会学校接受教育，最喜欢数学，渴望从数学中获得认识的确实性和明晰性，不满意于经院哲学。1612年，他决心离开学校，放弃书本研究，游历欧洲各国，去学习“在我们自身之内或世界这本大书里找到的学问”，认为这比“在书房里对思辨所作的那些推理中，可以遇见的真理要多得多”。他曾参加德国30年战争，当上雇佣军军官。1621年离开军队，到巴黎游历、访问，从事学术研究。从1629年起，他隐居荷兰，长达20年之久，大部分著作都是在这里写作、发表的。由于思想倾向是反对天主教教义和经院哲学的，他的著作被梵蒂冈教廷列为禁书，而瑞典女皇克丽斯蒂娜却对他的哲学极感兴趣，再三发出邀请，笛卡尔便于1649年到了斯德哥尔摩，一年之后即病故。

笛卡尔学说内容非常丰富，于哲学、数学、物理学、生理学等方面都有杰出成就，其哲学著作主要有《方法论》《形而上学的沉思》《哲学原理》《论激情》等；关于美学、美育的论著有《论音乐》《答麦尔生神父的信》《论巴尔扎克的书简》。他的主要贡献在于为古典主义美学、美育思想提供了理论基础，而对美学、美育问题的直接论述不过是他理性主义哲学体系中的一个不甚和谐的插曲。但即使如此，我们也可以从中窥视到古典主义美育思想的某些特征。

凡是能使大多数人感到愉快的东西就是美的

笛卡尔是哲学上的二元论者，理性主义的创始人。他认为物质与精神都是“有限实体”，彼此是独立的，完全没有关系，它们的存在与运动是由第三种实体——神决定的、推动的。在认识论上，他提出“我思故我在”的著名命题。“我”所以是“存在的”，是由于“我在思想”。因此，“我”是一个心灵、理性的实体。人既然是理性的存在，要获得真理，必须进行理性的思考、判断，否则就会陷入偏见与谬误。感觉只能给人以事物模糊的观念，靠感觉会使我们在追求真理中迷失方向；理性则给我们关于事物清晰而明确的概念，而清晰、明确的概念就是真理。因此，理性是判断是非、善恶、美丑的唯一标准。这种唯理论在反对迷信盲从、提倡独立思考方面有一定进步意义。但是，他所讲的“理性”是一种“天赋”观念，是人与生俱来的良知良能，与感性经验、实践活动是对立的，因而是唯心主义的。

但是，哲学不等于文学艺术。笛卡尔不管怎样的唯理独尊，面对着文艺创作和欣赏的实际情况，无论如何也否定不了感觉、情感和想象、认识的作用。笛卡尔幼年时代“对诗歌非常爱好”，后来在《方法论》中，他讲到诗歌引人入胜的雅致和秀美，甚至还明确地说：“许多真正的见解存在于诗人的作品中，而不存在于哲学家的著作中”。[①]诗人的作品，尽管有些地方很愚蠢，但毕竟存在着严肃性和敏感性，存在着比哲学家更伟大的点燃人们智慧之光的能力。艺术这种鼓舞人心、激发感情、提高心智的力量的产生，是诗人“借助想象力在心醉神迷的状态”中进行创作的结果。艺术是与人的惊奇、爱悦、憎恶、欲望、欢乐、悲哀这六种原始情绪密切联系的，不是纯粹的理性活动。至于对审美活动的看法，他更是从人的主观心理出发的。他说：美与一个声音比另一个声音较愉快的问题是完全相同的，“所谓美和愉快所指的都不过是我们的判断和对象之间的一种关系”，“凡是能使最大多数人感到愉快的东西就可以说是最美的”。[②]正因为如此，审美很难有一种确定的尺度，同一件事物可以使一些人高兴得要跳舞，却使另一些人伤心得想流泪。一个事物能否产生审美快感，“全要看我们的记忆中哪些观念受到了刺激”。[③]某一批人过去听到某种乐调时在跳舞取乐，他后来听到这个乐调，跳舞的欲望就会又起来；如果相反，遇到的是不幸的事，就一定会感到伤心。可见，审美愉快与人的情绪、心境甚

① 转引自吉尔伯特、库恩:《美学史》,夏乾丰译,上海译文出版社,1989年,第269页。

②《西方美学家论美和美感》,商务印书馆,1980年,第79页。

③ 同上,第79页。

至偶然联想都有重要的关系。凡是令人愉快的，就是美的；不令人愉快的，就是不美的。因此，美不可能有一个恒定的尺度，它只能是相对的、不确定的。这种看法显然与他的唯理论哲学观不完全一致。

以理节情，协调适中

笛卡尔虽然看到了感觉、情感、想象在艺术欣赏、审美活动中的作用和力量，但最终还要把它纳入理性主义哲学体系中来，以理节情、协调与适中构成了他的美学、美育思想的基本内容。在《论音乐》《论激情》中，他明确指出：音乐的目的在于激发起人们的情感，情感不应受到压制，但情感必须是有条理的，是和谐的，处于平衡状态的。他在《答麦尔生神父的信》中说："在感性事物之中，凡是令人愉快的既不是对感官过分容易的东西，也不是对感官过分难的东西，而只是一方面对感官既不太易，能使得感官还有不足之感，使得迫使感官向往对象的那种自然欲望还不能完全得到满足；另一方面对感官又不太困难，不至使感官疲倦，得不到娱乐。"[①]因此，在审美活动中应该避免两个极端：一种是那些混乱而令人难以捉摸的形象，即那些矫揉造作的东西；另一种是那些枯燥无味的东西和无法满足的欲望，如雷声的轰鸣，太阳的烈焰，由于与人的感受不成比例，因而是令人不愉快的。他在《论激情》中认为，激情虽不应当被压抑，但应当使之和谐并处于温和状态。美的愉快是同刺激与反应相当的。当审美对象的刺激引出心灵的对应物，符合"同声相应"的自然法则，与人的精神保持一致，就是愉快的、有益的。观众在凝神观照舞台上演员心情痛苦时尽管引起痛苦，但由于优雅的表演把痛苦化成一定度量并能使身心保持平衡，因而又是令人愉快的、有益的。在笛卡尔看来，美是事物形式的平衡与比例、协调与适中，而其根源在于人的理性。他说："美不在某一特殊部分的闪烁，而在所有的部分总起来看，彼此之间有一种恰到好处的协调和适中，没有一部分突出到压倒其他部分，以至失去其余部分的

①《西方美学家论美和美感》，商务印书馆，1980年，第79页。

比例，损害全体结构的完美。”[①]他在分析音乐的比例和均衡的美及其与情感的关系时，就是以最精确、最富于理性的数学逻辑加以论证的。他认为，否定音乐的和谐比例关系的论据是十分荒谬的，正如由于人的眼睛看不到建筑物的千分之一的精确度而否定建筑学的数学比例一样。审美活动虽然令人愉快，体会到人生的欢乐，但根源还是存在于人的理性之中，只有通过理性的快乐来调节欲望、情感，才能有益于身心的健康和舒适。吉尔伯特、库恩在《美学史》中正确地指出：为了能够更好地理解笛卡尔的美学观点，注意他对情欲及调整人的心灵活动的论述，就会发现：“只有可以促进人的幸福，保证人的健康，使人免于危险，并易于培养人的那些情欲和情趣才是好的”。[②]这的确是笛卡尔美育思想最核心的内容。

笛卡尔的美学、美育思想是零散的、不完整的，从属于他的理性主义哲学体系。他虽然强调理性，但也看到了审美活动中感觉、情感、想象的作用与力量。而他的后继者、古典主义美学的代表人物布瓦洛则把理性主义哲学直接用于说明文学艺术问题，往往把他的观点简单化、绝对化，走上了极端。

二、布瓦洛的美育思想

布瓦洛（1636-1711）是法国古典主义美学的集大成者。他出生于巴黎一个富裕的律师家庭，根据父亲的旨意，早年学习神学，进入巴黎大学改学法律，毕业后担任律师。但诉讼职业同教会神职一样，不是他的志趣所在。不久，他便离开法院，专心研究古典文学，从事诗歌创作，发表《讽刺诗集》，揭露社会丑恶现象，抨击封建贵族的腐败行为，批评专事雕琢、趣味低下的诗人，因此不断受到贵族势力的攻击。他由于经受不住压力，乃改变原先比较激进的思想，表示拥护王权，并开始出入宫廷。他写作一组《书简诗》讨好路易十四，随即受到赏识，被授予宫廷诗人头衔。

①《西方美学家论美和美感》，商务印书馆，1980年，第80页。

② 吉尔伯特·库恩：《美学史》，夏乾丰译，上海译文出版社，1989年，第272页。

他仿照贺拉斯《诗艺》的体式，于1671年完成了长达1000多行的论诗诗《诗的艺术》。这部著作于1674年出版，因适应路易十四王朝集权政治的需要，很快被钦定为文学创作的法典，布瓦洛被任命为宫廷史官。1684年，他被推选为法兰西学院院士，成为40个“不朽者”之一。他站在崇古派立场上，积极参加法国文坛著名的“古今之争”，写了多篇崇古非今的文章。他还把朗吉弩斯的《论崇高》译成法文，并完成论文《朗吉弩斯〈论崇高〉读后感》，此外还有《1710年给贝洛勒的信》，其主要倾向是坚守古典主义立场，为“崇古派”思想辩护，但往往敌不过“厚今派”凌厉有力的进攻，处于被动、失势的地位。他晚年过着孤独的生活，于1711年去世。

布瓦洛影响最大的著作是《诗的艺术》，它以笛卡尔理性主义哲学为基础，以古希腊罗马文学作品为典范，针对当时法国文艺创作的实际状况，确立了一套完整的古典主义的艺术规范、模式，为法国君主专制王朝制定文艺政策提供了理论根据，他成为法国古典主义的立法者。正如普希金所说，布瓦洛为古典主义诗歌写作了一部《可兰经》。崇尚理性，摹仿自然，“把真和善与趣味融成一体”，专以情理娱人，“工指教又工劝勉”，是布瓦洛美学、美育思想的基本内容。

只有真才美，只有真才可爱

布瓦洛认为，理性是衡量艺术作品价值的最高标准。诗歌创作虽然要有天才、艺术修养和语言技巧，但最根本的是依凭理性。作家只有在理性的指导下，才能思想明晰，结构完整，语言规范，创作出完美的作品。因此，他向作家发出号召：

> 首先须爱理性：愿你的一切文章，
> 永远只凭着理性获得价值和光芒。[①]

布瓦洛所讲的“理性”，就是人的心灵的本性、本质，文艺作品充分

① 布瓦洛：《诗的艺术》，任典译，人民文学出版社，1959年，第3—4页。

地表现了人的理性，人同此心，心同此理，必然具有普遍、永久的“价值与光芒”。符合理性的就是真理，真理使人感到愉快，感到可爱，因此真善美是统一的。他说：“只有真才美，只有真才可爱，真应统治一切，寓言也非例外；一切虚构中的不折不扣的虚假，也只为使真理现得格外显眼，……因为诗的真实，毫无谎言，能感动人心，并且一目了然。善恶都处理得公平合理，从来不让坏人擅居高位。”[①]艺术虚构是为了更好地揭示真理。理性是艺术的基本原则和最高标准。艺术可以使人们获得真理，可以把人引向善德，理性是符合人的自然本性的，符合自然本性就是善，因此，人“凭理性判断是非”，“凭理性从善如流”，真与善也是一致的。这里，布瓦洛就在理性主义的基础上把真善美统一了起来。艺术作品达到了真善美的和谐统一，才能使人在对诗歌艺术的欣赏中求真、向善、爱美。他写道：

作者们，我有忠言，请为我侧耳静听。
你那丰富的虚构是否想受人欢迎？
那么，你的缪斯要多发些谠论鸿言，
处处能把真和善与趣味融成一片。
一个贤明的读者不愿把光阴虚掷，
他还要在欣赏里能获得真知妙谛。[②]

根据理性主义原则，诗歌要“把真和善与趣味融成一片”，使人们在欣赏中获得“真知妙谛”，是布瓦洛对艺术的社会教育作用的基本看法。当然，这并不意味他要理性在艺术中成为“赤裸条条”“比天还高”的说教，变得“无味而又可嫌”，诗歌“都要情理与音韵永远地相互配合”，做到“理性得韵而丰盈”，声音和谐，妙合自然，才能为人欣赏，受到欢迎。

①《西方美学家论美和美感》，商务印书馆，1980年，第81页。
② 布瓦洛：《诗的艺术》，任典译，人民文学出版社，1959年，第64页。

艺术摹仿自然逼真可信，才能以情理悦人

布瓦洛沿袭传统的“摹仿说”，认为艺术要表现“理性”，必须摹仿自然，“让自然作为唯一的研究对象”，“永远一步也不要离开自然”。人们所以喜爱自然，因为自然是真实的，符合理性的。自然就是真实，在一切中人们喜爱的只有自然。他所讲的“自然”，包含两层意思，一是体现在事物中的“常情常理”；一是人的“自然本性”。艺术“摹仿自然”，只有“合情合理”，“逼真可信”，才能以“情理悦人”，“令人愉快”。在戏剧表演中，客观事物本身很可能传达不出“真情”，而丑恶的事物经过真实的摹仿却可以转化为艺术美，给人以美感。他说：“绝对没有一条毒蛇或可恶的怪物，经过艺术摹仿而不赏心悦目；精妙的笔墨能用引人入胜的妙技，把最惊人的东西变成可爱有趣”。[1]这里，他把艺术真实与生活真实加以区别，认为艺术真实使人产生审美快感，无疑是合理的。

但是，在阶级社会里，只有具体的人性，没抽象的人性，布瓦洛要表现人的什么样的“理性”“自然本性”呢？要“取悦”于什么样的人心呢？显然不是广大的劳动群众和城市平民，而主要是上层贵族阶级。艺术要适合宫廷贵族的审美趣味。他说：“不管你写的什么，都要避免鄙俗卑污”，反对诗歌表现“村俗的调笑”，“市井的嗷嘈”，以低级滑稽去迎合“贩夫走卒”。他认为这种风气难以幸免，已像病疫一样到处传布，甚至连莫里哀也不能免俗，他“太爱平民，常把精湛的画面用来演出那些扭捏难堪的嘴脸”，“丢开了风雅与细致”。他直言不讳地说：“朝廷上感觉到这股歪风，它憎恶着诗坛上这种荒唐的放纵”，要求诗人千万不要被这股歪风“玷污”自己的大作。为此，他号召诗人：“好好地认识都市，好好地研究宫廷，二者都是同样地经常充满着模型。”[2]这里的“城市”，是指资产阶级新贵们，“宫廷”是指身居要职的达官贵人。文艺只有以资产阶级、宫廷贵族为描写对象，反映出他们“高尚的道德”，歌颂他们的“文治武

① 布瓦洛：《诗的艺术》，任典译，人民文学出版社，2009年，第30页。

② 伍蠡甫主编：《西方文论选》，上卷，上海文艺出版社，1963年，第302页。

功”，才是最符合“理性”的。他说：“一切的文艺事业都沐浴着爱日（‘爱日’，指路易十四，因其以太阳为王徽）光华”，“刻画着英雄人物都以圣主为楷模”，写英雄要“论勇武天下无敌，论道德众美兼赅。”从这里可清楚看出布瓦洛美学、美育思想保守的政治倾向和审美趣味，一面反对文艺表现下层农民、市民的生活和思想感情，一面主张文艺要为宫廷贵族歌功颂德，以实现为君主专制政权服务的目的。

要爱道德，使灵魂得到修养

布瓦洛是崇尚理性的，但并没有完全否定情感的作用。他强调文艺要以理性来统帅感情，感情必须服从理性。艺术不只是描写“真事”，更重要的是表现“真情”，“必须时时处处富有高尚的情感”，才能使人们“怡悦心情”，受到教育。他写道：“你要用无穷形象使作品欢情洋溢，要一切对于读者显得笑眼迷迷。文章可以极炫赫同时又怡悦心情，我最恨一种孤高呆板令人扫兴”。他提出写悲剧要表现出惊惶震骇，涕泪纵横，热情激荡，迫使人们流泪，而又可以“遣怀”。为此，“你的文词里就要有热情激荡，直钻进人的胸臆，燃烧、震撼着心房。不能使我们的心头充满甘美的‘恐惧’，或在我们灵魂里不能激起‘怜悯’的快感，则你尽管摆场面、要手法，都是枉然，……因此第一要诀是动人心，讨人欢喜”。[①]但这种情感不是“浮夸滥俗的呻吟”，不是“满口乱嚷”的“花腔”，而“必须与理性完全相合，一切都要恰如其分，保持严密的尺度”。“对理性要服从它的规范”，当感情与理性发生矛盾时，感情必须服从理性，接受理性的支配，这样，文艺作品才能净化读者的灵魂，提高他们的道德境界。他说：

> 一个有德的作家，具有无邪的诗品，
> 能使人耳怡目悦而绝不腐蚀人心。
> 他的热情绝不会引起欲火的灾殃，

① 伍蠡甫主编：《西方文论选》，上卷，上海文艺出版社，1963年，第296页。

因此要爱道德，使灵魂得到修养。[①]

他讲的“理性”，归根结底就是要符合君主专制的政治要求；他讲的“高尚的情感”，就是合乎“理性”的情感，是上层贵族的“情感”。所以与“理性”对立的情感不利于君主专制统治，危及贵族阶级的利益，则被视为“欲火的灾殃”，按照古典主义法规是要反对和禁止的。

马克思曾经指出：在欧洲几个先进国家中，“君主专制是作为文明中心，社会统一的基础出现的”。[②]法国古典主义美学、美育思想作为这个制度的产物，总的倾向是为君主专制制度服务的。法国君主政权的两 面性质决定它既有积极进步的一面，也有消极保守的一面。它崇尚理性，强调规范，要求艺术发挥政治、道德教育作用，宣传公民对国家的义务，对于社会的稳定、民族的统一、资本主义经济的发展是有利的。但是，它主张理性高于一切，以理性控制感情，反对艺术表现劳动人民的审美需求，以迎合宫廷贵族“高雅”的艺术趣味为最高理想，这对于人民群众的个性自由发展，培养健康的、进步的审美意识是不利的。随着君主专制制度日趋保守、反动，法国古典主义美育思想也日益变得狭隘、片面和僵化。正如有的学者所指出的：“在古典主义美学中唯理论渐渐获得了机械论的和片面的性质。艺术服从于理性的规律往往导致了规范主义，承认艺术创作是精神劳动的本质变成了公式化，在感性与理性之间寻求和谐导致了对个性的压抑以及理性对感情的控制。……所有这一切都在一定程度上阻碍了（当然是阻碍不了的）艺术和审美认识的蓬勃发展。”[③]经验主义、启蒙主义美学、美育思想的兴起，对它进行了猛烈的冲击，以致取而代之。

① 布瓦洛:《诗的艺术》,任典译,人民文学出版社,2009年,第41页。

②《马克思恩格斯全集》,第10卷,人民出版社,1962年,第462页。

③ 舍斯特科夫:《美学史纲》,樊莘森等译,上海译文出版社,1986年,第158页。

第十二章　物质带着诗意的感性光辉对人的全身心发出微笑

——英国经验主义美育思想

公元17、18世纪，在西方哲学、美学史上，除了以法国古典主义为代表的理性主义外，还产生了一个以英国为中心的、更有影响的经验主义思潮。

自16世纪以来，英国商品经济迅速发展，经过17世纪中叶资产阶级发动的所谓“光荣革命”，推翻了封建复辟王朝，成为最早进入资本主义的国家之一。资产阶级掌握政权以后，为了适应社会经济发展的需要，进一步解放生产力，推进科学技术进步，迫切要求打破旧的封建思想的束缚，以新的眼光认识世界。他们强调感性经验，重视科学实证，反对经院哲学的玄秘思辨和理性主义的天赋观念，建立了一套经验主义的思想体系。这反映在美学、美育思想上，它不像古典主义那样，探求普遍的、绝对的、形而上的美的理念，而是从人的审美经验出发，去发现感性物质的美和诗意，把注意的重心由美的本体论转移到美感论方面来，着力研究美感的特性、审美心理结构以及审美能力的培养问题。正如马克思、恩格斯所说的：“唯物主义在它的第一创始人培根那里，还在朴素的形式下包含着全面发展的萌芽。物质带着诗意的感性光辉对人的全身心发出微笑。”[①]英国经验主义美学为近代美学的发展奠定了初步基础，引导审美教育走向一条新的道路。

①《马克思恩格斯全集》，第2卷，人民出版社，1957年，第163页。

列宁指出："从感觉出发，可以遵循着主观主义的路线走向唯我论（'物体是感觉的复合或组合'），也可以遵循着客观主义的路线走向唯物主义（感觉是物体、外部世界的映象）。"[①]在英国经验主义哲学家、美学家中，贝克莱、休谟属于前者，培根、洛克、霍布士属于后者。对于他们美育思想，我们不能一一介绍，只以培根、洛克、休谟为代表作些分析，以展示英国经验主义美育思想的基本内容及其所反映的时代精神。

一、培根的美育思想

佛兰西斯·培根（1561–1626）是英国资产阶级革命初期最大的哲学家。马克思、恩格斯称其为"英国唯物主义和整个现代实验科学的真正始祖"。[②]他出生于伦敦一个新贵族家庭，自幼聪慧过人。13岁到剑桥大学三一学院学习，大约16岁时，即对一向被人奉为经典的亚里士多德哲学产生怀疑，认为他的方法只长于辩论，没有实践的效果，萌发了学术必须为实践服务、为人类谋福利的思想，立志改革人类知识结构，实现科学的"伟大复兴"。大学毕业不久，父亲突然病故，生活陷于困顿，培根不得不到处奔走，谋取职位。后来，他担任过国会议员、掌玺大臣、大法官等重要职务，晚年因被指控接受贿赂而离开官场。他一生以做个"科学的伟大复兴"的"小工""挑夫"为己任，即使在身居要职、政务繁忙之际，也没有丢掉学术研究，中断著述活动。1626年春，他冒着风雹做冷冻防腐试验，得风寒病倒下，不久即"在热烈的搜求中静静地死去"，表现出为科学而献身的可贵精神。

培根是英国近代唯物主义的奠基人。他认为事物是客观存在的，认识是客观存在的反映，感觉经验是一切知识的来源，实验是获得科学认识的主要手段。知识只有用于实践才有作用，才能发挥改造自然的力量。他提出一个响亮的口号："知识就是力量，要服从自然又去征服自然。"他深刻

①《列宁选集》，第2卷，人民出版社，1972年，第125页。

②《马克思恩格斯全集》，第2卷，人民出版社，1957年，第163页。

地揭露了经院哲学脱离实际、崇尚空谈、毫无实益的弊害，形象地把经院哲学家比作“不生育的修道尼姑”，“布网自缚的蜘蛛”，他们的“纺造之功虽然精美绝伦，终是空斗机巧，毫无实质，毫无补益”。当然，科学家也不能像蚂蚁那样，只是搜集些简单的、零碎的事实就算完事，而应当像蜜蜂那样，从各种花朵中吸取液汁，经过消化、加工，最后酿造出甜蜜来。培根以其唯物主义哲学沉重地打击了以宗教信仰为皈依的经院哲学，开创了以科学实证为内容的经验主义哲学的新时代，为近代哲学的发展做出了重大贡献，也为近代美育思想提供了理论基础。

培根的主要著作有《学术的进展》《伟大的复兴》《新工具》《新大西岛》等。他没有系统的美学著作，但在《学术的进展》《论说文集》中，不少篇章论及艺术的性质、作用、审美心理特征以及艺术鉴赏能力培养等重要问题，颇为充分地显示出经验主义美育思想的特色。

诗是虚构的历史，更能满足心灵的需要

培根把人的认识能力分为三种——记忆的、想象的、理智的，与此相对应的有三种学问——历史、诗歌、哲学。“历史涉及记忆，诗歌涉及想象，哲学涉及理智。”这实际上提出了诗歌与科学、形象思维与逻辑思维的区别问题，把诗歌艺术看作是想象（形象思维）的产物。他在《学术的进展》中说：“诗是真实地由于不为物质法则所局限的想象而产生的，想象可以任意将自然界所分开的东西结合起来，把自然界所结合的东西分开，就这样制造了不合法的结合与分离；……它是学问的重要部分之一，它不是别的，它就是即可用散文或韵文表达的‘虚构的历史’。”[①]诗歌产生于想象，科学产生于理智，因而有着各自的特点，彼此是不能取代的。在《论学问》一文中，培根指出：各种学问都能“变化”人的“气质”，“补救”精神上的“缺陷”，但它们又各有其独特的、具体的功能。他说：“史鉴使人明智，诗歌使人巧慧，数学使人精细，博学使人深沉，伦理之

① 伍蠡甫主编：《西方文论选》，上卷，上海文艺出版社，1963年，第247页。

学使人庄重，逻辑与修辞使人善辩。”[①]这就是说，诗歌作为学问的一部分，其主要功能在于培养人的得心应手的妙悟、智慧，即创造性的想象能力。

在《学术的推进》中，培根进一步阐明了诗歌的独特功能，认为想象是极端的自由的，由想象而产生的诗歌是“虚构的历史”，它比真实的历史更能满足心灵宽阔、“宏伟”“善良”和多样性的需要。“诗所给予的是弘远的气度、道德和愉快。……它能使事物外貌服从人的愿望，它可以使人提高，使人向上；而理智则使人服从事物的本性。”[②]在他看来，艺术是通过虚构、想象创造出来的，“服从人心的愿望”，不同于事物的本身，而科学作用于人的理智，使人“服从于事物的本性”，因而两者对人的心灵、气质所起的作用是不同的。艺术既能给人以欣赏愉悦，又能开阔人的胸襟，培养人的道德情操，提高人的精神境界。因此，在不文明时代和野蛮地区，即使其他学问被拒之门外，诗歌也可以进门，并得到尊重。它的兴起比任何学问都更广更快，可见它在审美教育中发挥着多么大的作用。

美使人的美德更为光辉，而恶德更加赧颜的

培根在《说美》中，专门讨论了美、特别是人的美的问题。他反对把美形式化、绝对化、理想化，认为完美无缺的人是不存在的，很难说，在阿佩莱斯和丢勒两位画家之中哪一位比较肤浅，丢勒要按照几何比例描绘出理想的、完美的人像，而阿佩莱斯从各种脸型中选择最好的部分去描绘出一张最美的面孔。在培根看来，美是相对的，动态的，分层次的。他说：“论起美来，状貌之美胜于颜色之美，而适宜并优雅的动作之美又胜于状貌之美。”[③]适宜、优雅的动作是人的理想美，是内在的道德、文化素养外显于风度、神采的美。那些精神高尚、志向远大而又仪表堂堂、英俊大方的人物是完美的。人的美应当是外形美与心灵美的和谐统一；但是造

①《培根论说文集》，水天同译，商务印书馆，1983年，第180页。

② 伍蠡甫主编：《西方文论选》，上卷，上海文艺出版社，1963年，第248页。

③《培根论说文集》，水天同译，商务印书馆，1983年，第157页。

物主并不创造十全十美的人，如果两者难得统一起来，心灵美是主要的。所以，他说："才德有如宝石，最好是用素净的东西镶嵌。无疑地，才德如果是在一个容貌虽不姣丽，然而形体娴雅、气概庄严的身体内，那是最好的。"[①]从人的美以才德之美为主、表现于行为的思想出发，培根认为：有些老年人显得很可爱，因其风度优雅而美，因此也就更可爱，如拉丁俗语所说，"暮秋之色更美"；有的年轻人尽管有美貌，由于缺乏完美的修养，也不配得到最好的赞美。所以，人们以宽容的眼光看待年轻人，把他们的青春朝气补其美之不足，才觉得是美的。人的美在于适宜、优雅的动作，而不在于形式上的比例、对称。他是反对为美而美的，认为美是具有功能性的，与人的德行是密不可分的。他说："美有如夏天的水果，易于腐烂，难于持久；并且就其大部分来说，美使人有放荡的青年时代，愧悔的老年时代；可是，无疑地，假如美落在人身上落得得当的话，它是使美德更为光辉，而恶德更加赧颜的。"[②]这一看法较之"美在形式"说是高出一筹的，对于正确理解审美教育的作用很有意义。

审美与实用的统一

培根在《说建筑》《说花园》两篇文章中，从他所处的承平日久、国富民丰、营造之事甚盛的实际出发，根据英国上流社会的时尚，提出了一个具体而微的建造房屋、花园的设计方案、轮廓、模型，体现出他的审美与实用相统一的美学、美育思想。他认为，建筑房屋如果选择在阳光、空气、风水不良的地点，或者内外的设施不当，就不会优美宜人，"盖一所房子的人是把自己囚在牢狱里的。"房屋建筑首先是要实用，其次才是外观的美，当然最好两者兼而有之。他说："造房子为的是在里面居住，而非为要看它底外面，所以应当先考虑房屋底实用方面后求其整齐；不过要是二者可兼而有之的时候，那自然是不拘于此例了。把那专为美观的房屋

①《培根论说文集》，水天同译，商务印书馆，1983年，第156—157页。
② 同上，第158页。

建造留给诗人们底魔宫好了，诗人们建这些魔宫是费钱很少的。”[①]与建造房屋相比，培根似乎更重在人的生活享受。据其遗稿中提供的材料，他曾想把自己的地产的一部分开辟成园林，以作“休憩心身、娱乐耳目、提神养性之用。”[②]他的《说花园》可能即为此而设想的。

在他设计的模型中，花园一年十二个月树木长青，花开不断，可以享有“永久的春天”。园内散发着花的芬芳，使人闻香而至乐；大片的绿草地，令人更为悦目；道路宽广美观，还有美丽爽人的喷水池，如此等等，不一而足。如此花园的营造主要目的在生活的享受、精神的满足，与主要用于居住的房屋是不同的。所以，他说：“万能的上帝是头一个经营花园者。园艺之事也的确是人生乐趣中之最纯洁者。它是人类精神底最大的补养品，若没有它则房舍官邸都不过是粗糙的人造品，与自然无关。再者我们常可以见到当某些时代进于文明风雅的时候，人们多是先想到堂皇的建筑而后想到精美的园亭；好像园艺是较大的一种完美似的。”[③]从培根的设计思想中，我们的确可以窥视到那个时代的资产阶级新贵们追求物质与精神享受、审美与实用相统一的“文明风雅”。

培根的经验主义哲学基本倾向是唯物主义的，但也“充满了神学的不彻底性”[④]。他认为真理有两个来源，一是感官的经验，一是上帝的启示。他在《新大西岛》中描绘的理想国里就有宗教存在，并写道：“我们有赞美诗和乐曲，每天歌颂我主和上帝在奇妙的创造；我们还有各式祈祷，恳求主帮助我们，赐福给我们，使我们劳动更为辉煌，成为神圣而有用的事业”。[⑤]他既用诗歌、音乐来赞美上帝，但也同时肯定了人的劳动是辉煌、神圣而有用的事业。这可以说是他哲学上的矛盾在美育思想上的形象反映。不过，总的看来，培根以其开创的经验主义观点、方法否定了经院哲学绝对、永恒的美的理念，尊重感性经验和实际行为，打破了玄学思辨，

①《培根论说文集》，水天同译，商务印书馆，1983年，第160页。

② 同上，第165页。

③ 同上，第165—166页。

④《马克思恩格斯全集》，第22卷，人民出版社，1965年，第163页。

⑤ 培根：《新大西岛》，何新译，商务印书馆版，2017年，第41页。

揭示客观事物的美和诗意及其对人的全身心发展的重要意义，对近代美育思想的发展产生了深远的影响。

二、洛克的美育思想

洛克（1632—1704）是英国17世纪著名哲学家、教育家。他出生于一个乡村律师家庭。14岁以前主要由父母教育。1652年进入牛津大学，毕业后留校教希腊语、修辞学。1668年被推选为英国皇家学会会员。他与资产阶级自由派领袖沙夫茨柏里结交，关系密切，先后担任其秘书、家庭教师达15年之久，因而王政复辟时期遭受迫害，逃亡荷兰。在国外他参与反复辟活动，从事学术研究和理论著述。1688年“光荣革命”后，他回到英国，成为新政府的重要成员，在政界和学术界均享有很高的声誉。其主要著作有《人类理解论》《政府论》《认容忍书》《教育漫话》等，在哲学认识论、教育论中，涉及不少重要的美育问题。美育是他倡导的“绅士教育”的一部分，目的是培养品德高尚、风度优雅、精明能干的资产阶级“绅士”。

美赋予人们的一切言行以魅力并为之倾心

洛克从唯物主义的经验论出发，反对“天赋观念”，提出了著名的“白板”说。他认为感性经验是理性知识的唯一源泉。人根本没有什么与生俱来的“天赋观念”，人的心灵犹如一块“白板”，一切认识都是客观事物作用于人的感官产生的，人的好坏主要依靠后天的教育。他特别强调教育的作用，甚至夸大到不适当的程度。他说：“他们之所以或好或坏，或有用与无用，十分之九都是他们的教育所决定的。”[①]他虽然说人人都有平等受教育的权利，但又认为首要的是绅士的教育，即主要是资产阶级新贵子弟的教育。他所要培养的人才是：“绅士所需要的事业家的知识，合乎

① 洛克:《教育漫话》,傅任敢译,人民教育出版社,1963年,第4页。

他的地位的举止，同时能按照自己的身份，使自己成为国内著名的和有益的一个人物。”①这就是品德优良、足智多谋、彬彬有礼、知识广博的新兴资产者。一个青年绅士要有优美、高雅的仪表、风度，才能适应社会交往的需要，博得别人的尊重与好感，“门路就可以更宽”，“朋友就可以更多”，“造诣就可以更高”，因此，行为美的教育是至关重要的。教育少年儿童的“第一件大事”，就是培养他们在容貌、声音、言辞、姿势、动作举止上的“优雅有礼”。他认为，人的美的最高表现形式是优美；优美就是在“一切别种美德之上加上一层藻饰”。对此，洛克有一段颇为精彩的阐述：

> 有谁想探究受人喜爱的优美的根源何在，他就会发现优美来自完善的行为和这样一种心情之间的自然吻合，这种心情只能作为与这一行为的动因相适应的东西来加以赞赏。我们不能不喜爱具有人情味的、友好的和彬彬有礼的待人接物的态度，不管在什么地方受到这种礼遇都是如此。自持有度，能节制自己全部行为的自由禀性，不是卑贱的和狭隘的，不是高傲的和粗鲁的，也不为任何严重的缺点所玷污，这种自由禀性会对每个人产生巨大的感召作用。从这一崇高心灵中自然地流露出来的行为，乃是心灵的基本特征，因而也受到我们的喜爱；而且这些引为恰如精神和内心情绪的自然变化，不可能是别的什么，而只能是一种自然的表露，且不带任何牵强附会和矫揉造作的成份。我认为使某些人的行为光彩照人的美即在于此。这种美赋予人们的一切言行以魅力并使所有与他接触的人们为之倾心，因为他们通过日常的陶冶已经在自己的身上最终地培养出了与人们交往的举止风度，并把天性或习俗在社会生活里所规定的礼貌和尊敬的细微末节都如此自然地融汇于自身，以至它们绝不是装腔作势的或死记硬背的，而是从亲切的、善良的心灵和良好的天然禀赋中自然地流露出

① 洛克:《教育漫话》,傅任敢译,人民教育出版社,1963年,第43页。

来的。[1]

这里的“优美”是人的行为中自由表现出来的亲切自然之美，是美好心灵与行为举止的和谐统一，个人利益与社会利益的协调一致，就是说，它与一个人的德行、才干、智慧是密切联系着的。洛克突出“优美”行为的思想对美育的发展是个贡献。它不仅是对封建贵族高人一等、矫揉造作、豪华奢侈的审美观念的否定，而且把行为美与道德效用结合起来，为通过美育培养青少年的“文明行为”开了先河。

艺术教育要培养“有用能干的人”

洛克把教育的着眼点放在体育（健康教育）、德育（德行礼仪教育）、智育（智慧、知识教育）上。他认为“健康之精神寓于健康之身体”，“德行是第一位的”，教育的“重大责任是德行与智慧”，把青少年培养成具有“德行、智慧、礼仪和学问”的人。在他的教育思想体系中，包含有美育的内容，但主要是把它作为一种教育、教学的手段，而且提出要运用得恰如其分，适可而止。在他看来，如果花费大量的时间，让青少年去作诗、画画、唱歌，就会剥夺他们的生活乐趣，没有任何实际利益，培养不出“能干有用”的人。在他为青少年设计的学习科目中，艺术是一个方面的内容，其中包括文学、音乐、图画、舞蹈、雕刻、园艺及其他手工技艺。学习语言文学，可以把话说得好，说得漂亮，说得中肯，“在一切生活情景中也最有用”；学习舞蹈“关系一个绅士终生终世有无优雅动作的问题”，能培养青少年“具有一种大丈夫气概和一种适合的自信力”。至于音乐、绘画，对每个人都是需要的，可以学一点，但不属于正经职业，不能多学，更不能沉溺于其中，而应该把主要精力放在更加重要事业的进取上。他还错误地认为在一切事业成就中，音乐的地位是最低等的。至于诗歌，学习一点，可以增进“想象和才能”，但他又劝告父母不要让孩子学

① 转引自舍斯特科夫:《美学史纲》,樊莘森等译,上海译文出版社,1986年,第167—168页。

诗，并把他们的诗才尽量压抑下去。他说："从来就极少有人在'诗文之府'里发现过金矿或银矿的。这是一个可悦的外表，但却是一块硗瘠的土地；世上从来就很少有人从那里得到了东西，去增加了他们的资产的。写诗和赌博常在一道，它们在这种地方的情形是相似的，它们的好处绝少，只能使无法谋生的人得到利益。有钱的人总是受损的，他们只要没有全部财产或者最大部分的财产失掉就算不错了。"①洛克把学习诗歌与赌博同等看待，不仅不能赚钱谋利，反而会失掉钱财，学习艺术还有何用？!这种资产阶级狭隘的功利观真有点令其斯文扫地。在洛克的心目中，教给学生的主要是用于实际生活和对德行有价值的东西，因此，审美教育当然是无足轻重的了。这种实用主义、功利主义的美育思想，就当时来说，对于为新兴的资产阶级培养"有用能干"的人才，否定封建贵族阶级享乐主义的审美观不无积极的一面；但是，他轻视文学艺术，无视美育的独特功能，则是片面的、错误的，从中我们似乎可以嗅出一点新兴资产阶级重功利、轻审美，不利于诗和艺术发展的味道来。

三、休谟的美育思想

休谟（1711–1776）是英国18世纪著名哲学家、经济学家和历史学家，也是一位有重要影响的美学家。他出生于爱尔兰爱丁堡一个名门贵族家庭，自幼受到良好教育，学习勤奋，成绩优异。12岁进入爱丁堡大学，除主要学习法律外，还兼及逻辑学、数学、哲学，尤其爱好文学，阅读很多古希腊罗马的文学作品。在大学学习两年，便中途辍学，坚持自学。18岁，他感到自己除了当学者和哲学家以外，没有别的途径能"开拓远大前程"，便专心致志研究哲学，为之献出毕生精力，在英国赢得了盛誉。休谟晚年因抵挡不住名利地位的诱惑，进入政界，先后担任过英国驻法国使馆秘书、代理公使，副国务大臣，1776年逝世。其主要著作有《人性论》

① 洛克:《教育漫话》,傅任敢译,人民教育出版社,1963年,第157页。

《人类理智研究》《政治论》《英国史》等。大概由于他终生爱好文学的关系，还写了不少美学和艺术方面的论著，如《论趣味的标准》《论悲剧》《论趣味和激情的敏感性》以及《人性论》第二卷《论情感》的部分章节。作为哲学家，他认为，哲学是研究人性的科学，人性包括知性、情感、道德三个方面，而知性是最主要的。因此，他对人的知性的性质、范围和作用作为重点，进行了系统、深入的研究。在他看来，人的一切知识都来源于感觉经验，而由感觉经验所产生的知觉印象、思想认识，是“人类理性所完全不能理解的”，只能对它持“存疑”的态度，从而陷入唯心论、怀疑论和不可知论。他既反对唯物主义的实在论，也反对宗教神学的超感论，在唯物主义与唯心主义之间取折中调和的立场，他的美学、美育思想是以其哲学思想基础，并成为其中的重要内容和组成部分。

快乐与痛苦的感觉构成美与丑的本质

休谟的基本哲学立场鲜明地反映在他对美与丑的性质和审美趣味问题的看法上。他一方面否定美是客观事物内在的属性，但同时承认美与事物某种属性有联系，试图从主客体的关系上来阐明美的性质及其与丑的区别。他说：“美是一些部分的那样一种秩序和结构，它们由于我们天性的原始组织，或是由于习惯，或是由于爱好，适宜于使灵魂发生快乐和满意，这就是美的特征，并构成美与丑的全部差异，丑的自然倾向乃是产生不快。因此，快乐和痛苦不但是美和丑的必然伴随物，而且还构成它们的本质。”[①]他从对象的“秩序和结构”与人的“心灵”的对应关系中探求美感产生的根源，不是没有一定道理的，但由于他不能正确理解人类社会实践在审美中的决定作用，其结果必然以主观吞并客观，把美与美感混同起来，认为美是主观情感的产物，快乐与痛苦的感觉构成美和丑的本质。他说：“美并不是事物本身里的一种性质，它只存在于观赏者的心里，每一个人心里见出一种不同的美。”[②]这就是说，“美”与“丑”是人的一种主

① 休谟:《人性论》,下册,关文运译,商务印书馆,1980年,第334页。

②《西方美学家论美和美感》,商务印书馆,1980年,第108页。

观感觉，这个人觉得丑，另一个人却觉得美。他在谈到艺术美的欣赏时指出：一个数学家可以懂得诗的文字，并可以形成明确的认识、观念，但他却不一定懂得诗的美，“因为诗的美，恰当地说，并不在这部诗里，而在读者的感情和审美趣味。如果一个没有领会这种情感的敏感，他就一定不懂得诗的美，尽管他也许具有神仙般的学术知识和知解力”。[①]这里，他看到了审美欣赏重在情感体验，不同于科学认识，无疑是对的，但由此否定审美趣味的客观标准，认为“趣味无争论”的谚语是正确的，则是错误的。

人同此心、心同此理的审美标准

但饶有兴味的是，休谟一方面认为“美”与“丑”是人心贴到事物上的。另一方面，他又要力求寻找到“一种足以协调人们不同感觉的规律”，即衡量美与丑的普遍原则。这就造成了不可克服的思想矛盾。他说：“尽管审美趣味仿佛是变化多端，难以捉摸，终归还有些普遍的褒贬原则。”[②]他认为，具有健全的感觉器官和完好的心理结构的人，对美所产生的快感、对丑所产生的反感是完全或基本相同的。从这里就可以找到基于共同经验所承认的范式和准则，作为衡量美丑的尺度。他举例说：同一个荷马在雅典和罗马受人欢迎，今天在巴黎和伦敦还被人喜爱，地域、政体、宗教和语言方面的千变万化都不能使他的荣誉受损。人们所以对艺术缺乏真知灼见，审美趣味千奇百异，龃龉矛盾，这是由于感觉器官失调、感情遭到歪曲，认识上的偏见使得想象力钝化造成的。因此，要寻求审美趣味的正确标准，提高人们的审美能力，必须依靠少数学识渊博的批评家来解决：“只有卓越的智力加上敏锐的感受，由于训练而得到改进，通过比较而进一步完善，最后还清除了一切偏见——只有这样的批评家对上述称号（指‘能对最高艺术作出判断的人’）才能当之无愧。这类批评家，不管

①《西方美学家论美和美感》，商务印书馆，1980年，第111页。

② 同上，第111页。

在哪里找到，如果彼此意见符合，那就是趣味和美的真实标准。”①这里，休谟找到的趣味标准不过是“人同此心，心同此理”的主观主义的标准，并把批评家作为“能对最高艺术作出判断的人”，他们的意见就是“趣味和美的真实标准”。这显然是错误的。

通过教育和训练改善和提高审美能力

休谟从人性论出发，认为审美趣味的原理是有普遍意义的，但实际上却存在着很大的差别，人的审美趣味有高有低，鉴赏能力有强有弱。造成趣味低下，鉴赏力薄弱的原因在于思想上的偏见，智力上的庸劣或是缺少趣味的敏感，但它是可以通过学习和训练改变的。人们通过训练可以培养和提高审美能力，达到“官觉或感觉的完美和为人的完美的统一”。因此，“训练对审美感极端有利”。首先，要想提高和改善审美能力，最好办法无过于在特定的艺术领域里进行训练，不断观察和鉴赏美的艺术作品，提高判断美丑的能力。他说：“完成任何作品和判断任何作品所需的巧妙和敏捷，都只有通过训练才能获得。”②另外，他还提出要用高明的见识来抑制败坏审美感的偏见，发挥理性在审美活动中的作用，他明确指出：“理性尽管不是趣味的基本组成部分，对趣味的正确运用却是不可缺少的指导”。③因此，在审美活动和艺术鉴赏中，我们在直接感觉的同时，还要进行分析、比较、思考，以助于感觉的完善，思维的清晰，判断的精确，感觉的灵活，这样就能把高明的见识与直接的感知结合起来，对美丑作出正确的判断。总之，人通过教育、训练，掌握了丰富的知识，消除了陋习偏见，具有了健全的判断力和敏锐的感受力，才能从审美愉快中获得比欲望满足更大的幸福，它对人类生活是非常重要的：“对才华或美的敏感却永远是一件令人向往的品质；因为它是人类天性所能享受的一切最高尚而纯

①《论趣味的标准》,《古典文艺理论译丛》,第5辑,人民文学出版社,1963年,第12页。

② 同上,第9页。

③ 同上,第11页。

洁的欢乐的源泉。”[①]

艺术的作用在于改善脾性，排除野蛮，使人越来越“合群”

休谟不像洛克那样，以非常实用的、功利的观点看待艺术和审美活动。他虽然也把审美与效用联系起来，认为桌椅、马车、犁、房屋等，“它们的美主要是由于它们的效用而发生，是由于它们符合于它们的预定的目的而发生”。[②]他把这种与事物的功利、效用紧密联系在一起的美叫做“利益的美”。但他更为强调是所谓“想象的美”，即对象是有效用的，但人们通过同情的想象体验它的效用，只是一种精神上的享受，并不是直接对事物本身的占有和享用。因此，审美和艺术鉴赏基于对象的效用而又超越了效用，其主要作用在于“改善脾性”，“陶冶性情”，“排除野蛮”。他在《论趣味和激情的敏感性》中说：“没有什么能像研究诗、雄辩、音乐、绘画那样改善脾性的了。它们提供了其他人所不熟悉的某种优雅感情。它们激励起来的情绪柔润而温和。它们使心灵摆脱了纷忙的事务，蕴怀着沉思冥想，寓予于沉静和平，产生出心灵的一切配置中最适于爱情和友谊的惬意的沉郁心情。”[③]他所讲的艺术可以“改善脾性”，是指人的激情通过精湛的技艺的提升，通过虚构、想象表现了出来，就被“柔化”了，使人的心灵摆脱繁忙事务的纠缠，消解了悲痛、恐惧、嫉妒、野蛮、粗暴等消极感情，处于优雅、温和、平静的状态中，从而产生一种类似爱情与友谊的感情。这样，艺术通过“改善”人的“脾性”，就可以促进人与人之间的同情与理解，以宽容、仁爱的态度对人处事，不会造成社会尖锐的冲突，发挥协调个人与群体的作用。所以，休谟指出：“随着艺术的日益完美，人们将越来越合群。当他们有了很多的科学知识和学会了与别人交

①《论趣味的标准》,《古典文艺理论译丛》,第5辑,人民文学出版社,1963年,第9页。

② 休谟:《人性论》,下册,关文运译,商务印书馆,1980年,第401页。

③ 汝信主编:《外国美学》,第1辑,商务印书馆,1985年,第340页。

谈，那他们就不会满足于独身自处或者远离自己的同胞去生活。”[①]他对艺术的社会作用的看法，与我国古代孔子的“诗可以群”的观点是颇为相似的。当然，休谟由于阶级的和历史的局限，在他看来，艺术活动使人“合群”的范围是有限的少数人，不包括广大劳动人民。他说：“趣味的敏感性把我们的选择限于少数人，……一个对他的书本和人事知识融会贯通的人，只与少数精选出来的同伴交往，才能适得其乐。”[②]这种思想与洛克的“绅士教育”主张是一脉相通的，表现出新兴资产阶级的审美情趣，而不是真正的“与民同乐”。

英国经验主义美育思想在西方美育思想史上占有重要地位。它的主要贡献在于从人的本性出发，重视感觉经验在审美教育中的作用，把感觉、情感、想象提到首要的位置上来，把培养人的健全的心理结构和能力作为美育的中心任务，初步揭示了美育的独特功能，开启了西方近代美育之先河。但它片面强调感觉经验作用，缺乏历史的、实践的观点，忽视理性在美育中的作用，对后来的反理性主义的美育思想的产生和发展，造成了一定的消极影响。

① 转引自奥夫相尼科夫：《美学思想史》，吴安迪译，陕西人民出版社，1986年，第144页。

② 汝信主编：《外国美学》，第1辑，商务印书馆，1985年，第341页。

第十三章　艺术——培养美德的学校

——法国启蒙主义美育思想

公元18世纪欧洲发生的启蒙主义运动，是继文艺复兴之后，又一次反对封建制度和宗教神学的思想解放运动，有力地推进了资产阶级革命的发展。它发端于英国，中心和高潮在法国。法国的启蒙主义思想更具有典型性和革命性。

在16、17世纪，法国还是一个封建君主专制国家，封建贵族与宗教僧侣结成反动联盟，实行独裁政治，“第三等级”处于无权地位，特别是广大农民和城市平民遭受着残酷的政治压迫和经济剥削，他们首先揭竿而起，进行反抗斗争。恩格斯指出：“在英国从17世纪起，在法国从18世纪起，富有的、强大的资产阶级就在形成。”[①]法国资产阶级为了打破封建生产关系的沉重桎梏，发展资本主义经济，便以“第三等级”代表的资格，领导群众进行反对封建制度的斗争，欧洲资产阶级革命的中心由英国转移到了法国。

文化思想革命是政治革命的先导。法国新兴资产阶级为了实现其政治上、经济上的要求，必须首先进行思想、舆论上的准备，摧毁精神上的巴士底狱，于是发动了一场声势浩大的启蒙运动。当时，以“百科全书”派为代表的一批先进的思想家如孟德斯鸠、伏尔泰、卢梭、狄德罗、爱尔维修等，他们高举“理性”的旗帜，以“理性”的标尺衡量一切、决定肯

①《马克思恩格斯全集》，第4卷，人民出版社，1957年，第52页。

否，宣传自由、平等、博爱思想，对腐朽的封建主义和宗教蒙昧思想进行无情的揭露和批判，以达到开启民智、涤除愚昧、照亮头脑、改造社会的目的。恩格斯说："在法国为行将到来的革命启发过人们头脑的那些伟大人物，本身都是非常革命的。他们不承认任何外界的权威，不管这种权威是什么样的。宗教、自然观、社会、国家制度，一切都受到了无情的批判；一切都必须在理性的法庭面前为自己的存在作辩护或者放弃存在的权利。思维着的悟性成了衡量一切的唯一尺度"。[①]他们用"理性"批判和否定过去的成见，意在表明："到现在为止，世界所遵循的只是一些成见；过去的一切只值得怜悯和鄙视，只有现在阳光才照射出来。从今以后，迷信、偏私、特权和压迫，必将为永恒的真理，为永恒的正义，为基于自然的平等和不可剥夺的人权所排挤。"[②]他们所要建立的"理性王国"，不过是一个"资产阶级的理想化的王国"。因为，"永恒的正义在资产阶级的司法中得到实现；平等归结为法律面前的资产阶级的平等；被宣布为最主要的人权之一的是资产阶级的所有权；而理性的国家、卢梭的社会契约在实践中表现为而且也只能表现为资产阶级的民主共和国。"[③]法国启蒙主义思想家们不可能超越自己时代、阶级的局限，但毕竟以其"理性"的光辉，为1789年的资产阶级大革命照亮了前进的道路，发出了思想动员令。

在美学、美育思想方面，由于法国启蒙主义者相信理性具有无穷的力量，相信人们通过教育可以扫荡一切谬误、偏见、愚昧、迷信，因而十分重视艺术的战斗作用和教育功能。他们否定古典主义美学的僵化教条和清规戒律，把封建贵族腐朽没落、颓废庸俗、浮华纤巧的审美趣味作为主要批判对象，主张文艺要忠实地反映生活，高扬真善美，鞭挞假丑恶，以培养人们高尚的道德情操和健康的审美趣味，从而发挥启发群众觉悟和改造社会的作用。伏尔泰说："真正的悲剧是美德的学校"。[④]狄德罗更加明确

①《马克思恩格斯选集》，第3卷，人民出版社，1995年，第56页。

② 同上，第57页。

③《马克思恩格斯选集》，第3卷，人民出版社，1995年，第57页。

④ 转引自李醒尘：《西方美学史教程》，北京大学出版社，1994年，第212页。

地认为："使德行显得可爱，恶行显得可憎，荒唐事显得触目，这就是一切手持笔杆、画笔或雕刀的正派人的宗旨。"[①]这两位启蒙运动领袖人物的言论集中地反映了启蒙主义美育思想的主要精神。即使卢梭出于对封建贵族阶级腐朽艺术的痛恨，对艺术持否定态度，其实质仍然是期望艺术建立在道德的基础上，而不要充当传播罪恶的工具。

一、伏尔泰的美育思想

伏尔泰（1694—1778）是法国启蒙运动的倡导者和领袖之一，出生于富裕的公证人家庭，10岁进入教会中学，16岁违背父亲意愿，拒不从事律师职业，而走上了文学创作道路。他蔑视权贵，评议时政，因为写诗讽刺摄政王，被逐出巴黎，关进过巴士底狱。他在狱中创作出史诗《亨利亚特》和悲剧《俄狄浦斯》，后来悲剧上演成功，名声大震。1726—1729年，他流亡英国，研究培根、洛克的经验主义哲学、牛顿的科学和英国的戏剧，并感受到英国革命后的自由空气。回国后，他写成著名的《哲学通信》（又名《英国通信》），宣扬英国革命后的政治、经济、文化方面的新气象，抨击法国封建专制制度，刚出版即被政府当局列为禁书，出版商被捕入狱，伏尔泰遭到通缉，并明令：将此书"堆在王宫前面大石梯下焚毁，因为它违反宗教，妨害善良风俗，不敬权威。"伏尔泰为逃避当局迫害，在女友的西雷城堡中隐居达10年之久，撰写了大量哲学、历史著作和小说、剧本，载誉整个欧洲。他以其崇高威望支持狄德罗主编《百科全书》工作，并亲自撰写了《哲学辞典》部分，被卢梭、狄德罗、贝朗达尔尊之为"亲爱的导师"。1778年，84岁高龄的伏尔泰从法国边境的弗尔奈城回到阔别28年的巴黎，受到人民群众的热烈欢迎，当选为法兰西学院院长，不久即与世长辞。临终前，他拒绝向教会忏悔，并愤怒喊道："请永远不要向我谈起基督!"人民崇敬这位法国思想界的泰斗，在他柩车上写的

①《狄德罗美学论文选》，张冠尧等译，人民文学出版社，1984年，第411页。

题词是："他是诗人、哲学家、史学家，他使人类的理性向前发展；他教导我们走向自由!"

伏尔泰是位学识渊博、多才多艺的启蒙思想家，辛勤笔耕60余年，留下了卷帙浩繁的著作。他笔锋始终对准封建专制主义和宗教蒙昧主义，"永远喜笑怒骂地走向真理的路"。他的思想具有过渡的性质和温和的色彩。他反对封建专制统治，却把"理性王国"的实现寄托在"开明君主"身上；他反对宗教神学，却信奉自然神论，甚至提出没有上帝也要造个上帝来规范人的思想行为；他提出在法律面前人人平等，却又不否定私有制，如此等等。作为他的思想的一个部分的美学、美育思想，主要反映在《哲学通信》《论史诗》和《哲学辞典》的有关条目中。他对封建贵族浮华奢靡的艺术趣味是否定的，对古典主义美学的清规戒律是批判的，但又存在着留恋、维护的倾向，对莎士比亚戏剧的矛盾态度就是明证。尽管如此，伏尔泰还是法国启蒙主义美育思想无可动摇的开拓者。

美是能引起"惊赞"和"快乐"两种情感的东西

伏尔泰受到英国经验主义哲学的影响，不是从抽象定义出发，而是着眼于艺术的经验事实，对美的本质问题发表了较为机智、深刻的见解。他认为超验的、绝对的、合乎理念原则的美是不存在的，哲学家关于"美须有某种符合美的本质原型的东西"的高论，不过是"胡说八道"；至于美的效用说，为把艺术美归结为达到作家的目的，就等于说某一药物有疗效就称"美药"一样是可笑的。他还告诉人们，对艺术美不能像给金属、矿物、元素、动物那样下定义，因为它们的本性是永远一致的，而艺术则是想象的产物，想象则是因人而异，千变万化，无法固定下来的。他说："在一切艺术中都必须提防谬误的定义，这种定义排斥了那个尚未经习惯定出标准的未知世界。……在纯粹依赖想象的各种艺术中，有着像在政治领域中一样多的变革。"[①]这个思想是对古典主义审美标准绝对化的否定，

① 伍蠡甫主编:《西方文论选》,上卷,上海文艺出版社,1963年,第320页。

以发展变化的观点看艺术，为新的艺术和审美趣味的存在与发展的合理性提供了依据。

那什么是美呢？他从美感经验出发来验证美是实际存在的，认为美是取悦于官能的事物，主要是指戏剧、音乐、绘画、诗歌、建筑等艺术。他说："要用'美'这个词来称呼一件东西，这件东西就须引起你的惊赞与快乐。"[①]一句话，凡是能引起"惊赞"与"快乐"两种情感的东西就是美的。但由于国家、民族、生活环境和风俗习惯的不同，人们对同一事物所产生的审美情感往往是不同的。因此，"美往往是非常相对的，在日本是文雅的在罗马就不文雅，在巴黎是时髦的在北京就不时髦。"他认为美是相对的，也不否定美的普遍性。"只能打动感官、想象以及所谓'聪明劲儿'的美所以往往是没有不定准的，向心肠申诉的美却不是如此。"[②]在他看来，相对是美的，只能打动人的官能，是暂时的，不确定的，地方性的；普遍的美主要是指格言美、德行美，它诉诸人的心灵，使人人都感到快乐和惊赞，通行一切时代和一切国家，因而是普遍的，永久的，世界性的。从这里可以看出，伏尔泰不仅从想象、情感等心理上，而且联系历史时代、社会生活谈论美的问题，把心理学与社会学结合起来，指出美是不断发展、变化的，肯定人们尚未认识、熟悉的新的美的合理性，对古典主义美学是个突破，虽不完全科学，却很有见地。

审美趣味既有相对性又有普遍性

审美趣味的标准问题，是伏尔泰美育思想中心的内容。什么是审美趣味呢？他说："精确的审美趣味在于能在许多毛病中发现出一点美，和在许多美点中发现出一点毛病的那种敏捷的感觉。"[③]。这里的"敏捷的感觉"，实际上就是审美感受力。在他看来，完美无缺的事物是没有的，审美趣味即是从中辨别出美与丑的能力。如同美具有相对性、普遍性一样，

①《西方美学家论美和美感》，商务印书馆，1980年，第124页。

② 同上，第124页。

③ 同上，第128页

审美趣味既具有民族的特殊性，也有为一切民族所共同组成的“文艺共和国”。因此，我们既不能把审美趣味看作像钟表计时那样，用固定规格去衡量艺术，以钟表计时代替审美趣味是不对的。但是，他又把荷马、维吉尔、西塞罗的作品作为典范，把欧洲各民族的审美趣味都统一在他们的规格之下。在《哲学通信》中，他一方面肯定莎士比亚是“具有充沛的活力和自然而卓越的天才”；一方面又批评莎士比亚的戏剧“毫无高尚趣味也丝毫不懂戏剧艺术的规律”，“几乎全是野蛮的，缺乏节度，缺乏条理，缺乏逼真”，“文笔太铺张，太欠自然。”[①]他认为荷马、维吉尔的诗才是表现高尚趣味的典范，能给人以更多的教益。这反映出伏尔泰维护古典主义美学原则的保守倾向。

培养高尚的审美趣味既是艺术的任务，也是全民族的任务

伏尔泰从启蒙主义思想出发，认为“精确的审美趣味”是在“理性”的基础上形成的，人的审美趣味低下是“智力的缺陷”造成的，但可通过教育来“弥补”，培养高尚的审美趣味，特别是艺术在其中起着重要的作用。他说：“因为在艺术中存在着真正的美，所以既有能辨别美丑的良好的审美趣味，也有不能辨别美丑的低劣的审美趣味，而智力的缺陷——趣味损伤的根源——是可以弥补的。”[②]通过艺术“弥补”审美趣味的“缺陷”，形成良好的审美趣味不仅是个人的事，而且是全民族的任务。他指出：“审美趣味是逐渐地在以前没有审美趣味的民族中培养起来的。因为该民族是一点一滴地感受其优秀艺术家的精神的，这个民族渐渐习用勒·布朗、普桑和勒絮尔的眼光来欣赏图画，用吕里的耳朵来听咏叹调和交响乐”。[③]当然这并非意味着审美趣味的培养只局限于本民族的或古代的优秀艺术作品，还要重视其他民族和当代的艺术作品，并在各民族相互尊重的

① 伏尔泰：《哲学通信》，上海人民出版社，1961年，第82页。

② 转引自舍斯塔科夫：《美学史纲》，樊莘森等译，上海译文出版社，1986年，第186页。

③ 伏尔泰：《哲学通信》，上海人民出版社，1961年，第86页。

基础上，进行艺术交流、借鉴补益，以促进审美趣味的共同提高，否则人们的审美趣味就会变得偏狭。他说：“艺术的领域是很广阔的。一个只念古典作家的人往往瞧不起一切用现代语言写成的作品。一个只懂得自己国家语言的人就像是这样的人，他们从未离开过法国宫廷，却宣称世界上其他地方都微不足道，谁见过凡尔赛就是见过一切”。[①]为了不要在审美上坐井观天，一叶障目，伏尔泰提出：“我们可以赞美古人，但不要让我们的赞赏变成为盲从。为了更好地回顾过去并欣赏那些我们不能加以精确评价的古代作品，让我们不要对自然赋予的美闭上眼睛而使我们和自然遭受损失吧!”[②]在通过艺术培养审美趣味问题上，他崇古而不非今，重视艺术而不轻视现实。他的一个重要思想是：艺术对审美趣味的培养起着非常重要的作用，但归根结底是由一个国家民族的社会状况决定的。在他看来，在“理性”基础上发展起来的社会中，科学、艺术发达、繁荣了，审美趣味才能达到完善的程度。相反，“社会生活气息奄奄、精神衰微及其锐气销蚀的时代，审美趣味就无从培养起来”。[③]因此，艺术应当成为改造社会的有力武器，戏剧应当是“培养美德的学校”。

二、卢梭的美育思想

让·雅克·卢梭（1710—1778）是法国启蒙运动中最激进的民主主义者，小资产阶级的代言人。他出生于一个贫苦的钟表匠家庭，自幼失去双亲，当过学徒、差役、乐师、私人秘书，没有受到学校的正式教育，全靠自学成为博学多才的文坛巨子。1750年，他的《论科学与艺术的复兴是否有助于敦风化俗?》荣获第戎学院征文首奖，一举成名天下知，这是他一生的重大转折点，从此即专门从事著述活动。他的主要著作有《论人类不

①《西方文论选》，上册，上海文艺出版社，1963年，第321—322页。

② 同上，第324页。

③ 转引自舍斯塔科夫：《美学史纲》，樊莘森等译，上海译文出版社，1986年，第186页。

平等的起源和基础》《社会契约论》《爱弥儿》《新哀洛依斯》《忏悔录》等。他尖锐地批判封建制度和资产阶级“文明”，不仅受到反动当局和宗教势力的残酷迫害，而且引来了同一营垒中人的曲解和中伤，长期处于四面楚歌、孤立无援的境地，但他毫不退让与屈服，勇敢地迎接一切恶势力的挑战。1778年，他被当局赦免，才结束流亡生活，从国外回到巴黎，当年即在贫病交加、孤独凄凉中离开人世。

卢梭在《忏悔录》中写道：“我没有高贵的门第和出身，但我得到了一种我所特有的东西，我以不幸称著于世。”正是这种“不幸”使他作为下层劳动群众的代言人，向旧制度、新“文明”进行愤怒的抗议和无情的批判，揭露私有制是人类不平等的根源，认为自由、平等是“天赋人权”，主张以签订社会契约的方式，平均分配社会财产，建立一个符合“自然状态”的、自由平等的“合理”社会。如马克思指出的，卢梭提出普遍平等的要求是贫民阶层对资产阶级的一种独特的抗议。他的激进民主主义思想，较之其他启蒙学者是高出一筹的，闪耀着战斗的光彩，并对法国大革命产生很大影响，因而赢得了人们热爱和尊崇。历史是公正的，对他的“不幸”给予了补偿和回报。

卢梭的美育思想是与他的社会政治、道德、文化思想紧密联系在一起的，比较集中地反映在《论科学与艺术》《爱弥儿》《给达朗贝尔论戏剧书》等论著中。

一切真正的美的典型是存在大自然中的

卢梭从崇尚自然、回归自然的基本思想出发，认为美的根源在于自然，真正的美必须是自然的，一切人为的东西都是不美的。他说过，凡是自然的美存在于大自然之中，来自上帝，源于自然，合乎人性，是永恒的美；而人为的美则是“臆造的美”，是违背自然和人的本性的。因为，人处于自然状态时，其本性都是爱美、向善的，都是最善于欣赏自然美的鉴赏家；但自从进入“文明”社会以后，随着私有制的出现，人与人之间就产生了奴役、特权和不平等，便失去了自然本性，邪恶、伪善、奢侈的风尚随之滋长、蔓延开来，结果人为的东西代替了自然的东西，虚伪代替了真实，罪恶代替了德行，丑也代替了美。他在《爱弥儿》中写道："在人做的东西中所表现的美完全是模仿的。一切真正的美的典型是存在大自然中的。我们愈是违背这个老师的指导，我们所做的东西便愈是不像样子。因此，我们要从我们所喜欢的事物中选择我们的模特儿；至于臆造的美之所以为美，完全是由人的兴之所至和凭借权威来断定的。因此，只不过是因为那些支配我们的人喜欢它，所以才说它是美。"[①]根据这个思想，卢梭竭力抬高自然的美，否定了"臆造的美"，因为前者是符合人类本性的，体现了人的自由和美德；后者则是上层人物为满足自己需要制造出来，是违背人类本性的，是奢侈和不良风尚的产物。他崇尚"自然的美"，反对"臆造的美"，实质上是以小生产者朴素的审美意识来否定特权阶级的审美观。当然，他把自然美与人为的美对立起来，明显地存在着理论上的偏颇。

艺术无助于敦风化俗，返回自然才能获得真正的美

早在《论科学与艺术》这篇著名论文中，卢梭就严厉地谴责了科学与艺术，认为科学与艺术不仅无助于敦风化俗，而且会伤风败俗，导致社会的退步。但究其实质是站在下层贫苦劳动者的立场上，否定当时占统治地位的封建贵族阶级虚伪的科学和腐朽的艺术，痛斥他们奢侈浮华的审美趣味。卢梭十分尖锐地指出；那些支配着人们的艺术家、大人物、大富翁，为了维护封建特权、奴役人民，便臆造出科学和艺术来，是要把"花冠点缀在束缚着人们的枷锁之上，它们窒息人们那种天生的自由情操"，"使他们喜爱自己被奴役的状态"。因此，"君主们总愿意看到那些耗费金钱而毫无益处的赏心悦目的艺术和虚华无实的趣味，在自己的臣民中流传"。[②]同时，他们也利用文学艺术来显示自己的荣华富贵和优雅高尚，把罪恶装

① 卢梭:《爱弥儿》,李平沤译,人民教育出版社,1978年,第482页。

② 卢梭:《论科学与艺术》,何兆武译,商务印书馆,1963年,第8页。

饰、美化为德行，把奢侈、享乐变成一种“精致化的纵欲”。[①]在卢梭看来，文学艺术总是伴随着闲暇与虚荣而产生的，随着文学艺术的发展而臻于完美，社会风尚就要解体，德行就要消逝，趣味就要腐化。人只有从自己所臆造的科学与艺术中解放出来，“返回自然”，才能获得真正的美。这种把自然与文明、自然美与艺术美完全对立起来的观点，显然是缺乏历史的、发展的、辩证的思想的。当然，他崇尚自然美，提出人要“返回自然”，并不是真要人倒退到野蛮时代去，而是在否定贵族阶级审美趣味、反对封建贵族阶级奢侈浮华享受的艺术和胡说八道的伪科学，从而肯定下层劳动群众的自然、纯朴、健康的审美观和道德观。卢梭明确指出：“装饰的华丽可以显示出一个人的富有，优雅可以显示出一个人的趣味，然而一个人的健康与强壮却需由另外的标志来识别了；只有在一个劳动者的粗布衣服下面，而不是在一个佞幸者的穿戴之下，我们才能发现身体的力量和生气。装饰对于德行也同样是格格不入的，因为德行乃是灵魂的力量和生气”。[②]从他对艺术社会作用消极片面的否定中，我们可以看出他美育思想虽趋于极端，却也鲜明显示出它的民主精神和批判锋芒之所向。

培养、提高审美能力最终目的要放在美德上

卢梭在《爱弥儿》这部哲理小说中，通过主人公爱弥儿从幼儿到成人的培养、教育过程，形象、系统地提出了他的自然教育理论，其中不少地方讲到审美趣味、审美能力的培养问题，鲜明地体现了他的民主主义思想。他认为人是天生平等的，人的审美趣味和能力也是天生就有的，否定了只有少数有教养的人才有良好的审美能力的贵族观点。他说：“审美力是人天生就有的，然而并不是人人的审美力是相等的，它的发展的程度也是不一样的；而且，每一个人的审美力的大小都将因为种种不同的原因而有所变化。一个人可能具有的审美力的大小，是以他天赋的感受力为转移

① 卢梭：《论科学与艺术》，何兆武译，商务印书馆，1963年，第9页。

② 同上，第9页。

的；而他的培养和形式则取决于他所生活的社会环境。”[1]这里，卢梭虽然认为审美力是人的天生禀赋，但各人之间是有差别的，可以发展、培养和提高的。美好的事物存在于自然之中，人愈是远离自然，审美趣味就愈会遭到歪曲和破坏。要培养人的审美能力，必须让青少年接近大自然，涉足于社会的各个场合，依靠社会精神来发展他们的思想、眼光和能力，使他们注意事物的细微差别，从而感到事物的“细腻的美”。但是，他特别指出：让青少年在乱糟糟的放荡的人群中，要十分注意培养他们的判断能力，以免受到社会不良风气的感染。当他们的眼力相当敏锐时，要引导他们的审美力集中在鉴赏单纯的事物上，把爱好和习惯兴趣贯注于美上，防止发财致富的功利思想改变他们健康纯正的审美趣味，这样才能从一般的鉴赏中进入道德美的境界。他说：“只要有热心和才能，就能培养成一种审美力；有了审美力，一个人的心灵就能在不知不觉中接受各种美的观念，并且最后接受同美的观念相联系的道德”。“任何事物都没有美德那么美”。卢梭把审美趣味、审美能力的培养的最终目的放在道德上，这同其他法国启蒙主义思想家的美育思想是一致的。

卢梭的美育思想是建立在他的“返回自然”的思想基础上的。他的所谓“自然”，不过是小生产者理想化了的自由平等社会，有其空想的、保守的一面。但是，他对贵族阶级及其腐朽艺术和资产阶级“文明”的揭露和批判，具有强烈的民主主义倾向，表现出打破旧制度的战斗风采。鲁迅在《再论雷峰塔的倒掉》一文中论及卢梭的思想时说：“无破坏即无建设，大致是的；但有破坏却未必即有新建设。……其实他们不单是破坏，而且是扫除，是大呼猛进，将碍脚的旧轨道不论整条或碎片，一扫而空……。”[2]总的看来，卢梭的美育思想对“旧轨道”的破坏是坚决的，毫不容情的，但对“新建设”的贡献是不大的。正如他在《论科学与艺术》前言讲的那样，我们既不要“不虞之誉”，也不要“求全之毁”，而要分清其中的精华与糟粕，加以区别对待。

---

① 卢梭:《爱弥儿》,下卷,李平沤译,人民教育出版社,1978年,第481页。

②《鲁迅全集》,第1卷,人民文学出版社,1992年,第192页。

三、狄德罗的美育思想

狄德罗（1717—1784）是法国启蒙运动最杰出的领袖人物之一，唯物主义哲学家，现实主义作家。他出生于一个较为富裕的制刀匠家庭，少年时在家乡教会学习，后到巴黎大路易耶稣学院研究神学，1732年获得学位。他由于拒绝父亲为其选择的神职，决心做一个作家，被家庭断绝了经济来源。刚满20岁的狄德罗，便住进贫穷的拉丁区，依靠卖文为生，经过10年的刻苦学习，成为博学多才、见识高明的思想家。从1746年起，他先后写了《怀疑论者的漫步》《论盲人书简》等著作，向宗教神学发出大胆的挑战，否定上帝的存在，证明《圣经》是“最不可信的东西”。因此，他的著作被法院判处销毁，并投进监狱。1750年，狄德罗出狱后便联络、组织一批启蒙学者编纂《百科全书》，自己担任主编。这部百科全书的内容是宣传自由思想和批判宗教权威，进行启蒙教育，为学术大众化开辟道路，因而不断受到政府当局和教会的攻击、破坏，多次禁止出版发行，不少撰稿人为免遭罪祸，有的退出，有的不能终其事，但狄德罗不畏险阻，克服重重困难，历时20年，终于使这部卷帙浩繁的《百科全书》得以面世。他编纂这部集启蒙主义思想之大成的著作，“付出了个人最大的牺牲”，最后在一贫如洗、心身交瘁中离开人世。恩格斯对他曾给予高度评价：“如果说，有谁为了‘对真理和正义的热诚’（就这句话的正面意思说）而献出了整个生命，那末，例如狄德罗就是这样的人”。①

狄德罗是法国启蒙主义美学最卓越的代表。他的社会声望不如伏尔泰那样高，但伏尔泰的美学思想没有完全摆脱古典主义的束缚；他对法国大革命的影响不像卢梭那样大，但卢梭思想激进偏激，对科学与艺术基本上持否定态度。而狄德罗的美学、美育思想较之伏尔泰、卢梭要系统、深刻得多，充分地体现出“第三等级”的思想。在《关于美的根源及其本质的

①《马克思恩格斯选集》，第4卷，人民出版社，1972年，第228页。

哲学探讨》《论戏剧诗》《论绘画》《演员奇谈》等论著中，他坚持运用唯物主义观点解决美和艺术的本质的问题，精辟地阐述了戏剧、绘画、文学、音乐、雕刻等门类艺术的审美特征，充分肯定了艺术教育群众、改造社会的作用，猛烈批判了贵族阶级腐朽、没落的审美趣味，努力把艺术教育转移到为新兴资产阶级服务的轨道上来。他的美育思想具有鲜明的实践性和战斗性。

美总是由关系构成的

狄德罗站在唯物主义立场上，否定美是天赋观念的唯心主义观点，提出了“美在关系”的著名论断：“美总是由关系构成的”。他说：“我把凡是本身含有某种因素，能够在我的悟性中唤起‘关系’这个概念的，叫做外在于我的美；凡是唤起这个概念的一切，我称之为关系到我的‘美’”。[①]这里他提出两种美：一种外在于我的“美”，是由客观事物各个部分之间构成“关系”的美，如卢浮宫的门面，“不管有人还是没有人，它并不因此减其美”，人们的“悟性不往物体里加进任何东西，也不从它那里取走任何东西”，他称之为“真实的美”。另一种“关系到我的美”，是客观事物与审美主体发生关系、“把一物与他物的关系相比较而见出的美”，他称之为“见到的美”。[②]狄德罗的“美在关系”说对过去绝对的主观或客观的美论是个突破，试图从事物之间相互联系、审美主体与客体对立统一的关系上来探求美的本质，把唯物主义的美的本质理论推进了一步，这不能不说是带有历史性的贡献。

特别应该指出的是，当他运用“美在关系”说阐述现实美和艺术美时，则鲜明地表现出其中辩证的、发展的观点萌芽，为把握美的社会历史内容提供了一定的理论依据。例如，他指出：野蛮民族与开化民族，成人与儿童所欣赏的美的东西是不一样的；不同时代、地域，不同的人的审美判断也有所不同。他说：“把美归结为对关系的感觉，你就会获得自古以

①《狄德罗美学论文选》，张冠尧等译，人民文学出版社，1984年，第25页。

② 同上，第25页。

来美的发展史；如果你挑选一个你喜欢的其他品质来作为一般的美的特性，那么，你的概念将立刻被限制在空间和时间的某一点上。因此，对关系的感觉就是美的基础”。[①]他对高乃依的悲剧《贺拉斯》中“让他死”这句台词精辟分析就是显例。他指出，孤立地看这句话无所谓美丑，如果我们知道这是一个人对另一个人应该如何战斗的回答，就能看出答话人有一种勇气；如果进一步知道这场战斗关系到祖国的荣誉，而且战士是被问的老人的最后一个儿子，他正在同杀死他两个兄弟的三个敌人作战，老人为了抗敌卫国，鼓励最后一个儿子不惜牺牲，战斗到底，在此种“关系”和艺术情境中，“让他死”这句话，就不仅是美的，而且是崇高、伟大的了。如果我们把艺术情境和关系改变一下，把老贺拉斯“让他死”这句话搬到莫里哀喜剧《司卡班的诡计》主人公口中，就变成滑稽或逗趣的了。因此，“美总是随着关系而产生，而增长，而变化，而衰退，而消失”。[②]他指出，在艺术作品中，艺术家运用多种关系反映生活，表达思想，有的相互加强，有的相互制约，有的相互调济，只有进行分析、比较才能懂得客观存在的审美价值。从这里可以看出，狄德罗的“美在关系”说尽管有其内在矛盾和形而上学的局限，但它有一个显著的优点，即能从事物多种多样的关系中把握审美对象，从具体、生动的把握中分析、理解艺术的社会内容和审美蕴含，这对审美教育是有重要的方法论意义的，以致后来黑格尔把它进一步发展为“情境”说，成为评价艺术作品一个重要的美学原则。

艺术是真、善、美三位一体的自然王国

狄德罗从“美在关系”说出发，对美的形态作了区分，除了“真实的美”“见到的美”以外，还有一种“虚构的美”或称“想象的美”，这其实指的就是艺术美。它是“智力的或虚构的关系，即似乎由人的悟性放进事物里去的关系”。艺术要真实、自然地摹仿客观对象，但不是“按照事物

①《狄德罗美学论文选》，张冠尧等译，人民文学出版社，1984年，第34页。

② 同上，第29页。

的本来面目表现它们”，必须通过“虚构”“想象”，由“事实的真实”达到“情理的真实”，从而把艺术家对现实生活的理性判断化为具体生动的艺术形象。他说：真、善、美是紧密结合在一起的。“在真或善之上加上某种罕见的、令人注目的情景，真就变成美了，善也变成美了”。[①]因此，“艺术是真、善、美三位一体的自然王国”。“真”是真理，“善”是道德，“美”是真理、道德的艺术表现。这就决定了艺术具有认识“事物的真实关系”、改善道德风尚、令人心身愉悦的作用。因此，狄德罗把艺术看作是移风易俗、改造社会的强有力的工具和手段。他说：“任何一个民族总有些偏见有待摒弃，有些恶习需要谴责，有些可笑的事情有待贬斥”，并热切希望艺术发挥这样的作用：“倘使一切摹仿性艺术都树立起一个共同的目标，倘使有一天它们帮助法律引导我们热爱道德而憎恨罪恶，人们将会得到多大的好处!”[②]他特别重视戏剧的教育作用，同卢梭恰恰相反，认为戏剧不仅不会传播罪恶、伤风败俗，而且是感化人心、改造坏人的学校。他甚至主张不要把那些扰乱社会秩序的分子关进监狱，可以把他们交给戏剧家来教育，因为通过戏剧感化他们，要比生硬地痛斥更为有效。他说：“只有在戏院的池座里，好人和坏人的眼泪才融汇在一起。在这里，坏人会对自己可能犯过的罪行感到不安，会对自己曾给别人造成的痛苦产生同情，会对一个正是具有的他那种品性的人表示愤慨。……那个坏人走出包厢，已经比较不那么倾向于作恶了，这比被一个严厉而生硬的说教者痛斥一顿要有效得多。”[③]艺术家发挥引导人求真、向善的作用，就要成为“一个善良的人，有学向的人，有高尚趣味的人”，才算尽到自己的社会责任，完成艺术的历史使命。

当然，艺术家的社会责任是通过他们作品的艺术感染力量来实现的，“应该是对观赏者所上的生动的一课”。狄德罗提出具有审美趣味和艺术魅力的优秀作品，应是使那些最有发现艺术能力的人看不见这种艺术。艺术

①《狄德罗美学论文选》，张冠尧等译，人民文学出版社，1984年，第429页。

② 同上，第429页。

③ 同上，第137页。

家需要表现技巧，但不应是外在的、强加的，而是真实自然的，教育目的不露痕迹地融入生动的形象之中。“让他去教育人，去取悦于人；但是这一切都要做得毫不牵强。假使别人发现了他的目的，他就算没有达到目的，那时他就不是在对话而是说教了”。[①]这就是说，艺术家的观点愈隐蔽，艺术性愈高，就愈能实现审美教育的目的；他是靠自己艺术的感染力量与读者、观众的平等对话、交流情感来教育群众，而不是靠赤裸裸的说教所能奏效的。

培养高尚的审美趣味和鉴赏能力

审美趣味、艺术鉴赏力的培养问题，是狄德罗美学、美育思想中的重要内容之一。他说：“艺术鉴赏力究竟是什么呢？这就是通过掌握真或善（以及使真或善成为美的情景）的反复实践而取得的，能立即为美的事物所深深感动的那种气质”。[②]这就告诉我们，审美能力是在生活和艺术实践中能敏锐地感受美的心理能力，它与人的知识、道德状况是密不可分的。

其一，审美趣味、鉴赏能力是以美德、知识为基础和前提的。如果一个人道德败坏，愚昧无知，其审美能力、艺术趣味必然低下。狄德罗说：“如果道德败坏了，趣味也就必然堕落”。[③]他曾举了个生动例子加以具体说明：

> 一个年轻和浪荡的哥儿在旧王宫广场散步，在那里看到一个小小的翘鼻子，笑嘻嘻的嘴，机灵的眼睛，饶有深意的举止，他就嚷道：“啊，她多迷人！”而我呢，我轻蔑转过身去，我的眼光停留在一张端庄的脸上。您以为很难确定：是那年轻人，还是我错了呢？我的美感可归纳为这句话：“我爱美德”。人之评断莫不如此，最终可归纳为前

①《狄德罗美学论文选》，张冠尧等译，人民文学出版社，1984年，第176—177页。

② 同上，第430—431页。

③ 同上，第227页。

一句或后一句话。[①]

很清楚，他把爱“美德”还是爱“恶德”作为衡量一个人审美趣味高下、好坏的重要标准。狄德罗认为，一个人的心灵愈高尚，鉴赏力就愈精微纯净；对自然认识愈深，爱真理爱得愈切，就愈能欣赏优秀的艺术和美。他根据这个标准，对上流社会的奢华佚乐、矫揉造作的审美趣味作了有力批判，要求文艺要表现群众朴素、自然、真实、健康的审美趣味，表现“第三等级”冲破旧制度的那种“巨大的粗犷的野蛮的气魄”。他说：“豪华使一切遭到破坏。富丽堂皇的景象未必美。富丽使你想入非非；它可以使你眼花缭乱，但不会感动你的心，穿了满戴金饰的外衣，我就只能看到有钱的人，而我所要找的却是一个真正的人”。他所找的“真正的人”，就是“第三等级”的群众。他明确指出：“剧本是为人民写的”，如果作品不能为普通群众所理解，那就是失败的；只有受到群众的欢迎、欣赏，对他们有益的，才是好作品。广大群众是作品好坏的真正评判者，而不是少数“天才人物”。他说：“群众是不太会看错的，你的作品垮台了，因为它是一个坏作品”。狄德罗如此态度鲜明地反对上层“享受的人”的审美趣味，肯定下层“受苦的人”的审美趣味，在其他启蒙主义思想家中是很少见的。这表明他的美育思想已完全否定了贵族的审美趣味，坚决地转移到“第三等级”的轨道上来了。

其二，审美趣味、鉴赏能力是掌握美和艺术“情境”的心理能力，其中包括知觉、情感、想象、思维能力等等。他说：“快乐就是这样随着一个人的想象力、敏感性和知识而增长的。自然和摹仿自然的艺术在迟钝或者感情冷漠的人身上所起的作用也很有限”。一个人具有高尚的道德、敏锐的感觉、丰富的想象、真诚的情感、清醒的理智，才能具有高强的审美能力。但它不是与生俱来的，而是在生活和艺术的实践中形成的。因此，狄德罗劝告艺术院校的学生要冲破宫廷艺术的小圈子，不要把卢浮宫当作

① 转引自阿·阿基莫娃：《狄德罗传》，赵永穆等译，生活·读书·新知三联书店，1984年，第227页。

“出格式的铺子”，不能一味师承旧法。他说：“真正出色的大师之所以少见，其原因在于他的师承。在相当长的时间里，学生总是依样画葫芦地照抄老师的画作，却不去观察自然界；这就是说，他习惯于用别人的眼睛去观察一切，而使自己的眼睛丧失了作用。久而久之，一种技巧就束缚着他，使他无法摆脱，不能自拔。这是一条锁住他眼睛的铁链，就像锁住奴隶的脚的铁链一样”。[①]他号召艺术家到现实生活中去，特别是下层群众的生活，观察、体验人生、艺术的各种情景关系，研究、熟悉人们的幸福和苦难，并以生动的艺术形象真实地反映出来。狄德罗这个思想，不仅对审美教育，而且对整个艺术创作和欣赏都是有重要意义的。

法国启蒙主义思想家在美学、美育思想发展史上写下了光辉的一页。他们旗帜鲜明地反对封建制度及其腐朽的审美意识。狄德罗公然宣称：“在专制统治下，美是奴隶的美”。[②]他们强调艺术的重大社会使命和道德教育作用，提出符合资产阶级革命需要的审美理想。这是适应社会发展要求的，在历史上起了非常革命的作用。但是，他们以为靠“健全的理性”就可以改造社会，把艺术看作社会发展的动力，过分夸大它的社会作用，则表现出他们历史唯心主义的思想局限。社会的根本改造是人民群众革命实践的结果，理性的批判不能代替革命的实际行动。

①《狄德罗美学论文选》，张冠尧等译，人民文学出版社，1984年，第373页。

② 同上，第394页。

第十四章　审美带有令人解放的性质

——德国古典美学中的美育思想

18世纪末至19世纪初，美学作为一门独立的学科在德国蓬勃发展起来，从康德开始，经过席勒、费希特、谢林，到黑格尔集其大成，形成了强大的文化思潮，史称德国古典美学。费尔巴哈唯物主义美学标示着德国古典美学的终结。德国古典美学虽然本质上是唯心主义的，但内中却蕴含着丰富的辩证法和深刻的历史主义，是西方近代美学思想发展的最高成就，成为马克思主义美学思想的来源之一。

德国古典美学的产生是有其深刻的历史、社会根源的。当时德国封建生产关系仍然占据统治地位，政治上四分五裂，经济上衰败、落后，封建割据，关卡林立，严重地阻碍着资本主义的发展。德国资产阶级先天不足，后天失调，软弱无力，具有动摇性和两面性。它既不相信国王，又脱离人民；既不满现实，又害怕革命；既有变革现实的进步要求，又对封建势力采取妥协的态度。他们无力采用革命手段消灭封建制度，便寄希望于“批判的武器”，在思想文化领域里表达自己的理想和愿望，试图把现实矛盾放在精神世界中加以克服和解决，于是就出现了德国政治、经济与文化艺术发展的不平衡状况。正如恩格斯所描述的：“这个时代在政治和社会方面是可耻的，但是德国所有的伟大思想家——诗人歌德和席勒、哲学家康德和费希特都诞生了；过了不到20年，最近的一个形而上学家黑格尔诞生了。这个时代的每一部杰作都渗透了反抗当时德国社会的叛逆精神。”[①]海涅也对法国人说过这样的话：“我们在精神世界中有过你们的在物质世界中有过的暴动，在打倒旧教条主义的时候我们激昂得像你们冲击巴士底狱时一样”。[②]这种反封建的叛逆精神也鲜明地反映在德国古典美学、美育思想中，就是主张人通过审美活动，把感性与理性统一起来，克服人性的分裂状态，实现人的尊严、精神的解放和道德的完善，从而由审美的自由王国进入政治的自由王国。对此，蒋孔阳先生作过精辟的概括：“德国古典美学都是把美学当成解决矛盾的工具，都是希望通过审美的活动来解决内心的矛盾，从而达到解决现实矛盾的目的。精神的自由，道德的自主，人格的完善，以及由于对资本主义生产关系所造成的分裂和残酷现实的不满，因而向往古代希腊的民主制度与和平静穆的生活，就成了德国古典美学的基调。”[③]这既是德国古典美学的基调，也是作为它的一个重要组成部分美育思想的中心主题，席勒的《美育书简》就是明证。黑格尔更用一句名言作了概括：“审美带有令人解放的性质”。[④]德国古典美学家们对审美活动作了深入的探讨，尽管主导倾向是唯心主义的，却表现出鲜明的辩证法和历史主义的观点，克服了经验主义和理性主义的片面性，把西方美育思想大大向前推进了一步。

一、康德的美育思想

康德（1724—1804）是德国古典美学奠基者。他出生于东普鲁士的柯尼斯堡，父亲是个皮匠，虔敬派基督徒。他幼年受到严格的宗教教育，聪明好学，成绩优异。1740年进入柯尼斯堡大学，主要研究神学和自然科学，毕业后当了九年的家庭教师。1755年获得柯尼斯堡大学硕士学位，被

①《马克思恩格斯全集》，第2卷，人民出版社，1957年，第643页。

②《海涅选集》，张玉书编选，人民文学出版社，1984年，第304页。

③ 蒋孔阳：《德国古典美学》，商务印书馆，1984年，第24页。

④ 黑格尔：《美学》，第1卷，朱光潜译，商务印书馆，1979年，第147页。

聘为讲师，1770年升为教授，并任该校校长，在此终其一生。

康德思想发展以1770年为标志，分为前后两个时期。前期主要研究自然科学，但也开始注意到美学、美育问题。1764年，他发表了第一篇美学论文《对美感和崇高感的观察》，运用英国经验主义美学观点，对审美情感问题作了初步探讨，表现出把审美活动与伦理原则统一起来的思想倾向。后期为了建构一个完整的先验唯心主义哲学体系，他在完成了《纯粹理性批判》和《实践理性批判》之后，又写出了《判断力批判》，把审美判断作为这个体系的重要环节进行了系统的论述。在1789年出版的《实用人类学》中，他再一次论及审美情感与艺术鉴赏问题。在西方美学、美育史上，康德第一次把审美活动作为一种独立的精神活动，同认识活动、伦理活动区别开来，揭示了审美教育的相对独立的性质和功能。

康德在“三大批判”中，把人的精神活动分为知、情、意三个部分，《纯粹理性批判》是讲“知”的，主要研究自然现象因果关系的理论知识，属于认识论范畴；《实践理性批判》是讲“意”的，主要研究为意志行为确定规则的实践理性，属于伦理学范畴；《判断力批判》是讲“情”的，主要研究介乎理论认识与道德意志之间情感领域的“先天综合判断”，属于美学范畴。在他看来，人的理论认识是受必然律支配的，实践理性是自由的，两者之间有一条不可逾越的鸿沟，只有把属于情感活动的审美判断作为沟通的桥梁，才能使真与善、理论与实践联系统一起来。对于人来说，知情意、真善美相统一，才会得到真正的精神自由、人格尊严和道德完善。这里，康德把审美教育提到了人类精神生活的很重要的位置上来。

康德在《判断力批判》上卷《审美判断力批判》中，根据唯心主义“先验综合”原则，通过“美的分析”与“崇高的分析”，对审美活动作了全面的、详尽的考察与探索，力图解决过往美学中提出的审美与功利、情感与认识、特殊性与普遍性、个人趣味与共同标准等一系列审美教育中带有根本性质的问题。

审美判断是“无目的的合目的性”的自由精神活动

首先，他从形式逻辑判断的质、量、关系、情状方面，对美感活动即审美判断的特征作了全面的、详尽的考察和分析，提出“四个契机”的理论。第一，从质上看，审美判断是不涉及任何利害关系的愉快。他说：“鉴赏是凭借完全无利害观念的快感和不快感对某一对象或其表现方法的一种判断力”。[①]审美判断是由纯粹的观照和反省而产生的自由愉快，不与对象实际存在相关。如果人与对象实际存在相结合，产生利害关系，那就不是审美判断了。审美判断是不能夹杂利害关系和对事物的存在存有偏爱的。因此，审美愉快不同于一般的快适，因为一般的快适是生理官能的满足，趋向于对象的欲求，只是个人偏爱，甚至连动物都本能地追求这种快适。审美判断也不同于道德的赞许，善是意欲的对象，是目的论的判断；美是自由的形式，是超功利的，无利害的，因而美不同于善。第二，从量上看，审美判断是没有概念而普遍令人愉快的。一切鉴赏判断都是单称判断，即对事物的具体形象直接观照而产生的愉快。它是一种内省的鉴赏，具有普遍的有效性，而不同于感官感觉，后者是纯粹个人的，没有普遍性。审美判断也不同于概念推理、逻辑判断，后者的目的在于揭示对象本身的性质、功用，是一种客观的普遍性，并且由概念也推导不出感情的愉快来。审美判断不决定于概念，没有把自己限定在特定的认识规律之下，不受概念的规范与束缚，是想象和知性协调的自由活动。这种心意状态是人人共有的，因而审美愉快虽然没有客观的普遍性却有着主观的普遍性，它不离开感性而又超越感性，没有确定概念而又趋向于概念。这里他深刻地揭示了审美心理活动的特殊性，并把它与客观目的、生理快感、理论认识区别了开来。第三，从关系上看，审美判断是没有目的而又合目的的。美是对象的合目的形式。康德认为，人与对象存在着客观的目的关系，一是外在的，即对象于人有用，它涉及利害；一是内在的，即对象的完满，

① 康德：《判断力批判》，上卷，宗白华译，商务印书馆，1964年，第47页。

它涉及概念。审美判断既然是非功利、无概念的，因而没有客观的目的性。但是，它具有无目的的合目的性。他说："美，它的判定只以一单纯形式的合目的性，即一无目的的合目的性为根据的。"①这就是说，审美对象以其单纯的形式，符合人的"心意状态"，引起想象力和知性力和谐的自由活动，产生感情上的愉快，因而作为主观情感的判断，是一种形式的合目的性。看来，这是一种抽掉内容、只讲形式的观点，但"没有目的的合目的性"的命题中，却蕴含着类似于中国传统美学讲的"从心所欲而不逾矩"的自由境界。第四，从情状上看，美是不依赖概念而被当作一种必然愉快的对象。这就是说，美对于愉快具有必然的关系，但它又不同于建立在概念基础上的理论认识和道德规则的客观必然性。审美判断不是定言的、知识的判断，而是一种主观的、形式的必然性。美是想象力和知解力的自由活动所创造的合乎规律的形式，因而能为审美愉快提供一种普遍性原则。凡是美的必然引起愉快，对我如此，对你亦然。"是一切人对于一个判断的赞同和必然性来自人同此心、心同此理的'共通感'：它只通过情感而不是通过概念，但仍然普遍有效地规定着何物令人愉快，何物令人不愉快。"②尽管康德把审美判断建立在唯心主义的"共通感"的基础上，却肯定了它的社会性、可传达性，审美愉快不是纯粹个人的、满足私欲的情感。

康德通过以上四个方面的分析，比较充分地揭示了审美判断的内在矛盾和本质特征，它既没有利害而又产生愉快，既不依赖概念而又具有普遍性，既无目的而又有合目的性，既是主观的又具有必然性。他的结论是：审美判断是对象适应人的"心意状态"，使想象力和知解力和谐的自由活动所产生的一种愉快的感情。由于唯心主义、形式主义思想的根本缺陷，康德没有能够解决审美判断中存在的复杂矛盾，即"二律背反"问题，但其基本思想是明确的，即把审美活动看作是一种自由的精神活动。

① 康德：《判断力批判》，上卷，宗白华译，商务印书馆，1964年，第64页。

② 同上，第76页。

欣赏崇高美使人提高道德情操、理性力量

如果说，康德对“美的分析”主要表现为人观照事物的形式而产生的想象力与知解力和谐统一的自由，那么他对“崇高的分析”，更为强调人的理性的、道德的自由。崇高与美除了有一些共同点之外，还有自己的审美特征。他认为，美的有限形式里带有一种合目的性，自身就是一种愉快的对象，给人以直接的、单纯的快感；而崇高则表现为巨大的体积和无比的力量，使人感到压抑和恐惧，但人可以通过想象力唤醒自身的实践理性、伦理道德的精神力量，与它抗争，压倒它，超越它，从而产生对自己力量和尊严的自豪和喜悦，这就是崇高感。他说：“我们欣然地把它们称为崇高，那是因为它们把我们灵魂的力量提升到了那样一种高度，远远地超出了庸俗的平凡，并在我们内心里发现了另外一种完全不同的抵抗力量，它使我们有勇气去和自然这种看来好像是全能的力量，进行较量。”①人要欣赏崇高美，必须提高自己的理性力量、道德情操和文化修养，“道德观念如果没有得到发展，对于有文化教养的人是崇高的东西，对于没有教养的人却是可怕的东西”。②这里，康德强调了人的理性力量、人格尊严、文化教养对于产生崇高感的决定性作用，这显然与他对“美的分析”是有矛盾的。康德从“美的分析”到“崇高的分析”，由对客观对象“形式”的直观到对主体精神的高扬，突出了人的道德、理性的力量，表现出高度的人道主义思想。这是我们所不能忽略的。

美育的目的是培养有道德、有文化的、自由的人

康德虽是哲学家、美学家，但毕生从事教育事业，曾讲授过教育学，讲稿后来被学生整理出来，出版了《教育论》。他在书中指出：“人只有经由教育，才能成其为人”。教育的目的在于净化心灵，提升人性，除恶扬善，克制私欲，最终成为有道德、有文化的、自由的人。康德的美学、美

① 康德:《判断力批判》,第28节,参见宗译本第101页,译文略有不同。

② 同上,第29节,参见宗译本105页,译文略有不同。

育思想虽然是主观唯心主义、形式主义的，但他把审美判断作为感性与理性、认识与道德的中介、桥梁，基本倾向是要高扬人的主体精神，使人的诸多心理功能得以协调发展，成为有文化修养、道德高尚、精神自由的人。他把美分为“纯粹美”与“依存美”两种。在他看来，“纯粹美”是一种形式美，而“美的理想”却不是“纯粹美”，而是“依存美”。“依存美”则是依附于一定概念、有一定目的的美，由“依存美”所产生的愉快包含着认识的、道德的内容，即是美与善的统一。他甚至说：“美是道德的象征……美使人愉快并提出人人同意的要求，在这场合人的同情心同时自觉到一定程度的醇化和昂扬，超越着单纯对于感官印象的愉快感受，别的价值也按照它的判断力的一类似的规准被评价着”。[①]他在论及艺术鉴赏方法时，强调审美教育要唤起学生的自由想象力，提高文化修养，培养道德情感，并明确指出：没有想象力的自由，没有道德文化修养，就没有美的艺术，甚至于不可能有对于艺术正确判断的鉴赏，也不可能获得自由的愉快、满足。因此，他说：“建立鉴赏的真正的入门是道义的诸观念的演进和道德情感的培养；只有在感性和道德情感达到一致的场合，真正的鉴赏才能采取一个确定的不变的形式”。[②]

综上所述，康德美学主要是从先验唯心主义、形式主义思想出发来解决审美判断中诸多“二律背反”问题的，但其中有一个思想是很明确的，审美判断是人的自由的精神活动，并没有把它与理性认识、道德意志完全割裂开来、对立起来，而是把审美判断作为沟通两者的中介和桥梁。因此，他才能把审美判断与真和善联系起来，并主张通过审美活动培养和形成有文化、有道德的、精神自由的人。当然由于他美学、美育思想中存在着不可克服的内在矛盾，其中的形式主义方面被后人加以突出、片面的发展了。但在我们看来，把他的美学、美育思想完全归结为形式主义，并不是很符合客观实际的。

① 康德:《判断力批判》,上卷,宗白华译,商务印书馆,1964年,第201页。

② 同上,第205页。

二、黑格尔的美育思想

黑格尔（1770—1831）是德国古典哲学、美学的集大成者。他出生于德国南部的斯图加特城，父亲是一名税务官。10岁就读于当地的文科中学，主要学习古典文化，接受启蒙教育。18岁进入图宾根神学院学习神学和哲学，并与少年得志的谢林和诗人荷尔德林同学。他们友情深厚，思想激进，反对封建专制，向往共和制度。据说为了庆祝法国大革命的爆发，三人结伴到郊外栽种了一棵自由树。毕业后，黑格尔当了几年家庭教师。1801年，他经谢林引荐担任耶拿大学讲师，后又当过报纸编辑、中学校长。1816年应聘为海德堡大学教授，政治思想开始趋向保守，采取与现实妥协的态度，公开维护反动的普鲁士专制制度。他埋头教学与学术研究，出版《哲学全书》，在学术界获得很高声望。1818年，他到柏林大学任教授，1829年被任命为大学校长。1831年普鲁士国王授予他国家奖红鹰勋章，被称为"普鲁士复兴的国家哲学家"，同年11月因传染上霍乱病逝世。他的哲学著作卷帙浩繁，主要有《精神现象学》《逻辑学》《哲学全书》《法哲学原理》《历史哲学》《哲学史讲演录》《美学》等。

黑格尔是西方哲学史上最大的客观唯心主义代表人物。他所建构的体大思精、谨严周密的思想体系由逻辑学、自然哲学、精神哲学三部分组成，美学属于精神哲学的一个部分。他的美学、美育思想除集中反映在三大卷《美学》之外，在《精神现象学》《历史哲学》也多有论述，内容是十分丰富的。他的哲学、美学思想是唯心主义的，但其中有着深刻的辩证法和历史主义的"合理内核"，马克思主义经典作家曾给予充分肯定和高度评价。恩格斯说："黑格尔的思维方式不同于所有其他哲学家的地方，就是他的思维方式有巨大的历史感作基础。他是第一个想证明历史中有一种发展、一种内在联系的人……。在《现象学》《美学》《哲学史》中，到处贯穿着这种宏伟的历史观，到处是历史地、在同历史的一定的（虽然是抽象地歪曲了的）联系中来处理材料的”。[①]这种“宏伟的历史观”也体现在他的美学、美育思想中，他力求以历史的，辩证的观点阐明艺术发展和审美活动的必然规律，把主体与客体、自由与必然、内容与形式、真善美统一起来，把审美的目的归结于实现人的真正自由与精神解放。“审美带有令人解放的性质”，是黑格尔美育思想的精髓所在。

美是理念的感性显现

黑格尔给美下了个定义：美是理念的感性显现。他认为先于自然、社会就存在一种宇宙精神——“绝对理念”。它是整个世界的核心和灵魂、基础和本源，万事万物都是“绝对理念”自我认识、自我发展的结果和外在表现。这当然是颠倒物质与精神、存在与意识关系的唯心主义。但是，他讲的“理念”与柏拉图所讲的“理念”是不同的。柏拉图的“理念”是抽象的、不变的、空洞无物的；而黑格尔的“理念”则是发展变化的，是概念与实在相统一，具有真实的内容。因此，他的美的定义有着深刻的辩证法内容。第一，理性与感性的统一，理念是美的根源，感性是美的外在形式，“显现”是放光辉的意思，美就是从感性形式中放出的理性光辉。没有理性，美就失掉了光源；没有感性形式，美的光辉就放射不出来。第二，内容与形式的统一。理念是“内容、目的、意蕴”，形式是外在表现，内在意蕴通过外在形式表现出来才是美的。他在论及艺术美时说：“艺术的内容就是理念，艺术的形式就是诉诸感官的形象。艺术要把两方面调和成为一种自由的统一的整体。”[②]第三，主观与客观的统一。绝对理念本身还是抽象的、不真实的，只有通过其自身的矛盾斗争，把内在的理念转化为外在的现实，才是具体的、真实的。人的心灵通过实践活动，“把外在世界变成为他自己而存在的”，把环境“人化”了。人通过审美活动，在对象中实现自己，肯定自己的本质力量，达到人与自然、主观与客观的统一。根据上述分析，黑格尔指出，美本身必须是“真”的，但与“真”又

①《马克思恩格斯全集》，第13卷，人民出版社，1962年，第531页。

② 黑格尔：《美学》，第1卷，朱光潜译，商务印书馆，1979年，第260页。

不完全相同。“真”只有直接外显于意识，获得概念内容与外在形式的统一，才是美的。同样，美是理想，但理想不是抽象的、一般的善，只有当它化为现实的具体形象，形象不再是实现目的、欲念的材料和工具，而与主体处于自由关系之中，善也才是美的。因此，“真善只有在美中间才能水乳交融”。这里，我们可以清楚地看出，黑格尔深刻的辩证法思想，从感性与理性、内容与形式、主体与客体对立统一中揭示了美的本质，把真善美统一了起来，从而构成了他的美育思想的理论基础。

审美带有令人解放的性质

黑格尔指出：无论就美的客观对象，还是就主体欣赏来说，审美活动都是无限的、自由的。只有主体与客体相互交融，契合一致，人才能进入真正自由的审美境界。他说：“主观方面所能掌握的最高的内容可以简称为‘自由’。自由是心灵的最高定性。自由首先就在于主体和它自己对立的东西不是外来的，不觉得它是一种界限和局限，而是就在那对立的东西里发现它自己。”[①]首先，从审美主体方面看，人必须实现情感与理智的统一。理智是普遍的、独立自在的，而情感是人的内在感性动力，是能使具体的、特定的人动心的东西。人靠单纯的理智活动，从事物的普遍性和规律中还发现不了自己，找不到安身立命之所，没有真正的自由，还需要有情感、意向、情欲从对象世界获得直接的满足。美和艺术既要诉诸感性，也要发挥心智的作用。如果片面强调感性，否定心智的作用，同样得不到审美自由。黑格尔批评了把放任视为“自由”的非理性主义的无知者是不自由的，因为和他对立的是一个陌生的世界。他说：“人们往往把任性也叫做自由，但是任性只是非理性的自由，任性的选择和自决都不是出于意志的理性，而是出于偶然的动机以及这种动机对感性外在世界的依赖。”[②]人正是在克服感性与理性的矛盾中获得了审美自由。其次，从主体与对象的关系看，“美既不是困在有限里的不自由的知解力的对象，也不是有限

① 黑格尔：《美学》，第1卷，朱光潜译，商务印书馆，1979年，第120页。

② 同上，第122页。

意志的对象”。人仅靠知解力还不能掌握美，因为美是无限的整体，显现为自由，而感觉力只能消极地对待对象，把统一的各个差异面分裂成各自独立的东西，主体和对象不能融成统一的整体。有限的意志虽属于主体，但要使自己的旨趣、目的、意图发生效力，“就要牺牲事物的存在和特征”，把对象消灭掉，使之成为服务于自己的有用意图的工具。这样对象不自由而主体也就变得不自由了。

从上述分析中，黑格尔认为，只有克服了主体与客体、心灵与自然、知识与对象等的对立与矛盾，消除各自的片面性、有限性和不自由性，求得真正的和解与统一，才能达到“自由观照”的审美境界，获得心灵的自由，精神的解放，道德的升华。所以，他说：“审美带有令人解放的性质，它让对象保持它的自由和无限，不把它作为有利于有限需要和意图的工具而起占有欲和加以利用。所以美的对象既不显得受我们人的压抑和逼迫，又不显得受其他外在事物的侵袭和征服”。[①]如果我们扬弃其中的唯心主义思想，可以清楚地看到，黑格尔运用辩证思维的方法深刻地揭示了审美活动的本质，把审美活动与人的心灵自由和精神解放联系了起来，真正抓住了美育的本质特征。

艺术的真正职责在于帮助人认识到心灵的最高旨趣

黑格尔在《美学》中开宗明义地提出，美学应该称作“艺术哲学”，把美学研究的范围限定为艺术美，将自然美、社会美排除在外，这当然是片面的、不正确的。但也正因为如此，艺术的审美特征及其作用问题，自然成了他美学思想中心内容。他从“美是理念的感性显现”这一基本命题出发，认为美的艺术是人的心灵创造的产品，“它须把生命的现象，特别是把心灵的生气灌注现象按照它们的自由性，表现于外在的事物，同时使这外在的事物符合它的概念。”[②]内在的心灵通过外在事物显现出来，外在的形式与内在的心灵契合一致，一句话，艺术以具体生动的感性形象，表

① 黑格尔:《美学》,第1卷,朱光潜译,商务印书馆,1979年,第142页。

② 同上,第191页。

现人自由的心灵，就是美的。他把艺术比作“灵魂的眼睛”，“人们从这眼睛里可以认识到无限的自由的心灵”。艺术源于心灵又诉诸心灵，“艺术的真正职责就在于帮助人认识到心灵的最高旨趣”。[①]我们欣赏艺术的目的在于认识和肯定自己，满足心灵自由的需要，把自己变成一个精神自由的人。因此，黑格尔反对把艺术变成一种单纯娱乐的游戏。他指出，虽然艺术能给人以赏心悦目的快乐，但它不是艺术唯一的、基本的目的，否则艺术就变成了一种巧戏法，一种装饰，一种奢侈，一种可有可无的东西。只有当艺术用感性的形象形式表现最崇高的东西，成为“人类最深刻的旨趣以及心灵的最深广的真理的一种方式和手段时，艺术才算尽了它的最高职责”。黑格尔认为艺术在社会生活中发挥着重要作用，具有巨大的认识和教育意义。他说：“在艺术作品中各民族留下了他们的最丰富的见解和思想；美的艺术对于了解哲理和宗教往往是一个钥匙，而且对于许多民族来说，是唯一的钥匙”，[②]“实际上艺术是各民族最早的教师”。[③]

但是，艺术的这种社会功能不是外在的，强加的，而是由其自身的特点和目的决定的。黑格尔在反对把艺术看作单纯娱乐工具的同时，也反对把艺术变成单纯道德说教的手段。他指出：如果把艺术的目的狭窄化为教训、教益，一方面艺术的审美快感、娱乐的作用就成为无关重要的东西，就要附庸于教益；另一方面，艺术“所表现的内容的普遍性是作为抽象的议论，干燥的感想，普泛的教条直接说明出来的，而不是间接地暗寓于具体的艺术形象之中的，那么，由于这种割裂，艺术作品之所以成为艺术作品的感性形象就要变成一种附赘悬瘤，明明白白摆在那里当作单纯的外壳和外形，这样，艺术作品的本质就遭到歪曲了。”[④]这就意味着，艺术没有自己的定性和目的，变成了服务于其他目的的一种手段。黑格尔在《美学》结尾中写道：“艺术并不是一种单纯的娱乐、效用或游戏的勾当，而

① 黑格尔:《美学》,第1卷,朱光潜译,商务印书馆,1979年,第15页。
② 同上,第8页。
③ 同上,第60页。
④ 同上,第60页。

是要把精神从有限的世界的内容和形式的束缚中解放出来，要使绝对真理显现和寄托于感性形象，总之，要展现真理。……我最后一个愿望就是美与真这种较高的、不可磨灭的理想的联系，把我们永远牢固地结合在一起。”[①]从这个深刻的结论和深情的愿望中，我们可以看出黑格尔赋予艺术多么巨大的社会使命和崇高职责。黑格尔纠正了经验主义把美感等同于快感、理性主义把美归结为“完满”的片面性，从真理内容与感性形象的辩证统一上揭示艺术的审美特征与作用，也可以说是审美教育的性质和基本任务。这是他对西方美育思想发展的一个突出贡献。

艺术为社会而存在，为观照和欣赏它的民众而存在

人类为了显现美，创造了艺术，但艺术却不是为它自己而存在，而是为社会而存在，为民众的观照和欣赏而存在。黑格尔说：“艺术作品尽管自成一种协调的完整的世界。它作为现实的个别的对象，却不是为它自己而是为我们而存在，为观照和欣赏它的民众而存在。例如演员们表演一部剧本，他们并不仅彼此交谈，而且也在和我们交谈。要了解他们，就要根据这两方面来看。每件艺术作品也都是和观众中每一个人所进行的对话。”[②]人们要与艺术作品构成审美关系，同艺术家进行“交谈”“对话”，就需要培养和提高艺术鉴赏、判断能力，而这正是审美教育所要解决的十分重要的问题。

黑格尔把历史主义与艺术的审美特征结合起来，对如何培养和提高人们的艺术判断、鉴赏能力问题提出了十分深刻的见解。他认为，艺术哲学主要是阐明美的本质及其如何实际体现在艺术作品中的。因此，它没有必要制定出方剂式的规则，因为专横的规则和空泛的理论并不能提高人的理解、接受艺术的能力。“它的任务在于对个别艺术作品作审美的评价，以及认识从外面对这些作品发生作用的历史环境。这种评价，如果是用全副心灵和感觉作出来的，如果有历史的知识可为佐证，就是彻底了解艺术作

① 黑格尔：《美学》，第3卷，下册，朱光潜译，商务印书馆，1981年，第335页。

② 黑格尔：《美学》，第1卷，朱光潜译，商务印书馆，1979年，第327页。

品个性的唯一途径”。[①]这个论断虽是黑格尔从个别作品出发研究艺术的一种方式提出来的，但对于提高人们的审美判断、艺术欣赏的能力却有着普遍的意义。

首先，艺术和哲学、宗教一样，都是一定历史时代的产物，植根于社会生活的土壤之中，人们要提高艺术鉴赏力，必须具有广博的历史文化知识。黑格尔说：“每种艺术作品都属于它的时代和它的民族，各有特殊环境，依存于特殊的历史的和其他的观念和目的，因此，艺术方面的博学所需要的不仅是渊博的历史知识，而且是很专门的知识，因为艺术作品的个性是与特殊情境联系着的。要有专门的知识，才能了解它，阐明它。”[②]这就是说，有了广博的历史文化知识，才能掌握“一般世界情况”，了解“艺术中有生命的个别人物所借以出现的一般背景”，但这是不够的，还必须具有“专门的知识”，才能进一步把握住推动人物行动、决定人物性格以及作品艺术个性和风格的“特殊情境”和“情致”，这样才能真正理解和掌握艺术作品的社会历史内容、审美意蕴。

其次，黑格尔认为，要正确地判断艺术美和培养艺术鉴赏力，除具有广博的历史知识以外，还需要有专门的艺术的知识。他说：“艺术学问的积极方面，就其对于一件艺术作品的全部个别特点须有深刻的认识而言，对于艺术研究确是必要的。因为艺术作品在本质上既是物质的个别的，基本上是从多种多样的特殊条件产生出来的，特别是产生的时间和地点，艺术家的特有的个性，更重要的是那门艺术在当时所已达到的技巧修养。为着对于一件艺术作品有明确的深刻的认识乃至于能欣赏，所有这些方面都是必须考虑到的。”[③]人们对于艺术知识的掌握，不能停留在对艺术外表方面的认识，而在于培养很好的记忆力、敏锐的想象力、分析比较能力和有见识的判断力，从而对艺术作品作出较为精确的分析和适当的评价。正如黑格尔论及一般教育时所说的：“教育就是要把特殊性加以琢磨，使它的

① 黑格尔：《美学》，第1卷，朱光潜译，商务印书馆，1979年，第24页。

② 同上，第17页。

③ 同上，第41页。

行径合乎事物的本质。”[①]美育中传授必要的艺术知识，主要在于掌握艺术的审美特性，并用以去分析、理解艺术作品。

第三，从感性与理性的统一中培养、发展审美敏感和想象力。黑格尔同意席勒《美育书简》中的看法，美感教育所要做的是实现调停和解心灵理性与自然感性对立面的冲突，目的是把欲念、感觉、冲动和情绪修养成为本身就是理性的，在感性与理性的统一中获得自由。黑格尔说：“美的生命在于显现（外形）”，[②]“艺术中最重要的始终在它的可直接了解性”。[③]在审美活动中，光靠抽象概念和逻辑推理是不行的，必须首先诉诸感官，进行直接的观照，但又不能仅止于此，还要从外在形式把握对象的内在意蕴。黑格尔认为，这要靠完整的、坚实活泼的心灵，即自由想象力和审美敏感。艺术想象作为一种精神活动，采取的是感性形式，但又具有理性的因素，并能把内容（意蕴）放在感性形式里，创造出画境和形象。因此，“真正的创造就是艺术想象的活动”。[④]“最杰出的艺术本领就是想象”。[⑤]“敏感”作为一种审美的心理功能，黑格尔认为，它一方面涉及存在的直接的外在方面，另一方面也涉及存在的内在本质。因此，充满“敏感”的审美观照，能够把感觉与思想统一起来，“在感性直接观照里同时了解到本质和概念”。[⑥]因此，在审美教育中，要从感性与理性统一上领会美和艺术，培养审美敏感和想象力是至关重要的。

黑格尔在《美学》的最后写道：“我们用哲学的方法把艺术的美和形象的每一个本质性的特征编成了一种花环。编织这种花环是一件最有价值的事，它使美学成了一门完整的科学。”[⑦]他为艺术编织的花环中，有的花朵已经凋谢，有的还鲜艳夺目；他建构的美学体系，“形式是唯

① 黑格尔：《法哲学原理》，张企泰译，商务印书馆，1979年，第203页。

② 黑格尔：《美学》，第1卷，朱光潜译，商务印书馆，1979年，第5页。

③ 同上，第339页。

④ 同上，第47页。

⑤ 同上，第343页。

⑥ 同上，第163页。

⑦ 黑格尔：《美学》，第3卷，下册，朱光潜译，商务印书馆，1981年，第335页。

心的，内容是现实的。”他的划时代的贡献在于能以历史的、辩证的观点克服康德美学的二元论错误，发展了席勒的美育思想，深刻地揭示美和艺术的本质特征，肯定了审美教育对于实现人的自由与尊严的巨大作用，表现出强烈的人道主义精神。但是，由于他政治上的保守立场，看不到现实生活和文学艺术的发展前途，企图通过审美教育来克服人性的分裂，调和现实矛盾，于是回转头来，把古希腊艺术表现的“理想的静穆”作为人生、艺术的最高境界，这就使他的美学、美育思想染上一层悲观主义色彩。

三、费尔巴哈的美育思想

费尔巴哈（1804—1872）是德国杰出的唯物主义哲学家，出生于巴伐利亚的兰茨呼特，父亲是一位具有反封建进步思想的刑法学家。他在当地接受了中等教育，1823年进入海德堡大学学习神学。因对神学感到失望，次年转到柏林大学，听了两年黑格尔的哲学课，他又“感觉到需要就教于与思辨哲学相对立的其他科学”，于是“转向自然科学”。他1826年到爱尔兰根大学学习，毕业后留校任教，1830年因匿名发表反基督教著作被辞退，便决心不再担任官方学院的教职。从1836年起，费尔巴哈隐居乡野达25年之久，潜心研究哲学，阅读、理解“自然”这部“伟大的书”，并写下了大量论著。1839年发表《黑格尔哲学批判》，标志着他与黑格尔的唯心主义哲学“完全决裂”，走上唯物主义发展道路。1841年出版《基督教的本质》，“它直截了当地使唯物主义重新登上王座”，[1]在思想文化界产生了巨大的作用和影响。此后的主要著作有《未来哲学原理》《宗教本质演讲录》等。费尔巴哈晚年努力研究社会主义文献，其中包括马克思的《资本论》，并于1870年参加了德国社会民主党，1872年9月在纽伦堡逝世。

费尔巴哈坚定地站在唯物主义立场上，批判当时占统治地位的唯心主

①《马克思恩格斯全集》，第21卷，人民出版社，1965年，第313页。

义哲学，从根本上动摇了德国古典哲学的理论基础，宣告了德国古典哲学的终结。他没有写下系统的美学著作，其美育思想主要包含在他的哲学思想中。他把美从彼岸世界拉回到此岸世界，揭示了艺术与宗教的不同性质和目的，引导人去追求生活的真理、友爱和幸福。他的美学、美育思想尽管具有形而上学、人本主义的局限，但内中也蕴含不少闪光的思想，并直接影响到车尔尼雪夫斯基和马克思，过去的美学、美育著作很少论及费尔巴哈美学思想，丢掉了德国古典美学“终结”的重要一环，不能不说是个疏漏与缺憾。

艺术表现感性事物的真理，至高的对象是人

费尔巴哈在存在与思维关系这个哲学基本问题上，坚持了唯物主义原则，认为自然、物质存在是第一性的、本原的，精神、意识是第二性的、派生的。他断言：“思维与存在的真实关系只是这样的：存在是主体，思维是宾词”。[①]据此，他批判了黑格尔把艺术、宗教、哲学看作是绝对理念的显现的唯心主义观点，指出他颠倒了存在与思维的关系，把本来属于人的感觉、主观精神的东西，变成了外在于人和自然、脱离真实生活的独立实体，把自然、物质存在看作是主观精神的产物，其实质不过是一种改装了的上帝创世说。按照这种“重返旧的神学”的观点，必然要引导艺术“渴望彼岸的幻想”。费尔巴哈明确提出：艺术产生的根源不是“绝对理念”，而是客观的真实生活。人和自然才是艺术创作的唯一对象和源泉。他说：“艺术上最高的东西是人的形象，哲学上最高的东西是人的本质。……因此一切要想超出自然和人类的思辨都是浮夸——其浮夸就像那种要想给我们提供某种高于人的形象的东西，却只能作出奇形怪状的艺术一样。”[②]自然是物质的、真实的、可感觉的存在，人是自然的一部分，艺术家通过观察自然、观察人，并能在艺术中直接或间接地表现出来，就能直观地为人们提供客观事物的本质与真理。他说：“艺术只能表达真实的

①《费尔巴哈哲学著作选集》，上卷，生活·读书·新知三联书店，1959年，第115页。

② 同上，第83页。

东西，不暧昧的东西”，[①]“艺术表现感性事物的真理”。[②]艺术是人的真实生活反映，人性的东西对艺术才是神圣的东西，对彼岸世界的信仰是绝对没有诗意的信仰。因此，艺术与每个人都有密切的关系，并不只是有教养的学者、道学家、美学家、艺术家才有审美和艺术的意向和企求，审美和艺术是与一般人的最平常的生活需要密切联系着的，手艺与艺术之间并没有什么不可超越的鸿沟，艺术只不过是把平常的、必需的东西“高贵化”。如果艺术失去了与生活、手艺的联系，就夺去了它金子般的基地，审美感也就没有了素材和支柱。他的结论是：“艺术的至高的对象，便是人，也就是说，整个的人，从头顶到脚跟。希腊人有一个他们所崇拜的维纳斯，——这是业已成就了的、完全了的审美感的必然结果。”[③]这里，我们可以清楚地看出，费尔巴哈美学、美育思想基础是人本主义、唯物主义的，肯定了有血有肉的人，否定了虚幻的、超验的神，虽然还不能从社会关系的总和中把握人的本质，但却表现出十分鲜明的民主主义、人道主义倾向。

宗教并不包含艺术教育和科学教育的原则

费尔巴哈认为艺术与宗教是有根本区别的。他批判宗教神学有一个显著的特点，就是把宗教与艺术进行比较、分析，揭露宗教的虚幻性和消极作用，肯定艺术的真实性和积极作用。他认为，宗教的对象是观念的、虚幻的对象，人由于对自然的无知，在生活中无力实现自己的需要，便幻想出一个全知全能的上帝。不是上帝创造人，而是人创造了上帝；上帝不过是人的本质“异化”，是人的一种不真实的、虚幻的表现。人信仰上帝，寄希望于彼岸，以彼岸存在替代此岸存在，以幻想填补生活的缺陷，从而使自己与真实生活分离开来，贬抑、否定了人的本质力量。“这样，他们就为了被幻想的规定而牺牲现实的规定。为了幻想的、所谓宗教上的需要

①《费尔巴哈哲学著作选集》，上卷，生活·读书·新知三联书店，1959年，第106页。

② 同上，第171页。

③ 同上，第320页。

而牺牲人的现实的需要!”[1]宗教意识与人的本质、艺术美感、科学真理存在着不可调和的矛盾。费尔巴哈说:“对于彼岸事物的信仰,是一种没有诗意的信仰”。[2]艺术则不同于宗教,它产生于此岸世界的真实生活,虽然也需要幻想,但艺术幻想不是虚浮和远离现实的,而是以人的真实生活为基础的,当艺术以幻想、虚构的形式反映了真理时,它就是美的。宗教以幻想出来的东西来代替现实的东西,以虚幻的影像欺骗人,让人顶礼膜拜。艺术并不要求把它的作品当作现实,不要求把风景画看作实在风景,只要求真、善、美,以满足人的尘世的享受和幸福。他有个生动比喻:“人照镜子,他对自己的形体有一种快感。这种快感是他的形体完满和美丽的一个必然的结果。美丽的形体是满足于自己的。它必然对自己有一定的喜悦,它必然反映在自身之内。”这就是说,人能从美和艺术中直观自己的本质,因而获得美的愉快和享受。宗教是彼岸的,神秘的,超感性的;艺术则是此岸的,真实的,感性的。由此,他得出结论:基督教的一神教由于否定人的本质,与真理之间有着不可调和的矛盾,因此,“并不包含艺术教育和科学教育的原则”。[3]人们只有否定宗教神学,才能走向诗和艺术。这一重要见解告诉我们:审美教育给人以真理和美善;宗教则使人盲从与迷信。这似乎为我国“五四”时期蔡元培倡导的“以美育代宗教”说提供了理论根据。

人有审美知觉才能感觉到美

费尔巴哈把美和艺术看作是人的精神食粮。他认为,人的感觉与动物的感觉是不同的。动物感受事物只是出于肉体生存的需要,为了物质上的满足,而人感觉到的美则是精神性的胃口的需要。当人们看到宝石的光辉,波平如镜的水面,花朵和蝴蝶的色彩时,沉醉于单纯的视觉快乐;人的耳朵听到鸟儿的啭鸣,金属的铿锵声,小溪潺潺声,秋风飒飒声,感到

①《费尔巴哈哲学著作选集》,上卷,生活·读书·新知三联书店,1959年,第321页。
② 同上,第106页。
③ 同上,第105页。

无比喜悦。人对美的欣赏超越了直接的生理需要，从审美中看到了“自己的本质”“自己的来源”，获得了精神上的满足。他认为，人类从未开化的混沌中走向开化的文明之路，审美活动是一个重要的标志。

人怎样才能获得美的精神食粮呢？费尔巴哈认为审美活动是一种伴随着强烈感情的认识活动。人要有审美感觉、审美理智，才能感觉到外物的美。审美要把情感与认识紧密结合起来，情感要以认识为前提，认识要靠情感来深化。人有高尚、美好的心灵，才能够真正欣赏美。他在《基督教的本质》中说：“如果我的灵魂在审美方面低劣不堪，那我怎么能欣赏一张绝美的绘画呢？即使人并不是一个画家，没有力量由自身产生出美来，但是，既然我能够知觉到自身以外的美，那就说明我还是具有审美的感情和理智的”。[①]审美的实质是对“人自己的本质的一个确证”，人要欣赏美，必须要有相应的审美能力。他说：“如果你毫无音乐欣赏能力，那末，即使是最优美的音乐，你也只把它当作耳边呼呼的风声，只当作足下潺潺的溪声。当音调吸引着你的时候，其中究竟是什么东西吸引着你呢？你在音调中究竟听到些什么呢？所以，感情只对感情讲话，只有感情、感情本身，才能理解感情——因为只有感情，才是感情本身之对象。音乐是感情之独白。”[②]这说明，人要欣赏艺术美，就必须具有审美能力，进行情感体验，否则再美的艺术也不是他的对象。马克思在《1844年经济学—哲学手稿》中继承和发展了费尔巴哈的这一重要观点。

德国古典美学是马克思主义美学思想重要来源之一。康德、席勒、黑格尔等人的历史贡献在于以主观意识能动性的观点和辩证法思想，以人的自我创造、精神自由和解放为中心，对人类审美活动的性质、特征及其复杂的内在矛盾作了深入的探讨和分析，但其思想体系是唯心主义的。费尔巴哈虽然批判了他们的唯心主义，坚持了唯物主义，却把小孩与污水一起泼掉，舍弃了它的辩证法。马克思、恩格斯克服了他们唯心主义、人本主

①《费尔巴哈哲学著作选集》，下卷，生活·读书·新知三联书店，1959年，第54—55页。

② 同上，第84页。

义和形而上学思想的局限，吸取唯物论和辩证法的“合理内核”，运用历史唯物主义观点加以批判改造，使之成了马克思主义美学、美育思想的一个重要来源和组成部分。

第十五章　第一部美育的宣言书

——席勒的《美育书简》

在西方美学、美育思想发展史上，德国有两位思想家是人们所不能忘记的。一位是鲍姆嘉通，他于1750年出版了《美学》（Aesthetics）一书，标志着美学作为一门独立学科的诞生，被人称为“美学之父”。另一位就是席勒，他于1795年发表了《美育书简》，第一次提出“美育”的概念，并对美育的性质、特征和社会作用作了系统的阐述，美育形成了相对独立的理论体系。因此，人们把他的《美育书简》视为“第一部美育的宣言书”。

席勒（1759—1805）是德国伟大的剧作家、诗人，“狂飙突进”运动的重要代表人物之一。他出身于生活贫困的军医家庭，七岁入学拉丁文学校，后来到斯图加特军事学院学习法律，不久改学医学。1780年大学毕业当了军医。他兴趣广泛，学习勤奋，认真钻研哲学、美学、心理学、伦理学，非常喜爱莎士比亚、莱辛、歌德的剧本、诗歌，深受英、法等资产阶级革命思想的影响。他反对德国封建专制制度的独裁统治，热烈追求民主、自由。他在军队里秘密创作了剧本《强盗》，塑造出一个“向社会公开宣战的豪侠的青年”形象，发出了“德国应该成为一个共和国”的革命呼声，1782年上演即大获成功，激起观众的强烈共鸣，为此受到禁闭两星期的处分。不久，席勒逃出军队，开始从事文学创作。1783年发表《阴谋与爱情》，被恩格斯称为“它是德国第一部有政治倾向的戏剧”。他还研究了尼德兰独立战争和德国30年战争的历史，1788年写成《尼德兰独立史》，次年经歌德推荐担任耶拿大学历史学教授。1792年，鉴于《强盗》对革命发生的影响，法国国民大会授予席勒法兰西共和国荣誉公民称号。不久，他由于对法国大革命产生了不满和失望，便远离现实斗争，转向哲学沉思，“逃向康德的理想”，同时也受到歌德的深刻影响，致使他在哲理与诗情的矛盾中徘徊。他后期除了创作《华伦斯坦》《威廉·退尔》等剧本和一些诗歌外，还写了不少美学论著，主要有《论美书简》《美育书简》《论崇高》《论朴素的诗与感伤的诗》等，其中以《美育书简》最为重要，影响最大。

席勒1791年身患疾病，生活贫困，丹麦克里斯谦公爵给予每年1000塔勒银币的资助，为期三年。席勒为了报谢公爵，从1793年2月到次年7月将自己探讨美育问题的书简奉寄给他。次年2月，由于哥本哈根发生火灾，原稿被焚毁。席勒又根据保留的提纲重新写了27封信，于1795年陆续发表在他主编的《时季女神》上，即后来结集出版的《美育书简》。在这部著作中，席勒从康德的唯心主义美学的基本原则出发，提出了比较系统的人本主义美育思想。他主张通过美育改变人性分裂的状态，重塑感性与理性统一的完美人格，以实现由审美王国进入自由王国的社会理想。席勒把审美教育作为改造社会、实现政治自由的唯一途径和救世的灵丹妙药，无疑是不可能实现的。但是，他敏锐地发现了资产阶级建立的“理性王国”的弊端，指出它并未能实现人类的真正自由，揭示了审美教育与人的全面发展的关系，却是非常深刻的、有重要意义的。他提出的重大问题，后来由马克思作出了正确的回答，才真正把审美教育建立在科学世界观的基础上。

一、通过美，人们才可以达到自由

席勒的美育思想是以实现人的“自由”为出发点和归宿的。他的自由观是“德国式的自由”，即具有德国资产阶级的独特品格。正如马克思评价康德时所说的，“在康德那里，我们又发现了以现实的阶级利益为基础的法国自由主义在德国所采取的特有形式”。[①]这种“特有形式”是由德国资产阶级缺乏“现实的阶级利益”为物质基础所产生的软弱性和妥协性决定的。一方面，席勒反对封建专制制度，热情地呼唤自由、民主，希望革命的到来。他在《强盗》中就高唱过：“他们冲锋陷阵，封建之花凋谢，自由高举胜利的大旗”。这的确反映了“时代的需要”，体现了资产阶级革命的要求。另一方面，他追求的“自由”还停留在“对理性的认识”和“空洞的幻想”上，不具备进行政治革命的实践性。所以，当法国大革命摧毁巴士底狱的消息传来时，他曾兴高采烈，欢欣鼓舞，以为他所向往的“理性王国”实现了，真正的自由到来了。但是，正如鲁迅所说：“革命是痛苦，其中也必然混有污秽和血，决不是如诗人所想象的那般有趣，那般完美；革命尤其是现实的事，需要各种卑贱的、麻烦的工作，决不如诗人所想象的那般浪漫；……所以对于革命抱罗曼蒂克的幻想的人，一和革命接近，一到革命进行，便容易失望”。[②]面对雅各宾党人镇压反革命的恐怖行动，席勒看到的只是“污秽和血”，随即陷入痛苦和失望之中，由欢呼变成憎恶，由拥护变成反对。1793年，他写信给丹麦亲王奥古斯汀谈到《美育书简》的主题时说：“法国人民的尝试……不仅使那些不幸的人民本身而且也使欧洲的一个重要的部分以及整整一个世纪倒退到野蛮与粗暴之中。”[③]在席勒看来，人民群众运用暴力手段推翻封建专制制度，取得了被无理剥夺了的东西，让法律登上了王座，使自由可能成为政治结合的基础，但这只有自然存在的可能性，并没有道德存在的可能性，因为有利的时机遇到的是一代感觉迟钝的人。他们在这场现代戏剧中扮演着两个极端的角色，一方面是粗暴野蛮，另一方面是萎靡不振。“在人数众多的下层阶级中，表现出粗野的无法无天的本能。由于摆脱了社会秩序的绳索，正以无法控制的狂怒忙于兽性的满足”。“有教养的阶级则表现出一幅更令人作呕的懒散和性格腐化的景象”。他们是冷漠无情的，只关心自己，不关

①《马克思恩格斯全集》，第3卷，人民出版社，1960年，第213页。

②《鲁迅全集》，第4卷，人民文学出版社，1956年，第233—234页。

③ 转引自毛崇杰：《席勒的人本主义美学》，湖南人民出版社，1987年，第11页。

心社会，自私自利成了他们社交活动的基本原则。因此，“解体的社会不是奔向有组织的生活，而是倒退到原始的国度。”[①]人们不仅没有获得真正的政治自由，反而成为粗野的牺牲品，或者成了懒散与堕落的殉葬品。席勒认为，法国大革命出现这种现象的根源在“文化本身”。审美教育才是实现人的自由的唯一途径，为此，他要“为审美的世界物色一部法典”，这部“法典”就是《美育书简》。审美活动是自由的，“通过自由去给予自由，这就是审美王国的基本法律”，也就是这部著作的中心思想。他对此曾在第二封信中作了具体说明：“我抵制了那种富有魅力的诱惑，把美的问题放在自由的问题之前，……我们为了在经验中解决政治问题，就必须通过审美教育的途径。因为正是通过美，人们才可以达到自由。”[②]席勒将自己的美育思想视为“把理性引入政治立法”，开出的这个“济世良方”，当然是不切实际的，难以奏效的，以他的“罗曼蒂克的幻想”，不正确的看待法国大革命表现出消极、失望的情绪，但他能从历史进步、政治自由的高度探讨审美教育问题，对资产阶级现存制度进行深刻的批判，打破“理性王国”的神话，把美育的社会作用提到了重要地位，表现出鲜明的人道主义精神，还是具有重大进步意义的。

二、人性失去它的尊严，艺术拯救它

席勒敏锐地觉察到资本主义制度存在的深刻矛盾，并从对现代社会和人性的历史演化的分析中提出了审美教育问题。他把古希腊人与现代人进行了比较，认为古希腊人在精神力量上，在美的觉醒中，他们的本性是单纯质朴的，“把艺术的一切魅力和智慧的全部尊严结合在一起”，因而是全面发展的、真正自由的人。“他们既有丰满的形式，又有丰富的内容；既能从事哲学思考，又能创作艺术；既温柔又充满力量。在他们身上我们看

① 席勒：《美育书简》，徐恒醇译，中国文联出版社，1984年，第46—47页。

② 同上，第39页。

到了想象的青年性和理性的成年性结合成的一种完美的人性”。[1]希腊人是现代人的对手和楷模。而现代人是怎样的呢？席勒没有像卢梭那样，主张人要“回归自然”，去过自然人的原始生活，而是认为自然的人也是不自由的，由自然的人变为理性的人是文化发展的必经阶段，只是由于“理性的过分敏感而脱离了自然本性，”个人虽然得不到什么好处，但非如此人类社会就不能取得进步，无可否认的是，“作为一个统一体和从知性的天平上看来，现代人比古代世界最优秀的人物更具优势”。但是，用单个的人与单个的人来衡量，一个现代人与一个雅典人的人性价值就不能相比了。“因为希腊人所获得的形式是来自把一切联合起来的本性，而现代人所获得的形式是来自把一切分离开来的知性。”[2]这就是说，古希腊人的本性是全面的，与社会是和谐统一的；而现代人的知性是片面的，与社会是分离的、对立的。现代人性处于分裂状态，“直观的知性和思辨的知性在敌对地占据着各自不同的领域，互相猜忌地守卫着各自的领域”，不是旺盛的想象力破坏了直观知性辛勤得来的果实，就是抽象理念熄灭了想象力的火焰。据此，席勒进一步深刻地指出：在现代社会里，国家变成了精巧的、钟表式的机器，科学门类划分精确，职业分工越来越细，组成了“一种机械生活的整体”，致使人的本性的内在联系断裂，全面、和谐发展能力的丧失。他说：“现在，国家与教会、法律与习俗都分裂开来，享受与劳动脱节，手段与目的脱节，努力与报酬脱节。永远束缚在整体中一个孤零零的断片上，人也就把自己变成一个断片了。耳朵里听到的永远是他推动的机器轮盘的那种单调乏味的嘈杂声，人就无法发展他生存的和谐，他不是把人性刻印到他的自然（本性）中去，而是把自己仅仅变成他的职业和科学知识的一种标志。”[3]国家为了从整体上维护自己的存在，必然要否定个人的具体生活和精神需要，缺少对人的个性、自由、尊严的重视，这样做的结果是：国家始终是异己于它的公民的，他们对于国家也不会有任

① 席勒:《美育书简》,徐恒醇译,中国文联出版社,1984年,第49页。

② 同上,第50页。

③ 同上,第51页。

何感情。因此，资产阶级“理性王国”不可能作为美好人性的基础。这里席勒实质上触及了资本主义私有制度的异化劳动问题，并对它所造成的人的片面发展和个性、自由的丧失，发出了人道主义的抗议，尽管他未能科学揭示“异化”产生的社会根源和本质。

那么，在现存制度下怎样恢复人性的尊严、培养高尚的人格呢？席勒找不到一条正确的实际出路，便提出：“我们必须寻求一种国家没有为我们提供的工具，去打开不受一切政治腐化污染保持纯洁的源泉。”这个工具就是美的艺术，途径就是进行审美教育。因为，政治立法者虽然可以管制艺术和科学这两个领域，却不可能在这两个领域里支配一切。“他可以驱逐真理之友，但真理永在，他可以侮辱艺术家，但他却不能伪造艺术，没有什么东西比科学和艺术更忠于时代精神的了。”[①]艺术是自由的女儿。艺术能够不受社会政治的污染，打开纯净的美的源泉，用以滋养、培育高尚、完美的人性，实现人的真正自由，维护人的尊严。他斩钉截铁地说：“人性失去了它的尊严，但是艺术拯救了它。”[②]

席勒提出，艺术家应该成为自己时代的儿子，不要变成时代的门徒和宠臣。艺术家要从现实中取得素材，但要采取批判的态度，并能从一切时代的彼岸世界和人的本性中汲取理想，把真善美赐予芸芸众生。为此，他构想了一个培养艺术家的方案：现实社会太污浊了，艺术家要不受到它的污染，当他还在襁褓之中，就由仁慈的神从母亲的怀抱中夺走，把他带到遥远的古希腊明朗、纯洁的天空下，用美好的乳汁哺育成人，然后再让他回到自己的世界和祖国。这时，他就能以纯洁的心灵把素材高尚化，创作出美的艺术，用以教育民众，净化社会。席勒曾满怀激情地写道，真理在虚构的艺术中永生，“高贵的艺术比高贵的自然活得更久，由灵感塑造和唤起的艺术也走在自然之前。在真理把它胜利的光亮投向心灵深处之前，形象创造力截获了它的光线，当湿润的夜色还笼罩着山谷，曙光就在人性

① 席勒:《美育书简》,徐恒醇译,中国文联出版社,1984年,第61页。

② 同上,第62—63页。

的山峰上闪现了。”[1]在资本主义私有制没有得到根本改造之前，光靠艺术教育是不可能消除人性分裂、片面发展的现象的，也拯救不了人性丧失了的尊严，更不可能由“审美王国”进入“自由王国”。席勒过分夸大的审美活动和艺术教育的作用，甚至“把美称为我们的第二造物主”，显然是一种虚幻的、不切实际的审美救世主义，一种政治改良主义。但是，他在西方美育史上首次提出一个崭新的课题，即把审美教育与否定资本主义制度下的“异化劳动”联系起来，并主张以审美教育来消除“异化”现象，培养和谐、完美的人性，这是他的重要贡献，对后来美学、美育思想的发展产生了久远而深刻的影响。

三、人在审美中才是自由、完整的人

席勒在《美育书简》的第一封信中，就明确地告诉我们：他的审美教育思想的绝大部分命题是“基于康德的各项原则”。康德从先验的唯心主义出发，把人性分为感性和理性两个部分，席勒也是如此。他认为人的身上存在着两种对立的因素：一是“人格”，一是“状态”。“人格”是永久不变的东西，“状态”是经常变化的东西。人的理想的境界，两者应该是统一的，即“状态在人格的不变中变化，人格在状态的变化中不变”。但在作为具体的、有限存在物的人身上，“人格”与“状态”是不同的，并形成两种相反的要求，产生了两种对立的力量，或者叫“冲动”：一种是感性（物质）冲动，一种是理性（形式）冲动。前者的对象是广义的生活，包括物质生活和直接呈现于感官的东西，受时间空间的限制，要求实在性和按照欲望行动，它产生于人的自然存在、感性冲动。后者的对象是形式，包括一切必然的、永久的形式和理性原则，取消了时间空间的限制，要求真理和正义、秩序和纪律，它产生于人的绝对存在、理性冲动。这两种冲动是相互矛盾、完全对立的，对人性都带有强制性，不过一个是

① 席勒：《美育书简》，徐恒醇译，中国文联出版社，1984年，第63页。

物质的、感性的强制，一个是道德的、理性的强制。不论哪一种强制都会使人失去自由。只有消除它们的对立，调解它们的矛盾，把二者结合起来，才能成为完整的人，才能获得真正的自由。这就需要第三种力量——“游戏冲动”作为中介、桥梁。

“游戏冲动”在席勒的美育思想中，是一个非常基本的、重要的概念。他讲的“游戏”，不是一般意义的嬉戏游乐、打闹逗趣，而是摆脱了感性的物质需要和理性的道德纪律强制的自由活动。人在游戏中，既要从现实生活中取得素材作为“形象”，又能在形象中体现生命精神，生命与形象的统一就是“活的形象”。这“活的形象”就是美和艺术。“游戏冲动”实质上就是人的自由创造的审美活动。人通过审美活动，把感性和理性、物质与精神、受动与主动结合起来，克服人性的分裂，实现人性的“复归”，成为完整的、自由的人。所以，席勒说：“人应该同美一起只是游戏，人应该只同美一起游戏。”“只有当人游戏的时候，他才是完整的人。”[①]席勒讲他的“游戏”说是一个具有巨大而深刻意义的命题，“它将会支撑起审美艺术和更艰难的生活技艺的整个大厦。”[②]可以说，他的美育思想的整个大厦是建立在“游戏说”的基础上的。

席勒认为，人通过“游戏冲动”即审美活动，感性冲动与理性冲动均被扬弃，消除了两者的对立，达到完善的结合，从而进入自由境界。理想的美只能从这两种冲动的平衡、结合、共同作用中去寻求，但是在现实生活中是不可能完全达到的，总是时而感性的因素占优势，时而理性的因素占优势，因而在不同关系中形成两种美，前者是融合美，后者是振奋美。为了防止“不平衡造成的缺陷，缺陷造成的不平衡”，导致人性片面、畸形的发展，在审美教育中应当采取调和折中、补缺补差、刚柔相济的态度，对不同的人施以不同的教育。要用振奋美教育温良、轻松的人，使之获得力量与刚强，防止蜕化为软弱与无能；要用融合美教育紧张、严肃的人，使之获得松弛、愉快，防止蜕化为粗暴与僵化。这样审美教育就可以

① 席勒:《美育书简》,徐恒醇译,中国文联出版社,1984年,第90页。

② 同上,第90页。

同时产生松弛与紧张、温良与严肃相反相成、相互为用的效果，从而消除感性与理性的分裂、肉体与心灵的冲突，成为一个自由的、性格完整的人，并进而给社会带来和谐、友爱和幸福。

四、由美的对象产生美就是美育的任务

审美教育的任务是什么？它与德育、智育、体育的关系如何？席勒的回答似乎存在着思想上的矛盾与困惑。他时而把美育作为培养道德理性的手段："美可以成为一种手段，使人由素材达到形式（理性），由感觉达到规律，由有限存在达到无限存在。"[①]他时而又把美育与德育、智育、体育的培养目的作了明确的区分。德育培养高尚道德，智育传授科学知识，体育促进身体健康，美育发展和提高人的审美情感和鉴赏能力。他说："由美的对象产生美，这就是美育的任务。"[②]从总的方面看，席勒的主导倾向是认为美育有其自身的目的和任务，但又绝不是为美而美的"纯审美"论者，而是主张真与善统一于美，把审美境界看作人生的最高境界。他说：

> 有促进健康的教育，有促进认识的教育，有促进道德的教育，还有促进鉴赏力和美的教育。这最后一种教育的目的在于，培养我们感性和精神力量的整体达到尽可能和谐。[③]

培养人的感性和精神力量的整体和谐，就是审美教育的根本目的。席勒这个深刻论断既讲明了德、智、体、美的区别，又指出了它们的内在联系，审美从整体上统摄了德育、智育、体育的内容，所以，他不是一个纯审美论者，较之康德前进了一步。

席勒认为，"美是自由观照的作品"，美和艺术是事物的"外观"，而

① 席勒：《美育书简》，徐恒醇译，中国文联出版社，1984年，第102页。

② 同上，第93页。

③ 同上，第108页。

不是事物的实体，人由审美观照产生对“外观”的喜悦，“对装饰和游戏的爱好”，形成一种“审美心境”，它是不受实在事物的拘限和束缚的、人的自由创造活动。他说：“事物的实在是事物的作品，事物的外观是人的作品。一个以外观为快乐的人，不再以他感受的事物为快乐，而以他所产生的事物为快乐。”[①]由于人把兴趣集中在事物的“外观”上，不再依附于实在的目的和欲求，因而获得无私的快乐和自由。所以，“只有审美心境才能产生自由”，它与自然欲望、科学理性、道德意志是有区别的。那种把审美教育看作只是道德教训的工具，那种以寻求感官刺激、享受的态度看待艺术作品，都是与审美不相容 的。席勒尖锐地指出：“他首先破坏了作品的审美机体，仔细地扒开艺术大师用无限的艺术使之消失在整体和谐中的各部分。这种人对作品的兴趣完全是在道德或者在物质的方面，却不是在理所当然的审美方面。这种人在欣赏一首庄重而热情的诗歌时，就像在说教，在欣赏一篇朴素或戏谑的诗歌时，就像在喝醉人的饮料。”[②]这个批评是非常深刻的。

在席勒看来，审美教育的任务在于，实现感性与理性的统一，提高人的心理素质和鉴赏能力，获得精神上的自由、解放，但这与科学理性、道德意志又不是对立的，审美活动可以为两者提供能力，并赋予自由形式。他指出，经过教养的审美和艺术鉴赏力通常是同知性的明晰、情感的活跃、思想的自由以及行为的庄重联系在一起的。因此，“在任何一个民族中审美文化的高度和极大普遍性与政治的自由和公民的道德、美的习俗与善的道德、行为的光辉与行为的真理都是携手并肩而行的。”[③]这里，他既深刻地阐明了真善美是统一的，又告诉我们提高一个民族的审美文化素质是何等重要!

总的看来，席勒写《美育书简》的目的在于“为审美王国寻找一部法典”。这部“法典”既有其合理的、深刻的方面，也有其肤浅的、错误的

① 席勒:《美育书简》,徐恒醇译,中国文联出版社,1984年,第133—134页。

② 同上,第115—116页。

③ 同上,第68页。

方面。他第一次使用“美育”这个概念，对审美教育理论作了前所未有的系统论述，并把美育作为实现人的真正自由的途径，在西方美育发展史上是有着重要意义的。但是，第一，他把审美活动看成是走向政治自由、改造社会的唯一途径，却陷入了审美主义空想，其结果只能使人沉没于“自由的可爱的幻想里”，脱离和忘记为摆脱身上枷锁的现实革命斗争。用恩格斯的话说，这是“以夸张的庸俗气来代替平凡的鄙俗气”。第二，他敏锐地看到了资本主义制度造成人的个性片面、畸形的弊端，其中包含着劳动异化、人的异化的思想萌芽，并试图通过审美教育来克服它，实现人的自由、和谐、全面的发展；但他不能科学解释这种弊端产生的社会历史根源，寻找不到解决问题的正确道路，像马克思指出的那样，要消除“异化”现象，实现人的自由，必须首先消灭资本主义私有制，对社会生活实行革命改造，单靠审美教育是不行的，它只能起到一定的思想解放、精神自由的作用。第三，他深刻地揭示了审美教育性质、特点，克服经验派美学、理性派美学各执一端的片面性，把审美活动中的主观与客观、感性与理性、自由与必然统一了起来。正如黑格尔所指出的：“席勒的大功劳就在于克服了康德所了解的思想的主观性和抽象性，敢于超越这些局限，在思想上把统一与和解作为真实来理解，并在艺术里实现这种统一与和解。”[①]但是，他把审美活动看作是纯粹主观精神活动，没有把这种统一放在人类社会实践的基础上，仍然未能摆脱康德先验唯心主义哲学的影响。这就告诉我们：只有以马克思主义的实践观点看待席勒的美学思想，才能彻底打破它的唯心主义幻想，吸取其中合理的、有价值的东西，科学地解决审美教育的性质、特点和任务问题。

① 黑格尔:《美学》,第1卷,朱光潜译,商务印书馆,1979年,第76页。

第十六章　教育意味着完整的人的发展

——裴斯泰洛齐、赫尔巴特、福禄培尔的美育思想

在英国、法国资产阶级革命胜利的影响与推动下，欧洲其他国家也先后进入资本主义发展时期，但由于这些国家的资产阶级反对封建制度不够坚决、彻底，封建贵族、宗教势力还很强大，严重阻碍着社会进步与生产发展，广大民众依然处于贫困、落后之中。当时一批教育家如裴斯泰洛齐、赫尔巴特、福禄培尔等，在启蒙主义思想影响下，反对陈腐、僵化、死板的封建旧教育，积极从事新教育的实验、研究，以求通过提高人的文化知识水平和劳动技能，来帮助民众改善生活，促进社会的进步。他们的教育思想具有温和的社会改良色彩，但主张教育为发展人的劳动技能，提高人的文化素质服务，却是符合社会进步需要的，其中心内容用裴斯泰洛齐的话来概括，就是："教育意味着完整的人的发展。"他们把美育作为培养"完整的人"的重要内容和有效途径。

一、裴斯泰洛齐的美育思想

裴斯泰洛齐（1746—1827）是著名的人道主义、民主主义教育家，出生于瑞士苏黎世，五岁丧父，由农家出身的寡母抚养成人，自幼接近农村生活，同情农民疾苦。在大学读书期间，他深受卢梭《社会契约论》《爱弥儿》的影响，立志帮助农民摆脱贫困生活，改善社会地位。1769年大学毕业后，他借贷购得一块荒地，创办名为"新庄"的实验农场，让农民边

劳动，边学习，掌握新的耕作技术，但为时不长即宣告破产。接着，他又在“新庄”办起“贫儿之家”，收容50名贫苦儿童，亲自负责教育、管理，帮助他们学习劳动技能和手艺，以求自食其力，而他自己却过着清贫的生活。他说：“我自己生活得像乞丐，为的是教乞丐们生活得像一个人。”[①]后因经费困难，“贫儿之家”被迫停办。在此后20多年的时间里，裴斯泰洛齐专心致志从事教育理论研究，著书立说，出版了论文《隐士的黄昏》和长篇教育小说《林哈德和葛笃德》，特别是后者为他赢得了很大的声誉，法国议会授予他法兰西共和国荣誉公民称号。1798年瑞士爆发革命后，他虽孤身一人，贫病交加，却忘我地投身于新教育的实验与研究，先后在斯坦兹、布格多夫、伊佛东等地开办孤儿院、小学、学院，获得很大成功，创造出欧洲近代初等教育的崭新体系。1825年，他回到家乡写下《天鹅之歌》，回顾和总结了自己从事教育革新的历程和经验，于1827年告别人世。

裴斯泰洛齐是一位“毫不利己、专门利人”的教育改革家，是西方教育史上把培养学生手艺、技术能力确立为教育任务的第一人。他提出教育不能只是灌输书本知识，而必须适应人的自然本性，发展人的劳动、工作能力，摆脱人的动物式的消极状态，培养出独立、自主、完整的人。他的美育思想就包含在这一新的教育观之中。

教育要培养儿童辨别美和秩序的心智能力

裴斯泰洛齐认为，人生来就具有道德、智慧和身体和谐发展的潜在能力，但必须经过教育和训练才能变成现实能力，才能自由、独立地生活。他说：“为人在世，可贵者在于发展各人天赋的内在能力，使其经过锻炼，人尽其才，能在社会上达到他应有的地位。这就是教育的最终目的。”[②]为了发展人的天赋的内在能力，他提出了教育心理化原则。他说：“促进能力发展的训练要随不同的能力而变化。眼睛要去看，耳朵要去听，双脚要去行走，手要去抓握。同理，心灵要去信任、去爱，智力要去思考。人的

① 转引自《罗炳之教育论著选》，江苏教育出版社，1987年，第562页。

② 裴斯泰洛齐：《林哈德与葛笃德》，下卷，人民教育出版社，1984年，第319页。

内在任何才能，都是和一定的活动相联系的；通过活动使自己的意向得以实现，并发展成为有训练的才能。”[①]教育心理化的过程，就是人的五官接触现实事物，形成初步的感觉印象，再把模糊不清的感觉印象加以分解、归类、综合，最后形成清晰明确的概念。为了实现这一教育过程，培养和提高学生的心智能力，他提出了教育的简化原则和“教学要素”的思想，认为一切事物的共同特征是形状、数目和词语，以心理学为基础的教学艺术，就是培养和发展儿童的这三种基本能力。因此，他在长期的儿童教育实验活动中采取直观实际事物的方法，把说话、写字、绘画和计算有机结合起来，让学生既动脑又动手，取得了显著的效果，大大提高了儿童的心智能力。他说：“它很快使儿童意识到了一种未曾意识到的力量，特别是对美和秩序的辨别力。他们发现了自己的能力，那种笼罩着普通学校的沉闷乏味的气氛像幽灵一样从我们的教室里消失了。他们都想干——尝试——坚持——成功，他们欢笑了。这不是学童们心声，而是未被发现的能力从沉睡中觉醒的心声，是从心里发出来的，他们心里感到这种力量能够而且必定会引导他们去做什么。”[②]可见，在裴斯泰洛齐的教育实践中，审美教育是一个重要方面，通过它培养儿童辨别美和秩序的心智能力。

以大自然的美激发儿童的爱和同情心、崇高感

裴斯泰洛齐根据自然教育原则，提出一切教学艺术要以自然为唯一正确的基础，从人的自然本性的基本要求出发，把感觉经验与人的道德、精神生活统一起来，才能培养出“完整的个性”。他非常重视自然美对于培养和提高人的道德情感和精神境界的作用，认为整个教育的基础是人从大自然中获得感觉印象，要发展儿童的心智能力，培养完美的个性，就必须让他们无拘无束地接近大自然、热爱大自然，从丰富多彩、变化不定的自然景色中产生一种自由和谐的感觉，并进而引导他们通向一切艺术和技巧。当旭日东升、光照大地时，儿童便唱起“光明灿烂真妩媚，渗透心灵

①《裴斯泰洛齐教育论著选》，夏之莲等译，人民教育出版社，1992年，第413页。
② 同上，第20页。

人欲醉”的歌；月明如镜，星斗满天，他们会感到温馨恬静、舒适畅快。大自然给儿童以丰富的美感。但是，对大自然的审美观照是以人的幸福的生活和高尚的道德感情为基础的。他指出，由于穷人的生活贫困和富人的奢侈享乐，再加上旧教育的粗俗、荒谬产生的自私自利和占有欲望，致使人与大自然脱节，产生隔膜，尽管大自然布满了宏伟的和可爱的景色，也不能唤醒人的美感，产生美的印象。穷人被驱逐出大自然的怀抱，富人则仰仗大自然的丰富乳汁而闲荡、挥霍，结果毁灭了自己心智能力。裴斯泰洛齐对此深为遗憾地写道：“太阳徒然为我们升起，徒然为我们落下；树林和牧场、高山和翠谷在我们面前展示无限的妩媚，它似乎与我们没有关系。”①在他看来，一个人如果怀有自私自利之心，或受到腐败的思想威胁、侵蚀，丧失了人的自然本性，自然界最高尚、最宏伟的奇观也打动不了他。相反，一个人的道德越是高尚，越富于爱和同情心，他为大自然的各种美景和幸福所唤起的爱和活动也就更加丰富。即使大自然有时作为一种破坏力量降临灾祸时，虽然不能给予人以美的享受，也能激发起人的同情心，燃烧起爱的圣火，从而做出巨大的努力，去帮助灾户重建家园。这实质上是一种崇高感。裴斯泰洛齐把自然美的教育作用与人的道德情感的培育联系起来，这是比较深刻的美育思想。

艺术教育会把我们提高到真理和智慧的高度

如何把教育艺术的要素与和谐地发展人的心智、能力结合起来呢？裴斯泰洛齐认为唱歌和审美是培养的两个主要手段，即使不把它放在优先地位，也要与其他方法并列使用。儿童通过审美的早期训练，可以养成艺术鉴赏力，而健全的艺术鉴赏力是与健全的感觉互相促进的。审美活动可以陶冶心灵，升华感情，达到人情中最美好的高度，其中最有影响的是音乐、特别是民间歌曲。唱歌不仅可以消除劳动中的疲劳，增强背诵和记忆能力，便于学习语言和其他文化知识，而且“它可以最有效地陶冶和协调

①《裴斯泰洛齐教育论著选》，夏之莲等译，人民教育出版社，1992年，第196页。

心灵，使之接受最美好的印象”，培养无私的奉献精神，去“冲击一切邪恶或狭隘感情的根基：一切吝啬或贪利、一切非人性的感情根基。”[①]此外，绘画教学能使儿童细致精确观察事物的形状和各部分的比例关系，提高再现感觉印象的能力，引起儿童的学习兴趣，激发他们的智慧。绘画不仅有利于数学、测量、地理等科目的学习，而且可以为掌握劳动能力和工艺技术奠定基础，具有更多的娱乐和教育意义。语言教学如果与审美活动、艺术欣赏结合起来，把它建立在音乐、绘画和实际事物所提供的感觉印象基础上，它就不再是空洞的说教、抽象概念的灌输，而成为表达印象、情感和思想的心理方法的综合，“把印象的转瞬即逝、难以言传的微妙变化，用合成词的方式使之言传神通，流传长久”。[②]这里很清楚，裴斯泰洛齐主张根据人的自然本性把德、智、体、美、劳诸方面结合起来，审美教育作为重要手段发挥作用，即可培养出“完整的人”，用他的话说就是：“牵着自然之手的艺术也会把我们提高到真理和智慧的高度。”[③]

总的看来，裴斯泰洛齐把审美活动、艺术教育作为整个教育的重要组成部分和有效手段，用以促进人的个性、能力全面和谐的发展，是具有开创意义的；但其中也存着明显的历史局限性，他对美育的特征和功能缺乏深刻的理解和认识，主要还是把美育看作一种教育的途径和手段，其中还掺杂着唯心主义和宗教观念。尽管如此，他对西方美育思想的发展还是做出了重要贡献，在欧洲近代教育中产生了很大的影响。

二、赫尔巴特的美育思想

赫尔巴特（1776—1841）是德国的哲学家、心理学家、教育学家。幼年受到良好的古典文学和哲学教育。1797年耶拿大学未毕业，就到瑞士做了贵族家庭教师，并对教育发生浓厚的兴趣。1799年，他带领学生参观、

①《裴斯泰洛齐教育论著选》，夏之莲等译，人民教育出版社，1992年，第346页。

② 同上，第146页。

③ 同上，第139页。

访问裴斯泰洛齐办的布格多夫实验学校，对其教育心理化原则产生了深刻印象。1802年，他取得哥根丁大学博士学位，留校任教。1809年，他因研究和提倡裴斯泰洛齐的教育思想，被聘为哥尼斯堡大学教授，主持哲学讲座，这个职务因由康德担任而出名。他在讲授哲学、心理学、教育学的同时，还创建了教育研究所，开办实验学校，把理论研究与教育实践结合起来，亲自参加培训师资工作。他的主要著作有《普通教育学》《音乐之心理研究》《心理学教科书》《教育学讲授纲要》等，特别是1804年撰写的《论世界的美的启示为教育的主要工作》一书，较为集中地论述了人与现实的审美关系及其在教育中的重要地位和作用问题。

艺术教育是培养儿童学习兴趣、才能的重要起点

在西方教育史上，赫尔巴特是教育学理论的创建者之一。他从唯心主义哲学出发，以伦理学、心理学为基础，建构一套教育科学体系，并明确地把美育作为教育的重要内容之一。他认为伦理学指明教育的目的，心理学指明教育的方法。教育的最高目的是培养有美德的人，但它必须落实到人的心理活动上。因此，要根据人的心理活动的规律，确定合理有效的教育方法，并提出“教育性的教学”的思想。他说：“教育性教学中，一切均决定于它所激起的心理活动。教学要增加而不是减少这种心理活动，要使这种心理活动成为高尚的而不是败坏它。”[①]他认为人的道德教养是由内在自由、完美、善意、法权和正义五个要素组成。这是教育长远的、最终的目的，要按照自然的秩序一步一步地实现。对于生活范围狭小、缺乏经验的儿童来说，教育的目的是培养“多方面的兴趣”。兴趣是各种心理能力的统一体，即“一切能力的和谐发展”。兴趣作为一种力量，能够激活心理的统觉作用，把在学习中获得的观念与原有观念相联结，综合成高一级的新观念，从而形成一个完善的心理整体。

赫尔巴特认为，艺术教育是培养儿童兴趣、才能的重要起点。当文化

①《西方资产阶级教育论著选》，人民教育出版社，1979年，第303页。

教育在古希腊刚刚开始的时候，人类还处于童年时期，就非常重视艺术教育，为整个后代确定了一个光辉的起点。儿童的兴趣、活动与人类的童年时期所表现出的兴趣、活动是相似的。儿童首先学习古代的历史和文学作品，可以激发他们的兴趣，丰富他们的感觉经验，提高他们的知识、才能。赫尔巴特指出，在文学作品中，我们肯定能给儿童提供既有兴趣又能完全掌握的事件和人物，从而学习到各种反映人情物理、社会生活的内容，并在此基础上获得更高的才能。这说明对儿童进行艺术教育有着特殊的重要性。

通过审美抑制利己欲望,唤醒道德理性

赫尔巴特把兴趣分为两类：一类是知识的兴趣，属于认识论的，包括经验的、思辨的、审美的三种，其对象范围主要是自然事物及其在观念上摹写呈现于人们面前的东西。一类是同情的兴趣，属于伦理学的，包括个人的、社会的、宗教的三种，其对象范围是人与人、人与社会、人与上帝的交往活动。人通过交往，把自己的感情传入他人的心灵，以繁殖相同的感情。在他看来，这两类的兴趣虽有区别，但不是对立的，而是相互联系、相互制约、相互作用、共同发展的。就其实质而言，虽然道德是教育的最高目的，但只有与智育、美育统一起来，才能培养出“完美德行的人”。那么，审美活动和艺术教育在其中起着怎样的作用呢？他明显地受到康德美学思想的影响，认为美育在知识与道德之间发挥着中介、桥梁作用。一方面，他把审美列入知识兴趣范围，认为审美兴趣体现在对各种事物现象和音乐、绘画、雕刻、文学作品的审美评价上，它使人的心智从个别事物的集合的负担中解放出来，不再沉浸于个别事物，而为各种关系所吸引，进行平静思考；人为各种美的关系所吸引，既可把“美的东西”分解为最简单的要素，又能领悟到各个组成部分如何整合的。我们通过对美的事物的分析、综合，激发求知兴趣，丰富感觉经验，并由经验形成观念。另一方面，他提出教育除了道德必要性，还有个审美的必要性，这主要是解决道德与审美的关系问题。赫尔巴特同康德一样，认为审美判断是

在客观对象清楚呈现于人的视听感官时发生的，以纯粹的、绝对的形式说话的，既不证明，也不行动；既不赞成，也不反对。它不是从逻辑上推演出来的，而是在各种对象之中找到相似的关系。审美判断以完全独立的权威方式进行的，靠逻辑推理并不能获得审美体验。他以音乐为例说："音乐能够确定地、集合地历举谐音的关系，同样也确定地表明它们正确的运用。如果要向一位唱低音和声的教师请教证明，他只会笑笑，或者可怜你这不能知觉低音的聋耳朵。"[①]因此，审美判断不要求对象的真实，不追求实用与功利，但只要对象存在，审美判断就是确定的，牢不可破的，对人有着最坚强的必要性。在他看来，审美的必要性是本原的、实践的，任何人都是避开不了的。

那么，审美的必要性与道德的必要性有没有关系，是什么样的关系呢？赫尔巴特认为，欲望处在审美与道德关系的联结点上。一个有道德的人，为了服从审美的必要性，必须控制自己的欲望。人以审美静观的态度对待事物，必然会把眼光转向自己的内心深处，将欲望转化为审美，成为一个不受欲望控制的、自由的人。一个人是不是自由的，以及自由到什么程度，决定于他的心理状态，心理上的遭遇：是沉浸于个人利益的斤斤计较呢，还是他对周围世界有审美领悟？儿童通过教育、训练，获得世界的美的启示，就能抑制自己的欲望，唤醒道德理性，发现可贵的与可耻的，分清诚实和真理与虚伪和欺骗，以充满同情和丰富的感情，进入别人的痛苦和希望之中，从而倾向于认识和估价灵魂的善与美的思想活动，知道怎样自由和怎样变得自由，真正懂得"自由"的最高贵的意义。他说：世界的美对人的启示，人对美的领悟，"使得心灵的自由态度不从世俗的智慧方面而从纯粹实践的（道德的）考虑方面接受它的法则……会消灭不良环境中的坏印象，这可以正确的说，这是教育的主要工作；为了教育的主要工作，唤醒欲望和控制欲望的训练只是必需的准备。"[②]这就告诉我们，审美与道德是统一的，一个有"完美道德的人"，必须是一个审美的人。能

①《西方资产阶级教育论著选》，人民教育出版社，1979年，第262页。

② 同上，第264页。

够控制自己的欲望，以无私、静观、自由的态度对待客观事物。审美必要性是道德必要性的深层的心理基础。

赫尔巴特的美育思想带有较浓厚的宗教神秘色彩和维护现有社会秩序的保守倾向，但他对美育的性质、特点和作用作了较深刻的分析，不只是把美育作为一种教育手段，并把美育作为教育的主要工作，这无疑对裴斯泰洛齐的美育思想是一个大的发展。

三、福禄培尔的美育思想

福禄培尔（1782—1852）是德国享有盛誉的教育家、近代学前教育的奠基者，被人称为“幼儿教育之父”。他出生于乡村牧师家庭，不到一岁，母亲病逝，从小便失去母爱和家庭温暖。寂寞、孤独的生活，使他养成沉思默想的习惯，爱到大自然中去寻找生活乐趣，这对他以后教育思想产生很大影响。他15岁读完国民学校，即独立谋生，靠刻苦自学考入著名的耶拿大学，深受在校任教的费希特、谢林的唯心主义哲学影响，因无力支付学费中途辍学。1805年，他应聘到福兰克福学校任教，从此便把自己的一生献给了教育事业。他努力实践并推广裴斯泰洛齐的教育思想，于1826年出版了巨著《人的教育》，后因遭受德国反动政府迫害流亡瑞士，一度担任裴斯泰洛齐创办的布格多夫孤儿院院长。1837年，他回到德国开办幼儿教育机构，进行以儿童自我表现、自我发展为中心内容的教育试验，并创制一套名为“恩物”的玩具，出版了《慈母曲及歌唱游戏集》，以供儿童父母、教师使用。由于受到大自然优美景色的启示，他把幼儿教育机构比作花园，幼儿是花草树木，教师是辛勤劳作的园丁。1840年，他把幼儿教育机构更名为“幼儿园”，标志世界上第一个幼儿园的诞生。1851年，德国反动政府以宣传无神论和社会主义的罪名下令关闭幼儿园，福禄培尔因抗争无效，乃于次年忧愤而死。人们深情地怀念这位伟大的学前教育家，在他的墓碑上写道：“来吧，为我们的儿童生活吧!”

福禄培尔把德国唯心主义哲学、泛神论和进化论思想杂糅在一起，建立起他的幼儿教育思想体系。他认为，上帝是世界万物的统一体，“上帝的每个思想都是一本著作、一种行动、一件作品”，人和自然事物都是上帝创造的。因此，教育应当按照上帝统一、永恒的法则，适应自然环境和人的本性，让儿童在生活和活动中认识自己、表现自己，发展自己内在的本质和能力，以培养“自由、自觉行动的、有思想的人”。一切专断的、命令的和干涉的教育，都会阻挠、破坏儿童的自由发展，毁灭儿童的善良本性。他把人性归结为神性，当然是唯心主义的，但强调教育要引导儿童主动、自由地发展个性，却是合理的。根据儿童心身发展的特点和规律，他特别强调了审美教育的作用。

游戏是儿童发展的重要步骤、生活的最美的表现

游戏是人的自由活动，在一定意义上也可以说是审美活动。福禄培尔认为，人具有天赋的自我活动、自我发展的本性。游戏是儿童发展的主要活动内容，最纯洁的精神产物。“这一年龄阶段的各种游戏是整个未来生活的胚芽，因为整个人的最纯洁的素质和最内在的思想就是在游戏中得到发展和表现的。”[①]他说：“人的整个生活，直到他将要离开人间的时刻，其根源全在于这一生命阶段，不管这未来的生活是纯洁的还是污浊的，是温和的还是粗暴的，是平静的还是充满风浪的，是勤劳的还是怠惰的，是功绩卓著的还是无所作为的，是迟钝而优柔寡断的还是敏锐而富有创造的，是麻木不仁、畏首畏尾的还是富有远见的，是建设性的还是破坏性的，是和睦待人的还是生性好斗的，是惹事生非的还是给人以安宁的。”[②]福禄培尔认为，如果儿童这一生命阶段身心遭到损害，就会影响其一生的生活方式，造成畸形的发展。他从唯心主义“伸展”论出发，虽然过分夸大了游戏作用，但他指出游戏是“儿童发展的最重要步骤”，生活的最美的表现，对学校教育、特别是幼儿教育，还是有其重要的作用和意义的。

他认为，游戏是以儿童心身发展为特点的，是以儿童内在生命力与外

① 福禄培尔:《人的教育》,孙祖复译,人民教育出版社,1991年,第33页。

② 同上,第34页。

部生活联系为前提的，“它是在少年身上富有生气的活动着的生命和生活乐趣的产物”。如果父母、教师加以正确的引导和培养，儿童就会在各种游戏中感到自由和欢乐，激发出生命活力，“必然地犹如鲜花从丰满的花蕾中开放那样迸发出来”。游戏不仅发展了儿童的体力、感觉力和判断力，而且能够为培育、发展他们的审美能力打下基础。游戏是“儿童生活的最美的表现”。他们通过有规律、有节拍、有韵律的动作、声调的教育、训练，能够比较容易接受合乎规律的、适度和协调的生活，在行动中消除那些为所欲为、粗暴蛮横的东西，同时，“以后也较容易在他身上形成对自然和艺术、音乐和诗歌的深刻的鉴赏力。”[①]如果说，幼儿期的儿童是为了活动而游戏，而少年期的儿童则产生了塑造的需要，为了创造东西而游戏，以求内在能力通过外在形式表现出来。这个时期的游戏包含着更多的审美因素。

福禄培尔曾精心设计了一套名为“恩物”的玩具和作业体系，让儿童在游戏中使用颜色不同、形状各异的材料组合、拼接、搭配，构成多种多样的物体。通过这种制作活动，培养了儿童的想象力、创造力，激发了艺术兴趣，发展了审美能力。“欢乐是这一年龄阶段一切少年活动的灵魂”。儿童从游戏中享受生命的欢乐，并在欢乐中自由地、健康地成长起来。为此，他真情地发出呼吁：“母亲啊，培养儿童游戏的能力吧!父亲啊，保护和指导儿童的游戏吧!”游戏实质上是一种审美活动，对儿童游戏的教育作用如此充分的认识和富有成效的实践，是福禄培尔在西方美育思想发展史上的一大贡献。

艺术教育的目的是充分、全面地发展儿童的个性、能力

艺术教育在福禄培尔的教育思想体系中占有重要地位，并被列为教学的基本内容之一。他认为，人有三种欲求，一是宗教的欲求，二是自然观察的欲求，三是自我表现、自我发展、自我观察的欲求。这第三种表现，

① 福禄培尔：《人的教育》，孙祖复译，人民教育出版社，1991年，第42页。

即表现人的内心世界，表现人本身的，便是艺术。艺术活动和欣赏能力为人类共同所有的素质，应当及早地至少在少年期就要开始培育。为了培养少年儿童的自我意识、发展个性和创造能力，提高道德文化素养，福禄培尔把音乐、绘画、雕刻和诗歌列入学校正式的教育内容。根据教学内容要与儿童生活特点相一致的原则，他把儿童的教学内容确定为四项：(1) 宗教，培养对上帝的信仰；(2) 自然科学，了解自然，获得自然生活的知识；(3) 语言，用以联系内部心灵与外部事物相统一的规律性；(4) 艺术，表现人的生活、心灵和情操。他指出：艺术作为一个终极的统一体，最高的艺术是基督教艺术。艺术最高的表现对象是人，是通过人来表现上帝的。艺术与宗教、科学、语言是紧密联系、保持一致的。这里表现出他浓厚宗教神学的艺术观，但他又认定艺术以自然事物为描写对象，虽然表现的是人的内在世界，却与表现自然是一致的。

福禄培尔认为，由于艺术使用的物质材料和表现形式的不同，形成音乐、绘画、雕塑、文学等不同门类，儿童都应该学习，培养他们的一般艺术能力，发展他们的潜在素质。艺术教育的目的不是把儿童培养成专门的艺术家，而是通过培养审美鉴赏力和理解艺术作品的能力，使学生个性、素质获得充分、全面的发展。他说，艺术教育“一个特定的目的应当是使每个人按照各自的本质充分地、全面地发展起来，使他能从人的本质的全面性和全能性上去认识人，特别是，要使每个人懂得观察和鉴赏真正的艺术作品”。[①]儿童对绘画有强烈的欲求，通过绘画活动可以发展多方面的能力，如对物体形状的明确理解和巩固记忆，加强自由描写事物的技能等。在绘画教学中，教师如能加上解释性的、形象生动的语言，两者相互说明、相互补充，把看得到和听得见的东西联系起来，就可以进一步地唤起儿童的思考力、判断力。优美动人诗歌的朗读，童话、寓言和传说故事的讲述，会引起儿童极大的兴趣，使他们从中寻找自己的形象，发挥高度的精神陶冶作用，“因而耳朵和心灵也向着纯真的讲述者启开，犹如鲜花向

① 福禄培尔:《人的教育》,孙祖复译,人民教育出版社,1991年,第172页。

着春天的太阳和五月的雨开放。精神呼吸精神，感觉力并可以吸吮力。故事的讲述乃是促进精神强健的真正的精神淋浴，它是锻炼精神和力量的学校，是检验自我判断和自我感觉的学校。”[①]儿童在美的大自然中更是喜欢唱歌，他们在歌声中感到一种鲜活的生命，力量的成长、发展。“他从溪谷到山头，从这山到那山的漫游中，从他喉头倾唱出欢乐的歌曲，他感到一种正在生长的力量。”总之，艺术教育能陶冶学生的情操，提高感觉能力，发展生命的力量和本质，因此，要把儿童培养成“广博而周全的人”“充分和全面发展的人”，必须把音乐、绘画、诗歌、雕塑等列入教学计划，以认真、严肃的态度实施艺术教育。

福禄培尔的美育思想集中在儿童教育方面，他强调要把学校美育、家庭美育结合起来，密切联系儿童生活和活动实际，自由地、全面地发展儿童的素质和能力，都是具有反对封建主义旧教育的进步意义的，但其中的宗教神秘主义、繁琐的形式主义内容，则是落后的，应当予以批判和否定。

① 福禄培尔:《人的教育》,孙祖复译,人民教育出版社,1991年,第261页。

第十七章　艺术是“生活的教科书”

——俄国革命民主主义美育思想

与欧洲大多数国家早已进入资本主义社会相比，19世纪俄国的发展是缓慢的，还停留在封建农奴制阶段。封建农奴制度严重地阻碍着社会的进步与生产的发展。当时，一批进步的青年知识分子，在欧洲启蒙主义思想影响下，于1825年举行“十二月党人”起义，遭到沙皇政府残酷镇压，俄国进入更为反动、黑暗的尼古拉一世统治时期。社会矛盾十分尖锐、激烈，不断爆发大规模农民起义，封建农奴制度面临严重危机，沙皇政府被迫于1861年宣布实行自上而下的“改革”，废除农奴制，但这不过是一场政治骗局。封建官僚、贵族地主打着“改革”的旗号，对农民进行公开的、合法的敲诈和勒索。如列宁所明确指出的，这时“一切社会问题都归结到与农奴制度及其残余作斗争上”。[①]资产阶级自由派采取与封建贵族妥协的态度，醉心于社会改良，反对革命；以别林斯基、车尔尼雪夫斯基、杜勃罗留波夫为代表的革命民主主义思想家，同自由派的思想、主张进行了坚决的斗争，旗帜鲜明地站在人民大众一边，主张依靠农民的力量，采取革命手段，彻底推翻封建专制制度，在俄国建立起一个自由幸福的、“完美的王国”。

俄国革命民主主义思想家们是一批英勇不屈的战士。他们有的被沙皇政府投入监狱，有的过着长期流放的悲惨生活，有的受到御用文人的攻

①《列宁选集》，第1卷，人民出版社，1972年，第128页。

击、密探的监视，但仍然无畏地编辑刊物，开展文艺批评，参加革命活动，为社会的进步、人民的解放事业而斗争。因此，他们美育思想具有强烈的现实性和战斗性。他们提倡文艺创作的现实主义和人民性，反对“唯美主义”“为艺术而艺术”的错误理论，使艺术批评与现实生活、政治斗争紧密联系起来，把艺术作为反对封建专制制度的战斗武器，人民的“生活教科书”。尽管他们的美学、美育思想受到旧唯物主义局限，却代表了马克思主义以前美学发展的最高成就。这一时期还涌现出一些进步的民主主义教育家，乌申斯基就是其中一个杰出的代表。他们的社会、政治观点没有达到革命民主主义者的高度，主张用和平手段改良社会，但同情农民，拥护废除封建农奴制度，积极进行教育改革，以实现社会的改革与进步。这决定了他们的美育思想，与革命民主主义者的美育思想是相通的、接近的。

一、别林斯基的美育思想

别林斯基（1811—1848）被列宁称为俄国解放运动中“完全代替贵族的平民知识分子的先驱”。[①]他出生于一个军医家庭，1848年政府正要逮捕他时病逝，只活了37岁。在他短暂的一生中，思想发展经历了从唯心主义到唯物主义、从启蒙主义到革命民主主义两个阶段。

别林斯基在19世纪30年代（莫斯科时期）由于受到黑格尔“一切现实的都是合理的，一切合理的都是现实的”观点影响，存在着与现实妥协的思想，把社会改良的希望寄托在对青少年启蒙教育和道德修养上。他在《论教育》《新年的礼物》《文学的幻想》等论文中，批判旧教育“处处戕贼儿童的生活和性灵，把儿童搞得像鹦鹉学舌和像洋娃娃随人摆弄一样”，扼杀人的自由和尊严，主张爱和人道主义的教育。他提出：“爱应该是教育的工具，又是鉴别教育的尺度，而教育的目的是人道。”只要热爱人，

①《列宁全集》，第20卷，人民出版社，1958年，第240页。

尊重人，“人人都能享受到正常的、平等的教育”，“把自己思想提到像疾驰高空的鹰一样高”，变成一个完美的人，就可以自觉地为国家美好的未来工作。他说：“教育是伟大的事业，人的命运决定于教育。”[①]他批评沙皇政府制订的教育计划没有人民性和爱国主义的内容，提出要重视民间口头创作的教育作用。在民歌、民间故事中充分地、真实地、生动地反映了人民的思想感情、全部生活和民族性格，用以教育少年儿童，能够培养他们的民族感情，帮助他们了解人民的生活和愿望，从而自觉地为国家的进步、发展服务，避免误入斤斤计较个人利益、狭隘自私的迷途。别林斯基前期虽然对封建农奴制度存在着幻想，过分强调了教育的作用，但他主张通过教育、特别是美育来培养年青一代的人道主义思想和爱国主义精神，是具有鲜明的民主主义思想色彩的。40年代（彼得堡时期），别林斯基成为一个坚定的革命民主主义者，克服了与现实妥协的错误思想，认识到“俄国最重要最紧迫的问题是废除农奴制”，只有彻底推翻封建农奴制，社会才能前进，祖国才能富强，人民才能自由幸福。

别林斯基在其短暂的一生中，不论是做教师还是从事报刊编辑和文艺评论，都始终关注教育问题，发表了不少有关教育的文章，其中包含着较丰富的美育思想。他主张文艺要真实地反映现实生活，揭露反动的封建农奴制度的罪恶，以先进的思想教育人民群众，激励他们起来作斗争。

文学艺术应当成为社会的家庭教师

审美教育的根本问题是如何发挥艺术的社会作用、教育功能问题，别林斯基在这个问题上，旗帜鲜明地否定了唯美主义、为艺术而艺术的错误观点，认为这是艺术家自己在“残酷地欺骗自己”，也无情地剥夺了文学艺术的崇高使命。他说：“取消艺术为社会服务的权利，这是贬低艺术而不是提高它，因为这意味着剥夺了它的最活跃的力量，亦即思想，使之成为消闲享乐的东西，成为无所事事的懒人的玩物”。[②]他明确指出：美存在

①《西方资产阶级教育论著选》，人民教育出版社，1979年，第392—414页。

②《别林斯基论文学》，梁真译，新文艺出版社版，1958年，第39页。

于活生生的现实之中，艺术是现实生活的形象反映。艺术必须具有审美特性和自己特殊活动的领域，但现实生活是统一、有机的整体，美虽不同于真，美不同于善，但真、善、美又是紧密联系、不可分割的，美与真、善是亲姐妹，美的感情是道德的基础，艺术以形象显示真理。因此，在社会的黑暗和民众的疾苦面前，诗人不能只为自身渺小的忧伤或幸福而歌唱，必须成为时代精神和生活理想的代言人，“成为能够解答最艰深问题的预言家”；文学艺术应当成为“社会的家庭教师”。艺术作品只有帮助读者正确地认识生活，揭示社会的病痛，表达人民的情绪、愿望和利益，才能为广大群众所接受，发挥其战斗作用。在沙皇政府实行警察统治、禁绝一切言论自由的情况下，他明确指出：“读者是对的：他们把俄国作家看成是自己唯一的领袖，是使他们摆脱专制政治、正教和官方人民性等一团黑暗的救星”。[①]当然，这并不意味着艺术可以进行抽象的道德说教，而是要把思想寓于形象之中。别林斯基说：“艺术可以是某种思想和倾向的传播者，但艺术首先必须是艺术”。[②]凡是诗的，必然是道德的，但并非凡是道德的，必然也是诗的。因此，“诗人的道德箴言和教训只能减弱他的感染力，而对于诗人来说，唯有感染力是必要而生效的东西。”[③]艺术要以生动的生活画面，典型的形象，优美的情感来感染和打动读者的心灵，即通过审美特性来实现其教育目的。别林斯基反对把艺术变成劝善惩恶、冷冰冰说教、枯燥死板的东西，认为它和“纯艺术”论一样，是从另一个极端戕害艺术。庸俗的说教者根本不是诗人，没有艺术性的作品对社会和个人都没有任何益处。由此可见，他比较正确、深刻地阐明了通过艺术进行审美教育特点、本质和作用。

艺术作品要培养人们的诗意感觉和审美判断力

艺术是美的，人们要欣赏、理解艺术，从中获得美的享受、真理和道

①《别林斯基论文学》，梁真译，新文艺出版社，1958年，第64—65页。

② 同上，第16页。

③ 同上，第4页。

德的教育，必须具有一定的审美能力。别林斯基认为，美学到底不是代数学，艺术是形象思维的产物，审美鉴赏单靠理智和教养是不行的，艺术的感受力，即所谓“敏锐的诗意感觉”是首要的前提条件。如果对现实美和艺术美只以抽象概念、逻辑推理下判断，没有形象的感受和情感体验，必然引来偏见，“造成怪癖之论”。只有把感觉与认知、情感与理智统一起来，才会作出正确的审美判断。他说：“在美学方面，只有当理智和感情完全融合一致的时候，判断才可能是正确的。”在他看来，审美能力既不是纯粹的直觉，也不是抽象的理性，而是敏锐的感觉、强大的才智、渊博的学问、高度的修养综合而成的“一种独特的才能”。

怎样培养和发展人的审美能力呢？别林斯基认为主要是向读者提供优秀的、典范的文学作品和正确的文艺理论批评。他说：“美文学感受力在一个人身上是被美文学作品本身发展起来的，因此，杂志应该向它的读者提供美文学作品的标本；其次，美文学感受力是被美文学的分析和理论所发展和形成起来的，因此，杂志又应该提供批评。”就前者说，文学作品的生动形象和优美的感情，使人读后可以提高形象感受、情感体验的能力，但它侧重于个人喜好、欣赏方面，还必须提高到理解的程度；就后者来说，“对于我们，只是欣赏还不够，——我们还想求知；没有智识，我们就谈不上欣赏”。[①]这就需要为读者提供科学的文艺理论、文艺批评，帮助他们对自己的艺术感受作出理性的判断。所以，别林斯基说：“每件艺术作品必须一成不变地和时代、和当时的历史关联起来，从艺术家和社会的关系上面去考察；……但另一方面，也不能将艺术本身的美学要求置于不顾，……确定作品的美学上的优劣程度，应该是批评家的第一步工作。当一部作品经不住美学分析的时候，也就不值得对它作历史的批评了”。[②]只有把历史的批评与美学的批评有机地结合起来，才能对文学作品作出正确的判断、分析，进行客观的、公正的审美评价，帮助人们把握作品的思想内容和艺术意蕴。别林斯基提出的这个文艺批评原则，在西方美学、美

① 《别林斯基论文学》，梁真译，新文艺出版社，1958年，第259页。

② 同上，第260页。

育史上是个重要的贡献，对为艺术而艺术、形式主义和庸俗社会学都是有力的针砭和匡正，对正确开展艺术批评、进行艺术教育、培养和发展人的审美能力，发挥艺术的社会作用，都具有重要意义，它与马克思、恩格斯提出的文艺批评原则是非常相似的，只是马克思主义创始人对其内涵作了更加科学的阐释和论定。

二、车尔尼雪夫斯基的美育思想

车尔尼雪夫斯基（1828—1889）继承和发展了别林斯基的战斗传统，成为19世纪60年代俄国革命民主主义运动的领袖。他出生于萨拉托夫一个牧师家庭，14岁考入教会中学，18岁到彼得堡大学文史系学习。他广泛阅读哲学、历史、经济学、语言文学书籍，汲取进步思想，研究社会问题，树立了献身人民解放事业的坚定信念。1850年大学毕业，他回到家乡中学任教，讲授文学课，不顾校方的严密监视和教学大纲的规定，选取优秀文学作品作教材，进行生动、具体的分析、评价，引导学生正确理解作家作品思想内容、艺术技巧及其社会影响。他还组织课外文学座谈会，同学生一起讨论文学、教育、社会问题，反对封建统治，宣传进步思想，因此被学校解职。1853年，他重返彼得堡，主持进步刊物《现代人》编辑工作，发表了大量哲学、美学、经济学方面的论文，积极传播唯物主义和革命思想，同时参加和领导实际革命活动，公开号召农民和士兵举行起义，推翻沙皇反动政权。1862年秋，政府查封《现代人》杂志，车尔尼雪夫斯基被捕入狱。在此后长达27年的监禁、流放、苦役生活中，他历经磨难，坚贞不屈，矢志不移，除化名继续发表文章外，还在狱中写成著名的长篇小说《怎么办?》。他在沙皇政府长期迫害和摧残中，结束了战斗的一生。普列汉诺夫称颂他是“俄国的普罗米修斯”。

这位“伟大的俄罗斯学者和批评家”（马克思语），给我们留下大量的美学和文艺批评著作，他的美学、美育思想主要反映在《艺术与现实的审美关系》《俄国文学果戈理时期概观》《现代美学概念批判》《论亚里士多德的〈诗学〉》以及小说《怎么办?》中，其基本内容是：美是生活；艺术是“生活的教科书”，应当为培养道德高尚、公正无私、为人民群众谋利益的“新人”服务。由于对俄国社会生活的深刻理解，对沙皇封建专制统治采取无情的批判态度和革命立场，使车尔尼雪夫斯基的美育思想，充分体现出劳动人民的情感、愿望和要求，具有强烈的人民性和战斗精神。

应当如此的生活，那就是美的

车尔尼雪夫斯基在他25岁写成的学位论文《艺术与现实的审美关系》中，以费尔巴哈的唯物主义为理论出发点，批判和否定了当时占统治地位的黑格尔“美是理念”的唯心主义思想，并提出了一个与之根本对立的美的定义：美是生活。他认为，“生活本身就是美”，“生活就是美的本质”。这就是说，美属于现实生活自身，是客观存在的，而不是“绝对理念”外化，不是虚幻的、空想的东西，这就揭穿了当时流行的美化、粉饰现实、为统治阶级服务的美的谬说的虚伪性，把美的观念建立在唯物主义的基础上。应当指出，他对“生活”的理解，虽然存在着费尔巴哈机械唯物论和人本主义思想，包含有自然“生命”的意思，但主要还是与人的自由劳动与争取美好生活联系起来的。他说：“现实——不但包括静寂的自然界，而且也包括人和生活，不但包括现在，而且包括事态所表现的过去和现在所准备的将来。”[①]他在阐述“美是生活”的定义时说：“任何事物，凡是我们在那里面看得见依照我们的理解应当如此的生活，那就是美的；任何东西，凡是显示出生活或使我们想起生活的，那就是美的。”[②]当他具体运用这个定义，说明生活和艺术中的审美现象时，却突破了人本主义的思想局限，体察到由于人们的社会经济地位和对劳动的态度不同，审美价值观念则是相互对立、泾渭分明的。农家少女有着“鲜嫩红润的脸色”，“旺盛的健康和均衡的体格”，这种美是生活富裕、辛勤劳动而又不过度劳累的结果；上流社会的贵妇人手足纤细、脸色苍白、虚娇病态，则是无所事

① 车尔尼雪夫斯基:《美学论文选》,缪灵珠译,人民文学出版社,1957年,第13页。
② 车尔尼雪夫斯基:《生活与美学》,周扬译,人民文学出版社,1957年,第6—7页。

事、奢侈享乐生活的标志。在他看来，上流社会把生活中的一切都看作不劳而获的享受，并由此产生了病态的、颓废的审美趣味，这是人为的破坏健康的鉴赏力的；而普通农民的审美观念则是与自由的劳动和充实的精神生活相联系的，是健康的、正常的，与上流社会的审美观念是对立的。这是一个反映劳动人民愿望和要求的、富有革命精神的结论，正如有的学者所指出："车尔尼雪夫斯基懂得，俄国的农民是不富裕的，他们的劳动是过度繁重的奴隶劳动。人的美的标准的定义的本身，同时也就是为要达到这个标准而斗争的隐蔽号召。"①

车尔尼雪夫斯基从"美是生活"的基本命题出发，站在"尊重现实生活"的立场上，对现实美与艺术的关系问题作了论述。他肯定艺术根源于现实生活，艺术必须同现实生活保持密切的联系，否定了那种脱离生活、耽于幻想、粉饰现实的艺术倾向，无疑是正确的。但应当指出的是，他的美学思想中存在着费尔巴哈直观的、形而上学观点的局限，不能完全辩证地认识两者的关系，便产生了矫枉过正的片面性，常常把艺术看作是消极地反映现实，忽视艺术创造的主观能动作用，为了维护、抬高现实美，而责难、贬抑艺术美。他认为，"客观现实的美是彻底的美"，是"完全令人满意的"；艺术再现现实生活只是"近似的"，永远不可能达到像生活本身那样生动、完美，所以"艺术创作低于现实中美的事物"，两者如同"金条"与"钞票"、"原画"与"印画"一样，艺术的价值取决于生活的价值，艺术只是生活的"代用品"。

但是，车尔尼雪夫斯基对现实生活的批判态度和革命立场，与他的人本主义哲学思想是有矛盾的。他一方面强调现实美、贬抑艺术美；另一方面又十分重视艺术对生活的巨大作用，认为艺术不是用于无益的娱乐，而应该为人民群众的利益服务。他把艺术的作用归结为：第一，再现生活。再现生活，既不是修正和粉饰现实，也不是抓着琐碎细节作"照相式的摹拟"，而是以生动的图画和具体形象，再现现实生活的主要特征和本质内

① 留里科夫：《车尔尼雪夫斯基》，作家出版社，1956年，第75页。

容。人们即可通过它去欣赏和回忆生活中的美，而不去追求脱离生活的、虚幻的美。第二，说明生活。艺术再现生活，但生活不能对人们说明它自身，做出明确的结论，而这是科学和艺术要做的事。因此，艺术家就成了思想家，艺术就能说明生活的意义，帮助人们正确理解和认识生活。第三，判断生活。艺术是再现生活中引起人们的兴趣的事物，艺术家描写自己感兴趣的事物，不能不有意识或无意识地作出判断，提出或解决生活中所产生的问题，辨别美与丑、善与恶、崇高与卑下、正义与邪恶。这种判断在他的作品中表现出来，艺术就成了一种科学的和道德的活动。人们通过阅读文艺作品，就可以更好地认识生活，从而产生审美的、认识的、道德的教育作用。

艺术是“生活的教科书”

美是生活，艺术是生活的反映，那么艺术就不是与生活无关的。因此，车尔尼雪夫斯基严肃批判了“艺术本身就是目的”错误观点，充分肯定了艺术的巨大的社会教育作用。他指出，教育对人来说，是最大的幸福。没有教育，人就会变得愚笨、贫困和不幸，而在传播教育的所有手段中，文学是最有力的，是人们在受教育道路上的指导者。他说：“诗对于教育具有崇高的意义，它紧随在教育之后改善风习和物质幸福。”[①]“诗人，引导人们对生活有崇高的理解，引导人们寻求崇高的感受方式：在阅读他们作品的时候，我们就能养成厌恶一切卑鄙和庸俗的东西的习惯，就能理解一切善和美的魅力，就能爱一切崇高的事物；在阅读这些作品时，我们自己也变得更好、更善良、更高尚了”[②]。艺术正是通过教育人，提升人的思想境界，逐步达到改造社会、为人类谋幸福的目的。这对青年人来说尤其重要。他在为席勒的《美育书简》辩护时，满怀激情地写道：“诗把美好的现实生活当作自己的理想：诗启发了年轻人高尚的激情，培养年轻人在英勇的时代从事高尚的实际活动。诗改造了个别的人，从而逐

①《车尔尼雪夫斯基论文学》，中卷，辛未艾译，上海译文出版社，1978年，第195页。
② 同上，下卷，第1册，1982年，第165页。

渐改造整个民族以及这个民族的全部内在关系。”[①]所以，艺术应当为提高人的道德思想水平、改造社会关系、促进人类的进步服务，而不是为了无结果的享受，即使艺术要满足人们消遣、娱乐，也要以之为手段促进教育，发展智力，给他们精神上和生活上带来好处，而不能只是“无聊的消遣”“空洞的玩乐”。车尔尼雪夫斯基的最后结论是：艺术是“生活的教科书”，诗人应成为“道德与教养的体现者”、“他们的同胞的教育者”，用文学这本“生活的教科书”培养具有“广博的知识、思考的习惯以及感情的崇高”的“新人”，去为“应当如此”的美好生活而斗争。

艺术可引导人们为光明而美丽的未来成为现实而工作

车尔尼雪夫斯基小说《怎么办?》副标题是“新人的故事”，主要描写的“新人”薇拉·巴夫洛芙娜、普罗霍夫、吉尔沙诺夫都是先进的平民知识分子。他们思想积极乐观，作风认真踏实，敢于反抗不合理的现实，去争取爱情的自由幸福，实现政治上的平等权利，以自己的力量开拓新的生活道路。他们一起按照劳动组合原则开办的缝纫工场，是一个“完美的王国”。这里劳动轻松愉快，生活朝气蓬勃，人与人之间充满着温暖和友爱，他们的身体和精神都是健康、美丽的。作者通过艺术形象告诉我们：人应当自由幸福地劳动、生活，成为自己命运的主人。为了实现这个美好的社会理想，作者还特地塑造了“一个特别的人”——职业革命家拉赫美托夫的形象。他出身于贵族家庭，但由于受到空想社会主义思想的影响，毅然放弃贵族生活，走向社会底层，自觉过着艰苦生活，与老百姓吃一样的饭，同农民一起砍柴、锯木，同船工一起拉纤，忘我地从事革命工作，为推翻封建专制制度而斗争，以实现自己美好的社会理想。拉赫美托夫具有远大的革命理想、坚定的斗争意志和献身革命事业的精神，体现了革命民主主义者的性格特征。车尔尼雪夫斯基所追求的“完美的王国”具有空想性质，即使有拉赫美托夫这样“杰出的新人”，在当时俄国社会条件下也

①《车尔尼雪夫斯基论文学》，中卷，辛未艾译，上海译文出版社，1978年，第427页。

是不可能实现的，但他还是发出大声召唤：

> 未来是光明而美丽的。爱它吧，向它突进，为它工作，促它早日到来，尽可能使它成为现实吧：你们越能够使未来成为现实，你们的生活就越光明而美好，生活中的欢乐和享受也就越多；向它突进，为它工作，促它早日到来，尽可能使它成为现实吧。[①]

可以说，车尔尼雪夫斯基的美学、美育思想，是为变革不合理社会制度、争取美好未来这一根本目标服务的。《怎么办?》可以说是革命新人的赞歌，真正起到了“生活教科书”的作用。列宁曾不止一次阅读这部作品，并说：“这才是真正的文学，这种文学能教导人，引导人，鼓舞人”。[②]保加利亚工人运动领袖季米特洛夫曾多次谈到小说主人公拉赫美托夫对他思想性格的深刻影响和所受到革命教育，帮助他成为“一个无产阶级的革命者”。[③]

三、乌申斯基的美育思想

乌申斯基（1824—1870）是俄国杰出的民主主义教育家。出生于一个地主家庭，在家乡图拉读完中学。1840年考入莫斯科大学法律系，才华出众，成绩优异，对哲学、文学和戏剧有着浓厚的兴趣。1844年大学毕业后，终身从事教育工作和教育理论研究。他反对沙皇俄国的教育制度，积极进行教育改革，宣传民主主义思想，被官方视为“危险分子”，遭到解职、监视、诬告的迫害，长期身患疾病，仍忘我工作。1870年逝世，年仅47岁。在他短暂的一生中，给后人留下丰富而宝贵的教育遗产，实践了他

① 车尔尼雪夫斯基：《怎么办?》，蒋路译，人民文学出版社，1953年，第435页。

②《列宁论文学与艺术》(二)，人民文学出版社，1983年，第897页。

③ 季米特洛夫：《论文学、艺术与科学》，杨燕杰等译，人民文学出版社，1958年，第77页。

青年时代的诺言：“尽量为祖国谋求更多的福利——这是我终身唯一的目的，为了达到这个目的，我应当鞠躬尽瘁，死而后已。”①

乌申斯基是俄国第一个以教育为终身职业的教育家，被人们称为“俄国教师的教师”。他在其巨著《人是教育的对象》及其他许多论文中，以人本主义思想为出发点，尊重科学理性，面向生活实践，努力建立一种具有民族性和民主性的教育理论体系，其中包含着比较丰富而颇有特色的美育思想。

美育的民族性原则

首先，乌申斯基的美育思想贯串着民族性的原则，是为爱国主义思想教育服务的。他十分明确地说：“民族性至今是历史上一个民族生命的唯一源泉，……一个没有民族性的民族就等于一个没有灵魂的肉体，它只能屈从于衰败的规律，结果只能遭到瓦解并消亡在别的保存着自己独特性的肉体之中。”②他认为，教育是在民族的历史文化、自然环境条件下形成的，同人民一起产生、发展起来，如果教育“不愿成为无能为力的东西，就必须是民族的教育。”教育要为民族的进步、发展服务，为广大人民谋取利益和幸福，就必须从民族历史生活的源泉中汲取自己所需要的东西，用以教育、培养年轻一代。他说：“唯有民族的教育才是民族发展历史过程中有生命力的工具”。③

乌申斯基把教育年轻一代掌握祖国的语言，作为民族性教育的一项非常重要的内容。他所说的“语言”是广义的，既是指语法、词汇、修辞和日常用语，也包括人民群众口头创作和作家、诗人的文学作品，这里面当然有着丰富的审美教育内容。在《祖国语言》一书中，他满怀深情地写道：“民族的语言乃是一个民族完整的有机创造，它是从民族灵魂深处的某个深奥莫测的地方生长出来，成为自己的民族特征”。它是“全部精神生活的一朵最

① 转引自康斯坦丁诺夫等:《教育史》,李子卓等译,人民教育出版社,1957年,第268页。

②《西方资产阶级教育论著选》,人民教育出版社,1979年,第465页。

③ 同上,第465页。

瑰丽的、永不凋萎的、永远开放着的鲜花。”[①]祖国大好山河，整个民族精神，都通过语言的创造力化为思想，化为图画和声响，充满着深刻而响亮的思想、情感的声调。“这声调在民歌、民间曲调和人民诗人的口头上表现得那么清彻……。在民族语言明亮而透彻的深处，不但反映着祖国的自然，而且反映着民族精神生活的全部历史。”[②]因此，民族语言是祖国最完善、最真实的诗篇，是“最伟大的人民导师”。“每一个新生一代在容易而不费力地掌握祖国语言的同时，也就在掌握千万代祖先的思想和情感的果实。”[③]年轻一代学习了祖国的语言、文学艺术，就能够继承和发扬民族精神、文化的优秀传统，从中汲取精神力量，积极参加现实生活，循着民族发展的道路前进。他甚至把学习祖国语言、文学提到这样的高度：“一个民族的语言在人民口头上生存一天，这个民族便生存一天。……如果语言在人民的口头上死亡了，这个民族就死亡了。”[④]把学习民族的语言文学提高到关系国家生死存亡的程度，这是何等可贵的民族感情啊！

为此，乌申斯基在为初等教育编写的《儿童世界》《选读》《祖国语言》中，收入本民族的文学作品和民间故事、诗歌、童话、成语、谜语、俏皮话，并对其教育作用作了充分肯定，认为“在这方面没有人能赛过人民的教育才能”。重视用民族语言文学和民间口头创作教育学生，培养他们爱祖国、爱人民的感情，是乌申斯基美育思想和实践的重要特色之一。

劳动是审美教育的基础

乌申斯基深刻地阐述了劳动与美育的关系。在《劳动的心理和教育意义》一文中，他主张把教育与劳动结合起来，认为自由的劳动不仅是人的发展的必要条件，体现人生的价值和尊严，而且可以获得美的享受，使生活充满创造的欢乐和幸福。他说，谁没有体验过劳动对感情的兴奋作用和

①《西方资产阶级教育论著选》，人民教育出版社，1979年，第487页。
② 同上，第487页。
③ 同上，第487页。
④ 同上，第488页。

精神舒畅的影响呢？谁没有体验过在劳动之后，天空似乎更明亮了，太阳更光辉了，人们更善良了呢？这就是说，劳动使人变得心灵美好，道德高尚，生活变得更美好、更有诗意。他指出：那些游手好闲、想入非非、无所事事的人，如上流社会的小说中描写的可怜的女主人公轻浮、懒散、无聊、任性、怪癖，受着不可理解的苦闷的折磨，正是由于她们脱离劳动、一味追求享受的结果。因此，人的高尚的享受归功于自由劳动，脱离劳动的享受会丧失人的价值，毁坏人的心灵，使人陷入动物本能的泥淖之中。他说："如果教育希望人有幸福，它应当不是为了幸福而教育人，而是为了准备参加生活的劳动。……教育应当培养人对劳动的习惯和爱好：它应当使人能在生活中为自己找到劳动。"[①]这种劳动美育的观点，与车尔尼雪夫斯基以是否劳动来区别农村妇女与贵妇人审美观的思想是完全一致的。

不仅如此，乌申斯基还把艺术欣赏与劳动联系起来，认为任何高尚、优雅的享受，都必须服从于享受与劳动取得平衡这个心理规律。艺术欣赏这种高尚的享受要充分和持久，就要靠劳动来换取，与劳动发生活生生的联系。他说：

> 只有毕生献身于自己的艺术劳动的艺术家，才能充分地、经久地和安全地欣赏艺术作品。但是如果他放弃劳动，如果他不再研究艺术创作的规律，而仅仅是观赏，那么他的欣赏力就很快地开始丧失力量，终于完全消失。如果把艺术欣赏作为烦闷时的消遣，很快就不再成为一种享受，以后也就很快地不成其为消遣了。热心收藏名画和塑像的人，也许是以欣赏开始，却以最无聊的虚荣心告终。一幅珍贵的画，对于一个艺术家来说，可以成为欣赏和研究的无穷的源泉，而对于买这幅画的富人的心灵来说，往往成为有害的东西。诗歌、音乐、绘画和雕刻或者可能是劳动后的一种休息，或者应当与人的劳动发生活生生的联系；当这些艺术成为无益的奇怪念头的对象时，不仅会丧失其全部的发展力量，而且还会对道德和智力的完善性发生不良的

①《西方资产阶级教育论著选》，人民教育出版社，1979年，第471页。

影响。[①]

他的这一论断是非常深刻和精辟的，说明了审美欣赏是以自由的劳动为前提和基础的，只有同劳动联系起来，艺术欣赏能力才会经久不衰，并从中获得教益，促进道德和智力的发展。反之，如果脱离劳动，或者把艺术欣赏变成纯粹的享受、消遣，或者把艺术当作赚钱谋利的商品，那么审美欣赏能力就不能保持，以至丧失，并且产生有损于道德和智力完善的不良影响。他特别强调了人的自由劳动在培养和提高审美欣赏能力并获得教益的重要性，有力地否定了艺术欣赏中的趣味主义、享乐主义。

教育要重视人的审美能力的培养

乌申斯基在《人是教育的对象》这部长篇巨著中，根据人的生理、心理特点，提出了一系列科学的教育、教学原则。他认为，教育作为一种高级艺术，要培养出具有科学知识、道德高尚、身心健康的人，首先必须认识作为教育对象的人，“从一切方面去了解人”。只有熟悉和掌握了人的生理和心理状况，研究了社会环境、时代精神、思想文化对人的影响，教育才能发挥强有力的作用。他广泛汲取和运用当时生理学、心理学的科学成果，系统地研究了教育、教学过程的生理、心理特点和规律，深入地分析了人的感知、注意、兴趣、记忆、想象、情感、意志、思维等心理机制，其中不少关涉到美育心理的问题。例如，他把教学的直观性原则与艺术的形象性有机结合起来，肯定艺术欣赏在儿童思维发展中的作用。他认为，“儿童的天性明显地要求直观性”，“儿童是以形状、色彩、声音、感觉进行思维的，谁要是迫使儿童以另一种方式进行思维，他就是在徒劳而又有害地强制儿童的天性”。[②]因此，教学不应是抽象观念的灌输和语言空洞的说教，而应建立在儿童直接感知具体形象的基础上，因此，绘画、音乐、文学作品在教学中有着重要的作用。他认为在直观教学中，并不只限于视

①《西方资产阶级教育论著选》，人民教育出版社，1979年，第471页。

② 乌申斯基：《人是教育的对象》，郑文樾译，人民教育出版社，1989年，第20页。

觉印象，而是参与的感觉器官越多，接受的印象愈丰富、愈深刻，形成的记忆就愈完整，就愈能促进思维的发展。不仅如此，教师还可从儿童对某一门类艺术的特殊感受力中，发现其独特的艺术才能，并重点加以培养，使之进一步发展、提高。他说："如果一个儿童的视觉器官具有这种特殊能力，那么这个儿童不仅会将这种能力表现于记忆之中，而且也会表现于意识之中，他具有较多的气质去成为诗人和画家，而不是成为数学家和哲学家。"

对于情感体验、想象、联想在艺术欣赏和审美活动中的作用问题，他认为只有根据学生的生活经验和心理记忆，才能在欣赏美和艺术中发挥作用，产生积极的心理效应。人们在谈到关于自然风景的真实描写时，会愉快地感叹："多么逼真和多么准确啊!"这表明作家在人们心中复活了过去观赏风景时体验过的感觉；儿童所以会对壮丽的日出表现冷淡，因为他们还不具备如此雄伟、宏大和复杂的感觉。莎士比亚的戏剧使我们感到惊奇，具有强大的艺术魅力，全部秘密就在于他宏大的感觉和心理机智："他知道从某种心理活动中会表露出来什么样的动作和什么话，他知道这些话或动作会在另一个性格不同的人身上引起什么样的心理活动，最后，他还知道这些话和动作又会怎样作用于观众和读者的心灵。……要有莎士比亚那种若谷胸怀，才能在自己的心灵中体验到他所体验过的东西，才能记得他从这种广袤的内心生活中所记得的东西。"[①]可见，没有丰富的生活经验，没有相应的心理机能和情感体验，就不能很好地欣赏美和艺术，产生心灵的共鸣，接受艺术的感染与教育。

乌申斯基认为，想象、联想是人的头脑中诸多表象的焊接、改造，它能帮助人们更好地把握艺术的特点，表现富于诗意的感情。如果要使儿童在心中牢记某张画的特色，最好的办法是把它同另一张与之有尽可能多的对立特征的画进行比较，通过对比联想，每一张画都会在学生心中变得更加清晰，扎下深根。这是因为，每一个表象痕迹给另一个表象痕迹以力

① 乌申斯基:《人是教育的对象》,郑文樾译,人民教育出版社,1989年,第225—226页。

量，并在不丧失各自特点情况下，相互联系，彼此补充，从而在心灵中巩固下来。至于诗人从海的啸声中想到人的呻吟，从明亮的眼睛中看见闪电的光辉，从树林发出的声音中听到泣诉，从美妙生动的风景画中看到微笑，这些想象、联想都不是出于理性认识，而是形象直观、审美情感起着支配作用。他指出，在群众语言和民间文学中，就充满着这种想象、联想，形成了“如鲜花一般的隐喻，并赋予语言以生命和美丽”。人们从童年起就在不知不觉地利用这种“诗意的语言”，培养自己的审美情感。乌申斯基特别强调，青少年的想象、联想是最活跃、最丰富的，为使他们不想入非非，误入歧途，必须加以正确引导，提供好的材料，使之形成高尚情趣，抛弃错误和肮脏的东西。他说：“在振奋青春的烈火中铸造人的品格，不应当扑灭这个火焰，不应当害怕它，也不应当把它看作对社会有害的东西，不应当限制它自由地燃烧，而应当注意的只是，在这个时候灌注到青年心灵中去的材料应是优质材料。”①

在对待审美与理智的关系上，乌申斯基认为审美同宗教、道德一起属于人类的精神意向，指导着发生在人身上的理智过程，是超越人的生存意向和物质生活需要的，但其本身又不属于理智过程，而是更多地属于内部感觉，来源于精神之中。对于这种二律背反的现象，他并未能正确地加以解决，但他有一个思想是深刻的，认为审美虽不能像科学那样给人以理性知识，但能给人以智慧，促进知识的增长、发展。因此，审美教育对于培养人智慧能力是十分重要的。他断言：“作为一个实际活动家的教育者可以是一个科学专家，但是在进行实际工作时，必须站在比自己专攻的科学高的地方。他在科学中可以沉湎于理性，而在教育中他应以智慧为指南。”审美教育能够培养和发展感知、情感、想象、理解等综合心理能力，可以说是一种“诗性智慧”的教育。因此，美育对于全面提高人的科学、文化、道德素质，培养“完美的人”，有着智育、德育、体育所不可替代的作用。

① 乌申斯基：《人是教育的对象》，郑文樾译，人民教育出版社，1989年，第367页。

第十八章　按照“美的规律”塑造全面发展的一代新人

——马克思主义创始人的美育思想

马克思（1818—1883）、恩格斯（1820—1895）是马克思主义的创始人。

马克思主义是历史发展的必然产物。19世纪40年代，资本主义生产方式在欧洲得到迅速发展，资产阶级在许多国家掌握了政权。无产阶级与资产阶级的矛盾日益尖锐起来。工人阶级形成巨大的政治力量登上历史舞台，为自身和人类的解放进行了英勇的斗争。马克思、恩格斯深刻研究和总结了工人运动的斗争经验，“吸收和改造了两千多年来人类思想和文化发展中一切有价值的东西”，[①]揭示了社会发展的客观规律，指明了社会主义必然取代资本主义的历史前景，从而创立了马克思主义的科学体系，他们的美学、美育思想是这个科学体系的有机组成部分。

马克思、恩格斯在青年时代都热爱文学艺术，并尝试过文艺创作，具有丰富的审美经验。马克思阅读了大量古典文学作品，写过诗歌和剧本。他15岁读中学时写的小诗《查理大帝》中，热情赞扬法兰克国王查理大帝捍卫美与艺术、教育与文明的历史功绩，抨击摧残美与艺术的野蛮时代，呼唤缪斯女神的起死回生，使艺术重新获得“活命之水”。他写道：“‘美’创造出来的一切，／对人的心灵最亲热，／……一种喜悦之情，一种钦佩／提示我们：他已经给予人类／一个启蒙的美丽的花冠，／这是

①《列宁选集》，第4卷，人民出版社，1972年，第362页。

他夺自野蛮的时代。"这就是说，人要创造美，享受美，获取"美丽的花冠"，必须通过同丑恶、野蛮的社会势力斗争来实现。在中学毕业考试作文《青年选择职业时的考虑》中，他还明确表示想做一名诗人和富有想象力的文学家。青年恩格斯同样是美和艺术的爱好者。他喜欢旅游，对自然美有着敏锐的感受力；他写诗、画画、创作剧本，甚至说："文学迟早是属于青年的"。他当时对文艺的精神愉悦和道德教育作用已有初步的认识，反对脱离"时代洪流"的、"庸俗的消遣文学"，提出必须把民间创作交给人民群众，教育他们提高思想觉悟，起来同封建制度进行勇敢的斗争。他在1839年发表的《德国民间故事书》中，认为：民间故事既可使"农民在繁重的劳动之余，傍晚疲惫地回到家里时消遣解闷，振奋精神，得到慰藉，使他忘却劳累，把他那块贫瘠的田地变成芳香馥郁的花园"，"把工匠的作坊和可怜的徒工的简陋阁楼变幻成诗的世界和金碧辉煌的宫殿，把他那身体粗壮的情人变成体态优美的公主"；同时还能帮助"农民有明确的道德感，使他意识到自己的力量、自己的权利和自己的自由，激发他的勇气，并唤起他对祖国的热爱"。[①]这里虽然带有某种虚幻的、理想的色彩，但却指出了民间文学对于劳动群众起着慰藉心灵、振奋精神，意识到自己力量、权利和自由，提高道德水平的作用。30年代，德国在封建反动势力的统治下，年轻的马克思、恩格斯如此热爱文学艺术，向往诗意的生活，是他们同情劳动群众的疾苦，抗议庸俗、丑恶现实，追求自由、纯洁、高尚的精神生活的表现。他们后来虽然未能从事文学创作，没有成为诗人、文学家，但对文学艺术的鉴赏、批评和研究却是终生不渝的，成为他们生活的不可缺少的内容。

40年代以后，马克思、恩格斯的世界观发生了根本转变，建构了辩证唯物主义和历史唯物主义的科学体系。他们虽然没有写出系统的、专门的美学著作，甚至马克思应约为《美国新百科全书》撰写"美学"词条，也因与筹办人意见不合而搁笔，但这并不意味着他们没有注意和研究美学、

① 参见《马克思恩格斯论艺术》，第4卷，人民文学出版社，1966年，第401页。译文与此书略有不同。

美育问题。这些问题大都渗透和融合在他们的哲学、经济学、历史学和科学社会主义著作之中，或直接评论作家作品，或引用文艺作品来证明自己的理论观点，或对一些重要艺术史论问题予以科学的阐释。这些表面看来是零散的、没有系统的见解，实质上却贯穿着统一的思想体系。他们的美学、美育思想是建立在辩证唯物主义和历史唯物主义的科学世界观和方法论基础上的。

培养全面发展的人，是审美教育的根本任务。怎样才是全面发展的人？如何实现这一任务？在美育思想史上，不少美学家、教育家作过有益的探索、深入的思考和美好的展望。但是，他们由于历史的、阶级的、思想的局限，脱离人类的物质生产活动以及由此形成的人与人的生产关系，只是从人的自然本性或纯粹理性去考察人的本质，因而陷入了历史唯心主义和审美乌托邦，没有能够科学地揭示审美教育在人的全面发展中的地位和作用。马克思、恩格斯根据历史唯物主义的基本原理，在批判继承历史上优秀美育思想遗产的基础上，第一次揭示了人类审美活动的本质及其产生、发展的历史根源，提出教育与生产劳动相结合的原理，同时把人的全面发展、审美能力的高度发达同消灭资本主义、实现共产主义理想联系起来，科学地回答了美育的根本问题，集中到一点上，就是按照“美的规律”培养全面发展的、与传统观念彻底决裂的一代共产主义新人。马克思、恩格斯的美学、美育思想开创了美育思想史上的新纪元，为社会主义审美教育奠定了科学理论基础，具有鲜明的实践性、战斗性和强大的生命力，为新时代的审美教育指明了正确道路和发展方向。

一、按照“美的规律”教育人、塑造人

马克思、恩格斯科学地论证了人类审美活动与社会实践的关系，提出了“劳动创造了美”的著名论断，从而把美育建立在唯物史观的基础上，开拓了审美教育与生产劳动相结合的新天地。在德国古典美学中，席勒从抽象的人性出发，把审美活动看成感性与理性统一的自由活动，其中虽有

辩证法的合理因素，但却是历史唯心主义的。黑格尔试图用实践的观点考察人的审美活动产生的根源，但他讲的“实践”不是人类的物质生产活动，而是“绝对理念”外化于现实的抽象精神活动，这是一种客观唯心主义观点。费尔巴哈虽然和唯心主义者不同，认为美感是美的反映，但他对事物只是从客体的、直观的方面去理解，而没有从主体的、实践方面去把握审美活动的本质，表现出他的唯物主义美学思想是形而上学的。马克思、恩格斯根据社会实践的观点，吸取德国古典美学中的合理因素，具体地、历史地考察了美、美感与人类社会实践活动的关系，唯物而又辩证地解决了审美本质及其产生根源的问题。马克思在《1844年经济学—哲学手稿》中，在分析人的生产与动物生产的区别时说：

> 动物只生产它自己或它的幼仔所直接需要的东西；动物的生产是片面的，而人的生产则是全面的；动物只是在直接的肉体需要的支配下生产，而人则甚至摆脱肉体的需要进行生产，并且只有他摆脱了这种需要时才真正地进行生产；动物只生产自己本身，而人则生产整个自然界；动物的产品直接同它的肉体相联系，而人则自由地与自己的产品相对立。动物只是按照它所属的那个物种的尺度和需要来进行塑造，而人则懂得按照任何物种的尺度来进行生产，并且随时随地都能用内在固有的尺度来衡量对象；所以，人也按照美的规律来塑造物体。①

这里的“尺度”，是特征、标准、规范的意思。动物进行生产的“尺度”，只是满足自己本能的需要，消极地适应环境，而不能改造自然、创造世界。因此，动物不能按照“美的规律”来塑造物体。人的生产同动物的生产不同，能够认识客观事物的特点、规律，制造和使用生产工具，自觉地、能动地改造自然，创造整个世界，以实现自己的目的、需要和愿望。因此，人是按照“美的规律”来塑造物体的。这就是说，人的生产是

① 马克思：《1844年经济学—哲学手稿》，1979年，人民出版社，第50—51页。

一种有意识的、自觉的、自由的活动，既要认识“真”，又要实现“善”，把真、善、美在社会实践的基础上统一起来。所谓“美的规律”，实质上就是人的自由创造活动的规律。按照“美的规律”创造出来的产品，把自由与必然、真与善、感性与理性、个人与社会统一于具体感性形象，这就是美。生产劳动及其创造成果凝聚着人的智慧、才能和创造力量。“劳动创造了美”，美是社会实践的产物。因此，这种美不仅体现在劳动产品上，也表现在作为生产主体的劳动者身上。所以，马克思说：“我们的产品就会同时是些镜子，对着我们光辉灿烂地放射出我们的本质。”“我们从那些由于劳动而变得粗黑的脸上，看到了全部人类的美。”[①]生产劳动既然是按照“美的规律”进行自由创造的实践活动，那么只有把审美教育与生产劳动紧密结合起来，才会有牢靠的现实基础。马克思主义创始人的这一重要思想大大扩展了审美教育的领域，它告诉我们不能把审美教育局限在艺术教育的范围内，而要渗透到社会生产、生活的各个方面。

马克思在《资本论》中写道：“从工厂制度中萌发出了未来教育的幼芽，未来教育对所有已满一定年龄的儿童来说，就是生产劳动与智育和体育相结合，它不仅是提高社会生产的一种方法，而且也是造就全面发展的人的唯一方法。”[②]尽管资本主义现代化大工业促成了劳动者全面发展的物质条件，但只有在工人阶级成了社会的主人，才能得以实现：“工人阶级在不可避免地夺取政权之后，将使理论的实践的工艺教育在工人学校中占据应有的位置。”[③]这里的工艺教育，当然是包括艺术教育在内的。恩格斯也明确指出：“在社会主义社会中，劳动将和教育相结合，从而保证多方面的技术训练和科学教育的实践基础。”[④]他们提出未来教育应当把智育、体育、综合技术教育统一起来，实行教育与生产劳动相结合，培养全面发展的一代新人，审美教育作为整个教育的一个组成部分，也必须与生产劳

① 转引自《朱光潜全集》，第10卷，安徽教育出版社，1993年，第198页。

②《马克思恩格斯全集》，第23卷，人民出版社，1972年，第530页。

③ 同上，第535页。

④《马克思恩格斯全集》，第20卷，人民出版社，1971年，第347页。

动相结合，按照“美的规律”教育人、塑造人，“培养社会的人的一切属性，并且把他作为具有尽可能丰富的属性和联系的人，因而具有尽可能广泛需要的人生产出来——把他作为尽可能完整的和全面的社会产品生产出来（因为要多方面享受，他就必须有享受的能力，因此他必须是具有高度文明的）。”[①]马克思、恩格斯在这里虽然论述的是整个教育问题，其中包含着审美教育的内容。他们从培养全面发展的、具有高度文明的人发展社会生产力高度，肯定了美育的重要作用与意义，把美育与人类的整个生产、生活实践联系了起来。

总之，未来教育必须与生产劳动相结合，美育的根本任务是按照“美的规律”塑造一代新人。

二、艺术对象创造出懂得艺术和能够欣赏美的大众

马克思、恩格斯在以社会实践观点论证审美客体、揭示美的本质的同时，又科学地考察了审美主体的生成和发展问题。他们指出：生产劳动创造了审美对象，也同时创造了审美主体。人的审美感觉、审美能力不是与生俱来的，不是生物进化的结果，更不是上帝或圣哲赐予的，而是在社会实践过程中形成、丰富和发展起来的。马克思在《手稿》中说：“社会的人的感觉不同于非社会的人的感觉。只是由于人的本质的客观地展开的丰富性，主体的、人的感觉的丰富性，如有音乐感的耳朵，能感受形式美的眼睛，总之，那些能成为人的享受的感觉，即确证自己是人的本质力量的感觉，才一部分发展起来，一部分产生出来。……一句话，人的感觉，感觉 的人性，都只是由于它的对象的存在，由于人化的自然界，才产生出来的。五官感觉的形成是以往全部世界历史的产物。”[②]人通过物质生产活动，在改造客观世界的同时，也改造了自己的主观世界，从社会化的五官感觉中确证了人的本质力量。人在劳动中手变得灵巧了，自由了，感觉、

①《马克思恩格斯全集》，第46卷，上册，人民出版社，1979年，第392页。

②《马克思恩格斯全集》，第42卷，人民出版社，1960年，第125—126页。

思维能力发展了起来，才创造出最优美的音乐，最动人的绘画以及其他具有审美价值的产品。恩格斯更明确地指出：正是由于劳动，人的手达到高度的完善，“在这个基础上它才能仿佛凭着魔力似地产生了拉斐尔的绘画，托尔瓦德森的雕刻以及帕格尼尼的音乐。”[①]

艺术作为人类掌握世界的方式之一，是人对现实审美关系的集中表现。美育是以艺术教育为中心内容的。因此，马克思、恩格斯非常重视艺术在培养和提高人们审美能力中的作用和意义。他们以辩证唯物主义的实践观点，论述了客观的审美对象与主体的审美能力的关系。马克思说：“艺术对象创造出懂得艺术和具有审美能力的大众，——任何其他产品也都是这样。因此，生产不仅为主体生产对象，而且也为对象生产主体。”[②]这说明主体审美能力的形成依赖于客观的审美对象；而同时主体必须具有与审美对象相适应的审美能力，才能真正地欣赏美。所以，“从主体方面来看，只有音乐才激起人的音乐感；对于没有音乐感的耳朵说来，最美的音乐也毫无意义，不是对象，因为我的对象只能是我的一种本质力量的确证。”[③]人的审美感觉不同于人的普通感觉，它超越了狭隘的实用的目的，对事物取审美观照的态度，从而获得精神上的愉快和享受。所以马克思指出：“囿于粗陋的实际需要的感觉只具有有限的意义。……忧心忡忡的穷人甚至对最美的景色都没有什么感觉；贩卖矿物的商人只看到矿物的商业价值，而看不到矿物的美和特性”。[④]由此可见，在审美教育活动中，必须通过社会实践、艺术欣赏和创作活动，丰富人们的知识、经验，提高艺术修养和审美能力，才能进入艺术的境界，欣赏美、享受美。马克思说：“如果你想得到艺术的享受，那你就必须是一个有艺术修养的人。”[⑤]马克思、恩格斯终生喜爱文学艺术，有着深厚的艺术修养，锐敏的审美眼光，为我们树立了榜样。

①《马克思恩格斯全集》，第3卷，人民出版社，1960年，第509—510页。

② 同上，第46卷，上册，人民出版社，1979年，第29页。

③ 同上，第42卷，人民出版社，1979年，第125—126页。

④ 同上，第126页。

⑤ 同上，第155页。

三、坚持美学的和历史的观点相统一的文艺批评原则

马克思主义创始人倡导的美学的和历史的观点相统一的文艺批评原则，为充分地、全面地发挥艺术在审美教育中的作用提供了科学的方法论。人们要正确理解和认识文艺作品的审美价值及其社会意义，只是停留在审美的直觉感受、欣赏阶段是不够的，还必须在此基础上进行分析、评价。文艺批评作为一种审美评价活动，应当掌握一种客观的、科学的原则和标准。这个问题在马克思、恩格斯以前并未得到正确的解决。在19世纪德国古典美学中，康德把审美活动、艺术创作看成一种非理性、超功利、无目的的直觉活动，致使文艺批评中出现了为艺术而艺术的“纯艺术”论，脱离社会生活和思想内容去孤立地分析作品的艺术表现形式。黑格尔美学虽然表现出一种“宏大的历史观”，分析文学现象“有巨大的历史感作基础”，但他把“历史”理解为绝对理念外化、发展的过程，因而是抽象的、唯心主义的。俄国的别林斯基在40年代提出了“历史的、美学的”文艺批评原则，是一个重大贡献，但由于他的思想没有达到历史唯物主义的高度，虽与恩格斯稍后的提法相似，但又有着本质的区别。

马克思、恩格斯提出的“美学的观点”与“历史的观点”相统一的文艺批评原则，是建立在历史唯物主义和艺术创作特殊规律的基础上的，并在文艺批评实践中为我们树立了光辉的范例。恩格斯在1847年发表的《诗歌和散文中的德国社会主义》一文中，既批判了“真正的社会主义者”格律恩从抽象的“人”的观点评价歌德的错误，也反对资产阶级自由主义者白尔尼和门采尔脱离历史实际，以政治的、道德的、宗教的观点歪曲歌德，从而科学地分析了歌德思想和创作的两重性及其产生的社会根源，指出歌德叛逆与妥协、伟大与渺小，“天才诗人和法兰克福市议员的谨慎的儿子、可敬的魏玛枢密顾问之间的斗争”，是当时德国社会内在矛盾在作家身上的必然反映，指出任何从抽象的“人”的或政治的、道德的观点看待歌德都是违背历史的客观实际的。据此，恩格斯说：“我们决不是从道

德的、党派的观点来责备歌德，而只是从美学和历史的观点责备他；我们并不是用道德的、政治的、或‘人的’的尺度来衡量他。”[①] 1859年，马克思、恩格斯在分别写给拉萨尔的信中，对其剧本《济金根》进行批评，既对《济金根》的艺术表现形式作了具体分析，又着重指出他的历史唯心主义悲剧观的错误，认为他既歪曲了历史的真相，又违反了艺术创作的规律。拉萨尔采取歪曲历史手法，把没落的封建骑士济金根美化成“革命领导者”，他反现存制度的失败，不是由其反动阶级本性决定的，而是因为“外交手段”的错误、内心的“狡诈”导致悲剧结局，以此来为他的依靠普鲁士王朝自上而下统一德国的机会主义路线作艺术图解。马克思明确指出：济金根的覆灭并不是由于他的“狡诈”，而是因为“他作为骑士和作为垂死阶级的代表起来反对现存制度”，得不到城市平民和乡村农民的支持，其失败是历史的必然。恩格斯深刻地揭露了济金根和胡登的悲剧性矛盾的历史根源，指出：“一方面是坚决反对过农民解放的贵族，另一方面是农民，而这两个人却被置于这两方面之间。在我看来，这就构成了历史的必然要求和这个要求的实际上不可能实现之间的悲剧性的冲突”。[②]恩格斯基于对悲剧冲突的历史唯物主义理解，又一次重申了他以前提出的文艺批评原则：“我是从美学的观点和历史的观点，以非常高的即最高的标准来衡量您的作品，……是的，几年来，在我们中间，为了党本身的利益，批评必然是最坦率的。”由上述可见，马克思、恩格斯从历史的、美学的观点分析、评价文艺作品，不是随意的、偶然的，而是把它作为衡量文艺作品的科学原则和最高标准提出来的。

文学艺术是现实生活的审美反映，是一种独特的社会意识形态，文艺批评必须首先按照“美的规律”去评判作品的思想、艺术价值。马克思、恩格斯在文艺批评中，总是尊重艺术的特点、规律，对作品作出审美分析和评价的。如他们在批评《济金根》时，就具体地讲到了语言运用、情节安排、性格创造等艺术表现问题，既反对自然主义的“恶劣的个性化”，

①《马克思恩格斯全集》，第4卷，人民出版社，1958年，第257页。

②《马克思恩格斯全集》，第29卷，人民出版社，1972年，第586页。

也反对“为了观念的东西而忘掉现实主义的东西”，把“个人变成时代精神的单纯传声筒”。我们对艺术的审美评价，并不意味着排斥对艺术作社会历史的分析，不可以进行政治的、道德的评价。美学的观点与历史的观点是应该有机统一的。马克思、恩格斯对拉萨尔剧本《济金根》、哈克纳斯小说《城市姑娘》的批评就完全证明了这一点。正因为如此，恩格斯热切希望未来的艺术创作能达到“较大的思想深度和意识到的历史内容同莎士比亚剧作的情节的生动性和丰富性的完美融合”。[①]这一重要观点可以说是马克思、恩格斯的美学的、历史的批评原则的具体化，简言之，则是要求把思想性、真实性、艺术性三者统一起来分析和评价文艺作品。我们只有把这种历史的、美学的综合分析的原则、方法运用于审美教育中，才能全面、正确地发挥艺术的审美的、认识的、教育的功能，清除“唯美主义”和庸俗社会学在艺术教育中的消极影响，其现实的指导意义是显而易见的。

四、共产主义与审美教育

马克思、恩格斯美育思想的精髓在于把按照“美的规律”塑造全面发展的人，同消灭资本主义私有制联系起来，为社会主义的审美教育指明了正确方向，充分显示了它的革命批判精神和共产主义理想的光辉。马克思主义创始人没有孤立地就教育谈教育，就美育谈美育，而是把教育（包括美育）放在社会变革、发展、进步的历史过程中来考察的。在他们看来，资本主义私有制是不利于人的全面发展的，生产劳动本是人的自由创造的活动，而资本主义生产方式却使“劳动异化”，并导致人的片面、畸形的发展，人也“异化”了。资本主义教育“对绝大多数人来说不过是把人训练成机器罢了”。马克思说：“劳动为富人生产了珍品，却为劳动者生产了赤贫。劳动创造了宫殿，却为劳动者创造了贫民窟。劳动创造了美，却使

①《马克思恩格斯全集》，第29卷，人民出版社，1972年，第583页。

劳动者成为畸形。”[1]由于资本主义大工业生产带来的专业化分工和“奴隶式的职业等级制度”，劳动生产只是劳动者谋生的手段，完全丧失了富有诗意的吸引力。劳动者变成了机器的零件和附属品，身心遭到严重的摧残和损害，造成片面、畸形的发展。“囿有粗陋的实际需要的感觉”取代了精神享受的审美感觉。他们没有一点空闲去呼吸一点新鲜空气，欣赏一下大自然的美景，更不用说其他什么精神享受了。在资本主义制度下，“分工的结果是：艺术天才完全集中在个别人身上，而在广大群众身上则被压抑下去。”[2]因此，“资本主义生产就同某些精神生产部门如艺术和诗歌相敌对”。[3]但是，马克思、恩格斯没有像空想社会主义者那样，对资本主义生产采取简单否定的态度，描绘出一幅幅不可能实现的未来社会的蓝图，而是从历史的矛盾、发展中，揭示了消灭资本主义私有制及其所造成的劳动异化和人的异化的历史发展的必然规律。马克思说：“一种历史生产形式的矛盾发展，是这种形式瓦解和改造的唯一历史道路。”随着社会化大生产和科学技术的高度发展，虽然带来了人的片面发展，但同时也为人的全面发展提供了物质前提，“才能为一个更高级的、以每个人的全面而自由的发展为基本原则的社会形式创造现实基础”[4]。

无产阶级和劳动人民战胜资产阶级，以共产主义取代资本主义，人的自由的、全面的发展才能得以真正实现。如恩格斯所说：“根据共产主义原则组织起来的社会，将使自己的成员能够全面发挥他们各方面的才能”。到那时，物质产品极大的丰富了，人的思想觉悟极大的提高了，人不再是劳动分工的奴隶，而真正成了社会的主人。他们摆脱了终身固定于某个生产领域的状况，可以自由地选择适合于自己的职业，可以全面发展自己的个性、爱好和创造能力。劳动不再是谋生的手段，而成为一种乐生的需要和审美的享受。人人都可以自由发展自己的艺术才能。“每一个有拉斐尔

① 马克思：《1844年经济学—哲学手稿》，人民出版社，1979年，第46页。
②《马克思恩格斯论艺术与共产主义》，人民出版社，1959年，第17页。
③《马克思恩格斯全集》，第26卷，第1册，人民出版社，1972年，第296页。
④《马克思恩格斯全集》，第23卷，人民出版社，1972年，第649页。

才能的都应当有不受阻碍地发展的可能"。马克思、恩格斯在《德意志意识形态》中说："在共产主义的社会组织中，完全由分工造成的艺术家屈从于地方局限性和民族局限性的现象无论如何会消失掉，个人局限于某一艺术领域，仅仅当一个画家、雕刻家等等。因而只用他的活动的一种称呼就足以表明他的职业发展的局限性和他对分工的依赖这一现象也会消失掉。在共产主义社会里，没有单纯的画家，只有把绘画作为自己多种活动中的一项活动的人们。"①可见，要按照"美的规律"塑造真正全面发展的新人，必须彻底消灭资本主义私有制，实现共产主义伟大理想，必须把审美教育与生产劳动紧密结合起来。马克思主义创始人为美育的发展指出了多么广阔的历史前景！

马克思指出："最先进的工人完全了解，他们阶级的未来，从而也是人类的未来，完全取决于正在成长的工人一代的教育。"②我国属于发展中的国家，政治、经济、文化都有很大的进步，取得举世瞩目的光辉成绩，但离马克思、恩格斯所描绘的共产主义蓝图还是非常遥远的。我们必须把马克思主义的普遍原理同中国具体实际结合起来，走自己的道路，建设有中国特色的社会主义，这是我们总结长期历史经验得出的基本结论。今天，我国正处于社会主义建设的发展阶段，必须以经济建设为中心，大力发展生产力，实现现代化。"百年大计，教育为本。"现代化建设需要培养出数以亿万计的高素质的人才，为此必须坚持把教育放优先发展的战略位置。我们要认真贯彻德、智、体、美、劳全面发展的教育方针，改革应试教育，提高素质教育，重视和加强美育，发挥它在物质文明和精神文明建设、培养"有理想、有道德、有文化、有纪律"的劳动者中的重要作用，为建设有中国特色的社会主义作出应有的贡献。

---

①《马克思恩格斯全集》，第3卷，人民出版社，1960年，第460页。

②《马克思恩格斯全集》，第16卷，人民出版社，1964年，第217页。

后　记

拙著《西方美育思想简史》就要问世了，这使我首先想到的是一位老朋友。1988年，中国教育学会美育专业委员会组织编写一套《美育知识丛书》，有的书已经出版，有的落实了选题，唯独西方美育思想史没有人编写。这位朋友是丛书的执行主编之一，执意要我承担此项任务，字数限定在五万字左右，而且必须尽快交稿。其实，我对此课题并无系统、深入的研究，但友情为重，却之不恭，就答应了下来。我于是日夜兼程，分秒必争，花了三个多月时间，写成七万多字的书稿。稿子交出后，出版社几乎没有什么改动就编排了，我已看过校样，并列入《丛书》书目，在报刊发出征订启事，后来由于难以言明的原因，未能得以出版。我对此当然有些想法，但觉得那么短的时间能写出什么像样的东西来呢？不出就不出吧。我把样稿讨了回来，事情也就算了结了。不管怎么说，如果不是为了撰写这个粗糙、浅陋的小册子，激发起我的研究兴趣，打下初步基础，呈现在读者面前的《西方美育思想简史》是不可能写出来的。因此，我还是非常感激这位老朋友的。

随着“两个文明”建设的深入发展，美育日益受到社会的重视，特别是在教育由应试教育向素质教育转变过程中，更显示出它的重要性。它山之石，可以攻玉。我们有分析地吸取西方美育思想中合理、有益的东西，对于正确理解美育的性质、任务及其实施的途径和方法，是很有好处的。基于这一认识，我不仅对此课题没有就此撒手，反而热情倍增，决心继续研究下去。恰好近几年来，我为教育系学生讲授美学与美育专题课，要联系教育专业的实际，教学内容自然要向美育史、论方面倾斜，这就促使我阅读了一些西方教育名著和教育史，并努力探寻美学史与教育史的契合点，以审美方式教育人、影响人为中心，来揭示西方美育思想发展的历程和轨迹。在写作过程中，我把原来的那本小册子放在一边，另起炉灶，历时数载，三易其稿，力求写得系统些、深入些，但如陆机《文赋》所言，时有“意不称物，文不逮意”之感，真是学而后知不足，用而后知困啊!

我深知，要写出一部像样的西方美育思想史谈何容易，从古希腊罗马时期到19世纪，时间跨度两千多年，涉及那么多美学家、艺术家、教育家、思想家的论著，绝非个人力量所能胜任。我更是才疏学浅，历史资料和理论识见的准备都很不够，尽管注意吸取学界前辈和时贤的研究成果，仍不能弥补自己的不足。撰写此书权且当作一次不成功的尝试，作为一块引玉之砖，但愿不久会有西方美育思想史的佳作问世。书中肯定会有不少缺点、错误，敬请专家、读者批评指正，赐教于我。

在《西方美育思想简史》即将付印之际，我要首先感谢安徽省新闻出版局和安徽教育出版社黄书元、童本道、朱欣欣诸同志。在时下出书难、出版学术著作尤难的情况下，拙著能得以及时出版，没有他们的大力帮助和热情支持是不可能的。复旦大学教授、著名美学家蒋孔阳先生，道德文章素为我所钦佩和景仰，在长期交往中结下深厚友谊。蒋先生嘉惠后学，每有大著问世必寄送于我学习，使我受益匪浅。此次《西方美育思想简史》完稿后，我送请蒋先生审读，他抱病看后，提了许多宝贵意见，并欣然为拙著作序，使之大为增色，盛意可感，谨此深表谢忱。还应一提的是，我的妻子何琪美，身体一直不好，除坚持教学工作外，几乎承担了全部家务，让我集中时间从事研究、写作，还不顾疾病、劳累为我誊写书稿，每改一次，就重抄一遍，翻来复去，不惮其烦。对于这份亲情，我能说什么呢？将苏轼的两句词改动一下吧：但愿人长久，白首共婵娟!

美是生活，美在创造。让我们以辛勤劳动创造美好生活，营造美育的新天地，按照“美的规律”塑造一代新人，为提高全民素质、振兴中华、实现“四化”贡献力量!

陈育德

1998年3月于安徽师范大学

赭石书屋

灵心妙语

——艺术通感论

序

严云受

陈育德先生自二十世纪九十年代中期起，就致力于艺术通感问题的探讨。十余年来，坚持不懈，潜心求索，不断有论文发表，近日又完成了学术专著《灵心妙悟——艺术通感论》。付梓之前，我有幸读到这部著作的样稿，深受启发。这里，不揣谫陋，写下几点读后的感想，供大家讨论。

在当代美学、艺术学领域，关于“通感”问题，似乎存在着一种较为流行的见解，这就是把通感理解为五官感觉（视觉、听觉、嗅觉、味觉、触觉）之间的挪移、沟通。众多的著作或论文在论及通感时，由于以这种对通感的理解为依据，因此，不论是作理论的诠释，还是分析艺术作品中的通感，大都不约而同地视通感为一种具体的描写手段，一种修辞技巧；运用于形象分析时，更多的是着眼于词语的熔铸。因此，这些关于通感的研究的学术积累，一方面较为丰厚，为后来的研究提供了较高的起点；另一方面，客观上又形成了一种局限，需要后来的研究者超越它，突破它，才能前进。因为，五官感觉之间的挪移固然是一种通感，但它只是丰富、复杂的通感心理中的一个类别，远非通感的全部。通感研究应当将视野拓展到整个审美创造与审美欣赏过程，才能全面地观照复杂、奥妙的通感心理，把捉艺术活动中这一特殊的心灵火花。陈育德先生的艺术通感研究正是在这里体现出了自觉的创造意识。他从审美创造与审美欣赏的整体心理流程中来研究通感，突破了视通感为一种描写手法、修辞技巧的局限；在他看来，通感是一种艺术心理机制和表现方法，这就有可能较为充分地考虑到通感心理内容与形式的复杂、丰富。研究视野的拓展，带来了一系列的开创性的探讨。陈先生指出，在讨论通感时，除了通常所说的五官感觉的挪移外，还应将“心觉”包括进来。心统五觉，心觉与其他感觉的相融相通，是通感的更复杂、更高级的类型。以此为立足点，他在《灵心妙悟》中深入、辩证地说明了通感的生成，分析了通感的心理因素，并把通感区分为“感觉挪移”“表象叠加”“意象互通”三个类别，一一具体指明其特征。在说明“意象互通”这一通感类型时，又着重从审美主体与审美对象关系的角度，详加论述，指出其中的一种表现形式就是意、象通感。所以，将心觉包含在通感之内，使我们对艺术通感有了全面的认识。本着这种通感观，《灵心妙悟》对通感的艺术表现功能的论述，自然也更为系统，更为完整。它既注意到通感在个别意象、细节表达与词语熔铸上的特殊作用，又强调它在意境创造中的不可或缺的位置。为此，作者在第四章至第八章中着力探讨了不同艺术门类之间的互渗与通感，诸如，诗与画，乐与画，建筑与音乐，书法与音乐、舞蹈等。这些章节，大大开拓了通感的研究领域，通感在艺术创造中的功能因此得到了多层面的阐发。《灵心妙悟》的后两章分别从创作与欣赏两个环节讨论通感，再一次强调了通感的本质在于，它乃是一种艺术心理机制，一种营构意象、形象、意境的艺术表现方法。通观全书，作者以心统五觉（视、听、味、嗅、触）、六根互用的通感界说为基点，纵向上层次分明地剖析了通感的心理流程，横向上脉络清晰地揭示了通感的不同呈现形态，它在不同艺术门类中的独特作用。一个科学的、包含了通感论不同层面的体系，轮廓分明地呈现于我们面前。

《灵心妙悟》以艺术通感研究为主旨，但它对我们的启发却不仅仅限于艺术通感理论方面。陈先生在对诗歌、绘画、音乐、建筑、书法、舞蹈艺术中的通感的讨论中，具体地分析了它们之间对立与渗透的关系。克罗齐曾片面地断言，“就各种艺术作美学的分类，那一切企图都是荒谬的”，不同的艺术之间“没有界限”；另一方面，有的论者则往往忽视不同艺术门类之间的相互吸收、相互渗融。这些，都不利于我们对各种艺术的审美特征的把握。《灵心妙悟》紧紧围绕诗歌、绘画、音乐……诸种艺术的意象与意境，揭示其中的艺术通感的特点，认为不同艺术门类之间存在着异迹而同趣、相异而相通的关系。这个观点是颇为客观的、辩证的，有助于克服上述认识上的主观性、片面性。它从艺术心理机制与意象营构的层面，帮助我们既认识不同门类艺术形象的独特魅力，又注意它们相互之间的渗融。这显然是对艺术分类研究的一个不容忽视的贡献。

阅读陈育德先生的《灵心妙悟》，我们好像是在艺术世界中惬意地遨游，丝毫没有某些理论著作的那种干枯感。之所以如此，一方面固然由于作者的精彩的理论探讨引人入胜，一方面则是更多地得益于大量引用了中西艺术理论与艺术实践资料，没有只在理论思辨中兜圈子。他的种种见解的提出，总是以充实的思想资料与丰富的艺术现象的分析、鉴赏为基础的。因此，一部严肃的学术著作理论分析既获得了坚实的支撑，又有了很强的可读性。不论是专门研究者，还是一般读者，都将会对《灵心妙悟》产生强烈的兴趣。而且，陈先生特别着重于中华民族的通感理论与艺术实践的汲取，力图在中西融通、综合比较中，把握中华民族艺术的通感的特色。这一努力在书中屡屡有成功的体现。例如，讨论诗与画时，作者在引用莱辛《拉奥孔》的有关论述，汲取其合理的成分后，又指出其局限性，认为用它“分析中国的诗、画艺术有困难”。针对有的论者对“诗中有画”说的质疑，以王维《山中》等古典诗歌作品为例，具体分析其艺术境界，结合相关理论资料，指出“诗中之画，不同于画中之画”，还有“不能直接画出来的部分”，这“不能直接画出来的部分”，画家可以暗示，“用形色传达它的审美意味和感觉”。最后，作者把诗、画通感的真实内涵概括为：“‘诗中有画’，就是诗中有画境；‘画中有诗’，就是画中有诗情。”这样的论析，在厘清“诗中有画”这一术语的正确含义时，也道出了中华民族诗、画两者之间的通感的特色。又如，通过对怀素草书、裴旻舞剑的分析，强调书法与舞蹈的通感关系，主要应从气势、节奏、神韵上把握，防止过多地着眼于外在形式相似性的偏向。这些论述所显示出来的研究途径，是值得有志于建设中华民族艺术学的学人认真借鉴的。

建设具有华夏民族特色的艺术学、文艺学、美学，已成为当代学人们的共同追求。为了这一目标，许多学人十分重视对民族的艺术理论遗产的整理、汲取与改造，并已取得了可观的成就。不过，值得注意的是，我们对民族美学理论遗产，只有把它同相关的艺术实践联系起来领会、消化时，才能真正得其精髓。理论研究者当然不能不首先研究民族的理论思想资料，然而，熟悉本民族的艺术实践史，熟悉丰富多彩的艺术作品这种修养，丝毫也不应被忽视。因为，一方面，任何时代的艺术理论都是以一定的艺术实践为基础的，不把两者互相参照，有时就会对理论资料作出片面的理解，无法正确领悟其精神实质。对于“诗中有画”这句话，如果仅拘限于这四个字，而不联系中国诗、画艺术特征的话，就有可能产生误解，以为它的含义是：诗中的一切描写都可以直接照搬过来，成为画家笔下的艺术形象。而这种理解显然离开了中华民族的诗画传统。另一方面，艺术作品本身总是体现了一定的审美理想，包容、积淀了一定的艺术观念与经验，因而可以成为后人理解与其相关的艺术理论的参照。而且，其中有些经验尚未被总结，有待于升华为理论形态。我们如能将这部分宝藏开掘出来，岂不有助于更全面、更系统地理解民族艺术传统，岂不获得了更充实的理论滋养！古人提出了“诗中有画”这一精辟的概括，并没有对诗中之画作具体的解说。陈育德先生通过对许多古典诗歌的领会、体悟，在理论上对“诗中之画”的特征提出了合理的论析，可以说，是理论资料与作品资料相互参照、相互发明的一个好例证。所以，《灵心妙悟》不仅在研究内容上将当代通感研究推进到一个新水平，而且在研究途径与方法上，也为我们提供了有益的启发。

艺术创造中的通感心理是十分复杂、微妙的；通感研究之途，既困难重重而又令人向往。陈育德先生的《灵心妙悟》以系统的探讨、深刻的分析，引领我们走进通感这一令人兴味盎然的心理世界，不仅使我们加深了对通感的理解，也提示了通感研究的广阔空间，激发我们去作新的探求：怎样从历史、文化、审美多个方面去说明通感生成的心理根源？通感在不同类型的形象塑造与欣赏中的作用如何？戏剧是综合艺术，它的创造、接受与通感有无关系？中西不同民族的艺术通感各有什么特征？等等，都等待着我们作进一步的思考。我们期望《灵心妙悟》的问世能够引起大家的关注，得到热情的批评与讨论，相互切磋，不断求索，使艺术通感研究逐步深化。

二〇〇五年七月二十一日

第一章 灵心妙悟 感而遂通

——通感的生成

人的精神活动是纷繁复杂、丰富多彩、奥妙无穷的，被恩格斯誉之为“在地球上最美的花朵”。[①]通感心理活动就是这“最美的花朵”中的一朵。

通感在人类认识和掌握世界的历史进程中，伴随着社会实践活动不断得以丰富、发展和提高。当今时代，社会经济的高度发展，科学技术的快速进步，人类生存空间的日益扩大，人的感觉能力的全面发展，各种艺术相互渗透、融合的势头增强，通感在培养和提高想象力、创造力和审美能力方面，发挥着更为重要的作用，尤以审美和艺术活动表现得鲜明、突出，因而对其心理特征和活动规律的研究，越来越受到美学界、艺术界的关注和重视。

在人类的审美和艺术活动中，通感作为一种心理机能和表现方法，历来都是存在和使用着的。到了十九世纪后半叶，西方象征主义诗派将“通感”（synesthesia）作为专门用语，被标举为一种新的艺术风格和创作原则，汉语的译名颇不一致。一九二一年，陈望道先生为《文学小辞典》撰写词条，将它译为“官能底交错”[②]，以后不断有“应和”“感通”“契合”“交响”“联觉”“共感觉”等不同译名出现，直到钱锺书先生一九六二年发表著名论文《通感》之后，才逐渐趋于统一。我们研究艺术通感，必须首先回答：什么是通感？它是怎样产生的？只有正确地解决了这个问题，

① 《马克思恩格斯选集》，第3卷，人民出版社，1995年，第462页。

② 《陈望道文集》，第1卷，上海人民出版社，1980年，第509页。

才会“名正言顺”，把研究建立在可靠而稳固的基础上。

心统五官　六根互用

人类认识客观事物有两种思维方式，即抽象思维和形象思维，可以说，前者是科学智慧，后者是诗性智慧。两者之间是密切联系和相互配合的，但又有着本质区别和明确分工。通感属于形象思维，是由一种感觉引发出另一种或多种感觉的心理现象，蕴含着丰富的诗性智慧。

人的认识是从外界事物刺激感官产生感觉开始的，不同的感官对事物的属性作出各自的反应，按照逻辑思维方式来看，人的五官感觉是明确分工、各司其职的。例如，先秦时代最富于诗性智慧的哲学家庄子，当他进行理性思考时，就认为：“耳目口鼻，皆有所明，不能相通，犹百家众技也，皆有所长，时有所用。”（《庄子·天下篇》）“目彻为明，耳彻为聪，鼻彻为颤，口彻为甘，心彻为知，知彻为德。”（《庄子·外物篇》）荀子更明确指出人的感官“当薄其类”，“各有接而不相能”。他说：“形体，色理，以目异；声音清浊，调节竽声，以耳异；甘苦，咸淡，辛酸，奇味，以口异；香臭，芬郁，腥臊，漏庮，奇臭，以鼻异；疾痒，冷热，滑铍，轻重，以形体异；说，故，喜，怒，哀，乐，爱，恶，欲，以心异。”（《荀子·正名篇》）简言之，这就是眼观形色，耳听声音，口辨酸咸，鼻闻香臭，肤触冷暖，心识情志。他对人的五官和心官的认知功能作了明确地区分，并强调心为“天君”“心统五官”的作用。“心居中虚，以治五官”，如果没有“心统五官”的作用，人的眼睛就会看不到形色，耳朵就会听不到声音。这在当时是很有识见的思想。在他看来，人的五官感觉各有分工，不得混淆，否则就要“以名乱实”，因此必须“正名”。这不仅在一般认知意义上是正确的，对于艺术创作和欣赏来说，也是最基本的条件和前提。绘画以色彩、线条描绘事物的空间并列关系，主要诉诸视觉；音乐以声音的节奏、旋律表现人的情感流程，主要作用于听觉；电影、电视、戏剧，人既可以看，又可以听，被称作视听综合艺术。

但是，人作为有机的生命整体，各种感官在对外物的刺激作出反应时，既有明确的分工，各在其位，各司其职；又是可以彼此沟通、相互转化、通力合作的。不同感官的感觉殊异，但不能成为人认知事物的障碍和绝对界限。正如恩格斯所指出的：“我们不同的感官可以给我们提供在质上绝对不同的印象。因此，我们靠着视觉、听觉、嗅觉、味觉和触觉而体验到的属性是绝对不同的。但是就在这里，这些差异也随着研究工作的进展而消失。……最后总是同一个我接受所有这些不同的感性印象，对它们进行加工，从而把它们综合为一个整体。”[①]钱锺书先生说：“在日常经验里，视觉、听觉、触觉、嗅觉、味觉往往可以彼此打通或交通，眼、耳、舌、鼻、身各个官能的领域可以不分界限。颜色似乎会有温度，声音似乎会有形象，冷暖似乎会有重量，气味似乎会有锋芒。”[②]他还举出大量的诗歌例句，如：花红得发“热”，山绿得发“冷”；光亮和声音似乎有了“圆”“瘦”的体积；颜色有了“闹”的声音，风声也会变成“绿”色的；白云能“学”流水声，星星似乎在“切切私语”；燕语像“剪刀”一样“明利”，歌声则“累累如贯珠”如此等等，“五官感觉真算得有无互通，彼此相生了”。[③]通感就是将五官感觉以及心觉之间的相互引发、沟通、交融起来的一种心理现象和感知方式，即在客观事物刺激人的某一感官产生相应感觉的同时，引发出另外一种或多种感觉，形成实觉与幻觉相兼的复合感觉。这种感觉方式既存在于日常生活经验中，又是与审美感知、体验活动息息相通的，具有独特的艺术功能。可以说，不论在哪一种艺术创作和欣赏中，任何一种感觉活动，都会牵动人的整个机体，人体的每一个机能都是对审美活动有贡献的。

通感作为一种形象思维活动和艺术表现手法，在中西方传统文化中均有着悠久的历史。在西方，荷马史诗中就有这样的句子：“像知了坐在森林中一棵树上，倾泻下百合花也似的声音。”知了的叫声如流水般的泼洒、

①《马克思恩格斯全集》，第20卷，人民出版社，1971年，第576页。

② 钱锺书：《旧文四篇》，上海古籍出版社，1979年，第52页。

③ 同上，第57页。

倾泻，像是百合花似的开放。据有关史籍记载，早在公元前三世纪，中国的丝绸就传入古希腊罗马，受到王公贵族的极大喜爱。他们惊叹丝绸的美妙神奇说：它“真像一个美丽无比的梦”。[①]丝绸本是色彩绚丽、质地轻柔的纺织品，在他们的心目中却像是成了无形无色、“美丽无比的梦”。这是我们所看到的见诸文字的西方早期运用艺术通感的事例。亚里士多德除了在《心灵论》里讲到声音有“尖锐”“钝重”之分外，还在《形而上学》中明确地指出，各种感觉不仅有区别，有分工，也有联系与合作，并触及通感同艺术鉴赏的关系。他说：“如没有具备相应的感官，我们怎能认识各种不同感觉的各类事物？可是，如果像复杂的声调可由适当的通用的字母（音注）组成一样，一切事物所由组成的要素苟为各感官都能相通的要素，那么我们就能〈看音乐或听图画〉。”[②]中世纪宗教艺术大量运用通感手法，用以宣扬神秘主义。十九世纪中叶以来，以法国象征主义诗人波特莱尔《应和》一诗发表为标志，通感则成了西方象征主义的美学原则和创作方法。在现代派艺术中，运用通感的表现手法更是有增无减，良莠难分。

我国传统文化的思维方式重在“气化万物”，整体感悟，类比综合，尚“通”贵“意”，因而有着较之西方更为丰富的通感思想，早在《易传·系辞上》中就有“寂然不动，感而遂通天下之故”的话，以后典籍中常用的“感通”一词，大概源出于此。“感通”者，五官感觉的相通，其含义近似于我们今天所讲的“通感”，其具体表现为儒家“比德”说、道家“耳目内通”说、佛家“六根互用”说，三家兼容互补，颇有声势、实力。如道家的庄子，从逻辑思维意义上，认为人的耳、目、口、鼻“不能相通”；但他同时指出，当人们忘怀利害得失，对现实采取超然的态度，以汪洋恣肆的诗情，展开丰富的想象联想，就可以“耳目内通”，进入“天地与我并生，而万物与我为一”的境界。他说：“若一志，无听之以耳，而听之以心；无听之以心，而听之以气。听止于耳，心止于符。气也

① 杨力：《中国的丝绸》，人民出版社，1987年，第2页。

② 亚里士多德：《形而上学》，吴寿彭译，商务印书馆，1983年，第31页

者，虚而待物者也。唯道集虚，虚者心斋也。……夫徇耳目内通而外于心知，鬼神将来舍，而况人乎!”（《庄子·人间世》）这就是说，通感不同于个别感官的直觉，它只能获得事物的个别属性和信息，只有通过“心”把五官感觉沟通起来，并消除感觉形式之间的界限，即所谓“无听之以耳，而听之以心”，处于没有拘限自由的状态，才能从整体上把握事物。“听之以心”较之“听之以耳”深入了一步，但这还是不够的；人还要在“听之以心”的基础上“听之以气”。所谓“气”，就是人还要“斋以静心”，“虚以待物”，把“心”与“气”沟通起来，集“气”成“道”，“道通为一”，从而真正达到“灵台一而不桎”，“独与天地精神往来”。（《庄子·天下篇》）因此，他心目中的“真人”是“喜怒通四时”的：“其心志，其容寂，其颡頯，凄然似秋，暖然似春，喜怒通四时，与物相宜，而莫知其极。”（《庄子·大宗师》）这是说，人处于虚静无为状态，喜怒哀乐是与天地万物、春夏秋冬相感通的。在《庄子》的那些寄意深刻的寓言故事中，也鲜明地体现着丰富的通感思想。如轮扁斫轮，“徐则甘而不固，疾则苦而不入。”（《庄子·天道篇》）徐天池解释说：“南华妙于用替字。‘疾’字替‘紧’字，‘徐’字替‘宽’字，‘甘’字替‘宽’者之爽快，病在不固;‘苦’字替‘紧’者之涩却，病在不入。”（刘鸿典《庄子约解》引）这里说庄子善于用替字，实际上就是以一种感觉“替代”另一种感觉，用事物运动时间的快慢替代空间结构的宽紧，并进而把“甘”和“苦”的味觉同由“宽”“紧”所产生的疏松与滞涩的触觉沟通起来。庖丁解牛的故事表现得更为充分：“庖丁为文惠君解牛，手之所触，肩之所倚，足之所履，膝之所踦，砉然响然，奏刀騞然，莫不中音，合于《桑林》之舞，乃中《经首》之会。”（《庄子·养生主》）这里庖丁解牛的空间持续的有形动作，与时间流动中的无形的声音联接、沟通起来，形成解牛动作与舞蹈节奏、音乐旋律虚实相生的审美境地。这种通感现象的产生，是庖丁运斤解牛，“以技进道”，“以神遇而不以目视，官知止而神欲行”的结果。《列子》也说：“心不敢念是非，口不敢言利害。眼如耳，耳如鼻，鼻如口，无不同也，心凝形释，骨肉都融。”（《列子·黄帝篇》）道家没有把通感看作感觉之间外在的、简单的“挪移”，而是心灵处于自由状态、物我同一的心理反应。应该说，他们对于通感心理特征的揭示是深刻的、到位的。

印度佛教传入中国后不久，即与道家思想建立起融通关系，提出了与道家相似的“六根互用”的通感思想。张融在《门论》中说：“道也，与佛逗极无二，寂然不动，致本则同，感而遂通，达迹成异，其犹乐乐之不沿不隔。”（见《弘明集》）在佛家看来，人的“六根”，接触外境，必有所“受”。如眼之于色，耳之于声，鼻之于香，舌之于味，身之于触，意之于法。受自心起，无心则无受。人要不为尘俗感染，必须“明心见性”“顿悟成佛”，进入禅定圆寂状态，即可“万滞同尽”，“六根一一具他根之用”，进入“无目而见”，“无耳而听”，“非鼻闻香”，“异舌知味”，“无身触觉”的境界。（《楞严经》卷四）

从上述可以看出，我国古代道家和佛家都看到了通感现象的存在，并阐明了超越实用功利、逻辑推理的虚静守一、明心见性的直觉体验在通感产生中的作用，无疑是合理的、可取的，特别是把心觉列入通感范围，而不局限于五官感觉，突出“心”的作用，丰富和扩大了通感的内涵，对我国“尚意”“重情”的艺术精神产生了很大影响。但是，道家认为人只有回归自然，“绝圣弃智”“无知无欲”“外于心知”，才能“耳目内通”，达到“道通为一”，这就把通感归结为超越时空的绝对理念“道”，走上了唯心主义。佛家一味追求西天的极乐世界，泯灭人的感性生命的欲求，把现实的感觉视之为“贼”，认为只有遁入“空门”“六根互用”，才能够“圆寂”“涅槃”，立地成佛。这就把通感涂染上了一层浓厚的神秘色彩。清代唯物主义思想家颜习斋说：“有生方有性，若如佛教，则天下并性亦无矣，又何觉。”（《四存编·存人》）钱锺书对道、佛两家的通感思想也作了一针见血的批评。他说：“道家之‘内通’，释氏之‘互用’，言出有因，充类加厉，遂成无稽尔。”[①]那么，我们如何正确认识通感产生的根源和本质呢？

① 钱锺书：《管锥编》，第2册，中华书局，1979年，第454页。

物我交融　感而遂通

通感不同于一般的感觉。感觉是人的某一感觉器官受到外物的刺激，直接形成相应的表象，对事物的个别属性作出反应；通感则超越了个别感觉的阈限。人在认知过程中，由于情感和想象的参与，形成一种物我交融、感而遂通的关系，由一种实在感觉引发、幻化出另一种或多种感觉。通感往往缘情而生，遂感而发，实中有虚，虚中有实，具有随意性、偶发性、模糊性的特点，使人感到扑朔迷离，玄妙莫测，按照逻辑思维是难以索解的。这就为我们揭示通感产生的根源和本质带来不少困难，以致成为学术界一个颇有争议的问题。有人甚至故弄玄虚，把通感神秘化，借以制造歪理邪说，为其反科学、反社会的活动张目。我们认为，通感如同其他心理现象一样，归根结底是人对客观事物的反映，只有从主体与客体、心与物的唯物而又辩证的统一关系中，才能对通感这种复杂的心理现象作出科学的解释。

从客体方面来看，客观世界是处于运动变化中的、时间与空间相统一的有机整体。事物的运动变化都是在一定的时间和空间中进行的，既没有脱离时间的空间，也没有脱离空间的时间。按照爱因斯坦相对论的观点，世界上发生的每一个事件，都是由空间坐标x、y、z和时间坐标a来确定的，是空间、时间和运动相结合的四维存在。我国古代哲人也曾说过："天地生物，一气运化。"歌德在《浮士德》中写道："万汇本如一，彼此相连带，相依为命，哪可分开？"[①]列宁更明确地指出："自然界没有绝对的界限;运动着的物质会从一种状态转化成在我们看来似乎和它们不调和的另一种状态。"[②]不同事物以及同一事物不同属性之间是相互联系、相互制约的，往往有着相近、相似、相通的特征，这就为通感心理的产生提供了客观基础。人的认知活动不是简单的、机械的、一对一的反应，眼睛只能

① 歌德:《浮士德》,郭沫若译,人民文学出版社,1991年,第24页。

② 《列宁全集》,第2卷,人民出版社,1992年,第27页。

看形色，耳朵只能听声音，而是一个复杂微妙的过程。人的头脑中储存着大量信息和记忆表象，并且是相互联系的。因此，当客观事物刺激某一感官时，除了直接产生与之相应感觉表象外，还会举一反三，由此及彼，反映出客观事物外在的和内在的联系。陆机《文赋》云："课虚无以责有，叩寂寞而求音。"明代闵齐华解释说："课虚无，从无象以求象也。叩寂寞，从无声以求声也。"[①]在艺术创作过程中，从无象求有象，从无声求有声，正是经过大脑的分析、综合，发挥想象联想作用而生成的通感心理现象。马融在《长笛赋》中写道："尔乃听声类形，状似流水，又像飞鸿。"所以人们听到长笛的声音会有"听声类形"的心理现象发生，因为客观事物本身的形体与声音是有联系的："形体有处，莫不有声。"（《吕氏春秋·大乐篇》）"夫道生气，气生形，形动气激，声之所由出也。然则形气者，声之源也。"（《乐书要录》）可见，通感心理现象并不神秘，它是在各种事物及其属性有机联系的客观存在基础上产生的。为了说明问题，我们举两个艺术创作和欣赏方面的事例。

法国十九世纪著名风景画家柯罗创作了《阵风》《运草车》《傍晚》等充满诗意和音乐感的传世佳作。他在观察和体验生活的过程中，并不只是用自己眼睛去看事物的形体、颜色，还以丰富的想象联想把绘画与音乐乃至气味相互感通，彼此联系起来，可以从歌剧的情节、某些气味联想到自己所经历的生活情景和自然风光。那暮色苍茫、黑压压的丛林，在他的眼里，也似乎变成了交响乐中"协调和加强音部的男低音"。请看一看柯罗传记的有关记载：

> 有时，柯罗别出心裁地把对音乐和气味的感受同绘画扯到一起。"我一想起在我青年时代风行一时的歌剧《一个十字军士在埃及》的情节，就想到阿尔卑斯山，看见自己在1825年乘坐马车的情景。当乐曲一开始，我就望见了意大利边界，到曲子终了我就进入了意大利国境。闻到气味也是这样：有些气味可以使我联想到某些风景。比如，

① 张少康：《文赋集释》，人民文学出版社，2002年，第91页。

要是我在春天闻见榛子的气味，我会想起布阿·基约曼，想起我童年生活的地方鲁昂近郊的景色，想见我过去每逢星期日到芳香扑鼻的密林里采集蘑菇的情景。……午前大家一块出去野游，天色渐晚。暮色笼罩着长满杂草的丛林。所有的色阶混杂在一起，只有一些色斑衬托在苍茫暮色之中。柯罗发觉这一现象以后，把它比作交响乐。这黑压压的丛林似乎没有什么意义，但它却是交响乐的一部分：是协调和加强音部的男低音。[①]

这是艺术家审美体验中所产生的通感心理，在艺术欣赏中也有类似的情况。我国清代诗人、《二十四画品》的作者黄钺在《繁昌谢澜工琵琶……赋四绝句赠之》诗其三中，写他听谢澜弹奏《海东青》乐曲的艺术感受：

繁声剧响竦然听，
写出摩天搏击形。
不是凭虚空想象，
我曾眼见海东青。[②]

“海东青”是一种健翮凌空、性气勇猛的鹰鹫类大鸟，诗人听了“繁声剧响”的琵琶弹奏声，所以能听声类形，感受到乐师“写出摩天搏击形”，正因为他曾亲眼看见过海东青。如果他从来不知道它是个啥东西，即便有标题明示，不管是怎样奇思异想，恐怕头脑中也呈现不出海东青的形象来。艺术通感的产生，确实不是“凭虚空想象”，不像道家、佛家讲得那么神秘，而是以丰富多彩的生活经验为基础的。一个艺术家脱离生活，闭目塞听，心源枯竭，即使是个“天才”，也会无“感”可“通”，创

① 盖多凯维契编：《柯罗——艺术家·人》，张荣生译，人民美术出版社，1983年，第71页。

② 黄钺：《壹斋集》（下），卷三十八，陈育德、凤文学校点，黄山书社，1999年，第723页。

造不出通感形象来的。

从主体方面看，通感是人的大脑多种机能综合活动的结果。通感不仅要以事物的有机联系为客观基础，还得有人的主观条件，在以心感物的过程中发挥能动作用。物我交融，感而遂通，生成通感。恩格斯在《自然辩证法》中曾深刻地批评了直观、机械、形而上学的认识论观点，科学地揭示了五官感觉之间既相互区别又相互联系、相互转化的关系。他说：

> 我们的不同的感官可以给我们提供在质上绝对不同的印象。因此，我们靠着视觉、听觉、嗅觉、味觉和触觉而体验到的属性是绝对不同的。但是就在这里，这些差异也随着研究工作的进步而消失。嗅觉和味觉早已被认为是两种相近的同类的感觉，它们所感知的属性即使不是同一的，也是同类的。视觉和听觉二者所感知的都是波动。触觉和视觉是如此地相互补充，以致我们往往可以根据某物的外形来预言它在触觉上的性质。最后，总是同一个我接受所有这些不同的感性印象，对它们进行加工，从而把它们综合为一个整体;而这些不同的印象又是由同一物所给予，并显现为它的一般属性，从而帮助我们认识它。说明这些只有不同的感官才能接受的不同的属性，确立它们之间的内在联系，这恰好是科学的任务，而科学直到今天并不抱怨我们有五个特殊的感官而没有一个总的感官，或者抱怨不能看到或听到滋味和气味。①

现代心理科学的研究成果进一步证明恩格斯的上述论断是完全正确的。人的大脑神经系统是由无数神经元所组成的，其结构和机能就是最先进、最精密的计算机网络系统也不能与之相比。它既有不同的系统层次和区域，又是相互影响、彼此沟通的有机整体；既有明确的分工，又可进行高度的综合。当人们的感官接受外在信息的刺激时，内导神经会很快把所接收的信息传入大脑皮层，经过分析器的分流，进入相应的感觉区域，载

①《马克思恩格斯全集》，第20卷，人民出版社，1971年，第576页。

有视觉信息的归之于枕叶，载有听觉信息的归之于颞叶，载有嗅觉信息的也归之于颞叶，载有触觉和动觉信息的归之于顶叶。这样不同区域形成不同的“兴奋中心”，同时使其他区域产生“兴奋抑制”，从而产生不同的反应，形成不同的感觉表象。但是，各个感觉区域的边缘地带又有着许多“叠合区”，发挥着连接、协调、交汇的作用。因此，五官感觉接受外物刺激，在产生“兴奋分化”的同时，还会引起“兴奋泛化”。南朝梁萧绎在《山水松石格》中说过“炎绯寒碧，暖日凉星”的话，近代色彩学对颜色有冷、热之分，红、黄、橙为热色，青、绿、紫、白为冷色。“绯”是红色，使人感到炎热；“碧”是青绿色，使人感到清凉。太阳光红彤彤的，使人感到温暖；星光点点白色，使人感到寒冷。这种由视觉向触觉的挪移、转换，就是“兴奋泛化”所生成的通感心理现象。

人的五官感觉在接受外在信息时，经过多次反复的刺激，便在大脑皮层中形成比较稳定的、牢固的暂时神经联系，把头脑里储存的各种信息、感觉表象沟通起来。因此，当某一感觉器官受到刺激时，除了自身产生直接的反应外，还会引发其他感觉神经的反应。正如十九世纪德国哲学家费歇尔所说的：“各个感官本不是孤立的，它们是一个感官的分支，多少能够相互代替。一个感官响了，另一个感官作为回忆，作为和声、作为看不见的象征，也就起了共鸣。这样，即使是次要的感官，也并没有排除在外。”①这种令人惊奇的各种不同感觉之间相互作用的心理现象，就是“通感”（或称“联觉”）。鲁迅曾谈到高尔基很惊服巴尔扎克小说里的人物对话写得非常生动巧妙，“并不描写人物的模样，却能使读者看了对话，便好像目睹了说话的那些人”。小说里人物的“对话”是形之于声的，读者怎么能从“对话”中想象到人物的“模样”来呢？鲁迅说得好：“作者用对话表现人物的时候，恐怕在他自己的心目中，是存在着这个人物的模样的，于是传给读者，使读者的心目中也形成了这个人物的模样。”②作者心

① 费歇尔：《美的主观印象》，《古典文艺理论译丛》（八），人民文学出版社，1962年，第5页。

② 《鲁迅全集》，第5卷，人民文学出版社，1982年，第530页。

目中有了鲜明生动的人物形象，所描写的人物对话才能诱发读者的想象力，从中“听”出人物的“模样”来。朱光潜把通感作为联想的一种特殊表现形式，钱锺书更明确地说“本联想而生通感”，都是很有道理的，正确地揭示了通感产生的心理根源。

本色之外　笔补造化

通感作为一种心理现象和感觉经验，在所有的正常人身上都会发生的，大都属于一般的、自发的通感，特别是同味觉、嗅觉、触觉联系起来，引起生理上快适与不快适的反应是很突出的。美感虽然不同于生理快感，但味觉、嗅觉、触觉等生理性很强的感觉，经过情感、想象的陶冶、净化，却可以被扬弃的形式融入于审美的精神愉悦之中，成为美感的不可或缺的因素。朱光潜先生在《文艺心理学》中引用法国美学家顾约《现代美学问题》中的这样一段话颇能说明问题：

> 我们每个人大概都可以回想起一些享受美味的经验，与美感的享受无殊。有一年夏天，在比利牛斯山里游行大倦之后，我碰见一个牧羊人，向他索乳，他就跑到屋里取了一瓶来。屋旁有一小溪流过，乳瓶就浸在那溪里，浸得透凉像冰一样。我饮这鲜乳时好像全山峰的香气都放在里面，每口味道都好，使我如起死回生，我当时所感到那一串感觉，不是“愉快”两字可以形容的。这好像是一部田园交响曲，不从耳里听来而从舌头尝来。……味感实在带有美感性，所以也产生一种较低级的艺术，烹调的艺术。柏拉图拿烹调和修辞相比，实在不是一种开玩笑的话。

这段话的意思固然有把生理快感与审美情感混为一谈之嫌，不过认真思考一下，其中也不无几分道理。一个登山越岭、极端疲倦、饥渴难忍的旅游者，能喝到一瓶清凉如冰的鲜乳，产生口味的“愉快”当然是寻常的快感，但这种快感强烈得犹如“起死回生”，引起丰富的联想，感到“全山峰的香气都放在里面”，仿佛从舌头尝来“一部田园交响曲”，这便超越了单纯的快感，获得了精神享受。所以，朱先生说：“如果说寻常快感到再现于记忆时每每变成美感，倒有几分道理。顾约在比利牛斯山饮乳时所享受的只是快感，到他著书时回忆那种风味，便杂有几分美感在里面了。”[①]当顾约回忆起喝鲜乳时的愉快，并产生丰富的联想，便与寻常的味觉快感拉开了心理距离，使之得以升华，与嗅觉、听觉相互感通、协作，在审美整体中发挥辅助作用，可从对象中领略到更多的风情韵味。我国古代美学中利用味觉与听觉、视觉之间的通感，提出的“滋味”说，艺术创作和欣赏追求“味外之味”，就体现出情感将日常快感推进、提升为审美通感的动力作用。

人们在审美活动中，不是只运用某一种感官，而是从整体的人出发，即全身心的投入，有时所有的感官都会活跃起来，打破界限，共同协作，演奏出各种感官同感共鸣的交响曲。郑日奎《游钓台记》中写自己游历东汉严子陵隐居地钓台的情景，就是非常生动、典型的例子：“山既奇秀，境复幽茜。……足不及游而以目游之。俯仰间，清风徐来，无名之香，四山飘至，以鼻游之。舟子谓滩水佳甚，试之良然，盖是即陆羽所品十九泉也，则舌游之。顷之帆引峰转，瞻望弗及矣。返坐舟中，细绎其峰峦起止，径路出没之态，惝恍间如舍舟登陆，如披草寻磴，如振衣最高处。……下瞰群山趋列，或秀静如文，或雄拔如武，大似云台诸将相，非不杰然卓立，觉视先生，悉在下风，盖神游之矣。……舟泊前渚，人稍定，呼舟子，劳以酒，细询之曰：‘若尝登钓台乎？山中之景何若？其上更有异否？四际云物，何如奇也？’舟子具能悉之，于是乎并以耳游。噫嘻，快矣哉，是游乎！”这位文士欣赏大自然的美景，几乎动用了所有的感觉能力，有目游、鼻游、舌游、耳游，还有“神游”，把诸多感觉的直接体验以及“神游物外”的间接经验联结起来，相互渗透，相互作用，既

①《朱光潜全集》，第1卷，安徽教育出版社，1987年，第272页。

有对自然风光完整而丰富的审美体验，又表达了对严光淡泊名利、归隐钓台的人格美的仰慕之情，从而获得精神上的快乐和享受："快矣哉，是游乎！"在这里五官感觉发挥着整体的功能，几乎没有审美与非审美的严格界限，各个感官均有益于美感的产生、丰富和发展。日本著名中国学者笠原仲二在《古代中国人的美意识》一书中，对我国古代审美意识的起源、发展作了较为具体、深入的探讨，就曾明确认为，中国人的审美意识起源于味觉，然后扩展到视觉、听觉、嗅觉、触觉的，并随着文明的进步，又从官能性的感受扩展到精神性的"心觉"，最后扩展到自然和社会生活整体所带来的审美效应。[①]美国美学家桑塔耶纳也在《美感》中说："人体一切机能都对美感有贡献。"[②]这些话不是没有道理的。

艺术通感则是在一般通感的基础上，经过审美的净化与升华，成为一种"有意味的形式"。吴景旭在《历代诗话》中说："竹初无香，杜甫有'雨洗娟娟静，风吹细细香'之句；雪初无香，李白有'瑶台雪花数千点，片片吹落春风香'之句；……云初无香，卢象有'云气香流水'之句。妙在不香说香，使本色之外，笔补造化。"在他看来，诗歌中竹、雪、云等自然物象"不香说香"，是诗人"笔补造化"的结果，不是其"本色"，肯定了艺术创造的能动作用，是很有见地的，但到底怎么"笔补造化"，却没有讲出道理来，其实就是艺术通感。在艺术创作中，艺术家面对着自己的反映对象，在直接引起相应感觉的同时，还会在想象联想、情感体验的推动、激发之下，以记忆中储存的其他感觉经验补充、丰富和发展主导感觉，赋予它所不能直接反应的东西，从而构成虚实结合、有无相生的审美意象。竹本无香，杜甫把它想象为娟秀文静的女子，再由女子身上的脂粉香，联想到青青修竹也飘散出"细细香"来；漫天的雪花使李白联想到春天的百花齐放，春风总是吹送花香的，看到片片落雪便似乎闻到了春花的芬芳。贾唯孝《登螺峰四顾亭》："雨过树头云气湿，风来花底鸟声香。"则是闻到了春风吹来阵阵花香，使人感到花木丛中鸟鸣声也仿佛是香的。

① 参见笠原仲二:《古代中国人的美意识》,北京大学出版社,1987年,第1—20页。

② 乔治·桑塔耶纳:《美感》,缪灵珠译,中国社会科学出版社,1982年,第36页。

还有杜甫的《月夜》："香雾云鬟湿，清晖玉臂寒。"夜雾本无香气，由想到妻子久久站立月夜云雾中期盼他归来，便从妻子的身上散发的香气想象出夜雾也是香的，表达了思念亲人的无限深情。这里"香"，不是直接刺激嗅觉的实物的气味，而是想象的、虚拟的，不同于生理性的实际感觉。通感赋予它以情感的、审美的意味，是诗人"本色之外，笔补造化"的成果。

总之，通感作为多种感觉经验有机综合的心理现象，是人的高级神经活动的产物。主体与客体相统一，心与物双向交流，感于外而通于内，方能生成通感。当然，它并非是实体的统一，而是类比的、想象的、象征性的统一，是情感价值的感发与认同。艺术通感则是以一般通感为基础，并对之进行审美净化与升华的成果，用我国传统美学语言来概括，可谓"灵心妙悟，感而遂通"。①

① 郭若虚:《图画见闻志》，人民美术出版社，1963年，第62页。

第二章　诗人感物　联类不穷

——通感的类型

刘勰在《文心雕龙》中说："诗人感物，联类不穷。"（《物色篇》）艺术家感物吟志，神与物游，因情成体，把不同感觉表象联接起来，构成各式各样通感意象。它不是"天地自然之象"，而是"人心营构之象"，"心之营构，则情之变易为之也"。（章学诚《文史通义》内篇一）由于诗人的生活经验、思想感情、个性气质、审美趣味的不同，通感意象往往因人而异，各有面目，丰富多彩，难以穷尽。这就为我们确定通感的基本类型带来不少的问题和困难，致使论者的看法颇不一致。这里，我想根据艺术通感意象构成的不同方式、特点，将它分为三种类型，即感觉挪移，表象叠加，意象互通，未知当否？

感觉挪移

感觉挪移，是指一种感觉向另一种感觉的移动，或者说，由一种感觉引起另一种感觉。在日常生活和艺术活动中，它出现的频率都是很高的，可能由于这个原因，以致有人将它作为"通感"的同质概念来使用，把两者等同起来。我们认为，感觉挪移只是通感的一种类型，一种比较简单的、初级的通感形式。

首先，感觉挪移最为贴近感知活动的生理机制，大多发生于两种属性相近的感觉之间，如视觉与听觉对象虽有光色与声响的不同，但都是"波动”的，有相近之处；视觉与触觉也很接近；触觉、味觉与嗅觉都是生理性感觉，关系更要密切些。生活经验告诉我们，用微小的乐音刺激听觉分析器，能够在一定程度上提高视力；就餐时闻到诱人的气味，往往能增进食欲。因此，它们之间很容易建立起暂时神经联系，相互沟通和联结起来，产生感觉上的挪移，使一种感觉兼有另一种感觉。两种感觉有时契合无间，不隔不离，近似于单一的自然感觉。在我们日常用语中，不少词汇表现出这一特点。譬如说话声音“响亮”、歌曲唱得“字正腔圆”，就把听而无形的声音挪移到视而无声的形色上来，有声有色，视觉与听觉不分彼此了；形容色彩“冷”与“暖”、“甜腻”与“苦涩”，把触觉、味觉与听觉沟通了起来；至于“热闹”和“冷静”两个词语中的“热”与“闹”、“冷”与“静”更是表明听觉与触觉的串通一气，密切结合。

其次，感觉挪移比较贴近感知对象的属性，它是客观事物作用于人的感官所产生的直接反应，即由目之所见、耳之所闻、身之所触、心之所感生成，主要是“直寻所得”，即直觉的联想起作用。如“寺多红叶烧人眼”，看到红似火的枫叶，因火是炙热的、有光芒的，便产生出一种“烧人眼”的感觉，视觉很自然地向触觉挪移。“泉清入目凉”，清澈的泉水映入眼帘，就使人感到是“凉”的，视觉向触觉转化更是没有痕迹，以至“清凉”成为一个不可分割的词语。这种现象表明，感觉挪移主要是在直觉想象的基础上产生的，具有生动的形象性和直接的感受性的特点。

感觉挪移在日常的认知活动中，给人以具体、生动的形象感受，快适或不快适的生理反应很突出。艺术不是自然事实，自然事实并非艺术真实。艺术作品中由感觉挪移而形成的通感意象，体现着艺术家的审美情感，成为一种富于表现力的形式。就以人们所熟知的唐代诗人杜牧名篇《秋夕》说吧：

银烛秋光冷画屏，
轻罗小扇扑流萤。
天阶夜色凉如水，

卧看牵牛织女星。

这首小诗的一、三两句均为视觉向触觉挪移而产生的通感意象。在秋夜里，室内烛光照到画屏上，使人感到清冷；皇宫石阶色彩暗淡，如水似的冰凉。这种通感挪移的生理反应是很明显的，在一般感知活动中都是可能发生的，当诗人把它纳入有机统一的艺术整体中，就具有了丰富的情感内容，不着痕迹地流露出深闭内廷的宫女孤独、寂寞、凄凉的心境，并寄予了诗人深深的同情。这里一个“冷”字，一个“凉”字，其感情意蕴耐人寻味，运用感觉挪移的表现方法，创造出了具有诗情画意的作品。

表象叠加

通感的另一种类型是表象叠加。表象叠加可以说是多重通感，是感觉挪移的进一步的丰富、发展和深化。感觉挪移主要是通过直接感受对客观事物个别属性之间的联系作出反应，表象叠加则是在感觉经验的基础上，让想象自由驰骋，离方遁圆，秘响旁通，一觉兴奋，多觉应和，产生连锁反应，从而形成多重感觉表象综合的通感意象。例如：“月凉梦破鸡声白，枫霁烟醒鸟语红。”（李世熊《剑浦陆发次林守一》）天将破晓，月白风清，白是冷色，“白”而生“凉”，由视觉向触觉的转化，是一重通感；因“凉”而梦破，醒来看到银白色的月光，听到雄鸡报晓声得知天要亮了，也感到像是“白”的，则由听觉向视觉转化，又是一重感觉。天气晴和，烟消云散，枫林尽染，一片火红，林中鸟语声也似乎染上了“红”色，由听觉向视觉的转化，再叠加一重觉感。在这两句诗中，诗人运用多重通感，把视觉、触觉、听觉诸表象叠合起来，异觉相济，交互为用，成功地表现了秋天破晓时光的诗情画意。韩愈《听颖师弹琴》更是以表象联想、多重叠加的手法描写音乐美而为人所传诵：

昵昵女儿语，恩怨相尔汝。

划然变轩昂，勇士赴敌场。
浮云柳絮无根蒂，天地阔远随飞扬。
喧啾百鸟群，忽见孤凤凰。
跻攀分寸不可上，失势一落千丈长。

琴声初起，轻缓和柔，如同少男少女切切私语，诉说衷情；陡然音调高昂激烈起来，像是勇士跃马扬鞭，奔赴战场，英勇杀敌；接着琴声飘忽无定，如浮云柳絮一般，在空阔广远的天地间随风飘荡、飞扬；紧随着高低错杂，如在百鸟喧叫声中，忽然看到孤高自立、卓然不群的凤凰。最后乐曲进入高潮，最强音如攀登千丈高峰，寸步难上；收音则猛然下跌，戛然而止，如高峰失势，一落千丈。诗人以自己的奇思妙想，把无形的琴声比喻成看得见、摸得着的视觉、触觉形象，使人们真切地体味到那琴声的美：轻柔优美与激昂雄壮，悠扬飘逸与错落有致，和谐统一与高标独立，最强音的高不可攀与收音的一落千丈。这里的表象联想已不像感觉挪移那样，只是简单地一种感觉转移到另一种感觉，而是沟通了多重感觉表象，组成一个虚实相生的意象群落。

在艺术作品中，由多种表象叠加构成的通感意象，绝不是感觉表象机械的凑合，而是艺术家充分调动想象、联想能力，真正用情感把不同的感觉表象凝结在一起，从而多维度、多层次地表现、反映客观事物，丰富和拓展艺术形象的精神内容和审美蕴涵。可以这样说，在艺术创作中，由表象联想有机构成的意象群落，意象之间每一次的更替和转化，都意味着艺术家心灵深处的律动，情感体验的深化。我国现代著名诗人艾青在《给乌兰诺娃》的诗中，是这样描写这位享誉全球的芭蕾舞艺术家的高妙、优美舞姿的：

像云一样柔软，
像风一样轻，
比明月更亮，

比夜更宁静——
人体在太空里游行。

诗人以朴实无华的语言，把自己观舞的感受、体验和情感的律动作了富于艺术深度和魅力的表现。他既不是抽象地说乌兰诺娃的舞蹈动作是如何的柔软、轻盈、明亮、宁静，也没有自然主义地罗列她的形体动作来拼凑单一的视觉形象，而是通过自由、圆融的审美体验，组成视觉、听觉和触觉的通感意象，用以调动读者的想象力，与诗人一起来品味、享受这位舞蹈"女神"风姿绰约、流光飞彩的艺术神韵。二十世纪三十年代小说家王鲁彦在《听潮》中写听海潮的感受，可以说把表象联想运用和发挥到淋漓尽致的程度："海在我们脚下沉吟着，诗人一般。那声音仿佛是朦胧的月色和玫瑰的晨雾那样温柔；又像是情人的蜜语那样芳醇；低低地，轻轻地，像微风拂过琴弦；像花朵飘零在水上。"潮声本是诉诸人的听觉的，而作者却动员起全部感觉来感受它、体验它，形成视、听、味、嗅、触诸觉多重通感，使人们不仅从潮声中"听"出了诗人的"沉吟"，"情人的蜜语"，"微风拂过琴弦"的乐音，而且嗅出情人蜜语的"芳醇"，体味了"朦胧的月色"与"玫瑰的晨雾"的"温柔"，看到潮水中花的"飘零"，大大丰富了人们的审美体验。诗人把海潮声诗意化了，审美化了。这些生动的艺术事例，都清楚地表明由表象叠加构成的通感意象，多觉应和，虚实相生，蕴含丰富，只有深入其境，体悟其意，方能得其艺术"三昧"。

意象互通

人们在讨论通感问题时，大都把它限定在五官感觉之间的沟通、转化范围内，看来是不够全面、完整的。我们认为，人的内在情感、思想、意趣与外在事物之间相互融通的关系，简单地说，就是意、象互通，不仅应当作为通感的一种类型，而且是更为重要的表现形式。佛家早就有"六根互用"的思想，所谓"六根"是指眼、耳、鼻、舌、身、意，并相对应于

"六境"，即色、声、香、味、触、法，其中明显地包含有心官意觉与五官感觉即意、象相通互用的内容。这且不说，马克思、恩格斯有关"人的本质力量对象化"和认识论问题的论述，对于我们正确理解这个问题，应当说是有着指导意义的。马克思曾这样写道：

> 人以一种全面的方式，也就是说，作为一个完整的人，占有自己的全面的本质。人同世界的任何一种人的关系——视觉、听觉、嗅觉、味觉、触觉、思维、直观、感觉、愿望、活动、爱，——总之，他的个体的一切器官，正像在形式上直接是社会的器官的那些器官一样，通过自己的对象性关系，即通过自己同对象的关系而占有对象。①

恩格斯在《自然辩证法》中也说：

> 人的眼睛的特殊构造并不是人认识的绝对界限。除了眼睛，我们不仅还有其他的感官，而且有我们的思维活动。②

这就告诉我们，人是以全面的方式认识和掌握客观世界的，除了五官感觉之外，还有情感、愿望、实践意志、思维活动等，并同五官感觉一起，与世界发生对象性的关系。通感作为一种心理现象和感知方式，我们如果只讲五官感觉之间的关系，忽视了精神与物质的关系，即精神与自然、心态与物态、心官意觉与五官感觉的相互对应、感通、契合的关系，就不能充分揭示其中所体现的人的"全面的本质"。这种关系的一种表现形式就是意、象感通。如刘勰《文心雕龙·比兴篇》中所说的"以物比理""以声比心""以响比辩"，即属于这样一种通感类型。

这里的"意"与"象"是两个并列、对应的概念，"意"是指人的意

①《马克思恩格斯全集》，第42卷，人民出版社，1971年，第123—124页。
② 同上，第20卷，人民出版社，1971年，第583页。

念、情感、意绪、志趣等，即所谓“七情六欲”吧，它是主观的，精神的，抽象的，无声无色，无形无味；“象”则是外在的事物，它是客观的，物质的，具体的，视之可见，听之可闻，触之可摸，食之可口，是五官感觉能够直接感受得到的。两者之间虽有物我、主客之分，却是可以相通的。按照格式塔心理学的观点，人的内在情感与外在事物虽然质料不同，却有着相同的张力、结构，在大脑中激起相同的电脉冲，从而产生一种“异质同构”、心物交感的关系，其实这就是我们所说的意、象互通。在日常生活和艺术活动中，意、象感通的心理现象是普遍存在的。以孔子为代表的先秦儒家就有“仁者乐山，智者乐水”“以玉比德”的思想。《周易·系辞上》云：“同心之言，其臭如兰。”魏晋南北朝时期的萧子良说：“素志与白云同悠，高情与青松共爽。”（《与荆州隐士刘虬书》）王微在论及画家创作心理时也说过类似的话：“望秋云，神飞扬；临春风，思浩荡。”（《叙画》）不用再作分析，这些话语本身已能清楚说明意、象感通是客观存在着的心理现象。但最典型的例证要算是明代李日华《六砚斋笔记》中有关绘画创作“喜气写兰，怒气写竹”的记述了：“元僧觉隐曰：‘吾尝以喜气写兰，怒气写竹。’盖谓叶势飘举，花蕊吐舒得喜之神；竹枝纵横，如刀刃错出，有饰怒之象。”①兰“得喜之神”，竹“有饰怒之象”，故能分别形成“异质同构”的对应关系，以神入形，心物契合，意象感通。

有人对此可能会提出疑问：物我统一、情景交融是艺术的普遍品格，把意、象互通作为通感的一种类型，是否会把“通感”的内涵泛化，模糊了它的质的规定性呢？我们说，不会的。王国维在《人间词话》中曾提出著名的“境界”说，将古典诗词的境象分为“有我之境”和“无我之境”两种：“有我之境，以我观物，故物皆著我之色彩。无我之境，以物观物，故不知何者为我，何者为物。”②有我之境与无我之境是存在着明显区别的，前者作为一种情景交融的艺术境界，虽然物我契合，不隔不离，但界限仍然存在，“故物皆著我之色彩”；而后者则是消解了物我界限，“故不

① 周积寅编著:《中国画论辑要》,江苏美术出版社,1985年,第226页。

② 《蕙风词话·人间词话》,人民文学出版社,1962年,第191、217页。

知何者为我，何者为物”，主观情感完全溶化在境象之中，即“以自然之眼观物，以自然之舌言情”[①]。意象互通就是“有我之境”的一种表现形式。钱锺书在《谈艺录》中论及物我同感时，曾以“思如流水”“忧若山来”“愁抵山重叠”“愁量海深浅”等诗语为例，概括其艺术特征说：“象物宜以拟衷曲，虽情景兼到，而内外仍判。……要须流连光景，即物见我，如我寓物，体异性通。物我之相未泯，而物我之情已契。未相泯，故物仍在我身外，可对而观赏；情已契，故物如同我衷怀，可与之融会。”[②]他所举的例句，全都是属于意、象感通的，因而用这段话来说明它的内涵是确切的，具有质的规定性。意与象、情与景虽有内外之别，但又是并存不悖、彼此契合、相互感通的。至于“无我之境”，物我不分，意象合一，情寓景中，了无分别，界限泯灭，不能归于意、象互通的范畴。

意象互通在艺术中主要表现为两种形式，一种是意通于象，以象表意，以物类情，把主观情感物态化。如李煜《虞美人》词：“问君能有几多愁？恰似一江春水向东流。”“愁”是抽象的情感，“春水”是具体的物象，一经沟通，以“春水”喻愁情，就把这位亡国之君“以泪洗面”的无穷无尽的哀愁具体、真切地表现了出来。晏殊《玉楼春》：“便叫春思乱如云，莫管世情轻如絮。”诗人自己的思绪即便像春天乱云一样纷纭不宁，也不去理会那飞絮似的轻薄、淡漠的世道人情。诗人不满于冷落的世态人情而又无力改变、不得平静的心态，被具象化、视觉化了。另一种是象通于意，以象比意，以物拟情，化景物为情思。如李白《送友人》：“浮云游子意，落日故人情。”浮云像是浪迹天涯的游子的心思意绪，飘忽无定；夕阳西下，余辉犹存，像是友人的依依惜别之情。秦观《浣溪沙》：“自在飞絮轻似梦，无边丝雨细如愁。”絮有轻重，雨有粗细;梦无轻重，愁无粗细。而飞絮自由自在，却像梦一样的轻柔；丝雨朦朦，细得如愁似的若有若无。在日常用语和古典诗词中，还有如“分忧”“解愁”“抱怨”“饮恨”“杨柳伤别”“海棠微醉”“落日含悲”“红情绿意”等，均属此类通感。

① 《蕙风词话·人间词话》，人民文学出版社，1962年，第191、217页。

② 钱锺书：《谈艺录》，中华书局，1982年，第53页。

意通于象，是以我度物，以情类物；象通于意，是以物度我，以物类情。二者表现形式是不同的，逆向而行的，但究其实质都是心物契合、一气相通所产生的心物交流、互动的通感现象。在这里，“意”是灵魂，“象”是身体。“意”以“象”而显，“象”以“意”而神。意、象相互融通，同感共振，意味深长。

最后应当说明的是，第一，我们将通感分为感觉挪移、表象叠加、意象互通三种类型，并对各自的特点作了分析，感觉挪移是两种不同感觉的沟通，具有直观性的特点；表象叠加是由多重感觉表象递进、转化生成，自由联想起着非常重要的作用；意象互通是主观情意与客观物象的相互感通，以情类物，以物拟情，移情、象征表现得甚为鲜明、突出。这三种通感类型的划分和特点概括是相对的，不能将其绝对化。直观感觉、想象联想、移情象征在不同类型的通感中是相互渗透、相互作用的，只是表现得隐显、强弱有所不同罢了。通感实际上是一种综合的心理活动，不是各种感觉表象的简单相加，可以归属于审美知觉。第二，学术界对于通感类型如何划分，意见不一，有的将其分为直觉型、想象型、比喻型、象征型、多重型，其中不乏合理因素，但也有可商榷之处。譬如直觉、想象是各种类型的通感都不可少的心理因素，不同类型的通感均可以比喻作为自己的语言表达手段，象征则是意、象互通的一种表现方式，因此它们似不宜作为独立的通感类型。第三，在语言学界关于通感与修辞的关系问题的讨论中，有一种颇有影响的观点，即把通感作为一种新的、独立的修辞格，这里就发生了与其他修辞格的关系问题。通感是可以通过比喻、比拟、借代、拈连、移就、夸张等多种修辞手段表现出来的，如果将它作为一种独立的修辞格，那么怎能同其他修辞格划清界限呢？我们认为，通感为诸多修辞格提供了心理基础，而不能作为一种独立的修辞格，否则是有些说不清、道不明的。这里涉及心理学、文艺学和语言学的关系，问题比较复杂，不是三言两语所能讲清楚的，有待于进一步的讨论、研究。

第三章　触物起情 迁想妙得

——通感的心理分析

艺术通感不是简单的、孤立存在的心理现象，而是与想象联想、情感体验、认识理解联系在一起的。它可以突破单一感觉经验的局限，整合、协调各种感觉能力，丰富和深化人们的审美体验，或明或暗、或隐或显地展现出自己的光彩、活力。通感的心理结构及其审美意义，可以概括为：触物起情，迁想妙得。

感觉——通感的起点

人的一切认识活动都是从感觉开始的。人的感觉器官在接受外物刺激时，由于大脑神经分析器的不同，对其形状、色彩、声音、气味、质地等分别作出相应的反应，产生视觉、听觉、味觉、嗅觉、触觉的感受。感觉是人对客观事物个别属性的直接反映，虽是一种初步的、感性的认识，却为一切高级的认识和复杂的心理活动提供了材料和基础。列宁在《唯物主义和经验批判主义》中写道："感觉运动着的物质的映象，不通过感觉，我们就不能知道实物的任何形式，也不能知道运动的任何形式；感觉是运动着的物质作用于我们的感觉器官而引起的。"[1]艺术和审美活动当然也不能脱离感觉。美国现代美学家帕克在《美学原理》中说："感觉是我们进

① 《列宁全集》，第14卷，人民出版社，1963年，第319页。

入审美经验的门户；而且，它又是整个结构所依靠的基础。感受不到感觉可能的价值的人，也可能是富于同情心的和聪明的，但是，他们不可能成为美的爱好者。”①艺术通感是以感觉为起点和基础衍生、发展起来的，并产生不同感觉之间相互渗透、发散辐射的审美效应。

人的任何一种感觉系统在受到外物刺激时，除立即产生其自身的直接反应以外，有时还引起其他感觉系统的“兴奋”，也会作出反应。前者是直接的、实在的、原发性的感觉，后者则是间接的、想象的、继发性的感觉，二者有机统一，虚实结合，相辅相成，生成通感。没有前者的主导作用，就不可能派生出其他感觉来；没有派生感觉的补充、延展，主导感觉就可能停留于事物的局部和表面，难以整体地、深入地把握对象，产生丰富多彩的审美体验。

艺术家在观察、体验生活的过程中，面对着各种生活现象，是全身心投入的，五官感觉都从各自的渠道接收信息，并要依据本门艺术的特殊规律，以自己特殊的艺术敏感，使直接的感觉信息在头脑中形成优势的兴奋中心，并与其他感觉信息协调、联系起来，经过复杂、微妙的心理转化，从中发现、抽取和提炼共通的审美质素，运用一定的物质媒介和表现手段，创造出具有特定的形象形式和感觉方式的艺术作品来，如音乐以声音作用于人们的听觉，绘画以形色作用于人们的视觉，语言艺术通过听觉作用于人们的想象力，戏剧、影视等综合艺术作用于人们的视、听两种感觉等。通感就是以艺术家直接的感觉经验为出发点，在感觉的“分化抑制”与“兴奋泛化”交互作用中产生的。

通感在各种门类的艺术中均有所表现，但由于物质媒介和表现手段的不同，有的是直接的，有的则是间接的。语言艺术可以自由地描述形形色色的客观事物和人的心理活动，把不同感觉之间相互感通、虚实相生的关系反映出来。如陆机的诗《拟西北有高楼》：

佳人抚琴瑟，

① 帕克：《美学原理》，张今译，商务印书馆，1995年，第50页。

纤手清且闲。
芳气随风结，
哀响馥若兰。
玉容谁能顾，
倾城在一弹。

诗人听到弹奏琴瑟的声音，是原初的、主导的感觉，但当乐曲与花木散发的芳香结合一起，随风流动，便产生听觉向嗅觉的转移，从哀婉动人的乐曲声中似乎嗅到了兰花馥郁的香气。更为微妙的是，在外面是看不见高楼里抚琴佳人的，但从弹奏的乐曲声中，引发“听声类形”的心理活动，想象出是一位素手纤纤、容颜如玉的女子，听觉又一次向视觉转移。这里听觉是实在的、主导的感觉，由此而引起的触觉、视觉是想象的、派生的感觉。朱自清在《荷塘月色》中写道：

　　层层的叶子中间，零星地点缀着些白花，有袅娜开着的，有羞涩地打着朵儿的；正如一粒粒的明珠，又如碧天里的星星，又如刚出浴的美人。微风过处，送来缕缕清香，仿佛远处高楼上渺茫的歌声似的。……

　　月光是隔了树照过来的，高处丛生的灌木，落下参差的斑驳的黑影，峭楞楞如鬼一般；弯弯的杨柳稀疏的倩影，却又像是画在荷叶上。塘中的月色并不均匀；但光与影有着和谐的旋律，如梵婀玲上奏着的名曲。

这里视觉、嗅觉是主导感觉，听觉则是派生感觉。微风吹过袅娜开着的白花，送来缕缕清香，有一种无法言说的韵味，给人以节奏感、旋律感，仿佛是“远处高楼上渺茫的歌声”。月光是隔着树林照到荷塘水面上的，那丛生灌木斑驳的黑色，那弯弯杨柳稀疏的倩影，将荷塘的光与影构成一幅美丽的图画。诗人写的是亲眼看到的景色，亲自用鼻嗅到的清香，并以此为出发点，进一步表现出视觉、触觉向听觉的转化，感受到了“和谐的旋律”，“如梵婀玲上奏着的名曲”，真是有声有色，美妙动人。

一切艺术家都是要整体地感受、体验现实生活，在丰富的感觉经验的基础上进行创作的，通感是其中不可缺少的重要心理能力，但其他艺术却不能像语言艺术那样在作品里直接表现出来，除了艺术家以自己创作经验和作品的标题提示人们外，更主要的是从艺术的审美效果中间接地反映出来。贝多芬在谈到自己体验生活与音乐创作的关系时说：

> 它浮现，它成长；从每个角度我都能看到我面前的形象。它仿佛是铁铸成的（像雕刻一样）。……它们是不请自来，或是自动地或是不自动地，是我在寂静的夜晚或清新的早晨在森林中散步时，用手在空中捕捉来的。诗人受到这种情绪的启发，就把它变成文字，而我则把乐思变成各种声音，它们发出回响，它们轰鸣、咆哮直到它们以音符的形式站在我面前为止。[①]

贝多芬热爱大自然，熟悉乡村生活，对田园风光的美感经验非常丰富，并创作了著名的、被认为是最富于描绘性的《田园交响曲》。这个交响曲的每一章都有描写性的标题，如第一章为“下乡时快乐的印象”，第二章为“溪畔小景”，第三章为“乡人快乐的宴会”，第四章为“牧歌，雷雨之后的快慰与感激”等。可是，他在乐曲中没有、也不可能把田园风光、乡民生活的情景直接描绘出来，而是将属于视觉、嗅觉、触觉的感性材料，按照音乐艺术的特殊规律，转化为由声调、节奏、旋律构成的听觉形式，表现出自己对甘美、闲适的田园生活的情感体验。它是情感律动的记录和表现，而不是客观事物的具体描绘。所以，他说：

> 田园交响乐，不是绘画，而是表达乡间的乐趣在人心里引起的感

① 萨姆·摩根斯坦编：《作曲家论音乐》，茅于润译，人民音乐出版社，1986年，第30页。

受，因而是描写农村生活的一些感受。……它是感受多于音画。①

由此可见，艺术家在认识和反映现实生活的创作过程中，如果没有原初的、丰富的感觉材料，就不可能产生艺术灵感，进行构思和形成主题，当然也不会由多种感觉的相互沟通。艺术家自觉或不自觉地运用通感的心理能力，将多种感觉经验融会贯通起来，以少总多，万取一收，创造出具有特定的形象形式和感知方式的艺术作品来。

如果说，在艺术创作中，多种感觉经验相互沟通、联接，最终要以一定的媒介、手段物化成一种形象形式；那么在艺术欣赏中，则是从一种形象形式和感知方式中，引发出多种感觉经验来。人们欣赏音乐，首先听到的是声音，但并不仅限于听觉感受；欣赏绘画，首先看到的是色彩、形体，也并不仅限于视觉感受。它们还能激起人们想象联想，除了视觉与听觉互通之外，还能将视觉、听觉同味觉、嗅觉、触觉沟通起来，以丰富、发展和深化自己的审美体验。如罗曼·罗兰在他名著的长篇小说《约翰·克利斯朵夫》中，是这样描写主人公听贝多芬交响曲的心理感受的："这些音乐有时像一个红炉，烈焰飞腾，浓烟缭绕；有时像一个着火的森林，罩着浓厚的乌云，四面八方射出惊心动魄的霹雳；有时满天闪着毫光，在九天的凉夜亮起一颗明星，缓缓地隐灭了，令人看着心中颤动。"克利斯朵夫耳中鸣响着的是乐曲的声音，却从声音里"看"到了烈焰飞腾的红炉，乌云笼罩的森林，凉夜空中明灭的星光。我国唐代诗人杜牧《阿房宫赋》中对歌舞也有类似的描写："歌台暖响，春光融融；舞殿袖冷，风雨凄凄。一日之内，一宫之间，而气候不齐。"歌声热烈，温暖如融融春光；舞袖轻轻摆动，清冷似凄凄风雨。一天之内，在同一宫殿里，气候的阴晴、冷暖竟然如此不同。如钱锺书先生所分析的："歌'舞'作而'台'为之'融融'，俗语所谓'热闹'；歌'舞'罢而'殿'为之'凄凄'，俗语所谓'冷静'。'热'与'闹'、'冷'与'静'，异觉相济，心同厥

① 罗曼·罗兰：《贝多芬传》，傅雷译，人民音乐出版社，1978年，第78页。

理。"[①]这都是听觉与视觉、触觉在心理上相互沟通、转化的表现效果。同样，人们欣赏造型艺术，在获得直接的视觉美感的基础上，也会调动其他感觉经验，产生声情并茂的艺术感受。如"元四家"之一的吴镇，善画松竹，墨气淋漓，挺拔有致。他写过一首《画竹》诗，既是他艺术创作心理的自我表白，也可看作是对竹画的自我欣赏吧：

叶叶如闻风有声，
消尽尘俗思全清。
夜深梦绕湘江曲，
二十五弦秋月明。

画家从几株墨竹中，仿佛听到片片竹叶发出的风声，尘思俗念消除尽净，胸怀一片清明澄澈，深夜梦牵魂绕，来到湘江岸边，秋高气爽，明月朗照，聆听湘灵鼓瑟，耳中鸣响起动人心魄的"湘江曲"。这都是由画竹的视觉形象生发出来的情思，可谓"耳目都融"，意境极美，令人悠然神往。

通感是以客观事物作用于人的大脑所产生的直接感觉为起点的，并在此基础上激活、融通其他感觉经验，形成一种虚实结合的、有无相生的心理现象。在艺术活动中，通感不管表现得如何变化莫测、神通广大，但并不是如人们所想象的那么虚玄、神秘。我们不能忘记马克思的名言：

从主体方面来看，只有音乐才能激起人的音乐感；对于没有音乐感的耳朵说来，最美的音乐也毫无意义，不是对象，因为我的对象只能是我的一种本质力量的确证。……只是由于人的本质的客观地展开的丰富性，主体的、人的感性的丰富性，如有音乐感的耳朵、能感受形式美的眼睛，总之，那些能成为人的享受的感觉，即确证自己是人的本质力量的感觉，才一部分发展起来，一部分产生出来。[②]

① 钱锺书:《管锥编》,第3册,中华书局,1979年,第1076页。
② 《马克思恩格斯全集》,第42卷,人民出版社,1971年,第125—126页。

从这里可以看出，“确证自己是人的本质力量的感觉”，对于艺术和审美活动的重要意义。任何艺术都是以特定的感性形象，作用于特定的感觉器官，反映现实生活，并产生审美效应的。艺术家都要养成同自己艺术相适应的感觉能力，画家的眼睛有不同于一般人的眼睛，音乐家的耳朵不同于一般人的耳朵，要有一种特殊的艺术敏感。对于艺术欣赏者来说也是如此。欣赏音乐，就要有“音乐感的耳朵”；欣赏绘画，就要有“能感受形式美的眼睛”，否则，它们就不能成为你的对象，对你也是“毫无意义”的。当然，这并不意味着艺术的感受和体验只是某一感觉的孤立活动，而是以之为起点和基础，发挥其主导作用，沟通、联结、协调相关的感觉经验，从而对审美对象作出整体的感受和反映。因此，无论在艺术创作还是在艺术欣赏中，要发挥通感的审美功能，都必须从各个门类艺术的独特性能出发，立足于它们不同的存在形态和感受方式，把特殊性与共通点统一起来，确证人的“本质力量”，方能取得相异而相通的积极效应，丰富和深化人们的艺术体验。

想象——通感的桥梁

康德说：“想象力是一个创造性的认识功能；它有本领，能从真正的自然界所呈供的素材里创造出另一个想象的自然界。……诗人又超越经验的限制，运用想象力使它们具有圆满完善的、自然界里无可比例的形象。”[①]黑格尔在《美学》中也指出：“艺术作品的源泉是想象的自由活动，而想象就在随意创造形象时也比自然较自由。艺术不仅可以利用自然界丰富多彩的形形色色，而且还可以用创造的想象自己去另外创造无穷无尽的形象。”[②]艺术“真正的创造就是艺术家的想象活动”。[③]在艺术创作和欣赏

①《外国理论家、作家论形象思维》，中国社会科学出版社，1979年，第33页。

② 黑格尔：《美学》，第1卷，朱光潜译，商务印书馆，1958年，第6页。

③ 同上，第47页。

中，人们所以能够打破个别感官的限制，把各种感觉沟通、联结起来，形成丰富多彩的通感意象，想象的自由活动发挥着非常重要的作用。可以说，没有想象就没有通感，想象是实现艺术通感的中介和桥梁，艺术通感是想象的一种特殊的表现形式。

广义的“想象”是包括联想在内的，有时也把想象、联想并称，两者之间有着紧密的、不可分割的联系，但也有所区别。联想是由一事物想起另一事物的心理过程。客观事物不是孤立存在的，而是相互联系、相互依存、相互制约、有机统一的。人在认识客观事物的过程中，感物连类，由此及彼，当一事物刺激人的感官引起大脑中储存的另一事物表象的复现，便形成了联想。客观事物外在、内在的联系和人的心理活动的多样性、丰富性，决定联想具有不同形式，主要有接近联想、类似联想、对比联想、因果联想等。它们都能够引起一种感觉向另一种或多重感觉的挪移、转化，构成具有审美意义的通感意象。

接近联想：不同的事物在时间或空间上彼此接近，在人的大脑皮层形成较稳固的条件反射，容易由此一事物想到彼一事物，有时两者联结、融合起来，便产生通感的心理反应。清代有首咏扬州春景的诗：

> 廿四桥边廿四风，
> 平山堂前春意浓。
> 夕阳返照桃千树，
> 柳絮飞来片片红。

千树万树的桃花盛开，在夕阳返照之下，像是红色的海洋。春风骀荡，白色的柳絮飞舞于桃花丛中，似乎片片都染上了红色，这是接近联想产生的心理效应。如果说柳絮的白色向桃花的红色挪移，还属于同一的视觉范围，那么杨万里的《又和二绝句》其二则是典型的两种不同感觉的相互感通了：

剪剪轻风未是轻，
犹吹花片作红声。
一生情重嫌春浅，
老去与春无点情。

轻微而又略带寒意的春风，不是没有一点气力的，还能吹动花片发出红色的声音。风有声无色，花有色无声，风吹花作“红声”，由接近联想生成视觉与听觉的通感。

类似联想：由一事物想起与之在性质和形态上相似的另一事物，是类似联想。它是不同神经系统暂时联系“兴奋泛化”的表现，具有表象转化、具象概括的显著特点。由类似联想所形成通感，大都以比喻、象征、拟人的形式表现出来。如李贺《天上谣》：“天河夜转漂回星，银浦流云学水声。”传说中天上有条银河，既然是河，就有流水。夜晚银河与繁星都在空中回环运转，人们从地面翘首望去，繁星如行云一般在银河中漂浮流动，行云流水形态相似，但流水有声，行云无声，相似而不相同，相异而相通，故曰“流云学水声”。白居易《琵琶行》描写音乐的声音：“间关莺语花底滑，幽咽泉流冰下难。”以“莺语”比喻声音之婉转流走，以“泉流”形容声音时受阻塞，尚属同一听觉所接受的，但与“花底滑”“冰下难”结合起来，由声音与“花底”“冰下”的滑、涩相似而引起听觉与视觉、触觉的通感，把无形的音质具象化了。所以，段玉裁说：“莺语花底，泉流冰下，形容涩、滑二境，可谓工绝。”①

在艺术活动中，人与物的比拟、象征关系，是类似联想生成通感的一种重要表现形式。它的心理基础则是人与物的生命形式、运动形态之间存在着一种“异质同构”的关系，使人的主观情感与客观事物相互转化，息息相通。这种物我交感、以物拟心、以心拟物、意象互通现象在诗文书画作品里是大量存在的，如我国为人熟知的松、竹、梅“岁寒三友”，或加上菊花的“四君子”，就是自然物的人格化。周必大在《跋杨廷秀所作胡

①《经韵楼文集》卷八《与阮芸台书》。

氏霜节堂记》中，评杨万里诗文说："清风严霜，本不相为谋，兼二美者，竹也。友人杨公廷秀（万里），平居温厚慈仁，真可解愠，临事则劲节凛然，凌大寒而不改。名堂作记，曲尽竹之情状，盖身之非假之也。"[①]且不论杨万里是否有此高风亮节，但他"曲尽竹之情状"兼有清风、严霜之美，喻人平时"温厚慈仁"，临事"劲节凛然"，凌寒不改其性，则是人格与物性相契合的。西方也不乏其例。如培根在《论猜疑》一文中写道："心思中猜疑有如鸟中的蝙蝠，它们永远是在黄昏中飞的。"[②]这话的意思是，人们的疑忌多隐藏于内心深处，不能正大光明地表现出来，就如同昼伏夜出的蝙蝠一样，永远是在灰暗、朦胧的黄昏里飞来飞去。这都是由类似联想构成的一种特殊的通感意象。

对比联想：由一事物想起与之性质、特点不同甚至相反的另一事物，是对比联想。两种事物之间既是彼此对立的，又是相互联系的。这种对比联想有时也会以通感的形式表现出来，只是不像接近联想、类似联想那样突出和具有普遍性。如唐代诗人高适的《塞上听吹笛》就是一例：

雪净胡天牧马还，
月明羌笛戍楼间。
借问梅花何处落？
风吹一夜满关山。

此诗是写戍边战士用羌笛吹奏《梅花落》乐曲抒发怀乡之情的。边塞荒野冰消雪化，战士牧马归来，夜空明月高照，听到戍楼里传来《梅花落》的乐曲声，便很自然地联想起故乡的梅花。塞北中原，风物景色，相殊甚远。塞外是没有梅花的，梅花落在何处呢？此时此刻，中原故乡千树万树的梅花，一夜之间似乎都被北风吹来，落满了塞北边关山野。这种现实的听觉与联想的视觉形成鲜明的对比，相互交织、感通，就把边塞苍凉

①《杨万里范成大资料汇编》，中华书局，1985年，第8页。
②《培根论说文集》，水天同译，商务印书馆，1983年，第118页。

空阔的景色与久戍思归的感情巧妙地表现了出来。

因果联想：两种不同事物之间在发展变化过程中存在着因果关系，由原因想到结果或由结果想到原因，称之为因果联想。它在通感形成中起着重要作用，并常常以通感的形式表现出来。如韦应物《听嘉陵江水声寄深上人》诗：

水性自云静，
石中本无声。
如何两相激，
雷转空山惊？

水自静静流，石自本无声，两者冲撞在一起，便在深山里发出雷鸣般的轰响。如果哪位高明的画家将嘉陵江水、山石激烈撞击的情境描绘出来，我们观赏时就会产生“于无声处听惊雷”的听觉感受。这是由原因想到结果生成的通感。江湜《服敔堂诗录》诗写的则是由结果想到原因而生成的通感：

柳枝西出叶向东，
此非画柳实画风。
风无本质不上笔，
巧借柳枝相形容。

柳树有形而本静，是可以画出来的；风声无形而流动，是画不出来的。风起则树动，风虽无形色，画家却“巧借柳枝相形容”。静中寓动，以果推因，超越视觉的限制，使人有无形的“闻风而动”的感觉，表现出因果联想所产生动静呼应、声形幻化的情境。

联想产生通感，其形式是多种多样的，表现是很自由的，但联想毕竟不能脱离直接的感觉经验，而想象则可以不受当下感知对象的限制，将头脑中储存的事物表象进行加工、改造、重组，平衡、协调各种不同的感觉经验，创造出新颖、独特的艺术形象。歌德在论及艺术想象的创造功能时说：

> 它以记忆的方式去补助感觉；它以经验的方式为理解提供世界观；它为理性观念塑造或发明了形象，鼓舞整个人类——假如没有它，人类会沉陷在黯然无生气的状态里。……想象超出感觉之上而又为感觉所吸引。但是想象一发觉还有理性，就牢牢地依贴着这个最高领导者。……透入一切的、装饰一切的想象不断地愈吸收感觉里的养料，就愈有吸引力；它愈和理性结合，就愈高贵。到了极境，就出现了真正的诗，也就是真正的哲学。[①]

艺术想象主要是一种不脱离感觉而又有理性参与的、创造性的想象，其心理功能高出于联想，能够更加自由灵活地把各种感觉沟通、整合起来，进一步伸展、扩张和深化艺术通感的领域和审美意味。特别是一些抽象艺术如音乐、书法、现代派绘画等，更是通过激发人们的想象生成通感，来实现其审美效应的，因此具有更大更多的不确定性和主观随意性。如清代刘籍《太音大全集·琴议篇》中论及琴曲时说："如遇物发声，想象成曲。江山隐映，衔落月于弦中；松风飕飕，贯清风于指下。此则境之深矣。"[②]乐曲不是自然音响的模拟，更不能画形绘色，但却能激发起人们的自由想象，以耳代目，听声类形，使人感到弦中衔落月，指下贯清风。这是多么美妙动人、情韵深远的艺术境界。中国书法同音乐一样，也是高度抽象的艺术形式，尽管汉字是象形文字，不可能直切地描绘出事物形象。它通过线条的粗细，点画的轻重，行笔的缓急，结构的疏密，创构一种倏忽万变、潜气内转的"神境"，以抒写内心之情和物象之"文"。古人说："书者，如也。""如"者，似也，像也。所以，唐代大书法家虞世南

① 《外国理论家作家论形象思维》，中国社会科学出版社，1979年，第34—35页。

② 蔡仲德：《中国音乐美学史资料注译》，下册，人民音乐出版社，1995年，第640页。

说："拂掠轻重，若浮云蔽于晴天；波撇勾截，若微风摇于北海。气如奔马，亦如朵钩，轻重出于心，而妙用应乎手。"（《笔髓论·释真》）书法艺术正是以抽象的字体结构形式，引发丰富的想象，产生通感。

情感——通感的动力

情感是人对现实关系的一种特殊反映方式，以客观事物能否满足自己物质和精神需要而产生的性趣意向、好恶态度。"情动于中而形于外"。人的情感、意趣、欲求、愿望都有一种外射的倾向，并以与之相契合的对象表现出来。刘勰在《文心雕龙·神思篇》中说："神用象通，情变所孕。"元代王理《修辞鉴衡序》说："事适则行，情感则通。"王夫之也说："形于吾身以外者化也，生于吾以身内者心也；相值而相取，一俯一仰之际，几与为通，而浡然兴矣。"[①]这都很清楚地说明了情感在通感形成中的作用。在审美和艺术活动中，人的情感是最积极、活跃的心理因素，渗透于感觉、想象、理解之中，具有强大的内驱力、整合力和创造力。通感是以一种感觉为起点，以情感为动力，以想象联想为中介，沟通、联结其他感觉形成的。十九世纪俄罗斯文艺批评家别林斯基说："情感是诗情天性的最主要的动力之一。"艺术家如果离开了情感这个至关重要的动力、心源，就难以发挥想象、联想的中介作用，不同感觉之间就会出现滞塞不通、分道扬镳的现象，通感也就难以形成。人的五官感觉无论是高级的、精神性的感觉如视觉、听觉，还是所谓低级的、生理性的感觉如味觉、嗅觉、触觉，要相互联结、沟通起来，才能形成通感，并升华为审美感觉，离开情感的动力作用是不可能的，情感赋予通感以审美意味。

艺术创作从一定意义上说，是艺术家审美情感的对象化。人的内在情感和外在物象是相互作用、相互影响的。因此，艺术家要"搜求于象，心入于境，神会于物，因心而得"（王昌龄语，见《唐音癸签》），才能创造

① 王夫之：《诗广传》，中华书局，1981年，第68页。

出心物契合、情景交融的艺术形象。朱光潜先生在《诗论》中论及诗歌创作的情、景关系时说：

> 就一方面说，心情随风景千变万化，睹鱼跃鸢飞而欣然自得，闻胡笳暮角则黯然伤神；就另一方面说，风景也随心情而变化生长，心情千变万化，风景也随之千变万化，惜别时蜡烛似乎垂泪，兴到时青山亦觉点头。这两种貌似相反而实相同的现象就是前人所说的“即景生情，因情生景”。情景相生而且相契合无间，情恰能称景，景也能传情，这便是诗。①

艺术家在感物起情、缘情生境的过程中，主观情感驱动和推进对客观对象的想象、联想，并制约和影响其活动范围和趋向；同时，想象、联想赋予主观情感以相对应的感性形式。这种主观情感与想象联想相互影响、相互作用的一种特殊表现形式就是艺术通感。情感在通感生成中动力作用主要体现在两个方面：

情与景会，意象互通。意象互通主要是物我同感的结果。艺术家把内在感情移注于外在事物，使无情的自然物人情化，本来无生命的东西有了生命，人情与物理交感互通起来。艺术中由移情作用生成意象互通具有三种不同的表现形式。一是“拟物为情”，即物感入心，物化为情。如人们高兴时山欢水笑，悲哀时愁云惨雾，惜别时红烛流泪，团聚时月圆花好。宋代罗大经曾举几个以山水风物喻愁的典型诗句：

> 诗家有以山喻愁者，杜少陵云：“忧端如山来，澒不可掇”；赵嘏云：“夕阳楼上山重叠，未抵闲愁一倍多”；是也。有以水喻愁者，李颀云：“请量东海水，看取深浅愁”；李后主云：“问君能有几多愁，恰似一江春水向东流”；秦少游云：“落红万点愁如海”；是也。贺方回云：“试问闲愁知几许？一川烟草，满城风雨，梅子黄时雨。”盖以

①《朱光潜全集》,第3卷,安徽教育出版社,1987年,第54页。

三者比愁之多也，尤为新奇。兼兴中有比，意味深长。[1]

罗大经认为贺诗“盖以三者以比愁之多也，尤为新奇”，就在于它一连用了三种不同的意象，比兴兼用，比中有兴，兴中有比，把愁情化为物象，令人目想神游，感到那无边无际的愁绪，还如李清照词《清平乐》所写的那样：“离恨恰如春草，更行更远还生。”这真可谓“遗情想象，顾望怀愁”（曹植：《洛神赋》）。二是心感物中，“拟情为物”，化情为物。如杜甫《漫兴》：“颠狂柳絮随风舞，轻薄桃花逐水流。”柳絮何来“颠狂”？桃花怎会“轻薄”？显然柳絮、桃花都成了人的行为作风的表征。姜夔《点绛唇》：“数峰清苦，商略黄昏雨。”山峰是无情感的，何以会“清苦”；更无言语，数峰却在商量、酝酿如何降落黄昏雨。这是诗人将自己寂寞、悲凉的情怀物化了。三是情物兼容，物我并存，交相感应。如李白《独坐敬亭山》：“相看两不厌，只有敬亭山。”辛弃疾《贺新郎》词：“我见青山多妩媚，料青山见我应如是。”艺术家感物联类，借物写心，体异性通，喜怒哀乐均可以通感的形式表现出来。这种物与我、意与象的通感，审美情感主导的、动力作用是直接、鲜明的。

即景生情，凭虚构象。如果说，在意与象通的艺术表现中，情意在先，通过想象、感通作用，把主观情感主动移入与之相对应的物象，将心与物、情与景沟通起来；那么，即景生情，凭虚构象，则是物有所触，心有所向，迅即引发另一种感觉，形成异觉相通、亦真亦幻的通感意象。如贾岛的《客思》：

促织声尖尖似针，
更深刺着旅人心。
独言独语月明里，
惊觉眠童与宿禽。

① 罗大经:《鹤林玉露》乙编，卷一。

这位唐代的苦吟诗人，一生失意，穷愁潦倒，被唐穆宗斥为“僻涩之才，无以采用”。当其羁旅他乡，更深月明，愁思难眠，听到蟋蟀不停的叫声，发生听觉向触觉的转移，感到像是尖利的针一样，深深地刺痛着他那孤独、愁苦的心灵。这正像刘勰所说的：“一叶且或迎意，虫声有足引心。”

清代吴乔说：“夫诗以情为主，景为宾。景物无自生，性情所化。情哀则景哀，情乐则景乐。”（《围炉诗话》卷一）诗人在情感、想象的推动、协调之下，连接不同的感觉所形成的通感意象，往往存在着客随主便的现象。同一个感觉对象，审美主体各以其情得之。情无定位，物无常形，触物起兴，便会有不同的组合形式，表现出不同的感情色调，形成不同的通感意象。《东坡题跋·对韩柳诗》是个典型的例子：

> 韩退之诗云：“水作青罗带，山为碧玉簪。”柳子厚诗云：“海上群山若剑铓，秋来处处割愁肠。”陆道士云：“二公当时不相计，会好做成一属对。”东坡为之对云：“系闷岂无罗带水，割愁还有剑铓山。”此可编入诗话也。①

这个故事所以“可编入诗话”，就在于：韩愈诗把桂林山水比作秀美的女子，山像是她头上的“碧玉簪”，水像是身上的“青罗带”；柳宗元诗把山比作锋芒毕露的利剑，刺割他愁苦的心灵；苏轼的对联则是水可以“系闷”，山可以“割愁”。三位诗人对于桂林山水，因触发的情感不同，所构成的通感意象则有所不同，同是水，韩诗表达欣喜之情，苏轼则认为可“系闷”；同是山，在韩愈眼中是美人头上的“碧玉簪”，在柳宗元、苏轼则是“割愁”的“剑”。再以花木颜色来说吧，红、绿有热色与冷色之分，但在诗人笔下却是可以突破的。如“红杏枝头春意闹”，是视觉通于听觉，给人以春意盎然、欢快欣喜的感受；“寺多红叶烧人眼”，是视觉通于触觉，给人以红叶似火、烧炙眼睛的明亮、热烈感觉。而在李贺《南山

①《古典文学研究资料汇编·柳宗元卷》，第1册，中华书局，1964年，第47—48页。

田中行》里，红色则是“冷”的了：“秋野明，秋风白，塘水漻漻虫啧啧。云根苔藓山上石，冷红泣露娇啼色。”诗人表现的是深秋山野惨淡萧瑟的景象，田野空旷静寂，一片荒凉，仿佛秋风都是惨白的；红花在寒冷的秋天开放，“红”虽是热色，不仅没有“热闹”的感觉，反而改道易辙，沟通了触觉，使人感到它是“冷”的。红花上头还凝结着露珠，像是撒娇啼哭的样子。谢榛说：“观则同于外，感则异于内。”（《四溟诗话·卷一》）在艺术中，红色不再只是物理现象，而是一种“意中之象”，无论是与听觉或触觉连接，是产生“闹”与“静”、“热”与“冷”的感觉，只要随意写心，因情成体，达到心境与物境相契合，都是符合艺术心理规律，具有审美价值的。清代沈宗骞论绘画创作时说：“树石本无定形，落笔便定。形势岂有穷相，触则无穷。态随意变，意以触成，宛转关生，遂臻妙趣。意在笔先，趣以笔传，则笔乃作画之骨干也。”[①]艺术中通感意象，不同感觉之间的联结、组合，交相映发，唯情所驱，变化无端，需要深入领悟，方能得其“妙趣”。

领悟——通感的归宿

通感意象是一种多面体的、复合型的艺术构造，具有独特的表现力和丰富的审美蕴意。李商隐《无题》诗云：“身无彩凤双飞翼，心有灵犀一点通。”我们需要以异常敏感的心灵体验，领悟物我感应的微妙关系，把握“感而遂通”的中介环节和契合点，突破五官感觉各司其职的限制，取得有无相通、虚实相生的审美效应。可以说，审美领悟是艺术通感的归宿。

审美领悟是指艺术活动中理解的心理因素。它不同于科学认识的逻辑推理，而是与形象感受、想象联想、情感体验结合在一起的。通感意象不是单一感觉的结构模式，往往五官交错，相互替代，耳目均融，构成一个

① 沈宗骞:《芥舟学画编·用笔》,卷二,人民美术出版社,1959年,第44页。

“本色之外，笔补造化”境界，人们只有入其境，体其情，辨其味，才能真正领悟到它那“无理而妙”的审美意蕴。如唐代诗人贺知章的《咏柳》：

碧玉妆成一树高，
万条垂下绿丝绦。
不知细叶谁裁出？
二月春风似剪刀。

这是一幅风动树舞、柳随春绿的美丽图画。人们欣赏它，固然离不开像是碧玉装饰成的柳树，绿丝绦般的柳枝，这是不可少的视觉感受；但诗人对新春绿柳的独特感受和体悟在于那清新明快的风姿，大自然巧于剪裁的神功，并通过奇思妙想，自问自答，把无形的“二月春风”比喻为锋快的“剪刀”，实觉与幻觉相映成趣，情感潜隐于景物之中，特别是一个“裁”字富于“激活力”，使人真切地感悟到春风骀荡，春光美好，大自然的可爱。“春风似剪刀”这一通感意象，启发着后来诗人的艺术构思，如宋代梅尧臣《东城送运判马察院》诗中就有这样的句子：“春风骋巧如剪刀，先裁杨柳后杏桃。”春风这把“剪刀”，竟然“骋巧”起来，剪裁了杨柳之后，还剪裁出杏花、桃花来，春天真是绚丽多彩，大自然进一步人化了。这是一种对春天风物富于诗意的领悟，当然也有反其道而行之的，如清代书画家金农在《柳》中写道：“千丝万缕生便好，剪刀谁说胜春风。”此诗着意于春风杨柳万千条的自然神韵，而不是它的工巧。由于对同一表现对象的感受、体悟的差异，艺术家不拘一格，各美其美，是完全符合艺术创作的特点和审美规律的。

通感意象由不同感觉之间的相互沟通、挪移、转化形成的，往往有悖于日常的生活经验，但总是以对客观事物的认识、领悟为基础，隐微曲折地表现出艺术家的生活态度和思想感情，而绝不是不同感觉表象的简单相加和机械拼合，更不是玩弄文字游戏。就以被诗家誉为“摹写声音之至文”的白居易《琵琶行》来说吧，诗人是竭尽奇思妙想之能事，把听觉与视觉、触觉、嗅觉综合起来，以多层累叠加的通感意象，绘声绘色地描写了高低起伏、千变万化的音乐形象，显示出他的深厚的音乐修养和高超的艺术才华。但是，作者创造多觉感通的音乐形象的目的，并不只是为了表现自己善于喻拟琵琶的声音，更主要的是通过惊心动魄、变化莫测的音乐旋律，展示琵琶女回荡起伏、如泣如诉的心曲：“弦弦掩抑声声思，似诉平生不得志。”白居易听出琵琶声中的深情，激起自己的情感共鸣：“同是天涯沦落人，相逢何必曾相识。”“座中泣下谁最多，江州司马青衫湿。”他们同声相应，同病相怜，诗人把自己被贬谪的遭遇与琵琶女的不幸命运联系起来，通过“听声类形”的音乐感悟，写出了这一最富于独创性的诗篇——为君翻作《琵琶行》，说尽心中无限事！从这里我们可以看出，通感只有在深刻领悟客观对象的基础上，赋予各种感觉以审美意义，才能发挥它的丰富而奇妙的表现作用。

通感意象是由不同的感觉联结而成的，具有以幻感补益实觉的特点，我们当然不能用日常生活的理、事、情去要求它、理解它，但必需从客观事物中找出各种感觉之间联系的中介环节。这个中介环节是什么呢？清代贺贻孙论及艺术的真实与虚构的关系时说：“天下极假之事，必以极真之功力为之。”（《水田居诗文集》卷五《答友人论文一》）“幻笔空肠，皆依实相真体。”（《答友人论文二》）艺术家对于客观事物既要“入乎其内”，把握其基本特征和有机联系，又要“出乎其外”，不拘泥于实物实相，充分发挥想象、情感的能动作用，取得通情达理的艺术效果，使人感到“既出寻常视听之外，又在人情物理之中”。如宋祁《玉楼春》中的“红杏枝头春意闹”，枝头盛开的鲜红的杏花，是诗人直观的视觉形象，很自然地从红杏花中感受到了浓浓的“春意”，并由此进一步激活想象力，驱动视觉向听觉转化，用个形容争斗之声的“闹”字，就把自然物象与主观情感融为一体，极大地扩展和深化了整体大于部分之和的艺术能量。当然，通感意象构成的自由度是很大的，审美领悟有时是不确定的，多义的，只可意会而不可言传，给人以模糊的、朦胧的美感。

这里应当指出的是，自十九世纪下半叶以来，随着西方象征主义文艺思潮的兴起，法国诗人、艺术批评家波德莱尔提出了“应和”（即通感）理论，把通感提升为一种新的创作原则，对于扩大艺术家的视野，提高想象力的创造作用，丰富艺术的表现手法，都是很有贡献的。但无可否认的是，也给艺术创作带来一种既简单化而又神秘化的偏向，如他把人与自然、事物与事物之间的现实关系归结为一种“互为象征”的关系，认为“我们的世界只是一本象形文字的字典”，是万事万物组成的一座“象征的森林”，诗人要真正“读懂”它，勘破它的隐秘关系，“理解自然的意图”，就要把各种感觉沟通起来，并与之交流、契合，形成艺术与自然、精神与物质“应和”关系，人们通过“应和”的暗示，乃至求助“某种富于启发性的巫术”，“到未知世界的底层发现新奇”，了解“无语的万物的语言”。这样理解艺术与现实（包括通感在内），是不科学的，有着浓厚的神秘色彩。因此，他的“应和”论对于艺术的发展在起着积极作用的同时，也带来了一定的消极影响。钱锺书先生在其著名论文《通感》中就曾指出，十九世纪末叶象征主义诗人就有“大用特用，滥用乱用”感觉移借手法的不良倾向。如法国诗人兰波有首十四行诗《元音》，将A、E、I、U、O五个元音同黑、白、红、绿、蓝五种颜色一一对应起来，不论其如何著名，常为人所引用，恐怕也不能作为运用通感手法的范例。试问五个元音与五种颜色之间的内在联系是什么？其中的审美意味何在？在现代诗歌创作中，运用通感的频率很高，可谓异彩纷呈，五花八门，既进一步拓展了它的艺术表现功能，丰富了人们的审美感受，但也存在不容忽视的“滥用乱用”的情况，其突出表现是作者对于表现对象并无真情实感，只是把不同感觉表象罗列堆积在一起，成为一团混乱的感觉，不能构成富有表现力的审美意象。这种将通感变成一种纯粹的官能活动的现象，令人眼花缭乱，头晕目眩，不得要领，把艺术“灿烂的感性”变得暗淡无光，其结果不仅不能如马克思所说的“以全部感觉在对象世界中肯定自己”，反而会使主体“在自己的对象里面丧失自身”。艺术源于有机联系、丰富多彩的现实生活，通感的运用也必须建立在对现实生活审美观照、体验和理解的基础上，要面向现实人生，既不能将其神秘化，也不能搞形式主义、感觉主义。美国现代美学家乔治·桑塔耶纳说："每当回返自然以寻求一个新的统觉方式和一个新的理想的时候，艺术便觉醒过来。……我们不断判断美，但是我们却放弃了寻找美。补救的方法是回到现实中去，耐心地研究它，让现实的新特征作用于我们的心灵，深入到心灵深处，在那里各从其类生育想象的儿女。于是，一种新艺术就能够出现，这种艺术像旧艺术一样出自赞美自然这同一根源，就可以希望从一个新的方向达到同样的卓越成绩。"[①]这话对于我们当前艺术创作如何正确理解和运用艺术通感方法是颇有启发的。

我们以上就艺术通感的各种心理因素分别作了分析，意在说明它不是不同感觉之间简单的、外在的拼凑、组合，以满足人们官能的快适，而是同情感体验、想象联想、认识理解紧密结合、融为一体的。列宁在《哲学笔记》中写道："单单的相互作用=空洞无物。"[②]一切都是经过中介，连成一片，通过转化而联系的。我们为了不使通感变得"空洞无物"，充分发挥它的艺术表现功能，领会它的审美意蕴，必须把握各种感觉之间相互沟通、连接和转化的中介环节，使之成为和谐统一、充满活力的艺术整体。

① 乔治·桑塔耶纳：《美感》，缪灵珠译，中国社会科学出版社，1982年，第104—105页。

② 列宁：《哲学笔记》，人民出版社，1957年，第146页。

第四章　超越限制 相互融通

——艺术的互渗与通感

艺术是人类以审美的方式掌握世界的，由于物质媒介、表现方法、感知方式和存在形态的不同，可划分为不同的艺术门类。如以其感知方式来分类，可分为视觉艺术、听觉艺术、视听综合艺术；如以其存在形态来分类，可分为空间艺术、时间艺术、时空综合艺术，等等。每门艺术都有各自的审美特殊性和表现方法，是不能相互替代的。但是，它们既然同是对现实生活的审美反映，其特殊性中必然包含有普遍性、共通性。因此，各种艺术之间既有明确的区别和界限，但并不存在着不可逾越的鸿沟，而是可以超越物质媒介和感知方式的限制，彼此融通、相互渗透的。在艺术发生、发展的历史过程中，各门艺术之间分化与综合、冲突与吸收、限制与互渗的关系是非常复杂的，不同艺术之间的综合、吸收和互渗均与通感有着密切联系，通感为之提供了重要的心理机制和综合功能。

分化与综合

根据艺术形态学的历史考察，艺术经历着一个由混合—分化—综合相反相成、辩证统一的发展过程。一方面，艺术由原始的混合形态经过不断的分化，各门艺术逐渐独立起来，获得无可替代的审美个性、品格；另一方面，已经获得独立地位的各门艺术之间，既不断地相互竞争、冲撞、扩张，又是可以相互融通、相互渗透、相互吸收的。它们在分化中有综合，在综合中有分化，不断丰富和发展自己的表现力，并孕育出新的艺术品种来，以满足人们日益增长的、多种多样的审美需求。

在人类童年时代，“人猿相揖别”不久，初民的自我意识还没有得到发展。他们在“有灵论”“互渗律”和“同情观”的支配之下，把宇宙万物、人与自然看成是一体化的、相互感应、彼此渗透的，甚至是可以相互转换的，还不能将物质与精神、现实与幻想、物象与心象区别开来。这就决定了原始艺术是音乐、诗歌、舞蹈三位一体的混合型的艺术，并同生产劳动、巫术仪式、图腾崇拜紧密结合，以动作、声音、面具的形式表达生命的律动、情绪。它是原始人类对客观世界虚幻的、不真实的反映，正如恩格斯所说的，是“形形色色的虚假观念”。不过，正是这种混合型的艺术中所表现的有着浓厚神秘色彩的互渗、感通的思维方式，为艺术朝着既分化又综合的方向发展，提供了最初的、重要的一块思想基石和心理动因。

在古希腊神话传说时代，按照赫西俄德的说法，九位缪斯女神分别掌管九种技艺：史诗、抒情诗、悲剧、喜剧、田园诗、爱情诗、颂歌、舞蹈、历史、天文等。这时对艺术与非艺术还没有作出明确的划分，“技艺”中包含有“历史”“天文”的内容，与后来“艺术”的概念是不同的；同时也没有把绘画、雕塑、建筑安排到技艺的位置上来。尽管如此，它毕竟表明人类对于艺术的审美特征有了初步的认识，对艺术分类作出了可贵的尝试，标志着原始的、混合型的艺术开始朝着分化的方向发展。

人类进入文明时代以后，物质生产与精神生产以及精神生产各个部门之间逐渐有了明确的分工。艺术在其发展过程中，各种门类的艺术如诗歌、音乐、绘画、舞蹈、戏剧、雕刻、建筑等，经过创作经验的长期积淀，逐渐形成各自的审美特性和艺术规律，取得了独树一帜的地位，但它们之间并未因此割断彼此渗透、相互融通的关系。在西方美学、艺术学发展史上，从古希腊罗马的柏拉图、亚里士多德、贺拉斯到十八、十九世纪的莱辛、康德、谢林、黑格尔等著名美学家，都根据自己的美学理论和艺术观念，从存在形态、反映对象、表现方法和接受方式等方面，在探讨各门艺术的审美特性和规律的同时，也注意到了它们之间的互渗、感通关系问题。早在古希腊时代，诗人西蒙尼德斯就说过：“诗是有声画，画是无声诗。”古罗马的贺拉斯在《诗艺》中提出的“画如此，诗亦然”，这句被称为“创造性误解”的名言，则有着久远的影响，特别是在十七、十八世纪新古典主义兴盛时期，更是成为艺术领域里的一句口头禅，一种不可动摇的信条，无视诗、画艺术的区别和界限，产生了不利于艺术发展的消极影响。莱辛在其名著《拉奥孔》中，针对新古典主义固守的“诗画一律”的思想，从模仿对象、媒介符号和表现手段方面，执拗地、严格地为诗歌、绘画两种艺术划清界限，探讨它们各自的特点和审美效能，对艺术的发展作出了突出的贡献；但他主要是从诗与画、服饰、面貌的不同就断定它们是“绝不争风吃醋的姐妹”，则未免失之片面。尽管如此，我们认真琢磨一下他的诗、画理论，似乎也未完全否定不同艺术相互结合的可能性和必要性，如他提出绘画要表现“富于包孕性的瞬间”“化美为媚”，就含有化静为动、以空间并列暗示时间持续的意思。他还指出：“多种美的艺术结合在一起，以便产生一种综合的效果，这种可能性和难易程度就要随这些艺术所用的符号的差异而定。”①他根据艺术媒介符号、感知方式的差异程度，把不同艺术之间的结合分为三种类型：第一种“最完善的结合”，是指两门艺术媒介符号不同而感知方式相同的结合。如诗的符号是语言，音乐的符号是声音，它们分别采用“诉诸听觉的先后承续的人为符号和诉诸听觉的先后承续的自然符号”，“不仅涉及同一感觉，而且可以用同一感觉器官去接受和复现”。因此，它们的结合是最容易的，也是最完善的。第二种“较完善的结合”，是指两门艺术感知方式不同而存在形态相同的结合，如音乐与舞蹈的结合就是如此。它们是“诉诸听觉的先后承续的人为符号与诉诸视觉的先后承续的人为符号二者的结合”。第三种“不完善的结合”，是指存在形态和感知方式均不相同的两种艺术的结合。如诗与画，“由于画和诗所用的符号有在空间中并列和在时间上先后承续的分别，

① 莱辛:《拉奥孔》,朱光潜译,人民文学出版社,1979年,第189页。

它们就不能有完善的结合，不能从结合中产生综合的效果，而只是一种艺术服从另一种艺术的结合”。[①]莱辛从媒介符号和感知方式来看不同艺术结合的难易程度是有一定道理的，但他只着眼于艺术的外在形式，未能很好地从艺术的内在联系、审美效应上真正解决它们的结合、互渗问题，且有把诗、画对立起来的倾向，未免失诸片面。而在十九世纪德国古典美学家、特别是黑格尔那里，对于不同艺术之间的界限与互渗关系的看法，有着更为丰富的辩证法思想。费尔巴哈从艺术家精通多种艺术、追求审美精神上全面满足的角度，也论及各种艺术的交融、互通的关系。他说：

> 一个有诗感的绘画家，将在绘画内部得到满足和加以运用；一个有艺术感的手工业者，也将在手艺内部表现出来。凡是一切不完全是孤独的、机械的活动，都要求着整个的人，都要求着全部的力量，而正因为这样，也就提供给人全面的满足。一切艺术都是诗，但是，在一定意义上同样也可以说，一切艺术是音乐、雕塑术、绘画术。诗人也是画家，虽然并不是用手，而是用头脑；音乐家也是雕塑家，只不过他使他的形象沉浸于空气之流动着的元素中，然后，这个形象的印象，再经过听者的相应的运动，就可以有形有体地显示出来了；绘画家也是音乐家，因为，他不仅描绘出可见对象物给他的眼睛所造成的印象，而且，也描绘出给他的耳朵所造成的印象；我们不仅观赏其景色，而且，也听到牧人在吹奏，听到泉水在流，听到树叶在颤动。……感官没有可见的、外表的、通俗的生存，但是，却还是在脑中有着中央的、隐秘的、被包在里面的生存。正是因为这样，人才有看的意向，从而，尽可能地设法通过其他的感官这个意向。在艺术方面，情形也是如此。[②]

① 莱辛：《拉奥孔》，朱光潜译，人民文学出版社，1979年，第139页。

② 《费尔巴哈哲学著作选集》，上卷，生活·读书·新知三联书店，1959年，第332—333页。

我们所以不惜篇幅地引用费尔巴哈的这么长的一段论述，因为它别开生面地从人的整体的、全面发展的本质力量出发，较为深入地揭示出了问题的实质，特别是将通感作为人的本质力量的体现，并看出它在艺术交融、互渗中的作用，是很有意义的。

自十九世纪中叶以来，西方艺术思想中居于主导地位的“模仿”说为“表现”说所取代，浪漫主义、印象主义、象征主义等艺术流派，主张打破不同艺术之间界限，在创作上彼此交融与互渗，因而也就更为突出了通感在艺术创作中的重要作用。有的人过分强调不同门类艺术的共通性、一致性，甚至走向另一个极端，否定了它们之间的界限与区别，表现主义美学家克罗齐就是一个典型。克罗齐从他的“直觉即表现”的美学思想出发，认为艺术事实不是物理事实的机械模仿，也不只是直接刺激物和个别感官印象起作用；艺术作品是直觉的表现品。“表现即综合杂多为整一”，心灵的活动就是融化杂多印象的一个有机整体，艺术是所有的感觉印象综合起来发挥审美表现作用的。他在《美学原理》中写道：

> 一切印象都可以进入审美的表现，但是没有哪一个印象必定要如此。但丁所提升到有形式的尊严地位的不仅是“东方蓝宝石的好颜色”（视觉的印象），而且有触觉的或温度觉的印象，例如“稠密的空气”和使渴者“口更渴”的“清鲜的河流”。又有一种怪论，以为图画只能产生视觉印象。腮上的晕，少年人体肤的温暖，利刃的锋，果子的新鲜香甜，这些不也是可以从图画中得到的印象么？它们是视觉的印象么？假想一个人没有听触香味诸感官，只有视觉感官，图画对于他的意味何如呢？我们所看的而且相信只用眼睛看的那幅画，在他的眼光中，就不过像画家的涂过颜料的调色板了。[①]

克罗齐认为，在艺术表现中，并非只是直接刺激物所产生的感觉起作

① 克罗齐：《美学原理·美学纲要》，朱光潜译，外国文学出版社，1983年，第124—125页。

用，而是人的一切感觉都发挥着审美作用，这是他的“直觉”说中的合理因素，对于理解通感在艺术综合、互渗中的作用是有一定意义的。但是，他以直觉表现的综合性否定直接的与间接的感觉印象的分别，无视艺术媒介和感知方式的作用，把“表现”推向了唯心的极端，以至反对对艺术进行分类，取消各种艺术的区别、界限和审美特性。他说：“所谓‘各种艺术’并没有审美的界限，……各种艺术的区分完全起于经验。因此，就各种艺术作美学的分类那一切企图都是荒谬的。它们既没有界限，就不可以精确地确定某种艺术有某某特殊的属性，因此，也就不能以哲学的方式分类。讨论艺术分类与系统的书籍若是完全付之一炬，并不是什么损失。”①这种观点显然是错误的。如果各门艺术没有各自的审美特性，彼此之间没有区别和界限，也就失去了它们独立存在的客观基础和审美价值。艺术之间相异而相通，相通而互渗。如果没有区别，没有分化，也就无所谓综合。艺术的综合是在分化的基础上进行的。

我国传统文化在“天人合一”“道通为一”“一气运化”的观念支配下，思维方式具有整体把握、直觉体悟、“感而遂通”的特点，反映在艺术上则重在抒情写意，而不在于形似、肖物。因此，它既注意到各种艺术的不同特点和区别，但更为重视它们之间的综合与互渗。《乐记》说：“诗，言其志也；歌，咏其声也；舞，动其容也。”陆机也说：“宣物莫大于言，存形莫善于画。”对诗歌、绘画、音乐、舞蹈的艺术特点作了言简意赅的论述；同时在古代艺术理论中似乎更为强调它们之间的共通性，如“文本同而末异”（曹丕）、“书画异名而同体”（张彦远）、“诗中有画”与“画中有诗”（苏轼），等等。我们的艺术追求一种“气韵生动”“得意忘象”“不落言筌”的境界，艺术家可以不为时空所限，不为绳墨所拘，游观逸想，得心应手，意到即成，以致有些艺术作品在写实派看来是不可理解的。王维画景物不问四时，置桃杏、芙蓉、莲花于一景，画雪中芭蕉不论寒暑，以尽意趣。正如陈与义《题赵少隐清白堂》之三诗云：“雪里芭

① 克罗齐：《美学原理·美学纲要》，朱光潜译，外国文学出版社，1983年，第25—26页。

蕉摩诘画，炎天梅蕊简斋诗。”总的看来，众艺融通，相互资取，具有高度的综合性，是我们中华民族非常宝贵的、富于强大生命力的艺术文化传统。朱光潜先生就曾提示人们：“中国艺术一向具有高度的综合性，最明显的是歌舞乐以及诗书画的密切联系。因此，单就各门艺术孤立地进行整理工作，有时会行不通，组织各门艺术理论工作者之间的协作是很必要的。”①宗白华先生在《中国美学史中重要问题的初步探索》《〈美学向导〉寄语》等文中对此作了更为具体、明确的阐述。他说：“中国各门传统艺术（诗文、绘画、戏剧、音乐、书法、雕塑、建筑）不但都有自己独特的体系，而且各门传统艺术之间，往往互相影响，甚至互相包含（例如诗文、绘画中可以找到园林建筑艺术所给予的美感或园林建筑要求的美，而园林建筑艺术又受到诗歌绘画的影响，具有诗情画意）。因此，各门艺术在美感特殊性方面，在审美观方面，往往可以找到许多相同之处或相通之处。”②因此，“研究中国美学不能只谈诗文，要把眼光放宽些，放远些，注意到音乐、建筑、舞蹈等等，探索它们是否有共同的趋向、特点，从中总结出中国自己民族艺术的共同的规律来。”③这些深刻而又精辟的论断，既揭示了中华民族传统艺术的基本特点，又指出对它进行综合研究的必要性和重要性，是我们应当记住并努力做到的。

二十世纪以来，社会经济和科学技术的高度、快速发展，艺术与科技的密切合作，导致艺术呈现出分化与综合互动的强劲势头。电影、电视就是在运用光学、电学、摄影技术和化工机械技术基础上产生的不同于戏剧的综合艺术，它把动作、声音、色彩与画面结合起来，获得了表现时间与空间的极大自由。其他门类艺术也无不努力打破自身的局限，相互吸收，博采众长，构成新的艺术形式，诸如“色彩音乐”、“有声绘画”、MTV、抽象派、立体主义绘画等。毕加索的《亚威农的少女》《下楼梯的裸女》就突破了空间定位而表现时间的流程。近年来“多媒体”和全息技术的发

① 《朱光潜全集》，第10卷，安徽教育出版社，1993年，第319页。

② 《宗白华全集》，第3卷，安徽教育出版社，1996年，第448页。

③ 《宗白华全集》，第3卷，安徽教育出版社，1996年，第607页。

展和运用，进一步改变着人们的艺术思维方式，为创造一种大众化的、综合性的艺术开辟了广阔的前景。通感为现代艺术的大综合提供了重要的心理依据，我们创作和欣赏现代艺术也越来越需要发挥通感的心理功能。

限制与超越

艺术都是运用一定的物质媒介和手段创造出来的。不同门类的艺术由于使用的物质媒介和手段的不同，在客观形态和感知方式上有着明确的界限和区别。它们既有各自的长处和优势，也有各自的短处和局限。诗歌以非常自由灵活的语言文字为表现手段，能够充分反映纷繁复杂的现实生活和隐微曲折的内心世界，主要诉诸人们的想象力和理解力，而缺乏绘画、音乐那样直接的视、听可感性；绘画运用色彩、线条、形体创造空间形象，作用于人们的视觉，观之真切，栩栩如生，但其形象凝定于静态的瞬间，不能直接表现事物运动和感情活动的过程；音乐以音调、节奏、旋律表现人的心灵律动和情感流程，作用于人们的听觉，声感气应，深入人心，但它缺乏诗歌的明确的语义和绘画的直观形象，如此等等。对于各种艺术的长短得失，波兰著名艺术理论家丽莎在《论音乐的特性》中作了较为全面的概括。她说：

> 每一种艺术的客体范围都有自己的局限，并构成该种艺术的特性，正像造型艺术不能为我们直接地提供运动的因素一样，音乐不能为我们直接地提供视觉的因素；如果说音乐能为我们直接地提供运动——听觉现象，那么，在建筑艺术中这却是不可能的。如果说雕塑能为我们直接地提供三维空间现象，那么，绘画就不能直接地做到这一点，而音乐则完全做不到。①

这个论断无疑是正确的，然而高明的艺术家不是那么安分守己，墨守

① 汪流等编：《艺术特征论》，文化艺术出版社，1991年，第298—299页。

成规，总是要在充分发挥自身艺术优势的同时，越出物质材料和媒体符号限制，扩展自己的领地，开拓新的艺术境界。钱锺书先生在《中国诗与中国画》一文中写道：

> 每一种艺术，总要用材料或介体（medium）来表现。介体固有的性质，一方面可资利用，给表现以便宜，而同时也发生障碍，予表现以限制。于是最进步的艺术家总想超过这种限制，不受介体的束缚，能使介体表现它性质所不容许表现的境界。譬如画的介体是颜色和线段，可以表示具体的迹象；诗的介体是文字，可以传达意思情感。可是大画家偏不刻画迹象而用来“写意”；大诗人偏不甘专事“写意”，而要使诗有具体的感觉，兼图画的作用，给读者以色相。……诗跟画都各有跳出自己的本位的企图。①

这就是说，艺术创作既要适应自身媒介符号的特点，充分利用其表现能力；又要不受它的束缚和限制，“越出自己的本位”，用画来“写意”，用诗来“刻画迹象”，以取得超媒体的审美效果。这是一种以限制为前提的超越，以适应为基础的同化，既能吸取其他艺术的长处，又不丧失自己的审美特性。如美国现代美学家苏珊·朗格所指出的那样：

> 每一种艺术品，都只能属于某一特定种类的艺术，而不同种类的艺术作品又很不容易被简单地混合为一体。然而，一当不同种类的艺术结合为一体之后，除了其中的某一种个别艺术品之外，其余的艺术品都会失去原来的独立性，不再保留原来的样子。……这种适用于各门艺术之间的交叉关系的无所不在的原则就是同化原则。②

这里提出的“同化原则”，对于我们正确认识和处理不同艺术之间交

① 见《兰田国立师范学院季刊》，1940年，第6期。

② 苏珊·朗格：《艺术问题》，滕守尧译，中国社会科学出版社，1983年，第80—81页。

融、互渗中限制与超越、适应与征服的辩证关系，有着重要的方法论的意义。艺术家以其“出位之思”，创造新的艺术境界，取得超媒体的审美效果，主要体现于一种艺术对另一种艺术的“同化”，做到有机化合，融为一体，意趣相通。如果把不同的媒介符号作机械搭配，硬性拼凑，其结果必然是形意相乖，貌合神离，两败俱伤。钱锺书在《谈艺录》中说：

> 文字弦歌，各擅其绝。艺之材职，既有偏至；心之思力，亦难广施。强欲并合，未能兼美，或且两伤，不克各尽其性，每致互掩其长。即使折衷共济，乃是别具新格，并非包综前美。[①]

人们常说“诗中有画，画中有诗”，但诗中之画并非画中之画，不是用颜色、线条来画画，而是以语言文字把事物形象生动、传神地描绘出来，以“文字的绘画”激活人们的想象力，在头脑中形成一种“内心视象”，有画的历历在目之感；画中之诗也并非诗中之诗，不是直接用语言文字来抒情写意，而是通过色彩、线条的造型，以形传神，表现出诗的情感意趣，使人观赏一幅画如同吟咏一首抒情诗。因此，诗中之画不同于画中之画，而是诗中呈现出的画境；画中之诗不同于诗中之诗，而是画中蕴涵着诗情。北宋孔武仲在《东坡居士画怪石赋》中写道：“文者，无形之画；画者，有形之文。二者异迹而同趣，以其皆能传神写似为世之所珍。”[②]超越不离本体，异迹归于同趣。此论话语不多，却道出了诗文、绘画以及其他艺术门类之间相通、互渗的真髓。

建筑是凝固的音乐，音乐是流动的建筑，两者之间确有相似相通之处，但音乐毕竟不是建筑，建筑也绝不是音乐。建筑是使用砖瓦木石、钢筋水泥等物质材料构筑起来的立体空间，只能通过整体与部分、部分与部分的秩序比例、均衡对称、和谐统一的形式，表现出富于音乐性的节奏感、韵律感，使人产生“此中无声胜有声”的感觉。如果有人无视建筑艺

① 钱锺书:《谈艺录》,中华书局,1984年,第27页。

② 《清江三孔集》,卷三,四库全书本,1345册,第205页。

术本身固有的审美特性，真的把建筑变成了流动的音乐，那就会闹出如苏珊·朗格所讲的笑话来："西蒙尼德斯曾经提出过建筑就是凝冻的音乐的见解，但是，音乐本身绝不会是溶化了的建筑，当（建筑）这种凝冻为冰激凌的音乐恢复到液体状态时，它只会伴随着杂乱无章的声音四处流淌。……画家在绘画时，并不是以他识辨出来的音乐价值为指导，而是把自己全部注意力集中于音乐声响给自己唤起的情感，从而使自己创作出来的东西变成了这种情感的征兆。"①西方有一位名叫布拉格顿的音乐家，曾经对建筑类似于音乐作出了实证性的解释，认为罗马大马士革的圣劳伦佐教堂的大门可以用八度、五度和三度音程来表现，罗马的吉劳德府邸的最上层可以用4/4拍来表现，而罗马的法尔尼纳府邸的檐部则可以用3/4拍来表现。这种相似性的类比，如果把它看成是艺术家发挥想象力而形成的通感心理现象，是完全可以理解的；若是真有人把这几处教堂、府邸表现为音程、节拍，或者是把音程、节拍表现成教堂、府邸，那只能是胶柱鼓瑟、刻舟求剑之举。一种艺术转化为另一种艺术，艺术家重要的是体验它所表现的情感和审美价值，并以自己艺术所特有的形式间接表现出来，成为这种艺术情感和审美价值的征兆、暗示或象征，令人思而得之。

艺术创作实践表明，不同艺术结合并非是外在的、机械的混合，而是内在的、有机的化合。它主要表现为两种形式，一种是以一门艺术的媒介符号和特有形式表现另一种艺术的意象、情境，虽然以"出位之思"，超越了媒体的限制，但并未失去自身的艺术特性。它创造出具有丰富审美潜能的表现形式，诱发、引导和召唤人们，通过主动的情感体验和想象联想，进入另一种艺术的审美境界。如黑格尔所说：

> 在绘画里气韵生动的最高峰只有通过颜色才可以表现出来。这种色彩的魔术最后还可以变成占很大的优势，以至比起它来，内容变成无足轻重的，从而使绘画变成只是一种芬芳的气息，一种色调的魔术，它的互相对立、互相辉映以及游戏性的和谐就开始越界转到音

① 苏珊·朗格：《艺术问题》，滕守尧译，中国社会科学出版社，1983年，第83页。

乐，正像雕刻在浮雕的高度发展中就开始接近绘画一样。①

这种审美活动中的通感心理现象是普遍存在的。当一位法国记者批评罗丹的雕像《维克多·雨果》时说："它不是雕塑，而是音乐；……这件作品令人想到贝多芬的一首交响曲。"罗丹对此表示的态度是："但如果一位雕塑家，运用他的艺术技法，达到能暗示某些印象的地方，而这些印象平时只有文学或音乐可以做到，那么为什么要和他寻事呢？……老天爷也知道他说的对！我也不否认文学的表现法与艺术的表现法之间有着种种差异，多想想是有好处的。"②诗人庞德也说过："有一种诗，读来仿佛是一张画或一件雕塑已欲发声为语言。"③另一种则是两种或多种艺术形式有机组合，均已不再保持各自的独立性，相互渗透，优势互补，建构出一种新的艺术形式来。如现代某些新兴艺术，就是由多种艺术形式构成的复合型艺术，它们拥有造型艺术所丧失的运动，拥有音乐艺术所没有的空间，突破戏剧艺术时间、空间的限制，把语言符号转化为直观形象，从而获得了极大的自由，面向人们的全部感觉，产生一种全息性的审美效应。

专精与博通

每一门艺术都有自己的特殊属性，是其他艺术所不能替代的；但又是门户开放的。它们之间通过交流对话，融通互渗，相互借鉴，可以充实和丰富表现功能，不断开拓创新，提升艺术创作的境界。

不同艺术之间通感现象形成的原因是多方面的，如艺术所反映的客观对象的共同性，艺术内在规律的一致性等，但这只提供了一种可能性和客观条件；而要把这种可能性变为现实性，还必须依靠艺术家全面发展自己的感觉能力，具有多方面的艺术修养和才能，其中审美通感起着直接的、

① 黑格尔：《美学》，第3卷，朱光潜译，上册，商务印书馆，1979年，第287—288页。

②《罗丹艺术论》，沈琪译，人民美术出版社，1978年，第85页。

③ 转引自叶维廉：《中国诗学》，生活·读书·新知三联书店，1984年，第146页。

重要的作用，为之提供了心理基础和表现方法。

通感与艺术互渗的这种内在联系是无可争议的事实，已为中外众多美学家、艺术家所认识和重视，并在艺术创作中充分体现了出来。如法国象征派诗歌创作就是建立在通感的理论基础之上的。美国当代著名美学家托马斯·门罗写道："法国象征派诗人（马拉美是其中的一位有影响的成员）也大谈各类艺术和各种感觉之间的一致性。他们认为，要想将视觉、听觉、味觉、嗅觉和触觉接通，是一件（或者应该是一件）很容易的事情。相应说来，将绘画表现的感情和情绪转变成诗的感情，或者反过来将诗的感情用绘画去表现，将音乐的感情用诗去表现，或将绘画的感情用音乐去表现，都是可能的。"[①]这不仅是十九世纪中叶以来法国象征派诗人、也是众多流派的艺术家所遵循的艺术信条。它的影响力是很大的，致使众多的诗人、画家、音乐家、舞蹈家、雕塑家等，都非常重视向其他门类艺术学习，从中汲取灵感、思想和技巧，以扩展和丰富自己的艺术手段和表现能力。

在艺术创作中要充分发挥通感的审美功能，实现不同艺术之间的相互发明，优势互补，艺术家首先要有丰富的生活经验和"迁想妙得"的心理能力，并在对本门艺术有精深造诣的同时，兼通其他门类艺术，将专精一门与博通众艺有机结合起来。

艺术家丰厚的生活积累和对反映对象的全面感受、深刻体验，是艺术通感生成的前提和基础。例如，音乐家是以音响为手段对现实作出审美反映的，然而纯粹的、孤立绝缘的音响在人类社会和自然界中是不存在的。风吼时，飞沙走石，浊浪滔天；雷鸣时，赤练飞舞，震天动地；鸟叫时，引吭张喙，振翅闪羽。人在说话、唱歌、奏乐时，无不与动作、表情联系在一起。客观世界是丰富多彩、有机统一的整体，人是"以一种全面的方式"掌握世界的。因此，音乐家在感受、体验生活的过程中，固然对声音要有特殊的职业敏感，非常重视并积累丰富的听觉经验，但这绝不意味着

① 托马斯·罗门:《走向科学的美学》,石天曙等译,中国文艺联合出版公司,1994年,第523页。

只要以耳听声就行了，他同时还要获取大量的视觉、味觉、嗅觉和触觉方面的感觉经验，为自己开掘出取之不尽、用之不竭的创作源泉，并为调动和发挥通感的心理能力提供用武之地。德国作曲家舒曼曾经指出，音乐在描写人的内心世界和外界事物方面可以达到怎样的程度，许多人对于这个复杂问题的看法是过于保守了，丰富的想象力、听觉之外的其他感觉能力，对音乐创作都起着重要的作用。他说：

> 当然，如果以为作曲家展开纸拿起笔，都是打算表现、叙述或描绘某个事物，那自然是错误的想法。不过也不能把外界事物的印象和影响作用估计得太低。在音乐的想象中往往无意之间掺进了某种思想，往往视觉对听觉起了配合的作用。视觉这个永远在积极活动的感官，能把音响中产生的形象加以巩固和保持，随着音乐的进展，使它的轮廓变得愈来愈明确。音乐中产生的思想和形象，所包含其他艺术的因素愈多，音乐的结构愈是富有诗意的灵活的表现力。总括一句话，音乐家的想象力愈是丰富，对事物的感受力愈是灵敏，他的作品也就愈是能鼓舞人、吸引人。①

在形式主义者的心目中，音乐除了声音别无所有，当然认识不到它与现实事物之间的内在联系。这种联系不是直接的，而是间接的。音乐所表现的不是现实事物本身，而是人对现实事物感受、体验和心灵深处的律动，并引发想象联想和通感能力，在头脑中折射出情感、意绪律动所由产生的事物形象，不仅有视觉的，甚至还有味觉的、嗅觉的、触觉的。

如果说，艺术家丰富的生活经验是实现不同艺术交融、互渗的客观基础；那么，对本门艺术的精深造诣和博通众艺的有机结合则是它的基本前提和依据。近代著名书画家吴昌硕有诗云："诗文书画有真意，贵能深造求其通。"（《刻印者诗》）诗文书画要有真切、深厚的审美意蕴，达到很高的艺术境界，艺术家既贵在本门艺术"能深造"，又要对诸多艺术"求

① 汪流等编：《艺术特征论》，文化艺术出版社，1984年，第262页。

其通”，真正做到博采众长，熔于一炉。

在艺术的交融互渗、相互为用的过程中，重要的是处理好“一”与“多”、“专精”与“博通”的关系。苏珊·朗格在《艺术问题》中说：“只有通过探求各类艺术的差异，才能真正找到而不是猜测出它们的共同之处。”[①]这话讲得是很有道理的。我们知道，不同门类的艺术既有各自的特殊规律，又有着内在的共通性和一致性。艺术家“深造”一门，就可以举一反三，触类旁通，从特殊掌握一般。他对本门艺术的造诣愈是精深，对与其他艺术共通性就会理解得愈是真切、透彻，从中消化、吸收的艺术营养也就愈加丰富。中国有句俗语，叫“三句话不离本行”。这个“本行”，对于艺术家来说，就是自己安身立命之所，大脑持久兴奋的中心，以此为基点与相邻艺术联系起来，超越自身的局限，互为表里，就可在自己的创作中体现出其他艺术的长处和优势来。邹一桂《小山画谱》说：“善诗者，诗中有画；善画者，画中有诗。然则绘事之寄兴，与诗人相表里焉。”这就告诉我们，艺术家掌握和运用通感的创造力，必须首先在“一通”上用功夫，“一通”方能“百通”，精于“一行”方能通于“百行”。

从另一方面来看，不同艺术之间的融通、互渗是双向交流、相互作用的结果，如果我们的视野狭窄，为“本行”的条条框框所束缚，不敢越雷池一步，只靠“单打一”，那也是不行的。因此，艺术家必须在“专精一门”基础上“博通众艺”，对于实现艺术的交融互渗、综合创新有着重要意义。我国古代用“诗书画三绝”来称赞的艺术家，说明他们多才多艺才创造出诗、书、画融通互补、完美统一的作品。相反，“作画而不通书道，则其画无笔；作书而不通画理，则其书无韵”。王维的创作所以会“诗中有画，画中有诗”，就在于他不仅是独具特色的诗人，而且是富于创造性的画家。王维善画为时人所称颂，其于“人物、佛像、山水、花卉，无一不精”。他晚年更是独出心裁，以水墨皴染之法，营构“破墨山水”，开创艺术新局面，成为我国“文人画之祖”。他对于自己绘画的素质、才能也

① 苏珊·朗格：《艺术问题》，滕守尧译，中国社会科学出版社，1983年，第13页。

颇为自信，其诗云："宿世谬词客，前身应画师。不能舍余习，偶被世人知。"（《偶然作六首》）正是"词客"与"画师"系于一身，才使得王维的诗中充满画意，画中洋溢诗情。现代著名诗人艾青是从绘画开始他的艺术生涯的，早年是西湖艺术院绘画系的学生，后留学法国三年，也主要是学习绘画。他后来主要从事诗歌创作，仍然对色彩、形体、动作的美有着一种特殊的爱好、敏感和追求，"学习用语言捕捉美的光，美的色彩，美的形体，美的运动……"，把写诗同绘画紧密联系起来。他认为："绘画应该是色彩的诗歌；诗应该是文字的绘画。""一首诗必须具有一种造型美；一首诗是一个心灵的活的雕塑。"[①]这既是他诗歌创作的审美追求，也是其独特艺术风格的写照。在西方艺术史中也不乏其例。如法国近代诗人戈蒂耶即是"以画入诗"称著于世的。他曾提出"艺术移植"的口号，要用诗歌语言表现雕刻的造型美，以取得"雕刻的效果"。在他的诗集《珐琅与雕玉》中，各色各样的题材，"完全是以造型艺术的精神处理的"，力图利用色彩的生动和细致交融，形式的完整和精美，韵律的严谨纯净和整体和谐，产生出古人遗留给我们的类似碧玉玛瑙那样小巧玲珑的诗歌杰作，以及同文艺复兴时期意大利和法国嵌在黄金上的珐琅彩绘不相上下的诗歌。戈蒂耶年轻时不仅喜欢写诗，也热爱绘画，以至读中学的最后一年，竟离校到画家里欧的画室充当弟子，从而"养成了从画家角度观察事物的习惯"。这对他追求诗歌的造型风格无疑是有着很大影响的。[②]

常言道：不能绘画，不是画家；只能绘画，不是好画家。不会写诗，不是诗人；只会写诗，不是好诗人。确实，如果画家只是研究线条色彩，诗人只是推敲语言文字，音乐家只是忘情于声调音律，舞蹈家只是醉心于形体动作，都可能成为能工巧匠，却难以成就杰出的诗人、画家、音乐家、舞蹈家。很多伟大的艺术家都是既"深造一门"而又"博通众艺"的。罗曼·罗兰既是伟大的文学家，也是著名的音乐家；泰戈尔不仅是享

① 艾青：《诗论》，人民文学出版社，1957年，第159页。

② 参见勃兰兑斯：《十九世纪文学主流》，第5分册，李宗杰译，人民文学出版社，1988年，第326—336页。

誉世界的诗人、散文作家，还是造诣很高的画家和音乐家；舒曼是著名的音乐家，又长于戏剧和诗歌创作；法国画家安格尔擅长肖像画创作，同时也是个优秀的小提琴手。在我国，唐代画家郑虔工诗、善画、能琴，被人誉为“郑虔三绝”；清代“扬州八怪”中的郑板桥，不独以风格疏朗、劲峭的兰竹风靡画坛，还以其“自开生面”诗歌闻名于世。他们都能将专精一艺与博通众长有机统一于自己的艺术创作之中，而这一切艺术表现都离不开通感心理机制的作用的。

罗曼·罗兰说：“事实上，各种艺术是经常互相影响的，它们彼此交流，或者由于自然的演化而越出自己的范围，侵入相邻的艺术领域。有时音乐会变成图画，有时则图画化为音乐。……各种艺术之间并不像许多理论家所声称的那样壁垒森严；相反地，经常有一种艺术在向另一种艺术开放门户。各种艺术都会延展，在别的艺术中得到超绝的造诣。”①这个论断是很深刻的，完全符合艺术发展的历史实际。各种艺术正是在分化与综合、限制与超越、冲突与融通、对立与互渗的矛盾运动中，不断丰富和发展自己，“在别的艺术中达到超绝的造诣”。歌德在《自然和艺术》一诗中道出了这一艺术辩证法的奥秘：

谁要成大事，就必须集中全力，
在限制中才显出大师的本领，
只有规律才能够给我们自由。②

① 罗曼·罗兰：《音乐在通史上的地位》，见《音乐译文》1958年，第2辑。

② 邹绛编：《外国名家诗选》，重庆出版社，1983年，第38—39页。

第五章　诗中有画 画中有诗

——诗歌与绘画之通感

在不同艺术的互渗、通感关系中，“诗中有画”“画中有诗”，无论是在中国还是在西方，历来都是人们谈论得最多的一个话题。西方早在古希腊罗马时代就提出了这一命题，到了十八世纪德国美学家莱辛在《拉奥孔》中力主划清诗、画的界限与区别，如前所述，虽然不无偏颇，但还是注意到两种艺术的某些同一性和相通之处的。我国传统艺术具有“尚通”的特点，重在艺术的综合性，自宋代形成“诗中有画，画中有诗”“诗是无形画，画是有形诗”的艺术理念之后，除在理解上存有歧义外，诗、画互通一直居于主导地位，构成了我国传统诗画艺术的一个重要特色，并对艺术的发展有着深刻而持久的影响，直到现在仍然是艺术研究和创作实践中引人注目的一个问题。在改革开放形势的推动下，艺术界、美学界从综合创新、弘扬民族艺术的需要出发，以中西艺术综合比较的方法，对诗、画结合问题进行了较为深入的讨论，在取得可喜成果的同时，也存在着分歧意见。如有的学者对王维诗“诗中有画”提出质疑，并认为这个命题本身“从起点上就陷入了一种艺术论的认识迷误”，当把“历时性的、通感的、移情且发生变化的景物”这重“与绘画性并不亲和的含义从‘诗中有画’中剥离时”，“诗中有画”就不能“葆有它原有的美学蕴涵”。因此，“诗中有画”只是一个“不包含价值判断”的“中性概念”。[①]那么，“诗中

① 蒋寅:《对王维“诗中有画”的质疑》,《文学评论》2000年,第4期。

有画"、"画中有诗"真实的"美学蕴涵"是什么？诗与画能否结合，怎样结合的，是否包含审美的价值判断？这些问题都是需要进行探讨的。

时间空间化　空间时间化

诗歌与绘画是两种不同的艺术形式。诗歌属于语言艺术、时间艺术，以语言文字描述事物在时间持续中的运动过程，主要诉诸人们的审美感觉和想象力，在头脑中形成鲜明生动的形象；绘画属于造型艺术、空间艺术，以色彩、线条、形体描绘事物在空间并列中的瞬间状态，主要诉诸人们的视觉，具有形象的直接呈示性。它们之间的界限和区别非常清楚，已成为一般常识。就其存在形态和感知方式来说，这当然是正确的。恩格斯说："一切存在的基本形式是空间和时间，时间以外的存在形式和空间以外的存在形式，同样是非常荒诞的事情。"[①]客观世界是时间与空间有机统一的整体，任何事物都是在一定时间和空间中存在的，既没有脱离时间的空间，也没有脱离空间的时间。诗和画都要以各自的手段、方法和特殊规律，从时空统一中反映客观事物。诗歌可以即景生情，因情成体，化静为动，在时间承续中写景状物，展示空间形体；绘画可以"因形造势"，寓动于静，通过"孕育性的瞬间"，暗示事物发展变化的过程。诗歌时间的空间化，绘画空间的时间化，表明它们之间既有明确的界限，又是可以相互融通的。如果我们只从表面现象看问题，认为诗歌是反映事物运动过程的，不能表现事物的空间形象；绘画是描绘事物空间状态的，不能表现事物变化的过程，其结果必然把历时性与共时性对立起来、割裂开来，导致对"诗中有画""画中有诗"审美蕴涵的否定。这个尽人皆知、为人乐道的艺术命题，所以一下子就"陷入了一种艺术论的认识迷误"，看来不是命题本身的问题，而是我们在阐释上产生了"认识迷误"。

在艺术理论研究、发展过程中，我们看到对于诗与画的关系问题的阐

①《马克思恩格斯全集》，第20卷，人民出版社，1971年，第56—57页。

释，确实存在着“认识迷误”。一种是“诗画一律”说，只着眼于两种艺术的一致性和普遍规律，取消两者之间的差别和界限，要画家拿色彩、线条去图解思想，要诗人用语言、文字去拼凑图画，致使艺术家角色错位，干出非其所长的事，如莱辛所批评的那样：“在诗中表现为描绘狂，在画中表现为寓意狂。”[①]有的虽然也注意到了诗、画不同的艺术特点和规律，但由于过分强调它们的一致性，也会模糊两者的区别和界限。如清代诗学大家叶燮认为，“能尽天地万事万物之情状者”，莫如诗、画，但诗、画又有区别：“凡遇于目，感于心，传之于手而为象，唯画则然。大可笼万有，小可析毫末，而为有形者所不能遁。……凡触于目，入于耳，会于心，宣之于口而为言，惟诗则然。其笼万有，析毫末，而为有情者所不能遁。”一个重在状物，一个重在言情，这样区分诗、画当然是很正确的；但由于他过分看重诗、画本源的一致性，导致理论上的偏颇，致使他最后的结论就难以令人接受了：“昔人评王维之画曰：‘画中有诗。’又评王维之诗曰：‘诗中有画。’由是言之，则画与诗初无二道也。然吾以为，何不云摩诘之诗即画，摩诘之画即诗？又何必论其中之有无哉！故画者，天地无声之诗；诗者，天地无色之画。”[②]在叶燮看来，诗、画“初无二道”，以“诗中有画”“画中有诗”言之，似乎还没有到位，便不论“其中之有无”，而以“诗即画”“画即诗”替代之。他的这种片面性，或许是我国传统艺术“尚通”、重“意”思想的一种极端反映吧。

如果说“诗画一律”说主要是见其同而略其异，未能正确解释两种艺术相异而相通的关系；那么，另一种观点则认为诗就是诗，画就是画，井水不犯河水，水火不能相容，对“诗中有画”“画中有诗”的命题持基本否定的态度。莱辛在其名著《拉奥孔》中提出诗、画分界理论，主要目的是批判古典主义“诗画一律”信条的，对于明确两种艺术的特殊性能，无疑是作出了开拓性贡献的。他认为，诗和画固然都是模仿的艺术，用来模仿的媒介符号与其所代表的事物是相互协调的，绘画模仿事物在空间中并

① 莱辛：《拉奥孔》，朱光潜译，人民文学出版社，1979年，第181页。
② 叶燮：《已畦文集·卷八·赤霞楼诗集序》。

列的符号是颜色和线条，诗歌模仿事物在时间中先后承续的符号是语言。“在空间中并列的符号就只宜于表现那些全体或部分本来也是在空间中并列的事物，而在时间中先后承续的符号也就只宜于表现那些全体或部分本来也就是在时间中先后承续的事物。”[①]这就是说，物体是绘画所特有的模仿对象，动作是诗歌所特有的模仿对象；诗用语言只宜于叙述事物的“动作”，画用颜色、线条只宜于描写事物的“形体”。莱辛的诗、画分界理论，不能说没有一定的道理，但他把媒介符号和表现手段的不同作为诗、画分界主要标准，未能将共时性与历时性很好地统一起来，对它们相通的一面则有所忽略，并不完全符合艺术的实际情况。早在二十世纪四十年代，朱光潜先生在《诗论》中就指出了它的不足与局限，特别是用以分析中国的诗、画艺术有困难。他说：

> 艺术受媒介的限制，固无可讳言。但是艺术最大的成功往往在征服媒介的困难。画家用形色而能产生语言声音的效果，诗人用语言声音而能产生形色的效果，都是常有的事。……媒介的限制并不能叫一个画家不能说故事，或是叫一位诗人不能描写物体。而且说到媒介的限制，每种艺术用它自己的特殊媒介，又何尝无限制？形色有形色的限制，而图画却须寓万里于咫尺；语言有语言的限制，而诗文却须以有尽之言达无穷之意。图画以物体暗示动作，诗以动作暗示物体，又何尝不是媒介困难的征服。媒介困难既可征服，则莱辛的“画只宜描写，诗只宜叙述”一个公式并不甚精确了。[②]

无可怀疑，莱辛的诗、画分界理论存在着一定的片面性和局限性，但同时应当看到，其中还是包含着许多合理的、辩证的思想因素的，这在他后写的《拉奥孔》遗稿中表现得比较明显、突出，并没有把时间与空间完全割裂开来、对立起来，完全否定诗画结合、融通的可能性。莱辛明确指

① 莱辛：《拉奥孔》，朱光潜译，人民文学出版社，1979年，第82页。

② 《朱光潜全集》，第3卷，安徽教育出版社，1997年，第150页。

出：绘画是空间艺术，宜于描绘物体，却可以“通过物体去暗示运动”，如在物体同时并列的构图里，“就要选择最富于孕育性的那一顷刻，使得前前后后都可以从这一顷刻中得到最清楚的理解。”[①]这就是说，人们看到包前孕后的“那一顷刻”，就能够发挥想象的作用，领会到事物前前后后的运动过程。诗歌是时间艺术，宜于表现运动，也可以“通过运动去暗示物体”，“诗人的妙技在于把可以眼见的特征化为运动”。[②]如以简练的语言描写物体的形状特征、情寓景中，诱发人们的联想，想象，沉入诗人所描写的艺术境界：在头脑中呈现出诗中之画。莱辛称前者为“物质的图画”，后者为“诗的图画”，可见他并没有完全否定“诗中有画”“画中有诗”，把两种艺术看成是势不两立的。他写道：

> 诗人在把他的对象写得生动如在眼前，使我们意识到这对象比意识到他的语言文字还更清楚时，他所下的每一笔和许多笔的组合，都是具有画意的，都是一幅图画，因为它能使我们产生一种逼真的幻觉，在程度上接近于物质的图画特别能产生的那种逼真的幻觉，也就是观照物质的图画时所最容易地最快地引起来的那种逼真的幻觉。[③]

他并且特地在这段话下面加注说：“我们所说的诗的图画（诗中之画）即古人所说的‘想象’或‘意象’……我倒很希望近代论诗艺的课本宁可用‘意象’这个词而完全不用‘图画’这个词。这样，我们就免得用那些半真半假的规律，这些规律主要都是起于用‘图画’这个很勉强的名词所造成的混淆。这样，人们就不会轻易地把诗的‘意象’一词塞到物质的图画那个窄狭的范围里，但是人们一旦把‘意象’叫做‘诗的图画’，错误的根源就来了。”[④]从这里我们不难看出，莱辛之所以要用“意象”这个概念

① 莱辛：《拉奥孔》，朱光潜译，人民文学出版社，1979年，第83页。

② 同上，第173页。

③ 同上，第79—80页。

④ 莱辛：《拉奥孔》，朱光潜译，人民文学出版社，1979年，第80页。

来取代“诗的图画”，其主要用心是要避免把“诗中之画”与“画中之画”混淆起来，应该说这对我们正确理解诗与画的关系是有启发的。它告诉我们，诗中之画不同于画中之画，画中之画是用颜色、线条描绘出来的，是可供观照的、直接呈现的视觉形象；诗中之画用语言文字表现出来的，是一种“意象”，即“意中之象”，无形象的直接可视性，只能在想象中产生一种接近于绘画的“逼真的幻觉”。这样看来，莱辛的诗、画分界理论存在着内在矛盾，并没有完全否定它们之间的融通与结合的可能性，将“诗中有画”“画中有诗”视为违背艺术规律的命题。

这里应当指出，在近年来有关诗与画的关系问题的讨论中，有的论者还是根据莱辛诗歌叙述动作、绘画描绘物体的分界理论，不仅没有吸取其中所包含的合理成分和辩证因素，反而突出和强化了它的局限性和片面性。在他们看来，凡是动态的或包含着时间进程的景物、为视觉以外它觉所感知或与情感变化有关的景物，不仅不能入画，甚至不能充当绘画的素材，“根本是与绘画性相对立的”；反之亦然，凡是静态的、空间并列的景物也不能入诗，不能充任诗歌的素材，是与诗的时间性相对立的。如果真是这样的话，将空间性从诗歌里“剥离”掉，把时间性从绘画里“剥离”掉，那么“诗中有画”“画中有诗”当然就不能葆有它们“原有的美学蕴涵”。我们怎能把时间与空间如此形而上学的对立起来呢？莱辛的诗、画分界理论虽说有片面性，也还未作如是观。他说：

> 一切物体不仅在空间中存在，而且也在时间中存在。物体也持续，在它的持续期内的每一顷刻都可以现出不同的样子，并且和其他事物发生不同的关系。在这些顷刻中各种样子和关系之中，每一种都是以前样子和关系的结果，都能成为以后的样子和关系的原因，所以它仿佛成为一个动作的中心。因此，绘画也能模仿动作，但是只能通过物体，用暗示的方法去模仿动作。①

① 莱辛：《拉奥孔》，朱光潜译，人民文学出版社，1979年，第83页。

可见，他虽然主张绘画是模仿物体的，并不排斥表现动作，而是要通过“一个动作的中心”，即“最富于孕育性的顷刻”，表现出事物在时间持续中的样子和关系来。绘画创作的实践经验也证明通过事物“孕育性的顷刻”的描绘，是可以表现事物时间持续中的运动的。中西绘画史上有很多事例都能说明问题。如黄庭坚在《题摹〈燕郭尚父图〉》一文中说：

> 凡书画当观韵。往时李伯时（公麟）为余作李广夺胡儿马，挟儿南驰，取胡儿弓，引满以拟追骑。观箭锋所直，发之人马皆应弦也。伯时笑曰：“使俗子为之，作箭中追骑矣。”余因此而深悟画格。①

这幅画虽然画的是李广引弓“以拟追骑”的顷刻，蓄势待发，“箭锋所直”，使人感到发之必中，追敌应弦，人仰马翻。黄庭坚所以能从中“深悟画格”，是因为李公麟匠心独具地选择了不到顶点的“顷刻”，以空间暗示运动过程，给人留下想象生发的余地。如果要是没有艺术素养的“俗人”来画，就会作出一幅“箭中追骑”图画来，以至板而不活，滞而不通，完全堵塞观者的想象空间，倒是真正“剥离”了绘画艺术的审美意蕴。再以苏轼讲的为好事者所补而可乱真的王维《山中》诗来说吧：

> 荆溪白石出，
> 天寒红叶稀。
> 山路元无雨，
> 空翠湿人衣。

有的论者认为苏轼举这首诗作例“是并不适合论证‘诗中有画’的”，其主要理由是后一联为“完全无法展示的空间状态”，其前一句是一种状态，也是一个原因，后一句是一个过程，也是一种结果，这都是不能直接入画的。论者还结合自己的实地经验作了说明：“据我多次终南山行的实

①《豫章黄先生文集·卷二十七·山谷题跋》。

地经验，所谓‘空翠’，并不像袁行霈先生所解释‘原来是山岚翠微，翠得太嫩了，太润了，仿佛沾湿了我的衣服。’它真实就是山中的岚气：只觉其湿润而不见水珠，故谓空；映衬山色似透着碧绿，故曰翠。它真的就在不知不觉中打湿了我的衣服！我实在不知道这怎么能画得出。”[①]这里有两个问题是需要提出讨论的，一是且不说论者的实地经验是否真的如此，即使是真实的，但诗毕竟不是纪行实录，用以解释“山路元无雨，空翠湿人衣”，未必符合诗意。山路既无雨，“不见水珠”，又怎么“在不知不觉中打湿”了衣服？我们仔细体味一下，“空翠湿人衣”，实乃诗人通过想象联想，运用通感心理，把视觉与触觉沟通起来，从空明青翠的山色中产生的独特感受，“湿人衣”是“虚象”而非“实象”，这就是人们常说的“苍翠而欲滴”。看来被批评的袁先生的观点并无不当，较之论者的看法要正确得多，更能体现诗的审美意味。二是“空翠湿人衣”的诗句即使不能直接入画，不知道怎么画得出来，也不应当作为否定“诗中有画”这个命题的理由。宗白华先生在《美学散步》一文中，从审美的高度对《山中》诗作过深刻、精到的分析，对于我们正确理解“诗中有画”的辩证关系和真实内涵是大有帮助的。他说：

> 这确是一首“诗中有画”的诗。“荆溪白石出，玉川（应作‘天寒’）红叶稀”，可以画出来成为一幅清奇冷艳的画，但是“山路元无雨，空翠湿人衣”二句，却是不能在画面上直接画出来的。假使刻舟求剑似的画出一个人穿了一件湿衣服，即使不难看，也不能把这种意味和感觉像这两句诗那样完全传达出来。好画家可以设法暗示这种意味和感觉。……这幅画上可能并不曾画有人物，那会更好的暗示这感觉和意味。而另一位诗人可能体会不同而写出别的诗句来。画和诗毕竟是两回事。诗中可以有画，像头两句里所写的，但诗不全是画。而那不能直接画出来的后两句恰正是“诗中之诗”，正是构成这首诗是诗而不是画的精要部分。……然而那幅画里若不能暗示或启发人写

① 蒋寅：《对王维“诗中有画”的质疑》，《文学评论》2000年，第4期。

出这诗句来，它可能是一张很好的写实照片，却又不能成为真正的艺术品——画，更不是大诗画家王维的画了。这“诗”和“画”的微妙的辩证关系不是值得我们深思探索吗？[①]

这里清楚地说明，“诗中有画”，不全是画，还有诗中之诗；诗中之画，不同于画中之画，还有不能直接画出来的部分。当然，即使是不能直接画出来的诗句，画家仍然可以设法暗示之，间接表现出来，用形色传达它的审美意味和感觉。因此，我们是不能完全按照画中之画的规格来衡量“诗中之画”的。如果根据“空翠湿人衣”的诗句，真的画个穿着湿衣服的人行走在山路上，顶多是一张不错的写实照片，诗意就会丧失殆尽，绝不是真正的艺术作品。反之亦然，我们同样不应当以诗中之诗来要求画中之诗。这里面的确有着微妙的艺术辩证法。

总之，诗是时间艺术，有声无形；画是空间艺术，有形无声。它们之间存在着明确的区别和界限，但时间与空间、有形与无形、有声与无声又是可以互相依存、转化和沟通的。我们对于“诗中有画”“画中有诗”的艺术内涵，要以时间与空间统一的艺术辩证法来理解它，不能形而上学地把诗的历时性和画的共时性对立起来，否则真的会陷入“艺术论的认识迷误”。

诗中有画境　画中有诗情

中国诗画艺术是以抒情诗、山水画为主的，要求思与境偕，情景契合，重在“意境”的创造和主观情感的表现。因此，“诗中有画”，“画中有诗”，诗画互利互惠，较之西方艺术表现得更为鲜明、突出，成为我们民族艺术的一个显著特色。西方艺术则以叙事诗、人物画为主，重在“写实”、创造“典型”，着重于客观对象的如实再现和人物性格的塑造，与中国艺术里重在“写意”、创造“意境”是不大相同的。莱辛的诗、画分界

① 《宗白华全集》，第3卷，安徽教育出版社，1994年，第285页。

理论，是以西方的时空观和模仿说为依据，主要是从叙事诗与人物画的对比、分析中建立起来的，前面已经指出，其中有不少合理的思想因素可供我们吸取、利用，但如果不加分析地用以生搬硬套中国的诗画艺术，则不免有削足适履之嫌。早在二十世纪三四十年代，朱光潜、宗白华、邓以蛰等前辈美学家就论及这个问题，并明确指出：莱辛的理论对欧美近代艺术的影响很大，“然以之律我国之山水画，则有凿枘之感”。[①]

“意境”或曰“情境”是我国传统美学的基本范畴，可视为中国艺术的灵魂。艺术家“外师造化，中得心源”，使用特定的艺术符号，创造出一个情景交融、神形兼备的艺术境界。如宗白华先生在《中国艺术意境之诞生》中所说的那样：“艺术家以心灵映射万象，代山川而立言，他所表现的是主观的生命情调与客观的自然景象交融互渗，成就一个鸢飞鱼跃，活泼玲珑，渊然而深的灵境；这灵境就是构成艺术之所以为艺术的‘意境’。”[②]这里的“灵境”，指的就是艺术意境、情境。诗与画的离合异同、交融互渗的关系不论是多么错综复杂，最终都要归结到艺术意境、情境的创造上。正是从这个意义上，我们可以把诗、画通感的真实内涵概括为：“诗中有画”，就是诗中有画境；“画中有诗”，就是画中有诗情。

首先看诗中有画境。西方古典绘画艺术重在写实，艺术家大都以几何学、物理学的眼光观察事物，采取定点透视、远近比例、色彩明暗的手法，在二维平面上再现三维立体空间，以取得一种如实、乱真的艺术效果。比如文艺复兴时期著名艺术家、建筑师阿尔贝蒂就把绘画看作是“捕捉艺术原型的镜子”。他说：“要使画家知道，每当他们用线描轮廓，用色填进这样勾画出来的面积里去的时候，他们的目的不过是要使出现在画面上的事物的形状，看起来就好像这画面是透明玻璃而视锥是穿过它的，远近、明暗分布和视点都是有一定的。”[③]达·芬奇可能是受到阿尔贝蒂的思想影响，也一再强调画家应当成为“师法自然”的“镜子”，并以此对诗

① 《邓以蛰全集》，安徽教育出版社，1998年，第283页。

② 宗白华：《美学散步》，上海人民出版社，1981年，第60页。

③ 杨身源、张弘昕编著：《西方画论辑要》，江苏美术出版社，1992年，第98页。

与画作了比较，认为："诗用语言把事物陈列在想象之前，而绘画确实地把物象陈列在眼前，使眼睛把物象当成真实的物体接受下来。诗所提供的东西就缺少这种形似；诗和绘画不同，并不依靠视觉产生印象。"[①]在他看来，诗人反映客观事物同画家不仅不能"分庭抗礼"，而且是"望尘莫及"的。绘画是"自然的合法的女儿"，其理想境界就是"惟妙惟肖"地再现人物和事物形象。诗是诉诸想象的，绘画是诉诸视觉的。视觉是人的"最高贵的感觉"，眼睛是"人的灵魂之窗"。视觉高于想象，"想象的所见及不上肉眼所见的美妙"，为眼睛所接受的是"物体实在的外观和形象"，为想象所接受的是物体实在的"影子"。达·芬奇据此得出"画胜过诗"的结论。中国艺术绝无像西方"画胜于诗"或"诗胜于画"的思想。尽管达·芬奇也说过画是"哑巴诗"，诗是"瞎子画"，其内涵与我国古典美学所讲的"诗中有画""画中有诗"，还是有相当大的距离的。不过，这里应当指出的是，西方古典绘画重在对客观事物的真实摹写与再现，并不意味着它是依葫芦画瓢，没有选择、加工和典型化，不能表现诗意。宗白华先生就曾经到巴黎卢浮宫里，坐在《蒙娜丽莎》原画前个把小时，口吟"巧笑倩兮，美目盼兮"的诗句，领略她的诗情画意。他说："达·芬奇在这画像里突破了画和诗的界限，使画成了诗。谜样的微笑，勾引起后来无数诗人心魂震荡，感觉这双妙目巧笑，深远如海，味之不尽，天才真是无所不可。"[②]西方艺术中也是可以"诗中有画""画中有诗"的，但中西方诗画结合的方式、特点和难易程度是有差别的。中国画不像西方绘画那样重视物象的摹写与再现，而以不似似之为妙，重在传神写意；且诗多为吟咏山水景物之作，两者的艺术情境是接近的，结合较为容易，有着不解之缘。

我国古代画家从时空一体的观念出发，以心理动力学的观点看待客观事物，"身所盘桓，目所绸缪"，"俯仰往还，远近取与"，采取散点透视、以大观小、移步换形等的造型方法，打破物理空间的限制，创造一种"移

① 戴勉编译：《达·芬奇论绘画》，人民美术出版社，1979年，第20页。

② 宗白华：《美学散步》，上海人民出版社，1981年，第3页。

生动质，变态不穷”的艺术空间。宋代郭熙在《林泉高致·山水训》中写道：

> 盖身即山川而取之，则山水之意度见矣。真山水之川谷，远望之以取其势，近看之以取其质。……山近看如此，远数里看又如此，远数十里看又如此，每远每异，所谓山形步步移也。山，正面如此，侧面又如此，背面又如此，每看每异，所谓山形面面看也。如此，是一山而兼数十山之形状，可得不悉乎？山春夏看如此，秋冬看又如此，所谓四时之景不同也。山朝看如此，暮看又如此，阴晴看又如此，所谓朝暮之变态不同也。如此是一山而兼数十山之意态，可得不究乎？①

显然，艺术家在创作过程中，不是以静止的、单向度的观点，而是“身即山川而取之”，进行动态的、多向度的观察和体验客观对象，将山水景物作为有机整体纳入心中，“见其大象而不为斩刻之形”，“见其大意而不为刻画之迹”，创造出时空一体、灵活生动的艺术空间。这样的艺术空间显然不同于西方绘画写实的几何空间，而是一种“假想会意”的心理空间。对于中国画造型的这一基本特征，宗白华在《中国诗画中所表现的空间意识》一文中作了现代阐释和科学概括：

> 中国画法六法上所说的“经营位置”，不是依据透视原理，而是“折高折远自有妙理”。全幅画面所表现的空间意识，是大自然的全面节奏与和谐。画家的眼睛不是从固定的角度集中于一个透视的焦点，而是流动着飘瞥上下四方，一目千里，把握全境的阴阳开阖、高下起伏的节奏。……所画出来的是具有音乐的节奏与和谐的境界。②

①《美术丛书》，第2册，江苏古籍出版社，1986年，第1158—1159页。

②《宗白华全集》，第2卷，安徽教育出版社，1994年，第425页。

这种以心灵的眼睛观照自然，“应景会心”，“因情造境”，所成就“时空合一体”的、富于音乐节奏感的画境，同诗歌的历时性不是对立的，与人的生命律动、情感的变化起伏会很自然地契合、融通起来。画境通于诗情，使人从中获得“景外意”“意外妙”的情感体验。所以恽南田说：“笔墨本无情，不可使运笔运墨者无情；作画在摄情，不可使鉴画者不生情。”[①]石涛说得更为深刻、透彻：“处处通情，处处醒透，深入其理，曲尽其态。”他还把自己的画境与诗情直接联系了起来：

吾写此纸时，
心入春江水。
江花随我开，
江水随我起。
把卷望江楼，
高呼曰子美。
一笑水云低，
开图幻神髓。[②]

看来，石涛作《春江图》时，诗兴大发，心潮澎湃，随着江水翻卷起伏，待图画就，一看有得杜甫诗意，便兴奋地“高呼曰子美”来。这不是石涛的画与杜甫的诗感通了吗？郑板桥诗、书、画兼擅，更是作画如作诗，以画境表达诗情，其诗云：“画到情神飘没处，更无真相有真魂。”（《黄慎》）他作画不拘形似，因心造境，“无真相”而有“真魂”，充分地体现了我国传统绘画“得意忘形”的艺术精神。他的竹画里就表现和寄寓着一个七品小吏清正廉洁、关心民瘼的品格、情怀。这可以他的《潍县部署中画竹呈年伯包大中承括》诗为证：

---

① 《南田画跋》，上海人民美术出版社，1987年，第46页。

② 石涛：《大涤子题画诗跋·卷一·题春江图》

衙斋卧听萧萧竹，
疑是民间疾苦声。
些小吾曹州县吏，
一枝一叶总关情。

以上这些艺术事实，大概可以使我们进一步理解苏轼“古来画师非俗士，妙想实与诗同出”（《次韵吴传正枯木歌》）、“李侯有句不肯吐，淡墨写作无声诗”（《次韵子瞻、子由题憩寂图》）等诗句中所蕴含的“画中有诗”的道理了。

再说诗中有画境。中国古典诗歌以简短、精练的抒情诗为主，其中山水景物诗占有重要地位。它不像西方叙事诗有那么多曲折变化的故事情节，有那么些错综复杂的矛盾冲突，而多为“情景相触而成诗”，“情与景合而有诗”。诗人往往不直接表露自己的思想感情，而“以自然之眼观物，以自然之舌言情”，创造出一种如王国维所说的“无我之境”。何谓“无我之境”？王国维说：“无我之境，以物观物，故不知何者为我，何者为物。”[①]何谓“以物观物”？魏了翁在《费元甫注陶靖节诗序》中说：“以物观物，而不牵于物；吟咏性情，而不累于情。”诗人既不能“牵于物”而无情，也不能“累于情”而无物。有物无情是死物，有情无物是虚情。“以我观物”，情即是景、景即是情，情景不分。如王夫之所说：“景以情合，情以景生，初不相离，唯意所适。截分两橛，则情不足兴，而景非其景。”[②]且看王维的诗《辛夷坞》：

木末芙蓉花，
山中发红萼。
涧户寂无人，
纷纷开且落。

①《蕙风词话·人间词话》，人民文学出版社，1963年，第191页。
②《四溟诗话·薑斋诗话》，人民文学出版社，1961年，第150页。

山林静寂，涧户无人，芙蓉红花，自开自落，无涉尘世，看来句句是物、是景，无我、无情，实乃在此空虚寂灭的境界里，蕴涵着诗人“身世两忘，万念皆寂”的禅意、梵音。由此看来，“无我之境”并非真的“无我”“无情”，可谓“道是无情更有情”，“一切景语皆情语也”。这是物我同一、情景合一、诗中有画的艺术境界。

我国古代诗情与画境的契合、融通，还与所使用的文字符号有很大的关系。中西方的诗歌创作虽然用的都是历时性的语言文字，但一个是复音节的拼音文字，一个是单音节的、以象形为主的表意文字。汉字符号及其组合的造型、表意的功能都是比较突出的。在诗歌创作中，汉语用词造句非常自由灵活，有时可以不受语法、逻辑规则的限制，省略主语、谓语、连接词，把几个物象并置、组接起来，构成类似绘画式的、蒙太奇式的、无时态性变化的图景，产生一种“历历如在目前”的视觉效果。正如叶维廉先生论及汉诗艺术特征时所指出的：“无疑地，诗，用了语言，物象也只能依次呈现，但它们并不如戏剧动作那样用一个故事的线串连起来；它们反而是‘空间性的单元’并置在我们目前，而我们对它们全面的美感印象，还要等到它们全部‘同时’投射在我们觉识的幕上始可完成。物象不但以共存并置的关系出现，由于观者的移动而被时间化。更重要的是：以上的美感瞬间并没有一个可以称得上莱辛所说的‘动作’（事件）。莱辛的心目中只有一种诗，那便是史诗或叙事诗，他完全忽略了lyrie（抒情诗）的整个创作情况。”[①]这样的作品在古典诗词中是大量存在的，如柳宗元的《江雪》、马致远的《天净沙·秋思》就是典型的例子。《江雪》前两句“千山鸟飞绝，万径人踪灭”，鸟瞰全景，千山万径，宿鸟不飞，行人绝迹，空荒寂寥；后两句“孤舟蓑笠翁，独钓寒江雪”，则把视线由远景大象移向近景具象，呈现出渔翁孤舟独钓寒江的特写镜头。诗人通过这幅寒江独钓的雪景图，曲折地表达了他政治革新失败后不向保守势力屈服的清高、孤独的情怀。有人称誉此诗为“绝唱”，写“雪景如在目前”，以致后

① 叶维廉：《中国诗学》，生活·读书·新知三联书店，1991年，第151—152页。

来的画家以这首诗的意境，画出了《寒江独钓图》。《天净沙·秋思》的画境表现得更为出色、高妙：

枯藤老树昏鸦，
小桥流水人家。
古道西风瘦马。
夕阳西下，
断肠人在天涯。

这首小令头三句用十八个字将九个意象平列、并置起来，以秋阳夕照、古道游子为中心，构成了一幅凄凉萧瑟的晚秋夕照图，映射出羁旅天涯的游子前路漫漫、无所归依、怅触无边的心境。“枯藤老树昏鸦”，荒秋悲凉，生意衰歇；“小桥流水人家”，景色虽然清静、明朗些，不过是游子心情由暗淡、忧愁到孤独、寂寞的过渡和转换。桥通何处？水流何方？家归何时？已是“夕阳西下”，夜幕即将降临，西风阵阵吹起，在荒郊古道中骑着瘦马的“断肠人”就更加悲愁无望、魂断蓝桥了。全诗化物象为意象，融情于景中，心物契合无间，真是一片风景就是一种心境。

《江雪》《秋思》两首诗主要是以不同意象静态组合的方式，创造出一种近乎空间并列的画面，而有的诗虽然也描写事物的动态，由于持续时间短暂，加之汉语单音节，读起来易于“时间空间化”，使人在头脑里很快形成视觉意象，产生宛然如画的感觉。如唐代诗人王昌龄《初日》诗就是明证：

初日净金闺，
先照床前暖；
斜光入罗幕，
稍稍亲丝管；
云发不能梳，

杨花更吹满。

诗中生动地描写了晨光射入闺房的变化多端的境象，既有光的活跃的历时性，但又有很强的空间感，像是一幅光与色变幻、交响的印象派绘画。宗白华曾对此作过具体、深入的比较分析："这诗里的境界很像一幅近代印象派大师的画，画里出现一座晨光射入的香闺，日光在这幅画里是活跃的主角，它从窗门跳进来，跑到闺女的床前，散发着一股温暖，接着穿进了罗帐，轻轻抚摩一下榻上的乐器——闺女所吹弄的琴瑟箫笙——枕上的如云的美发还散开着，杨花随着晨风春日偷进了闺房，亲昵地躲在那枕边的美发上。诗里并没有直接描绘这金闺少女（除非云发二字暗示着），然而一切的美是归于这看不见的少女的。这是多么艳丽的一幅油画呀！……王昌龄这首诗，使我想起德国近代大画家门采尔的一幅油画，那画上也是灿烂的晨光从窗门撞进了一间卧室，乳白色的光辉浸漫在长垂的纱幕上，随着落上地板，又反跳进入穿衣镜，又从镜里跳出来，抚摸着椅背，我们感到晨风清凉，朝日温煦。室里的主人是在画面上看不见的，她可能是在屋角的床上坐着。……门采尔这幅画全是诗，也全是画；王昌龄那首诗全是画，也全是诗。诗和画里都是演着光的独幕剧，歌唱着光的抒情曲。"通过如是深得诗、画艺术"三昧"的分析比较，这位美学大师意在说明：诗与画之间有着对立统一的辩证关系，诗中可以有画，画中可以有诗。它们是有区别的，不可也不必相互替代，但可以相互补充，尽量吸进对方的表现形式，以扩张和丰富自己的审美蕴涵。他的结论是："诗和画的圆满结合（诗不压倒画，画也不压倒诗，而是相互交流交浸），就是情与景的圆满结合，也就是所谓'艺术意境'。"[①]这是一语中的之论，"诗中有画""画中有诗"的根本问题在于创造情景交融、圆满结合的"艺术意境"。

在我国古代艺术理论发展史中，有着诗画结合问题的大量论述，内容非常丰富，观点不尽一致。有的认为"诗画一律"，诗即画，画即诗；有的主张诗画互通，诗中有画，画中有诗；有的则着眼于诗、画的区别与界

① 宗白华:《美学散步》,上海人民出版社,1981年,第9—11页。

限，阐明各自的特点和规律，并对前两种看法提出了质疑。我们对于这些不同观点应当进行具体分析，吸取合理因素，纠正偏颇之处，以辩证综合的方法，作出实事求是的结论，而不能轻率地、简单地把它们对立起来，以诗、画的共通性来否定其特殊性，或者相反，以其特殊性否定其共通性。如邵雍的《诗画吟》：

画笔善状物，
长于运丹青。
丹青入巧思，
万物无遁形。
诗笔善状物，
长于运丹诚。
丹诚入秀句，
万物无遁情。

有的论者以这首诗作为否定“诗中有画”“画中有诗”的论据是缺乏说服力的。它既对诗与画各自的特点和长处作了明确的区分，即画善于描绘事物形体，诗歌长于抒发主观情感；又表明诗与画是相通的，即都“善状物”，为它们结合提供了客观基础。这不正好说明两种艺术是相异而相通的吗？还有沈括在《梦溪笔谈》说“凡画奏乐只能画一声”，这当然是符合绘画作为造型艺术的特点的，它不能直接画出在时间中持续的声音，但这也不足以证明诗与画是不能相通、不可结合的。绘画固然不能直接描绘先后持续、无形无色的声音，但却可以通过视觉造型激发起人们的想象联想，取得心存目想、以形传情的审美效果。黄庭坚《题〈阳关图〉》诗云：“断肠声里无形影，画出无声亦断肠。”钱锺书先生在《谈艺录》中对此作过深入的阐发，可帮助我们进一步理解诗画结合的审美蕴涵。他说：“阳关三叠，有声无形，非绘事迹所能传，故曰：‘断肠声里无形影。’然龙眠画笔，写惜别悲歌情状，惟妙惟肖，观者若于无声中闻声而断肠，故曰：‘画出无声亦断肠。’即听觉补充视觉之理也。但丁诗言石壁上雕刻歌唱队像，一言：‘唱声无’，一言：‘唱声有’，正抉剖此境。”[①]苏轼《题阳关图》：“龙眠独识殷勤处，画出阳关意外声。”可以进一步证明这一论断是可靠的、确实的。声、形相通，视、听互补，形成诗画有机结合的艺术境界。

根据上述，我们认为“诗中有画”“画中有诗”命题的真实内涵是，诗中有画，即情寓景中，情景交融；画中有诗，即景中含情，以景会心。简言之，就是诗中有画境，画中有诗情。邓以蛰先生在《画理探微》中对这个问题论述得最为全面、正确而又深刻。他写道：

> 诗主意而重形，是以“情必极貌以写物”；画主形而重意，是以画重气韵生动之意。意有首尾终始之变迁，动也；形为事物之结构与范围，静也。由动观静，则情景一致，事事如画，此诗人之态度也。画家之态度乃由静观动。由静观动，则盈天地万物之间者，莫非生气；生气运行实能一以贯之于万物，……山水画取动静交化、形意合一之观点，纳物我、贯万物于此一气之中，韵而动之，使作者览者无所间隔，若今之所谓感情移入者，此等功用，无以名之，名之曰气韵生动。[②]

这话讲得多么的好，它从形与意、情与景、动与静、时间与空间、创作者与接受者等对立统一的辩证关系上，揭示了诗画结合的艺术真谛。

形依情则深　情附形则显

“诗中有画”“画中有诗”既然是诗人、画家所创造的一种艺术境界，自当具有很高的审美价值。而有的论者则认为“诗中有画”是“不包含价

① 钱锺书：《谈艺录》，中华书局，1984年，第317页。

② 《邓以蛰全集》，安徽教育出版社，1998年，第223页。

值判断”的“中性概念”，并在具体论述中贬抑和否定了它的艺术价值；反之，“画中有诗”，当然也不会例外了。这种观点也是难以令人信服的。

艺术价值是从审美主体与客体的关系中作出判断的。诗、画是两种不同的艺术，一者呈于目，一者感于心，感知方式虽有所不同，却又是相通的。徐复观在《中国艺术精神》一书中说：“诗由感而见，这便是诗中有画；画由见而感，这便是画中有诗。”①诗画结合，诗由感而见，画由见而感，其审美价值何在呢？显然两者结合、融通不会貌合神离，毫无意义，而是相互促进、相得益彰的。明代李贽说：“画不徒写形，正要形神在。诗不在画外，正写画中态。”②在绘画中，形和神是对立统一的关系。形是外在的，具体的，可为目之所见；神是内在的，会之于心，思而得之。形是身体，神是灵魂。形无神不活，神无形不存。诗有画中态，画赋予诗以具体生动的形象；画有诗中意，诗给予画以丰满深厚的情韵。汤来贺《黄伯衡诗序》云：“善诗者句中有图绘焉，善绘者图中有风韵焉。”③叶燮也在《赤霞楼诗集序》中说：“画者形也，形依情则深；诗者情也，情附形则显。”④这些论述都言简意赅地概括了诗画结合所产生的优势互补的艺术价值。

先说画中有诗，“形依情则深”。中国画作为造型艺术，当然要设色画线，置陈布势，构图成象，但非追求物象表面的“形似”，而是着眼于“意境”的创造，务求气韵生动，“写其形必传其神，传其神必写其心”，这在艺术精神上与以抒情写景为主的中国诗是非常接近和相通的。“画中有诗”，形依于情，有情韵，意味则深，无情韵，意味则浅。宋代包恢说：“凡其华彩光焰漏洩呈露，烨然尽发于表，而其里索然无余蕴者，浅也；若其意味风韵含蓄蕴藉，隐然潜寓于里，而其表淡然若无外饰者，深

① 徐复观：《中国艺术精神》，春风文艺出版社，1987年，第479页。

② 李贽：《书画》，《焚书》卷五。

③《内省斋文集》卷二十一

④ 北京大学哲学系美学教研室编：《中国美学史资料选编》（下），中华书局，1981年，第324页。

也。”[①]此言道出了我国传统诗画相互感通、形依情则深的艺术特色。

那么，“画中有诗”是怎样以形写意、形依情深的呢？方法是多种多样的，择其要者，略加述之。

虚实相生。画面虚实结合，留有“空白”，给人以广阔的想象空间，取得情长意远的审美效果。清代笪重光在《画筌》中说：“空本难图，实景清而空景现；神无可绘，真景逼而神境生。位置相戾，有画处多属赘疣；虚实相生，无画处皆成妙境。”[②]这话讲得颇有艺术辩证法，实景与空景是相互联系、相互依存的，实景、真境是前提和基础，画得清新鲜明，不胡乱涂鸦，空景、神境才会显现、生成；有了空景、神境，实景、真境就能气韵生动，意味无穷。虚实结合，有无相生，无画处方能成为妙境。王翚、恽格在评笪重光这个精彩论断时作了进一步的发挥：“人但知有画处是画，不知无画处皆画。画之空处，全局所关，即虚实相生法。人多不着眼空处，妙在通幅皆灵，故云‘妙境’也。”[③]虚实相生构成一种灵动的艺术空间，其“空白”处并非虚无，而是“无形”之“形”，“无象”之“象”，具有暗示、诱发、召唤的心理作用，使观者“迁想妙得”，产生无穷的情趣。清代华琳在《南宗抉秘》中说：“夫此白本笔墨所不及，能会为画中之白，并非纸素之白，乃为有情，否则画无生气矣。”这是符合中国画艺的实际情况的。如宋代马远的《寒江独钓图》，笔墨精练、简约，一个老者超然世外，坐于舟端，神情专注，垂钓于江中，而水几乎不着一笔，留下大片空白。这“空白”是寒江？是雪天？让观赏者驰骋想象，去填补它，丰富它，感到那“空白”不是一无所有，是飞雪连江，汪洋一片，无边无际，很自然地同柳宗元《江雪》诗的意境联系起来，真是情真意切啊！

联类取譬。中国画多以山水花鸟、自然景物为题材，艺术家如果一天到晚只是描摹和再现自然物象，有何情趣、意味？于是，他们往往“贵情

①《书徐致远无弦稿后》,《敝帚稿略》卷五。

② 笪重光:《画筌》,人民美术出版社,1987年,第7页。

③ 同上,第7页。

思而轻事实”，采取联类取譬的方法，把自然事物的形象及其所构成的意境人格化，寄情言志，喻寓事理，从而强化、扩展了诗情和美感的深度。郭熙在《林泉高致·山水训》中说：“真山水之烟岚，四时不同：春山淡冶而如笑，夏山苍翠而如滴，秋山明净而如妆，冬山惨淡而如睡。画见其大意，而不为刻画之迹，则烟岚之景正矣。”一年四季，景色不同，气象各异，即景会心，异质同构，自然“人化”，便有“如笑”“如滴”“如妆”“如睡”的神情意态，不说别的，就是“春山淡冶而如笑”一语，即给人以灵妃“含情不语顾我笑”之感。清代邵梅臣在《画耕偶录》中评郭熙此论时说：“余尝谓画山以此四语为诀，能领悟四‘如’字，则墨落情生，斯为无声之诗。”①绘画在为山水传神的同时，也寄寓着艺术家的情感意趣，诗情画意有机统一。还有梅、兰、竹、菊有“四君子”之称，是文人画家所喜爱的、常用的题材。梅花的耐寒傲雪，兰花的孤芳自赏，绿竹的高风亮节，菊花的雅洁清香，成为人的思想品格、道德情操的寄托和象征。在大量的题画诗中，诗情画意相互映发，鲜明地表现出中国画“形依情则深”的艺术特色。如宋末元初诗人、画家郑所南，擅长墨兰、墨竹。他画墨兰巧拙有素，刚劲挺拔，花疏叶简，常是露根不着土，人问其故，答曰：“土为番人夺，忍着耶？”他不是为画兰而画兰，而是发泄国破家亡的无限伤痛，隐喻自己的志洁行芳。他有一首《题菊》诗道出了内中真情：

> 花开不并百花丛，
> 独立疏篱趣未穷。
> 宁可枝头抱香死，
> 何曾吹落北风中。

从这首诗中，我们领悟到他所画的“宁可枝头抱香死”的菊花形象，蕴涵着艺术家坚守民族气节、宁死不屈的高尚品格和爱国情怀，情真意

① 周积寅编著：《中国画论辑要》，江苏美术出版社，1985年，第241页。

切，具有很强的艺术感染力。郑所南的墨兰曾引起“元四家”之一的倪云林强烈的感情共鸣。倪云林在《题郑所南〈兰〉》诗曰：

秋风兰蕙化为茅，
南国凄凉气已消。
只有所南心不改，
泪泉和墨写离骚。

郑所南的墨兰是泪水和着墨水画出来的，所表现的民族忧患意识是何等的深广，无怪乎倪云林把他的画比作伟大诗人屈原不朽的爱国主义诗篇《离骚》了。

夸张变形。夸张、变形是艺术反映现实生活的一种特殊方式。艺术家有时通过改变物象的常形和某些自然特点的方法，突出、强化自己的审美感受和情感体验，以丰富和扩展艺术表现能力。中国画创作一向反对“谨毛而失貌”“纤细过度，反失其真”的自然主义，而强调“会意而造其境”，以“不似似之”，它不只是指对客观事物的选择、加工、提炼，还包含着“或反其常道，或异其常形”的夸张、变形的艺术处理。中国画的夸张、变形，“形缺而神全”，“形变而神在”，可以取得爆发情感光焰、令人耳目一新的艺术效果。就以清代与石涛齐名的画家朱耷的写意花鸟画来说吧。朱耷是明皇族后裔，甲申后为僧，号八大山人。他心怀国破家亡的隐痛，愤世嫉俗，孤高自傲，都从狂纵不羁、变形取貌的笔墨中尽情倾泻了出来。像他自己所说的那样：“愤慨悲歌，忧愤于世，一一寄情于笔墨。”他所绘多为枯木孤鸟，有时鸟画得缩头缩脑，眼睛半睁半闭，一足“上跑”，一副避世躲祸的样子；有时将眼睛画得超出常态的大而圆，大而方，眼珠点得浓黑上翻，画鱼也是如此，表现出一种“白眼向人”、孤傲冷峻的神态。因此，八大山人笔下的鸟、鱼有“伤心鸟”“瞪眼鱼”之称，即使画上“八大山人”的题名也类似于“哭之笑之”。他的画把自己的思想感情投射到对象上，“随意幻形”，改变它的“常态”，产生一种触目惊心的艺术力量。郑板桥在一首题画诗[1]中写道：

国破家亡鬓总皤，
一囊诗画作头陀。
横涂竖抹千千幅，
墨痕无多泪点多。

此实乃知音之言，八大山人的画正是在“横涂竖抹”、夸张变形、茹真似幻中，表达了不满现实、悲愤郁结、思念故国的情怀。“墨痕无多泪点多”，一幅画就是一首悲歌啊！

再看诗中有画，“情附形则显”。王国维在《文学小言》中说：“文学有二原质焉：曰景，曰情。”诗、画创作不外情、景两端。诗主情，以表现主观情感见长，而情无景则虚；画主形，以描绘客观景物见长，而景无情不活。有诗评家说得好：“情以景幽，单情则露；景以情妍，独景则滞。”（宋徵璧语，《古今词话》引）人的主观情感是内在的、无形的，只有以一定的物化形态表现出来，方能被他人所接受和领悟，产生相应的心理效应。诗人总是在对现实生活深切感受的基础上，将“真感情”与“真景物”结合起来，创造一种“情与景会，意与象通”的艺术境界。“诗中有画”作为“诗家一境”，是具有很高的审美价值和艺术感染力的。就以李白的名篇《黄鹤楼送孟浩然之广陵》来说吧：

故人西辞黄鹤楼，
烟花三月下扬州。
孤帆远影碧空尽，
惟见长江天际流。

这是一首写楼头送别友人的诗，头两句写送别的地点、时间和送往之

① 郑板桥：《题屈翁山诗札，石涛、石溪、八大山人山水小幅并白丁墨兰共一卷》

地；后两句以景物表现离别之情，乃是诗的闪光之点、精彩之处。帆影在碧空中消失，故人已去；长江在天际自流，望眼欲穿。这真是“景物可画，别情难迁”。刘永济先生评论此诗说：“行者已远而送者犹伫立，正以见其依恋之切，非深交之友，不能有此深情也。善写情者不贵质言，但将别时景象有感于心者写出，即可使诵其诗者，发生同感也。”[①]在这两句诗中，“景物可画”，说明诗里面是有“画”的；诗人离别之情是透过“画”表现出来的，说明“情附形则显”。这里“画”中所显现的感情，不是那种以“质言”“直白”的概念化方式表达的浅薄之情，而是隐含于“画”中言之不尽的深情，即正如明代李日华在《紫桃轩杂缀》中所说的：“意之所游，目力虽穷而情脉不断是也”。由此看来，“诗中有画”是诗，特别是即景抒情的诗的一种成熟的、具有重要审美价值的艺术境界。

这里应当明确的是，“诗中有画”不全是画，不同于画中之画，一个是实在的形式，一个是想象的形式。如果完全以形、色、线创造“物质的图画”来要求用语言文字描绘的“想象的图画”，不仅有悖于“诗中有画”的本意，而且必然导致对其艺术价值的否定。在“诗中有画”质疑论者征引的材料中有两条是应当提出讨论的。一条是张岱的看法：“诗中有画，画中有诗，因摩诘一身兼此二妙，故连合言之。若以有诗意之画作画，画不能佳；以有画意之诗为诗，诗必不妙。如李青莲《静夜思》诗：‘举头望明月，低头思故乡’，有何可画？王摩诘《山路》诗‘蓝田白石出，玉川红叶稀’，尚可入画；‘山路元无雨，空翠湿人衣’则如何入画？又《香积寺》诗‘泉声咽危石，日色冷青松’，‘泉声’、‘危石’、‘日色’、‘青松’皆可描摹，而‘咽’字、‘冷’字决难画出。故诗以空灵才为妙诗，可以入画之诗，尚是眼中金银屑也。”（《琅嬛文集》卷三）此论缺失之处有三：一是与艺术史的实际不相符合，在古代大量存在的“诗中有画”“画中有诗”的作品中，有许多的佳作、精品，这是无可怀疑的事实。二是以诗所表现的视觉形象以外的感觉、动作等不能直接入画为理由来否定

① 刘永济：《唐人绝句精华》，人民文学出版社，1981年，第48页。

“诗中有画”的艺术价值，是有悖于艺术辩证法的。石涛有一则画跋讲得非常好：

> 诗中画，性情中来也，则画不是可拟张拟李而后作诗。画中诗，乃境趣时生者也，则诗不是便生吞活剥而后成画。真识相触，如镜写影，初何容心，今人不免唐突诗画矣。①

诗、画两种艺术融通时，不能拟张拟李，生搬硬套，必须从自身的特点和表现功能出发，进行创造性的艺术转化，方能水到渠成，取得圆满的艺术效果。从这个角度来看，前面提及的不能、决难入画的诗句，就未必不能入画。清代邹一桂在谈到绘画艺术的虚实关系时，对这个问题作出了正确的回答：“有人言绘雪者不能绘其清，绘月者不能绘其明，绘花者不能绘其馨，绘人者不能绘其情，以数者虚而不可以形求也，不知实者逼肖而虚者自出。故画北风图而生凉，画云汉图而生热，画水于壁则夜闻水声。谓为不能者，固不知画者也。”②方薰《山静居论画》说：“画境异乎诗境。诗题中不关主意者，一二字点过；图画中具名者，必逐物措置。唯诗有不能状之类，则画能见之。”③这些论述是很正确的，我们如果只看到诗的“空灵”，画的“逐物措置”，忽视“虚实相生”“情附形则显”的艺术原则，就会把诗境与画境对立起来，将可入画之诗视为“眼中金银屑也”。另一条是乔钵的话：“诗中句句是画，未是好诗！”此话言之有理，但也不能作为否定“诗中有画”艺术价值的证据。“情景相触而成诗”。“诗中有画”的根本意义在于创造情景交融、形神统一的艺术境界。“景多则堆垛，情多则暗弱”。如果诗里面一味描形绘色，堆垛景物，有形无神，有景无情，当然不是什么好诗。王夫之就曾尖锐地批评过诗歌创作专事刻镂、图绘的错误倾向。他说：“无论诗歌与长行文字，俱以意为主。意犹帅也，

① 石涛：《大涤子题画诗跋》，《美术丛书》，江苏古籍出版社，1986年，第1894页。

② 邹一桂：《小山画谱》，《美术丛书》，江苏古籍出版社，1986年，第524页。

③ 沈子丞编：《历代论画名著汇编》，文物出版社，1982年，第592页。

无帅之兵，谓之乌合。……烟云泉石，花鸟苔林，金铺锦帐，寓意则灵。若齐梁绮语，宋人抟合之出处，役心向彼掇索，而不恤己情之所自发，此之谓小家数，总在图缋中求生活也。”[①]诗人如果甘心情愿抛开本门艺术的特长和表现对象，跟在画家后面邯郸学步，而不是取其所长，融会贯通，为我所用，情景相兼，是不可能达到“诗中有画”的境界的。

王士祯在《池北偶谈》中说：“大抵古人诗画只取兴会神到，若刻舟缘木求之，失其旨矣。”否定“诗中有画”的艺术价值的根本问题在于仅着眼于两种艺术外在形态上的区别，特别是把诗歌时间的持续性与绘画空间的共时性对立起来，而无视它们在艺术精神上相通互惠的关系。这在对王维诗的评价上表现得尤为突出。“质疑”论者认为，以“诗中有画”来评价王维的诗是“对诗歌艺术的漠视”，“损害了王维诗的艺术价值”，并断言王维诗的主导特色“是对诗歌表达历时性经验之特征的最大发挥和对绘画瞬间呈视性的抵抗”。时间与空间、诗歌与绘画真是如此势不两立吗？并非如此。我们在前面结合中国诗、画艺术，对时空统一关系已有所论述，不必重复；古今学者对王维“诗中有画”作了具体深入、有说服力的解析，更毋庸赘言。这里只想指出一点，有的诗虽然描述了历时性的自然景物、社会故事，若无情境、意味，未必就是好诗；而有的诗意象并列，重在空间造型，未必就不能成为佳作。谢榛在《四溟诗话》中将唐人三诗作了比较分析：

> 韦苏州曰：“窗里人将老，门前树已秋。”白乐天曰：“树初黄叶日，人欲白有时。”司空曙曰：“雨中黄叶树，灯下白头人。”三诗同一机杼，司空为优：善状目前之景，无限凄凉，见于言表。[②]

三诗所写的是同一个主题，即借秋树黄叶抒发伤时叹老之悲情，何以“司空为优”？我们读后感到，韦、白二诗均以“将”“已”“初”“欲”等过去

① 《四溟诗话·薑斋诗话》，人民文学出版社，1961年，第146页。
② 《四溟诗话·薑斋诗话》，人民文学出版社，1961年，第12页。

式、未来式的历时性词语，着力牵合外在的秋树黄叶与人之内在悲情，不免露出痕迹，情、景“隔”而未“融”，就不那么真切感人。司空曙则用近乎今天影视艺术的蒙太奇手法，将“黄叶树”“白头人”两个镜头组接、并置起来，不仅增强了艺术感受的视觉效果，而且产生了两个“画面”之外的第三种意义，所表现的伤时叹老之情既在画面之中，又在画面之外，情景圆融，浑然一体。所以谢榛说它“善状目前之景，无限凄凉，见于言表”。我们从司空曙诗中不仅没有看到诗歌的历时性对绘画的呈示性的“抵抗”，反而发现绘画的空间造型在诗中发挥着情以形显、意境圆融的重要表现作用。

最后应当指出的是，诗中之“画”不同于画中之“画”，它是用语言文字描绘出来的，即使再生动、逼真，也不能像绘画造型那样具有直接的视觉呈示性，只能“感而见之”。它的语言形象所具有的绘画性，主要是通过人们的想象、联想，实现审美心理的转化，以取得视觉效果的。曹雪芹在《红楼梦》第四十八回中对香菱读王维诗心理活动的描写，非常生动、形象地体现了这个道理。

> 我看他《塞上》一首，内一联云：“大漠孤烟直，长河落日圆。”想来烟如何直？日自然是圆的。这“直”字似无理，“圆”字似太俗。合上书一想，倒像是见了这景的。……再还有：“落日江湖白，潮来天地青。”这“白”“青”两个字，也似无理。想来，必得这两个字才形容的尽；念在嘴里，到像有几千斤重的一个橄榄似的。还有：“渡头余落日，墟里上孤烟”。这“余”字合“上”字，难为他怎么想来！我们那年上京来，那日下晚便挽住船，岸上又没有人，只有几棵树，远远的几家人家作晚饭，那个烟竟是青碧连云。谁知我昨儿晚上看了这两句，倒像我又到了那个地方去了。

大概只有像曹雪芹这样的艺术天才，才能对“诗中有画”写出如此感受深切的文字。人们在阅读诗歌时，语言形象激活已有的生活经验，展开丰富的想象、联想，在头脑中形成生意盎然的图画。“想象的图画”不同于“物质的图画”，不能以“见而感之”的绘画来苛求它。我们为什么只是从诗、画的外在形态上判断“诗中有画”的艺术价值，而无视审美主体的能动作用，把想象、移情、通感等心理功能排除在外呢？按照接受美学的观点，艺术文本的审美价值还是潜在的，只有通过人们的接受、体验和再创造，才能转变为现实的审美价值。如果忘记了这一点，我们就会失去诗与画相互感通的艺术上一个基本共同点。苏轼说：“论画以形似，见与儿童邻。赋诗必此诗，定非知诗人。”晁说之也说：“诗传画外意，贵有画中态。”我们不能就诗论诗，就画论画，把诗、画两极式的对立起来。诗主情，“贵有画中态”，诗因画而生动；画主形，“贵有诗中情”，画因诗而意足。诗、画的审美效应固然要受制于一定的媒介符号和感觉方式，而同时又是对它们的升华和超越。“诗中有画”，“画中有诗”，相互融通，取长补短，熔诗情、画意于一炉，以“出位之思”进入理想的审美境界，是完全符合艺术规律的，而不是什么“艺术论的认识迷误”。

第六章　画形于无象 造响于无声

——音乐与绘画之通感

音乐艺术，既不能像绘画那样再现客观事物的具体形象，像建筑、雕塑那样创造三维空间；又不能像诗歌那样用语言文字表达思想情感，如海涅所说，语言结束的地方，便是音乐的开始。音乐没有直观的造型性和明确的语义性，是与生俱来的局限，但也有其得天独厚的优势。音乐通过音响的连接、组合，声调的变化，节奏的展衍，旋律的运行，不受空间造型和语言概念的拘限，直接诉诸人的心灵世界，有着巨大的包容性、表现性和渗透力、亲和力，能够同所有艺术建立起亲密的关系，相互沟通、渗透、融合。在艺术王国里，音乐处于中心地位，左邻右舍无不从它那里吸取营养，具有音乐的质素、情韵，正如英国十九世纪艺术理论家佩特所说："所有艺术通常渴望达于音乐的状态。"①

音乐与绘画是两种不同的艺术形式。音乐以声音为物质媒介，表现人的主观情感，主要作用于人的听觉，是"听"的艺术；绘画则用形体、色彩、线条描写客观事物，主要作用于人的视觉，是"看"的艺术。一个是无形无相的听觉艺术，一个是有形有相的视觉艺术。两种艺术有如此大的区别和不同，又是怎样沟通起来的呢？我们知道，节奏是物质运动一种合规律的形式，在各种艺术中都要反映出来，但表现形式、强弱程度是有所不同的，其中以音乐表现得最为鲜明、突出。节奏、旋律是音乐的基本特

① 佩特：《文艺复兴：艺术与诗的特性》，广西师范大学出版社，2002年，第24页。

性，表现为声音的长短、高低、快慢、强弱的和谐统一；绘画作为造型艺术，在色彩、线形的浓淡、疏密、明暗、向背的搭配、组合之中，气韵生动的形象也是可以表现出音乐的节奏、韵律来的。由于音乐与绘画存在着这种相似性和契合点，因而无形的、流散的乐曲也会唤起人们“造型的想象”，好像从中“听”出了“目之能见的图画”；而有形的、静态的绘画也会引发人们“流散的想象”，仿佛从中“看”到了“耳之能闻的乐曲”。这种音乐与绘画之间的通感现象，正如《淮南子·林训》所云：“视于无形，则其所见矣；听于无声，则得其所闻矣。”曹植在《七启八首》中用两句诗作了更为简明扼要的概括：“画形于无象，造响于无声。”

以耳为目　听声类形

现实生活是一切艺术的本源。音乐无论怎样抽象、空灵，超凡脱俗，玄妙莫测，也并非如有人所说的，是无内容、纯形式的艺术，是什么“上界的语言”，而是以声音的形式对现实生活作出审美反映。《乐记·乐本篇》说：“凡音之起，由人心生也。人心之动，物使之然也。感于物而动，故形于声；声相应，故生变；变成方，谓之音；比音而乐之，及干戚羽旄，谓之乐。”《吕氏春秋·大乐篇》也说：“万物所出，造于太一，化于阴阳。萌芽始震，凝寒以形。形体有处，莫不有声。声出于和，和出于适。先王定乐，由此而生。”宇宙万物处于永恒的运动之中，一年四季的循环更替，日出日落的亘古矩步，一呼一吸的生命律动，一起一伏的脉搏跳动，构成了周期性的、有节奏的、和谐的物质运动形式。“形体有处，莫不有声”。声音是物体运动的受力“共振”现象，是物体运动的一种表现形式。音乐以声音为媒介反映宇宙万物和人类心灵运动的节律，其范围和内容不只限于听得见的声音，而要广阔得多，深远得多。故西方谚语云：“音乐乃宇宙间共同的和谐。”《乐记·乐论篇》也说：“大乐与天地同和，大礼与天地同节。”我国古典美学主张绘画创作要“意在笔先，画尽意在”，音乐也强调“意先乎音，音随乎意”。艺术家感物生情，形诸于声，“音与意会”，才有音乐。无物何以生情，无“情”何以有“意”，无“意”则音无所“随”，当然也就没有音乐。因此，音乐虽然不能直接描述客观事物形象，人们却能以耳为目，听声类形。明代徐上瀛在《溪山琴况》中对此问题论述的颇为具体、深刻。他说：

> 音从意转，意先乎音，音随乎意，将众妙归焉。故曰用其意，必先练其音；练其音，而后能洽其意。……纡回曲折，疏而实密，抑扬起伏，断而复联，此皆以音之精义而应乎意之深微也。其有得之弦外者，与山相映发，而巍巍影现；与水相涵濡，而洋洋徜恍。暑可变也，虚堂疑（凝）雪；寒可回也，草阁流春。其无尽藏，不可思议，则音与意会，莫知其然而然矣。①

这里明确地告诉我们，人们听到了音乐，引发想象、联想，便产生听声会意、随意幻形的通感心理活动。这方面最典型的例子要算“高山流水识知音”的故事了：

> 伯牙善鼓琴，钟子期善听。伯牙鼓琴，志在高山，钟子期曰：“善哉！峨峨兮若泰山！”志在流水，钟子期曰：“善哉！洋洋兮若江河！”伯牙所念，钟子期必得之。伯牙游于泰山之阴，卒逢暴雨，止于岩下。心悲，乃援琴而鼓之，初为霖雨之操，更造崩山之音。曲每奏，钟子期辄穷其趣。伯牙乃舍琴而叹曰：“善哉，善哉，子之听夫，志想象犹吾心也，吾于何逃声哉?”（《列子·汤问》）

心暗合与己无异，谓之知音。俞伯牙每鼓琴奏曲，钟子期均能“志想象犹吾心”，听其音，类其形，得其意，穷其趣，从琴声中想象到高山流水、霖雨崩山，所以被视为“知音”。

音乐家在对客观事物感受、体验的基础上形成乐思，以不具空间形态

① 蔡仲德：《中国音乐美学史资料注译》，下册，人民音乐出版社，1995年，第599页。

的、流动的声音表现出来。它不能直接描写引起人们喜怒哀乐情绪的事物，却以音响的力的结构与事物运动的节律，形成“类同相召，气则同合，声比相应”的感通关系。这是音乐与绘画通感的重要关节点。德国音乐大师舒曼对此有很深刻的体会。他说：

> 难道我们可以抹杀大自然的功绩，否定我们在乐曲中利用了美丽宏伟的自然景色吗？意大利、阿尔卑斯山、壮丽的海洋景象，春回人间、大地苏醒的宜人景色，这一切难道音乐没有向我们描写吗？甚至那些微不足道的、没有普遍意义的现象，也会赋予音乐一种可变的、具体而形象化的性质，使得我们不由不惊讶，音乐能反映这么多的事物。例如有位作曲家对我说，当他创作某首作品时，眼前浮现了一只蝴蝶歇在叶子上顺着小溪的流水漂浮。这个形象使他的小曲带有一种异常柔和而天真烂漫的风味，使听众当真产生了和这幅图景相符合的印象。①

舒曼的这段话生动形象地告诉我们，音乐以声音传达事物运动变化的情调、节律、韵味，以及人们对它的主观感受，能把“一只蝴蝶歇在叶子上顺着小溪的流水漂浮”的形象，转化为“异常柔和而天真烂漫”的“小曲”，使人们听了这首“小曲”，便在头脑中“产生了和这幅图景相符合的印象”。更有意思的是，俄罗斯十九世纪作曲家穆索尔斯基竟直接以绘画为题材，创作了著名的钢琴组曲《图画展览会》。他的好友、画家、建筑家加尔特曼不幸逝世，为了表达对亡友的深切哀悼、思念之情，便用音乐语言“描绘”画展中加尔特曼的十幅遗作。他首先以一个“漫步”的乐段，表现观赏者在画廊中漫步的形象，以之联接和统一各个乐段，像是人们饶有兴味地欣赏着一幅幅精品佳作。接着，他分别以不同的声调、节奏、旋律一一描绘了这些作品。如《侏儒》跳动的音型，缓慢而又不平衡的拍调、节奏，人们听了像是看到一个矮小、畸形的人，步履蹒跚，艰难

① 舒曼：《论音乐与音乐家》，人民音乐出版社，1960年，第82页。

地行走着，对他生来不幸、遭受屈辱的同情心油然而生；《牛车》那沉重缓慢的声调，低沉浑浊的音色，以及由弱到强又逐渐转弱以至消失的节奏变化，使人感到负载沉重的牛车缓慢行进、由近及远的踪迹……乐曲表现画境，是运用音调、节奏、旋律表现它的格调、情韵、意趣，以唤起人们的视觉意象，听之产生“生动如画”的感觉，而不是也不可能用声音来再现对象的具体形象。法国十八世纪启蒙主义思想家卢梭说得好：“音乐家的艺术绝不在于对象的直接模仿，而是在于能够使人们的心灵接近于（被描述的）对象存在本身所造成的意境。”①

音乐家在艺术创作中，能够将可视性的事物创造性地转化为听觉意象；对于欣赏者来说，对音乐也不是消极、被动地接受，而是既听之于耳，又听之于心，展开丰富的想象、联想，进行积极、主动的再创造，把听觉意象转换为视觉形象，见之于不见，从乐曲中“听”出画境来。在我国古代不少乐舞诗中，都具体生动地表现了音乐与物象、听觉与视觉感通的艺术效果，正如韦庄《听赵秀才弹琴》诗中所形容的那样：“巫山夜雨弦中起，湘水清波指下生。”明代石沆有首《夜听琵琶》：

娉婷少女未关愁，
清夜琵琶上小楼。
裂帛一声江水白，
碧云飞起四山秋。

一个年轻美丽、无忧无愁的女子，在夜深人静之时，走上小楼听到琵琶弹奏声，诗人并未具体描述乐音如何美妙动人，而着重表现的是“裂帛一声”收音后的艺术感受和审美效应，它令人神思飞扬，浮想联翩，眼前幻现出一片寂然无声的景象，江面浮动着银白的月光，秋山飞起沉沉的碧云，心中引发起无限的闺情愁绪。这乐曲的境界真是充满着诗情画意！

当然要指出的是，音乐的“音型”不同于绘画的造型。绘画运用色

① 卢梭：《1753年致达兰贝尔的信》，见《音乐译丛》1962年，第1期。

彩、线条在二维平面上描绘空间形象，是可视的，直接呈现出来的；而音乐的“音型”则是由无形色的声音产生的，只能从内心体验中“凭虚构象”，是“虚象”而非“实象”，如张说《山夜闻钟》诗中所写的：“听之如所见，寻之无定象。”它是在时间中流动的，不定型的、不确定的内心视象，随声赋形，变动不居。如《西厢记》写崔莺莺夜听张生弹琴的感受，在头脑中产生的形象是：“其声壮，似铁骑刀枪冗冗。其声幽，似落花流水溶溶。其声高，似风清朗月鹤唳空。其声低，似听儿女语，小窗中，喁喁。”（第二本第五折）这里，弹奏者弹出刚柔、强弱、高低不同琴声，进入听者的耳朵里，则形成一个跳跃性、流动性的意象群落。这是画家画不出来的。

音乐表现的事物运动的节奏、韵律，不描述具体事物的形象，不像绘画那样受到空间造型的限制，因而可以神游物外，更加自由，无拘无束地进入其他艺术领域。法国印象派音乐家德彪西说：“音乐把空气、树叶的摇曳、花的香味，神奇地融为一体，包罗万象，把各种各样的因素带进大自然的和谐。”因此，音乐不是“或多或少精确地复制自然，而是接受存在于自然与想象之间的神秘的和弦”。在艺术王国里，“禁止通行”的警示牌，对音乐来说是无效的。所以，贝多芬这位伟大的音乐家既看到了音乐反映现实生活的局限性，又不无自豪地说：“描写是属于绘画的，诗歌和音乐比较之下，也可说是幸运的了，它的领域不像我的那样受限制；但另一方面我的领土在旁的境界内扩张更远；人家不能轻易达到我的王国。”[①]

耳中见色　眼里闻声

音乐是没有颜色的，绘画是没有声音的。人们在艺术创造和欣赏活动中，却要超越物质媒介的局限，音乐家要谱写出色彩音乐，画家要绘制出音响图画；欣赏者则要从乐曲声中“看”到色彩，从绘画色彩中“听”出

① 贝多芬：《致威廉·葛哈特》，《傅译传记五种》，生活·读书·新知三联书店，1983年，第190页。

声音。如佛家所说的："耳中见色，眼里闻声。"（释晓莹《罗湖野绿》卷一）这不是人们不切实际的奇思异想，而是符合审美心理活动规律的。黑格尔说：

> 各种色调的互相渗透，一种许多返光的照耀，这些返光在许多其他发光体中照耀着（这就是"千灯齐照，互映增辉"的意思——注），变得很精微，瞬忽万变，生动热烈，以至开始越界到音乐的领域。[①]

康定斯基认为，音乐的声调与绘画的色彩之间的感通存在着物理、心理相似性基因。他说："大气和光的振动形成了声音和色彩之间相似性的基因。……同理，画家和作曲家也能够熟练运用暖的'色调'和'音调'创作出热情洋溢的作品来，它们会使你强烈地感到火焰在燃烧。"[②]空气的振动使物体发出声音，光波是物体色彩的本源，如果声波与光波的振动频率相同，它们之间就有了相似性。培根曾经说过："音乐的声调摇曳和光芒在水面上浮动完全相同，那不仅是比喻，而是大自然在不同事物上所印下的相同的脚迹。"[③]声音与色彩是相似而相通的，使人从声音中"看"到了色彩，从色彩中"听"出了声音。例如，张先《菩萨蛮》词中写道："哀筝一弄湘江曲，声声写尽春波绿。"弹奏的是一曲哀筝，竟然声声写尽春江荡漾的碧波。"赤橙黄绿青蓝紫，谁持彩练当空舞？"画家根据自己描绘外在事物和表现内心情感的需要，从整体艺术构思出发，手持画笔，挥舞"彩练"，极尽色彩变化之能事，以色彩整体构成的和谐统一，深浅浓淡的巧妙搭配，黑白冷暖色调的鲜明对比，主色与辅色的相互映衬，中间色块的协调和合，创造出五彩缤纷、神全意足、富于节奏感、韵律感的艺术意境来。这里最典型的例证无过于敦煌石窟壁画"飞天"了。据印度佛教传说，飞天，原系一美男子，常凌空飞翔，歌舞散花，"为诸天作乐"，

---

① 黑格尔：《美学》，第3卷，上册，朱光潜译，商务印书馆，1979年，第281页。

② 康定斯基：《论艺术的精神》，查立译，中国社会科学出版社，1997年，第96页。

③ 转引自钱锺书：《旧文四篇》，上海古籍出版社，1979年，第52页。

被称为“香神”“音乐之神”。我国典籍有关“飞天”的记载，最早见于《洛阳伽蓝记》卷二：“飞天伎乐，生之云表。”两种说法都是把飞天的形象与音乐联系在一起的。我曾到敦煌观赏过那五彩缤纷、美不胜收的壁画，感受到飞天的艺术灵魂就在一个“飞”字，可以说是“天衣飞扬，满壁风动”。它以线条为主要造型手段，以简洁流畅、灵动飘逸之笔，生动地勾画出轻盈的体态，裙带风动，云游太空，手持乐器，不鼓自鸣，静态的画面极富节奏感、韵律感，充分体现出飞天载歌载舞的音乐精神，令人不由自主地走进一个无声似有声的、美妙神奇的音乐世界。另外像宋徽宗赵佶《题听琴图》诗，也是非常形象、生动地表现出绘画的音乐效果：

吟徵调商灶下桐，
松间疑有入松风。
仰窥低审含情客，
似听无弦一弄中。

画面里只有色彩、线条构成的、无声无息的视觉形象，看到演奏者“吟徵调商”的动作，便疑心琴中发出了“风入松”的声音；从听琴人“仰窥低审”的神情里，似乎感到整个乐曲都听于“无弦”的绘画之中。人们在审美活动中，有形色而无声音的绘画在心理上幻化成有声音而无形色的音乐。

音乐家运用声调、节奏、和声、旋律的无穷变化和有机组合，与丰富多彩的颜色形成相同的“力”场，异质同构，相互应和，创造出色彩音乐来。俄国著名作曲家里姆斯基—科萨柯夫曾进行过“色彩音乐”的实验，并取得了积极的艺术成果。他的好友、音乐家拉赫玛尼诺夫在《回忆录》中给予充分肯定和高度评价。他说：

在里姆斯基—科萨柯夫的作品里，人们对他的音乐想要表达的“气象的”情景从无丝毫的怀疑。如果是一场暴风雪，雪花似乎从木管和小提琴的音孔中飞舞地飘落而出；阳光高照时，所有的乐器都发出眩目的光辉；描写流水时，浪花潺潺地在乐队中四处溅泼，而这种效果不是用廉价的竖琴刮奏制造出来的；描写天空闪烁着星光的冬夜时，音响清凉，透明如镜。他是一个乐队音响的调色大师！①

在这里，无论是洁白的雪花，还是灿烂的阳光；无论是浪花四溅的流水，还是天空闪烁的星光，都是“音响的调色大师”通过声音的节奏、和声、旋律所取得的“耳中见色”审美效应。人们如果对于音乐创造出的气氛、情调有着敏锐的感觉，产生丰富的想象联想，往往听了两个连接的和弦，就如看到两种和谐的颜色一样，领悟到一种音乐的色彩美。

在艺术活动中，声音与色彩的感通是历久存在的现象，但从十九世纪后半叶开始，随着象征派、印象派、抽象派的出现，它成了音乐、绘画创作重要的艺术理念。艺术家们一反过去学院派和古典主义的重理性、重写实的传统，而要以音响、色彩、光线等抽象形式直接表现瞬间即逝的视听印象和内在感情。这种抽象化、表现性的艺术倾向，使得音乐与绘画之间有了更多更好的亲和力、契合点，以致印象派绘画兴起不久，印象派音乐就接踵而至。音乐家的乐曲要追求色彩效应，画家要以色彩画出音乐的美。印象派的音乐家凭着个人即兴式的瞬间直觉去组织音响结构，用彩点式的、扑朔迷离的和声，以及少量的不谐和音，创造出一种海市蜃楼、镜花水月般的气氛、情调，再加上乐队配器五光十色的装饰、渲染，似乎将色彩与音响平行并列起来，要“用彩虹般的和弦，编织成一幅神奇的色彩美的网”。印象主义音乐创始人、“色彩音响”的发现者之一德彪西，他的大部分器乐作品都取材于色彩朦胧、飘忽不定的自然风光，如大海、云雾、月光、西风、秋叶等。他像画家那样去捕捉明暗闪烁的光影和变化多端的色彩，采用接近语言的音调，断断续续、捉摸不定的旋律，将色彩化为声音，视觉印象化为听觉印象。他的《夜曲》第一首《云》，自称是

① 萨姆·摩根斯坦编：《作曲家论音乐》，茅于润译，人民音乐出版社，1986年，第194页。

“画灰色的练习”，所要描绘的具体景色是：“天空的呆滞不变的一面，云朵缓慢而凄凉地拖沓而过，消融在白茫茫的灰色的虚无缥缈之中。”的确如此。人们听了它那缓慢松散的曲调，音色是暗淡无光的，眼前仿佛呈现出一片又一片的云朵，无声无息地在茫茫灰色的天空中游动、消逝，不觉有一种黯然伤神、孤寂凄凉之感。这说明了印象派音乐不论是多么重视大自然的色彩的描绘，甚至有人说色彩是它的“灵魂”，但终归还是以声音表达人的心情意绪的。

西方自印象派以来的现代画家，以色彩的手段追求音乐的效果，在一定意义上可以说是绘画艺术由再现到表现、由具象到抽象、由真实摹写物体到创造“有意味的形式”变化发展的必然结果。后印象派绘画大师凡·高热爱色彩，分析色彩，并曾学习过钢琴，要找出颜色与声音之间的契合关系，打破以形色描绘为主的传统形式，创造出新的色彩（而非忠于固有色），表现对生活的感受和主观情感，甚至认为，“未来的画家就是尚未有过的色彩家”。他为了倾泻内心无穷的愤懑和火一样的激情，表达“生活是一种燃烧”的信念，特别钟情于用热烈、明亮、火焰般的黄色，搭配以少量的蓝色，以奔放颤动、浓烈厚重的笔触，画出了一幅又一幅的《向日葵》，以其强烈的色彩张力震撼着人们的心灵，从中好像听到了一首首不同凡响、声情激越的变奏曲。他虽然反对画家成为色彩音乐家，并不是不要色彩描绘出来的音乐效果，而是不能玩弄色彩游戏，必须把色彩与表现情感结合起来。凡·高是这样说的：

> 一张在深蓝色的底子上画着的向日葵像是包围在一圣光圈里，这就是说，每一物是用底层的补色包围着，它从这背景凸出来。绘画，像现时的，将趋赴更精微——更多的音乐，较少的雕刻。最后它许诺提供色彩，而这是和情感结合着的色彩，像音乐和激动结合着的。[①]

美国历史上第一个著名画家惠司勒，毕生的艺术追求是创造色彩音

① 见《宗白华全集》，第4卷，安徽教育出版社，1994年，第472页。

乐，爱把色彩与音乐的词语组合成为画题，如《灰与黑的变奏曲》《白色交响曲》《蓝与金的夜曲》等，要用色彩组成旋律，用绘画表现音乐。他早期创作的《白衣女郎》，画一位身穿白色衣裙的少女，身材修长，手拈白花，含情脉脉，静静地站在白色窗帘前。白色几乎覆盖了整个画面，其间只有少量的淡蓝色，层次变化丰富而微妙，和谐统一，富于节奏感，作者后来把它命名为《第一白色交响曲》。他的《夜曲》，画面夜色朦胧，月光洒在河上，水波荡漾，时明时暗，若隐若现，而远处升起的烟火，划破了夜空的沉寂，意境空灵、悠远，宛如一首优美动人的小夜曲。他在题为《晚上十点钟》的演讲词中，描述自己对伦敦泰晤士河畔夜色的生动印象：

> 夜雾在河面上降下诗的纱幕，破旧的建筑逐渐改变了原来的面貌，高高的烟囱看去像钟楼，仓库成了宫殿，整个城市犹似天国那样虚无缥缈，仙境出现在我们面前。行人不分贤愚，不论贫富，都因黑夜来临，匆忙赶回家去，寻求归宿，没有心思再看自然一眼。惟有艺术家，每当自然开始低吟她那幽婉的曲调时，倾听着她的歌声。艺术家是自然的儿子，也是她的主人，因为他热爱自然母亲，同时又懂得怎样去驾驭她。①

这美妙动人的夜景，好似《夜曲》所描绘的意境，对于一般人来说，看一眼就过去了；而艺术家则以审美的态度感受它，不仅眼睛看到了夜景的色彩美，而且听之以心，耳边仿佛响起了幽婉的歌声。

色彩与声音的相互应和，是惠司勒创造独特的绘画风格——色彩音乐重要的心理奥秘之一。从他的绘画作品中，让人们体会到，一幅画绝非仅仅局限于状物象形，还能在人们心中谱出优美的乐章，唱出色彩的歌曲。

至于现代抽象派绘画较之具象造型，更能开拓想象、联想的领域，与抽象性的音乐艺术，表现出更为特别的通感关系。他们以色块、线条组构几何形体，追求“无物象”的抽象形式，“离开自然的表皮”，超越感性直

① 转引自柴庆翔：《外国绘画故事》，上海教育出版社，1986年，第118—119页。

观的禁锢，直接表现精神世界，从而“轻易达到物的内在音乐”。他们的绘画思想和创作实践虽有唯心主义的神秘色彩，但在艺术通感的理论建树和实际运用上却是有贡献的，其中尤为重视色彩与声音的通感。康定斯基在他素有“现代绘画的启示录”之称的《论艺术的精神》一书中，根据“声音—图形”的通感理论，用音乐说明绘画的抽象性质，其中特别具体地阐明了色彩与音调在感情表现中的对应、象征关系，并且指出色彩明与暗、冷与热、清晰与模糊的不同搭配、组合，会产生不同声调的情感效应。在他看来，绘画色彩的调子和音乐音响的调子一样，是很合拍的，并引用一位实验研究者的话说：“用天然的颜色来描绘声音，又用天然的声音来描述颜色。这样就能听到色彩的声音，看到声音的色彩。”康定斯基要在自己创作中，打破绘画与音乐之间的障碍物，以色彩的抽象形式，构成节奏、和声、旋律，表达人和物的“内在声音”，画出无声的“音乐”。如他的油画《红色小梦》，画面没有任何客观物象，只以红、黄两种颜色为基调，加上些形状大小、深浅明暗不同的蓝、黑点块，并穿插劲健有力的直线、婉转柔和的曲线和有规则的几何图形，主要以色彩明暗、冷暖向观众运动所产生的扩展与退缩、向心与离心的“力”场，构成了一个声色交织的艺术世界。他说：“色彩直接地影响着精神。色彩好比琴键，眼睛好比音槌，心灵仿佛是绷满弦的钢琴，艺术家就是弹琴的手，它有目的地弹奏各个琴键来使人的精神产生各种波澜和反响。”[①]在这里，画家成了音乐演奏家，只要弹奏各个色彩的琴键，人的心灵这架钢琴就会受到激发，鸣响起和谐统一、美妙动听的音乐，色彩转化成声音，二者融为一体，真是“感而遂通”的审美效应呵！

正因为音乐的音响与绘画的色彩有着通感关系，以致有人说出了这样的话：“声音是听得见的色彩，色彩是看得见的声音。”

---

① 康定斯基：《论艺术的精神》，查立译，中国社会科学出版社，1997年，第35页。

画形无象　造响无声

音乐通过声音在时间持续中表现感情，不同的声调、节奏、旋律组成的乐章，可说是一条情感的流水线。绘画以线条的长短、粗细、曲直、刚柔结构形体，创造形象。绘画的线条表现着外在事物和内在情感变化，动寓静中，虽静犹动，富于节奏感、韵律感，与音乐无形的、在时间持续的流水线有着心理动力学上的相似性。这就使得艺术家能够把时间持续的音乐与空间并列的绘画沟通起来，用“无形”的声音“画”出形象，用“无声”的形体“造”出音响。清代山水画家王原祁说：“声音一道，未尝不与画通。音之清浊，犹画之气韵也；音之品节，犹画之间架也；音之出落，犹画之笔墨也。”（《麓台画跋·仿设色倪黄》）如《乐记·师乙篇》说：“上如抗，下如队，曲如折，止如槁木。倨中矩，句中钩，垒垒乎端如贯珠。”人们听到了歌声，兴发感动，产生联想，就像看到线条的高低上下、曲直方圆，一气相通，“累累乎端如贯珠”。孔颖达在注解这段话时说：“音声之状累累乎，感动人心，端正其状，如贯于珠，言声音感动于人，令人心想其形状如此。”（《礼记正义》）如果说这还是音乐的声调令人想起一般的以线构形的话，那么，我们再看白居易《小童薛阳陶吹觱栗歌》中描写的器乐吹奏声：

翕然声作疑管裂，
诎然声尽疑刀截。
有时婉软无筋骨，
有时顿挫生棱节。
急声圆转促不断，
轹轹辚辚如贯珠。
缓声展引长有条，
有条直直如笔描。

下声乍坠石沉重，
高声忽举云飘萧。

作者把声音形容得几乎跟线条一样，有时婉转柔软，像是没有了筋骨；有时抑扬顿挫，像是生出了棱节；急声历历不绝，圆转流利，如一线贯串的明珠；缓声延长伸展，一直下去，如用笔画出的挺直线条；低声下落如坠石般的沉重，高声上举，像彩云在空中飘扬。诗人把婉转顿挫、高下缓急的音调转化为刚柔曲直、沉重飘逸的线条，似乎就是一幅用笔墨线条勾勒、皴擦、渲染而成的中国画！

从音响流动与以线造型的关系探究音乐与绘画之通感，不能不涉及中西绘画造型方式和表现功能的差别。宗白华先生在《中西画法所表现的空间意识》一文中写道：

中国画里的空间构造，既不是凭借光影的烘染衬托（中国水墨画并不是光影的写实，而仍是一种抽象的笔墨表现），也不是移写雕像立体及建筑的几何透视，而是显示一种类似音乐或舞蹈所引起的空间感型。确切地说：是一种“书法的空间创造”。[①]

西方绘画主要依靠是定点透视和颜色、光影明暗的烘托，创造出一种真实的、立体的空间，接近于雕塑和建筑。中国画造型的基本手段是笔墨线条，通过散点透视，纵意挥洒，“以线取形”，“以线示体”，“以气成势”，创造一种以时间统率空间、时空合一的、节奏化、音乐化了的艺术空间。所以，与西画相比较，中国画更趋向于舞蹈和音乐。中国画不拘泥于形似，造型介于具象与抽象之间，笔墨生气韵，“造响于无声”，追求一种气势流畅、情韵连绵的音乐美。恽南田说：“雍门《琴引》云：‘须坐听吾琴之所言。’吾意亦欲向知者求吾画中之声，而知所言也。”[②]他为其画

①《宗白华全集》，第2卷，安徽教育出版社，1994年，第143页。
② 恽格：《南田画跋》，上海人民出版社，1987年，第47页。

寻求知音，希望能从有形画中"听"出无形之音，知其所言之意。这不只是个人的意愿，而是大多数画家的艺术追求。人们在创作和欣赏绘画佳作中，确实领略到了"画外之音""韵外之致"的妙趣。这里略举数例：

白居易《画竹歌》："婵娟不失筠粉态，萧飒尽得风烟情；举头忽看不是画，低耳静听疑有声。"

陆放翁《曝旧画》："翩翩喜鹊如相语，汹汹惊涛觉有声。"

吴镇《画竹》："叶叶如闻风有声，消尽尘俗思全清。夜深梦绕湘江曲，二十五弦秋月明。"

郑板桥《为马秋玉画扇》："展纸挥毫为巨幅，十丈长笺三斗墨。日短夜长继以烛，夜半如闻风声、竹声、水声秋肃肃。"

中国绘画艺术的基本特点用郑板桥的话来概括，那就是"气韵为先，笔墨为主"（《题竹》）。它重在"气韵"，故意境深远，情韵悠长，富于音乐感，有一唱三叹之妙。凡书画当观韵，方能全其美。我们只有全面、正确地把握"气韵生动"的真实内涵，才能理解中国画何以趋向音乐，同音乐有着更为密切的通感关系。学术界对这个问题的看法不尽一致。宗白华根据中国"一气运化"、阴阳相推的哲学思想，认为"气韵，就是宇宙中鼓动万物的'气'的节奏与和谐"，并与以线造型联系起来。他说：

中国画，因用线勾出轮廓，轮廓内为虚空，不似油画涂色之平铺成为实相，遂成虚实结合，线文为实，而线内为虚，其表现基于线之节奏美。①

因此，中国画表现了宇宙万物和人的生命律动、节奏，创造出一个空灵而又充实的、洋溢着音乐情调的艺术境界。他深刻地揭示了中国画富于音乐性的民族特色。徐复观在《中国艺术精神》一书中，对"气韵生动"

①《宗白华全集》，第3卷，安徽教育出版社，1994年，第533页。

作了全面、深入的阐释。他一方面认为音乐与绘画在艺术精神上是相通的，并根据“韵”的声音本意不同于笔墨线条的“韵”，指出“韵”有音韵与体韵之分，这都是非常正确的；但他同时又把两种艺术对极化，认为音乐的节奏、律动与绘画的“气韵观念”是“毫无关涉”的，所论前后似有抵牾之感。他说：“音乐与绘画，在艺术精神上固然可以相通，可以相比拟；不过音乐与绘画，在艺术中究竟是处于两个对极的地位，没有人能在绘画中真能感到音响的律动，……中国从来没有一位画家或画论家，从音响的律动上去体认气韵生动，或由此直接说明气韵生动。由此可以断言，假定有人真能主张在绘画中可以感到音响的律动，这只能算是另外的一种画论，与中国六法中的气韵观念毫无关涉。”[①]从艺术通感的角度来看，这个观点是可商酌的。首先，认为“从来没有一位画家或画论家”从“音响的律动上去体认”和“直接说明气韵生动”，这与绘画的历史事实不相符合。古代很多题画、论画诗文都涉及绘画与音乐、声韵的关系，我们前面引用的几条材料即可说明问题，即使其本人在论及山水画的气韵时也引证了苏轼的诗句：“龙眠独识殷勤处，画出阳关意外声。”有人还直接把绘画同音乐、诗歌挂起了钩。沈颢《画麈》论山水画说：“层峦叠翠如歌行长篇，远山疏麓如五七言绝，愈简愈入深永。”恽南田《画跋》论元人画说：

元人幽亭秀木，自在化工之外一种灵气。惟其品若天际冥鸿，故出笔便如哀弦急管，声情并集，非大地欢乐场中，可得而拟议者也。

如果中国画由笔墨线条生出的气韵与音调、声韵“毫无关涉”，怎么能从中感受到“意外声”，体认它如“歌行长篇”“哀弦急管”呢？宗白华说：“绘画有气韵，就能给欣赏者一种音乐感。”[②]音乐的音响与绘画的“气韵生动”是有关涉的。其次，音乐与绘画既然是可以“相通”“相比

① 徐复观：《中国艺术精神》，春风文艺出版社，1987年，第146—147页。

②《宗白华全集》，第2卷，安徽教育出版社，1994年，第460页。

拟”的，说明它们不是没有“关涉”的，不然怎能相互感通、相互比拟呢？的确，音乐的韵律表现为不可指陈的声音，绘画的气韵表现为可以具体指陈的形体，这是两种艺术不同的地方。明代李日华《六砚斋笔记》中说得好：“韵者，生动之趋，可以神游意会，陡然得之，不可驻思而得也。”艺术体验不能仅停留于某个感官的直接感知上，而是一种全身心的感动，不同的艺术虽然作用于不同的感官，但由于艺术情境的间接表现，甚至隐微暗示，都会触发其他感官的连锁反应，产生多种感觉的齐响共鸣。因此，人们在创作和观赏气韵生动、意远蕴响的绘画作品时，好像聆听美妙动人的音乐，是符合审美活动规律的，也是常见的艺术现象。英国十九世纪诗人济慈在其名作《希腊古瓶歌》中，吟咏希腊古瓶的绘画之美时写道：

> 听见的乐声虽好，但若听不见
> 却更美；所以，吹吧，柔情的风笛；
> 不是奏给耳朵听，而是更甜，
> 它给灵魂奏出无声的乐曲；
> …………
> 哦，希腊的形状！唯美的观照！
> 上面缀有石雕的男人和女人，
> 还有林木，和践踏过的青草；
> 沉默的形体呵，你像是“永恒”，
> 使人超越思想，呵，冰冷的牧歌！

钱锺书说，这是看到瓶上“绘牧人弄笛，乃想象笛上之吹，以耳识幻感补益眼识实觉”。并引用李斗《扬州画舫录》中有关吴天绪说书状貌的记载：“效张翼德据水断桥，先做欲叱咤之状。众倾耳听之，则唯张口努目，以手做势，不出一声，而满堂中如雷霆喧于耳矣。谓人曰：‘桓侯之声，讵吾辈所能效状？其意使声不出于吾口，而出于各人之心，斯可肖也’。”他对这两条材料作了综合分析，指出：“盖以张口努目之态，激发雷吼霆嗔之想，空外之音，本于眼中之状，与济慈诗之心行道同；均非如音乐中声之与静相反相资，同在闻听之域，不乞诸邻识也。”[①]不仅如此，他还对中国诗画中的“气韵”问题发表了独到的见解，认为：范温“释‘韵’为‘声外’之‘余音’遗响，足征人物风貌与艺事风格之‘韵’，本取譬于声音之道”；司空图《诗品·精神》“生气远出”一语可以移释“气韵”：“气”者“生气”，“韵”者“远出”。据此，他说：

> 曰“气”曰“神”，所以示别于形体，曰“韵”，所以别于声响。“神”寓体中，非同形体之显实，韵袅声外，非同声响之亮澈；然而神必托体方见，韵必随声得聆，非一而非异，不即而不离。[②]

钱先生对音乐与绘画关系的论说甚为辩证、精到，足以消除各执一端的偏颇。如果只看到两者相通的一面，而无视其间的区别，就会把音乐的声韵与绘画的气韵混同起来；只看两者相异的一面，而无视其间的会通，就会把音乐的声韵与绘画的气韵对立起来。这都是片面的。音乐的音响与绘画的气韵是异质而同构、相异而相通的。绘画时间和音乐空间都是想象的、派生的感觉。在审美活动中，实感与幻感结合，虚实相生，不即不离，相互映发，心领神会，方能品尝出“味在酸咸之外”的艺术情韵。我们聆听美妙动人的乐曲，有时眼前呈现出一种“鸢飞唳天，鱼跃于渊”的生动景象；观赏气韵生动的画作，也会感受到“寂寞无声而耳听常满”（梅曾亮语）。这正是音乐与绘画之通感所表现出的超越形迹的审美效应。

---

① 钱锺书:《管锥编》,第2册,中华书局,1979年,第450页。

② 钱锺书:《管锥编》,第4册,中华书局,1979年,第1365页。

第七章　凝固的音乐 流动的建筑

——建筑与音乐之通感

古希腊时代有一个美丽动人的传说：色雷斯地方的青年歌手奥尔菲斯，是最先给木、石命名的人，并赋予它们以生命、活力。他能够凭借神的力量，按照自己的意志，使木、石跟随着自己到处走动。奥尔菲斯的歌唱得非常悦耳动听，受到阿波罗神的赏识，授予他一把七弦琴，并叫缪斯女神向他传授音乐知识、技能。因此，奥尔菲斯的琴弹得更是美妙绝伦，世人听了神采飞扬，山岳为之动容，河流为之起舞。有一天，他来到一个空旷的地方，灵感突然袭来，弹起手中的七弦琴，随着琴声竟涌现出一座美丽的城市。乐曲演奏完了，余音袅袅，不绝于耳，节奏、旋律便凝固在一座座建筑物上。从此以后，人们来到这里漫步，便徜徉于永恒的韵律之中，获得一种音乐美的享受。

这虽然是一个神话传说，却成了“建筑是凝固的音乐”这一艺术思想的滥觞。从十九世纪初叶以来，随着浪漫主义艺术思潮的兴起，这话便为人们所津津乐道，特别是德国的美学家、艺术家如谢林、许雷格尔、黑格尔和贝多芬等都说过“建筑是凝固的音乐”，伟大诗人歌德对此也非常赞赏，说它是“一个美丽的思想”。到了十九世纪中叶，音乐理论家、作曲家豪普德曼把这句话倒转过来，提出“音乐是流动的建筑”。这两句话蕴含着对立统一、相反相成的艺术辩证法思想，形象地体现了建筑与音乐之间的通感关系。

音乐和建筑对立的亲属关系

建筑和音乐是两种性质不同的艺术，表面上看起来，它们之间互不相侔，似乎没有什么关系。建筑是在实用和技术基础上发展起来的一种审美形式。原始人“筑巢而居”，“掘穴而处”，完全是出于实用的需要，用以遮风避雨，防暑御寒，抵挡野兽的侵害，使自己有个安全的生存环境。梁代萧统《文选序》说：“冬穴夏巢之时，茹毛饮血之世，世质民淳，斯文未作。”他们所居住的巢棚、洞穴，没有什么锦绣文采，是不追求审美性能的。人类后来根据生产、生活和工作的实际需要，以木石砖瓦、钢筋水泥等物质材料，运用一定的科学技术手段，营造出各式各样的建筑物，以三维空间实体固定在一定的地域、环境之中。随着社会经济的发展和生产力水平的提高，人们在满足实用功利的基础上，对建筑的审美功能便有了越来越高的要求，也要按照“美的规律”来建造。这样，建筑就逐渐发展成为一门具有独特审美价值的艺术，实用与审美、技术与艺术的有机结合、和谐统一构成它的基本特征。因此，建筑艺术受到实用功利、物质条件、科学技术的很大限制和影响，是一种具有二重性、边缘性的、不“自由”的艺术。而音乐则不同了，它以无形、流动的声音为媒介材料，组成富于节奏、旋律的音响形式，通过听觉直接进入人的心灵世界，很少受到实用目的、物质条件的限制，可谓是最潇洒、最自由的艺术了。

建筑与音乐这两种艺术之间既然有如此之大的不同和差异，人们为什么还要把建筑比作凝固的音乐、把音乐比作流动的建筑呢？我们知道，两种事物完全相同，不用相比；完全不同，不可相比；异中有同，同中有异，才有比的可能和必要。它们之间既存在着严重的差异、对立，又有着彼此接近、非常类似的关系。

黑格尔在《美学》中论及建筑与音乐的关系时，首先认为这两种艺术在物质材料、存在形态和表现效果方面，都有着很大的差别，甚至是直接对立的。他说：

建筑就静止的并列关系和占空间的外在形状来掌握或运用有重量有体积的感性材料，而音乐则运用脱离空间物质的声响及其音质的差异和只占时间的流转运动作为材料。所以这两种艺术作品属于两种完全不同的精神领域，建筑用持久的象征形式来建立它的巨大的结构，以供外在器官的观照，而迅速消逝的声音世界却通过耳朵直接渗透到心灵的深处，引起灵魂的同情共鸣。①

这就是说，建筑是静态并列的三维空间艺术，是用有巨大体积和重量的物质材料建造出来的，没有脱离空间物质的形式，只可供外在器官的观照。它的外在形式与精神内容是对立的，不能完全统一起来，充分表现精神世界的内在意蕴，只能以其物质的外在形式来象征精神、暗示理念。因此，“建筑只能把充满心灵性的东西当作一种外来客指点出来”。②而音乐的媒介材料是不具有空间形体、只占时间运动的声音，以在时间中流动的声音形式表现无形的精神内容，不受物质材料的限制，可直接透入人的心灵深处，引起情感的共鸣。如嵇康所说的那样：“声音和比，感人之最深者也。”（《声无哀乐论》）它们之间尽管有着如此之大的差异和对立，却又不是没有相似、相容、相通之处的。在黑格尔看来，音乐由声音组成的曲调与建筑的结构形式有类似和接近地方，存在着一定的亲属关系：

音乐也较接近于建筑，因为建筑所采用的一些形状不是来自现成事物而是来自精神创造的，它塑造这些形状一部分是按照重力规律，一部分是按照对称与和谐的规则。音乐在它的领域里所做的事也是如此，它一方面遵照以量的比例关系为准而与情感表现无关的和声规律，另一方面在拍子和节奏的回旋上以及在对声音本身的进一步发展上，也要大量运用整齐对称的形式。所以在音乐里灵魂最深刻的亲切

① 黑格尔:《美学》,第3卷,上册,朱光潜译,商务印书馆,1979年,第336页。

② 黑格尔:《美学》,第1卷,朱光潜译,商务印书馆,1979年,第106页。

情感和最谨严的知解力都一样重要，这样，音乐就把对立的情感和思想两个极端结合在一起了，不过这种对立是很容易变成各自独立的。特别是在这种独立化的过程中，音乐脱离了表现心情的功用，就获得了一种建筑的性格，专门在建造符合音乐规律的声音大厦上大显创造发明的才能。[①]

这里告诉我们，音乐和建筑艺术相类似和接近之处在于：建筑和音乐表现形式，不像雕刻和绘画那样再现外在事物形象，而是来自精神创造的一种抽象形式；它们的结构形式是按照数学原则创造出来的，一般均要符合比例与尺度、对称与和谐、变化与统一等形式美的规则；尽管建筑和音乐在表现精神内容的功能和水平上有大小、高低、强弱之分，但都是以抽象形式表现精神内容的，缺乏“内在意义与外在存在的统一”。[②]

当然，黑格尔即使在论述建筑和音乐的相似性时，也没有忘记两种艺术之间的区别。他从“美是理念的感性显现”的基本思想出发，按照艺术发展物质压倒精神——物质与精神平衡——精神超越物质由低到高的阶梯，把建筑归属于象征型的艺术，认为“建筑是一门最不完善的艺术”，物质压倒了精神，“不能把精神性的东西表现于适合它的可以目睹的形象”，只能替“精神准备一种艺术性的外在的围绕物”；而把音乐归属于浪漫型的艺术，并居于艺术的中心地位。它消除了外在事物的空间性，超越了感性直观的局限。“音乐的基本任务不在于反映出客观事物而在于最内在的自我”，“通过音乐来打动的就是最深刻的主体内心生活；音乐是心情的艺术，它直接针对着心情”。[③]它们虽然具有相似性，毕竟是在“完全对立的领域里进行活动”，如果“音乐脱离了表现心情的功能”，为了获得“一种建筑的性格”，专门在建造“声音的大厦上大显创造发明的才能”，这种“越境”活动就违背了音乐的艺术特性。他的结论是：“音乐尽管和

① 黑格尔:《美学》,第3卷,上册,朱光潜译,商务印书馆,1979年,第335页。
② 同上,第334页。
③ 同上,第332页。

建筑是对立的，却也有一种亲属关系。”[①]

黑格尔对于建筑与音乐关系的上述看法，显然是受到他唯心主义美学思想体系的制约和影响的，但其中也有着丰富的辩证法思想。它使我们认识到，建筑艺术基本特性是三维空间，空间是静止的，即所谓“凝固”；音乐艺术的基本特性是时间，时间是运动的，即所谓“流动”。在这个意义上，它们是对立的；但它们毕竟又有着“亲属关系”，建筑艺术的空间有着时间的因素，音乐的时间有着空间的因素，两者是对立统一的，可以相互转化的。这为我们正确理解“建筑是凝固的音乐”“音乐是流动的建筑”这个艺术命题提供了较为可靠的依据，是很有启发性的。

建筑——凝固的音乐

建筑是一种不同于绘画、雕刻的空间艺术，以巨大物质形体存在于现实生活之中，静止不动，无声无息，人们何以要说建筑是“凝固的音乐”呢？这绝不是空穴来风，而是有着审美经验的事实根据的。当我们在观赏一个美的建筑物或建筑群时，尽管它那凝固的空间形体并无变化，但随着移步换形，视角变化，却产生一种虽静犹动的节奏感、韵律感，好像在聆听美妙和谐、赏心悦耳的乐曲，并深深领悟到事物的运转变化和心灵深处的律动。这表明在人的审美心理上发生了空间向时间、视觉向听觉的转化。

建筑和音乐通感的客观基础是按照数理原则创造的和谐统一的艺术形式。我国古代很早就把音律与度量衡结合起来，以时间性的音律来度量空间性的物体，并发现音乐的声调、节奏有着严格的数的比例关系。在西方古希腊时期，毕达哥拉斯派哲学家认为：“数的原则是一切事物的原则”，“整个天体就是一种和谐和一种数”，音乐的美在于比例的和谐，并发现了琴弦的长短与声音的高低之间存在着数的比例关系。他们说：“音乐是对

① 黑格尔：《美学》，第3卷，上册，朱光潜译，商务印书馆，1979年，第334页。

立因素的和谐的统一，把杂多导致统一，把不协调导致协调。”[①]唯物主义哲学家赫拉克利特也说：“音乐混合不同音调的高音和低音、长音和短音，从而造成一个和谐的曲调。”[②]现代声学证明，音乐的基本要素均与数的比例有着密切关系，物体振动频率的多少、长短、强弱决定声音的高低、长短、强弱，不同声音合规律的组合形成音乐的节奏、节拍、旋律、和声等。同音乐一样，建筑的对称和谐、多样统一的结构形式，也决定于数的比例关系。黑格尔说：“在可归原到数量及其凭知解力去认识的外在定性这一点上，音乐和建筑最相近，因为像建筑一样，音乐把它的创造放在比例的牢固基础和结构上。”[③]建筑巨大而复杂的空间结构，如果违反了数学和力学的原则，不仅谈不上审美价值，甚至还要危及它的稳固和人身安全。对于审美意蕴丰厚的建筑物来说，形体的大小高低，布局的主从疏密，结构的变化统一，以至柱、窗的间隔距离，线条的刚柔曲直，装饰的简单繁复等，无不体现出由数的比例构成的和谐关系，具有一定节奏、韵律的音乐感。

我国著名建筑学家梁思成先生曾对建筑与音乐通感问题作过深入研究，认为差不多所有的建筑物，无论是在水平方向上，还是垂直方向上，都有它的节奏和韵律，有时候和音乐是很相像的。如一座建筑物，在水平方向上，由左到右或由右到左，是一柱一窗地排列过去，就像“柱，窗；柱，窗；柱，窗；柱，窗；……”的2/4拍子；若是一柱二窗的排列过去，就像“柱，窗，窗；柱，窗，窗；……”的圆舞曲；若是一柱三窗地排列过去，就像“柱，窗，窗，窗；柱，窗，窗，窗；……”的4/4拍子了。在垂直方向上，他对北京广安门外天宁寺塔须弥座、平座、三层莲瓣座、塔本身、十三层檐、攒尖瓦顶、顶尖宝珠层次高低的不同比例作了具体分析，指出“我们大致（只是大致）可以看到（而不是听到）这样一段节

①《西方美学家论美和美感》，商务印书馆，1980年，第14页。

② 同上，第15页。

③ 黑格尔：《美学》，第3卷，上册，朱光潜译，商务印书馆，1979年，第356页。

奏”，他并根据它所构造成的节奏和韵律，谱写了一段乐曲。[1]建筑里的反复、渐层、调和、对照、比例、均衡、虚实、节奏诸般形式，与音乐的调式、节奏、旋律、和声均有相似性，在结构形式上息息相通，有着共同的律动感。正因为如此，人们在观赏建筑艺术时，才能够既以视觉直观其空间造型的美，又能引发听觉的兴奋，于无声处听到了乐曲的声音。欧洲中世纪哥特式大教堂，外有高耸入云尖顶，直指上苍，有凌空超升之势；内有石柱林立的长廊直通祭坛，两壁是色彩斑斓的玻璃大窗，透进光来，造成一种神秘、肃穆的气氛。整个建筑显得神秘、虚幻而辉煌，引发人产生对于上帝的信仰和天国的向往。我们以审美的眼光观赏它，就像是聆听信徒们吟唱着的一首咏圣调。世界著名的寝陵建筑泰姬陵被誉为“印度的珍珠”，主体部分全是白色大理石构筑而成，四周是红砂围墙，对比鲜明、强烈，既显得冰清玉洁，又表现出深沉热烈；近景绿树成荫，池中碧波涟漪；远处衬以蓝天白云，秀姿娟娟，潇洒飘逸；陵体居于陵园中央，呈正方形，但将四角抹圆，端庄中见出优雅；寝陵圆顶上装饰金色塔尖，在阳光照耀下，波光闪闪，绚丽多彩。泰姬陵是印度莫卧儿王朝第五代皇帝夏杰汗为其英年早逝的宠妃建造的，用了二十二年的时间，既象征着泰姬的美丽和爱情的欢乐、幸福，又寄托着无穷无尽的哀思。我们面对着泰姬陵，不仅看到它那风姿绰约的造型美，像是一位举世无双的绝代佳人；而且仿佛是听到了一首哀婉动人的悼亡曲、长恨歌，真是“天长地久有尽时，此恨绵绵无绝期”啊！

建筑虽然属于空间艺术，但不像绘画的二维空间那样，一下子即可尽收眼底；它面积巨大，有内外空间，呈序列状态，人们观赏建筑艺术必须在“移步换形”，游观处于运动状态，虽然受刺激的是人的视觉感官，而它形体结构、不同色彩、廊柱的线条，引发想象联想，把不同的意向组合，形成“视觉的和谐”，如可聆听到音符构成的旋律，从而体悟到它的艺术韵味，真有些像看庐山那样：“横看成岭侧成峰，远近高低各不同。”

① 参见江流等编:《艺术特征论》,文化艺术出版社,1981年,第162—164页。

这就为化静为动、化空间为时间提供了契机。正因为如此，有人除了高度、长度、宽度外，还把时间的维度也加进去，称建筑为“四度空间艺术”。建筑的空间形象的音乐节奏感、韵律感，主要表现在两个方面：

一是由于建筑物或建筑群的建构呈序列状态，人们在观赏时，由于建筑形体和主体心理的交互作用，往往会发生错觉。这种“美丽”的误差，可使实际空间转化为心理时间。如人们在柱廊中，由近及远的看去，虽然每个圆柱的实际高度都是一样的，但在视域中却感到渐次减缩；一座高层建筑物渐次向顶层伸展，由下向上望去，也会感到各层楼的高度在逐步缩小。这样，我们就感受到建筑形体有着与音乐流动相似的时间性，产生一种节奏感、运动感。朱光潜先生在《文艺心理学》中论及移情作用所举的古希腊神庙“多利克式”石柱就是个典型例证：“古希腊的神庙建筑通常都不用墙，让一排一排的石柱来撑持屋顶的压力，这种石柱往往很高大，外面刻着凹凸相同的纵直的槽纹。照物理学说，我们看石柱时应该觉得它承受顺着地心引力而下垂，但是看‘多利克式’石柱，我们却往往觉得它耸立飞腾，现出一种出力抵抗不甘屈挠的气概。”①按照物体本身来说，如果石柱上下一般粗细，压力的强度应该是一样的；但人们往往会发生错觉，感到石柱中腰受重压时是最容易弯曲或折断的。于是，古希腊建筑家便利用错觉改变原来错觉，把石柱的中腰打造得比上下粗壮些，使人们看起来上下粗细仍是一律的，同时不仅不觉得它下垂，反而觉得它上腾。这石柱作为“空间意象”，就在人们的心理上产生了一种抵抗压力、耸立飞腾的、具有时间意味的律动感。

一是人们观赏建筑艺术往往不是固定在一个位置上，边走边看，移步换形，视点不断变化，是个动静结合、化静为动的过程。无论单个建筑物，还是建筑群体，由于形体面积的大小不同，框架结构的繁简有别，有的以静观为主，动观为辅；有的以动观为主，静观为辅。静观的视角是固定的，只能见其局部；动观的视角则是变化的、流动的，把建筑巨大的空

①《朱光潜全集》，第1卷，安徽教育出版社，1997年，第243页。

间看遍要有个时间过程，因而便很自然地发生空间的序列组合向时间持续的转化。建筑师像是一个优秀的交响乐队的指挥，将建筑物各个部分构成一个有机综合、和谐统一的整体，如高低起伏，纵横交错，参差开合，疏密相间，反复变化，有主有从等，随着游览者脚步的移动，视点的改变，按照一定的时间程序，不断地迎面而来，便产生一种富于节奏、韵律的音乐美感。歌德根据自己的亲身感受，深有体会地说："在罗马的圣彼得大教堂前广场两侧的椭圆形柱廊里散步，好像是在享受音乐的旋律。"

在中国古代哲学思想里，天人合一，宇宙一体，空间与时间是不可分割的，时间的节奏（春夏秋冬）统领、配合着空间方位（东南西北）。因此，"我们的宇宙是时间率领着空间，因而成就了节奏化、音乐化了的'时空合一体'"。[①]我国古代建筑鲜明而又充分地体现出"时空合一体"的宇宙观念。西方多注重于单体建筑空间的营造，人们像看待雕塑作品一样欣赏它；而中国建筑如民间庭院、皇朝宫廷、园林亭榭等多是平面展开、纵向排列的，一般都要以中轴线或游览线贯穿、统领整个建筑空间，发挥着像是乐曲的旋律线作用，并采取借景、引景、造景、隔景以及翼角飞檐等多种途径、方法，创造一种可居、可行、可游、可望的空间，把有限空间与无限时间沟通起来，把流动的时间渗透、凝定于空间之中，表现出具有音乐意味的节奏、韵律。就以扬州个园来说吧，它的占地面积并不大，却别具匠心地采取分峰用石、写意山水的方法，把春、夏、秋、冬四季景色融合起来，构筑一个时序运转、气候变化的系列空间。人们一进个园，首先看到的是湖石叠成的春山，石峰参差，绿竹掩映，竿竿修竹如雨后春笋，破土而出，一派春天的景象。门内楼西，是用湖石叠成的夏山，山上秀木繁荫，山下溪水环绕，风荷田田，即使烈日当头，也给人以苍翠欲滴、清凉温润之感。秋山在园的东面，通过长廊与夏山相连，用黄石叠成，古柏参天，枝叶苍翠，与黄石形成鲜明对比，夕阳斜照，黄石丹枫，秋意盎然。冬山在园之东南，用色白体圆的宣石叠成，给人以白雪皑皑的

① 《宗白华全集》，第2卷，安徽教育出版社，1994年，第440页。

感觉，除有两株古树外，别无他物装点，围墙开有四排尺许圆洞，吹进阵阵冷风，一片寒冬腊月、落寞萧瑟的景象。更为巧妙的是，墙东有一排洞口，引进外面春天的景色，传达了“大地回春”的美好信息。个园通过叠石造山，树木栽植，色彩搭配，巧夺天工地将四季景色组成统一的空间。有人归纳说：“春山是开篇，夏山是铺展，秋山是高潮，冬山是结语。”它正如明代钟惺《梅花墅记》所写的：“一时游览，四时之气，以心雅目想备之。”我们游览个园，随着移步换景，好像是在聆听一曲春秋代序、情韵丰盈的《四季歌》。它非常典型地体现了我国古代“时空一体化”的建筑意识。

明代计成在其名著《园冶》中对中国古典建筑这一艺术特色作出概括说：“轩楹高爽，窗户邻虚，纳千顷之汪洋，收四时之烂漫。”这种建筑意识，同“大乐与天地同和”的美学思想是一致的。中国以天人协和、时空一体化为特征的建筑艺术，静中寓动，充满诗情画意，是富于节奏感、韵律感的空间。如袁枚在《峡江寺飞泉亭记》中所描写的飞泉亭那样，把自然界的水声、松声、鸟声引入亭内，与人的棋声、吟咏之声“参错并奏”，构成了一个“天籁人籁，合同而化”的音乐境界。

在西方现代建筑中，随着高科技材料、手段的应用，艺术出现以音乐为中心并向其他艺术渗透的一体化、综合化的发展趋势，有些建筑师自觉地从音乐中吸取灵感，打破尺寸比例、对称均衡的常规，从基本几何形体转向复杂而自由的、无规则的塑型，追求个性化和象征意义，创造出更富于音乐意味的建筑物。如法国的朗香教堂是享有盛誉建筑家勒·柯布西耶的杰作，它建造在孚日山区的一个小山顶上，连站带坐只能容纳二百来人。在他看来，教堂是信徒与上帝对话、交流思想的地方，便采取非同寻常的象征性手法，把这座教堂当作“形式领域里的声学组件”来设计，它“要像听觉器官那样地柔软、细巧、精确和不可动摇”，[①]让人们能够听到教徒祈祷及其与上帝对话的声音。教堂的墙形弯曲，棚顶下坠，墙面有许

① 同济大学等编著：《外国近现代建筑史》，中国建筑工业出版社，1982年，第87页。

多大小不一、形状各异的洞口，南墙末端翘起直指上苍；主要空间周围有三个神龛，上面都有个拔起向上的塔柱，伸到屋顶之上；房屋沉重而封闭，光线暗淡而神秘，暗示它是人们逃脱尘世苦难、受神庇护的地方；东面长廊敞开，意味着对朝圣者的欢迎……整个建筑有飘动之感，抽象造型像个听觉器官的东西，可以说它凝固和物化了的西方现代音乐。因此，有人称誉它是“奇特的、激动的、无限流动的空间形象”，“只有巴哈的赋格曲才能和它媲美”。德国著名建筑师夏隆设计的、被评为二战后最成功的作品之一柏林爱乐音乐厅，就是以抽象的象征形式表现音乐艺术精神的建筑。夏隆非常明确地要把它建成一座“里面充满音乐”的“音乐的容器”，“把音乐与空间凝结于三向度的形体之中”。它既然是个音乐厅，顾名思义，“音乐在其中”。它的外墙像一张覆盖在共鸣箱上的薄膜，使整个大厅看上去像是件大乐器；听众座位环绕着乐池，接近演奏者，表明他们是亲切友好的，正在用音乐语言进行对话和情感交流；休息厅也是环绕着观众厅——演奏厅布局的，意味着即使在休息时，演奏暂停，乐声仍在回响。总的看来，爱乐音乐厅的空间造型既是有机整体，又是自由灵活、变化多端的，把音乐融入建筑，很自然地表现了“音乐在其中”的思想。现代建筑艺术的这一倾向，似乎更加突出地表现了“建筑是凝固的音乐”的艺术精神。

音乐——流动的建筑

在审美活动中，建筑和音乐两种艺术之间存在着一种平等交流、相互应和的通感关系。如果说“建筑是凝固的音乐”，表明建筑凝固的空间形象，可以产生在时间中流动的音乐效果；那么，“音乐是流动的建筑”，则意味着在时间中流动的音乐，也可以转化为空间中凝固的建筑形象。音乐又是怎样成为“流动的建筑”的呢？

列宁说："运动着的物质只有在空间和时间之内才能运动。"[①]任何物质运动都是在一定的时间和空间中进行的。因此，建筑作为空间艺术，就有个时间的问题；音乐是时间艺术，也就有个空间问题。一切艺术都要从现实生活中吸取自己的客观内容，但由于受到物质媒介的限制，都只能突出现实运动的不同方面，有的直接表现出来，有的则采取间接的途径。音乐以有组织、有节奏的声音在时间持续中运动，直接与主体的情感运动契合一致，因此有人说"音乐是灵魂的直接语言"。它具有时间持续的流动性，却没有空间并列的造型性。声音是不断流逝的，随生随灭，如古语所云，"时乎时乎不再来"，只能把等值的空间并存现象的持续性凝缩、集中到时间点上，不可能像建筑艺术那样构成三维空间的实体。根据现实生活和人的心灵辩证法，音乐是直接诉诸情感的艺术，当然不会只是徜徉于时间之中，而绝情于空间存在。它要发挥本身所具有的弥散性和渗透力的优势，激发人们想象、联想，听其声而见其形，把听觉印象转化为视觉形象，创造一个审美心理空间。波兰当代音乐理论家丽莎在《论音乐的特殊性》一书中指出：

> 音乐先是直接地表现运动的某些因素，然后再通过它，以间接方式展示出视觉因素，而这种视觉因素在这里不是提供眼前可见的东西，而是依靠听者的联想和想象。……对音运动的感受能使我们构想出这些音本身所不能直接提供的东西。音运动的特性，即旋律、和声，特别是节拍、节奏、配器、力度的各种类型，使听众能够将音运动具体化，也即将这种音运动同某种视觉—空间的表现联系起来。……所以，音乐中的视觉因素是不可见的，间接的，而且是非单义的，然而这种因素是可以借助其运动的特性来发挥作用的。[②]

这个论断不仅为我们正确理解"音乐是流动的建筑"具有理论上的意义，

①《列宁全集》，第2卷，人民出版社，1963年，第177页。

② 江流等编：《艺术特征论》，文化艺术出版社，1981年，第295—296页。

而且也是符合审美实际的。舒曼认为舒伯特是一位用音乐从事细致的生活写景方面的杰出大师，并谈了他亲身经历的一件事：一天，他给一位朋友弹奏舒伯特的进行曲。弹完后，他问朋友在听这首乐曲时是否想象到一些非常明确的形象，朋友回答说："的确，我仿佛看见自己在一百多年以前的塞维尔城，置身于许多在大街上游逛的绅士淑女之间。他们穿着长裙，尖头鞋，佩着长剑……。"而舒曼说他自己心中想的居然和朋友想的"完全相同，连城市也是塞维尔城！"[①]当然，这不是声音的直接造型，而是感情体验折射的记录。这个事例说明音乐诉诸听觉的历时性的声音，能够同建筑诉诸视觉的共时性的形体形成通感关系，以丰富和增强音乐立体化、可视性的审美感受。所以，丽莎又说："音乐中的空间，是听者在感受音乐整体所展示的运动时所产生的一种表象。这种空间是一种派生出的想象的空间，它同听者听音乐时所在的那个实际的空间是不同的。……音乐中的空间是通过运动来表示的，它是由听觉提供的空间，这种空间与由视觉提供的空间和由知觉运动等提供的空间在性质上是不同的。"[②]正是在这个意义上，人们才说"音乐是声音的建筑"，"音乐是流动的建筑"。

汉斯立克在《论音乐的美》中写道："音乐以乐音的行列、乐音的形式组成的。而这些乐音的行列和形式除了它们本身之外别无其他内容。在这点上它与建筑和舞蹈又很相似，这两种艺术也只能表现着优美的比例关系。"[③]音乐史论家安布罗斯在《音乐与诗歌的界限》一书中，在批评汉斯立克形式主义音乐美学的同时，也肯定了两者相似性，并明确提出音乐在一定意义上"属于建筑性的艺术"。他说：

> 音乐从本质上在下述两个方面表现出自己的特性：一方面它是一种建筑性的艺术，也就是由赋予对称性的秩序、规定其比例相互吻合的乐音的各种构成部分所组成的艺术；而另一方面则是富有诗意的、

①《艺术特征论》，文化艺术出版社，1981年，第262—263页。

② 同上，第293页。

③ 汉斯立克：《论音乐的美》，杨业治译，人民音乐出版社，1978年，第105页。

表现观念的艺术。前者构成形式，后者成为内容，也就是形式上的要素和观念上的要素。作为一种建筑性的艺术形式，音乐为自己规定的界限是，一首乐曲的各个部分，都要遵循纯音乐的逻辑，按照纯形式的要素来形成，并要以此为准则。[①]

从汉斯立克、安布罗斯上面的话看，他们似乎都是从形式的比例关系方面来看待音乐艺术的建筑性的，但安布罗斯所讲的“形式”绝不是纯粹的、无内容的，而是表现“富有诗意的思想”的形式，不同于汉斯立克的形式主义。所以，他又说：

在音乐的观念性要素方面，只要音乐并不试图越出自己的表现力范围之外，换言之，只要作曲家的富有诗意的思想能够通过该作品所创造的气氛以及由该气氛所形成的表象的序列，亦即通过该乐曲本身能够得到理解的话，同时，只要在对该乐曲的理解方面没有必要再提出一种与音乐本身并无有机联系的问题时，那么，音乐就算尽到了自己的天职。[②]

这就告诉我们，音乐艺术的内容和形式是合二而一的，其建筑性首先表现于声音的结构性的形式中，即使如此，也要以“有诗意的思想”激发起听者的情感和想象，才能把听觉与视觉沟通起来，实现时间向空间的转化。我们知道，建立在数理基础上的、由对称均衡、比例和谐关系所构成的秩序、节奏、旋律，潜隐着音乐织体与建筑造型上的相似、相通。从横向结构来看，音乐形象虽然主要表现于节奏、旋律的时间流程，但也存在于由和声、和弦、对位、配器、多声部等齐响共鸣、相邻并列的音响空间，特别是现代发展起来的立体声音乐，以不同的音高、音色、时值、“凝固点状”的单音同时从四面八方、上下左右向听众传来，使人更加注

① 转引自野村良雄:《音乐美学》,人民音乐出版社,1991年,第55页。

② 同上,第55页。

意萦绕四周的音响所形成的空间感，更容易唤起想象、联想，在心理上产生建筑性空间印象。从纵向结构来看，音乐的不同时值、强弱在持续时间中形成轻重缓急的节奏，不同乐音的高低在时间流动中形成跌宕起伏旋律，声音的抑扬顿挫，参差相错，婉转曲折，以主旋律流动线贯通起来，就产生出有始有终、有主有辅、有发展、有高潮的纵向结构。建筑的空间同样有它的起始、发展、高潮、结局的序列结构。明代王骥德在其《曲律·论章法》中就把作曲看得跟建造宫室一样。他说：

> 作曲，犹造宫室者然。工师之作室也，必先定规式，自前门而厅、而堂、而楼，或三进、或五进、或七进，又自两厢而及轩寮，以至廪庾、庖湢、藩垣、苑榭之类，前后左右，高低远近，尺寸无不了然胸中，而后可以斤斫。作曲者，亦必先分段数，以何意起，何意接，何意作中段敷衍，何意作后段收煞，整整在目，而后可施结撰。①

任何比喻都是蹩脚的，把作曲比作造宫室，虽不无简单、机械之嫌，但也可以从中或多或少地看出音乐与建筑的结构形式有着一定的相似性。这样，当音乐以其有意味的音响形式作用于人们的听觉器官，也同时触发视觉神经的兴奋，使大脑中原已储存的相关的建筑信息、表象随之活跃起来，产生与音乐的节奏、旋律相应的建筑空间感。从音乐艺术由通感而生成的建筑空间感，尽管是派生的，间接的，潜在的，却可以协助主导的、直接起作用的听觉，丰富和深化对于音乐艺术的审美体验和审美判断。如果在创作和欣赏中，除了声音之外别无其他，那是不“知音”的表现。音乐艺术的天地是无限广阔的，音乐与建筑的通感，对于扩展音乐的疆土有着重要意义。

由于音乐艺术的抽象性、不确定性，在欣赏者心目中由于想象、联想而产生的空间形象，往往是因人而异的。舒曼给他的朋友弹奏舒伯特的进

①《中国古典戏曲论著集成》，第4集，中国戏剧出版社，1959年，第123页。

行曲，都仿佛看见了古老的塞维尔城，别人可不一定作如是想，因此它是一种不确定的、多义性的建筑空间。这种音乐与建筑之间的通感现象在艺术创造中也同样存在着，但对于建筑或雕塑艺术家来说，他们必须根据自身的艺术特点，运用特定的物质媒介和表现手段，创造出三维空间的实体，把流动的音乐形象转化为凝固的空间形象，化动为静，静中寓动，以传达音乐的风格、情韵和意境。正是基于这一原则，罗丹在其《艺术论》中给予巴黎凯旋门上吕德的雕塑《马赛曲》以很高的评价。《马赛曲》本是法国大革命时期诞生的一首鼓舞军民斗志，反抗普奥联军入侵，为保卫祖国而战的歌曲，高昂有力，威武雄壮，激动人心，不知多少男女老少高唱这首战歌，拿起武器，走上战场，后来被正式定为法国国歌。吕德是著名的浪漫主义雕塑家，出于爱国主义热情，以大理石为材料，将《马赛曲》创造性地转化为三维空间的雕塑，凝固在凯旋门面墙上。罗丹对它的人物造型分四个层次、阶段作了具体分析。第一阶段，画面上方身披铠甲、展开双翼飞驰的自由女神，振臂高呼："武装起来，公民们!"如同唱出高昂的战歌，召唤战士们纷纷前来，集合到她身边。第二阶段，一个有着狮子般的髭须的高卢人挥动帽子向女神致敬，他的小儿子要求和他同去打仗，他用骄傲而慈爱的目光望着他的儿子。第三阶段，一个全副武装的老兵尽力紧跟，决心用最后的力量战斗到底，另一个年纪大的人也追随上来。第四阶段，一个弓手正在用力拉弓射箭，一个士兵吹响了战斗的号角，旗帜飘扬，枪矛簇列，战斗展开了。整个画面充满着前进的动势和强大的张力。在这里，《马赛曲》作为时间流动的乐曲，经过建筑艺术家的二度创造，成为凯旋门建筑最为闪光的组成部分——空间静止的雕塑《马赛曲》。我们看到后者，既呈现出鲜明生动的视觉形象，又仿佛听到了声情激越的战斗进行曲，给人以视觉与听觉的双重美感。罗丹通过对这一杰作的分析，意在说明造型艺术应当像戏剧那样，要表现"一种长久的动作"，把"动作"贯穿于开始、继续以至最后完成的全过程。因此，他要人们记住："所谓运动，是从这一个姿态到另一个姿态的转变。"[①]吕德艺术创造成功的秘密在于抓住了两种不同艺术的契合点，这就是事物时空运动所产生的节奏、韵律。雕塑可以是建筑的一个有机组成部分，同为三维空间的造型艺术。建筑虽不能像雕塑那样表现人物的行动、姿态，却能够以空间结构所蕴蓄的动势将流动的时间转化为凝固的空间，体现出音乐——流动的建筑的艺术风采和审美意味。

接近心灵的效果

从艺术的结构形式上看建筑与音乐之间存在着相似性和通感关系，人们都是认同的，但它绝不只是个形式问题，而是同艺术内容及其审美效果有着密不可分的、复杂多样的联系。在这方面我们就与形式主义者产生了分歧。在他们看来，音乐与建筑的相似、相通，只是在于"形式"，在于"表现着优美的比例关系"。俄罗斯音乐家斯特拉文斯基说："我们在音乐里所得到的感受，和我们在凝视建筑形式的相互作用时所得到的感受是完全相同的。除此之外，我们找不到更好的办法来解释这种感受。"[②]这种观点当然有其合理性，说明音乐的音响形式与建筑的造型形式有着相似性，但也不能由此得出两者艺术的通感是个纯粹形式问题。歌德曾称赞"建筑是凝固的音乐"这句话"确实有点道理"，道理就在于形式与情感的统一。所以，他说："建筑所引起的心情很接近音乐的效果。"[③]只有这样来理解，我们才能真正把握建筑与音乐通感的审美意蕴。

音乐的声音遵照节奏、旋律、和声的规律，在时间中不断地运动、变化着，但其内部却具有严整的间架、结构形式，像是一座建筑物；建筑由木石等物质材料构成空间形体，静止不动地耸立着，但其无声的节奏、韵律，像是一首协奏曲。这种结构形式上的类似性是形成建筑与音乐之间通

① 《罗丹艺术论》，沈琪译，人民美术出版社，1978年，第36页。

② 转引自戴里克·柯克：《音乐语言》，茅于润译，人民音乐出版社，1981年，第13页。

③ 《歌德谈话录》，朱光潜译，人民文学出版社，1980年，第186页。

感的客观依据和基础，但结构形式毕竟只是表现情感的媒介，还有赖于审美主体情感的兴发感动，唤起想象、联想，并以之为中介和动力，才能把时间与空间、听觉与视觉沟通起来，形成艺术通感。海顿曾是个虔诚的基督教徒，对哥特式教堂怀有深厚的感情，并创作了十多首宗教音乐作品，传记作家杰格帕是这样评价的："人们在他的作品中很难区别哪些是中世纪的印迹，哪些是岩石中的滴水或尖形拱门的印记。总之，他整个声乐作品都涂上了哥特式教堂的阴影。"海顿的这些声乐作品所以"都涂上了哥特式教堂的阴影"，正是他的宗教感情决定的。宗白华在《中国古代的音乐寓言和音乐思想》一文中，讲到近代法国诗人梵乐希在一本论建筑的书里叙述一位建筑师和他的朋友费得诺斯在郊原散步时的谈话，也非常生动地说明了情感在建筑与音乐通感中的作用问题：

他对费说："听呵，费得诺斯，这个小庙，离这里几步路，我替赫尔墨斯建造的，假使你知道，它对我的意义是什么？当过路的人看见它，不外是一个丰姿绰约的小庙，——一件小东西，四根柱石在一单纯的体式中，——我在它里面却寄寓着我生命里一个光明日子的回忆，啊，甜蜜可爱的变化呀！这窈窕的小庙宇，没有人想到，他是珂玲斯女郎底数学的造象呀！这个我曾幸福地恋爱着的女郎，这小庙是很忠实地复示着她的身体的特殊的比例，她为我活着。我寄寓于它的，它回赐给我。"费得诺斯说："怪不得它有这般不可思议的窈窕呢！人在它里面真能感觉到一个人格的存在，一个女子的奇花初放，一个可爱的人儿的音乐的和谐。它唤醒一个不能达到边缘的回忆。而这个造型的开始——已经足够解放心灵同时惊撼着它。倘使我放肆我的想象，我就要，你晓得，把它唤做一阕新婚的歌，里面夹着清亮的笛声，我现在已听到它在我内心里升起来了。"

这个故事告诉我们，在建筑师手里，一个少女窈窕的躯体，转化为美妙的比例结构，造成一座风姿绰约的云石小建筑，寄寓着他对情人深厚的感情和美好的回忆。这座小庙优美的造型与少女窈窕的躯体类似的比例，激起人们的情感和想象，在心中展开一曲新婚的歌，还伴有清亮的笛声，鸣响着欢乐、幸福的旋律。这就说明建筑与音乐之间通感的形成，不只是个形式结构相似的问题，更是一种审美的情感体验和心理反应。宗先生对这个故事作了具体分析，深刻地揭示它的美学蕴意。他说：

> 从梵乐希（今译瓦雷里）那个故事里，我们看到音乐和建筑和生活的三角关系。生活的经历是主体，音乐用旋律、节奏把它提高、深化、概括，建筑又用比例、均衡、节奏，把它在空间里形象化。这音乐和建筑里的形式美不是空洞的，而正是最深入地体现出心灵所把握到的对象的本质。就像科学家用高度抽象的数学方程式探索物质的核心那样。“真”和“美”，“具体”和“抽象”，在这里是出于一个源泉，归结到一个成果。①

这个论断是完全正确的，对于我们理解建筑与音乐通感中感情与形式的辩证关系是很有意义的，只看到结构形式的相似性，是存在着偏执一端的片面性的。在建筑与音乐的通感中尽管结构形式显得特别突出，情感内容与结构形式仍然是统一的。

建筑与音乐在结构形式和情感表现的关系密切上也有相似和接近之处。建筑主要是由线、面、体构成空间实体，按照和谐统一的形式美法则，利用象征、暗示的手段及其与自然、人文环境的有机结合，表现一定的社会理念，形成一定情调、风格、意境，使无生命的建筑物有了人性，有了情感，有了生气，产生诸如雄伟与优雅、静穆与开朗、严肃与活泼、朴素与华丽等审美情感反应。恩格斯在《齐格弗里特的故乡》一文中，对西方不同风格建筑的个性、情感特征作了准确而又富有诗意的概括。他说：“希腊建筑表现了明朗和愉快的情绪；摩尔建筑——忧郁；哥特建筑——神圣的忘我。希腊建筑如灿烂的阳光照耀的白昼，摩尔建筑如星光

①《宗白华全集》，第3卷，安徽教育出版社，1994年，第430—431页。

闪烁的黄昏，哥特建筑像是朝阳。”音乐以声音高低、强弱、长短的运动形式，直接表现人的丰富多彩、隐微曲折的心灵世界，因此常常被说成是“灵魂的语言”，“情感的艺术”。正如有的学者所指出的那样：“音乐之所以善于表现情感，这是因为音乐的结构反映了情感生活的结构，音乐反映情绪感受的方式。音乐是按照紧张与放松、运动与安静、完成与变化等方式构造起来的，这些微妙而迅速的交替方式精确地反映了我们所感觉到的情绪波动。”①当然，建筑的空间形式，音乐的时间形式，既不能够像绘画、雕塑那样模仿、再现客观事物形象，也不能像诗歌艺术那样以语言符号表达思想感情，这种非指称性、非语义性决定了它们表现情感的概括性和抽象性，无力具体揭示感情产生的缘由和根据。正因为如此，这两种艺术可以为人们提供想象、联想的广阔空间，进行大胆、自由的再创造。音乐那美妙的声音，可在听众心中时时唤起变幻不定的空间图景，使听觉印象有所附丽，得以保持、巩固、发展和具体化，产生视—听综合的审美效应。建筑富于变化反复、多样统一的三维空间，能使观赏者在自由联想中，摆脱巨大而又沉重的物质负担，像是在随着音乐的节奏、旋律、和声，在精神世界里自由翱翔。如悉尼歌剧院这一享誉世界的现代建筑，坐落在一个半岛上，面对着浩渺无际的大海，它那堆叠起来的八个巨大的白色弧面，给人提供了无穷的想象，不管像是乘风破浪行驶的白帆，或是海边一堆光亮洁白的贝壳，还是碧波荡漾中开放的百合花，它只是以简洁、飞动的空间造型，象征着鸣响的音乐美，给人以超越于物质之上的精神享受。

建筑和音乐以数学原理为基础的结构性形式，由于具有概括性、抽象性的特点，其表现内容主要不在于描述事物形象和抒发个人情感，而是表现出宇宙、人生和心灵世界运动的节律、秩序，直接或间接地体现出一定的时代精神、审美理想和哲学智慧，具有历久的、巨大的共通性和普遍性。黑格尔在论及音乐的审美价值与作用时说：

① 艾伦·温诺：《创造的世界——艺术心理学》，陶东风等译，黄河出版社，1988年，第213页。

如果我们一般可以把美的领域中的活动看成是灵魂的一种解放，看成是摆脱一切压抑和限制的过程——因为艺术通过供观照的形象可以缓和最酷烈的悲剧命运，使它成为欣赏的对象，那末，把这种自由推向最高峰的就是音乐。[①]

贝多芬也在一封信中写道：

没有一条规律不可为获致“更美”的效果起计而破坏。

音乐当使人类的精神爆出火花。

音乐是比一切智慧一切哲学更高的启示……谁能参透我音乐的意义，便能超脱寻常人无以振拔的苦难。[②]

贝多芬苦难的生活经历及其无比美妙音乐作品，就是这段话的最好的印证。对于一个音乐家来说，年轻时代就失去了听觉能力，无疑是命运之神给予的最为沉重的打击，但贝多芬没有向命运屈服，而是向命运挑战，要“扼住命运的咽喉”，以无比坚强的意志，克服难以忍受的痛苦，用令人难以想象的坚强毅力，写出一首首充满无穷生命活力、燃烧着火焰般热情的乐曲，特别是《命运交响曲》《热情奏鸣曲》《英雄交响曲》和最后的《欢乐颂》，可说是他奋斗一生的艺术总结，所表达基本主题是：绝不向命运低头，奋发图强，“通过艰辛的斗争，获得欢乐和胜利”。这既是他个人“用痛苦换来的欢乐”英勇心灵的真实表现，又具有深刻的哲学智慧和普遍的人生意义。列宁曾满怀激情地说：“我没有听过比《热情》更好的音乐，我准备每天都听赏它，这真是一种了不起的超人的音乐。我时常骄傲地、但可能是天真地想着：人类竟能创造出这样的奇迹。”

建筑艺术是“凝固的音乐”，以富于律动感的结构形式，特别当它与

① 黑格尔：《美学》，第3卷，上册，朱光潜译，商务印书馆，1979年，第337页。

② 傅雷：《傅译传记五种》，生活·读书·新知三联书店，1983年，第189页。

整体环境和谐统一起来，形成一种引发人的自由联想的境界，同样能够表现出深邃的思想感情、诗性智慧和哲学思考。如陈子昂《登幽州台歌》：

前不见古人，
后不见来者。
念天地之悠悠，
独怆然而涕下。

幽州台是历史悠久的古代建筑物，诗人襟怀广阔，抱负远大，登台远眺，面对苍茫大地，引起天地无穷、古今变易、人生短暂的感叹，怀才不遇、知音难逢的孤独感油然而生，表现出深沉的历史意识和人生感悟，真是一曲感时伤怀、动人心弦的咏叹调！王之涣的《登鹳雀楼》表现的则是另外一种人生境界：

白日依山尽，
黄河入海流。
欲穷千里目，
更上一层楼。

鹳雀楼，故址在今山西永济，据沈括《梦溪笔谈》记载，楼高三层，“前瞻中条（山），下瞰大（黄）河”。诗人登楼向西眺望，太阳依山沉落；向东看去，大河奔流入海。为尽赏无限风光，还要继续攀登，更上层楼，这里寄寓了诗人高瞻远瞩、积极向上的精神境界。总之，我们只有把自律与他律统一起来，充分发挥想象、联想的能力，才能感受和领悟到建筑和音乐相互感通的艺术魅力。

第八章　无声的音乐 纸上的舞蹈

——书法与音乐、舞蹈之通感

书法是中华民族所独有的一种审美创造，是我国最富于民族特色的一种艺术，具有丰富的审美蕴涵和历久常新的生命力。它不仅为文人学士所爱重，也是广大群众所喜闻乐见的艺术形式；不仅早已传播到日本等东方国家，就是西方现代派艺术也不断从中吸取营养。书法大家沈尹默先生说："世人公认中国书法是最高艺术，就是因为它能显出惊人的奇迹，无色而具画图的灿烂，无声而有音乐的和谐，引人欣赏，心畅神怡。"[①]这个评价并不过分，中国书法的确体现出艺术的高超境界，有着与音乐类似的发散性和渗透力，很容易同其他门类艺术如绘画、音乐、舞蹈等形成审美通感关系，充分反映了中华民族的艺术精神。

面对着中国书法这一艺术瑰宝，搞清它的审美特征及与其他艺术的通感关系，对于书法艺术的发展、创新，扩大其艺术影响，都是很有必要的。我们过去主要是从"书画同源"的思想出发，着眼于创作工具和表现方法的相互接近，认为"书与画异形而同体"，"画法通于书法"。元代赵孟頫在《题〈秀石疏林图卷〉》中有首题画诗形象地道出了书画相通的关系：

石如飞白木如籀，
写竹还应八法通。

① 沈尹默：《书法论丛》，上海教育出版社，1984年，第33页。

若还有人能会此，
须知书画本来同。

这当然是正确的，符合实际的，但如果仅限于此，对于充分揭示其审美意蕴是不够的，还应当从书法艺术与人的审美心理的关系上作进一步的考察、研究。

书法是以笔墨线条写意的艺术，不要说再现客观事物形象，恐怕连“似与不似之间”也很难做到，无疑是一种非写实的表现艺术。从现代美学观点来看，书法艺术在表现形式和审美效果方面，都接近于、趋向于音乐、舞蹈。我国古代有的书法家早已觉察到这一艺术通感现象。如唐代张怀瓘说：书法“玄妙之意，出于物类之表；幽深之理，伏于杳冥之间；岂常情之所能言，世智之所能测。非有独闻之听，独见之明，不可议无声之音，无形之相”。（《书议》）这就是说，人们按照一般的情理是难以领会到书法艺术“玄妙之意”“幽深之理”的，必须通过审美的想象性知觉的再创造，方能独闻其“无声之音”，独见其“无形之相”，即从无声的书法中“听”到有声的音乐，从抽象的线条中“看”到形相，特别是动态的舞蹈形象。宗白华先生在《中西画法所表现的空间意识》一文中进一步从书法的笔势、节奏、力度所构成的空间表现力方面，阐明了书法艺术与音乐、舞蹈的感通关系。他说：

中国的书法本是一种类似音乐或舞蹈的节奏艺术。它具有线形之美，有情感与人格的表现。……中国的字不像西洋字由多寡不同的字母所拼成，而是每一个字占据齐一固定的空间，而是在写字时用笔画，如横、直、撇、捺、钩，结合成有筋有骨有血有肉的“生命单位”，同时也成就为一个“上下相望，左右相近，四隅相招，大小相副，长短阔狭，临时适变”，“八方点画环拱中心”的一个“空间单位”。……若字和字之间，行与行之间，能“偃仰顾盼，阴阳起伏，如树木之枝叶扶疏，而彼此相让；如流水之沦漪杂见，而先后相承”。

这幅字就是生命之流，一回舞蹈，一曲音乐。①

这里，我们就书法与音乐、舞蹈的通感问题作些具体的阐述与探讨。

线条的艺术

中国书法是一种线条的艺术。它不直接摹写自然和人生的具体事象，而是以汉字为基本材料，运用笔墨线条的有机组合，建构一种节奏化的“空间感型”，以“达其性情，形其哀乐”（孙过庭《书谱》），表现人的微妙复杂、变化无方的情感活动。如张怀瓘所说的：“形见曰象；书者，法象也。……法本无体，贵乎会通。”“其趣之幽深，情之比兴，可以默识，不可言宣。”（《六体书论》）书法艺术虽然也效法形见之象，但“法本无体”，均要经过抽象，转化为线条，表达人的心灵的律动和情感意趣。它是笔画、线条组合，缺乏事物形象的具体呈示性；书法艺术主要不是作为单纯的承载思想理念的文字符号存在的，而是要实现其传心写意的审美功能。所以，古人说：“书者，心画也。”这句为人所熟知的话，准确地道出了书法艺术以线写意的审美特征。

书法是文字书写的艺术。既然如此，世界各个国家都是以文字作为书写工具的，何以中国书法会形成一门独特的艺术，而为别国所没有？这里除了民族的审美心理因素之外，写字的工具、笔法、结体、章法布局的不同，恐怕是非常重要的原因。

首先从工具、笔法来看。梁启超在《书法指导》中说：“因为所用工具不同，用毛笔可以讲美术（指艺术），用钢笔只能讲便利，中国写字有特别的工具，就成为特别的美术。”②宗白华更明确地指出：我们写字用的是毛笔，“这个特殊的工具才使中国人的书法有可能成为一种世界独特的

①《宗白华全集》，第2卷，安徽教育出版社，1994年，第143—144页。

② 胡经之主编：《中国古典美学丛编》（上），中华书局，1988年，第14页。

艺术，也使中国画有了独特的风格”。[①]毛笔有个别名叫“毛锥子”，它柔软而富于弹性，韧劲而可入木三分；用笔可以运转自如，方圆转折，粗细大小，疏密纵横，刚柔兼济，变化无穷，神采飞扬，富有律动感，取得笔情墨意的审美效果。而西方国家所用的管笔与中国的毛笔很不一样，它是扁体的，短毛、齐锋，像把刷子，主要用于平铺涂抹，难于发挥点画、线条的表现功能；就是钢笔、铅笔、碳笔，虽可以用来画线，也难以同中国毛笔的中锋、侧锋、藏锋、出锋、圆笔、方笔相比。中国人正是发明和运用这样能够飞动流走的神奇毛笔，才创造出在世界文化中独领风骚的书法艺术。

其次从字的结体来看。西方国家的拼音文字，字母是用于标记语音的，不大注重字体结构。中国的汉字“依类象形”，虽然历经变革，逐渐由具象向抽象发展，由点划组成方块字，并未与象形一刀两断，还是可以以象表意的。古人根据汉字结构归纳出来的指事、象形、会意、形声、转注、假借“六书”就是证明。因此，汉字较之拼音文字，更注重于形体结构的作用，其笔画大都是从人和自然的迹象变化中抽绎、提炼出来的，即所谓“约象立名”。因此，它往往会引起人们的联想，将字体、笔画同运动变化着的社会和自然事象进行类比。如晋代卫铄《笔阵图》说笔的点画：“一”如千里阵云，隐隐然其有实形；“、”如高峰坠石，磕磕然实如崩也；“丿”如陆断犀象；“乚”如百钧弩发；“丨”如万岁枯藤；“乙”如崩浪雷奔；“𠃌”如劲弩筋节。此外还有六种用笔：“结体圆备如篆法，飘扬洒落如章草，凶险可畏如八分，窈窕出入如飞白，耿介特立如鹤头，郁拔纵横如古隶。心存委曲，每为一字，各像其形，斯造妙矣，书道毕矣。”到了唐代，书法家又在此基础上总结出由侧、勒、努、趯、策、掠、啄、磔组成的“永字八法”，以“永字八法”为基础而又不局限于“八法”的点画结体而成的汉字，便不只是语言概念的符号，而有了“笔笔生意”“纵横有象”的表现力，这在行书、草书中表现得尤为突出。书法可以流

① 《宗白华全集》，第3卷，安徽教育出版社，1994年，第403页。

动性的线条把人间万象在自由自在感觉里表现出来。沈尹默说："我国文字是从象形的图画发展起来的，象形记事的图画即取法于星云、山川、草木、兽蹄、鸟迹各种形象而成的。因此，字的造形虽然是在纸上，而它的神情意趣，却与纸墨以外的自然环境中的一切动态，有自然相契合的妙用。"[①]

再从章法、布局来看。字字相连成行，行行相接成篇，这是书法的章法、布局问题。早在隋代，释智果就指出了书法"行气成势"整体结构的特点。他说："统视连行，妙在相成起伏。行行皆相映带，联属而不背违也。"（《心成颂》）这是个很有见地的看法。书法美确乎是建立在布局、章法基础上的，其实质上就是运用对立统一的辩证方法，如虚实相生、计白当黑、疏密相间、纵横交错、主次分明、首尾相应等，创造出一气贯通、全幅生动的空间感型。它一方面以法于自然、抽象化的线条形式，构成贯通全篇行次的血脉体势；另一方面是人的自由的、活泼泼的精神活动，"行气成体"，"因情成体"，构成情感与形式契合无间、和谐统一的意境美。邓以蛰在《书法之欣赏》中说，书法"至其悬针垂韭之笔致，横竖转折安排之紧凑，四方三角之配合，空白疏密之调和，诸如此类，竟能给一段文字之全篇之美观，此美莫非来自意境，而为当时书家之精心结撰可知也"。[②]因此，书法艺术，有运动变化的力度，有丰富多样的神采，有笔歌墨舞的韵味，产生一种力度感、形体感和节奏感，给人以"无言之美"的享受。丰子恺在《中国美术之优胜》一文中说："在字的集团中，更有一种微妙的一贯之气，由各行各字各笔组成的一幅字，似乎是在演奏一曲大交响乐的管弦乐队，琴，笛，鼓，喇叭，各司其职，各尽其用，而合演融合谐调的大交响乐（symphony），缺一就不行。"[③]这在西方拉丁语系统的文字书写中是很难办得到的。西方国家的文字一般都是横行书写的，字母的组合、行与行的联系很少变化，不大讲究章法、布局问题，而是把功

① 沈尹默:《书法论丛》,上海教育出版社,1984年,第33、17页。

②《邓以蛰全集》,安徽教育出版社,1998年,第168页。

③ 胡经之主编:《中国现代美学丛编》,北京大学出版社,1987年,第332页。

夫用在书写的认真与马虎、工整与潦草、正确与错误上面，他们当然有时也用点花体或色彩装点某些字，这只不过起些装饰、美化作用，而不能像中国书法那样“笔外生意”，形成多姿多彩、情味隽永的艺术境界。

从上述可以看出，我国书法艺术以毛笔为工具，以汉字为材料，通过笔法、结体和布局、章法有机统一的组合，创造出的一种特殊的、抽象的线条艺术。它是重视笔墨形式的，形式美成了书法艺术突出的、基本的审美特征。书法艺术重在形式，但不只是形式，它曲折、潜隐地发挥着表现性的功能，如邓以蛰说的，成为一种“完全出诸性灵之自由之表现之美术”。

美国著名美学家阿恩海姆在《艺术与视知觉》中写道：“一切艺术形式的本质，都在于能传达某种意义。任何形式都要传达出一种远远超出形式本身的意义。”[①]我们对于书法艺术的抽象形式也应作如是观。那么，书法的笔墨线条所传达的意义何在呢？在这个问题上，我们既要反对纯粹的形式主义，也不能同意“象形”说和“书义即文义”非审美的实用观点。首先书法是书写文字的，但汉字是以象形为基础的，即使书法与中国画都以笔墨线条作为表现形式，它也不能像绘画那样去直接描写人物、山水、花鸟虫鱼的形象，因此，“象形”说把事物的具体形象作为书法艺术特定的内容、意义是难以成立的。中国书法创作虽然也要仰观俯察，近取诸身，师法自然，但绝不是摹拟客观事物。“境自随人，各有会心”（潘德舆：《养一斋诗话》）。它经过人的心灵的陶铸、抽象和净化，转换为一气运化、自由流转的线条，其中积淀着、凝结着、活跃着生命的张力，外在事物的秩序与人们心灵的律动形成“异质同构”关系。韩愈在《送高闲上人序》中评及张旭草书时说：

> 张旭善草书，不治他技，喜怒窘穷、忧悲愉佚、怨恨思慕、酣醉、无聊、不平，有动于心，必于草书焉发之。观于物，山水崖谷，

① 阿恩海姆：《艺术与视知觉》，滕守尧等译，中国社会科学出版社，1984年，第55—56页。

鸟兽虫鱼，草木之花实，日月列星，风雨水火，雷霆霹雳，歌舞战斗，天地事物之变，可喜可愕，一寓于书。故旭之书，变动犹鬼神，不可端倪，以此终其身而名后世。

张旭既能用草书表现主观情感意绪，又可将自己感悟到的“天地事物之变”寓于其中，达到“变动犹鬼神，不可端倪”的神妙境界。这是张旭“得其心而逐其迹”，以线条把事物运动的普遍形式与人的情感变化和合、统一起来的结果。正如李泽厚在《略论书法》一文中所概括的：“书法艺术所表现所传达的，正是这种人与自然、情绪与感受、内在的心理秩序结构与外在宇宙（包括社会）秩序结构直接相碰撞、相斗争、相调节、相协奏的伟大生命之歌。这远远超出了任何模拟或借助具体物象具体场景人物所可能表现再现的内容、题材和范围。书法艺术是审美领域内人的自然化与自然的人化的直接统一的一种典型代表。它直接作用于人的整个心灵，从而潜移默化地影响人的身（从指腕神经到气质性格）心（从情感到思想）的多个方面……。”①

那种把书法的艺术内容归结为文字符号的含义，即“书义即文义”的观点，虽然不是没有一点道理，但并不能从本质上说明书法的艺术特征。书法一般说来，具有实用与审美的两重性，如果把它作为记录文稿、诗词作品的工具，那不过是发挥了文字符号的作用而已。书法只有超越了作为语言符号的实用范围，把情感意味与表现形式融为一体，使之展露出艺术家的个性风格、情志意趣，才算得上真正的书法艺术作品。清代王澍在《虚舟题跋》中评颜真卿的《告豪州伯父稿》有段话讲得很好：

《祭季明稿》心肝抽裂，不自堪忍，故其书顿挫郁屈，不可控勒。此《告伯文》心气平和，故容夷婉畅，无复《祭侄》奇崛之气。所谓涉乐方笑，言哀已叹。情事不同，书法亦随以异，应感之理也。

---

① 李泽厚：《走我自己的路》，生活·读书·新知三联书店，1986年，第105—106页。

“情事不同，书法亦随以异”。不同的情志意趣用不同的书写形式表现出来，这就是书法艺术的应感之理。不同的书法家，即使书写同一文字作品，由于心情、性格的不同也会呈现出迥然不同的情致、风格来。“夫书者，心之迹也”。书法家的才情、胸怀、气度都蕴涵于笔墨线条之中，有了笔情墨韵，才能成为艺术。黑格尔说得好：“内容非他，即形式之转化为内容；形式非他，即内容之转化为形式。”①如果内容与形式是离汤离水的，同床异梦的，这样“书法”是进不了艺术之林的。元代书法家陈绎曾说：“喜怒哀乐，各有分数，喜则气和而字舒，怒则气粗而字险，哀则气郁而字敛，乐则气平而字丽。情有轻重，则字之敛舒险丽，亦有深浅，变化无穷。”（《翰林要诀·变化》）这话很有道理，它揭示了书法作为抽象的表现艺术的本质特征。

总而言之，中国书法是一种以线写意的表现性艺术，它要求笔墨线条及其相互间的搭配、组合，具有空间造型的立体感和运动变化的节奏感、旋律感，令人从中感受到“余音绕梁”的音乐美，翩跹如飞的舞蹈美，所以人们常说：书法是无声的音乐，纸上的舞蹈。

无声的音乐

在中国艺术史上，书法与绘画一直是亲密无间、共存共荣的姊妹艺术。汉字虽然发端于远古时代象形文字，但经过篆、隶、楷、正的发展阶段，特别是行、草诞生以来，从艺术精神上越来越趋向于音乐，历史上可能由于受到封建社会审美观念的束缚，把乐、舞的地位较之诗、文、书、画看得低些，文人们便把它们同等并列，而不注意书法与音乐更为接近、相通的关系。当然这并不是说就没有人看到这一艺术奥秘。如明代戏剧家汤显祖就曾说过：“凡物气而生象，象而生画，画而生书，书而生乐。”（《答刘子威侍御论乐》）他排列的这个艺术发生学序列虽然不能说是科

① 黑格尔：《小逻辑》，贺麟译，商务印书馆，1981年，第273页。

学的，但他把书法置于绘画与音乐的中间地位，而趋向于音乐，对于我们理解这两种艺术通感关系，却是一个有益的启示。这个问题受到现代美学研究的重视，并取得了可观的成果。早在二十世纪六十年代，宗白华发表《中国书法里的美学思想》一文，就对书法与音乐的相通关系作了深入探讨和科学概括。他说：

> 中国文字的发展，由摹写形象里的“文”，到孳乳浸多的“字”，象形字在量的方面减少了，代替它的是抽象的点线笔画所构成的字体。通过结构的疏密、点画的轻重、行笔的缓急，表现作者对形象的情感，发抒自己的意境，就像音乐艺术从自然界的群声里抽出纯洁的“乐音”来，发展这乐音相互结合的规律，用强弱、高低、节奏、旋律等有规则的变化来表现自然界、社会界的形象和自心的情感。①

中国的书法艺术介于绘画和音乐之间，而更趋向于音乐，这是因为它们都是以抽象的艺术形式表现人的情感世界，间接地折射出现实内容。书法与音乐正是在艺术的抽象性、表现性方面，存在着颇为接近的相似之处，有了同感共通的语言。《乐记》说，“歌，咏其声也。”如果说绘画所展现的是二维空间的“面”，而音乐则消除了这个空间的“面”，把它转化为在时间里流动的“点”，也即通过前后持续的音响所形成的节奏、和声、旋律，直接表现音乐这种流动的、无形的、抒情性的线条，听起来似乎还比较抽象，如果通过基于通感心理的类比性的语言描写，就显得具体、清楚多了。刘鹗在《老残游记》第二回中是这样写王小玉唱腔的：

> 王小玉便启朱唇，发皓齿……唱了十数句之后，渐渐的越唱越高，忽然拔了一个尖儿，像一线钢丝抛入天际，不禁暗暗叫绝。哪知他于那极高的地方，尚能回环转折，几啭之后，又高一层，接连有三四叠，节节高起，恍如由傲来峰西面攀登泰山的景象：初看傲来峰削

①《宗白华全集》，第3卷，安徽教育出版社，1994年，第405页。

壁千仞，以为上与天通；及至翻至傲来峰顶，才见扇子崖更在傲来峰上；及至扇子崖，又见南天门更在扇子崖上，愈翻愈险，愈险愈奇！

那王小玉唱到极高的三四叠后，陡然一落，又极力骋其千回百折的精神，如一条飞蛇在黄山三十六峰半中腰里盘旋穿插，顷刻之间，周匝数遍。从此以后，愈唱愈低，愈唱愈细，那声音渐渐的就听不见了。满园子的人都屏气凝神，不敢少动。约有二三分钟之久，仿佛有一点声音从地底下发出，这一出之后，忽又扬起，像放那东洋烟火，一个弹子上天，随化作千百道五色火光，纵横散乱。这一声飞起，即有无限声音俱来并发。那弹弦子的亦全用轮指，忽大忽小，同他那声音相和相合，有如花坞春晓，好鸟乱鸣，不晓得听哪一声的为是。正在撩乱之际，忽听霍然一声，人弦俱寂。

这里所以不怕麻烦地引用这么一大段话，因为它生动、形象地表明书法与音乐的通感关系是有其客观形式和主观心理依据的。音乐确有着一条由高低强弱、抑扬起伏的旋律线，就如同登临泰山、黄山的游览线一样，从中可以进一步领悟到孔子“余音绕梁，三日不绝”的话蕴涵着多么深厚的音乐意味。音乐这种在时间中流动的旋律线，同书法转折变化、回环往复的笔墨线条很相似，是可以相互比况、相互感通的。

当然，书法的线条不同于音乐的线条。音乐的线条是无形的，表现为时间流动中声音的节奏、旋律；书法的线条是有形的，其节奏、韵律则表现于空间静态的形体之中。元代盛启明说：“夫书者，心之迹也，故有诸中而形诸外，得于心而应于手。”（《书法考》）书法的笔墨线条是表现主观情感的迹象、形式，艺术家在挥毫创作之际，以心运笔，心手相应，表现为动态的时间过程，如运笔的快慢，落笔的轻重，含墨的浓淡，章法的奇正、虚实等，这样音乐的基因就自然地蕴涵于虽静犹动的节奏感、韵律感的线条之中。虞世南说：书法如“同鼓瑟纶音，妙响随意而生；握管使锋，逸态逐毫而应”。（《笔髓论·妙契》）据盛熙明《法书考》载，宋代书法家雷简夫因听嘉陵江的波涛声，引发创作灵感，把自然音响转化为节奏化的笔墨线条，书法艺术成了无声的音乐，抒情写意，心中之想，尽在笔下。他说："余偶昼卧，闻江涨瀑声。想波涛翻翻，迅驶掀磕，高下蹙逐奔去之状。无物可寄其情，遽起作书，则心中之想尽在笔下矣。"这就是书法与声音之间的通感在艺术创作中的具体、生动的体现。正如李泽厚所说："它（指书法艺术）像音乐从声音世界里提炼抽取出乐音来，依据自身的规律，独立地展开为旋律、和声一样，净化了的线条——书法美，以其挣脱和超越形体的笔画（后代成为所谓永字八法）的自由开展，构造出一个个一篇篇错综交织、丰富多样的纸上的音乐和舞蹈，用以抒情和表意。"①

书法以无声的线条所展开的节奏、和声、旋律同音乐一样，它们所表现的情感内容大都是不具体的，不确定的，朦胧模糊的，有时只是暗示或象征着一种情感类型和心境、意绪。唐代书家孙过庭《书谱》说：书法家"必能傍通点画之情，博究终始之理，熔铸虫篆，陶钧草隶，体五材之用，仪形不极；像八音之迭起，感会无方"。书法与音乐同是表现性的抽象艺术，它们的审美意味都是"感会无方"，难以用概念语言讲清楚。唐代书法理论家张怀瓘在《书断》中说：

> 固其发迹多端，触变成态，或分锋各让，或合势交侵，亦犹五常之与五行，虽相克而相生，岂物类之能象贤，实则微妙而难名。《诗》云："钟鼓钦钦，鼓瑟鼓琴，笙磬同音。"是之谓也。

> 千类万象，或龙或鱼，何词不录，何物不储，怪思理通，从心所如，如彼江海，大波洪涛，如彼音乐，干戚羽旄。

虞世南在《笔髓论》中更为具体地阐明了书法通于音乐的关系。他说：

① 李泽厚：《美的历程》，文物出版社，1981年，第43页。

字虽有质，迹本无为，禀阴阳而动静，体万物以成形，达性通变，其常不主。……假笔传心，妙毫端之妙。必在澄心远思，至微妙之间，神应思彻，又同瑟轮音，妙响随意而生；握管使锋，逸态逐毫而应。

书法艺术意蕴隐微曲折，奥妙无穷，它就像钟鼓钦钦鸣响，像琴瑟和谐悠扬，像笙磬齐声共鸣，一句话，书法与音乐一样，贵在感通，只能心领神会，不可言语道断。这种艺术现象给予人们的启示是，我们从书法与音乐的通感关系出发，以音乐的节奏、和声、旋律来感悟、会通书法艺术，就不会把它看成是静止、孤立、纯粹的线条组合，而是和谐统一、生气灌注、富有律动感的线条艺术，从而体验到它那“笔情墨韵”、充满音乐活力的审美意蕴。

纸上的舞蹈

舞蹈是人类最古老的艺术之一，开始是与音乐、诗歌融为一体的，后来逐渐分化为独立的艺术形式。那么，书法与舞蹈的关系如何呢？我国文字尚处于始创时期，就与舞蹈发生了“依类象形”的关系，透露出两者之间可以相通的信息。据有关学者的考证，甲骨文中“舞”作“”，“其中间部分表示一个人手脚舒展，正面直立的形状，两旁表示牛尾，像人两手曳牛尾而舞之形”。[①]这同《吕氏春秋·古乐篇》所记载颇为一致：“昔葛天氏之乐，三人操牛尾，投足以歌八阕。”原始舞蹈是与原始人的图腾崇拜、巫术礼仪、祭祀活动紧密结合在一起的，就是在这种神秘的气氛中，也萌发出了审美意识。“美”字甲骨文写作“”“”，有人解释其原始含义是“冠戴羊形或羊头装饰的‘大人’（‘大’是正面而立的人，这里是指进行图腾扮演、图腾乐舞、图腾巫术的祭司或酋长），最初是‘羊人

① 洪成玉：《古“舞”字释义》，《舞蹈论丛》1982年，第4期，第67页。

为美'，后来演变为'羊大则美'。"[1]从人类审美意识发展史的观点来看，"羊人为美"与"羊大则美"思想产生孰先孰后问题还是令人质疑的，但"羊人为美"说把美与人的羊形装饰、图腾扮演、舞乐活动联系起来，是比较符合原始人的审美观念的，并且还有着"大像人形"文字学的根据。一九七三年青海省大通县上孙家寨出土的新石器时代的舞蹈纹彩陶盆，可说是原始舞蹈的真实写照。陶盆内壁绘制三组群舞人物，"五人一组，手拉手，面向一致，头侧各有一斜道，似为发弁。每组外侧两人，一臂画为两道，似反映空着的两臂舞蹈动作较大而频繁之意，人下体三道，接地面的两竖道，为两腿无疑。而下腹体侧的一道，似为饰物。"[2]我们从这一珍贵文物中，看到原始人那发扬蹈厉、热烈欢快而又整齐一律的舞蹈动作，如果撇开人物身上的饰物和表示同形反复动作的虚拟线条，不正像是"大像人形"的象形文字吗？这表明书法与舞蹈在源头上就有着相近、相似的关系。那么，当汉字由象形发展、演变成为一种独立的书法艺术之后，它与舞蹈艺术的关系又是怎样的呢？

书法与舞蹈是两种不同类型门类的艺术。舞蹈是以人体动作为媒介来反映生活、表现情感的艺术。《乐记·乐象篇》说："舞，动其容也。"《毛诗序》云："情动于中而形于言，言之不足故嗟叹之，嗟叹之不足故咏歌之，咏歌之不足，不知手之舞之足之蹈之也。"唐代杜佑在《通典·乐》中综合两说，对舞蹈艺术作出较完整的界定："舞也者，咏歌不足，故手舞之，足蹈之，动其容，象其事，而谓之为乐。……然乐心内发，感物而动，不觉手之自运，欢之至也，此舞之所由起也。"这些看法基本上概括了我国传统的舞蹈艺术观，它使我们认识到，舞蹈是以人体的动作、姿态、表情为基本手段，紧密结合音乐的节奏、旋律，即兴式的、自由抒发情感的表演艺术。舞蹈演员创造出来的是一种既在空间、又在时间中运动、变化着的动态形象，舞乐不分，可以直接诉诸观众的视、听感觉。而书法则没有这样的优势，如前所述，它以笔墨为手段，以汉字为材料，通

① 萧兵：《〈楚辞〉审美观琐记》，《美学》，第3期，第225页。

② 《青海大通县上孙家寨出土的舞蹈纹彩陶盆》，《文物》1978年，第3期。

过线条的有机组合传情达意，在纸面上既看不见具体形象，也听不到声音。书法与舞蹈之间虽然有着如此大的差别，却又是可以相互感通的。宗白华说："书画都通于舞。它的空间感觉也同于舞蹈与音乐所引起的力线律动的空间感觉。"[①]从艺术通感的视角来看，我们可以说：书法是纸上的舞蹈，线条的舞蹈。

舞蹈艺术创造的是一种富有张力的、活跃的动态形象，它的目的主要不在于再现外在事物形象，而是为直接表现内心情感活动提供适合的结构形式。所以，苏珊·朗格在《艺术问题》中写道：

> 我们从一个完美的舞蹈中看到、听到或感觉到的应该是一些虚的实体，是使舞蹈活跃起来的力，是从形象的中心向四周发射的力或从四周向这个中心集聚的力，是这些力的相互冲突和解决，是这些力的起落和节奏变化，所有这一切都是组成创造形象的要素，它们本身不是天然的物质，而是由艺术家人为地创造出来的。[②]

这就是说，舞蹈艺术是人体运动所产生的发散与聚合、冲突与和解、高起与低落的张力，以富于节奏、韵律的动态形式，直接表现情感活动的，具有明显的抽象性、虚拟性、抒情性的特点。书法文字虽然刻画、书写于甲骨、金石、竹简、纸帛之上，却是可以在线条的静态形式中表现出动势、张力。三国时期大书法家钟繇说："笔迹者，界也；流美者，人也。"这个"流"字道出了书法与舞蹈相似、相近、相通的艺术奥秘。书法美是人创造的，特别是从人的心中"流"出来的。"人是万物之灵"，可以把周围形形色色的事物纳入自己的心灵之中，进行抽象概括，加工改造，使自己的情感活动与之有机结合起来，表现于流走、飞动的线条及其有机组合之中。这"流"出的"美"，就是生命的气势、活力，生机勃勃的节奏、韵律，即人们常说的"笔歌墨舞"。在不少书论著作中，有"书

① 《宗白华全集》，第2卷，安徽教育出版社，1994年，第144页。

② 苏珊·朗格：《艺术问题》，滕守尧译，中国社会科学出版社，1983年，第5—6页。

者，如也”的说法，把书法结体比作人和物的动态，特别是人的形体、动作、神情，很容易使人联想到以人体动作为艺术语言的舞蹈。如刘熙载在《艺概·书概》中论及草书时说：

> 昔人言为书之体，须入其形，以若坐、若行、若飞、若动、若往、若来、若卧、若起、若愁、若喜状之，取不齐也。然不齐之中，流通照应，必有大齐者存。故辨草者，尤以书脉为要焉。

这不是像人的各种姿态、动作、表情组成齐之不齐、不齐而大齐的舞蹈吗？张怀瓘则把飘逸飞动、浓淡相间的飞白书比之于舞蹈：“浅若流雾，浓若屯云，举众仙之奕奕，舞群鹤之纷纷。”（《书断》）书法家由于性格、气质的不同，他们创作出不同情韵、神采、格调的作品，与舞蹈的不同风格也是相似和接近的。例如，人们称誉王羲之行草之美为“飘若游龙，矫若惊鸿”；评说郑肖思书画“如舞女低腰，仙人啸树”。苏涣在《怀素上人草书歌》中写道：

> 兴来走笔如旋风，
> 醉后耳热心更凶。
> 忽如裴旻舞双剑，
> 七星错落缠蛟龙。
> 又如吴生画鬼神，
> 魑魅魍魉惊本身。
> 钩锁相连势不绝，
> 倔强毒蛇争屈铁。
> 西河舞剑气凌云，
> 孤蓬自振惟有君。
> 今日华堂看洒落，
> 四座喧呼叹佳作。

怀素的狂草走笔如风，狂放不羁，气势磅礴，如裴旻舞剑，如蛟龙飞腾，如吴道子画地狱鬼神，“笔力劲怒，变状阴怪”；还像舞西河剑器，壮气凌云，直上九霄；如孤蓬遇风即舞，飘洒自然。这些事实都足以说明：书法不仅通于画法，而且同舞蹈艺术史是息息相通的。

书法与舞蹈的通感关系，并不只是外在形式上的相似，可以类比、拟态，而且有着艺术精神上深层的沟通与契合，彼此之间可以创造性的相互转化。在我国古代书法理论中，常有飞鸟出林、惊蛇入草、飞蓬振沙、夏云奇峰、担夫争道、公孙大娘舞剑的说法，这并不意味着书法家可以去直接模拟社会生活和自然现象的具体形态、动作，而是要通过心存目想，取其神，得其势，深味其节奏、韵律，以心运笔，创造出书法的意境美。就以唐代有草圣之称的张旭来说吧。杜甫在《观公孙大娘弟子舞剑器行·并序》中写道：“往者吴人张旭，善草书书帖，数尝于郾县见公孙大娘舞西河剑器，自此草书长进，豪荡感激，即公孙可知矣。”人们怎么能从张旭草书的大进及其“豪荡感激”的风格中，就可以想知公孙大娘高超的舞蹈技艺来呢？诗人是这样描写公孙舞剑器的：

昔有佳人公孙氏，
一舞剑器动四方。
观者如山色沮丧，
天地为之久低昂。
如羿射九日落，
矫如群帝骖龙翔。
来如雷霆收震怒，
罢如江海凝清光。
…………

可见公孙舞西河剑器是何等的威武雄壮，天地为之震动，剑光如羿射九日，矫健如驾龙飞翔，起始如雷霆震怒，结束如风平浪静。公孙舞蹈惊心动魄的气势，不是同张草的癫狂超逸、恣性横放、豪荡感激的风格非常神似吗？据《唐国史补》记载，张旭自己就说过："始吾见公主担夫争道，而得笔法之意；后见公孙氏舞剑器，而得其神。"这是深得艺术通感真髓的经验体会，他的狂草不是直接摹拟舞蹈，而是得其意，取其势，传其神。宋代朱文长对张旭书法艺术的创作经验作出了理论概括，他说："盖积虑于中，触物以感之，则通达无方矣。天下之事不心通而强以为之，未有能至焉者也。"（《墨池编·续书断》）书法与舞蹈的通感关系必须建立在"心通"的基础上。心有灵犀一点通。只有相互感发会通，心领神会，方能真正进入书法、舞蹈一体融通的审美境界。对此，宗白华先生作了全面而深刻的概括。他说：

> "舞"是中国一切艺术境界的典型。中国的书法、画法都趋向于飞舞……（画家）同时借取书法中的草情篆意或隶体表达自己心中的韵律，所绘出的是心灵所直接领悟的物态天趣，造化和心灵的凝合。自由潇洒的笔墨，凭线纹的节奏，色彩的韵律，开径自行，养空而游，蹈光揖影，抟虚成实。……中国特有的艺术——书法，尤能传达出空灵动荡的意境。①

中国书法的这种艺术境界，既是绘画的境界，也是音乐、舞蹈的境界。

① 《宗白华全集》，第2卷，安徽教育出版社，1994年，第369—370页。

第九章　虚实结合 有无相生

——艺术创作中通感的表现功能

艺术作为反映现实生活的审美形式，不是客观事物的简单再现和机械摹写，而是艺术家创造的“第二现实”，“想象的真实”，如歌德所说的：“每一种艺术的最高任务即在于通过幻觉，产生一个更高真实的假象。”[①]艺术家全身心地投入反映对象之中，以区别于逻辑思维的形象思维方式，进行完整的形象感受，丰富的情感体验，充分发挥想象、联想的作用，创造出虚实结合、有无相生艺术境界。通感是艺术创作的重要的心理机制和表现方法，艺术创作没有通感的作用是不可思议的。它能够帮助艺术家吸纳、消化和综合各种感觉映象，以适应情感表现的需要，灵活地将一种感觉转化为另一种或多种感觉，相互渗透，虚实互补，创造出新颖独特、情理融通、妙笔生花的艺术作品。

著一“闹”字　境界全出

艺术家在创作过程中，神与物游，浮想联翩，往往会超越单一感觉的局限性，开放自己的全部感觉能力，把两种或多种感觉会通起来，构成“茹真似幻”、实虚结合的通感意象。它虽然有时会从一个词语、一个诗句中表现出来，却是句中之眼，点睛之笔，闪光之点，致使作品通体皆明，

① 伍蠡甫主编:《西方文论选》,下卷,上海文艺出版社,1963年,第446页。

呈现出情景交融的艺术境界。这里最典型的例证莫过于王国维分析的宋祁《玉楼春》、张先《天仙子》词中的名句了："'红杏枝头春意闹'，着一'闹'字，而境界全出。'云破月来花弄影'，着一'弄'字，而境界全出矣。"①这两个美言秀句，巧语妙用，一时传为词坛佳话。"云破月来"句着一"弄"字，将微风拂拂，月出淡云、花影摇曳的夜色，写得自然灵动，隐然透露出诗人既沉醉于春风明月而又感时伤春的情怀，诗家对它是一致肯定、高度赞赏的，没有见到什么不同意见。而对"红杏枝头"句着一"闹"字，则出现了肯定与否定尖锐对立的不同观点，其症结恐怕就在于如何看待通感的艺术表现功能，并在价值取向上存在着原则分歧。清代著名戏曲理论家李渔在《窥词管见》中写道：

> 有蜚声千载而不能服强项之笠翁（李渔号）者，"红杏枝头春意闹"尚书是也。云破月来句，词极尖新，而实为理之所有。若红杏之在枝头，忽然加一"闹"字，此语殊难着解。争斗有声之谓"闹"，桃李争春则有之，红杏闹春，予实未之见也。"闹"字可用，则"吵"字、"斗"字、"打"字，皆可用矣。……予谓"闹"字极粗极俗，且听不入耳，非但不可加于此句，不当见之诗词。近日词中，尚争此字者，子京（宋祁）一人之流毒也。②

在李渔看来，诗词作为语言艺术，琢句炼字虽贵新奇，但必须合乎事理，"先求理之服众"，否则就是"新"而不妥，"奇"而不确，完全不可取的。红杏之在枝头，以眼观色，桃李争春，绚丽多彩，是合乎日常事理的，怎么能用表示"争斗之声"的"闹"字来形容、描写呢？由于他"实未见之"，故感到"殊难着解"，贬斥"闹"字用得"越一理字"，"极粗极俗"，"听不人耳"，并造成了"流毒"。对于李渔的看法，与他同时代的方中通就予以针锋相对的批驳："非一'闹'字，不能形容其杏之红耳。诗词中

① 《蕙风词话·人间词话》，人民文学出版社，1962年，第193页。

② 唐圭璋编：《词话丛编》，第1册，中华书局，1981年，第553页。

有理外之理，岂同时文之理、讲书之理乎？”为什么非用表声的“闹”字就不能形容“其杏之红”？诗词的“理外之理”与时文、讲书之理的区别何在？他并没有清楚明白地讲出来。钱锺书先生则进一步从通感心理、凭虚构象的角度，对这个问题作了具体、深入的分析，指出方中通说“闹”字“形容其杏之红”不够确切，当是“形容其花之盛（繁）”。“‘闹’字是把事物无声的姿态说成好像有声音的波动，仿佛在视觉里获得了听觉的感受”。[①]这句诗实际上包含双重的通感，杏花的“红”是热色，直接诉诸视觉的，给人以温暖春意之感，便与触觉沟通起来。由于杏花开的繁盛，触觉进而又向听觉转移，产生“热闹”之感，便似乎听到了“闹”的争斗之声，又由触觉通向视觉。这种通感心理活动是完全符合艺术思维规律的一种“理外之理”，是不能按照“时文、讲书之理”来理解的。钱锺书在《管锥编》里，分析杜牧《阿房宫赋》中的“歌台暖响，春光融融；舞殿冷袖，风雨凄凄”名句时说：“‘歌’舞作而‘台’为之‘融融’，俗语谓之‘热闹’；歌‘舞’罢而‘殿’为之‘凄凄’，俗语谓之‘冷静’。”[②]这表明“‘热’和‘闹’、‘冷’和‘静’在感觉上有通同一气之处，结成配偶”。“‘热’与‘闹’、‘冷’与‘静’，异觉相济，心同厥理”。[③]对于艺术创作来说，是“随意成象”的，因而“知象非真象”。刘熙载《艺概·赋概》说得好：“赋以象物，按实肖象易，凭虚构象难，能构象，象乃生生无穷矣。”[④]诗词的通感意象，乃是异觉互济、凭虚构象的成果。李渔则“按实肖象”要求之，拘泥事实，坐实物理，忽视“想象以为事”的艺术真实，未能理解通感意象“生生无穷”的审美意蕴，便出现了智者千虑之一失的错误。这正如宋惠洪《冷斋夜话》所云：“诗者，妙观逸想之所寓也，岂可限于绳墨哉！”

与李渔“务实”“求理”的观点相较而言，王国维所评可谓别具慧眼，

① 钱锺书：《旧文四篇》，上海古籍出版社，1979年，第51页。

② 钱锺书：《管锥编》，第3册，中华书局，1979年，第1076页。

③ 同上，第1076页。

④ 刘熙载：《艺概》，上海古籍出版社，1978年，第99页。

一语中的，揭示了通感意象在艺境创造中的特异功能。宋祁词“绿杨烟外晓寒轻，红杏枝头春意闹”，所以会“着一‘闹’字，而境界全出”，就在于诗人运用通感的艺术手法，以耳为目，把红杏怒放无声的姿态描绘成像是有波动的声音，从有形的视觉意象里生发、幻化出无形的听觉意象，从而将生机勃勃的春天景象与诗人喜迎春色的欢快之情统一起来，创造出一个生动、鲜活的艺术境界。

在康德、席勒美学中有一个重要思想，即艺术是诸官能之和谐。艺术创作仅仅依赖某一种感官的作用是不够的，必须把诸种感觉能力都调动起来、发挥出来，方能构成“思与境偕”、情感与形式契合无间的艺术整体。通感能够突破单一官能的局限，联接、组合多种感觉表象，构成多面一体、富于张力的复合意象，以取得意味深长、耐得咀嚼的艺术效果。这里举一个为人所熟知的例子。据宋代洪迈《容斋续笔》卷八记载：

> 王荆公绝句云：“京口瓜州一水间，钟山只隔数重山。春风又绿江南岸，明月何时照我还？”吴中士人家藏其草，初云“又到江南岸”，圈去“到”字，注曰：“不好，改为过”；复圈去而改为“入”，旋改为“满”。凡如是十许字，始定为“绿”。

“到”“过”“入”等字直白、简率，既看不到江南春天的景象，也未能传达出诗人的情感意绪，所以“不好”；“满”字稍微好一些，但只是径直言说了江南春风之满，既不能直观春满江南的景色，又难以表现时序推移所触发的情思。因此，诗人要经过十余次改动，才最后凝定为一个“绿”字。王安石《夜泊瓜洲》是写隔江相望江南春色、抒发思念金陵的诗，重在一个“望”字。“春风又绿江南岸”句中的“春风”是无形的，望不到的；而“绿”则是目中之色，从全诗看，着一“绿”字，境象了然；且将名词“绿”作动词用，化无形为有形，把春风的触觉感受转化为视觉形象，既生动地描绘了春风化雨、春满江南的美好景色，又寄托着诗人“又是一年春草绿”的无限感慨。这一通感意象，在创造景美情深的艺术境界中，发挥了关键性的作用。

诗歌意象，顾名思义，是“意”中之“象”，如《易经·系辞》所说的“立象以尽意”。因此，通感意象同其他意象形式一样，都是要在人们的心理上引起一定的情感体验或传达某种审美意蕴的。然而，有的诗人、作家认为，通感意象的创造只是以“个人的、不符合公众的思维逻辑”，造成“感觉上的有意错乱”和“意与象的有意错接”，以取得新奇的艺术效果。其实这样来理解通感在艺术创作中的作用显然是不正确的。艺术家如果对生活并无真切的审美感受和体验，便生硬地把不同的感觉表象拼凑在一起，还美其名曰“通感意象”。没有真情实感的无“意”之“象”是毫无意义的。这种滥用、乱用通感结果，不仅会使作品了无艺术的意味、情韵，还会破坏艺术形式的和谐，导致感觉混乱，把诗美扼杀掉。这种现象是我们应引起重视并加以克服的。西方象征派、意象派都很看重通感的作用，甚至把它提到创作基本原则的高度，他们在艺术实践中也不是没有问题，但其中有些经验之谈对我们还是有启发的。如意象派诗人休姆就说过：“如果意象派诗能使我们的文学扩展到一个诗人能自然的说和想的一切事物中，而且同时他又能给它一个形式，那么它就将证实自己存在的合理性。”（见《意象派诗选·原编者导论》）我们的诗人要创造通感意象，不能“感”而不“通”，必须以此来证明自己艺术上的合理性。

触类为“象” 合意为“征”

在文学艺术中，象征形象不同于写实形象和抒情形象。写实形象以真实再现客观事物的方式创造典型形象，抒情形象以直抒胸臆的方式表现情景交融的意境；象征形象则通过暗示、隐喻、意会等间接方式，以个别、具体的事物表征、寄寓某种情感意趣、思想理念，如刘勰所说的：“夫隐之为体，义生文外，秘响旁通，伏彩潜发。”（《文心雕龙·隐秀》）黑格尔说得更加明确：“凡是作为象征的形象而表现出来的都是一种由艺术创造出来的作品，一方面见出它自己的特性，另一方面显出个别事物的更深广的普遍意义而不只是展示这些个别事物本身。因此，这个阶段的象征的形象仿佛是一种课题，要求我们去探索它背后的内在意义。”[①]在艺术的象征形象中，个别事物是怎样表现它背后的“内在意义”的？其间的审美中介是什么？这的确是一个值得探索的“课题”。魏晋玄学主要代表人物王弼说：“触类可为其象，合意可为其征。”（《周易略例·明象》）这话颇能概括象征形象的审美特点。化意为象，化象为意，意、象互通创造象征性形象，是通感在艺术创造中的重要功能之一。

我们知道，在人类漫长的文化艺术活动中，物质与精神、自然与心灵之间形成一种交互作用、契合感应的关系，产生一种相互体认的语言，如比拟、隐喻、象征等。诗人、艺术家正是采取通感的表现方法，以思想感情、精神品格为体，以各种感觉材料为用，将二者贯通起来，融为一体，从而化抽象为具象，赋予理念以形式，创造出象征性的形象。客观物象与主观情志之间相互沟通、感应而生象征的思想，早在先秦《诗经》“引譬连类”“感发意志”比兴之作，儒家的“比德”说、道家的“喜怒通四时”说中已见端倪。孔子欢喜以山、水、美玉作为高尚品德的象征。“仁者何以乐山”呢？孔子说：“夫山者……草木生焉，鸟兽蕃焉，财用殖焉，生财用而无私为焉，四方皆伐焉，每无私予焉。出云风以通天地之间，阴阳和合，雨露之泽，万物以成，百姓以飨。此仁者之所以乐于山也。”（《尚书大传·略说》）高山生成万物，大公无私，为百姓所用，这不正是“仁者爱人”象征性的形象吗？子贡问孔子：“君子见大水必观焉，何也？”他回答说：“夫水者，君子比德焉：遍予而无私，似德；所及者生，似仁；其流卑下句倨，皆循其理，似义；浅者流行，深者不测，似智；其赴百仞之谷不疑，似勇；绰弱而微达，似察；受恶不让，似包蒙；不清以入，鲜洁以出，似善化；至量必平，似正；盈不求概，似度；其万折必东，似志。”（《说苑·杂言》）这是以流水变化多端的感性形象比拟、象征君子德行、仁义、智勇、明察、包容、善良、气度、意志等精神情操。君子何

① 黑格尔:《美学》,第2卷,朱光潜译,商务印书馆,1979年,第28—29页。

以“贵玉”呢？孔子说：“夫玉者，君子比德焉：温润而泽，仁也；栗而理，智也；坚刚而不屈，义也；廉而不刿，行也；折而不挠，勇也；瑕适并见，情也；扣之，其声清扬而远闻，其止辍然，辞也。故虽有珉之雕雕，不若玉之章章。诗曰：‘言念君子，温其如玉。’此之谓也。”（《荀子·法行》）这是以玉的形色、质地、音响的综合感觉，多维度地表现了君子的人格美。庄子从“万物与我合一”“虚无恬淡”“法天贵真”的思想出发，认为那些进入自由、理想境界的圣人、至人、真人，“其心忘，其容寂，其颡頯，凄然似秋，煖然似春，喜怒通四时，与物有宜，而莫知其极。”（《庄子·大宗师》）人的喜怒哀乐之心，同春夏秋冬的运转变化，是“道通为一”、随时合宜、物我同一、感而遂通的。

在“文的自觉”时代到来以后，文学创作就更为自觉地大量运用以具体事物形象表征人的思想品格、精神理念的象征手法。有些作品的象征内容是较为确定的、容易理解的，如白居易《长恨歌》结句：“在天愿作比翼鸟，在地愿为连理枝。天长地久有尽时，此恨绵绵无绝期。”诗人以雌雄相并而飞的“比翼鸟”，两树枝连叶合的“连理枝”，象征男女之间生死不渝、永不分离的爱情。明代于谦《石灰吟》：

千锤万击出深山，
烈火焚烧若等闲。
粉骨碎身全不怕，
要留清白在人间。

这是民族英雄、爱国诗人于谦十九岁时写的一首诗，他以拟人化的象征手法，借咏石灰以自喻，表达自己不畏艰险、勇于牺牲、矢志清白的人生境界。而有些“咏怀”“感遇”之类的诗，由于象征语言的所指与能指、象征物象与象征意义的关系隐微曲折，寄兴无端，意在言外，归趣难求，其含义具有不确定性和弥散性的特点，处于可解与不可解之间，如果定要以实求之，反而会失诸穿凿附会。李商隐《锦瑟》一诗寓意隐晦，人言人殊，无有确解，元好问《论诗三十首》中不无感慨地说：

望帝春心托杜鹃，
佳人锦色思华年。
诗家总爱西崑好，
独恨无人做郑笺。

对于这类作品，读者要“各以其情遇”，去感受它、体验它，意会心契，有所“自得”，或可领略其“真味”。这就是王夫之说的：“作者用一致之思，读者各以其情而自得。”（《薑斋诗话》）谭献也说：“作者之心未必然，而读者之心何必不然。”（《复堂词录叙》）这两位诗家道出了象征性作品以“象”征“义”的重要审美特征。

如果说，在古代诗歌艺术中，通感是作为创造象征形象的一种修辞手法和表现形式，那么，从十九世纪下半叶开始，随着象征主义艺术思潮的兴起，通感则成了象征派诗歌创作的心理依据和基本原则，更加突出了通感在象征艺术创作中的重要作用。梁宗岱先生早在三十年代就已直截了当地指出：“像一切普通而且基本的真理一样，象征之道也可以一以贯之，曰‘契合’而已。”[①]“契合”是揭起象征派大旗的诗人、理论家波德莱尔一首著名的十四行诗题目Conespondances的译文，又译为“应和”“应合”，也就是我们所说的“通感”。在这首被称为“象征派的宪章”的诗中，作者集中而又形象地表达了通感与象征之间血肉相连、内在统一的关系。全诗如下：

自然是座大神殿，在那里
活柱有时发出模糊的话；
行人经过象征的森林下，
接受着它们亲密的注视。

①《梁宗岱批评论文集》，珠海出版社，1998年，第59页。

有如远方的漫长的回声，
混成幽暗和深沉的一片；
渺茫如黑夜，浩荡如白天，
颜色、芳香与声音相呼应。

有些芳香如新鲜的孩肌，
婉转如清笛，青绿如草地，
——更有些呢，腐朽，浓郁，雄壮。

具有无限的旷邈与开敞，
像琥珀，麝香，安息香，馨香，
歌唱心灵与官能的狂热。

这里用一种近乎神秘的笔调，把整个自然界描写成一座神灵栖居的“庙宇”，万物像是有生命的廊柱，组成“象征底森林”，彼此“应和”，互为象征，不时向人们发出模糊的话语。诗人以其特有的艺术禀赋和敏锐的感觉，洞察大自然的种种应和、契合关系，从声音中看到颜色，从颜色中闻到芳香，从芳香中听到声音，在各种感官的交互作用中，“歌唱心灵与官能底狂热”，领悟到“生存不过是一片大和谐”。波德莱尔认为，诗歌创作要从“应和”（通感）的、整体的心理体验出发，紧紧抓住这样一个“奇妙的时刻”：“那是大脑真正的欢乐，感官的注意力更为集中，感觉更为强烈；蔚蓝的天空更加透明，仿佛深渊一样更加深远；其音响像音乐，色彩在说话，香气述说着观念的世界。”[①]为何要如此进行艺术创造呢？在他看来，“世界是一个复杂而不可分割的整体”，“我们的世界只是一本象形文字的字典”。[②]人类世界虽然是“真实”的，但它的背后隐藏着另一个更

①《波德莱尔美学论文选》，郭宏安译，人民文学出版社，1987年，第381—382页。
② 同上，第4页。

美、更高贵、更真实的世界，而这个世界是根据上帝自己和天堂的形象创造出来的。因此，诗人不能满足于“摹写自然”或主观情感的表现，而要真正“读懂”这部“象形文字的字典”，勘破两个世界之间相似性、整体性、象征性的关系，从自然万物之间、人与自然、人的各种感觉之间内在的、应和的、感通的关系中，“理解自然的意图”，从而创造一个物我“契合”、气象万千的象征境界。他由此得出的结论是：“诗表现的是更为真实的东西，即只在另一个世界是真实的东西。”[①]这种象征的艺术境界，就像诗人布莱克所写的那样：

一颗沙里看出一个世界，
一朵野花里一个天堂。
把无限放在你底手掌上，
永恒在一刹那里收藏。

从上述可以看出，波德莱尔“应和”（通感）论，把诗歌对现实生活的审美反映转换为彼岸世界的象征，表现出浓厚的唯心主义、神秘主义色彩，会给艺术创作带来一些消极的影响，以致在象征派乃至整个现代诗歌创作中出现一种大用特用、滥用乱用通感的不良倾向。但是，他认识并提高通感在艺术创作中的地位和作用，不仅为象征主义流派的建立和发展提供了重要的心理依据，而且对于解放艺术家的全部感觉，拓展艺术思维的空间和表现能力，都是作出了贡献的。

首先，波德莱尔特别重视艺术想象力的作用。在他看来，想象力是通感现象心理发生的催化剂和原动力。他说：“想象力是一种近乎神的能力，它不用思辨的方法而首先觉察出事物之间内在的、隐秘的关系，应和关系，相似关系。”[②]在艺术中，“是想象力告诉颜色、轮廓、声音、香味所

① 《波德莱尔美学论文选》，郭宏安译，人民文学出版社，1987年，第4页。

② 同上，第200页。

具有的精神上的含义。"[①] "它是分析，它是综合"，能够激发和统率其他的能力，"按照人只有在自己灵魂深处才能找到的规律，创造一个新世界，产生对于新鲜事物的感觉"。可以说，没有想象力就没有艺术的应和、象征，就没有艺术创造。因此，他称想象力是诗人、艺术家"各种能力的王后"，"想象力是真实的王后，可能的事也属于真实的领域。想象力确实和无限有关"。[②]这就是说，通感的产生是离不开想象力的，两者在艺术创作中是相互依存、密不可分的。

其次，波德莱尔虽然把"了不起的优越性给了想象力"，但并未将它绝对化和孤立起来，认为想象力只有以各种感觉表象、观察成果作为"帮手"，才能在艺术创造中发挥巨大作用。他说："想象力越是有了帮手，才越有力量，好的想象力拥有大量的观察成果，才能在与理想的斗争中更为强大。"[③]在他的《应和》诗中，大自然是"象征的森林"，里面的形体、颜色、芳香和声音都融合为有机统一的整体，诗人只靠某一个感官是不行的，必须发挥所有感官的作用，在头脑中储存有丰富的感觉表象，经过想象力的分析与综合，才能使心灵和五官感觉之间相互沟通，相互应和，相互为用，真正领悟到人类社会和大自然的美妙和奥秘。如他引用霍夫曼的一段话所说的那样："当我听见音乐的时候，我就发现颜色、声音和香味之间有一种类比性和隐秘的融合。我觉得所有这些东西都产生于同一条光线，它们应该汇聚在一种美妙的合奏之中。"[④]这样诗歌创作才能真正进入主客统一、万化冥合的境界。他之所以要"歌唱心灵与官能底狂热"，就是要把心灵和各种感觉沟通起来，打破理性主义的束缚，扩展艺术通感的综合能力。如果我们扬弃其中的神秘色彩，它对于丰富、发展艺术家的感受能力和表现能力还是很有意义的。

第三，波德莱尔在"应和"论的引导下，研究了不同艺术门类之间的

---

① 《波德莱尔美学论文选》，郭宏安译，人民文学出版社，1987年，第403—404页。

② 同上，第405页。

③ 同上，第405—406页。

④ 同上，第223页。

关系，敏锐地发现艺术由分化走向综合的发展趋势，通感为艺术的相互渗透、相互为用提供了心理上的依据。在他看来，各门艺术之间具有部分的一致性和表现方法的相似性，是可以殊途同归、融会贯通的。它们“如果不是渴望着彼此替代的话，至少也是渴望着彼此借用新的力量”。特别是处于传统艺术向现代艺术转换的历史时期，就更是如此。他说：“在一种艺术达到不可逾越的极限的那个地方，极其准确地开始了另一种艺术的活动范围。因此，通过两种艺术的密切结合，就能以最令人满意的清晰表达任何单独的艺术所不能表达的东西。”所以，“今天，每一种艺术都表现出侵犯邻居艺术的欲望，画家把音乐的声音变化引入绘画，雕塑家把色彩引入雕塑，文学家把造型的手段引入文学……任何好的雕塑、好的绘画、好的音乐都会引起它们各自想要引起的感情和幻梦。”[①]这是当今时代艺术发展的历史必然。因此，“现代诗歌同时兼有绘画、音乐、雕塑、装饰艺术、嘲世哲学和分析精神的特点，不管修饰多么得体、多么巧妙，它总是明显地带有取之于各种不同的艺术的微妙之处”。[②]据此，他要求现代艺术家在精通本门艺术的同时，兼擅其他艺术，一个画家要同时是一个声学家，一个诗人要同时是一个画家，以便在他的艺术之外或它的边缘发展对美的精微感觉和想象力，依从“应和”的规律，创造出象征性的作品。今天世界艺术的创新发展，在高科技的推动、引领下，也证明了波德莱尔看法，是颇有预见性的。

游刃群艺　妙处相资

不同的艺术各有其存在方式和特殊规律，艺术家在创作中为什么还要“侵犯”相邻的艺术，汲取其他艺术表现方法、功能呢？其间有结合、互通的可能和必要吗？回答是肯定的。每一种艺术都各有其长，各有其短，通过“结合”，取长补短，各尽其妙，很有必要。如波德莱尔说的，一种

① 《波德莱尔美学论文选》，郭宏安译，人民文学出版社，1987年，第383页。

② 同上，第135页。

艺术兼有其他艺术的特点，“它总是明显地带有取之于各种不同艺术的微妙之处”。早在波氏之前，我国宋代宋傢在《西清诗话》论及诗、画结合时也有与之类似的观点，但更为具体、明确。他说：“丹青吟咏，妙处相资。昔人谓诗中有画，画中有诗者，盖画手能状，而诗人能言之。唐人有《盘东图》画重冈复岭，一夫驰车山谷间，永叔赋诗：‘坡长坂峻牛力疲，天寒日暮人心速。’又南唐画俗号《四畅图》，其一剔耳者，曲肘仰面作挽弓势；一搔首者，使小青理发，趺坐首，两手置膝作轮指状。鲁直题云：‘剔耳厌尘喧，搔头数归日。’且画工意初未必然，而诗人广大之。乃知作诗者徒言其景，不若尽其情，此题品之津梁也。”[①]通感是各种艺术之间相互渗透、相互为用的重要的心理契机，为它们的“结合”开辟了一条无形的、隐秘的渠道，架设了一座曲径通幽的桥梁。

在艺术创作活动中，艺术家总是以整个身心、全部感觉投入客观对象之中，并把自己丰富的体验、独特的发现通过特定的物质媒介表现出来，创造出相应的视觉形象、听觉形象、语言形象和视听综合形象。每门艺术都有属于自己的一片美好的领地，但在人类无比复杂、丰富的现实生活面前，就其物化形态和表现方法、接受方式来说，它又显得是那么的狭小，难以纵横驰骋，遨游于无限的精神星空。因此，艺术家们总是永不满足地探索着、追求着，要超越物质载体的局限，打破单一的感知方式、感性经验的羁绊，更加自由地表现自己心灵世界，其中的一条路子，便是把敏锐的艺术触角伸展到相邻艺术中去。晁补之《菩萨蛮·代歌者怨》云：“舞要歌成就，独舞不成妍，因歌更可怜。”舞因歌伴唱就更美、更可爱。独韵难成，两艺相生，相辅相成。一种艺术“侵犯”另一种艺术的领地，不是一个吃掉一个的敌对关系，而是在游刃群艺、相互融通的表现中，建立起优势互补、妙处相资的亲密关系。德国大音乐家舒曼说得非常好：

有教养的音乐家能够从拉斐尔的圣母像得到不少启发。同样，美术家也可以从莫扎特的交响乐获益匪浅。不仅如此，对于雕塑家来

① 《苕溪渔隐丛话·前集》，人民文学出版社，1984年，第209页。

说，每个演员都是静止不动的塑像，而对于演员来说，雕塑家的作品也何尝不是活跃的人物。在每一个美术家心目中诗歌都变成了图画，而音乐家则善于把图画用声音体现出来。①

不同艺术之间的通感关系到底给创作带来怎样的好处呢？这是个很复杂的问题，不容在此详细讨论，只能略述一、二。

首先它们之间可以互为媒介，彼此引发，激起灵感和创造力，进入最佳的创作状态，取得理想的艺术成果。据有关史籍记载，唐开元中，裴旻善舞剑，“走马如飞，左旋右抽，掷剑入云，高数十丈，若电光下射”，吴道子观后，于是“援毫图壁，飒然风起，为天下之壮观”。（《太平广记》卷二一二）张旭善草书，据杜甫说，“见公孙大娘舞西河剑器，自此草书长进，豪荡感激……”（《观公孙大娘弟子舞剑器行·并序》）绘画、书法与剑舞是三种不同的艺术，吴道子从裴旻惊心动魄的舞剑中受到启发，产生创作激情，得其动作变化莫测之神韵，迅即画出“为天下之壮观”的作品。张旭也从公孙大娘“浏漓顿挫”的舞姿中悟出“笔法之意”，自此草书大为“长进”，“挥毫落纸如云烟”。这正如朱光潜先生所说：

诗人和艺术家寻求灵感，往往不在自己“本行”的范围之内而走到别种艺术范围里去。他在别种艺术范围之中得到一种意象，让它在潜意识中酝酿一番，然后再用自己特别的艺术把它翻译出来。……在作品的表面上虽不必看出这些意象的痕迹，但是一笔一画之中都会潜寓它们的神韵和气魄。这些意象的蕴蓄就是灵感的培养。②

艺术史的生动事实给予人们的启示是，一个优秀的艺术家应当不断地拓展自己的艺术视野，勇于和善于从其他艺术中吸取营养，滋补自己，不断提高艺术才能。

① 舒曼:《论音乐与音乐家》,陈登颐译,人民音乐出版社,1962年,第148页。

② 《朱光潜全集》,第1卷,安徽教育出版社,1997年,第400—401页。

其次，一种艺术可以为另一种艺术提供素材，形成独特的艺术构思，并转化为创新性的艺术形象。就以诗、画相通的关系来说，以诗题画、因画作诗是艺术创作中的常见现象。宋代郭若虚《图画见闻志》中记载的一则艺术事例非常能说明问题："唐郑谷《雪诗》云：'乱飘僧舍茶烟湿，密洒歌楼酒力微。江上晚来堪画处，渔人披得一蓑归。'时人多传诵之。段赞善画，因采其诗意景物图写之，曲尽潇洒之思，持以赠谷，谷尊领之，复为诗寄谢云：'善赞贤相后，家藏名画多。留心于绘素，得事在烟波。属兴日吟咏，功成更琢磨。爱余风雪句，幽绝写渔蓑。'"[①]明代画家孔衍栻说："余作画，每取古人佳句，借其触动，易于落想，然后层层画去。"（《画诀·立意》）这表明诗歌的语言形象有助于触发画家的创作感兴，落实艺术构想。宋代郭熙在《林泉高致》中说："诗是无形画，画是有形诗。哲人多谈此言，吾之所师。余因暇日阅晋唐古今诗什，其中佳句，有道尽人腹中之事，有装出人目前之景。然不因静居燕坐，明窗净几，一拄炉香，万虑消沉，则佳句好意亦看不出，幽情美意亦想不成，即画之生意亦岂易得乎？境界已熟，心手已应，方始纵横中度，左右逢源。世人将就统率意，触情草草便得。"其子郭思根据这一艺术思想，将其父生前"所诵道古人清篇秀句，有发于佳思而可画者"，旁搜广引，附录于书中。这显然是为了使人从中领略"幽情美趣"，得其"画之生意"，创造出新的艺术"境界"来。

更为重要的是，艺术通感的表现功能体现于不同的艺术形象的相互转化上，并不意味着诗歌的语言形象、绘画的视觉形象、音乐的听觉形象可以进行直接的移植，简单的类比，甚至于荒了自己的地，去种别人的田，反而会弄巧成拙。它的要义和旨趣在于：从本门艺术的审美特点和创作规律出发，经过深切的感悟和体验，真正领会到相邻艺术的精神、意趣，取其所长，为我所用，创造出"妙处相资"、"蜜成花不见"的艺术作品来。刘士鏻《文致》评王维诗、画说："晁补之云：右丞妙于诗，故画意有余。

① 郭若虚：《图画见闻志》，人民美术出版社，1963年，第129—130页。

余谓右丞精于画，故诗态转工。钟伯敬有云：画者有烟云养其胸中，此是性情文章之助。”[①]宋徽宗政和年间，举行画工考试，以古人诗句“踏花归来马蹄香”命题，“不可得而形容，何以见得亲切。有一名画工，克尽其妙，但扫数蝴蝶飞逐马后而已，便表得马蹄香也。”（宋·俞成《萤雪丛说》）归来的马画得出，是可以直接表现的，因踏花马蹄沾染的香气则“不可得而形容”，而这位画工却能“克尽其妙”，马蹄下不见一花，只画“数蝴蝶飞逐马后”，将视觉与嗅觉沟通起来，使人产生一种见形闻香的美感。对此，可用苏轼两句诗概括之：“古来画师非俗士，妙想实于诗同出”。（《次韵吴传正枯歌》）这里不禁使我想到齐白石老人的名作《山泉蛙声》。这幅画是他应现代著名作家老舍的请求，根据清人查慎行的“蛙声十里出山泉”诗句画出来的。山泉画得出，蛙声画不出，怎么办呢？白石老人匠心独具，构思巧妙，画竖幅长条，两边是深黑色的乱石积叠的山涧，清澈明亮的泉水流势湍急，回环曲折，富于节奏感；三群墨黑的小蝌蚪顺流而下，天真可爱，欢快活泼。令人驰骋想象，仿佛听到十里山泉，一片蛙声。这两个生动的事例说明，以画拟诗不是生搬硬套，而是要充分发挥自己长于造型的表现力，“或露其要而隐其全，或借以点明而藏其迹”（沈宗骞语），以直接可感的视觉形象引发由想象、联想，从而创造出虚实结合、有无相生、情景交融、诗画一体的妙境。

① 见赵殿成：《王右丞集笺注·附录》，下册，中华书局，1961年，第512页。

第十章　悠然心会，妙处难与君说

——艺术欣赏中通感的审美效应

艺术欣赏是一种审美的心理活动，是审美主体对审美对象积极的、能动的反映和接受。艺术作品既为欣赏者规定一定的范围、内容和感受方式，又留下许多“空白”、未定点，构成“期待视野”，为欣赏者提供了驰骋想象、进行再创造的广阔空间，在一定的意义上可以说，艺术作品的审美价值是由艺术家与欣赏者共同创造的。通感是人们进入艺术“妙境”、进行再创造重要的心理渠道。由于艺术作品都要受到相应的感知方式的限制，因此通感的审美效应主要是在欣赏中间接体现出来的。有人说，“艺术形象的魅力很大程度上取决于通感的魅力”。这话不是没有道理的。通感作为一种缘于想象、联想生成的综合性的感觉能力，能够把五官感觉相互沟通起来，进行“二度创作”，由“一”到“多”，从而获得一种“象外之象”“言外之意”“韵外之致”“弦外之音”“其美常在咸酸之外”的审美体验，进入一种“悠然心会，妙处难与君说”的境界。

超以象外　得其环中

通感在艺术欣赏中的作用，首先表现于欣赏者通过感觉转移和表象联想，既适应而又突破艺术的物质媒介、感受方式的局限，拓展和扩大艺术感受的范围和内容，丰富和深化人们的艺术体验，从而取得一种“超以象外”的审美效果。

我们知道，任何艺术都是艺术家运用一定的物质材料、手段，将其对丰富多彩的现实生活的感受、体验和理解，按照“美的规律”创造出富于表现力的艺术形式。因此，一种艺术的媒介和表现方式，无论对于艺术创作，还是艺术欣赏都是非常重要的。英国著名美学家鲍山葵说：

> 任何艺人都对自己的媒介感到特殊的愉快，而且赏识自己媒介的特殊能力。这种愉快和能力感当然并不仅仅在他实际进行操作时才有的。他的受魅惑的想象就生活在的媒介的能力里；他靠媒介来思索，来感受；媒介是他的审美想象的特殊身体，而他的审美想象则是媒介的惟一特殊灵魂。①

不同艺术以不同的物质媒介、手段和表现方式，创造不同的艺术形象，给予人们的感受方式也是不同的。如音乐诉诸听觉，绘画、雕塑诉诸视觉，语言艺术可以描述各种事物形象，但缺乏直观性，只能在人们想象中呈现出来；即使是综合艺术，也难以诉诸人们的全部感觉。对于艺术的物质媒介及其所构成的富于表现力的形式，艺术家在体验生活和艺术创造中感到一种特殊的兴奋和愉快，人们在欣赏艺术作品时也是如此，耳听音乐有节奏的音响，眼观绘画和谐的形色，自然产生愉耳悦目的兴奋、愉快。任何艺术欣赏都是离不开视觉、听觉的直接感受的，首先要适应艺术的物质媒介和感性形式，锻炼和培养出相应的感觉能力，否则就会不得其门而入。但是，艺术不是现存实在的单纯复写，而是一种独特的审美创造。艺术作品留有广阔的想象空间，发出美的期待和召唤，让人们去充实它，丰富它，发展它。如果我们的欣赏只是停留在直接感觉阶段，其结果则是浅尝辄止，不得其味，就如明代袁宗道所言：“抱形似而失真境，泥皮相而遗神情。”（《刻文章辨体序》）因此，人们在充分发挥与艺术作品相应感觉的主导作用时，还要连接、沟通其他感觉能力，在适应中求超越，在限制中求自由，对它作整体的把握，以进一步领会其审美意味。高

① 鲍山葵：《美学三讲》，人民文学出版社，1965年，第31页。

明的欣赏者聆听音乐并不止于听觉，观赏绘画并不止于视觉，阅读文学作品并不止于语言文字，而会多觉互补，感到如见其人，如闻其声，五彩缤纷，其色夺目，味之无极。如在我国古典诗歌中有不少写音乐的篇章，实际反映着诗人欣赏音乐的能力和水平，其中最著名的是白居易的《琵琶行》、韩愈的《听颖师弹琴》、李贺的《李凭箜篌引》等。有的诗评说："白香山'江上琵琶'，韩退之'颖师琴'，李长吉'李凭箜篌'，皆摹写声音之至文。"诗人们的心灵为乐曲声所感动，引发了丰富的想象、联想，打开听觉通向视觉、味觉、嗅觉、触觉的渠道，将乐曲无形的节奏、旋律、音调，表现为事物的形状、色彩、动作、气味，听声类形，揆虚为实，将无形影的乐音转化为具体形象。他们之所以有如此高超的欣赏和表现音乐的能力，通感是其中重要的心理因素。这里，我们看唐代郎士元的《听邻家吹笙》：

凤吹声如隔彩霞，
不知墙外是谁家？
重门深锁无寻处，
疑有碧桃千树花。

诗人隔墙听到邻家吹奏"凤笙"声，"重门深锁"，当然看不见吹奏者，是无法描写出她的风姿神采来的；但也没有去直接描写凤吹声，而是以绚丽多彩的画面传达出音乐的情韵。在诗人的想象中，"重门深锁"的邻家，有一位面若桃花的女子吹奏凤笙，声音虚幻缥缈，犹如上天的仙乐透过彩霞飘落人间，像是千树碧桃绽放出灿烂的花朵。我们通过天上灿烂彩霞，地上碧桃红花，可以想象到凤吹之声是何等的美妙动人，同时这美妙的乐曲声在人们的头脑里清晰、巩固和具象化了！李颀的《闻金吾妓唱〈梁州〉》则通过以形拟声，传达出歌声所抒发的边塞之苦，异乡之情：

闻君一曲古梁州，

惊起黄云塞上愁。
秦女树前花正发，
北风吹落满城秋。

歌女唱的是西北地区的《梁州》曲，而诗人则由听觉转化为视觉，眼前立刻展现出塞上风沙弥漫、黄云满天的荒凉景象；歌唱分明是在长安春花盛开时节，却使人感到已是寒风凛冽、落叶满城的萧瑟之秋。一首《梁州》曲在听者的心目中，竟成了一幅塞上秋景图："白草黄沙西塞秋"，一片苍凉使人愁。它化声为景，景中寓情，生动地表达了诗人欣赏《梁州》曲的具体感受和丰富体验。读了这两首写音乐的诗，使我们不能不想到清代徐大椿在《乐府传声·顿挫》中说的一段话："唱曲之妙，全在顿挫。必一唱而神形毕出，隔垣听之，其人之装束形容，颜色气象，及举止瞻顾，宛然如见，方是曲之尽境。"[①]高明的演唱者和欣赏者都是如此。诗人聆听了乐曲，确有"一唱而神形毕出"之感，真正进入了声情并茂的音乐境界。

如果说在音乐欣赏中，运用通感多表现为以形拟声，由听觉唤起视觉感受；在绘画欣赏中则多表现为以声拟形，由视觉唤起听觉感受。清代方薰论及王石谷的画时说："石谷《清济贯河图》，笔势浩瀚，沙黄日薄，一望弥漫。画水随笔曲折卷去，如闻奔腾澎湃声发纸上。"（《山静居论画》）欣赏者看到画中曲折翻卷的流水，是静态的、无声的，但因其"意造境生"，气韵生动，引发联想，仿佛在纸上听到奔腾不息、汹涌澎湃的波涛声。罗曼·罗兰在《米莱传》中评论米莱名画《晚钟》(亦译作《晚祷》）的音乐美时说："《晚钟》有它自己的音乐魅力。米莱的意思是指在画中可以听到农村傍晚的声音，远方和谐的钟声。他深深地感到，并且已经表达了人与大地的斗争趋于宁静时刻的忧郁诗篇，表达了黄昏时刻在广阔荒芜的原野上孤独的祈祷者的庄严伟大。"[②]画面上，夕阳西下，暮霭

① 胡经之主编:《中国古典美学丛编》(上),中华书局,1988年,第76页。
② 罗曼·罗兰:《米莱传》,吴达志译,人民美术出版社,1985年,第34页。

沉沉，一对农民夫妻在田野劳动了一整天，当远方传来教堂钟声时，他们是那么的纯朴、虔诚，俯首伫立，默默祷告，令人感动。但他们的"虔诚"并未使自己的生活好过些，你看吧：他们穿的是破旧的衣衫，用的是简陋的工具，吃的是放在面前的一小袋马铃薯，站在终年辛勤劳动的田野上，一片苍茫悲凉，孤立无援。我们观赏这幅画，不仅看到了人物、景色，还仿佛听到了悠远的钟声，读到了一首忧郁的诗篇。画境、乐韵、诗情融为一体，从中获得多么丰富的艺术感悟和审美享受呵！

在艺术欣赏中，视觉与听觉是两个最富于精神性的感觉，它们之间的相互通感对艺术欣赏起着主要的作用，这是无可置疑的。但嗅觉、味觉、触觉之间通感的辅助性作用也是不容忽视的。当它们由感官经验产生想象联想，往往会对艺术作品产生更为具体、真切的感受和体验。陆机的"哀响馥若兰"，听到哀婉动人的乐声仿佛闻到了馥郁的香气，是听觉与嗅觉的通感；朱景云《唐朝名画录》把张璪的松石山水列为"神品"，认为其审美效果大大超出了视觉造型："画松石山水，当代擅价。惟松树特出古今，能用笔法。尝以手握双管，一时齐下，一为生枝，一为枯枝，气傲烟霞，势凌风雨。槎枒之形，鳞皴之状，随意纵横，应手间出，生枝则润含春泽，枯枝则惨同秋色。其山水之状，则高低秀丽，咫尺深重，石尖欲落，泉喷如吼。其近也，若逼人而寒；其远也，若极天之尽。"①我们从画中不仅看到了松石山水的形状色彩、高低远近，还好像听到山泉喷发的怒吼声，体肤触及逼人的寒气。这里是视觉引发、沟通了听觉、触觉。至于语言艺术的自由和弹性就更大了，它可以一下子把五官感觉都感发、兴奋起来，齐响共鸣，迁想妙得，在头脑中形成像生活本身一样丰富多彩的境象。袁枚在《随园诗话》中说：

诗者，人之性情也，近取诸身而足矣。其言动心，其色夺目，其味适口，其音悦耳，便是佳诗。孔子曰："不学诗，无以言。"又曰："诗可以兴。"两句相应，惟其言之工妙，所以能使人感发而兴起，倘

① 吴孟复主编：《中国画论》，第1卷，安徽美术出版社，1995年，第59—60页。

直率庸腐之言，能兴者其谁耶？[①]

明代画家王绂在《书画传习录》中指出，绘画创作当以“不似之似”求之，“然必神游象外，方能意到圜中”。[②]这里的“象”，指的是艺术作品的外在形象，即中国古典美学中所讲的“形”；“圜中”是作品内在的情感意蕴，即所谓的“神”。在艺术欣赏中，人们是以对艺术形象的直接感受为起点和基础的，但绝不意味着只是与之相对应的一两种感觉的单纯记录，是消极、被动地接受；而只有超越了作品的外在形象，把握其内在意蕴，方能真正领会到它的神采、韵味。欣赏者在艺术形象的引发和诱导之下，主导感觉沟通、连接其他感觉，以幻觉补充实觉，以“想象经验”充实、丰富自己的直接感受，产生“超以象外，得其环中”（司空图语）的审美效应。

乍看无端　寻思有味

艺术是一种审美创造，要把客观真实升华为艺术真实，构成富有表现力的形式。如诗歌作品就不同于科学著作和时政论文，艺术语言也不同于科学的语言、日常生活用语。科学语言通过逻辑推理，揭示客观事物本质规律；日常生活语言表达一般事理的真实，以实用功利为目的；而诗歌语言为了表现情感意绪、创造审美意境的需要，有时要摆脱和打破日常的事理和语言的习惯意义，遮蔽人们理性逻辑的思维定势，出之以别开生面、奇警新颖的意象。所以，我国古代诗论提出诗“以若有若无为美”，“但欲洗去故常语”。清代吴乔在《围炉诗话》中更有文、诗与饭、酒之妙喻：

文以词达，诗以词婉。书以道政事，故宜词达；诗以道性情，故

① 北京大学哲学系美学教研室编:《中国美学史资料选编》(下),中华书局,1980年,第353页。

② 汪流等编:《艺术特征论》,文化艺术出版社,1984年,第18页。

宜词婉。意喻之米，饭与酒所同出。文喻之炊而为饭，诗喻之酿而为酒。文之措词必副乎意，犹饭之不变米形，啖之则可也。诗之措词不必副于意，犹酒之变尽米形，饮之则醉也。文为人事之实用……，诗为人事之虚用，永言，播乐，皆虚用也。[①]

这段话生动、形象地说明了一般时政论文与诗歌艺术的区别，前者的作用阐明事理，词达其意，“为人事之实用”，就像将生米做成熟饭，以供人食用即可；后者则“为人事之虚用”，“咏言，播乐”，犹如将米“酿而为酒”，虽然“尽变米形”，却可“饮之则醉”，从中获得一种令人陶醉的情感体验和审美享受。艺术家根据不同感觉之间相互沟通、挪移、转化的通感心理，利用语法矛盾、修辞变格、异类相比等表现方法，把一个描写对象从其通常的感知领域转化为一个新的感知领域，是与客观事相和普通语言规则相疏离的，以取得“陌生化”的、奇妙的审美效果。有些诗的通感意象，亦真亦幻，亦实亦虚，既清晰又模糊，既确定又不确定，就像脂砚斋评《红楼梦》所说的：“愈不通愈妙，愈错会意愈奇。”（第十六回批语）。如果我们无视艺术的审美特点，在读诗时以米形、饭味来要求“饮之则醉”的美酒，以时文之“实用”要求诗歌之“虚用”，则与真正的艺术欣赏是南辕北辙的。

我们欣赏艺术作品，某一种特定的感官是不够用的，常常需要借助其他感官来帮助、补充。人们以两重或多重感觉的综合能力，于无声中听有声，于无形中见有形，甚至耳中见色，眼里闻声，异舌知味，无身觉触，可以产生感觉互通、实幻互补、辐射渗透的作用。有的艺术作品，我们会有“乍看无端”，摸不到头脑、“莫名其妙”的感觉；但深入其境，感而遂通，神游意会，则会取得“寻思有味”、味之无穷的审美体验。对于通感在诗歌艺术欣赏中这一独特作用，清代著名诗论家叶燮在《原诗》中对杜甫诗歌中的通感意象深刻、精细的评品、赏析，体现得颇为充分，可谓得其“三昧”。对于杜甫《冬日洛城北谒玄元皇帝庙》中的名句“碧瓦初寒

① 郭绍虞编选：《清诗话续编》（上），上海古籍出版社，1996年，第479页。

外”，叶燮以其深邃的艺术眼光，是这样赏析的：

言乎外，与内为界也，初寒何物，可以内外界乎？将碧瓦之外，无初寒乎？寒者，天之气也，是气也，尽宇宙之内，无处不充塞；而碧瓦独居于其外，寒气独盘踞于碧瓦之内乎？寒而曰初，将严寒或不如是乎？初寒无象无形，碧瓦有物有质，合虚实而分内外，吾不知其写碧瓦乎？写初寒乎？写近乎？写远乎？使必以理而实诸事以解之，虽稷下谈天之辨，恐至此亦穷矣。然设身而处当时之境会，觉此五字之情景，恍如天造地设，呈于象，感于目，会于心。意中之言，而口不能言；口能言之，而意又不可解。划然示我以默会相象之表，竟若有内有外，有寒有初寒，特借“碧瓦”一实相发之。有中间，有边际，虚实相成，有无互立，取之当前而自得，其理昭然，其事的然也。①

按照自然常识来看，杜甫的这句诗确实是难以理解的。“寒”是一种气流，给人以冷的感觉。寒气流动，充塞天上地下，无内外之分。何以碧瓦在“初寒”之外，而其内就没有寒气么？我们从诗中知道，诗人是从城下看到高耸入云玄元皇帝庙上的碧瓦，产生“高处不胜寒”的感觉，感而遂通，“碧瓦”与“初寒”、视觉与触觉神契于有无之间。我们在欣赏“碧瓦初寒外”，若以肉眼所见的“实象”求之，是讲不转、想不通的；若以通感心理观之，实则是实觉与幻觉互补，如果设身处地，神游目想，即可体验到“其理昭然，其事的然”，进入“理与事无不灿然于前”审美境界。杜甫《船下夔州雨湿不得上岸别王十二》中“晨钟云外湿”句，叶燮分析说：

以晨钟为物而湿乎？云外之物，何啻以万万计？且钟必于寺观，即寺观中，钟之外，物也无算，何独湿钟乎？然为此语者，因闻钟声

① 王夫之等撰：《清诗话》，下册，上海古籍出版社，1978年，第585页。

有触而云然也。声无形，安能湿？钟声入耳而有闻，闻在耳，止能辨其声，安能辨其湿？曰云外，是又以目始见云，不见钟，故云云外。然此诗为雨湿而作，有云然后有雨，钟为雨湿，则钟在云内，不应云外也。斯语也，吾不知其为耳闻耶？为目见耶？为意揣耶？俗儒于此，必曰："晨钟云外度"，又必曰："晨钟云外发。"决无下"湿"字者。不知其于隔云见钟，声中闻湿，妙悟天开，从至理事实中领悟，乃得此境界也。①

按一般常识说，耳闻钟声，钟声无形，不可能有"湿"的觉感。"晨钟云外湿"，显然是有悖常理的，但在审美体验中，则别有一番境界。我们知道，夔州乃山城，地势险峻，高耸入云，云起雨落，"因闻钟声而有触"，"耳闻""目见""意揣"融会贯通，便发生视觉向听觉、听觉向触觉的转换，构成"隔云见钟，声中闻湿"的通感意象。叶燮正是打破了俗儒们置诸艺术特性于不顾、不拘泥于"相似而伪"的表面现象，看出通感的艺术奥秘，才真正领会到"晨钟云外湿"的"妙悟天开""相异而真"的情韵、意味。

从艺术欣赏方面看，叶燮对于杜诗中两个通感意象的感受和领悟是非常深刻的，把情与理、虚与实、美与真统一起来，揭示出了诗歌"陌生化"的通感意象的真谛。其意义不只限于领悟这两句诗本身的审美意蕴，对俗儒们以"理"解诗导致"熟调陈言，千首一律"庸凡作风也是个有力的批评和否定：

若以俗儒之眼观之，以言乎理，理于何通？以言乎事，事于何有？所谓言语道断，思维路绝。然其中之理，至虚而实，至渺而近，灼然心目之间，殆如鸢飞鱼跃之昭著也。……要之，作诗者，实写理、事、情，可以言，言可以解，解即为俗儒之作。惟不可名言之理，不可施见之事，不可径达之情，则幽渺以为理，想象以为事，惝

① 王夫之等撰：《清诗话》，下册，上海古籍出版社，1978年，第586页。

恍以为情，方为理至、事至、情至之语，此岂俗儒耳目心思界分中所有哉？[1]

他由此得出的结论是：

诗之至处，妙在含蓄无垠，思致微渺，其寄托在可言不可言之间，其指归在可解不可解之会；言在此而意在彼，泯端倪而离形象，绝议论而穷思维，引人于冥漠恍惚之境，所以为至也。[2]

这正如前人评论杜甫诗所说的："乍看无端，寻思有味。"它既无情地针砭了我国俗儒拘于事理"唯理主义"，也与现代西方形式主义的"陌生化"理论大相径庭。他不仅充分反映了通感在艺术欣赏中的作用及其特点，而且对整个诗歌艺术的阐释都是很有启发性的，可以说在美学史上是个贡献。苏东坡云："诗以奇趣为宗，反常合道为趣。"以通感的修辞语言和表现手法建构的诗歌意象，充分体现了"反常合道"的艺术辩证法。所谓"反常"，它在内容上违背人们习以为常的常事、常情、常理，依据"正常"向其对立面的转化来表现出事物、情理隐微曲折的状态；所谓"合道"，就是通过这种"反常"的艺术表现，反映出诗人对于现实生活新鲜、独特的审美感受和情感体验，从而丰富、深化了"正常"，创造一个物我合一、情景交融、"正常"与"反常"对立统一的艺术境界。我们对于通感在艺术欣赏中的作用也应当作如是观。

举一反三　触类旁通

艺术欣赏所产生的审美效果，是欣赏者与欣赏对象双向交流、平等对话的产物，主体与客体是相互依存、相互为用的。从客体方面来看，"艺

① 王夫之等撰：《清诗话》，下册，上海古籍出版社，1978年，第586—587页。

② 同上，第584页。

术对象创造出懂得和具有审美能力的大众"；[1]"从主体方面来看，只有音乐才能激起人的音乐感；对于没有音乐感的耳朵说来，最美的音乐也毫无意义，不是对象，因为我的对象只能是我的本质力量的确证。"[2]因此，人们要真正的欣赏艺术，就必须具备相应的艺术修养和欣赏能力。马克思说："如果你想得到艺术的享受，那你就必须是一个有艺术修养的人。"[3]通感作为一种积极的、综合的心理活动，五官感觉有无互通，彼此相生，是人的感性的丰富性和本质力量的一种表现和确证。它既是人的艺术欣赏能力的表现，又对提高艺术修养和欣赏能力起着重要的作用。

有位学者在论及通感与艺术欣赏的关系问题时，曾谈到自己少年时代学唱京戏的亲身体会，对我们是颇有启发的。每当他学唱的时候，老师总是要强调"行腔如线"的话，"意思是一句唱腔就像一条运动着的曲线，忽而向上，忽而向下；有时平直，有时曲折；拐弯之处有的像弧线，圆滑柔和；有的却是急转弯，斩截干脆。唱腔中有顿挫间歇，偷气换气，就像曲线似断还连。……他老是这么讲，还随着唱腔用手指比画出唱腔'线条'的运动来，终于我也逐渐产生了'行腔如线'的感觉。有了这种感觉之后，学起来好像是快一些，记得也牢一点。不仅如此，我后来凡是欣赏听觉的艺术，那优美的旋律总能唤起类似的感觉，仿佛感到不断变化的声音正在形成一道复杂多变的曲线。"[4]京戏的唱腔是要耳朵听的，物体的线条是用眼睛看的，但听觉与视觉的通感，无形的声音与有形的线条挂起了钩，不仅使唱腔学得快、记得牢了，而且对以后欣赏听觉艺术产生了积极的影响。这个事例具体、生动地说明了通感在培养和提高艺术修养和欣赏能力方面，是起着重要作用的。当然，通感的产生、发展，是以丰富的实际生活经验为基础的，不是凭空臆造的。

在艺术欣赏活动中，发挥通感作用的一个突出表现，是要正确把握不

① 《马克思恩格斯全集》，第46卷，上册，人民出版社，1979年，第29页。
② 《马克思恩格斯全集》，第42卷，上册，人民出版社，1979年，第125—126页。
③ 《马克思恩格斯全集》，第42卷，上册，人民出版社，1979年，第155页。
④ 金开诚：《艺术欣赏之旅》，中国工人出版社，2000年，第244页。

同门类艺术之间个性与共性、优势与局限对立统一的关系。如果这个关系处理得好，合乎艺术的“心灵辩证法”，就会取得举一反三、触类旁通的审美效果，对于审美能力的提高有很大的帮助。每一种艺术均有区别于其他艺术的特殊性，我们爱好、欣赏某一门艺术，首先要掌握它的特殊性能，具有相应的审美能力。欣赏由音调、节奏、旋律组成的音乐，要有富于“音乐感的耳朵”，不然你就感受不到它的美，如《淮南子·泰族训》所说：“六律具存而莫能听者，无师旷之耳也。”欣赏由形体、色彩、线条构成的绘画，要有“感受形式美的眼睛”，否则再美的绘画也不会成为你的审美对象。这种由反复实践经验所获得的审美直觉的敏感性，不仅是欣赏某种艺术的一把可贵的“开心钥匙”，而且有助于对其他门类艺术的理解与欣赏，因为它们之间在艺术精神上是有着共通性和一致性的。艺术史告诉我们，正是天才的音乐家贝多芬说“建筑是凝固的音乐”，精通建筑的艺术家又说“音乐是流动的建筑”。他们都是根据各自的艺术特长，发现了不同门类艺术之间存在着一种相异而相通、异迹而同趣的辩证关系。英国当代著名美学家科林伍德说：

> 任何人只要使用感官，他就可以看到一幅画所包含的全部色彩和形态，就可以听到组成一部交响乐的全部音响；但是他并不因此而能够享受到一种审美经验。为了享受审美经验，他必须使用他的想象力，于是就从这种经验的第一部分前进到第二部分，前者是感觉给予的，后者则是想象力建造的。①

科林伍德的这一论断尽管给人以割裂感觉与想象力之感，但却正确地揭示了基于想象生成的通感心理在艺术欣赏中所发挥的特殊作用，不然的话，我们怎能从看一幅画的色彩和形态中，“就可以听到组成一部交响乐的全部音响”、从一部交响乐的全部音响中“就可以看到一幅画所包含的全部色彩和形态”呢？这就告诉我们，如果没有通感的作用，只是单凭某一种

① 科林伍德：《艺术原理》，王至元等译，中国社会科学出版社，1985年，第153页。

感觉，没有想象力的作用，没有其他感觉支持、配合和帮助，艺术欣赏是难以深入的，也不可能取得丰富的审美体验和艺术享受。

如果说，人们熟悉、精通某一门艺术的个性、特点，引起通感心理活动，可以领悟到与其他艺术的相似点和共通性，是具有高明的艺术鉴赏能力的表现；那么，为学多方，博通群艺，从艺术的共通性和互渗性方面，把宏观与微观结合起来，就会避免就事论事的局限性，从而多方位、多角度地把握艺术作品的深度、广度，发现和升华其审美蕴涵。苏轼有诗云："论画以形似，见与儿童邻；赋诗必此诗，定非知诗人。诗画本一律，天工与清新"。（《书鄢陵王主簿所画折枝》）在他看来，欣赏、评品绘画作品，只是以摹写物象"似"与不似作为衡量成败得失的标准，其见识就同少不更事的孩子差不多；吟诵诗歌只是停留在语言、声韵上，不能领会其神情、韵味，必定不是真正懂得诗歌艺术的人。"诗画本一律，天工与清新。"诗歌与绘画皆出于自然，在本源上是一致的，气象清明，立意新颖，是它们共同的艺术性能。他对王维诗画艺术相通互用的评论是人们所熟知的："味摩诘之诗，诗中有画；观摩诘之画，画中有诗。"（《书摩诘蓝田烟雨图》）这短短的几句话，道出了王维诗中有画境、画中有诗情的艺术特征，也只有诗、文、书、画兼擅的苏轼从自己多方面的艺术实践中，才能对王维诗、画艺术有如此发人深思的审美感受和体验，提出如此影响久远的艺术命题。

苏轼提出"诗中有画""画中有诗"的重要命题，打破了诗歌与绘画两种艺术的对极性，揭示出它们之间交融、互通的关系，体现了中华民族艺术的显著特色，对于开拓人们的艺术视野和提高艺术欣赏能力产生了很大的影响和作用。诗情画意熔于一炉，相资互补，成了自宋代以来我国的一条非常重要的艺术欣赏原则，诗人要语言生动，表现出绘形绘色的画境："敢将有声画，博君无声诗。"（陈普《以试就叶洞春水葡萄》）有人甚至直截了当地说："画以'有声'著，诗以'无声'名。"（岳珂《宝真斋法书赞》卷十三《薛道祖白石潭诗帖》）这大概是题画诗盛行、诗画珠联璧合的一个重要原因。孙绍远将题画诗结集名为《声画集》，并在序中说，是“用有声画、无声诗之意”，以反映“士大夫因诗而知画，因画以知诗”的艺术欣赏的通感功能。清代张式关于题诗入画的审美作用讲得更为明确，他说：“题画须有映带之致，题与画相发，方不为羡文，乃是画外之画，画外之意。”（《画谭》）画长于状物，诗善于抒情，诗画一体，相映成趣，相得益彰。题画诗实乃欣赏、品鉴中国画之“津梁”，它把我们从“实境”引入“虚境”，不专注于形色，从而“广而大之”，得于象外，领悟到甚至是画家“意初未必然”的丰富、深刻的诗情美意。例如，宋代末年画家、诗人郑所南以画兰不着根土寄托国土沦丧的哀痛之感，倪瓒在《题郑所南〈兰〉》诗中，用“泪泉和墨写《离骚》”形容之，真是感同身受，心有灵犀，一语道破了郑所南画兰的“画外之画，画外之意”。我们欣赏“元四家”之一的吴镇竹画时，读他的题画诗《画竹》：

叶叶如闻风有声，
消尽尘俗思全清。
夜深梦绕湘江曲，
二十五弦秋月明。

这里不只是呈现在我们眼前的墨竹形象，耳中还仿佛听到片片竹叶发出的风声，甚至于深秋之夜，梦绕魂牵，来到湘江岸头，在一轮明月之下，聆听湘灵鼓瑟，尽消凡思俗念，胸怀清明澄澈。这既是笔墨淋漓的画境，又是思致悠远的诗和音乐的境界。

中国诗画结合、融通的优秀艺术传统，不仅对于提高诗人、画家的艺术修养和创作才能，创造情景交融、寄意深远的审美境界，有着重要的意义和作用；对于艺术欣赏者来说，熟悉和掌握诗画艺术的特点及其相异而相通的关系，也是提高艺术鉴赏能力的重要途径。苏轼《韩干画马图》诗云：

韩干画马真是马，

苏子作诗如见画。
世无伯乐亦无韩，
此诗此画谁当看？

这个问题提得好，看来要做诗画鉴赏中的“伯乐”，既要懂诗，又要懂画，通过诗与画之间互通、互补，以诗读画，以画观诗，深得“画难画之景，以诗凑成；吟难吟之诗，以画补足”的意趣，从诗情中见出画境，从画境中悟出诗情。这是艺术通感所产生艺术欣赏的审美效应，不是就诗论诗、就画论画所能达到的境界。

后　记

《灵心妙悟——艺术通感论》初稿是二〇〇五年一月中旬写完的，接着又花了近两个月的时间，放弃同子女的春节团聚，每天都泡在电脑上，进行推敲打磨，修改加工，成了现在的这个样子。我自觉写作态度是严肃认真的，不是为了赶炒热卖，但书的质量到底如何，尚待学界予以评说，特别是批评意见，对我将更加宝贵，帮助更大。时下有些华而不实、一味溢美的序言、评论，对作者、读者都是没有好处的。我们是多么需要切切实实、有好说好、有坏说坏的学术评论呵！

关于艺术通感问题的研究和写作，时间拖延得够长的。记得十年之前，我与陈文忠、陈宪年两位同志合作研究这个课题，在多次交换意见、认真讨论的基础上，由我执笔拟定研究和写作提纲，并在不到半年的时间里，我们就写出两篇文章，一篇《论艺术的互渗性》，发表于《江海学刊》一九九五年第四期；一篇《通感论》，发表于《文艺理论研究》二〇〇〇年第六期。后来，我由于多年在教育系讲授美学与美育课，自然要根据教育专业培养目标的要求，加强审美教育的份量和内容，为此不得不看些西方教育名著，积累了不少有关西方美育思想史的资料，便结合教学的实际需要，将研究重点转移到西方美育思想史上来，其成果就是安徽教育出版社于一九八八年出版的《西方美育思想简史》。同时，文忠同志、宪年同志的教学任务都很繁重，手头也有着新的科研项目。这样一来，我们艺术通感课题的研究就搁浅了。

我于二〇〇〇年七月退休后，学报编辑工作脱手了，除有时讲点美学课外，没有其他硬任务，较前松快、自由得多了。我很想“三陈”继续合作下去，完成艺术通感课题的研究。他们两位年轻力壮，思想敏锐，接纳新知比我快，比我多，当会使研究成果更富于新意，更能保证学术质量。但又考虑到他们均是教学、科研骨干力量，肩上担子已经够重的了，实在不好意思再拉扯他们“入伙”。于是，我便决心奋力拼搏一番，独自来完成这个任务。不过，他们当年的劳动成果，提出的好见解，均被吸收、融化在本书的有关章节之中了。

我为何不想使艺术通感问题研究半途而废，继续进行下去呢？主要基于以下几点考虑：

第一，我对艺术通感有些自己的看法。从相关的论著看，一般都将通感界定为五官感觉的沟通、挪移，这是否能全面地概括它的心理内容和特征呢？我认为应该将心觉或曰“意觉”包括在内。“心治五官”，而又“六根互用”。“六根”中的一根就有“意”，实即心觉。佛家的这个观点是有道理的。“心觉”与其他感觉相融相通的表现形式为以物拟心，以心拟物，意象互通，用于艺术创作多为比兴、象征。在审美和艺术活动中，通感实不限于五官感觉的融通，它实际上涵盖有更为丰富的内容；而且也不只是一种修辞手段和描写手法。它作为一种审美心理机制和艺术表现方法，不仅在艺术家体验和反映生活的创作过程中发挥重要作用，而且也是艺术欣赏、艺术接受的必不可或缺的重要心理因素，因为艺术是向人的全部感觉开放的。同时还应看到，各种不同门类艺术之间的相互渗透、相互吸取、相互融通，也是艺术通感的无可回避的重要问题。至于通感在艺术创作和欣赏中的表现功能和审美效应则是更为鲜明、突出的。因此，我从这些方面的相互联系、有机统一中，试图对艺术通感问题进行较为系统、全面的探讨。

第二，中国传统文化中有着丰富的通感思想资源，有待进一步发掘、整理。中西传统文化心理和思维方式存在着很大的差异。西方从主、客二分的观念出发，重在逻辑分析，推理判断；而中国则从“天人合一”的观念出发，重在整体感悟，综合体验，这就决定了中国有着非常丰富的通感思想资源，如儒家的“天人感应”“比德”说，道家的“道通为一”“耳目内通”说，佛家的“六根互用”说，等等；反映在艺术思想上是贵和、尚通、重意，在创作中大量运用比兴、象征方法，重在境象、意境的创造，用以言志、传神、写意；在不同门类艺术之间如诗、书、画和乐、舞、戏的综合、互渗、融通，也是通感的突出表现。对于通感在中国艺术中神奇的审美功能，西方和日本的学者已有所觉察，并深表叹服，说中国古典诗歌能够静悄悄地把各种感觉结合起来，不知怎么就流到了一起，为人类写出了“最伟大的诗篇”。对于这份宝贵的精神财富，我们应当作出科学阐释，发掘其现代意义。本书试图立足于华夏民族的通感理论和艺术实践，采取中西融通、综合比较的方法，以求同中见异、异中见同，揭示出艺术通感的民族特色和生命活力。我深知自己知识结构的缺陷，文化修养的不足，是很难讲出多少道道来的，如能起到抛砖引玉的作用，让美学界同行重视中国艺术通感问题的研究，并有新的、高质量的学术成果出来，也就算达到目的了。

第三，马克思曾说过：“人不仅通过思维，而且以全部感觉在对象世界中肯定自己。”“为了创造同人的本质和自然界的本质的全部丰富性相适应的人的感觉，无论从理论方面还是从实践方面来说，人的本质的对象化都是必要的。”通感不仅是艺术创作和艺术欣赏的重要的心理能力，而且对于发展人的全部感觉，实现人的本质力量对象化，创造和谐、美满、丰富多彩的生存环境，也会起到不可忽视的作用。艺术通感对于青少年的教育更有其特殊意义，在当前中小学教学改革实验中，有些学校教师将诗歌、音乐与绘画教学有机结合起来，引导学生把眼睛看到的、耳朵听到的、心里想到的，都用绘画、音乐、作文的形式表现出来，这样的训练大大地激发了学生的艺术兴趣、发散思维，促进了感受力、想象力的发展，提高了学生的创造能力，取得了令人意想不到的教学效果。今天，我们落实“以人为本”的思想，提高人的精神文化、综合心理素质，研究艺术通感的心理特点和规律，应该说是很有现实意义的。

我写这本书是尽心尽力的，但由于平时读书信马由缰，用力不专；加之研究、写作时思之不深，虑之不周，缺点、错误在所难免，期盼同行专家学者、广大读者从严要求，多予批评、指正！

值此拙著即将付梓之际，我首先想到的是安徽教育出版社的领导和责任编辑同志。当本书初稿写成后，即向社里申报选题，不久即示知列入二〇〇五年出版计划。这就使我更加努力修改、加工书稿，以保证质量，报答他们对我的信任和大力支持；责任编辑为本书的出版付出大量的辛勤劳动。每念及兹，感激之情，难以言表。

本书承蒙挚友严云受教授惠然赐序，为之增色添彩；陈文忠教授、凤文学编审认真阅读了部分文稿和校样，从内容到文字都提出了许多宝贵意见；我在学用电脑写作的过程中，陆同兴教授以及学报编辑部同志给予不少指导和帮助。封面设计选用了著名画家杨明义的国画《夏雨》（部分），并作了墨色改动。谨此一并致谢！

陈育德二〇〇五年十月十五日

于安徽师范大学赭石书屋

（安徽教育出版社，2005年12月出版）

陈育德美学文集

下

陈育德◎著

安徽师范大学出版社
ANHUI NORMAL UNIVERSITY PRESS
·芜湖·

下册　目录

探索与争鸣

皖籍学人评述

短章散论

论著评介

附　录

探索与争鸣

坚持毛泽东同志关于文艺与生活关系的科学论述

——为纪念毛泽东同志诞辰九十周年而作

今年十二月二十六日，是毛泽东同志诞辰九十周年。对这位伟大的马克思主义者和无产阶级革命家的最好纪念，就是学习他的光辉著作，坚持和发展毛泽东思想，把社会主义现代化建设事业推向前进。毛泽东文艺思想是毛泽东思想的重要组成部分，它的科学原则和基本精神，对于今天社会主义文艺事业的健康、深入的发展，仍然有着重大的指导意义。现就毛泽东同志关于文艺与生活关系的科学论述，结合当前文艺思想和创作实践中存在的问题，谈谈我们重新学习、思考后的一些认识和体会。

社会生活是文学艺术取之不尽、用之不竭的唯一的源泉

文学艺术作为一种社会意识形态是怎样产生的？它与现实生活的关系如何？在文学艺术发展史上，由于对这个最重要、最基本的问题的不同回答，形成了唯物主义和唯心主义、形而上和辩证法两种对立的文艺观。凡是认为文艺来自神灵的启示、绝对观念，或是人的主观心灵的产物，都是唯心主义的；凡是认为存在决定意识，文艺是现实生活的反映，是第二性的，则是唯物主义的。1942年，毛泽东同志发表《在延安文艺座谈会上的讲话》。毛泽东根据马克思主义的反映论，对文艺与现实生活关系的基本问题作了科学的、精辟的阐述，提出社会生活是文学艺术的唯一源泉的著名论断。他说：

一切种类的文学艺术的源泉究竟是从何而来的呢？作为观念形态的文艺作品，都是一定的社会生活在人类头脑中的反映的产物。革命的文艺，则是人民生活在革命作家头脑中的反映的产物。人民生活中本来存在着文学艺术原料的矿藏，这是自然形态的东西，是粗糙的东西，但也是最生动、最丰富、最基本的东西；在这点上说，它们使一切文学艺术相形见绌，它们是一切文学艺术的取之不尽、用之不竭的唯一的源泉。这是唯一的源泉，因为只能有这样的源泉，此外不能有第二个源泉。①

这就告诉我们，作为观念形态的文学艺术，只能来源于客观的社会生活，既不是艺术家头脑中所固有的——因为他们的思想意识本身也是由社会生活产生的，更不是臆造的、虚幻的神和“绝对观念”的产物，而是社会生活的反映，因此，社会生活对文学艺术起着最终的决定作用。正如列宁所说：“没有被反映者，就不能有反映，被反映者是不依赖于反映者而存在。”②因此，艺术家必须首先从社会生活中获得“最生动、最丰富、最基本的”创作素材、内容，才有可能进入创作过程。他们一旦脱离了现实生活，不是从生活实际出发，而是以抽象理念来演绎、图解生活，则是注定要失败的。文艺创作离开了社会生活，就会变成无源之水，无本之木，失去了存在的客观内容和依据。无源之水必然会枯竭，无本之木就要枯萎，更不可能开花结果。毛泽东同志关于社会生活是文学艺术的唯一的源泉的科学论断，为我们的文学艺术创作路线奠定了坚实的理论基础，是我们必须坚持而不能动摇的。

我国现代文学的历史和现状表明，革命的文艺工作者根据毛泽东同志的社会生活是文学艺术唯一的源泉的思想，深入到人民群众的生活和斗争中去，不断提高自己的思想认识，正确把握现实生活的本质和客观规律，

①《毛泽东选集》，第3卷，人民出版社，1953年，第862页。

②《列宁全集》，第14卷，人民出版社，1957年，第61页。

积累丰厚的创作原料，文艺创作就生气蓬勃，大放光彩，涌现出大量优秀的作家、作品；背离了这一思想，就会黯然失色，甚至误入歧途。1942年，毛泽东同志的《在延安文艺座谈会上的讲话》发表后，广大文艺工作者积极投身于火热的斗争生活，与工农群众相结合，创作出很多为人民群众所喜闻乐见的作品，把革命文艺运动推进到一个“光辉的新阶段”。建国以后，我们的文艺创作虽然取得了很大成绩，但由于受到“左”的错误思想的干扰，把世界观对于创作的指导作用绝对化，忽视作家参加生活实践和观察、体验生活的重要意义，违反艺术创作的规律，一味强调要“写中心”“赶任务”，为暂时的、具体的政治任务服务，甚至把“写真实”都当作修正主义文艺观点进行批判，结果产生不少公式化概念化的、缺乏真实内容和艺术感染力的作品。十年“文革”期间，林彪、“四人帮”一伙推行一条极端唯心主义的创作路线，切断文艺工作者与人民群众的血肉联系，堵塞文艺创作的生活源泉，威逼艺术家按照他们既定的反动主题“先行”，编造“高大全”“假大空”的，如鲁迅所说的“瞒和骗”的文艺，来愚弄和“运动”群众，致使文艺创作陷于困境。粉碎“四人帮”特别是党的十一届三中全会以来，作家、艺术家们勇敢地冲破“左”的错误思想的束缚，积极拓展自己的生活视野，正视现实生活中的矛盾与斗争，写出一批具有相当思想深度和艺术表现力的作品，受到群众的喜爱和欢迎。但是，也有些作家深入群众生活的思想淡薄，脱离社会生活实际，不关心世道民情，闭门造车，一味表现自我，以胡编乱造来代替对生活的真实反映。这样写出来的作品必然是思想内容贫乏，艺术境界不高，社会效果不好。这种不良的创作倾向反映在文艺思想上，有人提出了文艺的“自我表现”说和“两个源泉”说，表现出他们对社会生活是文学艺术的唯一源泉的科学论断的怀疑、动摇和背离。我们认为要坚持社会主义文艺发展的方向和创作路线，有必要把以下两个问题讨论清楚。

一是“自我表现”说，它是作为“新的美学原则崛起”，向所谓“传统的美学原则挑战”提出来的，其核心是要作家“背离现实，面向自我”，把“自我”的内心世界作为唯一的源泉和表现对象。他们甚至提出诗人要

“不屑于”表现人民群众的“丰功伟绩”，“回避”人民群众的“英勇斗争和忘我的劳动场景”，而只要表现“个人的情感，个人的悲欢，个人的心灵世界”。这种观点是完全错误的。诚然，文艺作品是艺术家创造出来的精神产品，不可能没有“自我”。如果作品表现不出艺术家的性格个性、情感意绪和审美理想，就不可能有独特的艺术风格和艺术魅力，会是平庸乏味之作。作品中不能没有“自我”，但绝不是只有“自我”。我们知道，人是社会关系的总和。艺术家作为社会的一员，不可能是脱离社会关系的孤立的、“抽象的单个人”，必然自觉或不自觉地站在一定社会阶级、集团和群体的立场上，为其胜利而高兴，为其失败而悲哀，并在作品中直接或间接地表现和流露出来。有些朦胧诗，尽管所表现的情感、意味很“朦胧”，我们还是可以从现实矛盾中理解它的社会内容，找到它产生的社会根源。要作家离开社会生活，脱离人民群众，去表现纯粹的“自我”，正如列宁所批评的那样：“他那里就只剩下一个‘赤裸裸的抽象的’自我，一个必须大写并加上着重号的‘自我’，也就是‘一架发了疯的、以为世界上只有自己才存在的钢琴’。”[①]这架“发了疯”的钢琴会弹奏出什么样的声调来呢？他既然是“背离现实”，不表现人民群众的生活和斗争，就不可能发出时代的强音和人民的心声，只能是一种个人主义的“孤鸣”。实事求是地说，“表现自我”论所以会提出来，是为了否定“文革”中大搞文化专制主义、扼杀艺术个性的，但我们也不能从一个极端走向另一个极端啊！毛泽东同志在《讲话》中批评小资产阶级个人主义者把文艺创作看作“自我表现”时说：

他们对于人民的事业并无热情，对于无产阶级及其先锋队的战斗和胜利，抱着冷眼旁观的态度，他们所感到兴趣而要不疲倦地歌颂的只有他自己，或者加上他所经营的小集团里的几个角色。这种小资产阶级的个人主义者，当然不愿意歌颂革命人民的功德，鼓舞革命人民

①《列宁选集》，第2卷，人民出版社，1960年，第38页。

的斗争勇气和胜利信心。[①]

用这段话来批评时下“表现自我”说，是非常深刻的，击中要害的，其错误的实质即在于此，具有振聋发聩的力量。据说提倡诗人“表现自我”是为了追求“人的价值”，那么把诗人的“价值”与人民群众的事业分离开来、对立起来，其意义何在呢？进步的、革命的文学艺术家应当扎根于社会生活的土壤之中，深切感受时代的脉搏，与人民群众同甘苦共患难，做新时代的喉舌和人民群众的代言人，把“小我”融入人民群众的“大我”里面，才能充分把自己的艺术个性和才华表现、发挥出来，真正实现自己的人生“价值”。

“表现自我”说把诗人、艺术家“个人的感情，个人的悲欢，个人的心灵世界”同人民群众的生活、事业对立起来，并以之作为文学艺术的源泉，其错误性质是非常明显的。另外，有的同志提出“两个源泉”说，看来是折中调和、不偏不倚的，是否正确呢？论者认为，社会生活是文学艺术的唯一的源泉的命题，是“不够全面”“不够科学”的；文艺的源泉有两个因素构成，一个是“客观的社会生活”，一个是“文艺家的主观世界”。文学艺术究竟是有“两个源泉”，还是“一个源泉”？这是个文艺理论的基本问题，必须讨论清楚。我们认为，“两个源泉”说同样是站不住脚的，它把艺术产生的本源与艺术内容的构成因素这两个既有密切联系，又有本质区别的问题搞混淆了。前者是解决文艺产生的根源问题，即它是从何而来，其性质是由什么决定的问题；后者是讲艺术内容的构成因素问题。文艺作品是社会生活在作家头脑中反映的产物，其艺术内容是由客观的生活内容与作家的主观情感两种因素构成的，但不能由此得出文艺有“两个源泉”的结论。我们知道，作为社会意识形态的文学艺术，艺术家必然要对其所反映的社会生活认识理解并作出审美判断，表现出自己的思想感情，但这种主观情感既不是与生俱来、头脑中所固有的，也不是从天上掉下来的，而是从社会实践中产生的，归根结底是由社会生活决定的。

①《毛泽东选集》，第3卷，人民出版社，1953年，第874页。

人的主观情感是客观存在的反映，是社会生活的产物，因而是派生的，第二性的。马克思、恩格斯指出："意识在任何时候只能是被意识到的存在。""意识一开始就是社会的产物，而且只要人们还存在着，它就仍然是这种产物。"[①]毛泽东同志在批评"文艺的基本出发点是爱"的错误观点时，更为具体、明确地指出："爱是观念的东西，是客观实践的产物。我们根本上不是从观念出发，而是从客观实践出发。""世上绝没有无缘无故的爱，也没有无缘无故的恨。""阶级斗争和民族斗争的客观现实决定我们的思想感情。"这里很清楚，如果我们把作家的主观思想情感也算作文艺的一个源泉，那不就可以得出思想情感来源于思想情感，意识决定意识的结论了吗？这显然违背了存在决定意识的唯物主义基本原理，抹去了客观存在与主观意识、反映与被反映的界限。社会生活是文艺的唯一源泉，此外不能有第二个源泉。在这个思维与存在关系的基本问题上，我们只能坚持辩证唯物主义的一元论，不能折衷调和，搞"二元论"。"二元论"最终还是要走到唯心主义那里去的。"两个源泉"说表面上与"自我表现"说有所不同，但其实质都是在文艺与社会生活的问题上，都离开了马克思主义的反映论。我们必须以辩证唯物主义观点、方法，把反映论与实践论统一起来，把认识世界与改造世界结合起来。[②]

毛泽东同志提出的社会生活是文艺的唯一源泉的思想，不仅是个理论问题，更是个文学艺术的创作实践问题。据此，毛泽东作出了具有重大指导意义的结论：

> 中国的革命的文学家艺术家，有出息的文学家艺术家，必须到群众中去，必须长期地无条件地全心全意地到工农兵群众中去，到火热的斗争中去，到唯一的最广大最丰富的源泉中去，观察、体验、研究、分析一切人，一切阶级，一切群众，一切生动的生活形式和斗争

①《马克思恩格斯全集》，第3卷，人民出版社，1960年，第34页。

② 详见陈育德：《文学艺术不能有第二个源泉——评〈文艺源泉构成新议〉》，《艺谭》，1986年，第3期。

形式，一切文学和艺术的原始材料，然后才有可能进入创作过程。否则你的劳动就没有对象，你就只能做鲁迅在他的遗嘱里所谆谆嘱咐他的儿子万不可做的那种空头文学家，或空头艺术家。[①]

我们的文学家艺术家只有坚持不懈地到人民群众中去，深入文学艺术的“最广大最丰富”的唯一源泉中去，进行观察体验、分析研究，开掘创作的原始矿藏，积累丰富的生活素材，这样创作出来的作品才会有深厚的生活内容和强大的生命力；如果他们脱离生活实际，只在书本中讨生活，或者等待“灵感”的爆发，或者靠“自我”的“扩张”进行创作，那是注定要失败的。巧妇难做无米之炊，我们不能做空头文学家、艺术家啊！

把实际生活的矛盾和斗争典型化是文艺创作的基本原则

列宁说过：“艺术并不要求把它的作品当作现实。”[②]社会生活是文艺的唯一源泉，文艺是社会生活的反映，但这并不意味着文艺作品要跟实际生活一模一样。艺术反映生活，不是消极的，被动的，照相式的；而是积极的，能动的，创造性的。艺术创作实质上是一种按照美的规律进行创造的活动。据此，毛泽东同志深刻地揭示了艺术创作要把实际的矛盾和斗争典型化的基本原则。他说：

人类的社会生活是文学艺术的唯一源泉，虽是较之后者有不可比拟的生动丰富的内容，但是人民还是不满足于前者而要求后者。这是为什么呢？因为虽然两者都是美，但是文艺作品中反映出来的生活却可以而且应该比普通的实际生活更高，更强烈，更有集中性，更典型，更理想，因此就更带普遍性。革命的文艺，应当根据实际生活创

①《毛泽东选集》，第3卷，人民出版社，1953年，第862—863页。
②《列宁论文学与艺术》，第1卷，人民文学出版社，1960年，第41页。

造出各种各样的人物来，帮助群众推动历史的前进。[①]

对于这段话的真实内涵，长期以来，由于受到“左”的错误思想的影响，片面强调作家世界观对创作的指导作用，人们对它作了不正确的解释、发挥。据我们所见到的材料，就有不少同志在他们的报告、文章中，就把它的中心思想概括为：现实生活是文艺的源泉，但文艺比现实生活更高。这便成了权威性的观点，为人们所普遍采用。1962年，何其芳同志在《战斗的胜利的二十年》一文中对这种观点提出过不同看法，并作了新的解释，但未引起注意和重视。“文革”期间，文艺“源于生活，高于生活”更成了谁也碰不得的“至理名言”。1979年7月，吕正操同志首先撰文批评了这个公式，于是学术界对这个问题开展了讨论。有人认为“高于”说是辩证唯物主义观点，否则就是机械唯物论，甚至把不同的观点斥为“心造的幻影”。难道“高于”说真的是不可动摇的真理吗？我们并不以为然，其理由如下：

第一，“高于”说并不符合毛泽东同志的原意。这段话所论述的问题有着明确的界限和范围，它通过“文艺作品中反映出来的生活”与“普通的实际生活”相比较，得出六个“更”字的结论，并且特地用了“可以而且应该”的字样，这里清楚地表明，它主要是从艺术创作角度，对艺术概括和典型化的程度和力量提出要求，用以阐明生活美与艺术美、生活真实与艺术真实的辩证关系，而不是像“高于”说所理解的那样，把作为观念形态的文学艺术同整个现实生活相比较，得出“艺术高于现实”的普泛性的结论。这样岂不是说作为社会意识形态的文学艺术“高于”客观存在的社会生活了吗？再说，即使从语言逻辑的角度来看，从这段话中也得不出“艺术高于现实”的结论。它的前五个“更”字是并列关系，而与“更带普遍性”构成因果关系。如果硬要用一个“更”字来概括它的整个意思的话，那么“更带普遍性”不是更符合原意吗？我们认为，丢掉其他五个“更”字不管，独独抽出个“更高”来替代和包容之，既不符合毛泽东同

①《毛泽东选集》，第3卷，人民出版社，1953年，第863页。

志的原意，也是有悖于逻辑的。说实在的，毛泽东同志在这里主要不是比较文艺与生活孰高孰低的问题，而是艺术创作的典型化问题。

其次，从理论上看，“高于”说很难同唯心主义美学思想划清界限。在美学史上，明确提出“艺术美高于自然美”理论的是黑格尔。他的理由是：“艺术美是由心灵产生和再生的美，心灵和它的产品比自然和它的现象高多少，艺术美也就比自然美高多少。”即使如此，他还特地指出，笼统地说“心灵和它的艺术美高于自然美”，等于没有说出什么来，因为“高于”是“完全不确定的说法”，只是一种数量的、表面的分别。那么怎样才能使“高于”说成为一种“确定”性的理念呢？他认为，“只有心灵是真实的，只有心灵涵盖一切”。艺术美是心灵的产品，自然美只是反映心灵的一种“不完全不完善的形态”，因而艺术美高于自然美。[①]在黑格尔看来，人的“心灵”是真实的，自然是心灵的显现，这就清楚地暴露出他的“高于”说是头脚颠倒的唯心主义。不错，主张“高于”说的同志虽然没有像黑格尔那样论证自己的观点，没有否认生活是艺术的源泉，也讲了艺术典型化原则，但把艺术看得“高于”现实生活，就会把作家的主观能动作用提高到不适当的地位，违背社会存在决定社会意识的唯物主义的基本原理，致使艺术“源于生活”与“高于生活”无法唯物而又辩证地统一起来。我们不同意“高于”说，是否意味着赞同车尔尼雪夫斯基“艺术创作低于现实中的美的事物”，把艺术作品看成是“生活的代用品”，走向形而上学的唯物主义呢？并非如此。非高即低，非此即彼，不是辩证法，倒是真有点形而上学。

第三，从创作实践来看，“高于”说的客观效果也是不好的。毛泽东同志在《实践论》中指出：“只有人们的社会实践，才是人们对于外界认识的真理性的标准。……判定认识或理论之是否真理，不是依主观上觉得如何而定，而是依客观上社会实践的结果如何而定。真理的标准只能是社会的实践。实践的观点是辩证唯物论的认识论之第一的和基本的观点。”[②]

---

① 黑格尔：《美学》，第1卷，朱光潜译，商务印书馆，1979年，第2—3页。

②《毛泽东选集》，第1卷，人民出版社，1952年，第273页。

只要回顾一下历史，我们即可清楚地看到，“高于”说对文艺创作所产生的消极影响是不能低估的，从中可以看出脱离社会实践活动、从既定的主观理念出发进行创作的危害性。我们有不少作品，一味“拔高”英雄人物，回避现实的矛盾和问题，高唱脱离生活实际的“畅想曲”，其原因固然是多方面的，难道与“高于”说没有关系吗？这是无可否认的。十年“文革”期间，在“左倾”错误路线的统治下，唯心主义猖獗，形而上学横行，文艺“高于生活”被奉为创作的金科玉律，要求作家“从路线高度出发”，创造“三突出”“高大全”的英雄人物，什么“起点要高”，“突出”得愈高愈好；其他人物只能作陪衬、铺垫；等等。这样“高于”的结果，致使作品没有真实的生活内容，完全成了谬误思想的传声筒；人物形象无血无肉，不是“这一个”，而是头戴光圈、脚踩高底靴的“神”，造成“瞒和骗”的文艺泛滥成灾。这并不是像有的论者所说的那样，不是“高于”说本身有问题，只是被“四人帮”一伙歪曲、篡改了。他们是把“高于”说的错误推向极端，用来达到自己不可告人的目的。我们面对着创作实践的经验教训，难道不可以进行一番反思，重新审视、检验一下“高于”说是否正确吗?!

那么，应当如何完整、准确地理解毛泽东同志的上述论断呢？我们认为，它的基本精神是从人民群众的审美需要出发，阐明现实美与艺术美、生活真实与艺术真实的辩证关系，核心是艺术典型化问题。社会生活是文学艺术的唯一源泉，为艺术创作提供了最丰富、最生动的原料，“它们使一切文学艺术相形见绌”，如列宁论及思维与存在的关系时说的，“世界比它的显现更丰富，更生动，更多样化”[①]。从这个意义上看，说艺术“高于生活”显然错误的，就会同黑格尔的“高于”说不谋而合。但是，普通的实际生活毕竟是“自然形态的东西”，“粗糙的东西”，只有经过艺术家创造性的劳动，对它进行加工提炼，集中概括，“把其中的矛盾和斗争典型化”，将生活真实升华为艺术真实，才能产生出具有审美价值的艺术作

①《列宁全集》，第14卷，人民出版社，1957年，第127页。

品来。因此，艺术作品中所反映的生活内容较之普通的实际生活“更高，更强烈，更有集中性，更典型，更理想，因此更带普遍性”。这里告诉我们，社会生活中虽然蕴藏着无比丰富的文学艺术的原料，但原料不等于产品，矿砂不就是金银宝器，必须经过艺术家头脑这个“加工厂”，进行提炼、锻造、熔铸，方能创造出具有六个“更”字的艺术作品来。这就是艺术作品为人民群众所需要而又优于普通的实际生活的地方。生活不就是艺术，艺术美不同于生活美，两者是不同形态的东西，是很难比较高低的。毛泽东同志只是在艺术创作典型化的意义上用“更高”这个词语，我们怎能置其他五个“更”字于不顾，把它引申、泛化成“艺术高于生活”的命题呢？毛泽东同志关于艺术典型化的论述，既反对了艺术“高于”客观生活的唯心主义，也同“低于”说的机械唯物主义划清了界限，唯物而又辩证地揭示了艺术反映现实生活的基本特点和规律。

马克思主义的认识论是“能动的革命的反映论”，文艺创作的目的既要真实的反映社会生活，又要能帮助人们正确的认识生活，积极热情地去创造美好的生活。所以，毛泽东同志在阐明了生活真实与艺术真实的辩证关系之后，紧接着指出：“革命的文艺，应当根据实际生活创造各种各样的人物来，帮助群众推动历史前进。”革命文艺的这一崇高的社会使命，是通过艺术本身固有的特点和规律，以鲜明生动的艺术形象教育和鼓舞群众来实现的，而不是从外面强加于它的。过去，我们对文艺的社会作用往往作简单、狭隘的理解，要求作家去直接配合中心政治任务，宣传某一具体的方针政策，忽视艺术创作规律，因而产生出一些思想内容贫乏、艺术力量不强、社会效果不好的作品。正如毛泽东同志所说的：“我们的要求则是政治和艺术的统一，内容和形式的统一，革命的政治内容和尽可能完美的艺术形式的统一。缺乏艺术性的艺术品，无论政治上怎样进步，也是没有力量的。”①我们在继续认真纠正和克服“高于”说这一错误倾向的同时，也要注意另一种倾向，有的作家社会责任感淡漠，忘记了“帮助群众

①《毛泽东选集》，第3卷，人民出版社，1953年，第871页。

推动历史的前进”的光荣使命，以自然主义的态度描写生活，写出思想格调不高、艺术趣味低下、社会效果不好的作品。这使我们想起别林斯基说过的话：“取消艺术为社会服务的权力，这是贬低艺术，而不是提高它，因为这意味着剥夺了它最活跃的力量……。”[①]我们的作家、艺术家应当站在人民群众的立场上，把“现实生活中的矛盾和斗争典型化”，创造出思想性、真实性和艺术性完美统一的作品，“使人民群众惊醒起来，感奋起来，推动人民群众走向团结和斗争，实行改造自己的环境”。

学习马克思主义和学习社会，
文艺创作才能有丰富的内容和正确的方向

毛泽东同志说：“革命的文艺，是人民生活在革命作家头脑中的产物。”作家进行艺术创作，除了学习和掌握专门的艺术技巧方法之外，还要切实解决两个根本性的问题：一个是头脑的问题。作家认识和反映社会生活，创造艺术形象，总是要受到作家的世界观的制约和支配的，它在很大程度上决定着作品的思想倾向。一个是生活问题。文学艺术既然是现实生活的反映，作家必须对生活有深切的感受体验和丰富的积累，才可能进行创作，否则就会没有反映的对象和真实的内容，即使硬是写出点东西来，也必然空洞无物，像个瘪三。因此，毛泽东同志提出，文艺工作者只有“学习马克思主义和学习社会”，并把两者有机结合起来。艺术家只有认真解决世界观和深入生活的问题，我们的文学艺术才会有“丰富的内容和正确的方向”。

马克思主义是无产阶级的科学世界观，是我们一切工作的指导思想。社会主义文艺同过去一切文学艺术的根本区别就在于，它是以马克思主义思想为指导的，如果离开了马克思主义的思想指导，我们的文学艺术就会失去正确的方向。所以，毛泽东同志要求作家艺术家要“很虚心地学习马

①《别林斯基论文学》，梁真译，新文艺出版社，1958年，第39页。

克思列宁主义”。他说：“文艺工作者应该学习文艺创作，这是对的，但是马克思列宁主义是一切革命者都应该学习的科学，文艺工作者也不例外。”对于作家、艺术家学习马克思主义的问题，在认识上和行动上是否完全解决了呢？我们欣喜地看到，自党的十一届三中全会以来，通过思想文化战线上的拨乱反正，清除“两个凡是”“句句是真理”的“左倾”的教条主义的影响，大多数文艺工作者都能在学习过程中，努力领会和掌握马克思主义的精神实质，实事求是，解放思想，积极思考，勇于探索，不回避现实生活中的矛盾和问题，写出了一批具有真知灼见的好作品。但是，有些人总是自觉或不自觉地把学习马克思主义理论同艺术创作规律对立起来，认为理论是“框框”“条条”，束缚自己的手脚，似乎只有靠灵感、直觉和潜意识才能写出好作品来。殊不知，任何艺术创作都是在一定世界观指导下进行的，如果没有正确的世界观，就会为错误的思想意识所左右。这不是“框框”，实乃出于必然。当前，我们文艺创作中出现的一些问题，究其根源正如毛泽东同志所批评的，我们有些作家、艺术家“缺少马克思主义的基本观点”，“受了资产阶级很深的影响”。例如有的作品不从真实的现实关系出发，而是去表现抽象的“爱”和“人性”，把“爱情”凌驾于社会秩序、伦理道德之上，把个人与集体、群众对立起来，宣扬了一种与人民群众思想情感不相容的“爱情至上”和极端个人主义；有的颠倒艺术的“源”与“流”的关系，不从反映我们现实生活的需要出发，不考虑民族艺术传统和群众审美需求，不是有分析地汲取西方艺术中对我们有用的东西，而是迷信他们的现代、后现代艺术，以模仿代替自己的创造，结果不为群众所认可，受到了冷遇；还有极少数人把现实生活描写成一种生存竞争、弱肉强食的可怕图景，散布社会达尔文主义、虚无主义等错误思想。这些现象产生的一个重要原因，在于世界观问题没有解决，不能以马克思主义观点、方法分析、认识社会问题和艺术现象。要解决这些问题，我们必须认真学习和掌握马克思主义的世界观、方法论。作家、艺术家是人类灵魂的工程师，要塑造人家的灵魂，必须首先塑造好自己的灵魂。胡耀邦同志提出，要做一个坚定的、清醒的、有作为的马克思主义者，这同样应当成为我们的作家、艺术家努力实现的目标。

作家、艺术家如何以正确的态度学习马克思主义呢？毛泽东同志说："学习马克思主义，是要我们用辩证唯物论和历史唯物论的观点去观察世界，观察社会，观察文学艺术，并不是要我们在文学艺术作品中写哲学讲义。"马克思主义只能包括而不能代替文艺创作中的现实主义。他反对教条式的对待马克思主义，它会把马克思主义变成"空洞干燥的教条公式"，不但破坏创作情绪，而且破坏了马克思主义。在这方面，我们吃过教条主义不少的苦头，有着深刻的经验教训。我们以马克思主义的立场、观点和方法观察、分析、研究社会现象和文艺现象，就能对现实生活看得深些、透些、远些，使艺术创作获得"正确的方向"，实现"帮助群众推动历史前进"的历史任务。在如何学习马克思主义问题上，鲁迅为我们树立了光辉的榜样。鲁迅前期作为一个清醒的、战斗的现实主义者，同社会旧制度、恶势力进行了坚持不懈的斗争，面对着纷纭复杂的社会现实，希望和前途在哪里？他仍不免产生"两间余一卒，荷戟独彷徨"的孤独、苦闷情绪，致使作品格调沉重，少了点"亮色"。而他自觉地学习马克思主义，结合事实的"教训"，纠正思想上的"偏颇"，从而认清了社会发展的必然趋势和光明前途，虽然处于"大夜弥天""万家墨面"的黑暗的环境中，却能从党领导的人民革命事业中看到了中国的希望和未来，确信"惟新兴的无产者才有将来"，并为之奋斗到最后一息。因此，他"惯于长夜过春时"，"怒向刀丛觅小诗"，写出那么多思想深刻、战斗力强的作品来。据李霁野《回忆鲁迅先生》一文记载，鲁迅根据自己的切身经验深有体会地说："马克思主义是最明快的哲学，许多以前认为很纠缠不清的问题，用马克思主义观点一看，就明白了。"鲁迅生活和战斗的时代已经一去不复返了，半封建半殖民地的旧中国已变成了社会主义的新中国。但鲁迅学习和运用马克思主义的可贵精神，仍然是值得我们继承和发扬的。今天，我们只有认真学习和掌握马克思主义，以科学的世界观指导生活和艺术实践，文艺创作才能坚持为人民服务、为社会主义服务的正确方向。

文艺工作者学习社会问题，是《讲话》的一个非常重要的、基本的思想。毛泽东同志提出，文艺工作者无条件地、全身心地深入到人民群众火热的斗争生活中去，与工农群众相结合，转变立场和思想感情，熟悉群众生活，获取丰富、生动的艺术原料，创造出为人民群众所喜闻乐见的文艺作品来。人民群众既是社会生活的主体，也是艺术接受的主体。作家、艺术家学习社会，首先要向人民群众学习。毛泽东同志说："一切革命的文学家艺术家只有联系群众，表现群众，把自己当作群众的忠实的代言人，他们的工作才有意义。只有代表群众才能教育群众，只有做群众的学生才能做群众的先生。"①今天，我们的文学家艺术家是劳动人民的一部分，不存在从一个阶级到另一个阶级的根本立场的改造和转变问题，但我们的思想感情和艺术实践是否符合人民群众的根本利益和要求呢？应该说，我们很多作家、艺术家能够深入到现实生活中去，与人民群众打成一片，努力表现他们的思想感情，把最好的精神食粮贡献给了人民。但也有少数人存在着较为严重的脱离实际、轻视群众的倾向，以追逐名利实现"自我价值"，顽强地"表现自我"，忘记了作为人民群众代言人的光荣使命。由此可见，在新的历史时期，作家、艺术家仍然有一个学习社会、联系群众、树立全心全意为人民服务思想的问题。邓小平同志《在中国文学艺术工作者第四次代表大会的祝辞》中说：

> 我们希望，文艺工作者中间有越来越多的同志成为名副其实的人类灵魂工程师。要教育人民，必须自己先受教育。要给人民以营养，必须自己先吸收营养。由谁来教育文艺工作者，给他们以营养呢？马克思主义的回答只能是：人民。人民是文艺工作者的母亲。一切进步文艺工作者的生命，就在于他们同人民之间的血肉联系。忘记、忽略或是割断这种联系，艺术生命就会枯竭。人民需要艺术，艺术更需要人民。②

①《毛泽东选集》，第3卷，人民出版社，1953年，第865—866页。

②《邓小平文选》（一九七五——一九八二年），人民出版社，1983年，第183页。

这话讲得何等深刻啊！人民是文艺工作者的母亲，只有同人民保持血肉联系，接受人民的教育，从人民生活中吸取思想营养和诗情画意，用自己的作品把人民高尚的道德品质、美好的思想感情、健康的审美趣味集中表现出来，才能教育和鼓舞广大人民群众，推动历史前进，创造美好的生活。如果他们脱离了人民群众，即使再有才华和能力，也会像希腊神话中的安泰离开大地母亲一样，丧失自己的艺术生命。

历史在发展，社会在前进。作家、艺术家要学习社会，还必须紧紧跟上时代前进的步伐，如毛泽东同志所说的那样，“和新的群众新的时代相结合”，表现“新的人物，新的世界”。抗日战争时期，大批进步的文艺家从国统区来到抗日根据地，从上海亭子间走进延安窑洞，这是两个世界，两个天地，社会环境、周围人物和艺术接收对象都不同了。他们却能够深入群众生活，虚心向群众学习，逐渐改变“不熟、不懂，无用武之地”的状况，创作出像《白毛女》《黄河大合唱》《兄妹开荒》《王贵与李香香》《李有才板话》《暴风骤雨》《太阳照在桑干河上》等一大批优秀艺术作品，真实地反映了革命根据地的新人、新事、新生活，使人们耳目为之一新。艺术创作的历史经验告诉我们，作家固然应当写自己所熟悉的生活，但是，真正与时代同一步伐、有所作为的作家，不应满足于已熟悉了的生活，还要适应社会时代的发展变化，积极主动地去熟悉新的事物，描写新的人物，表现新的时代，反映新的生活，如普列汉诺夫说的那样：“他在自己的领域里比别人更早或者更好、更充分表现出他那个时代社会的或者精神的需要和憧憬。”①否则，他就只能说老故事，唱老调子，成为时代的落伍者。

今天，我们国家进入一个新的历史时期，工作重点已经转移到以经济建设为中心的社会主义现代化建设上来，社会生活的各个领域都发生了巨大而深刻的变化。社会生活的重大变化，决定了文艺创作题材、主题和风格的变化。因此，我们作家艺术家的生活和创作活动的重点也应转移到社

① 普列汉诺夫：《论西欧文学》，吕荧译，人民文学出版社，1959年，第122页。

会主义“四化”建设上来，像列宁希望高尔基的那样，“观察人们怎样以新的方式建设生活”，[①]“把旧事物的腐朽和新事物的萌芽区别开来”，塑造“四化”建设者的形象，表现时代前进的要求和发展的趋势，以社会主义、爱国主义思想教育人民，为社会主义物质文明和精神文明建设做出贡献，创作出无愧于我们伟大时代的艺术作品来！

（与王邦虎、凤文学合作，原载《安徽师范大学学报》，1983年第3期）

①《列宁论文学与艺术》，第1卷，人民出版社，1960年，第545页。

关于风景诗、山水花鸟画的阶级性问题

关于文艺阶级性问题，人们的看法一直存在有着根本的分歧。马克思主义者认为，文学艺术是社会生活的反映，作为反映主体的艺术家的阶级本质和作为反映客体的存在着阶级斗争的社会生活，就决定它必然具有阶级性，只不过在具体作品中，有的表现得比较强烈、集中，有的比较隐晦曲折罢了。但是，有些人总是有意无意地抹杀这一客观事实。他们否定文艺阶级性的“有力”论据之一就是一些短小的风景诗和山水花鸟画。譬如左联时期，无产阶级文学进一步发展壮大，马克思主义文艺理论得以广泛传播，梁实秋公开地以资产阶级人性论反对文艺阶级性的理论，说什么文学是表现“最基本的人性的艺术”。“歌咏山水花草的美丽，可有阶级的区别吗？没有。”[①]对于这一论调，当时以鲁迅为首的革命作家曾给以有力的批驳，并且毫不含糊地回答说：文艺是有阶级性的。现在，我们中还有人提出了与他不谋而合的错误观点，如蒋孔阳先生就说：“在阶级对抗的社会中，也有一些文学作品，并不一定都反映作家的阶级意识，都具有为某一阶级的利益而服务的思想本质，因此，它们也就不一定具有阶级性了”。[②]为了论证这一观点，他举出很多站不住脚的例证，其中之一是他认为有些描写自然风景的作品如苏轼的《咏西湖》、王维的《山居秋暝》等，就没有阶级性。当这一观点受到应得的批评时，张启城却挺身而出，为之

① 梁实秋:《文学有阶级性吗?》,《新月》,1929年,第6、7期合刊号。

② 蒋孔阳:《文学的基本知识》,中国青年出版社,1957年,第44页。

辩护，进一步发挥了蒋孔阳的理论，以唯心主义和形而上学的方法，把文学艺术作品分成三种不同类型，即除了有较强或较弱的阶级性的作品之外，还有表现的对象如一般的离情别绪和不包括阶级性的自然美的第三种作品。[①] 以上这些都是形诸笔墨的阉割文艺阶级性的观点。在平时，更有不少的人掷出齐白石的虾子和徐悲鸿的马来非难坚持文艺有阶级性的同志，问其阶级性何在。因此，弄清风景诗、山水花鸟画的阶级性问题，对于捍卫马克思主义文艺理论，提高我们的认识水平，都有着一定的意义；同时，正确揭示这一类文艺作品的思想本质，对繁荣我国社会主义文学艺术，使之更好地为广大人民群众服务，也有着密切的关系。

由于自然界不是社会组织结构，山水花鸟也没有社会思想意识，因而它们是没有阶级性的。但自然物反映在艺术作品中，由于艺术家的主观意识的作用，就成了人所创造的精神文化——“第二自然”，即一种社会意识形态了。这“第二自然”与客观存在的自然有没有区别，它到底有没有阶级性呢？如果有，又怎样理解？这里提出我的看法，请同志们批评、指正。

一

否定风景诗、山水花鸟画有阶级性的理由，蒋孔阳的观点是有代表性的。他认为，这些作品“并不一定都反映作家的阶级意识，都具有为某一阶级的利益而服务的思想本质”，“作者只是把客观存在的自然的美，真实地艺术地表现了出来，你能说它们有什么阶级性呢?”[②]另外还有人认为有些画家在进行创作时，很难说他在考虑什么，如果你问他：“你画这幅‘花’，是怎么想的?”他却会感到茫然，无所回答。这些话的意思，说得简单明白些就是：诗人、画家在以自然景物为题材进行创作时，并没有主观意识的作用，因而这些作品不反映艺术家的阶级意识，只是真实地、艺

① 张启城:《蒋孔阳观点是否修正主义?》,《学术月刊》,1958年,第12期。

② 蒋孔阳:《文学的基本知识》,中国青年出版社,1957年,第44、45页。

术地再现了自然美，自然美是没有阶级性的，所以这类作品也就不具有阶级性。

上述观点是根本错误的，因为它违反了马克思主义的认识论，否定了人们的思想意识在认识与反映客观事物过程中的作用，把属于社会意识形态范畴的艺术美与客观存在的自然物等同起来了。我们知道，文学艺术是通过自己的特殊手段——艺术形象来反映客观现实的，因此，创造出具体感性的、能给人以美感享受的艺术形象是艺术家所努力追求的。要达到这一目的，艺术家必须有丰富的感性材料。齐白石不对那些小动物静观默察，熟烂于心，就画不出栩栩如生的虾子、小鸡来；如果没有深厚的生活基础，艺术创作仅以抽象的逻辑推理来代替对现实的活生生的描绘，创作出来的东西必然会是公式化、概念化的。但这丝毫也不意味着艺术家进行艺术创作只是摹写感觉表象，机械地记录生活事实。如所周知，人的整个认识过程包括感性认识和理性认识两个阶段，当我们的感官接触某一事物时，不会永远停止在感性认识阶段上，而要上升到理性阶段，以进一步的认识它，理解它，做一番“去粗取精、去伪存真、由此及彼、由表及里”改造制作的功夫，只有这样才能正确、深刻地认识和反映客观事物的本质。“理性认识依赖于感性认识，感性认识有待于发展到理性认识，这就是辩证唯物论的认识论。”[①]人的一般认识过程是如此，文学艺术家在进行创作时，也必须符合这一思维活动的客观进程，必须进行理性思考，把感性认识提升到理性认识的阶段。形象思维不同于逻辑思维的只是在于：它是以具体形象的形式出现的，理性认识渗透、溶解于其中。我们应当看到理性认识在艺术创作中的作用。车尔尼雪夫斯基在论及艺术与生活的关系时写道：

艺术的主要作用是再现现实中引起人的兴趣的事物。但是，人既然对生活现象发生兴趣，就不能不有意识或无意识地说出他对它们的判断；诗人或艺术家不能不是一般的人，因此对于所描写的事物，他

①《毛泽东选集》，第1卷，人民出版社，1952年，第290页。

不能（即使他希望这样做）不作出判断；这种判断在他的作品中表现出来，就是艺术作品的新的作用，凭着这个，艺术成了人的一种道德的活动。[①]

车尔尼雪夫斯基的这段话有力地说明了：一个艺术家所描写的既然是他所发生兴趣的事物，就必然自觉或不自觉地要对这一事物作出判断、评价。在阶级社会里，人都是有阶级性的。正因为如此，作品必然表现出艺术家的思想倾向，也就具有了阶级性。正如鲁迅先生所说："他（指美术家——引者）的制作，表面上是一张画或一个雕像，其实是他的思想与人格的表现。"[②]

在反映社会阶级的矛盾斗争的作品中，作家鲜明地体现着从自己的阶级意识对其所描写的人物事件的认识、评价，《水浒传》和《荡寇志》同是反映农民革命斗争的小说，但两者所表现出的阶级立场则是完全对立的。反映社会斗争的作品是如此，就是描写一座山、一片水、一朵花、一只鸟也不例外。一个景物画家，表面上是在把视网膜上的物象移植到自己的画纸上，好像没有什么思想活动，其实在他的画面里已经渗透了他的人生哲学和美学见解，甚至有的艺术家在主观上想纯客观地把自然景物描绘出来，但其结果是与自己的愿望相反，还是不自觉地把思想情感渗透在作品中。画家塞尚告诉左拉说："我本来也想临摹自然，但是终于做不到。我不能'再造'太阳，但是我能'表现'太阳，这对于我也就行了。"[③]自然景物较之社会生活的变异性小些，现在的黄山、峨眉山和松、柏、竹、兰与几百年前大概没有多大的根本变化，但是古代的艺术家画它，现代的艺术家也画它，将来也还有人画它。面对着这些同一题材的作品，人们并无重复的感觉，还是那样兴味深浓地欣赏它，陶醉于其中。所以如此，其

① 车尔尼雪夫斯基:《生活与美学》,周扬译,人民文学出版社,1957年,第102页。

②《鲁迅全集》,第1卷,人民文学出版社,1957年,第404页。

③ 转引自朱光潜:《文艺心理学》,《朱光潜全集》,第1卷,安徽教育出版社,1987年,第330页。

原因在于这些作品并不是照相式地、机械地再现自然景物，而是其中存在着不同时代、不同阶级的艺术家对它的不同理解，创造出不同的艺术境界，显示出不同的时代精神和思想倾向，因而也就给人以不同的艺术享受。这里我们以残荷为例说明这一点。残荷，古往今来不知有多少画家描绘过它，但所表现的情调和思想倾向则完全不同，“有显得凋零残败，不胜风霜凌虐的；有显得秋风威临，万物枯萎，生机难久的；也有自然主义地描写的残荷。但还有另外一种残荷，像齐白石老人画的那样，就能唤起水乡秋色的田园诗意，在那满纸荷梗交错之中，虽然叶残花败，然而莲蓬却十分饱满丰盛，可以使人联想到肥嫩的藕在土壤里已经成熟。从劳动人民的感情来看，就很可能引起收获的喜悦。白石老人久居农村，本人是劳动者又是伟大的艺术家，因而他所体会和表现的残荷，就别具新意”。[①]从这一比较中可以看出，正是由于艺术家的思想感情不同，对同一自然景物的感受与理解也就不同，同是残荷，有的画家通过对它的描绘表现的是消极低沉的情绪，而齐白石的残荷不仅表现了自然本身的美，而且使人感受到秋高气爽的诗意和劳动收获的喜悦。齐白石的画较之一般文人画更有着鲜明的人民性，就因为它对自然景物的感受和理解，与劳动人民的思想感情和审美趣味是相通的、一致的。这不是表现出一定的阶级性了吗?!

山水花鸟画由于题材和物质媒介的限制，艺术家的思想感情和审美理想表现得隐晦曲折，在风景诗中也是如此。一首短短四句的五、七言诗，表面上看它的每一句都是写景的，其实是句句言情，即景抒情，情寓景中。这样的例子太多了，我随手拈来王维的《辛夷坞》说吧：

木末芙蓉花，山中发红萼。
涧户寂无人，纷纷开且落。

这是诗人在李林甫当权后，被逐出政治舞台，不愿与之同流合污，挂冠归隐，遁居于辋川山谷时写的一首诗。这首诗好像是在写辛夷坞的芙蓉

① 雪农:《花鸟画创作杂谈》,《美术》,1959年,第4期。

花的自开自落，而无人欣赏的自然景色，其实是诗人在借芙蓉花抒发自己的情感，表现了诗人内心生活的深刻矛盾。他并不安于那种“耦耕南亩，高卧东窗”的隐士生活，为自己不被人赏识而寂寞、痛苦，并盼望再能有张九龄那样实行开明政治的宰相，来赏识他、引荐他，好重新施展自己的才能。因而在冷漠的诗句中隐约地呈现出诗人少年时代雄心壮志的痕迹。

在我国古典美学理论中特别强调诗画的“意境”，甚至把它作为衡量作品好坏的标准，是有深刻的道理的。所谓“意境”，就是“神形兼备”“思与境偕”的艺术形象。它要求作家的思想情感（神思）与自然景物（形境）在作品中有机统一起来。这一创作原则告诉我们，艺术家在反映现实生活（包括自然景物在内）时，不是自然主义地摹拟生活，而是充分地发挥主观意识的能动作用，当然这并不等于说，艺术家可以违反社会生活、自然景物本身固有的特点、本质，来抒发自己的主观情感，否则就会歪曲客观事物的真实面貌，根本创造不出神形兼备、情景交融的艺术形象来。

总括上述分析，我的看法是，风景诗、山水花鸟画是艺术家创造的精神产品，必然体现着艺术家的社会意识、审美情趣，也就是所谓“人性”吧。如果要讲“人性”，也只有具体的人性，而无抽象的“人性”。在阶级社会里，不同阶级的艺术家有不同的“人性”，他表现在艺术中的思想感情，就必然带有一定的或强或弱、或明或暗的阶级倾向性。梁实秋曾说无产阶级文学理论的错误是“在把阶级的束缚加在文学上面”，鲁迅在《“硬译”与“文学的阶级性”》中予以一针见血的批评，讲得非常好：“文学不借人，也无以表示‘性’，一用人，而且还在阶级社会里，即断不能免掉阶级性，无需加以‘束缚’，实乃出于必然。”①那种认为风景诗、山水花鸟画不反映艺术家的阶级意识，只是真实描绘自然景物的美的观点是错误的。它否定艺术家的社会意识在创作中的作用，把艺术创作视为直觉经验的产物，这其实是唯心主义“形相直觉”说的翻版。如朱光潜在

①《鲁迅全集》，第4卷，人民文学出版社，1957年，第164页。

《文艺心理学》中说："脱净了意志和抽象思考的心理活动叫做'直觉'，直觉所见到的孤立绝缘的意象叫做'形相'。美感的经验，就是'形象的直觉'，美就是呈现形相于直觉的特质。"在他们看来，艺术创作和欣赏产生于纯粹的形象的直觉活动，而艺术家是用不着对反映对象进行情感体验、认识理解和审美评价的。其实，按照表现主义"直觉即表现"的观点来看，艺术创作也不是见"物"不见"人"的，而是心物交融、物我同一、表现出艺术家的主观情趣的。

艺术家不经过理性思考，不表现艺术家的阶级意识，只是单纯依靠直觉活动是不是可以真实的表现出自然美呢？我们的回答是否定的。艺术创作是要以感性认识为基础的，但感觉经验并不能反映现实生活的本质，因为它反映的"仅是片面的和表面的东西，这种反映是不完全的，是没有反映事物本质的"。[①]因此即使是以自然景物为题材的作品，也不可能是只靠纯粹的"形相直觉"，完全脱离艺术家的社会意识。另外，否定艺术家主观意识在风景诗、山水花鸟画创作中的作用，实质上也就取消了这一类作品的社会意义。如果它只是纯客观的描写自然景物的美，那么池塘里有无数的蝌蚪在游动，菜市场上不乏新鲜的大白菜、红辣椒，公园里的一片片一朵朵牡丹、菊花在争奇斗艳，公路上也可经常看到拉车奔驰的骏马，我们为什么还要去欣赏齐白石、徐悲鸿的画呢？因为在这些作品中不仅真实地反映了自然景物本身的美，而且在这些作品中还蕴涵着艺术家美好的思想情感和健康的审美理想。徐悲鸿的奔马多么鲜明地表现了时代精神啊！没有思想的艺术是不存在的。柏林斯基说得好："艺术没有思想，就像一个人没有灵魂，……是一具死尸。"

二

我们批评了认为风景诗、山水花鸟画不反映艺术家阶级意识、只是真

① 《毛泽东选集》，第1卷，人民出版社，1952年，第290页。

实地再现自然美的错误观点，论证了它同样反映着艺术家的社会意识，表现出一定的阶级倾向。它不是自然的产品，而是人的精神产品，是马克思所说的"人化的自然"，高尔基所说的"第二自然"。在这类作品中，物我契合，情景交融，如王国维说的："一切景语，皆情语也。"①

在阶级社会里，阶级性是人的本性、本质，不同阶级的艺术家同看待其他社会事物一样，也是以不同的思想感情、审美趣味去体验和表现自然景物的。封建时代有些文人雅士总是喜欢通过自然景物的描绘，寄寓自己回避现实矛盾、孤芳自赏乃至消极悲观的情怀；而革命的艺术家则相反，他们是以积极乐观的态度来看待大自然的，并把它同祖国和人民的命运联系在一起。现代诗人田间就曾在《拟一个诗人的志愿书》中公开宣布自己对山水田园的态度："爱护田园，并以我的爱使田园获得自由、光荣和幸福。"正是因为不同阶级的艺术家是以不同的思想感情、美学观点欣赏和描写大自然的，这就给风景诗、山水花鸟画打上了或深或浅、或明或暗的阶级烙印。秋天的景色，从古到今不知有多少画家、诗人描绘过它，但大多是与"悲"联系在一起的，"悲秋"几乎是我国古典艺术的传统主题。马致远的词《天净沙·秋思》是其中最有名的作品，它所描绘的秋景是多么孤寂、凄苦、悲凉，除了引起人们对羁旅天涯的游子的同情和思念家乡的共鸣以外，还能激发人们什么崇高的思想感情来呢？我们看看毛主席《沁园春·长沙》是怎样描写和表现深秋景色的吧：

独立寒秋，湘江北上，橘子洲头。看万山红遍，层林尽染；漫江碧透，百舸争流。鹰击长空，鱼翔浅底，万类霜天竞自由。怅寥廓，问苍茫大地，谁主浮沉？

这秋天的景色是多么壮丽，多么绚烂，生机勃勃，以其强大的生命力，为了争取自由解放同寒秋的霜天进行抗争，丝毫没有万物枯萎、凋零的感觉，更没有什么"悲秋"的情调。从毛主席这首词中，我们不仅感到

① 王国维：《人间词话》，中华书局，1956年，第47页。

秋天景色的美和可爱，更重要的是受到了革命乐观主义教育。试想没有毛主席那样博大的胸怀，怎能写出这样洋溢着革命激情的诗篇呢？这首词同马致远的《秋思》比较起来，虽然都是描写秋天景色的，却有着天渊之别。两者所表现的思想情感是完全不同的，不是鲜明地表现出不同的时代特色、阶级倾向吗？

为了具体的，而不是笼统的，一般的解释风景诗、山水花鸟画的阶级性问题，我想，介绍一下王国维的“境界”说还是有作用的。王国维在他的《人间词话》中认为“词以境界为最上”，并把它作为评价我国古典诗词艺术的根本标准。他所说“境界”，就是人们所谓的“意境”。他把“境界”分为“有我之境”“无我之境”两种。“有我之境”，就是作品所描写的自然景物鲜明的涂染着艺术家的感情色彩，如郭沫若《女神》中的《立在地球边上放号》《太阳礼赞》《光海》等就是。这一类风景诗的阶级倾向性是很明显的，只要稍加分析即可了然。请看《光海》的第一节：

无限的大自然，
成了一个光海了。
到处都是生命的光波，
到处都是新鲜的情调，
到处都是诗，
到处都在笑；
海也在笑，
山也在笑，
太阳也在笑，
地球也在笑，
我和阿和，
我的嫩苗，
同在笑中笑！

这正如刘彦和在《文心雕龙·神思》中所说的："登山则情满于山，观海则意溢于海"。在诗人笔下，人与大自然融为一体，大自然有了人的情感，成了人的化身。大海，高山，太阳，甚至整个地球，都闪烁着生命的光辉，尽情欢笑。如果知人论"诗"的话，这正是诗人冲决一切旧的思想藩篱，追求个性自由解放、积极乐观的战斗风格的写照，充分表现了"五四"时代的革命精神。对于"无我之境"，有人认为是指没有表现诗人思想情感、单纯描写自然景色的作品，这样的理解是错误的，因为它不符合王国维的原意。诗词作品中的"无我之境"，并非真正的"无我"，即王国维自己所说的"无我之境，唯于静中得之"，"以自然之眼观物，以自然之舌言情"。[①]因此，诗人的思想情感不像"有我之境"的作品那样显露，而是潜藏、暗含在自然画面之中，如不细心体察、领悟是看不出来的。这里以大家所熟知的柳宗元的《江雪》一诗为例稍加说明：

千山鸟飞绝，万径人踪灭。
孤舟蓑笠翁，独钓寒江雪。

这里诗人给我们描绘的是一幅寒江独钓图。这境界是何等的静寂，人不到，鸟不飞，没有人间烟火味。诗人之所以欣赏这种超然尘外、与世隔绝的境界，不正是封建士大夫"达则兼济天下，穷则独善其身"处世哲学的典型表现吗?!

我们从上述分析中可以知道，不仅"有我之境"的作品具有阶级性，就是作者的思想表现得比较隐蔽的"无我之境"的作品也不例外。谈到这里，问题似乎已经解决了，其实不然，我们的反对论者还会拿出一张齐白石的虾子或其他什么静物画来，要你指出它的阶级性在哪里，这种做法似乎很能吓唬人，我们可用不着惊慌失措，因为列宁早就告诉过我们："因为社会生活现象极端复杂，随时都可以找到任何数量的例子或个别的材料

① 王国维：《人间词话》，中华书局，1956年，第1、2、23页。

来证实任何一种意见。”[①]如果从事实的全部总和、从事实的联系去掌握事实，那么，事实不仅是“胜于雄辩的东西”，而且是证据确凿的东西。如果不是从全部总和、不是从联系中去掌握事实，而是片面的、随便的挑出来的，那么事实就只能是一种儿戏，或甚至连儿戏也不如。

马克思主义认为，客观事物之间是相互联系、相互制约的，在无限错综复杂的合乎规律的联系中，形成一个有机统一的整体。因此，科学研究的任务在于从客观事物的普遍联系中揭示其本质属性，而不是孤立的、静止的、片面的看问题。那种孤零零地拿出一首风景诗、一幅山水花鸟画来否定艺术阶级性的做法，是违反了科学研究的基本原则的，并很容易蒙蔽、欺骗一般就事论事的读者。这正如鲁迅在批评文学研究中的“摘句”法所说的那样：“它往往从衣裳撕下来的一块绣花，经摘取这一吹嘘或附会，说是怎样超然物外，与尘浊无干，读者没有见过全体，便也被他弄得迷离惝恍。”[②]从抽象的人性出发否定文艺阶级性的人，就是先在头脑中虚拟出一种“超然尘外”理论，然后再用从衣裳上摘一块绣花的手法，来为自己的观点提供佐证的。

鲁迅对于文学研究领域中形而上学的观点、方法的批判，对于正确认识风景诗、山水花鸟画的阶级性问题有着重要的指导意义。如鲁迅指出：研究文学作品或某一作家，仅依据选本是靠不住的，因为过去的选本家“大抵眼光如豆，抹杀了作者真相的居多”。他举例说，有的论者只是根据选本中的“采菊东篱下，悠然见南山”两句诗，就把陶渊明说得如何如何的飘逸、超脱，这显然没有顾及陶渊明的“全人”。鲁迅正确地指出：陶诗“除论客所佩服的‘悠然见南山’之外，也还有‘精卫衔微木，将以填沧海。刑天舞干戚，猛志固常在’之类的‘金刚怒目’式，在证明着他并非整天整夜的飘飘然。这‘猛志固常在’和‘悠然见南山’的是一个人，倘有取舍，即非全人，再加抑扬，更离真实。”[③]因此，他说：“我以为倘

①《列宁全集》，第22卷，人民出版社，1958年，第182页。

②《鲁迅全集》，第7卷，人民文学出版社，1957年，第339页。

③《鲁迅全集》，第6卷，人民文学出版社，1957年，第338页。

要论文，最好是顾及全篇，并且顾及作者全人，以及他所处的社会状态，这才较为确凿。要不然，是很容易近乎说梦的。”[①]我们研究文艺作品，不仅要顾及“全篇”，从其艺术整体出发，还要顾及“全人”，结合作家的生活经历、思想意识、审美观点及其所处的历史时代和社会状况，才能充分揭示其思想内涵，得出较为“确凿”的结论。风景诗、山水花鸟画由于描写对象性质的限制，艺术家的阶级倾向性表现得不是那么鲜明、强烈，我们以历史唯物主义观点、方法来分析它、理解它，就更为必要。这里，我们根据鲁迅先生的论述，对齐白石画作的思想倾向作点简略地分析。

齐白石是享有世界声誉的艺术大师，他以自己的生花妙笔，蘸和着劳动人民的思想感情和审美趣味，为花、草、虫、鱼传神写照，创造出一种生机盎然、意趣无穷的艺术境界。对于有着鲜明思想倾向、揭露黑暗现实的象征、寓意性的画如横行蟹、不倒翁等，我们这里略而不谈，且看看那些被人认为没有阶级性的作品吧。首先白石老人所选择的创作题材，大都是劳动人民所熟悉、所喜爱并与自己日常生活密切相关的自然物，如白菜、辣椒、荷花、鱼虾、小鸡、蚯蚓等等，那些达官贵人所享受的“富贵之花”是很少人画的。更重要的是画中表达了劳动人民的思想感情，具有浓厚的生活意味和健康的审美情趣。他有一幅画，只画着四棵大白菜，鲜活生动，肥嫩可爱，青翠欲滴，看了不仅使人感到秀色可餐，甚至会联想到它是劳动人民用辛勤的汗水培育、浇灌出来的。白石老人还在画上题诗曰：“唯独老萍知其味，先人三代咬其根。”是的，如果老人不是出身于“先人三代咬其根”的贫穷劳动人民家庭，同他们没有生活、思想上的血肉联系，又怎能“唯独老萍知其味”，表现出劳动人民的审美情味来呢？当然也就画不出如此杰出的作品来。另一幅除了画一棵大白菜外，左下首还画了两只鲜红的大辣椒。画题曰：“牡丹为花之王，荔枝为果之先，唯独不论白菜为菜之王，何也？”这不是更加明确的表达了劳动人民的审美情趣了吗？在旧社会啼饥号寒的生活境况下，劳动人民不论从实用的，还

①《鲁迅全集》，第6卷，人民文学出版社，1957年，第334页。

是从审美的观点来看，都是更为喜爱、欣赏肥美鲜嫩的大白菜、通红通红的大辣椒的。牡丹虽好，但毕竟与他们的生活没有多大的直接关系。美在关系，美是生活啊！

综观白石老人的画，它的阶级倾向性在于：大师通过对劳动人民所熟悉、理解和喜爱的自然物审美体验和艺术创造，真实地表达了劳动人民的思想感情和审美趣味。这里有个生动的例证，一位农村妇女无意中看到人家堂屋挂着白石老人的画，久久不愿离去，并绝口称赞说："画活了，跟真的一样！"这就是他的画超越古代文人山水花鸟画的地方。白石老人之所以能创造出那么多为人民大众所喜爱的艺术珍品，除了他的艺术天才和辛勤劳动之外，更主要的是他出身于农村劳动人民家庭，并与之在生活上、思想感情上有着深厚的联系。他在接受国际和平奖的大会上曾非常动情地说："正是由于我爱我的家乡，爱我祖国美丽富饶的山河大地，爱大地上的一切活生生的生命，因而花了我毕生精力，把一个普通中国人的感情画在画里，写在诗里。"这几句话集中概括了他的作品的思想意蕴和阶级倾向性，以及其取得伟大艺术成就的根本原因。

三

前面我们论证了只有以全面的观点，从作品的艺术整体出发，结合艺术家的世界观、生活经历以及创作的历史时代和社会状况，才能正确把握风景诗、山水花鸟画的阶级性问题。但艺术史上也有这种情况，即艺术家的生活经历和思想状况没有资料可考，存留的作品也不多，又怎么理解这一类作品的思想倾向性呢？我觉得还是可以的，只要把它与不同时代的作品加以比较，它的时代色彩和阶级烙印就会显现出来。总的说，古代的山水田园诗画作品，不论是王维的《渭川田家》，还是辛弃疾的《鹧鸪天》（陌上柔桑破嫩芽），虽然真实地描绘了美丽的田园景色，有很高的审美价值，但与我们今天社会主义新农村相比，有着多么大的不同啊！他们笔下自然风光总是那么安宁平静，充满着田园牧歌式的气氛、情调。所以如此，这是与封建社会农村自给自足的自然经济相联系的。我们今天的一些风景诗、山水花鸟画则是同社会主义时代精神紧密联系在一起的，体现出广大劳动人民在党的领导下，改造自然、绿化祖国、建设新农村的豪情壮志，这在新民歌中表现得尤为突出，试看选入《红旗歌谣》中的一首：

南山岭上南山坡，南山坡上唱山歌；
唱得红花朵朵开，唱得果树长满坡。
东坡唱起农业社，西坡唱起银水河；
河水深深流不断，东坡西坡长稻禾。
高坡青松叶不落，低坡红花果树多；
前坡蜜桃后坡梨，千重万叠金银坡。
金坡银坡八宝坡，羊群滚滚似银河；
牧童站在银河岸，手扬鞭梢唱山歌。
田坡林坡花果坡，绿草青青牛满坡；
南山坡上放声唱，唱得幸福落满坡。

在这首民歌里，祖国的山河大地变得更美了，山欢水笑，花红叶绿，牛羊满坡，一派生气蓬勃、欣欣向荣景象。它寓情于景，歌颂了新中国的劳动人民富于诗意的、欢乐幸福的生活。另外，还有哪一个时代的山水画家，能像傅抱石等根据毛主席词《沁园春·雪》的意境创作的《江山如此多娇》那样表现出新的时代精神来呢？它不仅画出了“如此多娇”祖国江山美，更能以自己的艺术力量，激发人们丰富的联想，领会到今天祖国所以如此伟大可爱，正是“无数英雄竞折腰”，即无数革命先烈用鲜血和生命换来的；在共产党领导下，中国人民将把祖国建设得更加美好：“数风流人物，还看今朝！”不同时代的风景诗、山水花鸟画表现着不同的时代精神，必然打上一定时代的、阶级的思想烙印。

这里还有一个最令人困惑难解的问题，就是为什么不同阶级的人能欣赏同一首风景诗、同一幅山水花鸟画呢？这个问题很复杂，原因是多方面的。

其一，不同阶级的人对待自然美的感受、欣赏虽有差异，但不像对待社会政治问题那样显得那么鲜明、强烈，不同阶级的人有着不同的审美标准，但在不影响自己阶级利益的情况下，统治阶级中的一些人也会欣赏劳动人民认为美的事物。车尔尼雪夫斯基在其名著《生活与美学》论及“美是生活”这个命题时指出：农家少女由于正常的劳动生活，“都有着鲜嫩红润的面孔”，“体格健壮，长得很结实”，这在劳动人民看来是美的。而上流社会则认为美人是“弱不禁风”，“有双纤细的手足”，“耳朵必须是小的”，这是他们不劳而获、无所事事的生活方式所形成的审美趣味。他否定上流社会以女子病态、柔弱、委顿、慵倦为美的审美趣味，但他同时也说：“健康在人的心目中永远不会失去它的价值，因为如果不健康，就是大富大贵，穷极奢侈，也生活得不好受，——所以红润的脸色和饱满的精神对于上流社会的人，也仍旧是有魅力的……”。[①]从这里我们可以想见，上流社会的贵妇人所以会欣赏农村少女红润的面孔、强壮结实的体格，是为了更好地享受寄生生活，结果只能“东施效颦”，靠涂脂抹粉以求“美”，而不会像农村少女一样，在生产劳动中练就一副健美的体形。不同阶级的人都可以欣赏齐白石的画，但他们的出发点是各不相同的，有的人是难以体会、认识到其中所表现的劳动人民的审美情趣的。这大概就是我国古代诗文理论中所说的，对于同一作品，欣赏者“各以其情而自得”吧。

其二，不同的人欣赏同一作品，是以不同的思想感情、审美观点来决定其肯否、取舍的。对于以社会政治斗争为主题的作品，不同的读者在看法上存在着尖锐的分歧与对立，这是尽人皆知的；即使是风景诗、山水花鸟画也会表现出来。譬如王维的山水田园诗，我们着眼于他“宁栖野树林，宁饮涧水流，不用食粱肉，崎岖见王侯”的不满现实、不与当权者同流合污的思想和真实表现的自然美，肯定其积极的思想、艺术价值，并扬

① 车尔尼雪夫斯基：《生活与美学》，周扬译，人民文学出版社，1957年，第7—8页。

弃他的消极遁世的人生态度。而那些封建文人却与我们不同，他们醉心于“渡口只宜寂寂，人行须是稀稀”的境界，以寄托自己孤独、没落的情怀，而对于《渭川田家》《春中田园作》《田家》等诗描写的田园风光、乡土生活就不那么欣赏了。不同时代、不同阶级的人欣赏风景诗表现出不同的审美趣味，不也说明它的阶级性吗？

其三，在阶级社会里，人们由于所处的社会政治、经济地位不同，形成不同的阶级，具有不同的阶级意识。“但是，阶级社会的对立而又统一，作家生活经历的曲折而又复杂，就使各个阶级的思想呈现为错综复杂的状态。”[①] 不同阶级的人在社会统一体中，思想意识是可以相互影响、相互渗透的。有些出身于统治阶级的作家，由于受到进步思想的影响，就会写出具有人民性的作品来，人民群众就会接受它、欣赏它；反之，统治阶级的思想也会影响到劳动群众，因而在少数民间文学作品中也表现出某些封建伦理观念、迷信落后意识，而为统治阶级所欣赏。对于这种现象，我们只有进行历史的、具体的、阶级的分析，才能作出正确的解释，而用抽象的人性论或简单地划分阶级成分的办法都是无能为力的。

我们通过以上对复杂的艺术现象的分析，足以说明不同阶级的人欣赏同一风景诗、山水花鸟画的实事不能作为否定其阶级性的依据、理由。我们对待如恩格斯所说的作为“更高凌驾于空中的思想部门”之一的文学艺术，特别是像以自然景物为题材的作品，必须以历史唯物主义观点、方法，对具体作品做出具体分析，而不能以历史唯心主义的、抽象人性论观点来理解它、评价它。这里应当指出的是，要彻底解决这个问题，有待于作进一步深入细致的研究，加上它不是本文讨论的主要问题，故只能谈了点自己粗浅的看法，如有可能，将作进一步的探索。

① 冯仲芸等:《“中国文学史”修改中的几点认识》,《光明日报》第三版,1959年11月20日。

四

通过上面的理论阐述和作品分析，我们认为风景诗、山水花鸟画没有阶级性的观点是难以成立的。它否定了艺术家的社会意识在艺术创作中的能动的作用，把属于社会意识形态的文学艺术与客观存在的自然现象等同起来；它在对具体作品分析上，以抽象的人性论为理论依据，以形而上学的观点、方法，脱离艺术家的世界观、生活经历及其所处的历史时代，孤立、静止、片面地看问题，当然不能正确把握作品的社会内容和美学意蕴，何况是阶级倾向性不那么明显的风景诗、山水花鸟画呢?!

我们批评了以风景诗、山水花鸟画来阉割文艺阶级性的错误观点，不等于这方面的问题就全都解决了。譬如风景诗、山水花鸟画如何通过自己的艺术特点来反映飞跃发展的社会主义现实生活，以社会主义思想教育人民这一根本问题并没有得到很好解决，需要我们作进一步探索。另外，笔者深深感到，有的人所以好用风景诗、山水花鸟画以及音乐、舞蹈等艺术作品来非难、否定、阉割文艺的阶级性，除去其他原因外，我们对于这些艺术形式反映现实的审美特征缺乏具体深入地研究也是一个重要原因。这就要求我们艺术形态学研究不能局限于文学艺术的某些部门，而要扩展自己的研究领域，既要研究文学、戏剧、电影，也要研究绘画、音乐、舞蹈，以使美学理论得到深入发展，促进艺术创作走向全面繁荣!

（原载《合肥师范学院学报》，1960年第1期；《文艺报》，1960年第10期转载）

周扬的现实主义理论及其与胡风的论争

——兼与乐黛云同志商榷

30年代中期，“左联”两位重要的文艺理论家——周扬和胡风之间，进行了一场关于现实主义问题的论争。这场论争虽然时间不长，规模不大，却对以后的革命文艺运动产生了不小的影响。今天，我们正确地总结这场论争的经验教训，科学地评价他们理论上的是非得失，对于加强新时期文艺队伍内部的团结，促进文艺创作和理论批评的发展，无疑是有现实意义的。乐黛云同志在《文艺报》1988年第32期上发表的《关于现实主义的两场论战》一文，对于这场论争作了有益的探索和研究，读后颇受启发，获益匪浅，但同时又感到她对周扬、胡风两人的理论观点，一个否定，一个肯定，缺少分析，褒贬失当，有欠公允。这里谈谈我对周扬的现实主义理论及其与胡风论争的看法，与乐黛玉同志商榷并求教。

我们知道，从1932年开始，苏联的文艺政策和创作思想发生了一个大的转变，这就是清算了“拉普”派的“左倾”错误，批判了他们组织上小集团的宗派主义、关门主义，创作思想上的主观唯心主义，提出“社会主义现实主义”创作方法以取代和否定拉普派的“唯物辩证法的创作方法”错误口号，就其主导方面来看，这是一个好的、积极的转变。苏联这一新的文艺思潮很快地反映到我国左翼文艺运动中来，其中一个突出的表现就是周扬从1933年到1936年，陆续发表了《文学的真实性》《十五年来的苏联文学》《关于“社会主义的现实主义”与革命的浪漫主义》《现实的和浪漫的》等文章，介绍了苏联文艺界批判“拉普”派和讨论社会主义现实主义创作方法问题的情况和理论成果，特别是根据刚公开发表不久的马克思、恩格斯关于现实主义问题的几封书信的观点，比较集中、系统地阐述了新现实主义的特征及其与旧现实主义的区别、现实主义与浪漫主义、世界观与创作方法的关系以及典型问题。当时，在我国左翼文艺运动中，马克思主义文艺理论建设还处于初创时期，周扬的现实主义理论不够深入、完善，特别是联系我国革命文艺创作的实际不够，这是可以理解的。但是，它对于消除“拉普”派“穿着各种各样服装出现的”极“左”的错误思想的影响，引导左翼作家转变思想立场、树立马克思主义世界观，反对创作中脱离现实生活的主观主义倾向，还是起了很好的、积极的作用的。

1936年1月，周扬在《文学》杂志上发表的《现实主义试论》中，对胡风《什么是“典型”和“类型”?》中关于典型的普遍性与特殊性的观点进行了“修正”，胡风写出《现实主义底一“修正”》《典型论底混乱》等文予以辩驳，周扬又在《典型与个性》中进一步阐明自己的观点，他们围绕着现实主义和典型问题展开了一场争论。如何评价左翼革命文艺运动中的这场论争呢？乐黛云同志在她的文章中，对胡风是完全肯定的，对周扬则是全盘否定的。且看她是怎样评论周扬的观点的：对新现实主义的论述“是强调了世界观和艺术形式”，“恰恰忽略重要的‘生活’本身”；对典型的看法成了“中国文艺界“左”倾时期‘一个阶级一个典型’的理论基础”，使“文艺创作在很长一段时间里很难摆脱公式化、概念化的桎梏”；把革命浪漫主义作为新现实主义的因素，要求作家运用想象、综合、夸张、浪漫主义手法描写人物形象，结果成了主张写无产阶级只能是“高、大、全”，写资产阶级只能是“坏人”，如此等等，好像新中国成立后，特别是“文革”时期文学艺术领域里长期存在的“左”倾错误，都是从周扬30年代的现实主义和典型理论那儿来的。这是实事求是的归纳、概括，还是抓住只言片语的发挥、引申？我们有必要根据上述几篇文章，看看周扬到底是怎样论述现实主义和典型问题及其与胡风论争的。

一

新现实主义的特征是什么？周扬首先把它与旧现实主义作了比较，既肯定了后者真实反映现实生活、批判旧制度的艺术力量，又指出由于作家世界观的局限和内在矛盾给作品带来的弱点、缺陷和问题。他认为新现实主义是以“现代正确的世界观”即马克思主义为基础和依据的，因而可以保证作家对社会发展客观规律的正确认识，并能够从运动和发展中反映现实生活，“预见”新社会发展的趋势。显然，他是把无产阶级世界观作为新的现实主义区别于旧的现实主义的根本标志的。他明确指出：“新的现实主义的方法必须以现代正确的世界观为基础。正确的世界观可以保证对于社会发展法则的真正认识，和人类心理和观念的认识，把艺术创作的思想的力量大大地提高。”[①]他虽然强调了世界观对于艺术创作的指导作用，但并未因此忽视作家的生活实践对艺术创作的重要意义，以世界观来代替创作方法。他非但没有如此，还较为深刻地批判了“拉普”派所提倡的“唯物辩证法的创作方法”，指出它会使作家脱离社会实践，无视艺术的特殊性，“把创作方法直线地还原为全部世界观问题”。周扬明确地写道：

> 虽然艺术的创造是和作家的世界观不能分开的，但假如忽视了艺术的特殊性，把艺术对于政治，对于意识形态的复杂而曲折的依存关系看成是直线的，单纯的，换句话说，就是把创作方法直线地还原为全部世界观的问题，却是一个决定的错误。[②]
>
> “拉普”的批评家们却并不向这些作家要求社会主义发展的事实之真实的艺术的表现，而只向他们要求“百分之百的马克思主义的世界观”，好像不先有完备的世界观就不能产生好的作品似的。其实世界观这个东西是在作家的努力及其社会的实践中发展的。他们没有率

①《周扬文集》，第1卷，人民文学出版社，1984年，第157页。

② 同上，第106页。

先强调他们的作品的真实的部分，而单单为了辩证法的唯物论没有彻底，就一笔抹杀那作品的全部价值。[①]

在他看来，文学艺术是客观现实生活的反映，“客观世界是离我们的主观而独立存在，发展的。主观和客观的结合，即，认识周围世界必须经过实践的过程。……文学的认识是通过感性的形象的，艺术必须从现实，从生活本身中吸取活生生的形象。所以文学和现实之间的关联就格外直接和紧密”[②]。他指出“拉普”派开口“从辩证法出发”，闭口“照辩证法写作”，是以抽象的、烦琐的哲学概念来衡量艺术作品，无视艺术的真实性，违背了现实主义创作原则，是对文学艺术的严重摧残。如果要求作家具有“百分之百的马克思主义的世界观”，才能去进行文艺创作，是十足的观念论错误。艺术家是从现实生活中汲取自己的形象和诗情的，因此，决定艺术创作的性质和方向的，作家既要有正确的世界观，又必须具有丰富的生活和艺术的实践经验，单靠政治上和理论上的成熟程度是不能决定艺术创作的成败得失的。周扬在《现实主义试论》一文的开头，就以希腊神话中大地之子安泰的故事为喻，说明生活对艺术的极端重要性，生活是艺术生命和力量的源泉。他说：“从来文学上的巨人都是两脚坚牢踏在现实土壤上的，文学和现实的紧紧地粘合是文学力量的源泉。”[③]在他看来，伟大的现实主义作家正是通过对现实生活的深入观察、分析、研究，才使他们违背自己固有的世界观，写出了真实反映现实关系的作品来。这里不是清楚地说明社会生活是艺术的源泉，对艺术创作有着决定性的意义，这哪里“只是强调了世界观的作用”呢？

当然，这并不是说世界观对于艺术创作就不重要了。周扬以马克思主义经典作家对巴尔扎克、托尔斯泰的评论为指导，论述了世界观与生活、创作的关系问题。他指出，我们从旧现实主义作家那里，不能只看到作家

①《周扬文集》，第1卷，人民文学出版社，1984年，第108页。

② 同上，第152页。

③ 同上。

的生活和创作实践会引起世界观内部的分裂、变化，而看不到他们世界观的局限和内部矛盾又在作品中留下了鲜明的痕迹。例如在托尔斯泰的作品中，既深刻地揭露和无情地批判了俄国封建专制制度，同时又宣扬了“勿以暴力抗恶”基督教教义。由此，他得出结论：“对于现实的绵密的观察和研究自然可以领作家走向正确的世界观去，但是正确的世界观却是观察和研究现实的指针。”[①]因此，对于新的现实主义作家来说，就是“真正使大众感动的，都还不是美丽的，洗练的形式，而是被描写的深刻的，活生生的现实。要在形象的形式中，描画出现实的完全的真实的光景，作家就要通过现实社会的实践去和劳动阶级结合，把劳动阶级的世界观变成自己的世界观的必要”[②]。这就要求进步的、向着社会主义立场转变的作家，能够“走出自己狭小的社会圈子，在发展的现实取得有机联系”，“以自己全部的直率和诚恳地希望来改造自己，使自己的主观与客观的潮流汇合”。作家通过社会实践，与劳动群众结合，树立正确的世界观，获得丰富的生活经验，才能掌握和运用新的现实主义创作方法。

从上述可见，周扬批判了“拉普”派“唯物辩证法的创作方法”的错误，较为正确地阐述了作家世界观、生活实践和艺术创作的关系以及新现实主义的区别于旧现实主义的本质特征。当然，其中某些具体论述是不够严密的、有缺点的，如乐黛云文章中引用的“未来的艺术就是把广大的思想上的世界观和最高度的丰富的艺术形式结合起来的东西”，“批评家应把世界观放在第一等重要的位置上来”等语，使人感到有过于强调世界观的意思，但就在她引用的前一句话的后面，周扬紧接着就写道：“没有对现实的研究和渗透，单是世界观的成熟的程度，是不能够创造出艺术来的。这是自明的事。作品的公式化和概念化会破坏现实主义的艺术。”[③]这话又是正确的。如果不是孤立地抓住几句话，而是从整体上看，周扬还是力求从主观与客观、认识与实践的辩证统一的观点来论述世界观与创作方法的

①《周扬文集》，第1卷，人民文学出版社，1984年，第159页。

② 同上，第107页。

③ 同上，第160页。

关系的，并没有只强调世界观的作用，而忽略了“生活”本身。

二

周扬在论及新的现实主义的特征时指出，除了新旧艺术家的世界观的性质不同以外，从运动和发展中去认识和反映现实生活，是它同旧现实主义的最大区别。旧的现实主义作家，一般说来，主要是反映社会生活的矛盾和缺陷，揭露、批判生活中的黑暗、丑恶和虚伪，而写不出“高尚与美丽的事物”，“发现不了怎样的出路”，因而在他们的作品中，有的流露出悲观主义情绪，有的诉诸温和的人道主义同情，有的求助于宗教的精神安慰。这是由于他们所处的历史时代和世界观的局限造成的。新的现实主义既要继承其现实主义精神，又“必须踏过旧现实主义的界限”，既要写出现实生活中的种种否定的和肯定的因素，又要反映出历史发展的必然趋势，揭示社会主义必然胜利的本质，以鼓舞人们为更加美好的未来而斗争。他说：

> 社会主义的现实主义是动力的（Dynami），换句话说，就是社会主义的现实主义是在发展中、运动中认识和反映现实的。这是社会主义的现实主义和资产阶级的静的（static）现实主义的最大的分歧点，这也是社会主义的现实主义的最大特征。①

新的现实主义这一根本特征，要求艺术家认识和反映现实生活既不能从抽象的观念出发，也不能以静止的观点看待现实，而是要从历史发展的、运动的过程中反映现实生活的本质及其发展趋势，“预见”未来，表现“革命理想”。“革命理想”不是虚无缥缈、想入非非的，而是“在现实中生着根”，“呈现在真实的人生中的”。周扬在《现实的与浪漫的》一文中写道：

①《周扬文集》，第1卷，人民文学出版社，1984年，第110页。

> 进步的作家要在历史的运动中去看现实，从现实中找出在时代的发展上具有积极意义的方面，而且要把那方面的未来的轮廓表现出来。他不但要描写现实中已经存在的东西，而且他要描写现实中可能存在的东西，这就有赖于丰富的幻想。然而这样的幻想并不是和现实的进行相矛盾，而正是可以鼓舞人们去努力实现它的。文学作品渗进这种幻想的要素的时候，很可能带有浪漫主义色彩。而这种浪漫性是在现实中生着根，具有照耀现实，充实现实的作用的。①

正是基于这样的认识，在他看来，新现实主义与革命浪漫主义既不是"对立的"，也不是"并列的"，它不但不拒绝，还要把革命浪漫主义包括进来，使之成为自己的本质的一个方面，一个组成部分，一个正当的、必要的因素。

新的现实主义与革命浪漫主义不是对立的，而是可以结合的，那么作家就应当深入透视社会人生的积极面，从中找出"可歌可泣、英勇壮丽的事实"，发现"令人难以相信的英雄（herole）题材"，充分表现出"令人欢欣鼓舞的浪漫英雄的气氛"，以"丰富的想象力把已经实际存在或正在萌芽的某一社会群体的性格，综合、夸大，给予最具体真实的表现"，创造一种"健全的乐观主义的文学"。这里除了表述上的缺陷外，恐怕主要的问题是脱离我国现实生活和文艺创作的实际情况谈问题，给人以空泛之感。但其基本思想是要作家以想象、夸张、浪漫主义创作方法，反映社会生活中的积极因素，创造出能够体现新生的、革命力量的英雄人物形象来。我们怎么能说这样就有可能"容许一些作家按某种社会科学的定论（'正确的'世界观）把某一社会群体的共性片面夸张到极端"，写无产者只能是"高、大、全"，写资产者只能是"坏人"呢？早在100多年前，资本主义制度还是一统天下、社会主义革命尚未在哪一个国家取得胜利，马克思主义创始人就提出文学作品要"歌颂倔强的、叱咤风云的和革命的

①《周扬文集》，第1卷，人民文学出版社，1984年，第127页。

无产者”，[1]工人阶级的反抗和斗争“应当在现实主义领域内占有自己的地位”。[2]30年代，我国还是一个半封建半殖民地社会，但人们从党领导的人民大众反帝反封建的革命斗争中看到了光明的未来。1935年11月间，当红军长征胜利到达陕北时，鲁迅、茅盾致电中共中央热烈祝贺，深情地说："在你们的身上，寄托着人类和中国的将来！”可见，革命的文学艺术创造代表着社会发展方向的英雄人物，表现革命理想，用以激发和鼓舞人民群众为美好的未来而斗争，当是新现实主义题中应有之义，也是它区别于旧现实主义的一个显著特征。今天，我们不能一天被蛇咬，就十年怕草绳，一看到创造“英雄人物”、表现“革命理想”，就联想到“文革”时期那套极端唯心主义的“三突出”“四无限”创作模式，想到“高大全”“假大空”的人物形象。我们认为，把周扬的现实主义理论与“文革”中的创作模式拉扯到一起，并予以简单地否定，这种做法既不是从实际出发，在理论上也是讲不通的。

三

艺术典型的创造问题，是现实主义创作方法的基本内容之一。周扬认为，艺术家在自己所深刻理解和熟悉的人物基础上，运用概括化、典型化的方法，成功地创造出典型形象来，是现实主义作品的艺术力量之所在。他根据马克思提出的“人的本质是一切社会关系的总和”的历史唯物主义原理，阐述了恩格斯关于现实主义艺术典型环境与典型性格的理论，指出人总是一定社会的人，每个人都具有社会群体的共同性，但在同一群体的界限里面，各个人对于现实的各方面有各种各样的接近和体验，他们的性格又是沿着不同的、独特的方向发展的，个人的多样性并不和社会群体的共同性相排斥，群体的共同性正是通过独特的个体表现的。艺术作为现实生活的形象反映，就要以现实中的人物为基础，创造出典型形象来。他

①《马克思恩格斯全集》，第4卷，人民出版社，1958年，第224页。
②《马克思恩格斯选集》，第4卷，人民出版社，1972年，第462页。

说："典型的创造是由某一社会群里面抽出最有性格的特征，习惯、趣味、欲望、行为、语言等，将这些抽出来的体现在一个人物身上，使这个人物并不丧失独有的性格。所以典型具有某一特定的时代，某一特定的社会群所共有的特征，同时又具有异于他所代表的社会群的个别的风貌。"[①]这段话的表述是有毛病的，如把属于个体心理的习惯、趣味、欲望乃至言语都要"抽出"来加以概括化，但他并没有否定人物的个性化和"丧失独有的性格"，其中心思想还是讲典型创造的概括化要与个性化统一。因此，我们不应该把它看成是"一个阶级一个典型"的，导致作品公式化、概念化的理论。他在紧接着这段话的后面写道："借一位思想家的说法，就是：'每个人物都是典型，而同时又是全然独特的个性——这个人，如老赫格尔所说的那样'。[②]

这里，他用恩格斯《致玛·哈克奈斯》的信中关于艺术典型的理论，说明了典型人物是一个活生生的形象，是他所代表的社会群的共同特征与其个别性的有机统一。因此，他只能是"这一个"，而不能是"那一个"。同一群体中的典型人物，不能只有一个，而是多种多样、面目各异的。例如果戈理的小说《死魂灵》中的玛尼洛夫、梭巴克维支之流，既深刻地体现着俄国封建贵族阶级的共同本性，又具有鲜明、独特的个性，彼此是不可以相互替代和混淆的。这里他不是具体说明一个阶级、一个社会群，不是只有一个典型，而是有多种多样的艺术典型了吗？

我们还应当看到，在艺术典型创造问题上，周扬是主张从生活实际出发，反对朝人物身上贴标签的。他明确指出，典型之所以能够成为活生生的人物，就在于作家所处理的是"实际生活的人"。他在《典型与个性》中说："对于创作者，更不应该在他们没有获得深刻地观察和解剖个个具体的活生生的人的能力之前，就叫他们去做概括群体的不成熟的努力，那样，结果不独创造不出典型来，反而有使'个性消解在原则里面'的危险。"像哈姆雷特这样的复杂性格，绝不是靠"贴上某某社会的标签就完

①《周扬文集》，第1卷，人民文学出版社，1984年，第160页。

② 同上。

事的”。[①]这分明是在反对人物形象创造中的公式化、概念化的倾向，怎么能说周扬的现实主义理论是“公式化、概念化的桎梏”呢?!

这里，我们要讲一下周扬和胡风关于现实主义的论争，因为它是围绕着典型问题展开的。胡风在《什么是“典型”与“类型”?》一文中，论及典型的普遍性与特殊性的关系时说：

> 所谓普遍的，是对于那人物所属的社会群里的各个个体而说的；所谓特殊的，是对于别的社会群或别的社会群里的各个个体而说的。就辛亥前后以及现在的少数落后地方的农村无产者说，阿Q这个人物底性格是普遍的；对于商人群地主群工人群或各个商人各个地主各个工人以及现在的在不同的社会关系里的农民而说，那他的性格就是特殊的了。[②]

周扬不同意胡风的这个观点并作了“修正”，认为艺术典型就其所代表的某一特定时代、某一特定社会群的共同特征来说，它是普遍的；就其区别于它所属的社会群其他个体的“独有的性格”来说，它是特殊的。因此，他对阿Q形象的普遍性与特殊性的理解，与胡风的观点完全不同，并以之论证了自己的观点：

> 阿Q的性格就辛亥革命前后以及现在落后的农民而言是普遍的，但是他的特殊并不在对于他所代表的农民以外的人群而言，而是就在他所代表的农民中，他也是一个特殊的存在，他有自己特殊的经历，独特的生活方式，自己特殊的心理、容貌、习惯、姿势、语调等，一句话，阿Q真是一个阿Q，即所谓“this one”了。如果阿Q的性格单单是不同于商人或地主，那末他就不会以这么活跃生动的姿态而深印在人们的脑里吧。[③]

①《周扬文集》，第1卷，人民文学出版社，1984年，第166页

②《胡风评论集》(上)，人民文学出版社，1984年，第97页。

③《周扬文集》，第1卷，人民文学出版社，1984年，第160页。

显然，他们两个人的观点是相反的、对立的。胡风不同意周扬的“修正”，发表《典型论底混乱》进行反驳，坚持认为，典型的个性、特殊性就是他所代表的社会群相对于其他社会群而言的，是“代表了许多个体的个性，是包含了某一社会群底普遍性的个性”。他批评周扬典型既有社会群的共同性，又是“独特的个性”“独特的存在”的观点，陷进了“无法收拾的混乱”里面，会诱导青年作家去“创造神话里的角色”，因为“独特的个性”是与典型的概念不相容的。艺术典型的差异只是在一个共同基础上的差异，只存在于对本质的共同性的表现方法里面，绝对不是独有的性格。他的结论是：周扬的典型理论的“混乱”是“对于典型底普遍性的否定，结局也就是对于‘典型’的否定”①。周扬接着发表《典型与个性》一文回答胡风的反批评，认为胡风对于典型的普遍性与特殊性的解释，实际上是否认社会群体的个人的多样性，“主张群体的典型，而抹杀了作为典型之重要的一侧面的个性”。典型形象的群体的共同性和特殊的个人可以达到“可惊叹的融合”。典型的创造应当从活生生的人物出发，而不能把抽象群体的普遍性当作标签贴在非常复杂的性格上，否则就有使“‘个性消解在原则里面’的危险”，导致作品的公式化、概念化。

两相比较，可以看出，胡风认为典型只有社会群体的个性，而无区别于它所属群体其他个体的“独特的个性”，这实际上混淆了典型的共性与个性、普遍性与特殊性的区别，取消了典型创造的个性化原则。他曾明白的说过，文艺创作“是要舍去偶然的东西而表现本质的（普遍的）的东西的”。毋庸讳言，这种观点是不正确的。应该说，周扬对他的典型论的“修正”、批评总的看来是正确的，符合恩格斯的关于现实主义典型理论的。这里应该指出，周扬在阐述典型的普遍性与特殊性关系时，也有忽视艺术概括、强调个性化失当之处。如他说：“艺术家以自己最熟悉的某一个人做创造典型的标本……。车尔尼雪夫斯基说：‘在诗人创造人物的想象之前常浮现出某个实在的人的形象，而无意有意地把这个人再现在他的

---

①《胡风评论集》(上)，人民文学出版社，1984年，第346页。

典型人物身上了。’车氏并举出许多的作品，其中的主要人物都是作者的多少真实的自画像。”[①]这个说法明显留有车尔尼雪夫斯基直观唯物主义美学思想的痕迹，与他自己讲的“典型不是模特儿的摹绘”发生矛盾，表现出对艺术典型化有所忽视。胡风对此进行了批评，指出艺术家即使以“某个实在的人”创造典型，也必须“加以创造的加工，而且那加工须得在那个性征候和他的社会的相互关系上进行”，表现出特定社会群的本质特征，这个观点是正确的。典型创造即使是以“某个实在的人”为原型，也必须进行艺术概括，加以补充、丰富和发展，才能达到艺术典型的高度。

这里，我们发现一个有趣的现象，就是乐黛云同志对周扬的典型理论是否定的，对胡风的典型理论是肯定的，那么她同胡风对周扬的批评就应该是基本一致的，然而并非如此，却是正相反对的。胡风认为周扬的观点是以人物的“独特的个性”否定了“典型的普遍性”；而她则说周扬的典型理论“成为中国文艺界‘左倾’思想‘一个阶级一个典型的理论基础’”，致使文艺创作“在很长一段时间里很难摆脱公式化、概念化的桎梏”，“这样创造出的作品就难免成为某种社会科学理论的‘插图’”。如果说胡风对周扬的批评并不正确，但毕竟触及到周扬典型理论的某些破绽；那么乐黛云同志的批评则与周扬观点的真实内容就相距更远了。这种情况的出现意味着什么呢？是值得我们深思的。

四

周扬在我国30年代左翼文艺运动中，以“从别国窃的火来”的革命精神，努力传播马克思、恩格斯的文艺思想，介绍苏联社会主义现实主义创作方法，阐述现实主义和典型问题，在当时的历史情况下，对于作家学习马克思主义，转变思想立场，掌握新的创作方法，是起了积极推进作用的。我们只要稍微熟悉中国现代革命文艺发展史的人，应该说是有目共睹

①《周扬文集》，第1卷，人民文学出版社，1984年，第166—167页。

的事实。在今天看来，他的现实主义理论还不够严密，存在着某些缺陷。但我觉得更主要的是，在介绍、阐述马恩文艺思想和苏联社会主义现实主义创作方法时，没有很好地从我国国情出发，联系左翼作家的文艺思想和创作实践也很不够。不错，他在论及苏联社会主义现实主义理论时也说：

> 这个提倡无疑的是文学理论向更高的阶段的发展，我们应该从里面学习许多新的东西。但这个口号是由现在苏联的种种条件作基础，以苏联的政治—文化的任务为内容的。假如把这个口号生吞活剥地应用到中国来，那是有极大的危险性的。①

这在当时不能不说是个非常重要的见解。他虽然敏锐地意识到了教条主义的危害性，但并没有从理论和实践上解决这个问题，这既受到社会历史条件的限制，也反映出革命文艺理论和创作的幼稚和不成熟。这个问题直到毛泽东同志《在延安文艺座谈会上的讲话》的发表，才算得以真正的解决。

周扬和胡风的这场论争，他们的基本出发点和大目标是一致的，都是要以马克思主义创始人的有关论述来搞清现实主义和典型问题的，应该说是革命文艺内部不同文艺观点的分歧和争论。就其争论的艺术典型的普遍性与特殊性问题本身来看，我认为周扬的观点比胡风的观点要正确些。其实，文艺观点上的分歧，完全可以通过心平气和的讨论来解决，求同存异也是可以的。但是，由于“左联”的内部矛盾和宗派主义情绪影响到这场论争，致使双方都不够冷静，把问题提到了不应有的高度。周扬说胡风的典型理论没有提到“作家应该描写民族解放斗争的事件和人物”的“神圣任务”，会“把典型的创造的意义和目前中国文学的战斗的任务分离开来”，“有取消文学的武器作用的危险”，并质问道：“你把读者、作家引导到什么地方去?”你投之以桃，我报之以李。胡风也不示弱，特地在《典型论底混乱》中写了一段“题外的余文”，认为这是在争论的问题以外

①《周扬文集》，第1卷，人民文学出版社，1984年，第114页。

“拿罪名”加在自己头上，并回敬道：“好个周扬先生，只图用大帽子罩着对手，却不提防自己在宣传解除武装，一跤跌进了清算主义的泥坑里面。”并提出了与周扬同样的质问。这已经超出了典型问题讨论的范围。当时，刘雪苇发表《现实主义试论底质疑》一文开头就提出“希望不会引起文章以外的纠纷才好”，道出了个中消息。这场论争中暴露出来的“左联”的内部矛盾和不团结现象，对以后的革命文艺运动产生了很不好的影响，并且延续了较长的时间，这个历史的经验教训是应当认真汲取的。

周扬和胡风在中国现代文学史上，是两位有着重要影响而又做出贡献的文艺理论家，一位长期担任文艺领导工作，在政治运动中，执行过“左”的一套东西，伤害了一些同志。但在史无前例的“文革”灾难中，他遭受到林彪、“四人帮”一伙的残酷迫害。一位长期受到不公正的政治待遇，被监禁20多年，昭雪平反不久，即离开人世。对于他们在文艺理论上作出的贡献，我们是应当重视的；对于他们的不幸遭遇，我们是深切同情的。但是，我们在评价他们理论上的功过得失时，却不能让政治同情影响到科学的分析和实事求是的评价，以对极性的思维方式，采取“翻烧饼”的办法，过去否定的，今天就肯定它；过去肯定的，今天就否定它。为了客观地评价周扬的现实主义理论及其与胡风的论争，让我们怀着对他们的敬爱之情，引用一位西哲的名言来结束本文：不哭，不笑，只求理解！

（原载《文艺报》，1989年第34期）

评“革命文学”论争

毛主席《在延安文艺座谈会上的讲话》中指出：“在‘五四’以来的文化战线上，文学和艺术是一个重要的有成绩的部门。革命的文学艺术运动，在十年内战时期有了大的发展。这个运动和当时的革命战争，在总的方向上是一致的……。”[①]“革命文学”论争是这个“大的发展”的重要开端，它拉开了30年代左翼文艺运动的序幕，直接成果是“左翼作家联盟”的成立。

可是，“四人帮”一伙肆意歪曲和篡改历史，把30年代左翼文艺运动作为“文艺黑线专政”的重要组成部分进行批判和否定。他们以总结两条路线斗争经验为名，歪曲利用鲁迅的思想观点，混淆是非界限，颠倒敌我关系，把“革命文学”论争说成是鲁迅“反对假马克思主义”的斗争，把太阳社、创造社的一批革命作家诬为“假马克思主义的冒牌货”，“推行一条左倾机会主义路线”，全盘否定他们倡导无产阶级革命文学的历史功绩。怎样看待太阳社、创造社提倡革命文学的功过得失？如何评价鲁迅在这场争论的地位和作用？这场论争的性质和意义是什么？我们搞清这些问题，对于彻底批判“四人帮”反动谬论，肃清其流毒和影响，还30年代左翼文艺运动的本来面目，是很有必要的。

---

①《毛泽东选集》，第3卷，人民出版社，1953年，第849—850页。

一

创造社、太阳社倡导“无产阶级革命文学”，决不是空穴来风，几个人臆想出来、乱哄起来的，而是历史发展的客观要求和革命深入在文学艺术领域的必然反映。

1927年大革命失败后，由于蒋介石国民党叛变革命，国共合作破裂，统一战线内部发生急剧的分化，中国革命进入一个新的历史时期，“由中国共产党单独地领导群众进行这个革命”。随着武装斗争和文化革命的深入，“五四”以来的新文学运动必须“再为一步的前进”。创造社、太阳社的一批革命作家，在革命处于低潮时期，没有悲观失望，而是在思想文化战线上继续坚持斗争。他们创办、出版《创造月刊》《文化批判》《太阳月刊》等刊物，作为“明朗的思想战的基地，要尽力从事于辩证唯物论和历史唯物论推阐工作”[①]。他们积极介绍和传播马克思主义，并力图以马克思主义观点、方法解决新文艺运动发展中存在的问题，提出建立无产阶级革命文学的理论主张，诸如：革命文学作为无产阶级的意识形态，要为实现无产阶级的“历史使命”而斗争；创造无产阶级革命文学，作家“应该同时是一个革命家”，“最要紧的”是掌握革命理论，参加革命实践，“获得”无产阶级世界观，扬弃和克服资产阶级、小资产阶级思想意识；革命文学要以占中国人口大多数的工人、农民为服务对象，不应成为少数地主、资产阶级的“消闲品”“娱乐品”等等。如成仿吾在《从文学革命到革命文学》一文中说：“我们要努力获得阶级意识，我们要使我们的媒质接近工农大众的用语，我们要以工农大众为我们的对象。”[②]郭沫若在《革命与文学》中，更向作家发出号召：“你们应该到兵间去，民间去，工厂间去，革命的旋涡中去。我们所要求的文学，是表同情于无产阶级的社会

① 郭沫若:《沫若文集》,第8卷,人民文学出版社,1958年,第89页。

② 成仿吾:《从文学革命到革命文学》,《创造月刊》,1928年,第9期。

主义的现实主义的文学”。[①]这些理论主张总的看来是要战斗的，革命的，虽然在具体论述上还很肤浅、粗糙，甚至存在许多错误，但毕竟反映了马克思主义对新文学运动影响的深入，为中国马克思主义文艺理论建设作出了初步的尝试。特别是在革命处于低潮时期，其振奋人心的作用实在是不可低估的。听：“在北风凛冽的现阶段，革命的文艺家振作起来，巩固我们的阵营，支持我们的革命！”[②]在全国处于一片白色恐怖中，这是多么有力的战斗号召啊！

一种文艺思潮的产生，一种理论主张的提出，看什么人拥护，什么人反对，是判明它的社会作用和意义的一个重要尺度。当时，创造社、太阳社的作家们在国民党反动政权的统治中心上海，冲破万马齐喑的白色恐怖，把无产阶级革命文学的旗帜打起来，像雷鸣闪电划破乌云密布的夜空，震动了沉寂无声的文坛，起到了振奋精神、鼓舞斗志的作用，在进步的、革命的文学艺术家，特别是文学青年中引起强烈反响。创造社创办的《文化批判》出刊后，有的读者反映说：“种子是播了，不怕狂雨炎阳，它一定要发芽的！在屠杀，凌弱，暴虐，惊惶，焦躁的彼岸，历史的必然的大河滔滔地澎湃着不稍息！”（纪申《读者的回声》）而资产阶级右翼文人们则怀着不安和恐惧的心理，攻讦、反对无产阶级革命文学。如《新月》派的梁实秋、徐志摩攻击革命文学是什么“偏激派”“狂热派”“标语派”“主义派”等等，提出“不妨害健康”“不折辱尊严”两大原则来与革命文学相对抗，以维护资产阶级文学的统治地位。[③]麇集在《现代文化》杂志周围的无政府主义者如莫孟明、柳絮、尹若等撰文说，无产阶级革命文学是“不能成立的”，“也是不必要的”，“更是没有价值的”。他们还发出呼喊：“革命文学的宣传和鼓吹”，是“共产党活动而发生的”；[④]“马克思主

①《郭沫若论创作》，上海文艺出版社，1983年，第38页。

② 厚生：《维持我们对于时代的信仰！》，《文化批判》，1928年，第3期。

③ 新月社：《〈新月〉的态度》，见李何林编：《中国文艺论战》，陕西人民出版社，1984年，第309—315页。

④ 谦弟：《革命文学论的批判》，见李何林编：《中国文艺论战》，陕西人民出版社，1984年，第325—335页。

义的野心早已侵入文艺地领域了，无产阶级文学的兴起，便是最好的例证。”[①]他们公然提出所谓“无阶级的民众文学”来与之相抗衡。[②]他们反对无产阶级革命文学的思想、立场是完全错误的，但我们应该承认，他们的眼光还是比较敏锐的，看到了革命文学运动是共产党发挥了领导作用的结果，是马克思主义影响新文学运动的产物，道出了其中的一些实情。而那些“文革”中自封为“无产阶级文化战士”的人，为什么把这个基本情况都要加以否定呢？大概要把自己打扮得比革命还要“革命”吧?！对于这些反对和攻击革命文学的言论，创造社、太阳社的作家均予以坚决的批判和回击。他们指出，《新月》派把革命文学视为“异端”“邪说”，要加以扫除，“把思想从无政府的凌乱中”“救出”的叫嚣，就是要资产阶级“定于一尊，一统天下”。他们提出的两大原则，就是要维护反动统治者的“健康”与“尊严”；而革命文学“‘折辱’了他们的‘尊严’，即是新兴的革命阶级获得了尊严；‘妨害’了他们的‘健康’，即是新兴的革命阶级增进了健康”[③]。他们还集中批判了无政府主义者散布无产阶级文化与资产阶级文化不能“相等对待”、无产阶级文化“不会存在”的谬论，明确地告诉人们：无产阶级文学的兴起，是“中国社会发展的必然结果”，“不是不可以成立”，“而且是不可避免的”。无产阶级已成为“中国革命的指导者”，“必然地要有无产阶级文学来取代资产阶级文学”。他们否定无产阶级文学存在的历史必然性，同右倾机会主义者是一个鼻孔出气，认为“中国底客观条件不足，想把中国革命推诿之于永远的未来”是“一样的”。[④]这里，创造社、太阳社的革命作家不仅捍卫了新兴的无产阶级革命文学，并在思想文化战线上对刚刚冒头的革命取消主义、悲观主义进行了

① 尹若:《无产阶级文艺运动的谬误》,李何林编:《中国文艺论战》,陕西人民出版社,1984年,第336—341页。

② 莫孟明:《革命文学评价》;谦弟:《革命文学论的批判》,李何林编:《中国文艺论战》,陕西人民出版社,1984年,第319—324页、第325—335页。

③ 忻启介:《无产阶级艺术论》,李何林编:《中国文艺论战》,陕西人民出版社,1984年,第225—229页。

④ 李初梨:《自然生长性与目的意识性》,《思想月刊》,1926年,第2期。

揭露和批判，初步显示出无产阶级革命文学的战斗锋芒。

但是，创造社、太阳社在倡导“革命文学”的过程中也存在着比较严重的错误。毛泽东同志指出：“在现阶段革命的基本任务主要的是反对外国的帝国主义和本国的封建主义，是资产阶级民主主义的革命，还不是以推翻资本主义为目标的社会主义革命。”这就决定了新民主主义文化的性质必然是“无产阶级领导的人民大众的反帝反封建的文化”①。由于他们还不能正确认识中国革命和新文化运动的性质和任务，导致在理论和实践上犯有“左”倾教条主义和宗派主义的错误。

第一次国内革命战争失败后，在党内清算了右倾机会主义错误，而“左倾”冒险主义思想又暂时得势。他们认为中国“革命不是低落，而是高涨的”，并已“超出民权主义的范围”，“急转直下到社会主义的革命”，资产阶级是革命的主要对象，小资产阶级“已经不是革命的力量，而是革命障碍”，并提出以城市为中心的工人“总暴动”，在推翻“豪绅地主阶级”统治的同时，“推翻资产阶级”。创造社、太阳社的一些成员，除了受到苏联“拉普”派和日本左翼文化运动的“左倾”教条主义（如日本福本和夫的“方向转换”论等）“相当影响”外，还自觉不自觉地、程度不同地接受了党内存在着的“左倾”盲动思想，因为这与他们的大革命失败后的小资产阶级的革命急性病是非常合拍的。他们同样认为中国革命的潮流不是“低落”，而是“已经到了极高涨的时代”，进入了一个“方向转换”时期：“在去年的八九月间，革命才进入了他的第三阶段，在十月冬间，普洛列塔利亚才把他的方向转换完结。”②这时，“奋斗的高涨发展到一个最高点”③。他们提出，革命者“要彻头彻尾站到工农一方面向着压迫他们的资产阶级抗争，……逃出国的限制，思潮转向全世界被压迫阶级的联

①《毛泽东选集》，第2卷，人民出版社，1952年，第698页。

② 李初梨：《请看我们中国的Don Quixote的乱舞——答鲁迅〈“醉眼”中的朦胧〉》，《文化批判》，1929年，第4期。

③ 克兴：《小资产阶级文艺理论之谬误——评茅盾君底“从牯岭到东京”》，《创造月刊》，1928年，第5期。

合抗争”[1]。资产阶级已经“空无所有”，“狼狈地在做着最后挣扎”，“是油灯干灭时的一种必然趋向”。小资产阶级“变成社会的拥护者和革命的障碍”。[2]这里，他们把资产阶级作为革命的主要对象，把小资产阶级视为革命的阻力，混淆了民主主义革命与社会主义革命的区别。

他们由于对中国革命的性质和任务作了错误的理解，既然“政治方向的转换”已经完成，文学艺术也必然要来一个“方向”的“转换”。因此，他们否定“五四”以来的反帝反封建的新文学运动，错误地认为它“实为资本与封建之争”，是“以一个将被‘奥伏赫变’（即扬弃）的阶级（指资产阶级）为主体，以它的‘意德沃罗基’（即意识形态）为内容”的文学。[3]这就将“五四”新文学定性为资产阶级的，而与无产阶级革命文学对立起来。“五四”新文学要实现“方向转换”，就必须“再否定一遍”，建立以“消灭布尔乔亚阶级，乃至消灭阶级”为目的的无产阶级革命文学。他们认为，在这个“方向转换”过程中，作家不“到这边来”，就“到那边去”，既不“革命”，也不“反革命”的中间立场是没有的。因此，他们不搞统一战线，只讲斗争，不讲联合，把进步作家包括像鲁迅、茅盾这样的革命作家都作为批判对象。他们甚至说：“小资产阶级的根性太浓厚了，所以一般的文学家大多数是反革命的。”[4]“我们大家一齐用鹤嘴锄打倒那些小资产阶级学士和老爷们的文学，转过方向来，开辟着文艺的荒土！”[5]他们说茅盾的“意识仍然是资产阶级的，对于无产阶级是根本反对的”；其作品的社会作用是资产阶级的麻醉剂。[6]在鲁迅头上，他们也扣了诸如“中国的唐·吉诃德”“封建余孽”“资产阶级最良的代言人”“对社会主义是二重反革命”等型号不一的大帽子，好像不把鲁迅打压下去，革

① 钱杏邨：《死去了的阿Q时代》，《太阳月刊》，1928年，第3期。

② 钱杏邨：《批评与建设》，《太阳月刊》，1928年，第5期。

③ 成仿吾：《从文学革命到革命文学》，《创造月刊》，1928年，第9期。

④ 麦克昂：《桌子的跳舞》，《创造月刊》，1928年，第11期。

⑤《流沙·前言》，《流沙》，1928年，第1期。

⑥ 克兴：《小资产阶级文艺理论之谬误——评茅盾君底“从牯岭到东京”》，《创造月刊》，1928年，第5期。

命文学就起不来似的。这种唯我独“革”的狂热行为，其结果是损害了同志，失掉了朋友，影响了团结，削弱革命文学营垒的战斗力量。他们由于存在着比较严重的左倾教条主义思想，在文艺理论方面，对于文艺与生活、政治与艺术、作家世界观与创作方法等问题的看法，也存在着比较严重的唯心主义和形而上学的片面性。在创作上，由于他们不能正确理解和把握中国革命的性质和任务，必然降低表现反帝反封建真实斗争的努力，虽然也鼓吹“革命”，高喊“反抗”，总不免显得“空空洞洞”，缺乏真切感人的艺术内容，存在着“标语口号式”的倾向。对于创造社、太阳社倡导“革命文学”运动中的错误，鲁迅都给予了切切实实的批评。

我们认为，创造社、太阳社倡导革命文学的历史功绩与严重错误并存，应当一分为二，全盘肯定或全盘否定都是错误的。第一次国内革命战争失败后，中国无产阶级文学在腥风血雨的白色恐怖中能够迅速发展、壮大起来，他们是作出了重要贡献的。我们知道，马克思主义与中国革命实际相结合，有着一个艰难曲折的过程，表现在文艺战线上更是如此。当时，他们是一批血气方刚的革命青年，世界观基本上还是小资产阶级的，开始学习和接受马克思主义，还不能很好地领会它的精神实质，加上受到国际、国内“左倾”教条主义思潮的影响，犯了错误是毫不奇怪的。但他们的主导方面是要前进的，革命的，坚持同社会反动势力作斗争，这是应当充分肯定的。正如他们办的刊物《我们》创刊号前言中所说的：“我们是幼稚的，但却是前进的；我们是浅薄的，但却是奋斗着的；我们的处境是饥寒交迫、营养不良的，但却是不屈不挠，不断向着黑暗方面下总攻击的。”

二

1927年“四·一二”反革命政变发生后，鲁迅面临着“缧绁之忧”，但他毫无畏惧之心，怀着“我是不走回头路的”坚决态度，毅然离开广州，继续坚持战斗。他到上海不久，就“欣然同意”与创造社联合起来，恢复《创造月刊》，“先从文艺战线上重整旗鼓，为迎接将来的革命高潮准备条件”。可是，创造社的一些成员要来一个“方向转换”，改变了原来联合作战的态度，对鲁迅进行“笔尖的围剿”，引起鲁迅同他们进行了一场关于“革命文学”的激烈论战。这时的鲁迅，由于严酷的现实斗争事实的教育，不断用马克思主义解剖自己，世界观发生质的飞跃，站在共产党和革命群众的立场上，以坚实正确的态度，在白色恐怖的处境中，同反动势力进行坚决、革命性的斗争。他对创造社、太阳社“围攻”的反击和严肃批评是正确的，在一定意义上可以说端正了革命文学运动方向，在斗争中发挥了中国新文化运动的旗手和主将的重大作用。

首先，鲁迅对中国社会状况有着深切的理解，在正确估量阶级斗争形势的基础上，既肯定了“革命文学”产生的历史必然性，又批判了倡导者们“左”倾空谈的错误。在他看来，“革命文学”的倡导，是符合革命遭受挫折而仍在深入发展的历史要求的。他在《上海文艺之一瞥》中写道：

> 革命文学之所以旺盛起来，自然因为由于社会的背景，一般群众，青年有了这样的要求。当从广东开始北伐的时候，一般积极的青年都跑到实际工作去了，那时还没有什么显著的革命文学运动，到了政治环境突然改变，革命遭了挫折，阶级分化非常显明，国民党以“清党”之名，大戮共产党及革命群众，而死剩的青年们再入于被压迫的境遇，于是革命文学在上海这才有了强烈的活动。所以这革命文学的兴盛起来，在表面上与别国不同，并非由于革命的高扬，而是因为革命的挫折；……但因为实在具有社会的基础，所以在新的分子里，是很有极坚实正确的人存在的。①

这里，鲁迅不仅正确地揭示了革命文学产生的社会背景和阶级基础，肯定了它所体现的对于国民党叛变革命、实行白色恐怖的强烈反抗精神，不无赞赏地指出革命文学倡导者中间有着一批“极坚实正确”的革命者。

①《鲁迅全集》，第4卷，人民文学出版社，1957年，第234页。

这哪里像“四人帮”一伙歪曲、利用鲁迅所说的，是什么“假马克思主义的冒牌货”，“推行一条左倾机会主义路线”?!

鲁迅虽然充分肯定了革命文学运动兴起的客观基础和倡导者的革命精神，但对他们脱离实际、“左倾”空谈的错误也作了毫不容情的批评。鲁迅并不像他们所攻击的那样，“对中国社会盲目，无知”，是“时代的落伍者”，而是恰恰相反，他对中国的历史和社会现状有着丰富的知识和深刻的理解，对旧营垒的“情况看得较为分明”，在同旧势力的作彻底的、不妥协的斗争中，他始终是一个清醒的革命现实主义者。当时，他对革命形势和任务的看法，虽然没有作出理论上的概括，但基本上是符合实际的。他到广州后不久，就敏锐地觉察到，这里“红里加白，一点不赤”，可以做“革命的策源地”，也可以做“反革命的策源地”。[①]在蒋介石叛变革命、建立反动政权后，鲁迅认为仍然是“军人和商人所主宰的国土”[②]，当时的政治形势是“大夜弥天”，而不是“黎明之前”；是“革命的挫折”，而不是“革命的高扬”。这就是说，革命的性质和任务并没有根本改变，主要对象仍然是“官僚和军阀”，即帝国主义及其走狗封建军阀和买办资产阶级。鲁迅清醒地认识到革命不是“高涨”，而是处于低潮时期，坚信“革命被头挂退的事是很少有的”，“地火在地下运行，奔突”，总有一天会像火山一样爆发出来，摧毁阶级敌人黑暗、反动的血腥统治。他既不悲观失望，也反对盲动主义，主张脚踏实地的“韧性战斗”，以争取革命高潮的到来。这一时期，他写下许多收入《三闲集》《而已集》中的杂文，愤怒地揭露了蒋介石集团“假革命的反革命”的真面目，控诉他们血腥镇压、屠杀共产党人和革命群众的罪行，同手执“钢刀”“软刀”的屠伯们进行坚忍顽强的斗争。这才是革命文学的真正实绩。而创造社、太阳社的革命文学的倡导者教条式对待马克思主义，脱离中国革命的实际，无视革命处于低潮的客观事实，便显出一种小资产阶级“左倾”盲动和狂热情绪，致使他们的作品存在着大喊大叫的、标语口号式的倾向，没有“创

①《鲁迅全集》，第4卷，人民出版社，1957年，第28页。

② 同上，第71页。

造”出深刻反映现实生活、革命在“高压”下发展的“强有力的文学”。他们在行动上往往表现出一种唯我独“左”、唯我独“革”的架势，以无产阶级的发言人自居，不能把大多数进步的、革命的作家联合起来，共同推进革命文学运动的发展。你们看，他们把鲁迅、茅盾都否定了，显得他们何其“革命”！鲁迅后来在《上海文艺之一瞥》中批评他们说：“第一，他们对于中国社会，未曾加以细密的分析，便将在苏维埃政权之下才能运用的方法，来机械的运用了。再则他们将革命使一般人理解为非常可怕的事，摆出一副极左倾的凶恶的面孔。”[①]这对创造社、太阳社的错误真是一针见血、击中要害的批评！

其次，鲁迅批评了革命文学倡导者文艺思想中的唯心论和形而上学错误，能够较为正确地看待文艺与阶级斗争、政治内容与艺术形式、世界观与创作方法的辩证关系。创造社、太阳社提出文艺是阶级斗争的工具和武器，在阶级矛盾激化的形势下，这样讲也没有什么不可以，但他们过分夸大了文艺在革命斗争中的作用，说什么：“智识阶级的革命分子应该是意德沃罗基战线上的先锋队”，文艺要成为“革命的先驱”，“为人们指出一条改造社会的新途径”，把文艺对革命的重要性强调到不适当甚至错误的程度。鲁迅对文艺是革命斗争工具的提法是认可的，他说：“一切文艺，是宣传，只要你一给人看。……那么，用于革命，作为工具的一种，自然也可以的。”但是，他不赞成过分抬高文艺的革命作用，“不相信文艺的旋转乾坤的力量”，“不以为文艺特别崇高”，文艺“只能说是最高的政治斗争的一翼”。革命还有其他更为重要的斗争形式。他在《革命时代的文学》中写道：“中国现在的状况只有实地的革命战争，一首诗吓不走孙传芳，一炮就把孙传芳轰走了”。[②]他把中国革命的希望和前途寄托于“武器的铁与火”的出现。所以，当中国共产党点燃起工农武装斗争的星星之火时，他在《醉眼中的朦胧》一文中热情洋溢地写道：“不远总有一个大时代要到来。……那么，这一种最高的艺术——‘武器的艺术’现在究竟落在谁

①《鲁迅全集》第4卷，人民文学出版社，1957年，第234页。

②《鲁迅全集》第3卷，人民文学出版社，1957年，第318页。

的手里呢？只要寻得到，便知道中国最近的将来。”[①]可见，鲁迅既充分重视文艺对于革命的重要作用，又首先着眼于革命的武装斗争。这是多么富于见地而又宝贵的思想！

革命文学的倡导者过分强调文艺是阶级斗争的工具和武器，无视艺术自身的特点和规律，便有意无意地把政治性与真实性艺术性对立起来、割裂开来。他们认为，革命文学是“组织生活的文学”，要“反映阶级实践的意欲”，用以宣传无产阶级意识，“组织”群众的生活和斗争，而“不要去表现（客观的描写）社会生活”，甚至说什么“单描写客观的现实是一种空虚的艺术至上论，是一种资产阶级麻醉剂”。这种观点显然是违背马克思主义认识论的基本原则的，作家如果照此办理，写出来的作品，必然如马克思所批评的，成为“时代精神的单纯号筒”。鲁迅以唯物辩证的观点、方法，生动、形象地道破了他们错误的实质，是“踏了‘文艺是宣传’的梯子而爬进唯心的城垒里了”。[②]说到艺术技巧，革命文学的倡导者们同样是轻视和鄙薄的。茅盾批评他们把文学当作狭义的宣传工具，有“革命的热情而忽略于文艺本质”。他们回答说：“文艺本来是宣传阶级意识底武器，所谓的本质仅限于文学本身，除此而外，更没有什么形而上学的本质。”[③]在他们看来，“宣传的效果越大”，“艺术价值也愈高”，至于真实生活的反映，艺术形象的塑造，则是无关紧要的。他们中的一位诗人公开说：艺术技巧“让给昨日的文学家去努力”。并发出号召：“诗人们，制做你们的诗歌，一如写我们的口号！”[④]鲁迅以文艺的思想内容与表现形式辩证统一的原则，批评了他们这种片面的唯心论和形而上学观点，强调了文学艺术的特殊性能和作用。他在《革命与文艺》中说：“我以为当先求内容的充实和技巧的上达，不必忙于挂招牌……一说‘技巧’，革命文学家是又要讨厌的，但我以为一切文艺固然是宣传，而一切宣传却并非全是

① 《鲁迅全集》，第4卷，人民文学出版社，1957年，第56页。

② 同上。

③ 克兴：《小资产阶级文艺理论之谬误——评茅盾君底“从牯岭到东京”》，《创造月刊》，1928年，第5期。

④ 冯乃超：《诗人们》，《文化批判》，1928年，第5期。

文艺，……革命之所以于口号，标语，布告，电报，教科书……之外，要用文艺者，就因为它是文艺。”[①]革命运动除了别的宣传形式之外，还需要文艺，就是因为它具有别的形式所不可代替的特殊性能和作用。它的特殊性能发挥得愈好，对革命的帮助也就愈大。反之，对革命事业也是没有好处的。由此，我们进一步体会到毛主席的话是多么深刻和重要：“我们的要求则是政治和艺术的统一，内容和形式的统一，革命的政治内容和尽可能完美的艺术形式的统一。缺乏艺术性的艺术品，无论政治上怎样进步，也是没有力量的。因此，我们既反对政治观点错误的艺术品，也反对只有正确的政治观点而没有艺术力量的所谓‘标语口号式’的倾向。我们应该进行文艺问题上的两条战线斗争。”[②]

在作家世界观与创作的关系问题上，革命文学的倡导者强调了作家“获得”无产阶级世界观的重要性，但却错误地宣扬了一种“动机”论、“突变论”，认为不管是哪个阶级的作家，只要愿意并掌握了唯物辩证法，就能写出无产阶级作品来。他们说：“不怕他昨天还是资产阶级，只要他今天受了无产者精神洗礼，那他所做的作品也就是普罗列塔利特（无产阶级）的文艺。”[③]在他们看来，不管哪一个阶级的作家，只要接受唯物辩证法理论，就可转变到无产阶级方面来，就能写出无产阶级作品。这是一件轻而易举 、一蹴而就的事情，而不要经过长期革命实践锻炼和考验的过程。对于这样“突变”出来“革命作家”，鲁迅是不大相信的，说他们不久就会“突变回去”的。作家世界观的根本转变，有一个由量变到质变的过程，用鲁迅的话说，就是要“突变”，也必须“条件已经完备”，否则是行不通的。有些革命文学家，有着浓厚的小资产阶级意识，其突出表现是脱离实际，轻视工农，不是“大众化”，而是要“化大众”。他们要走向“那龌龊的工农大众”，以所谓“目的意识化”的智识阶级身份去教育“自然生长性”工农大众，“驱逐资产阶级的‘意德沃罗基’在大众中的流毒

①《鲁迅全集》，第4卷，人民文学出版社，1957年，第68页。

②《毛泽东选集》，第3卷，人民出版社，1953年，第871页。

③ 冯乃超：《诗人们》，《文化批判》，1928年，第5期。

和影响”。对于劳动人民的口头创作，他们也是非常轻视的，说它“仍不脱神秘象征颓废的形体”。他们“深入”工农大众，不是为了接受教育，转变思想立场，而是居高临下地去教化大众。即使如此，他们却缺乏自知之明，宣布自己：“早已无产阶级化了，早已不是唯心的主观的个人主义者了。”[①]“他们自身就是革命，……与革命有密切的关系而且以现代的革命为自身”。因此，要求他们接近革命，克服旧的意识，已经“没有必要了”。他们简直把自己视为革命的化身了。鲁迅批评这正是他们小资产阶级“劣根性”的表现，作家要将立场转变到无产阶级方面来，首先要接近工农大众，改变自己脱离实际、脱离群众的状况。他说：“现在则已是大时代，动摇的时代，转换的时代，中国以外，阶级的对立大抵已经十分锐利化，农工大众日日显得着重，倘要将自己从没落救出，当然应该向他们去了。”[②]其次，“革命决不怕批判自己”，对自己世界观上的问题要“敢于言明”，勇于解剖自己，既不能隐瞒，更不能把自己打扮得比谁都“革命”。他说：

> 从这一阶级到那一阶级去，自然是能有的事，但最好是意识如何，便一一直说，是大众去看，为仇为友，了了分明。不要脑子里存着许多旧的残滓，却故意隐瞒了起来，演戏似的指着自己的鼻子道，“惟我无产阶级！”[③]

创造社、太阳社的大多数革命作家的世界观，应该说基本上还是小资产阶级的，只是初步接触到马克思主义，就认为自己已经无产阶级化了，再加上客观条件的限制，没有也不可能解决作家的世界观的改造与创作的关系问题。因此，鲁迅指出，他们的许多作品从内容到形式都“没有无产

---

① 蒋光慈：《现代中国文学与社会生活》，《太阳月刊》，1928年，第1期。

② 《鲁迅全集》，第4卷，人民文学出版社，1957年，第53页。

③ 同上，第109页。

气”，“其实都是小资产阶级观念的产物”。[①]鲁迅在论争中，一方面真诚地希望对方“有一个能操马克思主义批评枪法的人来狙击”自己；一方面认真学习马克思主义著作，“严于解剖自己”，纠正思想上的“偏颇”，成一个坚实的马克思主义者。

三

每当社会阶级斗争形势发生变化，革命处于历史转折关头，内部发生意见分歧，进行思想交锋，是合乎规律的现象。革命文学论争就是这样一场新文学运动内部的斗争。1932年2月，鲁迅在《对于左翼作家联盟的意见》中讲到这次论战时说：“在前年和去年，文学上的战争是有的，但范围实在太小，一切旧文学旧思想不为新派的人所注意，凡而弄成了在一角里新文学者和新文学者的斗争，旧派的人倒能够闲舒地在旁边观战。”[②]这段话既指出了新文学阵营对“旧文学旧思想”注意不够、斗争不力的缺点、错误，又明确告诉我们：革命文学论争是“新文学者和新文学者的斗争”，论争双方都是反对“旧文学旧思想”的“新派人物”。这里，为敌为友，了了分明。有的人却打着鲁迅“将营垒分清”的旗号，歪曲这场论争的性质，说它是真、假马克思主义者的斗争，是鲁迅反对“左倾”机会主义路线的斗争，把鲁迅论战的对手都推到敌对的方面去，这种做法即使不是别有用心，也是完全错误的。

首先，从对创造社、太阳社的一贯态度看，鲁迅把他们当作“友军”，是采取团结、帮助和联合作战的立场的。早在1926年11月，鲁迅赴广州前夕，就表示要“与创造社联合起来，造一条战线，更向旧社会进攻”。[③]在广州，他与创造社的“感情似乎很好”，对他们“受压迫”深表同情，称赞它是“在文艺方面用力的”三个团体之一。他们“若沉默，中国全国

①《鲁迅书信集》，上卷，人民文学出版社，1976年，第217、164页。

②《鲁迅全集》，第4卷，人民文学出版社，1957年，第185页。

③ 鲁迅：《两地书》(69)，人民文学出版社，1977年，第221页。

将成了沙漠了。”[①]到了上海以后，鲁迅开始也是要与创造社联合起来、共同作战的。在激烈的论战中，鲁迅也顶多是批评、讽刺、嘲笑了他们小资产阶级的“左倾”片面、好走极端、革命狂热、华而不实的不好一面，从来没有把他们当作思想上的敌人。他并热切地希望他们翻译和介绍马克思主义著作，“耐苦来研究这些理论”，不要贪图“爽快”，以从中得到“较多的好处”，同时对新文学的发展“更有功，与大家更有益”。在论战过去之后，鲁迅更肯定这两个社团中“是很有极坚实正确的人存在”。1936年，鲁迅在谈到他与郭沫若、茅盾的关系时说：“我和茅盾、郭沫若两位，或相识，或未尝一面，或未冲突，或曾用笔墨相讥，但大战斗都为着同一目标，决不日夜记着个人的恩怨。”[②]鲁迅对成仿吾的批评是非常尖锐的，他后来到江西苏区瑞金工作时，却是通过鲁迅接上党的组织关系的。这都说明，鲁迅同革命文学的倡导者虽然有过思想上的交锋，但他们战斗的“大目标”还是一致的，“他们在根本原则上，并不是各走各的路的”。创造社、太阳社的一些骨干分子，后来经过长期革命斗争的锻炼、考验，终于成了无产阶级的“正果”，为人民革命事业做出了贡献。

其次，鲁迅在批评创造社、太阳社“左倾”错误的同时，对来自右的方面的进攻作了有力的斗争，旗帜鲜明地维护了革命文学运动。有的人企图利用左翼营垒中的这场论争，宣扬资产阶级文艺思想，否定无产阶级革命文学，说什么“艺术有无限的独立价值”，革命文学是“功利主义”，“简直不能成立”，“借文艺以革命”不过是一场“梦呓”而已。对于这种谬论，鲁迅的回答是：无产阶级文学的“勃兴”，是“必然的现象”。“世界上时时有革命，自然会有革命文学。世界上的民众很有些觉醒了，虽然有许多在受难，但也有多少占权，那自然也会有民众文学——说得更彻底一点，则第四阶级文学。”[③]这就告诉人们，革命文学实质上是人民大众的文学，人民大众要革命，要掌权，为自身的解放而斗争，自然要有反映他们利益

①《鲁迅书信集》，上卷，人民文学出版社，1976年，第164页。

②《鲁迅全集》，第6卷，人民文学出版社，1957年，第440页。

③ 同上，第66—67页。

和愿望的文学——无产阶级革命文学。这就从根本上肯定了革命文学产生的客观基础和历史的必然性。后来，他又指出，“革命文学”口号的提出，“使大家注意了之功，是不可没的”。[①]特别是有那么几个买办文人气势汹汹地攻击革命文学时，鲁迅和创造社的人均撰文予以反击，揭露他们“挥泪以维持治安”、为国民党反动政权效劳的丑恶嘴脸。这表明他们在反对帝国主义、国民党反动政权及其御用文人的斗争中，基本立场还是一致的。

最后，从这场论争的结果来看，它扩大了无产阶级文学运动的影响，提高了革命文艺队伍的马克思主义的水平，认识到团结起来、共同战斗的重要性，为左翼作家联盟的成立作了组织上和思想上的准备。创造社、太阳社的主要成员，在党的帮助、教育下，改变了对鲁迅的错误态度，改正了“左倾”教条主义、宗派主义的错误，在思想上确实向前“大进一步”。1930年2月16日，他们与鲁迅一起举行讨论会，“清算过去”的错误，“确定目前文艺运动的任务”，并在此基础上成立了左翼作家联盟。鲁迅在成立大会上的讲话《对于左翼作家联盟的意见》，既是对革命文学论争的总结，又是左翼文学运动的战斗纲领。以鲁迅为代表的左翼文艺工作者，在国民党蒋介石血腥统治下的上海，坚持战斗，不断进击，粉碎了反革命的“文化围剿”，有的同志为此献出了年轻的宝贵生命，如“左联”五烈士等。鲁迅正是在反“文化围剿”的英勇斗争中成为“中国文化革命的伟人”，我们的同志用笔墨和鲜血写下了中国无产阶级文学运动的“第一篇文章”。这一战斗业绩，革命文学的倡导也是有一份功劳的。历史总是历史，不管“四人帮”一伙怎样“横暴恣肆”，也是抹杀不了、否定不掉的。试问：革命文学运动由于受到“左倾”路线的影响，就要全盘否定吗？革命文学的倡导者由于开始学习和运用马克思主义，还没有很好地领会和掌握它的立场、观点和方法，在理论和实践上犯有错误，就该被戴上“假马克思主义冒牌货”的帽子吗？这是“四人帮”时期唯心主义盛行、形而上学猖獗的典型表现，是《阿Q正传》中的假洋鬼子“不准革命”的恶劣行

①《鲁迅书信集》，上卷，人民文学出版社，1976年，第260页。

径。我们应当正确认识革命文学论争的性质和意义，客观评价创造社、太阳社倡导者的功过是非，充分肯定鲁迅在左翼文艺运动中作出的重大贡献，彻底清除“乱戴帽子”的“坏习惯”，坚决推倒“四人帮”一伙包藏祸心炮制的“30年代文艺黑线专政论”！

（原载《安徽师范大学学报》，1978年第1期）

“两个口号”的论争必须重新评价

1936年，围绕着建立抗日统一战线问题，左翼文艺运动内部发生一场“国防文学”与“民族革命战争的大众文学”两个口号的论争。这场论争的情况比较复杂，学术界对它的评价，历来存在着严重的分歧。

在文化大革命中，“四人帮”一伙炮制所谓“文艺黑线专政”论，把30年代左翼文艺运动作为“黑线专政”重要组成部分，特别是把“两个口号”论争说成是敌对性质的两条路线斗争，“国防文学”是卖国文学、汉奸文学，是右倾投降主义。长期以来，学术界对这场论争的历史评价也有不同看法，譬如“国防文学”是什么性质的口号?“两个口号”的论争是不是两条路线斗争?这两个基本问题搞清楚了，对于彻底清除“文艺黑线专政”论流毒和影响是很有必要的。为此，我们谈谈自己一些初步的、不成熟的看法。

“国防文学”是文艺界抗日统一战线的口号

“国防文学”作为文艺界抗日统一战线口号正式提出来，虽然是在1936年初，但在实际上它一两年前已经出现了。1934年10月，周扬以“企”的笔名发表一篇题为《“国防文学”》的短文，介绍当时苏联开展“国防文学”运动的情况，提出我国文艺界创作“国防文学”重要性和紧迫性。他说：“在战争危机和民族危机直迫在眼前，将立刻决定中国民族生死存亡的今日，‘国防文学’的作品在中国是怎样的需要呀。……它将暴露帝国主义侵略战争的狰狞面目，描写各样各式的民族革命战争的英勇事实，并且指示出只有扩大发展民族革命战争才能把中国从帝国主义瓜分下救出，使它成为真正独立的国家。……这样意义的‘国防文学’就是目前中国所最需要的！”[①]1935年初，周立波在《我们现在的文学》一文中，也提出“国防文学”的问题。他说：“我们的祖国，一方面涌现无数反帝反封建的英雄的男女，另一方面也有阴险无耻、丑态百出的汉奸卖国贼。我们需要歌颂光明，也要暴露黑暗，把反面人物和民族英雄相对置，给国民抗战和投降两条道路。”[②]这里，他们虽然没有，也不可能把“国防文学”作为抗日统一战线的口号来提出，但其内容已很明确，就是要求文学艺术反映抗日民族革命战争，暴露日本帝国主义侵略罪行和汉奸卖国贼的丑恶行径，歌颂抗日爱国的英雄人物。

当时，上海地下党组织处于国民党蒋介石反动政权的严酷统治之下，没有任何言论、行动的自由，不少同志被逮捕、遭杀害，同党中央失去联系，开展工作十分困难。但是，国际反对法西斯斗争和国内日益高涨的抗日运动形势，鼓舞和激励着他们要工作，要战斗。正在这个时候，左联的一批党员作家在《国际通讯》上看到季米特洛夫在共产国际“七大”会议上的报告和王明的发言，在《救国时报》上看到党中央的《八一宣言》，得知我们党的基于国际国内形势的变化，革命斗争的方针政策作出重大调整，提出了建立抗日民族统一战线的战略任务。于是，他们正式提出“国防文学”口号，开展“国防文学”运动，把广大文艺工作者团结在抗日救国的旗帜下，以服务于伟大的民族革命战争。

列宁在《论口号》中指出：“每一个口号都应当根据一定政治局势的整个特点来提出”。[③]“国防文学”口号的提出，是不是适应当时阶级关系的变化和革命形势发展的客观要求，是不是符合党所规定的革命任务和政

①《周扬文集》，第1卷，人民文学出版社，1984年，第319—329页。

② 立波：《关于“国防文学”》，《时事新报·每周文学》，1935年12月21日。

③《列宁选集》，第3卷，人民出版社，1972年，第107页。

策，这是我们评价这个口号的基本依据和出发点。只有这样，我们才能对“国防文学”做出实事求是的分析，得出比较正确的结论。

我们知道，1935年“华北事变”发生后，政治形势的基本特点，正如毛主席所指出的，就是“日本帝国主义要变中国为它的殖民地”。[①]民族矛盾上升为主要矛盾，阶级矛盾降为次要矛盾。我们党的首要任务，就是建立广泛的抗日民族统一战线，把全国人民和一切爱国力量动员和组织起来，开展神圣的民族革命战争。党中央在长征途中于8月1日发表了著名的《为抗日救国告同胞书》，提出停止内战，一致抗日，成立“国防政府”，组织“国防联军”。11月25日，中央政治局召开瓦窑堡会议，通过《关于目前形势与党的任务决议》，科学地分析了国内外的政治形势，提出建立抗日民族统一战线的任务。会后，毛泽东同志作了《论反对日本帝国主义的策略》重要报告，进一步阐明了建立抗日统一战线的重要性与可能性，既强调了党在统一战线中的领导作用，又深刻批判了党内长期存在的左倾教条主义和关门主义。他指出：“目前是大变动的前夜。党的任务就是把红军的活动和全国的工人、农民、学生、小资产阶级、民族资产阶级的一切活动汇合起来，成为一个统一的民族革命战线。”[②]在这一新的政治形势和任务面前，“左联”负责人提出“国防文学”口号，显然是为了响应党中央的号召，建立文艺界的抗日统一战线，使文艺与抗日爱国运动结合起来。早在1939年，有的同志就曾指出：“为着适应这全民族救国联合战线运动，为着响应陕北方面所主张的成立国防政府这一政治上联合战线的号召，中国文艺界的‘联合战线’运动与‘国防文学’运动就差不多开始了。”[③]这个看法应该说是符合实际情况的。

历史事实告诉我们，“国防文学”口号是根据当时政治形势发展变化的需要，响应党中央建立抗日民族统一战线的号召提出来的。周扬在《关于国防文学》中，就非常明确地指出：“民族革命的统一战线的主张，正

① 《毛泽东选集》，第1卷，人民出版社，1952年，第137页。

② 同上，第146页。

③ 李何林编著：《近二十年中国文艺思潮论》，生活书店，1938年，第412页。

是从现实出发，依据最前进的理论和策略的一种变革现实的主张。……国防文学就是一方面继承这个过去文学的革命传统，一方面立脚于民族"革命高潮的现实上，把文学上的反帝反封建的任务推进到一个新的阶段。[①]因此，它"是一个最重要，最正确的号召"[②]。有人在批判"国防文学"口号时，就抓住"国防"二字便上起纲来，说这个口号宣扬蒋介石的"国家至上"，"为蒋家王朝筑巢"，这完全是胡说八道。试问：党的《八一宣言》和毛主席著作中用"国防政府""国防联军""国防教育"该作何解释呢？问题不在于"国防"二字，而在于赋予它什么样的实际内容。"国防文学"的倡导者对于这个口号的解释，其基本点就是动员一切赞成和愿意抗日的作家联合起来，拿起文艺这个武器，投入抗日救亡运动、反对汉奸卖国贼的斗争。周扬在《现阶段的文学》中说："全民族的统一战线正以巨大的规模伸展到一切领域内去，文学艺术的领域自然也不例外。国防文学就是配合目前这个形势而提出的一个文学上的口号。它号召一切站在民族战线上的作家，不问他们所属的阶级，他们的思想和流派，都来创造抗战救国的作品。"[③]梅雨（即梅益）在《评两个口号》中也清楚地阐明了"国防文学"与党的抗日统一战线政策的关系。他说："今日的中国文学是不能不接受统一战线的号召的。这是总的路线，在现阶段的殖民地或半殖民地国家，反帝统一战线是民族革命战争的主要策略。国防文学是统一战线的口号，它要求一切不愿当亡国奴和汉奸的作家到统一战线的阵营里来，它要最大限度地动员文艺上有救亡决心的作家，集中文艺上一切的救亡力量，以争取民族的自由和解放。"[④]尚在国外的郭沫若写了《国防·污池·炼狱》等文，明确表示要宣传党的抗日统一战线政策，拥护和赞成"国防文学"口号，并把它解释为"反帝的文艺"和"广义的爱国文艺"。他在解释这个口号的内容和意义时，还揭穿国民党蒋介石集团所搞的欺骗

①《周扬文集》，第1卷，人民文学出版社，1984年，第171页。

② 何家槐：《文艺界联合战线之我见》，《文学界》，1936年，第1期。

③《周扬文集》，第1卷，人民文学出版社，1984年，第179页。

④ 梅雨：《评两个口号》，《文学界》，1936年，第3期。

宣传，指出他们的“国防教育与艺术教学”，是在张扬与“国防”真义相反的不抵抗主义；他们高唱的“外抗强权”，就是借“攘外”以“安内”，把真正“外抗强权”的人“内除”掉。[①]这都说明，“国防文学”是为了适应当时抗日斗争形势发展的需要，根据党建立抗日统一战线的方针政策提出的，是一个文艺界抗日统一战线的口号，而不是什么“投降主义”的口号。所以，它一经提出，就在文艺界引起比较强烈的反响，并形成很有声势的文艺运动。

如果说，党内两条路线斗争必然要反映到文艺战线上来，那么在“国防文学”的提出和“两个口号”争论展开的时候，我们党内的斗争主要是反“左”还是反右，这是评价“国防文学”口号正确与否的关键所在。毛主席在《上海太原失陷以后抗日战争的形势和任务》中指出：“关于党的抗日民族统一战线的路线，这主要是因为国民党还没有抗日的缘故。在卢沟桥事变以前，党内的主要危险倾向是‘左’倾机会主义，即关门主义。这主要是因为国民党还没有抗日的缘故。在卢沟桥事变以后，党内的主要危险倾向，已经不是‘左’倾关门主义，而转变到右倾机会主义，即投降主义方面了。”[②]“国防文学”的提出及“两个口号”论争是在卢沟桥事变以前，那么论争的双方是站在哪一边的？事实的回答是：他们都反对“左”倾关门主义，所持的态度基本上是一致的。我们知道，“左联”在反对国民党蒋介石反动集团的文化“围剿”中，战果是辉煌的，功绩是不可磨灭的，但也同时存在着较为严重的关门主义，加之所处的险恶环境，搞得圈子很小，团结进步作家的工作做得不够。“国防文学”的提倡者注意到克服和纠正这一错误倾向，把关着的门打开来。郭沫若说：“我们站在社会主义立场的人每每有极端的洁癖，凡是非同一立场的人爱施以毫不容情的打击，在目前我们却应该改换这种态度了。”为此，我们“要认定凡是非卖国的，非为帝国主义作伥的人或作品，都和我们目标相近，我们都

---

① 郭沫若:《国防·污池·炼狱》,《文学界》,1936年,第2期。

②《毛泽东选集》,第2卷,人民出版社,1952年,第381—382页。

可以和他们携手"。[①]还有不少文章指出，左翼文艺阵营内部"狭量的"关门主义倾向必须克服，以适应新形势为文艺提出的新任务；抗日联合阵线愈大愈好，不能"限制于少数最前进文学者圈子里"。可以说，"国防文学"口号的提出，是左翼文艺运动纠正"左"倾教条主义、关门主义错误，以建立文艺界抗日统一战线的积极行动。

"国防文学"提倡者反对"左"倾教条主义的另一个重要表现，就是同托派取消主义进行了坚决的斗争。当"国防文学"口号提出不久，并产生广泛影响时，徐行连续发表《评"国防文学"》等三篇文章，散布托洛斯基派的取消主义，攻击抗日统一战线主张是"胡言""梦呓"，"国防文学"是放弃阶级斗争的取消主义，会使作家陷入"爱国主义的污池"，败坏无产阶级文学的"纯洁"，造成文艺界"多元的混乱"。他们还别有用心地提出，只有站在"中国出卖劳动力的大众"立场上的文学，"才是挽救中国的文学"。这种极"左"的取消主义谬论，受到"国防文学"提倡者的严厉批驳和痛斥。郭沫若在《国防·污池·炼狱》中指出：帝国主义侵略者的"爱国主义"，才是"污池"；被侵略的殖民地半殖民地国家人民的"爱国主义"，则是"炼狱"。他号召作家积极投身于抗日救国的"炼狱"，经受民族革命战争血与火的考验，把自己锻炼成为反帝爱国的坚强战士。周扬正确分析了党的抗日统一战线政策的现实基础，揭露托派谬论是把马克思的话变成套语、教条，形式极左、实质极右的反动本质。他尖锐地指出："无条件地藐视民族的感情，如果不是出于一种汉奸意识，就至少有帮助汉奸，在心理上叫大家准备去做亡国奴的危险。"[②]还有人指出托派这种取消主义高论实际上是一种"卖弄风情的、最恶毒的阴谋，想欺骗勤劳的大众，叫他们去孤军奋斗，置他们于死地"（何家槐：《文艺界联合战线之我见》）。"正跟托洛斯基之流反对国际上反战反法西斯联合阵线的口吻相似"，"使远东帝国主义吞并中国的进行更为顺利些"。（廉岸：《国防文学否定者的根源》）"国防文学"提倡者对托派取消主义的批判，戳

① 郭沫若：《国防·污池·炼狱》，《文学界》，1936年，第2期。

②《周扬文集》，第1卷，人民文学出版社，1984年，第173页。

穿了他们以极左姿态出现的投降主义真面目，捍卫了党的抗日统一战线政策，实际上是维护了无产阶级的领导地位。毛主席说："如果我们否认民族资产阶级在大震动中有动摇及参加革命的可能性，那也就取消了至少减轻了我们党对于争取领导权的任务。"[①]在抗日联合阵线中，如果把民族资产阶级和其他中间力量都推到敌人那边去，使无产阶级完全处于孤立的地位，还有什么领导权可言?!

那么，"国防文学"提倡者在文艺界抗日统一战线运动中，是不是如有的论者所说的，只讲抗日救国的共同任务，不讲无产阶级争取领导权的责任；只讲联合，不讲斗争了呢？事实并非如此。他们的许多文章都指出，在文艺界抗日统一战线中，由于作家的世界观和阶级立场的不同，无产阶级文学作为中坚力量，要发挥主力军的领导作用。周扬指出："国防文学是把文学上的反帝反封建任务推进到一个新的阶段的文学"，无产阶级革命文学是"最彻底的反帝反封建的文学"，是新文学的中坚力量。因此，"我们不但要保持这种作用和成功，而且要使之更加扩大"。"革命文艺应当是救亡文艺的主力"，但不能"把革命文学从它的友军拉开，使它陷于绝对孤立的地位"。[②]还有的讲得更为清楚明白、直截了当："在文学界联合战线中，前进的文学家又涉及重大的任务。他们应该是文学界联合战线中的主力军、领导者。"[③]他们正从无产阶级的领导责任出发，既强调了联合抗日的重要性，又注意到统一战线内部存在着政治上和思想上的矛盾和斗争。周扬认为，在统一战线内部不能说："一切作家之间已经到了意识形态上的完全一致，为最前进的立场和思想的斗争从此可以终熄了。不，斗争并未终熄，只是斗争的形态改变了。"艾思奇既批评了文艺界忘记联合的"左"的倾向，又指出对统一战线认识上右的错误。他认为，统一战线不是"统一"了"一切社会纠纷"，而是"内部的激烈斗争照样继续下去"，但这个斗争的方式和策略，问题的解决，都必须"要以抗战联

①《毛泽东选集》，第1卷，人民出版社，1952年，第143页。

②《周扬文集》，第1卷，人民文学出版社，1984年，第171—172页。

③ 黄俞:《新的形势和文学界的联合战线》，《文学界》，1936年，第3期。

合的利益为前提”。[①]他们还特别指出，前进的、革命的文学家要坚持革命立场，帮助、教育、批评和指导其他爱国作家，不断同联合战线内部的动摇、妥协、变节、投降的思想和行为作斗争，从而使抗日统一战线得以巩固和扩大、深入和发展。可见，国防文学运动既不是有人嘲讽的是各色各样作家“搅成”的“一锅文学糨糊”，也不是徐行所攻击的是不同阶级阶层、不同思想信仰的“混血儿”，更不是“四人帮”所诋毁的“主张阶级调和”，“宣扬投降主义”，放弃了“无产阶级的领导权和思想斗争”，等等。历史事实证明这都是些不实之词。

照上面说来，“国防文学”论者是不是就完全正确，没有缺点、错误了呢？那也不是。由于他们的思想认识并不完全一致，加之在当时特殊环境下，不可能进行充分酝酿和讨论，取得一致的看法，因而在解释这个口号时，就注入了一些不正确的思想，其中既有“左”也有右的东西。

第一，“左”的思想影响尚未得到彻底清除，仍然有着关门主义和宗派主义倾向。我们知道，文艺战线应该同其他战线一样，首先应当在抗日救国的旗帜下联合起来，只要大目标是一致的，应当允许不同口号的存在。可是，他们一方面号召广大文艺工作者联合起来共同抗日，一方面又把不赞成或对“国防文学”口号有意见的人就视为不赞成或反对抗日统一战线，表现出一种关门主义的味道，如胡洛就在《国防文学的建立》中说：“凡反对、阻碍或曲解国防文学的都是我们的敌人”。这种态度势必把一部分不赞成这个口号的抗日爱国作家关在统一战线的大门之外。对此，茅盾在《再说几句》中以诘问的口气批评道：“那不等于一面开门，一面又挂着‘无票免入’的牌子么？”它们的关门主义、宗派主义倾向还突出地表现在对待“民族革命战争的大众文学”口号的态度上。鲁迅在提出和解释“民族革命战争的大众文学”时，阐明了自己对党的抗日统一阵线的正确立场，强调了无产阶级的领导作用，批评了“国防文学”论者的某些缺点错误，理应受到尊重和支持，而有的人却对鲁迅采取了错误的态度，

① 艾思奇：《新的形势和文学的任务》，《文学界》，1936年，第2期。

排斥和否定“民族革命战争的大众文学”，说鲁迅提出这个口号是“标新立异”，“妨碍文学上的统一战线的运动”，它不仅不能成为现阶段文学的“中心口号”，就是作为辅助性口号也不行。有的人针对这个口号，说什么“原不必在国防文学口号之外另提别的口号，自外于文学上的统一战线运动”，甚至把鲁迅的正确观点视为“‘左’的宗派主义者的大言壮语”。这真有点如茅盾所说的，是一种“争文艺‘正统’，以及以一个口号去规约别人，和自己以为是先天的领导者要去领导别人的那种过于天真的意念”。[①]

第二，在反对一种主要倾向时掩盖了另一种倾向，在清除“左”倾路线影响时犯有右的错误，并有着宗派主义倾向。其主要表现是，有的论者忽视或不敢提出无产阶级的领导权问题。首先在组织上，他们注意纠正和克服“左联”的关门主义是对的，但只是根据王明写给萧三的一封信，不经过充分酝酿、讨论，不听取和尊重鲁迅以及其他方面的意见，就仓促解散“左联”，成立了“文艺家协会”，这样做既影响左翼队伍内部的团结，也不利于党对文艺界统一战线的领导的。如鲁迅所指出的，文艺家协会的成立，由于“含有宗派主义和行帮情形”，不能“就是文艺界的统一战线告成了，还远得很，还没有将一切派别的文艺家都联为一气”。[②]其次在理论上，他们没有很好地解决阶级立场与民族立场、无产阶级领导权与统一战线的关系问题。如有人认为，文艺界的统一战线是在抗日总目标下的“极自由的结合”，如果把无产阶级的领导责任在口号中“特别表现出来”，是“令人望而生畏的，联合战线恐怕也无从联合起”。还有人说，统一战线中不存在“谁统一谁的问题”，“不是由哪一派去统一人家”。无产阶级“只以特殊的资格去要求领导权”，就会“吓跑别的阶层的战友”。《新认识》杂志社的同人更公开提出要放弃无产阶级的领导权：“我们应该更公正地号召：统一战线的‘主体’并不是特定的，‘领导权’并不是谁所专

① 茅盾:《关于引起纠纷的两个口号》,《文学界》,1936年,第3期。

②《鲁迅全集》,第6卷,人民文学出版社,1957年,第432页。

有的。各派的斗士，应该在共同的目标下，共同负起领导责任来。”[①]这些忽视或取消无产阶级在文艺界统一战线中的领导权的言论，虽然不能代表国防文学论者所有人的观点，但确实是存在着的。

综上所述，我们认为，“国防文学”是一个文艺界抗日统一战线的口号，是要贯彻和体现党中央关于建立抗日民族统一战线的方针政策的。由于主客观方面的原因，也存在着错误。其中关门主义、宗派主义倾向，是在注意纠正和克服中的问题；虽然国防文学论者中有忽视或取消无产阶级在文艺界统一战线中的领导权的言论，但毕竟是少数人的问题，没有成为决定这个口号性质的主要倾向。因此，它的基本方面是正确的。毛泽东同志说：“对于任何问题应取分析态度，不要否定一切。”我们如果无视“国防文学”是个基本正确的口号，只是抓住它的某些错误和个别人的言论，甚至因为有人看过王明在共产国际大会上的发言和有关刊物登载过他的文章，就一口咬定“国防文学”是在王明右倾机会主义路线影响下产生的错误口号。这是不符合历史的实际情况的。当时王明的右倾机会主义路线尚未形成，大前提还不存在，结论就更成问题了。

“两个口号”并非“两家”而是“一家”

每当国际国内政治形势发生重大变化，我们党的战略策略和方针政策作出相应调整和改变的时候，由于革命队伍内部认识上的不一致，产生意见分歧和争论，这是正常的现象，甚至是不可避免的，反映到文学艺术领域就更是如此。“国防文学”和“民族革命战争的大众文学”两个口号的论争，就是革命文学内部如何看待文艺界的抗日统一战线问题的讨论。可是，有的人在极左思想的支配下，歪曲鲁迅论争中基本立场、态度，只是抓住他的只言片语，把“两个口号”的论争说成是根本对立的两条路线斗争，全盘否定“国防文学”口号，把它定性为右倾机会主义路线的、投降

①《文艺界的统一战线问题》,《新认识》,1936年,第2期。

主义的口号，这既违背了鲁迅的思想观点，又篡改了历史事实，是完全错误的。

鲁迅在“两个口号”论争中，对于“国防文学”论者中的错误进行了严肃地批评，但从没有把这场论争看成是不可调和的两条路线斗争，用他自己的话来说，就是“并没有把它们看成两家的”。他认为两个口号可以“并存”，“国防文学”口号的提出和存在，“不但没有碍，并且是有益的，需要的”。他说：“‘国防文学’是我们目前文学运动中具体口号之一，为的是‘国防文学’这口号，颇通俗，已经有很多人听惯，它能扩大我们政治的和文学的影响，加之可以解释为作家在国防旗帜下联合，为广义的广大爱国主义的缘故，因此，它即使曾被不正确解释，它本身含义上有缺陷，它仍应当存在，因为存在对于抗日运动有利益。”①鲁迅之所以如此肯定“国防文学”，就是因为它与“民族革命战争的大众文学”口号，在抗日爱国这个大的政治方向上是一致的。

“两个口号”的提倡者都是拥护和赞成党的抗日民族统一战线政策的，主张一切抗日爱国的作家联合起来，把新文学的反帝反封建精神集中于抗日反汉奸的斗争。当时中国面临着沦为日本帝国主义殖民地的危急关头，如鲁迅所说的，“现在中国最大的问题，人人所共的问题，是民族生存的问题”。“中国的唯一的出路，是全国一致对日的民族革命战争。”因此，他非常积极、热忱地赞成和拥护我们党提出建立抗日统一战线的正确主张，旗帜鲜明地表示：

> 中国目前的革命的政党向全国人民所提出的抗日统一战线的政策，我是看见的，我是拥护的，我无条件地加入这战线，那理由就因为我不但是一个作家，而且是一个中国人。所以这政策在我是认为非常正确的……。②

①《鲁迅全集》，第6卷，人民文学出版社，1957年，第436页。

② 同上，第431页。

由此出发，他“赞成一切文学家，任何派别的文学家在抗日的口号下统一起来的主张”，并提出为了建立和扩大文艺界的抗日联合阵线，必须反对妨碍作家加入这条阵线的种种限制和条件。他说：“文艺家在抗日问题上的联合是无条件的，只要他不是汉奸，愿意或赞成抗日，则不论叫哥哥妹妹，之乎也者，或鸳鸯蝴蝶都无妨。”这样做并不是要放弃“五四”新文学反帝反封建的战斗传统，“新的口号的提出不能看作革命文学运动的停止，或者说‘此路不通’了。所以，决非停止了历来的反对法西斯主义，反对一切反动者的血的斗争，而是将这斗争更深入，更扩大，更实际，更细微曲折，将斗争具体化到抗日反汉奸的斗争，将一切斗争汇合到抗日反汉奸这总流里”。[①]“国防文学”论者同样认为，建立文艺界的统一战线，决不是要放弃革命文学反帝反封建的历史任务，而是将这一斗争任务推进到一个新阶段。周扬说：

> 国防文学就是一方面继承这个过去文学的革命传统，一方面立脚于民族革命高潮的现实上把文学上的反帝反封建的任务，推进到一个新的阶段的文学。[②]
>
> 它号召一切站在民族战线上的作家，不问他们所属的阶层，他们的思想和流派，都来创造抗敌救国的艺术作品，把文学上反帝反封建的运动集中到抗敌反汉奸的总流。[③]

周立波也明确指出，“国防文学既是中国新兴文学的更合理更高度的一个发展，自然也要承继中国进步社会力量的进步的世界观”。现阶段的革命文学是“将进行反帝反封建的任务，更具体地表现在抗敌救国的使命中”。[④]这些看法同鲁迅的观点不是非常一致吗？由此可见，他们提出的口

① 《论现在我们的文学运动》，《鲁迅全集》，第6卷，人民文学出版社，1957年，第475页。

② 《周扬文集》，第1卷，人民文学出版社，1984年，第171页。

③ 同上，第179页。

④ 立波：《中国新文学的一个发展》，《光明》，1936年，第1期。

号虽然不同，但大目标是一致的，都是要动员和组织一切赞成和愿意抗日的文艺工作者参加抗日民族统一战线，以文艺为武器，投入民族革命战争。他们还有一个重要共识，就是建立文艺界的抗日统一战线，并不是要放弃革命文学的反帝反封建任务，而是将它推进到一个新的历史阶段，并发挥其主导作用。

其次，在捍卫党的抗日民族统一战线政策，反对托派取消主义的斗争中，都是态度鲜明、立场一致的。当时，中国的托派分子，按照托洛斯基“不阻碍日本帝国占领中国”指令，以极左的面目出现，干着反对统一战线、破坏抗日斗争的勾当。如前所述，当“国防文学”口号提出不久，就有人反对这个口号，并借机按照托派取消主义理论恶毒攻击党的抗日民族统一战线政策，郭沫若、周扬等立即痛加驳斥，揭露其形左而实右、孤立无产阶级、为日本侵略者效劳的反动本质。意味深长的是，他们有的关键用语与后来鲁迅《答托洛斯基派的信》中的话都是很相近的。有个化名陈仲山的托派分子写信给鲁迅，妄图利用“两个口号”的论争，挑拨离间鲁迅与党的关系，破坏左翼文艺阵营的团结，恶毒攻击和诽谤党的抗日统一战线政策和文艺界的联合抗日运动。鲁迅立场坚定，旗帜鲜明，公开发表著名的《答托洛斯基派的信》，把他们丑恶的灵魂，阴险的目的，以及为日本侵略者效劳、出卖民族利益的罪恶行径，暴露于光天化日之下。他一针见血地指出：他们的“高超理论将不受中国大众所欢迎”，“恰恰为日本侵略者欢迎，则这高超仍不免要从天上掉下来，掉到地下最不干净地方去”。托派分子后来与日本特务机关合作，领取他们经费、为他们效劳的事实，证明鲁迅的判断是完全正确的。庄严与丑恶形成强烈的对照。鲁迅在愤怒揭露和批判托派反动本质的同时，满怀深情地表达了对以毛泽东同志为代表的中国共产党的无比信赖，对党的抗日民族统一战线政策的衷心拥护。他说：“那切切实实，足踏在地上，为着现在中国人的生存而流血奋斗者，我得引为同志，是自以为光荣的。”[①]从这里我们可以清楚地看

①《鲁迅全集》，第6卷，人民文学出版社，1957年，第474页。

出，“两个口号”论争的双方在反对托派破坏抗日统一战线的斗争中，立场是完全一致的。

“两个口号”的提倡者对于文艺创作的内容和题材问题，一开始虽然有些意见分歧，但在论争中也取得了比较一致的认识，即作家在抗日救亡运动中，既要努力写出以反抗日本侵略者、揭露汉奸卖国贼为题材的作品，也可以更广泛地反映社会生活的矛盾和斗争。鲁迅说：“民族革命战争的大众文学决不是局限于写义勇军打仗，学生请愿示威……等等作品，这些当然是最好的，但不应这样狭窄。它广泛得多，广泛到现在中国各种生活和斗争的意识的一切文学。”[①]茅盾也提出“全国任何作家都在抗日的共同目标之下联合起来，但在创作需要有更大的自由”。[②]“国防文学”论者也是希望作家“采取积极的国防主题”，同时强调文学的范围应放得更广大些。周扬说：“在这个主题里面无限多样地包藏了革命文学的其他一切主题。在社会发展的主流上把握广大现象和复杂情形，不局限于民族革命战争的激化的场面，而触及在帝国主义汉奸压迫下的一切民众的日常生活和斗争，这就是国防文学的内容的境界。”这是因为“民族革命的斗争已经伸入了全中国人民的一切生活领域”，“一个小小的劳资争论，一个小小的农民纠纷，一个学生的行动，和甚至一个人悲剧，都可能带着民族革命的意义，因为民族革命的一场斗争已经伸入了全中国人民的一切生活领域”。同时由于“创作过程的几微和复杂，以及每个作家的特殊的生活经验，特殊的风格，而且考虑到作家对于现实运动，从抽象地把握到用卓越的形象去具体表现还需有相当的过程”，所以，我们对于参加抗日民族统一战线的作家，“不能以这样那样的题材强求他们”。他既对“以描写东北实地和民族革命战争”为题材的萧军《八月的乡村》和萧红《生死场》，给予充分肯定；又指出沙汀“选的主题虽不是在国防前线，他虽没有描写抗敌反汉奸的斗争，但是他的作品却告诉了我们在帝国主义封建主义压迫下的大众实在过着怎样黑暗和惨苦的生活”。“这样的作品，在前进的运动

①《鲁迅全集》，第6卷，人民文学出版社，1957年，第476页。

② 茅盾：《关于引起纠纷的两个口号》，《文学界》，1936年，第3期。

中不会失去它的重要性。”[①]郭沫若也强调说：“国防文学应该是多样的统一而不是一色的涂抹。这儿应该包含着各种各样的文学作品，由纯粹社会主义的以至于狭义爱国主义的，但只要不是卖国的，不是为帝国主义作伥的东西。”[②]可见，他们双方在艺术创作思想上，都是既提倡作家写出直接反映抗敌救国斗争的作品，又要从不同作家的实际情况和艺术创作的特点出发，把握着民族革命战争的主流，广泛地、多方面地反映社会生活，总目标都是服务于民族革命斗争。

从以上几个方面，我们可以清楚地看出，“国防文学”与“民族革命战争的大众文学”都是根据党的抗日民族统一战线政策提出的口号，基本立场和大的目标是一致的，因此“两个口号”并非“两家”，而是“一家”。我们非常同意茅盾在当时论争中发表的意见，这两个口号是“非对立的而为相辅的”，“然而一些为宗派主义所养大”的人，“有意无意地曲解了鲁迅先生的意思”，把它们“对立”了起来。[③]

鲁迅在“两个口号”论争中的贡献

“国防文学”既然是文艺界建立抗日统一战线的口号，其基本立场和大的目标同鲁迅是一致的，鲁迅为什么要在“国防文学”之后，又提出“民族革命战争的大众文学”口号并引起一场争论呢？他对于自己的用意讲得很明白，一是不要搞宗派，争正统，而是“为了推动一向囿于普罗革命文学的左翼作家们跑到抗日的民族革命战争的前线去”，希望一般和各派的作家“也来努力向前进”，一句话就是要求左翼革命作家带头并引导其他作家投入民族革命战争，在文艺界抗日统一战线中发挥领导作用。二是“为了补救‘国防文学’这名词在文学思想的意义上的不明了性，以及

① 《周扬文集》，第1卷，人民文学出版社，1984年，第153—154页。

② 郭沫若：《国防·污池·炼狱》，《文学界》，1936年，第2期。

③ 茅盾：《关于〈论现在我们的文学运动〉》（《文学界》，1936年，第1期）、《关于引起纠纷的两个口号》（《文学界》，1936年，第3期）。

纠正一些注进‘国防文学’这名词里去的不正确意见”。我们认为，这两个方面，正是鲁迅在“两个口号”论争中的重大贡献。

在这场论争中，鲁迅能够站在无产阶级和人民大众的立场上，拥护和捍卫党的抗日民族统一战线政策，既无情地揭露和批判了托派分子破坏抗日统一战线、为侵略者效劳的罪恶行径，使其比革命还要革命的取消主义失去了市场；又坚持无产阶级在抗日统一战线中的领导作用，批评和纠正左翼革命文学内部存在的右的和“左”的思想倾向。他针对“国防文学”运动中有人忽视和不敢提出无产阶级领导权的问题，能够把阶级立场与民族立场统一起来，着重阐明了无产阶级领导权在统一战线中的决定作用。他认为，在文艺界统一战线中，联合是重要的，但只有联合，没有斗争，统一战线就不能巩固和发展；无产阶级如不加强领导责任，只讲民族立场，不讲阶级立场，无产阶级就无法通过统一战线，实现阶级利益与民族利益的统一。因此。鲁迅强调指出：“民族革命战争的大众文学，是无产阶级革命文学的一发展，是无产阶级革命文学在现在时候的真实的广大的内容。”这个口号的提出，“决非革命文学要放弃它的阶级的领导的责任，而是将它的责任更加重，更放大，重到和大到要使全民族，不分阶级和党派一致去对外。这个民族的立场，才真是阶级的立场”。[①]这个深刻、精辟的见解，使人有眼前一亮之感，正是“国防文学”运动中重视不够、有所忽视的重大问题，鲁迅用以“补救”和“纠正”是完全必要和正确的。

鲁迅提出“民族革命战争的大众文学”口号，强调无产阶级在文艺界抗日统一战线中的领导权问题，但它“和宗派主义或关门主义是并不相干的”。他明确地指出：“文艺家在抗日问题上的联合是无条件的”，“不写‘国防为主题’的作品，仍可以从各方面来参加抗日的联合战线”，“在抗日战线上是任何抗日力量都应当欢迎的，同时在文学上也应当容许个人提出新的意见来讨论”。显然，这里并不像“四人帮”所歪曲的那样，是以代表正确路线的“民族革命战争的大众文学”口号来反对“国防文学”这

①《鲁迅全集》，第6卷，人民文学出版社，1957年，第475页。

个右倾机会主义路线的口号。茅盾在论争中就正确地指出过，鲁迅“没有要拿这个口号去规约一切文学的意思”，“毫无排斥‘国防文学’这口号的意思”，它是主张再提些别的口号，“可以广泛地提倡救国文艺，使抗日运动扩大”。[①]鲁迅的革命胸怀是宽广的，论争的态度是严肃的。他虽然是“民族革命战争的大众文学”口号的倡导者，但并没有因胡风赞成和撰文公开这个口号，而不指出他在口号解释中存在的问题；也没有因为聂绀弩支持和拥护这个口号，就不去批评、纠正他的宗派主义思想错误。这种态度却是“国防文学”某些论者所缺乏的，他们不仅不能认真接受、汲取对方合理的、正确的意见，反而表现出较为浓厚的宗派主义和关门主义的倾向，对鲁迅尊重不够，个别人如徐懋庸写信直接攻击鲁迅更是错误的，有损于左翼革命文学阵营的团结。即使如此，鲁迅在《答徐懋庸并抗日统一战线问题》中，虽然予以严厉的批评，其目的仍然是为了纠正他们以“国防文学”划界的错误态度，改变他们“比白衣秀士王伦还要狭小的气魄”，能把一切革命的、进步的、爱国的作家艺术家联合起来，以形成文艺界广泛的抗日统一战线。

“四人帮”与托派是一丘之貉

“两个口号”的论争，总的看来，是左翼革命文学阵营内部的一场思想上的争论，双方的基本立场和大目标是一致的，目的都是要根据党的抗日统一战线政策，实现文艺界的广泛的大联合，动员和团结一切抗日爱国的文艺家，投身于、服务于伟大的民族革命战争。在论争中尽管出现一些问题，如宗派主义情绪、不利于团结的言行、不尊重乃至攻击鲁迅等，但成绩还是主要的，它扩大了党的抗日统一战线政策的影响，对于克服和纠正“左联”的关门主义错误、推进文艺界的抗日联合发挥了积极作用。我们应当以马克思主义的立场、观点、方法，实事求是地分析和评价“两个

① 茅盾:《关于引起纠纷的两个口号》,《文学界》,1936年,第3期。

口号”的论争，对于正确总结革命文艺运动的历史经验，深刻理解鲁迅作为主将和旗手的地位和作用，促进和加强文艺工作者的团结，发展社会主义文学艺术事业，都是很有意义的。可是，“四人帮”一伙别有用心地炮制所谓“文艺黑线专政”论，把30年代革命文艺作为“黑线专政”的源头和重要组成部分，加以全盘否定。他们歪曲引用毛主席和鲁迅的言论，以极其凶恶的极左面目出现，把“两个口号”的论争定为根本对立、敌我性质的两条路线斗争，诬称“国防文学”是“卖国文学”“汉奸文学”，对这个口号的倡导者周扬等一批30年代革命文学艺术家进行政治打击、陷害，以实现其夺取文艺战线领导权的罪恶目的。他们同当年托派分子所扮演的角色非常相似，表明他们是一丘之貉。

列宁在《论民族自决权》中指出：“在分析任何一个社会问题时，马克思主义理论的绝对要求，就是要把问题提到一定的历史范围之内。”①我们只有对具体问题进行具体分析，才能得出实事求是的结论。如前所述，在“两个口号”论争的当时，抗日统一战线还没有建立，全面抗战还没有开始，王明右倾机会主义路线还没有形成，党内虽然不能说没有右的思想，但主要反对的是“左倾”关门主义，是拥护还是反对党的抗日民族统一战线政策问题。“四人帮”根本无视“把问题提到一定的历史范围之内”具体分析这一马克思主义理论的“绝对要求”，不顾历史的基本事实，对“国防文学”论者注意克服和纠正“左倾”关门主义错误，批判托派分子散布极“左”的取消主义、反对党的抗日统一政策的反动谬论，只字不提，讳莫如深。他们以极左的面目出现，打着维护无产阶级领导权的旗号，抓住“国防文学”论者的某些错误观点，无限上纲，污蔑这个基本正确的文艺界抗日统一战线的口号是贯彻、执行王明右倾机会主义路线的投降主义口号。令人奇怪的是，王明右倾机会主义路线尚未形成，何以会在文艺界产生出王明右倾机会主义路线的口号？这是对历史的颠倒，对毛泽东思想的歪曲和篡改。“四人帮”的倒行逆施与托派的所做所为是一脉相

①《列宁选集》，第2卷，人民出版社，1972年，第512页。

承的。当时托派分子把自己装扮成非常革命的样子，置中华民族的生死存亡于不顾，断章取义地摘引马克思《法兰西内战》中的个别论断，唱着维护无产阶级革命的“纯洁”、为了“明日新社会”的高调，否定“国防文学”口号、攻击党的抗日民族统一战线政策，以达到孤立无产阶级，破坏抗日爱国运动，为日本侵略者效劳的政治目的。周扬在批判这种取消主义谬论时，尖锐指出：“如果固守着自己的‘纯洁’，怕沾染了‘多元的混乱场面’，那些才是‘取消自己’。”这里揭露和批判托派取消主义的反动本质，维护了党的抗日统一战线政策，有什么错误呢？然而在“四人帮”鼓吹“文艺黑线专政”论、围剿“国防文学”时，有人却非常可笑地说这是讽刺、打击“坚持无产阶级立场的人”。我们的痈疽却是他们的宝贝，宣扬托派取消主义的人倒成了“坚持无产阶级立场的人”，“四人帮”是什么货色不是一清二楚了吗?!

托派分子在“两个口号”论争中使用的另一个卑劣伎俩，就是利用左翼革命队伍内部的意见分歧和少数同志对鲁迅的错误态度，进行挑拨离间，制造分裂，破坏团结，否定“国防文学”，以达到反对党的抗日统一战线的目的。他们充当日本帝国主义的走卒，恶毒攻击党的统一战线政策是“放弃阶级的立场”，“出卖革命”，标榜自己为革命“作不懈的斗争”；同时虚伪地表示一贯“景仰”鲁迅的“学识文章与品格”，称颂鲁迅“独能本自己的见解奋斗不懈”，妄图拉拢鲁迅，利用鲁迅的威望，为自己效力。鲁迅则以马克思主义的洞察力，识破和戳穿了他们的反动本质和罪恶行径，坚定地站在我们党的革命路线一边。“四人帮”一伙人将自己装扮成“同鲁迅站在一起”的“战友”，鲁迅研究的“权威”。他们采用“捧杀”的办法，把鲁迅变成他们手中的大棒，来打杀30年代革命文艺工作者。“两个口号”的论争本来是一场革命文学内部的争论，他们把它歪曲成敌我性质的两条路线斗争；鲁迅对“国防文学”倡导者的缺点、错误的严肃认真的批评，却被他们作为把这些同志打成“叛徒”“内奸”“反革命两面派”的证据。这是他们假借鲁迅以营私的歪曲和伪造。鲁迅肯定“国防文学”口号的言论，他们视而不见；鲁迅在批评这些同志错误的同时，又真诚地希望他们改正错误、为革命做好工作的声音，他们听而不闻。例如，鲁迅对周扬的批评是尖锐、严厉的，但绝没有将他视为敌人，还是作为同志的。他明确地说过：“自然，周起应也许别有他的优点。也许后来不复如此，仍将成为一个真的革命者。”鲁迅同郭沫若在革命文学、“两个口号”两次论争中，均有过思想交锋，彼此“曾用笔墨相讥”，但鲁迅却说他们“大战斗却都为这统一的目标”的。这与鲁迅对托派分子的立场和态度则是根本不同的。在这里，为敌为友，了了分明，鲁迅是毫不含糊的。“四人帮”一伙歪曲鲁迅，妄图利用鲁迅，把鲁迅作为“同志”“战友”的人打成敌人，而他们则把鲁迅真正敌人托派分子当作“坚持无产阶级革命的人”，这里充分地暴露出他们才是“鲁迅精神”的真正敌人。

嘲弄历史的人必然受到历史的审判，与人民为敌的人必然受到人民的惩处。今天，我们在深入揭批“四人帮”的斗争中，一定要完整、准确地理解毛泽东思想，充分肯定鲁迅在“两个口号”论争中的重大贡献，从历史的客观实际出发，对“两个口号”的论争的性质和意义作出重新评价，彻底推到他们制造和鼓吹的“文艺黑线专政”论，恢复和发扬30年代左翼革命文学的战斗传统，为社会主义文艺事业的发展、繁荣而努力奋斗！

（与严恩图合作，原载《安徽师范大学学报》，1978年第3期）

关于阿Q“革命性”问题及其他

最近我们拜读了《跃进文学丛刊》第二期上周天同志的《典型——阶级性与个性辩证统一》和《学术月到》1958年10月号上无宜同志的《反对阿Q典型研究中的修正主义》两篇文章。他们肯定了典型人物的阶级性对《阿Q正传》中的几个人物加以分析论证了这样一个观点：任何人物典型（即使有的比较复杂）必须遵循“阶级性与个性辩证统一”的原则去考察，才能给予正确评价，抹杀人物阶级性是不可能的。周天同志认为“精神胜利法”是统治阶级的意识，并非“农民阶级所固有”，这种“消极可耻的现象”通过统治阶级思想影响，阿Q才“有了这种精神面貌”。但是，“不管阿Q身上多么严重地存在着‘精神胜利法’这种消极可耻的现象，但阿Q本人在那个阶级变动剧烈、阶级对立分明的半封建半殖民地的旧中国的这一特定历史环境中，他站在哪一边，拥护什么，反对什么，则是态度鲜明、毫不含糊的”。“他是赞成、拥护并且愿意参加革命的”，因而“阿Q是一个农民的典型，并且无愧于他的农民身份”。无宜同志则认为：阿Q的“精神胜利法”虽有“消极的一面”，但也有“积极的一面”，而后一面，有“向着革命发展的巨大的可能性”。因此，我们“必须加以珍视”。无宜同志还引用了鲁迅的话来证实自己的结论。两位同志的看法，我们不敢苟同。

关于阿Q是怎样一个人？他的“精神胜利法”是怎样一种心理状态？他为什么会“革命”？而鲁迅说他要“革命”，究竟这句话应当怎样理解？

这几个问题，我们如从鲁迅创作意图、作品的思想内容、当时历史背景以及评论家的评判几方面去研究，并不难得到一个大致不差的结论。周扬同志在最近一次报告（见1958年19期《文艺报》）中对阿Q一生的道路作了正确、深刻的概括，我们认为可以把它当做解剖阿Q“精神胜利法”的一把钥匙。为了讨论方便，我们引述如下：

> 在他（按：指鲁迅）的名著《阿Q正传》中，曾经通过阿Q这个生动的人物形象，把那种消极的、没有志气的“精神胜利法”的人生哲学作了深刻的揭露和解剖。阿Q是一个穷苦的农民，他处处受人欺压和凌辱。因为他的觉悟不高，虽然他有反抗的意志，但是他却找不到正确的道路，同时也没有坚持斗争的决心。他每次受人鞭打之后，他总是找出一些可笑的理由来安慰自己，认为是儿子打父亲，下人打长辈，愚人打智者，不值得计较，于是他便觉得他“在精神上胜利了”。这种“精神胜利法”到底没有解决问题，也不可能解决问题，他最后是被反动统治阶级枪毙了。当然阿Q只是劳动人民中的一种消极典型。

看来，周扬同志和周天、无宜同志的意见有着很大的不同。从上面的话里，我们可以认识到阿Q虽有反抗意志，却并不像周天同志所描绘的那样——似乎成了一个头脑清醒、觉悟很高、态度鲜明的革命农民。我们想来具体地谈谈阿Q的性格，特别是他的“革命性”的问题。

只要读过鲁迅《阿Q正传》的人，都知道阿Q有着一种特殊的落后心理状态——精神胜利法。这种“精神胜利法”构成了他性格的基础和核心，诚如周扬同志所说简直是他的人生哲学了。阿Q到临死之前也还没有摆脱这种消极落后的“精神胜利法”的羁绊。因此，“精神胜利法”是阿Q的性格和灵魂，除开“精神胜利法”那就无法了解阿Q这个艺术形象的深刻内涵和典型意义。

“精神胜利法”既是消极落后的心理状态，为什么贫苦受欺的农民阿Q

会有的呢？我们认为，一般地可以根据马列主义阶级斗争学说，解释做统治阶级思想意识影响、渗透的结果。但是，“精神胜利法”并非抽象的存在，可以把它从统治阶级那里“移植”到某一阶层的人物身上。只要这种影响一经渗透，它就必然与这一人物的社会地位、阶级关系发生血肉相连、水乳交融的关系而显示出自己的特点来。阿Q的“精神胜利法”，有着鲜明的被凌辱、压榨的烙印，不能想象阿Q会与统治阶级有什么共同的地方。他不想去奴役别人，不效借“精神胜利”来为自己受压迫、欺凌而不反抗，只是取得安慰罢了。在这个意义上讲，阿Q的“精神胜利法”又与统治阶级的“精神胜利法”有着严格的区别。我们认为周天同志对统治阶级的“精神胜利法”和阿Q的“精神胜利法”不加分析、等量齐观，看做同一的东西，从而把阿Q的“精神胜利法”一脚踢开的做法，是错误的，是大可商榷的，令人难以接受的。

虽然如此，“精神胜利法”毕竟是消极、落后的，它与阿Q的农民阶级身份之背景确实显得十分矛盾。有人抓住这一点拼命地加以曲解，好像阿Q真不能说成农民的典型了。幸好鲁迅在他的《阿Q正传》里给我们做了圆满的解答。前期的鲁迅还不是一个阶级论者，然而，在他的笔下，展露了鲜明、生动的阶级斗争的图景。作为贫苦农民的阿Q，虽然为“精神胜利法”和封建落后思想所束缚，但就其全部复杂的性格来考察，阿Q毕竟体现了自己流浪雇农的特色。我们绝不能对阿Q的“精神胜利法”不加分析，或是光看到其落后面就把阿Q与统治阶级混同起来。阿Q仍然是被压迫阶级中的一个农民。正因为如此，有人怀疑阿Q性格分裂的时候，鲁迅才在《阿Q正传的成因》中肯定地说：“中国倘不革命，阿Q便不做，既然革命，就会做的。我的阿Q的运命，也只能如此，人格恐怕并不是两个。”

周天、无宜两同志从阶级观点出发，肯定了阿Q是农民，这是对的。但是，在解决上述疑难的时候，却做得并不好。一个完全抛开了“精神胜利法”对阿Q的危害，片面强调他的“革命性”，以至于失去了阿Q原有的面貌。另一个把“精神胜利法”看做阿Q的全部性格，于是分割出一个

“积极面”来凑合鲁迅的话，结果是自相矛盾。总之，两位同志在具体运用阶级观点的时候，都脱离了作品总的思想倾向，没有把阿Q这个复杂的人物形象作为一个有机整体的人看待，也就使得阶级分析成为空洞的公式了。

那么，作品的实际表现到底怎样的？我们就作品对阿Q“革命”的描写，谈谈自己的意见。阿Q从城里回到未庄之后，曾经讲述过杀革命党的事。当时，这件事并没引起阿Q对革命的注意与向往；革命和他毫无联系。虽然讲得有声有色，但正如鄙薄城里人煎鱼用葱丝一样，无非表示自己的“见多识广”。这自然不失为一种精神胜利。

以后革命的浪潮袭来了，按说一向贫苦受欺，而且接触过革命党的阿Q一定会被吸引、牵动。可是，阿Q并没有意识到这是怎么回事。不仅如此，由于受落后意识的束缚既深且久，甚至认为“革命便是造反，造反便是与他为难。所以一向是深恶而痛绝之的”。当革命使得闻名百里的举人害怕，同时引起了未庄一群鸟男女的慌张，阿Q倒有些“神往”“快意”。于是，他想到革命也好，自己也要投降革命党。这里，问题十分明白，阿Q从生活直感中，觉得“革命”对自己也许不坏，就由“深恶痛绝”转向了“投降”。他根本没清楚自己“拥护什么，反对什么”。他对革命还是茫无所知。不晓得周天同志从什么地方看出阿Q对革命是“态度鲜明毫不含糊”的，这样的判断是缺乏根据的。

究竟是什么促使落后的阿Q“投降”了“革命”呢？阿Q在演出恋爱悲剧以后，发生了无法解决的生计问题，只有出走。他以后又由中兴走向了末路。他连以前那种受尽欺凌、压榨的地位都维持不住了，尖锐的阶级压迫，使他寻求出路。随后，革命引起了举人、赵太爷之流的震恐，他觉得革命“了不起”，有些“神往”。这时，生活的幻想与一种压抑已久的报复心理推动了他，作者写道：“阿Q近来用度窘，大约略略有些不平。”于是，他想到“革命也好吧，……革这伙妈妈的命，太可恶！太可恨！……便是我，也要投降革命党了”。根据鲁迅的描写，我们认为阿Q的“投降”革命是为特定的历史环境和他的农民屈辱地位，以及自己的生活血泪史所决定的。这里，作者现实主义的触角探索到了阶级对立中，作为落后农民的阿Q，必然“投降”革命的经济根源与阶级基础。如果这样结合作品去理解鲁迅所说“中国倘不革命，阿Q便不做，既然革命，就会做的”这些话，那是对的。可惜，无宜同志没能仔细领会其精神实质，却误认阿Q的“精神胜利法”可以通向真正的革命；因此，他的引述就成了对阿Q性格与鲁迅原意的曲解。

问题还不仅在于阿Q会“参与”革命，而且更在于阿Q“革命”实际内容怎样。作者深刻地刻画了社会变动中阿Q的精神状态与活动心理。阿Q在大街上大喊：“造反了！造反了！”吓得赵太爷怯怯地迎着叫“老Q”。阿Q在路上飘飘然飞了一通之后，回到了土谷祠，又因管祠老头意外的客气，于是要了饼和蜡烛，并且在祠中大作革命的好梦。所有这一切，究竟是怎样的革命呢？能不能像周天同志那样，说成是“农民的要求革命的愿望的表现形式”，有“要求取得政权的特点”呢？据我们看，完全不能。在阿Q的一些举动中，体现出他对生活的幻想和因屈辱而来的一种报复心理，确实有着反抗和不平。然而他并不真的懂得革命，举止中分明带着强烈的精神胜利的色彩。绝对不能根据“阿Q是个农民”这点出发，就将阿Q自发、盲目的行动看做自觉的，甚至于目标明确、意识清晰、“要求取得政权”的农民革命。同时，也不可以对一些细节随意演绎、附会，似乎落后的阿Q一举一动都含有真正革命的深意。

阿Q要杀赵太爷、秀才、假洋鬼子，要开箱子拿元宝、洋钱，不一定解释为打倒土豪、劣绅，分田地、财产的运动，就是“要求取得政权”。如果按照周天同志的演绎、附会方法去分析，有些事情就说不通。小D本来和阿Q同是受欺压的贫苦农民。然而，阿Q在梦中第一个想杀的就是小D；床搬得不动还要打嘴巴。看来革命“态度鲜明”的阿Q似乎还想作威作福。另外，阿Q为了结识革命党去求假洋鬼子，难道我们就因此送他一顶“敌我不分”的帽子吗？在我们看来，一方面固然不能苛求阿Q，拿一个革命者的尺度来衡量他，另一方面也大可不必任意渲染，以革命的词句去装饰他。毛泽东同志在《论十大关系》中讲得非常好：“《阿Q正传》

是一篇好小说，……鲁迅在这篇小说里，主要是写一个落后的不觉悟的农民，他专门写了‘不准革命’一章，说像洋鬼子不准阿Q革命。其实，阿Q当时所谓的革命，不过是想跟别人一样多拿些东西而已”。

另外，设若依照周天、无宜同志的看法去理解阿Q之所以“革命”，将无法说明阿Q“大团圆”的悲剧性质。我们认为清醒、有觉悟的阿Q决不会像背着沉重精神枷锁的阿Q死得那么可怜、可悲！同时，阿Q不仅不能从“精神胜利法”通向革命，反而麻痹了自己的反抗意志。难道阿Q死得还不够糊涂吗？周天、无宜两个同志，一个说他“反对什么，拥护什么”“态度鲜明、毫不含糊”，另一个要他“珍视”“精神胜利法”，把身上的枷锁继续扛下去，这恐怕是鲁迅始料不及的吧？阿Q的悲惨命运体现了现实生活的逻辑发展。阿Q既然暴露了自己行动的盲目性和自发性；而所谓“革命”又不过剪个辫子、换块招牌；原来的知县、举人、把总做了革命的新官，假洋鬼子、秀才与举人有了勾结，群众尚未觉悟、行动起来……这一切在鲁迅心目中就构成了一幅半封建半殖民地社会动荡时期的缩影。在这样的环境中，麻木自欺，受尽屈辱，也想反抗的流浪雇农阿Q，演出了革命的悲剧，是可以理解的。作者鞭打了阿Q，也就严正地批判了资产阶级领导的辛亥革命脱离群众的致命弱点。而周天、无宜两位同志无视作者批判的意图，片面夸大、演释阿Q的“革命性”，乃至要“珍视”作者大力批判的“精神胜利法”，这是违背鲁迅原作精神的。

我们对阿Q性格的理解以及与周天、无宜同志不同的看法大致如此。

学术界还存在着另一种与上面两位同志相反的观点，就是否认阿Q的阶级性。概括起来则是：阿Q表现的是人所共有的“人性”，是一个阿Q主义的寄植者，是一个“思想性的典型”，“就是封建主义的传统思想”，阿Q“具有奴役主义的思想”，阿Q的性格与封建统治阶级有很多共同的地方。这种看法是要模糊阿Q的性格，抽去阿Q这一人物的阶级内容，使之神秘化，好像他是阶级社会中的特殊人物。我们对于这种观点也是不能认同的，应该在揭示阿Q阶级性的同时，应对这一典型人物性格的复杂性进行具体分析。只有科学地、历史地运用阶级分析，才能对阿Q性格的形成、发展作出合理的解释。周天、无宜两位同志主张用阶级观点分析典型人物，并指出应该看到各阶级之间的相互影响与渗透，而且反复阐述了阶级性与个性辩证统一的关系，都是非常必要的，应当肯定的。可惜的是，两位同志在批评中不自觉地违反了运用阶级观点的初衷，而陷入人物阶级成分演绎的图式化的错误。

最后简单谈谈周天、无宜两同志的错误的研究方法也不是无益的。关于分析阿Q这样复杂的典型人物，我们完全赞同他们提出的：要用阶级分析观点、方法。但是，所谓阶级分析，并不能根据某一典型人物的阶级成分去演释，也不是找一些例证、细节来凑合其阶级的本质。面对一个具体的、活生生人物形象，我们必须依据阶级性与个性相统一的原则去对他们的性格思想、感情、心理、愿望进行具体分析、综合。具体问题具体分析是马克思主义活的灵魂。然而，周天同志只抓住了“阿Q是农民”“农民都有革命性”大作文章，阿Q就此成了“态度鲜明、毫不含糊”的革命农民，他的“革命”也就具有了“要求取得政权的特点”。周天同志不但一脚踢开了阿Q的“精神胜利法”——好像这种落后心理并不足以麻痹阿Q的革命意志，而且不顾阿Q演出“大团圆”悲剧的实际表现，执拗地在革命词句的运用上大费功夫。最后必然看不清阿Q的复杂性格，竟把阿Q能成“无愧于他的农民身份”的“农民典型”。周天同志那种将阿Q割裂成两半，撇开了带着“消极可耻”的精神胜利法的一半，又对革命“态度鲜明毫不含糊”的一半，大加发挥，去凑合“阿Q是个革命农民”的主观结论的作法，自然也能“言之成理”。但是，这种阐释缺乏足够的说服力，使人感到阿Q只是一个不可捉摸的概念化人物。这种割裂、演绎必然出现一些自相矛盾、不能自圆其说的地方。同样的，无宜同志虽然对问题作了一些具体分析，但在阶级观点的运用上也未能脱离图式化的框框。他没有整体地把握阿Q复杂、丰富的思想性格，而是以“精神胜利法”笼统地去代替阿Q性格的复杂性、多元性。在讲到阿Q要革命的时候，就不得不割裂“精神胜利法”找出所谓“积极面”来曲解鲁迅的话，无宜同志不但脱离了“精神胜利法”的本质，同时也没有抓住阿Q的农民阶级的本性去发掘他的革命“潜力”，从而也就离开了阶级分析。他表现另一种以“精神胜利法”去凑合“阿Q作为农民，要求革命”这一阶级本质的错误倾向。总之，我们觉得周天、无宜同志还不能正确、具体地运用阶级分析的方法，在许多地方免不了生搬硬套。

我们认为阶级观点的运用必须建筑在生活与作品具体性、真实性、历史性的基础之上，去分析典型环境中的典型性格。不承认人物的阶级性固然是错误的，但只以抽象的社会理念、阶级成分去演绎，图解人物，不去把握完整的、具体的人物形象，也是不能解决问题的。

（与王若麟合作，原载上海《学术月刊》，1959年第2期）

“诗中有画”是“艺术论的认识迷误”吗?

——《对王维“诗中有画”的质疑》的质疑

《文学评论》2000年第4期发表的蒋寅先生《对王维“诗中有画”的质疑）》（以下简《质疑》）一文，不仅对王维“诗中有画”，而且对“诗中有画”这个命题本身提出“质疑”，表现出学术上不拘成见、勇于探索的可贵精神，读后受到启发，引起思考。作者所论对于正确理解诗、画不同的艺术特性是有帮助的，但认为“诗中有画”从起点上就“陷入了一种艺术论的认识迷误”，则难以令人认同。这里略呈己见，对《质疑》提出质疑，是非得失，尚待学界进一步讨论、评说。

一

诗与画是两种不同的艺术，“诗中有画”“画中有诗”是艺术形态学的一个重要问题。诗与画由于物质媒介、描写对象、感受方式的不同，它们之间有着明确的界限，这是尽人皆知的常识。诗歌是语言艺术，以语言文字描述事物时间承续的动态，主要作用于人们的想象；绘画属于造型艺术，以线条、颜色描写事物空间并列的静态，主要作用于人们的视觉。就其存在形态来说，这种界定当然是正确的，但只是相对的而非绝对的。时间与空间不是孤立存在的，既没有脱离时间的空间，也没有脱离空间的时间。艺术反映现实生活，不能只描写静态的空间，不表现动态的时间，反之亦然。如我国古代画论中说的“因形写势”，寓动于静，绘画也要在空间并列中暗示物体先后承续的运动；诗歌创作中即景生情，因情成体，动静结合，也能在时间承续中写景状物，展示空间形体，由于中国象形文字的特色，表现得尤为突出。这表明，诗与画虽然有着明确的界限，但它们之间并没有不可逾越的鸿沟。高明的艺术家在充分发挥本门艺术特长和优势的同时，总是努力超越物质媒介的局限，吸取其他艺术的表现功能，以丰富作品的审美蕴涵。因此，不同艺术之间是可以相互吸收、相互渗透、相互融通的。自古希腊的西蒙尼德斯说“诗是有声画，画是无声诗”，到我国宋代的苏轼评王维“诗中有画”“画中有诗”以来，为古今中外学者、诗人、艺术家所乐道，几乎成为一个尽人皆知的艺术命题，怎么在论者笔下就“陷入了一种艺术论的认识迷误”呢？这是“诗中有画”命题本身的问题，还是阐释上的“迷误”呢？

在艺术理论发展过程中，对“诗中有画”“画中有诗”确实存在着阐释上的“迷误”，一种是对这个命题作字面的、肤浅的理解，认为诗即画，画即诗，取消它们之间的艺术界限，要画家用颜料来图解思想，要诗人用语汇来凑合图画，以致产生角色错位，干非其所长的事。如莱辛所批评的，“在诗中表现为描绘狂，在画中表现为寓意狂”，对诗、画创作产生了很不好的影响。另一种则相反，对这个命题作出了否定的阐释，认为诗就是诗，画就是画，井水不犯河水，界限不容超越。这种以其差别性取消共通性的观点，对于两种艺术相互吸收、取长补短、更新发展也是很不利的。莱辛的名著《拉奥孔》提出诗画分界理论，主要任务是批判前一种艺术思想的错误和创作上的弊端，对艺术形态学的研究作出了重要贡献。他认为，诗和画虽然都属于摹仿的艺术，但运用的物质媒介、表现手段是不同的。绘画用形状和颜色摹仿同时并列的物体，诗歌用语言文字描写先后承续的动作，因而就产生出各自的特殊规律，并以此来确定诗与画的界限。但他并未将二者的区别绝对化，并根据所用媒介符号的差异及其结合的难易程度，把不同艺术的结合分为“最完善的结合”“较完善的结合”“不完善的结合”三种类型，诗与画的结合属于“不完善的结合”。这种看法不能说没有一定的道理，但由于他过分看重媒介符号的作用，且其着眼点放在划清两种艺术的界限和差异性上，对它们之间的内在联系认识不够，因而没能解决诗与画的界限与融通的辩证关系。尽管如此，他对诗、画的结合问题还是提出了一些有价值的观点，如绘画在并列的布局里要选择“最富有孕育性的那一顷刻”，通过物体来暗示动作，以便发挥自由想象，“最好地理解到后一顷刻和前一顷刻”。[①]诗在时间先后承续的摹仿里，通过动作来暗示物体，如以简练的词语描写物体特征及其产生的效果，可以化美为媚等，都具有合理的因素。我们应当看到，莱辛诗、画分界理论虽说有片面性，但他并没有完全否定“诗中有画”，只是强调诗中之画不同于画中之画。他写道：“诗人在把他的对象写得生动如在目前，使我们意识到这对象比意识到他的语言文字还更清楚时，他所下的每一笔和每一笔的组合，都是具有画意的，都是一幅图画，因为它能使我们产生一种逼真的幻觉……。”并特地在这段话下加注：“我们所说的诗的图画（诗中之画），即古人所说的‘想象’或‘意象’。”[②]他提出诗论中宁可用“意象”这个词而不用“图画”一词，以免将诗中之画与画中之画相混淆。这些观点对于我们正确理解“诗中有画”的内涵都是有所裨益的，特别是把诗中之画称作“意象”以区别“图画”很重要。它告诉我们，画中画是直接呈示性的视觉形象，而诗中画是语言描绘的形象，使人产生一种“逼真的幻觉”，无直接的视觉呈示性，只是“意中之象”。我们如果不理解这个观点，就可能或者忽视二者的区别与界限，或者否定二者的结合、融通，以画中画来要求诗中画，必然得出否定“诗中有画”的结论。

《质疑》的作者主要是依据莱辛区分诗、画界限的理论来看待“诗中有画”问题的，但他不仅没有注意吸取其中合理的因素，反而突出和发展了它的局限性。在他看来，只有意象并列的、共时性的诗句可以入画，凡是动态的或包含着时间进程的景物，为视觉以外其他感觉所感知与表现情感变化有关的景物，不仅不能入画，甚至不能充任绘画的素材，“根本是与绘画性相对立的”，如果将这含义“剥离”掉，那么“诗中有画”就不

① 莱辛：《拉奥孔》，朱光潜译，人民文学出版社，1979年，第182页。

② 莱辛：《拉奥孔》，朱光潜译，人民文学出版社，1979年，第91页。

能葆有它原有的美学蕴涵。这个论断的正确性是大可怀疑的。首先它违背了艺术史的事实，绘画、雕塑等造型艺术以历时性的乐章、诗歌为题材是大量存在的现象。我国宋代画院召试画家以诗句为题就是明证，西方艺术中也不乏其例，如罗丹的“丑得如此精美”的雕像《老妓》就是以15世纪法国诗人维龙的诗《美丽的欧米哀尔》创作的，表现了一个妓女从年轻美貌到年老色衰、形同木乃伊的悲剧一生；吕德更把《马赛曲》作成巴黎凯旋门的浮雕，其因形造势，其运动感，使人仿佛看到千万群众高唱战歌，威武雄壮地走向前线，投入保卫祖国的战斗。更有意思的是，就连莱辛作为立论依据的《拉奥孔》雕塑也是以古希腊神话为题材创作出来的。可见，历时性的动作或与情感变化有关的景物是可以成为绘画的题材的。它表面看来似乎与绘画造型特点并不亲和，也不能用来反证诗歌排斥绘画性，从而否定“诗中有画”审美蕴涵。其次，历时性的景物不能入画，共时性的景物不能入诗，如仅从艺术符号和作品存在方式来看，这一般说来是正确的，但并不能以此作为否定“诗中有画”的依据。莱辛提出诗与画结合是“不完善的结合”，“只是一种艺术服从另一种艺术的结合”，可惜他未能充分发挥和运用这个观点，但我们从中却得到一个重要启示，那就是二者不是媒体符号上外在的机械拼合，而是意境、情趣上内在的有机化合，都要从各自的艺术特点、规律出发，对另一种艺术进行“同化”和创造性的转换，以实现相互之间的融通、结合。方薰《山静居论画》云：“读老杜（甫）入峡诸诗，奇思百出，便是吴生、王宰蜀中山水图。自来题画诗，亦惟此老，使笔如画。”[①]杜甫只是“使笔如画”，以诗语传达画境；齐白石以线条、形体表现“蛙声十里出山泉”的诗意。如果我们只是从媒体符号、存在方式来看待诗与画的融通问题，以能否直接入画作为衡定“诗中有画”的标准，那就会缩小诗的“视通万里”的想象空间，才真的把“诗中有画”的美学蕴涵给“剥离”了。诗中之画，不全是画，不同于画中之画；画中之诗，不全是诗，不同于诗中之诗。如果把“诗中有

① 沈子丞编:《历代画论名著汇编》,文物出版社,1982年,第582页。

画”理解为诗与画形式上的拼凑撮合，那就从根本上违背了诗歌艺术的特点和规律。清代石涛有一则画跋讲得非常好：

> 诗中画，性情中来者也，则画不是可拟张拟李而后作诗。画中诗，乃境趣时生者也；则诗不是便生吞活剥而后成画。真识相触，如镜写影，初何容心，今人不免唐突诗画矣。①

这段话不仅对于唐突“诗中有画”“画中有诗”的“认识迷误”是个有力的批评，而且对于正确把握“诗中有画”的美学蕴涵是很有启发的。诗、画“异迹而同趣”，只见“异迹”，不看“同趣”，或者只见“同趣”，不看“异迹”，都不能够领略“诗中有画”的真髓。法国雕塑大师罗丹说：“绘画、雕塑、文学、音乐，彼此的关系比常人所设想的更要接近。它们都是表现站在自然面前的人的感情，只是表现的方法不同罢了。……但如果一位雕塑家，运用他的艺术技法，达到能暗示某些印象的地方，而这些印象平时只有文学或音乐可以做到，那么为什么要和他寻事呢？一个记者最近批评我的陈列在皇宫里的维克多·雨果像，说它不是雕塑，而是音乐；他又天真地补充，这件作品令人想到贝多芬的一首交响乐，老天爷也知道他说的对!……我也不否认文学的表现法与艺术的表现法之间有着种种差异，多想想是有好处的。”②艺术大师的这番话值得“寻事”者认真体会，它具体、生动地讲清楚了空间艺术与时间艺术相异而相通的辩证关系。

二

“诗中有画”“画中有诗”虽非中国艺术所独有，但却表现得更加鲜

① 石涛：《大滌子题画诗跋》，黄宾虹、邓实编：《美术丛书》（二），江苏古籍出版社，1986年，第1894页。

②《罗丹艺术论》，沈琪译，人民美术出版社，1978年，第84—85页。

明、突出，成为我们民族艺术的一个重要特色。《质疑》的作者虽然从我国古代诗品、画论中引述了不少这方面的言论，但并未能结合中国诗画艺术的实际作出完整、准确的阐发，而是以莱辛的诗画分界理论为依据，任意取舍，为我所用，无视中西方诗、画艺术之间的区别，对中国古代“诗中有画”的思想观点和创作实践作出了并不符合实际的、几乎近于否定性的判断。

我们知道，莱辛的诗画分界理论是以西方的时空观和模仿说为依据，从古代戏剧、叙事诗同人物故事画重在求真写实的对比分析中得出来的；而中国诗画艺术则是以抒情诗、山水画为主体的，重在写景言情、写意传神，因此中国的诗画结合、融通较之西方不像莱辛讲的那么困难，而是有着更为广阔的天地。如果以莱辛的理论来硬套中国的诗画艺术，则更加明显地暴露出它的局限性和片面性。前辈美学家宗白华、邓以蛰等早在20世纪40年代就作过精深的研究，并明确指出：莱辛的理论对欧美近代艺术影响很大，“然以之律我国之山水画，则有凿枘不入之感”。①

中国和西方的绘画创作有着不同的艺术特点和表现方法。西方画往往用几何学、物理学的眼光观察客观事物，采取定点透视、明暗重彩的画法，在二维平面上再现三维空间，追求一种如实、乱真的艺术效果。比如文艺复兴时期著名艺术家阿尔贝提就说过这样的话：“要使画家知道，每当他们用线描轮廓，用色填进这样勾画出来的面积里去的时候，他们的目的不过是要使出现在画面上的事物的形状，看起来就好像这画面是透明玻璃而视锥是穿过它的，远近、明暗分布和视点都是有一定的。”②他们的艺术是重再现和写实的。当然，他们提倡“摹仿说”，也不是就要艺术对客观事物依葫芦画瓢，还是有所选择、取舍的，以达到写实与理想、再现与表现的统一。另外，西方绘画由于以人物故事题材为主，同时采取定点透视、写实再现的方法，就与重在故事、情节、动作的戏剧、叙事诗拉开了很大的距离。这是莱辛提出诗画异质理论的重要依据，即使如此，其局限

①《邓以蛰全集》，安徽教育出版社，1998年，第283页。

② 杨身源、张弘昕编著：《西方画论辑要》，江苏美术出版社，1992年，第98页。

性也是存在的，如果用它套在中国古典绘画，特别是山水画上，并削足适履地用我们古代某些诗画言论与之牵合，那片面性就表现得更为突出。

中国人的思维方式重在整体感悟，艺术家常常以心理动力学的态度看待客观事物，采取散点透视、以大观小、三远等方法，“身所盘桓，目所绸缪”，“俯仰往还，远近取予”，打破物理空间的拘限。中国画以“气韵生动”为第一要义，它重在写意传神，表达生生不息的生命律动，并不着意于具体物象刻画，而是以情造景，因心造境，以不似之似为妙，创造出一个静中寓动、“移生动质，变态不穷”的艺术空间。恽南田在《评画》中评一个叫吉庵的人画作说：“谛视斯境，一草一木，一丘一壑，皆吉庵灵想所独辟，总非人间所有，其意象在六合之表，荣落在四时之外。”[①]这样的艺术空间不同于西方绘画的“几何空间”，而是时空结合的艺术空间，如宗白华所精辟概括的：“我们的宇宙是时间率领着空间，因而成就了节奏化、音乐化了的‘时空合一体’。”[②]这种艺术境界既存在于绘画中，也表现于诗歌中，集中体现出了中国传统的艺术精神。《质疑》的作者却忽视了中国画这种流动而非静止的、以时间统领空间的造型特征，乃至把“移步换形”作为诗歌独有的手段来否定“诗中有画”，其实，诗歌作为时间艺术，要反映事物运动、变化的过程，运用“移步换形”的方法，大概是不言而喻的，因而它并不多见于诗学理论中，相反地却成了古代画家观照和描写山水、自然景物的重要原则。郭熙在《林泉高致·山水训》中对此作了具体的阐述：

> 盖身即山川而取之，则山水之意度见矣。真山水之川谷，远望之以取其深，近游之以取其浅；真山水之岩石，远望之以取其势，近看之以取其质。真山水之云气，四时不同，春融冶，夏蓊郁，秋疏薄，冬黯淡，画见其大象而不为斩刻之形，则云气之态度活矣。……山近看如此，远数里看又如此，远十数里看又如此，每远每异，所谓山形

① 转引自《宗白华全集》，第2卷，安徽教育出版社，1994年，第145页。

② 同上，第440页。

步步移也。山正面如此，侧面又如此，背面又如此，每看每异，所谓山形面面看也。如此，是一山而兼数十百山之形状，可得不悉乎？山春夏看如此，秋冬看又如此，所谓四时之景不同也。山朝看如此，暮看又如此，阴晴看又如此，所谓朝暮之变态不同也。如此，是一山而兼数十百山之意态，可得不究乎？①

这里的“步步移”“面面看”，即是“移步换形”。它要求艺术家“身即山川而取之”，进行多角度、多侧面的观察，让自然山水作为有机整体进入心胸，从而“见其大象而不为斩刻之形，”“见其大意而不为刻画之迹”，创造出时空一体、情景交融的艺术境界。“移步换形”是诗、画创作可以共用的观察、表现事物的方法，它不仅不能证明“诗中有画”是“艺术论的认识迷误”，反而为之提供了艺术思维方法上的依据。

再从诗歌方面来看，中国古典诗歌以抒情诗为主，特别是其中占有重要地位的山水景物诗，它不像西方的史诗、叙事诗那样，有那么多曲折变化的故事情节，有那么多复杂尖锐的戏剧冲突，而是多取材于客观自然景物，有的并不直接表现主体的行动和情感，而如王国维所说的，“以自然之眼观物，以自然之舌言情”，描绘一个好似不著我之色彩的“无我之境”，这不就是诗画结合、“诗中有画”的境界吗？此外，中西方诗歌的媒体符号虽然同是使用历时性的文字，但一个为单音节的象形文字，一个为复音节的拼音文字，而象形文字是比较接近绘画线形符号的。更重要的是，汉语的构词造句自由灵活，在诗中可以省略主语、谓语、连接词，无时态性的变化，把几个意象并置起来,在头脑中构成鲜明的视觉意象。如王维的《辛夷坞》、柳宗元的《江雪》、马致远的《天净沙》等都是典型的例证。有的诗虽然描写了事物的某种活动过程，但由于把时间“空间化”了，加之单音节的汉语，读之“所历时短”，宛然如画，历历在目。正如有的学者所说，“诗，用了语言，物象也只能依次呈现，但它们并不如戏

① 郭熙:《林泉高致》,吴孟复主编,张劲秋校注:《中国画论》,卷一,安徽美术出版社,1995年,第463页。

剧动作那样用一个故事的线串连起来；它们反而先是‘空间性的单元’并置在我们目前，而我们对它们全面的美感印象，还要等到它们全部‘同时’投射到我们觉识的幕上始可完成。”[①]如王昌龄的诗《初日》：

初日净金闺，先照床前暖。
斜光入罗幕，稍稍亲丝管。
云发不能梳，杨花更吹满。

宗白华对它作过具体分析，用以说明诗中有画：“这诗里的境界很像一幅近代印象派大师的画，画里现出一座晨光射入的香闺，日光在这幅画里是活跃的主角，它从窗门跳进来，跑到闺女的床前，散发着一股温暖，接着穿进了罗帐，轻轻抚摩一下榻上的乐器——闺女所吹弄的琴瑟箫笙——枕上的如云的美发还散开着，杨花随着晨风春日偷进了闺房，亲昵地躲在那枕边的美发上。……这是多么艳丽的一幅油画呀!”他接着把这首诗与德国近代大画家门采尔题材相似的油画联系起来，认为这“诗和画里都上演着光的独幕剧，歌唱着光的抒情曲”，因此画中可以有诗，诗中也可以有画。他还指出，这并不和莱辛的诗画分界理论相抵触，而是补充了它，扩张了它们相互的蕴涵，因为两者之间的区别仍然存在，彼此的表现能力和范围是不能相互替代、也不必替代的。它们只是从各自的表现形式和特殊规律出发，把对方吸收进来，以使诗和画圆满结合。这就是情和景的圆满结合，也即所谓“艺术意境”。[②]宗先生的精辟分析真正是从中国艺术实际出发的，深刻地揭示了“诗中有画”的审美内涵。

《质疑》中征引不少我国古代有关诗画关系的论述，有的是主张诗画相通、诗中有画的，有的是阐明诗画界限、各有短长的，而作者却不加具体分析，把它们对立起来，并以后者否定前者。其实两者并不是互不相容的，大多只是论述问题的侧重点不同，我们应当以辩证综合的方法分析、

① 叶维廉:《中国诗学》,三联书店,1991年,第151页。

②《宗白华全集》,第2卷,安徽教育出版社,1994年,第293—295页。

看待它，才能得出符合实际的结论。如文中引用邵雍的《诗画吟》:"画笔善状物，长于运丹青。丹青入巧思，万物无遁形。诗笔善状物，长于运丹诚。丹诚入秀句，万物无遁情。"它既对诗和画的各自的特点、长处作了区分，即诗善于表现真诚的感情，画善于描写静态的形体，又指出了它们之间的共通点，即两者均"善状物"。因此，这首诗不仅不能作为否定"诗中有画"的依据，反而说明诗与画的融通是有基础的。还有沈括"凡画奏乐只能画一声"的论断，当然是符合绘画作为空间艺术的特点的，但也不足以证明诗、画不能相通。绘画固然不能直接描绘先后承续、无形无色的声音，但却可以通过视觉造型激发想象联想，取得声音美的效果。苏轼《题阳关图》云:"龙眠独识殷勤处，画出阳关意外声。"钱钟书在《谈艺录》中对此也作过精细的阐释:

> 阳关三叠，有声无形，非绘事所能传，故曰:"断肠声里无形影"。然龙眠画笔，写惜别悲歌情状，惟妙惟肖，观者若于无声中闻声而断肠。故曰:"画出无声也断肠"。即听觉补充视觉之理也。[①]

可见，绘画固然不能直接画出历时的声音，却可通过对唱歌情状的逼真描绘，画出"意外声"，即曹植所说的"造响于无声"。诗、乐同属时间艺术，这与诗画相通的道理是一致的。

根据上述可以看出，诗中有画，是诗中有画境，情景交融，思与境偕；画中有诗，是画中有诗情，景中寓情，即景会心。邓以蛰在《画理探微》中对此作过很好的概括。他说:"诗主意而重形，是以'情必极貌写物'；画主形而重意，是以画重气韵生动之意。意有首尾终始之变迁，动也；形为事物之结构与范围，静也。由动观静，则情景一致，事事如画。此诗人之态度也。画家之态度乃由静观动。"[②]这里从形与意、情与景、动与静、时间与空间的统一上，非常具体、深入地揭示了诗中有画、诗中有

① 钱锺书:《谈艺录》，中华书局，1984年，第317页。

② 《邓以蛰全集》，安徽教育出版社，1998年，第223页。

画的艺术真谛。

三

《质疑》在学理上似乎存在着矛盾，一方面以诗的历时性与画的造型性相对立，否定“诗中有画”的命题；另一方面又认为有些诗可以“入画”，诗中有画也是“诗家一境”。“诗中有画”既是诗家一境，就有个艺术价值问题，作者却又说它是“不包含价值判断”的“中性概念”。这里有必要对“诗中有画”的审美价值判断问题作一番讨论。

“诗中有画”是艺术的一种境界，要判断它的审美价值，就要看它是否符合艺术的审美规律。诗、画创作不外情、景两端，诗重在表情，而无景之情则虚；画长于写景，而无情之景不活。王夫之评诗说：“情非虚情，情皆可景；景非滞景，景总含情。神理流乎两间，天地共其一目，大无外而细无垠，落笔之先，匠意之始，有不可知者存焉。”[①]“诗中有画”正是从抒情与状物的结合上体现了这一艺术精神，怎么能说它“不包含价值判断”呢？有的诗以历时性的语言状物言情，但情景两橛，情虚景滞，没有真情实感，未能达到“诗中有画”的境界，其艺术价值是不高的；有的诗以空间并列的意象建构境界，诗中有画，情景圆融，妙合自然，具有很高的审美价值。“韦苏州曰：‘窗里人将老，门前树已秋’；白乐天曰：‘树初黄叶日，人欲白头时’；司空曙曰：‘雨中黄叶树，灯下白头人。’三诗同一机杼，司空为优：善状目前之景，无限凄凉，见于言表。”三诗同是以秋树黄叶表现伤时叹老之情，何以司空为优呢？这是因为韦、白着力于用“将”“已”“初”“欲”等历时性的抽象词语，牵合树之外景与人之内情，情与景“隔”而未“融”，就不那么真切感人。司空曙则用近似蒙太奇手法，将“黄叶树”“白头人”两个意象组接起来，情与景“融”而“不隔”，物我一体，意与境浑，产生动人心魄的艺术效果。司空“善状目

① 胡经之主编:《中国古典美学丛编》(上)，中华书局，1988年，第239页。

前之景”，表达“无限凄凉”之情，不正是“诗中有画”的艺术价值的体现吗？由此可见，“诗中有画”是诗，特别是一种成熟的、有着重要审美价值的艺术境界。

《质疑》的作者尽管申言诗中有画“不包含价值判断”，但在具体论述中却贬抑它的审美价值。这主要表现在以下三个方面：

其一，在理论上把不属于“诗中有画”题中应有之义强加于它。如文中引用张岱的话：“诗以空灵才为妙诗，可以入画之诗，尚是金银屑也。”乔钵的话：“诗中句句是画，未是好诗!”这两段话的主要意思是要说明“景以情妍，独景则滞”，而不是要否定“诗中有画”。“诗中有画”的要义在于创造虚实结合、情景交融的境界。谢榛说：“作诗本乎情景，孤不自成，两不相背。……景乃诗之媒，情乃诗之胚；合而为诗，以数言而统万形，元气浑成，其浩无涯矣。”[①]如果诗中或情景失调，彼此相碍，或堆垛景色，刻镂物形，有景无情，有形无神，虽可入画，不足兴情，当然不是什么好诗。王夫之曾批评过这种现象：“无论诗歌与长行文字，俱以意为主。意犹帅也。无帅之兵，谓之乌合。……烟云泉石，花鸟苔林，金铺锦帐，寓意则灵。若齐梁绮语，宋人抟合之出处，役心向彼掇索，而不恤己情之所自发，此之谓小家数，总在圈缋中求生活也。”[②]诗人如果甘心放弃本门艺术的特长和表现功能，跟在画家后面邯郸学步，而不是取其所长，吃进去，消化掉，为我所用，就不可能达到“诗中有画”的境界。“诗中有画”还是诗，而不是画，如果不是误解为把画直接移入诗中，那是不应该否定它的审美价值的。

其二，在对王维诗的评价中贬抑“诗中有画”的倾向表现得更加突出。“诗中有画”是不是王维诗的主体特征可以讨论，但不管怎样，它总是王维所创造的一种艺术境界和风格特色，并对宋元以来文人诗、画创作相互渗透、融通的强劲态势产生了深远的影响，无论是古代还是现代的相关评论中，对这一点几乎已成共识。王维的不少诗，只要稍加细读，就会

① 谢臻、王夫之:《四溟诗话·姜斋诗话》,人民文学出版社,第69页。

② 同上,第146页。

感到眼前一片景象，不着一字，我们就已进入一种幽渺虚玄的禅境，这不就是“诗中有画”吗?《质疑》的作者也承认它是“诗家一境”，既然是诗家一境，那就不是什么“对诗歌艺术的漠视”，“损害了王维诗的艺术价值”。为什么会有如此矛盾的看法呢?作者甚至认为王维诗歌的主导特色“是对诗歌表达历时性经验之特征的最大发挥和对绘画的瞬间呈示性特征的抵抗”。这就从根本上否定了“诗中有画”的表现功能和审美价值。前面我已有所论证，诗与画不是对立的，言情的历时性与造型的共时性是可以统一的。叶燮说得好：“画者，形也，形依情则深；诗者，情也，情附形则显。”[①]诗是最自由的、最少受限制的艺术，摄取其他艺术之长的能力很强，诗中有画正是以画补充、丰富自己，增强艺术表现力的。

其三，只是从诗、画的外在形态方面，而未能从接受主体的能动作用和审美效果方面判断“诗中有画”的艺术价值，因而认为用它作为尺度来衡量王维的诗是“不可取的”，并把想象、通感、移情等心理功能排除在外。根据接受美学的观点，艺术作品的审美价值还是潜在的，必须经过读者在接受过程中的再创造，才能转化为现实的审美价值，这是我们判断“诗中有画”的审美价值所不能忽略的。莱辛在划分诗与画的界限时，尽管存在着将时间与空间对立起来的倾向，还是指出诗虽然描写先后承续的动作，却可以通过艺术效果来表现形体，这当中调动读者的想象力特别重要。他说：“诗人还要把他想在我们心中唤起的意象写得就像活的一样，使得我们在这些意象迅速涌现之中，相信自己仿佛亲眼看见这些意象所代表的事物。而在产生这种逼真幻觉的一瞬间，我们就不再意识到产生这种效果的符号或文字了。我们前面所提到过的诗的图画大要就是如此。”[②]诗用语言写景状物，即使再具体生动，像“大漠孤烟直，长河落日圆”这样的诗句，也不可能与绘画形象同日而语，具有直接的视觉呈示性，而是作用于人们的想象力，产生一种内心视像，历历如在目前。王维的“诗中有

① 北京大学哲学系美学研究室:《中国美学史资料选编》(下)，中华书局，1981年，第324页。

② 莱辛:《拉奥孔》，朱光潜译，人民文学出版社，1979年，第91页。

画”绝不是因为他诗、画兼擅，“遂给人以口实”，而产生的“捕风捉影”。有的诗描写事物空间状态带有动作或表现了视觉以外的其他感觉，虽然不能直接入画，但“有形体处，莫不有声”，通过形体的描绘，诱发读者想象、联想、通感的心理功能，还是可以取得相应的审美效应的。这在题画、论画诗中的例证是很多的。清代邹一桂谈到绘画的实与虚时说：

> 人有言绘雪者不能绘其清，绘月者不能绘其明，绘花者不能绘其馨，绘人者不能绘其情，以数者虚而不可以形求也，不知实者逼肖则虚者自出。故画北风图而生凉，画云汉图而生热，画水于壁则夜闻水声，谓为不能者固不知画者也。①

如果说这是知画之言，那么《质疑》的作者所举的那些否定“诗中有画”的例证就难以令人置信了。“论画以形似，见与儿童邻。赋诗必此诗，定非知诗人。”艺术的审美效应固然受制于特定的媒体和相应感官，而同时又是对它的提升和超越。它是接受者全身心地投入对象。“诗中有画”，熔诗情、画意于一炉，人们通过情感体验、想象、理解，不为固定存象所拘限，以其“出位之思”，取得超媒体的审美效果，这怎么能说“诗中有画”是“艺术论的认识迷误”呢?!

笔者就“诗中有画”问题，直率、坦诚地写出了以上与《质疑》的作者观点不同的意见，以期引起学术界的讨论。当今时代，现代科学技术迅猛发展，并广泛渗透到文学艺术领域，新的艺术和传播媒体的运用，致使不同艺术之间呈现出相互结合、相互融通的强劲势头，因此，研究诗与画的关系问题，不仅具有学术理论上的价值，而且对于文学艺术适应时代的发展变化，加强不同艺术的相互交流与借鉴，不断提高艺术创作的质量，也是很有现实意义和积极作用的。

（原载《安徽师范大学学报》，2001年第4期）

① 邹一桂:《小山画谱》，黄宾虹、邓实编:《美术丛书》(一)，江苏古籍出版社，1986年，第524页。

文学艺术不能有第二个源泉

——评《文艺源泉构成因素新议》

最近读了《艺谭》去年第三期刊载的《文艺源泉构成因素新议》（以下简称《新议》），颇觉立论新奇，引人注目。该文作者认为，“社会生活是文艺的唯一源泉”的命题，是“不够全面”“不够科学”的；文艺的源泉由两个因素构成：一个是“客观的社会生活”，一个是“文艺家的主观世界”。文艺究竟是一个源泉，还是两个源泉，这是文艺理论的基本问题，有必要讨论清楚。

一

我们讨论、研究问题，首先要对所关涉的概念、范畴，作出明确的界定，搞清楚它们的真实含义，否则，就会你讲你的，我讲我的，不仅无助于问题的解决，反而会导致理论上的混乱。

“社会生活是文艺的唯一源泉”的真实含义是什么？这个命题是毛泽东同志首先提出来的，他《在延安文艺座谈上的讲话》中作了明确的阐述：

> 一切种类的文学艺术的源泉究竟是从何而来的呢？作为观念形态的文艺作品，都是一定的社会生活在人类头脑中的反映的产物。革命的文艺，则是人民生活在革命作家头脑中的反映的产物。人民生活中

本来存在着文学艺术原料的矿藏，这是自然形态的东西，是粗糙的东西，但也是最生动、最丰富、最基本的东西；在这点上说，它们使一切文学艺术相形见绌，它们是一切文学艺术的取之不尽、用之不竭的唯一源泉。这是唯一的源泉，因为只能有这样的源泉，此处不能有第二个源泉。①

这里很清楚，毛泽东同志提出这个命题，是根据辩证唯物主义反映论，来阐明文学艺术与社会生活的关系问题的。作为一种社会意识形态的文学艺术，其内容最终是由社会生活决定的。现实生活是第一性的，是根源性的：文学艺术是第二性的，是作家反映现实生活的产物，是第二性的，是一种意识形态。离开了社会生活，文学艺术就成了无源之水，无木之本。"社会生活是文艺的唯一源泉"这个命题的真实意义，就是要"溯"文学艺术之"源"，"求"文学艺术之"本"，揭示出文学艺术产生的社会根源，"此外不能有第二个源泉"。《新议》的作者对"唯一源泉"说提出异议，主张"两个源泉"说，我认为根本问题在于把"文艺源泉"和"文艺内容"搞混淆了。他对所谓"文艺源泉构成因素"的分析，其实都是讲的"文艺内容"，而不是讲"文艺源泉"问题。这是两个既有密切联系而又有着严格区别的范畴，是混淆不得的。前者是指文艺的反映对象，讲文艺内容是从哪里来的，由什么决定的，属于客观存在的范畴；后者是讲文艺本身主客观因素的构成，属于意识形态的范畴。打个通俗的比方吧：文学艺术作品像咱们的淮河，它里面既涌流着客观现实生活之"水"，又滚动着文艺家主观情感之"水"，错把水流当源头，这就是问题的实质所在。《新议》中引了以群同志主编的《文学的基本原理》中的一段话："它包含着客观的因素——现实生活；同时也包含着主观的因素——作家的思想感情。文学作品的内容，就是这客观因素和主观因素的统一体，是反映在作品中的、包含着作家的主观评价的客观现实生活。"这个分析、概括是完全正确的，但它明明是讲"文学作品的内容"由主客观因素构成的，怎能

①《毛泽东选集》，第3卷，人民出版社，1953年，第862页。

作为向“唯一源泉”说发难、提出“两个源泉”说的论据呢？按照《新议》的逻辑，文艺的客观因素来自社会生活是没有问题的，是一个源泉；文艺中的主观因素，又是一个源泉。这样，“两个源泉”说看来是“顺理成章”的。其实，文艺的主观因素又何尝不是来自客观的社会生活呢？作家的主观情感不是头脑中固有的，自生自灭的，而是社会实践的产物。如果不追究它所产生的社会根源，我们就难以说明作品中主观因素的社会性质，作家的思想情感是怎样产生、从何而来的。我国早在先秦时代文化经典《乐记》云：“凡音之起，由人心生也，人心之动，物之使然也。”马克思、恩格斯更为科学地指出：“意识一开始就是社会的产物，而且只要人们还存在着，它就仍然是这种产物。”[①]毛泽东同志在批评“文艺的基本出发点是爱”的唯心主义创作思想时，也明确指出过，“爱是观念的东西，是客观实践的产物”，“客观现实决定我们的思想感情”，因此，文艺创作不能从抽象的观念出发，只能从客观的实际生活出发。如果我们承认文艺家的主观感情也是文艺源泉的一部分，那就意味着思想来源于思想、意识可以决定意识。这种“二元论”，是与“存在决定意识”的唯物主义基本原理相违背的。

《新议》的作者似乎是承认文艺是社会生活的反映的，但又对“社会生活”作为标志客观存在的范畴提出了怀疑，认为社会生活是包含着文艺家生活在内的，而文艺家是能思维、有思想的人，因此，“社会生活是文艺的唯一源泉”，实际上已内在地肯定了文艺家的主观世界也是构成文艺源泉的因素之一。这种说法是似是而非的。所谓“社会生活”，就是人类的生产和生活的实践构成了社会生活的内容。人是社会关系的总和。文艺家作为社会的一员，“是在一定历史条件和关系中的个人”，他们的生活当然包含于整个社会生活之中。不错，一切文艺作品都是要表现思想感情的，但是，不管“诗言志”还是“诗缘情”，都不是文艺家纯粹的“自我表现”，而是一定现实关系的反映，它的内容都是由客观的社会生活决定

①《马克思恩格斯全集》，第3卷，人民出版社，1960年，第34页。

的。“社会生活本质上实践的”，社会实践是人的自觉的、有意识的改造世界的活动，是主观见之于客观社会实践活动。正如列宁在论述社会存在的客观性时所说：“所谓客观的，并不是指有意识的生物的社会（即人的社会）能够不依赖于有意识的生物的存在而存在和发展，……而是指社会存在不依赖于人们的社会意识。”[①]社会生活是不依赖于人们的主观意识而存在的客观现实，如果因为艺术家是能思维、有思想的人，就脱离他的整个社会实践活动，岂不是说社会生活既是客观存在，又是主观意识了吗？无怪乎作者要对“社会生活”这个标志客观存在的范畴表示了动摇和怀疑。列宁又说：“不言而喻，没有被反映者，就不能有反映，被反映者是不依赖于反映者而存在的。”[②]文艺的源泉问题，解决的是思维与存在、反映与被反映的关系问题。《新议》作者把文艺家的主观感情也作为文艺的一个源泉，就抹去了思维与存在、主观与客观、反映者与被反映者的界限，他所谓的“艺术客体”与“艺术主体”也就界限不明、混淆不清了。

从以上分析中，我倒以为蔡仪同志主编的《文学概论》对这个问题作了正确论述，用来批评“两个源泉”说的错误是非常适当的：“文学只有来源于社会生活，社会生活是文学的唯一源泉。这就是肯定客观现实的社会生活是第一义的，而作为意识形态的文学是第二义的。这是唯物主义的论断。自然，文学作品是人所创作的，是人的意识活动的产物；但如果因此否认文学是社会生活的反映，认为作者的主观意识是文学的源泉，这就既否认了作者的主观意识还有它的客观的源泉，而且把作者的主观意识作为文学这种社会现象的源泉，显然是一种主观唯心主义论调。”[③]

二

《新议》还从所谓“方法论的角度”，批评了“唯一源泉”说的“偏

①《列宁选集》，第2卷，人民出版社，1972年，第331—332页。

②《列宁全集》，第14卷，人民出版社，1957年，第61页。

③ 蔡仪主编：《文学概论》，湖南人民出版社，1985年，第4—5页。

颇”，认为没有必要对文艺的主观因素的来源“追根究底”，得出“社会生活是文艺的唯一源泉”的结论，因为，“它只能把握艺术认识与其他认识的相同共性，而不能抓住它的特殊性”。这种“方法论”果真是正确的、“抓住”了艺术的“特殊性”了吗？我们认为也是值得商榷的。

恩格斯曾明确地指出：“全部哲学，特别是近代哲学的重大的基本的问题，是思维和存在的关系问题。”[①]研究文学艺术这一社会意识形态，不管论者自觉与否，总要对思维与存在的关系作出回答。由于对这个哲学基本问题的不同回答，看出你是坚持文艺的唯物主义认识路线，还是唯心主义的认识路线，在这两者之间是不能搞折衷调和的。我们只有根据马克思主义的反映论，对文艺内容的主观因素进行“追根究底”的分析，把文艺的源泉归结于社会生活，而不是文艺家的脑袋瓜子，才能把文艺研究建立在牢固的辩证唯物主义基础之上。如果离开了辩证唯物主义这一基本前提，我们就不能正确解释文艺这一复杂的社会意识形态，很多问题就是一笔糊涂账，怎能说提出“唯一源泉”说，只是使文艺理论“停留在相当笼统、肤浅的阶段”，没有什么必要呢？

《新议》的作者写道：“一种比较完整的、系统的理论，总有自己的基本理论前提（或者说逻辑起点）；其他相应的各种观点，都是这个基本前提的合乎逻辑的展开和延伸，同时也应在这个基本前提里得到合理的说明。”这个方法论原则无疑是正确的，可惜作者在分析问题时并未很好地加以运用和贯彻。

我们知道，任何比较系统的理论，都是由许多概念、范畴和逻辑层次构成的，它们都有着特定内涵和外延，如果取消不同概念、范畴的内涵和外延的界限，把不同逻辑层次的问题搅和在一起，就会模糊它的质的规定性，导致理论上的混乱。我们从“社会生活是文艺的唯一源泉”这一基本前提出发，合乎逻辑地加以“展开和延伸”，进一步揭示文艺反映现实生活的特殊本质，体现着文艺认识与其他社会认识的共同性及其特殊性的辩

①《马克思恩格斯选集》，第2卷，人民出版社，1972年，第113页。

证统一关系，这有什么“偏颇”呢？马克思正是在“社会存在决定社会意识”的基本观点基础上，提出了人类掌握世界的、科学的、艺术的、宗教的、实践的、精神的不同方式，并对艺术掌握世界的特殊方式作了深刻的分析，充分体现出理论的层次性、内在逻辑的严密性和无懈可击的科学性。文艺家是以形象思维的特殊形式反映社会生活的，但这种特殊性最终还是要从社会生活的矛盾斗争、发展变化中才能得以正确解释，否则就会成为神秘的、不可理解的东西。文艺作品是要表现作家主观情感的，但情感本身不能解释情感，“到此止步”的理论是不彻底的、不科学的，还要寻求其主观情感产生的客观的社会根源。钟嵘早在《诗品序》中就说：“气之动物，物之感人，故摇荡性情，形诸舞咏。”至于以幻想的、变形的手法，写非现实、超人间题材的作品，如吴承恩的《西游记》、蒲松龄的《聊斋志异》、卡夫卡的《变形记》等，尽管是描神画鬼，谈仙话狐，荒诞离奇，仍然是、也不能不是社会生活的反映，只不过“失事求似”，“遗形取神”罢了。马克思在论及希腊神话时说：“希腊艺术的前提是希腊神话，也就是已经通过人民的幻想用一种不自觉的艺术方式加工过的自然和社会形式本身。”[①]鲁迅也说：“天才们无论怎样说大话，归根结底，还是不能凭空创造，描神话鬼，毫无对证，本可以专靠了神思，所谓‘天马行空’似的挥写了，然而他们写出来的，也不过是三只眼，长颈子，就是在常见的身体上，增加了眼睛一只，增长了颈子二三尺而已。”[②]马克思、鲁迅在这里既阐明了文学艺术反映社会生活的特殊性，又深刻地揭示了它的社会根源。我们怎么可以用文艺反映现实的特殊性，否定社会生活是文艺的唯一源泉呢？我们看问题把普遍性与特殊性统一起来，是辩证的方法；如果把两者截然对立起来，以特殊性否定普遍性，则是形而上学的方法。

①《马克思恩格斯选集》，第4卷，人民出版社，1972年，第218页。

②《鲁迅全集》，第6卷，人民文学出版社，1958年，第175页。

三

在《新议》的作者看来，“唯一源泉”说是“有一定的片面性”的，而“两个源泉”说既重视了文艺的客观的生活内容，又不“抹煞和取消文艺家主观因素在其中的地位”。应该指出，马克思主义反映论并不否定文艺家的主观因素在艺术创作中的能动作用。由于文艺家的思想立场、主观情感、性格气质、审美趣味等方面的不同，作品当然会表现出不同的思想倾向性、艺术风格的独创性，这是谁都会认同的。但文艺家思想情感不是与生俱来的，还是在一定社会关系、生活实践中产生的。由于《新议》的作者把文艺家的主观因素抬到了文艺源泉的地位上来，让它与客观的社会生活平起平坐，平分秋色，就必然陷入更大的片面性。表面看来，按照“两个源泉”说，社会生活和文艺家的主观情感对创作都起作用，但实际上后者却挤掉了前者，社会生活则居于无足轻重的地位。《新议》作者认为，由于文艺家的主观情感作用，一般认识论要求人们认识事物，必须“主观服从于客观”，但“艺术认识却并不讲究主观服从客观”，甚至“写到作品里去的现实生活，在一定程度上只是提供和充当了文艺家灵魂和个性赖以具体显现的客观依附和形象载体”。不错，艺术是以形象的方式认识和反映客观事物的，其中渗透着艺术家主观情感，但能由此把艺术认识与一般的认识论对立起来，就“不讲究主观服从客观”吗？按照这种说法，不是客观的社会生活决定着文艺家的主观感情，反而是文艺家的主观感情可以任意地装扮、摆布社会生活了。如此看来，文艺“真实地描写现实关系”，深刻地反映生活的本质和规律是多余的。现实生活在文艺作品中只是文艺家主观感情、灵魂和个性的容器和物质的载体，成了抽象、空洞的精神外壳，文艺家的主观情感在其中反倒起着决定和支配一切的作用。这种观点并不怎样新鲜，它同英国文艺理论家克乃夫·贝尔在《艺术》中把文艺的性质归结为“有意味的形式”（所谓“意味”，即审美情感）、美国符号论美学家苏珊·朗格在《艺术问题》中把艺术定义为“人类情感的符号形式的创造”，不是非常相似吗？由此可见，“两个源泉”说表面看来是“全面的”，“不偏不倚”的，但由于在思维与存在的关系上离开了辩证唯物主义的“一元论”，实质上是折衷调和的“二元论”，最终倒向了唯心主义。

关于文艺的源泉问题，既是文艺研究的基本理论问题，更是文艺创作的重大实践问题。今天，我们正处于社会主义现代化建设和改革的新的历史时期，社会生活各个领域发生的巨大而深刻的变化，必然引起文艺创作主题的变化。因此，我们的文艺家仍然需要根据艺术创作的特点和规律，采取多种形式和途径，深入到最广大最丰富的生活源泉中去，观察、体验、分析、研究人民群众“是以怎样的方式去建设新的生活的”，这样，我们的创作才能有坚实基础和深厚的内容。关于这个问题，邓小平同志在四次文代大会的祝辞中，讲了一段非常正确、深刻的话，是我们应该牢记并身体力行的：

> 人民是文艺工作者的母亲。一切进步文艺工作者的艺术生命，就在于他们同人民之间的血肉联系。忘记、忽略或是割断这种联系，艺术生命就会枯竭。人民需要艺术，艺术更需要人民。自觉地在人民的生活中汲取题材、主题、情节、语言、诗情和画意，用人民创造历史的奋发精神来哺育自己，这就是我们社会主义文艺事业兴旺发达的根本道路。

总之，我是不同意文艺的“两个源泉”说的，认为毛泽东同志“社会生活是文艺的唯一源泉”论断是正确的、必须坚持的。文艺只能有一个源泉，而不能有两个源泉。是对是错，知我罪我，且不管它，还是讲出来的好。真理的燧石经过敲打才能放出光辉，研究学术问题必须贯彻“百家争鸣”的方针，才能不断进步、深入发展。让不同的观点去接受社会实践这个试金石的检验吧！

（原载《艺谭》，1986年第3期）

皖籍学人评述

朱光潜后期美学思想的演进与贡献

朱光潜是学贯中西、博通古今的著名美学家、教育家，中国现代美学的开拓者和引领者，受到人们的尊敬和景仰，同宗白华一起，被誉为“美学的双峰”，是当之无愧的。

朱光潜毕生从事美学研究，其学术造诣和成就早已享誉海内外，为世人所公认，但他从不自以为是、一贯正确，总是以开阔的胸襟、真诚的态度，在“美是难的”道路上永不止步地探索着、追求着，对于自己美学思想中的缺点错误，毫不护短地放弃和否定；对于实事求是的批评，就虚心接受，修正错误；对于批判自己的不正确观点，则“有来必往，有批必辩”，绝不随大流，跟风使舵。这就使他的美学思想呈现出一个鲜明的特色，即学无止境，不断自我超越，破旧立新，从而得以拓展、丰富、深化和演进。朱光潜的美学思想以新中国成立为界可分为前后两个阶段。新中国的建立使我国现代美学发展进入新阶段，也是朱光潜美学思想的转折点。他从以克罗齐“直觉”说为基点的主观唯心主义，转变为以马克思主义“实践”论为核心的“主客观统一”说。目前，学术界对朱光潜前后期美学思想的评价褒贬不一，存在着明显的分歧。这里，我想就朱光潜后期美学思想的演进与贡献以及如何“接着讲”的问题发表点粗浅的看法，不妥、错误之处，尚祈美学界同仁予以批评指正。

一

新中国成立后，朱光潜美学思想的发展进化，实现根本性的转变，不是凭空产生的，既是适应社会巨大变革、思想文化更新的客观要求，也是其美学思想经过长期探索、由“迷径”到通途的必然结果。

新中国成立初期，朱光潜走出书斋、校门，积极参加社会活动，到农村考察访问，直接感受新社会的新气象和人民群众的伟大力量，并“心悦诚服地认识到社会主义是中国所走的唯一道路”。他开始学习马克思主义著作，这就使他在思想改造运动中，能够严肃认真的解剖自己，检讨自己过去政治态度上的自由主义、美学思想上的唯心主义错误。今天看来，如果不计较当时的政治语境，有上纲上线之嫌，其基本内容还是符合实际的。他认为旧社会的教育“把自己养成了一个个人自由主义者、一个温和的改良主义者”①。1956年，朱光潜发表《我的文艺思想的反动性》一文，清理和批判自己前期的美学和文艺思想。他的美学思想最初是根据克罗齐“艺术即直觉”说建立起来的，首先是“恭顺地跟着克罗齐走”，继而对这个定义有所怀疑，但并没有放弃它，而是想方设法“弥补他的漏洞”，后来通过对克罗齐哲学的全面分析，开始怀疑到唯心主义哲学本身，但以唯心主义形而上学的方法来批评唯心主义，就只能在唯心主义“迷径里使力绕圈子”。他在1947年写的《克罗齐哲学述评》序中对此已经有所反思。新中国成立后，他认真吸取自己在唯心主义“迷径”里“绕圈子”“惨败”的教训，清楚地认识到“要真的绕出这个圈子，就非有马克思列宁主义的光辉照耀不可”②。于是，他怀着“相知恨晚”的心情，认真学习马克思主义理论，积极投身于二十世纪五六十年代的美学大讨论，本着“坚持真理、修正错误”的原则，在清理自己美学思想中的唯心主义和消极影响的同时，迈步进入美学研究新的行程。

①《自我检讨》,《人民日报》,1949年11月27日。

②《朱光潜全集》,第5卷,安徽教育出版社,1987年,第21页。

我们知道，20世纪50至60年代美学大讨论是从批判朱光潜的唯心主义思想开始，进而围绕着“美是什么”这个中心问题展开的，并产生了看法上的严重分歧，大致可归纳为主观说、客观说、主客观统一说三派，朱光潜是“主客观统一”说的代表人物。他在检讨前期主观唯心主义美学思想时，并没有全盘否定自己，审慎而又明确地说：“‘美不仅在物，亦不仅在心，它在心与物的关系上面’，如果话到此为止，我至今对于美还是这样想，还是认为要解决美的问题，必须达到主观与客观的统一。”[①]“主观与客观统一”说，是朱光潜前后包含、一脉相通的美学理念，问题在于我们要看他后期做出的新的阐释，与前期思想既有内在联系，又存在着本质区别。他批评了“主观”论把美看作主观感觉的唯心主义错误、“客观”论把美看作事物“自然属性”的机械唯物主义的片面性，指出只有唯物而又辩证地解决心与物关系，达到主观与客观的统一，才能真正科学地解决美的本质问题。应该说这个思想路向是正确的，但要真正达到这个目标，自己要走的路还是艰难曲折的。

首先，朱光潜从马克思主义社会意识形态理论出发，提出了“物甲”“物乙”的理论。他认为，“物甲”即物自身，是“美的条件”，只有经过人的心灵创造出“物的形象”，成为“物乙”才是“美”的。这就是说，现实事物没有美，只具有某些产生美的客观条件，而这些客观条件必须与人的主观意识相结合，才能产生美。他由此给美下了个定义：“美是客观方面某些事物、性质和形状适合主观方面意识形态，可以交融在一起而成为一个完整形象的那种特质。”[②]在他看来，“物的形象”才是美的本体属性，美是社会意识形态的反映，艺术是意识形态的东西，甚至自然物必须用艺术眼光来看才能发现它的美，自然美也是“意识形态性”的表现，他由此得出的结论：“作为艺术的一种特性，美是属于意识形态的”，只是这个意义的美才是美学意义的美，也只有这个意义的美才表现出矛盾的统一，即自然性（感觉素材、美的条件）与社会性（意识形态、美的条件）

①《朱光潜全集》，第5卷，安徽教育出版社，1987年，第27页。

② 同上，第79页。

的统一，客观与主观的统一。”[①]从这里我们可以感觉到，朱光潜的“美是主客观统一”说，虽然承认物质第一性、意识第二性，但由于是物我交融的关系，主观意识起着决定作用，美是依赖美感而存在的，艺术是美的集中表现，现实的美是不存在的。这与他在《文艺心理学》《谈美》中美“是心借物的形象来表现情趣”[②]，“美不完全在外物，也不完全在人心，它是心物婚媾后所产生的婴儿”[③]的论断，还是有着明显的承续关系的，但与克罗齐美和艺术是“直觉表现”说已有所区别。克罗齐的“直觉”说在心物关系上是主张心外无物、物由心生、美是主观心灵的综合、创造，而朱光潜的“主客观统一”说，则是依据马克思主义社会意识形态理论，存在决定意识、意识影响存在，主观意识与客观现实相互因依、相互作用，由此出发来讲美的本质问题的。对于朱光潜的“美是主客观统一”说，当时论战对手批评他的唯心主义美学思想是顽固的，基本观点并没有改变，只是“旧观点的新说明”，是有一定道理的。不过，他的基本观点虽然没有完全改变，但出发点已有所不同，毕竟从“迷径”里走出了一步。

随着美学大讨论的进展，朱光潜带着问题学习马克思主义，并能虚心地吸取批评者的合理观点，努力将认识论与实践论结合起来，对“美是主客观统一”说的阐释也有所进展。他说：“单从反映论去看文艺，文艺只是一种认识过程；而从生产劳动观点去看文艺，文艺同时又是一种实践的过程。辩证唯物主义是要把这两个过程统一起来的。”“它不仅是一种认识形式，而且还是劳动创造的产品。”[④]据此，他认识到自己把美看作“物乙”“物的形象”（艺术形象），只是“一种认识形式”，有很大的片面性，问题在于认识与实践如何辩证而又唯物的统一起来？朱光潜并没有完全解决，在揭示美与艺术的本质时，还是把艺术创造过程看做是一种精神活

①《朱光潜全集》，第5卷，安徽教育出版社，1987年，第80页。
②《朱光潜全集》，第1卷，安徽教育出版社，1987年，第34页。
③《朱光潜全集》，第2卷，安徽教育出版社，1987年，第44页。
④《朱光潜全集》，第5卷，安徽教育出版社，1987年，第69—70页。

动、形象思维的过程，认为艺术家对客观事物提供的“感觉素材”进行“意匠经营”之中，“他的意识形态的总和起着决定性的作用”，未能将艺术创造看作是人的主观见之于客观的实践活动，忽视艺术生产及其产品的客观性质，因而把美仍然看成是艺术的特性，是社会意识形态性的、第二性的，导致理论逻辑上的存在着一定的矛盾。为了解决矛盾和问题，朱光潜根据马克思、恩格斯《费尔巴哈论纲》《1844年经济学－哲学手稿》《政治经济学批判导言》《从猿到人》等经典著作，将美学研究的视野集中到马克思主义实践观点上来，力图唯物而又辩证地解决美和艺术的本质问题，并有所突破和发展。1960年，他发表著名论文《生产劳动与人对世界的掌握———马克思主义美学的实践观点》，强调指出“马克思主义的实践观点对于美学起了根本变革的作用”。马克思主义理解现实，是需要从客观和主观两个方面去看，“客观世界和主观能动性统一于实践”。美作为一种社会生活价值，就不仅是单纯的认识的对象，更是一种社会实践的结果，美与美感即产生于人类生产实践的历史过程中。美不是孤立物的静止面的一种属性，而是人的生产实践的产物，是人在改变世界又从而改变自己的一种结果。发现事物美是人对世界的一种关系，即审美的关系。[①]这样，他就把“主客观统一”说安放在实践论的基础上，将主体与客体、美与美感唯物而又辩证地统一起来，为解决美、美感和艺术产生的根源和本质问题，提出了许多重要的正确看法。

第一，从主体与客体、认识与实践统一的历史发展过程中把握美的本质。劳动创造了美，美产生于人类生产实践活动中，孤立的、静止的、脱离社会实践的美是根本不存在的。以实践论为基础的“主客观统一”说与从直观观点的“主观”论、“客观”论的根本分歧即在于此。“主观”论以主观吞并客观，是万物皆备于我；“客观”论只看到美是事物的“自然属性”，“见物不见人”，都是片面的。实践观点却不然，它是从全面、发展的唯物辩证观点出发看问题的，只有实践观点才能科学地揭示美的产生根

①《朱光潜全集》，第10卷，安徽教育出版社，1987年，第188—189页。

源和本质。

第二，以马克思主义实践观点阐释美与美感辩证统一关系，正确揭示了美感产生的根源。生产劳动创造的产品是人的“本质力量的对象化”“自然的人化”，是对人的社会本质力量的肯定，这就是美。美产生美感，用马克思的话说，“美感起于生产劳动中的喜悦，起于人从自己的产品中看出自己的本质力量的喜悦”，从而在生产劳动中人对世界建立了实践的关系，同时也建立起了审美关系。

第三，根据马克思“以艺术方式掌握世界”“人还能按照美的规律制造事物”以及“只有通过人类存在中对象方面展开来的丰富性，才能培养出或创造出主观方面人的感觉的丰富性”的思想，批判了康德、叔本华、尼采、克罗齐等把“静观”“直觉”作为审美的最高理想，把艺术和审美活动看作“独立自足、别无依赖”、超现实的唯心主义的错误，其结果必然导致“为艺术而艺术”的形式主义，忽视和否定艺术和审美的社会功能。朱光潜指出，实践观点就是唯物辩证观点，它要求把艺术摆在人类文化发展史的大轮廓里去看，把艺术看作是人改造自然，也改造自己的生产实践活动中的必然的组成部分。克罗齐把人截然分成为“科学的人”“伦理的人”“审美的人”是完全错误的。艺术创造和审美活动，必须面向“完整的人”，把真善美有机统一起来，才能在人“全面地占有他的全面本质”，实现在人的全面发展中，发挥其独特的社会教育功能。

按照上述正确观点推演下去、衍展开来，是能够以马克思主义实践观点解决美的本质问题的，但朱光潜在此后发表的文章中，既正确地做出了生产劳动创造美、美的本质在于“人的本质力量对象化”“自然的人化”的论断，没有否认自然美或现实美的存在，但又认为自然美是“雏形的艺术美”，是“反映社会基础的意识形态，要使自然产生美，人的意识一定要起作用”，是进行艺术加工的结果。这就使人感到他过去美在“物的形象”说尚未完全消除掉，在理论逻辑上出现“罅漏”，显得不那么协调。问题恐怕在于朱光潜未能充分理解马克思批评费尔巴哈“没有把人的活动理解为客体的活动”的思想有联系，没有将“美的本体”与审美对象划分清楚，从他对马克思关于音乐美的观点的阐释中就可看出这一点。我们认为，两者既有密切联系又是有原则区别的。前者是人类生产实践创造的历史成果，是客观存在的；后者则是由个人的审美能力、爱好、情趣决定的。我们不能说个人没有欣赏音乐的耳朵，美的音乐就不存在，只能说不是它的审美对象。这种矛盾现象的出现在学术探求过程中往往是不可避免的。朱光潜说自己虽然在努力学习马列主义，来铲除自己思想里的唯心主义，但这不是那么轻而易举、一蹴而就的事情。他对自己的美学思想仍不免带有唯心主义色彩是有清醒估计的。[①]他表示要努力探索，不断修正错误，接近真理，掌握真理，表现出这位美学大师勇于进取、求真务实的科学态度。

70年代后期，朱光潜已是八十多岁的老人，面对着“文化大革命”十年浩劫的结束、改革开放新时代的到来，他满怀“第二次解放”的喜悦心情，老而弥坚，更加刻苦地学习和钻研马克思主义经典著作，撰写《谈美书简》《美学拾穗集》和大量论文，坚持辩证唯物主义和历史唯物主义的世界观和方法论，以解放思想、实事求是的态度，努力清除“左”的思想影响，大胆冲破美学和艺术研究中的人性论、人道主义、人情味和共同美的“禁区”，对于自己过分强调主观能动作用和艺术美、忽视现实美的缺陷有所纠正，对于前期审美心理学研究中的合理的内容加以肯定，对“主客观统一”说作了更为科学的阐释。他认为，人类通过生产劳动、社会实践活动，在认识和改造自然的过程中，“人的本质对象化”和“自然的人化”，两者是相互依存、相互为用的。中国有句老话：“人尽其能，地尽其利。”“人尽其能”就是人道主义，“地尽其利”就是自然主义，两者通过生产劳动是可以唯物而又辩证地统一起来的。当然在不同历史时代有其不同的社会内容和表现形式，不过总的看来，随着人类社会的发展进步，消除资本主义社会的“异化劳动”，直到共产主义社会，人与自然都得到充分的发展，就可如马克思所预言的，实现“人的彻底的人道主义和彻底的

①《朱光潜全集》，第10卷，安徽教育出版社，1987年，第310页。

自然主义”的有机统一。朱光潜由此得出结论：马克思主义唯物辩证法，彻底解决了人与自然、主体与客体、心与物是对立面的统一。“艺术是一种生产劳动，是精神方面的生产劳动，其实精神生产方面与物质生产是一致的，而且是互相依存的。”[①]这实际上就为美学研究和艺术创作提供了马克思主义哲学基础。朱光潜正是在此稳固基础上，进一步从生产劳动与“美的规律”关系中，为我们勾画出一个新的美学体系的框架和轮廓。他认为，人通过生产劳动创造一个对象世界，即对无机自然界进行加工改造，既适用物质生产，也适用于包括科学和艺术在内的精神生产，两者是一致的，都要“按照美的规律制造”，现实美和艺术美都是人类社会实践的产物。什么是“美的规律”呢？朱光潜认为根据马克思的论述就是两条，一条是“人知道怎样按照每个物种的标准来生产”，即人要掌握客观事物的“自然规律”；另一条是“人知道怎样按照把本身固有的标准运用到对象上来制造”，即人通过自由自觉的生产劳动创造出产品来实现自己的目的、满足自己的需要，其中自然中有人，人中有自然，美因人而存在。所以审美活动蕴含着马克思的“人的整体”观点：“人是用全面的方式，因而是作为一个整体的人，来掌管他的全面本质。”所谓“整体人的全面本质”，就是马克思说列举的“视、听、嗅、味、触、思维、观照、情感、意志、活动、爱，总之，他的个体所有的全部器官”，即人的全部的生理性和社会性的器官，它与人的本质力量和审美活动、艺术创作、欣赏都有密不可分的关系。总之，朱光潜通过生产劳动与“美的规律”关系的分析，深化了“美是主客观统一”说，强调了物质产品与精神产品审美价值的一致性，美不再限于艺术的特性，更加重视审美活动中人的本质力量的作用和美的客观规律性，把审美活动真正统一到社会实践上来。这就把对美的本质的探讨与审美心理研究有机结合起来，揭示出审美活动的整体性、丰富性，立足于以人为本和人道主义，对促进人的全面发展，提升人的本质力量，从“必然王国”走向“自由王国”的理想境界，发挥其独

①《朱光潜全集》，第5卷，安徽教育出版社，1987年，第258页。

特而不可替代的作用。

通过回顾朱光潜后期美学思想演进的历程，我们深深感到，他从批判自己前期的审美直觉论到审美意识形态论再到审美实践论，行进在漫长而艰难的探索道路上，是不断有所发现、有所发展、有所创新的，其根本原因在于始终坚持马克思主义的指导作用。他的“主客观统一”说虽不是完美无缺的，存在着一定的内在矛盾和有待解决的问题，但较之“主观”论的唯心主义和客观论的机械唯物主义，富有更多的辩证唯物主义和历史唯物主义内容，在一定意义上可以说，他对我国现代美学研究起到了开导和引领作用，做出了“自成一家”的、独特而又重要的贡献。

二

朱光潜后期美学思想发展演进的过程中，我们清楚地看到，他努力学习、刻苦钻研马克思主义经典著作，脚踏实地，追求真理，信念坚定，“一经倾心，至死不变”，坚持以马克思主义立场、观点、方法为指导进行美学研究，为我国现代美学的发展做出了重大贡献。

第一，“坚持马列第一义”，以实践观点“替美学和艺术奠定了一个马克思主义的哲学基础”。[①]在美学大讨论中，朱光潜经过艰苦的探索，在批评“抽象唯心”“片面唯物”的同时，自己的美学思想也发生了根本转变，最后落实到马克思主义实践观点上来。他指出，以往的美学大都从认识论出发，只满足于解释一些美学现象，而马克思主义对美学带来了一个最根本的转变，就是从单纯的认识观点转变到实践观点。从实践观点出发，证明了文艺活动是一种生产劳动，和物质生产劳动显出基本一致性。[②]因此，我们美学研究必须首先要研究马克思主义，以辩证唯物主义和历史唯物主义作为指导原则，建立起不同于以往的旧的美学体系。这个美学体系是马克思主义的辩证唯物主义和历史唯物主义这个最大体系中的小体系，是其

①《朱光潜全集》，第5卷，安徽教育出版社，1987年，第260页。

② 同上，第353页。

有机组成部分，美学研究不可脱离马克思主义的“大体系”，而必须充分发挥其思想上的指导作用，否则就会走上邪路。因此，朱光潜针对改革开放后美学研究中出现的错误倾向，明确指出：“我们提倡‘解放思想’，但不能从马克思主义思想中‘解放’出来。”[①]他坚信不疑的是，研究美学如果不弄通马克思主义，那就会走入死胡同。他态度鲜明、乐观自信地说道：“我对马克思主义美学在我国的宏大远景抱有坚定不移的信心，下定决心要趁余年尽一点绵薄的力量。我不一定亲身就能看得到这种宏大远景的到来，但是深信广大的新生力量一定会同心协力地沿着马克思主义的光明大道，把美学这把火炬传递下去，胜利终究是属于我们的。”[②]20多年过去了，朱光潜的这番铿锵有力、振聋发聩的话语，今天听起来还是那么富有现实性和感召力，对于我们坚定信念、奋力向前，以马克思主义立场、观点、方法为指导，把21世纪中国美学建设得更美，仍会产生巨大的鼓舞和激励作用。

第二，坚持理论联系实际的原则，将“向上看”与“向下看”有机结合起来，努力建构辩证唯物主义的美学体系。新中国成立后，朱光潜在美学史、论研究中，根据辩证唯物主义世界观和方法论，既反对理论脱离实际、在空洞概念中兜圈子的教条主义，也反对忽视科学理论的指导、只着眼于日常生活现象的经验主义。他认为，我们必须根据美学研究的对象和范围，将理论与实践、一般与特殊、向上看与向下看有机统一起来，才能真正建立起马克思主义的美学体系。美学是处于哲学与艺术理论之间的一门社会科学。美学“朝上看”，哲学是一般，美学是特殊，美学研究必须以哲学为基础，从一般出发，即以马克思主义的实践论为指导，唯物而又辩证地解决美和艺术的本质等基本问题。但美学研究又不能停留在哲学的一般原则上，还要对“它的特殊对象找出种差”，找出审美和艺术掌握现实的方式之所以不同于其他掌握现实的方式，不能以哲学代替美学。美学“朝下看”，就是要找出各种形式的艺术掌握的一般规律，替不同类别艺术

---

①《朱光潜全集》，第5卷，安徽教育出版社，1987年，第251页。

② 同上，第253页。

理论提供思想基础，但又不必越俎代庖，不能以美学替代不同类别艺术理论，当然不同类别艺术理论也不能替代美学。这里清楚地表明，我们只有把自上而下与自下而上的美学研究有机结合起来，才能真正解决理论联系实际的问题。朱光潜指出：我们应当在科学的世界观和方法论的指导下，对现实生活和艺术创作、欣赏中的审美活动进行分析、综合，正确理解审美和艺术掌握世界的特点和规律，既不陷于事实经验里兜圈子，又不脱离现实生活，既要有艺术史论方面的知识储备，又要有较强的艺术创作和欣赏能力，不能在抽象的哲学概念中打转转，以一般的哲学原理代替美学的具体分析和综合。“离开现实而空谈理论，那会流于教条主义；离开理论而专谈现实，那也会流于经验主义”。在美学大讨论中，姚文元发表《照相馆里出美学》《论生活中的美与丑》等文章，打着“从实际出发”的旗号，兜售经验主义、实用主义的货色，把作为审美活动的艺术创造与日常生活中“穿着打扮”“节日游行”“挑选爱人”等现象等同起来，把许多具体的自然现象所引起的生理的、动物性的快感与人的美感混为一谈。针对姚文元的谬论，朱光潜发表《从姚文元的美学观点谈到美学中理论与现实相结合》一文，明确指出：我们美学研究必须坚持理论与实践相结合，不能把理论与现实绝对对立起来。人对美的事物所生的美感不同于动物性反映所生的感觉，美与丑是有具体社会内容的，“作为社会的人对事物的反映的结果，美与真和善是既有分别而又紧密联系的”[①]。他在批评美学研究中的经验主义同时，联系美学大讨论的实际情况，进一步强调了马克思主义理论对探讨美和艺术本质等基本问题的指导作用，认为如果不解决美是主观的、客观的，还是主客观的统一的这个基本问题，不弄清楚“美”的本质，则其他一系列问题都无从解决。因此，这场论争的结果对新美学的建设不能说“没有用处”，其实质在于划清唯心主义、机械唯物主义和辩证唯物主义的思想界限，所以“对其意义应有足够的估计”。朱光潜通过讨论，有破有立，相因为用，不断提高、深化了自己的马克思主义美学

①《朱光潜全集》，第5卷，安徽教育出版社，1987年，第283页。

研究。时下有的论者在回顾朱光潜美学思想发展历程时，认为美的本质问题是个“虚假的问题”，应该把它“悬置”起来，去探讨一些更有现实意义的问题。这个看法不符合朱光潜美学观点，也有悖于历史真实，尚可斟酌。“美是什么”是个恒久常新的问题，不同的历史时期都要做出不同的回答，不回答也是一种回答。尽管“美是难的”，我们也不能把它“悬置”起来。

第三，走马、中、西相结合的道路，建立我们自己的美学。朱光潜美学研究的另一个重要贡献，就是早在20世纪60年代关于美学如何民族化的讨论中，响亮地提出“我们要建立我们自己的美学”，并对“我们自己的美学”的性质、建设蓝图和发展道路进行了深入的思考，发表了在今天看来仍有重要理论价值和实践意义的见解。这就是：

> 我们在建立我们自己的美学的过程中，民族化和社会主义化是应当紧密结合在一起而不可分割的。这就规定了我们的任务在于根据马克思主义的指导原则，总结我们自己过去与现在的文艺创造和欣赏的实践经验，并且适当地借鉴外国的优秀美学遗产，得出一套适合我们社会主义文化建设需要的美学理论。①

简言之，我们要建设具有中国特色的社会主义美学，必须走马、中、西相结合的道路，即以马克思主义立场、观点、方法为指导，根据中国社会主义经济建设和文化建设的需要，尊重自己文化历史发展的持续性和客观规律，既要适当地批判吸收西方美学中可资借鉴的东西，更重要的是继承和弘扬中华民族丰富悠久的美学传统，来建设“我们自己的美学”。我国进入改革开放的新时代，朱光潜进一步提出美学研究不能再闭关自守，坐井观天，而要解放思想、放眼世界，对从柏拉图到克罗齐的西方美学思想采取一分为二、去伪存真、披沙拣金的态度，吸取其中对我们有用的东西；他更加重视对我国传统美学的研究，指出我国经典文献中美学和艺术

①《朱光潜全集》,第10卷,安徽教育出版社,1987年,第312页。

理论的资料是极丰富繁复的，我们要以严谨的科学态度进行认真的搜集、整理和研究工作，特别要“厘定”不同于西方美学基本概念如“意境”“神韵”“气象”“风骨”等含义，使之科学条理化。他还从礼乐文化中总结出古代中国诗论的三大特点：第一，从整体人出发，强调知、情、意三个因素不偏废而侧重“情”，而不像近代西方美学家那样，往往把三个因素割裂开来片面强调“知”（即认识的感性阶段），这对近现代文艺创作中公式概念化不良倾向无疑是一剂良药；第二，艺术是经过艺术加工（成文）的自然，根据自然却不止于生糙的自然；第三，重视文艺的“厚人伦，美教化，移风俗”的实践效果，从来没有“为文艺而文艺”或“为文而造情”的观念。[①]这个概括是非常深刻、正确的，对于中西美学比较研究有着重要的意义。

改革开放以来，学术界把中西美学比较研究提到重要位置上来，是顺应新时代要求的、完全必要的。在研究过程中，对朱光潜、宗白华两位美学大师的评价出现了分歧。我的看法是，他们的中西美学比较研究各擅其长，难分轩轾，既有区别，又是相通的。朱光潜少年时代就广泛接触到中国古代诗词作品和诗文理论，深受中国传统美学的影响，有着丰厚的民族文化修养。在西方留学期间，他以西方特别是德国的近代美学为出发点从事美学研究，撰写了《文艺心理学》《悲剧心理学》《谈美》等著作，他说自己在英法留学几年，初步接触到西方文学，随时拿西方文学和中国文学进行比较，这样就走上了美学道路。他非常重视此后出版的《诗论》，它用西方诗论来解释中国古典诗歌，用中国诗论来印证西方著名诗论。《诗论》中“独立的东西”就在于采取“移花接木”的方法，以西释中，以中证西，着眼点主要放在中西美学思想相互融合、沟通上，同时也展示出了中国诗歌艺术区别于西方诗歌的特色。限于篇幅，不能详论，我们只要看《诗论》第三、第七两章中认定“诗境界是情趣与意象的契合”和对莱辛“诗画异质说”的批评即可证明。他还明确告诉我们：“我在研究美学时，

①《朱光潜全集》，第10卷，安徽教育出版社，1987年，第559—560页。

往往会把中国和西方的思想作比较，……可以说，我的美学观点，是在中国儒家传统思想的基础上，再吸收西方的美学观念而形成的。”[①]那么宗白华呢？他于1921年赴德国留学，正当第一次世界大战失败后出现一种西方文化的消极观，人们畅论西方文化破产，盛赞东方文化的优美。他在学习西方生命哲学和德国近代美学的过程中，受到中西文化思潮“对流”中“反流”的影响，既重视学习西洋的文化艺术知识，又不仅不敢藐视反而更加尊崇中国的文化，从而树立起对中国伟大优美的传统文化自信心，用他的话说，“到欧美后，而顽固了”，认识到“中国以后的文化发展，还是极力发挥中国民族文化的‘个性’，不专门模仿，模仿的东西是没有创造的结果的”。[②]于是，他决心做一个小小的“文化批评家”，借“外人的镜子照自己面孔”，以西方文化作为参照系，以中国传统文化为总对象进行认真的研究和切实批评，“以寻出新文化建设的新道路来”。宗白华立足于中华民族本土文化，在中西美学思想比较研究中，以宏观与微观相结合的方法，从宇宙观、人生观、表现方法乃至语言媒介进行全面的分析、比较，几乎涉及所有的艺术门类，要在比较中“吸收外来的东西，发展‘自己的东西’”。他说：“我们要从这些材料出发，研究中国美感的特点和发展规律，找出中国美学的特点，找出中国美学发展史的规律来。”[③]他看到我们自己的力量：“我有我的创造，我有我的地位”，充满自信而又乐观地来建设和发展我们中华民族自己的美学。这里应当指出的是，宗白华的中西美学比较研究，虽然着眼点放在揭示中国传统美学的特点和规律上，并未否定其中与西方美学思想的共通之处，如把歌德的美学思想、柏格森的“创化论”与中国古代的生命哲学思想融合了起来。他所论述的中国古代美学和艺术思想的观点，与朱光潜的看法有很多一致的地方，如艺术境界说、各种门类艺术相互融通的综合性，特别是美的理念说，宗白华指出：“中国的美学思想与西方的美学思想有很多不同的特点。比如西方古代多

①《朱光潜全集》，第10卷，安徽教育出版社，1987年，第652—653页。

②《宗白华全集》，第3卷，安徽教育出版社，1994年，第336页。

③ 同上，第595页。

侧重于从本体论方面，即从客观方面去讨论美……而中国古代的美学思想则和伦理道德结合的较紧密。”[①]这与朱光潜根据儒家礼乐文化总结出的中国诗学三个特点不是非常接近吗？由此可见，朱、宗两位先生在中西美学思想比较研究中，虽然着眼点各有侧重，一个重在互释互证方面，一个重在找出中国美学的特点和发展规律，但仍有相通之处，并非各执一端、互不相容的。因此，我们对他们的美学思想不应分出上下高低，而应采取相互融通、优势互补、综合创新的态度，这对我们进一步深化中西美学思想比较研究、建设有中国特色的社会主义美学体系是有重要意义的。

三

我在思考朱光潜后期美学思想的演进与贡献时，就想到与此密切相关的、叶朗先生首先提出“从朱光潜‘接着讲’”的重要问题，这里讲几点不成熟的意见。

第一，从朱光潜坚持马克思主义对美学研究的指导作用出发“接着讲”。在漫长曲折的探索过程中，朱光潜深切地认识到马克思主义不仅给自己的美学思想带来了“新生”，而且“必然要导致美学领域里的彻底革命”。他是这样认识的，更是付诸实践的。随着改革开放时代的到来，我们解放思想，勇于探索、创新，打破“左”的条条框框的束缚，美学研究取得了很大的成绩，但也在美学领域出现了疏远和背离马克思主义的倾向。朱光潜对此旗帜鲜明地指出：我们的思想再解放，也不能从马克思主义中“解放”出来。马克思主义还是要坚持的，是“解放不了的”。“你从马克思主义解放到哪里去？没有出路。”[②]因此，在我们的美学研究中，既要解放思想，又要坚持马克思主义，做到如朱光潜所说的：“坚持马列第一义，古今中外要融通。”这应当是我们美学研究“从朱光潜接着讲”的基本出发点和立足点。在当今世界经济一体化、文化多元化的形势下，我

①《宗白华全集》，第1卷，安徽教育出版社，1994年，第608页。

②《朱光潜全集》，第10卷，安徽教育出版社，1987年，第506页。

们既要保证学术研究的民主和自由，融通古今中外的美学和艺术成果，又必须坚持马克思主义立场、观点、方法的指导地位，美学研究要为社会主义现代化建设服务，为广大人民群众服务。如朱光潜在阐释马克思“对世界的艺术掌握”和“美的规律”理论时，提出审美和艺术活动“要面向整体的人”的见解，我们就应该“接着讲”下去，它不仅对于培养德智体美劳全面发展的社会主义现代化建设者和接班人有着重要意义，而且可以作为一面镜子，以审美的方式揭示那些“异化”了的“两面派”“单面人”的真面目，进行救治。就这方面看，西方马克思主义强调美学的批判性、否定性的社会价值，我们在弘扬中国优秀传统文化的同时，从中也是可以批判吸收些合理东西的，引导人们以真善美来批判、否定和战胜假丑恶。

第二，从新中国成立前后朱光潜两个阶段的美学思想“接着讲”。朱光潜前后期的美学思想既存在着实质性的区别，又有着密切的联系，他说自己“没有前一个阶段，也就不能有后一个阶段”。因此，我们“从朱光潜接着讲”，不能割断历史，把两个阶段割裂开来、对立起来，必须以历史的、发展的、全面的观点，将两个阶段中丰富多彩、闪闪发光的思想开掘出来，“接着讲”下去，“把我们的美学建设得更美”。我们知道，在美学大讨论中，由于受到“左”的错误思想影响，学术界往往以“唯物”与“唯心”来为“革命”与“反动”划界，在批判朱光潜前期美学思想时，对其中大量正确的、合理的观点，特别是审美心理学的研究成果，往往视而不见，丢在一边。改革开放以后，我们纠正了这种错误倾向，对其予以肯定，并“接着讲”下去，这是完全应该的、必要的。但近年来，有的论者在高度评价朱光潜前期美学思想的同时，有意无意地轻视其后期美学思想研究的理论成果和重要贡献，这也不是实事求是的态度。朱光潜生前曾希望人们看到自己后期的思想转变和发展，并对这一阶段的研究工作和理论成果作了充分的自我肯定。他非常看重运用历史唯物主义和辩证唯物主义方法撰写的《西方美学史》《谈美书简》等论著，“自以为我解放后实际上不到二十年的工作比起解放前大半生的工作远较重要”。[1]这样看来，我们既要从他前期以审美心理学为中心的美学思想接着讲，更要从其后期“运用历史唯物主义和辩证唯物主义来探讨一些关键性的美学问题”接着讲，这对我们建设马克思主义的现代美学体系有着重要的现实意义。

第三，从朱光潜美学思想的“前修未密”处“接着讲”。从历史发展的观点来看，任何学术大家的思想理论都不可能完美无缺的，朱光潜的美学思想也是如此。因此，我们对于他那些富于独创性的、正确的理论观点，要与时俱进地“接着讲”下去，加以发扬光大；同时，对他美学思想中提出的重要问题未能解决的和存在的“罅漏”、不足之处，也应当“接着讲”下去，这是朱光潜寄希望于我们的。他说自己从事马克思主义美学研究所取得的成就“和理想还有很大的距离”，并引用古人说的话“前修未密，后来转精”，“只有待诸后起者了”。我们不能辜负他老人家的期望，要就其“前修未密”作进一步研究，使之更加周密、精准。例如他所提出的美学是一门综合性很强的学科，研究美学不仅要掌握哲学、历史、心理学方面的知识，还要学习自然科学；审美和艺术要面向“整体的人”“人生艺术化”等等，这都是很有重要理论价值和现实意义的问题，需要我们进一步探索。在他的以马克思主义实践观点为基础的“主客观统一”说中，如何唯物而又辩证地解决审美本体与审美对象，美的主观性与社会性、群体审美意识与个体审美心理的关系等问题，还是有待于进一步商讨、研究的。朱光潜说：“美学像其他科学一样，是为了解决问题。有问题待解决，一门科学才有存在和发展的基础。”[2]因此，我们在学习、研究朱光潜美学思想过程中，首先要努力接收、消化其理论成果，提高自己的学术水平；同时也要勤于独立思考，善于发现问题，并力求解决问题，做到如朱光潜所希望的那样：“前修未密，后起转精。”这对于推进我们的美学研究同样是很重要的。

本文是我为应邀出席纪念朱光潜、宗白华诞辰120周年暨国际美学学

---

① 《朱光潜全集》，第10卷，安徽教育出版社，1987年，第566—567页。

② 同上，第339页。

术研讨会而作。两位美学大师对中国现代美学建设和发展做出了不可磨灭的重大贡献。新时代需要新美学。让我们牢记朱光潜《自题〈谈美书简〉》中的话："长江后浪推前浪，翻新自有后来人"，在马克思主义思想指导下，从朱光潜、宗白华等前辈贤哲的美学思想"接着讲"，立足本土，面向世界，融通中西，综合创新，为建设新时代中国特色社会主义美学尽心尽力，为实现中华民族的伟大复兴做出自己的贡献！

（原载《安徽师范大学学报》，2018年第4期》）

对蒋光慈生平史实的几点辨正

中国现代文学史上著名的革命作家蒋光慈，是安徽省霍邱县人，今年是他诞生80周年、逝世50周年。

在新近出版的几部中国现代文学史和报刊发表的有关文章中，对蒋光慈的诗歌、小说创作、革命文学理论及其在新文学史上的地位和贡献，作了比较中肯的分析和评价，但对他的生平事迹的介绍，则有与史实不符的地方，甚至存在着明显的错误。现根据我们所了解和掌握的资料，进行如下辨正，作为对这位有影响的革命作家的纪念。

一、关于用名

蒋光慈逝世时，1931年9月7日出版的第22号《文艺新闻》上，曾发表过一则消息，称光慈原名光赤，这个说法一直沿用至今，其实是不确切的。

蒋光慈一生，用过十多个名字。这种更易，或反映着他思想的发展变化，或出于同反动派白色恐怖斗争的需要，皆非随意。他幼时名“儒恒”，入学读书后，名“宜恒”。1920年3、4月间，他在曹靖华主编、河南开封出版的《青年》杂志四、五两期上，发表《读李超传》《我对于自杀的意见》两篇文章，署名“蒋侠生”。1924年8月1日出版的《新青年》发表论文《无产阶级革命与文化》，1927年亚东图书馆出版他与前妻宋若瑜的通信集《纪念碑》（内收两人1924、1925年间的大部分书信），也都用“侠生”或“侠僧”。他在小说集《鸭绿江上》的自序诗中写道：“我曾忆起幼时爱读游侠的事迹，那时我的小心灵中早种下不平的种子到如今，……呵，我依然如昔，我还生活在不平的空气里！”可见，他所以用“侠生”或“侠僧”这两个名字，意在表示自己对黑暗现实愤懑不平，决心行侠仗义，除恶扬善。在1924年11月9日出版的《觉悟》上，他发表《太平洋的恶象》《梦中的逆境》《复活节》三首诗，这才正式开始使用“光赤”这个名字，一直用到1927年10月。赤色象征革命，他取名“光赤”，表明自己是个无产阶级革命者，立志为革命写作，把作品视作“为光明而奋斗的鼓号”（《鸭绿江上》自序诗）。

蒋介石发动“四·一二”反革命政变后，白色恐怖遍及中国，大批共产党员和革命作家惨遭迫害，革命书刊被查禁、销毁，甚至不管内容如何，凡封面为红色者，一律没收。为了同反动派进行斗争的需要，蒋光慈便将“光赤”改为“光慈”，不少人在回忆、纪念他的文章中都讲到这一点。郁达夫在《光慈的晚年》一文中说，“白色恐怖弥漫了全国，甚至于光赤这个名字，都觉得有点危险，所以他把名字改了，改为光慈”（《现代》三卷一期）。钱杏邨说：“1927年，光赤写完了《十月革命与俄罗斯文学》时，……因为政治局面已非，……光赤也不得不改为光慈”（《剑晓集》）。叶灵凤对此情况也曾写道：“在当时党老爷和图书审查老爷的眼中，不要说蒋光赤作品的内容，仅是这个名字就不能通过，什么都查禁，所以后来由书局经过他的同意，将‘赤’字改为‘慈’字”。（《新绿集》）有的同志说，他“1931年去苏联学习以后，改名蒋光慈”，这显然是不正确的。

蒋光慈在当时除改名外，为了避开国民党“党老爷和图书审查老爷”的耳目，从1927年下半年起，还使用过华希理、华维素、维素、魏克特、克特、魏敦夫等笔名。即使如此，这位有影响的革命作家，还是受到特务的严密监视、盯梢，乃至追捕。他“为了防止发生意外”，不得不多次转移住处，经常“改名换姓”。1931年5月以后，他病势日趋严重，还得化名

“陈资川”才可住院治疗。即使逝世后，墓穴上也只能写“蒋资川”，不能用“光赤”或“光慈”名字。直到1953年5月23日，他的灵柩从庙行公墓迁至虹桥公墓安葬，由陈毅同志亲笔题碑“作家蒋光慈之墓”，这位革命作家才恢复了为人们所熟悉、敬仰的名字。

二、关于赴苏联学习和归国的时间

蒋光慈何时赴苏联学习，历来说法不一。有的说是1921年，有的说是1922年，这是需要考证的。还有同志著文说：“1924年，蒋光慈被党选派到苏联留学，在莫斯科东方大学，他和刘少奇、任弼时、萧劲光等同志同届并在一个党小组”（见1980年6月20日《安徽日报》载《革命作家兼战士蒋光慈》）。此说肯定是错误的。

据不少同志的回忆，蒋光慈于1917年9月从家乡到芜湖安徽省立第五中学学习。1920年春夏之交，他和五中的同学曹靖华、廖平化、吴宝鹗等，经蔡晓舟介绍，由芜湖到上海，进入第三国际主办的外国语学社学习俄语。1921年5月，苏联成立莫斯科东方劳动者共产主义大学（简称KYTB）。上海共产主义小组决定派一批青年积极分子前往学习，蒋光慈便是其中之一。他赴苏学习的时间，我们可从他最初几首诗的写作时间推断出来。他的第一本诗集《新梦》中的《红笑》，自注为“1921，7，4，于乌拉岭”。《太平洋的恶象》一诗，诗人自注：“1月为远东劳动大会作”。远东劳动大会于1922年1月在莫斯科举行，当时在东方大学学习的中国同志，作为会议的工作人员参加了大会，担任大会的翻译和文书工作。（见萧劲光《忆早期赴苏学习的少奇同志》,《红旗飘飘》第20期）这首诗可能是他参加大会有感而作。这两首诗的写作时间说明，蒋光慈1921年7月前，已离开中国，1922年1月前，已到达莫斯科。因此，1921年5、6月间从上海动身赴苏联学习是真实可信的，不可能在1922年，更不会在1924年。刘少奇同志大约于1922年春天离开东方大学回国，1924年正在安源煤矿领导工人运动，说蒋光慈此时赴苏并和少奇同志在一个党小组，显然是常识性的错误。

关于光慈从苏联回国的时间，也是众说纷纭，有的说是1923年，有的说是1924年底和1925年初，有的说是1925年，这些说法都是缺乏根据的。《〈新梦〉自序》写于1924年，自注“3月1日于莫斯科”，说明诗人在莫斯科已着手将自己的诗作结集出版，集末一首诗《与安娜》写道：“时间不能多留我了，我要离开红色的莫斯科——回到那灰色的中国做工去。”结尾是：“别了！再会，再会……”。此诗是写于7月6日，说明诗人即将离苏回国。他的第二部诗集《哀中国》中的第一首诗《怀都娘》，是抒写诗人怀念、留恋莫斯科友人之情的，写于7月8日，距写《与安娜》只有两天时间，说明诗人此时已离开莫斯科。《哀中国》中的第二首诗《余痛》是追忆、抒写海上见闻和感受的，写作时间是9月7日，发表于同一天的《觉悟》上。他自写《怀都娘》到写《余痛》，时间整整两个月。在此期间，蒋光慈写了几篇议论文字，其中《一封公开信——驳抱扑》，是批判反动社会思潮的，写于8月23日，发表在8月28日的《觉悟》上，相距只有五天时间，说明他此时已在天津。我们由此可以推知：蒋光慈是于1924年7月上旬动身，8月中旬左右回到国内，并且，立即投入了思想文化战线上的斗争。

三、关于入党时间和党籍问题

许多著作和文章，都说蒋光慈是赴苏学习前，在国内入党的，此说最早见于杨邨人的文章《太阳社与蒋光慈》，说他“五四运动时于安徽作学生运动，不久加入中国共产党被派赴苏联学习”，（《现代》第3卷，第4期，1933年8月1日）还有的说得更具体的：“1922年春，芜湖五中建立了社会主义青年团，蒋光慈随即加入，不久又加入中国共产党，1923年下半年由芜湖回到家乡，开展建党活动。”（《革命作家兼战士蒋光慈》）这是缺乏事实根据的。

我们知道，在共产国际的帮助下，陈独秀于1920年5月，成立上海共产主义小组，毛泽东同志也在上海发起组织了工读辅助团。第三国际主办的外国语学社就设在工读辅助团机关所在地——霞飞路渔阳里六号，参加外国语学社学习的多是工读辅助团的成员。他们大都先后转入社会主义青年团，刘少奇、任弼时、萧劲光等是第一批。据蒋光慈同班同学吴宝鹗的回忆，他们二人也在学习期间加入了社会主义青年团。1921年7月，中国共产党成立，这年冬，莫斯科东方大学中国班（共42人）开始建立旅俄支部，由东方大学总支部领导，中国社会主义青年团团员都先后由团转党。因此，蒋光慈“1922年7月在苏联加入中国共产党”，是真实可信的。他约于1920年春夏之交离开芜湖到上海学习，在此以前，芜湖不可能有社会主义青年团和党的组织；1921年上半年，他已动身赴苏学习，共产党还没有成立，怎么能入党呢？至于说，他在芜湖入党后，于1923年下半年回到家乡开展建党活动，更是不可能的事，因为这时他正在莫斯科东方大学学习。

关于蒋光慈1930年是否被开除出党的问题，说法也不一致。最近，有文章记述阿英同志生前的话，说他当时仍然是共产党员。夏衍同志也说，“蒋光慈同志没有被开除党籍，……记得当时只给他以党内警告处分”。由于时间相隔四五十年之久，他们的回忆未必确实。根据有关文章和历史资料看，蒋光慈是被开除党籍的。在蒋光慈逝世后的第三天，阿英同志即在《文艺新闻》“追悼号”上发表文章说：“1930年秋，因为过不惯纪律的生活，他甚至切断了自己的政治生命。”杨邨人在《太阳社与蒋光慈》一文中说，当时正值党的“左倾”错误统治时期，筹备上海暴动，命令党员不时于马路示威游行，“光慈因病请假不为同志谅解，毅然向党提出脱党书，受党开除并公布他的罪状……”（《现代》第3卷第1期）。更为确凿的一则史料是：1930年10月20日出版的中共中央机关报《红旗日报》登载的《没落的小资产阶级蒋光赤被共产党开除其党籍》的报道，说蒋光慈所属支部“开会决定开除其党籍，业经江苏省委批准”。综上所述，蒋光慈被开除出党的原因是当时他的肠胃结核病已十分严重，加之小资产阶级的自由散漫性未能得以克服，过不惯严格的组织纪律生活，对“左”的斗争方式、活动不满，提出退党的请求，只“做一个实际的革命群众的一分子”。在党的左倾错误思想指导下，遂以“惧怕牺牲，躲避艰苦工作”“投机取巧动摇怯懦”为理由，开除了他的党籍。这对蒋光慈是个严重的精神上的打击。郁达夫在《光慈的晚年》中说：“党和他的分裂，也是一件使他遗恨无穷的大事，到了病笃的时候，偶一提及，他还在短叹长吁，诉说大家的不了解他。”（《现代》第3卷第4期）1930年10月被开除出党后，他虽然很苦闷，并没有消极悲观，而是继续为革命写作。在他逝世前的一年间，他除参加一些左翼文化活动外，还完成了以农民武装斗争为题材的长篇小说《咆哮了的土地》，小说结尾写了农民革命武装投奔“金刚山”，肯定和歌颂了井冈山武装斗争的正确道路。他虽然被开除了党籍，仍不失为一位革命作家。

四、在冯玉祥处担任俄语翻译与在上海大学任教的时间

杨邨人在《太阳社与蒋光慈》一文中说，蒋光慈“回国后，曾于冯玉祥将军处任苏联顾问的翻译员，因性格不合，调任上海大学教授”。这个说法，至今仍为大家采用。其实，蒋光慈回国后，即经瞿秋白同志的介绍，到我党创办的上海大学任教，“上大”分设三个系：社会学系、英国文学系、中国文学系。他在社会学系教社会科学，自编讲义，业余进行翻译和写作，非常紧张、忙碌。他1925年1月11日给宋若瑜的信中说：“上海大学已经放假了。我本拟回里一行，……但因种种事故，不能如愿。”郁达夫“是在1925年的春天”第一次与光慈相见（《光慈的晚年》，《现代》第3卷第1期，1933年5月1日），并向郭沫若作了介绍。郭沫若回忆1925年春由郁达夫陪同访问蒋光慈时说：“他是安徽人，当时从苏联回国不久，在上海大学担任教课。”（《创造十年·续篇（七）》）1925年1月至4月，蒋光慈在给宋若瑜的信中，多次谈到在“上大”教课和自编讲义的情况。4月中旬，他根据党的安排，离开上海到北京后，即去冯玉祥在张家口办的军官学校担任苏联顾问的翻译。这一情况，在《纪念碑》所收

他给宋若瑜的信中有着具体的记载，4月16日信：“我明天决定起身到北京去，……倘若不好，我或者跑回上大来教书”；4月26日信：“我到北京四五天了，……工作是翻译，没有什么困难的事情”；9月2日信：“等住了一个月再看，倘若上海大学还要请我去的时候，那我一定还到上海去”。在此期间，他经常往返于北京与张家口之间，除正常工作外，还继续进行创作，写了优秀的中篇小说《少年漂泊者》。在军校工作了近七个月，于11月初，辞职回到上海。很清楚，蒋光慈回国后，是先到上海大学任教，后到冯玉祥处担任翻译的，而不是相反。

五、关于参加创造社

蒋光慈参加创造社的情况，在现代文学史专著和有关文章中，几乎是不曾提及。其实，蒋光慈确实是加入了创造社，并且在创造社开展的活动中，做了不少的工作。

最早提及光慈参加创造社的文字，是在通信集《纪念碑》中。宋若瑜于1925年12月15日致蒋光慈的信中，对他参加创造社一事，表示积极的支持：“现在你加入创造社我很赞成。”

其次，在创造社主要成员的一些文章中，也多次提到蒋光慈参加创造社。郁达夫在《光慈的晚年》一文中说，1925年春他与蒋光慈认识以后，就有了邀他加入创造社的意图：“因为创造社出版部，也正在草创经营的开始，所以，我们很想多拉几位新的朋友进来，来加添一点力量。”蒋光慈进来后，却遭到创造社出版部其他新进作家的鄙视，郁达夫“一方面安慰激励他”，“一方面便促他用尽苦心，写几篇有力量的小说来，以证他自己的实力”。不久，蒋光慈便写出了获得好评的短篇小说《鸭绿江上》。郭沫若在《创造十年·续篇》中，谈到《洪水》半月刊的刊行过程时说：“除我自己而外，我又把漆南薰和蒋光慈也拉来参加了。他们的参加，不用说，是使《洪水》，否，不仅《洪水》，是使整个创造社改涂了一番面貌。”

蒋光慈参加创造社的活动，直到1927年底为止。郭沫若在《跨着东海》一文中，有着这方面的记述。大革命失败后，郭沫若于10月回到上海，为加强创造社工作，“在人事上发动了李一氓和阳翰笙来参加，同时又通过郑伯奇和蒋光慈的活动，请求鲁迅来合作”。他在计划恢复《创造周报》过程中，“曾经在报章上登过恢复《创造周报》的启事，在这启事上是以鲁迅的名字领衔”，郭沫若则“以麦克昂的变名居第二位，依次是成仿吾、郑伯奇、蒋光慈等”（《革命春秋》）。1927年6月，蒋光慈和钱杏邨、孟超、杨邨人等，虽然在武汉已经酝酿好办一杂志，提倡革命文学，并将该杂志定名为《太阳》，但是在到了上海之后，他仍积极参加创造社的活动，正如杨邨人所记述的，“那时创造社宣布了《创造周报》的复活计划，光慈……和他们在一起合作”，并且还介绍杨邨人“替《创造周报》作撰述员”（《太阳社与蒋光慈》）。这里与郭沫若的记述是完全一致的。

再者，这时期光慈的一些译作，都是在创造社编辑发行的刊物上登载的，如《五一歌》载于《洪水》；论文《十月革命与俄罗斯文学》、中篇小说《菊芬》连载于《创造月刊》，中篇小说《野祭》，是创造社出版部刊印发行的。这也是他参加创造社的佐证之一。

从以上事实可以断定，蒋光慈是于1925年春和创造社主要成员郁达夫、郭沫若发生交往的；同年11月离开冯玉祥所办的军校回到上海之后，正式成为创造社成员；在创造社中的活动，直到1927年底。1928年1月，蒋光慈与钱杏邨、孟超等另组太阳社，创办《太阳月刊》，才脱离了创造社。

六、关于逝世的时间

《中国文学家辞典》（现代第一分册）以及《革命作家兼战士的蒋光慈》等文，把蒋光慈逝世的时间，都说成是1931年6月30日。这是沿用杨邨人在《太阳社与蒋光慈》一文中的误记。

1931年9月7日出版的《文艺新闻》第26号，曾以《蒋光慈在同仁医院病故》为题，报道他逝世的时间为8月31日。此则消息全文如下："中国革命文艺运动初期健将蒋光慈（原名光赤）自去岁以来卧病已久，顷于上月三十一日上午六时终于上海虹口同仁医院，系患肠胃结核，宿疾数年。死者近一年来，脱离一切集团，消声了出版界，生活极为孤寂。临终时亲友皆不知，仅吴似鸿女士一人在旁。"

1931年9月15日出版的《文艺新闻》"追悼号"上，发表杨邨人8月31日写的《光慈临终前后记略》中，说光慈"今早六点钟的时候"逝世；同时刊载的方英（钱杏邨）的悼念文章，也明确地说，逝世时间是"1931年8月31日上午6时"。

以上资料均证明蒋光慈逝世的确切日期，应是1931年8月31日，而不是6月30日。旧说的错误，不应该再袭用了。

（与严恩图合作，原载《淮北煤炭师范学院学报》，1981年第4期，《安徽日报》摘要转载）

关于蒋光慈《丽莎的哀怨》的再评价

1929年，蒋光慈发表了长篇小说《丽莎的哀怨》，在革命文学阵营内部引起强烈的反响，产生了两种根本对立的意见。青年诗人冯宪章称赞它表现了“旧的阶级的没落，新的阶级必然要起来”的“社会进化的过程”，令人“宛如读一首抒情的长诗”（《“丽莎的哀怨”与冲出云围的月亮）》，《拓荒者》第1卷第3期）。华汉（阳翰笙）同志不同意这种看法，对这部作品提出尖锐的批评，认为：“《丽莎的哀怨》的效果，只能激起读者对于俄国贵族的没落的同情，只能挑拨起读者由此同情而生的对于‘十月革命’的愤感”，从而“产生人类因阶级斗争所带来的灾害的可怕之虚无主义信念”，是“含有非常危险因素的形式”。（《读了冯宪章的批评以后》，《拓荒者》第1卷第4、5合期）党的刊物《红旗日报》则更进一步指出：“《丽莎的哀怨》给读者的印象是同情白俄反革命后代的哀怨，代白俄诉苦，诬蔑苏联无产阶级统治。”并以此作为开除蒋光慈党籍的一个理由。（1930年10月20日第3版报道）新中国成立以来，许多研究蒋光慈的论著，对这部作品的分析、评价虽有某些差异，但基本上沿袭了30年代的否定观点，认为它“完全是一部失败的作品”。

《丽莎的哀怨》从发表到现在半个世纪过去了。我以为现在对于这部作品很有重新认识和评价的必要，而不应当全盘否定。

蒋光慈是我国最早接受十月革命洗礼、具有社会主义思想的革命作家之一。他刚满二十岁，就怀着“朝圣”“取经”的感情，历经千辛万苦到苏联学习，亲眼看到十月革命给俄国带来的翻天覆地的变化，对社会主义光明的新天地表现出无限的热爱和敬仰，并表示："生值革命怒潮浩荡之时，一点心灵早燃烧着无涯际的红火。我愿勉力为东亚革命的歌者"。（《新梦·自序》）在《新梦》《哀中国》等诗集中，他热情讴歌社会主义革命的伟大胜利和工农群众的解放，深切关怀祖国的命运和前途，呼唤人民大众走俄国的道路，以革命手段推翻帝国主义和封建势力的黑暗统治，奋力争取社会主义的美好未来。当然，他不是一个成熟的无产阶级革命者，在他身上存在着比较严重的小资产阶级消极的、不健康的思想感情，在第一次国内革命战争失败后，表现得是很突出的。即使如此，他并没有动摇自己的社会主义信念，要反抗，要斗争，要革命，仍然是其思想的基本方面，并非如"报导"所说的，"他已经成了一个没落的小资产阶级，显然已流入了反革命的道路"。这样一位竭诚拥护苏联社会主义革命、积极倡导革命文学的作家，怎么会写出《丽莎的哀怨》来，表同情于俄国贵族的没落、控诉十月革命的呢？不少论者认为，这是作家主观动机与作品的客观效果相背造成的。那么，作家写这部作品的主观动机是什么？作品有没有反映俄国革命的历史真实，还是只表现了对贵族阶级的同情？它的客观效果是否全是消极的，还有无积极的因素？这便是我所要探讨的问题的。

蒋光慈在他编著的1927年12月出版的《俄罗斯文学》一书中写道："当十月革命如暴风雨一般将旧的俄罗斯的一切，毫不顾恤地扫去的时候，代表旧俄罗斯的歌声为之哭泣。震怒，羞辱，哀怨，尽力地诅咒这为他们所不明白的，所不需要的，打破他们甜蜜的革命，……反革命的歌者被革命的浪潮送到那被人忘却的，荒野的，无人凭吊的坟墓去。"这一思想在《丽莎的哀怨》中有着明显的表现，有些用语都是相同的，完全可以把它看作是作家创作这部作品的主观意图和整体构思的出发点和归宿，并或明或暗、或隐或显地从小说的情节发展中表现出来。

《丽莎的哀怨》描写的是贵族少妇丽莎和她的丈夫白根十月革命后十年的流亡生活。当他们正陶醉于新婚蜜月之中，二月革命打破了他们"暖室的美梦”，“金色的幸福”，于是从彼得格勒逃到依尔库茨克，这时，他们还能过着平安的生活；并且相信：“俄罗斯永远是贵族的，她绝对不会屈服于黑虫们的手里。”他们还会回到自己的香巢中去。不久，十月革命爆发了，白根参加哥萨克匪帮，当上了白匪军团长，发誓要扑灭布尔塞维克革命烈火，凶残地杀害无辜的乡村农民，但这并不能挽救其必然灭亡的命运：“旧俄罗斯要灭亡的命运已经注定了，……任你什么伟大的力量也不能改变。黑虫们的数量比我们多，多得千万倍，白根就是屠杀他们的一小部分，但是也不能将他们全部消灭啊。……其努力就如万丈瀑布自天而降，谁也不能阻止它；就如广大的燃烧着的森林，谁也不能扑灭它。”白匪军被工农红军击溃了，他们不得不离开依尔库茨克，逃往遥远的西伯利亚，来到俄国的边城海参崴。他们无力挣扎、反打败了，只能静等着日本占领军打败布尔塞维克，静等着那“美妙的一天”的到来，甚至怀着“宁赠友邦，勿予家奴”的思想，绝望地叫嚷着：“现在我们的祖国是被黑虫们占去了，我们的一切都被黑虫们占去了。我们还爱护什么呢？俄罗斯与其被波尔雪委克拿去了，不如让她灭亡罢，让日本人来管罢……”。他们口口声声“爱护祖国”“留恋祖国”，其实是要保持地主贵族在俄罗斯的反动统治，而不是工农大众掌权的俄罗斯。日本占领军终于抵挡不住滚滚向前的革命洪流，也被赶出了西伯利亚。丽莎和白根无法存身，从海参崴逃到东方的巴黎——上海。刚到上海的两年，他们靠着随身带来的相当钱财，过着挥霍享受的贵族生活，并把一切希望寄托于布尔塞维克的内讧和英、美、法等国联盟军的武装干涉，以恢复他们已经失去的天堂。可是，苏联无产阶级政权不仅没有垮台，反而日益巩固、壮大、发展起来。他们的复辟的美梦破灭了，钱财挥霍光了，连谋生的能力也没有，只有怀着绝望的哀怨，走上穷途末路。白根这个过去神气十足，与革命为敌的白匪军官，现时却甘心情愿靠老婆卖淫度日，完全“变成了一只活的死尸”；丽莎因身染梅毒而自杀。这个结局说明了什么呢？看看丽莎的自白吧：“事实全在，我同白根表现了旧俄罗斯贵族的末路”。

这里特别要指出的，小说是从丽莎自杀时写起，回溯她和白根十年流亡生活的。可能作者预计到人们会误解他的作品，不能体味其“为文之用心”，便在小说第一章中，就开宗明义地揭示了自己作品的主题思想。请看主人公临死时是怎样“哀怨”的：

我们时时期待着波尔雪委克的失败，然而波尔雪委克的政权却日见巩固起来……我们眼看着波尔雪委克的俄罗斯日见生长起来，似乎野蛮的波尔雪委克不但能统治伟大的俄罗斯，而且能为俄罗斯创造出历史上的光荣，那是不为我们所需要的光荣。①

我不愿明白！我不愿明白！明白那波尔雪委克，那将我们驱逐出俄罗斯的恶徒，是新俄罗斯的创造主，是新生活的建设者，那真是很痛苦的事情啊。②

俄罗斯并没有灭亡，灭亡的是我们这些自称为俄罗斯的爱护者。如果说俄罗斯灭亡了，那只是帝制的俄罗斯灭亡了，那只是地主的，贵族的，特权阶级的俄罗斯灭亡了。新的，苏维埃的，波尔雪委克的俄罗斯在生长着，违反我们的意志在生长着。我们爱护的是旧的俄罗斯，但是她已经死去了，永远地死去了。……现在我们确确实实地明白了一切。我的明白就是我的绝望。③

这里是绝望的哀鸣，表现出贵族阶级必然灭亡的命运；这里是恶毒的诅咒，却从反面歌颂了革命的胜利。丽莎自己不得不痛苦地承认：“似乎我们对于他们的诅咒，反成了对于他们的祝词”。

通过以上引述小说中的话语，我们可以清楚地看出，《丽莎的哀怨》反映了在十月革命风暴的扫荡下，旧的、封建专制的俄罗斯帝国崩溃了，贵族阶级不管是怎样的挣扎、震怒、哀怨、咒骂，都不能挽救他们必然灭亡的历史命运，而社会主义革命的不断取得胜利，无产阶级政权的日益巩固、发展、壮大，用白俄贵族的话来说，它表现了“残酷的历史的必然

①《蒋光慈文集》，第3卷，上海文艺出版社，1985年，第5页。

② 同上，第6页。

③ 同上，第6—7页。

性”。从整体的艺术表现上看，作家否定和反对什么，肯定和歌颂什么，其思想倾向还是很明显的。因此，把《丽莎的哀怨》思想内容归结为同情贵族阶级的没落，控诉十月革命、诬蔑无产阶级政权，是不符合作品的实际的，不正确的。

当然，我们在肯定《丽莎的哀怨》正确的、积极的方面时，不应当陷入另一种片面性，即无视或维护它所存在的消极的、错误的一面。这部作品在思想倾向上有着深刻的内在矛盾，一方面，它一定程度地反映了俄国贵族阶级必然走向灭亡、十月社会主义革命日益胜利的客观历史进程；另一方面，它又流露出作家对贵族少妇丽莎的不幸、痛苦生活的怜惜和同情。

蒋光慈创作《丽莎的哀怨》在艺术上进行了新的探索，打破了自己以前小说的“革命加恋爱”的格局，“脸谱化”的人物描写，标语口号式的“粗暴的叫喊”，采取人物自我叙述和内心独白的形式，以流畅而富于抒情色彩的语言，着重于人物复杂矛盾的心理活动的细致刻画。但是，这种探索是不成功的，不仅没有较好地体现作家的创作意图，反而加深了作品的消极倾向。小说在描写贵族少妇的心理活动中，尽情渲染和铺排她对往昔荣华富贵生活的留恋，对幸福美满的爱情的怀念，对流亡的不幸遭遇的哀怨，对革命的愤恨和诅咒，写得凄楚动人、缠绵悱恻，使人读了会产生一定的痛惜和怜悯之情。许多论者对此提出严肃的批评是正确的。这个创作上的严重失误是怎样产生的呢？在《丽莎的哀怨》刚刚发表时，蒋光慈在《异邦与故国》中写道：“我近来颇觉得自己受了点朵斯托也夫斯基的技术的影响，老是偏于心理方面的描写……这是健康的倾向呢，还是病的倾向呢？”[①]文学是人学，着力于人物心理描写并没有错，至于是健康的，还是病态的，那就要看作家是怎样描写的了。按照马克思主义观点，人的心理意识是由其现实的社会关系决定的，对人的心理的分析与社会学的分析应该是有机结合与内在统一的，如果把心理描写抽象化，就不能正确揭示人

①《蒋光慈文集》，第2卷，上海文艺出版社，1983年，第453页。

的社会本质。蒋光慈在描写丽莎的心理活动时，只是停留于抽象的幸福、痛苦、哀怨的情感发泄中，未能具体的从她与工农群众的敌对关系中，暴露其反动、没落的社会本质，指出她的灭亡是由其贵族阶级本性决定的，不值得同情，而是“活该”。与此同时，我们还应该看到，在革命处于低潮时期，蒋光慈在思想上有坚持革命的一面，但也存在着比较严重的消极、悲观情绪，在描写丽莎的痛苦、哀怨、绝望的心理活动时，产生了“同是天涯沦落人”的同感共鸣，不自觉地把自己的消极情绪溶入他所否定的人物身上，致使人物的阶级本质变得模糊不清了。这种不正确的“移情”现象，在他过去写的工人、农民形象中已时有表现，在丽莎这个贵族人物身上，其错误倾向就暴露得更加突出了。

总的看来，《丽莎的哀怨》在思想内容上存在着深刻的矛盾。它一方面较为真实地揭示了俄国贵族阶级走向灭亡、无产阶级革命日益胜利的历史发展的必然性；另一方面，由于未能深刻地暴露主人公的贵族阶级腐朽、没落的本质，使人对她产生一定的同情。如何正确地看待这部作品呢？这里使我们想起恩格斯对巴尔扎克《人间喜剧》的评价。恩格斯指出：《人间喜剧》既真实地表现了封建贵族阶级在资产阶级暴发户的逼攻下逐渐灭亡的命运，又是对上流社会必然崩溃唱出了一曲无尽的挽歌；巴尔扎克的全部同情都在注定要灭亡的那个阶级方面。但恩格斯并没有因巴尔扎克的主观同情而全盘否定《人间喜剧》，还是肯定了它的现实主义的伟大胜利及其深刻的认识意义。由于作家所处的历史时代、思想立场的不同，作品的性质不同，两者不可相比，我们也无意于相比，但从恩格斯的论述中得到的方法论上启示是：评价一部思想内容存在着矛盾的作品，既要看到作家所表现的主观同情，也要看到作品所反映的客观真实，如果抓住一个方面，否定另一个方面，对它做出简单的肯定或否定的评价，都不可能是客观的、公正的。许多论者由于只看到作家对贵族少妇丽莎的一些不正确的描写和流露的同情，而无视它所反映的历史真实内容，因此全盘否定《丽莎的哀怨》、对蒋光慈作了过火的批评。当然，有的同志全盘肯定它，一味的赞扬他，同样是片面的。

对于这部作品客观效果，我们认为也应作出实事求是、一分为二的分析、评价。蒋介石在“四·一二”政变后，发动反革命的军事围剿和文化围剿，掀起反共、反人民的逆流，革命进入低潮，有的人消极悲观了，有的人动摇叛变了，蒋光慈在《丽莎的哀怨》中流露的消极悲观情绪，其影响是不好的，理应受到严肃的批评。同时，我们也应该看到，它毕竟在一定程度上反映了俄罗斯封建贵族阶级必然灭亡、无产阶级政权日益巩固、发展的历史真实，这对于回击反动派对苏联社会主义制度的造谣诬蔑、对于人们坚定革命信念，又是起了一定的积极作用的。

我们的结论是：蒋光慈的小说《丽莎的哀怨》是一部瑕瑜互见、有得有失的作品，其客观效果既有消极的方面，也有积极的方面，对它全盘肯定或全盘否定，都是失诸片面的。这个看法与一般论者有所不同，可能是错误的，本着“百家争鸣”的精神把它提出来，目的在于引起讨论，以求正于大方之家。

（原载《江淮论坛》，1987年第5期）

学者·作家·战士

——丁易传略

丁易（1913—1954），原名叶鼎彝，又名丁易，曾用笔名孙怡、访竹、光隼之、童宜堂等。安徽省桐城市人。现代作家、北京师范大学教授、九三学社中央常务理事。

在短短的一生中，丁易主要从事文化教育战线的工作，集学者、作家、战士于一身。作为学者，他学识渊博，长于文史，在中国现代文学、文字学、明史研究方面颇多建树。作为作家，他多才多艺，既写诗歌、散文，又能创作小说，尤以杂文、时论闻名。他为我们留下二百多万字的学术论著和文艺作品。在教育战线上，他教书育人，认真传授文化知识，以积极、进步思想引导和帮助青年学生面向现实，追求真理，走向革命。作为战士，他从1935年参加“一二·九”运动开始，就一直在党的影响和领导之下，投身于爱国民主运动，特别是在抗战后期和解放战争时期，为争取国家的光明前途，同国民党反动统治进行了坚决的斗争，表现出一个民主战士的风采。他1947年进入解放区，1949年加入中国共产党。建国后，他热情似火，辛勤工作，为新中国的文化教育事业作出了贡献。正当他风华正茂，施展才智、大有作为的时候，不幸于1954年在苏联莫斯科逝世，终年41岁。

书香门第 读书爱国

1913年9月8日，丁易出生于南京，两岁时随父母回到桐城老家。他的曾祖父翰池、祖父桂山、父亲伯荣都是前清秀才，可谓“书香门第”“诗礼传家”。他是家中独子，故为父母所钟爱，盼望他将来知书明理，光耀门楣。三岁入家塾读书识字，一直到十一岁，他读完了四书、五经、通鉴辑览和古文辞数百篇，受的是封建正统教育。1925年，十二岁进入桐城高小读书，是年父亲病故。十三岁，祖父去世，家庭开始衰落，由其姑母叶沛青扶养、教育。叶沛青是桐城名媛，时任集成女校校长，接纳“五四”新文化，思想比较解放，对丁易的思想启蒙很有影响。1928年，十五岁时考入桐城中学。“天下文章在桐城”。他仰慕戴名世、方苞、姚鼐等桐城派大家，好作古文，颇见才气，常常受到老师的称赞与鼓励。同时，他也热爱新文学，读了不少鲁迅、郭沫若、胡适的作品，开始接受进步思想，对蒋介石“四·一二”政变后的黑暗统治深为不满，忧虑国家的前途。他由于受到“杀身成仁，舍生取义”的传统思想的熏陶，气节观念很强，对在白色恐怖中英勇就义的革命志士深表同情，对自首变节分子极为鄙视。他说自己这时是一个自由主义者、人道主义者。1933年，他由桐城中学转入安庆六邑联中高中部。1934年夏以优异成绩毕业，被省府保送到北平师范大学读书。

丁易从偏僻的县城来到文化古都北平，眼界大开。北平师大藏书甚丰，多有名师执教，正适其所好。他勤奋学习，刻苦钻研，博览群书，尤好黎锦熙、钱玄同讲授的中国文字文法学，于中国古典文学、文字学用力最多，积累了较为丰富的知识。他把学习与写作结合起来，开始在报刊上发表诗歌、散文，并撰写了《唐五代词研究》《元人曲调溯源》《诗词虚助词释》等学术论文，分别刊载于北平师大主办的《师大月刊》《教育与文化》杂志上。他的勤奋好学和聪明才智，受到教师的器重与赏识，特别是与黎锦熙先生建立了深厚的师生友谊。

丁易虽然精心治学，却不是脱离现实、不问政治的书呆子。当时日本侵略者占据东北，步步进逼华北，中华民族处于生死存亡的关头，他和许多进步青年学生一样，关心国家的兴亡。他与共产党员杜绍西、杜润生、黎澍、王南等同学交谊甚笃，受到他们的思想影响，开始接触马列主义，阅读唯物史观译著和其他进步书刊，思想进步，倾向革命，被推选为北平师大学生自治会宣传干事，积极参加了“一二·九”爱国运动，从事抗日救亡的宣传工作，组织同学走上街头演出《放下你的鞭子》。1936年，他加入了党领导下的中华民族解放先锋队。后来不少民先队员和革命青年奔赴延安，投身革命。他当时的思想很矛盾，由于贪恋学业，最终决心读完大学，走进步的治学为文的道路。

1937年“七七事变”发生后，北平、天津一些高等学校迁往西北地区，北平师大与北平大学、天津女子师范学院等联合组建西安临时大学。在迁校前，丁易因母丧回到家乡，曾与杜绍西一同到安徽当涂县民众教育馆工作，进行抗日救国宣传，开办农民夜校，在当地很有影响，随后即去西安复学。他在西安参加了进步学生组织平津同学会，并是其中的骨干成员，主编《怒吼》周刊。他们组织演讲队、歌咏队、戏剧队，到街头、农村向群众宣传抗日斗争。1938年春，日寇逼近潼关，西安临时大学迁往汉中，改称西北联合大学，所属师范学院校址在城固。这时不少同学离开学校，到华北、江南地区参加党领导的抗日游击队，他想读完最后一个学期，便赴城固直到毕业。他后来创作的中、长篇小说《雏鹰》（1941年）、《过渡》（1943年），就是以自己这一时期的生活、斗争的经历为素材写成的，比较真实地反映了当时的青年学生包括他自己的生活道路和思想状况。长篇小说《过渡》对反动当局阻挠、破坏学生抗日救亡运动的行径进行了揭露，对进步青年参加抗日游击队作了由衷的肯定和赞扬，说“那里一切都是有生气有力量的”。同时，他认为到大后方去，也不是逃避斗争，不是与黑暗势力妥协，而是到艰苦的地方去做艰苦的工作。他表示：为了国家和人民，“上后方也要埋头默默地工作，默默地影响别人……要像投进水里的一粒石子，把波纹散到整个的水面”。为了民族解放事业，他到了大后方以后，的确做了大量的艰苦的工作。

横眉冷对 著书育人

1938年夏，丁易大学毕业，由著名美学家、同里亲戚朱光潜先生介绍，从陕西城固到四川成都联合中学任教，并先后在天府中学、立达中学、女子职业学校、戏剧教育实验学校兼课。1940年春，戏剧教育实验学校更名为四川省立戏剧音乐学校，校长是富有自由民主思想的熊佛西，颇能容纳进步人士，校内民主自由空气比较浓厚。由于敌机经常轰炸成都，学校疏散到乡间，相距十余里，往返十分不便，丁易乃辞去其他学校兼职，专任戏剧音乐学校教务主任。他主持教务工作，提倡集体讨论的教学方法，进行国语训练，开展课外活动，举办民众夜校，鼓励学生接触民众，教农民识字，与他们交朋友。学生通过训练，不用乡音土语，改用国语演出，受到群众的欢迎。1941年，他在一首呈黎锦熙先生的诗中有句云："舞台粉墨劳京话，歌榭丝弦有国音。"并自注："在川主戏剧音乐学校教务，厉行国语训练，每有演出，均博佳誉，盖本诸师训也。"这个学校训育主任丁伯骝是个国民党党棍，生活奢侈，贪污腐化，众人侧目。丁易便与进步作家陈白尘、刘盛亚、共产党员周文耕一起，发动进步学生，揭露其丑恶嘴脸，同以他为首的反动势力作斗争，致使这伙人抬不起头来，连三青团分子也不敢公开自己的政治身份。1941年"皖南事变"发生后，反动派在国统区加紧压迫、摧残进步力量，戏剧音乐学校被迫解散。丁易任教三载，即将离校，除夕之夜，感慨系之，写成一首律诗《留别诸生兼以自勉》：

无端匝地起罡风，一树奇葩幻落红。
早把横眉轻腐朽，最惭吞泪对生童。
孤军坚守休心怯，嚼火成燎转气雄。
遥指长天云正黑，相期共不负初衷。

诗中表达了他对反动势力摧残教育事业的愤慨，对青年学子无端遭难的同情，抒发了自己“横眉轻腐朽”、奋力战恶风的战斗情怀。

丁易离校后，与陈白尘共同组建成都艺术剧院未成，于1941年5月，应朱光潜先生邀请，到四川乐山武汉大学任教务处秘书（朱是教务长），工作才几个月，国民党四川省党部得知后，立即行文缉索，处境险恶，难以存身。1939年8月，西北联大改为西北大学，师范学院独立为西北师范学院，于1940年由城固迁至兰州。黎锦熙先生其时任教务长兼中文系主任，邀约丁易去该校任教。他乃由川经陕赴陇，行程两千余里，历时两个多月，艰难跋涉，晓行夜宿，于1941年底抵达兰州。

到了西北师范学院以后，丁易在中文系讲授中国文字学、新文学史，特别是新文学史课，深受同学欢迎。他在课堂上重点讲了鲁迅、宋阳（瞿秋白）的思想和创作。更难能可贵的是，毛泽东同志的《在延安文艺座谈会上的讲话》刚刚秘密传到兰州，他就暗中交给进步学生传阅、学习，并在课堂上着重讲解了“为工农兵而写作”的问题，强调文艺创作要从工农兵出发，为工农兵服务，作家必须与工农兵打成一片。他才华横溢，善于言谈，平易近人，与青年学生相处亲密无间，进步学生经常与他一起纵论国家大事，毫无顾忌，推心置腹。有一次，他们谈到国内大学的情况，有人说到成都华西坝几所教会大学，自称是“中国的牛津”，那西北的大学可以说是“中国的爱丁堡”。而丁易则说，为什么不说是“中国的列宁格勒”呢？这句话表露出他的革命思想，惊动四座，发人深思。他还教育学生同黑暗势力作斗争，既要有鲁迅“怒向刀丛觅小诗”的大无畏精神，又需讲究斗争策略，不要赤膊上阵，要进行鲁迅主张的“壕堑战”，坚持韧性战斗。

当时，兰州反动政治空气压人，没有言论自由，生活十分艰苦，丁易除了担任繁重的教学工作外，还利用课余时间，研究学问，著书立说，夜以继日，笔耕不辍，以致不到三十岁，就两鬓染霜。在《年未三十白发日增感赋》诗中，他写道：“而今真个鬓如霜，犹逐春光日日忙。作戏逢场聊复尔，著书积习总难忘。”在头尾不到三年的时间里，他就完成了《中国文字形体变迁考释》十五卷，《文字形义篇》三卷，还写有两本诗词《度陇集》《无闷集》。诗词作品虽多唱和、赠答、纪行之作，但也有不少篇章或痛斥社会黑暗势力，反映了决心与之斗争的正义感；或表现出驱除日本侵略者，收复祖国山河的爱国主义精神。《考释》凡三十余万言，是他长期研究文字学的重要成果。据他在《自叙》中说，1934年他在北平师大学习黎锦熙、钱玄同两先生讲授的中国文字文法学时，即打算写这本书，并利用课余时间写了些章节，稿片均在“七七事变”后散失。后来他研读了武汉大学有关甲骨卜辞、铜器铭文的全部藏书，“排除他务，发愤键户，摹写移录，参证考订。书为武大所无者，则辗转搜求，假之他处，历时八月，稿乃粗具”。到了兰州，他又用十个月的时间，进行修改、加工、整理、誊清，全书得以最后完成。这部著作研究中国文字，“穷其形体变迁，究其义训溯始”，有着重要的学术价值。黎锦熙先生审读后甚为称赏，当即为之题签。1949年后，著名语言学家罗常培读了书稿，予以充分肯定。郭沫若也为之题写了书名，惜因排印困难，至今未能刊行问世。

兰州系西北重镇，地近陕甘宁抗日根据地，国民党当局对共产党革命活动严加防范，中统、军统特务横行，无孔不入，西北师范学院更是他们监视的重点。丁易在课内、课外宣传革命思想，与进步学生关系密切，自然成了他们特别注意的对象。他感到政治空气令人窒息，实在待不下去，乃于1943年7月离开兰州，又回到成都。在临行前，他写下《离兰州作》一诗：

南北东西笑孔丘，枣花香里买归舟。
牌楼今已有三易，蜗角何期竟两秋。
狂态自知难偶俗，豪情犹复笑封侯。
书成廿卷千毫秃，纵使名山也白头。

这首诗可以说是他在兰州生活、工作的真实写照，从中可看出在当时险恶的政治环境中，他傲然兀立，不与黑暗势力妥协的“狂态”“豪情”，以及写秃千毫、辛勤著述的情景。

丁易回到成都后不久，即应聘到江安国立戏剧专科学校任教。1944年夏，丁易回到成都度假，当时黎澍、陈白尘等都在成都做革命工作，他便听从好友们的劝说，留在成都专门从事进步文化活动和文艺创作。这时，他与地下党组织的联系更为密切，并在他们的领导下进行工作。党组织为掌握《华西晚报》这块阵地，派黎澍同志任主笔，并积极争取左翼作家的支持，其中一个重要的步骤是请陈白尘接编《华西晚报》副刊《艺坛》，并同时编辑《华西日报》副刊《文艺周刊》。丁易是这两份报纸最有力的支持者、撰稿者。他为《华西晚报》撰写的社论，延安的报纸曾予转载；为两个副刊写的大量杂文，发挥了强有力的战斗作用。他与陈白尘、陈翔鹤经常在一起，商谈工作，讨论时政，痛斥国民党反动政府的腐败政治和消极抗战的政策，每有所感、所得，陈白尘便说："好！写几百字的杂文，丁易！"丁易笔头很快，当夜写成，第二天就刊登出来。两三天一篇，接连不断。这些杂文，谈史论文，援古证今，笔锋犀利，对反动派、汉奸、贪官污吏以及失败主义者、享乐主义者，都给以深刻的揭露，无情的斥责，辛辣的讽刺，有力的抨击。如他在《仍然需要"手枪匕首"!》中所说的："瞄准手枪，抓紧匕首，对着丑恶，一枪致命，一针见血，要叫它无所逃避。"1947年结集出版的《丁易杂文》，近半数是在这个时期发表的。他总共写了二百多篇杂文，1984年由其夫人白鸿同志重加编选，仍用原来书名，由三联书店出版。著名剧作家陈白尘在序言中，对丁易的战斗风格及其杂文的思想艺术作了热情的赞扬和深入的分析。

1944年秋，大后方的民主运动空前高涨，各界群众纷纷抗议国民党反动政权的法西斯统治。这时，中共四川省委负责人张友渔同志从重庆来到成都，以加强党同各方面的联系，开展统一战线工作，并协助建立四川省民主同盟组织。根据张友渔、黎澍同志的意见，丁易于1944年冬加入中国民主同盟，并担任民盟新世纪学会的秘书（会长张澜、副会长叶圣陶），与共产党员杨伯恺及其他进步人士一起，协助民盟领导做好工作。他还担任成都文协常务理事，与叶圣陶、李劼人、陈翔鹤、陈白尘等共同领导文协工作，组织开展进步文化活动。

1945年初，抗日战争接近胜利。在国统区，一方面是民主运动高涨，一方面是蒋介石反动统治变本加厉，指使特务镇压民主力量。这时公开揭露特务活动的文章已无法公开发表，于是丁易把学术研究与政治斗争巧妙结合起来，撰写了一系列关于明代特务政治的论文，陆续在《新华日报》《文汇报》《中华论坛》《时与文》《理论与现实》《新中华》等刊物上发表。作者站在人民大众的立场上，运用科学的观点，将明代特务政治的真相暴露出来，连类取譬，借古讽今，对蒋帮的反动统治予以揭露和抨击。这些论文在发表时，虽曾遭到国民党当局报刊检察机关刀斧之刑，或抽筋换骨，或斩头去尾，但仍然发挥了很好的战斗作用。后来，丁易以此为基础，继续研究、写作，于1948年底完成四十余万字的专著《明代特务政治》，1950年由中外出版社出版，1983年群众出版社重印。这部著作运用历史唯物主义观点，根据丰富翔实的资料，系统地阐述了明王朝实行特务统治维护封建专制制度的历史，既抨击了国民党反动政权的独裁统治，又对研究明代历史，特别是它的政治制度、司法制度有很大的参考价值。

坚持战斗 迎接解放

抗日战争胜利后，“中国向何处去?”面临着两种命运、两种前途的严重斗争。丁易在中国共产党的领导下，同国民党蒋介石的独裁、内战、卖国政策进行了针锋相对的斗争。

1945年8月，丁易应东北大学文学院院长陆侃如先生的邀请，由成都到三台县，任该校副教授。他在去东北大学之前，了解到东大教授赵纪彬是共产党员，而赵对他的政治态度也有所了解，因此两人在工作中能够相互信任、密切配合。学校进步势力与反动势力斗争十分激烈，国民党、三青团分子张贴标语，发表演说，叫嚷“要以武力解决东北问题”，“打回老家去”。他们还搞反苏反共游行，并策划组织请愿团到重庆去制造反动舆论。丁易、赵纪彬根据地下党组织的指示，把进步力量团结、组织起来，同反动势力作斗争，成立了“民主青年社”，参加“民青”的进步学生有五六十人。丁易亲自到重庆把社员名单交给中共南方局青委书记刘光同志，并汇报了东大学生运动的情况。“民青社”经常举办文艺晚会、时事座谈会、演讲会、读书会，帮助广大学生认清形势，分清是非，提高认识，把他们团结在自己周围，使反动势力孤立起来，挫败了国民党特务阴谋篡夺东北大学学生组织领导权和组织请愿团的企图。中共南方局负责人对此给予很高的评价，认为这是国统区学生运动的一大胜利。1946年5月，在东北大学迁返沈阳前夕，学校当局突然宣布解聘六名进步教授，丁易是其中之一，原因当然是由于他们组织和领导了学生民主运动。

1946年6月，丁易由成都来到国统区政治斗争的中心——重庆。根据党组织的安排，由中共党员、民盟秘书长周新民约请他担任民盟机关报《民主报》主编，同时兼任社会大学新闻系主任。这时，国民党反动派悍然撕毁“双十”协定，推翻政协决议，大举进攻解放区，发动全面内战。他们在国统区实行法西斯独裁统治，指使特务、暴徒迫害和暗杀进步民主人士，镇压民主运动。天空一时密布乌云，有些人产生迷惘和忧虑，极少数投机分子倒向反动阵营。而丁易则坚定地站在人民的立场上，积极配合党在国统区的工作，充分发挥《民主报》这一舆论阵地的战斗作用。他亲自执笔撰写了大量的社论和短评。据不完全统计，从1946年6月至9月就撰文二十六篇之多，大约两三天就是一篇。这一篇篇战斗檄文，有的揭露蒋介石集团假和谈、真内战的阴谋，有的斥责美国政府援助蒋介石打内战的反动政策，有的声讨国民党特务镇压民主运动、暗杀进步人士的法西斯暴行，有的抨击国民党贪污腐败的官僚政治，事实确凿，义正词严，简短有力，切中敌人的要害，发挥了强大的政治威力，致使国民党特务对《民主报》恨之入骨，叫嚷什么“《民主报》是共产党的尾巴”，扬言要再一次捣毁《民主报》。1946年2月22日，国民党特务曾捣毁重庆《新华日报》和《民主报》，而丁易也成为反动报纸攻击的对象。他的行动受到监视，经常有特务盯梢。但他对此不以为意，照常工作，坚持战斗。他除了主持《民主报》编务工作外，还继续撰写有关明代特务政治的论文，抨击蒋帮的特务统治。1946年5月，中华剧艺社上演陈白尘创作的名剧《升官图》，他写了两首诗《题白尘〈升官图〉剧作》，别具一格，作为戏剧广告：

其一

现象今又见官场，直欲南亭俯首降。
多少伤心多少泪，嬉笑怒骂化文章。

其二

魑魅魍魉作人声，妖镜显来尽现形。
如此官场如此戏，是真是梦问诸君。

《升官图》作者为避开国民党当局的审查，假托民国初年官场旧事，实际是揭露和抨击蒋帮反动官僚政治的。丁易在诗中画龙点睛，把剧本的现实主题和盘托出，嬉笑怒骂，痛快淋漓，既一吐自己对乌烟瘴气的国民党官场的心中怒气，又引导观众认清国民党反动政权的本质，从而更好地发挥了戏剧演出的政治效果。

1946年7月，国民党反动派指使特务、暴徒，冒天下之大不韪，在昆明卑鄙无耻地暗杀了著名爱国民主人士李公朴、闻一多教授，激起全国人民的愤怒和抗议。丁易为《民主报》一连撰写了五六篇社论，愤怒声讨和抗议国民党政府的法西斯暴行，号召人民发扬李、闻二烈士的战斗精神，团结起来与反动势力斗争到底。同时，他还满怀战斗激情地写了如下诗篇：

闻李公朴先生被刺书愤

一天浓雾群魔舞，暗杀追踪纳粹营。
滇海枪声惊世界，不寻线索也分明。

长安滇海有渊源，沧白堂前较场边。
白昼杀人呼啸去，厂威早迈魏忠贤。

一枪果可威民主，希墨如何被极刑，
铁腕如林举全国，请看无数李先生。

悼一多先生

象牙塔里几悠悠，参透玄虚便不休，
一击回戈真“逆子”，现身说法到街头。

掀髯笑指群魔鼻，看你横行到几时，
枪起无声穷主使，元凶还是法西斯。

李杜诗篇王段学，更将热血为人民，
儒林文苑复忠烈，万口传歌有定评。

前一首诗愤怒斥责国民党独裁政权的特务暴行，指出民主力量不会为枪弹所压倒，他们的下场将像希特勒、墨索里尼一样，受到铁腕如林的人民群众的严惩。后一首诗歌颂了烈士的“掀髯笑指群魔鼻”“更将热血为人民”的献身精神，其立场是何等坚定，爱憎是何等鲜明！

1946年冬，丁易由重庆到北平师大任教，并在中共北平市委城工部领导下工作。根据徐冰同志的意见，他加入九三学社，同时主编《民主周报》，与吴晗等一起支持反内战、反饥饿、反迫害的学生运动。他通过与地下党组织的关系，介绍不少进步青年到解放区工作。1947年8、9月间，从上海、青岛来了几位革命青年（其中有共产党员）找到丁易要去解放区，他很快就同党组织取得联系，经过周密安排，并亲自送这几位同志和他的爱人白鸿到天津，再由天津去解放区。

1947年10月，我党设在北平的一个地下电台被国民党特务破获，被捕人员中有的与丁易有联系。为了安全起见，地下党组织于11月派人护送他进入晋冀鲁豫解放区，到山西省长治县北方大学历史研究室任研究员。在北方大学，丁易继续撰写《明代特务政治》一书，同时，他系统地学习马列主义、毛泽东著作，经常联系工农群众，接受实际斗争的锻炼与考验，努力克服知识分子脱离实际、自视清高等缺点，思想觉悟有很大提高，并向党组织提出了加入中国共产党的要求。

1948年8月，北方大学与华北联大合并为华北大学，校址在河北省正定县。丁易担任华北大学中国语文研究室副主任，并被推选为代表出席在石家庄召开的华北临时人民代表大会，第一次看到人民群众真正行使自己的民主权利，受到很大的教育与鼓舞，满怀胜利的喜悦准备迎接北平的解放。

忘我工作 英年早逝

1949年1月31日，北平解放。2月17日，北平市军管会主任叶剑英签署命令，派文化接管委员会钱俊瑞、陈征明、郝人初、吴晗、丁易、周建人代表军管会到北师大“负责商议并办理接管事宜”。5月，师大成立校务委员会，黎锦熙任主任，丁易任校务委员会委员兼中文系教授。9月21日，中国人民政治协商会议第一届全体会议胜利召开，他作为九三学社的候补代表参加大会，参政议政，商讨建国大事。1949年12月29日，他经张友渔、黎澍同志介绍，光荣地加入了中国共产党。

建国后，丁易主要从事文化教育和党的统一战线工作，社会活动很多，任务繁重，但他都尽心尽力，积极完成。他在民主党派中负有相当重要的责任，担任民盟中央文教委员会委员，九三学社中央常务理事兼副秘书长、学委会主任，他还是中国文字改革协会常务理事。在统战工作中，他与民主爱国人士、知识分子广交朋友，有时谈话到深夜，推心置腹，以诚相见，讨论时政，交流思想，增进了解。由于他熟悉自己的工作对象，工作中既能掌握原则，又能做到入情入理，在团结、教育、改造知识分子工作中作出了显著成绩。1951年他参加中国人民赴朝慰问团，在开展慰问朝鲜军民和中国人民志愿军活动的同时，他不怕艰苦，不顾劳累，调查访问，搜集材料，归国后写出通讯散文集《战斗的朝鲜后方》，真实地反映了朝鲜后方人民努力生产，保证运输和供给，支援前线、抗击侵略者的战斗图景，热情歌颂了朝鲜军民的爱国主义和英雄主义精神。接着，他又作为中国文化代表团的成员，出访印度、缅甸，开展文化交流，作了题为《新中国的教育》的演讲，较好地完成了出访任务。

1950年3月，北师大校务委员会撤销，丁易专任中文系教授。他不愿“浪得虚名”，但求“名副其实”，在教学工作中勇挑重担，先后讲授新文学史、中国现代小说史、明清文学史、中国文字学等多门课程。他讲课力求以马克思主义、毛泽东思想为指导，做到内容充实丰富，思想观点正确。他尽管身体不好，白天忙了一天后，晚上还经常工作到深夜，或埋头备课，写讲稿；或从事研究和著述，12点钟以后还能看到他书房窗子里透出朦胧的灯光。由于教学工作的需要，他把学术研究的重点放在中国现代文学史方面，陆续编辑出版《郁达夫选集》《大众文艺论集》，并撰写了长篇序言。他在讲授新文学史的过程中，编写了数十万字的讲义，1955年出版的《中国现代文学史略》即是以此为基础整理成书的。此外，他出版的著作尚有《明代特务政治》《中国文字与中国社会》《中国的文字》等。他辛勤的劳动取得了丰硕的成果，在短短的几年里，一共有七部著作问世。这些著作，既有一定的学术价值，又有现实意义。《中国的文字》《中国文字与中国社会》，从中国社会发展与中国文字形体演变的关系，说明文字是劳动人民创造的，后来为统治阶级所利用，虽有所变化、简化，但没有解决根本问题——难认、难写、难记，劳动人民不易学习，为了让劳动人民便于掌握文字，学习文化科学知识，必须进行文字改革，从而为文字改革工作提供了历史根据。《中国现代文学史略》是一部影响很大的著作，是丁易多年研究和讲授现代文学史的集中成果。它以毛泽东同志的《新民主主义论》《在延安文艺座谈会上的讲话》为指导思想，以鲁迅为代表的革命文学发展为中心线索，自成体系，观点鲜明，论述简明扼要，是1949年后以马克思主义观点编写的、具有开拓性的最早出版的现代文学史。1955年由作家出版社出版后，受到学术界的重视和高度评价，被各大学中文系列为研究和讲授现代文学的重要参考书，“文革”前曾三次重印。1978年，香港文化资料出版社根据作家出版社版本印行。这部书的出版，在当时对中国现代文学的研究和教学工作，起了很大的推动作用。今天看来，虽然由于受到历史条件、文化背景的限制，存在着一些不足之处，但其基本内容和开创意义还是应当充分肯定的。

1953年，丁易应苏联政府的邀请赴莫斯科大学讲学。他除了要完成自身教学工作外，还担任和他一起赴苏联、波兰、东德等国家的中国讲学人员业务小组组长，负责与我国驻苏联大使馆联系，做好政治思想和教学业务工作。在讲学期间，他非常注意中苏两国人民的友谊，从苏联的教授到工人都能友好相处。他在指导六名苏联研究生撰写有关中国历史和文学史论文时，帮助他们搜集大量资料，同他们一起研究、讨论问题，给予切实具体的指导和帮助，使苏联研究生深受感动。他当年的研究生、现为苏联科学院院士的李士清，前不久来我国访问，在北师大召开的座谈会上，还对自己的导师表示深切怀念和感激之情。丁易曾到列宁格勒检查中国讲学人员的工作，并打算去波兰、东德了解情况，总结经验，改进教学。他还经常到书店搜购马列主义著作，托人向国内购买新出书刊，认真读书，积累资料，刻苦研究，计划在苏联讲学期间写成三本书，一本是关于鲁迅研究的，一本是研究古典文学的，一本是苏联见闻录。但是，他的这些计划都未能实现。

丁易同志忘我工作，积劳成疾，突发脑溢血症，不幸于1954年6月27日在莫斯科猝然逝世。莫斯科大学为他举行了告别仪式，称他为“中国卓越的学者”“苏联人民忠实的朋友”。他的骨灰由我国驻苏联大使馆运送回国后，安葬于八宝山烈士公墓。北京师大、民主同盟、九三学社、高教部、教育部、作家协会等单位为他举行了隆重的追悼会。

丁易同志英年早逝，是我国文化教育界的一个很大的损失！

（原载“安徽著名历史人物丛书”第四分册《文苑英华》，中国文史出版社1991年；《丁易选集》收入附录，中国科学出版社2007年）

祖保泉先生和他的司空图《二十四诗品》研究

祖保泉先生是我的老师。从当学生到现在，50多年过去了，但深厚的师生情谊一直在保持和发展着。先生勤奋治学、精益求精、永不止步的思想境界，教书育人、提携后学的奉献精神，令人敬羡，难以忘怀！

我是1954年考入安徽师范学院中文科学习的，先生教我们班级的文选及写作课，讲解课文深得神髓、道艺兼容，指导作文从严要求、精批细改，我打心眼里喜欢上了这门功课。由于少不更事，不怕干扰先生，便不时的登门求教，为学习释疑解惑，为习作指教得失。我后来能多少写点东西，与先生的启蒙教育是分不开的。1956年，我毕业留校从事中国现代文学教学工作，先生为中文系本科生、函授生开设“文学概论”课，并在不长的时间内编写出近20万字的教材，这在当时是很难得的。我因做学生时这门课学得不好，便跟班听课，学习进修，并做些课外辅导和教材铅印的校对工作，从中获得了较为系统、丰富的知识，这不能不说是我专业兴趣转向的一个缘由。1958年，安徽师范学院文科迁往合肥成立合肥师范学院，1959年，我应调参与学报筹办工作，从此以后，大部分时间和主要精力都用于学报编辑业务上，同时在系里讲授文艺理论、美学课。我虽然离开了中文系，与先生不仅没有疏远，反而交往增多，关系更加密切。他是系主任，教学遇到问题，要请他解决；他是学报编委，编发相关稿件，要送他审定。我有时写篇把文章，心中无数，要承他指教。他在学报上发表的文章，我多是第一读者；他每有著作出版，必惠赠于我学习。拜读他的大作，那独到精辟的见解，条分缕析的阐释，平实明白的语言，真是深入我心，获益匪浅。

我不仅从祖先生授课和论著中学到很多知识，充实、提高了自己，还从他那里获得了一种更加宝贵的求知上进的精神力量。他长期担任中文系系主任工作，教学任务也很繁重，但从不放松学术研究，每天起早贪黑，争分夺秒，辛勤耕耘，硕果累累。1994年退休时，先生已是七十三岁高龄，本可享受生活、颐养天年了。然而，他老而弥坚，退而不休，经常跑图书馆，登高楼，查阅资料，每天工作五六小时以上，潜心钻研学问，埋头著书立说，论文一篇又一篇的发表，专著一部又一部的出版。这对于进入耄耋之年的老人来说，除了丰厚的知识积累之外，还要有多么坚强的意志，付出多么艰辛的劳动啊！最令人难忘的是，我每天外出晨练时，路经先生居家的山坡上，常常从窗口看到他老人家已在灯光下全神贯注地伏案读书、写作了。面对此情此景，我总是非常激动，进行反省，暗下决心，向老师学习，克服消极畏难情绪。身教重于言教，观其行，明其志，对我是有力的激励和鞭策！

几十年来，祖先生主要致力于中国古代文论的教学与研究，并把两者有机结合起来，做到相互促进，共同提高。他不止一次地说过，一个合格的大学教师，不搞科学研究是不行的，否则就会成为照本宣科的教书匠，这样的教师是教不出好学生来的。在教学方面，他讲课内容充实，丰富多彩，深受学生欢迎；对于研究生毕业论文，更是精心指导，高标准，严要求，从不马虎了事，轻易开关放行。正因为如此，他培养出不少古代文论专业方面的优秀人才，其中在学术界有较大影响的有朱良志、胡晓明、张健、陶礼天、李平、杨柏岭等。在科学研究方面，他以其深厚的国学根底，把博通与专精结合起来，采取知人论世、文史融通的方法，选取中国古代文论发展史上富有标志性意义的三个亮点刘勰《文心雕龙》、司空图《诗品》、王国维《人间词话》进行系统、深入的探讨，发表数十篇论文，出版8部专著，取得了令人瞩目的研究成果，在学术界产生了广泛而深刻的影响，其中以司空图《诗品》的研究成果尤为突出。2004年，祖先生与另一位同志的文章合组编成《二十四诗品论集》，嘱我为之作序，由于难以言明的原因，此书未能面世。2006年，安徽人民出版社组编《安徽师范大学学术文库》（第一辑），我应约担任先生论文集《中国诗文理论探微》的责任编辑。在做这两件事情的过程中，我重新学习先生的论著，进一步认识到他的学术贡献和社会影响。在此，我想介绍祖先生司空图《诗品》研究的情况，谈一点学习的心得体会，对于领会他的道德文章、治学风范，纠正时下学界的不正之风，或许会是多少有些用处的。

祖先生于20世纪60年代初期，就开始了他的司空图《诗品》研究工作。1960年，中文系为了补充课堂教学的不足，丰富学生课外学习生活，帮助青年教师提高业务水平，举办了不少专题讲座。在中国古代文论方面，他在与学识渊博的张煦侯先生讲《文心雕龙》的同时，还讲了《二十四诗品》专题，深受广大同学和青年教师的欢迎。我与安徽人民出版社编辑吴汉亭同志是朋友，有着研习美学、文学理论的共同志趣，便相约去旁听他们的讲座，深感大开眼界，启迪心智。我便向两位先生约稿，他们的大作都发表在《合肥师范学院学报》1961年第2期上。祖先生的《读司空图〈诗品〉札记》一文，既是他对司空图《诗品》研究的发轫之作，也是新中国成立以来发表的研究《诗品》的第一篇论文，有的学者称其“拉开了20世纪60年代《诗品》研究的序幕”。吴汉亭同志认真拜读此文后，要我同他一起去向祖先生约写书稿，他很爽快地答应了下来，用了半年多的时间，以原有的讲稿为基础，进行加工修改，充实提高，写成《司空图诗品解说》，并将书稿送请系主任、业师张涤华先生审阅。张老师看后，予以充分肯定，写出如下评语：“所论有理有据，注释显明，译语清隽，可送去付印。”我们知道，《解说》的研究对象是佛道思想浓厚、格调玄远超脱的《二十四诗品》，在当时的形势下，研究它是需要有一定的胆量和勇气的，要公开出版发行更是谈何容易。总算幸运的，书稿交到出版社后，经过逐级审查，层层把关，一拖再拖，历时3年，终于在1964年夏天同读者见面了。可是，幸运中潜伏着不幸，未过多长时间，史无前例的“文革”灾难降临了，祖先生是重点批斗对象，“炮制”《司空图〈诗品〉解说》这株所谓“大毒草”是其主要“罪行”之一。当时，我也被“揪”了出来，大字报中说我为“毒草”的出笼“立下汗马功劳”，却在批判时“不吭一声”，勒令我参加先生的批斗会，交代问题，揭发罪行。现在看来，这不过是一场闹剧而已。“文革”结束以后，作者对《解说》稍加修订，增补些材料，于1980年重新出版，后又再版。在国内，不少司空图《诗品》研究的论著引用此书观点，并将其列为重点著作加以评介；在中国港台地区学术界和其他国家汉学界也有较大的影响。事实证明，《司空图〈诗品〉解说》是香花，不是毒草，其学术价值是否定不了、抹杀不掉的。

据我所知，当时出版研究司空图《诗品》的著作只有两部，一部是孙昌熙、刘淦的《司空图〈诗品〉解说二种》（山东人民出版社，1962年），内收清代孙联奎《〈诗品〉臆说》和杨廷芝《〈诗品〉浅解》，整理者在“点校后记”中对两书内容作了简要的分析、评论，其主要贡献在于为《诗品》研究提供了两种宝贵的历史资料。另一部是郭绍虞的《诗品集解·续诗品注》（人民文学出版社，1963年），主要是汇集前人注解《诗品》的五种著作，“依照旧注形式，参用文言，以诠释大意为主”；书中还附录了司空图多篇论诗杂文和有关《诗品》的序跋提要、题咏、演补之作。这部著作不仅具有很高的学术价值，还为进一步研究《诗品》打下了坚实的基础，提供了丰富的参考资料。祖先生的《司空图〈诗品〉解说》（安徽人民出版社，1964年）虽是20世纪60年代出版的第3部著作，却给人以别开生面、独具一格之感。他用白话注释原文，力求通俗易懂，简明扼要；今译采取散文诗的形式，尽量保持原作的风貌，为我们提供了第一个用现代汉语翻译的《诗品》文本；特别是在解说中，他能够以新的立场、观点和方法，着力揭示出《诗品》“诸体毕备，不主一格”的风格、意境及其诗歌美学的内涵，集中体现了自己的研究心得和独立见解。这部著作把学术性与可读性较好地结合起来，为人们接受和理解《诗品》玄奥的旨意大开方便之门，有的评论家说它“为打开《诗品》的迷宫找到了一把钥匙”。因此，《解说》一出版发行，便受到学术界的重视，特别是年青学人和文学爱好者的欢迎。中国古代文艺理论批评史专家张少康教授谈及当年阅读《解说》时的心情是很有代表性的，他说：“记得45年前，我正在北大中文系上本科二年级，读表圣《诗品》爱不释手，夜不入眠，常醉心于‘雄浑’‘冲淡’间，然而，朦胧恍惚未领悟其玄旨，只能如杨振刚所说‘以不解解其所不解’。后毕业留校教古代文论，读祖先生《司空图诗品解说》，始有豁然开朗之感，特别羡慕祖先生的识见深邃，解说精当。”（见祖保泉、陶礼天：《司空表圣诗文集笺校》序）《解说》在当时的政治形势下，不知通过什么渠道，还很快地流传到中国港台地区和其他国家，不仅有些论著引用了其中的观点和诠释，1965年商务印书馆香港分馆还将它更名为《司空图〈诗品〉注释及译文》翻印发行。这些情况直到20世纪80年代初才为人所知，如果是当时得到些信息的话，批判祖先生就更要上纲上线、罪加一等了，这又是不幸中的有幸。张涤华老师对此既欣喜而又不无感慨地说：“学术界对人还是公平的。”这部著作在国外汉学界也颇有影响，从我们所看到的有限文献资料中，美国刘若愚的《中国文学理论》（江苏教育出版社，2006年）、新加坡王润华的《司空图新论》（台北东大图书公司，1989年）多处引述了《司空图诗品解说》的观点和材料，魏道格还根据《解说》中的《诗品》“今译”，将《诗品》翻译成英语文本，题名为《诗品译稿》印行。王润华在《司空图新论》中曾明确地指出：“魏道格先生的译文，很显然，是受了祖保泉的注释的影响。”美国哈佛大学宇文所安教授所著《中国文论读本》（1992年出版，中译书名为《中国文论：英译与评论》）是耶鲁大学和哈佛大学的权威教材、中国诗学的经典读本，将《司空图诗品解说》列入主要参考书目，仅其第六章即引用达十余处之多，作者虽对其中几处注解持有不同看法，这是学术对话、交流中的正常现象，《解说》的学术价值和积极影响却是客观存在的，毋庸置疑的。

“文革”结束后，进入改革开放的新时期，通过拨乱反正，解放思想，科学的春天到来了。祖先生以喜迎春天的心情，迈出坚实的步伐，进入科学研究的最佳时期。他的绝大部分学术论著都是在改革开放三十年中完成的。在《文心雕龙》研究方面，有《文心雕龙选分析》（安徽教育出版社，1985年）荣获1989年国家教委颁发的“《文心雕龙》教学、教材建设优秀奖”；《文心雕龙解说》（安徽教育出版社，1993年）出版后，多次重印，发行量达3万册以上，荣获安徽省第三届社会科学研究成果一等奖。在王国维词学研究方面，有《王国维与人间词话》（合著，上海古籍出版社，1990年）、《王国维词解说》（安徽教育出版社，2006年），紧密联系王氏所处的时代环境、生活经历、思想观念、个性气质阐释其词话与词作，重在实证，时有新见，颇有价值，受到学术界的重视。在司空图《诗品》研究方面，虽然60年代出版的《解说》出手不凡，影响很大，享誉海内外，但他并不以此为满足。在从事刘勰《文心雕龙》、王国维词学研究的同时，特别是退休之后，他进一步扩展了研究领域，深化了对《诗品》美学意蕴的理解和把握。在《司空图的诗歌理论》（上海古籍出版社，1984年）《司空图诗文研究》（安徽教育出版社，1998年）中，对司空图生平、思想、诗文创作和诗学理论作了全面的、综合性的探讨，与陶礼天合著的《司空表圣诗文集笺校》（安徽教育出版社，2002年）则是首次将司空图诗集、文集加以整理、笺校合集出版，并附载了新编年谱及其他与表圣生平事迹相关的历史资料。这几部开拓性的著作，将司空图及其《诗品》的研究大大地向前推进了一步。说实在的，像祖先生如此系统、深入地研究司空图及其《诗品》的，在业内人士中尚不多见。

祖先生在司空图《诗品》研究中的另一个突出贡献，就是他以其对司空图及其诗文创作、诗学理论研究的累累硕果和丰富积累为基础，积极地、不避锋芒地参加了关于《二十四诗品》作者问题的论争。1994年、1996年，陈尚君、汪涌豪两先生发表《司空图〈二十四诗品〉辨伪》（《中国古籍研究》创刊号）、《〈二十四诗品〉不是司空图所作》（《寻根》1996年第4期）两篇文章，认为《二十四诗品》非晚唐司空图所作，它的“真正作者应为明代景泰间嘉禾人怀悦”，其主要根据是怀悦《诗家一指》中载有《二十四诗品》。此说一出，便在学术界引起很大反响，赞成者有之，怀疑者有之，反对者有之，形成热烈争鸣的局面。应当说，这场争论对于司空图诗学理论研究，乃至古代文献的考辨都是很有意义的。从我所看到的报刊公开发表的有关文章中，张健先生的《〈诗家一指〉的产生时代和作者——兼论〈二十四诗品〉的作者问题》（《北京大学学报》1995年第5期），首先根据元代《虞侍书诗法》中载有《二十四诗品》，以无可辩驳的历史事实证明“怀悦”说是不能成立的，这是一个引人注目的贡献；但他由此推断出《诗品》的作者是元代虞集，既无有力的佐证，又存在着明显的破绽，也是难以令人信服的。那么，《二十四诗品》的作者究竟是谁呢？从论争一开始，祖先生就旗帜鲜明地反对明人“怀悦”说，认为《诗品》的著作权仍应归属于晚唐的司空图。他为了考辨真伪，分清是非，充分阐明自己的观点，陆续发表了6篇文章，即《〈诗家一指〉与〈二十四诗品〉作者问题》（与陶礼天合作，〈《安徽师范大学学报》1996年第1期）、《〈二十四诗品〉是明人怀悦所作吗?〉》（《安徽师范大学学报》1997年第1期）、《再论二十四诗品作者问题》（《江淮论坛》1997年第1期）、《对宋元人关于〈二十四诗品〉记载的诠证〉》（《成都大学学报》2000年第3期）、《〈菊磵集〉〈林湖遗稿序〉考释》（《学术界》2000年第6期）、《关于〈二十四诗品〉作者问题的讨论》（《安徽师范大学学报》2005年第6期）。在这些文章中，他以“征信乎策书前，谓炯然而不惑”的态度，根据自己所掌握的大量历史资料，针对《二十四诗品》作者非司空图说的种种理由，都进行了切实具体的分析、有理有据的辩驳。概而言之，其一，晚唐儒、释、道结合的社会思潮，司空图儒、道、禅思想兼而有之，与《二十四诗品》“释迦其表，老庄其实”的主导思想是契合的，《诗品》中有着明显的晚唐时代的烙印和司空图思想的烙印，那种认为《二十四诗品》“以道家思想为主旨”与司空图“儒家思想始终占有主导地位”是“悖向”的，便由此推断出“该书不是司空图所作”是不符合实际的；其二，从司空图的诗学理论到语法结构的分析以及“二十四韵”的诠释，认定苏轼《书黄子思诗集后》所言“盖自列其诗之有得于文字之表者二十四韵”，是指司空图的《二十四诗品》，而不是他《与李生论诗书》中所列举的“二十四联”诗。因此，把它作为否定《二十四诗品》为司空图所作的理论支柱，是经不住推敲的，没有说服力的。其三，引用大量古籍资料，证明《二十四诗品》中使用的词语、诗学概念，晚唐时期及其以前典籍、诗文中皆有所用，那种以“它运用了许多只有宋代才开始流行的美学概念”来使人相信《二十四诗品》不是司空图所作，不仅不能作为“最有说服力的证据”，而且是根本站不住脚的。同时列举《诗品》中许多作为喻体的中国北方才有的（包括司空图家乡、王官谷的）和南、北方都有的风物，指出以《诗品》所描写的是“江南风物”作为非司空图所作的“佐证”也是错误的。其四，通过对宋元人关于《二十四诗品》记载的诠释、考证，将其时间由元代推进到了南宋，从而进一步证明“怀悦”说、“虞集”说难以成立。在我看来，祖先生从晚唐的时代特征、司空图生平事迹、诗文创作与《二十四诗品》联系起来，结合对宋元史料有关“二十四品”记载的考释，认为在无确凿证据为他人所作的情况下，将《二十四诗品》的作者仍旧归于司空图是凭事实说话的，顺理成章的。当然，对于祖先生的观点有不同的看法，以心平气和、平等对话的态度，提出来进行讨论是完全必要的。比如苏轼所说的“二十四韵”是指司空图的“二十四联”诗还是他的《二十四诗品》问题，就可作进一步的讨论、研究。如果不是这样，对于于己不利的证据置之不顾，甚至说他人“茫昧”来抬高自己，似乎《二十四诗品》非司空图所作已成定论，人们非得点头认可不行，这显然不是实事求是的科学态度。有的同志在“怀悦”说一提出、讨论刚开始时，便撰文明确表态说：“今后，如果其他同志提不出强有力的反证，我准备放弃《二十四诗品》为司空图所作的传统看法。”这固然是一种值得重视的意见，却似乎有舆论炒作、捧场之嫌。相比之下，祖先生对待讨论的态度则是认真严肃的，摆事实讲道理，不作空泛、浮夸之论。因此，随着这场讨论的深入，愈来愈多的学界同仁认同了祖先生的观点，有的还改变了自己的原初看法，认为在没有直接的文献证据的情况下，《二十四诗品》仍归于司空图所作较为妥善。记得前几年，在上海召开的一次美学问题研讨会期间，我曾与“怀悦”说的首倡者之一谈及这场论争，这位先生竟然脱口而出地说：“你们祖先生也太认真了。”学术讨论是为了分清是非，探求真理，不“认真”怎么行呢？世界上的事情怕就怕“认真”二字。历史的经验告诉我们，只有弘扬严肃认真、实事求是的优良学风，克服浮夸炒作、华而不实、追求轰动效应的不正之风，我们的学术研究才能真正发展和繁荣起来。

根据以上所述，我认为，祖先生在司空图《诗品》研究领域里，无论是时间之长、成果之多，还是质量之高、贡献之大，都是当之无愧的领军人物之一。如果说，这还是一已之见的话，那就看看海内外中国古代文论研究的专家、学者是怎样评价的。早在1989年，新加坡的王润华先生在《司空图新论》一书中就说过，郭绍虞和祖保泉是“中国大陆司空图研究的权威”。2005年，张国庆教授在《〈二十四诗品〉百年研究评述》一文中，多处评及先生的论著，充分肯定其学术价值，并且写道：“应特别指出的是，祖保泉在1961年以来的40余年间出版相关著作4种，发表论文多篇，至耄耋之年仍撰述不止，成果弥多，为《诗品》研究做出了突出的贡献。这在《诗品》研究界恐属仅有，理应获得同仁的敬意。”（《〈二十四诗品〉诗歌美学》，中央编译出版社，2008年，第364页）这个评价既是符合实际的，也反映了学界同仁的心声。

今年是祖保泉先生九十华诞，我满怀敬意和感激之情，拟写此文，以示庆祝。“晚晴无限斜阳暖，不信人间有暮寒。”恭祝恩师生活温暖如春，平安幸福，健康长寿！

2009年4月17日晨

（原载《风清骨峻——庆祝祖保泉教授90华诞论文集》，人民出版社2009年）

宁静致远　着手成春

——郑震先生的艺术境界

郑震先生是安徽师范大学资深教授、著名画家，安徽省绘画艺术的开拓者和领军人物。在教育工作方面，他兢兢业业，辛勤耕耘，教书育人，为国家培养了大批优秀艺术人才；在艺术创作方面，他境界高远，与时俱进，不断创新，从版画、水彩画到中国画都取得了丰硕的成果，不少精品佳作享誉海内外。我与先生同在一所学校工作，从事文艺理论、美学教学与研究，由于专业性质比较接近，数十年来时有交往，由相识而相知，友情深笃。他的人品、画品都为我所钦佩。值此先生九十华诞之际，抚今追昔，作此小文，以表敬仰之意，祝贺之情。

淡泊明志　宁静致远

郑震先生从事过文艺创作，又是版画家，我1954年进入安徽师范学院学习不久即知其名，1955年在芜湖市召开的批判胡风座谈会上得以谋面相识。他作了长篇发言，虽然也表态批判胡风，但主要是讲1949年前爱读胡风、路翎等人的诗文，把胡风视为进步的、革命的文艺家，并一直保存着胡风主编的《七月》《希望》全套杂志。这个发言当时就引起了颇大的反响；加之他同胡风集团的骨干分子曾卓是文友，关系密切，时有书信往还，曾卓想调他到武汉工作。因此，他不久就被关进省公安厅隔离审查，时间长达七个月才放出来，个中滋味可想而知。可是，他对此遭遇既没有怨天尤人的愤愤不平，也没有反思“祸从口出”的教训，反而暗自庆幸，由此证明自己历史的清白，可以轻装前进了。他回到学校后，仍然一如既往，专心致志地教他的书、作他的画。不几年的时间，他就创作出一大批版画作品，如《在佛子岭人造湖上》《黄山组画》《林间》《喜雨》等，有的参加国际艺术展，有的陈列于人民大会堂，有的发表在《人民日报》《文艺报》等报刊上。可是好景不长，不到十年，“文化大革命”到来了，郑先生和我这个“小人物”都受到了冲击。我有一天同他在校园路上不期而遇，同病相怜，心存委屈，便向他大吐苦水和抑郁不平之气，他却淡定从容，不惊不慌，不言不语，只有意味深长的一笑。他笑而不言地在同我作心灵对话：一切是非曲直、善恶美丑，历史会有公正的结论，我们不必惊慌失措，悲观失望，要正确把握自己。

1969年，郑震先生被下放到淮北农村劳动，接受再教育。1973年春，他来芜湖办理回校安家事宜，在路上碰面相遇，真是喜出望外。我便拉他到家里吃个便饭，叙谈彼此的境遇。他还是那样坦然乐观，谈笑风生，说农村生活虽然很艰苦，却比在学校自由些。他在下地干活时，可以与贫下中农交朋友，熟悉、体验群众生活、思想情感；空闲时，他画了大量的速写和水彩画，将田园风光、社情民意留于笔下；他更为得意的是，抓紧一切时间，读完了抄家没有拿走的全部书籍，充实、丰富了他的文化艺术知识积累。在交谈中，他没有一句话是叹苦经、道苦水的，表现出一个真正艺术家超尘脱俗、苦中求乐的审美境界。他对于这一段生活境况、心路历程，曾画过一幅《回忆那严寒的日子》作了形象生动、富于诗意的概括：冰天雪地，寒风凛冽，渺无人迹，却有一排白杨树以其昂霄之姿，顶风冒雪，傲然挺立，特别有一株更为高大有力直指云天，并在其下有间低矮的农家土屋。这不能不让我们从画中联想到，住在小屋中的人虽生活在严寒的冬天，但并未丧失生活的信心，正期待着大地春回。根据我对这幅画审美意蕴的体味、理解，记得在庆贺郑震先生八十华诞座谈会上，对有位朋友说它表现了一种荒寒、枯槁之美，提出过不同的看法，并引用了英国诗人雪莱的名句：“冬天既然到了，春天还会远吗？”我不敢说自己的理解是正确的，好的艺术作品都留有广阔的“想象空间”，人们鉴赏它见仁见智是常有的事，但艺术毕竟是人生境遇、心灵世界的一面镜子呵！

那严寒的日子终于过去，我国迎来了改革开放的春天。春天到了百花开，郑震先生的绘画创作也进入了春暖花开的时期。他年事已高，仍壮心不已，笔耕不辍，致力于中国画的创作，从其丰厚的生活、艺术积累出发，以不薄西方爱东方的笔墨技巧，率意挥洒，元气淋漓，光彩四溢，创造出一种自然和谐、刚柔兼济、神韵悠远、圆通无碍的艺术境界。它既表现出老画家“霜叶红于二月花”的人生之秋的美，又充满着朝气蓬勃的青春活力。我每当观赏他晚年的画作，都会想起叶剑英元帅的两句诗：“老夫喜作黄昏颂，满目青山夕照明。”

我同郑震先生有着几十年的交往，从观其画、读其书、请教艺术问题中，获益匪浅，深受教育。在一生艺术追求中，他淡泊明志，宁静致远，乐观旷达，荣辱不惊，从不计较名利得失，能以审美的心胸、艺术的眼光看待宇宙万物，真正进入了以艺术为人生、以人生为艺术的境界，正如国画大师潘天寿所说的：“美情与利欲相背而不容。……惟纯真坦荡之人，方能入美之至境。”

意造境生，画中有诗

郑震先生不止一次同我讲过，他非常爱读、欣赏宗白华的《美学散步》《艺境》《流云》等诗文著作。宗白华的美学思想所以会引起他的共鸣，大概由于他们的审美情趣和艺术理念是相通的、投合的，其契合点即在“艺境”的追求和创造上。宗白华在《艺境·前言》中写道：“我虽终生情笃于艺境之追求，所成文字却历来不多，……人生有限，而艺境之求索与创造无涯。”郑先生又何尝不是如此呢？他们不同之处在于一个重在理论的探索，一个重在于艺术的创造。《郑震作品集》于2006年出版面世，承蒙惠赠一册，我真是如获至宝，从中大受思想启迪和审美享受。这部汇集了他半个多世纪具有代表性的精品佳作，是其对艺术意境探求与创造的结晶和集中体现。

意境（境界）是中华民族艺术的精髓和灵魂。郑先生在立足于民族艺术优秀传统的基础上，从“外师造化、中得心源”的基本原则出发，采取“以大观小”“以线造形”“因心造境”的表现方法，“见其大象而不为斩刻之形”，“见其大意不为刻画之迹”，创造出虚实相出、物我交融的艺术境界。但他并不因循守旧，拘泥古法，而是力求有所变化、创新。他既看到中国画散点透视、以线造形的优势，可取得“气韵生动”、抒情写意的效果；但绘画毕竟是视觉艺术，国画在形体结构、色彩调配上是有其局限性的。因此，他无论是在版画、水彩画还是中国画的创作中，都很注意汲取西画焦点透视、光影素描法的长处，发挥形体结构的远近大小、色彩光影明暗向背的表现功能，努力做到中西融通、优势互补，使画面形象更富于材质感、立体感，以增强视觉冲击力和审美效果。我们随便看他的几幅作品即可知此言不虚，如版画《新安之春》《平原春色》，水彩画《春山之麓》《春雨街头》，国画《一夜西风万叶黄》《夕阳常供雁飞来》等等。这是他在艺术意境创造上的一个突出贡献。记得郑板桥早就一针见血的指出：“殊不知写意二字，误多少事。欺瞒自己，再不求进，皆坐此病。必极工而后能写意，非不工而遂能写意也。”时下有些人并无真情实感和技艺上的真功夫，却托名写意，搞出用以欺世盗名的画作来，与郑先生的作品比较起来，其艺境的高下是不言而喻的。

我们知道，现实生活是艺术创作取之不尽、用之不竭的源泉。宇宙人生气象万千、丰富多彩；艺术家个性才情千差万别，各不相同。因此，艺境贵在创新，最忌依傍他人；笔墨当随时代，切不可趋炎附势。郑震先生不以泥古不化、描摹物象绝似的画工为能事，更不愿意随大流、依俗套。他是一位特立独行、坚守艺术信念和创作规律的艺术家，是以“仰不愧于天地，俯不怍于人”的态度对待艺术创作的。他热爱山川自然，“与物为春”，饱游饫看，窥其和谐，悟其生机，穷其神理；他为人宽厚，平易近人，热情坦诚，亲切和善。他对大自然盎然生机和灿然活力的深切体验与自己乐观、豁达、和美的生命情调浃然相化、合而为一，构成了他那充满生香活力、诗情盎然的艺术境界。这里用宗白华在《中国艺术意境之诞生》一文中的观点来概括之，我想是贴切的：“艺术家以心灵映射万象，代山川而立言，他所表现的是主观的生命情调与客观的自然风景交融互渗，成就一个鸢飞鱼跃，活泼玲珑，渊然而深的灵境。”

如何具体地把握、理解郑先生妙笔生花所创造的“灵境”呢？我既缺乏绘画专业的理论知识，更没有从事创作的实践经验，不可能作出条分缕析的阐释，面对着他笔下春夏秋冬山川景色、华彩乐章，只能凭直观感觉、心理体验言其风采神情，那就是：画中有诗，情寄于景；四季如春，温暖人心。我在赏读《郑震作品集》中的146幅画作时，发觉写春景、秋景的占绝大多数，而写夏景、冬景的只有很少几幅。这反映出他的审美意向和心路历程，其“诗情”要用与之相对应的景象表现和传达出来。我们面对着他那描写春天景色的作品，如《新安江之春》《绿叶如诗锦绣春》《春韵》等，眼前呈现出一派春光明媚、朝气蓬勃、欣欣向荣的气象，油然而生如登春台、如沐春风、如听春歌的欣喜之感。他的以秋天风光为题材的作品，如《秋林曲》《淮北的秋色》《湖光山色共争秋》等更是美不胜收，我更加赏爱，从中真正体味到层林尽染、春华秋实、万木霜天红烂漫、不似春光胜似春光的诗情美趣。正如他《一年好景》中题画所用的苏东坡诗意：“一年好景君须记，最是橙黄橘绿时。”这里顺便说一句，诗中透露出他重视色彩表现诗情画意功能的信息。至于他为数不多的描写冬天景物的作品也不可小视，如《回忆那严寒的日子》《瑞雪》等，与其艺术情调是一致的，画面没有给人冰冷肃杀的感觉，而是蕴含着阴阳代序、瑞雪迎春、冬去春来的生机活力。

总的看来，郑震先生的山水风景画作绝无古代某些文人画中所表现的伤春悲秋的消极情绪和逃避现实、隐逸山林的态度。它诗意盎然，清新隽永，空灵而充实，淡雅中含阳刚之气，表现出画家旷达乐观、积极进取、仁民爱物的精神风貌，既具有独特的艺术个性，又映射出新的时代精神。当今世界，人们面对着无限制地索取自然资源以满足人类的物质需要，致使环境污染、生态失衡的严峻形势，如何以大爱无疆、平等对话的态度与大自然亲和相处，共存共荣，诗意地栖居在大地上，从郑震先生充满诗情画意的作品中，是可以获得有益的启示和审美体验的。

博采众长　艺有专精

艺术创作除了要有丰富的生活经验、真挚的思想情感和熟练的艺术技巧之外，还要有广博的文化知识。在一定意义上，艺术家的文化素质决定着他创作水平的高低。郑震先生正是一位行万里路、读万卷书、学识渊博、兼采众长、艺有专精的优秀艺术家。

郑震先生是艰苦跋涉、自学成才的，从一个初中毕业生成长为德高望重的美术教授、著名画家。他的青少年时代是在社会动荡不安、战乱频仍中度过的，初中刚读完，即因抗日战争爆发、家乡沦陷而失学，过着漂泊流浪的生活。他投身于抗敌救亡运动，唱歌演戏，写作诗歌、散文，编辑文艺刊物，还担任过中学美术教师。他兴趣广泛，结合艺术实践活动，阅读大量有关文学艺术的书籍，不断提高自己的文化艺术素养，并产生了从事造型艺术的专业兴趣、爱好。20世纪40年代初，他用普通的平口刻刀在木板上刻线造型，不到几年的工夫，就在抗战胜利后的报刊上发表不少木刻作品，有的还入选参加全国木刻展览会和送往中国香港、苏联、日本展出，并被吸收为宋庆龄担任名誉会长的中华全国木刻家协会会员。新中国成立后的几十年，他虽然受到反胡风运动、“文化大革命”的冲击以及极“左”思潮的干扰，消耗了大量的精力和宝贵的时光，仍能根据艺术教育和创作实践的需要，矢志不移，我行我素，博览群书，颇为系统地研究艺术、美学理论，不为“工具”论所束缚，认真探求艺术的真谛和审美价值。他喜爱音乐、舞蹈、戏剧、书法等多种艺术，对中国古典诗词研读尤多，深刻把握我国以“意境”为核心的艺术精神，并融入自己的作品中，颇得其意韵神采。记得近代书画大家吴昌硕有诗云：“诗文书画有真意，贵能深造求其通”。郑震先生具有广博、深厚的文化素养，才能从众多门类艺术中汲取营养，不断丰富、充实自己，在绘画艺术上达到精深的造诣，创造出诗、书、画融为一体的艺术境界。

我们知道，不同艺术之间由于表现对象、物质媒介和技术手段的不同，存在着明显的区别和界限，但它们之间又没有不可逾越的鸿沟，可谓是相异而相通，异迹而同趣。因此，它们是可以相互影响、交融互渗的。郑震先生在中国画创作中深得其中的审美奥秘，古典诗词激发了他的创作灵感和丰富想象力，他从诗词中取得意境，寄寓自己的情感意趣，用书法点线、色彩明暗的绘画造型加以表现，诗心与画境融合无间，既能体现自己深邃的心灵世界，又映射出时代精神。他的许多画作皆以古典诗词题名或题款，但绝不是图解诗语，而是按照绘画艺术的特性进行“出蓝之美”的创造。他曾赠我一幅山水画，题有元代画家倪瓒的诗：“他乡未若还家乐，绿树年年叫杜鹃。”并书曰：“以今之意趣写之”即是明证。随着十年“文革”的结束，改革开放的春天到来了，他满怀春回大地、前景光明的喜悦心情，取用唐代刘禹锡《酬乐天扬州初逢席上见赠》中“沉舟侧畔千帆过，病树前头万木春”的诗意，创作了版画《万木春》，但并没有依葫芦画瓢，按照原作画出沉舟、病树，寄寓个人沉滞、叹老嗟卑的消极情绪，而是将其剪裁、略去，画出的是举眼风光“万木春”，着重表现“芳林新叶催陈叶”的意境，抒发了画家不计个人得失、喜迎春天到来、积极、乐观、奋发向前的开阔胸襟。这不是诗画融通、以故创新的生动体现吗？至于他晚年创作的中国画，以诗入画的作品更加丰富多彩，如《我言秋日胜春朝》《疏林夕阳》《万木霜天红烂漫》《杏花春雨江南》等等，达到了诗画兼美、炉火纯青的程度。我们看他的画，仿佛是读热情洋溢的诗、听动人心弦的歌，真有“是画非画，度宫中商，感心动耳，清音含芳”之感。这就如邹一桂在《小山画谱》中说的：“善诗者，诗中有画；善画者，画中有诗。然则绘事之寄兴，与诗人相表里焉。”当然，画家以绘事寄兴，虽与“诗人相表里”，但画中之诗，毕竟不同于诗中之诗，要真正创作出“画中有诗”的作品来，除了能领悟诗的真知灼见外，还必须掌握绘画的艺术技巧，只有“专精一行”，才能做到“博采众长”，在限制中求得超越的自由，“在别的艺术中得到超绝的造诣”。郑震先生的画作生动地体现这一艺术辩证法，用歌德的诗歌语言来说，就是：

谁能成大事，就必须集中全力，
在限制中才显出大师的本领，
只有规律才能够给我们自由。

我结交美术界的人士有限，就所熟悉的年长和年轻的朋友来看，像郑震先生具有如此深厚的文化艺术素养，既博通众长，又专精一行，并以其诗性智慧表现于画境创造中，还是不多见的。因此，前几年，我应邀为省高校艺术院系青年教师研修班讲授美学，每讲到艺术家的修养问题时，总是情不自禁地以郑震先生艰苦跋涉、自学成才，既具有广博的文化知识，又熟练掌握绘画艺术技巧的生动事例，批评绘画教学和创作中存在的自然主义、形式主义不良倾向，说明艺术不等于技术，画工不等于画家，优秀的艺术家，无一不是修养全面、学识渊博、多才多艺的人。在课间休息时，我同很多学员对话、交流，他们都真诚地表达出对郑震先生的仰慕之情，要认真学习他学无止境、艺无止境、永不止步的探索、创造精神，不断地扩大自己的审美视野，刻苦磨炼艺术技巧，积极参加艺术实践，创造出无愧于我们时代和人民的艺术作品。前贤为后学树立了榜样，长江后浪推前浪，一代当比一代强。

书不尽言，言不尽意。清代《东庄论画》中的话语，蓦然涌上心头："学画所以养性情，且可涤烦襟，破孤闷，释躁心，迎静气。昔人谓山水家多寿，盖烟云供养，眼前无非生机，古来享大耋者居多，良以有也。"郑震先生是当之无愧的山水名家，道法自然，烟云供养，陶冶心胸，悠然自乐，得享大耋高寿。谨此祝愿先生生命之树长青，开出更加灿烂的艺术之花！

2011年10月28日于安徽师大赭石书屋

（原载《新安画派论坛》，2011年第3期）

黄钺和他的《壹斋集》

黄钺（1750—1841）字左田，号左君（亦作左军）、井西居士，安徽当涂人，官礼部尚书、太子少保、户部尚书、军机大臣，卒谥勤敏。工诗文，善书画，精于鉴赏，曾参加编纂《秘殿珠林》《石渠宝笈》，担任玉牒馆副总裁、全唐文馆总裁。所著《壹斋集》收诗四十卷、《二十四画品》、《画友录》、《萧汤二老遗诗合编》等，是清代一部较为重要的诗文集，对研究古代历史文化具有相当的参考价值。

一

黄钺祖居徽州祁门左田村（因以为字），宋末迁当涂，清顺治初年再迁芜湖。五世家居芜湖西门外升平桥，有老屋数十间，黄钺就诞生在这里。他天资颖慧，勤奋好学，六岁发蒙，八九岁即能口占五字诗，受到塾师的称赞，母亲也希望他好好读书，并亲自课其兄弟。“忆初母在堂，我年八九岁，能作方丈书，顾我奖且励。谓可读父书，往往颜为霁。夜宵针黹余，课我兄及弟。”（《题洪编修亮吉同年机声灯影图》）他出身寒门，幼年孤苦，五岁丧父，十岁母亲下世，接着长嫂物故，孤苦无依，祖传老宅悉数变卖，只得寄寓外家，过着寄人篱下的生活。他三十六岁回忆起幼年生活时写道：“我生何不辰，五岁即孤露。衰绖甫离身，十岁又失怙。

哀号无所依，出入随乳妪。阿兄年十七，阿嫂时新娶。阿姊方及笄，已将嫁衣作。古屋数十间，茕茕四儿住。中堂停一棺，阴惨生恐怖。狐狸复欺人，夜夜屋头踞。閪户隐有声，团坐默无语。移灯各偷眠，坚卧拥衾絮。那知妖由人，明年嫂物故。外家王母慈，爱我携我去。姊嫁兄远商，孑然冠独素。暮宿依阿婆，晨起就外傅。懵懂无闻知，恍忽堕云雾。诸舅方豪华，僮仆皆餍饫。凉堂沸清歌，燠室满客屦。连年收科名，乡里捩眼觑。贡谀到小生，亦有贤甥誉。可怜不祥儿，触处逢人怒。岁时独伤心，暗泣泪如雨。如此者六年，若寄生在树。”（《自武昌归，即之京师与家人别》）

乾隆三十八年（1773），黄钺因岁试成绩优良，受到督学使者翰林院侍读学士朱筠的赏识，以为“奇才异能”，遂挈入京应试。“三上三不报”，屡试不第，以至“渐迫且饥寒，不暇制章句，厕身入游民，士商两无附”。（同上）家中无储粮，妻儿日一粥，自己旅食四方。乾隆五十二年（1787），朱珪督学浙江，应召入幕。在此期间，他得以遍游浙江各地，写下了纪游之作《泛桨录》。乾隆五十三年（1788）中举。

乾隆五十五年（1790），黄钺参加会试，中试第二十一名，殿试二甲第六名进士，朝考入选，授户部主事。当时和珅掌管户部，结党营私，招权纳贿，气焰熏天，黄钺不欲趋附，未及一年，即告假归里。《壹斋集》卷十四有《感事》诗一首，即言和珅受诛之事。其诗云：“祸福由来召有门，雷霆击物敢称冤。老獾入室熙宁乱，轧荦生儿天宝昏。岂有明神犹诞降，大都妖孽偶游魂。稷狐社鼠纷逃匿，六幕清明奉泰元。”这里只说和珅罪孽深重，咎由自取，并未言及当初拒附之事。后来仁宗召见曾问及黄钺何以假归不出，《清史稿》仅记其“以实对”，语焉不详。

乾隆五十六年（1791），黄钺出任徽州紫阳书院山长，嘉庆二年（1797）就六安书院山长之聘，后又转任安庆敬敷书院山长。在主持皖南书院的十年间，黄钺生活虽然清贫，往来奔波，但心情比较舒畅。他在悉心教授生徒之余，遍游黄山、齐云山，探访名胜古迹，观摩古崖石刻；还时而招邀文友聚会，相互唱和，吟诗作画。他鉴赏新安画派和萧云从、唐寅、沈周、仇英等名家画迹，颇有所得，为其以后画史、画论的研究打下基础。

嘉庆四年（1799）和珅倒台，黄钺经朱珪举荐，奉旨赴京，步入仕途，即所谓“五十服官，老跻朝堂”（《壹斋集》自题手迹），由主事擢赞善值南书房，任翰林侍讲、户部尚书、军机大臣，直至道光六年（1826）致仕，在籍食半俸，前后达27年之久。黄钺居官立朝温良恭谨，“习于掌故，持议详慎”。其间曾五持使节，典试顺天、山东、山西、湖北，提携后学，擢拔人才甚众。任户部尚书期间，他曾就钱粮度支实报实销、征粮比例统一、河工官吏选拔任用、严格完善制度等方面，屡有建言（详见《清史列传》）。但总的看来，其政绩无多。如所周知，清王朝统治时期，虽然满汉同官，但对汉族官员并不重用，即使位高也无实权，而且文网严密，稍有不慎，即遭黜退，甚至诛戮。因此，黄钺尽管慎于言行，僶直勤敏，频频受赏，加官晋级，在皇帝眼中也只不过是“学问尚优”的词臣，有时还遭到歧视。兹举一例，嘉庆十七年（1812）春，大考翰詹，黄钺交卷第一，且“写作俱好”，却置于三等，仁宗佯装“不知何故”，假惺惺地说：“朕何难改列前茅，外间必以朕为护庇内廷人，岂汝学问人品朕犹不知耶?”所以，黄钺为官期间并未参与朝廷多少重大的政治决策，而是很多时间花在承旨“恭和御制”、扈跸巡狩、“看山作画”上。平时，为不招惹是非，他也不与内廷诸公往还，独坐观书，吟咏自适。如其所言，“官冷却宜诗”，其间他写下了为数可观的诗作。

黄钺晚年结束了“宦味淡于已压蔗”的生活，致仕回归芜湖，经常登山临水，寻游陈迹，诗酒唱还，写字作画，生活清闲，但仍能热心教育事业，关心民众疾苦。即使八十八岁高龄，两目昏朦近于失明，他还兴办乡塾，亲自为乡人子弟授课。其时芜湖频年遭受水灾，围堤决口，农田淹没，民不聊生，黄钺为此痛心疾首，多次捐资赈灾，救助难民，并谋商于乡绅好义者，捐田建丰备义仓，造福乡梓。鸦片战争爆发前后，西方列强入侵，鸦片大量输入，致使国事日艰，民众深受其害，黄钺深为忧虑，愈形愤懑，于道光二十一年（1841）逝世，终年九十二岁。

总括黄钺一生，少年时代孤苦不幸，成年后旅食四方，过着清贫的生活；后期为官虽荣华富贵，却能清正廉明，洁身自爱，不与和珅之流同流合污，颇为难得。黄钺为人严肃端谨，不以物喜，不以己悲。无论是在主持书院还是典试，都能奖掖后学，成才甚众。晚年热心乡邦事务，经营荒政，对于外夷入侵，国事兴衰，深为忧虑愤懑。对于一个封建时代官吏来说，能如此是很不容易的。

二

黄钺在政治方面虽然建树不大，在艺文方面却有所成。他诗书画印无一不通，无一不能，其中以诗歌创作和绘画研究成就较为突出。

黄钺少有诗名，在其漫长的一生中，诗歌创作从未间断，现存古今体诗二千三百七十余首。徐世昌说："黄勤敏诗笔意雄肆，于韩苏为近，五古亦清越可传。世人喜其书与画，遂掩诗名。"（《晚晴簃诗汇》）

黄钺论诗主张抒写性情，真实自然，反对东涂西抹，吟风弄月，无病呻吟。他说："何必今人逊古人，赋诗要见性情真。""苦乐根心总一音，断无无病强呻吟。心声只要传心了，此是遗山度世针。"（《题许耕馀诗稿》）他晚年曾对自己的诗歌创作作了这样的说明："也为私鸣也为官，春馀阁阁到秋阑。是中却有由衷语，莫作谈风说露看。""侧艳篇章尽扫除，不将脂粉混毛嫫。平生爱学昌黎体，道得南山一字无?"（《听侄孙安淳读〈壹斋集〉示之》）检视其诗，总的看来，还是实践了他的创作主张的。门人刘耀椿尝以韩愈"欢愉难工，愁苦易好"之说论黄钺的诗，认为他在通显以前，"其穷愁抑郁，悲愤无聊之状悉寓于诗"，通显以后，固多欢愉之词，却"类皆温深徐婉，理得情当，其气充而不溢，其色耀而不浮"。（《壹斋集序》）这个看法基本上是允当的。黄钺的诗作具有两面性，那些"为官"的诗，宣扬封建政治、道德思想，唱着"皇恩浩荡"的调头，属于封建糟粕，其艺术性也不高。那些"为私鸣"的诗，抒发性情，融情于景，真切自然，表现出一个正直清廉的封建士大夫关心民瘼、

“为民请命”的思想，具有一定的现实性和较高的艺术价值。

黄钺少年孤贫，入仕前衣食无着，四处奔走，饱尝人间冷暖、世态炎凉，内心自然充满着抑郁悲愤，这些在他的诗中都有真切的反映。如《祀灶夜抵雄县》和《夜发在平三十里铺，至桐城驿，大雪失道》，记叙了天寒地冻的腊月，诗人夜归失道的旅途辛劳困顿，非常具体细致。《乙未正月十三日夜归自京师》三首写游子归来，仆不认主、儿不识爷的窘境，家人好友别后重逢的喜悦，十分真切自然。这都是诗人身有所历、心有所感之作，颇得性灵派著名诗人袁枚赏识，录载《随园诗话》之中。在五言长歌《自武昌归，即之京师，与家人别》中，他以直言其事的手法，描述自己中举前的遭际，把幼年的不幸，世人的白眼，科场的蹭蹬，生计的窘迫如实写来，具体生动，真切感人。《得家书，忧闷不寐，遂成此诗》开头两句“望书情孔殷，得书愁转剧”，写出了客居在外的复杂心情，以及得知饥馑之年，妻儿贫病交加的忧愁苦闷。“计拙从人诮，居闲亦自嫌。贺贫无叔向，止酒学陶潜。岁俭村春寂，天寒巷柝严。唯余书一帙，坐卧此身兼。”（《计拙》）这正是诗人当年生活的真实写照，也是他内心痛苦的真切表露。这些诗写的都是个人的生活遭际，却也折射出那个时代平民士子的心态。

正是由于他对下层百姓生活有着较为真切的体验和感受，所以在一定程度上能表现出对劳苦人民的关切和同情，晚年写出不少反映人民生活苦难的诗作。例如《吞棉妇》，描写了一个饥妇大灾之年，丈夫逃亡，告籴无门，以榆粉杂糅败絮为食的惨境；《裕溪关有丐妇以垩画壁题诗》表现了诗人对含垢忍辱、沿门乞食的妇女的同情。《憎乌叹悼墓木盗伐也》写饥民为了活命，不顾吉凶，盗伐墓木之事，反映出人民的苦难。《道光辛卯夏五，大水发自贵州，泛滥湖南北江西江南，滨江田庐尽没，死者无算》《哀饥民》描写了遭受水灾，流尸蔽江，饿殍填街，鬻人而活人的景象，惨不忍睹。在后一首诗中，诗人虽然美化统治者“皇仁重轸恤，司农预绸缪”，但同时又说“恩泽有时止”，表明统治者的所谓“重轸恤”，“预绸缪”，也只是做表面文章，用以掩人耳目而已。朝廷年年叫喊修堤治水，征收大量赋税河捐，大都中饱私囊，导致连年水灾。面对着民众啼饥号寒、惨不忍睹的景象，已至耄耋之年的黄钺，恻隐之心油然而生，并对照自己休闲食禄的生活而愧疚，他在《落镫日雨窗遣兴》诗中写道：

吟诗写字工何益，问舍求田拙不知。
虚向太仓分鼠窃，养成八十一衰翁。

黄钺曾游历大江南北，督学山东山西，每到一处都留心当地风俗民情，察访名胜古迹，无不形之于诗。这些诗或写风景，或咏古迹，或考述文物，或题画作，谓之风物大观，似不为过。他博学多才，工诗擅画，习于掌故，所以这些诗描摹形容生动形象，考述鉴别精审详慎，具有丰富的文化史料价值。如《金华试院宋六碑歌》《蒲州城西元铁牛歌》《平阳大云寺水陆画轴歌》《书王黄州盐池诗后》《文信国琴图，次司农夫子韵》等。值得注意的是这类诗前大多有序，对文化史实有较详慎的考述，可补史阙。

黄钺世居芜湖，终老芜湖，热爱家乡。芜湖的山山水水，人文景观、名物特产可谓了如指掌。他取以为材，形诸歌咏。如《岁暮十咏，效范石湖腊月村田乐府体》，取岁暮可咏者十事，各赋一首，以识芜湖土风人情，“略寓劝讽之意”；《和胡城东乡味八咏》，则描写了芜湖的饮食文化；《于湖竹枝词》五十首把芜湖的名胜古迹、风物人情、城市变迁等等，几乎咏遍。有些胜迹鲜为人知，他则爬梳史料，亲往踏勘，详加考证。如荆山“寒壁”为何人所题，赭山普济寺建于何时，修文孝祠为祭何人等等。值得一提的是，他对乡贤、爱国诗人萧云从、汤燕生怀着崇敬之情，编成《萧汤二老遗诗合编》，为研究两位艺术家的生平思想和艺术创作提供了丰富的材料，弥足珍贵。

黄钺擅长绘事，他能以画家的眼光观照对象，他在《过舅氏园有感》诗中写道：“丹枫乌桕天然画，设色吴装得似无？输与门前一渠水，平铺烟月尽钩摹。”这可谓诗画融通，以画为诗，故其咏物写景之什，颇具画境。如：

砌草密如绣，春霞半扉红。高花绮邻树，低叶交池风。云鬟朝葳蕤，兰缸夜冥濛。芳草隔雨倾，香气遥相通。

——《蔷薇》

把蔷薇花的形态、色泽、气味、高低疏密、朝暮明晦的不同风韵，一一写来，次第从容，细致入微，逼真如画。

平桥水暖鱼苗聚，擘柳风柔燕子高。蓦见海棠红满树，误他翠羽啄樱桃。

——《漫兴》

溪杏山桃碧叶新，落英时复见缤纷。马蹄卤莽真堪惜，踏破田盘满地云。

盘陀石似团茶累，偃盖松如翠幄低。雨过松毛香不断，云归山路径全迷。

——《晓至盘山》

残月淡无影，鸡鸣天欲曙。深谷藏招提，一径入云路。古柏森两行，清香发朝露。

我佛疲津梁，颇误卧中趣。应怜尘世劳，半为黄粱误。风旛袅炉烟，散入桫椤树。

——《卧佛寺》

这些诗或写园林花木，或写山石云树，或写古刹幽径，都十分讲究画面构图，颇似宋明之文人画。

风过秧田剪绿齐，几家茅屋隐桥西。含桃罥网红千树，乳鸭唼萍黄半溪。

衣润渐知梅雨近，松圆坐觉午阴低。今年豆麦春租足，努力南山带犊犁。

——《江村初夏》

柳绿犹迟闰，村嬉尚近年。青红种叠女，欹侧罱泥船。

岸转修碕曲，桥沉半壁圆。连宵月如水，幽梦已湖边。

——《将至嘉兴》

这两首写江南农家田园风光，颇具画意，谓之江南水乡图，似无不可。而另一组《自溧阳至杭州溪行杂诗》十首，吟咏溪行沿途风光，一路写来，则更是一幅江南风景长卷矣。

黄钺的诗受韩愈、苏轼的影响颇深，所谓“平生爱学昌黎体”“韩苏为奴仆”云云，都表明他学韩愈、苏轼，接受他们的影响是一种自觉意识。他写道：“作文贵学识，为诗先性情。二者不可兼，专一家可成。然而古之人，两事恒齐名。多由读书到，乃令一理并。”（《子卿新结文社，励之以诗》）他承继了韩、苏“以文为诗”的传统，力求做到学识与性情并兼，但其创作实践并未很好地达到这一艺术境界，具体表现是：

第一，以文为诗，形同散文。如《自武昌归，即之京师与家人别》叙述进士及第前的生活经历，仿佛就是一篇自传。《以诗代书寄初民中民少民三儿子，用昌黎示儿韵》以诗代书，类同书札，先写离家后念家，询问家中情况，继写自己的生活起居，让家人放心，最后勉励、教导儿子用功读书，甚至结尾也用书信格式。

第二，叙议结合，以理入诗。如《观鸬鹚取鱼作》通过描写鸬鹚捕鱼来说明万物相生相克、天性使然的道理。《井西书屋分赋得扑满贯索》借扑满、贯索二物展开议论，说明“凡物毁因成，斯器成为毁”的道理，表明自己对金钱的态度。

第三，旁征博引，以学为诗。黄钺饱读诗书，满腹经纶，他的一些咏物诗，循名责实，详加考辨，颇有学究气息。如《萎篙》《煤窑民》《鸦片烟》等都旁征博引，说明它们的来龙去脉，事理物性。此类诗往往理甚于辞，诗味不足。

此外，黄钺还有一些诗宣扬忠孝节烈、男女大防等封建意识，甚至迷信思想。如《妇扛舆》《过庐江感焦仲卿事作》，作者看到的不是劳动妇女的艰辛，不是焦仲卿与刘兰芝爱情的忠贞，而是以道学家的立场来宣扬男女宜防、“不孝有三，无后为大”的封建观念，甚至大声疾呼：“谁欤身为赤县令，立呼伍伯加之锁，从其父兄及其夫，廉耻之防不可堕”，“寄语后来人，勿为诗人误”。这些实不足取。

最后有一点我们不能不指出，黄钺生活的嘉庆、道光年间，内乱渐起，外患并作，民族矛盾和阶级矛盾都十分尖锐，在他的诗中都极少得到反映，这固然与清王朝的政治黑暗、文网严密、钳制舆论有直接关系，也由其居于上层统治中心和阶级地位的局限所致。他谨言慎行，缺乏直面现实的勇气，比起同殁于一年的龚自珍来，其差距何足以道里计?!

三

与诗歌相比，黄钺在绘画方面的成就和贡献要大些，当时即为人所推重，以致画名超过了诗名。芜湖地处长江中下游，交通便利，商贾云集，经济、文化都比较发达，清初以来，汇聚了以萧云从为首的一批画家，形成颇有影响的姑熟画派。黄钺诗礼传家，祖父精于鉴赏绘画，其兄黄裳也颇知绘事。他少年时代就喜爱绘画，十七岁画有松石间小像。他结交了不少画友，如邵友园兄弟、萧春园、戚叔楷、梅农、王子卿、金叶山等，相互酬唱，吟诗作画，切磋画艺。他在《题画》诗中写道：“我友金叶山，嗜画若饮食。一日缺不可，自朝至中昊。吴楚齐晋间，所至多遗墨。平生师耕烟，意境颇有得。六法无一欠，微惜少光色。我时劝濡毫，何妨姑近墨。君亦常规予，皴法毋遽景。开帧记前言，我心为感恻。”《春夜与邵友园兄弟家兄补之论画》诗也记述了与友人论画的情景。他入仕后，曾奉诏编纂《秘殿珠林》及《石渠宝笈续编》，得以遍览内府珍藏，鉴别真伪，品评等次，绘画创作臻于圆熟，也为其绘画理论研究奠定了基础。

黄钺少有画名，擅长山水，兼善花卉，尤好画梅。他早年远师董源、巨然，近师姑熟画派，所画山水，层峦叠嶂，不使人一览而尽，深得萧云从遗韵。晚年专学王原祁、王石谷，笔墨苍厚。画梅清润明丽，有恽南田之风。他的画常进呈清帝，“久邀睿赏”，与董邦达齐名，时称“董黄”。他长期“总持艺苑，晚岁名益重”，士大夫好六法者多执贽其门，人们不惜重金购求，牟利者随即模仿伪造，兜售于市，以至“赝作杂出”。他在一首诗中写道：“少年好学画，卤莽不入格。虽为侪辈夸，未睹宋元迹。流传五十年，乡里谬矜惜。因今赝本多，赚客谋儋石。万钱买一帧，饼金购一册。远近卷送观，披展笑哑哑。不思画中山，竟可救饥馁。却怜湖上田，贱卖弃如掷。”黄钺于书法摹印亦颇有造诣，童年即以书受师友赏识，晚年目近于盲，犹能作书，求书者络绎不绝。其书风骨秀异，摹印则师承秦汉，秀妩中具刚劲之致。

黄钺在艺术上的最大贡献，是对于画论和画史的研究。他除了二百几十首题画论画诗外，还有专著《二十四画品》和《画友录》，对历代名家画迹和当时许多绘画作品鉴赏评品，表现出丰富的艺术见解和美学思想。特别是《二十四画品》以四言韵语曲达画趣，足与司空图《二十四诗品》并传，历来为画学研究者推重。其画学理论贡献主要表现在以下三个方面：

第一，设格甚宽，不拘一隅，对中国画的艺术风格作出全面的概括、总结。黄钺说：“昔者画缋之事，备于百工，两汉以还，精于学士。谢赫、姚最并有书传，俱称画品。于时山水犹未分宗，止及像人肖物。钺涂抹余闲，乃仿司空表圣之例，著《画品》廿有四篇，专言林壑理趣。”（《二十四画品序》）谢、姚只是对“像人肖物”之画总结评品。嗣后继起的画论著作，对文人山水画的评论，也是或论风格疏而未备，或对各家各派有所轩轾，如莫是龙、董其昌、陈继儒等褒“南宗”贬“北宗”。黄钺在画派上虽属“南宗”，但不守门户之见。他在《赠邵友园》诗中写道：“探微六法首气韵，一洗繁重归精华。那知俗眼重形似，儿童之见争喧哗。妄将皴法强分别，若者斧劈谁披麻。”他非常重视中国画“气韵生动”的艺术情境，批评那种强行分派，是此非彼的作法。他在全面总结历代绘画创作，特别是宋元以来文人山水画的基础上，仿照唐代司空图《诗品》的体例，对各种风格归类概括，厘为二十四品，计有：气韵、神妙、高古、苍润、沉雄、冲和、澹远、朴拙、超脱、奇辟、纵横、淋漓、荒寒、清旷、性灵、圆浑、幽邃、明净、健拔、简洁、精谨、隽爽、空灵、韶秀。他摹神取象，“专言林壑理趣”，努力探索文人山水画的艺术风格特征和它的形成原因，并予以细致生动的描述，弥补前人之不足，丰富了中国绘画的理论。

《二十四画品》以诗论画，用清丽简洁的韵语，将画境、风格化为意象，理论寓于形象之中，以具体、生动的形式表现出来。如《冲和》：“暮春晚霁，赪霞日消。风雨虚铎，籁过洞箫。三爵油油，毋铺其糟。举之可见，求之已遥。得非力致，失因意骄。如彼五味，其法维调。”《淡逸》：“白云在空，好风不收。瑶琴罢挥，寒漪细流。偶尔坐对，啸歌悠悠。遇简以静，若疾乍瘳。望之心移，即之消忧。于诗为陶，于时为秋。”《明净》：“虚亭枕流，荷花当秋。紫药的的，碧潭悠悠。美人明装，载桡兰舟。目送心艳，神留于幽。净与花竞，明争水浮。施朱傅粉，徒招众羞。”这些诗可以引发读者的丰富想象，体味和领悟中国画风格、意境特点。可以说《二十四画品》“把中国绘画批评推入了一个独特的境地”（温肇桐语）。

近人余绍宋评论《二十四画品》说：“措词典雅清新，斐然可诵。惟以‘气韵’‘性灵’两端为画品，似未甚协，盖各品之画，俱不能离此两端也。”（《书画书录解题》）此论虽不无道理，不过黄钺将“气韵”“性灵”列为画品，也并非无因。谢赫首倡“气韵生动”说，主要是对人物画而言的，要求生动地表现出人物的精神气度，后用以评品山水画，则发展为对整个绘画艺术的要求，虽然如此，但在不同风格的作品中，具体表现则有显有晦，以显者为品，似无不可。其特点是“如音栖弦，如烟成霭。天风冷冷，水波粼粼。体物周流，无小无大”。它“妙在画外”，意味无穷。至于“性灵”，在明清诗论中，与“神韵”“格调”“肌理”诸说并列，其风格特征似更加明显，它重在诗要尊重个人性情，表现自我，即袁枚所说的，“惟能运一己之性灵，便觉我自为我”。这是诸如“委曲”“实境”“超脱”“流动”等风格的画作所难以表现的，把“性灵”列为画品则尤为顺理成章。从这里可以看出，黄钺论画不拘守一家一派的艺术思想，而是根据各家各派的绘画风格，加以综合归纳，写出了《二十四画品》，几乎囊括了中国绘画作品的所有风格，这是他的一个突出贡献。

第二，对前代和同时代画家画迹悉心评赏，写作了颇为繁富的题画论画诗，表现出高强的艺术鉴赏力和丰富的美学思想。黄钺平生喜画，评鉴过大量绘画作品，“平生爱画似刘侯，千轴江山贮两眸。客若纵观无不可，为君一一细追求”（《读画》之十七）。因此，他论述绘画艺术发展，溯源讨流，脉络清楚，评品各家画作艺术特点和成就得失，切中肯綮，十分精当，并澄清了时人不少误解和谬识。如《题恽寿平荷花卷》：“传神大似包山子，疏影遗形陈白阳。要识南田真妙处，腕中直是有徐黄。”指出恽南田与陆治、陈进复、徐熙、黄筌的师承关系。《观戚叔楷作花鸟因赠》能够结合花鸟画的形成、发展和演变的历史，对戚叔楷的花鸟画作出客观正确的评价。又如：

山色苍茫树影浓，梅花老衲气沉雄。
后来三昧为谁得？只有南湖白石翁。

五年七见山樵迹，此老于吾信有缘。
争似雅宜山色好，流云湿翠特新鲜。

衡山著意摹希远，赤壁图成迥轶群。
却笑世人多耳鉴，强将细沈配粗文。

六如风格殊高古，皴法分明是李唐。
伯仲之间视文沈，眼中未必有周郎。

三王合卷赠巢民，萧散虚和学富春。
顷见秋山红树本，廉州似有捉刀人。

——《读画》

这些诗对沈石田、王蒙、文徵明、唐寅、三王（原祁、石谷、玄照）的评鉴，若无深厚的学识和独到的见解，是难以如此精微的。从他的题画论画诗来看，黄钺的绘画美学思想约有如下数端。

甲，重人品，尚气节。他认为作画“笔踪要与性情俱”，强调画家要注重人格修炼，其论画即以此为首要标准。如《宋徽宗画听琴图》对蔡京的题画，《赵文敏临李唐晋文春秋图》对赵孟頫的品节都提出了尖锐的批评，对萧云从、文天祥的高尚气节则倍加崇敬，予以赞扬。芜湖画家孙据德毁家纾友之难，他详为记述，给以好评。

乙，贵学识，重性情。黄钺认为“作文贵学识，为诗先性情”，写画同样如此。他对许多绘画作品的评鉴非常重视情感体验，能品评出其中的“意味”“情韵”，又能以学识为基础。如《文信国琴图次司农夫子韵》即以史考图，他尽管崇敬文天祥，也能指出其有违史实之处，表现出实事求是的作风。《巴孟嘉自歙以萧尺木画寄赠》评萧画写战国时魏文侯礼事段干木的故事：“是时尚简策，安得有卷轴，何况印板书，权舆唐之蜀。”指出图中画一高人伏案读书不符合历史真实，他由此感叹道：“乃知画有学，勿以艺事目。”

丙，不囿古法，重在“神似”。黄钺主张扫除“繁重”，归于精华，批评那种只重“形似”的“俗眼”，提出“气韵还从书卷出”，艺术家要读万卷书，“腕有古人”，但又不囿于古，做到“驱役众史，不名一家”，既入法又破法。如果一味效法古人，死守传统法度，就会“积法成弊”，因此要敢于“舍法”，“听其自然”，纵其性灵，抒写怀抱，如此作品方能有“士气”，“极其神妙”。

丁，亲近自然，师法造化。黄钺认为艺术家游历名山大川，坐春风，观层林，亲近自然，师法造化，才能“耳目既饫，心手有喜”，“遇物自肖，设象自形”。他深有感触地说：“从知论画易，不敌作画难。譬如家居人，罔识天地宽。冰天雪窖足未至，坐曝风日宁知寒？”“更思笔墨皆我用，慎勿与心离为三。但须心存目想会得古人意，自然腕下芜秽皆潜芟。”（《春夜与邵友元兄弟家兄补之论画》）这都表明黄钺深谙艺术辩证法。

第三，记录画史，考述画迹，为中国画研究提供了宝贵史料。他除了在一些题画诗及其附注中记录了现已失传绘画作品及有关故实外，还写一了一卷《画友录》。明末清初，萧云从学倪云林、黄公望而自成一家，其后，一批寓居芜湖的画家学习萧画，形成姑熟一派。黄钺于乾隆六十年乙卯（1795）对姑熟派进行总结，“综同里诸君暨国初诸老之善画者”，写成《于湖画友录》，后来，他在此基础上“因即夙所见闻，重为编次”，题曰《画友录》。《画友录》记述清初至乾隆年间寓居芜湖的七十二位画家的生平轶事，对他们的师承关系、画艺成就考述评骘，保存了不少史料，辨证了一些误传，如对萧云从兄弟、父子的籍贯、画作、科名等依据其著作、墓碑加以考辨。铁画艺术产生于芜湖，它以“铁的资料，创造优美的图画”（郭沫若语），是我国工艺美术的奇葩。铁画制作的始祖为汤鹏（字天池），汤氏早年赁居黄家，与黄家交谊甚深，岁末常以作品抵赁金，故其家藏品不少。黄钺写有《汤鹏铁画歌》，对其生产、制作、艺术特色以及得萧云从指点和合作，述之甚详。这些都是研究中国画史不可多得的珍贵材料。

黄钺系清代嘉庆、道光两代重臣，又是诗人、画学家。他的《壹斋集》有着较为丰富的历史文化内容，对于研究我国传统文化，编纂地方史志，开放旅游景观，特别是画论、画史的研究，均有着重要的价值。本文对黄钺的生平建树、诗画创作，艺术思想作了初步的评述，意在抛砖引玉，引起学界的重视，如有不当之处，尚祈方家批评指正。

［与凤文学合作，原系《壹斋集》（校点本）前言，
载于《江淮学刊》，1995年第4期］

短章散论

鲁迅：做党的“一个小兵”！

中国共产党是无产阶级的先进政党，领导人民大众进行反帝反封建的新民主主义革命，并以建设社会主义为奋斗目标。鲁迅在实现了世界观的根本转变之后，把彻底改变国家贫穷落后的面貌、人民大众得解放的希望寄托在共产党的身上，积极投身于无产阶级革命事业中来，成为共产党人的最可靠、最忠诚、最英勇的同志和战友。正如毛主席所说的：“他并不是共产党组织上的一人，然而他的思想、行动、著作都是马克思主义化的。”据冯雪峰《回忆鲁迅》所记，有一次，他和鲁迅谈到我们党和毛泽东同志的时候，鲁迅怀着一种忘我的、幸福的感情说：“我想，我做一个小兵还是胜任的，用笔！”他虽然不是共产党员，却能自觉自愿地在党领导下的革命队伍中做普通一兵，用笔杆子参加战斗，既“怒向刀丛觅小诗”，无情地揭露反动政权的丑恶本质；又“只研朱墨作春山”，积极地展示美好的未来。他对党所领导的革命事业怀着多么深厚的感情呵！

鲁迅从“五四”时期到生命的最后一息，一直同我们党有着密切联系，与很多党内同志成为亲密战友，对于党有着正确认识和深厚感情。在“五四”新文化运动中，他就同党的创始人李大钊、陈独秀有所接触，并一起战斗过，称道他们是”革命先驱者”，并明确地说自己显示“文学革命实绩”的小说、杂文，是听从“革命先驱者的命令”写出来的“遵命文学”，是同他们“取同一步调的”。1927年初，鲁迅从厦门到广州任中山大学文学院长兼教务主任。他敏锐地觉察到这里是“官僚与商人的国土”，

"红里夹白"，存着一股反动势力的暗流。对于鲁迅的到来，中共粤区委员会和中山大学党支部曾作了专门研究，决定派人同鲁迅联系，并将党所主办的刊物送给他；区党委书记陈延年与鲁迅会面并倾心而谈，毕磊等青年党员与他的交往就更多了。这使鲁迅对党有了进一步的认识和了解，在"红"与"白"的对垒中，他坚定不移地站在革命的立场上。广州"四·一五"大屠杀事件发生后，鲁迅毫无畏惧地营救被捕的共产党员和革命青年，当营救无效时，他愤然辞去中山大学的一切职务，学校当局一再挽留，三次退还聘书。他在《而已集·题词》中说："泪揩了，血消了，屠伯们逍遥复逍遥，用钢刀的，用软刀的，然而我只有杂感而已。"他怀着无限悲痛的心情悼念牺牲的革命战士，愤怒地揭露和控诉了屠伯们的血腥罪行，并决心以自己的杂文作刀枪，同敌人继续战斗下去。鲁迅没有被反革命暴行所吓倒，坚信共产党人点燃的革命之火还会燃烧起来，把镇压革命的刽子手们烧成灰烬，革命运动是会从低潮走向高潮的。他在《野草·题词》中用象征性的语言写道："地火在运行，奔突；熔岩一旦喷出，将烧尽一切野草，以及乔木，于是并且无可腐朽。"①从这里可以看到鲁迅在白色恐怖笼罩下所表现的革命乐观主义精神。

1927年10月，鲁迅从广州到了上海。在广州时，他就打算同创造社联合起来，共同战斗；他到上海后，还同创造社主要成员商定联名恢复出版创造社的刊物。可是，太阳社、创造社的有些同志由于"左"倾教条主义思想严重，却把批判的矛头指向了鲁迅，进行了一场"革命文学"论战，同时，鲁迅还受到来自以梁实秋为代表的"新月派"右的方面的攻击。鲁迅此时的处境，他曾形象而又幽默的说过，就是左太阳，右新月，真可谓"劳资媲美"了。他虽然左右受敌，却不妥协地进行了斗争。1929年下半年，党中央提出革命文艺界要联合起来，结束同鲁迅的论争，并派冯雪峰、夏衍等与鲁迅商谈，鲁迅欣然同意，并决定成立左翼作家联盟。在1930年3月2日左联成立大会上，鲁迅发表了著名的讲话《对于左翼作家

①《鲁迅全集》，第2卷，人民文学出版社，1982年，第159页。

联盟的意见》，标志着同党的关系进入了一个新的阶段。

鲁迅最后的十年，是在党的领导下工作、战斗的十年，也是革命业绩最为辉煌的十年。党引领着鲁迅前进，给鲁迅以力量：鲁迅服膺于党的革命事业，为之作出了重大贡献。

首先，鲁迅领导着左翼作家联盟，团结文化界进步力量，在严酷的白色恐怖之下，进行英勇斗争，粉碎了蒋介石反革命集团的“文化围剿”，使之“一败涂地”，大大地扩展和加强了无产阶级的思想文化阵地。鲁迅正是在反“文化围剿”的战斗中，成为“这个文化新军的最伟大最英勇的旗手”。我们安徽有位著名女作家苏雪林，在鲁迅逝世后不久，发表了《与蔡孑民先生论鲁迅书》，这是我所见到歪曲和攻击鲁迅最凶狠的一篇文章，但她也还讲出了一点鲁迅领导下左翼文艺运动的巨大力量和影响的实情。她说：“今日新文化已为左派垄断，宣传共产主义之书报，最得青年之欢迎，一报之出，不胫而走，一书而出，纸贵洛阳。”①

鲁迅在《黑暗中国的文艺界的现状》中说：“现在，在中国，无产阶级的革命的文艺运动，其实就是惟一的文艺运动。……现在来抵制左翼文艺的，只有诬蔑，压迫，囚禁，杀戮；来和左翼作家对立的，也只有流氓，侦探，走狗，刽子手了。……但是，这用刀的‘更好的文艺’，却在事实上，证明了左翼作家们正和一样在被压迫被杀戮的无产者负着同一的命运，惟有左翼文艺现在在和无产者一同受难（PASSION），将来当然也将和无产者一同起来。单单的杀人究竟不是文艺，他们也因此自己宣告了一无所有了。”②1931年3月，他在致韦素园的信中又写道：“我若存在一天，终当为文艺尽力，试看新的文艺和在压迫者保护下的狗屁文艺，谁先成为烟埃。……无论如何，将来总归是我们的。”③鲁迅同坚信“唯新兴的无产者才有将来”一样，明确地指出：在蒋介石反动势力保护下的反动文艺必将灰飞烟灭，而在他们压迫、摧残下的新兴的无产阶级文艺，必将获得胜

①《奔涛》半月刊，1937年，第2期。

②《鲁迅全集》，第4卷，人民文学出版社，1982年，第287—288页。

③《鲁迅全集》，第12卷，人民文学出版社，1988年，第35—36页。

利，为人民大众的解放事业服务。在这个意义上，它在文艺领域就不只是“一角”，而是“全般”。

冯雪峰在《回忆鲁迅》中说：“鲁迅先生热爱我们党，是由于对我们党的认识。”鲁迅对我们党的认识，用他最为简明扼要的话说，就是：“共产党是火车头。”火车头是能够以其巨大力量带动、引领时代的列车前进的。正因为有了这样的认识，鲁迅在党所领导革命斗争过程中，不管遇到多少艰难曲折，甚至暂时的失败，思想上没有动摇过，行动上同一步伐，并肩战斗。第一次国内革命战争时期，由于蒋介石叛变革命和党内的右倾错误，革命运动进入低潮。但是，共产党人并没有被斩尽杀绝，而是揩干自己身上的血迹，掩埋好同志的尸体，又继续战斗了。鲁迅此时不仅没有被反革命的白色恐怖所吓倒，反而进一步认清了敌人的真面目，在“无声的中国”看到“地火在运行”，并在世界观上发生了根本转变，同党站在一起进行战斗。在十年内战时期，鲁迅一方面领导左翼革命作家，团结大批进步的文艺工作者，粉碎了国民党反动派的“文化围剿”；另一方面密切关注着民族抗日战争形势。由于蒋介石反动派实行“攘外必先安内”的政策，消极抗日，积极反共，加之投降派散布“战而必败”论调，致使有人说什么“中国人失掉自信力了”。鲁迅对于这种悲观主义论调予以严厉的批驳，认为中国人民是有决心、有自信、有力量战胜敌人、保卫祖国的，失去“自信力”只是极少数民族败类。他在《中国人失掉自信力了吗》一文中写道：

> 我们从古以来，就有埋头苦干的人，有拼命硬干的人，有为民请命的人，有舍身求法的人，……虽是等于为帝王将相作家谱的所谓“正史”也往往掩不住他们的光耀，这就是中国的脊梁。
>
> 这一类的人们，就是现在也何尝少呢？他们有确信，不自欺；他们在前仆后继的战斗，不过一面总在被摧残，被抹杀，消灭于黑暗中，不为大家所知道罢了，说中国人失掉了自信力，用以指一部分人

则可，倘若加于全体，那简直是诬蔑。[1]

鲁迅怕人不理解他的话语之所指，还特地要人们“去看看地底下”。这就是说，被国民党反动派军事围剿、残酷镇压的共产党及其领导的革命队伍，是中国人民的真正“筋骨和脊梁”，是改变中国内忧外患局面信心和力量之所在。所以，当我党领导的工农红军冲破国民党军队的围追堵截，历经千难万险，进行二万五千里长征到达陕北时，鲁迅与茅盾致函祝贺说：

英勇的红军将领和士兵们，你们勇敢的斗争，你们伟大的胜利，是中华民族解放史上最光荣的一页，全国民众期待你们更大的胜利。全国民众正在努力奋斗，为你们的后盾，为你们的声援。……在你们身上，寄托着人类和中国的将来。

鲁迅对于中国共产党有着坚定不移、无可动摇的信念，任何力量都改变和破坏不了鲁迅同党关系。他坚决站在党的一边，排除来自“左”的和右的干扰，积极拥护和执行党的路线、方针政策，表现出高度的自觉性和原则性。在华北事变发生后，民族矛盾上升为主要矛盾，救亡图存摆在每一个中国人的面前。我们党从全国人民的根本利益出发，于1935年发表了著名的《八一宣言》，提出停止内战，一致对外，建立抗日民族统一战线。当时尚未正式开张、公开买卖的托派分子，化名陈仲山给鲁迅写信，以极“左”的面貌出现，挑拨离间鲁迅与党的关系，攻击党的抗日统一战线政策。鲁迅抱病写出并公开发表了著名的《答托洛斯基派的信》，根本不吃“吹捧”他的那一套，撕掉他们“革命”的伪装，暴露其形左实右、卖国求荣的嘴脸，坚决捍卫党的抗日统一战线政策。他义正词严地指出：

你们的“理论”确比毛泽东先生们高超得多，岂但得多，简直一是在天上，一是在地下。但高超固然是可敬佩的，无奈这高超又恰恰

①《鲁迅全集》，第6卷，人民文学出版社，第118页。

为日本侵略者所欢迎，则这高超仍不免要从天上掉下来，掉到地上最不干净的地方去。因为你们高超的理论为日本所欢迎，……我只要敬告你们一声，你们的高超的理论，将不受中国大众所欢迎，你们的所为有悖于中国人现在为人的道德。①

在揭露了托派分子卑劣行径的同时，他称道共产党人是真正为着抗日救国、民族生存的“流血奋斗者”，将他们看作是自己的“同志”。他说：“那切切实实，足踏在地上，为着现代中国人的生存而流血奋斗者，我得引为同志，是自以为光荣的。”鲁迅站在反抗日寇侵略、伸张民族大义的立场上，是非分得何等清楚，爱憎的态度是何等鲜明、强烈！

鲁迅在《论现在我们的文学运动》《答徐懋庸并抗日统一战线问题》等文中，他在反对托派极“左”的取消主义谬论的同时，也批评忽视无产阶级及其政党在抗日统一战线中领导作用的右的错误倾向，这在“国防文学”的倡导者中的少数人中是有所表现的，认为无产阶级“只以特殊资格去要求领导权”，就会“吓跑别的阶层的战友”。因此，在“两个口号”的论争中，鲁迅在进一步表明自己无条件的拥护并加入抗日统一战线的同时，把阶级立场与民族立场统一起来，强调了无产阶级在统一战线中发挥领导作用的重要性。他说：“中国目前的革命的政党向全国人民所提出的抗日统一战线的政策，我是看见的，我是拥护的，我无条件地加入这战线，那理由就因为我不但是一个作家，而且是一个中国人，所以这政策在我是认为非常正确的我加入这统一战线，自然，我所使用的仍是一支笔……。”②他还特别指出：新的“国防文学”口号的提出，我们“不能看作革命文学运动的停止，或者说‘此路不通’了。……决非革命文学要放弃它的领导的责任，而是将它的责任更加重，更放大，重到和大到要使全民族，不分阶级和党派，一致去对外。这个民族的立场，才真是阶级的立

①《鲁迅全集》，第6卷，人民文学出版社，第588页。

② 同上，第529页。

场”。[1]鲁迅当时如果对中国共产党缺乏坚定的信念，没有成熟的马克思主义世界观，是不可能把阶级立场与民族立场统一起来、以革命辩证法的思想来理解和阐发党的抗日统一战线政策的。

鲁迅作为“精神界的战士”，“党的一个小兵”，为党还做了大量的实际工作。他参加了的“三盟”（中国自由运动大同盟、左翼作家联盟、中国民权保障同盟）、“一会”（世界反对帝国主义战争远东委员会）等党组织、领导下政治、文化活动，甚至不顾个人安危，出席民权保障同盟会议，出门不带钥匙；帮助传递党的文件和信息，保存革命烈士的珍贵文稿（如方志敏的《可爱的中国》、瞿秋白的遗文）；他靠稿费生活，尽管收入有限，还为革命团体提供活动经费，给牺牲的革命者家属、遗孤寄钱；他还不顾身家性命，接待和掩护来自中央苏区和上海地下党的同志。在战斗中，与党内同志建立了深厚的革命友谊，予以切实的帮助，引为知己，情同手足。鲁迅与瞿秋白、柔石、冯雪峰等同志有着非常亲密的关系。瞿秋白十分关心、珍重、敬爱鲁迅。1930年6月，他从莫斯科回到上海后，在同鲁迅见面之前，就致信鲁迅以“敬爱的同志”相称，并满怀深情地写道：“我们是这样亲密的人，没有见面的时候就这样亲密的人。这种感觉，使我对于你说话的时候，和对自己说话一样，自己和自己商量一样。”（《关于翻译的通信》）两人后来“一见如故”，“交往密切，倾心而谈，亲如家人，在尖锐的对敌斗争中，完全成了为党尽其忠诚、同甘苦共患难的知己”。（许广平《鲁迅回忆录》）瞿秋白对鲁迅既知其人，又知其文，写出了在中国新文化史上具有重要意义的《鲁迅杂感选集·序言》，可以说这是第一篇以马克思主义观点、方法，分析、评价鲁迅思想发展及其杂文思想艺术价值的重要论文。鲁迅在其书录清人何瓦琴句赠瞿秋白的一副对联也同样表达了同志加兄弟的深厚情谊：“人生得一知己足矣，斯世当以同怀视之。”这种革命友谊，光照日月，永存人间，值得赞美和学习！

鲁迅既同很多共产党员结下了深厚的革命友谊，又能毫不留情地对党

---

①《鲁迅全集》，第6卷，人民文学出版社，第590页。

内同志错误的思想、行为抵制和批评，表现出高度的革命原则性。在“革命文学”论争中，他批评了我们有些同志“唯我无产阶级”、脱离实际、脱离群众，“左”倾幼稚的错误观点，指出他们是“突变”过来小资产阶级知识分子，世界观并未从根本上转变到无产阶级方面来。鲁迅在《现今的新文学的概观》中说：

> 从这一阶级到那一阶级去，自然是能有的事，但最好是意识如何，便一一直说，使大众看去，为仇为友，了了分明。不要脑子里存着许多旧的残滓，却故意瞒了起来，演戏似的指着自己的鼻子道，“唯我无产阶级”。①

这对于当时太阳社、创造社的一批革命作家，只是初步接受了马克思主义，世界观基本上还是小资产阶级的，如果以“唯我无产阶级”自居，忽视世界观的改造，不“大众化”，而去“化大众”，那是存在着“突变回去”的危险的。鲁迅的话可谓一语中的，是很有警示作用的。在领导“左联”工作和“两个口号”论争中，鲁迅对党内有些同志身上存在的关门主义、宗派主义也进行严肃、尖锐的批评，提出了处理文艺界无产阶级的领导作用与抗日统一战线关系的正确主张。鲁迅批评他们的错误思想，有时用语很尖刻，说过头话，如在《答徐懋庸并抗日统一战线问题》中，说徐懋庸式青年以革命“指导家”面孔出现，“他们巧妙地扼杀革命的民族的力量，不顾革命的大众的利益，而只借革命以营私，老实说，我甚至怀疑过他们是否系敌人所派遣”等；但紧接着又说：“我决不愿来断定他们是什么人，但倘使他们真的志在革命与民族，而不过心术的不正当，观念的不正确，方式的愚蠢，那我就以为他们实有自行改正一下的必要。”他还表明自己“怀疑以至憎恶”周起应（周扬），但又说：“自然，周起应也许别有他的优点，也许后来不复如此，仍将成为一个真正的革命者。”可见，鲁迅还是把同他们的论争看成革命队伍内部的问题，没有将他们作为敌

①《鲁迅全集》，第4卷，人民文学出版社，1988年，第223页。

人，而是视为同志的，只是急切希望他们改正错误，用了点“猛药”罢了。他们之间虽然产生过误解、意见分歧和不愉快的事情，但毕竟是“一家”，而不是“两家”，在革命的大方向、大目标上还是一致的。

这里，为了说明鲁迅革命的原则立场，根据有关回忆，介绍李立三与鲁迅的一次谈话。1930年春，作为党中央的主要领导人李立三找鲁迅谈话，可能是以左倾冒险主义思想为出发点吧，他对鲁迅说：“你是教育文化界很有名望的人，写一篇大文章，痛骂一下国民党反动派是会起很大作用的。”鲁迅说：“写一篇文章是很容易的，但是，我在这与反革命斗争的要地，就站不住了。”李立三说：“黄浦江里有外国船，你就上船到外国去嘛！”鲁迅说：“叫我离开这个地方，到外国去，我就写不出文章了，也就无法参加战斗了。”这场谈话，颇为典型地反映了鲁迅的战斗性格。他一向反对脱离实际、高喊口号、急功近利、不计后果的“空头革命家”。他在《对于左翼作家联盟的意见》中说：

> 倘若不和实际的社会斗争接触，单关在玻璃罩内写文章，研究问题，那是无论怎样的激烈，“左”，都是容易办到的；然而一碰到实际，便即刻要撞碎了。①

在国内脱离实际、关起门来写文章、研究问题，都与革命没有意义，跑到国外不仅“写不出文章”，更“无法参加战斗”了，鲁迅怎么会只图一时的“轰轰烈烈”而逃离战场、不参加战斗呢?!

总之，鲁迅自愿做党的“一个小兵”，是以马克思主义为思想武器，为实现党的革命目标“用笔”进行战斗的。他对中国的历史和现状有着深刻的认识和理解，决心脚踏实地的工作，打“壕堑战”，进行“韧性战斗”，一步一个脚印地前进，永不止步，永不回头，直至胜利。他绝不是那种只会“做驯服工具”或“见风使舵”的人，而是一位有个性、有见识、有理想的真正的革命家。毛主席在《论鲁迅精神——在陕北公学的讲

①《鲁迅全集》，第4卷，人民文学出版社，1988年，第233页。

话》中对鲁迅的革命精神和战斗品格作出了准确而深刻的概括："他在黑暗与暴力的进袭中，是一株独立支持的大树，不是向两旁偏倒的小草。他看清了政治的方向，就向着一个目标奋勇地斗争下去，决不中途投降妥协。"[①]鲁迅虽然没有在组织上加入中国共产党，但他是"党的一个小兵"，战斗到生命的最后一息。时下有人想方设法贬低鲁迅，把他看作是民主主义的作家，实在使人难以信服。毛泽东同志在《新民主主义论》中对鲁迅的评价是无可动摇的："鲁迅是中国文化革命的主将，他不但是伟大的文学家，而且是伟大的思想家和伟大的革命家。鲁迅的骨头是最硬的，他没有丝毫的奴颜和媚骨，这是殖民地半殖民地人民最可宝贵的性格。鲁迅是在文化战线上，代表全民族的大多数，向着敌人冲锋陷阵的最正确、最勇敢、最坚决、最忠实、最热忱的空前的民族英雄。鲁迅的方向，就是中华民族新文化的方向。"[②]

（节选自1991年蚌埠市"纪念鲁迅诞辰110周年大会"的报告稿）

① 见《人民日报》，1966年10月22日。

②《毛泽东选集》，第2卷，人民出版社，1952年，第691页。

我以我血荐轩辕

——学习鲁迅的爱国主义精神

今年九月二十五日，是鲁迅先生诞辰一百一十周年。鲁迅的一生，是为民族解放、国家富强和人民幸福英勇战斗的一生。一百多年来，我们国家发生了翻天覆地的变化，由一个贫穷落后的半封建半殖民地的旧中国变成繁荣富强的社会主义新中国。鲁迅在光明与黑暗、前进与倒退、革命与反动的激烈斗争中，为了“战取光明”，驱除黑暗，创造新生活，迎接新社会，始终站在时代的前列，冲锋陷阵，无私无畏，把一切献给了祖国和人民的解放事业，成为中国文化革命的巨人和伟大的爱国主义者。鲁迅精神是我们的“民族魂”，是中华民族最宝贵的精神财富，发放出永不熄灭的思想光辉。今天，我们纪念鲁迅，学习鲁迅，最基本、最重要的就是以鲁迅“我以我血荐轩辕”献身精神，为了振兴中华、实现“四化”和人民生活幸福，有一分热发一分光，韧性战斗，苦干实干，贡献出自己的智慧和力量。

鲁迅的一生是追求革命真理、探寻救国救民道路的一生。从鸦片战争开始，帝国主义用军舰大炮打开了封建锁国的大门，中国一步步沦为半封建半殖民地国家，积贫积弱，落后挨打，人民大众处于水深火热之中。鲁迅青年时代，满怀爱国之情，报国之志，东渡日本留学，寻求救国救民的道路。他对西方列强侵占我国领土、掠夺我国资源的强盗行径，表示强烈不满，无比愤慨，发出义正词严的警告：“中国者，中国人之中国。可容外族之研究，不容外族之探险；可容外族之赞叹，不容外族之觊觎者也。”[①]他痛斥割让国家领土、出卖矿产资源的反动统治者是一伙“民贼”，是“引盗入室”，“利身家而害群”的“汉族之大敌”。他身在异邦，心向中华，面对着风雨如磐、黯然无声的祖国，以忧愤深广的心情，于一九〇三年写下了那首脍炙人口的述怀诗《自题小像》：

灵台无计逃神矢，风雨如磐暗故园。
寄意寒星荃不察，我以我血荐轩辕。

他为了挽救国家危亡的命运，争取未来希望和光明前途，决心献出自己的鲜血和生命。这是多么深沉的民族忧患意识，多么强烈的爱国主义感情。“我以我血荐轩辕”，成为鲁迅终生不渝、坚守不移的爱国主义誓言！

中国大难临头，出路何在？光明前途在哪里？鲁迅经历了一个长期的、艰难而又痛苦的探索过程。他到日本起初是学医的，打算学成回国后，平时给民众治病，战时去当军医，以促进“国人对于维新的信仰”。有一次，他在一部反映日俄战争的影片中，看到中国人被砍头示众和充当看客的场面，受到很大的刺激和震动，深感对于愚弱的国民，“第一要著”是“改变他们的精神”，使之觉醒起来，而善于改变人的精神的当推文艺。于是，他毅然弃医从文，拿起文艺的武器，进行思想启蒙，提倡个性解放，批判封建旧文化、旧道德，解剖国民劣根性，以启发民众觉悟，提高精神素质，进而改造社会。文艺对于改变人们的精神状态，提高思想觉悟，作用确实是很大的，但它不可能从根本上改变整个社会制度。社会的根本变革，必须依靠人民大众的革命力量。鲁迅亲身经历了戊戌变法、百日维新、辛亥革命、“五四”新文化阵营的分化以及北洋军阀的混战，使他认识到点点滴滴的变法、改良，资产阶级革命的软弱无力，以及西方传来的卢梭的社会契约论、达尔文的进化论和杜威的实用主义等等，都不能解决中国社会的根本问题，救不了“三座大山”压迫下灾难深重的人民大众。他为此而荷戟彷徨，孤独苦闷，但并不消极悲观，长路漫漫，上下求

①《鲁迅全集》，第7卷，人民文学出版社，1957年，第218页。

索，坚持战斗。他通过马列主义的学习和事实的教训，严于解剖自己，纠正思想上的“偏颇”，终于找到了马克思主义的革命真理，走上一条救国救民的正确道路。

1927年，蒋介石发动“四·一二”反革命政变，革命进入低潮时期。在“寒凝大地”“万家墨面”白色恐怖中，鲁迅却由革命民主主义者转变成为一个共产主义者，他的爱国主义思想有了更为深厚的历史内容和新的战斗活力。他以马克思主义的立场、观点、方法观察和分析中国革命形势，结合自己对国情的丰富知识和深刻理解，从切身的体验中认识到“惟新兴的无产者才有将来”，只有无产阶级领导人民大众的民主革命才是救国救民的正确道路，将国家振兴的希望和光明的前途寄托在以毛泽东同志为代表的中国共产党人身上。1935年10月，中国工农红军爬雪山，过草地，历经千辛万苦，完成二万五千里长征，胜利到达陕北。病中的鲁迅得知这个消息后异常兴奋，致电党中央表示祝贺，满怀深情地说：“在你们身上，寄托着中国和人类的将来！”他虽然没有在组织上加入共产党，却是我们党最忠诚的同志和最亲密的战友，真正实践了他的誓言：“我以我血荐轩辕”！

鲁迅作为伟大的爱国主义者，为了国家的独立，民族的解放，同我们党站在一条战线上，英勇无畏地投身于抗日救国运动。华北事变后，日本帝国主义加紧侵略，步步进逼，大片国土沦丧，而国民党蒋介石卖力推行“攘外必先安内”政策，鲁迅愤怒地揭穿了他们的鬼蜮伎俩，指出他们“攘外”是假，“安内”是真，其实质是“迎外以安内”，对外敌侵略妥协退让，对内则加紧剿灭共产党，置民族的生死存亡于不顾。而中国共产党代表国家和人民大众的利益，提出建立抗日民族统一战线的主张，号召全国人民不分阶级、党派联合起来，停止内战，一致抗日。鲁迅认为这一政策是正确的，表示衷心的拥护和赞成，并无条件地加入这一战线，努力团结广大爱国作家、艺术家，组成文艺界的抗日联合阵线。而托派分子妄图利用鲁迅在文艺界统一战线问题上与党内有的同志的意见分歧，反对党的抗日民族统一战线政策。他们化名给鲁迅写信，以极左的面目出现，散布取消主义，挑拨鲁迅与党的关系，攻击中国共产党抗日统一战线主张是“出卖革命”。鲁迅看了这封信，极为愤怒，在病床上口授了著名的《答托洛斯基派的信》，公开揭露其丑恶嘴脸和反动本质，对其谬论严加驳斥，指出他们“高超”的“理论”，“恰恰为日本侵略者所欢迎”，“将不为中国大众所欢迎”，他们的“所作所为有悖于中国人现在为人的道德”。鲁迅旗帜鲜明地表示了自己的革命立场：“那切切实实，足踏在地上，为着现在中国人的生存而浴血奋斗者，我得引为同志，是自以为光荣的。”[①]由此可见，鲁迅实现了世界观和阶级立场的根本转变，把国家的前途和希望，民族的解放与振兴，同无产阶级和人民大众的革命事业紧密联系起来，因而他的爱国主义具有了全新的性质和革命的内容。

鲁迅是中国文化革命的巨人和英勇旗手，在思想文化战线上冲锋陷阵，为建设人民大众的新文化忘我工作，取得了最为丰富的思想成果，成为中华民族最可宝贵的精神财富。他在为祖国和人民“战取光明”斗争中，从马克思主义中获得了科学的思想武器，党和人民给他以无穷的战斗力量。他是“一株独立支撑的大树，不是像两旁偏倒的小草”，能坚持正确的原则立场，保持科学的、冷静的头脑，研究、分析问题，既不东倒西歪，也不偏执极端，富有唯物辩证法的思想光彩。他对于人民大众的敌人，主张“痛打落水狗”，“一个也不宽恕”，但又积极争取一切进步力量，共同战斗；他批判思想文化上的封建保守主义、复古主义，又反对民族虚无主义，主张继承和发扬优秀的传统文化；他无情地揭露“西崽文人”数典忘祖、崇洋媚外的奴才相，又提倡“拿来主义”，把外国好的东西大胆拿过来，为我所用。他在“左联”与共产党员并肩战斗，把他们看作“同一战壕的战友”，但对有的同志的宗派主义、关门主义思想作风，不能适应联合抗日形势需要，则予以严肃的批评，主张争取和团结一切愿意和赞成抗日的作家、艺术家，加入到抗日统一战线里面来。鲁迅掌握了马克思主义理论，把文学艺术看作是人民的事业，因而能够以清醒的革命现实主

①《鲁迅全集》，第6卷，人民文学出版社，1957年，第475—476页。

义态度对待文艺问题，表现出一个无产阶级战士革命的原则性和坚定性。鲁迅为中国人民的解放事业献出了毕生精力，建立了丰功伟绩，鲁迅精神是中华民族精神的结晶，充分体现了中华民族解放和振兴的时代精神，所以，在他逝世的时候，广大民众祭奠他，敬献了“民族魂”大旗，他是当之无愧的。毛泽东同志对他作出了最科学、最正确的评价：“鲁迅的骨头是最硬的，他没有丝毫的奴颜和媚骨，这是殖民地半殖民地人民最可宝贵的性格。鲁迅是在文化战线上，代表全民族的大多数，向着敌人冲锋陷阵的最正确、最勇敢、最坚决、最忠实、最热忱的空前的民族英雄。”[①]人们为什么称颂鲁迅是中国的“民族魂”？这是最好的回答！

鲁迅终生为之奋斗的目标已经变成现实，中华民族巍然屹立在世界的东方，中国人民被人欺侮、凌辱的时代一去不复返了。但是，鲁迅精神将永远与我们同在，仍然是鼓舞和激励我们继续前进的巨大力量，任何歪曲、贬损和丑化鲁迅的“高谈阔论”，不过是可笑不自量而已，丝毫无损于鲁迅的光辉形象。今天，我们学习鲁迅，就要像鲁迅那样，热爱自己的祖国和人民，增强民族的自信心和自豪感，提高民族的凝聚力和战斗力，既要弘扬优秀的民族传统文化，又要反对封建糟粕的沉渣泛起；既要大胆引进西方好的东西，又要反对崇洋媚外，全盘西化；既要继续解放思想，提倡理论创新，又要坚持四项基本原则，反对资产阶级自由化，不断提高自己的思想文化素质和精神境界，投身到振兴中华、实现“四化”的伟大事业中去，让鲁迅“我以我血荐轩辕”的爱国主义精神得以进一步发扬光大！

（原载《安徽师大报》，1991年10月5日）

①《毛泽东选集》，第2卷，人民出版社，1952年，第691页。

学习鲁迅，做人民大众的“牛”！

在纪念鲁迅诞辰一百周年的日子里，我们自然会记起他的两句诗来：“横眉冷对千夫指，俯首甘为孺子牛。”这两句诗真是“憎的丰碑”，“爱的大纛”，集中表现了鲁迅革命精神和光辉人格，是“鲁迅精神”生动形象的真实写照。他对敌人，毫不容情，坚决斗争；对人民，俯首为“牛”，无私奉献。毛泽东同志在《在延安文艺座谈会上的讲话》中论及文学艺术工作者必须和新的群众时代相结合，解决个人和群众的关系问题时说：“鲁迅的两句诗，‘横眉冷对千夫指，俯首甘为孺子牛’，应该成为我们的座右铭。……一切共产党员，一切革命家，一切革命的文艺工作者，都应该学鲁迅的榜样，做无产阶级和人民大众的‘牛’，鞠躬尽瘁，死而后已。”①

今天，我们纪念和学习鲁迅，就是要响应毛泽东同志的号召，继承和发扬鲁迅精神，做无产阶级和人民大众的“牛”，全心全意为人民服务，献身于社会主义现代化建设事业。

他是大众中的一个人

鲁迅在《门外文谈》中谈到知识分子与人民群众的关系时说：“他只是大众的一个人，我想，这才可以做大众的事业。”鲁迅对待人民大众的

---

①《毛泽东选集》,第3卷,人民出版社,1953年,第878页。

态度，不是居高临下的俯就，不是浅薄的怜悯同情，而是同他坚持不懈地探索救国救民的道路、为人民大众求解放、谋幸福紧密联系在一起的。他努力使自己成为“大众中的一个人”，“做大众的事业”，切切实实为人民大众谋利益，为人民大众的解放事业忘我地工作着、战斗着。

鲁迅从封建制度的“逆子贰臣”到成为“大众中的一个人”，从革命民主主义者到共产主义战士，经历了一个紧张探索、不断前进的思想发展过程。他出身于封建士大夫家庭，青年时代就看到了“上层社会的堕落和下层人民的不幸”，对“上层社会的堕落”深为不满和憎恶，对“下层人民的不幸”寄予深切的同情。资产阶级改良主义曾给青年鲁迅带来希望，他东渡日本学习，寻求救国救民的真理。回国后，满怀激情地参加了辛亥革命，可是这场革命虽然把封建皇帝赶下了台，但军阀官僚、地主豪绅把持地方政权，你争我夺，战乱频仍，老百姓除掉失去一根辫子之外，并未获得什么实实在在的好处。鲁迅对资产阶级领导的旧民主主义革命失望了，在失望中沉静地思索着祖国和人民的出路何在。五四运动给灾难深重的中华民族带来了振兴的希望，鲁迅从沉默中奋起，英勇地投入反帝反封建的斗争。他创作了显示“五四”新文化运动“实绩”的《狂人日记》等小说和大量杂文，深刻地揭露和鞭挞了封建专制制度的“吃人”本质，以“哀其不幸，怒气不争”的愤激态度，揭发出“国民”长期被封建主义的精神奴役所产生的“病根”“痼疾”，“以引起疗救的注意”。他从“科学与民主”的启蒙主义思想出发，期望国民挣脱封建主义的精神枷锁，彻底改变愚昧落后、麻木不仁的状况，从“不幸”中觉醒起来，掀掉封建统治者安排的“吃人的宴席”，为“改造国民性”创造一个新的“第三样的时代”。但由于受到启蒙主义思想的限制，他前期对劳动群众身上“因袭的重担”、消极落后面看得多些、重些，而对他们身上所蕴藏的革命能量则有些估计不足。因此，“五四”新文化运动高潮过去后，革命阵线发生分化，有的高升，有的颓唐，有的前进，而鲁迅则处于“两间余一卒，荷戟独彷徨”境地，发出了“新的战友在哪里”的感叹。他思想苦闷、彷徨，但并不消极悲观。“路漫漫其修远兮，吾将上下而求索。”他那忧国忧民的思想情怀，坚决反帝反封建的革命立场，使他继续艰苦地探寻着革命真理和人民大众解放的道路。

1927年前后，鲁迅学习了马列主义著作，重视联系中国社会和自己思想的实际情况，操着马克思主义这把锋利的手术刀，认真地、无情地解剖自己，加上蒋介石叛变革命“血的事实的教训”，“轰毁”了他的“进化论的思路”，世界观发生了根本转变，把立足点移到无产阶级和人民大众方面来。1928年初，他就非常明确地表示说：“农工大众日日显得着重，倘要将自己从没落中救出，当然应该向着他们去了。”[①]他认识到劳动人民是“中国的脊梁”，确信“惟新兴的无产者才有将来”，“无阶级的社会一定会出现”。他一旦认识人民群众的力量，看清了中国革命的正确道路，便决心真正成为“大众中的一个人”，毅然决然地投入到中国共产党领导的人民大众的反帝反封建的革命行列里来，组织和团结左翼革命作家，粉碎了国民党蒋介石的反革命的文化“围剿”。正是在这场严酷的斗争中，鲁迅成为“中国文化革命的伟人”。

鲁迅能够根据革命深入发展的需要，与时代一道前进，通过学习马列主义和实际斗争的考验，把立脚点移到无产阶级和人民大众的立场上来。鲁迅曾经说过：“倘若不是一切做的都和工农大众的利益相关，不身为工农阶级战斗的一员，那是不能称为马克思主义者的”。他为了人民大众根本利益，做着人民大众的事业，毫无保留地贡献出自己的一切。这就是他所说的“革命的爱在大众”的真谛所在，也是他“俯首甘为孺子牛”的根本基础。鲁迅的思想发展道路告诉我们，知识分子，包括文学艺术家，要全心全意为人民大众服务，必须首先成为人民大众中的“一个人”，即把立足点移到人民大众方面来，真正解决自己的政治立场和世界观问题。

①《鲁迅全集》，第4卷，人民文学出版社，1957年，第53页。

和革命共同着生命

中国共产党是无产阶级政党，领导着彻底反帝反封建的新民主主义革命，代表了人民大众的根本利益。鲁迅既是“大众中的一个人”，要做着“大众的事业”，就会无条件地加入无产阶级革命队伍中来，成为党的最可靠、最忠诚的同志和战友。他在思想文化战线上发挥主将和精神领袖的作用，为粉碎国民党反动派的文化“围剿”、创建和发展革命文化作出了伟大的贡献。毛泽东同志说：“鲁迅是在文化战线上，代表全民族的大多数，向着敌人冲锋陷阵的最正确、最勇敢、最坚决、最忠实、最热忱的空前的民族英雄。鲁迅的方向，就是中华民族新文化的方向。”①

鲁迅把中国人民解放事业的希望寄托在共产党的身上，当他得知中国工农红军完成举世闻名的二万五千里长征，胜利到达陕北的消息时，怀着十分兴奋和敬仰的心情，与茅盾联名致电党中央，表示祝贺说：“在你们身上，寄托着中国和人类的将来。”从党领导工农红军进行艰苦卓绝的长征中，他认识到只有共产党才能救中国，代表着人民大众的根本利益，是中华民族希望之所在。“九一八”事变后，蒋介石国民党政权实行“攘外必先安内”的政策，对日本侵略者妥协退让，大片国土沦丧，广大群众处于水深火热之中，致使有些人产生消极悲观情绪，认为“中国人丧失了自信力”。鲁迅便于1934年发表了《中国人失掉自信力了吗?》一文，批评这种论调，揭露国民党政权的不抵抗政策，指出“我们有并不失掉自信力的中国人在”。他说：“他们有确信，不自欺；他们在前仆后继的战斗，不过一面被摧残，被抹杀，消灭于黑暗中，不能为大家所知道罢了。说中国人失掉了自信力，用以指一部分人则可，倘若加于全体，那简直是诬蔑。”②这是何等鲜明的政治立场，何等坚定的民族自信心。这充分表明鲁迅相信人民群众保家卫国的力量，相信有共产党领导广大人民进行“前仆后继的

①《毛泽东选集》,第2卷,人民文学出版社,1952年,第691页。

②《鲁迅全集》,第6卷,人民文学出版社,1957年,第92页。

战斗”，中国人是不会失掉战胜日本侵略者的信心、勇气和力量的。

鲁迅在他战斗的一生中，一直同党保持着密切的关系。早在“五四”时期，他就同具有初步共产主义思想的党的创始人有所接触，一起战斗过，并称赞他们是“革命先驱者”，说自己的作品是遵奉“革命先驱者的命令”写出来的“遵命文学”。从厦门到广州以后，他同党组织有了直接联系。在蒋介石反革命集团制造的广州“四·一五”大屠杀中，他据理力争，不避艰险，营救被捕的共产党员和革命青年。当营救无效时，他愤然辞去中山大学的一切职务，以示抗议，表现出一个革命战士的严正立场。在上海的十年，鲁迅可以说是在党的领导下进行工作和战斗的。他领导着“左翼作家联盟”，与共产党员和革命作家并肩战斗，同国民党的封建法西斯文学、形形色色的资产阶级文学进行一次次交锋，粉碎了反革命的文化“围剿”，为无产阶级文学的发展开拓了道路。他还为党做了大量的实际工作，不顾个人安危，参加党组织的政治、文化活动；传递党的文件和消息，保存革命烈士文稿，帮助党员寻找组织关系；他靠稿费生活，尽管收入有限，还不时资助党组织和革命团体的活动经费，寄钱给革命烈士的家属、遗孤；等等。他同瞿秋白、柔石、冯雪峰等党内同志建立了亲密的关系。瞿秋白在给鲁迅的信中说：“我们是这样亲密的人，没有见面的时候就这样亲密的人。”鲁迅书写给瞿秋白的对联也表达着同样的感情：“人生得一知己足矣，斯世当以同怀视之。”这绝不是一般的私人情谊，而是同志加战友的革命深情。更难能可贵的是，当时“左联”党组织由于受到“左”倾错误思想的影响，有些革命活动和斗争方式，鲁迅是不满意的，并进行了批评和抵制；鲁迅与某些同志对有的文艺问题看法上存在着分歧，进行了公开的争论，严厉地批评了他们的思想作风，但并未因此影响他同党的关系，动摇他的“共产党是火车头”的信念。

在左翼革命文学运动中，鲁迅作为党的一名“小兵”，忠实于无产阶级和人民大众的解放事业，突出表现在他竭诚拥护党的路线、方针、政策，如同他自己要求革命的文艺家那样，“和革命共同着生命，或深切感受着革命脉搏的”。在中华民族处于生死存亡的紧急关头，共产党代表全国人民的利益，提出建立抗日民族统一战线的政策。鲁迅一再明确表示，他拥护这个政策，无条件地加入这个战线，并主张一切愿意和赞成抗日的文艺工作者，不分阶级、党派的在抗日的旗帜下联合起来，投入抗日救国的斗争。但同时，他又强调指出，建立抗日统一战线，并不是要放弃无产阶级的领导权，他说：“这绝非革命文学要放弃它的阶级的领导的责任，而是将它的责任更加重，更放大，重到和大到要使全民族，不分阶级和党派，一致去对外。这个民族的立场，才真是阶级的立场。”①当时，托派分子以极左的面目出现，竭力破坏抗日统一战线。他们化名给鲁迅写信，挑拨鲁迅与党的关系，恶毒攻击党的抗日统一战线政策。鲁迅识破了他们的丑恶嘴脸和反动本质，抱病口授了著名的《答托洛斯基派的信》，公开揭露他们唱着革命高调、干着投敌卖国勾当的无耻行径。他坚定地表示，自己站在中国共产党一边，是拥护抗日统一战线政策并无条件加入这个战线的。他满怀深情地写道：“那切切实实，足踏在地上，为现在中国人的生存流血奋斗者，我得引为同志，是自以为光荣的。”鲁迅既是“大众中的一个人”，又是一位伟大的无产阶级战士。

鲁迅是伟大的文学家、思想家，虽然有着崇高的威望和巨大的社会影响，却能正确对待自己与党的关系。他既是“大众中的一个人”，又是党所领导的革命队伍中的“普通一兵”。他在一封信中明确表示：“凡是为中国大众工作的，我总希望（并非为了个人）能够有帮助。”②据冯雪峰同志回忆，他有一次同鲁迅谈话时，说到党和毛泽东同志时，鲁迅好像忘我地、平静地说：“我想，我做一个小兵是还胜任的，用笔！”③他虽然在组织上不是一名共产党员，但他衷心拥护党的路线、方针、政策，思想、言论和行动是无产阶级化的，用他的笔为党的革命事业而奋斗不息，是党的名副其实的一名“小兵”。

---

①《鲁迅全集》，第6卷，人民文学出版社，1958年，第475页。

②《鲁迅书信集》，下卷，人民文学出版社，1976年，第1017页。

③ 冯雪峰：《回忆鲁迅》，人民文学出版社，1958年，第177页。

“我好像是一头牛……”

鲁迅说过：“我好像是一头牛，吃的是草，挤出来的是牛奶，是血。”①鲁迅的一生，埋头苦干，辛勤耕耘，忘我工作，写出那么多好作品，为大众提供营养丰富的精神食粮，无私地做着“大众的事业”。他为人民大众奉献的很多很多，却从他们那里取得的很少很少，确确实实是无产阶级和人民大众的“牛”。

在鲁迅看来，革命事业不是轻松愉快的事，要靠艰苦奋斗、踏踏实实的工作来完成。因此，他一贯反对高谈阔论，主张苦干实干。“单是说不行，要紧的是做。”他形象生动地说：“巨大的建筑，总是一木一石叠起来的，我们何妨做一木一石呢？我时常做些零碎的事情，就是为此。”他甘做“巨大的建筑”的“一木一石”，为革命事业不怕麻烦，“时常做些零碎的事情”；而不像有的人那样，是只说大话、展宏图不干实事的，更不是“借革命以营私”的。他生活艰苦朴素，从不贪图物质享受。他说：“生活太安逸了，工作就会被生活所累了。”他是最珍惜时间的，认为浪费别人的时间就是浪费人家的生命，自己甚至把看电影、喝咖啡的时间都用在工作、写作上。特别是到了晚年，他虽然处境恶劣，身体不好，仍然夜以继日的写作，拼命地工作，取得更为丰富的战斗成果。1935年底，他在编完《且介亭杂文二集》后，对自己的杂文数量作了如下估计：“我从《新青年》上写《随感录》起，到写这集子里的最末一篇止，共历十八年，单是杂感，约有八十万字。后九年中的所写，比前九年多两倍；而这后九年中，近三年所写的数字，等于前六年。”这个统计数字告诉我们，鲁迅老而弥坚，抱病写作，用笔“战取光明”，表现出一种多么令人崇敬的埋头苦干、牺牲自我的战斗精神啊！

鲁迅由于长期忘我的工作，紧张的战斗，致使积劳成疾。从1935年冬

① 转引自许广平：《欣慰的纪念·献词》，人民文学出版社，1981年，第1页。

天开始，他经常发低烧，非常容易疲倦，大家都劝他出国疗养，他的回答是：“我要在这里继续战斗下去”，“轻伤不下火线！”敌人用硬刀、软刀都征服不了鲁迅，他更不会在病魔面前低头、屈服。后来，经医生检查，他的肺结核病非常严重，已无法疗救，战友为之难过，亲人为之流泪，他却把“死”看得“随随便便”，想到的只是“要赶快做”，利用有限的时间，为大众做更多的事情。“为大众的事业”工作，就是他的生命。他虽不久于人世，仍一再表示不愿离开工作，说：“我总这样想，与其不工作而多活几年，倒不如赶快工作少活几年的好，因为结果还是一样，多几年也是白白的。”他在最后的几个月，仍在伏案写作，直到溘然长逝，案头还摊放着两天前未写完的《因太炎先生而想起的二三事》。鲁迅就是他所称赞的那种“埋头苦干”“拼命硬干”的人，为了人民大众的解放事业，真是“鞠躬尽瘁，死而后已”。写到这里，我不觉想起鲁迅逝世前一个多月写的一篇文章《这也是生活……》中说的话：“战士的日常生活，是并不全部可歌可泣的，然而又无不和可歌可泣之类相关联，这才是实际上的战士。”[①]鲁迅就是说实话、做实事的“实际上的战士”。

那些只讲空话、不干实事的“口头革命派”，那些“不顾革命的大众的利益，借革命以营私”的家伙，不管他们怎样打着鲁迅旗号，都是对鲁迅伟大形象的亵渎，而不是与鲁迅同一条战线上的人；那些以反对“神化”鲁迅为名，从一个极端跳到另一个极端，想方设法贬损、诋毁鲁迅的人，也不过是“蚍蜉撼大树，可笑不自量”而已。鲁迅是“大众中的一个人”，甘心情愿地做“大众的事业”，他会永远活在人民大众的心中。我们纪念鲁迅、学习鲁迅，就要勤勤恳恳、实实在在地做事，为人民群众谋利益，甘做人民大众的“牛”！

（原载《安徽日报》，1981年9月24日）

①《鲁迅全集》，第6卷，人民文学出版社，1957年，第488页。

开展“真切的文艺批评”

——学习鲁迅文艺思想札记

鲁迅提倡怎样的一种文艺批评呢？他说：“我总以为倘要论文，最好是顾及全篇，并且顾及作者的全人，以及他所处的社会状态，这才较为确凿。要不然，是很容易近乎说梦的。”[①]这种科学的文艺批评，就是建立在马克思主义原则、方法基础上的、严肃认真的、实事求是的文艺批评。我们具有这样的基本原则和态度，在评论作家、作品时，才可能是客观的，而不是主观臆断的；是全面的，而不是断章取义的；是符合实际的，而不是痴人说梦的。这种“较为确凿”的文艺批评，鲁迅称之为“真切的批评”。他说：“必须更有真切的批评，这才有真的新文艺和新批评的产生的希望。”[②]

鲁迅认为，“真切的批评”，应当是实事求是的，“指出实际”的，而非那种“不是举之上天，就是按之入地”的“幼稚”批评。他说：“批评必须坏处说坏，好处说好，才于作者有益。”[③]当然，一般来说，所谓“好”，不是绝对的好；所谓“坏”，也不是绝对的坏。一部作品常常是瑕瑜互见，有其所长，也有其所短，这就要看它的主导倾向如何？在鲁迅看来，我们分析和评论一部作品，既不能无原则的吹捧，也不应该“求全责备”；对于有缺点、错误的作品，只要不是“穿心烂”，就不要轻易地否

①《鲁迅全集》，第6卷，人民文学出版社，1957年，第344页。

②《鲁迅全集》，第10卷，人民文学出版社，1982年，第302页。

③《鲁迅全集》，第4卷，人民文学出版社，1957年，第395页。

定。鲁迅要求批评家做“剜苹果”的工作，挖掉坏的，保留好的，人们吃了，还是有营养的。这种工作如同“拾荒”，虽然很辛苦，却于作家、读者都有益处，是很有必要去做的。

在文艺批评中，以“幻想”代替事实，无论说好说坏，都是不可取的，要碰钉子的。对不好的、有害的坏作品，批评就得“坏处说坏”，不能马虎了事，不讲原则。严肃的作者应虚心接受批评，吸取经验教训，努力提高思想、艺术水平，写出好的作品来。可是，有的人自视甚高，老虎屁股摸不得，只能赞扬，不能批评。他们不满于批评家的批评，不分青红皂白，一概斥之为“谩骂”。鲁迅对这种态度是极其反感的，认为问题不在于说好说坏，而在于是否符合作品的实际情况，“要问是怎样的谩骂”。为了说明这个问题，他打了个生动的比方：假如指着一个人，说道：这是婊子！如果她是良家，那就是“谩骂”；倘使她实在是做卖笑生涯的，这并不是“谩骂”，倒是说了实情。诗人没有捐班，富翁只会计较，因为事实就是这样的，所以这是真话，即使称之为“谩骂”，诗人也还是捐不了班，这是幻想碰在现实上的小钉子。因此，他颇有感慨、意味深长地说：“漫骂固然冤屈了许多好人，但含含糊糊的扑灭‘谩骂’，却包庇了一切坏种。”[①]这里，鲁迅对那些把自己敢于讲“真话”的批评视为“谩骂”的人的揭露和反击，好就是好，坏就是坏，如果不分是非，把讲出了“实情”的批评当作“谩骂”，听之任之，不加辩驳，就会“包庇了一切坏种”，让坏作品贻害广大读者。

鲁迅还揭发了文艺批评中的另一种不良现象，就是“评论是非总觉得我的熟人对，看作品是异己者的手腕大概不高明”。这种无原则的、从个人的亲疏情感出发的文艺批评，熟人的作品就好，异己者的作品就坏，有时会一窝蜂似的对某一个作家的作品进行“乱骂”或“乱捧”，鲁迅对这种文艺批评是深为痛恶的。他说：“批评的失了威力，由于‘乱’，甚而至于‘乱’到和事实相反。”这种要么“捧着他上了天”，要么“捺它到地下

①《鲁迅全集》，第5卷，人民文学出版社，1957年，第351页。

去”的“批评”，对于作家，尤其是青年作家，除了“捧杀”或“打杀”以外，是没有任何好处的。事实告诉人们，作家被“打杀”者有之，而更多的是被“捧杀”。这是我们应当引以为戒的。

文艺批评家总是从一定思想立场和艺术观点出发，评论作家、作品的有着鲜明的倾向性。鲁迅批判了庄子的“唯无是非”观，对于不讲原则的“恕道”毫不宽容、放纵。他提出文艺批评要有热烈的好恶，明确的是非，不能只是“随和”，不讲是非好恶；若不“随和”，就被指斥为“文人相轻”，这样“和事佬评论家”，鲁迅是很不以为然的。他犀利地讽刺道：“从圣贤一直敬到骗子屠夫，从美人香草一直爱到麻风病的文人，在这世界上是找不到的。”批评家也是人，既然是人，心里就仍然有是非，有爱憎。他们要有艺术修养，但决不会“修养”到使人变成“木石”。可见，鲁迅对文艺批评的态度是严肃认真的，好恶爱憎鲜明，是非原则毫不含糊，为我们做出了光辉榜样。

鲁迅说：“批评家的职务不但是剪除恶草，还得灌溉佳花——佳花的苗。”[①]“恶草”与“佳花”是相比较而存在，相斗争而发展的。只有剪除了“恶草”，“佳花”及其幼苗才能茁壮成长、开花结果。作为革命文艺批评家的鲁迅，像一位辛勤劳作的园丁，一方面，他不断地剪除“恶草”，如张资平曾以“最进步”的“革命作家”自居，却大写无聊的三角恋爱小说，鲁迅著文撕去其假面，提炼出他小说的“精华”所在——“△”。林语堂大倡“性灵”说，写些“小摆设”式的小品文，用以抚慰和麻痹人心，使人脱离现实，忘记战斗，与革命杂文相抗衡。鲁迅与林语堂是朋友，关系很好，但他不为旧情所囿，予以尖锐地批评，并严肃指出：“麻醉性的作品，是将麻醉者与被麻醉者同归于尽。生存的小品文，必须是匕首，是投枪，能和读者一同杀出一条生存的血路的东西；但自然，它也能给人愉快和休息，然而这并不是‘小摆设’，更不是抚慰和麻痹，它给人的愉快和休息是休养，是劳作和战斗之前的准备。”[②]这对文学作品思想的

①《鲁迅全集》,第3卷,人民文学出版社,1957年,第114页。

②《鲁迅全集》,第6卷,人民文学出版社,1957年,第443页。

战斗性和审美的愉悦性关系讲得多么辩证、深刻，体现了真、善、美统一的文艺批评标准，即他在《批评家的批评家》所说的“真实”“前进”和“美”三个圈子。另一方面，鲁迅以更多的经历和心血来灌溉、扶植“佳花”及其“幼苗”，特别是对于那种“在嫩苗地上驰马”的“恶意批评家”，他是十分痛恨和坚决反对的。他们为了显示自己眼界的“高卓”，看到青年作家的作品，“便恨恨的磨墨”，撰文加以贬抑，立刻得出“幼稚得很”的结论来；更有甚者，是“对于青年作家的迎头痛击，冷笑，抹杀，却很少见到诱掖奖劝的意思的批评”。这样做对于他们“那当然是十分快意的事，然而遭殃的是嫩苗——平常的苗和天才的苗”①。在鲁迅看来，那些“以清醒的意识和坚强的努力，在榛莽中露出了日渐生长的健壮的新芽”，是十分可贵的。他们虽然幼小，稚嫩，不成熟，但绝不是衰老腐败，而是有着强大的生命力和光明前途的。所以，“惟其幼小，希望就在这一面”。鲁迅把革命文艺的希望寄托在新生力量青年作家身上，对他们总是倍加爱护，积极帮助，热情扶植，甘做培育“佳花”的泥土，以期幼苗成长为“茂林嘉卉”。请读一读鲁迅与青年作家的通信和为他们作品写的序跋吧，至今他那“愿有英俊出于中国之心”还跃然纸上，真是感人至深！

笔墨当随时代。今天，我们处在不同于鲁迅生活和战斗的时代，自然不能照搬鲁迅的某些具体言论，但他所倡导的“坏处说坏，好处说好”的批评原则还是完全正确的。党的十一届三中全会的召开，文学艺术的春天到来了，文艺批评在纠正“左”的错误，促进文艺健康发展繁荣方面，作了大量有益的工作，这是应当充分肯定的，但也存在一些问题，出现一些不良现象。一方面，我们对于新时期创作出来的鼓舞人们团结向上、积极健康的好作品，肯定其思想艺术成就的工作做得还不够；另一方面，我们的文艺批评也受到不正之风的影响，从“关系学”和个人感情出发，对评论对象缺乏具体、深入地分析和客观、公正的评价，进行无原则的、庸俗的拔高和吹捧，甚至对有些思想不够健康、艺术水平低下的作品都不仅不

①《鲁迅论文学与艺术》，上册，人民文学出版社，1980年，第87页。

批评，还加以表扬。这显然不是鲁迅所提倡的真切的文艺批评，也违背马克思主义实事求是的科学态度的。“打杀”是完全错误的，“捧杀”也非常有害。因此，我们要继承和发扬鲁迅开展“真切的批评”的战斗传统，坚持实事求是的批评原则，对于继续清除“左”的错误思想影响，克服资产阶级自由化倾向，促进社会主义文艺的健康发展，是具有重要现实意义的。

（原载《安徽日报》，1981年9月27日）

悼念美学老人朱光潜

朱光潜先生与世长辞了，噩耗传来，我的心沉浸在悲痛之中。明年是朱老九十诞辰，安徽省美学学会决定在他的家乡召开朱光潜美学思想研讨会，以示庆祝，没有想到，他现在就离开了我们！

朱光潜先生，安徽桐城人，是闻名中外的美学家、我国现代美学研究的开拓者和引领者之一。他那卷帙浩繁的美学论著，是我从事美学研究和教学工作的案头必读书。记得1958年，我从合肥一家旧书店里购得一本抗战期间重庆出版的、草黄纸的《文艺心理学》，那流畅生动的文笔，丰富翔实的材料，深入浅出的说理，精辟独到的见解，深深地吸引着我，读之爱不释手，激起了我学习美学的兴趣和爱好。在50年代美学问题大讨论中，他撰写大量文章，以马克思主义观点清理自己过去的美学思想，并作了严肃的自我批评，既勇于修正错误，又敢于坚持自己认为正确的观点，表现出一个学者探求真理的实事求是的科学态度。读了这些文章，我对他的道德学问真是钦佩不已。

“四人帮”垮台了，美学禁区冲破了，1980年6月，中华美学学会成立大会在昆明召开，我们安徽有五位代表参加，我是其中之一。八十三岁高龄的朱老，说服劝阻他远行的家人，不顾路途遥远，不辞辛劳地参加了这次盛会，当选学会会长。他身材不高，手拄拐杖，衣着朴素，毫无学术权威的架子，看上去像个普通的中学教师，可那双炯炯有神的眼睛，却表现出一个学识渊博、思想深邃的学者风采。在大会上，他发表了讲话，对如何开展美学研究问题提出了重要意见。他特别强调地指出：研究美学首先要切切实实地认真学习马克思主义理论，对有关著作要真正读懂，理解深透，以便掌握它的完整的体系；要学好外语，过外语关，以便研究外国美学资料，用来丰富和发展我们自己的美学。他说："现在不是闭关自守的时代，是要张开眼睛看世界的时代"。不掌握马克思主义理论，美学研究就没有正确的指导思想；不学习外国好的东西，我们的美学就不能发展，朱老的意见对我们研究美学是非常重要的！

在会议期间，我们安徽出席大会的四位同志去看望朱老，既表达同乡之情，又想学习他的治学经验，聆听他的教诲。尽管他老人家由于旅途劳累，身体有些不适，还是热情接待了我们，并同我们一起合影留念。他平易近人，和蔼可亲，乡音未改，虽然话语不多，却讲得实实在在，给人以启迪和教益。在交谈中，他听说我在安徽师范大学工作，是教中文系美学课的，便脱口而出地小声问我："书城好吗？"我愣了一下，才想起来"书城"是我的老师、词学专家宛敏灏教授的名号，他们是儿女亲家。我便讲了宛老师的身体、生活和工作情况，他要我代向宛先生问好。我为了激励自己努力从事美学教学和研究，便请求老人给我写幅字，以作留念。他说："笔墨纸砚都没有，怎么写呢？你将地址告诉我，我回到北京写了寄给你！"说着他就把我的姓名、单位和通讯地址记在笔记本上。果然在1981年春节前夕，我就收到了老人寄赠的近作《谈美书简》和亲笔书写的该书题词条幅：

谈美这块小苗圃，
暮年心血的经营。
异时有幸重游目，
是兰桂还是荆榛？
长江后浪推前浪，
翻新自有后来人。

我手捧这刚柔兼美的字书，拜读这催人上进的诗歌，我的心情非常激动，流下了眼泪。美学大师对后学者寄予多么大的期望，对我是个多么有力的鞭策！

哲人仙逝，风范长存。作为后学者，我没有把美学学好，但我一定不辜负前辈的期望，认认真真地学习马克思主义，切切实实地做点学问，在美学园地里勤耕不辍，做到如朱老所说的那样，“春蚕到死丝方尽”，“在世一日，吐丝一日”，为“四化”建设多努力学习，勤奋工作，为把祖国大地变得更美尽心尽力！

（原载《安徽师大报》，1986年3月31日）

怀念蒋孔阳先生

1999年6月26日，复旦大学教授、著名美学家蒋孔阳先生与世长辞，噩耗传来，不胜悲痛，遂即发唁电致哀。我收到讣告后，因有教学任务，未能前往为先生送行，心里一直很难过。读其书，忆其人，音容笑貌宛然在目，我痛感失去了一位德高望重、学识渊博、可敬可亲的良师益友！

1958年，我就认真读了蒋先生的《文学基本知识》，第一次见面是在1963年春天。当时，合肥师院中文系增设马列文论课，我是授课教师之一。这是一门新课，听说复旦大学中文系已经开了，我便想去取经，人生地不熟，找谁呢？我想到了蒋先生，但又有顾虑。50年代末，在“左”的思想指导下，学术界批判蒋先生的文艺观点，我遵命写了篇批判文章《关于风景诗、山水花鸟画的阶级性问题》，用语尖锐，上纲上线，在《合肥师范学院学报》1960年第1期发表后，《文艺报》予以全文转载，当时被视为一颗“重型炮弹”。会不会因此吃闭门羹呢？我把这个想法告诉了蒋先生的妻兄濮之琦老师。他说：“不会的，孔阳是个非常忠厚老实的人。”并写了封信让我带上。我去复旦找到蒋先生的家，夫妻俩热情地接待了我，并一见如故地交谈起来。濮之珍老师家居芜湖，抗战期间到大后方上学，同蒋先生相识。1946年蒋先生大学毕业，到芜湖银行工作一段时间，两人交往，友好相爱，于1948年12月在上海结婚。蒋先生1951年调到复旦大学中文系，从事文艺学、美学的教学与研究。蒋先生性格内向，话语不多，对人实实在在，态度真诚。我对文章中用了失敬的话语，向他表示歉意，他一点也不计较，还心平气和地说："没有什么，你还放在心上。文学的阶级性问题很复杂，是应当进行讨论的。"从这次拜访开始，我同蒋孔阳夫妇不断有着交往，并建立起很好的友谊。蒋先生说过，这次批判过去，"我一切坦然，过去批判过我的一些同志，后来成了我的好朋友"。我大概可以算得上是其中的一个。

蒋先生怀着"百花盛开庆天时"心情，迎来了改革开放的春天，进入自己学术研究的"最佳时期"。他除了发表大量的学术论文外，还先后出版了十多部著作，其中《德国古典美学》《先秦音乐美学思想论稿》《近代美学史评述》《美学新论》等，都是具有很高学术价值的鸣世之作。他是国内享有盛名的美学家，但从来不以学术权威自居，而是那样虚怀若谷、平易近人。因此，这二十多年来，我同蒋先生有了更多的交往，我在美学教学和研究中遇到问题，总要向他请教；他每有新著出版即亲笔题字赠送给我，使我得到很多切实的教益、帮助和鼓励。最让我难以忘记的，是他为拙著《西方美育思想简史》作序的事。1987年10月，在南通召开全国美育会议期间，我向蒋先生讲了撰写西方美育思想史的打算，请他指教，他认为很有意义，非常赞成，并答应为我写序。1998年6月，我将付印样稿送请蒋先生作序。这时，他的身体状况已很不好，难以亲自执笔为文。他因原先答应过，以友情为重，还是讲了自己浏览书稿后的印象和看法，让他的博士研究生代笔。代拟稿写出后，他病卧在床，认真地看了一遍，字斟句酌地加以修改，并增写了很长的一段文字，对拙著讲了不少肯定和鼓励的话。最后，我与蒋先生夫妇合影留念，并祝先生早日恢复健康，就怀着沉重、不安的心情告辞了。万万没有想到，此次晤面，竟成永诀！

去年6月，为纪念蒋孔阳先生逝世一周年，复旦大学中文系、上海市社联和作协联合举办"蒋孔阳美学思想与新世纪美学研讨会"，我应邀参加。在研讨会闭幕的当天晚上，我和十几位与会者去看望语言学家濮之珍教授。濮老师怀着浓浓的乡情，询问芜湖发展和亲友的情况，我就所知道的讲了些，并说芜湖是她和蒋先生生活、工作过的地方，他们曾来师大讲过学，参观过芜湖铁画厂，希望她常来芜湖看看、走走。她说年龄大了，常常思念家乡，更觉得家乡可爱……。

值此蒋孔阳先生逝世两周年之际，谨以此文表达我对先生深切的怀念和敬意！

（原载《大江晚报》，2001年6月21日）

理想是艺术的动力

近读《雨果论文学》，他在评论莎士比亚戏剧时，讲了两句颇为深刻的话：“进步是科学的推动者，理想是艺术的动力。”[①]这对于我们当前的文学艺术创作是很有启迪意义的。社会进步是科学的推动者，促进科学研究的创新发展；理想是艺术的动力，鼓舞和激励着艺术家为实现“应当如此生活”的理想，创造出无愧于时代和人民的艺术作品来。如果社会停滞不前，科学研究没有推动者，就很难得到发展；如果艺术家没有美好理想，艺术创作丧失前进动力，也就写不出好的作品来。

理想是人们在正确认识社会发展规律的基础上，对美好未来的向往和追求。它指导和支配人们的行动，规定着人们思想、生活和工作的方向。作家总是根据一定的思想、愿望和理想去认识和反映现实生活，进行艺术创作的。文学史的事实告诉我们，那些伟大的作家总是在美好的、高尚的、革命的理想推动下，不断进行思想和艺术上的紧张探索和积极追求，才一步一个脚印地登上了艺术高峰。这里，我们满怀景仰之情，想起了鲁迅先生。早在青年时代，他面对着“风雨如磐”、灾难深重的祖国，忧国忧民，忧心如焚，以“我以我血荐轩辕”决心，投身于民族解放运动。他为了实现改造社会、“战取光明”的理想，毅然弃医从文，搞起文艺创作来，并一发而不可收。他一生写出那么多思想深刻、艺术精湛的小说、杂

①《雨果论文学》，柳鸣九译，上海译文出版社，1980年，第129页。

文，为人民解放事业做出了不可磨灭的贡献，成为新文化运动的主将和一代宗师，代表着新文化运动的发展方向。当然，他在紧张、艰苦的思想探索过程中，虽然也产生过孤独、苦闷、“荷戟独彷徨”的情绪，但从不悲观失望，放弃理想，而是坚守信念，执着地寻求前进的道路和正确的方向，用他用作小说集《彷徨》题辞的屈原诗句来说，就是：“路漫漫其修远兮，吾将上下而求索。”后来他找到了马克思主义真理，纠正了自己思想的“偏颇”，树立更为崇高、远大的理想，坚信“惟新兴的无产者才有将来”，从思想到艺术都达到一个新的、更高的境界。如果说，鲁迅的前期作品在揭露旧制度黑暗、罪恶的冷峻的画面中，已显露出若干“亮色”；那么，它的后期作品则充满着理想的光辉，把希望寄托在党所领导的革命事业上。因此，他处于“大夜弥天”、鬼蜮横行的险恶环境之中，能够“惯于长夜过春时”，“怒向刀丛觅小诗”，从光明与黑暗、庄严与无耻的激烈搏斗中，看到黎明的曙光，社会的希望和光明的未来。它像一面火红的战旗，鼓舞和激励着人们为彻底反帝反封建、争取新社会的早日到来进行韧性的战斗。鲁迅的思想和创作历程有力地告诉我们：一个真正的艺术家，应当站在时代的制高点上，成为一个具有先进思想和远大理想的人！

艺术是现实生活的审美反映，是真善美的和谐统一。我们的现实生活是一个新旧事物矛盾斗争的运动过程，它是发展变化的，不是静止不动的。今天的现实总是同昨天和明天联系在一起的。有的人产生一种错觉，只要一讲到理想，总是把它同过去在“左”的思潮影响下讲大话、唱高调，搞脱离实际的“畅想曲”搅和在一起，无视美好的、崇高的理想对于文艺创作的重要性和必要性，这是不正确的。今天，一个真正具有先进理想的艺术家，应当以历史的、发展的眼光，全面地认识、体验生活，自觉地把握时代脉搏和历史进程，在真实反映现实生活美与丑、善与恶、光明与黑暗的矛盾斗争中，努力做到如邓小平同志所说的，“表现时代前进的要求和历史发展的趋势”，使自己的作品展现出理想的光辉，这与脱离实际的浮夸粉饰、搞假大空是不可同日而语的。相反，如果我们缺乏理想，眼界狭窄，以孤立、静止、片面的眼光观察生活，以自然主义的态度描写生活，就会把生活图景写歪，使作品黯然失色。卢那察尔斯基在批评这种倾向时，曾打过一个生动的比方，他把建设社会主义比作“正在兴建一所房子，等它建好，将是一座富丽堂皇的宫殿。可是房子还没有建成，还有许多荒地，你便照这个样子描写它许多未完成，说道：‘这就是你们的社会主义，——可是没有屋顶’”。如果你以自然主义的态度和静止的眼光看待它，“如实地”写出这一切，这似乎是“真话”，其实是“谎言”。他说：“只有了解正在兴建的是什么样的房子以及如何建造的人，只有了解这所房子一定会有屋顶的人，才能说出社会主义的真实。”[①]可见，作家具有先进的理想，以发展的眼光观察、理解现实生活，不仅不会妨碍艺术的真实性，还能使他更深刻地揭示生活的本质真实及其发展趋势，鼓舞和激励人民群众满怀信心地把社会主义的大厦建设好。当然，这并不是说作家不能写现实生活中存在着的消极落后、阴暗丑恶的东西，而是完全可以的，但必须在作家理想之光的照耀下，有明确的是非，鲜明的爱憎，去揭露它，批判它，鞭挞它，从对它的否定中肯定进步的、美好的、光明的东西。总之，文艺创作要追求审美价值，而美总是同“应当如此的生活”联系在一起的，它一刻离不开作家对于美好理想的追求。

今天，我们正处于一个继往开来、改革开放的历史时期，为了实现社会主义现代化建设的宏伟目标，需要培养出千千万万“有理想、有道德、有文化、有纪律”的一代新人。我们的作家是人类灵魂的工程师，要塑造社会主义一代新人的形象，必须自己首先做到“四有”，成为一个能够坚持社会主义方向、树立共产主义远大理想的人。这样，我们的文学艺术才能紧跟时代前进的步伐，充分反映时代精神，以革命乐观主义和革命英雄主义，去鼓舞和激励广大人民群众为了美好的明天，幸福的生活，克服一切困难，跨越重重障碍，不断开拓前进。我们的艺术应当是富于理想的艺术，我们的艺术家应当是富于理想的人！

（原载《安徽日报》，1985年10月7日）

①《卢那察尔斯基论文学》，蒋路译，人民文学出版社，1987年，第55页。

创作自由与艺术独创

胡启立同志在中国作家协会第四次会员代表大会的祝词中说："文学创作是一种精神劳动，这种劳动的成果，既有显著的作家个人的特色，必须极大的发挥个人的创造力、洞察力和想象力，必须有对生活的深刻理解和独到见解，必须有独特的艺术技巧，因此创作必须是自由的。"这个科学论断揭示了艺术创作的基本规律，深刻地阐明了创作自由与艺术独创的辩证关系。我们只有切实保证作家的创作自由，才会有真正的艺术独创，才能够生产出思想深刻、艺术创新的作品来。

文学艺术作品是作家个人所创造的精神产品，它不同于日常生活中使用的物质产品。一般的物质产品可以按照一定的标准、规格、样式进行批量生产，如果艺术生产也照此办理，肯定是行不通的，不出废品，也要出次品，审美价值必然是不大的。现实生活是错综复杂的，丰富多彩的。文学艺术家以形象思维的方式，通过独特的形象感受和情感体验，对现实生活作出审美反映，创造出富于独创性的作品来。在他们艺术作品中，无不渗透着自己的个性气质、主观情感、审美趣味，运用独特的表现形式，展现自己的艺术风格，因而是不可重复的、富于艺术魅力的。作家如果失去了创作自由，以具体形象图解抽象理念是不可能进入艺术境界的。风格独创性是艺术的本性，机械一律是艺术的大敌。所以，马克思非常重视精神生产（包括艺术生产）的独创性和风格的多样性。1842年，他在《评普鲁士最近的书报检查令》一文中，猛烈抨击普鲁士封建专制主义的报刊检查制度，坚决维护著作家自由探讨问题、充分表达自己见解和采用独特风格的权利，并严厉地提出质问："每一滴露水在太阳的照耀下都闪耀着无穷无尽的色彩"，为什么只准许"精神的太阳""产生一种色彩"，即"官方的色彩"呢？他坚决维护"风格就是人"的写作原则，认为，如果要"世界上最丰富的东西——精神只能有一种存在形式"，无疑是"要求玫瑰花和紫罗兰散发着同样的芳香"。[①]这话是多么生动形象而又深刻呵！这些经典话语引发我们沉重的历史回顾和反思。只有切实保证艺术家的创作自由，尊重艺术规律，鼓励艺术独创，才能迎来艺术的春天。一花独放无春色，百花齐放春满园啊！

保证创作自由，从根本上说，就是作家要有用自己的头脑独立思考、认识和评价生活的权利，有表达自己思想观点、审美情感和艺术表现的自由。只有这样，作家才能以自己的眼睛观察生活，独立思考问题，对现实生活有所发现，并在艺术上有所发明，有所创造，从而描绘出"这一个"生活画面，塑造出"这一个"人物形象，表现出"这一个"审美情感，开拓出"这一个"艺术境界。如果作家对生活没有丰厚积累和独立见解，没有深切的情感体验和心灵的激动，没有艺术技巧上的独特追求，而是如鲁迅说的"戴着枷锁跳舞"，操着别人的腔调唱歌，以别人的眼睛看事物，靠剪裁生活事实来图解某种思想理念，哪里还谈得上什么艺术上的创新？其结果必然是产生出大量内容空洞、情感贫乏、艺术平庸的作品。文贵意新，艺重独创。法国十九世纪伟大雕塑家罗丹说得好："所谓大师，就是这样的人，他们用自己的眼睛去看别人见过的东西，在别人司空见惯的东西上能够发现出美来，……拙劣的艺术家永远戴着别人的眼镜，……真正的艺术家总是冒着危险去推倒一切现存的偏见，而表现他自己所想到的东西。"[②]要有艺术大师，必须保证创作自由，使他们能够"用自己的眼睛"看生活，在别人司空见惯的东西上"发现出美来"，"表现他自己想到的东西"。

①《马克思恩格斯全集》，第1卷，人民出版社，1964年，第6、9页。

②《罗丹艺术论》，沈琪译，人民美术出版社，1978年，第5—6页。

在“四化”建设的新时期，改革开放的浪潮汹涌澎湃，现实生活中涌现许多新的事物，产生许多新的问题，需要我们去研究，去理解，去表现。作家身上枷锁已被打开，就应当放开手脚，大胆探索，进行艺术创新。当然，在艺术探索的过程中，可能会出现这样那样的失误，走一段弯路，也没有什么要紧，只要抱着对人民负责的态度，善于总结经验教训，吃一堑长一智，失误就会转化为成功的先导。屈原《离骚》云：“路漫漫其修远兮，吾将上下而求索。” 艺术家只有不怕长路漫漫，上下求索，才会有艺术上的发现和创新，如果还是走老路，弹老调，因循守旧，必然是无所作为的。

早在80年前，列宁就曾指出，社会主义的文学是真正自由的文学。“无可争论，文学事业是不能作机械的平均、划一、少数服从多数。无可争论，在这个事业中，绝对必须保证有个人创造性和个人爱好的广阔天地，有思想和幻想形式和内容的广阔天地”。①我们所讲的创作自由，就是列宁这一光辉思想的体现与实践，其基本点是保证作家自由地为广大人民群众服务，为社会主义现代化建设事业服务，它与资产阶级作家所追求的“依赖钱袋、依赖收买和依赖豢养”所谓的“创作自由”，有着根本性质上的区别。自由是对必然的认识，是对客观规律的自觉掌握，而不是背离生活、凭空想象的“表现自我”；艺术独创是对生活的真知灼见和独特的艺术表现，而不是低级庸俗、把肉麻当有趣的胡编乱造。我们的作家要珍惜“人类灵魂工程师”的光荣称号，以高度的历史使命感和社会责任感，树立正确的审美观点，深切感受时代发展的脉搏，表现人民群众的思想感情、愿望和要求，创作出富于时代精神和独特艺术风格的作品来，为社会主义现代化建设事业贡献力量！

（原载《安徽日报》，1985年3月3日）

①《列宁论文学与艺术》(一)，人民出版社，1960年，第66页。

珍贵的“尘土”与金蔷薇

人们常说，如果艺术是鲜艳的花朵，生活则是肥沃的土壤；艺术是闪光的金子，生活则是珍贵的矿砂。这个比喻是很深刻的，它生动形象地说明了艺术源于生活而又高于生活的辩证关系。

苏联著名作家巴乌斯托夫斯基，在他那本谈创作经验的书——《金蔷薇》中，记述一位文学家讲的一个饶有兴味的故事：巴黎有一个贫苦的清洁工沙梅，靠着打扫几家手工艺作坊的尘土维持生活。为了祝愿自己心爱的人生活幸福，他暗暗下定决心，要送给她一朵金蔷薇。一个衣食无着的穷苦工人，哪里会有钱买来或用黄金打出金蔷薇呢？于是，他每天都将从首饰作坊里清扫出来的尘土收集起来，悄悄地装入口袋，带回自己的破旧屋子里。他每天在深夜里，从尘土中筛出金粉来，天天如此，从不间断，日积月累，越聚越多，终于打出一朵小小的金蔷薇。通过这个故事，巴乌斯托夫斯基告诉我们：

> 每一个刹那，每一个偶然投来的字眼和流盼，每一个深邃的或戏谑的思想，人类心灵的每一次细微的跳动，同样，还有白杨的飞絮，或映在静夜水塘里的一点星光——都是金粉的微粒。
>
> 我们文学工作者，用几十年的时间来寻觅它们——这些无数的细沙，不知不觉地给自己收集着，融成合金，然后再用这种合金来锻成

自己的金蔷薇——中篇小说、长篇小说或长诗。[1]

是的。沙梅收集了那么多“珍贵的尘土”，才能够为心爱的人打出金蔷薇。作家不是生活的旁观者和空想家，如果他看待艺术创作，就像对待自己所钟情的爱人一样，那么他就会像那位穷工人一样，从日积月累的尘土中，筛出金粉末，终于打造出“金蔷薇”来。这就是说，作家应当深入到生活中去，多方面的感受、体验生活，不断丰富和充实自己，有了丰厚的生活积累，真正做到“静观默察，熟烂于心”，去粗取精才能写出意蕴深厚、真切动人的作品来。生活是艺术的源泉，没有丰厚的生活积累，坐等神秘的启示和灵感的凭附，或者专靠苦思冥想，闭门造车，都是行不通的。鲁迅先生曾告诫青年作家说：“留心各样的事情，多看看，不要看到一点就写。”[2]“作者写出创作来，对于其中的事情，虽然不必亲历过，最好是经历过。……我所谓经历，是所遇，所见，所闻，并不一定是所作，但所作自然也可以包含在里面。天才们无论怎样说大话，归根结底，还是不能凭空创造”[3]。这平实、通俗的话语，却是深刻的经验之谈。青年作家人生阅历不深，生活底子不厚，就更应该注意向社会学习，熟悉各种人和事，不断丰富和充实自己的生活积累，对艺术创作就显得更为重要了。没有大量、丰富的生活素材，怎么进行艺术创作？就像没有那“珍贵的尘土”，从中筛选出金粉来，怎么能打造出“金蔷薇”来呢？

当然，生活不等于艺术。艺术作品是对生活素材的加工、提炼和典型化的审美成果。“尘土”是“珍贵”的，但还不是金粉，更不是“金蔷薇”；只有从“尘土”中筛选出“金粉”，才真正打造出“金蔷薇”来。有的青年作家，你不能说他没有“生活”，他对生活中许多人和事非常熟悉，讲起来头头是道，滔滔不绝；笔记本上记录着大量的生活素材，一本又一

---

① 巴乌斯托夫斯基:《金蔷薇》,李时译,上海译文出版社,1980年,第32页。

②《鲁迅论文学》,人民文学出版社,1959年,第116页。

③《鲁迅论文学》,人民文学出版社,1959年,第191页。

本的，写得密密麻麻。可是，他所写出来的作品，却使人感到平平淡淡，不那么深刻有力，动人心弦，艺术感染力不强。这种现象产生的原因是多方面的，但其中主要的，恐怕是由于作家对生活缺乏独特的发现和深刻的理解，没有足够的能力进行艺术上的提炼和熔铸，把尘土和金粉混合在一起，这样就打造不出“金蔷薇”来；这正如把鸡毛与鸡肉一锅炒，是绝对做不出美味可口的佳肴的。

你生活着，不等于你就有了“生活”！

现实生活是丰富多彩而又错综复杂的，有真相，也有假象；有光明，也有黑暗；有善，也有恶；有美，也有丑。这并不是那么容易分辨和认识的。但是，这决不是说，现实生活是不可知的，对于有志于探索生活奥秘的人，它一点也不吝啬。我们要把生活真实转化为艺术真实，把矿砂提炼成黄金，必须要付出艰苦的劳动，以正确的观点、方法看待生活，勤于思考，勇于发现，就能抓住生活的本质特征，创造出具有思想深度和审美价值的艺术作品来。

这里使我们想起被马克思、恩格斯所称道的伟大的现实主义作家巴尔扎克来。他《人间喜剧》中的一部部小说，以雕刀式的笔触刻画了那么多形形色色、性格鲜明的人物形象，为我们提供了一部十九世纪上半期法国社会卓越的现实主义历史。他虽然以法国社会历史的“书记官”自称，但绝不是社会历史现象的单纯记录者；他忠实于生活，但绝不是对具体人和事作自然主义的摹写。在动笔写作之前，他“分析过各种性格，体验过全部风俗习尚，跑遍整个地球，感受过一切激情”。巴尔扎克既有对生活的形象感受、情感体验，又有理性的分析、研究，力求把握生活的本质特征和内在意义。他在《人间喜剧》的前言中写道：“为了博得凡是艺术家都渴望得到的赞扬，不应该进一步研究产生这些社会现象的多种原因或一种原因，寻出隐藏在无数人物、情欲和事件总汇底下的意义么?!”[①]艺术家的创作经验证明这是完全符合艺术创作规律的。曹雪芹所以能写出《红楼梦》这部不朽的巨著，如鲁迅所说固然是同他“生于荣华，终于零落，半

① 王秋荣编:《巴尔扎克论文学》,中国社会科学出版社,1986年,第63页。

生经历，绝似‘石头’”分不开的，但更是他呕心沥血、深刻思索、艰苦创造的艺术结晶。曹雪芹《红楼梦》中一首题诗中写道：“字字看来皆是血，十年辛苦不寻常。”生活土壤里要培育出艺术花朵，只有经过艺术家心血汗水的浇灌才能结出丰硕的果实。让我们深入到群众生活中去，像清洁工沙梅那样，多多积累“珍贵的尘土”，从中筛簸金粉来，打造出自己的“金蔷薇”——创作无愧于我们时代的艺术精品！

（原载《希望》，1981年第2期）

艺术家不要“戴别人的眼镜”

艺术家创作才能的一个重要特征，就是具有对生活敏锐、深刻的洞察力，能在生活中发现别人所没有发现的美来。法国十九世纪雕塑大师罗丹曾说过这样一段精彩的话：

> 所谓大师，就是这样的人，他们用自己的眼睛去看别人见过的东西，在别人司空见惯的东西上能够发现出美来。
>
> 拙劣的艺术家永远戴别人的眼镜。
>
> 要点是感动，是爱，是希望、战栗、生活。要做艺术家之前，先要做个人。①

艺术创作同科学研究有某些相似的地方，也要有所发现，有所发明，有所创造。它们之间的主要区别在于：科学家主要是使用逻辑思维，艺术家主要是使用形象思维。因此，真正的艺术家总是以自己的眼睛看事物，通过独特的形象感受和情感体验，把握事物的个性特征和内在意义，并运用一定的媒介手段和表现方法，创作意蕴深厚、风格新颖的作品，读了令人耳目一新，自然而然地受到真的启迪，善的感化，美的享受，产生一种难以忘怀的艺术力量。一个作家应当是有眼光、有见识的思想家。那些只是“戴别人的眼镜”的艺术家，只会以别人的眼光看待现实生活，对生活

①《罗丹艺术论》，沈琪译，人民美术出版社，1978年，第5页。

没有自己的感受和体验，更无独特的发现和真知灼见。他们以耳代目，人云亦云，只会抓取生活中的个别事实图解某种思想观点，或者模仿、重复他人作品的人物、情节、思想，这样写出来的作品，必然是空洞无物，刻板老套，没有一点新鲜的东西，打动不了人们的心灵。罗丹称这种“戴别人的眼镜”看生活、搞创作的人是“拙劣的艺术家”，是并不怎么过分的。

回顾一下文学艺术发展的历史，我们可以清楚地发现，那一部部闪闪发光的艺术杰作，那一个个鲜明生动的人物形象，无一不是艺术家对生活的独特发现和匠心独运的创造成果。艺术大师们总是以自己深邃、犀利的眼光，艰苦地探寻生活的真理，洞察人生的奥秘，在人们习以为常的生活中看出不平常的东西，在司空见惯的事物中发现别人未见到的东西。因此，他们写出来的艺术作品，别开生面，不同凡响，震撼人心。就以鲁迅的《阿Q正传》来说吧：在他写这篇小说之前，生活中有没有阿Q式的人物呢？当然有的。在近代历史上，西方列强用兵舰大炮打开了封建锁国的大门，在他们的侵略和欺凌面前，老大的封建帝国处于落后、挨打的境地。由于封建统治者对内实施愚民政策，对外不敢正视现实而又妄自尊大，致使失败主义和“精神胜利法”，几乎成为一种“时代病”，像梦魇似的缠着人们的灵魂，使他们不去面对被污辱、被损害的生活境遇，而以“精神胜利法”来安慰、麻痹自己，“不幸”而又“不争”，日益麻木、沉沦下去。当时，人们对于这一社会问题，并未引起足够的注意和重视，在文学创作中也没有得到反映。唯有正在探索救国救民道路的鲁迅，独具慧眼地发现了这种“国民劣根性”，便怀着“哀其不幸，怒气不争”的沉重心情，以“含泪的微笑”的喜剧手法，创造出阿Q这一不朽的艺术典型，揭示出这一重大的社会“病苦”，引起人们“疗救的注意”。阿Q形象，像一道奇异而又强烈的光束，照亮了人们的眼睛，刺痛了人们麻木的心灵，突然发现自己和周围的人多少都有点阿Q相，震惊的叫喊起来：“这是阿Q!”对照这面令人难堪的镜子，有的人感到“栗栗危惧”，生怕鲁迅写到自己头上来；有的人自动对号入座，认为鲁迅揭出了他的“隐私”；更有许多人进行痛苦的反思，惭愧了，醒悟了，决心打破“精神胜利法”的思想枷锁，提高正视现实的勇气。阿Q既是鲁迅独特的发现和创造，又具有巨大的艺术概括力量。罗曼·罗兰看过《阿Q正传》后说：它是属于“世界的”，“我永远忘不了阿Q那副苦恼的面孔！”

在我国古典诗词中，写早春桃红柳绿的作品可谓多矣，而宋祁的词《玉楼春》却能不落俗套，以新的艺术视角，写出了新的意境，表现了新的审美情趣，其中两句尤为人所称道：“绿杨烟外晓寒轻，红杏枝头春意闹。”李渔在《窥词管见》中对后一句却加以嘲笑，说什么“桃李争春”有之，而无“红杏闹春”的话，争斗之声谓之“闹”，因此，用一个“闹”字，“殊难著解”，从而否定它的审美价值。这实在是一种缺乏艺术眼光的皮相之见。艺术就是艺术，“想象以为词”，怎能字字句句、处处“坐实”呢？还是王国维在《人间词话》中评论这首词时讲得好：“着一‘闹’字，而境界全出。”这是深得艺术神髓之论。宋祁正是从红杏枝头中发现春色的美来，发挥联想的心理功能，用了一个“闹”字，把红杏怒放的无声姿态与有声的波动相互感通起来，有无相生，虚实结合，鲜活生动地表现出春意盎然、春色烂漫的境界，抒发了诗人对“春来早”的欢快喜悦的心情，使人从视觉与听觉的互补互用中获得丰富的美感享受。

由此可见，艺术家要创作出真正的佳作精品来，必须独具慧眼，有自己的思想识见，有对生活入木三分的艺术洞察能力；如果只是“戴别人的眼镜”观察事物，以他人的思想来思想，失去了独特感受、体验和理解生活的能力，那么，我们的艺术创作就会误入歧途，无论如何是拿不出高质量的作品来的。

在林彪、“四人帮”一伙横行的日子里，现代迷信禁锢着人们的头脑，作家只能“戴着别人的眼镜”看事物，生活和创作如果不“紧跟”“照办”“代圣贤立言”，就会遭到残酷斗争、无情打击，个人独立观察和思考生活的权利被剥夺了，致使文艺创作出现“千人一面，千口一腔”的局面。一写资本家，就是肥头大耳，贪财吝啬；一写坏人，就是獐头鼠目，鬼鬼祟祟；一写英雄模范人物，就是高、大、全，豪言壮语不离口，没有“这一个”独特风采。这样公式化、概念化、雷同化的作品，读之味同嚼蜡，怎能动人兴感，启人心智，从中受到美的享受、净化与陶冶呢?!我们只有消除掉这种“病毒”，摘下“别人的眼镜”，以自己的眼睛去观察生活，开动脑筋，独立思考，正确、深刻地认识和理解生活，把握人物复杂丰富的性格和心灵世界，才能使文艺创作走上广阔、健康的正确道路。当然，如果走向另一个极端，以自然主义的态度对待生活，不问三七二十一，抓到篮子里都是菜，或是没有厚实的生活底子，专靠编造离奇古怪的故事，也是无济于事，创作不出好作品来的。如果我们对生活没有新的发现，没有新的感受、体验和理解，最好还是不要轻易动笔。唐代诗人崔颢写过一首脍炙人口的诗《黄鹤楼》，李白有一次登楼赏景，也想握笔题诗，与之一比高下，因无新意，只得掷笔，“去不复作”。他感叹道：“眼前有景道不得，崔颢题诗在前头”。这是一种严肃认真、富于艺术创新精神的写作态度。

艺术家的眼睛，不是生物学的眼睛，而是社会的、审美的眼睛。他们的眼光、见识和洞察力，不是与生俱来的，而是在长期的生活和创作实践中培养和锻炼出来的。对于我们初学写作者来说，学习前人的作品，借鉴前人的创作经验，是完全必要的，但学习和借鉴不能代替自己的创造。我们要努力学习和掌握马克思主义的观点、方法，努力培养和锻炼自己的观察能力和思考能力，用以指导自己的生活和创作实践，这对艺术创作将是受益不尽的。俄罗斯十九世纪伟大的小说家契诃夫说过：“作家务必要把自己锻炼成一个目光敏锐，永不罢休的观察家！……你明白，要把自己锻炼到让观察简直成为习惯，……仿佛变成第二天性了！”这一宝贵的艺术箴言，我们是应当记取，并身体力行的。让我们深入到生活中去，以自己的眼光来观察生活，用自己的心灵来体验、理解生活，不断培养和提高观察能力，不断扩展和加深艺术的生活源泉。有自己的眼光，有自己的识见，有自己的审美感悟，才能真正走自己的路，写出富于创新性的作品为人民大众所喜闻乐见。

（原载《希望》，1981年第4期）

诗，不是个人的东西！

在关于“朦胧诗”的讨论中，有一种意见认为，一些令人“看不懂”的“朦胧诗”的出现，标志着“一种新的美学原则的崛起”。这个“新的美学原则”是怎样的呢？据说是“不屑于作时代精神的号筒”，“不屑于表现自我感情世界以外的丰功伟绩”。简言之，就是诗歌应当表现自我，自我表现，并把“自我表现”与“时代精神”和人民群众创造历史的“丰功伟绩”对立起来，其核心是“自我”二字。这里提出一个诗歌创作中带有根本性质的问题：诗人的“自我”在诗歌作品中居于什么样的地位？他与自己的时代、人民群众的关系怎样？对于文艺工作者来说，这是首先应当搞清楚和正确对待的问题。

诗歌作品中不能没有诗人“自我”，没有“自我”的诗就不是艺术作品。刘勰在《文心雕龙》中说：“吐纳英华，莫非性情。”诗歌是作家对现实生活进行形象思维、情感体验的产物，诗人既不能冷冰冰地模拟和抄袭生活事实，也不能图解概念原则和进行道德说教，必须把对生活的认识、理解溶化于形象感受、情感体验之中，创造出动人心弦的审美情境。文艺作品，不论是抒情性的，还是叙事性的，都直接或间接地反映出作家的“自我”，表现着他的思想性格、个性气质和审美情趣。法国著名作家福楼拜在谈到他的长篇小说《包法利夫人》主人公时说：“爱玛——就是我！”郭沫若讲到他的剧本《蔡文姬》时也说：“蔡文姬——就是我！”看来，不论是写实派，还是浪漫派的作家，都在他们所塑造的人物身上打上了“自我”的烙印。在小说、戏剧作品中是这样，诗歌中的抒情主人公往往就是诗人自己，其“自我”的表现就显得更为鲜明、突出，这是无可动摇的事实。

高尔基说过，在文学作品中，作家“必须寻出自己来，这是天经地义的事情……”。作家观察、认识生活愈是独具慧眼，艺术构思愈能别出心裁，艺术表现愈是别具一格，作品就会更有艺术魅力。凡是优秀的、有才华的作家，其作品总是以不可重复的艺术个性、风采神韵，受到人们的欢迎和喜爱。我们既欣赏李白的“潇洒飘逸”，也喜爱杜甫的“沉郁顿挫”；既需要苏东坡的“大江东去”，也欢喜柳永的“杨柳岸晓风残月”；既为鲁迅的“冷峻深刻”而沉思默想，也为巴金的“热情洋溢”而感动不已……。在文学艺术园地里，只有不拘一格降人才，才会有百花齐放、万紫千红的春天。那些寻不出“自己”、没有艺术个性的作品，是不可能产生动人心魄的审美效果的。“四人帮”横行时期炮制的那些“劳什子”，泯灭了作家的艺术个性，没有真情实感，一味地搞假大空、高大全，理所当然地为人民群众所唾弃。从艺术作品中能“寻出”作家“自我”来，是艺术创作走向成熟的一个重要标志。

艺术必须有“自我”，是不是只有“自我”，只表现“自我”呢？我的回答是否定的。人是社会关系的总和，孤立的个人是不存在的。艺术家不论如何的超凡脱俗，也不可能成为脱离一定社会关系、独立自在的个人。别林斯基说得好：“诗人的个性不是什么无条件的、单独的、超脱任何外在影响的东西。”“在构成真正诗人的许多必要条件中，当代性应居其一。诗人比任何人都应该是自己时代的产儿。”①

我们的诗人既应该是有独特个性的人，又应是自己时代的产儿，人民群众的忠实代言人。一个诗人如果脱离了自己的时代和人民，一味不知疲倦地歌唱“自我”，那么他的艺术创作源泉就会枯竭，作品就会失去感同身受的接受者，发挥不了正面的社会效应。还是柏林斯基说得好：“越是

①《别林斯基论文学》，梁真译，新文艺出版社，1958年，第19、21页。

优秀的诗人，越是属于他所生长于其中的社会，他的才能的发展、倾向，甚至特性，也就越和社会的历史发展紧密地联系着。”[①]诗人只有深切地感受时代前进的脉搏，与人民群众同甘苦、共命运，从时代潮流和人民的事业中吸取灵感和诗情，才能写出充分体现时代精神、反映广大人民群众利益、愿望和要求的作品来。

鲁迅说：“从喷泉里出来的都是水，从血管里出来的都是血。”即使有的作家主观上想表现纯粹的“自我”，那也是不可能的，他的作品总是会或强或弱、或多或少的体现着进步的或落后的一定社会群体的情感意绪。我们艺术作品中的“自我”，不只是“小我”，纯粹个人的“自我”，而是从“小我”中体现出“大我”来。诗歌中的“自我”，既是个人的，又是时代的，做到“小我”与“大我”的统一，在鲜明的艺术个性中反映人民群众的思想情感和时代精神。诗人应当是时代的鼓手和号角，是人民群众的代言人。记得有人说过，诗，不是个人的东西。诗歌怎能不表现时代精神，只表现“自我感情世界”呢？抗日战胜初期，诗人艾青面对着惨遭敌人蹂躏的祖国大地，他写的部分诗篇所表现的情感是忧郁的，痛苦的，悲愤的，但这绝不是纯粹的个人情感的宣泄，而是倾诉了广大群众的苦难和对国土沦丧的愤懑，表现了一种深沉的爱国主义感情，正如他在《我爱这土地》一诗中所写的：“为什么我的眼里常含泪水？因为我对这土地爱得深沉……。”这些作品虽不是斗志昂扬的进行曲，也不是匕首投枪式的鼓动诗，却强烈震撼着人们的心灵，其艺术力量就在于：诗人置身于时代潮流之中，与人民群众同呼吸，共患难，传达了时代的声音，抒发了人民的感情。

我们的国家在粉碎了“四人帮”以后，特别是党的十一届三中全会召开以来，进入一个实事求是、解放思想、改革开放、建设“四化”的新时代，我们的诗人、艺术家如果脱离了人民群众的生活和斗争，对时代精神和历史发展趋势缺乏认识、理解，而要什么“背对现实，面向自我”，把

①《别林斯基论文学》，梁真译，新文艺出版社，1958年，第22页。

自己关在个人的小天地里，被不健康的、落后的情绪支配着，只是从琐屑的欲望里寻求灵感，咀嚼着一己小小的悲哀与快乐，用使人“看不懂”的语言，发泄一种难以捉摸、无可名状的情绪，这怎么能引起人们的情感共鸣和审美享受呢？——“我不懂它们，它们不能使我感到愉快。”（列宁语）最近看到一首题为《生活》的诗只有一个字：“网”！试问这样的诗，能够帮助人们正确理解和对待生活吗？是激励人们振奋精神、争取自由，还是无可奈何、消极悲观呢？答案是很清楚的。由于作者被自我之“网”束缚着了，被“自我”的狭隘心胸和视野限制着了，看不到生活中“万木霜天竞自由”的力量和希望，所以怀着悲观失望的情绪，把生活看作是“网”，这大概是追求“自我”绝对自由的必然结果吧。别林斯基说得好：

> 没有一个诗人能够由于自身和依赖自身而伟大，他既不能依赖自己的痛苦，也不能依赖自己的幸福；任何伟大的诗人之所以伟大，是因为他的痛苦和幸福深深植根于社会和历史的土壤里，他从而成为社会、时代，以及人类的代表和喉舌。只有渺小的诗人们才由于自身和依赖自身而喜或忧；然而，也只有他们自己才去谛听自己小鸟般的唱歌，那是社会和人类丝毫也不想理会的。①

这话讲得多么深刻，对于那种把诗人表现自我与反映时代精神和人民群众生活对立起来的所谓“新的美学原则”，无疑是有力地批评和否定；对于纠正当前诗歌创作中一味“表现自我”的不良倾向，是很有现实意义的。

邓小平同志《在中国文学艺术工作者第四次代表大会上的祝辞》中说：

> 人民是文艺工作者的母亲。一切进步的文艺工作者的艺术生命，就在于他们同人民之间的血肉联系。忘记、忽略或是割断了这种联系，艺术生命就会枯竭。人民需要艺术，艺术更需要人民。自觉地在

①《别林斯基论文学》，梁真译，新文艺出版社，1958年，第26页。

人民的生活中汲取题材、主题、情节、语言、诗情和画意，用人民创造历史的奋发精神来哺育自己，这就是我们社会主义文艺事业兴旺发达的根本道路。[①]

我们的诗人、艺术家，应当牢记邓小平同志这段精辟的论述，沿着社会主义文艺发展的正确道路走下去，保持同人民群众的血肉联系，从他们创造历史、实现“四化”艰苦奋斗的业绩中汲取精神力量、思想营养和诗情画意，创造出既有个人独特艺术风格、又为人民群众所喜闻乐见的作品来。

诗，不是个人的东西！

（原载《希望》，1981年第7期）

①《邓小平文选》(一九七五——九八二年)，人民出版社，1983年，第183—184页。

就“通感”问题为钱锺书一辨

文学批评应该更富于科学理性，尽力做到客观、公平地评价作家、作品的是非得失，如鲁迅所说，“坏处说坏，好处说好”。只有实事求是的批评，才能正确引导读者阅读和欣赏作品，帮助作家提高思想、艺术水平，同时树立起批评家自身的良好形象。

《探索与争鸣》2000年第2期以“文坛呼唤文学反思与理性批判”为总标题，发表了一组有关《十作家批判书》的讨论文章，其中有钱念孙同志的《为“经典作家”卸妆——兼谈钱锺书研究的一个失误》一文，引起我的注意。此文重申他在《朱光潜与中西文化》一书中的观点：朱光潜早在1936年出版的《文艺心理学》中，就对“通感”理论作了相当详细的论述，该书早于钱锺书1962年发表的“通感”一文，因此不应把“通感”在中国的“发明权”归到钱锺书名下。在钱锺书研究中，的确不止一个人说过是钱锺书“首次”把西方“通感”理论引入我国，纠正这个失误，是完全必要的。但钱念孙同志以此“失误”为例，意在揭示“文坛造神陋习之一斑”，并作为对《十作家批判书》“带有拨乱反正之卸妆举措”的“声援”，便值得商榷了。

众所周知，任何学术研究都有个承继与发展、深化与丰富的过程。评价一个人的学术贡献不能只看某一概念是谁首先提出的，而应该首先看他有没有提供独创性的成果。钱锺书虽非首先把“通感”理论引入国内，但他不仅在《通感》一文中，而且在此前的《谈艺录》和此后的《管锥编》中，贯通中西，旁征博引，钩沉提要，从文艺学、心理学、语言学的结合上，对“通感”问题及其在艺术创作中的应用作了深刻、精到的论析，提出很多新颖、独到的见解，把朱光潜的“通感”研究大大向前推进了一步，在学术界产生了广泛而深刻的影响。对于钱锺书的这个学术贡献，恐怕谁也否定不了的，就连朱光潜本人对此也是颇为赞赏的。他曾将钱锺书的《通感》与《宋诗选注》一起作为“不可不读之作”推荐给自己的研究生，并说：“《通感》浅显，比《谈艺录》好读，只有钱锺书才能写得出。”[①]由此看来，钱锺书研究中的“失误”应当纠正，但不必因此而无视其学术成就和贡献，并且轻率地给他“卸妆”。

再以“通感”的发明权（其实这个词用得并不确切）来说，朱光潜研究“通感”虽早于钱锺书，但是否“第一个”提出的具有“发明权”呢？据笔者所掌握的资料，陈望道早于朱光潜15年就已论及“通感”问题，他在1921年为《文学小辞典》撰写过一个词条：“官能底交错——就是感觉的交杂错综。这是近代人神经极敏所生的一种现象。例如德国诗人兑梅尔(Dehmel)《沼上诗》中有‘暗的声音’一语；明暗是视觉上的现象，声音的听觉上自无所谓明的也无所谓暗的；说是暗的声音，那是视听两感觉底混杂，就所谓感官底交错了。余类推。”[②]这里很清楚，陈望道所说的“感能底交错”，指的是五官感觉之间的相互替代、沟通，实际上就是“通感”，正如朱光潜把“通感”称作“感通”一样。尽管陈望道提出“通感”问题早于朱光潜，我们是否可以根据这条材料，就要给美学大师朱光潜“卸妆”呢？这大可不必，因为朱光潜对“通感”的研究毕竟比陈望道深入了一步。我们更不能因为钱念孙同志没有掌握这条材料，就说他的看法是“造神陋习”之表现，是在美学大师朱光潜头上描绘“虚幻”的“光环”。非但如此，我们首先应该肯定钱念孙同志纠正钱锺书研究中的一个失误，把“通感”研究之学术发展线索的探寻推进了一步。当然，他由此

① 孔庆茂：《钱锺书传》，江苏文艺出版社，1995年，第176页。

②《陈望道文集》，第1卷，上海人民出版社，1979年，第509页。

认为钱锺书“经典作家”卸妆的失误，也是应当纠正的。众人拾柴火焰高，个人的视野经常是有限的。学术研究本应相互切磋，取长补短，共同提高。

此上所言，乃一孔之见，也可能是错误的。我热切地期望文坛能多一些坚实而非浮躁、真切而非虚华的批评！

（原载上海《探索与争鸣》，2000年第5期）

论著评介

黑格尔美学研究的一个新收获

——评《黑格尔美学论稿》

黑格尔美学是西方近代美学发展史上的高峰，是马克思主义美学的直接来源之一。不懂得黑格尔美学，就不能正确理解马克思恩格斯的美学思想。陈望衡、李丕显所著《黑格尔美学论稿》（以下简称《论稿》），是黑格尔美学研究的一个新收获。

黑格尔的美学思想经历了一个发展过程，它发端于作为他的整个哲学体系的发源地的《精神现象学》，《美学》是它的成熟形态和总汇。黑格尔的美学体系是以组织严密、构架宏大而著称的。如果采用通常的叙述方式，在有限的篇幅内可能费力而难以奏效。《论稿》以黑格尔《美学》为主要研究对象，通过多视角、多层次的分析、综合，正确、全面地展示出黑格尔美学的整体面貌，这是《论稿》留给我们的第一个深刻印象。《论稿》由总论、分论和专论三部分组成。总论的第一章，对黑格尔的哲学——美学作了总体鸟瞰。作者的独特之处在于依据黑格尔“科学表现为一个自身旋绕的圆圈”的思想，通过两个精心绘制的圆圈，勾画出黑格尔哲学——美学体系的理论构架，使读者对黑格尔美学在其哲学体系中的位置、美学体系自身的逻辑层次，获得了比较清晰的认识。在此基础上，《论稿》对黑格尔美学中的重要观点以分论的方式作了系统评述。“美是理念的感性显现”是黑格尔美学的逻辑起点，理念的最浅近的客观存在就是自然，第一种美就是自然美，因而首先是“自然美论”，其后依次是“艺术本质论”“人物性格伦”“艺术家论”“艺术史观论”，等等，这在章节的安排上体现了美学体系的内在的逻辑进程。接着又以专论的方式对主客关系、审美意识以及黑格尔美学的方法论作了专题论述；最后以“黑格尔美学的历史地位”作结。这样，《论稿》通过总论、分论、专论的方式既有逻辑范畴的概括，又有历史行程的叙述，既有宏观的整体把握，又有微观的深入分析，在有限的篇幅内对丰富而庞大的黑格尔美学体系作了整体性的展示。

作者运用马克思主义实践观点，批判地对待黑格尔美学，扬弃其唯心主义的思辨理念，吸收、改造、发展其中辩证法的合理内核，是《论稿》的又一个特色。黑格尔美学到处贯穿着宏伟的历史观，渗透着广博的辩证法。然而，它的历史观是抽象地歪曲了的，辩证法是倒置着的。唯心主义辩证法的这个基本矛盾，深深地影响到黑格尔美学的整体以至具体问题的分析。《论稿》的作者对黑格尔美学的深刻矛盾有着清醒自觉的认识。因此，他们在对黑格尔美学进行唯物主义的颠倒和批判时，从黑格尔美学的体系构架、基本的逻辑范畴以至具体观点，都作了比较细致和认真的分析，贯穿着科学的辩证精神。

作者由于坚持用马克思主义实践观点改造黑格尔美学，而不是简单复述它的内容，因此，《论稿》对黑格尔美学思想的研究，拓宽了领域，有新的探索和发现。大致有这样几种情况：一是对过去未曾涉及或很少涉及的问题作了专题研究，如“美学的主客关系”“审美意识”以及黑格尔的艺术起源观，等等。关于艺术的起源，黑格尔认为，主体方面的自我意识是艺术产生的根源，客体方面的宗教是艺术产生的助动力。作者认为研究艺术的起源，就是揭示艺术产生的“第一个动力”，即归根结底的现实根源。黑格尔说艺术起源于主体意识和宗教是错误的，但他的艺术起源论并非毫无价值。没有人就没有艺术，当人还处于蒙昧状态，对任何事物都不发生“惊奇感”，就不可能创造艺术；人只有在实践中获得了自由自觉的意识，或者说，锻炼出灵巧的双手和高度发达的头脑，才为艺术的产生提供主体条件。艺术并不起源于宗教，宗教本身是原始生产力的产物，但是艺术起源确实与宗教有密切关系。宗教是艺术起源重要的中介环节，这也是为现代学者所证明了的事实。另外，黑格尔辩证地从主客体两个方面论述艺术起源的方法，也显然有助于以马克思主义观点研究艺术发生学。黑格尔艺术起源观过去未曾引起人们的注意，而作者作了具体的、符合实际的分析、论述。二是对黑格尔在神秘的思辨中所提出的命题和观点，力图从现代美学的高度去阐明它的真实内涵。《美学》第二卷研究艺术理想发展为艺术美的各种历史类型。《论稿》认为，“实质上，这里所讲的是人类审美意识关于艺术美的‘世界观’的历史演变。换言之，各种艺术类型是历代沿革发展的审美意识的载体，体现着艺术美的历史嬗变，因此黑格尔称之为各种美的‘世界观’”。审美意识是美的理念发展为具体艺术作品的一个“中介”，这样，黑格尔美学的逻辑分析进程就可以简化为：艺术美—审美意识—艺术作品。再如，黑格尔关于理念的“感性显现”的“双重性的现实”的观点是很有价值的。《论稿》指出，这实际上就是艺术形式的双重性问题，再现艺术内容的艺术形式不是单纯的物质手段，而是作为观念性形象的内在形式与物质性材料的外在形式的双重统一。观念性形象与物质性材料是艺术形式互为联结的两个层次。这里带有神秘色彩的“双重性现实”，就获得了清晰而富于启发性的科学表述。三是对黑格尔美学的某些传统论题，作了更为深入的挖掘和发挥。其中“人物性格论”值得一提。“人物性格论”是《美学》中公认的精彩篇章，但以往的研究者基本依据黑格尔明确指出的三个方面解说人物性格的特征。《论稿》认为：“黑格尔在讨论人物性格之前，已经分别研究了性格整体中的诸多构成因素，这些对立的因素最后都统一于人物性格，因而，人物性格身上体现出多种多样的对立统一关系。”基于这一认识，《论稿》综合了黑格尔有关人物性格的全部论述，对人物性格的复杂结构作了多层次的分析。这种分析不仅有助于认识黑格尔人物性格论的真正价值，而且有助于阐释纷纭复杂的典型性格问题。《论稿》对于黑格尔人物性格论中典型的三种历史形态的分析，对“作风”“风格”和“独创性”三个范畴的基本内涵和辩证关系的阐释，是符合黑格尔本意而令人信服的。

这里还应当指出的是，《论稿》在对黑格尔美学进行唯物主义的颠倒和清洗的过程中，始终注意和马克思主义经典作家的美学作比较研究，既指出他们之间深刻的内在联系，又阐明其本质的区别。在《论稿》中，黑格尔美学是马克思主义美学的直接理论来源的结论，得到了具体而系统的说明。

《论稿》是两位异地作者的合力之作，集中了两人的心智。但因此也带来一些不足之处，如内容和材料的重复、理解和提法的不尽一致、“述”和“评”的不够均衡，等等；此外，作为黑格尔美学基本组成部分的各门艺术体系，尤其是诗（文学）论，未作专章介绍，这对想让人们“全面了解黑格尔美学”的专题论著来说，不能说不是一个缺憾。尽管如此，《论稿》取得的成绩是值得重视的，对于我们批判地继承黑格尔美学遗产，学习马克思主义美学思想是有较大的参考价值的。

（署名：陈仁，与陈文忠合作，原载《中国社会科学》，1988年第3期）

开辟象征研究的一方新土

——评《文学象征论》

象征作为一种古老而又年轻的文学现象，在中国近几十年的文学研究中未能得到应有的重视。80年代以来，随着西方现代派作品的大量译介与国内创作实践中象征技巧的广泛运用，有关艺术象征问题的研究渐趋活跃，发表了为数可观的论文，取得了一定的成果。但在总体上显得零散而无系统性，特别是不少研究者对象征的取义过于宽泛，影响了象征研究水平的提高，未能科学把握与深入揭示文学象征的本质、特点及其审美效应等关键问题。有鉴于此，严云受、刘锋杰潜心研究，通力合作，历时五载，写出30万言的《文学象征论》，对象征问题进行了全面、系统的探讨，开辟了象征研究的一方新土，把人们对于象征的认识向纵深方面推进了一步。

《文学象征论》首先对中外文学象征研究的历史作了回顾与评述，力求对象征的内涵作出规范性、确定性的界说，并选择象征形象作为基本的研究对象。因此，对于象征形象与典型形象进行比较研究，实际成为该书的中心议题。作者深入分析了象征形象与典型形象的各自特点和本质区别，认为前者是个别对应、暗示一般，后者是个别拥有、体现一般，两者都是个别与一般的统一，创造出无数丰富多样的艺术形象。80年代中后期，有的论者为突出典型形象的美学意义，强调典型形象的自足说，主张性格创造愈复杂愈好，并把典型化作为中西方近代以来形象创造的唯一模式对待，排除象征化创作模式，否定非自足、非复杂化的象征形象的审美价值。该书作者通过对众多象征形象的具体分析，深刻阐述了这种非自足、非复杂性格的审美力度，概括了象征形象的非典型特征，认为象征形象的喻象暗示与典型形象的具象体现是两种不同的艺术创造模式，典型化是文学创造的一条规律，象征化也是文学创造的一条规律。象征创造中突出主体地位、抽象思维和一般性思想的创作思路，不仅不会损害艺术形象的创造，而且同样赋予作品以诱人的艺术魅力。象征创造与典型创造各司其职，各尽所能，不存在高下优劣之分，两者在实际创作中不是对立的、不相容的，它们可以交融、互渗而赋予文学形象创造以新的审美品格。作者从比较研究这一独特视角，深刻揭示了象征形象生成的艺术规律，这对于打破典型一统说，扭转重典型轻象征的理论研究格局，拓宽文学创作的领域，无疑是个不小的贡献。

在确定了象征形象的基本特征以后，作者深入研究了象征形象的创造、接受与理解，进一步把象征研究精确化，力图解决一些有争议的问题，加深对象征创造的理性认识。比如，在“象征形象的营构与透射”“象征形象的接受与阐释”两章中，作者把人们未及谈论或谈论有欠深入的话题接过来，说深说透。象征形象的创造常被视作一种“造谜”活动，作者通过分析，认为这种“造谜”活动创造了艺术欣赏中的“曲径”。它不是有意阻断人们去接受象征形象，而是激活人们的审美兴趣，深入领悟作品的内在意蕴，提高对生活的认知水平。象征形象的营构是按照象征寓意透射的需要设置的。这说明作家创造象征形象的目的，仍然是要通过喻象暗示的方式，与读者建立交流渠道。作者通过“音乐”“意象”“有效的导引”对象征寓意所起透射作用的分析，建立了若干符合艺术规律的标准或范畴，为读者欣赏象征形象，理解象征寓意，找到了几条可资进入艺术境界的途径。再如众说纷纭的象征接受，历来为研究的难题。该书提出“阐释极限”一说，颇能新人耳目。作者认为理解象征形象的意蕴可以多种多样，以至歧义百出，但多种多样中却存在着理解的指向空间。这一观点，具有充分的美学意义，既肯定了象征文本的自身统一性，也承认了象征文本在接受中被再度创造的可能性。对象征理解这一极限区域的划定，确实很好地概括了象征形象本身所包含的极大审美张力。它能像扇面一样，可以全部展开，但又会指向扇轴。它变中有序，序中有变，开中有合，合中有开。此外，有关象征解读三原则的说明、象征误读三种干扰方式的分析，均对理解象征有着积极的意义。作者还从比较诗学角度探讨了“象征与比兴”的关系，指出“广义象征”与“狭义象征”的区别，既克服了那种认为中国无象征的说法，也克服了那种把比兴与象征完全等同的简单做法。这对汲取中国传统诗学的丰厚营养，创造具有民族特色的象征作品，是一种相当有力的理论说明。作者的象征研究既表现出强烈的开放精神，又有着浓厚的民族文化意识。

这部著作的一个显著特色，是从创作实际出发去探讨理论问题，有理有据，颇有说服力。作者的视野开阔，运思绵密，在纵横交错、中外古今的比较中，让人领略了象征形象创造的丰富性与复杂性。对中外文学史上象征创造的勾勒，虽然还较粗略，却足以证明象征的存在由来已久，构成了一种独特的文学传统。如果我们忽略它的价值与意义，不对它进行系统的研究，实际上是对文学史的不够尊重。作者将象征形象创造作为一种思维方式来理解，用“象征方式”与“自陈方式”来概括丰富多彩的文学创作，突破了只以现实主义与浪漫主义来阐说文学史的旧框框，这亦是一个新视角。其中对大量作品所作的实证性的分析，尤为精彩动人。我们认为，虽然不能说他们的结论就是定论，但确实有不少的分析给人以很大的启发，深化了对文学规律的认识。比如海明威，他本人坚决否认《老人与海》是象征性的作品。可大量读者，包括中国作家王蒙在内，都说这部小说是象征性的。茅盾的情况则相反，他强调自己的小说《创造》等是象征性的，可很少有读者作如此联想。如何理解这种作家提示与作品读者的看法相矛盾的现象，是象征研究的重要课题。长期以来，研究者们并没有做出较为满意的解答。作者对这两部作品进行了独特的阐释，他们认为，由于《老人与海》中的主人公桑提亚哥的形象塑造是“特征化与意念化”的，应属于象征系统；而《创造》既然写得客观与实在，它就只能是典型系统中的一员。这说明，理解作品不能仅仅按照作家的“示意”去进行，而应按照作品实际采用的艺术方式来定位。作者在从事实证分析时，并没有忘记对理论观点的提炼，他们的一些观点，正是在实证分析的基础上建立起来的。比如，分析屈原的诗和曹禺的《北京人》，提出了“随伴意象”的概念；分析麦尔维尔的《白鲸》和公刘、多多的诗，提出了“逆变意象”的概念；分析波特莱尔的诗，运用了“卒章显其志”的概念；追述《圣经》的影响，运用了“圣经方式”的概念，等等。我们认为，把具体问题的解析作为达到理论建构的跳板，作者在这方面是每每成功的。人们在阅读该书时，可能还会感到它对新时期以来的象征性作品特别重视，这体现了作者的另一个意图，即有意要对这一时期的象征性创作进行总结，从而帮助作家更好地掌握象征创造的艺术规律。所以，该书中诸多象征规律的研究分析，与其说是为了完成一种理论上的逻辑建构，不如说是在为作家们提供一种理论上的指导与实践上的借鉴，从而提高创作水平。理论研究切忌从理论到理论，从概念到概念，这样做会使理论失去现实的魅力，流入空泛，不能从中吸收实践经验，结果也就不能真正有效地推动理论的发展和创作的提高。在目前理论界热衷“玄思”的背景下，作者靠实证说话，从创作实际出发的研究态度和研究方法，是值得肯定和提倡的。象征是一个在人类文化中，占有重要位置的课题，不仅存在于文学艺术领域，还频繁出现于哲学、语言学、心理学、人类学等学科领域，甚至涉及社会学、法学，对它既要分门别类地进行深入研究，也要作跨学科的综合考察。《文学象征论》是到目前为止国内文学象征研究领域的第一部专著，我们期望作者将这一问题的研究坚持下去，扩大研究范围，形成研究系列，获得更为丰硕的学术成果。

（与江守义合作，原载《中国社会科学》，1998年第1期）

英年早逝　风范犹存

——《丁易选集》读后感

我同白鸿大姐多年没有联系了，是很失敬的。年前突然收到她寄赠的刚出版不久的《丁易选集》，真是大喜过望，爱不释手。书中除收入作者各个时期代表性的单篇论文外，还有不少尚未公开发表的文章和诗歌作品。书中附录了她和黄药眠、陈白尘先生的几篇文章；荣幸的是，拙作《学者·作家·战士——丁易传略》也在其中。我读完这部具有学术价值和现实意义的著作，注视着丁易先生1954年于莫斯科大学英俊洒脱、目光睿智的留影，钦敬之情涌进心头，不由得使我想起为他作传的往事，从中所受到的教育，吸取的精神力量。

丁易，安徽桐城人，与美学大师朱光潜既是同乡，又有亲戚关系。“天下文章说桐城”。从在中国新文化发展史上地位和贡献来说，他是当之无愧的安徽籍的文化名人。1990年，安徽省政协编辑出版《安徽著名历史人物丛书》，其中第四分册《文苑英华》主编陆德生同志约我撰写丁易的传记，我虽然答应了，却感到难度很大。我只是在50年代后期，由于教学工作的需要，他的名著《中国现代文学史略》成了案头的必读书，我比较认真地学习、参考过，其他论著都未好好阅读过，对于他的人生经历就知道得更少了。任务既然接受下来，当然就要完成。怎么办呢？我便到北京去收集、研究资料，进行写作。在北京师范大学查阅档案材料后，我多次访问丁易夫人、《文学遗产》资深编辑白鸿大姐。她热情地接待我，并详细介绍了丁易从事文教工作、投身革命的战斗历程，将其所珍藏的丁易已出版的著作、未发表的诗文手稿和相关资料全都拿出来供我阅读、参考。丁易的革命精神、道德文章深深地感动了我、激励着我，在白鸿大姐具体、切实的帮助和指导之下，我放弃与家人一起度寒假、过春节，独自一人关在女儿家中，完成了《丁易传略》的写作任务。由于学识修养不足，写作能力不强，既未能对丁易文史论著的学术价值、文艺创作的艺术特色作出深入的分析、评价，也没有很好地展示出他那青春焕发、熠熠生辉的战斗风采，自己是很不满意的。现在《丁易选集》问世了，他那“集学者、作家、战士于一身”的形象，自会鲜明生动地呈现在读者的面前。

丁易是一位思想文化战线上的战士，主要是用手中的那支笔同旧制度下的反动、黑暗、腐败势力作斗争的。他站在进步的、革命的立场上，以严谨的科学态度和方法，把学术研究、文艺创作与现实斗争的需要很好地结合了起来。在蒋介石反动政权覆灭前夕，独裁统治变本加厉，大搞特务活动，禁绝言论自由，镇压人民民主运动，此时要公开发表文章，直接揭露他们的罪行是非常困难的。他便根据自己搜索、积累的历史资料，撰写一系列研究明代特务政治的论文发表，做到“信而有征”，“决不牵强附会，夸张叙述”，用历史这面真实的镜子，照出蒋帮政权的反动本质。他还采取援古证今、连类取譬的手法写了很多杂文发表，“以史为鉴”，真实暴露、猛烈抨击汉奸卖国贼、贪官污吏的罪恶行径，无情鞭挞一心作官发财、追名逐利、依附权贵的帮闲文人，发挥了匕首、投枪式的战斗作用。今天，我们处于改革开放、科学发展的新时代，社会性质发生了根本变化，但真善美与假丑恶的较量还是存在的，历史的污泥浊水一时难以清除。我们虽然不是“杂文时代”了，为了用真善美战胜假丑恶，纠正不正之风，消除腐败现象，杂文还是能够发挥它的战斗作用的，不能轻易否定。我们读了《丁易选集》中《杂谈清客》《“作家做官”》《谈贪污》《多余的官》诸篇杂文，仍然像一面面明亮的镜子，可以清楚地照见我们身体上的污垢和现实中的消极面，从而引起我们的注意和重视，用实际行动来清除它、克服它、战胜它。陈白尘在《忆丁易》一文中，给予他的杂文以很高的评价，并指出它的现实意义，说了一段颇为深刻的话：“‘匕首’不好听，说成‘镜子’，即古人称之为‘鉴’者，有何不可？‘以铜为鉴，可以正衣冠’，何况今日的玻璃镜子，还可以照出脸上的尘垢？我们不是被谆谆告诫过人要天天洗脸的么？但洗脸而不照镜子，可乎？不仅不照，而且打破镜子，连脸上的尘垢都看不见了，不也悲哉！但是‘往者已矣’，还是向前看！”我们对于“打破镜子”的历史教训是应当记取的，经常照照“镜子”有何不好？丁易的杂文的现实意义，也应当作如是观。

丁易学识渊博，多才多艺，文思敏捷。他长期从事教育、教学工作，同时进行明史、文字学、现代文学研究，给我们留下《明代特务政治》《中国文字形体变迁考释》《中国文字与中国社会》《中国现代文学史略》等多部学术著作；他办报纸、编刊物，除发表大量的时事评论、杂文外，还创作了中、长篇小说和诗歌、散文。令人悲痛的是，他刚进入不惑之年，正在施展才华、大有作为之时，却不幸离开了人世。令人难以忘怀的是，在他短暂的一生中，为我们留下了200多万字的论著，这是过去和现在同一年龄层次的学人所难以达到的。他能给后人留下如此丰硕的学术文化成果，固然与他出生诗书门第、天资聪慧、学养深厚有关，但更主要的是他淡泊名利、专心治学、笔耕不辍、忘我工作取得的。就以他那30多万字的专著《中国文字形体变迁考释》来说吧，他在《自叙》中讲了撰写此书艰难曲折的过程。1934年，他在北平师范大学师从钱玄同、黎锦熙学习文字文法学时，便决定研究这一课题，阅读了许多资料，写出大量“稿片”。“七七事变”爆发，他随校搬迁到抗日后方；1938年春，入川执教，课务繁重，加之“稿片”散失、没有图书资料，研究、写作停顿三年，“然而向者之志，终未渝也”。1941年，他应朱光潜先生的邀请，到乐山武汉大学教务处任秘书，乃利用这个难得的机会，不到半年的时间，就研读了武大有关甲骨卜辞、铜器铭文的所有藏书，便决心写成这部著作，“遂排除他务，发愤键户，摹写移录，参证考订。书为武大所无者，则辗转搜求，假之他处，历时八月，稿乃初具”。同年秋天，他应聘到兰州西北师范学院任教，又经过10个月的加工整理，全书得以最后完成。在抗战时期艰苦困苦的环境下，他担负着繁重的教学任务，同时参加抗日宣传活动，还不辞辛劳，进行学术研究，埋头写作，以至于不到30岁，就头生白发了。在完成《考释》后，虽感过度劳累，也颇为之欣喜，有诗为证。他在《年未三十白发日增感赋》中写道："而今真个鬓如霜，犹逐春光日日忙。作戏逢场聊尔后，著书积习总难忘。"他日夜忙于著书立说，累得未老先衰，两鬓染霜，不仅"积习"难改，还觉得苦中有乐，有着追逐明媚"春光"般的兴味。这里应当特别提出的是，《考释》研究中国文字，"穷其形体变迁，究其义训溯始"，具有重要的学术价值。1949年后，郭沫若、黎锦熙即为之题写书名，只因排印困难，未能出版。这部著作对于弘扬我国优秀传统文化，推进中国文字学研究以及汉语教学，仍然有着很大的作用和意义，期望能早日印行，同广大读者见面。

新中国成立后，丁易任北京师范大学教授，讲授多门课程，并兼任其他社会工作，但他不愿"浪得虚名"，以求"名副其实"，更是埋头苦干，废寝忘食，经常工作到深夜，备课写讲稿，进行学术研究、著书立说，只用四五年的时间就撰写、出版了多部学术著作。黄药眠与丁易两家离得很近，他在丁易逝世时写的《悼念》一文中，记述了丁易深夜工作的情景："有时我为了赶工作不能不工作到半夜，但当我要睡的时候，掀起窗帘一看，我看见老叶房子里窗帘后面还透出朦胧的绿色的灯光，我心里想，丁易还没有睡呢，他还正在埋头工作呀！侧耳细听，还可以听到他咳嗽的声音。"我想用不着多说什么了，从这些具体生动的事实中，我们可以真切地看到他忘我工作、无私奉献的高大形象，真正领悟出一个学者崇高的精神境界！

丁易先生积劳成疾，1954年病逝于莫斯科，离开我们已有五十五年的时间了。他教书育人、学术研究和文艺创作等多方面的成就，为争取人民民主、建设新中国所作出的贡献，是不会随着时光的流逝而消失的，人们会不断的从他那里吸取知识、智慧和力量。英年早逝，风范犹存。我愿在有生之年，学习他与时俱进、勤奋治学、乐于奉献的高尚品格，有一分热发一分光，为祖国文化教育事业的发展、繁荣竭尽绵薄之力。《丁易选集》

读后，心情激动，难以平静，草此小文，为求与老年朋友共勉，让我用叶帅的两句诗作为结语吧："老夫喜作黄昏颂，满目青山夕照明。"

（本文为2000年12月应《丁易选集》编选者白鸿之约撰写）

宗白华先生的一篇佚文

宗白华先生是一代美学大师，与朱光潜先生一起，被誉为中国现代“美学的双峰”。最近安徽教育出版社编辑出版的《宗白华全集》，是一部具有很高学术价值的著作，它的问世对于正确认识和评价宗先生在中国现代思想文化史上的地位与贡献，推进当前美学研究的深化与发展，将会产生重要的作用与影响。

《宗白华全集》共四卷，200余万字，除已出版的《美学散步》、《艺境》《美学与意境》《美学文学译文选》外，还收入了散见于中华人民共和国成立前后报章杂志的大量文字，特别是将宗先生数十年来的讲义、笔记、未刊稿加以整理、注释，收编入集，首次面世，弥足珍贵。对于宗先生家人、学生和出版社编辑为出版这部重要著作所付出的辛勤劳动，我们是深怀敬意和感激之情的。

全集求全，但遗珠散玉，在所难免。我在研读《宗白华全集》时，翻检所藏旧籍，在李长之翻译的《文艺史学与文艺科学》一书中，发现宗先生的一篇跋文，全集疏漏，未及收入。

《文艺史学与文艺科学》系德国学者玛尔霍兹（Werner Mahrholz，1889—1930）的一部研究德国近代文艺思潮的著作，李长之先生翻译此书始于1934年春，到1936年初，译出第一、二、三章，分别发表在当时的《文学季刊》《文学时代》和《文艺月刊》上。1937年春，又译出四、五两章，不久即爆发“七七”事变，抗日战争开始，李先生离开北平，辗转到达重庆。在此期间，他时有文章在宗先生主编的《时事新报·学灯》上发表，两人过从甚密。他曾向宗先生谈及翻译《文艺史学与文艺科学》的情况，宗先生非常称赏这部书，鼓励他将其译完。李先生乃续译第六、七章以及跋文、附录，详加附注，于1940年7月告竣，并撰写一篇对话体长序，发表在《时事新报·学灯》上。这部译著1943年7月由重庆商务印书馆出版，宗先生于同年12月在《学灯》上撰文予以介绍，称"对于研究现代文艺理论者，这是一部极其丰富的不得不参阅的书，……它是值得我们去钻深和发掘的。"（《宗白华全集》第2卷358页）1947年上海商务印书馆重印了这部著作。此书绝版已久，不易寻求。笔者所藏系上海重版本，在译者序一（即对话体序）后，附《宗白华先生跋》，从文章内容和书中安排的位置看，可能是《学灯》发表李序时宗先生写的编后跋语。跋文不长，照录如下，拾遗补阙，以飨读者。

宗白华先生跋[1]

德国学者治学的精神有它的特点：一方面他们都富于哲学的精神，治任何一门学问都钻研到最后的形而上学的问题，眼光阔大而深远，不怕堕入晦涩艰奥。另一方面却极端精细周密，不放松细微末节，他们缺乏英国人的丰度潇洒，也不及法国人的一清如水。李长之先生译的这本极有价值的学术著作，也具有这特色。李先生自己的文章向来是简劲明晰的，所以译了这本德国书以后，生怕人家说他晦涩，写了这篇明白晓畅而流利的长序（对话体），替这心爱的译本辩护。中国所译欧美专门学术的著作本来就不多，译了出来也不容易出版。(愈专门愈有价值愈不容易出版。李君此译幸喜有识的商务印书馆已接受了。）李先生译了这本有价值的中国还很缺少的文艺科学的名著，还要替自己及原书写辩护词，我是有点感动的了。

（原载《安徽师范大学学报》，1996年第1期）

①《宗白华先生跋》以《跋〈文艺史学与文艺科学〉》为题，收入:《宗白华全集》，第2卷，安徽教育出版社，1996年。

附　录

他山之石　可以攻玉

——读陈育德《西方美育思想简史》

陈文忠

科教兴国，关键在于培养高素质的人才。随着教育改革的深入和素质教育的开展，作为素质教育的一个重要组成部分的美育，日益显示出它的重要性和迫切性。朱镕基总理在今年的《政府工作报告》中明确提出：要“大力推进素质教育，注重创新精神和实践能力的培养，使学生在德智体美等方面全面发展”。中央第一次正式把美育列入教育方针，对于改善和加强美育工作，全面推进素质教育，培养跨世纪的社会主义现代化建设人才，必将产生重大作用和深远影响。如何适应时代的需要，总结中西方美育的历史经验，建构富有中国特色的美育理论，促进我国美育健康、深入的发展，已成为美学、教育学研究工作者的一个重要课题。陈育德教授所著《西方美育思想简史》（安徽教育出版社1998年12月版，以下简称《简史》）的问世，无疑是很有必要和非常及时的。作者运用历史唯物主义观点，采取以点带面、纵横结合、评述相容的方法，通过对具有代表性的美学家、教育家、艺术家、思想家美育思想的评析，阐述了各个历史时期美育思想的基本内容和主导倾向，展示出西方美育思想发展、演变的轨迹，把历史与逻辑，“照着讲”与“接着讲”较好地统一起来。《简史》虽是一部学术著作，却颇为讲究写作艺术，清晰缜密的思路和生动洗炼的语言，再配以精心提炼、意味隽永的章节标题，使这本装帧泽溢着西方古典艺术情味的书极富可读性。我们读后既可从中获得较为系统的美育理论知识，又能吸收实施美育的有益经验，受到很多启发。

作者是一位美学研究者，也是位教育工作者，因此，在他看来，美育问题不只在美学理论体系中具有逻辑的必然性，而且是审美理论在教育活动中的应用和落实，最终目的在于培养自由、和谐、全面发展的人。在西方，“美育”概念正式提出于启蒙运动时期。启蒙思想家痛感资产阶级的理性王国并不是理想的社会，“异化劳动”造成人的片面发展，个人与社会的尖锐对立，于是他们从古希腊、文艺复兴人文主义美育传统出发，主张通过审美教育协调人的感性与理性、个人与社会的关系，消除人性的“异化”，实现人的真正自由、全面的发展。虽然，审美教育不可能从根本上摆脱资本主义制度造成的那种“人文困境”，但它毕竟在疗救人的畸形发展，缓解人的内心冲突，提高人的思想境界等方面起到了知识教育和道德教育所不可取代的作用。“审美带有令人解放的性质”，这不只是黑格尔一人的看法；“只有当人游戏（审美）的时候，他才是完整的人”，也不纯是席勒的浪漫随想。费希特更明确地指出：“美的艺术不像学者那样只培育理智，也不像道德人民教师那样只培育心灵，而是培育完整统一的人。……是把人的各种能力统一起来的整个心态，这是一个第三者，是前两者的综合。”本书作者指出：这个论断对于正确认识美育的特殊性质和独特功能，“是一个很有价值、应于吸取的见解”。我国正处于社会转型期，物质文明的高速发展使精神文明建设的迫切性日益突显出来，美育在其中占有非常重要的地位。西方现代社会存在的“人文困境”，使人的心理失衡，物欲横流，人情冷漠，丧失了“精神家园”，我国社会主义现代化建设不能走这条路。面临这一严峻的现实课题，我们如果对物质欲求与精神享受、理性与感性分裂的状况不加重视和认真解决，也可能产生西方所谓的“单面人”。因此，作者指出：“让美把丑与恶排斥出去，已成为当前审美教育的重要而紧迫的任务。我们要从两个文明一起抓的高度，重视和加强审美教育，在实践中扬弃中西美育思想的短处，综合两者的长处，防止理性的偏枯，挽救感性的沉沦，把个性自由与群体意识、科学理性和审美感性有机地统一起来，全面发展人的思想文化素质，增强识别美丑的能力。”这是一个精辟的见解，表明作者研究的虽是西方美育思想史，着眼点则是当代中国的美育实践。本书在阐述西方美育思想及重视美育而取得积极成果同时，也注意到了总结历史上轻视美育而产生消极后果的经验教训。如古希腊斯巴达重武轻文，忽视美育，致使斯巴达人心胸狭窄，偏执保守，缺乏想象力和创造力；他们虽勇武善战，但进入和平时期则走向文明进步的反面，终于未能像重视美育的人的全面发展的雅典人那样成为希腊文明的真正代表。这种对比性的分析，是意味深长的。

从学科性质看，美育思想史属于边缘性、交叉性学科，它既与美学史、教育史有着密切的联系，但与之又有原则的区别。要写好一部有别于美学史和教育史的美育思想史，既要见出它与美学史、教育史之间的差异性，又要找到它与美学史、教育史的契合点。本书作者对此作出了有益的探索和较好的处理，认为这个“契合点”就是以审美的方式教育人、影响人、塑造人，并紧紧围绕这个中心来揭示西方美育思想发展的历程和轨迹。在具体操作上，作者根据不同的研究对象，或从各自的美学体系出发论述美学家的美育理论，或从各自的教育学体系出发揭示教育学家的美育思想，从而较为完整准确地阐明了不同的美学家、教育家和思想家们有关审美教育的思想特色和理论贡献；对精华和糟粕杂糅在一起的现象，则进行实事求是的科学分析和客观评价。正如作者所说，要写出一部像样的西方美育思想史，谈何容易，从古希腊罗马到19世纪，时间跨度两千多年，涉及的美学家、教育家及思想家的论著又那么多，决非轻而易举。而作者能以自觉的学科建设意识，放出手眼向读者奉献这部内容突出、线索明晰、论述精当的著作，既满足了广大教育工作者、美育研究者和美学爱好者的需要，又对推进西方美育思想的研究作出了自己的努力。同时，中国古代以儒道互补为特点的美育思想源远流长，形成了自己独特的民族传统，但迄今尚无深入系统研究的专著。《简史》在学科性质、研究思路和操作方法上的探索和经验，对深入研究进而撰写出“中国美育思想史”，也不乏有益的启示。

目前，美育尚未受到足够的重视，原因是多方面的，其中对美育的性质、任务及其独特效应还缺乏科学、全面的认识，当是主要原因之一。

《简史》在评价西方美育思想史时，对此给予了特别的关注。正如作者所述，西方思想家对美育地位的认识也经历了由混而分、由辅助而独立的过程，“其总的趋势是美育由进行知识、道德教育的辅助手段逐渐变为一种具有独特功能的教育方式，特别是近代美育把个性的自由解放、培养综合的心理能力、促进人的全面发展提到了历史日程。”其中，近代“第一部美育宣言书”席勒的《美育书简》的发表，具有特别重要的理论意义和深刻的现实意义。席勒美育思想的核心是人的自由。他指出：“由美的对象产生美，这就是美育的任务”，而自由的审美境界则是人生的最高境界，这就是从性质、途径和目的等方面把美育与德育、智育等作了较明确的区分。而席勒之所以在当时突出美育的独特地位，就在于痛感资本主义制度把人变成了“孤零零的碎片”，人性处于分裂状态，丧失了自由与尊严，认为只有通过审美教育才能使人获得人的自由，恢复人的尊严，个性得以全面发展，最终实现政治自由和社会改造。席勒对美育作用的夸大，不免有审美乌托邦之嫌，但联系席勒美育思想产生的历史文化背景，无疑有助于深化认识美育的性质及其独特的功能，但只有到了马克思、恩格斯手里问题才得以真正科学的解决。因此，作者在《简史》的最后一章系统地阐述了马克思主义创始人的美育思想，得出的结论是：马克思、恩格斯根据历史唯物主义原理，在批判继承历史上一切优秀美育思想遗产的基础上，第一次科学地揭示了人类审美活动的本质，提出教育与生产劳动相结合的原理，同时把人的全面发展、审美能力的高度发达同消灭资本主义制度、实现共产主义理想联系起来，提出美育的根本任务在于按照“美的规律”培养全面发展的一代新人。马克思、恩格斯美育思想具有鲜明的实践性、战斗性和强大生命力，为社会主义美育活动指明了正确道路和发展方向。随着社会的进步和经济的发展，审美活动与科学技术、生产劳动、日常生活日益紧密结合起来，历史证明马克思、恩格斯的美育思想具有无可动摇的指导意义。要培养具有创新精神和实践能力的高素质的人才不能没有美育。没有美育的教育是不完整的教育。

他山之石，可以攻玉。《简史》虽是一部研究西方美育思想的著作，却有着很强的现实针对性。它不仅具有较高的学术价值，在一定意义上弥补了过去美学、教育学对美育思想研究重视不够、成果不多的欠缺，而且对于吸取和借鉴西方美育的历史经验，提高我们对美育重要性的认识，进一步加强和改善美育工作，也有着重要的现实意义。

（原载《江淮论坛》，1999年第6期）

新的时代呼唤美育的春天

——评《西方美育思想简史》

丁云亮

自改革开放以来，随着教育改革的深入和素质教育的开展，人们越来越认识到美育对于培养人才的重要性。朱镕基总理在最近召开的全国人大九届二次会议上所作的《政府工作报告》中明确提出：要“大力推进素质教育，注重创新精神和实践能力的培养，使学生在德、智、体、美等方面全面发展”。新中国成立以来把美育第一次正式列入教育方针，对于进一步加强和改善美育工作，推进由应试教育向素质教育的转变，培养跨世纪的高素质的社会主义建设人才，必将产生重大作用和深远影响。如何回应21世纪的时代呼唤，从教育改革的实际出发，总结中西审美教育的历史经验，以推进审美教育健康、深入的发展，已成为美学、教育学研究工作者一个无可回避的重要课题。因此，陈育德教授近著《西方美育思想简史》（安徽教育出版社，1998年12月版，以下简称《简史》）的面世，是非常及时的和必要的。作者以马克思主义观点为指导，在掌握大量历史资料的基础上，采取纵横结合、以点带面的方法，把宏观概括与微观评析结合起来，清晰地展示出西方美育思想发展历程，为我们融通中西、综合创新，建构有中国特色的社会主义美育理论，提供了较为丰富的、可资借鉴的思想资源，不仅具有较高的学术价值，而且也很有现实意义。这是目前尚不多见的一部较为系统的研究西方美育思想史的学术著作。

美育形成相对独立的理论体系，是在18世纪启蒙时期，其标志是被称为“第一部美育的宣言书”的席勒《美育书简》。且不说在此之前，美育思想是同哲学、伦理学、教育学、艺术学等诸多学科结合在一起的，即使在此之后，它与美学、教育学也有着更为密不可分的关系，可以说是美学与教育学交媾的产物。因此，美育思想史具有跨学科的性质。可能正是由于这个原因，以往美学史、教育史的研究往往都对美育思想重视不够，正如蒋孔阳先生在该书序言所指出的，几乎成了“两不管的地带，其实它是不可缺少的重要内容”。所以，作者在建构西方美育思想史的框架时，首先要解决的问题是寻求诸多学科特别是美学与教育学的“契合点”。经过认真的研究和探索，作者认为这个“契合点”就是以审美的方式影响人、教育人、塑造人，并以此作为贯串全书的中心线索，评析了不同历史时期哲学家、思想家、美学家、艺术家、教育家的美育思想，较为系统地揭示出西方美育思想的发展过程和历史轨迹，因而在内容上抉发出常为人们所忽略的许多思想家、教育家的美育思想，在体例上也有其新颖、独特之处。譬如，过去教育史在论及被誉为“近代教育之父”的捷克著名教育家夸美纽斯时，主要是从教育对象、培养目标、教学内容、原则和方法等方面，阐明他对近代教育发展的所做出历史贡献；而《简史》的作者则经过深入开掘，发现其中有着丰富的美育思想，并贯串于他的整个教育思想体系中，指出夸美纽斯把教学作为一种愉快的艺术，主张美育应渗透于各科教学之中，是传统教育向近代教育转变的一个显著的特征。这种探幽发微、精审恰切的理论分析还体现在对裴斯泰洛齐、赫尔巴特、福禄培尔、乌申斯基等教育家的美育思想的评述上。过去，不管是美学史，还是教育史，都很少触及教育家的美育思想，《简史》弥补了这方面欠缺与不足，使全书的内容更趋丰富、充实和全面。由此可以看出，作者对西方美育思想史的研究，并不拘限于某一学科，而是进行多元综合的探讨，表现出开阔的视野、踏实严谨的学风。

马克思在《资本论》这部光辉著作中写道：“要研究精神生产和物质生产之间的联系，首先必须把这种物质生产本身不是当作一般范畴来考察，而是从一定的历史的形式来考察。”美育思想史作为思想文化史的重要组成部分，虽然有其自身发展的特点和规律，但其发展的形态、线索最终还是由社会物质生产方式决定的，是人类社会实践的产物。《简史》的作者在反对教条主义、庸俗社会学观点的同时，也对时下“要突破社会实践观点的局限”，主张以人性、人情、爱和人道主义来研究美学、美育问题的观点予以质疑，认为美育思想史的研究只有坚持历史唯物主义的观点、方法，把问题放在一定的历史范围内进行分析、评价，才能正确把握其真实内容，揭示其发展、变化的规律。基于这一认识，书中在评析某一历史时期或某一思想家的美育思想时，总是力求把它放在特定的社会文化背景中，“分析它的各种发展形式，探寻这些形式的内在联系”，肯定其成就，指出其局限，甄别精华与糟粕，力求得出实事求是的科学结论。如在论述中世纪美育思想时，既指出它依附于宗教神学，浸透着神秘主义、来世主义、禁欲主义的主导倾向，又指出随着社会的发展，世俗生活内容曲折、潜隐地渗入宗教教育，美育思想也逐渐摆脱神学的羁绊，显露出新的色彩，预示着文艺复兴时期人文主义美育思想的诞生。因此，它在西方美育思想发展史上，并非是留下“一片空白”，其中也存在着有益的、合理的因素，不应采取一笔抹杀的态度。这个评价是符合历史发展的客观逻辑的。作者分析席勒的美育思想紧紧扣住德国当时政治、经济、文化状况，充分肯定他把审美活动与社会进步、政治自由、人的全面发展联系起来，具有重大的进步意义，同时又指出他以审美活动作为实现政治自由的唯一途径，以改良主义否定群众革命，从而陷入了审美乌托邦，反映出德国资产阶级反对现有制度的软弱性和妥协性。因此，席勒提出通过美育实现人的个性自由和谐、全面发展的问题，只有马克思主义创始人以历史唯物主义观点才作出了科学的回答。

另外，从全书体例、结构安排上看，以古希腊美育思想为开端，以马克思、恩格斯美育思想终结，这就突出了马克思、恩格斯在西方美育思想史上的重要地位和作用。马克思、恩格斯美育思想既是西方两千多年来美育理论和实践的科学总结，又开创了美育思想的新纪元，对现代审美教育的实施具有指导意义。作者通过对马克思、恩格斯美育思想全面、深入的概括和分析，最后得出结论是：马克思、恩格斯根据历史唯物主义的基本原理，在批判继承历史上优秀美育思想遗产的基础上，第一次科学地揭示了人类审美活动的本质及其产生、发展的历史根源，提出教育与生产劳动相结合的原理，同时把人的全面发展、审美能力的高度发达同消灭资本主义私有制、实现共产主义理想联系起来，科学地阐明了美育的根本任务在于按照“美的规律”塑造自由全面发展的一代新人，从而为社会主义美育实践奠定了科学的理论基础，指明了正确的道路和发展方向。当今世界高新技术的发展日新月异，并快速转化为现实生产力，审美活动与人们生产、生活日益紧密结合起来，这雄辩地证明了马克思主义创始人以社会实践观点为基础的美育思想的科学预见性和强大的生命力，具有无可动摇的指导意义，大大拓展了美育的新天地。

回顾历史是为了面向未来。作者研究的是西方美育思想发展史，但着眼点却是中国当代美育实践，具有鲜明的现实针对性，目的在于借鉴西方美育的历史经验，吸收其中有益的思想成果，以提高人们对美育重要性的认识，明确美育独特的教育功能，为培养适应21世纪需要的高素质的人才服务。《简史》在总结西方美育的历史经验的基础上，对其发展总的趋势作出了精当的概括：“美育由进行知识、道德教育的辅助手段逐渐变为一种具有独特功能的教育方式，特别是近代美育把个性的自由解放、培养综合的心理能力、促进人的全面发展提高到历史的日程。”这个结论对于克服目前存在轻视美育或者只把美育作为德育、智育的手段的倾向，显然是有启迪作用的。中西方教育的历史经验告诉我们，美育不是德育、智育的附庸，而是素质教育的重要组成部分，没有美育的教育是不完全的、有缺陷的教育。美育对于美化人的精神世界，建构完美的人格，开发人的智力，培养创新精神和实践能力，具有其他教育方式所不可替代的作用。认真贯彻德、智、体、美、劳全面发展的教育方针，进一步加强美育工作，充分发挥美育在培养全面发展的高素质人才中的作用，是历史的必然，时代的要求。新的时代呼唤美育的春天，愿祖国大地开遍美育之花，结出丰硕的文明之果！

（原载刘纲纪主编《马克思主义美学思想研究》第3辑，
广西师范大学出版社2000年）

美化人的精神境界

——评《西方美育思想简史》

任雪山

陈育德教授的专著《西方美育思想简史》近期由安徽教育出版社出版，著名美学家蒋孔阳先生在序中充分肯定这部著作的学术价值和现实意义，并向广大读者予以推荐，称赞作者“为中国美学界做了件好事”。

从古希腊罗马到19世纪，时间跨度2000多年，涉及众多思想家、美学家、艺术家、教育家的论著，要写出一部比较系统的西方美育思想史实属不易。作者历时数载，刻苦钻研，在占有大量资料的基础上，以历史唯物主义观点为指导，采取纵横结合、以点带面的方法，既有某一历史时期美育思想的宏观概括，又对具有代表性的一家一派美育思想的微观评析，从而清晰地揭示了西方美育思想发展、演变的历程。作者论证严密，叙述简明扼要，文笔生动洗练，把历史与逻辑、内容与形式、学术性与可读性较好地统一了起来。这是本书的一个显著的特点和优点。

美育思想史具有跨学科的性质，与美学史、教育史均有密切联系。但是，过去的美学史、教育史研究对美育思想重视不够，几乎成了两不管地带。作者对其进行综合性、交叉性的研究是非常必要的。但这种研究又不是美学史、教育史相关内容的简单相加，机械拼合，而必须具有独特的学术个性、品格。《简史》的作者经过认真思考和深入探索，找出了美学史与教育史的契合点，即以审美的方式影响人、教育人、塑造人为中心，建构一个独立的学术框架，比较成功地展示了西方美育思想发展的轨迹。特别应该指出的是，由于作者紧紧抓住了这个契合点，书中对于过去美学史、教育史未予重视的一些美学家、教育家的美育思想做了较深入的抉发与充分的阐述，如早期空想社会主义者、夸美纽斯、卢梭等，这使全书更趋丰富、完整，为美学史、教育史增添了新的内容、色彩。

作者研究的是西方美育思想史，但着眼点却是当代中国的美育实践，因而具有鲜明的现实针对性，书中既重视总结西方美育史中的有益经验，也注意到忽略美育对社会进步所产生的消极后果和历史教训。如古希腊时期的斯巴达重武轻文，忽视美育，他们虽勇武善战，但进入和平时期则走向文明进步的反面。雅典城邦由于重视美育和人的全面发展，从而成为人类文明的光辉代表。从对两者比较中说明美育在社会发展进步中的不可忽视的作用。作者写道："其总的趋势是美育由进行知识、道德教育的辅助手段逐渐变为一种具有独特功能的教育方式，特别是近代美育把个性的自由解放、培养综合的心理能力、促进人的全面发展提到了历史日程。马克思主义的诞生，为美育奠定了科学理论基础，指出了明确的发展方向。"这个结论告诉我们：美育是整个教育的不可缺少的重要组成部分，没有美育的教育是不完全的教育，它对于美化人的精神世界，建构完美的人格，提高人的全面素质，培养综合创新能力，具有其他教育所不可替代的功能和作用。在落实科教兴国、提高全民素质、培养跨世纪人才的今天，如何改善和加强美育工作，难道不值得我们深长思之吗?！这就是《西方美育思想简史》这部著作的学术价值和现实意义之所在。

（原载国家新闻署主办《新闻出版报》，1999年3月11日）

艺术通感研究的新拓展

——读《灵心妙悟——艺术通感论》

凤文学

通感是人类审美和艺术活动的一种重要的心理机能和表现方法，随着社会经济的高度发展和科学技术的进步，人类生存空间日益扩大，人的感觉能力的全面发展，各种艺术相互渗透、融合的势头增强，通感在培养和提高人的想象力、创造力和审美能力方面，发挥着更为重要的作用。1962年，钱锺书先生发表《通感》一文，奠定了通感研究不低的基础和起点。40多年过去了，虽有阐述通感问题的论文陆续出现，但系统论述之专著，尚付阙如。陈育德教授新著《灵心妙悟——艺术通感论》（安徽教育出版社出版，2005年12月），把通感理论的研究提高到一个新的水平。

该书的创新点在于，突破既往把通感界定为五官感觉的沟通、挪移，当作一种修辞技巧或描写手段的流行看法，提升到从审美创造和审美欣赏的整体心理流程来研究。作者认为，五官感觉之间的挪移固然是一种通感，但它并非通感的全部。在审美和艺术活动中，通感实不限于五官感觉的融通，它涵盖有更为丰富的内容；它不只是一种修辞手段和描写手法，而是一种重要的心理机能和表现方法，不仅在艺术家体验和反映生活的创作过程中发挥重要作用，也是艺术欣赏、艺术接受的不可或缺的重要心理功能，因为艺术是向人的全部感觉开放的。因此，讨论通感就不能局限于五官感觉的融通、挪移，还应当将“心觉”包括进来。道家提倡耳目内通，《庄子·人间世》说：“若一志，无听之以耳，而听之以心；无听之以心，而听之以气。听止于耳，心止于符。气也者，虚而待物者也。唯道集虚，虚者心斋也。……夫徇耳目内通而外于心知，鬼神将来舍，而况人乎!”佛家认为，人有“六根”“六识”，眼之于色，耳之于声，鼻之于香，舌之于味，身之于触，有识即有受，皆缘于“心”，心统五觉，六根互用。五官只能获得事物的个别属性和信息，只有通过“心”把五官感觉沟通起来，消除感觉形式之间的界限，才能从整体上把握事物。心觉与其他感觉的相融互通，是通感的更为复杂、更为高级的形态。心觉可以超越了实用功利、逻辑推理，以明心顿悟的直觉体验、想象联想进入审美境界，它突出了心的作用，丰富和扩大了通感的内涵，对于艺术特别是中国艺术的“尚意”精神产生了很大的影响。

由此出发，作者对于通感问题作了一系列开创性的探讨。前三章从审美创造与审美欣赏的整体心理流程来研究通感，深入、辩证地说明了通感的生成，分析了通感的心理因素和通感类型。从通感的生成来说，它超越了个别感觉的阈限，在认知的过程中，由于情感和想象的参与，形成一种物我交融、感而遂通的关系，由一种实在的感觉引发、幻化出另一种或多种感觉，实中有虚，虚中有实，具有随意性、偶发性、模糊性的特点，但并不神秘。它实际上是人的大脑多种机能综合活动的结果，是多种感觉经验有机综合的心理现象，是人的高级神经活动的产物。主体与客体相统一，心与物双向交流，感于外而通于内，方能生成通感。作者指出，它不是实体的统一，而是类比的、想象的、象征的统一，是情感价值的感发与认同。艺术通感则是以之为基础进行审美净化与升华的结果。

在审美和艺术活动中，通感的构成形式因人而异，多种多样，丰富多彩。作者根据艺术通感意象构成的不同，把通感区分为感觉挪移、表象叠加、意象互通三个类别，一一指明其特征。感觉挪移是两种不同感觉的沟通，具有直观性；表象叠加是由多重感觉表象递进、转化生成，自由联想起着重要的作用；意象互通则是主观情意与客观物象的相互感通，以情类物，以物拟情，移情象征表现得甚为鲜明、突出。作者指出，三种类型的划分和特点是相对的，实际上直观感觉、想象联想、移情象征在不同类型的通感中是相互渗透、相互作用的，只是表现得隐显、强弱有所不同而已。显然这个论述既清晰又宏通、辩证，表现出作者的思致深刻绵密。书中系统、完整地论述了通感的艺术表现功能，既注意到通感在个别意象、细节表达与词语熔铸上的特殊作用，又强调它在意境创造中不可或缺的位置。书中指出，在审美过程中，感觉是通感的起点，想象是通感的桥梁，情感是通感的动力，而通感的归宿则是审美领悟。由此，通感在整个审美心理流程中的机制和作用得到了科学的说明。

作者把通感理论提升到审美心理机能和艺术创作的表现方法，在某种程度上是基于他对各个艺术门类特征和联系的深入考察。意大利美学家克罗齐曾片面地认为，给各种艺术作美学分类的企图都是荒谬的，也有的人以对极性的观点看待不同艺术门类之间的关系，把它们的互渗与融通看作是“认识迷误”，显然这些看法存在着主观片面之嫌。陈先生的研究表明，不同艺术门类有其独立品格和特征，但又不是壁垒森严，而是相互吸收，相互渗融，彼此之间存在着异迹而同趣，相异而相通的关系。因此，通感就绝不仅仅是修辞技巧问题，而涉及整个艺术的心理机制和意象营构，否则，何来“诗中有画，画中有诗”，“音乐是流动的建筑，建筑是凝固的音乐，书法是无声的音乐”等等说法？《灵心妙悟》用了五章的篇幅，着力探讨不同艺术门类之间的互渗与通感，诸如诗歌与绘画、音乐与绘画、建筑与音乐、书法与音乐舞蹈等，这些论述不仅有助于人们认识不同门类艺术的独特魅力，还注意到它们之间相互渗融的审美价值。这样的探讨，拓展了通感的研究领域，多层面地阐发了通感在艺术创造中的功能，这对于艺术形态学研究无疑是很有价值的。

作者还分别从创作与欣赏两个环节比较详细地论述了通感的表现功能和审美效应。书中指出，艺术创作中艺术家全身心地投入反映对象之中，以形象思维的方式，进行完整的形象感受，丰富的情感体验，充分发挥想象、联想的作用，创造出虚实结合、有无相生艺术境界。通感作为一种审美活动的心理机制，一种营构意象、形象、意境的艺术表现方法，艺术创作没有通感的作用是不可思议的。它能够帮助艺术家吸纳、消化和综合各种感觉映像，并能适应情感表现的需要，灵活地将一种感觉转化为另一种或多种感觉，相互渗透，实幻互补，创造出新颖独特、无理而妙的艺术境界。在艺术欣赏中，通感是进入妙境、进行再创造重要的心理渠道。艺术形象是一个个鲜活完整的生命，没有通感就难以领悟其象外之象，韵外之致，进入悠然心会的审美境界。

因此，艺术通感的研究不仅具有美学、文艺学的理论意义，而且具有很高的艺术创作和欣赏的实践价值。作者在论述通感的表现功能和审美效应时，还提出了一些具体方法，诸如超以象外，得其环中；触类为象，合意为征；举一反三，触类旁通等，在一定意义上可以说是度人金针，具有指导实践的意义。

把学术性与鉴赏性统一起来，既有理论深度，又有很强的可读性，构成该书的一个显著特色。通感是一个比较重要的艺术心理学的问题，但是作者没有在理论思辨中兜圈子或者把它抽象化，没有像某些理论著作那样的干枯晦涩，其研究方法颇值得称道。全书的架构系统严谨，采撷古今，融通中西，以充实的思想资料与丰富的艺术现象的分析、品赏为基础。特别是充分发掘中国传统文化丰富的通感思想资源，诸如儒家天人感应、比德说，道家的道通为一、耳目内通说，佛家的六根互用说，都被作者吸收以建立通感理论的依据，立足于华夏民族的通感理论和艺术实践，揭示出艺术通感的民族特色和生命活力。我们要建设有中国特色的美学理论，陈先生的研究方法无疑是有启发性的。

（原载《安徽师范大学学报》，2007年第1期；摘要载国家新闻署主办《新闻出版报》，2006年4月11日）

灵心妙悟　感而遂通

——读陈育德教授的《灵心妙悟——艺术通感论》

朱志荣　许醴

艺术通感是以一般通感为基础，并对之进行审美的净化与升华的成果，是艺术创作、艺术欣赏的重要心理能力。陈育德教授的《灵心妙悟——艺术通感论》以其深入浅出的理论分析，丰富翔实的艺术作品、艺术实践资料和独特的见解引领着读者遨游于通感的艺术殿堂，把通感理论的研究提高到一个崭新的水平。

本书在通感理论方面的最大创新就是突破了当今的学术界将通感界定为五官感觉（视觉、听觉、嗅觉、味觉、触觉）之间的挪移和沟通。作者借用了佛家的“六根互用”的说法，认为除了通常所说的五官感觉之间的挪移和沟通外，还应将“心觉”或曰“意觉”包括在内，“心治五官”，而又“六根互用”。五官感觉与思想、情感、意志等“心觉”的沟通也是通感中不可或缺的一部分。心统五觉，与其他感觉相融通，是通感更复杂的类型，这样就突出了“心”的作用，从而丰富了通感的内涵，扩大了通感的研究内容。

作者前三章艺术通感的理论探讨就从这种新观点出发，说明了通感的生成并将之区分为“感觉挪移”“表象叠加”“意象互通”三种类型，还从起点、桥梁、动力、归宿四方而对通感进行了心理结构分析。从通感的生成来说，它是人的高级神经活动的产物，是多种感觉经验有机综合的心理现象。主体与客体相统一，心与物的双向交流，感于外而通于内，方能生成通感。它不是实体的统一，而是类比的、想象的、象征的统一，是情感价值的感发与认同。然后，作者根据艺术通感意象构成的不同，把通感区分为感觉挪移、表象叠加、意象互通三种类型，并对各自的特点作了分析：感觉挪移是两种不同感觉的沟通，具有直观性；表象叠加是由多重感觉表象递进、转化生成，自由联想相当重要；意象互通则是主观情意与客观物象的相互感通，以情类物，以物拟情，移情象征表现突出。接着，作者针对通感在整个审美心理流程中的机制和作用作了科学说明，他认为艺术通感不是孤立的一种心理现象，在审美过程中，感觉是通感的起点，想象是通感的桥梁，情感是通感的动力，而通感的归宿则是审美领悟。各种心理因素之间的相互沟通、相互连接和相互转化使通感成为和谐统一的艺术整体。显然，作者整个理论部分的论述缜密辩证，使我们对艺术通感有了全面的认识。

该书第四到第八章是对通感艺术表现功能的论述，就诗歌、绘画、音乐、建筑、书法、舞蹈等不同艺术门类间的对立与渗透进行了分析。从审美心理机制和艺术表现层面上分析了诗、书、画、乐、舞、戏等不同艺术门类间的关系，同中见异，异中见同，客观而又辩证。这些艺术分类的研究大大拓宽了通感的研究空间，多层面地阐发了通感在艺术创造中的功能，同时也把通感理论提升到审美心理机能和艺术创作的表现方法层面，实为对通感理论研究的一大贡献。

从这五章的论述中，我们可以看出作者独特的研究方法：一是立足于华夏民族传统文化中丰富的通感思想资源和艺术实践，同时放眼世界，善于在中西融通、综合比较中揭示出艺术通感的民族特色和生命活力，建构了中国特色的艺术通感理论。例如，在第五章研究诗歌与绘画之通感时，就以中西艺术综合比较的方法对诗画结合问题进行了较为深入的讨论。

陈育德教授研究方法的另一特点，就是严肃的学术理论分析以丰富的中西艺术理论资料引用和充实的艺术现象的理解、鉴赏为基础，在我们传统文化通感资源的作品，既有艺术理论和相关艺术经验，也有丰富多彩的艺术作品、艺术实践。他不仅立足于作品资料，同时也参照了理论资料，通过对王维的《山中》等古典诗歌的领会、体悟，总结出了“诗中有画”

“画中有诗”的真实内涵，即“诗中有画境，画中有诗情”，从而揭示了诗画结合的艺术真谛。

全书的最后两章从艺术创作和艺术欣赏两方面论述了通感的表现功能和审美效应。与开头部分的理论基点形成呼应，作者在这里再次强调了通感作为一种审美心理机制和艺术表现方法，贯穿于整个审美创造与艺术欣赏的过程。在艺术创作中，它帮助艺术家吸纳、消化和综合各种感觉映象，并能适应情感表现的需要，灵活地将一种感觉转化为另一种或多种感觉，创造出新颖独特、无理而妙的艺术形象。在艺术欣赏中，通感又将五官感觉相互沟通，进行再创造并从而进入难以言说的体验妙境。

总的来说，《灵心妙悟——艺术通感论》不仅向读者呈现了作者可贵的理论探索，而且在研究视野和研究方法上为我们提供了许多启发，诚如作者所言：“艺术是向人的全部感觉开放的。如果单凭某一种感觉而没有其他感觉的支持、配合和帮助，艺术欣赏与审美体验便难以深入。这让我们意识到通感有着广阔的研究空间，它有待于我们的进一步思考和深入的研究。同时，艺术是有共通性和互渗性的，我们必须多方位、多角度地研究艺术作品，才能更好地发现和升华其中的审美意蕴。”我们期望《灵心妙悟——艺术通感论》能激发更多的人作出新的探求与开拓。

（原载《学术界》，2007年第5期）

文集后记

我的美学文集即将与读者见面了。它的出版，是张庆亮校长、王世华教授热情关怀和多方面大力支持的结果。世华同志是徽学研究的著名专家、《安徽师范大学学报》（人文社会科学版）主编。在2019年3月的一次交谈中，我向他提及诸多学院的老教师都出版了论著集，我也有此想法，但退休时没有回到文学院，关系还在学报编辑部，不知如何处理。他对这个问题非常重视，第二天即向学校领导报告。张校长得知后，在百忙中同我从事编辑工作、专业教学的相关单位进行联系、沟通，校出版社、文学院、学报编辑部负责人商定共同承担出版经费，并同我正式签订了合同。我对他们的关心、支持和帮助深为欣慰、非常感激，心想今后如有工作要我做的，当尽力而为，以实际行动报答之。

这部文集入选的论著从1959年起到2018年止，发表的时间跨度整整60年，虽然主要是美学方面的研究成果，但涉及面仍然宽泛，内容较为繁杂，如果按照发表的时间顺序编排，便显得杂乱无章。因此，我在第一卷中收入两部专著，即《西方美育思想简史》《灵心妙悟——艺术通感论》；第二卷、第三卷设定专题栏目，根据文章的内容分别编入相应的专栏。这样安排便于读者掌握全书的主要内容和思想倾向。这里要讲一下“探索与争鸣”栏内的文章，都是与不同的学术观点进行商榷、论争的，但这并不意味着我自以为是、一贯正确、党同伐异的，只不过是一家之言而已，目的在于根据“百花齐放，百家争鸣”的方针，通过平等、自由的对话、交流，推进美学研究的健康、深入的发展。今后如能看到与我争鸣的文章，特别是对其中存在的缺点、错误进行批评、指正的，我是非常欢迎和虚心接受的。一花独放无春色，万紫千红总是春。让我们坚定不移地贯彻党的“双百”方针，迎接学术研究的春天！

《陈育德美学文集》得以出版，我当然是很高兴的。但在回顾自己从事美学教学与研究历程时，心情却非常复杂，五味杂陈。60多年来，我的工作任务虽然繁重，学习还算努力，笔头比较勤快，出版的专著和发表的文章，曾引起学术界的注意，产生一定影响，但总的看来，学术价值和现实意义并不突出，顶多起到一点引玉之砖、铺路石子的作用。因此，我没有什么治学经验可谈，教训却是深刻的，总序中作了具体交代，可作为后学者的前车之鉴。

人生易老天难老，垂暮之间整理陈年文稿，更增加了我对美学研究美好未来的期望。祝愿年轻一代的美学研究者坚持马克思主义立场、观点、方法，立足现实，面向未来，勇于创新，把科学与艺术、哲理与诗情有机结合起来，真正做到以德为本、以美育人、以文化人，为建构有中国特色的社会主义美学体系贡献自己的智慧和力量。新时代需要新美学！

陈育德

2021年7月8日

陈育德◎著

陈育德美学文集

中

安徽师范大学出版社
ANHUI NORMAL UNIVERSITY PRESS
·芜湖·

中册　目录

美学与美育

艺术与生命

美学与美育

论美的本质

美是什么？这是每一个学习和研究美学的人，不管愿意与否，都是要做出回答的。关于美的本质和根源，即美的本体论的研究，是美学的基本问题。美学的其他问题的解决，都直接或间接地与之密切相关，甚至可以说依赖于它、决定于它。我们研究美感、艺术的审美特性问题，一个人要树立怎样的审美观，都是不能离开对美的本质的理解的。有人把“自上而下”与“自下而上”的研究对立起来，否定对美作形而上的哲学探求必要性，认为“美是什么”的问题是美学的“伪命题”，是找不到答案的，就像童话中那件“皇帝的新装”。这种看法是不正确的，拒绝回答就是对问题的一种回答。“美是什么”的问题无可回避，我们应当做出回答。

一、美是难的

人们在生活中，几乎每天都要感受美、鉴赏美、创造美，然而美是什么呢？却是个难以回答、难以说清楚的问题，像俗话说的，不说还清楚，说了反糊涂。狄德罗在《美之根源及其性质的哲学探讨》中说过：“人们谈论得最多的东西，每每注定是人们知道得最少的东西，而美的性质就是其中之一。”[①]可以说，美是什么？从古到今都是人类最难回答的问题之

①《狄德罗美学论文选》，张冠尧等译，人民文学出版社，1984年，第1页。

一。古希腊的柏拉图就说："美是难的。"现代人也常常说它是"千古之谜"。

那么，"美是什么"的问题难在何处呢？

第一，美的事物的无限多样性、差异性掩盖着美的本质的统一性、共同性。柏拉图是最早对美进行哲学探讨的思想家，他把美和美的东西作了区分。美的东西是指个别事物、个别现象的美，如一位美丽的小姐，一匹美的母马，一个美的汤罐，等等；美则是要从一切美的事物中抽象、概括出它们的共同本质。他说："它应该是一切美的事物有了它就成其为美的那个品质，不管它们在外表上什么样，我们要寻求的就是这种美。……如果我们要想发见美是什么，我们就要找这个使事物真正成其为美的。"①席勒在题为《美》的诗中写道：

> 你万古一体，而形式无边无际，
> 正是在这形式的无尽里蕴含着你的统一。

在丰富多彩的大千世界中，存在着形态不同、性质各异的美的事物，从现象上看可以说是风马牛不相及的，高耸入云的崇山峻岭，春风吹拂的依依杨柳，一块丑极而美极的奇石，一张表现唐代丰肥之美的仕女图，有什么相同或相似之处呢？它们之间所具有的共同品质似乎是不存在的。但是，我们如果不找到它们共同的审美本质，又怎能说它们都是美的东西呢？无限的个别与共同的一般的矛盾如何统一起来，这就给我们探讨美的本质问题带来了很大的困难。

第二，美感极大的相对性、主观性模糊了美的本质的普遍性、客观性。康德说过，没有任何法则可以强迫一个人认为什么东西是美的或不美的。由于历史时代的不同，文化背景的差异，社会地位的悬殊，乃至年龄、性别、个性气质的差别，使得人们的美感经验存在着巨大的差异性，对同一个事物，有的说它美，有的说它不美，甚至说它是丑的。即使是同一个人，由于环境、

①《柏拉图文艺对话集》，朱光潜译，人民文学出版社，1963年，第192页。

心情、意向的不同，对同一个事物也有时觉得美，有时觉得不美。审美经验不同于科学认识即在于此。科学中的定理、定义、公式或某一个结论，经过观测实验、逻辑证明和实际应用被认为是正确的，即可得到大家一致的认可。花是红的，这个判断是由光谱分析仪测定的，为事物的客观属性、必然律所支配和决定，是不以个人的趣味、爱好为转移的。花是美的，则是不可能用科学实验和逻辑证明使人们取得共识的，似乎完全受着趣味、爱好的支配和决定。美感经验的差异性、相对性大大地模糊了美的本质的普遍性、客观性，致使有人把美感与美等同起来，以美感取代美，从而否定美的客观性，陷入了唯心主义。美既不是事物的自然属性，又不是纯粹的主观经验，那么美到底是什么呢？要认清这个“谜样的东西”，较之猜出前一个“谜”，就显得更加困难。

第三，“美”的多义性也为正确揭示美的本质造成很大的困难。在不同的语言环境中，“美”的涵义往往是不同的。如我国古代就有“美与善同义”的话，把美与善等同起来；人们平常说的“美酒”“美食”“美味”，把能够引起人的生理快感的事物，也戴上了“美”的桂冠。在美学和艺术论著中，时而指美的东西，时而指美的本质。因此，人们在回答“美是什么”的问题时，由于对“美”的涵义的理解不同，缺乏逻辑的同一性，便产生了你说你的、我说我的，公说公有理、婆说婆有理的局面。

正因为“美是难的”，从古到今不知有多少哲学家、艺术家对美的本质问题进行了艰苦的探索，不知提出过多少看法，下过多少定义，其中虽有大量合理的东西和深刻的见解，但没有一个为人们所共同认可的结论，“美”真是“狡兔三窟”啊！托尔斯泰在他的《艺术论》中，就罗列了几十种美的定义，并指出：近代自鲍姆嘉通以来，经过近千名学者的探讨，美仍然是个“谜”。他认为，美丝毫不能说明问题，只会模糊事物的性质，因而主张把美从艺术领域里清除出去。这怎么行呢？我们要上演莎士比亚的戏剧《汉姆雷特》，是不能把它的主角复仇王子赶出舞台的。马克思主义在本质上是乐观主义的，它只承认有未知之物，而不承认有不可知之物。我们应当以马克思主义的观点、方法，在前人已经取得的研究成果的基础上，知难而进，继续探索，以期更加接近真理，揭开美的“千古之谜”。

二、美的探求

美是什么？在古今中外历史上，人们从未停止过探求，尽管答案是各种各样的，下的定义也五花八门，但总是和哲学基本问题密切联系着的，都离不开主体与客体、存在与意识、物质与精神的关系。因此，我们可以把历史上探求美的本质概括为三种基本途径，即主观论、客观论、主客观统一论，此外还有一种是怀疑主义，认为美是不可能为定义所掌握的，它在本质上是一种主观论。我们有必要对它们加以介绍和评析，看看其中哪些是合理的，哪些是错误的，取得了哪些成就和经验，还有哪些不足和局限，以作为我们探讨美的本质的历史依据和出发点。

1.主观论。主观论者从人的思想意识中去探求美的本质和根源，认为美是人的主观精神的产物。美在心，而不在物。客观事物本身无所谓美与不美，美只是人的主观情感表现、投射、移置于物的结果。如克罗齐的“直觉”说，认为直觉即表现，“美即成功的表现”。所谓“表现”，就是把心灵的东西“显现”在事物上面。美就是心灵作用于事物而产生的直觉，是直觉表现的结果。由此，他提出一个公式：直觉=表现=艺术=美。这里，克罗齐把非理性的直觉看作美产生的根源和本质，开创了现代反理性主义、表现主义的美学理论。立普斯的“移情”说认为，审美对象不是客观事物的存在和实体，而是一种为主体的生命灌注于其中的有活力的形象。通俗地说，人把自己的主观情感移注到对象上去，对象才是美的。一个事物美不美，完全是由人的主观感觉决定的。早在他们之前，休谟就直截了当地说过：“美并不是事物本身里的一种性质。它只存在于观赏者的心里，每一个人心见出一种不同的美。”[①]我国古代也不乏美的主观论，如《礼记》云：“美恶皆在于心。”《庄子·山木

① 北京大学哲学系美学教研室编：《西方美学家论美和美感》，商务印书馆，1980年，第108页。

篇》中有这样一个故事：

> 阳子之宋，宿于逆旅，逆旅有妾二人，其一人美，其一人恶，恶者贵而美者贱。阳子问其故，逆旅小子对曰："其美者自美，吾不知其美也；其恶者自恶，吾不知其恶也。"

应该说，不论是直觉说、移情说，还是主观论者其他观点，都强调了审美活动中的主体能动作用，反映出审美经验主观性、差异性、相对性的特点，有某些可取的地方。但它把属于美感领域中的现象用以说明美的本质和根源，必然头脚颠倒，混淆美与美感的界限，陷入唯心主义和相对主义。这样一来，美丑皆"在于心"，美感产生美。美还有什么客观标准和质的规定性呢？其结果必然是：赵钱孙李，各人所喜；萝卜白菜，各人所爱；各美其美，各丑其丑。

2.客观论。客观论者的情况比较复杂，虽然都认为美是客观的，不是人的主观精神的产物，但其间存在着唯心与唯物的分歧与斗争，只不过是貌合神离而已。一种观点认为，世界上"客观"地存在着决定一切、创造一切的"神道"或"宇宙精神""绝对理念"，美的事物当然也不例外。具体事物之所以美，完全是由其决定的。柏拉图提出"美是理念"这个定义时说："一个东西之所以是美的，乃是因为美本身出现于它之上或者为它所'分有'，不管它是怎样出现或者是怎样被'分有'的。"①"它只是永恒地自存自在，以形式的整一永远与它自身同一；一切美的事物都以它为源泉，有了它那一切美的事物才成其为美，但是那些美的事物时而美，时而不美，而它却毫不因之有所增，有所减。"②这里"美的理念""美本身"是一种精神本体，是抽象的、绝对的存在，是一切美的事物的本源。由抽象的精神本体派生出具体事物的美，这种理论无疑是唯心主义的，不过还

①《古希腊罗马哲学》，北京大学哲学系外国哲学史教研室编译，商务印书馆，1982年，第177页。

②《柏拉图文艺对话集》，朱光潜译，人民文学出版社，1963年，第67页。

应当给它戴顶“客观”的帽子，以示与主观唯心主义的区别。在中世纪神学美学中，这种“绝对理念”便更加实体化了，演化成有鼻子、有眼睛的“上帝”了。“上帝至美”，是美的最终根源，一切美的事物都是从上帝那里“流溢”出来的美中“分有”的结果。后来黑格尔给美下了个定义：“美是理念的感性显现”。它虽然不再像柏拉图那样，把“理念”讲得那么虚玄、神秘，是“永恒的，无始无终，不生不灭，不增不减的”，是“自存自在”的，而认为“理念”处于不断地发展变化的运动过程之中，“异化”为感性事物并得以“显现”出来，于是生成了美。他能以发展变化的观点，从理性与感性的统一方面来探讨问题，使这个定义蕴含了丰富的辩证法思想，但其本质上还是客观唯心主义的，因为“理念”本身在现实中就是不存在的。颠倒了物质与精神、存在与意识的关系，把精神绝对化、实体化，并以之作为探寻美的本质出发点与归宿，这就是客观唯心主义美论要害之所在。

客观论者另一种观点则是唯物主义的。他们不承认客观世界中有什么“美的理念”来决定具体事物的美，美就存在于客观事物之中，是客观事物本身所具有的一种属性，既不是人的主观情感“外化”的产物，也不是“分有”上帝的“至美”或“美的理念”显现的结果。旧唯物主义美论在同唯心主义斗争的过程中，不断得以发展、深化，其中虽积累一些辩证法思想，但并没有完全突破形而上学的局限，达到历史唯物主义的水平。它们最有代表性的观点有：

（1）美在形式。这种观点重在从事物的感性形式方面去探求美，认为美是对象的形状、色彩、线条、声音按一定比例的排列、组合，构成杂多统一的和谐整体。如毕达哥拉斯学派认为：“人的身体美确实在于各部分之间的比例对称。”“音乐是对立因素的和谐的统一，把不协调导致协调。”[①]亚里斯多德说：“美的主要形式就是秩序、匀称和明确。”[②]其他如

① 北京大学哲学系美学教研室：《西方美学家论美和美感》，商务印书馆，1980年，第14页。

② 同上，第41页。

“曲线比直线美”、黄金分割率（一条线分成长短两段，长线的平方=短线×全线长，比值为0.618，大体是5/8）等均属此论。我们知道，任何美的事物都具有一定感性形式，并给人以视听感觉上的愉快，美在形式论正好抓住了这一特点，又非常符合日常的审美现象，因此有着从古到今历久不衰的影响。但是，它并不能科学地说明美之所以为美的本质问题。美的形式纯粹的自然现象或数学的、物理的、化学的建构，只有当它与人的实践联系起来，体现了人的自由自觉活动的本质，成为一种自由的形式，它才真正是美的。

（2）美在关系。狄德罗看到了美是丰富多彩、千变万化的，靠几条形式美的原则是很难框着它、说明它的。因此，他在《关于美之根源及其本质的哲学探讨》中提出了著名的“美在关系”说：

> 我把凡是本身含有某种因素，能够在我的悟性中唤起“关系”这个概念叫做外在于我的美；凡是唤起这个概念的一切，我称之为关系到我的美。①

这里很清楚，他是把“关系”看作美之所以为美的本质和根源的，“美因它而产生，而增长，而千变万化，而衰退，而消失”。那么，“关系”这一概念含义是什么？从前面所引的话可知，狄德罗把“关系”分为两大类，一是“外在于我的美”，即客观事物本身的关系所产生的美，其中又有两种情况，一种是某一事物内部构成关系所产生的美，如部分与部分、部分与整体结构上的比例、均衡、对称、多样统一等，他称之为“真实的美”。另一种是事物与事物之间关系中见出的美。一事物在与他事物的关系中，是时而美、时而丑的，因此，他称之为“相对的美”。这两种美都是客观事物本身的关系产生的，故称之为“外在于我的美”。二是“关系到我的美”，即客观事物作用于人的视听感官，“唤起”关系的概念，从而感觉到的美。所以，狄德罗又称之为“见到的美”。

①《狄德罗美学论文选》，张冠尧等译，人民文学出版社，1984年，第25页。

狄德罗的“美在关系”说的历史贡献在于：①“关系”表示事物内部的和外部的多方面的联系，从而突破了静止的、孤立的观点片面性、局限性，初步地把美的本质放在与自然、社会生活的相互关系中进行考察，大大扩展了人们的审美视野。关系在变化，美也在变化。这就可能启发人们以发展、变化的观点去看待美。对此，狄德罗也有所觉察，他说：“把美归结为对关系的感觉，你就会获得自古以来美的发展史。”这里流露出他对美的认识某些可贵的历史观点。②他根据“美在关系”的理论，在戏剧、绘画艺术理论上提出“情境”的概念，认为“关系”在艺术中是通过“情境”表现出来的。他以高乃依的悲剧《贺拉斯》中的“让他死吧”这句台词为例加以说明。它孤立地看，是无所谓美、丑的，但随着它与戏剧“情境”的关系的展开而逐渐美起来。如果告诉读者，在一场关乎祖国荣誉的战斗中，老王的三个儿子已战死了两个，而唯一活着的小儿子正在一人抵挡敌人，与之进行殊死搏斗，而老王得知这个消息后，却说：“让他死吧！”在此情境中，这句话就不仅是美的，而且是崇高庄严的了。从人物的性格、动作、语言与环境的关系方面来揭示艺术美的本质，这是一个非常深刻的思想。

总的看来，狄德罗的“美在关系”说将唯物主义的美论向前推进了一大步，但由于他对“关系”的理解比较笼统、抽象，对人与现实的审美关系没有真正科学的认识，因而不能讲清楚“关系”是怎样产生的，什么“关系”是美的，什么“关系”是不美的，最后只好说：“不论关系是什么，我认为组成美的，就是关系。”这正是他的理论不彻底的表现。

（3）美是生活。车尔尼雪夫斯基在《艺术与现实的审美关系》中，以费尔巴哈唯物主义为理论依据，批判和否定了黑格尔的“美是理念”说，并提出一个与之针锋相对的命题：美是生活。他说：

任何事物，我们在那里面看得见依照我们的理解应当如此的生活，那就是美的；任何东西，凡是显示出生活或使我们想起生活的，那就是美的。[①]

车氏提出“美是生活”，被普列汉诺夫称为“天才的发现”，较之狄德罗的“美在关系”说，它更为直接地把美与人的社会生活联系起来，认为人的“生活本身就是美”，“生活就是美的本质”，“真正的最高的美正是人在现实世界中所遇到的美”。如周扬同志所说的，车氏的这个公式肯定了美的客观性，“他把美放在广阔的生活的基础上，揭去了美的神秘的帷幕”[②]。特别应当指出的有两点，一是他在阐述这个命题时，敏锐地体察到人由于社会生活、经济地位的不同，形成两种不同的、彼此对立的审美价值观。在他看来，农家妇女“鲜嫩红润的脸色”，“旺盛的健康和均衡的体格”，是美的；这种美是生活富裕、辛勤劳动而又不过度劳累的结果。上流社会贵妇人手足纤细、脸色苍白、虚娇病态，则是饱食终日、无所事事、奢侈享乐的标志。他肯定了前者，否定了后者，反映出车氏美学理论鲜明的时代特色和战斗精神。二是他在论及自然美时，不是仅仅着眼于形状、颜色、线条、声音等外在形式和自然属性，而能够同样地将其与人的社会生活联系起来，认为自然物只有当它“暗示”了人的生活，使人“想起生活”的时候才是美的。从这里我们似乎看到车氏身上有了科学世界观的萌芽。当然，他对“生活”的理解包含自然本性的意思，还是比较抽象的，没有摆脱费尔巴哈的人本主义。如他说：“在人觉得可爱的一切东西中最有一般性的，他觉得世界上最可爱的，就是生活；首先是他所愿意过、他所喜欢的那种生活；其次是任何一种生活，因为活着到底比不活好：但凡活的东西在本性上就恐惧死亡，恐惧不存在，而爱生活。”[③]按照这种观点，有些生活和艺术中的审美现象，他是解释不通的。如文天祥的诗：“人生自古谁无死，留取丹心照汗青。”裴多菲的诗：“生命诚可贵，爱情价更高，若为自由故，两者皆可抛。”如此人生境界，不仅是美的而且是

① 车尔尼雪夫斯基：《生活与美学》，周扬译，人民文学出版社，1957年，第6—7页。

②《周扬文集》，第1卷，人民文学出版社，1984年，第369页。

③ 车尔尼雪夫斯基：《生活与美学》，周扬译，人民文学出版社，1957年，第6页。

崇高的。生活的本质决定美的本质，只有对生活的本质作出科学的理解，才能正确说明美的根源和本质。列宁说过，人本主义“是关于唯物主义的不确切的肤浅的表述”。车氏由于人本主义思想的局限，他的唯物主义是不彻底的，缺乏历史的、发展的观点，因而未能唯物而又辩证地阐释生活、艺术和美的本质问题。普列汉诺夫指出：“当他断言美是‘应当如此’的生活，艺术一般从事于再现‘美好的生活’，他所说的是完全的真理。他的错误仅仅是他没有充分地弄明白人关于‘生活’的观念在历史上是怎样发展起来的”。“科学的美学，更确切些说，艺术的正确学说，只有当正确的‘生活’学说产生的时候，才能够站在坚固的基础上。”[①]马克思主义的辩证唯物主义和历史唯物主义就是关于“生活”的正确学说，我们只有站在这个“坚固的基础上”，才能真正科学地揭示美的根源和本质。

3.主客观统一论。持此论者认为美既不是主观的，也不是客观的，而是主观与客观的统一。美在现实中既要有客观基础，又要有主观因素，它不能脱离人的主观意识而存在。在我国，朱光潜是此说的代表人物。中华人民共和国成立前，他在《文艺心理学》等著作中就一再申称：“美不仅在物，也不仅在心，它在物与心的关系上面。……它是心借物的形相来表现情趣。世界并没有天生自在、俯拾即是的美，凡是美都要经过心灵的创造。”[②]中华人民共和国成立后，他对自己以前的观点有所修正，但仍然坚持主客观统一说。他认为，客观事物只是美的条件、因素，只有加上人的主观意识的作用，使它成为物的形象才是真正的美。因此，美是第二性的，是艺术的特性。他并引用苏东坡的《琴诗》来论证自己的观点：“若言琴上有琴声，放在匣中何不鸣？若言声在指头上，何不于君指上听？”在印度古代佛典《长阿含弊宿经》中有一则迦叶同一位婆罗门辩论时讲的故事：“昔有一国不闻贝声。时，一人善能吹贝，往到彼国，入一村中，执贝三吹，然后置地。时，村人男女闻声惊动，皆就往问：‘此是何声，哀和清澈乃如是耶？’彼人指贝曰：‘此物声也。’彼村人以手触贝曰：‘汝

①《普列汉诺夫美学论文集》，第1卷，人民出版社，1983年，第301、302页。

②《朱光潜全集》，第1卷，安徽教育出版社，1987年，第346—367页。

可作声，汝可作声。’贝都不鸣。其主即取贝三吹置地。时，村人言：‘向者美声非是贝力，有手有口，有气吹之，然后乃鸣。’”这个故事意在说明，宇宙万物乃因缘和合而成，美是主客体交互作用的结果，与苏东坡的《琴诗》的理趣是一致的。主客观统一论显著的优点是，它突出了主体意识在美的生成中的作用，并试图用主客观辩证统一的观点来解决美的本质问题，对于克服主观论和客观论中的唯心主义和形而上学是有启发的。它的根本问题在于：如果美是主客观的统一，那么它的中介环节是什么？是统一于主观，还是统一于客观？这里仍然存在着唯物主义与唯心主义的根本分歧，如果脱离人类的社会实践活动，以主观吞并客观，把美视为“心灵的创造”，则要走向唯心主义。马克思说过，“应当把人的活动理解为客观的活动。”主观与客观的统一，并不是直接的同一，而是通过人的社会实践活动，使主观见之于客观，统一于客观。从苏东坡的《琴诗》所言乐器、妙指、琴声三者关系来看，如果说琴是物，但心不能直接作用于物，只有通过琴师指头的演奏活动，才能创造出美的琴声，即所谓“指与琴触方成音乐”。这“指与琴触”演奏活动，就是艺术生产，就是一种社会实践活动；这琴声一旦生产出来，就是一种客观存在的艺术美。由此看来，我们应当从人类社会实践中去探求主客观对立统一的关系，唯物而又辩证地解决美的根源和本质问题。

马克思在《关于费尔巴哈的提纲》中写道：“从前的一切唯物主义——包括费尔巴哈的唯物主义——的主要缺点是：对事物、现实、感性，只是从客体的或者直观的形式去理解，而不是把它们当作人的感性活动，当作实践去理解，不是从主观方面去理解。所以结果竟是这样，和唯物主义相反，唯心主义却发展了能动的方面，但只是抽象地发展了，因为唯心主义当然是不知道真正现实的、感性的活动本身的。”[①]马克思的这段话，完全可以看作对历史上探索美的本质的一个科学总结。在美学的基本问题上，如同在哲学上一样，存在着唯物与唯心、辩证法与形而上学的分

①《马克思恩格斯选集》，第1卷，人民出版社，1972年，第16页。

歧与斗争，但它们又有着一个共同的根本性的缺陷，那就是脱离人类的社会实践活动来看待主客观关系，其结果必然是：唯心主义者由于不懂得实践，抽象地发展了人的主观能动性方面，把美看作是人的“心灵的创造”，绝对理念的“异化”，一句话，美的主观精神的产物。旧的唯物主义者由于不懂得社会实践内容和意义，因而不能够从主观与客观的辩证关系中看问题，把美看作客观事物的自然属性或外在形式，只见物不见人，陷入了机械论和形而上学。他们一个抓住了主观精神，一个抓住了客观事物，都未能解决美的根源和本质问题。马克思主义哲学为我们揭示了主体与客体、物质与意识、思维与存在统一的现实基础，这就是把认识世界与改造世界统一起来的社会实践活动。它为我们解开“美”这个“千古之谜”，奠定了科学的理论基础。

三、美是人类社会实践的产物

马克思说：“社会生活在本质上是实践的。”列宁也说：“生活、实践的观点，是马克思主义哲学首要的、基本的观点。”所谓“实践”，是指人类认识世界和改造世界的客观的物质活动，它构成了社会生活的基本内容。我们如果脱离社会实践，就不可能正确认识现实生活和人的本质；不能正确认识现实生活和人的本质，也就不可能正确把握美的本质。因此，只有坚持马克思主义哲学的实践观点，把主观与客观、认识世界与改造世界统一起来，才能唯物而又辩证地解决美的本质问题。我们认为，美既不是与人的实践无关的“自在之物”，也不是主观精神“投影”“显现”，而是人类社会实践的产物。

劳动创造了美

“劳动创造了美”这个光辉的命题，是马克思在《1844年经济学–哲学手稿》（以下简称《手稿》）中首次提出来的，为我们以社会实践的观点，特别是从它的基本形式生产劳动中探求美的本质指明了道路，揭示出美是人类的生产社会实践的产物，使我们认识到美不是那么虚无缥缈，那么神秘莫测，而是同人们的生产、生活紧密联系在一起的。

在原始社会，自然界作为一种盲目的力量，严重地威胁着人类的生存与发展。如恩格斯所说："自然界起初是作为一种完全异己的、有无限威力的和不可制服的力量与人们对立的，人们同它的关系完全像动物同它的关系一样，人们就像牲畜一样服从它的权力。"[①]原始人在自然界面前是软弱无力的，维持动物式的生存是生活的第一要义。所以，"冬穴夏巢之时，茹毛饮血之世，世质民淳，斯文未作。"高尔基也说过："在环绕着我们并且仇视着我们的自然是没有美的。"[②]

但是，人和动物有着根本的区别。动物只能消极地适应自然，物竞天择，适者生存，不适者被淘汰。而人则能制造和使用工具，通过有意识、有目的的劳动，改造自然，生产物品，以满足自己生存与发展的需要。马克思说："劳动是积极的、创造性的活动。"在劳动过程中，人类在改造自然的同时，也改造了人自身；在满足物质生活需要的同时，也要满足精神生活的需要，其中包括审美的愉悦与享受。如墨子说的："食必常饱，然后求美；衣必常暖，然后求丽；居必常安，然后常乐。为可长，行可久，先质而后文。"劳动何以能够创造出"美"来呢？劳动在本质上是一种自由创造的活动，劳动产品的感性形式中体现着人的自由创造的本质力量，人"在他所创造的世界中直观自身"，从而感受、体验到了自由创造的喜悦与满足，那么这个对象就是美的。《庄子·养生主》中"庖丁解牛"所表现的由"技"进"道"的境界，就是一种自由创造的审美境界。庖丁解起牛来，"以神遇而不以目视，官知止而神欲行"，恢恢乎而游刃有余，以致"手之所触，肩之所倚，足之所履，膝之所踦，砉然向然，奏刀騞然，莫不中音，合于《桑林》之舞，乃中《经首》之会"。他解完了牛，"提刀而立，为之四顾，为之踌躇满志，善刀而藏之"，以自豪、欢乐的态度来欣赏自由创造活动的美。这里生动、有力地证明了马克思的论断：我的劳

①《马克思恩格斯全集》，第3卷，人民出版社，1960年，第35页。

② 高尔基：《苏联的文学》，曹葆华译，上海文艺出版社，1959年，第100页。

动是生活的自由的表现，因而我享受了生活的愉快。

劳动创造世界，也创造了美和艺术。随着社会的发展、进步，人类劳动能力和生产水平的提高，无数美的奇迹被创造出来，如埃及的金字塔，中国的万里长城，罗马大教堂，悉尼歌剧院，等等，像一座座历史丰碑耸立在文化发展的大道上；各个国家、民族所创造的无数艺术珍品，以其“永久的艺术魅力”，吸引着一代又一代的人，为之提供了无穷无尽的审美享受。总之，劳动创造了美，艺术起源于劳动，可以说，没有人的劳动创造，就没有美和艺术。美在创造中。恩格斯曾在《劳动在从猿到人转变过程中的作用》中满怀激情地写道：

> 手不仅是劳动的器官，它还是劳动的产物。只是由于劳动，由于和日新月异的动作相适应，由于这样所引起的肌肉、韧带以及在更长时间内因引起的骨胳（骼）的特别发展遗传下来，而且由于这些遗传下来的灵巧性以愈来愈新的方式运用于新的愈来愈复杂的动作，人的手才达到这样高度的完善，在这个基础上它才仿佛凭着魔力似地产生了拉斐尔的绘画、托尔瓦德森的雕刻以及帕格尼尼的音乐。[①]

异化劳动与美的创造

在阶级社会出现以前，美和艺术与生产劳动的关系是比较简单、直接、清楚地表现出劳动创造美、艺术起源于劳动。但是，人类进入了阶级社会以后，特别是到了它的高级阶段——资本主义社会，少数人占有了多数人的劳动成果和所创造的剩余价值，致使劳动异化成自己的对立面，变为一种否定劳动本身、否定劳动者的异己力量。这种异化劳动产生的根源在于资本主义私有制，它同美和艺术的关系复杂化了。因此，异化劳动还能不能创造美，就成了美学研究中看法不一、争论激烈的问题。肯定论者认为否定论者否定了劳动人民创造历史的伟大作用，否定论者则指责肯定

①《马克思恩格斯选集》，第3卷，人民出版社，1972年，第509—510页。

论者美化了人压迫人、人剥削人的资本主义私有制社会。那么，应当如何看待异化劳动与美的创造的关系呢？

我们知道，“异化”是德国古典哲学中的一个概念，是指事物在发展变化过程中，走向自己的对立面，成为一种外在的、否定自己的力量。马克思在《1844年经济学-哲学手稿》中对这一概念加以改造，用于分析私有制社会特别是资本主义生产方式的对抗性矛盾和雇佣劳动的非人性质，展示了共产主义社会“异化的扬弃”的美好前景。马克思的“异化劳动”概念的内涵是非常丰富的，大致有：(1) 劳动产品的异化。劳动者生产的产品应当为自己所占有和享受，生产得愈多，占有和享受的也应愈多，而在异化劳动中，他们生产的产品愈多，所占有的反而愈少，越来越贫困，自己反而越来越成为廉价的商品。马克思说：“劳动所生产的对象，即劳动的产品，作为一种异己的存在物，作为不依赖于生产者的力量，同劳动相对立。……劳动的实现就是劳动的对象化。……劳动的这种实现表现为工人的失去现实性，对象化表现为对象的丧失和被对象的奴役，占有表现为异化、外化。”① (2) 劳动本身的异化。劳动创造了人，是对人的本质力量的肯定，而异化劳动对于劳动者是外在的、强迫的、否定自己的，不仅没有给劳动者带来满足和幸福，反而造成不幸和痛苦。因此，它不再是人的自由自觉的创造活动，使自己的肉体和精神的力量充分展现出来，而变成了一种把劳动者的机能降低为动物机能的活动，其结果是意味着人的本质力量的丧失。(3) 劳动者的异化。人与动物不同，人通过有意识的自觉的生产劳动，从自然界中获得物质生活和精神生活的资料。马克思说：“在实践上，人的普遍性正表现在把整个自然界——首先作为人的直接的生活资料，其次作为人的生命活动的材料、对象和工具——变成人的无机的身体。自然界，就它本身不是人的身体而言，是人的无机的身体。人靠自然界生活。这就是说，自然界是人为了不致死亡而必须与之不断交往的、人的身体。所谓人的肉体生活和精神生活同自然界相联系，也就等于

①《马克思恩格斯全集》，第42卷，人民出版社，1979年，第91页。

说自然界同自身相联系，因为人是自然界的一部分。”[①]而异化劳动则把人的自由、自觉的生产活动变成个人谋生的手段，仅仅为了满足动物式的、肉体生存的欲望、需要，而与人的社会生活、自然界疏远化，自然和劳动都从人异化了出来，那么人的本质也就被异化了。所以，马克思说：“异化劳动从人那里夺去了他的生产的对象，也就从人那里夺去了他的类生活，即他的现实的、类的对象性，把人对动物所具有的优点变成缺点，因为从人那里夺走了他的无机的身体即自然界。”“同样，异化劳动把自我活动、自由活动贬低为手段，也就把人的类生活变成维持人的肉体生存的手段。”[②]（4）人与人的异化。劳动者、劳动对象、劳动本身的异化，必然导致人与人关系的异化。劳动产品不属于劳动者而为资本家所占有；劳动对于劳动者是贫穷与痛苦，对于资本家则是金钱与享乐；劳动对于劳动者是不自由的，要受到支配、强制和压榨。“因此，通过异化劳动，人不仅生产出他同作为异己的、敌对的力量生产对象和生产行为的关系，而且生产出其他人同他的生产和他的产品的关系以及他同这些人的关系。”这种人与人的关系，实质上就是工人与资本家对立的阶级关系。这里私有制与异化劳动是相互作用、互为因果的。在马克思看来，资本主义私有制既是异化劳动的产物，又是异化劳动的社会基础。因此，要消除异化劳动，解放劳动者，就要消灭私有制，实现共产主义。马克思在《1844年经济学-哲学手稿》中指出：“共产主义是私有财产即人的自我异化的积极的扬弃，因而是通过人而且是为了人而对人的本质的真正占有；因此，它是人向自身、向社会的（即人的）人的复归，这种复归是完全的、自觉的而且保存了以往发展的全部财富的。这种共产主义，作为完成了的自然主义，等于人道主义，而作为完成了的人道主义，等于自然主义。它是人和自然界之间、人和人之间的矛盾的真正解决，是存在与本质、对象化与自我确证、自由与必然、个体与类之间的斗争的真正解决。它是历史之谜的解答，而且知道自己就是这种解答。”至此，我们可以看出，《手稿》虽不是完全成

① 同上，第95页。

②《马克思恩格斯全集》，第42卷，人民出版社，1979年，第97页。

熟之作，却是马克思走向唯物史观的关键的一步，是马克思主义创立的重要开端。

那么，这种“异化劳动”能不能创造美呢?《手稿》里面有着丰富的美学思想，其中就包含着关于这个问题的答案。

首先，“劳动创造了美”的命题就是马克思在论述“异化劳动”时提出的，说明它是可以创造美的。马克思写道：“劳动为富人生产了珍品，却为劳动者生产了赤贫。劳动创造了宫殿，却为劳动者 创造了贫民窟。劳动创造了美，却使劳动者成为畸形。”这个论断说明异化劳动具有二重性，它积极、肯定的方面是创造了“珍品”“宫殿”“美”；它的消极、否定的方面是为生产者生产了“赤贫”“贫民窟”“畸形”。先就后一方面说，资本主义私有制确有不利于美的创造和艺术生产、制造社会丑恶的一面，如工人从事非人的劳动，过着赤贫的生活，对于美和艺术的欣赏、创造的兴趣、才能和需求遭到压抑、摧残，以至丧失；有些艺术家变成了雇佣劳动者，他们“依赖钱袋、依赖收买、依赖豢养”生活，丧失了独立的人格和审美品格，制造宣扬色情、暴力、丑恶的艺术垃圾。因此，马克思指出：“资本主义生产就同某些精神生产部门如艺术和诗歌相敌对。”①至于异化劳动能够创造美的积极、肯定方面，似可作如下理解：

第一，阶级社会私有制度下的异化劳动具有历史的必然性，较之原始社会制度是巨大的历史进步。社会的分工，体力劳动和脑力劳动的分离，促进了艺术生产的繁荣和审美创造力的发展。恩格斯在论及历史上第一次社会大分工带来奴隶制的进步作用时说：“只有奴隶制才使农业和工业之间的更大规模的分工成为可能，从而为古代文化的繁荣，即为希腊文化创造了条件……没有奴隶制，就没有罗马帝国。没有希腊文化和罗马帝国所奠定的基础，也就没有现代的欧洲。”②随着私有制、社会分工和异化劳动的出现，既有不利于人的本质力量全面发展的一面，又有提高人类文明程度、发展人的智力和才能、生产出精美产品的一面。马克思说：“由于社

①《马克思恩格斯全集》，第26卷，人民出版社，1972年，第296页。

②《马克思恩格斯选集》，第3卷，人民出版社，1972年，第220页。

会各个生产部门的划分，商品就制造得更为精良，人们的各种志趣和才能就有可能挑选适当的活动范围……。因此，产品和它的生产者都是由于分工而益臻完善的。”[①]又说：“只有通过发达的工业，也就是以私有财产为中介，人的激情的本体论本质才能在总体上、合乎人性地实现。”[②]人的才能、本质既然能够在异化劳动中实现，不是说明它可以创造美吗？同时还应看到，社会是在对立中演进的，如恩格斯说的，“愤怒出诗人”，有异化劳动，就有抗议和反对异化劳动的艺术作品产生，像卓别林的喜剧《摩登时代》这样的作品不是有很高的审美价值吗？

第二，异化劳动的产品是人的“创造才能的绝对表现”，是人的本质对象化所创造的“文明的果实”。“异化”与“对象化”是两个有联系而又不同的概念。对象化，是指劳动者通过实践活动，将人的本质力量体现于劳动产品中，产品成了人的本质力量的物化形态。劳动产品的异化，是指产品虽为劳动者所生产，反而为其他人占有，成为一种支配、压迫、统治劳动者的异己力量。前者主要表现为劳动中的人与物的关系，后者则主要表现为人与人的关系。在马克思看来，异化劳动的产品仍然是人的本质力量对象化的积极成果，是人的才能、智慧和力量的公开展示。如他说：“工业的历史和工业的已经产生的对象性的存在，是一本打开了的关于人的本质力量的书，是感性地摆在我们面前的人的心理学。”“人的对象化的本质力量以感性的、异己的、有用的对象的形式，以异化的形式呈现在我们面前。”[③]异化劳动的产品既然是人的本质力量的物化形态，那么它就可以是审美对象。当然，由于这些产品是以“异化的形式”呈现出来的，它不能不打下历代统治阶级、社会财富的占有者意志的烙印，但随着历史长河潮流的冲刷，而逐渐淡化、模糊起来，相反，劳动者的创造力量却日益突现出来，放射出永不熄灭的历史光辉。万里长城的修筑，不知有多少孟姜女流尽了思夫的眼泪；金字塔的建造，不知有多少奴隶献出了生命，但

①《马克思恩格斯论艺术》，第1卷，人民文学出版社，1963年，第225页。

②《马克思恩格斯全集》，第42卷，人民出版社，1979年，第150页。

③ 同上，第127页。

我们今天把它们当作人民群众创造的不朽丰碑，欣赏它的美，它的崇高，它的伟大。这不是劳动人民创造历史、创造美的伟大作用吗？所以，马克思说："我们从那些由于劳动而变得粗黑的脸上，看到人类全部的美。"

第三，异化劳动与自由劳动是相互渗透、相互为用的，因而它能够按照美的规律进行美的创造。这要从两方面来看，首先，从异化劳动本身说，它必须服从奴隶主、资本家的利益、意志和愿望，这对劳动者来说是不自由的，他们却是坐享其成、不劳而获的，但他们还必须依赖劳动者来生产，来创造。这样一来，劳动者就能在实践中掌握劳动对象的特点、性能和规律，熟练地使用工具和操作技巧，创造出无数的人间奇迹和艺术精品来。所以，毛泽东同志说："卑贱者最聪明，高贵者最愚蠢。"自由是对必然的认识与运用，异化劳动在一定程度上体现着人的自由创造的本质。正因为如此，劳动人民骄傲而自豪地唱出："路是我们开哟，树是我们栽哟，摩天楼是我们盖起来哟！"（《大路歌》）其次，在私有制社会里，特别是资本主义社会化大生产出现以前，有不少自由职业者、个体手工业者，如恩格斯评论文艺复兴时期的人文主义者所说的，他们"还没有成为分工的奴隶，分工所具有的限制人的、使人片面化的影响"，在他们身上表现得还不严重，对劳动生产感到还是比较自由的，具有一定的审美兴趣和感情，重视自己所创造的产品的审美价值因素。马克思、恩格斯在谈到欧洲中世纪的手工业时说："中世纪的手工业者对于自己的专门工作和它的巧妙完成，还是抱有一定的兴趣，这个兴趣可以提高到原始的艺术兴趣的程度。"①又说："每一个想当师傅的人都必须全盘掌握本行手艺。正因为如此，所以中世纪的手工业者对于本行专业和熟练技巧还有一定的兴趣，这种兴趣可以达到某种有限的艺术感。"②历代无数能工巧匠的无数构思奇巧、造型优美、技艺精湛的工艺品，都证明这个论断的正确。高尔基在《论艺术》中曾经指出，资本主义"不可克服的障碍阻止了劳动者的艺术创造"，但他们这种从古就有的美好的愿望并没有熄灭，接着讲了他遇

①《马克思恩格斯论艺术》，第1卷，人民出版社，1963年，第228—229页。

②《马克思恩格斯选集》，第1卷，人民出版社，1972年，第58页。

见的一个帝俄时代手艺人的故事。这个人从十三岁起就干着用树根雕人像的活儿，具有相当的艺术水平，却过着流浪的贫困生活，不仅得不到人家的赏识，反而被别人看成“傻瓜”。但他甘愿做“傻瓜”，在他看来，“傻瓜的生活是自由自在的”，因而数十年乐此不疲，对创作充满热情。这一类人使高尔基获得一种信念：“无产阶级可以创造自己的文化和艺术，即使当他处在资产阶级的压迫下的时候。多少有才能的人，把自己真正的才能白白地耗费在那麻痹理智的极便宜的劳动上，花费在为了一块可怜的面包的劳动上啊！”①高尔基的这段话，既肯定了异化劳动下可以创造美和艺术，又对资本主义制度下的“异化劳动”耗费和压抑劳动者的艺术才能进行了揭露和批判。

综上所述，可见异化劳动与美的创造的关系是比较复杂的问题，我们应当以历史的、辩证的观点来分析它、评价它。异化劳动的出现是历史的必然，对美和艺术的创造既起了积极、进步的作用，也产生了消极、否定的作用；它既压抑了劳动者的美和艺术的创造才能，不利于美和艺术的创造，又是能够创造美和艺术的。如果看不到异化劳动的两重性，对它作出简单的完全肯定或完全否定的结论，都是不正确的。

“人化的自然”与自然美

如果说劳动创造了美，那么日月星辰、风雨雷电等自然现象，并没有经过劳动加工、改造，怎么会是美的呢？这是摆在实践美学、劳动创造美的理论面前的一道难题。有人认为，自然美不是人类的生产劳动创造的，而是自然物本身的属性决定的。如日月、金银的美，就在于它们本身的自然的光芒，从古到今，日长照，月长明，金银长发光，与人和人的劳动何干？还有人认为，自然物本身无所谓美与不美，自然美是人的主观情感移入对象的结果。如月中有嫦娥，西湖称西子，松、竹、梅并提“岁寒三友”，梅、兰、竹、菊合誉“四君子”，等等。这种或是从客体，或是从主

①《高尔基文学论文选》，人民文学出版社，1958年，第417页。

体二元对立的观点看问题，都是难以正确揭示自然美的本质的，而马克思从生产实践的观点出发，提出的“自然的人化”“人化的自然”的思想，为我们打开自然美的奥秘之门，提供了一把可靠的钥匙。

我们知道，人类在脱离动物界之初，认识和改造自然的能力都很低下，在他们眼中，大自然是神秘的，有意志的，能够主宰人的祸福、生死命运的，因此它作为一种盲目的、可怕的、异己的力量存在着，这个时候，大自然对人来说是不美的。但是，人类通过生产劳动认识和改造自然，以满足自己物质生活与精神生活的需要，自然便由“自在之物”变成了“为我之物”，成了“人的无机的身体”和“人的生活的一部分”，作为“人的真正的、属于自身的所有物”，肯定和确证了人的本质力量，这样它就不仅是实用的，而且是美的了。如在狩猎时代，原始人为什么喜欢用野兽的皮毛、骨骼来装饰自己呢？因为他们战胜了野兽，显示出自己的才能和力量，才如此装饰自己，才把野兽作为“自由劳动和自由享受”的对象。如普列汉诺夫所说：“他是在暗示自己的灵巧和有力，因为谁战胜了灵巧的东西，谁自己就是灵巧的人，谁战胜了力大的东西，谁自己就是有力的人。”①西班牙阿尔塔米拉洞窟画《受伤的野牛》非常清楚、有力地证明了这个论断的正确。

当然，自然的“人化”不是一蹴而就、一劳永逸的，而是一个不断发展的历史过程。随着科学技术的进步，劳动工具的日益改进，生产力水平的不断提高，“人化的自然”的广度和深度也在逐渐地扩展和演化着。在狩猎时代的原始人能把野牛作为审美对象，而他们“虽然住在花卉很为丰富的土地上，却不用花来装饰自己。”他们这时生产劳动的能力和水平都还不足以改变人与自然的异己关系，因而花卉还不是自己的审美对象，还感受不到花卉的美。但当原始社会由狩猎时代进入农耕时代以后，这种情况有了改变，开始在人们的生产工具、陶器制品上出现了植物图案，这个时候人与花卉的异己的关系改变为属人的关系，花卉从而进入了人们的审

①《普列汉诺夫美学论文集》，第1卷，人民出版社，1983年，第314页。

美领域。格罗塞把这一审美意识的变迁作为重要的历史文化写入他的名著《艺术的起源》中，并说："从动物装饰变迁到植物装潢，实在是文化史上一种重要的进步的象征——就是由狩猎变迁到农耕的象征。"[①]这说明自然物的美，不只是它的本然的属性，而是由人类的生产发展的程度决定的。

"人化的自然"是一个有着深广历史内容的哲学概念，是人类认识、改造和利用自然的一个历史尺度，我们不能作简单的、直观的理解，认为只有经过人类直接加工、改造，打上人的意志烙印的自然现象，才是"人化的自然"，否则就不是的。其实，自然的"人化"既使自然成了人的生活的一部分，又使人化入了对象，成了对象化的人。这种"人化"表现为两种形式，一种是直接加工、为我所用的自然，它直接体现出人的自由创造的本质力量，人们可以从中直观自己，确证自己，肯定自己，因而感到它是美的。如一首巢湖民歌写道："荒山穿起花衣裳，变成一个美姑娘。白云绕着不想走，整天盘环在身旁。"另一种是未经直接加工改造，由于社会生产力水平达到一定的高度，它与人的关系发生了变化，成为"属人的自然"，如日月星辰、大海荒漠、原始森林……这时人们不再把它们看作敌对的、异己的力量，而按照人的方式同它发生一种亲和的关系，从而产生"清风明月本无价""远山近水皆有情"的审美价值。有的还以其巨大的形式、无穷的力量，使人产生一种崇高感。毛泽东看到北国"千里冰封，万里雪飘"，"山舞银蛇，原驰蜡象"的壮阔景象，产生"欲于天公试比高"的伟大情怀，就是崇高美的反映。"人化的自然"这两种形式，前者是直接的、有形的、可见的，在"属人的关系"中，反映的不仅是内在关系，也表现出外在关系的变化。后者则是间接的、无形的、不可见的，反映着人与自然内在关系的变化。马克思说："只有当物按人的方式同人发生关系时，我才能在实践上按人的方式同物发生关系。"[②]可见，只有从人与自然和谐共生所建立的客观的物质生产实践活动中，我们才能真正揭发出自然美的本质。如果离开这个基本的立足点，是根本谈不上什么"移

① 格罗塞:《艺术的起源》,蔡慕晖译,商务印书馆,1984年,第116页。

②《马克思恩格斯全集》,第42卷,人民出版社,1972年,第124页。

情”“象征”“拟人化”的，何况用以说明自然美的本质呢?!

总之，人既是宇宙的精华，万物的灵长，又是整个自然界的一部分，人创造了世界，也创造自然美。但这种创造是以掌握自然发展规律为前提和基础的。如果人类一味地向大自然索取，随意开山取石，乱砍滥伐森林，破坏生态平衡，毁灭自然美，那么人类必将受到大自然的无情地惩罚。恩格斯曾告诫过人们：“不要过于得意我们对自然的胜利，对于我们的每一次胜利，自然界都报复了我们。”我们人应当与自然建立亲和关系，共存共荣，协调发展，把大自然变得更美，让人们诗意地栖息在大地上。自然美关系到人类生活和生存质量的重大问题，在新世纪的美学研究中，必将其提到前所未有的重要位置上来。

三、人是按照“美的规律”塑造物体的

马克思在《手稿》中不仅指出了“劳动创造了美”这一历史现象，而且回答了劳动何以能够创造美的问题。他的“美的规律”的理论实际上是以社会实践的观点科学地解决了美的本质问题。什么是“美的规律”呢?马克思说：

> 动物只是按照它所属的那个种的尺度和需要来构造，而人却懂得按照任何一个种的尺度来进行生产，并且懂得处处都把内在的尺度运用于对象；因此，人也按照美的规律来构造。①

这里，马克思从人的生产与动物生产的比较中，以人的生产的特点、本质为依据，阐明了“美的规律”的历史内容，使人们认识到美的本质、规律不能外在于人的生产实践活动，而且是受它制约、为它所决定的。马克思在这里三次使用了“尺度”，正确理解这个词的含义，对于搞清楚“美的规律”很重要。我国古代的“律历度数”，今人的“度量衡”，指的

① 马克思:《1844年经济学-哲学手稿》,人民出版社,2000年,第58页。

就是“尺度”。在西方也讲“尺度”，柏拉图在《蒂迈欧》中说：“一切良好的是美的，而美的就是没有失去尺度的。”他们常用它来指事物大小、长短、均衡、和谐、多样统一等。“尺度”是人根据客观事物的特点、本质，概括和总结出来的、衡量事物的规则、标准，它既反映出客观事物的特点、本质和规律，又是离不开人的掌握和运用的。懂得了“尺度”的含义，我们就可以来进一步领会马克思关于人与动物生产的区别及其“美的规律”的理论了。

那么，人的生产与动物的生产的区别何在呢？马克思告诉我们，动物的生产只有一个尺度，即“动物只是按照它所属的那个物种的尺度和需要”进行生产。这就是说，动物的生产只能在先前预设的、狭隘有限的环境中，根据维持生存和繁衍后代的需要，进行一种本能的、无意识的、非自觉的生产活动。这种生产是片面的，只是消极地适应自然，而不能能动地改造自然，支配自然。如马克思所说，“动物是和它的生命活动直接同一的”，它的生命活动与自然界是混合为一的，既没有自我意识，也不能认识客观世界，只能从生到死按照一个尺度进行生产，蜜蜂营造蜂房，蜘蛛织造蛛网，老鼠的儿子也还是只能打洞。动物的本能活动是生产不出美来的。有人提出：鹦鹉学舌能唱歌，猴子会做算术题，该怎么解释呢？这不过是通过反复训练所产生的一种条件反射而已，根本不是什么有意识的、自觉的实践活动。

而人的生产则根本不同，它有两个“尺度”。一个是“任何物种的尺度”，人的生产不像动物那样是盲目的，只能按照自身固有的特性和维持生存的需要进行生产，而是在掌握了客观事物的特点、本质的基础上进行的。动物的生产是片面的，搞来搞去就是那么几个“产品”；人的生产则是全面的，只要掌握了某种事物的特点、本质，就能生产出相应的产品。人不仅能为自己盖屋子，也能筑鸟巢，建鸡房。因此，“动物只生产自己本身，而人则能再生产整个自然界”。另一个是人“随时随地都能用内在固有的尺度来衡量对象”。这个“内在固有的尺度”，即人能够按照自身的特点、本质和需要来看待和处理对象，通过生产实践活动，把自己的目的、愿望和理想物化在产品中。从这里可以看出人的生产具有两个区别于动物的根本特点：一是自由的。“自由是对必然的认识。”当人们认识了外部自然界和人本身的特点、规律，并能有计划地运用这些特点、规律为实现一定的目的服务时，人便获得了真正的自由。而动物没有对客观世界必然规律的认识，只能消极、被动地适应自然。所以，恩格斯说：“动物仅仅利用外部自然界，单纯地以自己的存在来使自然界改变；而人则通过他所作出的改变来使自然界为自己的目的服务，来支配自然界。这便是人同其他动物的最后的本质的区别，而造成这一区别的还是劳动。”①二是自觉的。人能够按照自身物质的和精神的需要有计划、有目的地进行生产。马克思说：

> 我们要考察的是专属于人的劳动。蜘蛛的活动与织工的活动相似。蜜蜂建筑蜂房的本领使人间的许多建筑师感到惭愧。但是，最蹩脚的建筑师从一开始就比最灵巧的蜜蜂高明的地方，是他在用蜂蜡建筑蜂房以前，已经在自己的头脑中把它建成了。劳动过程结束时得到的结果，在这个过程开始时就已经在劳动者的表象中存在着，即已经观念地存在着。他不仅使自然物发生形式变化，同时他还在自然物中实现自己的目的。这个目的是他所知道的，是作为规律决定着他的活动的方式和方法的，他必须使他的意志服从这个目的。②

这里告诉我们，最蹩脚的建筑师之所以比最灵巧的蜜蜂高明，就在于建筑师在劳动之前就能够根据自己的目的和需要，进行设计、安排，在头脑中形成蓝图，并在劳动过程中实现预期的构想，这是动物根本办不到的。这样，人通过劳动引起自然界的改变，必然打上人的“意志的烙印”，并使之服务于人的目的，从而实现了人的本质力量的对象化。马克思根据人的生产与动物生产的上述区别告诉我们，社会生产劳动决定人的本质，

①《马克思恩格斯选集》，第3卷，人民出版社，1972年，第517页。

②《马克思恩格斯全集》，第23卷，人民出版社，1972年，第202页。

自由自觉的创造活动是人的最本质的特征。马克思的“美的规律”理论就是从这一分析中概括、提升出来的。

马克思从人的生产活动的本质特征中揭示了“美的规律”的历史内容，而最后把它落实到“塑造物体”上。美的事物是具体、感性的生动形象，而不是抽象的思想观念，因此，要讲“美的规律”必须与“塑造物体”“赋形”“造型”联系起来，这实际上是人用两个“尺度”进行生产实现本质力量对象化的必然结果。我们知道，人以生产劳动为中介，与自然界产生了相互渗透、彼此吸收、双向转化的关系，从而人的本质对象化了，自然也“人化”了。这就是“人给自己构成世界的客观图画”。美就存在于人类所创造的“世界的客观图画”中。可以这样说，“美的规律”就是人类进行自由创造活动的规律，以物质生产劳动“塑造物体”的活动就是美的诞生的根源。

从一定意义上说，“美的规律”与美的本质是同质的概念，马克思的“美的规律”的理论实际上就是以唯物史观来解决美的本质问题，揭开了“美是什么”这个“千古之谜”。它至少使我们获得以下几点认识：

第一，美是社会实践的产物。劳动创造了人，创造了世界，也创造了美。只有马克思主义的实践观点，才能正确认识人的自由创造的本性、本质，从而科学地揭示美的本质。美不能脱离人、脱离人的社会实践而存在、而发展。列宁说：“世界不会满足人，人决心以自己的行动来改造世界。”[①]人正是以自己的实际行动改造世界的过程中创造了美。美在不断发展、创造中。美既不是先于人类、自生自在的事物的自然属性，也不是人的头脑中所固有的。

第二，美是两个“尺度”的统一。人的生产既要掌握客观事物的特点、规律，又要实现人的内在固有的目的与需要。前者是“真”，是“合规律性”，后者是“善”，是“合目的性”。美是真与善的统一，是合规律性与合目的性的统一。

①《列宁全集》，第38卷，人民出版社，1960年，第229页。

第三，美是自由的形式。自由是人类在实践活动中对客观规律的必然性的认识和实际的支配，以服务于自身的目的。“美的规律”是“合规律性”与“合目的性”两个“尺度”的统一，正体现了人的自由创造的本质特点。但“尺度”不是空洞抽象的，而是存在于具体的事物之中。合规律性与合目的性统一于具体、感性的形象就是美，因此，美是自由的形式。

美是什么？综上所述，我们的结论是：美是人类社会实践的产物，是真与善相统一的、肯定人的本质力量的自由形式。

我们以马克思主义的实践观点解决美的本质问题的意义何在呢？首先它克服了美学发展史上长期存在的把审美主体与审美客体对立起来、割裂开来的形而上学倾向，唯物而又辩证地阐明了审美主客体之间的对立统一关系，识破了“美是什么”这个“千古之谜”。其次，对于我们树立正确的审美观是至关重要的，因为一个人的审美观正确与否，是同他对美的本质的理解分不开的。以马克思主义实践观点看待美的本质问题，就使我们的审美观建立在人的本质力量对象化的基础之上，懂得美在与时俱进、自由创造之中。因此，真正爱美的人，必须是热爱生活、求真向善的人，必须是富于创新能力和实践能力的人，而不是饱食终日、无所用心、自私享乐、生活糜烂的人。高尔基讲得非常好：“我们世界上最美的东西都是由劳动、由聪明的手创造出来的。”“生活有两种形式：腐烂和燃烧。胆怯的和贪婪的人，选取第一种形式；勇敢的和慷慨的人，选取第二种形式。凡是最美的人，都明白什么是伟大。”

（原载《美学与文学艺术论稿》，安徽人民出版社，2007年）

关于“美是生活”的几个问题

——兼论车尔尼雪夫斯基对黑格尔美学的批判与继承

俄国伟大的革命民主主义者、美学家、文艺批评家车尔尼雪夫斯基，生活和战斗在这样一个年代，即一切社会问题都归结到与农奴制度及其残余作斗争上。这场斗争不仅反映在社会政治领域，而且在意识形态（特别是文学艺术）中也表现得十分突出、尖锐。黑格尔哲学（包括美学在内）在当时的俄国思想界居于支配地位。他的特有的矛盾性质，使不同阶级、阶层的思想家以“各取所需”的态度对待它。一方面，贵族农奴主和资产阶级自由派的艺术家们，以黑格尔的唯心主义美学为理论根据，不遗余力地要求艺术表现“绝对理念”的美，企图使文学艺术脱离充满着血与火的现实斗争，以对所谓“绝对完美”的幻梦的追求来代替现实生活的真实描绘。他们把艺术变成无聊的消遣品，宣泄他们没落颓废的个人享乐主义和自我中心主义，美化反动的农奴制度。另一方面，以别林斯基为代表的先进知识分子，如车尔尼雪夫斯所说的，“用黑格尔左派的精神来阐述他的体系”，即用黑格尔的辩证法思想来阐明哲学和美学问题，为反对农奴制的革命斗争寻求出路。车尔尼雪夫斯基的美学体系是建立在批判黑格尔唯心主义美学的基础上的。他将费尔巴哈的唯物主义作为哲学根据，继承了别林斯基、赫尔岑美学理论的战斗传统，以严肃的态度和革命精神批判了黑格尔唯心主义美学。黑格尔的全部美学理论是建立在“美是绝对观念的感性显现”这一总的思想基础上的，车尔尼雪夫斯基提出了与之针锋相对的命题：“美是生活。”他说：“现今，政治理论是在当前事变的影响下创立的，而学术论文则是历史斗争的反响，目的在于延缓或加速事变的进程”。[①]他的美学论著的发表和“美是生活”这个命题的提出，把唯物主义美学推向一个新的阶段，“把美学放在广阔的生活基础上，揭去了美的神秘的帷幕”[②]。他引导文学艺术与现实生活紧密结合起来，积极参与反对农奴制度的斗争，因而“美是生活”这个命题就成了广大人民群众为争取“美好的生活”“应当如此的生活”而斗争的精神武器。

在当前的美学问题讨论中，可以说美学思想史上没有一个命题像“美是生活”那样，引起人们的注意和探索的兴趣，这是完全可以理解的。因为车尔尼雪夫斯基的美学是旧唯物主义美学发展的最高阶段，表现着科学的美学观点的萌芽，与马克思主义美学有着直接的联系。但人们对“美是生活”这个命题的解释和评价是否都是正确、公允的呢？我觉得有进一步研究的必要。

一

车尔尼雪夫斯基在阐明“美是生活”时写道：“任何事物，我们在那里面看得见依照我们的理解应当如此的生活，那就是美的；任何东西，凡是显示出生活或使我们想起生活的，那就是美的。”[③]十分清楚，车尔尼雪夫斯基对美的本质的阐明，超越了他以前唯物主义美学家的观点，他不仅把美看作现实事物的客观属性，如狄德罗、莱辛和费尔巴哈所做的那样，而且把美跟人的社会生活联系起来，在一定程度上揭示了人对现实的审美关系中的客体与主体之间的关系，使“美是生活”这个命题超越了旧唯物主义美学消极静观的局限性，具有了深刻的社会性和辩证法思想。因此，如果把它看作仅仅是费尔巴哈唯物主义简单机械的搬用，

① 车尔尼雪夫斯基：《哲学中的人本主义原理》，生活·读书·新知三联书店，1958年，第2页。

② 车尔尼雪夫斯基：《生活与美学》，周扬译，人民文学出版社，1957年，第125页。

③ 车尔尼雪夫斯基：《生活与美学》，周扬译，人民文学出版社，1957年，第6—7页。

或者对其辩证法内容作唯心主义的理解，就必然导致片面或错误的结论。

在我国当前的美学问题讨论中，吕荧先生没有认识到“美是生活”这个命题的深刻的唯物主义性质和辩证法思想，从中引出了这样一个结论：“美是物在人的主观中的反映，是一种观念。”[①]他孤立地、片面地解释了“任何事物，我们在那里面看得见依照我们的理解应当如此的生活，那就是美的”这句话，把美归结为“生活概念”“主观认识”。关于这句话后面还要谈到，这里只指出，“美是生活”这个命题本身就毋庸置疑地肯定了美的客观性质，在车尔尼雪夫斯基看来，“我们的理解”只是“本质上就是美的东西”在人们意识中的反映；现实生活中的美，是人们的审美感知和艺术美的源泉。“美是观念”论者则把美与美感混淆起来，以“美是通过生活概念被人认识的”这一点，来否定美的客观性质。论者还辩解说“美是观念”不同于柏拉图、黑格尔的“美是理念”，不是唯心主义的，因为他承认社会意识是社会存在的反映。但这句话已被抽去了真实内容，既然把美归结为主观意识，否定它是客观存在，那么这主观意识不是成了无源之水了吗？“意识只是被意识到的存在”，如果美只存在于我们的观念里，现实生活中根本没有美，人们的“美的观念”是从哪里来的呢?!“美是生活”为美提供了客观标准，“美是观念”则否定了它，结果由于审美主体不同，西施是美的，效颦的东施也是美的。人们的社会经济地位不同，有着不同的审美理想，他们关于美的观念不是都能够正确反映客观现实生活的美。一切行将退出历史舞台的阶级，他们面向过去，恐惧生活中一切新生的美好的事物，沉湎于空虚无聊的幻想中，追求所谓“绝对的完美”，来填补生活美的“缺陷”——其实是把一切丑恶、畸形的东西当作美。这就是当时俄国贵族农奴主及其所豢养的艺术家们，接受黑格尔的“美是绝对观念的感性显现”这一唯心主义美学公式的原因所在。车尔尼雪夫斯基的“美是生活”，正是对它的彻底否定。他曾以结论的形式指出这两个命题的根本对立：“在我们看来，生活

① 吕荧：《美学书怀》，作家出版社，1959年，第5页。

本身就是美，至于什么观念表现在物象上，对于我们是不相干的，……在通常的概念中，主要的是观念；在我们的概念中，主要的是生活；就审美范围而言，别人把生活了解为仅仅是观念的表现，而我们却认为生活就是美的本质。"[①]这是车尔尼雪夫斯基批判黑格尔时说的，对"美是观念"论者也是完全适合的。

如果说"美是观念"论者无视车尔尼雪夫斯基对黑格尔唯心主义美学思想的批判与否定，并以黑格尔的唯心主义观点理解"美是生活"，那么，另外一种观点则只看到他以费尔巴哈的唯物主义批判了黑格尔，没有看到他对黑格尔美学的辩证法思想的吸取与继承，而以费尔巴哈的观点来解释"美是生活"。看来，这两种观点是极端对立的，可真谓殊途同归，他们在阐明"美是生活"的内涵时，都把其中存在着的深刻的辩证法思想归入唯心主义的范畴。持后一种观点的同志认为：车尔尼雪夫斯基在具体说明"美是生活"的时候，"向唯心主义开了后门"，把美与美感混淆起来，因而"美是生活"这个命题表现着唯心主义与唯物主义的矛盾。"他在提出'美是生活'之后，紧接着却这样写道：'任何事物，我们在那里看得见依照我们的理解应当如此的生活，那就是美的……'，在这里，就出了问题。因为肯定什么是'应当如此的生活'、什么不是应当如此的生活、什么生活美、什么生活不美的标准全在于'我们的理解'。这无疑是肯定了他所反对的观点：即认为对象的美与不美取决于人的观念，而不是取决于生活本身的某种客观因素。例如他说：'动物界的美都表现着人类关于清新刚健的生活概念'。这样，车尔尼雪夫斯基便违背了'美是生活'的本意，而不自觉地转到唯心主义方面去了。"[②]如果这个理解是正确的，那么车尔尼雪夫斯基"美是生活"的命题，不仅没有丝毫的辩证法思想和生气勃勃的战斗精神，而且不是完整的唯物主义的：它动摇于费尔巴哈机械唯物主义和黑格尔的唯心主义之间，而且没有把费尔巴哈的唯物主义在"美是生活"中贯彻到底。这样，车尔尼雪夫斯基运用费尔巴哈的观点解决美学问

① 车尔尼雪夫斯基:《美学论文选》,缪灵珠译,人民文学出版社,1957年,第64页。

② 朱式蓉:《关于"美是生活"的探讨》,《江海学刊》,1961年第11期。

题，不仅没有任何独创与发展，而且是一种倒退。

车尔尼雪夫斯基是个完整的、战斗的唯物主义者，这在他的哲学和美学思想中有着鲜明的表现。列宁在《唯物主义与经验批判主义》一书中，以车尔尼雪夫斯基的认识论观点证明了“唯物主义批判康德的角度总是同马赫、阿芬那留斯批判康德的角度是完全相反的”。列宁在引述了他在《艺术对现实的美学关系》第三版序言中批判康德及其追随者的一段话后，指出车尔尼雪夫斯基哲学观点“由于俄国生活的落后，不能上升到马克思和恩格斯的辩证唯物主义”的水平，但“他从五十年代起一直到一八八八年，始终保持着完整的唯物主义水平，能够摒弃新康德主义者、实证论者、马赫主义者以及其他糊涂人的无聊的胡言乱语”[①]。这里，列宁十分清楚地告诉我们：车尔尼雪夫斯基的哲学思想（作为哲学的一个组成部分的美学当然也包括在内），虽然由于当时俄国历史条件的限制，没有达到辩证唯物主义水平，但他和一切形形色色的唯心主义划清了界限，并无丝毫犹豫、妥协和动摇。因此，列宁称他是“费尔巴哈的学生”“俄国伟大的唯物主义者”。正是因为这样，车尔尼雪夫斯基的哲学和美学超越旧唯物主义的局限而具有辩证法的因素，使他能够初步地从主体与客体统一的辩证关系出发揭示美的本质，阐释“美是生活”这个命题。这就是列宁评价车尔尼雪夫斯基哲学思想给予我们的深刻的启示。

车尔尼雪夫斯基的美学著作充满论战的特色，他与唯心主义美学观点展开无情的斗争，坚决地批判和否定了脱离实际、歪曲现实的主观幻想，这当中虽不无偏颇之处，但他从来没有否定思想意识可以反映客观现实的真实性。在他看来，真实的思想与现实生活不是对立的，而是一致的；它本身就是一种客观存在，不是什么主宰一切、超越时空的永恒的绝对观念。他说：“与现实对立的不是思想，因为思想是由现实产生而且力求实现的，因此思想构成了现实不可分离的一部分——与现实对立的倒是无聊的梦想，梦想是在百无聊赖中产生的，只不过是爱交叉着手眯着眼睛闲坐

① 参见《列宁论文学与艺术》，第1卷，人民文学出版社，1962年，第248—256页。

的人们的玩意罢了。同样，‘实践的生活’也不但包括物质方面，而且也包括人底理智和精神的活动。”[①]那么怎样区别美与丑、虚伪的幻想和真实的思想呢？既然车尔尼雪夫斯基认识到思想的真实性与美的客观性，标准当然不会是什么“绝对的理念”，而是客观的现实生活本身。他明确指出：“事实是思想之真理”，“‘实践’是一切理论的无可争论的试金石”。“实践，是个伟大的揭发者，它暴露一切欺人和自欺，不但在实践的事情上，甚至在感情和思想上也是如此。因为，今日在科学上，实践是判断一切争端的主要标准。”[②]车尔尼雪夫斯基把“实践的生活”引入“美是生活”的命题，并且认为“实践是判断一切争端的主要标准”，在美学思想史上是个重大贡献，但由于他还没有达到以历史唯物主义观点科学地认识社会实践的全部意义，这使他对“美是生活”的解释上也存在着人本主义的局限。譬如他说：“对于植物，我们喜欢色彩的鲜艳，茂盛，形态的丰富，那显示着充沛的力量、蓬勃的生命。萎谢的植物不好；生机不旺盛的植物也不好。”普列汉诺夫在肯定这个说法“在一定范围里是完全正确的”同时，提出了这样的诘难：为什么原始人生活在花卉丰富的土地上，决不以花卉来装饰自己，而只从动物界采取自己的装饰问题？这是车尔尼雪夫斯基还不能给予清楚、正确的回答的，因为他还不了解：美是社会实践的产物，只有科学地理解了“社会实践”的历史内容，生活的概念、美的概念才能得到正确说明。车尔尼雪夫斯基尽管有这样的局限，但比费尔巴哈高明得多，他没有贬抑实践的意义，同时，他的实践观与黑格尔截然不同，没有把“实践”看成纯粹的精神活动。在黑格尔看来，“美是绝对观念的感性显现”，而车尔尼雪夫斯基则从客观事物与人的生活的客观关系中揭示了美的本质。他写道：“美的事物在人们心中所唤起的感觉，是类似我们当作亲爱的人面前洋溢于我们心中的那种愉悦。我们无私地爱美，我们欣赏它、喜欢它，如同喜欢我们亲爱的人一样。由此可知，美包含着一种

① 车尔尼雪夫斯基:《“艺术对现实的美学关系”作者自评》,见《美学论文选》,缪灵珠译,人民文学出版社,1957年,第13页。

② 同上,第12页。

可爱的、为我们心所宝贵的东西。……在人们觉得可爱的一切东西中最有一般性的，他觉得世界上最可爱的，就是生活。”[①]这段话多么清楚地告诉我们：美感是由“美的事物在人的新中唤起的”，美决定美感，美不是人的主观情感外化的结果。从美与美感的统一、从客观事物与人的审美联关系中来探究美的本质，这正是车尔尼雪夫斯基在美学思想史上一个突出的贡献。他只在把美感作为研究美的出发点，作为审美客体的主观印象，没有把它抽象化、绝对化，就不能把“我们的理解……”这句话作唯心主义的解释。相反，这正是车尔尼雪夫斯基赋予“美是生活”的辩证思想。列宁说：“世界不会满足人，人决心以自己的行动来改造世界。”[②]美就是人们在改造客观世界的实践中产生的，因此，美不是事物的纯自然属性，它显示着人的社会本质，“世界不会满足人”，人们的阶级斗争和生产斗争实践中就必然包含着“应该如此”的生活理想，只要它是符合社会发展的客观进程的，那就是美的。在车尔尼雪夫斯基的美学中，“现实”的概念，有着非常深广丰富的内涵，它既指人的物质生活，也包括精神生活；它既指现在，也包括过去和未来；它不是孤立、静止的现象，而是一个运动着的发展过程。他说：“现实——不但包括静寂的自然界，而且也包括人的生活，不但包括现在，而且也包括事态所表现的过去和现在所准备的将来。”[③]正是基于这一认识，所以车尔尼雪夫斯基把“美好的生活”“应当如此的生活”置于他的“美是生活”的命题之内。马克思曾说过，最拙劣的建筑师也要比最好的蜜蜂优越，原因在于蜜蜂的活动依靠本能，建筑师的活动则是社会性的，他在生产活动前就有实现自身的计划，并能在实践中预算出它的终结目标，即“应当如此”的生活理想。试问如果人类实践没有理想、目标，纯粹是盲目的本能活动，还有什么美可言?！事实当然不是这样，人是“按照美的法则来造成东西的”（马克思语）。因此，“我们所理解的应当如此的生活”，不是因人而异、美丑不分的主观臆想，而

① 车尔尼雪夫斯基:《生活与美学》,周扬译,人民文学出版社,1957年,第6页。

②《列宁全集》,第38卷,人民出版社,1960年,第329页。

③ 车尔尼雪夫斯基:《美学论文选》,缪灵珠译,人民文学出版社,1957年,第13页。

是以一定的社会实践为标准的。周扬同志曾指出：“车尔尼雪夫斯基说到‘美是生活’的时候，他的关于生活的概念常常是他所谓的‘应当如此’的生活。……他特别强调了‘我们’这两个字。”[①]这话看来简单，却给予我们一个深刻的启示。这里“我们”显然是指当时俄国广大人民群众，他们在农奴制度的残酷压迫和剥削下，在劳动和斗争中所产生的美好的生活理想和审美观点，就是对当时丑恶、反动势力的否定，这是历史发展的客观要求，因而是美的。

我们再来看看车尔尼雪夫斯基运用“美是生活”的基本观点对自然美的解释。他说他将“美是生活”的思想“尽可能地贯彻于自然美的种种部门”，在自然界中，生气勃勃的风景是美的；动物形体的适当的丰满和匀称是美的；鸟儿羽毛的纯净、均匀明朗，是生气与健康的色彩，也是美的。这些都是自然本身所具有的，而不是人的主观意识所赋予的。他不仅肯定了自然美的这种客观性质，同时批判了以人的移情作用来代替自然美的本质的唯心主义观点。他指出“美是观念的表现”这种说法产生的根源在于人们知识的不足，在对自然美的解释上，是把自然人格化，认为自然有跟人一样的生活、思想，花朵面向太阳，就是他在欣赏太阳，树枝折断时作响，便是它痛苦的叫喊。这虽然只是从认识论而没有从社会经济发展上来寻找唯心论产生的根源，但这一理解毕竟是唯物主义的。在他看来，自然美存在于自然本身，而不是人的观念的外化。他写道：“我认为美存在于大自然中，而不是我们的想象力把它注入大自然中；……想象并不是作为改变我们所观察的物象的一种力量，而是作为回忆力和比较力而发生作用的。”[②]他以欣赏涅瓦河为例，说明这两种美学观点的区别，唯物主义美学家看到涅瓦河，只想到它是一条美丽的河，唯心主义美学家则是“觉得涅瓦河是世界上最好的唯一的河流”，“全世界连同一切的美都荟萃于此河了”。后者只是人的幻想的美，当然没有反映出涅瓦河本身的美。

---

① 车尔尼雪夫斯基：《生活与美学》，周扬译，人民文学出版社，1957年，第126页。

② 车尔尼雪夫斯基：《美学论文选》，缪灵珠译，人民文学出版社，1957年，第72页。

车尔尼雪夫斯基对自然美的解释，同样比他以前的唯物主义美学家进了一步，他力图从自然与人的生活的客观联系中来把握自然美的本质。他说："美是生活，首先是使我们想起人以及人类生活的那种生活。——这个思想，我以为无需从自然界的各个领域来详细探究，因为构成自然界的美的是使我们想起人来（或者，预示人格）的东西，自然界的美的事物只有作为人的一种暗示才有美的意义。"[①]生糙的自然，还不是主体的对象，是不美的；只有人成了大自然的主人，自然物成了人的生活条件、劳动场所，它才美，即如马克思所说，只有人"在自己所创造的世界中看到了自己"的时候，自然物才能作为人的审美对象而存在。车尔尼雪夫斯基在《当代美学概念批判》一文中，以生花妙笔为我们描绘了一幅大自然美景后写道："我们需要人，最低限度要提及人的一点甚么，因为没有人的自然生活对我们未免太软弱、太黯淡了。……人生才是图画。"[②]的确，一些自然物使人想起生活、预示人格的，给人以更丰富的美感享受，出污泥而不染的莲花，使我想到人的廉洁品质；郁郁苍苍，生气勃勃，具有顽强生命力的松树，是共产主义风格的形象比喻；我们也常常以太阳的光辉来歌颂党和领袖。这种丰富的联想，形象的比喻，不是人们可以随心所欲的，它必须以自然本身的美的神貌为基础，否则就会两败俱伤，既破坏了自然本身的美，也使被比喻的美的事物遭到亵渎。同样，"在人看来，动物界的美都表现着人类关于清新刚健的生活概念"这句话，也只能理解为把人的生活与自然物的联系、比较中来衡量自然物的美不美，即对人来说美的动物身上就具有"清新刚健"的属性。从车尔尼雪夫斯基对马、狮、虎、鸟、龟、青蛙的审美评价中，可以看出他真是这样做的。当然这里表现着他美学思想的非历史主义局限，还不能从自然与人的生活的多方面联系中，从社会生产发展的具体历史过程中把握自然美的本质。但他从与人的生活联系中考察自然美，毕竟为我们提供了解决这个问题可资参考的正确途径。

---

① 车尔尼雪夫斯基:《生活与美学》,周扬译,人民文学出版社,1957年,第10—11页。

② 车尔尼雪夫斯基:《美学论文选》,缪灵珠译,人民文学出版社,1957年,第63页。

从以上几个方面的分析中，我们可以看出：车尔尼雪夫斯基对“美是生活”解释，并不是主客观不分、美与美感混淆，相反地他在一定程度上克服了费尔巴哈机械唯物主义的局限，显露出主观与客观、认识与实践统一的辩证唯物主义观点的萌芽，这不仅表现在对“美是生活”的具体论述中，而且在理论上也得到了初步概括。他明确地指出：在唯心主义者看来，“严格意义的美与崇高，在现实中是没有的，是我们的幻想把它带到现实中来的。……美与崇高其实就存在于自然与人生之中。同时，也应该说：欣赏美与崇高的事物之能力，直接取决于欣赏者的认识——任何东西，如果我们在其中看到符合于我们的人生观的生活，那就是美的；任何东西，如果是比我们拿来跟它比较的事物更伟大些，那就是崇高的。所以，美与崇高在现实中的客观存在也要配合人的主观看法”①。这段话既批判了把美与崇高看作绝对的、无限的东西的唯心主义观点，同时也指明了美与崇高的主客观关系以及它们的相对性。

应当指出，车尔尼雪夫斯基对“美是生活”这个命题的阐释的确存在着矛盾，但绝不是唯物主义与唯心主义之间的矛盾，而是另一性质的矛盾。它表现在两方面。第一，人本主义的思想与自发的历史唯物主义因素之间矛盾，它对乡村农民和上层阶级关于女性美的不同观点的分析，说出不同阶级具有不同的生活理想和审美观点这个真理，但这一思想并没有在他的美学中占支配地位，它基本上还是运用费尔巴哈的人本主义观点来解释“生活”的，还不能充分地在一定的历史的社会关系中考察人的本质。普列汉诺夫指出：“当他断言美是‘应当如此生活，艺术一般从事于再现‘美好的生活’他所说的是完全的真理，它的错误仅仅是他没有充分地弄明白人关于‘生活’的观念在历史上是怎样发展起来的。”②既然美是生活，只有对“生活”作出科学的理解，才能真正解决美的本质问题。这个任务，只有马克思主义的奠基人才能完成。第二，在“美是生活”这个命题中，虽然表现出他的唯物主义具有深刻的辩证法思想，涉及美的客观与

① 车尔尼雪夫斯基：《美学论文选》，缪灵珠译，人民文学出版社，1957年，第29页。

②《普列汉诺夫美学论文集》，第1卷，人民出版社，1983年，第301页。

主观两个方面，但他还不善于把两者结合成有机统一的整体，因而在他的关于生活和艺术的概念里就存在着明显的形而上学的因素。这个矛盾突出地表现在他对生活美与艺术美的关系的看法上。黑格尔认为：艺术美高于自然美。因为艺术美是心灵创造的，只有心灵才是真实的，只有心灵才涵盖一切，一切美只有涉及这个较高境界（指心灵）才是真正美的，而自然美只是反映心灵的一种“不完全、不完善的形态”①。车尔尼雪夫斯基对这一唯心主义观点的批判是正确的。但他反其道而行之，提出生活美高于艺术美，并把艺术美看作只是生活美的苍白、无力的模仿。两者相当于原画与印画的关系，艺术只是现实的代用品。他忽视了人的本质力量在艺术创造中的能动作用。但另一方面，它又极力反对艺术对现实作消极的、奴性的复写，主张艺术家要以自己的道德信念、理解力和想象力参与艺术再现现实的活动，反映出现实生活的本质和主要特征，摒弃一切偶然性的细节；并提出艺术的任务不仅在于再现现实，而且要说明现实，对现实下判断，并成为人们“生活的教科书”。既然艺术只是现实的代用品，怎么能完成说明、判断现实生活这个任务呢？在理论上显然存在着矛盾。这个矛盾表现了革命民主主义者美学观点的特征：在一定程度上克服了旧唯物主义的消极静观性质，但没有达到辩证唯物主义水平。周扬同志说：“假如说车尔尼雪夫斯基的美学观点中多少带有消极直观的性质，那么在他的最后结论上却克服了这种性质。”②这个评价正是实事求是的。关于生活美和艺术美的关系，毛泽东同志在《在延安文艺座谈会上的讲话》中作了最科学、最辩证、最彻底的解决。从现实生活是文学艺术的源泉来说，前者是最基本的东西，较之后者有着不可比拟的生动丰富的内容，使一切文学艺术相形见绌；从这个意义上讲，车尔尼雪夫斯基是正确的。但艺术是一种新的创造，艺术家运用典型化的法则，将现实生活加以概括、集中、提炼，使之比它所反映的普通的或局部的生活现象本身，更美，更典型，更理想，更带有普遍性。这正是艺术美具有独立存在价值而不能以现实生活

① 参阅黑格尔:《美学》,第1卷,朱光潜译,商务印书馆,1979年,第2—3页。

② 车尔尼雪夫斯基:《生活与美学》,周扬译,人民文学出版社,1957年,第157页。

的美所代替的理由。但也不能由此说艺术美整个地高于自然美。生活美与艺术美孰高孰低的看法，不是辩证唯物主义观点，片面地强调哪一方面都会产生误会。

二

我们在上面已论及车尔尼雪夫斯基“美是生活”这个命题深刻的唯物主义性质和辩证法思想，同时指出了它与反对专制农奴制度，争取民主解放的革命斗争的联系，有的人对这一点是认识不足的，认为：“人的社会生活有美也有丑，而且美和丑在斗争。‘美是生活’的说法固然是唯物主义的，但是是不完整的理论。”这话意味着：“美是生活”的说法只是客观主义地把美规定在现实生活本身，但它并不能辨别生活中的美与丑。这里我们不禁发生这样的疑问：“美是生活”的说法不能辨别生活中的美与丑，那么唯物主义美学的倾向性何在？它与客观主义有没有区别？它是在怎样的历史条件下提出的，它包含着怎样的社会内容？

我们知道，唯物主义与客观主义是有本质区别的。客观主义者在现实的矛盾斗争中，摆出一种自然主义的、纯客观的姿态，但实际上是站在行将消灭的、腐朽的事物一边，并为之辩护。车尔尼雪夫斯基则相反，他有着鲜明的社会立场，“美是生活”这个命题中正表现出他的唯物主义思想的战斗特色。他在《哲学中的人本主义原理》中的一开头就指明了政治理论、哲学学说与社会斗争的关系，揭示了它的党派性质。他指出霍布斯、孟德斯鸠、卢梭、康德、黑格尔等，“他们的哲学体系都浸透着体系的创立者所属的那些政党的精神”。他自己的哲学和美学理论，就是这个思想的最好说明。他从革命民主主义思想出发，站在受苦受难的广大农民立场上，并以他们的生活理想和美学观点为基准，从“美是生活”这个命题出发，严格地区分了生活中的美与丑、真与伪、崇高与卑下。正如列宁所说的，“他善于用革命的精神去影响他那个时代的全部政治事件，……宣传推翻一切旧权力的群众斗争的思想。”[①]从他对上流社会和乡村农民关于女性美的不同概念的分析中完全可以看出这一点。他指出，劳动人民所理解的“美好的生活”是：“生活而不劳动是不可能的，……辛勤劳动却又不致令人精疲力竭那样一种富足的生活”，在这种条件下产生的美女，有着鲜嫩红润的面颊和健壮、均衡的体态。这是正常生活的表现。上流贵族社会眼中的美女则是饱食终日、无所用心的生活的表现：手足纤细，脸色苍白，弱不禁风。车尔尼雪夫斯基指出，这是“虚矫的、颓废的趣味的标志”，“是奢侈的无所事事的生活的结果”[②]。这种反常的生活表现，当然是不美的，车尔尼雪夫斯基予以无情否定。由此可见，车尔尼雪夫斯基的革命民主主义立场，就使得“美是生活”这个命题与农民大众争取解放斗争事业结合起来，同时也充分地表明他的美学思想的革新性质，显露了历史唯物主义观点的萌芽。留里科夫说得好：“车尔尼雪夫斯基懂得，俄国农民是不富裕的，他们的劳动是过度繁重的劳动。人的美的标准的意义本身，同时也就是为要达到这个标准而斗争的隐蔽号召。”[③]

关于“美是生活”这个命题中所包含的革命民主主义的思想，在车尔尼雪夫斯基对于审美感知的论述中也有鲜明表现。他说，美“使我们欢欣鼓舞，导我们于欣然充满无私快感的心境，这就是所谓美的享受”。但这并不意味着美感是无意识、无目的、超越一切利害关系的，他曾批判过这种唯心主义观点。他所说的“无私”，并不排斥美感的功利性与适用性，只是反对把美感当作一种自私自利的占有欲；这种“无私”正是肯定了美感群众性与集体性（即所谓“大公无私”）。他的这个思想是极其深刻的，即使是对自然物所产生的阶级差别不太鲜明的美感性质的阐述，也没有忘记广大受苦受难的农民“应当如此的生活”理想，并以此区别了无私的审美感与自私的占有欲之间的根本区别。他写道：“美的欣赏只有在下面这

①《列宁论文学与艺术》，第1卷，人民文学出版社，1962年，172页。

② 车尔尼雪夫斯基：《生活与美学》，周扬译，人民文学出版社，1957年，第7—8页。

③ 留里科夫：《车尔尼雪夫斯基》，作家出版社，1956年，第76页。

个意义上才是不自私的：譬如，我欣赏别人的田畴，而绝不想到它不是属于我所有，卖去田中谷物所得的钱也不会落到我的口袋里，但是我却不能不这样想：‘谢天谢地，谷物长得好极了，这一回，乡下人可以松口气了！我的天，这田里给人长出了多少人间幸福，多少欢乐呀！’”[①]可见他把美感与热切地关注着农民的生活命运是密切联系在一起的。乡下人的幸福与欢乐的生活，是美感的基础。在“美是生活”这个命题中，总括说来，“生活”的概念就意味着：自由的、不繁重的劳动，以及由此而产生的丰富充实的精神生活，和为实现这一理想所作的不屈不挠和富有诗意的斗争。这一点，车尔尼雪夫斯基在他的著名小说《怎么办?》中有着直接的阐述和形象表现。试问这难道是一个冷冰冰的客观主义者所能达到的精神境界吗?!

另外，我们要指出的是：车尔尼雪夫斯基“美是生活”的提出，正是同美丑不分的唯心主义观点相对抗的，他批判了唯心主义美学的一个公式：“一个物象，如果它充分体现了观念，便是美的物象”，认为它太广泛了，可以运用于许多完全不美的物象，这个定义就是说“存在的一切都是美的”，因为任何物象都表现着关于它本身的观念，譬如臭水塘表现着“臭水塘”的观念，粪便、蚊虫也表现着它们各自的观念，可是它们一点也不美。他用“美是生活”这个定义告诉我们什么是美，什么是丑。凡是表现了生活，特别依照我们的理解“应当如此的生活”就是美的。农村少女双颊绯红，体态健壮丰满，体现出他们丰衣足食、正常的劳动生活；太阳是生命的源泉，给人以温暖和光明；这些都是美的。上流社会的女性面无血色、孱弱倦怠，是饱食终日、无所用心、缺少健康和正常劳动生活的体现；人驼背是由疾病或意外事故造成的，是不正常的生活的表现。这都损害了生活，没有体现“应当如此的生活”，则是丑的。所以，他说：“一切不美的，一切妨碍美的，都可以归于对生活有害、对生活有损这一概念之下。”[②]这说明了车尔尼雪夫斯基“美是生活”的命题不是美丑不分的，

① 车尔尼雪夫斯基:《美学论文选》,缪灵珠译,人民文学出版社,1957年,第70页。

② 车尔尼雪夫斯基:《美学论文选》,缪灵珠译,人民文学出版社,1957年,第60页。

认为一切生活都是美的，而是包含着对生活本身的肯定和否定的审美价值判断。

说到这里，问题并没有得到完全解决，有的同志认为，车尔尼雪夫斯基在阐释“美是生活”命题时，当他把美同“美好的生活”“应当如此的生活”联系起来，是可以说明生活中存在美与丑的；但这样一段话则是美丑不分了：“其次是任何一种生活，因为活着到底比不活好：但凡活的东西在本性上就恐惧死亡，恐惧不存在，而爱生活。”无可讳言，在车尔尼雪夫斯基的“生活”概念中含有“生命”的意思，这明显表现出人本主义思想的局限性。对于这个问题，应从两方面来看。一方面，我们要从这一思想观点的产生社会历史条件出发，来理解和评价它的得失。在俄国封建专制制度下，广大农民在农奴主屠刀和皮鞭下生活，起码的生存权利得不到保障，连维持生命的最低的生活条件都不具备，他们要求人性，要生不要死就是对没有人性的统治阶级抗争。因此，车尔尼雪夫斯基美学中的人本主义思想，与他的革命民主主义立场并没有矛盾，从而分辨出生活中的美与丑，对现实生活作出批判性的判断。普列汉诺夫在评论车尔尼雪夫斯基反对“为艺术而艺术”的理论时，对这个问题又有着非常具体、深刻的说明。他指出，伯尔朗特·德·波恩这个大名鼎鼎的骑士，曾作过一首歌颂春天和骑士打仗、娱乐的诗，除了表现他对春天温暖、鸟儿唱歌的喜悦之外，还说当“人们和畜牲在疾驰的武士之前四散奔逃”时，无论是什么都不能像“身上洞穿了他们武器的，那些死人的形状”那样，使他心向往之。这位骑士认为“杀死的总比活着的更好看”。这首诗在遭受残害的农奴看来是有倾向性的。很可能，最后，在广大农奴中间有些也做起诗歌来。“在这些诗歌里他们由于表现骑士战斗的业绩所造成的破坏引起自己的悲伤，并且说：活着的总比杀死的更好看。如果这样的诗歌真的做出来了，那么大概，骑士们就要认为他们是很有倾向性的……。”[①]用普列汉诺夫的论断来说明“美是生活”这个命题的人本主义思想的倾向性，在特定

① 普列汉诺夫:《车尔尼雪夫斯基的美学理论》,《文艺理论译丛》,1958年第1期,第108页。

的历史条件下可以分辨美与丑，是多么贴切、有力！车尔尼雪夫斯基说的"活着到底比不活好"，正是为了反对农奴主们"杀死的总比活着的更好看"的残酷的生活观念和审美趣味。当然，另一方面，也应指出，"美是生活"这个命题尽管充满着革命民主主义美学思想的战斗特色，但毕竟由于受到人本主义的局限，不能科学地说明社会生活的本质，因而也就不能完全科学地解释美的本质，更没有为农奴解放指出一条光明、正确的道路。

三

车尔尼雪夫斯基深刻认识到哲学思想与其所产生的历史时代的紧密联系，并指出社会生活对哲学思想的性质产生决定性的影响。他说：

> 当人们谈到哲学史时，往往只着眼于哲学体系相互间的联系，却忘记了它们同它们所处的那个时代和社会精神间的联系；其实，这一常被忘却的关系，经常对他们的性质发生决定性的影响。把最直接表现人类普遍意向的哲学同任何一门专门科学相比较，我们更应该说，哲学常常是产生它的那个时代和民族的女儿。①

作为哲学体系的一个部分的美学，同样是一定社会时代和民族精神的产物。我们只有从它与社会生活的联系中，才能正确把握它的社会内容和特殊性质。那种认为车尔尼雪夫斯基"美是生活"的命题是美丑不分、存在着唯物主义与唯心主义矛盾的观点，正是只从哲学体系之间的联系，而忘记了它与社会时代的关系进行认识、评价的结果。不错，车尔尼雪夫斯基的哲学老师是费尔巴哈，他的美学思想是建立在费尔巴哈人本主义唯物主义基础上的，但由于车尔尼雪夫斯基与费尔巴哈所处的历史时代和思想立场的不同，就不能把他们的哲学、美学思想简单地等

① 转引自留里科夫：《车尔尼雪夫斯基》，作家出版社，1956年，第43页。

同起来，两者之间有着实质性的区别。费尔巴哈远离革命的实际活动，如恩格斯说的“在穷乡僻壤中过着务农生活和苟延残喘”[①]，它背后站着的是软弱妥协的德国资产阶级，主张改良，反对革命，宣传以“爱”的宗教来代替为封建制度服务的“神”的宗教权力。车尔尼雪夫斯基则不同，他代表着广大农民群众的利益，积极、热情地投身于革命运动，以实际行动进行推翻封建农奴制的斗争。列宁说：“车尔尼雪夫斯基是彻底得多的、更有战斗性的民主主义者，他的著作散发着阶级斗争的气息。”[②]这种积极的战斗立场，就使他没有像费尔巴哈那样，“打破了黑格尔哲学体系，干脆把他抛弃了。”[③]辩证法是革命的代数学，根据革命实践的需要，他在批判黑格尔唯心主义美学思想体系时，却在一定程度上吸取了其中合理的内核——辩证法，使“美是生活”的命题包含着深刻的辩证因素和革命的实践精神。

车尔尼雪夫斯基在自评其美学思想的论文中，对历史文化遗产的批判与继承问题有着精辟的论述，并交代了自己的美学思想与黑格尔美学之间的关系。他说：

> 我们的艺术观，溯源于最近德国美学所采取（但被作者驳斥过）的观点，而是通过辩证过程从它们中产生出来的。

> 他对于他所竭力指出其缺点的美学体系完全不是抱敌视态度；他承认，他自己所竭力建立的那种理论的胚芽也是蕴藏在它里面，它不过是发现了某些重要的成分，这些成分早已见于以前的理论中，可是却跟它所十分重视、而在他看来是经不起批判的那些概念，彼此矛盾。他经常竭力指出自己的体系与以前的体系之间的密切关系，虽则

①《马克思恩格斯文选》，第2卷，外国文书籍出版局，1955年，第379页。
②《列宁论文学与艺术》，第1卷，人民文学出版社，1962年，第183页。
③《马克思恩格斯文选》，第2卷，外国文书籍出版局，1955年，第365页。

他并不想隐瞒这两者之间有着本质的区别。[①]

这两段话多么清楚地说明了：车尔尼雪夫斯基看出了黑格尔美学中辩证法与其唯心主义体系之间的矛盾，并试图在扬弃其唯心主义体系的同时，吸取其中合理的辩证法因素，以建立自己的美学体系，所以他说自己的"美学理论的胚芽也是蕴藏在它里面"的。另外，他的美学思想还直接继承了别林斯基、赫尔岑美学思想的战斗传统，把黑格尔的辩证法与革命民主主义思想结合起来。"他乐于承认：他所认为正确的那些思想，大部分在不远的地方，譬如《祖国纪事》中就可以看到。"[②]在这个宝贵的思想传统中，就充满着革命辩证法的观点，如列宁在《纪念赫尔岑》一文说："他领会了黑格尔的辩证法。他懂得辩证法是'革命的代数学'。……赫尔岑已走到辩证唯物主义跟前，可是在历史唯物主义前面停着了。"[③]这话虽然是讲赫尔岑的，但与列宁称车尔尼雪夫斯基是"伟大的黑格尔主义者"的基本精神是一致的，在一定意义上也是适用于车尔尼雪夫斯基的哲学和美学思想。

"美是生活"与"美是理念的感性显现"这两个命题的根本对立在于：前者认定美存在于生活本身，是实际存在着的；后者则把美看作是心灵创造的，是观念的产物。但黑格尔具体论述的实际内容远比他的公式的直接含义丰富、深刻。车尔尼雪夫斯基在批判它的同时，又有所吸收、继承。首先，他们都把人及其生活内容放在确定美的本质的主导地位，只是前者把美的内容看作人们"美好的生活""应当如此的生活"；而后者则把美的内容规定为"绝对观念的充分体现"，车尔尼雪夫斯基所要批判的也就是这种抽象"绝对观念"。另外，"美是理念的感性的显现"这个定义，把美看作是一种活生生的具体感性事物，这样美的事物才能激动人们的感情，给人以美的享受，车尔尼雪夫斯基把它作为美感的基

① 车尔尼雪夫斯基:《美学论文选》,缪灵珠译,人民文学出版社,1957年,第12页。
② 车尔尼雪夫斯基:《美学论文选》,缪灵珠译,人民文学出版社,1957年,第75页。
③《列宁论文学与艺术》,第1卷,人民文学出版社,1962年,第257页。

本特征接受下来，他不止一次指出黑格尔这个思想的正确性，并且作为他的关于美的本质的概念与黑格尔的概念之间的密切关系的“最重要的美学事实”，他写道：“从‘美是生活’这个定义就可以明白：为什么美的领域不包含抽象的思想，而只是个别的事物——我们只能在现实的、活生生的事物中看到生活，而抽象的、一般的思想并不包括在生活领域之内。”[①]第三，黑格尔是以“人化的自然”的理论来阐明自然美的本质的，在他看来，“疏远化的”自然是不美的，只有当自然成为人的生活有机组成部分，并从中实现自己、肯定自己的时候才是美的，他曾以小孩掷石子于河中所出现的圆圈说明这一点。当然，他所说的“人化的自然”与马克思所用的同一术语的含义不同，是唯心主义的。因为他说的“人化”，实际就是自然“意识化”，而不是人与自然的客观的实际关系，但其中包括着深刻的辩证法，他不是把自然美看作事物的纯自然属性，而把它与人联系起来了，他说：“自然美只是为其他对象而美，这就是说，为我们，为审美的意识而美。”[②]这个思想，车尔尼雪夫斯基大加称赞，他既看出它的唯心主义本质，也看出它的深刻性。他写道：黑格尔和菲希尔经常说到构成自然界的美是使我们想起人来（或者用黑格尔的术语来说，预示人格）的东西，断定自然界中美的事物，只有作为人的一种暗示才有美的意义。伟大的、深刻的思想啊！黑格尔的美学该将是多么完美，如果作为他的基本思想的是出色地发挥过的这种思想，而不是玄妙地寻求表现出来的理念的完满的话。黑格尔关于自然美的思想，加强了车尔尼雪夫斯基“美是生活”命题中主体与客体辩证统一的思想因素。

这里我们极简略地谈及车尔尼雪夫斯基对黑格尔美学“合理内核”的吸取、继承，并不意味着说他像马克思、恩格斯对待黑格尔那样，没有达到辩证唯物主义水平。他还没有充分理解到作为主体的人的社会本质及其积极、能动作用，这就使他的美学具有明显的消极静观性质，而辩证唯物思想只是萌芽。如果不明了这一点，把可贵的萌芽当作参天大树，那就

---

① 车尔尼雪夫斯基：《生活与美学》，周扬译，人民文学出版社，1957年，第13页。

② 黑格尔：《美学》，第1卷，朱光潜译，商务印书馆，1979年，第156页。

错了。

通过上述分析，我们可以认识到一个重要的问题，探究某种学术思想，如果脱离它所产生的具体的社会生活、历史条件，不但不能正确阐述这种学说思想的社会内容，而且也很难说明它与其他学说之间的继承与创新关系。正是因为这样，就会把车尔尼雪夫斯基美学看作是费尔巴哈哲学的机械搬用和对黑格尔美学的否定而无继承，忽视了它的深刻的革命性和辩证性。从一些评论车尔尼雪夫斯基美学的文章中可以看出，这个问题的产生最重要的原因之一是：我们没有批判地看待普列汉诺夫对于车尔尼雪夫斯基美学的论述。普列汉诺夫虽然第一个以马克思主义观点对车尔尼雪夫斯基美学作了全面的分析，并有了卓越的成绩，但他有着一个根本性质的缺点，即是列宁在普列汉诺夫的《尼·加·车尔尼雪夫斯基》一书的批注中所指出的，他没有注意到车尔尼雪夫斯基与费尔巴哈所处的社会历史状况的差别，而把车尔尼雪夫斯基的哲学和美学思想看作同费尔巴哈一样，是纯粹的“理论”活动。普列汉诺夫写道：“车尔尼雪夫斯基也像自己的老师（费尔巴哈——引用者）一样，几乎把注意力完全集中在人类的‘理论’活动上……。”列宁将此话标出，并批注曰：“普列汉诺夫所著《车尔尼雪夫斯基》一书中缺点也是这样。”[①]正是由于这个原因，普列汉诺夫对车尔尼雪夫斯基美学中的辩证法思想是没有足够注意的。这里，就向美学界提出了一个极有意义的课题：要对车尔尼雪夫斯基的美学理论做出科学的评价，普列汉诺夫的观点固然有着重要的借鉴意义，但必需批判地接受；列宁关于俄国解放运动发展过程的分析，以及对俄国革命民主主义者（特别是车尔尼雪夫斯基）的评价，是我们科学的理论根据，必须以此为指导，对车尔尼雪夫斯基美学进行具体的分析、研究。

车尔尼雪夫斯基美学理论是马克思主义以前美学的最高成就，对我们建立、丰富和发展马克思主义美学有着直接意义。我们应该批判地继承

①《列宁论文学与艺术》，第2卷，人民文学出版社，1962年，第762页。

它。车尔尼雪夫斯基美学的局限性，我们要超越；在当前美学讨论中存在的落后于他的美学观点的地方，我们要克服。

（原载《合肥师范学院学报》，1962年第4期）

崇高——艰难而伟大的美

在美学中，美是最基本、最核心的范畴，但由于美的具体形态和它们审美特性的不同，还有其他一些范畴，如崇高与优美、悲剧与喜剧等。什么是崇高呢？有人说它是“艰难的美”，有人称之为“伟大的美”。这两种说法都有一定的道理。如果用简单明了的语言来回答，把两者综合起来，可以说：崇高是艰难而伟大的美。

崇高是一个重要的美学范畴。它充分、集中地体现了人的本质力量的光辉、伟大，具有特殊的美感力量和伦理价值。当前，重视发挥崇高的审美作用，对于人们振奋革命精神，培养高尚的道德情操，克服艺术理论和创作实践中的低俗化倾向，推进社会主义精神文明建设，是有重要的现实意义的。

一

在人类美学思想的萌芽时期，首先注意探索的是美，而且往往把美与善相混同，更没有区分美的存在形态。随着历史的发展，审美领域的扩大，人的审美意识逐渐丰富、充实起来，于是区分了美的存在形态，崇高也就作为美学范畴提上了研究日程。

我国早在春秋战国时期，孟子就注意到崇高与优美的区别。他说：

“充实之为美，充实而有光辉谓之大。”（《孟子·尽心下》）这里讲的美是狭义的，即优美：“大”含有光辉灿烂、雄伟壮观的意思，即壮美、崇高。后来，在我国古代美学史上，出现了两个与崇高、优美大致相当的概念，就是所谓“阳刚之美”与“阴柔之美”。还有如司空图《诗品》等诗文理论著作中所列举的雄浑、劲健、豪放、悲慨等，也都类似于“崇高”，主要是就诗歌创作的艺术风格讲的。直到近代，王国维在康德、叔本华主观唯心主义美学思想影响下，才明确地提出壮美（崇高）与优美这两个不同的美学范畴，并指出我们一般讲的美，实际上是指优美。他说：“美之为物有二种：一曰优美，二曰壮美。……此时吾心宁静之状态，名之曰优美之情，而谓此物曰优美。若此物大不利于吾人，而吾人生活之意志为之破裂，因之意志遁去，而知力得独立之作用，以深观其物，吾人谓此物曰壮美，而谓其感情曰壮美之情。普通之美，皆属前种。”[①]他在这里明确地从理论上揭示了崇高与优美的不同的审美特点，是具有开创性意义的。总的说来，我国古典美学对崇高和优美的看法，审美体验的描述和艺术境界的比喻、象征较之系统的理论分析，似乎更有特色些。

在西方，古希腊神话中就反映出崇高与优美的区别：优美的象征是阿波罗（日神），它是美丽的、幻想的、沉静的、乐观的；崇高的象征是狄俄尼索斯（酒神），它是粗犷的、冲动的、悲愤的、狂想的。这虽属神话，但已初步接触到两种美的不同特征。从理论上最早提出崇高这个范畴的，是罗马时代的朗吉驽斯。他在著名的致友人书《论崇高》中说：崇高主要是体现“崇高的灵魂”、“思想上的庄严伟大”的“措词的高妙”，因而，“崇高是伟大心灵的回声”。这虽然主要是讲修辞学上的崇高风格，但实际上提出了一个诗学和美学上的范畴。

对崇高与优美作系统的比较研究的，严格地说，开始于十七、十八世纪的柏克与康德。柏克在《关于崇高与美的观念的起源的哲学探讨》中，以经验论和感觉论为理论基础，从审美现象中归纳出崇高与优美的不同

① 王国维：《红楼梦评论》，《中国美学史资料选编》（下），中华书局，1981年，第443页。

特点。在他看来，崇高与优美的区别在于物体的不同形式，优美表现为小巧的调剂，光滑的表面，渐次的变化，娇柔纤细的风格，清静明快的色彩等。美感是以快感为基础的，美使人产生爱的感情。崇高则不同，它有着庞大的体积，粗犷有力的线条，凸凹不平的表面，阴暗、朦胧、模糊不清的形象，使人产生恐惧的感情。然而由于人们与崇高的物象保持一定的距离，并有着“保存自己的冲动”，便由恐怖转化为喜悦，这就是崇高感。崇高感与美感不同，它是以痛感为基础的快感。柏克主要从审美对象的感性形式上来区分崇高与优美，并把两者对立起来，这是不妥当的，但他开“距离”说之先河，把事物的外在形式与主体心理活动联系起来考察崇高，应该说在美学史上是有贡献的。他的这一理论直接影响了康德。

康德早年就写了《关于美和崇高的感情的考察》，后来又在《判断力批判》中的“崇高的分析”部分，对崇高作了深入细致的探讨。他一方面继承了柏克的观点，把恐惧作为崇高感的重要的心理特征，认为崇高感是克服了痛感之后的快感；另一方面强调人的理性力量的作用。他将崇高与美作了比较，认为美存在于事物的有限形式之中，“在它的形式里带有一种合目的性”，其自身就是一种愉快的对象，给人以直接的、单纯的快感。崇高则是无形式的和无限的，是超越于事物的感性形式的“绝对的大”。由此，他给崇高下了个定义：“凡是绝对大的东西，都可以称之为崇高。”这种“大”，一是数学的，它具有无可估量的巨大体积，如无限的宇宙，无边的海洋；一是力学的，是无穷的力量和气势，如翻江倒海的巨澜，威力无边的暴风雨。这些都是人的感性尺度所无法进行审美判断的，但人面对崇高的事物，通过想象力可以唤起无限大的理性观念，与理性观念相比较，它又被“估量为小”了，因此崇高的东西虽使人产生恐惧，但人能够在精神上抗拒它，并从恐惧中解脱出来，产生崇高的感情。他说：“那对于自然界里的崇高的感觉就是对于自己本身的使命的崇敬，而经由某一种暗换赋予了一自然界的对象（把这对于主体里的人类观念的崇敬变换为对于客体)，这样就像把我们的认识机能里的理性使命对于感性里最大机能的优越性形象化地表达出来了”。[①]在康德看来，崇高是人从自然威力的静观中所产生的一种特别心灵状态：“真正的崇高只能在评判者的心情里寻找，不是在自然对象里。”[②]康德把人的理性观念无限扩张起来，用以取代和否定崇高的客观内容，显然是主观唯心主义的，但他看出了崇高中人的精神力量的作用，肯定了崇高的理性、伦理价值，把对崇高的研究向前推进一步，这在美学史上是个重要贡献。

黑格尔扬弃了康德的理性力量说，认为崇高是“观念压倒形式”，有限的形式无法容纳无限的观念内容，无限的观念便要“直接显露出来”，“用来表现的形象就被所表现的内容消灭掉了，内容的表现同时也就是对表现的否定，这就是崇高的特征。”[③]基于此，他把崇高与象征艺术联系起来，认为象征艺术正是通过渺小的物质形式表现了无限观念和神的伟大。他说：“神是宇宙的创造主，是崇高性最成熟的表现，”“唯有向神表示敬意”的艺术，才是崇高的艺术。黑格尔尽管不同意康德的崇高与事物内容无关系的看法，从内容和形式矛盾对立中把握崇高，但他把崇高看作绝对观念摆脱事物外在形式的“直接显现”，因而，表现出了客观唯心主义的神秘色彩。有的同志无条件接受黑格尔“观念压倒形式”的公式，把它作为崇高本质的科学概括，是值得商榷的。

车尔尼雪夫斯基批判了康德、黑格尔的崇高理论，指出：把“无限力量”“绝对理念”作为崇高的“基石”，都是些“不可思议”的“空洞的字眼”。他认为，“绝对的是事物本身，而不是这事物唤起的任何思想”，不是由于人们想象的干预所产生的事物的体积和力量的无限扩张。任何事物都是有限的，高山不是高不可测，大海不是无边无际，人和自然力量也不是无限强大的，只不过是具有“极大的力量”罢了。据此，他主张以“伟大”一词代替“崇高”，并下了定义：“崇高的物象乃是其规模

① 康德：《判断力批判》(上)，宗白华译，商务印书馆，1964年，第97页。

② 同上，第95页。

③ 黑格尔：《美学》，第2卷，朱光潜译，商务印书馆，1979年，第80页。

远超过与之比较的其他物象的那个物象；崇高的现象乃是力量远强于与之比较的其他现象的那个现象。”[①]车氏的观点是唯物主义的，但他只是从事物的规模大小和力量强弱的数量特征上看待崇高，没有揭示出它的本质特征，其形而上学性质也是十分明显的。不错，他也说过，“美和崇高在现实中的客观存在也要配合人的主观看法”，但他由于缺乏科学的实践观点，因而解决不了主体与客体的矛盾，无法唯物而又辩证地说明崇高的实质。更成问题的是，他不仅把崇高与美对立起来，甚至将丑恶和卑鄙的东西也视为崇高，这充分暴露出直观的唯物主义在解决崇高问题上是多么软弱无力！

综上所述，在西方美学史上，不论是康德、黑格尔，还是柏克、车尔尼雪夫斯基，他们的对崇高的看法都具有合理的因素，如有的从对象的外在形式上同优美加以区别，有的把崇高与人的重大使命、伟大心灵联系起来，阐述了崇高道德伦理价值，这对人们理解崇高的审美特征都有一定意义，但他们的根本问题在于：唯心主义者把崇高看成是人的理性力量或绝对观念的产物，使之染上了主观主义、神秘主义的色彩；旧的唯物主义者只是直观地从外在形式上看问题，脱离人类的社会实践，把崇高安放在一个很狭小的地面上。他们没有也不可能从人类的实践活动中，从主体与客体的对立统一的关系中，充分揭示崇高的审美本质。恩格斯说：“人所固有的本质比臆想出来的各种各样的‘神’的本质，要伟大得多，高尚得多……”。[②]人类征服自然和改造社会艰巨而伟大的斗争和创造力量，才是崇高美产生的真实根源。

二

崇高是美的一种特殊形态，我们要正确认识它的审美特性，必须以对美的本质的理解为依据和出发点。由于人们对美的本质的理解不同，对崇

① 车尔尼雪夫斯基:《美学论文选》,缪灵珠译,人民文学出版社,1957年,第94页。

②《马克思恩格斯全集》,第1卷,人民出版社,1956年,第651页。

高的认识也就不同，甚至存在着根本的分歧。

按照马克思主义的观点，美是社会实践的产物，是人的本质力量对象化的自由形式。崇高作为美的一种特殊形态，不同于美的常态——优美。如果说，优美主要是主客体的和谐统一中显现人的本质力量的，那么崇高则主要是从主客体紧张激烈的斗争过程和结果来肯定人的本质力量的。客体以其巨大的体积和强大的力量压抑着实践主体，但主体通过自由自觉的实践活动，经过艰苦卓绝、不屈不挠的斗争，便由受压抑状态转而掌握、支配和征服了客观对象，从而显示出人的不可战胜的伟大力量。没有人的艰难的斗争，没有人的伟大力量，就没有崇高的美。我们可以说，崇高是艰难而伟大的美。

在自然界中，波涛汹涌的大海，苍茫无际的草原，高耸入云的崇山峻岭，横扫一切的狂风暴雨，喷吐烈焰的火山……这些现象所以是崇高的，人们可以观赏它们，究其根源是人类同大自然进行长期的、严重斗争的历史成果。在人类社会初期，大自然是一种盲目的、自发的力量，严重地威胁着人的生存。恩格斯说："自然界起初是作为一种完全异己的、有无限威力的和不可战胜的力量与人们对立的，人们同它的关系完全像动物同它的关系一样，人们就像牲畜一样服从它的权力。"[①]原始人在大自然面前是软弱无力的，不能征服和支配它，而向它顶礼膜拜，企求免灾降福。这种盲目崇拜不是崇高感。但是，一经我们认识了它，研究了它的作用、方向和影响，那时就会凭借我们的力量来使它更多地服从于我们的意志，并利用它来达到我们的目的。……一旦理解了它的本性，它就可能在集体生产者的手中，从恶魔式的统治者，变成顺从的奴仆。只有当人类由必然王国进入自由王国，成了自然界的主人，自然界处于人的控制和支配之下，它虽然还保持着与人严重对立的形式，似乎有着压倒人的巨大规模和力量，但实际上已不能加害于人，反而显示出人类征服和改造自然的艰苦斗争和伟大力量。这种自然现象由人的异己之物，变成了肯定人的本质力量的象

①《马克思恩格斯全集》，第3卷，人民出版社，1960年，第35页。

征，就不仅是美的，而且是崇高的了。胡耀邦同志在庆祝党的成立六十周年纪念大会上的讲话中，有一段话很能说明这个问题：

> 充分顾及我们的困难，才能立于不败之地。我们还有一段相当长的艰难的路程。好比登泰山，已经到了“中天门”，前面还有一段要费很大力气的路——三个“十八盘”。要爬过这一段路，才能到达“南天门”。由“南天门”再往前，就可以比较顺利地向着最高峰“玉皇顶”挺进了，到了那里就好比我们实现了社会主义现代化建设的宏伟任务。只要上了“南天门”，就能够领略杜甫的著名诗句“会当凌绝顶，一览众山小”的意境了：曾经有如“众山”的许多艰难困苦，就显得渺小了；通往“绝顶”道路的困难，就比较容易对付了。毫无疑问，在伟大的征途上，我们一定能够征服“十八盘”，达到“玉皇顶”，然后再向新的高峰前进。

这个登泰山的妙喻，意在说明我国实现社会主义现代化，必然要经历一段很长的艰难曲折的路程，但也非常生动、具体地告诉我们泰山何以是崇高的。泰山“南天门”有副对联：“门辟九霄仰步三天胜迹，阶崇万级俯临千嶂奇观”，那“门辟九霄”，那“阶崇万级”，不正印证着人类登临和征服泰山的严重斗争和伟大力量吗？如果你没有力量爬过“南天门”，登上“玉皇顶”，怎么会领略到东岳泰山的无限风光，产生“会当凌绝顶，一览众山小”的崇高感呢？可见，自然现象的巨大的体积，强大的威力，由于积淀着人类的伟大实践力量，它才能是崇高的。

社会生活在本质上是实践的。由于私有制度的出现，阶级和阶级矛盾的存在，社会的发展进步特别是处于巨大变革时期，都要经过血与火的严重斗争。因此，社会生活中的崇高，表现出人民群众推动历史前进的伟大力量，直接地、充分地显示出崇高的审美特性。正义的、进步的、革命的社会力量在同邪恶的、反动的旧势力的反复较量中，矛盾愈复杂，环境愈艰苦，斗争愈尖锐，就愈能表现出崇高美。黑格尔说：

> 人格的伟大和刚强只能借矛盾对立的伟大与刚强才能衡量出来，心灵从这对立矛盾中挣扎出来，才能使自己回到统一；环境的互相冲突愈众多，愈艰巨，矛盾的破坏力愈大而心灵仍能坚持自己的性格，也就愈显出主体性格的身后与坚强。①

毛泽东同志对此更用诗的语言做了精辟的概括："沧海横流，方显出英雄本色。"在同严重的自然灾害、强大的反动势力的严酷斗争中，人们的英雄行为和取得的辉煌胜利是崇高的；但有时假恶丑压倒真善美，造成英雄人物的死亡和正义事业的暂时失败，这种历史性的悲剧由于它体现出巨大精神力量和必然胜利的前途，激励和鼓舞更多的人起来勇于牺牲、继续战斗，更加光辉灿烂地放射出崇高的光芒来。毛泽东同志《到韶山》诗中写道："为有牺牲多壮志，敢教日月换新天。"革命烈士夏明翰在走上刑场时，写下了久为传诵的《就义诗》："砍头不要紧，只要主义真。杀了夏明翰，自有后来人。"革命志士慷慨就义，视死如归，自己献出生命，坚信"自有后来人"来完成未竟事业。这是多么坚定的革命信念和崇高的精神境界。在中华民族历史上，为国为民不惜牺牲、无私奉献、可歌可泣的崇高人物是数不胜数的，如：屈原志高行洁，热爱家国，反被群小所妒，遭谗放逐，但矢志不移，表现出"九死未悔""解体未变"的求索精神；岳飞的《满江红》词表现的那种"怒发冲冠""壮怀激烈""收拾旧山河"的爱国激情和英雄气概，至今仍然震撼着每一个中国人的心灵；文天祥历经艰辛，坚持抗战，宁死不屈，一身民族正气，写下了气吞山河的诗句："人生自古谁无死，留取丹心照汗青。"这种爱国主义壮举，具有永恒的崇高的意义。记得车尔尼雪夫斯基论及"崇高"审美价值时，满怀激情地写道："呵，爱国主义的力量是多么伟大呀！在它面前，人的爱生之念，畏苦之情，算得了什么呢？在它面前，人本身也算得是什么呢！他为祖国而

① 黑格尔：《美学》，第1卷，朱光潜译，商务印书馆，1979年，第222页。

牺牲自己，他认为祖国是一切而他个人算得是什么，在崇高中，个别现象是微不足道的，然而，爱国主义的无限力量。端赖在它面前显得微不足道的个人以表现出来……。”[①]在中国现代革命的历史进程中，为了把半封建半殖民地的旧中国改造成社会主义的新中国，人们更是进行了艰苦卓绝的斗争，“红军不怕远征难，万水千山只等闲”的革命乐观主义精神，“喇叭声咽，残阳如血”的惨烈、悲壮的战斗场景，刘胡兰、董存瑞、黄继光英勇献身的战斗精神，张思德、雷锋平凡而伟大的、全心全意为人民服务的光辉形象，都是我们时代生活中崇高美的集中体现。

总之，不论是自然界的崇高，还是社会生活的崇高，都是人在社会实践中同客体进行艰苦斗争的结果，它直接或间接地显现出人的伟大的本质力量。崇高与真善美有着内在的、本质的联系，那些丑恶的东西可能在外观上与崇高有某些相似之处，但一个只有否定的审美价值，一个则是肯定的审美价值，两者有着本质的区别。试想：“江海横流，人或为鱼鳖”的可怕景象，“千村薜荔人遗矢，万户萧疏鬼唱歌”的社会惨状，都是旧中国黑暗、丑恶的社会现象，反映了劳动人民不能掌握自己命运的生活境况，能说它是崇高的吗？我们的结论是：凡是以强有力的形式表现出真和善的内容，充分肯定人的实践的和精神的伟大力量的客观事物，就是崇高的；自然景象的崇高是雄伟，社会生活的崇高是壮举。

三

我们不赞成柏克、车尔尼雪夫斯基把崇高与美截然对立起来的观点，认为崇高与优美都是美，是美的两种不同形态。他们的区别在于：崇高更多地表现于主体与客体的尖锐冲突、紧张对抗之中，主要是一种动态美。这决定它在形式上有时是不那么和谐统一，不符合甚至破坏形式美规律的。另外，由于崇高的形态复杂，其本身虽然含有丑的因素，但其内容起

① 车尔尼雪夫斯基：《美学论文选》，缪灵珠译，人民文学出版社，1957年，第78页。

决定作用，便否定和克服了丑，以丑的外在形式表现内在的、本质上的崇高，更加凸显崇高的审美价值，如雨果《巴黎圣母院》的主人公卡西莫多就是典型的例证。它优美则不同，它更多表现为主体与客体的和谐统一，主要是一种静态美。它在外观上一般是符合形式美的规律的，如均衡、对称、多样统一等。同时，优美与丑是相对立的，其本身就排除了丑的因素。正是由于存在这种区别，崇高与优美的审美性质是有所区别的。“大江东去，浪淘尽千古风流人物”与“小桥流水人家”，“百万雄师过大江”与“杨柳岸晓风残月”，屈原赋的慷慨悲歌与柳永词的浅斟低唱……给予人们的审美感受是不同的。优美使人赏心悦目，产生一种宁静平和的美感。如车尔尼雪夫斯基说的：“美的事物在人心中所唤起的感觉，是类似我们当着亲爱的人面前时洋溢于我们心中的那种愉快。”①崇高美则使人奋发兴起，心潮起伏，产生一种震荡不安的感情，鼓舞和激励着人们去行动，去追求，去创造。贝多芬著名的《热情奏鸣曲》，罗曼·罗兰曾把它比作“花岗岩河床中溶岩的巨流”，是多么凝重有力，不可抗拒，充满着反抗精神、战斗力量和渴求成功的崇高激情，给人以震撼心灵的力量。所以，列宁听了《热情奏鸣曲》，激动地说自己难以想象人能创造出怎样的“奇迹”！

在西方美学史中，不少人有个根深蒂固的看法，即把恐惧感作为崇高感的基础。他们认为，崇高的事物是可怕的，使人产生恐惧，因而只能叹服，引起警戒，吸取教训，以免自己受到同样的不幸遭遇。崇高是不可效仿的，所以是一种“消极的美感”。这暴露出他们在崇高问题上的个人主义、利己主义的态度。我们认为，崇高感与动物性的“保存自我”是格格不入的。应当承认，崇高感与一般美感有所不同，它不是单纯的审美愉悦，而是一种痛苦、惊惧和愉悦交织在一起的“混合的情感”。人们面对着崇高的事物，虽然在心理上产生复杂的矛盾，激烈的震荡，但总的律动是先抑后扬，由逆受而兴起，由压抑而奋发，激起对丑恶势力憎恨与否

① 车尔尼雪夫斯基：《生活与美学》，周扬译，人民文学出版社，1957年，第9页。

定，获得精神上的提高与升华。人们欣赏崇高的心理过程表明，恐怖不是崇高的基础，其结果是对恐怖情绪的否定。我们看到刘胡兰英勇就义，固然也有惊惧和痛苦，但主要是对她“生的伟大，死的光荣”赞叹、景仰和崇敬。

崇高是在严重的冲突和对抗中产生、形成的，人们感受、体验和理解它，往往伴随着情感的激荡和理性的思考，因此，崇高的美感与道德理性是紧密联系在一起的，就连康德这样的美学家，尽管主张美是超越功利目的和理性认识的，也不能不说崇高是“道德的象征”。如古希腊悲剧家埃斯库罗斯的《普罗米修斯》中的普罗米修斯，同情人类的苦难，坚信人类的创造力，为了人类生活的温暖、光明和幸福，为把天火盗给人间，甘愿让天神宙斯钉在石柱之上，经受难以忍受的巨大痛苦和折磨。艺术家把这一神话传说提升到诗化哲学的高度，为人类树立最高的道德典范。所以，马克思称普罗米修斯是“哲学上最崇高的圣者兼殉道者”。这个崇高的光辉形象，在历史发展的进程中，不断地鼓舞和激励着人们为了人类美好的未来，同一切黑暗、反动势力作坚持不懈的斗争，不惜牺牲自己的一切，乃至最可宝贵的生命。我们将以马克思主义来指导中国革命实践的无产阶级革命家，誉为普罗米修斯式的“盗火者”，道理即在于此。我们欣赏崇高同优美感相比，不仅要有形象感受、情感体验，更需要哲学的沉思和理性的探索，否则是难以理解它深厚的审美意蕴的。

英国布莱德雷在其《牛津诗论》中写道：“任何以崇高来打动我们的东西，都产生一种伟大的印象，而且更多的是——非常的、甚至令人震撼的伟大。”[①]崇高以其特有的威力和气势，深刻的历史内容和道德力量，教育、激励和鼓舞着人们去做一个真正的人，“大写的人”。它使人觉得自己濒临于平庸和渺小之上，摒弃丑恶、卑下的东西，追求高尚充实、积极上进的人生境界。黑格尔在其《历史哲学》中说：“大海给我们以无际与渺茫的无限的观念，而在大海的无限里感到自己的无限时，人类就

① 李斯托威尔：《近代美学史评述》，蒋孔阳译，上海译文出版社，1980年，第214页。

被激起了勇气要去超越那有限的一切。”这话虽有些唯心主义的味道，但却深刻地讲出了自然界的崇高给予人的精神力量。自然界的崇高美，使人高瞻远瞩，胸襟开阔，在人生道路上永不停步，向着更加远大的目标前进。社会生活中的崇高美对于提高人的精神境界和本质力量有着更为重要、更为直接的意义。雷锋平凡而伟大的“全心全意为人民服务”精神，就培养出千千万万个雷锋式的新人来，如贺敬之在《雷锋之歌》中所写的：“呵，雷锋，我不是一个人呵，我在唱我们亿万人民内心的激动！看呵，奔你来！学你来！——我们的大地上正脚步匆匆！……呵，雷锋就是我们，我们就是雷锋！”我们面对着崇高的英雄模范人物，虽有“自愧弗如”之感，但更主要的是产生一种景仰、崇敬和学习的感情。榜样的力量是无穷的！

四

今天，人民群众的审美需求是多种多样的，既要娱乐，得到休息，好以充沛精力工作、劳动和学习；更要振奋精神，提高思想境界，以坚定的信念，无私的劳动，为实现社会主义“四化”、振兴中华民族进行艰苦的长征。因此，我们在为人民群众创作山水诗、花鸟画、小夜曲的同时，更要给他们英雄史诗和战斗进行曲，塑造具有崇高理想、立志改革、献身“四化”的英雄形象，唱响社会主义的主旋律。那种反崇高的灰色论调，我们是不能同意的。因此，艺术如何表现崇高美，是一个需要探讨的重要美学问题。鉴于过去艺术创作的经验教训，这里粗略地谈三个问题。

第一，在尖锐的矛盾冲突中表现崇高。艺术中的崇高是现实中崇高的真实反映。崇高的事物总是在严重的斗争、紧张的对抗中表现出来的。艺术只有在尖锐的矛盾冲突中才能深刻揭示崇高的审美本质，其主要表现方式有两种：一是崇高战胜了丑恶、卑下、渺小的东西，以正剧为结局；一是丑恶、黑暗、反动的势力暂时压倒了崇高，以悲剧为结局。艺术不管采取哪一种形式，都要写出光明与黑暗、庄严与无耻、高尚与渺小，才能真实反映出崇高的力量和正义性。对于前一种形式，如果把反面人物都写成草包、窝囊废，像团豆腐渣，不堪一击，就会把英雄人物的崇高形象表现得平平淡淡，黯然失色；对于后一种形式，我们要表现出历史的必然要求与这个要求尚不可能实现的悲剧性冲突，通过英雄人物所遭遇的严重苦难、失败和死亡，展示出性格的刚强与伟大，新生、革命的事物强大生命力和必然胜利的发展趋势。如果一味渲染反面人物，把他们写得横行天下，不可一世，而不去表现英雄人物的坚强性格和高尚灵魂，就会产生正不压邪、令人消极沮丧的消极效果。英国一位美学家说：“崇高存在于精神上或物质上令人震撼的宏伟里面，它是确定的，而不是捉摸不定的。它既包括我们赋之以崇高感的外界事物的庄严宏伟，也包括灵魂的高尚伟大。没有灵魂的高尚伟大，最宝贵的艺术作品和自然都必定永远黯淡无光。”[①]这话讲得很有道理，艺术要反映崇高事物的美，就是要在矛盾冲突中，既要表现它外在形式的“庄严宏伟”，更要表现人的“灵魂的高尚伟大”。

第二，正确处理英雄人物与人民群众的关系。对于英雄人物，如果脱离实际，一味美化、拔高，脚穿高底靴，头上绕光圈，成为高踞于群众之上、两脚不沾地的神人，结果只能歪曲人物形象，亵渎了崇高美。鲁迅曾讲过一段很好的话：

> 有一回拿破仑过alps（阿尔卑斯）山说：“我比alps山还要高！”这何等雄伟，然而不要忘记他后面跟着许多兵；倘没有兵，那只有被山那面的敌人捉住或者赶回。他的举动，言语，都离开了英雄的界线，要归入疯子一类了。[②]

① 李斯托威尔：《近代美学史评述》，蒋孔阳译，上海译文出版社，1980年，第218页。
②《鲁迅论文学》，人民文学出版社，1959年，第11—12页。

鲁迅这番话生动地说明了：英雄人物的崇高是以人民群众的伟大力量为基础的，没有群众力量作基础的“英雄”，只能是讲大话、说空话的“疯子”。对于这样的“疯子”，不管艺术家用多少油彩去涂抹他，用多么漂亮的言辞去美化他，总是无济于事的，把崇高漫画化必然会走向它的反面。莱辛在其名著《拉奥孔》中对这种虚拾、浮夸现象给艺术表现崇高美造成的危害所作批评，可谓一语中的，击中要害。他说：“凡是旁人不大能同情的那些情感和激情，如果用激烈的方式表现出来，就会讨人嫌厌。”“浮夸不能激发起真正的英雄气概。”[①]在我们过去的艺术创作中，这方面的经验教训是深刻的，应当吸取、纠正。当然，我们在反对这种浮夸、虚假的崇高艺术的同时，也要注意到另一种倾向，就是以自然主义的态度，用平庸、灰色的笔调，专门描写琐碎的日常生活，无视现实生活中美好的、崇高的事物。我们要在群众中见出英雄，在平凡中展示崇高，反映人民群众推动历史前进的主动性、积极性和创造性。

第三，表现崇高美的生动性和丰富性。那种从抽象的理念出发，装腔作势，矫揉造作，把英雄人物放在不真实情景中，按照固定的模式来表演，是反映不出鲜明生动、丰富多彩的崇高美的。在现实生活中，崇高美同优美一样，千姿百态、无限丰富的。英雄人物同样是活生生的“这一个”，而不是单纯的时代精神的“传声筒”；他们的高尚的精神境界与丰富的内心情感，轰轰烈烈的壮举与平平凡凡的生活是息息相通的。鲁迅《答客诮》诗云：“无情未必真豪杰，怜子如何不丈夫。知否兴风狂啸者，回眸时看小於菟。”《木兰词》中的木兰，女扮男装，代父从军。她征战沙场，表现出“万里赴戎机，关山度若飞”的英雄气概；回到家中，也有“当镜理云鬓，对镜帖花黄”女性的柔美，刚柔兼济，相得益彰，从而使这个人物永远活在人们的心里。总之，我们要塑造活生生的英雄人物形象，表现出他们性格的丰富性和多样性，充分展示他们高尚的思想境界和所体现的时代精神，这才是我们艺术的崇高美。

① 莱辛：《拉奥孔》，朱光潜译，人民文学出版社，1979年，第30页。

“数风流人物，还看今朝。”我们的人民呼唤崇高，我们的时代需要崇高——艰难而伟大的美！

（原载《安庆师范学院学报》，1984年第1期）

崇高与阳刚之美

——中西方美学思想比较举隅

在中国古代美学中，相当于西方美学崇高范畴的，是“阳刚之美”，其他如“大”“雄浑”“刚健”“豪放”等也颇为近似。由于社会历史条件、思想文化传统、审美心理结构的不同，两者的内涵既有其一致的地方，也存在着明显的差别。英国经验主义美学家柏克首先提出把崇高作为独立的美学范畴，他说：“我们应当把我们的对象与同类性质的其他对象、甚至与性质相反的物体进行比较，通过对立物，能够在这个领域内求得发现。”正是基于这样的考虑，我们举中西方美学思想之一隅，对“崇高”与“阳刚之美”作些比较研究，发现和揭示它们各自的审美特点，从而相互融通，取长补短，综合创新，以助于建设和发展有中国特色的马克思主义美学。

主客对抗与物我同一

任何美学范畴的确立，都要回答主体与客体、物与我的关系问题。正是在这个哲学基本问题上，表现出“崇高”与“阳刚之美”之间的有所区别。西方美学主要是从主体与客体的冲突、对抗中揭示“崇高”的审美本质，而中国古代美学则是根据“天人合一”的宇宙观，从物与我的和谐、统一的关系中看待“阳刚之美”的。

在西方美学史上，最早使用“崇高”这一概念的是古罗马的朗吉弩斯。他在著名的《论崇高》中，虽然主要讲的是文体风格，但也触及了崇高的某些审美特征。他认为，崇高风格是“伟大心灵的回声”，可以提高、升华人的思想灵魂，显示出作家巨大的精神力量和雄伟气魄。他说：崇高风格到了紧要关头，像剑一样突然脱鞘而出，像闪电一样，把所碰到的一切劈得粉碎，这就把作者的全副力量在闪耀之中，完全显现出来。这里虽然没有明确论述主客体的对立关系，但已相当清楚地指出了人的主观精神力量在使用材料、征服对象、创造崇高风格中的作用。到了十八世纪，“崇高”才完全从“美”中分离出来，真正成为一个独立的美学范畴。当时，西方正处于资产阶级革命时代，他们在反对封建专制制度、征服大自然、开拓新天地的斗争中，强调发挥人的理性作用，追求个性解放和自由发展。这一历史要求反映在审美意识上，他们特别重视崇高美，并把主体与客体的冲突、对抗作为崇高的最基本的审美特征。柏克认为，崇高“总是发生在庞大而可怕的对象上”。人们面对恐怖的事物，会引起危险和痛苦的感觉，但出于“自我保存的情欲”，而同它“保持一定的距离”，使自己不至于实际上陷入危险和痛苦的境地，这就是崇高产生的根源。因此，凡是令人恐怖的东西，看来可怕的东西，如一望无际的海洋，比辽阔的草原对人更危险，也就更为崇高。柏克的观点是唯物主义的，但由于形而上学性质的局限，只讲保持心理上“距离”，对人通过实践力量掌握对象，未能予以重视和肯定，但其主客二分的思想却是非常明确的。康德受到柏克思想的影响，并以先验唯心主义改造和发展了它，更加强调人的理性力量的作用。他认为，客观对象巨大的体积，无限的形式，强大的力量，令人感到渺小、无力和恐怖，但人“通过无能之感发现着自身的无限能力”，从而强大的精神力量超越和征服客观对象，便产生了崇高美。他指出，那高耸而下垂的断岩，空中的雷鸣闪电，狂暴肆虐的火山，怒涛狂啸的海洋，如果我们处在安全地带，这些景象愈可怕，就愈对我们有吸引力。康德在《判断力批判》中指出：我们欣然把它称为崇高，那是因为它把我们的灵魂的力量提升到那样一个高度，远远超出了庸俗的平凡，并在我们内心里发现一种完全不同的力量，进行较量。在他看来，崇高不是在客观事物本身，恐怖的东西不就是崇高，只有当人在观念上与之进行紧张的对抗、较量中发挥无限的理性力量，超越和征服它，才是真正的崇高。这种从人的主观精神中寻求崇高产生根源的观点，无疑是唯心主义的，但它充分肯定主体精神力量在崇高中的作用，却比柏克只讲心理“距离”的思想要深刻得多了。费希特更用富于诗意的语言，形象地表述了主客对抗、以我胜物的崇高的审美特征：“我敢于昂首向着那可怕的陡峭的山峰，向着那气势磅礴的瀑布，向着那雷声滚滚、电光闪闪、漂浮于大海之上的云朵，说道：我是永恒的，我要抗拒你的威力。”[①]如果说，在柏克、康德、费希特等人的崇高观念里，比较鲜明地体现出资产阶级要求改革现状、个性自由和发挥理性力量的激情，那么到了十九世纪下半叶，叔本华的崇高观念中则表现出一种悲观主义和反理性主义倾向。他认为客观世界与人的意志有着敌对的关系，它“具有战胜一切阻碍的优势而威胁着意志”，而“一直在那些对象的无限大之前被压缩至于零”，但人以强力挣脱了自己的意志和利欲关系，“只是作为一种认识的纯粹无意志的主体宁静地观赏着那些对于抑制（非常）可怕的对象，把握这与任何关系不相涉的理念”，心中阶级充满了壮美感，因而“人们也把那促成这一状况的对象叫作壮美（即‘崇高’）”。[②]这话虽然说得玄而又玄，但究其实质，则反映出德国资产阶级的软弱无力，在遭受了封建势力打击后，如梅林所指出的，他们“已经完全无意于政治，所以甘愿让自己受那任何意志都被摧毁时所出现的神志清醒和‘精神宁静’的诱人景象所欺骗。”他们丧失了理性和意志力量，泯灭了美好愿望，潜心自我，陷入盲目的、反理性的纯粹知觉之中。二十世纪以来，西方现代美学将叔本华的思想引向极端，把主客对抗的崇高理念引向极端个人主义、悲观主义和神秘主义，如美国美学家桑塔耶纳的观点就是很有代表性的。她说：“以排斥、对抗、孤立而取得的统一，给我们以崇高。……美使我们与世界打成一片，崇高则使我们凌驾于

① 转引自蒋孔阳：《德国古典美学》，商务印书馆，1980年，第131页。

② 叔本华：《作为意志和表象的世界》，石冲白译，商务印书馆，1982年，第380—389页。

世界之上”。“我们可能自比为实在界的最抽象的本质，上升到这样的高度后，竟然藐视人性的一切人生变幻。我们说，主啊，即使你杀死了我，我还是信仰你的！”无怪乎，她把崇高看作是人对“吞噬我们的自然力量”的“陶醉”，是“自己濒临毁灭的一念中”感到“强烈的欢乐”[①]。在她看来，崇高就体现在人对现实世界的排斥、抗拒导致自我毁灭的“陶醉”而产生的对上帝的“信仰”。

从上述可以看出，不论是唯物主义的，还是唯心主义的美学家，也不管是柏克的“自我保存”，康德的“较量”、“超越和征服”，还是桑塔耶纳的“排斥、对抗、孤立”，都是从主体与客体的矛盾、冲突、对抗的关系来阐明崇高的审美本质的，它的基本特征是：主客对抗，征服对象，高扬自我。但在西方现代美学中，崇高理念中的主客对抗、高扬自我已被自我扩张和否定自我所代替。

我国古代“阳刚”美学思想与西方的“崇高”不同，不讲主客对抗，而讲物我同一。这个特点在很大程度上是由中国传统的“天人合一”宇宙观和人生观决定的。它把人与自然、“天道”与人事看作是异质同构、一气运化的整体，主体与客体相互融通，达到天人不二、主客不分的状态，用庄子的话来说就是：“天地与我并生，而万物与我为一。”（《庄子·齐物论》）“静而与阴同德，动而与阳同波。”（《庄子·天道》）人与天地万物和谐，决定着人与崇高对象的和谐，而不像西方那样，表现为主体与客体紧张的冲突与对抗，而是人的高尚、伟大的精神品格与“天地之道”应和、一致。如《易传》云：“大哉乾乎，刚健正中，纯精粹也。”“天行健，君子当自强不息。”“大有，其德刚健而文明，应乎天而时行。”这里，“天”是“至大”的，“大”含有崇高、阳刚的意思。“刚健”既是客体的属性，又是主体的特征。人的“自强不息”的精神与大自然生生不已的运动是同一的。在孟子看来，“至大至刚”的“浩然之气”，弥漫六合，充塞天地。人“善养浩然之气”，具有高尚的道德品格，即可“万物皆备于我，

① 桑塔耶纳：《美感》，中国社会科学出版社，1982年，第160页。

反身而诚，乐莫大焉!”人的精神境界与宇宙万物契合无间，浑然一体，是人生的最大快乐。这种思想，与其说是哲学的，不如说是美学的。物我和谐统一的自由状态，实际上是人在审美活动中所追求的理想境界。人们面对着崇高的事物，并不感到紧张、痛苦和恐惧，却充满着内在的欢欣，生命的昂扬和精神的奋发向上，从而获得一种相当于崇高的美感。唐代司空图《诗品》中的“雄浑”“豪放”两品，非常具体生动地表现了“阳刚之美”的物我同一的审美特征。如“雄浑”：

> 大用外腓，真体内充。返虚入浑，积健为雄。
> 备具万物，横绝太空。荒荒油云，寥寥长风。

诗人的内在“充实”“雄健”精神，包容宇宙万物，物我一体同构，创造出一个“横绝太空”的“雄浑”的艺术境界，其实也就是崇高的审美境界。再看“豪放”：

> 观花匪禁，吞吐大荒。由道返气，处得以狂。
> 天风浪浪，海山苍苍。真力弥满，万象在旁。

诗人处于一种自由狂放、昂扬奋发的精神状态，以“吞吐大荒”的广阔胸襟，体认宇宙的运转变化，创造出一种“真力弥满，万象在旁”的豪放风格，也即阳刚之美。

如果说，从古希腊的神话、悲剧《俄底修斯》《普罗米修斯》，到现代海明威的小说《老人与海》，都是以人与自然、社会势力巨大的、不可调和的矛盾冲突为基本主题，从悲剧性的痛苦、灾难、失败和死亡中，显示出人的坚强性格和伟大的力量，体现了西方“崇高”的美学特征；那么，从庄子《逍遥游》“水击三千里，抟扶摇而上九万里”的鲲鹏之美，李白《日出入行》“谁挥鞭策驱四运，万物兴歇皆自然。……吾将囊括大块，浩然与溟涬同科”的情感抒发，到明清时代的悲剧艺术，虽然不能说完全无视人与自然、社会矛盾对立的一面，但主要还是从主体与客体、物与我的和谐统一中，表现出人的乐观精神和“磅礴天地”的情怀。以我国古代悲剧艺术来说，它从不过分渲染丑恶、恐怖、灾难与死亡，很少表现主客体紧张对抗而产生的撕裂肝肠的痛苦。如鲁迅在《摩罗诗力说》中论及屈原赋时就指出，屈原的《离骚》“抽写哀怨，郁为奇文”，虽“放言无惮，为前人所不敢言。然中亦多芳菲凄恻之音，而反抗挑战，则终其篇未能见，感动后世，为力非强。”[①]在历史上有许多仁人志士临凶若吉，视死如归，威武不屈，正气浩然，没有失常的紧张、痛苦和恐怖之感，表现出一种顶天立地、大气凛然的气概。最典型的例证是文天祥的《正气歌》：“天地有正气，杂然赋流行。下则为河岳，上则为日星。于人曰浩然，沛乎塞苍冥。……是气势磅礴，凛然万古存。当其贯日月，生死安足论?”这充分表现了“上下与天地同流”的阳刚之美，积淀着我们中华民族的审美心理。

总之，中国的“阳刚之美”不同于西方的“崇高”。它不是主客对抗，而是物我同一；不是人征服对象，而是天人相副，与之“并生”；不是紧张恐怖，悲观绝望，而是正气浩然，刚健康强。

刚柔相拒与刚柔相济

西方把人对客观对象的斗争、征服看作是“崇高”产生的根源，必然将“崇高”与“优美”对立起来，用中国的传统语言来表达，可称之为“刚柔相拒”。我国古代把“阳刚之美”看作美的一种类型，即所谓“壮美”“大美”“至美”，它与“阴柔之美”有着鲜明的区别，但不是对立的，而是相互为用，彼此渗透的，我们称之为“刚柔相济”。

柏克《关于崇高与美的观念的起源的哲学探讨》的中心思想就是要把“崇高”与“美”严格区别开来，把崇高作为与美相对待的、独立的美学

① 《鲁迅全集》，第1卷，人民文学出版社，1957年，第200页。

范畴。在他看来，两者的区别是：第一，在外在形式上，美的东西是小巧的，光滑的，娇柔的，鲜明的，单凭人的感官，不要理性的帮助即可直接感受到；崇高则是巨大的，粗犷的，阴暗朦胧的，放纵不羁的，使人的感觉受到压抑，理性为之惊愕，可激发人的战斗力。第二，在审美感受上，美有吸引力和魅惑力，人在“松弛舒畅”中获得快感，产生一种“爱”的感情；崇高使人感到危险和痛苦，产生一种“自我保存”的欲望，其快感是以痛感为基础的崇敬感。第三，在与“丑”的关系上，美的真正对立面是丑，但崇高却可以同丑相协调，并与之结合在一起。因此，在柏克看来，崇高与美，两者“保持着永恒的区别”，像黑白一样的分明。他说：

> 崇高和美这两个观念建立在如此不同的基础上，甚至很难设想，我几乎要说简直不可能设想，使他们在同一个对象里得到调和而不大大地削弱前者或后者对情绪的影响。[①]

康德也对崇高与美作了明确的区分，认为，美只涉及对象的形式，不依赖于概念，“单纯经由它的形式给人愉快”；崇高则是“无形式的”，具有无限大的体积和威势，人只有依靠理性力量才能把握它。因此，崇高感不是单纯的愉快，而是由恐惧、痛苦、崇敬转化而来的快感。车尔尼雪夫斯基则更进一步认为，崇高与美是“完全不同的两个概念，彼此之间没有任何内在的联系的。自然中和人群中的伟大可能是美的，也可能是卑鄙的或丑恶的。……因此，我们觉得：把崇高看作美底变态是错误的。”[②]他之所以把崇高排斥在美之外就是由这一基本思想决定的：崇高是主客体矛盾、对抗的产物，美则是人与对象和谐统一的结果。

在西方近现代美学思想中，崇高与美对立、与丑结合的思想表现得非常鲜明、突出。在雨果、波特莱尔的浪漫主义、印象主义的美学思想和艺

---

① 柏克：《关于崇高与美的观念的根源的哲学探讨》，《文艺理论译丛》，第5册，第56页。

② 车尔尼雪夫斯基：《美学论文选》，缪灵珠译，人民文学出版社，1957年，第97页。

术创作中即可清楚地看出来。如雨果曾说："前者（丑）表现了人类的兽性，后者（美）表现了人类的灵魂。……如果有人禁止它们枝叶交复而要把他们截然分开，那么，将产生的全部后果，其一是恶习和可笑的抽象，其二是罪恶、英雄主义和美德的抽象化，""和滑稽丑怪的接触已经给予近代的崇高以一些比古代的美更纯净、更伟大、更高尚的东西。"[①]尽管雨果是从其美丑对照原则出发，把滑稽、丑怪与优美崇高调和起来，目的在于反对古典主义净化生活、装腔作势的贵族阶级的审美趣味，但毕竟潜伏着这样的消极因素，即人的兽性（丑）也可包容于崇高之中。应该指出，随着资本主义制度的发展和没落，资产阶级"英雄主义"的丧失，个人主义的恶性膨胀，丑恶与崇高结合的思想就到了极端，甚至否定了崇高。如尼采鼓吹的超人哲学认为："恶，是人之最善之力，……极恶对超人的至善是必要的。"他从这种思想出发，一再强调，超人要创造"善"，离不开创造"恶"。因为，"只有全然非理性、非伦理的艺术之神，才会在创造中如同在破坏中一样，在善中如同在恶中一样，愿意知道自己有同样的快乐和胜利。"[②]现代西方资产阶级美学家中，有人公然否认人类有崇高的道德行为和精神境界，把盲目的、阴暗的、挑衅的、丑恶的欲望看作人的行为的最深的动力，走上了一条反道德、反理性、反社会的邪路。总的看来，西方美学中的"崇高"观念似乎经历了这样一个发展过程：由把崇高与美对立起来，将丑容纳于其中，到对崇高的贬抑与否定。当代更是很少谈及崇高，甚至把它搁置起来。这种现象的出现并非由于科学技术高度发展所致，而是有其更深刻的社会根源的。

中国古代美学没有把"阳刚之美"与"阴柔之美"对立起来，而是看作既有区别又有联系的美的两种基本类型。《易传》认为，阴阳二气交互感应生成宇宙万物，一阴一阳，一刚一柔，是矛盾统一体的两个方面。姚鼐在《复鲁絜非书》中以生动形象的比喻，把"阳刚之美"与"阴柔之美"作为不同的美学范畴、艺术风格进行了区分。曾国藩在《日记八则》

---

①《雨果论文学》，上海译文出版社，1980年，第35页。

② 转引自周国平：《尼采世纪的转折点上》，上海人民出版社，1986年，第232—233页。

中也说："大抵阳刚者气势浩瀚，阴柔者韵味深美。浩瀚者喷薄出之，深美者吞吐出之。""阳刚之美者雄直怪丽，阴柔之美者茹远洁实。"阳刚之美是一种具有更高层次的"壮美""大美""光辉之美"。孟子说："充实之谓美，充实而又光辉之谓大。"（《孟子·尽心下》）就是说，善德充盈、丰富的人是美的；品德高尚、精神充实而又英华外发的人则是"大"——崇高的了。庄子说："美则美矣，而未大也。"（《庄子·天道》）他追求一种超越时空限制、自由极乐的无限之美——"天地之大美"。孟、庄讲的"大"，相当于"崇高"，虽然高于美，却又始于美，不美也就没有"大"，并没有把崇高与美对立起来。人有了博大宽广的胸怀，置身于"天地之大美"，"含道映物"，"澄怀味象"，"万趣融于神思"，唯有"畅神而已"（宗炳《山水画序》），哪里会有压抑、恐怖和虚无之感呢?!

中国古代美学虽然也承认阳刚之美与阴柔之美各有其特质，但并非判隔不通、截然对立的两极，而是相互依存、相以为用的。《易传》中就有"阴阳相薄"、"一阴一阳之为道"的话，王夫之则说："阴中有阳，阳中有阴……故独阴不成，孤阳不生。""阴阳分象则刚柔分形，刚者阳之质，而刚中非无阴；柔者阴之质，而柔中非无阳。"因此，"合两端于一体，则无有不间体者。"（《张子正蒙注》）这反映在审美和艺术活动中，则是阴阳相生，刚柔相济，损益相加，以达于"中和之美"。姚鼐在《复鲁絜非书》中对此说得最为清楚：

> 且夫阴阳刚柔，其本两端，造物者糅。而气有多寡进绌，则品次亿万，以至于不可穷胜，万物生焉。故曰：一阴一阳之为道。夫文之多变,亦若是已。糅而偏胜可也，偏胜之极，一有一绝无，与夫刚不足为刚，柔不足为柔者，皆不可以言文。

主刚而含柔，主柔而含刚，二者偏胜而不偏废，才能有"文章之美。"在《海愚诗抄序》中，他更为具体地阐述了为文"偏废"的害处：

阴阳刚柔并行而不容偏废，有其一端而绝亡其一，刚者至于偾强而拂戾，柔者至于颓废而暗幽，则必无于文者矣。

这是说，刚不含柔，文章就会僵硬粗暴，鄙野放肆；柔不含刚，则会流于浮靡轻薄，软弱无力。刚柔相济的美学思想是很有艺术辩证法道理的，在我国古代艺术创作中表现得非常鲜明、突出。如张岱在《琅嬛文集·跋徐青藤小品画》中说：

唐太宗曰："人言魏征倔强，朕视之更觉妩媚耳。"倔强之与妩媚，天壤不同，太宗合而言之，余蓄疑颇久。今见青藤诸画，离奇超脱，苍劲中姿媚跃出，与其书法奇崛略同。太宗之言，为不妄矣！

苏轼在《和子由论书》中论书法艺术时也说："端庄杂流丽，刚健含婀娜。"《木兰辞》中木兰，在封建社会里，代父从军，实属壮举，但诗人并未将她写成赳赳武夫，既表现出她"万里赴戎机，关山度若飞"的英雄气概，也描写了她那"当窗理云鬓，对镜帖花黄"女儿情态，把阳刚之美与阴柔之美和谐地统一于人物形象之中。

这里，可以清楚地看出，"阳刚之美"鲜明地显示出与西方的"崇高"不同的审美特点：第一，它是一种美，任何丑怪、罪恶的东西在其中是没有位置的；第二，它的内容与形式是和谐统一的，"刚健而文明"，鄙俗、粗野的东西不能成为阳刚之美，因此，它不追求外在的剑拔弩张、锋芒毕露，而表现为一种内在的、深沉的人格力量。第三，阴阳刚柔一体，反对偏执一端，突出自我，而是表现人的"刚健中行"、充实而又光辉的精神境界。

两种心态与两种功能

从以上分析、比较中，我们不难发现，西方美学中的"崇高"强调主客对抗、刚柔相拒，其思维模式是趋向于主客二分的；中国古代美学中的“阳刚之美”主张物我同一、刚柔相济，其思维模式是趋向于“天人合一”的。中西方这种不同的思维模式、文化心态是怎样产生的？它们有着怎样不同的社会功能？按照“原型”心理学理论，任何一种文化现象都有其深层的“集体无意识”，我们从两者不同的“原始意象”（anchetype），即“崇高”最鲜明的表现形式——大海，“阳刚之美”的最鲜明的形式——高山中，似乎找到了问题的答案。

在西方看来，人与自然是对立的，要支配、征服自然，人就必须认识自然，具有强大的力量。古希腊的文化是西方文化的渊源。它位于巴尔干半岛，土地薄瘠，资源贫乏，气候恶劣，濒临艾奥尼亚海、爱琴海和地中海。这里的人向着海洋拓展，进行海上贸易和掠夺活动。他们在征服狂风巨浪和与敌人拼搏的过程中，一方面感到“在自然界面前茫然不知所措”，产生惊惧、恐怖的心理；另一方面也锻炼和培养了他们的冒险精神、英雄主义和健壮有力的身躯，能够“勇悍地、自强地反抗外界”[①]。这样，他们把自然界看作异己的、敌对的势力，认为自己的智慧、勇敢和力量驾驭和征服自然界，才能得以生存和发展。于是，“个体性原则进入了希腊人的心中”[②]。在古希腊绚烂多彩文化艺术中，表现出深刻的现实生活内容、人的斗争精神和英雄主义气概，原因即在于此。正如他们伟大的悲剧家索福克勒斯在其《安戈提涅》中所写的：“自然界中有许多奇异的力量，没有比人更强大的。”这种肯定人征服自然、改造世界的实践力量的文化精神，是形成西方“崇高”美学思想的最原始的文化基因。

恩格斯曾经说过：“没有希腊文化和罗马帝国所奠定的基础，也就没有现代的欧洲。”[③]古希腊的文化精神对西方文化、审美心理结构的形成有着重大的影响。历史进入黑暗的中世纪，在封建专制统治下，皇权与神权合一，以神性扼杀人性，上帝主宰一切，美与崇高集其一身，人成

① 黑格尔:《历史哲学》,王造时译,商务印书馆,1963年,第279页。
② 黑格尔:《哲学史演讲录》,商务印书馆,1959年,第118页。
③《马克思恩格斯选集》,第3卷,人民出版社,1972年,第220页。

了卑微可怜的奴仆。但是，文艺复兴的曙光驱散了中世纪的黑暗，古希腊文化精神“复兴”了，并在新的历史条件下得以更加充分发展。这时，人们觉醒了，认识到：“我们没有必要求助什么‘神’，把一切美好的，伟大的、崇高的、真正的人的事物归于它的名下……。”[①]如恩格斯所说的，在这个“需要产生巨人而且产生了巨人的时代里”，新兴资产阶级走上了历史舞台，以其坚强而完满的性格，乐观进取的精神，高贵的理性和伟大的力量，积极向外部世界开拓，创造出前所未有的物质文明和精神文明。在充满血与火的斗争中，在蕴含着痛苦与激情的悲剧性冲突中，文学艺术真实地反映了人的崇高行为和坚强性格，真正打开了一本“自然向人生成”的文化心理学。如黑格尔所说的：“人格的伟大和刚强只有借矛盾对立的伟大与刚强才能衡量出来，……环境的互相冲突愈众多，愈艰巨，矛盾的破坏力愈大仍能坚持自己的性格，也就愈显示出主体性格的深厚与坚强。”[②]西方美学在主体与客体的尖锐对立、冲突中体现人的本质力量的崇高观念，积淀着、凝聚着古希腊、文艺复兴时代深厚的历史文化内容。

然而，历史的辩证法是无情的。随着西方资本主义制度走下坡路，原先创造出来的“资产阶级诞生需要英雄行为”形象，已经走向它的反面，如自我扩张、个人主义、野心勃勃等，逐渐发展到极端，变成了怪诞的恶魔。尼采的超人哲学就公然宣称，真善美本身并不能确定什么是真善美，而只能用更强大的东西来确定，这就是权力意志。它用权力意志来取代了传统崇高。同时，在资产阶级面前站着一威力大无比的巨人——无产阶级，相形之下，它成了可怜的侏儒。因此在现代西方艺术中，再也创造不出一个充满乐观与自信、理想与激情的崇高形象来。崇高被荒谬、卑鄙、丑恶、虚无等现代思想的“酸”所“溶解”，实属历史必然，是毫不奇怪的。

中国文化发育的土壤是内陆自然经济为主的农业社会。华夏民族最早

① 《马克思恩格斯论文艺和美学》，文化艺术出版社，1976年，第147—148页。

② 黑格尔：《美学》，第1卷，朱光潜译，商务印书馆，1979年，第222页。

生活在黄河流域的中原地区，这里土地肥沃，气候温和，雨量适中，资源丰富，自然条件比较优越。他们长期过着农耕生活，日出而作，日落而息，对自然界的依赖性较大，所以讲天时、地利、人和。相传舜弹五弦琴歌南风之诗："南风之薰兮，可以解吾民之愠兮！南风之时兮，可以阜吾民之财兮！"这样，人对大自然就产生了亲切的感情和认同的体验，大自然那温厚、博大和发育万物的力量，逐渐主体化为文化意识、审美心理。按照我国传统哲学的看法，阴阳二气交感而生万物，天人以一"道"贯之，其气相通。人融入于自然之中，自然是人的思想、品格的表征。儒家的"比德"说就反映了这种文化、审美心理。孔子说："仁者乐山，智者乐水。"（《论语·雍也》）司马迁赞美孔子："高山仰止，景行行止，虽不能至，然心向往之。"（《史记·孔子世家》）《中庸》亦云："君子之道，洋洋乎！发育万物，峻极于天，悠悠大哉！""仁者"为什么"乐山"呢？"山"跟"君子之道"有什么关系呢？《尚书·大传》解释道："夫山者，嵔然高，……草木生焉，鸟兽蕃焉，财用殖焉；生财用而无私为，四方皆伐焉，每无私而予焉；出云雨以通天地之间，阴阳和合，雨露之泽，万物以成，百姓以飨：此仁者所以乐山也。"高山生长草木，繁衍鸟兽，出产财用，出云雨以滋养万物，把一切都供给黎民百姓，这不是同"仁者爱人"的精神相一致么？山高峻而不可畏，博大而无私，发育万有，生生不息，跟"君子""圣贤"精神境界具有相似性质，所以"仁者乐山"。这里，人没有征服外部客体的强烈愿望，没有物我对抗的紧张和恐惧，而是内心感到崇敬，产生"心向往之"的敬仰和追求。这种以"高山"鲜明表现形式的"阳刚之美"，正是中国农业社会人与自然合一的精神文化的产物。

中国古代长期处于封建社会，经济结构高度稳定，政治结构高度统一，意识形态高度集中。这种社会形态的稳定性和统一性，在思想、文化中经过长期的历史积淀，形成了以"天人合一"为特质的民族文化心理结构。在审美和艺术活动中，它表现为不向外用力，与物对抗，征服外物，而是“与物为春”,“物物而不役于物”。因此，他强调修身养性，尚贤崇德，反求诸己，在人与自然、社会和谐统一中获致人生的理想境界，创造和欣赏“中和之美”“天地之大美”。这是中国“阳刚”美学思想的最高标的。中国没有经历西方中世纪那样对人性空前贬抑和否定的黑暗时期，也就没有像文艺复兴那样产生强大的主体，去对客体进行殊死的较量，甚至中国近代文化的代表人物也没有完全跳出“天人合一”的思想。如梁启超晚年即主张“自然界和自己的生命为一体”,“人格与宇宙无二分别”,要把“理想纳入世纪里头，图个心物调和”。但是，随着大一统的封建社会制度的日趋解体，西方文化挟坚船利炮对中国固有文化的猛烈冲击，“阳刚”美学思想开始融进了新的血液。王国维首先按照康德、叔本华的美学思想，把美分为“壮美”与“优美”两种，但真正打破中国传统美学消极保守倾向的则是鲁迅。早在二十世纪初叶，他在《摩罗诗力说》一文中，就“别求新生于异邦”,介绍拜伦、雪莱、雨果等撒旦派诗人，呼唤中国跃出“精神界之战士”,来同黑暗无声的现实进行战斗，开展思想启蒙运动。他认为，“和平为物，不见人间”,希望诗人“立意在反抗，指归在动作”,“男儿不为顺世和乐之音，动吭一声，闻者兴起，争天抗俗”,才是“最雄杰伟美”之声音[①]。这个思想与“阳刚之美”的传统内涵已有实质性的区别，堪为开创我国近现代“崇高”美学思想之先声！但是，李大钊则同样从改造社会、振兴中华的思想出发，于1917年在《言治》上发表《美与高》一文，既对美与崇高作了区分，又继承中国传统文化精神，认为两者不是对立的，而是可以结合的。他指出，在中华民族历史上“不惟有美，而且有高。”“以如此灵淑之山川，雄浑之气象，栖息其间之民族，以当受自然之影响，将含美与高而并有之，宜也。”今后我们民族应当成为美而高的民族。

从中西方主客体的“分”与“合”两种文化心态的比较中，我们可以看出：“崇高”与“阳刚之美”思想的历史发展，各自走着不同的道路，

① 参见《鲁迅全集》,第1卷，人民文学出版社，1957年，第179—234页。

有着不同的文化功能。从根本上说，“崇高”以主客对抗为基础，突出主体的实践力量，其功能是向外用力，是重“力”的；“阳刚之美”以物我同一为基础，强调心灵的充实刚强，其功能是向内用力，是重“德”的。这种比较可以凸显出中国古代美学思想的一个长处。从《易传》的“乾元统天”（乾元，仁也）、“天行建，君子自强不息”，孔子的“三军可夺帅，匹夫不可夺志”，孟子的“富贵不能淫，贫贱不能移，威武不能屈”，屈原的“苏世独立，衡而不流”“内厚质正兮，大人所盛”，一直到宋明理学代表人物程颢所言：“万物静观皆自得，四时佳兴与人同。道通天地有形外，思入风云变态中。富贵不淫贫贱乐，男儿到此是豪雄。”（《秋日偶成二首》）文天祥的“人生自古谁无死，留取丹心照汗青”，等等，皆着眼于修身养性，向内用力，与西方“崇高”相比较，它不表现为压抑、痛苦、恐惧、放肆等个人感情，如蔡元培说的，“鸷重神秘之风甚少”。它表现得开朗、豪放、乐观，致力于成就一种肩负着任重道远的历史使命的圣贤气象，建构一种理想的人生境界。这是中国“阳刚”美学思想的一个优良传统，对于中华民族精神素质的培植，确实起到过重要的、不容低估的历史作用，而这却不是西方崇高观念主要旨趣、标的所在，现代表现得尤为突出。

结　语

我们只是勾画了“崇高”与“阳刚之美”差异的大致图景。对于拥有“无数个力的平行四边形”的、同中有异的两种文化现象，任何比较都难免挂一漏万。然而，当我们把它们放到中西方社会历史、文化精神的整个体系中加以考察时，一些次要的差别虽然隐退了，模糊了，但各自的基本特征却鲜明地凸现了出来。这就是：“崇高”以主客对抗、向外用力，重在肯定人的实践力量为特征；“阳刚之美”以物我同一、向内用力，重在培养人的道德力量为特征。前者“分”而不合的思维模式、文化心态，把人与自然判隔开来，致力于在尖锐、激烈的矛盾冲突中，表现出人的狂飙突进、倔强峥嵘的性格力量，大胆地否定、鞭挞旧事物，肯定、称颂新事物，但有时过分扩张自我，嗜求冲突，将人凌驾于自然之上，求诸外而不求诸内，则容易导致人与人、人与自然界失去平衡、和谐，特别是在当代资本主义制度下，甚至出现人格的抛荒，理想的沦丧，精神的堕落。后者“合”而不分思维模式、文化心态，把人与自然统一起来，重视人与人、人与自然之间的和谐、平衡，致力于道德品格的完善，表现出了乐观精神和高尚人格。但是，由于它对人的认识和改造客观世界的实践力量重视不够，讲“中庸之道”“中和之美”，往往不能正视现实问题，折中调和，回避和掩饰矛盾，有一种静观自得、知足常乐、安贫乐道的保守心态，缺少变革现实的积极进取、开拓创新精神。由此不难看出，西方的“崇高”和中国的“阳刚之美”，各有自己长期历史积淀形成的审美特性，长处和短处。

按照马克思主义的实践观点，人与自然的统一是在社会实践中，表现为相反相成、相互转化的动态过程，即自然的“人化”和人的“自然化”。自然的“人化”，就是人通过社会实践，使自然由“异己”之物变成“为我”之物，从而进入社会历史范围，成为人类生活的有机组成部分和不可缺少的内容；人的“自然化”，就是自然是人的无机的身体，人要在社会实践中掌握自然规律，从对其必然的认识中获得自由，丰富和发展自己的主观能力。人类终将通过自由的劳动，创造出极大丰富的物质财富和精神财富，使个性获得到自由、全面、和谐的发展，达到如马克思所说的，“完成了的人道主义”和“完成了的自然主义”的真正统一——共产主义社会。因此，我们一方面继承和发扬“阳刚之美”重德尚志的优良传统，消除其中偏于诗性体悟、弱于科学理性、不重个人价值的消极因素；同时吸取西方“崇高”中尚智重力的优点和长处，摒弃其中扩张自我、非道德、反理性的不好的东西，从而在马克思主义的思想基础上，立足改革开放新时代的需要，建立具有中国特色的、真正科学的“崇高”美学理论，为社会主义物质文明和精神文明建设服务，这是有待于我们美学工作者努力解决的一个重要课题。

（与胡晓明合作，原载《安徽师范大学学报》，1986年第1期，人大复印资料转载）

生态美学与“美的规律”

20世纪后半期兴起的生态美学，是现代美学体系中的一个分支和重要组成部分。它关系到人类面对生存危机，如何维护生态平衡，保持经济可持续发展，建设和谐社会的问题，有着重要的现实意义和广阔的发展前景。自90年代以来，我国生态美学研究取得了可喜的成绩，有不少论著问世，但在一些基本问题的认识上尚存在着较大的分歧。这里就生态美学的研究对象、学科性质、理论基础和价值取向问题，提出些不成熟的看法，以求教于同行专家和广大读者。

一

什么是生态美学？作为一门相对独立的美学门类，首先要确定它的研究对象、学科性质，才能作进一步探讨。有人把“生态”分为社会生态、自然生态、人文生态，提出生态美学就是研究这三种生态的学科。曾繁仁先生认为，生态美学有狭义和广义两种理解：“狭义的生态美学仅指人与自然处于生态平衡的审美状态；而广义的生态美学，则不仅指人与自然，而且包含人与社会以及人自身均处于生态平衡的审美状态”，并表示他“更倾向于广义的生态美学，但应将人与自然生态的审美关系的研究放在基础的位置上。”[①]上述看法是有一定道理的，特别是将人与自然生态的审美关系置于生态美学研究的基础地位。但我却倾向于生态美学研究对象是狭义的，即人与自然生态的审美关系。当然，这并不意味着要脱离人与社会、人自身的关系去孤立地研究人与自然生态的审美关系，而是为了防止和避免将其研究对象、范围扩大化、普泛化，甚至以生态美学来涵盖整个美学领地，结果会模糊其独特的科学性质和价值取向。至于人与社会、人自身的生态审美关系的研究，似应由审美社会学、审美心理学、审美教育学等门类美学去承担，这样才会使生态美学研究有着明确的逻辑起点，有利于建构起系统的科学理论来。

生态美学的研究对象与传统美学所讲的自然美的区别何在？两者之间既有联系又有明显的区别，生态美是自然美的扩展和深化。传统美学中所讲的自然美，只是与社会美、艺术美相并列的一种审美类型，一般是把自然事物的个体或某个群落作为审美对象，在西方如康德所说的，“一种自然是一个美的事物”[②]，人对自然物合目的性的形式鉴赏判断中产生的情感愉悦，这种愉悦的对象就是自然美。我国传统美学中，也多有通过比德、拟人、移情、象征等观照方式，以把握自然事物的审美价值的，如梅、兰、竹、菊等。如果说传统美学的自然美重在自然事物的外观形式，那么现代美学中的生态美则重在自然生态的内在规律、人的生存价值，着眼于人与自然环境和谐发展整体的、综合的审美效应。

生态美学随着人类宇宙观念和思维方式的转换与更新，着力克服主客二分、物我对立的思维方式的片面性和机械性，由对自然景观眼前的、局部的直观感受和体验，转向对自然生态系统作长远的、整体的审美度量、判断，揭示人与自然和谐共处的诗情画意和审美规律。因此，生态美学不仅研究自然物象感性直观的静态美，更要展现其运转有序、生生不息的动态美；不仅要研究自然景观均衡、协调、多样统一的形式美，更要把握自然生态网络中彼此相因、浑然圆融的内在美；不仅要研究人与自然和谐共

① 曾繁仁:《试论生态美学》,《美学之思》,山东大学出版社,2003年,第672页。

② 康德:《判断力批判》,邓晓芒译,人民出版社,2002年,第155页。

生的整体美，更要揭示其中深层结构和进化规律的科学美。用我国古代哲人的话来说，就是：“天地与我并生，而万物与我为一”，“人与天调，然后天地之美生。”其价值取向用德国哲学家海德格尔引用诗人荷尔德林的诗句则是：“充满劳绩，然而人诗意地栖居在这片大地上。”《庄子·知北游》写道：“天地有大美而不言，四时有明法而不议，万物有成理而不说，圣人者原天地之美而达万物之理，是故至人无为，大圣不作，观于天地之谓也。”这就是说，天地有“无言”之“大美”，圣人原本于天地之大美，即可领会、体悟“万物之理”的“道”。方东美对庄子的这一思想作了进一步的阐发：“天地之大美即在普遍生命之流行变化，创造不息。我们若要原天地之美，则直透之道，也就在协和宇宙，参赞化育，深体天人合一之道，相与浃而俱化，以显露同样的创造，宣泄同样的生香活意。换句话说，天地之美寄予生命，在于盎然生意与灿然活力，而生命之美形于创造，在于浩然生气与浩然创意。”①庄子天人合一、大化流行，充满生机活力的整体审美观认为，人要摆脱实用功利、道德理念的束缚，以“心斋”、“坐忘”的审美态度，“游心于物之初”，即可进入“至美至乐”的自由境界，这较之儒家“仁者乐山，智者乐水”、以自然比附道德的审美观无疑是很重要的突破。但是，他一味强调弃圣绝智、自然无为、“安之若命”，否定人的认识和实践在审美中的能动作用，则具有明显的消极、虚幻的色彩。荀子批评庄子思想“蔽于天而不知人”是非常中肯、深刻的，体现了儒家“天行健，君子以自强不息”的精神境界。荀子从“明于天人之分”的思想出发，肯定“天有常行”，“万物各得其和以生，各得其养以成，不见其事而见其功”，即自然万物有着不以人的意志为转移的客观规律，但如果“错人而思天，则失万物之情”。他主张充分发挥人的主观能动作用，“制天命而用之”，“应时而使之”，“骋能而化之”，利用、改造自然以满足物质生活和精神生活的需要。他由此提出了“无伪则性不能自美”的光辉思想：“性者，本始材朴也；伪者，文理隆盛也。无性则伪之无所加，无

① 方东美：《生生之美》，北京大学出版社，2009年，第290页。

伪则性不能自美。”（《荀子·礼论》）这里体现了自然物性与人工造作相统一的辩证思想。如果我们对儒道两家的自然审美观采取互补的态度，对于理解生态美学的性质是颇有启发的。

当然，上述看法并不意味着生态美学就是回归于中国儒、道互补的美学思想，更不是西方以个人为中心、“我在故我思”的存在主义美学的翻版。生态美学的建构固然要吸取中西方传统和现代美学的思想资源，但它毕竟是当今时代全球一体化、社会经济高速发展、科学技术日新月异的产物，体现了现代人类生存状态的价值取向，它与现代诸多科学门类如生命科学、环境科学、气象学、控制论、信息论、系统论特别是生态学有密切的联系，在一定意义上可以说，它是自然科学与人文科学、生态学与美学相互渗透、相互为用的综合性的美学理论形态。马克思曾经说过：“历史本身是自然史的即自然界生成为人这一过程的一个现实部分。自然科学往后将包括关于人的科学，正像关于人的科学包括自然科学一样：这将是一门科学。”[①]生态美学正是这样一门科学，它的特殊性质要求我们打破把美学视为文学艺术的世袭领地的传统观念，把科学与美学相互通融、有机结合起来，更多地掌握自然科学特别是生态学的知识，认识、理解和掌握自然生态的物质形态、内在结构、运转变化的规律，才能真正揭示人与自然生态审美关系的真谛，将生态美学研究引向深入。

二

人与自然界的关系，自“人猿相揖别”以来，是个恒久常新的命题。人类历史的发展经历了盲目崇拜、神化自然的原始时代，依赖自然、自给自足农业经济时代和利用科学手段支配和征服自然的工业化时代。自西方近代工业革命以来特别是后工业化时代，随着社会经济和科学技术的高度发展，人类脱离依附自然、自给自足的生存状态，物质生活和精神生活水

① 马克思:《1844年经济学-哲学手稿》,人民出版社,2000年,第90页。

平都有很大的提高，审美活动的领域获得前所未有的拓展，真的进入了"可上九天揽月，可下五洋捉鳖，谈笑凯歌还"的境界。宇航员在遨游太空时，眺望以星空为背景的人类生活的地球，一种无比壮丽的崇高感油然而生。这是无可否认的积极成果和正面效应；但同时也带来了十分严重的消极后果和负面效应。由于社会政治、经济制度的弊病，贫富分化日益严重，人类思想认识水平的局限，在唯意志论、工具理性、实用理性观念的主导和支配下，忘记了天人一体的亲和关系，把大自然置于自己的对立面，肆意掠夺自然资源，无限制地积累物质财富，以满足恶性膨胀的贪欲和自私的享受，结果造成自然资源匮乏、环境污染、水土流失严重，有的物种灭绝，新的传染病流行，生态系统严重失衡，陷入深重的生存危机之中。人们处于焦虑不安、苦闷彷徨之中，产生孤独无依、丧失家园之感。美国作家海明威的小说《老人与海》，写一个孤独、倔强的老渔夫驾舟远航，不畏狂风恶浪，拼死拼活，捕捉到一条比渔船还要大的巨鲸，将它杀死绑在船尾，在返航途中却遭遇到一群又一群鲨鱼袭击，这个硬汉子虽然竭尽全力搏斗，最终巨鲸肉还是被鲨鱼吃得精光。作家通过这个富有象征意味的故事告诉人们：人不管是多么力大无比，坚强不屈，如果在同大自然较量时，超越了自己的界限，冒犯了自然的尊严，就会被打败，演出悲剧。用这个老渔夫的话说，他之所以被"打败"，"是我走得太远了"。人与自然是有机的整体，如果人要与自然为敌，以征服者自居，就要受到惩罚，毁灭自己。

早在一百多年前，恩格斯在《自然辩证法》中就说："人离开动物愈远，他们对自然界的作用就愈带有经过思考的、有计划的、向着一定的和事先知道的目标前进的特征。"[①]这是对人能自觉地、有计划地开发利用自然以实现自己需要、目的的实践活动的肯定。他又以其远见卓识告诫人们："但是我们不要过分陶醉于我们对自然界的胜利。对于每一次这样的胜利，自然界都报复了我们。每一次胜利，在第一步都确实取得了我们预

① 《马克思恩格斯全集》，第20卷，人民出版社，1971年，第517页。

期的结果，但是在第二步和第三步却有了完全不同的、出乎预料的影响，常常把第一个结果取消了。……因此我们必须时时记住：我们统治自然界，决不像征服者统治异民族一样，决不像站在自然界以外的人一样，——相反地，我们连同我们的肉、血和头脑都是属于自然界，存在于自然界的；我们对自然界的整个统治，是在于我们比其他一切动物强，能够认识和正确运用自然规律。”[①]恩格斯告诉我们：人类既要通过实践活动开发利用自然界，以实现自己的目的和需要，又要“重新地不仅感觉到，而且也认识到自身与自然界的一致”，把自己看做自然的一部分，破除将人类与自然、精神与物质、肉体与灵魂对立起来的荒谬的反自然的观点，而应做到我国古代哲人所说的那样：“仁民爱物”，“与物为春”，“能胜物而不伤”，正确认识和运用自然规律，才能真正建设安全、幸福、美好的生活家园。如果我们一味追求物质利益，以消费主义态度对待自然，就会严重地影响人类精神风貌和生存状态。以研究人与自然生态审美关系为核心的生态美学，正是人类为消除生存危机、痛定思痛、建设生态文明的文化成果之一。其目的在于人与大自然和谐共生，美美与共，建设幸福、美丽的家园，使人们诗意地栖息在大地上。

在起步不久的生态美学研究中，不少论者批评了“人类中心主义”、主客二分的形而上学思想，对于消解人与自然相对立、树立与自然亲和协调的理念，是必要的、有意义的，但由此而产生的下面两种观念也是值得我们注意和重视的。

其一，以“生态中心主义”取代“人类中心主义”。按照这种观点，自然环境不是属人的环境，生态平衡、和谐发展是自然界自身进化的结果，是相对于人的生存状态而言的；生态美与人类社会实践活动无关，是先于人类而存在、自然界本身所固有的属性。有的西方生态学者如萨克雷就明确地说：“物体的美是其自身价值的一个标点。……美比人的存在更早。蝴蝶和鲜花以及蜜蜂之间的配合都使我们注意到美的特征；但是，这

① 《马克思恩格斯全集》，第20卷，人民出版社，1971年，第520页。

些特征不是我们造出来的，不管我们看到还是没有看到，都是美的。”[①]奥斯丁在《美是环境伦理学的基础》中说：“气、水、植物在生命维持的循环中相互协同，这本身就是美好的，并创造着美。”[②]国内有的学者甚至把马克思主义实践观视为“人类中心主义”，认为生态美学的理论基础是“生态存在学”，即从人的本位回到自然本位，从实践主体再回到生态本体。“生态美是从宇宙和生命的立场，而不是从人们的社会实践的立场所获得观察的结果。”“人类仅仅只是整个生态环境中的一个生态因子。……生态美是由众多生态因子参与的和谐的运动循环，有其自组织和自进化的规律。”[③]这样说来，人仅仅是自然生态的一个因子，生态美的产生是由自然本身决定的，人类及其社会实践活动并未发挥什么作用。这种观点必然会把生态美学研究引入到客观主义、自然主义的邪路上去。如果说，传统的生态学以研究生物与自然环境为中心内容，那么现代生态学则主要研究人类实践活动中自然生态的构成和发展规律。生态美学的人文精神与科学精神完美融合的性质，决定它不能脱离人的社会实践活动来孤立地研究自然生态的审美价值。

其二，有的论者为了论证生态美学关于人与自然万物同生共在的审美关系，反对传统美学审美主体与客观对象的关系理解为主客体关系，依据西方现象学、存在主义美学的“意向性对象”“自思对象”的理论，认为审美活动不是主体与客体的关系，而是“主体间性”的关系。我们知道，主体是相对于客体而言的，所谓主体间的关系，是指人与人在交往、实践活动中形成的人与人的关系，离开人的认识、实践活动是无所谓主体性的，而“主体间性”的观点，即使不像存在主义那样，以先验的“自我”、“纯粹的主观性”为“存在的基本条件”，也是通过人的联想想象、隐喻的心理活动，将自己的情感意念注入、移植到客观对象中去。如辛弃疾词《贺新郎》：“我见青山多妩媚，料青山见我应如是”；郑板桥《题画·竹

① 萨克雷：《生态哲学》，东方出版社，1991年，第58页。

② 奥斯丁：《美是环境伦理学的基础》，《自然科学哲学问题》，1988年第1期。

③ 吴予敏：《美学与现代性》，人民出版社，2001年，第206页。

石》："非唯我爱竹石，而竹石亦爱我也。"这都不过是作为有主体意识的人借客观事物表现和确证自己的一种特殊方式。一个是实在的主体，一个是想象的主体，怎么建立起"主体间性"的存在关系呢？人是主体，自然界是客体。如果我们无视自然界运动变化的客观规律，混淆主体与客体的关系，把自然界作为人的代言人，赋予它以人的灵性、神性，就会给生态美学研究染上泛灵论和神秘主义色彩，误导人们进入如海德格尔所说的天、地、人、神四方游戏、共存融通的虚幻、神秘的境地。

通过对上述两种生态美学观的评述，我们很自然地想到马克思在《关于费尔巴哈的提纲》中的著名论断："从前的一切唯物主义——包括费尔巴哈的唯物主义——的主要缺点是：对事物、现实、感性，只是从客体的或者直观的形式去理解，而不是把它们当作人的感性活动，当作实践去理解，不是从主观方面去理解。所以，结果竟是这样，和唯物主义相反，能动的方面却被唯心主义发展了，但只是抽象地发展了，因为唯心主义当然是不知道真正现实的、感性的活动的。"[①]"社会生活在本质上是实践的。凡是把理论导致神秘主义方面去的神秘东西，都能在人的实践中以及对这个实践的理解中得到合理的解决。"[②]马克思主义以人类社会实践为基础的辩证唯物论和历史唯物论，既反对形而上学的唯物主义将人与自然统一于自然属性，无视人的社会性和能动作用，又反对形形色色唯心主义将人与自然统一于主观精神或绝对理念，否定自然本身的特性和运动规律。"生态中心主义""主体间性"的思想都未能以社会实践为中介把人与自然唯物而又辩证地统一起来，因而不可能为生态美学提供正确的理论基础。这说明生态美学的兴起并不像有的论者所说的，意味着实践美学的"走向终结"，更没有"超越"历史唯物主义。生态美学研究只有建立在马克思主义的科学世界观和方法论的基础上，紧密联系新时代的新特点及其发展趋势，才能探求出人与自然和谐发展、生态平衡的"美的规律"来。

---

①《马克思恩格斯全集》，第3卷，人民出版社，1960年，第3页。

② 同上，第5页。

三

马克思主义哲学——辩证唯物论和历史唯物论，作为一种科学的世界观和方法论，是以人类的社会实践活动为基础的。“生活、实践的观点，应该是认识论的首要的和基本的观点。”[①]马克思主义的实践观点不仅不可与人类中心主义、主客二分的形而上学思想同日而语，而且为我们正确认识和理解人与自然辩证统一的关系、揭示自然生态的审美本质提供了科学的理论依据。

马克思主义认为，人在生产实践活动中，除了形成人与人之间的社会关系外，还内在地包含着人与自然的关系。马克思在《1844年经济学-哲学手稿》中指出：人是自然的一部分，“人直接地是自然存在物。人作为自然存在物……同动植物一样，是受动的、受制约的和受限制的存在物”[②]，但人又不是一般的自然存在物，而是能动的自然存在物。”因此，人和动物有着根本的区别，动物只是消极地、受动地按本能生存下去；而人通过生产劳动把自己“从其余的动物中提升出来”，不断提高认识和改造自然的能力，把“受动”与“能动”统一起来。生产劳动本质上是人的一种自由自觉的创造活动。一方面，没有客观的物质基础，没有外部的自然界，人是什么也创造不出来的。马克思说：“它所以能创造或设定对象，只是因为它本身是被对象所设定的，因为它本来就是自然界。”[③]这是自然作为人的实践的客观对象来说是“受动的”。另一方面，当人认识和掌握了自然规律，这种“受动”就转化为“能动”，“必然”就转化为“自由”。人作为“能动的自然存在物”，自由自觉地运用自己智慧、技能和力量，以实现自己的主观目的和价值取向。在人类的这种合规律性与合目的性相统一改造自然的过程中，自然界不再是异己的、与人对立的力量，而成为

① 《列宁选集》，第2卷，人民出版社，1995年，第103页。

② 马克思：《1844年经济学-哲学手稿》，人民出版社，2000年，第105页。

③ 《马克思恩格斯全集》，第42卷，人民出版社，1979年，第167页。

“属人的自然”，人生活的有机组成部分。动物只生产自身，而人类则生产整个自然界。“在人类历史中即在人类社会的形成过程中生成的自然界，是人的现实的自然界。”①自然生态是人的生存环境。生态环境的平衡与失衡问题，表面上看似乎是自然生态本身的问题，究其实质还是人类的生产实践中主体与客体的关系问题。马克思由此提出如下著名论断：“环境的改变和人的活动的一致，只能被看作是并合理地理解为革命的实践。”②“社会是人同自然界的完成了的本质的统一，是自然界的真正复活，是人的实现了的自然主义和自然界的实现了的人道主义。”③从这里我们可以清楚地认识到，马克思主义实践观总是从主体与客体、人与自然的对立统一、相互作用的角度来考察自然生态问题的。生产劳动的结果，从人的角度来看，就是“人的本质力量对象化”；从自然的角度来看，就是“自然界的人化”。我们从审美视角出发，探究自然界的自然主义与人本主义的本质统一，正是生态美学基本出发点。

那么，“人的本质力量对象化”“自然界的人化”能不能解释为自然美、生态美的问题呢？有的论者断然回答：“从自然美来说，实践美学历来更是难以准确解释。特别是对于原始的未经人类实践的自然，更难以用‘人化自然’的观点解释。……因为，无论是经过人的实践，还是未经实践的自然，只要同人处于一种中和协调的亲和的审美状态，那么，这个‘自然’就是美的。”这里有两个问题是需要提出讨论的：一是否有脱离人类的实践活动、先于人类本然存在的自然美？二是人与自然“中和协调的亲和的审美状态”是自发产生的，还是人类实践活动的结果？我们认为，自然美虽然与社会美、艺术美有着不同的特性，但作为一种价值判断是相对于人而言的。美是向人生存的，是为人而存在的。动物是自然的一部分，但自然生态的美，对它们是不存在的。没有人，没有人的实践活动，何谈美与不美呢？自然美同样是人类实践活动的历史成果，并且随着历史

① 马克思：《1844年经济学-哲学手稿》，人民出版社，2000年，第89页。

②《马克思恩格斯全集》，第3卷，人民出版社，1979年，第4页。

③ 马克思：《1844年经济学-哲学手稿》，人民出版社，2000年，第83页。

的发展而发展，不断地扩展和深化自己的领域。其实这个问题早已有人作出了有说服力的阐释。普列汉诺夫在《没有地址的信》中指出：“处于狩猎时代的原始人类，只用动物皮毛、骨骼装饰自己，从不曾用花来装饰自己，虽然他们住在遍地是花的地方。”他们所以不用鲜花装饰自己，因人类的实践活动还未发展到这一步，鲜花等植物对他们还是没有“人化”的、异己的自然，不用以装饰、美化自己，并非出自个别人的好恶。当历史进入了农耕时代，鲜花等植物在生产劳动中被“人化”了，同人发生了审美关系，鲜花等植物题材在装饰艺术中才“有着十分丰富的发展”。所以，格罗塞说：“从动物装潢到植物装潢，实在是文化史上一种重要进步的象征——这是从狩猎变迁到农耕的象征。”[①]我们提出生态美的问题，何尝不是当今时代社会经济高度发展、追求生态平衡、“诗意地栖居大地”的历史发展的必然要求呢?！正如刘纲纪先生批评自然主义美论时所说的：“他们把美设想为一种根本同人类实践无关的、亘古不变的自然属性，认为在人类产生之前美就已经存在，这是一种美学上的拜物教。实际上，所谓自然美是人类在漫长的实践中改造了自然的产物，是人的自由在人所改造和支配了的自然界中的表现。”[②]

“自然的人化”“人的本质力量对象化”，是人类通过生产劳动开发利用自然界的结果。“自然的人化”是一个有着深刻丰富内容的哲学思想，是衡量人类生产、生活发展程度的重要历史尺度。我们不能作形而上学的、机械直观的理解。它包含着如马克思所说相互联系、密不可分的两方面，即“客观意义的自然界”和“主观意义的自然界”的“人化”。就前者来说，“自然的人化”表现为两种形态，一种是人类利用劳动工具、技术手段进行直接加工、改造过自然，它直接体现着人的自由自觉创造的本质，确证自己智慧、才能和力量，因而感到自然物是美的。如植树种花、建造园林、绿化城市等。另一种自然虽未经过人的直接加工改造、没有改变它的外在形态，但由于生产力发展水平的提高，“人赖以生活的那个无

① 格罗塞:《艺术的起源》,商务印书馆,1994年,第116页。
② 刘纲纪:《美学与哲学》,湖北人民出版社,1986年,第19页。

机自然的范围”越来越广阔，自然现象也不断由“自在之物”转化成“为我之物”。这种关系由于是人的自由自觉的创造性的活动结果，它在满足人类的生存需要、功利目的基础上，还会逐渐演变成一种审美关系。“清风明月本无价，远山近水皆有情”，“雨露滋润禾苗壮，万物生长靠太阳”，不仅是人的生活需要，而且具有审美价值。就“主观意义的人化”来说，人原是自然界的一部分，其自然躯体、生物本能、自然欲求等也要在生产劳动中“人化”，在改造自然的同时改造自己。马克思说：“囿于粗陋的实际需要的感觉，也只具有有限的意义。”[①]人在满足物质生活需要的基础上还要不断提升自己的精神境界，摆脱动物性的贪欲和利己主义，成为“具有人的本质的这种全部丰富性的人”，“具有丰富的、全面而深刻的感觉的人”[②]，其中当然包含着人的审美创造和欣赏的能力。正是在人类社会实践活动中，“自然界的人化”与“人的本质力量对象化”交互作用，消除外在自然的疏远性，实现人与自然的和谐统一，敞开了自然美、生态美的本源，使人对未经直接加工改造过的自然，也能够产生美的享受和家园之感。我们如果脱离社会实践活动，还谈什么“审美的人生”、“诗意地栖居”、“人与自然亲和的审美状态”?!黑格尔虽然把“实践”理解为人的纯粹精神活动、贬低甚至否定自然美是错误的，费尔巴哈对“实践”的看法也带有形而上学的直观性，但他们却敏锐地觉察到了人在实践活动中形成与自然和谐统一关系。黑格尔在《美学》中说：“人把他的环境人化了，他显出那环境可以使他得到满足，对他不能保持任何独立自在的力量。只有通过这种实现了的活动，人在他的环境里才成为对自己是现实的，才觉得那环境是他可以安居的家……。如果主客双方携手协作，自然的和善和人的心灵的技巧密切结合在一起，始终显现出完全的和谐，不再有互相斗争的严酷情况和依存情况，这就算达到了主客两方面的最纯粹的关系。”[③]费尔巴哈说：“人由对象而意识到自己……你由对象而认识人；人的本质

① 马克思:《1844年经济学-哲学手稿》,人民出版社,2000年,第87页。

② 同上,1979年,第80页。

③ 黑格尔:《美学》,朱光潜译,人民文学出版社,1962年,第318—319页。

在对象中显现出来：对象是他公开的本质，是他的真正的、客观的我。……即使是离人最远的对象，只要是人的对象，也就因此而成了人的本质之显示。月亮、太阳、星星也向人呼喊认识你自己。人看着它们，并且像看着它们那样地看着它们；这就已经是它们是他自己的本质的一个证据。”[①]显然，马克思的“自然界的人化”“人的本质力量对象化”的思想，与两位哲学家的观点有着渊源关系，批判地汲取了其中的合理因素，把它归结为人类的生产劳动的成果，从而建立在唯物史观的基础上。

诚然，马克思的“自然界的人化”“人的本质力量对象化”，主要是讲生产劳动问题的，但人的生产劳动既为了实现生存性的物质需要，也包含着审美和精神自由的价值取向。因此，马克思提出“劳动创造了美”的思想，并在批判资本主义制度下“异化劳动”时，指出“在实践上，人的普遍性正表现在把整个自然界变成人的无机的身体”，并从人的生产与动物的生产的区别、人能“再生产整个自然界”的实践观点出发，揭示了“美的规律”：“动物只是按照它所属的那个种的尺度和需要来构造，而人懂得按照任何一个种的尺度来进行生产，并且懂得处处都把用内在的尺度运用于对象；因此，人也按照美的规律来塑造物体。”[②]马克思的“美的规律”、“两个尺度”的思想，从根本上阐明了：人类通过自由自觉的生产活动，把合目的性与合规律性统一起来，才创造出美来。美在创造中，生态美也不例外。“美不自美，因人而彰。”马克思主义的实践观对于清除客观主义、自然主义、存在主义对生态美学的影响，建设科学的生态美学并未过时，仍然有着指导意义。

有一种观点认为，“自然界的人化”、“人的本质力量对象化”不仅不能解释自然美，甚至说：“这种功利主义观念使得人类以工业文明手段强有力地干预自然界自在的生态平衡和进化过程，造成了全球性的生态破坏

①《费尔巴哈哲学著作选集》，下卷，荣震华、王太庆、刘磊译，生活·读书·新知三联书店，1962年，第30页。

② 马克思：《1844年经济学-哲学手稿》，人民出版社，2000年，第58页。

和环境污染。”[①]这是不能成立的，事实正好相反，自然生态破坏和环境污染的产生，是由资本主义私有制一味向大自然索取的占有欲造成的，是人的异化劳动违背“美的规律”“两个尺度”产生的恶果。从人的“内在尺度”来说，人要实现自己的目的，满足自己的需要，必须按照“物种的尺度”即自然规律进行生产，如果违背自然规律，破坏生态平衡，受到自然的惩罚，是人的“异化”与“劳动异化”的表现，而非“人的本质力量对象化”。从“物种的尺度”来说，自然界是生产劳动的物质基础和客观对象，人只有合理利用自然资源，改善生态环境，实现协调发展，“人在对象世界中得到肯定”，才能成为“人化了的自然界”。因此，我们认为，人在实际的生产、生活实践活动中，在造成自身与自然环境的矛盾的同时，也加深了对自然规律的认识，从而自觉地、主动地利用现代科学技术，以“仁者浑然与物同体”、大爱无疆的胸怀，治理和解决生态环境问题。生态学、生态美学的兴起，是人类进步、科学发展的积极成果，不是对人类社会实践中形成和发展的本质力量的否定，用不着对现代科学技术抛洒浪漫主义的感伤、悲观之泪。自然生态的和谐发展及其审美价值的生成，实现于人的合目的性与合规律性相统一的实践过程中。马克思“美的规律”、“两个尺度”的实践美学观，体现了人的自由自觉的生命活动和人与自然环境和谐统一的生存方式，是本体论、认识论、价值论的统一，真善美的统一，为生态美学研究奠定了坚实的理论基础。

总之，我们研究生态美学，把人与自然看作有机统一的生命整体，揭示生态平衡、和谐发展的审美价值，批判“人类中心主义”，并不意味着轻视、甚至否定人类自由自觉的实践活动的作用。大自然自发运动是生产不出生态平衡、生态美的，有时还会给人类带来严重灾害。明代学者张介宾在《类经图翼》中讲得很好：“盖造化之机，不可无生，亦不可无制。无生则发育无由，无制则亢而为害。生克循环，运行不息，而天地之道斯无穷矣。”人类面对违背自然规律、盲目生产所造成的生态危机，引发出

① 吴予敏:《美学与现代性》,人民出版社,2001年,第206页。

“忧患意识”“危机意识”是可以理解的。但有“忧患”而不颓丧，有“危机”而不“悲观”。我们在社会主义现代化建设过程中，坚持“以人为本”、可持续发展的原则，既敬畏、热爱自然，与自然平等对话，又在开发利用自然资源的同时，主动地加以保护和管理，兴利除害，益生惠民，做到经济发展、生活富裕、生态治理的有机结合，一定能建造出安全、健康、幸福的美好家园。美学工作者应以马克思主义实践观点为指导，紧密联系中国特色社会主义现代化建设和群众生活的实际，认真吸取本土文化丰厚的资源，融会贯通科学理性与诗性智慧，研究和探索生态系统发展的“美的规律”，建构起既有中国特色、又有价值的生态美学。

（原载《安徽师范大学学报》，2011年第5期）

美育的由来、性质和任务

美学并不是什么谈玄论道、无干尘世的学问，而是与每一个人的生活密切相关的。美是人类社会实践的产物。人通过生产劳动，引起外在自然的“人化”，美化了客观世界；与此同时，也使人的内在自然“人化”，美化了人自身。在审美实践过程中，这两方面是相互依存、相互促进的，辩证统一的。如果说，前者主要是审美创造的成果，后者是则审美活动、审美教育的目的。由此看来，审美教育是美学理论体系中一个重要的、有机的组成部分，在一定意义上可以说是美学研究的落实和归宿。因此，从理论与实践的结合上重视和加强美育问题的研究，以美育人，以文化人，是美学、艺术和教育工作者所应完成的重要任务。没有美育的教育是不完全的教育，同样，没有美育的美学也是不完全的美学。

一、美育的由来

美育作为一种相对独立的教育方式，并建立起较为系统的理论，是到了近代社会才正式开始的。但作为人类的一种教育活动，美育伴随着初民们的生产劳动就萌芽了，并对愉悦心身、减轻劳动强度、提高劳动技能都发挥了积极作用。人类社会进入文明时代以后，才自觉地进行审美教育、艺术教育，并不断的总结经验，形成较为系统的美育思想。在很长的历史时期里，美育是同生产生活、知识教育、道德教育、健身强体结合开展的。

在我国历史上，很多思想家、教育家、艺术家都非常重视美育，提出许多宝贵的美育思想。殷商时期，音乐就是教育贵胄子弟的重要内容，周公为巩固新兴的奴隶制度，首先提出要“制礼作乐”；孔子更为重视“诗教”“乐教”的作用，以“六艺”——礼、乐、书、数、御、射教育学生。这实际上是我国古代朴素的全面教育。他把诗歌、音乐作为培养尽善尽美的人才、实现人生理想境界必修课，用他自己的话说就是：“兴于诗，立于礼，成于乐。”“诗可以兴，可以观，可以群，可以怨。”诗教、乐教对于个人修身养性、观察政治得失、维护社会安定团结都是起着重要作用。孔子还注意到了自然美对于陶冶人的情志、提高人生境界的意义。他不仅讲过“仁者乐山，智者乐水”的话，而且带领学生习礼于树下，言志于农山。他特别赞赏曾点言志之言：“暮春者，春服既成，冠者五六人，童子六七人，浴乎沂，风乎舞雩，咏而归。”孔子对美育是非常重视的。王国维说：“其教人也，则始于美育，终于美育。”这话讲得是符合实际的。荀子是先秦儒家美学思想的集大成者，对音乐问题作了专门研究，在其所写的《乐论》中深入论述了音乐感化人心的教育作用，认为音乐“入人也深”，“化人也速”，“可以善民心。”总的看来，先秦儒家的美育思想的突出特点是主张礼乐互济，美善相乐，最终目的是服务于修身、齐家、治国平天下。《乐记·乐本篇》对此说得很清楚明白：“礼以导其志，乐以和其声，政以一其行，刑以防其奸。礼乐刑政，其极一也，所以同民心而出治道也。”它在本质上可以说是一种政治伦理美育。后来，我国古代美学、美育思想出现了儒、释、道互补的局面，但从总体上看，儒家始终居于主导地位，并对我国美育的理论和实践都产生了久远而深刻的影响。在美育的实施方面，由于封建王朝推行科举考试制度，士子们一心想着读书做官，热衷于功名利禄，他们在“经世致用”“文以载道”的思想支配下，皓首穷经，制作时文，“诗教”“乐教”的优良传统没有受到足够重视。直到鸦片战争之后，受到“西学东渐”思潮的冲击，局面才有所改变，在民主主义启蒙思想家的倡导下，美育逐渐受到重视并发展起来。

在西方，从古希腊开始就非常重视美育，儿童7岁进入初等学校，学习阅读、写作、奏乐、唱歌、诵诗，艺术教育占有很大的比重。他们的美育并不局限于学校，甚至可以说带有全民性质。在他们的思想家的完整著作或断简残篇中都有着较为丰富的美育思想。柏拉图站在贵族奴隶主阶级保守派的立场上，一方面攻击诗人亵渎神灵，刺激、挑动人的情欲，滋养人的卑劣情感，提出要把犯禁的诗人逐出他的“理想国”；另一方面，他为了防止“罪恶、放荡、卑鄙和淫秽”对青年人的影响，又主张“应该寻找一些有本领的艺术家，把自然的优美方面描绘出来，使我们的青年像住在风和日暖的地带一样，四周一切都健康有益，天天耳濡目染于优美的作品，像从一种清幽境界呼吸一阵清风，来吸取它的好影响，使他们不知不觉地从小就培养起对于美的爱好，并且培养起融美于心灵的习惯。”他还特别重视音乐陶冶、美化心灵的作用，认为“受过这种良好音乐教育的人，可以很敏捷地看出一切艺术作品和自然界事物的丑陋，很正确地加以厌恶；但是一看到美的东西，他会赞赏它们，很快乐地把它们吸收到心灵里作为滋养，因此自己的性格也变成高尚优美”。柏拉图的美育思想是矛盾的，但主张通过美育培养青年拒丑迎美的习惯和形成高尚优美的性格，却是非常正确和深刻的。亚里斯多德在《诗学》等著作中论述了诗歌、戏剧和音乐艺术特征及其教育功能问题，他说：“音乐应该学习，并不是只为着一个目的，而同时为着几个目的，那就是（1）教育，（2）净化，（3）精神享受，也就是紧张劳动后的安静和休息。”古罗马时代诗人贺拉斯在《诗艺》中根据古希腊美善统一、以美导善的思想，提出著名的“寓教于乐”的美育原则。他说：“诗人的愿望应该是给人以益处和乐趣，他写的东西应给人以快感，同时对生活有帮助。……寓教于乐，既劝谕读者，又使他喜爱，才能符合众望。”

欧洲文艺复兴运动是一场伟大的思想解放运动，它高举人文主义旗帜，向中世纪宗教神学宣战，神的光彩暗淡了，人成了“世界的美”。这反映在教育上，他们主张“个性自由”“人性的全面发展”“人的能力多方面提高”，美育是其中重要内容。他们要求学生读诗、画画、唱歌，同时接受大自然风光、美景的陶冶，丰富精神生活，愉快地进行学习，以培养出适应时代需要的、多才多艺、全面发展的人。恩格斯曾满怀激情地写道：“这是一次人类从来没有经历过的最伟大的、进步的变革，是一个产生巨人而且产生了巨人——在思维能力、热情和性格方面，在多才多艺和学识渊博方面的巨人的时代。……那时英雄们还没有成为分工的奴隶，分工所具有的限制人的、片面化的影响，在他们的后继者那里我们常常看到的。但他们的特征是几乎全处在时代运动中，在实际斗争中生活着和活动着，站在这一方面或那一方面进行斗争，一些人用舌和笔，一些人用剑，一些人则两者并用。因此就有了使他们成为完人的那种性格上的完整和坚强。”

当然，真正能够实现个性全面发展的只能是少数人，而不是广大的普通劳动者。

随着资本主义大生产的发展，社会分工相益明确，劳资对立严重。异化劳动显示出它的反人道的性质，导致人的片面、畸形的发展，自由劳动为平庸生活、雇佣劳动所代替。启蒙主义思想家们看到了社会的深刻矛盾和弊端，特别是德国的康德、席勒等在政治上看不到解决问题的现实力量，则把希望寄托在审美活动上，即通过审美活动来克服人性的分裂，培养完整的人，以达到改变社会现状、实现政治自由的目的。席勒1795年出版《美育书简》，提出美育作为一种相对独立的教育方式，并做了比较系统的阐述，被称为“第一部美育的宣言书”。他认为古希腊人是物质与精神、感性与理性和谐统一的、完整的人，但到了现代社会，人变成了精细的、钟表式的机器，科学技术严格分工，完整的人性分列为两种相反的要求——感性冲动和理性冲动。前者受自然的必然律支配，后者受道德的应然律的限制，因而人把自己变成断片，也就丧失了自由。那么，人性怎样才能由分裂状态复归于自由状态呢？他的回答是：审美活动，审美教育。因为只有当人在审美时，他才是自由的完整的人；美育的目的就在于“培养我们感性和精神力量的整体达到尽可能的和谐”。

席勒把审美教育作为变革社会制度、实现政治自由的唯一途径和手段，是一种审美乌托邦，当然是不可能实现的。但他敏锐地看到资产阶级理性王国并不是那么美好，并不代表什么“永恒正义”，人类也没有实现真正的自由，并进而提出了审美教育与人的全面发展的关系问题，却是深刻的、有重要意义的。席勒提出的重大社会的矛盾和美育问题，马克思作出了科学的分析和正确的回答，为审美教育提供优了科学理论基础，指明了发展方向。

19世纪末、20世纪初，我国传统美育开始向近代美育转变。1904年，“美学”一词从日文翻译过来，1906年，王国维发表《论教育之宗旨》一文，认为教育的任务在于培养“完全之人物”，即“身体能力”和“精神能力”和谐发展的人。他从真善美、知情意相统一的思想出发，提出我国的教育要培养全面发展的人才，必须把“心育”——智育、德育、美育与体育结合起来，应把美育列入教育内容之中。他说：“美育者，一面使人之感情发达，以达完美之域；一面又为德育与智育之手段，此又教育者所不可不留意也。”在中国近代教育史上，王国维不仅首先主张把美育列入全面发展的教育方针，而且指出美育既是德育、智育的手段、又有自己独特的功能和目的，这是一个重要的贡献。继王国维之后，热心宣传和大力倡导美育的是蔡元培。他在“五四”前后发表一系列文章，主张进行教育改革，提倡“美育主义。”他以当时教育总长的身份，一走马上任，就发表《对于教育方针之意见》一文，正式把美育列入国民教育方针，后又把德、智、体、美“四育”并列，可见他对美育之重视。在新文化运动中，他发表了《以美育代宗教说》（1917）、《文化运动不要忘了美育》（1919）等文，在批判封建专制制度、封建思想迷信的同时，进一步阐明美育的陶养感情、净化心灵、培育高尚人格的重要作用，并提出具体的实施途径和方法，规划了美育发展的美好蓝图。蔡元培对我国现代美育事业的发展做出了不可磨灭的贡献，但如同“教育救国”思想一样，他的“美育主义”在旧的社会制度下是不可能实现的。早期的鲁迅也非常重视美育，1907—1908年间，他发表《人的历史》《科学史教篇》《文化偏至论》《摩罗诗力说》等文，提倡新文艺，反对“顺世和乐之音”，提倡“争天抗俗”“雄杰伟美”思想，以唤起民众的觉悟，培养“精神界之战士”，达到改造社会、救国兴邦的目的，充分表现出鲁迅启蒙主义美育思想的战斗特色。辛亥革命之后，他积极响应蔡元培的号召，1912年7月12日，当他得知临时政府将列入教育方针中的“美育”删除，在日记中愤然写道：“闻临时教育会议竟删除美育，此类豚犬，可怜可怜。”[①]1913年，他发表《拟播布美术意见书》，提倡艺术教育，在论及艺术教育的目的时说：“顾实则美术诚谛，固在发扬真美，以娱人情、比其见利致用，乃不期之成果。”其具体作用有三：（1）“表见文化”。艺术可以表现一个时代、民族的“国魂”，使其思想文化、典章文物、名胜古迹得以保存和流传下去。这是说，艺术具有保存和发展社会思想文化的作用。（2）“辅翼道德”。艺术教育的作用虽与道德不尽相同，但可以“美善吾人之性情”，提高人之尚好，故能辅道德以为治。鲁迅说：“今以此优美而崇大之，则高洁之情独存，邪秽之念不作，可不待惩劝，而国安。”（3）“救援经济”。在鲁迅看来，外货充斥市场，导致中国经济“困匮”。其实中、外产品的材质都是相同的，只是“造作”上有差异，外货在美术设计、包装方面胜于国货，国货在市场上竞争不过它。鲁迅说：“美术弘布，作品自胜，陈诸市肆，足越殊方，尔后金资，不虞外溢。故徒言崇尚国货者末，而发挥美术，实其根本。”他在文中对“主美”“主用”两说都进行了批评，认为“沾沾于用，甚嫌执持”，但它“颇合于今日国人之公意”，所以特别论析了美术的三个作用，并说：“美术之用，大者既得三事，而本用之目的，又在与人以享乐，则实践此目的之方术，自必在于播布。”[②]由此可见，鲁迅虽然没有把“主美”与“主用”对立起来，但从国民的“公意”和改造社会的需要出发，虽不完全赞同、却又是倾向于“主用”的。总的看来，鲁迅的美育理论和实践不是“为艺术而艺术”的，而是“为人生而艺术”的。从“五四”运动开始，我国

①《鲁迅全集》，第14卷，人民文学出版社，1958年，第8页。

②《鲁迅全集》，第8卷，人民文学出版社，1958年，第47—48页。

进入一个新时代，美育有了更大的发展与进步，留待以后详述。

我们从美育的由来的回顾中可以看出，中国和西方都有着悠久的美育传统。如何从社会主义现代化建设需要出发，继承和发扬美育的优秀传统，重视和加强审美教育，为进行两个文明建设、培养高素质人才服务，是我们必须从理论与实践的结合上要作出回答的重要问题。

二、美育的性质

美育是怎样的一种教育？它有哪些区别于德育、智育的特点？对这个问题，学术界存在着不同的看法。有人认为美育是美学理论的教育，此说的合理之处在于它揭示了美育与美学的密切关系，实施美育必须以美学理论为指导，但是，美育绝不只是坐而论道，更重要的是通过实际的、丰富多彩的美和艺术的欣赏、创造活动，对受教育者进行美感教育，以培育健全的审美心理结构，促进个性全面和谐的发展，只靠美学理论教育是不行的。有人把美育归结为艺术教育，这样做的好处是突出和强调了美育的重点和主要内容，但也有明显的不足之处。美育固然是艺术教育为重点，但不能局限于艺术美，还应包括社会美、自然美的教育，如果脱离了后者，艺术教育也不能很好地进行，因为艺术是现实生活的审美反映，离开了现实美是理解不了艺术美的。二者在美育实施过程中是相互为用、相得益彰的。我们比较赞成的是第三种意见，认为美育是美感教育，即通过审美方式进行“情感教育”。它是在总结美育思想发展的历史经验的基础上，根据人类审美活动的特点和规律提出来的，因而较为全面、正确地揭示了美育的科学性质。

首先，古今中外的美学家、教育家，从柏拉图、亚里斯多德到康德、席勒，从孔夫子到蔡元培、鲁迅，大都把审美教育、艺术教育看作是陶冶情操、净化心灵的情感教育。蔡元培说：“美育者，应用美学之理论于教育，以陶养感情为目的者也。”“人人都有感情，而并非都有伟大而高尚的行为，这是由于感情推动力的薄弱。由弱而为强，转薄而为厚，有待于陶养。陶养的工具，为美的对象；陶养的作用，叫作美育。”鲁迅指出美术教育的目的在于“发扬真美，娱悦人情。”朱光潜也认为：“美感教育是一种情感教育”，“美感教育的功用在怡情养性。”在丰子恺看来，健全的教育就是真善美的教育，从心理上说，就是知情意的教育。他说：“科学是真的、知的；道德是善的，意的；艺术是美的，情的。这是教育的三大要目。故艺术教育，就是美的教育，情的教育。”[①]总之，美育作为一种情感教育，是区别于德育、智育的根本特点，德育的主要目的在于培养道德意志和规范行为，智育的主要目的在于传授科学知识和开发智力。

其次，美育之所以定性为情感教育，这主要是由审美活动的性质决定的。从根本上说，美育是按照“美的规律”来教育人、塑造人，如果违背了审美活动的特性，就谈不上美育，或者把它变成德育、智育的附庸和手段，实现不了它的独特的教育功能与目的。我们知道，人在审美活动中，超越实用、功利的打算，不作抽象的逻辑推理，而是对客观对象采取形象直观，情感体验态度，从而产生了美感。美感虽然是感知、情感、想象和理解等多种心理功能综合交错、相互渗透、共同活动的结果，但情感贯穿于审美活动的整个过程，并最后落实到审美的情感体验和精神愉悦上。这种由审美体验所产生的精神愉悦和享受，既不同于官能刺激和生理欲望的满足所产生的快感，也不同于道德的完善和求知的实现所产生的满足感，而是一种无私无欲、高尚纯洁的感情。因此，人们通过审美活动，可以净化心灵，陶冶情操，提高精神境界。

美育具有情感教育的特殊性，在整个教育中占有重要的地位，是其他教育所不能代替、也代替不了的。没有美育的教育是不完全的教育。因此，我们在教育活动中，如果把美育放在可有可无的位置上，认为不过是唱唱歌、跳跳舞、画画画，使人娱乐，快快活活而已；或是仅仅把它作为

①《丰子恺文集》，第2卷，浙江文艺出版社，1992年，第225页。

进行德育、智育的一种辅助手段，都是片面的、不正确的。我们的教育应当使受教育者在德、智、体、美、劳诸方面得到全面、和谐的发展，把真善美、知情意统一起来，充分发展人的科学真理的理智能力、道德实践的意志能力、美丑判断的审美能力，以造就出思想品德高尚、心理结构健全、个性全面发展、具有实践和创新能力的高素质的人才。

三、美育的任务

美育的任务总的来说，是按照美的规律教育人，提高学生的审美素质，促进个性自由、和谐、全面的发展。具体地说，就是培养和提高欣赏美、创造美的能力，树立健康、文明、科学的审美观。

第一，培养审美能力。

所谓审美能力，是指人的发现美、感受美、欣赏美的能力。罗丹说："美是到处都有的，对于我们的眼睛，不是缺少美，而是缺少发现。"审美对象与审美主体是相互依存的关系。审美主体没有相应的能力，他就失去审美对象；反之，如果没有审美对象存在，审美主体的能力也就没有了用武之地。我们要欣赏音乐，必须有音乐感的耳朵；要欣赏绘画，必须有感受形式美的眼睛，否则，最美的音乐、绘画也不会是我们的审美对象，对于我们都是毫无意义的。审美教育就是首先要培养学生善于在社会生活、自然界和艺术中发现美的能力。这只依赖美学知识的传授是远远不够的，更主要的是通过实际的审美活动的经验积累，逐渐形成、发展和提高的。狄德罗写道："艺术鉴赏力究竟是什么呢？这就是通过掌握真或善（以及使真或善成为美的情景）的反复实践而取得的，能立即为美的事物所深深感动的那种素质。"①

刘勰早就说过："操千曲而后晓声，观千剑而后识器。"审美活动的主要特点是它的直接性、实践性。因此，只有多动手画，多开口唱，多动脑

①《狄德罗美学论文选》，人民文学出版社，1984年，第431页。

筋想，进行分析比较，才能锻炼出发现美的眼睛和欣赏音乐美的耳朵，提高感受、体验、认识和评价美的能力。晋代葛洪在《抱朴子》中写道："不睹琼琨之熠烁，则不觉瓦砾之可贱；不睹虎豹之彧蔚，则不知牛羊之质漫。"伏尔泰认为："一般地说，精确的审美趣味在于能在许多毛病中发现出一点美，和在许多美点中发现出一点毛病的那种敏捷的感觉。"有比较，才能鉴别；有鉴别，才能分清精粗美丑。

在实践中锻炼和培养审美能力的途径和方法是多种多样的，其中对艺术的欣赏和创造是基本的、重要的环节。歌德在谈到提高艺术鉴赏力问题时，提出要看最好的、具有代表性的作品，这对审美教育是非常重要的。他说："这样才能培养出我们所说的鉴赏力。鉴赏力不是靠鉴赏中等作品而是要靠鉴赏最好的作品才能培育成的。所以我只让你看最好的作品，等你在最好的作品中打下牢固的基础，你就有了用来衡量其他作品的标准，估价不至于过高，而是恰如其分。"①艺术的门类、品种很多，一个人不可能门门会，样样通，而应根据自己的条件、兴趣和爱好，从一门艺术着手来培养审美能力，以取得举一反三、一通百通的效果。休谟在《论趣味的标准》中说："虽然人和人之间的敏感的程度可以差异很大，要想提高或改善这方面的能力最好的办法莫过于在一门特定的艺术领域里不断训练，不断观察和鉴赏一种特定类型的美。……在他关于这种对象获得一定经验之后，他的感觉就会更精细更深入了。他将会不止看到一部分的美与丑，而且能分别不同类型，各给以恰如其分的褒贬。"②

审美教育要在鉴赏活动中培养和提高审美能力，但鉴赏并不是什么孤立绝缘的、纯粹的直觉活动，而是要以一定的文化素养为前提和基础的。马克思非常重视审美主体的艺术修养。他说："如果你想得到艺术的享受，你本身就必须是一个有艺术修养的人。"黑格尔也说过："审美的感官需要文化修养，借助修养才能了解美、发现美。"无知无识的人，耳不聪，目

①《歌德谈话录》，朱光潜译，人民文学出版社，1980年，第32页。

②《古典文艺理论译丛5》，人民文学出版社，1964年，第9页。

不明，在社会、自然和艺术中发现和享受到的美都是很有限的，其根本原因即在于此。

第二、掌握创造美的本领。

马克思说："哲学家们不只是用不同的方式解释世界，而问题在于改造世界。"这个论断具有普遍意义，也完全适用于美育。美育不只是教会人发现美、欣赏美和享受美，更重要的是使人能够自觉地按照"美的规律"创造美，实现理想的人生境界。因此，如何提高人们的审美创造力，是当前美育工作中亟待解决的紧迫而又重要的问题。对于培养人的创造美的能力问题，我们过去既在思想上重视不够，又是教学工作中非常薄弱的环节。

我们知道，马克思是从人的生产与动物生产的本质区别中来揭示"美的规律"的。所谓"美的规律"，就是人通过自由自觉的实践活动，按照合规律与合目的相统一的尺度"塑造物体"、制造产品的规律。这种美的创造活动，不是只局限于艺术领域，而是体现在人类社会生活的各个方面，范围无限广阔，内容无比丰富。高尔基说："按照天性来说，人人都是艺术家。他无论在什么地方，总是希望把'美'带到他的生活中去。""美是生活"，美育要培养人的美的创造能力，绝不意味着就是培养几个艺术家，而是把这种创造能力自觉运用到包括艺术创作在内的现实生活各个领域中去，按照"美的规律"改造世界，美化生活。审美创造能力，是人的本质力量的体现，是人的文化素质高低的一个重要标志。这是关系每一个受教育者、每一个人的问题，而不是培养出几个艺术尖子就算是完成任务了的。

在培养人的审美创造能力过程中，首先要掌握客观事物的特点、规律，认识了必然才有创造的自由；同时要有周密的计划，明确的目的，美好的理想，才能进行自觉的创造。但是，要使主观见之于客观，把头脑中东西变成现实的东西，必须手脑并用，道技结合，塑造物体，赋予形式，否则，再好的计划不过是一纸空文，再美的蓝图也只是空中楼阁。因此，美育不能只说不做，只动口不动手，而是要在实践中锻炼和培养动手能力，掌握媒介材料和驾驭形式、技巧的能力。鲍桑葵在《美学三讲》中说："美术手艺和艺人生活的关系，就是艺人'身—心'的产品和表现。……任何艺人都对自己的媒介感到特殊的愉快，并且赏识自己媒介的特殊能力。这种愉快和能力感当然并不仅仅在他实际进行操作时才有的。他的受魅惑的想象就生活在他的媒介的能力里；他靠媒介来思索，来感受；媒介是他的审美想象的特殊身体，而他的审美想象则是媒介的唯一特殊灵魂"。罗丹说："艺术就是感情。如果没有体积、比例、色彩的学问，没有灵敏的手，最强烈的感情也是瘫痪的。"高尔基说："我所理解的美，是各种材料——也就是声音、色彩和语言的一种结合体它赋予艺人的创作——制造品——以一种能影响情感和理智的形式，创造才能感到惊奇、自豪和快乐。"人们是依赖媒介来感受、来思考的，并赋予思想感情以形式，使之成为物化形态的美的生产品、艺术品。在审美教育中，要在实践中使人们具有掌握媒介材料、驾驭形式技巧的创造美的实际本领。

第三、树立正确的审美观

审美观是世界观的重要组成部分，是世界观在审美活动中的具体体现。如果说，审美欣赏能力、创造能力的培养还是侧重于审美情感、审美实践的话，那么审美观的树立则是在此基础上，进一步发展、提升为理性认识，形成较为自觉的审美观念、审美理想，并以一定的标准、尺度对生活和艺术现象作出审美判断。以美育人，以文化人，其根本任务就是用马克思主义美学理论武装人们的头脑，使受教育者在实际生活中作出正确的审美判断，能够分清美丑，迎美拒丑，形成正确、健康、科学的审美观。

现实世界既是丰富多彩的，又是错综复杂的，按照对立统一的辩证规律运行着、发展着。毛泽东同志说："真的、善的、美的东西总是在同假的、恶的、丑的东西相比较而存在，相斗争而在发展的。"[①]雨果认为，现实生活、自然万物并不是都能符合人的意愿，也不都是美的，而是"丑就

①《毛泽东选集》，第5卷，人民出版社，1977年，第39页。

在美的身旁，畸形靠近着优美，粗俗藏在崇高的背后，恶与善并存，黑暗与光明相共。”[1]郭沫若在《黄钟与瓦釜》一文中也说：“黄钟之与瓦釜，就是善与恶、是与非、美与丑、正与邪、真理与诡辩，永远是对立着的，而前者总是获得决定的胜利”。我们要培养正确的审美观，就是帮助人们树立正确的世界观、审美观，分清真善美与假丑恶，坚定信心和勇气，战胜假丑恶，实现真善美的人生价值。周扬曾说：“良好的审美活动，可以使人的情绪饱满，积极向上，对促进人们身心健康和智力的发展都有很大的益处。科学地深入地研究、说明和宣传德、智、体、美的关系，是一项很重要很有意义的课题。它们是相辅相成的，又是不可相互代替的。马克思说，人类是按照美的规律改造世界的，可见，人们在改造世界的实践活动中，总是把自己的意志、道德和审美理想，以及对事物运动规律的认识统一在一起进行的。因此，我们要实现人类最崇高的理想——共产主义，要培养自觉地建设社会主义的新人，就不能不发展美学，不能不发展审美教育。”[2]这里告诉我们，审美教育对于培养人的健康的审美观，树立科学的世界观，造就全面发展的社会主义的一代新人，占有重要的地位，起着重要的作用。

四、美育与素质教育

美育作为一种相对独立的教育方式，是素质教育重要组部分，其任务在于培养人的欣赏美、创造美的能力，树立健康、正确的审美观。但它的作用不是单一的，而是多方面的。美育既是相对独立的，与德育、智育、体育、劳动教育有所区别，又是有机统一、相辅相成、相互作用的。德国的费希特早就指出：“美的艺术不像学者那样只培育理智，也不象道德人民教师那样只培育心灵，而是培育完整统一的人。它所追求的不是理智，也不是心灵，而是把人的各种能力统一起来的整个心态（GEMUT），这是

①《雨果论文学》，上海译文出版社，1980年，第30页。

② 周扬：《关于美学研究工作的谈话》，《美学》，第3期，1981年，第6—7页。

一个第三者，是前二者（指理智和心灵）的综合。”①

审美活动是一种感知、想象、情感、理解等诸多因素综合的心理活动，它虽然不能通过抽象概念、逻辑推理获得科学知识，却可以形象直觉感悟到事物的本质，发现和掌握真理；它不能直接提供道德规范，叫人遵照执行，循规蹈矩，却可以使人变他律为自律，“从心所欲而不逾矩”，博施济众，爱人爱物，从善如流。审美活动的这一特性既决定着美育的特殊功能，又与德育、智育、体育有着密切关系。美育在素质教育中发挥综合、协调、升华的作用。以美启真，以美导善，以美健身，以美勤劳，把真善美、知情意有机统一起来，促进德、智、体、美、劳“五育”和谐全面的发展。

1.以美启真。所谓“以美启真”，就是通过审美教育，启迪智慧，开拓视野，发展思维能力，激发求知、创新的热情，帮助人们勇于探索和揭示真理的奥秘，从而有所发现，有所发明，有所创造。

首先审美情感可以作为一种强大的精神动力，推动着人们以无私无畏的精神探求科学真理。列宁说：“没有人的感情，就从来没有也不可能有对于真理的追求。”②许多科学家正是从美感中获得了不可遏止的精神力量和创造冲动，并在科学探索中对美的追求作为实现人生价值的目标之一。彭加勒说：“科学家研究自然，并非因为这样做有用处，他所以研究它，是因为他从中得到乐趣；而他之能从中得到乐趣，那是因为它美。如果自然并不美，就不值得去了解它，生命也就没有存在的价值。”这话虽然说得有点极端，它总告诉我们这样一个事实，即对自然中美的追求以及所获得的审美乐趣，是科学家一个重要的智慧源泉和生命价值的体现。科学探索是追求真理、实现人的自由创造力量的过程，其本身就包含着美，并由美所感发出巨大的精神愉悦和创造激情，从而以殉道者和情爱者的精神状态进行工作，就像《居里夫人传》中所写的这位伟大的女科学家发现镭元素那样。居里夫人曾说过：“科学的探讨与研究。其本

①《十九世纪西方美学名著选·德国卷》，复旦大学出版社，1990年，第173页。

②《列宁全集》，第2卷，人民出版社，1960年，第265页。

就含至美，其本身给人的愉快就是报酬，所以我在我的工作中寻得了快乐。”

其次，美是合规律与目的的相统一的自由形式，与科学的“真”有着共同的现实基础和统一性，宇宙万物是有规律可循的，规律性表为多样统一、均衡、对称、和谐等，就具有了审美的因素或属性。科学认识作为对客观事物的有机结构和运动规律的反映，揭示深藏在世界表象背后和谐秩序、变化统一的法则，就具有了美的特质。爱因斯坦深信，美是科学研究中的一个重要的指导原则，由对美的追求可以探索出真，对“真的考察越深入，它就显得越美。”美是真理的光辉。在美的光辉照耀下，人们可以用更加敏锐的眼光直觉事物的本质，以更深邃的思考、判断研究结论的对与错、真与假。例如，19世纪俄国化学家门捷列夫根据当时按原子量测定的63种元素排列周期表，其中铍的原子量为13.5，理应排在第4类，但这样排列却显出不和谐，不完美。他为了维护周期表的和谐、完美，按照铍的化学性质将它排在第2类，并修正铍的原定原子量13.5的错误，后经精确测定应为9.4，证明门捷列夫的排列是正确的。这个事例用以说明运用“美的特性”可以判断真假是很典型的。在自然科学中是如此，审美活动使人们对社会生活的本质和客观规律的认识作用就表现得更为鲜明、突出了。恩格斯曾高度评价巴尔扎克《人间喜剧》，说它“给我们提供了一部法国‘社会’，特别是巴黎‘上流社会’的卓越的现实主义的历史，他用编年史的方式几乎逐年地把上升的资产阶级在1816年—1848年这一时期对贵族社会日甚一日的冲击描写出来，……围绕着这幅中心图画，他汇集了法国社会的全部历史，我从这里，甚至在经济细节方面（诸如革命以后动产和不动产的重新分配）所学到的东西，也要比从当时所有职业的史学家、经济学家和统计学家那里学到的全部东西还要多。”①

当然，以美启真更主要的是表现在科学家的善于发现和创新的心理结

①《马克思恩格斯选集》，第4卷，人民出版社，1995年，第683—684页。

构和思维能力上。在科学技术的发现、发明和创新中，科学家并非单靠逻辑思维就能实现的，形象思维同样起着重要的作用。列宁说：“有人认为，只有诗人需要幻想，这是没有理由的，只是愚蠢的偏见！甚至在数学上也是需要幻想的，甚至没有它就不可能发明微积分。”拉法格说：“马克思有着无比的诗的想象力。”逻辑思维和形象思维这两种思维方式不是可以截然两分、互不相容的，而是可以相互调剂，相互补充，通力合作，引发出科学家聪明才智和强大的创造力，攀登科学高峰。在近、现代科学史上，许多杰出的科学家都有很强的审美能力和深厚的艺术素养，从美和艺术中所获得的形象直觉、想象联想和灵感等创造性的思维能力，是他们独具慧眼，洞察宇宙奥秘，作出重大科学发现和创造，取得成功的重要原因之一，最典型的例证大概可说是20世纪最伟大的科学爱因斯坦了。这位相对论的创始人，6岁开始拉小提琴，后来成为他终身的爱好和娱乐方式；他还极其热爱大自然的美——朦胧的远山，宁静的海边，美丽的夕阳，丰富的色彩，都使他陶醉不已，乐在其中。他往往在紧张的工作之后，驾驶帆船出游，轻轻地扶着舵，缓缓地流淌着，任凭思绪在天海之际自由驰骋。这种审美的境界，这种自由的精神状态，给了他多少生动活泼的灵感、神奇美妙的想象啊！对美和艺术的热爱，使他进行科学研究时，习惯于一种审美的和艺术的方式，特别强调直觉和想象的作用。他说过：“想象比知识更重要。”“有了精确的实验和观测作为依据，想象力便成为自然科学的设计师”。“音乐和物理学领域里的研究工作，虽不属于同一个族系，但彼此之间却有着共同的目的——力求反映出未知的东西，在这方面它们是相辅相成的。”正因为如此，人们在总结爱因斯坦的科研能力和思维方式的特点和优势时认为：“爱因斯坦的方法，虽然是以渊博的物理学知识为基础，但在本质上是美学的、直觉的。”“他是个科学家，更是个艺术家。”可见，审美教育对于开发智力、科学创新、探求真理发挥了多么大的作用。

科学与艺术的有机结合，逻辑思维与形象思维协调发展，对于形成科学家的最佳心理结构起着重要的作用，否则就可能导致思维能力片面发展，思想僵化，才源枯竭，这不仅不利于科技创新，有时还会造成感情贫乏、智力退化，甚至道德水准的下降。在这方面，达尔文有着深切的体会。他在《回忆录·对我的智力的评估》中写道：

> 在过去二三十年内，我的思想方式在一个方面发生了变化，我过去一直到三十岁，或在超过三十岁的时候，曾经对很多种类的诗歌发生很浓厚的兴趣；其中，例如有密尔顿、格霍、华滋华斯、拜伦、柯律勒支和雪莱的诗篇；甚至是在中学少年时代，我对莎士比亚的作品，尤其是他的历史剧，已经有了热烈的爱好。我还讲到过，从前我对绘画也有相当大爱好，而且也对音乐非常热爱。可是到现在，很多年来，我竟不能容忍去阅读一行诗句。最近，我尝试去阅读莎士比亚的作品，却发现它枯燥乏味，使我难以容忍，以致厌恶万分。我几乎也丧失了对音乐和绘画的兴味。音乐已经不再使我感到快乐，通常反而只会使我过分紧张地去思考自己当时要去干的工作。我对绮丽的风景，还有一点兴致，但是它已经不再像往年那样，引起我极度的狂喜之情了。……我对这种高尚的审美的兴趣，丧失得实在奇怪而且可悲；这种丧失也是令人惊奇的，因为我对于历史、传记、游记（不论其内容是否有任何科学性事实）和种种专题的论文，仍旧同往常一样有着浓厚的兴趣。我的头脑，好像已经变成了某种机器，专门把大量收集来的事实加工研磨，制成一般的法则；但是我还是不能理解，为什么这必然会引起我头脑中专门激发高尚审美兴趣的那些区域衰退的呢？我认为，如果一个人具有比我更加高级的组织的或者更加良好构造的头脑，那么，他就不会遭受到这种损失了；如果我今后还要活下去的话，那么，我一定要制订一条守则：至少在每个星期内，要阅读某几首诗和倾听某几曲音乐：大概采取这种使用脑筋的办法，会因此把我现在已经衰退的那些脑区恢复经常的灵敏度。这些兴趣的丧失，可能会对智力发生损害而且可能对品德有害，因为这种情形会削弱我们天性中的情感部分。

达尔文的经历和切身体会，给予我们多么深刻强烈的震动和启示，它告诉我们：一个科学家如果像一架机器似的，只会从收集的事实中抽象出公式、定理、法则来，完全丧失对美和艺术的爱好与兴趣，就会使大脑的某些区域的功能衰退，对智力造成损害。爱因斯坦说得好："用专业知识教育人是不够的。通过专业教育，他可以成为一种有用的机器，但是绝不能成为一个和谐的人。"要开发智力，培育健全、完美的心理结构，提高人的科学文化素质，促进自由、和谐，全面的发展，我们的教育必须做到自然科学与人文科学相互渗透，科学与艺术有机结合，把审美教育渗透到学科教学和研究领域中去。

2. 以美导善。美的合目的性与美感的无私性，决定着美与善的密切关系。所谓"以美导善"，就是通过美的感染、熏陶和教育，使人拒恶迎善，陶冶情操，以求完美的人格。这就是我国古代思想家所说的"美善相乐""礼乐相济"的社会效应。

道德教育的根本任务是帮助人们树立正确的道德观念，辨别善恶；同时付诸实施，惩恶扬善。但这只靠行政命令、强制灌输和抽象说教是难以奏效的，任何道德规范、原则，只有成了人们的内在要求，才能转化为自觉自愿的行动。在这方面，审美活动和艺术教育起着重要的作用。雪莱《为诗一辨》称道艺术是"实现道德上善的伟大工具，"鲁迅说："美术可以辅翼道德。美术之目的，虽与道德不尽符，然其力足以深邃人之性情，崇高人之好尚，亦可辅以道德为治。"[①]因此，人们把艺术称为"生活的教科书。"俄国19世纪作家乌斯宾斯基的小说《振作起来》，写一个农村教师，参加革命遭到失败，逃亡巴黎，流落街头，情绪低沉，对生活失去信心。有一天，他走进卢浮宫，观赏维纳斯雕像，重新获得生活的信心和勇气，精神振作了起来：

> 我站在神像面前来看她，不停地问自己："我这是怎么了？"从一开头看到雕像，我就问自己，因为从一开始我就感到自身出现了极大

①《鲁迅全集》，第7卷，人民文学出版社，1957年，第273—274页。

的欢乐……有一种我自己无法了解的东西，朝着我被扭曲的、折磨得揉成一团的心灵吹了一口气，立即使我挺直了腰杆，焕发了精神，仿佛那些失去知觉的部门复苏了，促使我精神振奋，把惺忪的睡意一扫而空，用那活力与光明充实了我广阔的心怀，充实了我壮大成熟的躯体。

维纳斯像曾被屠格涅夫誉为像法国大革命一样不容动摇，她的美，她所体现的对人的价值肯定，对生活的热爱、乐观和信心，使这位消极悲观的失败者，从她那里获得极大的审美快乐的同时，也吸取了精神力量，重新振作起来。奥斯特洛夫斯基的小说《钢铁是怎样炼成的》主人公保尔·柯察金成为千千万万青年人学习的榜样，从他身上吸取无穷的精神力量。有的人读了这本书，悔过自新，改恶从善，认识到了人生的价值与意义。1940年，莫斯科奥斯特洛夫斯基博物馆开馆那天收到一封很特别的信件，署名是“寄给把我变成人的人”，其中写道：

我本来是个小偷。1937年我偷了一只手提箱，里面有一本《钢铁是怎样炼成的》。我无意中翻读了第一页，就不由自主地一口气读完了它。在此以前我算个什么人呢？我是个谁也不需要的人，现在读完了全书，我感觉到自己是多么可耻。当我打听清楚，这个写书的人是如何把他的一生都贡献给社会时，我完全明白过来了。……我发誓从此以后要活得光明磊落，要诚实地工作和生活。我没有食言，我已成为地下铁路的一个工作人员。我应该感谢奥斯特洛夫斯基给了我幸福的生活，是这位作家把我引上诚实生活的道路，这位善良的人正是为此奋斗了一生。

张海迪是个残疾女子，但她身残志坚，坚持文艺创作，最终成为生活中的强者。她也说过：“《钢铁是怎样炼成的》这本书，我不知道看过多少遍，它无数次地给了我生活的勇气和信心。”这些生动的事例说明艺术有多么大的以美导善的教育力量。艺术的道德教育作用是通过它的审美功能实现的。缺少艺术性和审美价值的作品，无论怎样唱高调，搞说教，也是感染、教育不了人的。

记得那一位美学家说过一句很深刻的话："美从来不是个人的私有财产。"我们也同样可以说，美感从来不是自私自利的情感。美感的这种超越狭隘功利的无私性，决定着审美教育主要是通过情感陶冶、净化、纯洁人的心灵，荡涤人的私欲，在潜移默化、不知不觉中，使人变成有高尚道德的人，脱离低级趣味的人，一个真正"大写的人"。一个真正热爱美和艺术的人，必然是热爱生活、不屈服于命运的人，必然是一个与黑暗、丑恶的社会势力毫不容情的人。贝多芬26岁耳朵聋了，这对视音乐为生命的人是个沉重打击，可是他不向恶运低头，毅然决然地表示："我将扼住命运的咽喉，不容许它毁灭我。能把生命活上千百次那可多美呀！……是的，我觉得我并不是生来过恬静日子的。"他为了艺术，战胜了命运和难以想象的困难，成为最伟大的音乐家。他的道德品格也是非常高尚的。他呕心沥血，于1804年写成著名的《英雄交响曲》，并在扉页题词："献给拿破仑·波拿巴"。他不久得知拿破仑复辟帝制，自称皇帝，非常愤怒，大声喊道："这也不过是个凡夫俗子而已，如今他要用他的脚践踏人权以满足自己的野心，如今他也要使自己高过所有的人而成暴君！"他于是走近桌边，拿起那面扉页，撕得粉碎，扔在地上，又在新的扉页上题词："《英雄交响曲》，为纪念一个伟人而写。"这里表现出一个伟大艺术家嫉恶如仇的光辉品格，对神圣不可侵犯的人权的坚决维护，对践踏人权、复辟倒退的野心家的无比憎恨。相反的，如果一个人完全丧失了对美和艺术的爱好与兴趣，除了从功名利禄、金钱美女那里寻得点"自私的快乐"以外，再无别的生活追求，那么，他的心灵必然是黑暗的、丑恶的，是道德败坏、作恶多端的家伙。听听莎士比亚在《威尼斯商人》中是怎么说的吧：

灵魂里没有音乐的人，
不会为甜美和谐的歌声所感动。
他们为非作恶，使奸弄诈，
他们的灵魂像黑夜一样的昏沉，
他们的感情像鬼蜮一样的幽暗，
这种人是不可信任的，
听这音乐！

以美导善不同于道德说教，不能把艺术当作说教的工具。艺术只有成为真正的艺术，是美和富有诗意的，才能发挥以美导善的作用，取得春风化雨、润物无声的效果。美与善是亲姐妹。高尔基说，美学是未来的伦理学。我们应当充分发挥美育在思想品德教育的作用，但又不能把它搞得简单化、庸俗化，必须按照审美和艺术的规律进行，由“他律”到“自律”，实现“随心所欲不逾矩”的理想境界。

3. 以美健身。俄国著名作家契诃夫说过，人应当一切都美，形体，服装，心灵。心身和谐，美健结合，是人的全面发展的重要标示之一。美育与体育的关系也是非常密切的，语言中就有“健美”这个词。现代奥林匹克运动会的创始人皮埃尔在《体育颂》中写道：“啊，体育，你就是美！你塑造的人体，变得高尚还是卑鄙，要看它是被可耻的欲望引向堕落，还是由健康的力量悉心培育。没有均匀协调，便谈不上什么美。你的作用与无伦比，可以是二者和谐统一；可以使人体运动富于节律；可以使动作变得优美，柔中含刚！”这是对人体的健美非常恰切的描述和颂扬。体育中饱含着丰富的审美因素，你看运动员那健壮优美的形体，雄强有力的投掷，自由灵活的翻腾，如箭出弦似的赛跑，和谐舒展的艺术体操……无不是健与美的结合，无不是人体美的颂歌，我们只要看一看古希腊雕像《持矛者》《掷铁饼者》，看一看现代奥运会的比赛，这是很容易理解的。因此，体育的任务绝不是仅仅锻炼体力，培养四肢发达的人，还应有很高的审美要求。所以，蔡元培说：“体操者一方面以健康为目的，一方面以身体为美的形式之发展。”

体育中渗透着美育，有利于提高人的审美能力；美育与体育结合，有利于人的身体健康，促进心身的和谐发展。以美健身主要体现在两个方面，一方面体育锻炼要符合美的规律，如形体、动作的平衡、对称、节奏、和谐统一等，才能强身健体，如果违背了合规律的美的原则，一味地蛮干硬拼，就很可能有损健康，甚至戕害身体。另一方面，也是更重要的，身体健康与否不仅有生理因素，还有心理因素，心身和谐是健康的基本保证。审美活动使人心情舒畅，轻松愉快，保持自由和谐的精神状态，对身体健康是大为有益的。早在秦汉时代董仲舒《春秋繁露·循天之道》中就说道：“故仁人之所以多寿者，外无贪而内清净，心平和而不失中正，取天地之美以养其身。”白居易在《好听琴》中写道：“本性好丝桐，尘机闻即空。一声来耳里，万事离心中。清畅堪销疾，恬和好养蒙。尤宜听《三乐》，安慰白头翁。”元代名医朱震亨也说：“乐者，亦为药也。”这些说法都是很有道理的，特别是对于治疗精神创伤更有着重要作用和现实意义。当今社会，人与人之间的竞争非常激烈，精神污染现象严重，物欲文化壅塞人的心灵，致使心理失衡，产生精神疾病。人们通过听音乐、看绘画，观赏自然美，有助于化解内心矛盾，消除苦闷情绪，减轻心理负担，恢复心理平衡，这大概就是人们日益重视音疗、画疗的一个重要原因。它从一个方面证实了以美健身的作用。

从以上我们对美育与智育、德育、体育关系的作了粗浅论述，关于美育与劳动教育的关系，我们从对马克思主义创始关于“美的规律”“劳动创造美”的论述中，想来已有较清晰的认识，这里就从略了。

总的来说，美育不仅具有不能为其他“四育”所替代的独特的功能，而且还能够渗透社会生活、教育教学领域中去，发挥综合的作用和效应。因此，我们既不能只把美育当作实施四育的具体手段，无视其独特的教育功能；也不能否定它与其他“四育”的内在的有机联系，孤立地进行为美而美、为艺术而艺术的教育。我们要摆正美育在整个教育中的位置，正确认识、充分发挥美育在培养德、智、体、美、劳全面发展的、高素质创新型的人才中重要作用。

（选自作者1995—2000年美学课讲稿）

审美与人生三题

——与大学生谈审美教育问题

为了适应21世纪社会进步与文明发展的需要，大学生在努力把自己培养成高素质的、全面发展的优秀人才的过程中，美像一道璀璨夺目的彩虹深深地吸引着他们，正如一首歌所唱的那样："我们为了寻求美，排成一条长队，为了理想和青春，把美来追寻。"美向何处寻？审美与人生的关系如何？这里，我就美学史上的三个重要命题，即"美是生活"，"按照美的规律来建造"，"审美带有令人解放的性质"，从理论与实际的结合上，谈点自己的认识和体会，同大学生们进行一次思想上的交流、对话，并表达我对他们为创造美丽的青春和理想的人生而奋斗的殷切期望。

美是生活

我们要追寻美，首先要知道美是什么？美在何处？对于这个"千古之谜"，从古到今，不知有多少人要解开它，却没有一个答案为人们所认可，结果只能用柏拉图的话来说："美是难的。"尽管如此，其中不少命题对于我们理解审美与人生的关系还是很有启迪作用和积极意义的，如车尔尼雪夫斯基的著名定义："美是生活"。

车尔尼雪夫斯基是19世纪俄国革命民主主义者、美学家、文学家。他既是投身于反对封建农奴制度的英勇战士，也是思想文化领域里敢于破旧立新的先进人物。马克思称赞他是"俄国伟大的批评家和学者"。当时的俄国官僚贵族、农奴主们利用黑格尔“美是理念”的唯心主义思想，要文学艺术表现他们“绝对的真理”“幻想的完美”，弄虚作假，粉饰现实，为封建农奴制度歌功颂德；同时宣泄他们空虚无聊、颓废没落的思想情感，满足他们卑劣的个人享乐主义。车尔尼雪夫斯基满怀革命激情，挺身而出，向这种“流行的美学体系”发出挑战，在他27岁撰写的学位论文《艺术与现实的审美关系》中，就同“美是理念”论针锋相对，提出了令人耳目一新的“美是生活”的定义。

在车尔尼雪夫斯基的美学思想中，“现实”“生活”的概念既指人的社会生活，也包括自然现象；既指物质生活，也包括精神生活；既指现在，也包括过去和未来。他说：“现实——不但包括静寂的自然界，而且包括人的生活，不但包括现在，而且包括事态所表现的过去和现在所准备的未来。……与现实对立的并不是思想，因为思想是由现实产生而且力求实现的，因此思想构成了现实底不可分离的一部分——与现实对立的倒是无聊的梦想，梦想是在百无聊赖中产生的，只不过是爱交叉着手眯着眼睛闲坐的人们的玩意罢了。”①

他从唯物主义而又含有辩证法因素的哲学思想出发，对“美是生活”的定义进行了具体的阐释。他说：

> 任何事物，我们在那里面看得见依照我们的理解应当如此的生活，那就是美的；任何东西，凡是显示出生活或使我们想起生活的，那就是美的。②

他进而提出现实生活中的美唤起人们的审美情感，并产生精神上的愉悦和享受：

> 美的事物在人心中所唤起的感觉，是类似我们当着亲爱的人面前

① 车尔尼雪夫斯基:《美学论文选》,穆灵珠译,人民文学出版社,1957年,第13页。

② 车尔尼雪夫斯基:《生活与美学》,周扬译,人民文学出版社,1954年,第6—7页。

时洋溢于我们心中的那种愉悦。我们无私地爱美，我们欣赏它，喜欢它，如同喜欢我们亲爱的人一样。由此可知，美包含着一种可爱的、为我们的心所宝贵的东西。……在人们觉得可爱的一切东西中最有一般性的，他觉得世界上最可爱的，就是生活。[①]

从上面的论述中，我们可以看出“美是生活”的定义中蕴含着审美与人生关系丰富而深刻的内容。第一，美不是什么“绝对理念”的表现和空虚无聊的幻想，而是存在于人类生活之中，脱离现实生活去寻求美，只能走向来虚无和绝望。美的事物唤起人的美感，而不是美感产生美。第二，“美是生活”，并不是说任何生活现象都是美的，美是同“应当如此的生活”、“美好的生活”紧密联系在一起的。特别应该指出的是，车尔尼雪夫斯基已初步认识到生产劳动在创造“应当如此的生活”中的作用，并以之来判断生活中的美与丑。他将农家和贵族的女子作了这样的对比：农家美女有着“鲜嫩红润的脸色”，“旺盛的健康和均衡的体格”，这是她们生活富裕、辛勤劳动而又不过度劳累的结果；而贵妇人手足纤细，脸色苍白，虚娇无力，靠涂脂粉来打扮自己，这是无所事事、不劳而获、奢侈享乐、精神空虚的生活印记。前者所以美，是由其正常的、健康而充实的劳动生活产生的；后者即使东施效颦，也改变不了她们不劳而获的丑恶形象。这里他不仅肯定了“生活本身就是美”“生活就是美的本质”，而且将美的生成与生产劳动联系起来，体现了他为人民群众争取自由劳动和美好生活而斗争的审美价值取向。

车尔尼雪夫斯基提出“美是生活”的定义，主要是为了批评“美是理念”的唯心主义思想，肯定美的本质和根源在于现实生活，但由于没有完全摆脱费尔巴哈唯物主义的思想影响，他认为艺术美低于生活美，艺术只是生活的“代用品”，则带有明显的形而上学味道。但是，当他论及艺术的社会作用时却有所突破和克服，认为艺术不仅能够再现生活，而且可以说明生活、对生活下判断；不仅给人们带来愉悦和快乐，还能帮助正确认

① 车尔尼雪夫斯基:《生活与美学》,周扬译,人民文学出版社,1954年,第6页。

识生活、提高道德水平。因此，“科学和艺术（诗）是开始研究生活的人的‘Handuch’（教科书）。”[①]他还满怀激情地对年轻人说：“诗把美好的现实生活当作自己的理想：诗启发了年轻人高尚的激情，培养年轻人在英勇的时代从事高尚的实际活动。”[②]他要用艺术这本“生活的教科书”，将年轻人培养成为具有“广博的知识、思考的习惯及感情崇高”的“新人”，为“应当如此”的美好生活而斗争。他是这样说的，也是这样做的。他在反对俄国沙皇专制统治斗争中被捕后，被流放到赤地千里的西伯利亚，大半生过着失去自由的监禁生活，但他坚守自己的生活信念，在狱中创作了著名的长篇小说《怎么办?》，副标题是“新人的故事”，塑造一群英勇无畏、敢于担当、意志坚强、为反抗旧制度、争取美好生活而斗争的“新人”形象，真正体现了他的美学思想的闪光之点，发挥了“生活教科书”的作用。他通过小说《怎么办?》的中心人物拉赫美托夫向广大群众特别是进步的青年知识分子发出了振奋人心的呼唤：

> 未来是光明而美丽的，爱它吧，向它突进，为它工作，促它早日到来，尽可能使它成为现实吧：你们越能够使未来成为现实，你们的生活就越光明而美好，生活中的欢乐和享受就越多……。

这是车尔尼雪夫斯基为光明而美好的生活早日到来而奋斗的心声，也是对他的“美是生活”定义内在意蕴的最好诠释。

普列汉诺夫在《尼·加·车尔尼雪夫斯基的美学理论》一文中说：“当他断言美是‘应当如此’的生活，艺术一般从事于再现‘美好的生活’，他所说的是完全的真理。它的错误仅仅是他没有充分地弄明白人关于‘生活’的观念在历史上是怎样发展起来的”。[③]这个评价是客观的、正确的。车尔尼雪夫斯基对“生活”的理解还存在着费尔巴哈人本主义思想

① 车尔尼雪夫斯基:《艺术与现实的审美关系》,人民文学出版社,1979年,第103页。

② 《车尔尼雪夫斯基论文学》,下卷,上海译文出版社,1982年,第427页。

③ 《普列汉诺夫美学理论文集》,第1卷,人民出版社,1983年,第301页。

的局限性，虽然还没有达到历史唯物主义的科学水平，但“美是生活”的定义对我们理解审美与人生的关系还是大有帮助的。它告诉我们，美既不是上帝灵光的闪现，也不是救世主普度众生的恩赐；既不是客观事物的自然属性，也不是人们心中虚构的幻影。美因人而存在，美在生活之中，创造“应当如此”的理想生活才是美的。因此，我们风华正茂的大学生们，作为美的探寻者、追求者，应当热爱生活，面向未来，勤奋学习科学知识，提高综合素质，焕发青春活力，为争取光明而美好的生活早日实现，享受到生活的欢乐和幸福，要勇于担当，攻坚克难，永远向前。真正爱美的人，是热爱生活、有所作为、无私奉献的人。

按照美的规律来建造

“美是生活”，美存在于人类生活之中，我们只有科学地认识人及其生活的本质，才能正确理解美的本质，处理好审美与人生的关系。马克思主义的唯物史观为我们解决了这个根本问题。马克思说：“社会生活在本质上是实践的。凡是把理论导致神秘主义方面去的神秘东西，都能在人的实践中以及对这个实践的理解中得到合理的解决。”①恩格斯直接把生产劳动与人的生成、艺术创造联系起来，指出：“它是整个人类生活的第一个基本条件，而且达到这样的程度，以致我们在某种意义上不得不说：劳动创造了人本身。……手不仅是劳动的器官，它还是劳动的产物。……在这个基础上它才能仿佛凭着魔力似的产生了拉斐尔的绘画，托尔瓦德森的雕刻以及帕格尼尼的音乐。”②这就告诉我们，人类通过生产劳动在改造客观世界的同时，也改造了主观世界，决定了人及其生活的性质和历史内容，并创造了美和艺术。所以，马克思直截了当地作出结论：“劳动创造了美。”③

劳动是怎样创造了美的呢？马克思从人的生产与动物的生产的根本区

①《马克思恩格斯选集》，第1卷，人民出版社，1972年，第18页。

②《马克思恩格斯选集》，第3卷，人民出版社，1972年，第508—510页。

③《马克思恩格斯全集》，第42卷，人民出版社，1979年，第63页。

别出发，提出了人是“按照美的规律来建造”的光辉思想。他说：

> 动物只是按照它所属的那个种的尺度和需要来建造，而人却懂得按照任何一个种的尺度来进行生产，并且懂得怎样处处都把内在的尺度运用到对象上去；因此，人也按照美的规律来建造。[①]

动物的生产只能按照其自身及其幼仔生存的需要进行生产，它的产品直接属于它的肉体，因而是一种本能的、无意识的、片面的、不自由的生产，“物竞天择，适者生存”，根本创造不出美来。人则是按照两个“尺度”进行生产的，一是“任何物种的尺度”，即人能够掌握客观现实的发展规律、按照各种事物的不同特性进行生产；二是人的“内在的尺度运用到对象上去”，即人能够按照自己的需要进行有计划、有目的进行生产，不仅能自觉地实现自己的目的和需要，而且能再生产整个自然界。因而，人的生产是自由的、自觉的和全面的。这种合规律与合目的相统一、自由自觉的创造性的生产活动，就体现出“美的规律”来。人按照“美的规律”所生产的产品和建造的物体，不仅满足人的物质上的需要，还能成为人的审美对象，从中获得精神上的享受。他的生产对象“表现成他的作品和他的现实界”，肯定了自己的本质力量。人可以自由地“直观自身”的世界，就是美的现实，所以劳动创造了美。美并不是什么神秘的东西，而是人类社会实践的产物，是肯定人的自由创造的本质力量的感性形象。美在创造中，真正爱美的人，是热爱劳动、勇于创新的人。

人按照“美的规律”进行生产，不仅为主体生产审美对象，同时也为对象生产审美主体。马克思在《政治经济学批判·导言》中写道：“艺术对象创造出懂得艺术和具有审美能力的大众——任何其他产品也都是这样。因此，生产不仅为主体生产对象，而且也为对象生产主体。”[②]所以，“只是由于人的本质的客观地展开的丰富性，主体的、人的感性的丰富性，如有音乐感的耳朵、能感受形式美的眼睛，总之，那些能成为人的享受的

①《马克思恩格斯全集》，第42卷，人民出版社，1979年，第97页。

②《马克思恩格斯全集》，第46卷，人民出版社，1979年，第29页。

感觉，即确证自己是人的本质力量的感觉，才一部分发展起来，一部分产生出来。”[①]人们发现美、欣赏美、创造美的能力的产生、丰富和发展，光靠坐而论道、纸上谈兵、耳提面命是不行的，必须通过社会实践特别是物质生产和精神生产，以审美和艺术的方式掌握世界来解决。艺术固然是人类审美活动集中和典型的表现，但美并不限于艺术，它渗透到生产、生活的各个领域，如我们常说的科技艺术、教学艺术乃至烹调艺术等等，无不包含有审美的因素。所以，高尔基说：“我们世界上最美的东西，都是由劳动，由人的聪明的手创造出来的。”[②]“按照人的天性来说，人人都是艺术家，他无论在什么地方，总是希望把‘美’带到他的生活中去。他希望自己不再是一个只会吃喝，只知道很愚蠢地、半机械地生孩子的动物。……他已经在自己周围创造了被称为文化的第二自然。”[③]他的看法与马克思主义创始人劳动创造美和艺术的思想是完全一致的。因此，各行各业的人，不论你是搞文化艺术工作的，还是从事工农业生产、科技开发、行政管理的，都应当根据社会主义现代化建设的需要，按照“美的规律”，通过社会实践和生产劳动，把自己培养成为“生活中的艺术家”和多才多艺的优秀人才。

马克思“人也按照美的规律来建造”“劳动创造了美”的思想，把美的创造同人的生产、生活有机地、整体地联系了起来，表明“生产劳动给每一个人提供全面发展和表现自己全部的即体力的和脑力的能力的机会”，为我们极大地开拓了审美活动、审美教育的领域和视野，指明了深化、发展审美教育的方向。

我们国家正式把美育同德育、智育、体育、劳动教育一起列入教育方针以来，审美教育虽然取得了显著的成绩，但总的看来，仍然是高校教育的薄弱环节，还是在夹缝中艰难地生存、发展着。原因何在？可能有两个：一是对审美教育的重要性认识不足，把美育只是作为愉悦学生心身的

① 《马克思恩格斯全集》，第46卷，人民出版社，1979年，第126页。

② 《高尔基论文学》，人民文学出版社，1958年，第199页。

③ 同上，第71页。

活动和手段，未能发挥它在提高学生综合素质、促进全面发展中的作用；二是把审美教育局限于美学理论和艺术教育的范围内，当然这种教育对于学生树立正确的审美观，提高艺术鉴赏能力很有必要，但还是不到位的。我们应当按照“美的规律”进行审美教育，拓宽美育实施的范围和渠道，把它与社会实践、生产劳动紧密结合起来，以培养学生的创新精神和实践能力为重点，将美育融入学校教育的全过程，从校园环境建设到师生文化生活，从课堂教学到课外活动，从专业学习到社会实践，都要渗透相应的审美因素，把学校打造成美善相乐、诗意盎然的大课堂，让学生能够在理论与实践的结合上提高发现美、欣赏美、创造美的能力，在审美活动中陶冶道德情操，启迪科学智慧，取得以美导善、以美益智、以美健身、以美勤劳综合的效果，使美育同德育、智育、体育、劳动教育相互渗透、协调发展、相得益彰，真正发挥审美教育在培养社会主义现代化建设人才中的独特而重要的作用。美是人们奔向未来的彩虹。大学生热爱美，追求美，应当按照“美的规律”，勇于实践，大胆创新，充分发挥青春的智慧和力量，为中华民族的伟大复兴建功立业，实现美好的理想和人生的价值。

审美带人令人解放的性质

审美活动是人类掌握世界的基本方式之一，对于我们实现人生的目的、价值、意义，有着恒久常新、伴随终身的重要意义。它不仅在掌握科学知识、提高道德修养、增进心身健康中发挥激发和推动的作用，而且关乎人的生存的终结关怀，引领着我们走向精神自由、富于诗意的人生境界。

人是有机的生命整体，求真、向善、爱美是人的基本生活需要。真、善、美的统一，才是真正完美的人生。美是以真、善为前提和基础的，离开真和善，就没有美。同样，真和善中也包括着美，科学研究是求真的，其中蕴含着美的质素。蔡元培在论及科学研究与审美活动的关系时指出，两者虽有不同的特点，但又是相互联系的，在科学研究中，都有用审美的、艺术的眼光的地方。他说："矿物学不过为应用矿物起见，但因此得见美丽的结晶，金类、宝石的光彩，很可以悦目。生物学固然可以知动植物结构的同异，生理的作用，但因此得见种种植物、花叶的美，动物羽毛和体段的美。……天文学固然可以知各种星体引力的规则与星座的多寡，但如月光的魔力、星光的异态，凡是文学家几千年来叹赏不尽的，有较多的机会可以赏玩。"[①]至于"美善相乐"的关系，鲁迅讲得非常清楚、深切："在一切人类所以为美的东西，就是于他有用。……享乐着美的时候，虽然几乎并不想到功用，但可由科学底分析而被发见。所以美底享乐的特殊性，即在那直接性，然而在美的愉乐的根底里，倘不伏着功用，那事物也就不见得美了。并非人为美而存在，乃是美为人而存在的。"[②]他还把艺术的社会作用的"主美"与"主用"的对立观点统一了起来，认为："顾实则美术诚谛，固在发扬真美，以娱人情，比其利致用，乃不期之成果，沾沾于用，甚嫌执持，……美术之目的，虽与道德不尽符，然其力足以渊邃人之性情，崇高人之好尚，亦可辅道德以为治。"[③]由此可见，唯美主义、为艺术而艺术和艺术工具论都是错误的，不是将审美活动视为满足人的动物性的本能快感，就是把美和艺术当作某种政治观念的图解和伦理道德的说教。美和艺术是为人而存在的，真、善、美有着不可分割的内在联系，是相互依存，相互为用，相辅而行的。但三者之间又存在着相对的独立性、不同的特点和价值取向。从教育方面来说，德育重在培养人格品行，弃恶扬善；智育重在探求科学真理，辨别真伪；美育重在怡情悦性，美化生活。审美活动可以超越实用理性和逻辑推判的局限，实现人生的完美和精神的自由。

我们知道，19世纪欧洲正处于资本主义工业化时期，"异化"劳动造成人性的分裂日益显露出来，英国经验主义和大陆理性主义各执一端的片面性也为人所觉察。针对这种社会文化状况，德国古典哲学、美学的代表

①《蔡元培美学文选》，北京大学出版社，1983年，第136页。

②《鲁迅全集》，第4卷，人民文学出版社，1982年，第263页。

③《鲁迅全集》，第8卷，人民文学出版社，1982年，第47页。

人物如康德、席勒、黑格尔等，便想通过审美活动消解主观与客观、感性与理性的对立，把真、善、美与知、情、意统一起来，以克服人性分裂状态，从而获得精神上的解放与自由，使人成为真正“完整的人”。康德首先从先验唯心主义思想出发，以审美判断力作为中介和桥梁，把属于科学认知的“纯粹理性”和属于道德意志的“实践理性”调和、沟通起来，认为是美是无利害关系、不凭概念而普遍令人愉快的“无目的的合目的形式”，是想象力与理解力自由和谐活动的成果。席勒在其名著《美育书简》中，“基于康德的各项原则”，用他自己的话说，要“为审美王国物色一部法典”，“通过自由去给予自由，这就是审美王国的基本法律”。[①]他拿古希腊人同现代人进行了比较，认为古希腊人在美的觉醒中，“把艺术的一切魅力和智慧的全部尊严结合在一起”，发展是全面的、真正自由的人；而现代人由于社会组成了“一种机械生活的整体”，导致人性的分裂状态，“直观的知性和思辨的知性在敌对地占据着各自不同的领域，互相猜忌地守卫着各自的领域”，人由此产生了“感性”和“理性”两种对立的“冲动”。前者追求实用功利欲望的满足，后者追求道德理性的规范和强制性，其结果使人“束缚在整体中孤零零的断片上”，丧失了自由、全面、和谐发展的能力。怎样消除这两种“冲动”的对立，把感性与理性结合起来，实现人性的“复归”，重新成为真正自由、完整的人呢？席勒回答是：靠人的第三种力量——“游戏冲动”来解决。他所谓的“游戏冲动”，不是指日常生活的嬉戏游乐，而是超越感性的物质需要和理性的道德规范的审美活动。他说：“只有当人在充分意义上是人的时候，他才游戏；只有当人游戏的时候，他才是完整的人。”[②]概而言之，就是只有完整的人才审美，只有审美才是完整的人。黑格尔较之席勒对审美活动与精神自由的关系的论述更深入了一步。他以其深刻的辩证思维方法，从主体与客体、感性与理性矛盾统一中揭示了审美活动的自由本质，认为只有二者相互交融、契合一致，人才能进入“自由观照”的审美境界。从审美主体来看，

① 席勒:《美育书简》,徐恒醇译,中国文联出版公司,1984年,第145页。

② 同上,第90页。

“自由是心灵的最高定性。自由首先就在于主体和它自己对立的东西不是外来的，不觉得它是一种界限和局限，而是在那对立的东西里发现它自己。”①

如果人单靠理性活动，客观对象是外在的，不能从中发现自己，还必须诉诸感性、情感；但如果片面强调感性，否定心智的作用，“非理性的无知”同样是不自由的，因为对象对人还是个“陌生的世界”。他说：“人们往往把任性叫作自由，但任性只是非理性的自由，任性的选择和自决都不是出于意志的理性，而是出于偶然的动机以及这种动机对感性外在世界的依赖。”②可见，人只有从感性与理性的统一中才能获得审美自由。从审美客体来看，“美既不是因在有限的不自由的知解力的对象，也不是有限的意志的对象”。知解力消极地把对象分裂成各自独立的东西；有限的意志“牺牲事物的存在的特征”，使之成为服务于自己的工具。这样的东西不可能成为审美对象，美是无限的整体，自由的显现。人们通过审美活动把主体与客体、感性与理性辩证地统一起来，消除各自片面性、有限性、实用性和占有欲，才能获得心灵的自由、思想的解放、道德的升华。因此，他得出结论：“审美带有令人解放的性质。”③总的看来，康德、席勒、黑格尔的美学思想虽然有着唯心主义、审美乌托邦的局限，但他们看到“异化劳动”造成的消极后果，把审美活动与人的心灵自由、精神解放结合起来，对于联系当代人的生存状态，正确把握审美超越性的价值取向，有着重要的现实意义。

当今世界，人类进入知识经济和科学技术高速发展的信息化时代。中国尚属于发展中国家，为了实现科教兴国、奔向小康的战略目标，需要培养大量高素质的、全面发展的科学技术人才。从目前高校教育的实际情况来看，审美活动、审美教育重要性和紧迫性日益显露出来。一方面，随着社会经济的发展和科技水平的提高，大学生的物质生活和文化生活大有改

① 黑格尔:《美学》,第1卷,朱光潜译,商务印书馆,1979年,第120页。

② 同上,第122页。

③ 同上,第192页。

善，审美活动领域大大扩展开来，如上网吧、看电视、刷视频等，呈现出审美文化与科技活动相结合、日常生活艺术化的趋势。如何发挥审美教育的导向作用，使他们从中吸取健康、有益的东西，培育高尚的审美情趣，促进个性的自由发展，同时自觉抵制和避免庸俗、低级、下流的东西的精神污染，成为美育面临的一个重要课题。另一方面也是更为重要的要充分发挥审美教育的综合性、创造性和超越性的功能。所谓“综合性”，就是通过美育促进学生德育、智育、体育、劳动教育的全面发展、发挥美育在自然科学与人文科学相结合中的沟通、桥梁作用。所谓“创造性”，即通过审美活动由直觉感受、情感体验、想象联想、认知理解构成一种心理“合力”，发挥它在科学技术发明、创造的重要作用。伟大的物理学家爱因斯坦深信审美是科学研究的内在动力和重要原则，他说：“美照亮我的道路，并且不断给我新的勇气。”“我相信直觉和灵感。”“想象力比知识更重要，因为知识是有限的，而想象力概括着世界上的一切，推动着进步，并且是知识进化的源泉。严格地说，想象力是科学研究中的实在因素。”“物理学家的最高使命是要达到那些最普遍的基本规律，由此世界体系就能用单纯的演绎法建立起来。要通过这些定律，并没有逻辑的道路，只有通过那种以对经验的共鸣的理解为依据的直觉，才能得到这些定律。”①爱因斯坦这些发自肺腑的话语，多么清楚地说明，审美规律与科学规律有相通之处，审美活动在探索科学奥秘中发挥着动力性和创新性的作用。所谓“超越性”，即是审美活动虽然基于科学的“真”、道德的“善”，但又能使人超越主客二分、逻辑推理和行为规范的限制，摆脱实用功利和道德强制的束缚，进入“得至美而游于至乐”的境界，真正获得精神自由，享受人生幸福，成为“完全的人”。然而在后工业化的西方社会中，由于对物质的、技术的、功利的追求居于统治地位，精神文化生活被忽视、被冷淡，甚至受到压抑和排斥，很多人即使参与娱乐活动，也只是为了满足官能性的快感，缺乏审美的情韵，成为如马尔库塞所说的“单面人”，不知人生的目

① 转引自叶朗：《美学原理》，北京大学出版社，2004年，第285页。

的、价值、意义何在，丧失了精神家园。当然，如果一味进行道德说教，不求真、不爱美，就可能成为光讲好话、尽干坏事的"两面人"、伪君子。在高校教育中，由于受到实用主义和工具理性的影响，片面强调专业科学知识和职业技能的教育，存在着忽视包括美育在内的人文素质教育，有的学生只是埋头于专业知识的学习，忽视审美能力、审美理想的培养，致使精神生活贫乏，性情孤僻偏狭，产生心理疾病，这就是我们常说的"问题青年"。针对这种不良倾向，我们想引用鲁迅早年在《科学史教篇》中的一段话可能会对我们有所启发：

> 盖使举世惟知识之崇，人生必大归于枯寂，如是既久，则美上之感情漓，明敏之思想失，所谓科学，亦同趣于无有矣。故人群所当希冀要求者，不惟奈端（牛顿）已也，亦希诗人如狭斯丕尔（莎士比亚）；不惟波尔，亦希画师拉如洛菲罗（拉斐尔）；既有康德，亦必有乐人如培涅诃芬（贝多芬）；既有达尔文，亦必有文人如嘉莱勒（卡莱尔）。凡此者，皆所以致人性于全，不使之偏倚，因以见今日之文明也。[①]

鲁迅的看法对于我们正确理解科学与艺术、审美与人生的关系是很有启发的，一个人如果"偏之一极"，只是单纯地掌握科学知识，缺乏丰富的文化艺术生活，没有审美的体验、情趣，就会导致感情的冷漠，智慧的丧失，精神的空虚，"人生大必归于枯寂"，也不利于科学技术的创新，何谈"致人性于全"，可见科学知识与审美活动的结合，对于人的全面发展是多么重要。

综上所述，使我们认识到没有美育的教育是不完全的教育，美育对于培育人的综合素质、促进全面发展、实现理想的人生价值具有重要作用。大学生正处于成长、发展的黄金时期，好像早晨八九点钟的太阳，振兴中华的希望寄托在你们身上。你们在人生前进的道路上，应以崇高的理想、

①《鲁迅全集》，第1卷，人民文学出版社，1981年，第35页。为便于读者理解，改用通译人名。

博大的胸怀、明敏的智慧、奋力拼搏的精神，为创造美好的明天无私地奉献自己青春和力量。最后，祝愿你们在攀登人生高峰的道路上，将自己塑造成具有社会主义坚定信仰的、德、智、体、美、劳全面发展的一代新人！

（原载《高校教辅员学刊》，2012年第6期）

漫议审美能力的培养

马克思主义告诉我们，认识世界是为了改造世界。美在本质上是创造的。人类以审美的方式掌握世界，不只是感知、欣赏客观存在的美，更重要是"按照美的规律"，生产美的产品，创造美的生活。因此，在审美教育活动中，我们固然要传授一些美学基本知识，但不能停留于纸上谈"美"，嘴上讲"美"，而是要紧密结合生产、生活和艺术实践活动，培养与提高人的审美能力和创造能力，这是社会主义美育的基本任务。这里，我不想高谈阔论，只是联系艺术创作和欣赏的实际，就审美能力培养问题，发表些不成熟的议论。

莫奈:"伦敦雾的创造者"

——审美感受力的培养

十九世纪法国伟大的雕塑家罗丹说过："美是到处都有的。对于我们的眼睛，不是缺少美，而是缺少发现。"[①]现实生活中的美是丰富多彩、无穷无尽的，问题在于我们是否能够发现它。我们要欣赏音乐的美，必须有富于音乐感的耳朵；要欣赏绘画的美，必须有能感受形式美的眼睛；否则最美的音乐和绘画，也不能成为我们的审美的对象。美主要是通过

---

①《罗丹艺术论》，人民美术出版社，1978年，第60页。

视觉、听觉这两个感官，进入人们的心灵的。对美的事物感性直观和直接印象是审美活动的前提和基础，没有耳之所闻，目之所见，是谈不上审美活动的。因此，我们欣赏美首先要有健全的视听感官，对美的形象有一定的感受能力。

美，无论是现实美，还是艺术美，都表现为具体可感的形式。美是生动的形象，不是抽象的思想。抽象的概念、原则、理论可能是真的、善的，但不可能是美的。鲁迅也说过："美底享乐的特殊性，即在那直接性"。[①]美的形象性的特点，决定着人们的审美活动不是用逻辑推理的方法，靠抽象的判断进行的，而是从视听感官对美的事物直接感受开始。所以，车尔尼雪夫斯基说："美感是和听觉、视觉不可分离地结合在一起的，离开听觉、视觉，是不能想象的。"[②]我们聆听一首美妙的乐曲，观赏一幅动人的绘画，远眺一片美丽的风景，都是通过视、听感觉获得精神上的愉悦和享受的，甚至有时不假思索、脱口而出地称赞它："真美呵！"这种用不着科学论证、逻辑推理的观照美的心理活动，就是审美感受力的表现。

形象感受力作为审美活动的一种心理功能，是人们直接通过视觉和听觉获得美的事物的完整映象和整体感知。我们观赏风景，不是只看一株树，一块石，一片水，而是在欣赏山石林泉有机构成的美丽图画。我们欣赏音乐，听到的不是各不相干、没有意义的音响，而是由声调、节奏、旋律组成的富有表现意义的乐章。我们欣赏诗歌、小说，读到的不是一大篇胡乱堆积的语词和句子，而是通过语言描绘能够唤起生动的"内心视象"的文学作品。我们欣赏绘画、雕塑，看到的不是杂乱无章的线条、色彩、形体的拼凑，而是可以直接感知的、有意味的艺术造型。总之，我们只有从整体上感受美的形象，才能进入美的领域，并进而领略美的意蕴。例如罗中立的油画《父亲》，运用现实主义的表现手法，以逼真的细节，冷峻的色调，深沉有力的线条．真实、生动地塑造出一个老农民的形象。我们

①《鲁迅全集》，第4卷，人民文学出版社，1981年，第263页。

② 车尔尼雪夫斯基：《生活与美学》，周扬译，人民文学出版社，1957年，第42页。

面对着这一具有强烈视觉效果的艺术塑象，可以感受到他慈善目光的逼视，听到他沉重的喘息．看到他青筋的暴露、血液的流动，嗅出他身上特有的烟草味和汗腥味，以及干裂焦灼的嘴唇，仅剩下的一颗牙齿，可以想见他一辈子吃了多少苦，受了多少累，是怎样一位能吃大苦、耐大劳、钢铁熔铸成的“父亲”呵！再看看他那背后象征着丰收的金黄色，我们的心激烈地跳动了：他终生像牛马似的耕耘着、劳动着，用血汗浇灌着土地，在旧社会却受尽苦难和折磨，今天他虽然老了，却仍然在进行着超负荷的辛勤劳动。他把丰收的果实给了我们，而供自己享用的却很少很少，这才是中华民族真正的“脊梁”！……如果我们不能改变农村贫穷落后的面貌，把幸福美满的社会主义新农村建设起来，让我们的“父亲”幸福地度过晚年，那就是他们的不肖子孙，要受到良心的责备。由此可见，只有对《父亲》的艺术形象的完整、真切地感受，才能真正把握他的悲剧美、崇高美。

我们要从整体上感知美的事物，不等于把事物巨细无遗地复印在头脑里。一个人的审美感受力是不是敏锐，主要是看他能否发现事物形象的独特性格。有了独特的发现，才算真正把握美。如果人云亦云，戴着别人的眼镜看事物，那美就不属于你。这在艺术家身上表现得特别鲜明、突出。罗丹说：“所谓大师，就是这样的人，他们用自己的眼睛看别人看过的东西，在别人司空见惯的东西上能够发现出美来。”[①]又说：“在艺术家看来，一切都是美的，因为在任何人与任何事物上，他锐利的眼光能够发现‘性格’……。”[②]著名美学家、艺术家王朝闻有次游览黄山，在溪涧中捉到两条娃娃鱼，带回宾馆养起来，天天观赏，兴味甚浓。娃娃鱼四条腿，长尾巴，一身癞皮，一般人会觉得它是丑的，很难看。可是，在王朝闻的眼中，它那对称的四条腿、长尾巴与身体的成比例的对比与照应，肚皮上富于图案意味的杏黄色的斑纹，以及它那稚气可爱、既笨拙又灵敏的动作，确实是很美的。丑中见美，真是独具慧眼。印象派绘画的创始人莫奈曾到

①《罗丹艺术论》，人民美术出版社，1982年，第5页。

② 同上，第2页。

英国伦敦游历，画了著名的威斯敏斯特大教堂，哥特式的尖顶上空笼罩着紫红色的雾气，时隐时现，色彩丰富，诗意浓郁。这幅画展出时，观众看了大为惊讶：雾色是灰蒙蒙的，在画家笔下却怎么变成了紫红的？一定是他看错了！可是，当人们走出展览大厅，再仔细看看伦敦上空的雾，简直不敢相信自己的眼睛了，发现那雾的确是紫红色的。因此，莫奈被人誉为“伦敦雾的发现者”！这些生动的事实告诉我们：真正高明的艺术家，自然美、艺术美的鉴赏者，他们感受能力是特别敏锐的，能够以自己独特的眼光去发现美，感受到别人没有觉察到的美。

人们审美感受力的高低强弱，固然与一个人先天的素质和遗传有关，但归根结底是由后天的社会实践决定的。马克思指出，人类在社会实践活动中，“从对象上展开人的本质的丰富性”的同时，“人的主观感受的丰富性”也随之发展起来。因此，我们要培养和提高审美感受能力，最重要的是在丰富多彩的生活实践中，在多种多样的艺术创作、欣赏活动中，接触美的事物，进入美的境界，耳濡目染，亲身领受，审美感官就会变得灵敏起来。比如我们组织学生郊游，远足，让他们尽情接近大自然，通过直接观察、亲身体验和反复比较那变幻无穷的色彩，那美妙动人的音响，他们的审美感受力就会得到丰富、发展。一个足不出户、死抠书本的孩子，对美的感受能力必然是很贫弱的。直接感知周围世界的美，对于培养少年儿童的审美感受能力有着特别重要的意义。生活中的一草一木，一花一石，对他们都是陌生而又新鲜的；他们认知世界的突出特点是具体的、形象的，甚至可以说，他们是用画面、色彩、声音和动作来看待事物的。因此，一个人的审美感受力的培养，必须从幼小时开始，这是非常重要，不可错过的良好时机。苏联著名教育家苏霍姆林斯基曾说：“对所见所闻的观察、倾听和体验，犹如通向美的世界第一个窗口。所以，我们认为很重要的一项任务，就是教会孩子能看到和感受到美，而待他们有了这些能力之后，则要教会他们终生保持他心灵的赞美之情和善良之意。”[1]

艺术作品是以鲜明生动的形象反映现实生活的，对于培养和提高人们的审美感受能力有着特殊作用，听乐以“聪耳”，观画以“明目”，讲的就是这个道理。可是，过去我们在“左”的思想严重影响下，往往无视艺术的审美特点，把文学课、音乐课、美术课讲成政治课，肢解完整的艺术形象，用以图解政治概念，进行空洞说教，不去引导学生进入艺术境界，感受美的形象。这样做既达不到思想政治教育的目的，更不利于学生审美感受能力的培养和提高。我们在教学中要彻底改变这种状况，根据文艺作品形象性和感染性的特点，把课教得生动形象，以情感人，让学生在真切的艺术体验中，受到美的陶冶、教育，以培养和发展自己的美感能力。且不说音乐课、美术课对于提高学生视听能力的重要作用，就以文学课说吧，如我们讲授鲁迅的散文诗《雪》，从解说“朔方的雪”和“江南的雪”感性形象入手，引导他们具体感受、体验到它们不同的审美特征：“朔方的雪”，在无边无际的旷野，蓬勃奋飞，永远如粉如沙，决不粘连，在日光下灿灿发光，如包藏着光焰的大雾，在天空旋转而且升腾的闪烁……；“江南的雪”，则“隐约着青春的消息”，像“极健壮的处子的皮肤”，真是“滋润美艳之至了”。通过北方的雪和江南的雪如此生动形象的对比，不仅使学生进一步理解到作品的象征意义，而且也增强了他们对美的感受能力。读了这篇散文诗，不论是北方人，还是江南人，也不管是放眼万里雪飘的北国风光，还是欣赏滋润美艳的江南雪景，他对美的感受、体验不是都可以深入一层吗？可见，要培养学生的审美感受力，教师必须首先是对美非常敏感的人。苏联著名教育家赞可夫就曾说过：“敏锐的审美知觉，却并非只有艺术家才能具备的。我们做教师工作的人，了解这一点很重要。”

在审美活动中，美是通过人的视、听感觉进入心灵的。审美能力的培养首先要提高人们对美的感受力。离开了这个前提和基础，我们就不可能去欣赏美、理解美和创造美。当然，人的审美感觉不同于动物式的、生理

① 苏霍姆林斯基：《帕夫雷什中学》，赵玮等译，教育科学出版社，1983年，第425页。

的、粗糙的感觉，而是一种属人的感觉，其中积淀着一定的情感的、理性的因素，但它毕竟是感性直观的。因此，人们对美的形象直觉只有同情感体验、想象联想、认识理解等心理能力有机结合起来，才能真正进入审美判断、艺术欣赏的完美境界。

石峰成了能歌善舞的阿诗玛

——审美想象力的培养

在审美活动中，想象力是一种最富于创造性的、非常活跃的心理能力，以致西方有些学者往往把想象与形象思维等同起来，法国诗人波德莱尔甚至称它是“人类一切功能中的女皇陛下”。可以说，一个人如果完全丧失了想象力，也就谈不上艺术欣赏和审美创造活动了。

想象一般分为再现性想象和创造性想象。再现性想象是人们在经验记忆的基础上，重新显现客观事物形象的心理活动；创造性想象是对大脑中储存的经验记忆进行加工、改造和重新组合，创造新的形象的心理功能。总的说来，审美欣赏是再现性想象占优势，艺术创作是创造性想象占优势。但是，两者是不能截然分开的，再现中有创造的因素，创造中有再现的成分。审美教育中的想象力的培养，要把想象的再现性与创造性密切结合起来。

人们欣赏美和艺术，不是消极、被动的接受，而是积极主动的再创造。从审美对象看，它有一种感染、诱导的力量，能够引发人们丰富的想象联想；从审美主体看，他总是以自己的生活经验为依据，受到情感意绪的驱动，“神与物游”，驰骋想象，在对象中发现些什么，补充和发展些什么，从而赋予它以新的生命和活力。如果我们的眼睛只是照相机，耳朵只是留声机，那么对象就不可能在头脑中“美”起来、“活”起来。我们游览黄山，站在玉屏楼前，看到天都峰与耕云峰高耸入云，相对而立。耕云峰有块峭石腾空而起，伸向天都峰，诱发起游人的想象力，遂名之曰：“松鼠跳天都”。呵，一只活泼可爱的小松鼠，翘起尾巴，跃跃欲试，要跳过万丈深壑，到那高出云表的天都峰上，领略黄山奇松怪石、云海日出的风光。正是由于想象力的作用，本来是一块静止不动的顽石，在我们的头脑中却幻化成了一只腾空而起、活蹦乱跳的小松鼠。云南省昆明石林的阿诗玛，以普通的眼光来看，只不过是个上下粗细不一的石柱，可当我们进入那诗情画意般的境界，以审美的眼光凝神观照，想象的翅膀展开了，高高的石柱似乎变成了婀娜多姿的少女，变化多端的岩缝变成了随风飘舞的裙带，顶端不大规整的石块变成了玲珑剔透的头饰，她正在翩翩起舞，唱着动人心弦的山歌……这样一来，一种无生命的岩石就幻化为一个美丽善良、青春焕发、能歌善舞的苗家姑娘——阿诗玛。在这里，石峰的特殊形态引发了人们的想象，想象对石峰进行了加工和再创造，既深化了对象的审美意蕴，也丰富了主体的审美体验。

德国著名美学家莱辛曾经说过："凡是我们在艺术作品里发现为美的东西，并不是由眼睛，而是由想象力通过眼睛去发现其为美的。"[①]我们要发挥想象力的作用，通过视听感觉，发现艺术作品里的美，对现实生活中的美又何尝不是如此呢。艺术作品以少总多，以一当十，虚实相生，其意义就在于充分调动人们的想象力，取得"迁想妙得"审美效果，领悟到它"言外之意""弦外之音""象外之象"的深层意味。造型艺术为我们提供的可视性形象，虽然只是事物运动中瞬间的、静态的造型，但我们却可以通过它那"不到顶点"的"富于包孕性的瞬间"，想象出事物运动的过程，从静态中"看出"动势，以"咫尺"论"万里"，体会到"无画处皆成妙境"的艺术真谛。《罗丹艺术论》中讲了个生动、典型的事例：他看到在巴黎凯旋门墙面上吕德的雕塑《马赛曲》，似乎听到胸前披着铜甲、展开双翼飞驰的自由女神发出震耳欲聋的呼喊："武装起来，公民们！"这是雕塑动作的第一阶段；动作的第二阶段，在自由女神的号召下，战士们纷纷前来，集合到她的身边。那个留着狮子般髭须的高卢人挥动着他的帽子，好像在向自由女神致敬；同时，他的小儿子要求同和他去战斗："我已够强壮的了，我是一个男人，我要去打仗！"父亲骄傲而慈祥地望着儿子，

① 莱辛：《拉奥孔》，朱光潜译，人民文学出版社，1979年，第42页。

好像说："来吧！"这是何等威武雄壮、有声有色的动人场景啊！在罗丹丰富多彩的想象中，雕塑《马赛曲》空间并列的、凝固静止的造型变成了在时间中持续运动的、"长久的动作"；"无声的画"变成了"有声的歌"。相反地，我们如果缺乏审美想象力，思想刻板僵化，拘泥于事实，那么再美的绘画，也会失去光彩；再好的诗歌，也会毫无韵味。宋祁《玉楼春》词中名句："绿杨烟外晓寒轻，红杏枝头春意闹"。李渔在《窥词管见》中对后一句用"闹"字大加贬斥，认为它"殊难着解"，"越一理字"，"极粗极俗"，"听不入耳"，这样还有什么诗味可言？而王国维的看法则与之相反，他在《人间词话》中说："'红杏枝头春意闹'，着一'闹'字，而境界全出。"诗人用一个有声的"闹"字来形容春天杏花开得红火、繁盛，把人们的想象力激发了起来，从红杏盛开的无声的姿态中仿佛听到了有波动的声响，感受到生机勃勃、春意盎然的美好景象，体验到诗人喜迎春色的欢快心情，在头脑中形成一种鲜活生动的艺术境界。两论相比较，王国维深得艺术之真髓，而李渔则有智者一失之嫌，"按实肖像"，字字坐实，忽视了"想象以为事"的艺术特点。正如宋代僧人惠洪《冷斋夜话》所云："诗者，妙观逸想之所寓也，岂可限于绳墨哉！"

总之，人们通过想象活动，充分发挥想象力的作用，既可以深化自我的心灵世界，又能加深对于审美对象的感受、体验和理解，从中发现更多的、深层次的美来。法国诗人雨果说得好："想象就是深度，……没有一种心理机能比想象更能自我深化，更能深入对象，这是伟大的潜水者。"[①]想象在审美活动中有着如此神奇的功能，那么，我们在审美教育中如何培养和发展自己的想象力呢？

第一，要有丰富的生活积累。生活是培育思想之花的沃土，我们只有见多识广，生活经验丰富，才有可能由此及彼，触类旁通，浮想联翩，激活想象力，创造出新艺术形象。果戈理只是向普希金讨了个故事情节，就能写出个丰富多彩的喜剧来；托尔斯泰不过看到地边一棵被摧折而仍顽强

①《雨果论文学》，上海译文出版社，1980年，第151页。

生长着的牛蒡草，就能完成中篇小说《哈泽·穆拉特》的艺术构思。这并不是他们有什么的“神来之笔”，更不是受到了什么“神的启示”，而是那一个故事情节，那一棵牛蒡草，触发了他们的创作灵感，激活他们的想象力，运用头脑中储存的生活信息为原料，进行创造性劳动的结果。在审美和艺术欣赏活动中，想象联想是要以实际的生活经验为基础的。一般地说，生活于北方平原的人，更能深入地体味“骏马秋风冀北”的豪放风格；久居江南水乡的人，则更真切地领悟“杏花春雨江南”的优美情境。一个足不出户、孤陋寡闻、头脑空空的人，不可能是一个思想活跃、想象力丰富的人。一个真正爱美的人，首先要关心社会，热爱生活，亲近大自然，才能张开想象的翅膀，遨游于美和艺术的世界。

第二，要正确地把握审美对象的个性特征。想象不管怎样的天马行空，神奇玄妙，总要受到客观事物的制约。审美对象既能引发人们的想象，又为之规定了一定的范围和方向。因此，只有正确把握事物的个性特征，想象才能真正进入审美境界，如果把想入非非的东西强加于它，那美就会离开你，不属于你。按照完形心理学的“异质同构”理论，我们可以将一棵苍劲挺拔的古松想象成一位坚贞不屈、高风亮节的老人，而不能把它想象为柔情似水、美丽动人的窈窕淑女；不能把摇曳多姿的扶风弱柳，想象为粗壮有力的彪形大汉。柳宗元被贬谪到西南边陲之地，为了抒发自己愤懑、惨痛之情，曾以“山似戟”“水似汤”来形容桂林山水。他把山想象得像刀剑一样锋利，水像滚热的汤一样烫人，显然，他心目中的桂林山水，经过主观情感的重新塑造，产生了扭曲、变形，并不符合桂林山水的自然特征，审美价值是不高的。韩愈以“江作青罗带，山如碧玉簪”的诗句，把它想象成穿罗戴玉的绝代佳人，形象地展示了桂林山水风姿绰约、秀丽宜人的特点，则广为传诵，历久不衰。可见，审美想象是自由自在的，但不是主观随意性的，更不能想入非非。想象虽然有着浓厚的个人感情色彩，但还是要受到客观事物限制的。西方有个谚语：“有一千个读者，就有一千个哈姆雷特。”这话用来说明审美趣味的差异性、多样化，当然是对的；但绝不意味着可以把这个深沉、忧郁的复仇王子想象成为同风车作战的堂·吉珂德。我们只有在审美对象所提供的活动范围和发展方向，想象力才能充分发挥其深化和发展审美意蕴的能动作用。

第三，要增强记忆力。伏尔泰说："人，如果没有记忆，就无法发明创造和联想。"人的记忆的内容和形式是多种多样的，有理论观点，有道德规范，有生动具体的形象，有喜怒哀乐的情感……。审美活动是形象直观的，饱含着情感体验，因而审美想象与形象记忆、情感记忆的关系尤为密切。人们记忆中保存大量生动具体的事物形象，就很容易彼此沟通、连接起来，形成想象联想，产生出新的形象。如黄景仁词："隔窗拥珠帘，有几个明星窃窃私语。"诗人别出心裁地运用想象，将天上的明星与人们的窃窃私语相互感通，"以耳代目"，虚实结合，以有声代无声，更加鲜明地表现出静寂清幽的夏夜景象。情感记忆是以情感体验为内容的记忆，睹物思人，触景生情，产生想象联想，如南国红豆的相思，依依杨柳的惜别，红烛垂泪，杜鹃啼血等等。牛希济《生查子》词抒写男女离别之情，其中有言："记得绿罗裙，处处怜芳草。"作者运用接近联想，以恋爱之情将"绿罗裙"同"怜芳草"黏合起来，"揭出别后难忘之情，以处处芳草之绿，而联想人罗裙之绿，设想似痴，而情则极挚。"[①]在审美想象活动中，形象记忆与情感记忆是交织、结合在一起的，不可分离的。有位幼儿园老师用音乐培养孩子的想象力，由于很注意激发他们的形象的、情感的记忆，取得了非常好的教学效果。她在教唱摇篮曲《睡吧，小宝宝》时，先让孩子听这首乐曲，感受它那平静、舒缓的抒情气氛，再启发孩子联系自己的记忆，想象出乐曲中所表现的意境。有的孩子说："我好像走进一间静悄悄的房间，看见妈妈在摇篮边轻轻地摇着，让娃娃睡觉。"有的说："娃娃睡在摇篮里，好像在荡船上，摇呀摇的，娃娃就睡着了。"摇篮曲所以能够激起孩子们丰富的想象，是因为他们头脑中储存有与乐曲相关的形象、情感记忆材料，否则是想象不出来的。形象记忆愈生动具体，情感记忆愈真切深厚，想象就愈加生动活泼、丰富多彩。

---

① 唐圭璋:《唐宋词简释》,上海古籍出版社,1981年,第22页。

综上所述，可知想象力是审美活动的一种非常重要的心理功能。生活经验是想象的基础，记忆储存为想象提供材料，情感体验是想象的动力。因此，我们要多积累生活经验，丰富自己的情感，不断增强记忆力，以培养和提高想象能力，从而自由地在美和艺术的天空中翱翔。

“理之在诗，如水中盐，蜜中花”

——审美理解力的培养

理解力，一般是指人的抽象思维能力，即由感性认识上升到理性认识，以达到对事物本质的认识。审美活动虽然是一种形象思维，但总不能离开人类认识活动的普遍规律，理性认识在其中仍然起着重要作用。因此，在审美教育中，理解力的培养是不可忽视的重要课题。

在这个问题上，我们同直觉主义、唯理主义美学存在着原则的分歧。直觉论者如克罗齐认为，美感是“形象的直觉”，就像婴儿刚刚出世第一次睁开眼睛看世界那样；如果旁牵他涉，作理性思考，有理解参与，形象直觉就转化为逻辑判断，审美活动便不复存在了。他把审美活动等同于形象直觉，排斥理性认识的作用，必然以生理快感为美感，不能把握对象的内在意蕴和审美价值。与直觉论者相反，唯理论者无视审美活动的特点和规律，不能把它与科学认识的思维方式区别开来，要用逻辑推理的方法判断美丑，否定形象直观、情感体验的作用，其结果同样享受不到美，创造不出美来。

直觉论与唯理论的共同错误在于，他们把审美活动中的感性认识与理性认识、形象思维与逻辑思维完全对立起来、割裂开来。按照唯物辩证法的观点，两者是相互依存、相互渗透、相互作用、有机统一的关系。毛泽东同志在《实践论》中对此有着深刻的论述，他说：“感觉了的东西，我们不能立刻理解它，只有理解了的东西，我们才能更深刻地感觉它。”[①]一

①《毛泽东选集》，第1卷，人民出版社，1954年，第275页。

般认识活动是这样，作为一种认识的特殊方式——审美活动也不例外。审美和艺术活动虽然始终不脱离客观对象的感性形式，但其中渗透着理性认识，理性溶于感性，认识寓于形象，理在趣中，由趣悟理，无迹可求。钱锺书在《谈艺录》中论及诗歌的理趣时说："理之在诗，如水中盐，蜜中花，体匿性存，无痕有味，现相无相，立说无说。所谓冥合圆显者也。"[①]因此，我们在欣赏艺术作品时，不能仅靠纯粹的形象直觉，还要发挥理解、认识的作用，才能得其"理趣"，对它的审美蕴涵感受得更真切些，领悟得更深刻些。如俄罗斯十九世纪著名画家列维坦的名作《符拉基米尔大道》，画面上直接呈现于我们眼前的，是在空旷荒凉、寂然无声的原野上，只有几株孤零零的小树在冷风中颤抖，一条满是泥泞、空荡荡的大道伸向远方，永远看不到个尽头……看后一种悲凉、惨苦之情油然而生。那么，艺术家给予我们的是否只是如此形象的直接感受，还有没有更为重要、深层的意义呢？这位画家是同情人民革命、反对沙皇专制统治的；而且那条大道是沙皇宪兵荷枪实弹押送流放西伯利亚的革命者所行之路，真是"路漫漫其修远兮"！当我们了解和熟悉了列维坦的思想、生活及其创作的历史背景，结合画面形象的感受和体验，就会对它潜在审美意义有进一步的认识和理解：它表现出艺术家对革命者惨遭镇压的无限同情和对沙皇政府的血腥统治的愤怒抗议，符拉基米尔大道激起人们多么深沉的叹息和强烈的愤怒！可见，审美活动光靠感性直觉是不够的，还需要心灵的沉思，理解的深化。

认识理解能力突出表现在对艺术作品的审美判断和评价上。我们在欣赏艺术作品时，一方面被它的生动形象所感染和吸引，进入"角色"，"入乎其内"，产生情感上的共鸣；另一方面又要在直接感受、体验的基础上，"出乎起外"，同它拉开一定的距离，进行冷静的思考，深入的理解，作出审美判断，美其所美，丑其所丑。由于审美主体与客体之间存在着非常复杂的情况，认识理解在审美判断中的表现形式是很不一样的。一种是"顺

① 钱锺书:《谈艺录》,中华书局,1984年,第231页。

态”的，即对艺术作品的审美内容和审美价值是认同的，作出肯定性的评价。如恩格斯聆听了贝多芬的第五交响乐，在给他妹妹的信中说：“昨天晚上所听到是多么好的交响曲呵！要是你还没有听过这部壮丽的作品的话，那么你一生可以说是什么也没有听过。第一乐章是惨痛的绝望，慢板乐章是挽悼的哀痛与柔和哀切的申诉，第三乐章和第四乐章是自由的号角的青春强力的欢呼。”[①]恩格斯这个分析、判断，与贝多芬第五交响曲的声情韵味是一致的。另一种是“逆态”的，即欣赏者对作品的思想内容和审美价值，艺术家以为美的，欣赏者则不以为然，不仅不感到美，还认为是丑的，反之亦然，各美其美，各丑其丑。如思想感情健康、审美意识纯正的读者，看了宣扬低级趣味、色情暴力的作品，能够采取批判和否定的态度；有的人则对于真正表现真善美的精品佳作，看了以后却觉得“没有劲”，“不够味儿”。这种“逆态”的审美判断，反映出人们的审美态度、理念在艺术欣赏中所起的重要作用。还有一种是“顺态”与“逆态”相结合的，即人们对艺术作品的既有肯定、也有否定的审美判断。特别是在文艺批评中，批评家从一定的批评标准和美学原则出发，对一部作品的成败得失作出实事求是的分析、评价，既肯定其中积极的、进步的、有益的东西，有指出存在的缺点和错误，以帮助人们分清精粗、美丑，作出正确的审美判断。

这里应当指出的是，由于审美对象的特点、性质的不同，形象直观与理性认识在审美活动中所起的作用是不一样的，要具体分析，区别对待，否则就可能发生穿凿附会、微言大义的错误。一般说来，对自然美、工艺品和山水景物诗画作品的欣赏，侧重于形象的直接感受，理性认识的因素就相对地弱化些；而对于社会美和反映丰富、复杂的社会生活的艺术作品，则需要有更多知识积累和理性思考，理解、认识的作用就表现得非常鲜明、突出。试想，我们观赏齐白石的画与阅读鲁迅的《阿Q正传》，其中认识、理解的理性作用孰轻孰重不是很清楚吗？当然，这里只有轻重的

① 转引自霍赫洛夫金娜：《贝多芬》，杨民望译，音乐出版社，1956年，第31页。

不同，而不是有无的问题；审美中的认识、理解也不同于科学认识中的逻辑推理，是不能先入为主，生搬硬套抽象的理论原则的，而是要进入艺术境界，把理性认识融入形象感受、情感体验之中，产生一种“言不尽意”的情思、理趣，从中品味、领悟到人生的欢乐与痛苦、成功与失败、价值与意义。

认识理解能力在审美活动中具有重要作用，这是无可否认的。它归根结底是由一个人世界观、人生观、价值观决定的。因此，我们要培养和提高自己的审美理解能力，必须要树立正确的世界观、审美观，掌握丰富的科学文化知识，在审美和艺术活动中，不能仅仅满足于浅层次的感性快适，而要通过理性的沉思，深入美的内在意蕴，这样才能善于辨别美与丑，受到美的陶冶、净化，提升自己的人生境界。

“采着花瓣时，得不到花的美丽”
——审美统摄力的培养

在审美和艺术活动中，感受力、想象力、理解力不是彼此独立、界限分明、依次为用的，而是有机统一、相互融通、交互作用，形成一种整体“合力”。我们把这种“合力”，称之为“审美统摄力”。

我们知道，审美的、艺术的掌握世界的方式是不同于理论的、科学的方式的。理论的、科学的方式是在感性认识的基础上，经过分析综合，逻辑推理，上升到理性认识，最后以高度抽象的概念、范畴、公式、定理的形式，揭示出事物的本质和客观规律。如爱因斯坦提出的著名公式：$E=MC^2$（能量=质量×速度平方），只用三个字母乘个速度平方，就概括了能量与质量转化的科学规律。植物学家研究一朵花，要对它的枝叶、花瓣、花蕊、花萼、花托、果实进行解剖、分析，然后得出它属于何科何目、有何用途的结论。对于这种科学的、理论的抽象概括能力，我们称之为“概念统摄力”。而审美的、艺术的方式则是从整体形象上掌握对象的。我们欣赏花，就要凝神观照它那鲜活生动的“这一个”形象，如果按照植物学家的方式行事，就会失去花的美。印度诗人泰戈尔在一首诗中写道："采着花瓣时，得不到花的美丽。"鲁迅在批评翻译外国文艺作品任意删节，使之"复近于教科书"的现象时，说得更加具体、形象："这正如折花者，除尽枝叶，单留花朵，折花固然是折花，而花枝的活气却灭尽了。"①正因为如此，我们以审美的、艺术的方式掌握对象时，必须把形象直观、情感体验、想象联想和认识理解结合起来，让感性与理性、情感与认知共同发挥作用，才能获得美感的享受和精神的满足和升华。

例如，我们欣赏米开朗琪罗的著名雕塑《大卫》，首先是从对大卫造型的直接感受开始的，那健壮俊秀的身材，遒劲有力的臂膀，头部微侧，怒目直视，右腿前跨，右手握石，左手拿着"甩石带"，这种雄姿英发的迎战状态，给我们以强烈的视觉感受，情感激动，精神焕发，产生一种要同他一起投入战斗的渴望。但这样的感受和体验还是初步的，不深入的。当我们知道《圣经·旧约》中大卫英勇杀敌、保家卫国的故事，并了解米开朗琪罗是文艺复兴时期文化巨人，一生痛恨封建暴君的专制统治，向往思想解放、民主自由，那就会进一步思考并领悟到：米开朗琪罗所以要塑造大卫这个英雄形象，并不是单纯的再现《圣经》中传说故事，而是表现出反对封建主义的人文主义战斗精神和艺术风格。通过这样的认识和理解，我们就进一步把握了大卫形象的审美价值和时代意义。

当然，在实际的审美活动中，感受、想象、情感理解等诸多功能的组合是非常复杂微妙的，很难说有什么固定的模式。就审美主体来说，由于人的生活经历、思想情感、个性气质、兴趣爱好各不相同，心理能力的整合的方式是有很大差别的。有的人视听感觉特别敏锐，善于捕捉事物形象；有的富于想象力，由此及彼，浮想联翩；有的易于感发情趣，喜则笑逐颜开，悲则痛哭流涕；有的长于冷静思考，由表及里，得其"三昧"。从审美对象来看，自然美重在形式，形象直观占有突出地位；社会美以内容为主，认识理解起着重要作用；诗歌、音乐等抒情之作，则更能激发人

① 《鲁迅全集》，第 3 卷，人民文学出版社，1956 年，第 12 页。

们情感、想象。尽管这些心理功能在不同情况下所起的作用有高低、强弱之分，但在审美活动中它们总是有机结合起来，发挥统摄力作用的。

审美统摄力既然是由感觉、想象、情感、理解等心理因素构成的“合力”，只有当它们共同发展，和谐统一，相互作用时，我们才能进入最佳的审美状态。一个人缺乏审美统摄力，是审美心理不够健全的表现。在审美和艺术活动中，如果只是单一的心理能力，就不可能产生良好的效应，不是浅尝辄止，不得其美，就是产生偏嗜，甚至美丑不分。有的人着眼于官能刺激的快适，对审美对象不作认识理解，看了达·芬奇的《蒙娜·丽莎》，只是轻薄说了声“怪漂亮的娘儿们”就算完事，感受不到她那端庄、宁静的神态和“谜一样的微笑”所表现的对新生活的信心和欣喜，更不能领悟其中所传达出的文艺复兴时代的人文主义美学理想了。这说明艺术欣赏是需要认识、理解的。当然，如果不是把它溶化于形象观照、情感体验之中，硬是按照抽象的逻辑推理去理解艺术品，不仅不能引起美感，反而会扼杀艺术的美。教条主义的艺术批评的教训即在于此。这种倾向现代有，古代也不乏其例。如唐代诗人杜牧有首脍炙人口的诗《江南春》：

千里莺啼绿映红，山村水郭酒旗风。
南朝四百八十寺，多少楼台烟雨中。

此诗以丰富的想象，生花的妙笔，极写江南春色之美，追思南朝信佛风气之盛，千里莺啼，红绿相映；山村水郭，酒旗飘风；不知多少楼台殿阁在烟雨迷蒙之中，真是无处不春，春浓似酒。对于这样赏心悦目的咏春佳作，明代杨慎在《升庵诗话》中却进行责难说：“千里莺啼，谁人听得？千里绿映红，谁人看得？若作十里，则莺啼、红绿之景，村郭、楼台、僧寺、酒旗皆在其中矣。”[①]如果欣赏诗就像按图旅游观景一样，亦步亦趋，处处对照，事事落实，则浓浓的诗味就会荡然无存。这正如鲁迅在《诗歌之敌》一文中说的：“诗歌不能凭仗了哲学和智力来认识，所以感情已经

①《历代诗话续编》(中)，中华书局，1981年，第866页。

结了冰的思想家，即对于诗人往往有谬误的判断和隔膜的揶揄。”[①]作为诗人和诗评家的杨慎怎么如此“不慎”，对杜牧的诗会如此“谬误的判断和隔膜的揶揄”，真令人难以理解。

审美统摄力实际上是一种完整的、健全的审美心理结构，是一个人审美能力高低强弱的重要标志。我们审美能力的培养着眼点要放在这上面来。

把“美”带到生活中去

——审美创造力的培养

马克思说，“人也是按照美的规律塑造物体的。”审美活动是和人类的社会生活紧紧联系在一起的。高尔基说过：

> 人都是艺术家，他无论在什么地方，总是希望把“美”带到他的生活中去，希望自己不再是一个只会吃喝，只知道很愚蠢地、半机械地生孩子的动物。他已经在自己的周围创造了被称为文化的第二自然。[②]

审美创造力既表现于艺术产品中，也体现在社会生活、生产劳动的各个方面。人在认识和改造自然社会的活动中，总是要按照“美的规律”去生产美的产品，创造美的生活的。因此，审美教育不仅要培养美的鉴赏能力，更重要的是促进人的全面发展，提高按照“美的规律”进行创造的能力。这样，我们才能充分认识发展审美能力、提高审美水平的价值和意义。

根据马克思关于“美的规律”的论述，人的生产与动物的生产有着根本的区别，首先，人的生产是自由的，动物的生产是盲目。自由是对必然的认识。人只有掌握“任何物种的尺度”，即认识客观事物的特点、规律，才能进行生产。其次，人的生产是自觉的，动物的生产是本能的。人按照

①《鲁迅论文学与艺术》，人民文学出版社，1980年，第134页。

②《高尔基文学论文选》，人民文学出版社，1958年，第71页。

自己“内在固有的尺度”进行生产，是“向着一定的和事先知道的目标前进的”，以实现自己的目的和需要。马克思这里所说两个“尺度”，一个是合规律的，一个是合目的的，合规律与合目的以自由的形式统一于人所创造的产品，不仅是真的、善的，而且是美的；不仅具有科学的、实用的价值，而且有着审美价值；不仅能满足人的物质需要，而且给人以精神享受。人在社会实践活动特别是生产劳动中，按照“美的规律”创造美的物质产品和精神产品。美在创造中。因此，我们要培养、发展和提高审美创造力，学习美学知识，加强审美修养和鉴赏能力都是完全必要的，但根本的途径和保证是投身于丰富多彩的社会实践，使自己成为推动时代前进的现实力量，自觉按照“美的规律”，运用现代科学技术，创造美的物质产品和精神产品，营造有序、和谐、美好的生活。审美创造力是在审美实践活动中形成、发展起来的，光靠“坐而论道”、脱离实际，静观美的心灵境界是实现不了的。

在物质生产和艺术生产过程中，人们首先要在头脑里形成美好的构思、蓝图，但还是属于观念性的东西，必须掌握支配和驾驭外部物质材料的、熟练高超的科学技术，将主观见之于客观，转化为外在的、物态化的产品，才算完成任务，达到预定的目的。这种按照“美的规律”既能动脑又能动手、手脑并用的实际操作能力，就是我们所特别强调要培养和发展审美创造力。

任何审美创造都不是凭空进行的，必须以一定的物质材料为依据和基础，像俗语说的，巧妇难做无米之炊，但生米不等于熟饭，物质材料本身不就是美的产品，只有运用特定的工具、手段、技能和方法，既适应而又征服物质材料，予以加工、改造和重新组合，构成富于表现力的有机整体，充分反映人的才能、智慧和力量，并引起精神上的愉悦和满足，才会成为具有审美价值的产品。如不同门类的艺术创作，是运用不同的物质材料塑造艺术形象的，由于物质媒介具有各自不同的特性，决定着艺术家运用特有的表现形式、技能和方法。所以，审美创造力首先体现在人们能够掌握物质材料的特殊性能，运用特殊的手段创造艺术产品。黑格尔说：

> 真正的艺术家都有一种天生自然的推动力，一种直接的需要，非把自己的思想情感马上表现为艺术形象不可。……例如一位音乐家只能用乐曲来表现他胸中鼓动的最深刻的东西，凡是他所感到的，他马上就变成一个曲调，正如画家把他的情感马上就变成形状和颜色，诗人把他的情感马上就变成诗的表象，用和谐的字句把他所创作的意思表达出来。艺术家的这种构造形象的能力不仅是一种认识的想象力，幻想力和感觉力，而且还是一种实践性的感觉力，即实际完成作品的能力。①

艺术家的审美创造力就是从特定的、与之相适应的物质媒介出发，把感觉能力、想象能力和实践能力有机结合起来，实际完成创造艺术品的能力。且不说那些名垂青史的诗人、画家、音乐家，就是在一般工艺品制作者身上也同样表现了出来。1985年4月24日《人民日报》刊载一篇题为《雕砚新花》的短文，记述江西省婺源县鱼子砚厂工艺生产情况，其中讲到一位雕砚师傅是这样传艺授徒的：

> 方老师左手拿一块不规则的长方形砚石，右手在黑板画一只蝉，相比较说："我一看这块石头，就好像听到了蝉的鸣唱。你们说这是为什么？"学员们立即热烈地议论开了。正确的答案议出来了，因石造型、随料立意的雕砚学原理也在脑子里立起来了。方老师又拿出一块金晕黄斑的砚石，啧啧赞叹着："多好的石头，多美的色泽，将这作墨海，低凹处铲圆，就是一轮太阳；再把这道裂痕雕成个弯月形的水槽，不就是日月同辉么！"

这段生动具体的记述告诉我们，工艺制品乃至一般物质产品的物质材料的特点、性能，在一定意义上制约着它的表现内容，决定着它的制作方法、技能。所以，随料立意，因材施艺，成为审美创造力的基本内容，工艺品

① 黑格尔：《美学》，第1卷，朱光潜译，商务印书馆，1979年，第353页。

制作的重要原理。

高尔基曾对青年作家说过，“懂得一件工作的技巧，也就懂得了这一工作的本身。总的说来，在劳动和创作的一切领域内，技巧是文化成长的一个基本力量，是文化全部过程的一种主导力量。”“在工作中起决定作用的常常不是材料，而常常是技巧。”我们在创造美和艺术的过程中，当然要掌握一定的物质材料及其性能，但必须运用实践性的技能技巧，才能创造出新产品来。不管我们的主观构想和掌握的材料是怎样的好，如果没有实际制作的能力、技术和方法，就像过河没有桥或船一样，是不可能到达理想的彼岸的。因此，在艺术创作过程中，往往产生主观构想与实际产品之间的不相一致，出现文不及意、心手异离的窘态。许多艺术家深知个中甘苦，总结经验教训，以说明掌握艺术技能技巧的重要意义。如陆机在《文赋》中说：“每自属文，尤见其情，恒患意不称物，文不逮意。盖非知之难，能之难也。”苏轼在《文与可画筼筜谷偃竹记》中说，文与可曾教他画竹必先“成竹在心”，然后“振笔直随”，“兔起鹘落”似的画出来。他心里很想这样做，但由于“内外不一，心手不相应”，而不能达到如此的艺术境界，并深感绘画创作既要“得其意”，又要“得其法”。他在《书李伯间山庄图后》中更从理论上作出了精到、深刻的概括：艺术创作要“有道有艺，有道而不艺，则物虽形于心，不形于手。”可见，一个艺术家要做到内外如一，得心应手，把“胸中之竹”化为“手中之竹”，把意中之象化为艺术形象，必须“有道有艺”，具有高超的艺术创作技巧。

美和艺术的创造是艰苦的事业，高超的本领和技能是长期创作实践的结晶。伟大的艺术家无不勤学苦练技艺，呕心沥血，精益求精，创造超越前人的艺术精品。贝多芬身体病弱，耳聋失听，这对于搞音乐的人来说，是个致命的打击，但他绝不向命运屈服，决心以“播种眼泪”来“收获欢乐”，战胜常人难以忍受的痛苦和困难，以雄狮般奋斗精神，钻研音乐技艺，埋头艺术创作，把自己“经过痛苦得到欢乐”的生命体验，转化为热情澎湃、气势恢宏的交响曲。无怪乎尼采谈到他对贝多芬的印象时说：“这人不像欧洲第一大音乐家，倒颇像漂流在荒岛上的鲁滨逊。”绘画大师齐白石以水墨画虾，信笔挥洒，浓淡相宜，鲜活生动，那透明而有弹力、浮游自如的神态，不像是画在纸上，而是“游”于水中。“功夫深处始天然。”白石老人所以能创造出如此高妙的艺术作品，在于他从少年时代起就学画虾，锲而不舍，艺技益进，“数十年始得其神。”他常说：“余之画虾已经数变，初只略似，一变逼真，再变色分深淡，此三变也。”这些生动的事实告诉我们，学习和掌握审美创造的技能技巧，必须有“衣带渐宽终不悔”的精神，下苦功夫，花大力气，方能进入“从心所欲而不逾矩”的境界。

审美创造力是生产美的物质产品和艺术产品的一种实际本领和能力，主要是在生产劳动和艺术实践中进行培养、提高，学习些美学、艺术理论知识是完全必要的，但如果只是纸上谈兵，不落到实处，则无济于事。鲁迅早就指出过，靠读几本“小说作法”、“作文秘诀”是成不了作家的。我们要提高审美创造力，掌握实际操作的技能技巧，不是唾手可得、一蹴而就的，只有夯牢打实基础，经过长期实践的学习和锻炼，才能有所前进，有所发明，有所创造。这里，达·芬奇画蛋的故事对我们是颇有启发的。1469年，他到佛罗伦萨跟著名画家、雕刻家委罗基俄学画，委罗基俄对他要求非常严格，也很别致，既不指导他临摹古画，也不讲授绘画理论，而是要他对着鸡蛋写生。他开始很感兴趣，画得很认真，后来就不耐烦了，便马马虎虎，画些圆圈完事。委罗基俄严肃批评了他，并说：“在一千个蛋中，从来没有两只形状完全相同的，即使是一个蛋，只要变换一下角度看它，它的形状便不同了。……我叫你画蛋，就是为了训练你观察、把握形象和随心所欲地表现事物的能力。只要你通过反复画蛋，做到手眼一致，那么你以后绘画任何形象，就能应付自如了。这是学画的基本功，不能轻视啊！”达·芬奇听了老师的这番教诲，悟出其中的道理，便专心致志地画起蛋来。达·芬奇从画蛋训练基本功的小儿成长为举世无双的艺术大师的事实告诉我们，艺无止境，业精于勤；千里之行，始于足下。审美创造力的培养，扎扎实实掌握基本功是非常重要的，但基本技能的训练不是孤立进行的，而应同观察生活、把握形象和创造美的事物结合起来。我们所要培养的不是按照技术规程、依葫芦画瓢的工匠，而是道艺并进、得心应手、“按照美的规律塑造物体”的人。

（原载安徽师范大学美学研究室编著《审美教育》第3章，光明日报出版社，1987年；改写后，载入《实用美学》，江苏美术出版社，1988年；入选江苏人民广播电台文艺节目，分5次播出。）

影视艺术与审美教育

当今时代，随着科学技术的高度发展，现代化传播媒介的广泛运用，社会信息量的急剧增加。信息渠道的多样性及其社会效应的二重性和多面性，对人们的精神生活、价值取向和审美需求产生着深刻而广泛的影响。电影电视作为一种以现代科学技术为传播媒介的大众文化，其社会影响和作用超过其他任何艺术形式，应当引起我们的足够重视。列宁早在1920年同卢那察尔斯基谈话时就指出："对于我们来说，一切艺术部门中最重要的便是电影。"[①]现在电视机几乎进入了每一个家庭，其作用与影响超过了电影。如何正确利用电影、电视艺术进行审美教育，使之成为教育广大群众和青少年强有力的手段，是当前加强社会主义精神文明建设需要研究和解决的一个重要问题。

影视艺术教育的特点和优势

影视艺术是现代科学技术与文学艺术相结合的产物，光学、电学、化工、机械和心理学等领域的科技成果，为其产生和发展提供了物质基础和可能条件。从十九世纪末法国制成第一架连续摄影机，拍出第一张活动照片，到现在的全息化、立体化电影长期逞威于艺术领域。电视晚出于电

①《列宁论文学与艺术》，第2卷，人民文学出版社，1960年，第928页。

影，向电影发出了严重的挑战。自1930年英国播出第一次电视剧以来，由于电子传播技术的飞速发展，到了50年代，它已渗透到社会文化生活的各个领域，其冲击力和影响力超过了电影艺术。

影视艺术以先进的科学技术作为传达手段、媒介，具有崭新的艺术语言和丰富的表现功能，在审美教育方面，与其他门类艺术相比较，具有显著的特点和优势。

首先是它的综合性。各个门类的艺术在审美教育方面，均有其独特的功能，既各有所长，也各有所短，而电影电视则仿佛是个“全能冠军”。它在现代科学技术的基础上，博采众家之长，融合其他艺术表现形式，形成一种独立的综合艺术。正如弗雷里赫在《银幕的剧作》中所说的：“电影可以说发生在其他艺术的交叉点上，它同绘画和雕塑的相近在于视觉形象的直接感受力；同音乐的相近在于通过各种音响而构成的和谐感和节奏感；同文学的相近在于它通过反映现实世界的一切联系和关系；同戏剧的相近在于演员的艺术。因此，我们都把电影看作是综合的艺术。”[①]电视就更是如此。但是，这种综合不是简单、机械地拼凑、混合，而是按照其本身的艺术特点、规律加以消化、改造，为声情并茂、持续运动的视觉形象服务。影视艺术具有以故事情节反映现实生活的内在联系和本质的文学因素，但文学只能用语言符号来描绘形象，唤起读者的想象和联想，构成间接的内心视像，产生如见其人、如闻其声的审美感受；而它则能以连续运动的画面和声音直接诉诸人们的视听感官，产生亲见其人、亲闻其声艺术的效果。电影电视具有绘画、雕塑的造型性和可视性，但绘画、雕塑的造型是静止不动的，空间平列的，只能以“富于包孕性的瞬间”的空间形象暗示事物的运动变化；而它则能通过摄影机镜头的移动和转换，突破二维空间的限制，直接反映事物过去、现在和将来的时间流程。电影电视从音乐中吸取各种音响而具有和谐感和节奏感，但音乐只能诉诸人们的听觉，以直接表现内在情感的律动为目的，缺乏语义的明确性和形象的直观性；

① 弗雷里赫:《银幕的剧作》,富澜译,中国电影出版社,1979年,第18页。

而它则能够把音响与动态画面结合起来，以增强音乐表现情感的具体性和明确性。电影电视与戏剧虽然同属综合艺术，但它却能突破戏剧的假定性、“三一律”的限制，获得表现时间、空间的极大自由，以接近生活本身的形式，艺术地再现丰富多彩的现实生活。影视艺术这种兼容并包的综合性，决定了它的美育功能的全息性和多维度，能够把教育、认识、审美、娱乐有机统一起来，对于开拓人的生活视野、全面提高人的审美能力，培育健全的文化心理结构，具有其他艺术所难以企及的优势。

其次是它的群众性。电影电视是当今世界最大众化、最富于思想影响力的艺术，已成为超越国家、民族界限的国际性的文化现象。一首诗，一幅画，一篇小说，都只能在一定范围内供有限的人阅读、欣赏；一场歌舞、戏剧演出，观众最多也不过千人左右。可是，当一部电影作品拍摄完成后，就可以制作大量的拷贝发行，在不同的地区和国家同时放映，与千千万万的观众见面。电视通过人造卫星的转播，几乎不受时间、空间的限制，迅速进入千家万户，甚至可以覆盖全球。观看电影电视是亿万群众一项重要的文化娱乐活动，成为他们生活不可缺少的组成部分。它拥有不同年龄、不同职业、不同文化水平和社会地位的观众，从白发苍苍的老人到牙牙学语的孩子，从知识渊博的专家教授到目不识丁的普通百姓，从日理万机的国家首脑到操持家务的家庭主妇，无不在工作、学习、劳动之余，看看电影电视，用以娱乐心身，消除疲劳，丰富精神文化生活。影视艺术广泛的群众性，决定它以雅俗共赏、老幼咸宜的艺术力量，深刻地影响着人们的生活方式、思想意识、文化心理和审美趣味。电影史家根据大量资料研究表明，美国好莱坞男女明星的发式、体形动作、衣着打扮，几十年来不断为人竞相模仿，“影响了整整几代人的仪容”。这还是对人发生的表面的、外在的作用，至于电影电视艺术对人们心理意识的冲击力就更大了。正如美国进步电影、戏剧理论家劳逊在其名著《戏剧与电影的创作理论与技巧》中所指出的：电影是“一种无比的社会力量，它给予千百万人以文化生活，并给他们解释生活，这种解释影响到他们的信仰、习惯和情绪状态”[①]。电影电视既对社会意识形态产生着巨大的影响和冲击，又同时折射出广大群众的文化素质、精神风貌和审美心态。因此，从一定意义上说，电影电视的思想艺术水平及人们对它的欣赏、接受和判断能力，可以看作一个国家民族智力开发水平、精神文明程度和审美能力强弱的重要标尺。

影视艺术的群众性与其企业性、商业性是紧密相连的。影视艺术是集体经营、规模巨大的商业产品，复杂的工艺制作流程，高额的成本和庞大的发行网，使得它必须进入消费流通领域，具有商品的性质。如果它不能赢得大量的观众，取得一定的经济效益，便无法进行再生产。因此，与其他门类艺术相比，它更要服从于生产与消费的供求关系，受到观众的审美需求、艺术趣味的制约，即首先要满足广大观众文化消费的需要。所以，法国电影艺术家克莱尔说：“观众并不永远是对的，无视观众的作者却永远是错的。”这就要求我们的电影电视创作要有群众观点，既要重视经济效益又必须与社会效益相统一，并坚持把社会效益放在第一位。它首先要有娱乐性，但娱乐有雅俗、精粗、邪正之分，因此，娱乐性要着眼于广大人民群众，推出格调高尚、思想健康、艺术精美的作品来，以满足他们的审美需求，丰富他们的精神文化生活。我们影视工作者如果丧失了艺术良知，忘记了社会责任，不顾及社会效果，单纯追求票房价值，以迎合、迁就部分人群落后、庸俗、低级的欣赏趣味，把格调低下乃至宣扬色情、暴力和资产阶级腐朽生活方式的东西塞给广大群众和青少年，以单纯的官能刺激代替健康的娱乐，把肉麻当有趣，就会污染和毒害观众的心灵，产生不良的社会效果。对此，匈牙利著名电影艺术理论家巴拉兹讲过一段颇为深刻、富于启发性的话，他说：

> 电影艺术对于一般观众的思想影响超过其他任何艺术……如果我们自己不是内行的电影鉴赏家，那么，这种具有最大思想影响力的现

① 劳逊：《戏剧与电影的剧作理论与技巧》，邵牧君、齐宙译，中国戏剧出版社，1961年，第382页。

> 代艺术，就会像某种不可抗拒的、莫名的自然力量似的来任意摆布我们。我们必须非常细致地研究电影艺术的规律和它的可能性，否则我们就不可能掌握和支配人类文化历史上这一最能影响群众的工具。[①]

我们只有成为内行的影视艺术鉴赏家，才能正确掌握和运用它的艺术规律和特殊性能，为人民群众服务，否则就驾驭和支配不了这位“机械的文艺女神”，甚至受它的任意摆布，造成有害的影响，得不到审美教育的目的。列宁在谈到电影的社会作用时，曾严肃地指出：

> 当电影在庸俗的投机者手中时，它常常以恶劣的内容的剧本将群众引入堕落之途，它所带来的害处比益处多。但是，当群众掌握了电影时，它就是教育群众最有力的工具之一。[②]

我们根据列宁的这一重要思想，要把影视艺术阵地切实掌握在党和人民群众手里，使之真正成为对人民群众进行思想文化教育的有力的工具，而不能仅仅作为投机和牟取暴利的手段；我们要对形形色色的错误思想保持足够的警惕，充分发挥它的审美教育的重要作用，为培养“有理想、有道德、有文化、有纪律”的一代新人，提高全民族的科学文化素质服务。

影视艺术与审美心理的建构

审美教育的主要任务是通过美和艺术的欣赏与创造活动，启迪人们的聪明才智，发展思维能力，培育健全的文化心理结构，促进个性自由、和谐、全面的发展。影视艺术熔诗情画意于一炉，集时间空间于一体，在培育人的完美的审美文化心理结构方面，发挥着比其他艺术更为重要的

① 巴拉兹：《电影美学》，何力译，中国电影出版社，1982年，第1页。

② 转引自奥夫襄尼克夫：《大学美学教程》，汤侠声主译，北京大学出版社，1989年，第290页。

作用。

电影电视是视听结合、以视为主的综合艺术，既作用视觉，也作用于听觉，但主要是诉诸人的视觉的。它以创造视觉形象为主体和核心，动态场景是其基本的艺术语言，被人称为“看得见的艺术”。美国著名导演格利菲斯说：“我试图达到的目的，首先是让你们看见。”人们常说，“看电影”“看电视”，这虽是很普通的一句话，却道出了影视艺术欣赏的基本心理特征——首先是“看”。它的艺术力量主要来自视觉形象，是以征服观众的眼睛取得审美效果的。但是，电影电视的视觉形象不同于绘画、雕塑，画面造型必须服从于表现事物的运动，即在空间中展示时间，在时间中再现空间，创造出时空一体的、动静结合的视觉形象，“使一切发生于时间中的，甚至人们灵魂中的思想感情都可以而且应当成为看得见的东西。”它的形象的运动形式与观众的内在情感形成微妙的对应关系，其结构本身就是一种情感的表现，如弱柳扶风令人悲哀，秋风落叶产生肃杀之感。在影视屏幕上，一切画面、形象形式都是富有情感和生命力的，“即使风中摆动的小草，一种声音，甚至一块岩石，一条小溪，都是内在情感的写照，它们的状态看上去似乎就是内在情感的状态。”[①] 这种物我同一、主客对应的异质同构关系，使人产生丰富的审美感受和想象联想，从而体验到影视艺术形象的内在意蕴。

影视艺术是艺术家借助摄影机反映客观对象的，摄影机镜头既是编导者、又是观众的“眼睛”。观众仿佛置身于艺术画面之中，产生一种真实感和亲近感，“使欣赏者和艺术作品之间的永恒距离在电影观众的意识中完全消失，而随着外在距离的消失，同时也消除了这两者之间的内在距离。”[②]人们在观看电影电视时，由于视觉的审美感受与镜头的角度、距离的不断转换变化是同步的、一致的，座位虽然是固定的，身体也没有移动，但却可以随着场景、方位的变化，看到屏幕上所发生的一切。动态的视觉形象的直观性、逼真性，可以使人们多角度、全方位地感受到事物的

① 滕守尧:《审美心理描述》,中国社会科学出版社,1985年,第332—333页。

② 巴拉兹:《电影美学》,何力译,中国电影出版社,1982年,第33页。

发展变化和人物的心灵奥秘，从而提高和发展了审美感知能力。

爱森斯坦说："唯独电影才有可能把扩音器和摄影机镜头充当自己的眼睛和耳朵，作为真正的观众在观看和倾听在四堵墙内部完成的最隐秘的动作。"[①]影视艺术虽然以动态的视觉造型为主，特别有利于培养人的形体感、色彩感和运动感，发展视觉的审美能力；但它又辅之以声音，以丰富的音乐内容使人产生和谐感、节奏感，培养和发展听觉的审美能力。应当指出的是，画面和音响的对列，不是各司其职，互不相干的，而是相互为用构成一个有机的艺术整体，共同地、综合地发挥着审美功能。画面赋予音响以具体形态，使其所表现的情感内容更为具体、明确；音响有助于扩大和深化画面的含义，使之更有真实感，更富于审美意蕴。德国电影艺术理论家克拉克尔指出："一个完全无声的空间，……始终不会使我们感到那么实在，那么真切，而会感到它是轻飘飘地没有分量，因为我们看到的不过是一个影像。只有当我们看见的空间又有了声音，才感到它是实在的，因为声音赋予空间以纵深感。"人们通过对影视艺术形象的视听综合感知，还可以进一步把视觉与听觉沟通起来，产生"以耳代目"、"听声类形"的通感效应。

影视艺术对于培养和发展人们的审美想象力和理解力具有非常重要的作用。想象是以情感为动力，对表象记忆进行加工、改造，重新创造形象的思维能力，是审美心理的最重要的构成因素之一。我们知道，蒙太奇是影视艺术的主要表现方法之一，艺术家从整体的艺术构思出发，根据现实生活和审美心理的逻辑，将不同的画面加以剪接、组合，构成连续运动的形象系列，就有了"画外之意"，"弦外之音"，整体大于部分之和，产生一种新的意味，迸发出新的思想火花。爱森斯坦在其著名文章《蒙太奇在1938》中说："两个蒙太奇镜头的对列不是二数之和，而更像二数相积。……它之所以更像二数之积而不是二数之和，就在于对列的结果在质上有别于单独的组成因素。"[②]例如，电影《白毛女》中有这样两个蒙太奇

①《爱森斯坦论文选集》，中国电影出版社，1962年，第474页。

② 同上，第367页。

镜头的对列：先是恶霸地主黄世仁在念经打坐、吃斋拜佛的佛堂里，兽性发作，强奸了喜儿；接着，是佛堂匾额“积善堂”三个大字的特写，这里没有对白，没有解说，却使观众从两个对列的画面中，发挥想象的作用，直接领悟到这个作恶多端家伙是多么凶残而又伪善，他一面干着荒淫无耻的勾当，一面又装修个积善修德、普度慈航的门面，实乃“积善”是假，作恶是真。这里表现出蒙太奇有着多么神奇的艺术力量！

巴拉兹说：“蒙太奇是可见的想象。”①可以说，没有“可见的想象”，就没有对于影视艺术的体悟与理解。影视艺术家组接画面，不是随意地将一堆生活现象胡乱拼凑在一起的，而总是抱着一定目的，表达一定意义的。他们大胆地省略事件发展过程的叙述，删除不必要的细节，采取场面调度、穿插、闪回、跳接、空白等手法，以时序的颠倒，空间的跳越，创造出虚实相生、动静结合的艺术形象；画面与画面的对接，或创造气氛，或形成对比，或有所暗示、隐喻、象征，都会对观众心理产生强大的冲击力量，引发起互为因果的想象联想，去体会和理解其中所蕴含的诗情哲理。例如，享誉世界的苏联影片《战舰波将金号》有一组起义士兵炮击沙皇敖德萨司令部的镜头：在炮声隆隆、硝烟弥漫中，有三个石狮子的特写，“卧倒的大理石狮子”，“石狮子抬起头来”，“石狮子前脚腾空，昂首立起，大声怒吼”。这个炮击司令部的战斗场景是很壮观的，可写的东西很多，艺术家为何要着意表现这三个石狮子呢？如果我们只是孤立地看那一个个石狮子，就不能理解其艺术匠心何在，顶多得到一点浮光掠影的感觉。但是，我们把这三个石狮子的形象放在整个影片的规定情境中，作为一种“有意味的形式”，通过想象联想而趋于理解，就可以“看”出艺术家满怀革命激情所表现的隐喻性质：在沙皇封建专制制度统治、压迫下的人民群众，被革命的炮声唤醒了，站立起来了，发出了反抗旧制度的怒吼。影视艺术正是以其特有的表现功能，激发和诱导观众的想象力，潜入艺术作品的“深处”，探求其深层的历史内容和审美意义。

① 转引自《大众传播媒介对儿童的影响》，《文艺研究》，1985年第5期。

任何艺术创造对所反映的现实生活，都要进行分析、综合和典型化，影视艺术更是如此。它的镜头分切是分析，连接是综合，分析与综合的有机统一所产生的作品，就表现出一定的社会内容和思想意义。这靠单纯的感性活动是不行的，必须发挥理性认识的主导作用。艺术家不仅展示画面，而且要解释画面，表现自己对生活的理性思考和价值判断。正如有的美学家所指出的，最主观的表现通过最客观的、似乎是现实的如实的存在形式表达出来，这是电影宣传思想、表达情感极有成效和信服力量的重要原因之一。在影视艺术中，艺术家的立场观点、思想倾向化入直接可见的画面中，潜在地制约和规定着观众感受、想象、理解的范围和方向，使得观众不能随意地用自己的眼睛去“看”，并且必须接受艺术家对画面的解释，正是从这个意义上，有人把电影看成是“强迫的艺术”。这是电影电视影响广大群众思想情绪的力量的重要表现，应当引起我们重视而不可忽视的。爱森斯坦说：“它把观众的情绪和理智也纳入创作过程之中，使观众也不得不通过作者在创造形象时所经历的同一条创作道路。”①因此，由于影视艺术家思想立场的不同，即使是同样的一组画面，经过不同的剪接与组合，就会产生不同的、甚至截然相反的思想含义。爱森斯坦导演的《战舰波将金号》有这样一组描写俄国水兵起义的镜头：沙皇反动军官虐待水兵，给他们吃生蛆的烂肉，水兵提出抗议；临时战地军事法庭逮捕了他们，并判处死刑；在军舰甲板上行刑时，水兵举行暴动，反过来逮捕了反动军官。这样的画面的安排、组合，有力地表现了水兵不堪沙皇统治举行起义的历史必然性和正义性，同时也反映了艺术家的革命立场。一位北欧电影发行商为了赚钱买下了这部影片，但嫌其革命性太强，于是玩弄起剪刀的把戏来，把军事法庭审判和执行死刑的画面挪移到起义、暴动的后面。电影画面只是调换了一下位置，就会使观众得出这样的结论：水兵们只是因为在食物里发现了蛆虫才举行起义的，但沙皇反动军官很快地控制了局面，掌握了主动权，起义者受到了应得的惩罚。这就从根本上歪曲了

①《爱森斯坦论文选集》，中国电影出版社，1962年，第367页。

历史的本来面貌，表现出这位商人仇视起义、维护沙皇统治的反动立场。事实告诉我们，观众看电影不能只用眼睛去“看”，还必须用头脑去“想”，它是一种“不可避免的理解活动”。我们只有充分发挥理性思考的作用，增强识别真假、美丑的能力，才能不会受“电影片子”的“骗”，从优秀的影视作品中获得“真”的启迪，“善”的教育，“美”的享受，提高审美理解能力。

从上述可知，我们在审美教育中，应当充分发挥影视艺术的综合性的审美功能，认真克服部分观众的心理偏枯现象，既不能以看电影电视来满足声色之乐，也不能把它当作单纯的道德说教工具。我们要在观赏电影电视活动中，通过赏心悦目的形象感受，陶冶情感，丰富想象，感发意志，发展智能，建构健全的文化心理，促进个性的全面发展，塑造美的灵魂，创造美的生活。

家庭电视与少年儿童美育

电视与电影是一对姐妹艺术，它们之间有许多相同或相近的表现方法和手段，如蒙太奇的运用，时间空间的突破，画面与音响的对列，生活场景和演员表演逼近生活等。但是，无论从创作还是欣赏来看，两者又有着明显的区别。首先，电影银幕大，电视荧屏小。据有人计算，如果看电影、电视都坐在最佳的距离，那么电影银幕比12寸电视荧屏面积大608倍。电影银幕大，既可拍近景、特写，也可拍全景远景，所呈现的视觉形象高度清晰；电视荧屏小，虽不如电影那样视野开阔，把物象尽收眼底，却可以大量运用近景、特写镜头，具体、深刻地揭示人物的内心世界，像在日常生活中那样同观众“对话”，引发出人们内心储藏的信息，调动其审美的积极性和主动性。其次，电视与电影的欣赏环境不同，电影在专设的影剧院里放映，观众凭票入场，欣赏目的明确，审美注意集中，容易进入角色，产生一种忘我的临场感。电视则主要是在家里收看的，由于家务的干扰和收看的自由，可以时看时不看，甚至七嘴八舌，议论纷纷，因而存在着一定的心理距离，不容易一下子进入角色和艺境。这就要求电视比电影有更强的趣味性、连贯性和故事性，把人们的注意力很快吸引到荧屏上来。电视要更加重视语言因素，以调动人们的审美兴趣和接受能力，使之把内心储存的信息释放出来。日本有位电视剧作家说："看电影是感性地看，看电视是理性地看，也可以说是用头脑来看。即便同一个片子，在电影院里放映与在电视上放映，效果是不尽相同的。"这话有一定道理，说明人们在看电影与看电视时有着微妙的审美心理上的差异。

电视以现代电子技术传播媒介，把大量的、丰富复杂的社会生活和审美文化信息送入千家万户，看电视已成为家庭文化生活必不可少的内容。少年儿童正处于人生寻求信息、认识世界早期，电视荧屏上展示的丰富多彩的形象世界，传播的各种各样的信息，都会引起他们浓厚的兴趣，产生强烈的吸引力和诱惑力。在审美教育中，如何正确利用电视促进少年儿童身心的健康发展，消除其负面影响，已成为家长、教师和社会各方面所普遍关注的重要问题。

关于电视对少年儿童的影响问题，西方现代教育家、心理学家做了大量调查研究工作，为我们提供了可资借鉴的成果。有的研究结论是："现代有两个普遍承认的形象。一个是儿童的形象——他们是受到电视进攻的无能为力的受害者；另一个是电视的形象——它是一家巨大辉煌的自助餐厅，孩子们从它那里选择他们目前所需要的东西，相比之下，后一个形象更为真实。正是电视的性质使这自助餐厅具有最起码的花色品种，而人类的本性使儿童有超乎寻常的选择性。"[①]这个结论是比较符合实际情况的，它告诉我们，一方面电视中有些不健康的、低级庸俗的东西，会使少年儿童成为它的俘虏和受害者；另一方面，它所提供的生活和艺术信息，又能为他们提供了知识的、道德的和审美的精神营养。他们看电视具有选择性，不会像海绵一样吸收在荧屏上所看到的一切。这位研究者指出电视对少年儿童影响的主导方面是积极的，并肯定他们具有一定的选择能力，都

① 《大众传播媒介对儿童的影响》,《文艺研究》,1985年第5期。

是正确的；但对家长、教师和社会有关团体对少年儿童看电视帮助、教育、指导的作用则有所忽视。他们正处于发育、成长时期，社会阅历少，辨别能力弱，在审美教育中，加强对他们看电视的引导，是非常重要的，忽视不得的。

少年儿童的思维具有生动的直观性，富于热情和幻想，往往以好奇的心理观看影片，寻求新的信息。电视为他们展示了一个丰富多彩、新鲜生动的形象世界，深深地吸引和打动着他们那天真、稚嫩的心灵。他们坐在电视机前，通过小小的荧屏去观察和了解世界，可以获得远远超过他们直接经验过的东西。从某种意义上可以说，电视如今已成为他们成长的一个"小环境"和"第二课堂"，对于增长见识，陶冶情感，发展智能，培养道德行为，起着重要的作用。但同时我们也应当看到，由于电视节目特别是连续剧具有很大的诱惑力，少年儿童缺乏自制能力，常常欲罢不能，废寝忘食地看下去，结果会打乱他们正常的生活和学习秩序，作业还没有完成，就已筋疲力尽，这样势必影响身心健康。有的甚至模仿电视人物斗殴、偷盗、凶杀、色情等行为，发生离家出走、犯罪、自杀事件。面对这种情况，有的家长对他们的孩子看电视采取严加管束、严厉禁止的态度。这种因噎废食的"封闭型""防范型"的教育方式，不仅不能奏效，反而会引起他们的不满，产生抗拒心理，致使矛盾激化。鲁迅先生说得好：

> 孩子的世界，与成人截然不同；倘不先行理解，一味蛮做，便大碍孩子的发达。所以一切设施，都应该以孩子为本位。①

正确的态度应当是，根据少年儿童生理和心理的特点，帮助、教育他们，要善于"因势利导"，提高鉴赏力，增强"免疫力"，去邪归正，消除消极影响，把娱乐活动与开发智力结合起来，利用电视以促进其身心的健康发展。

首先在看电视的时间和情绪上要注意少年儿童生理、心理的承受能

①《鲁迅全集》，第1卷，人民文学出版社，1957年，第252页。

力。他们处于生长、发育的阶段，注意力难以保持长时间的稳定和集中，生理和心理承受力均有一定的限度。因此宜于选择那些播放时间不长、故事情节单纯、形象生动优美的节目给他们看；如果节目时间太长，刺激性过强，就会超出他们的心理承受能力，产生过分强烈的情绪波动，导致审美疲劳。这样不仅不能带来审美愉悦，反而会使视力、体力下降，造成神经紧张或暂时的病态。有的孩子看了惊险片、凶杀片，紧张恐惧，夜里睡不着觉，或者大作噩梦，原因即在于此。

其次，根据他们的年龄特征，选择适合的作品，有针对性地进行教育。幼儿时期（3—6岁），也称学前期，他们生活的主要内容是游戏，心理意识的第二信号系统不够发展，基本上是以直观表象的形式认知外界事物的。这一时期，我们应选择些短小生动、富于趣味的动画片、童话故事片给他们看，让他们在游戏中审美，在娱乐中接受教育，模仿电视人物的善言美行，培养对美的兴趣和爱好。童年时期（7—11、12岁），他们进入学校，学习为其主导的活动。这时期要选择他们易于接受和理解的故事片、科教片、幻想片让他们看，以培养他们审美想象力和理解力，引导他们参加集体文艺活动，扩大美育活动范围。少年时期（11、12—14、15岁），也称青春期，他们开始向青年时期发展、过渡，兴趣非常广泛，情绪不够稳定，对外界事物的反应能力增强，抽象思维迅速发展。这时期对他们看电视要特别重视教育和引导，提高他们认识生活和评价生活的能力，帮助他们分清是与非、善与恶、美与丑，培育健康、纯正的审美趣味，树立美好的信念理想，确立高尚的行为准则和道德规范。我们要特别注意防止电视中斗殴、色情、暴力等丑恶行为对他们的影响，如暴力可能会诱发他们侵犯性行为，传授侵犯性技术，激发已有的侵犯性习惯，以及为不道德的、丑恶的行为辩护等。如有这种情况出现，就应及时加以劝阻和进行教育，以免受到侵蚀和毒害，走上犯罪的道路。总之，我们利用电视对少年儿童进行审美教育，只有考虑到他们年龄、性格、爱好、兴趣等方面的特点，才能充分发挥它的认识、教育、审美的社会功能。

第三，少年儿童在看电视时，家长要帮助他们提高分析、理解能力。

他们形象直观能力较强，理解能力较弱。电视画面生动、形象，很符合他们的心理特征，但同电影一样，它毕竟是“一过性”的艺术。如果他们在看电视时，不动脑筋思考，看不懂就让它过去了，思维能力得不到锻炼，智力得不到开发，审美情感得不到陶冶，就不会取得很好的效果。因此，他们看电视，不仅在时间上要安排适当，内容上要有所选择，而且家长要同他们一起收看，边看边议，对话交流，分析讲解，启发、帮助他们看懂、听得清、理解对头，这样才能很好地发挥电视对他们的教育作用。

总之，电视艺术是一种重要的审美教育手段，对少年儿童发生着多方面的影响。我们应当为可爱的新一代着想，为祖国的未来着想，对他们观看电视要加以引导、帮助和教育，让他们从中吸取琼浆玉液，发展思维能力，陶冶道德情操，努力把他们培养成德、智、体、美、劳全面发展的社会主义现代化的建设者和接班人。

（原载《安徽师范大学学报》，1990年第2期）

《美育词典》词条

美育与教育学

教育学是研究人类教育活动规律的科学，美育作为教育的一个有机组成部分，是其研究的重要内容，如美育的性质和任务，美育与德育、智育、体育、劳动教育的关系，美育实施的基本原则、内容、途径和方法等。教育学为美育研究提供科学的理论、原则和方法，美育实施的经验则可以充实、丰富教育学的内容。美育既要以教育学、美学理论为依据，又要从自身的特点和规律出发。没有美育内容的教育学是不完全的教育科学。长期以来，我国教育学研究由于受到错误思想的影响，美育没有受到应有的重视。进入改革开放的新时代，情况有很大改变，美育被正式列入国家的教育方针，美育实施和理论研究取得了显著的成绩。随着现代社会生产力的高度发展，科学技术的巨大进步，人民群众物质生活和精神文化生活水平的不断提高，对于审美的需求也越来越迫切，美育在现代教育中占有更为重要的地位，并日益表现出相对独立的性质。由于美学和教育学的发展，日益完善，成熟，并不断发生新的分化与综合，从而逐渐形成一个新的教育科学分支——审美教育学。

审美教育学

美学与教育学经过长期的相互渗透、综合所形成的跨界性的新兴科学。美育伴随着人类教育教学活动而产生，在古代即被纳入教育范围。到了近代，审美教育才形成较为系统的理论。18世纪德国美学家席勒出版了《审美教育书简》，被人称为“第一部美育的宣言书”。审美教育学则是美学与教育学相结合的产物，体现了两者之间相互联系，相互渗透，相互促进的关系。它一方面与美学接壤，研究教育教学活动中的审美问题；一方面又与教育学密切联系，研究审美活动中的教育教学问题，建立一个较为完整、系统的审美教育学体系。它所研究的主要内容和范围是：（1）审美教育理论，如审美教育的性质和任务、特点和方式、在教育教学中地位和作用等；（2）审美教育实施，如审美教育的基本原则、内容、途径和方法，教育活动、学科教学过程、内容、方法的审美化、艺术化等。（3）审美教育史，主要研究审美教育发生、发展和演进的历史规律，其中包括普通审美教育史和艺术专业审美教育史。我们审美教育的任务是探索如何通过审美活动和教育来培养人才，提高审美鉴赏力和创造力，促进身心健康发展，造就有社会主义觉悟、德智体美劳全面发展的一代新人。审美教育学是新近产生的一门学科，尚处于开创、探索阶段，有待于美学、教育学研究工作者通力合作，以马克思主义思想为指导，紧密联系现代教育和审美活动实际，作系统全面的研究，以期建立一个完整的科学体系。

美育与教育方针

美育是我国社会主义教育方针的重要组成部分。早在五四运动前后，蔡元培就在大力倡导和实施美育。他在《关于教育方针之意见》一文中，把美育与体育、智育、德育并列为“四育”，第一次作为将美育列入国家的教育方针，并强调文化教育不能没有美育。但在多灾多难、贫穷落后的旧中国，教育没有大的发展，美育更是没有受到应有的重视。中华人民共和国成立后，审美和艺术教育开始受到重视，并取得了显著的成绩，但又遭到“文化大革命”的严重摧残和破坏。直到改革开放时代的到来，党的十一届三中全会的召开，党和政府才将美育同德育、智育、体育、劳动教育一起正式列入国家的教育方针，这对于推进美育的发展具有重大意义。

美育的主要任务是培养和提高学生美和艺术的鉴赏力、创造力，帮助他们树立正确的审美观和崇高的审美理想，并能按照“美的规律”来改造客观世界和主观世界，献身于社会主义现代化建设事业。美育既有其独特的教育功能，又能够对德育、智育、体育、劳动教育发挥积极的促进作用，有助于提高学生道德品质，开发智力技能，以美健身强体，增强劳动实践能力。美育与其他“四育”既有其相对独立的教育功能，又可以相互融通，相互促进，相辅相成，以完成培养德、智、体、美、劳全面发展的社会主义现代化建设者和接班人的任务。没有美育的教育是不完全的教育。我们要全面贯彻党的社会主义教育方针，必须克服忽视美育的错误思想，切实改进和加强美育工作。

美育与马克思人的全面发展学说

美育是马克思人的全面发展学说的重要组成部分。他在《资本论》中指出，教育与生产劳动相结合，不仅是提高社会生产力的一种方法，而且是造就全面发展的人的基本途径。教育只有与生产劳动相结合，才能为一个更高级的、以每个人的全面而自由的发展为基本原则的社会创造现实基础，培养全面发展的人是社会主义教育的根本目标，其中含有审美教育。因为生产劳动是按照“美的规律”塑造物体的。第一，共产主义“创造着具有丰富的、全面而深刻的感觉的人”，不能没有美育；第二，共产主义教育使每个人都能全面发展自己的智慧和能力。它消除了资本主义私有制分工的限制，每个人都可以在任何生产、生活领域内发展，成为有多方面创造、享受能力和“高度文明的人”。“在共产主义社会里，没有单纯的画家，只有把绘画作为自己多种活动中的一项活动的人们，”共产主义将使“自己的成员能够全面地发挥他们各方面的才能”。第三，全面发展的人，具有独创性和自由的发展。马克思指出，只有在共产主义社会中个人的独创和自由的发展，不再是一句空话。只有在个人得到全面发展的条件下，私有制才能消灭。美育的根本任务就在于以马克思主义思想为指导，按照“美的规律”培养具有创新能力和全面发展的一代新人。因此，马克思关于人的全面发展的学说，为我们进行审美教育奠定了理论基础，提供了指导原则。

美育与学科教学

美育与学科教学有着密切的关系，把美育渗透于各科教学之中，是学校美育的一个重要方面。蔡元培在论及中学美育时说："进而及中学校，智育之课程日益扩加；而美育之范围，亦随以俱广。……无不于智育作用中，含有美育之原素；一经教师之提醒，则学者自感有无穷之兴趣。"学科教学虽有其各自的教学目的、内容和相应的方法，但都包含着不可缺少的审美因素，如语文课中语言美、形象美、意境美，历史、地理、生物课中人物品格、风土人情、自然景色的美；数理化课中的严密逻辑推理的科学美和公式、定理、方程式的多样统一的形式美等。学科教学中的美育要发掘和利用其审美因素，激发学生的学习兴趣，促进智力发展，从而真正掌握和领会科学知识。审美教育应从不同学科的性能、特点出发，如果一味追求单纯的审美趣味，会导致华而不实的形式主义；学科教学完全离开审美教育，把知识传授变得枯燥乏味，就难以取得良好的教学效果。教师要善于在教学中把理性与感性、抽象与形象、知识传授与审美感发有机结合起来，以美引真，以美导善，以美健体，以美勤劳，培养学生健全的文化心理功能，促进德、智、体、美、劳的全面发展。

美育与课堂教学

课堂教学是学校教育的基本组织形式，是对学生进行审美教育的主要途径和方法。夸美纽斯在《大教学论》中指出，教育是向人传授知识的愉快的艺术。课堂教学中的美育，就是要根据教学计划规定的目的、要求，利用教学内容中的审美因素，采取适当的审美化的教学方法和手段，"寓教于乐"使学生在教学过程中受到美的感染、熏陶，激发起学习兴趣，从而愉快地接受教师所传授的科学文化知识。课堂教学要成为一种教学艺术，首先要创造一个审美化的教学环境，课堂要整洁卫生，纪律要井然有序，气氛要严肃活泼，师生情感要融洽、亲切、和谐，为顺利地进行教学提供一个良好的客观条件。其次，教学安排要有节奏，做到疏密相间，有张有弛，有起有伏。教师讲授知识既要有高度的科学性，又要富有感情色彩，语言要精练准确、鲜明生动，具有逻辑性和感染力，板书要工整、美观，并适当运用形象直观手段加以配合，如图表、挂图、实物和声像艺术等，做到理论知识与感性形象，科学认知理解与审美情感体验相结合，以培养学生的观察力、想象力和理解力，在知识教育中发挥美育功能，把课堂教学内容中的审美因素与组织安排上的审美形式统一起来，才能取得理想的教育效果。

美育与教师的榜样

教师是人类灵魂的工程师。教师以自己的好思想、好品质、好作风为学生树立学习榜样。他不仅要向学生传授知识，而且要塑造完美的人格。黑格尔说："教师是孩子们心灵中的最完美的偶像。"青少年正处于成长时期，可塑性、模仿性很强，他们往往把教师看成美的化身，作为自己学习、效仿的楷模。孔子说："其身正，不令而行；其身不正，虽令不从。"榜样的力量是无穷的。身教重于言教。教师的一言一行都会对学生产生潜移默化的作用。教师高尚的道德情操，渊博的知识学问，文明的行为，整洁的服装，健康的体魄，美好的语言，都是无声的审美教育。教师要在美育中充分发挥榜样作用，首先必须塑造自己的灵魂，树立美好的形象，以垂范于学生。其次要密切与学生的关系，经常进行情感和心灵的交流与沟通，使学生"亲其师"、"信其道"、"爱其美"，产生对教师的亲切、尊敬、信赖、爱戴的道德和审美的感情，真正把教师作为学习的榜样。

家庭美育

父母和其他家庭成员是对少年儿童进行审美教育的启蒙老师。家庭教育是人生的起点，也是美育的起点。家庭美育对少年儿童的审美观、人生观的形成有着深远的、重要的影响。苏联著名教育家苏霍姆林斯基曾说：

“儿童时代错过的东西，到了少年时代就无法弥补，到了成年时期就更加无望了。这一规律涉及孩子精神生活的各个领域特别是美育。”家庭美育的主要对象是少年儿童。他们具有爱美天性；但由于缺乏知识和生活经验，辨别真善美与假丑恶带有很大成分的直观和自发的性质，只是凭形状、色彩、声音和一般感觉来理解事物。因此，家庭美育要根据儿童生理心理的特点，尽量利用具体、生动、形象的实物和家庭生活环境的美化，使他们在耳濡目染、潜移默化中接受美的教育，目的在于唤醒和发展他们五官感觉，培养初步审美能力，促进身心健康发展。如果对他们要求失之过高，强迫命令，“无理地、有害地胁迫着孩子们的天性”，将会产生适得其反的不良后果。父母亲思想文化水平和审美素养，对少年儿童的审美教育起着关键性的作用。家庭是社会的“细胞”，与社会息息相通。家庭美育不是孤立的、封闭式的，只有与学校美育、社会美育密切配合，才能收到预期的效果。

社会美育

是在社会生活中对广大群众和青少年进行的审美教育，其范围较之学校美育、家庭美育更为广泛，内容更丰富，形式更为多样。人们都在一定的社会环境中生活，美育要渗透到生产、生活的各个领域，使人们能够随时随地、有形无形受到美的影响、熏陶和教育。一个人的健康成长，一个民族文化素质的提高，都离不开社会美育。在旧的社会制度下，劳动虽然创造了美，劳动者却享受不到美，不可能开展广泛的社会美育活动。在社会主义现代化建设的新时代，人民群众成了国家的主人，在物质生活得到不断改善和提高的同时，对精神文化生活的要求也日益增强。他们追求美、热爱美、创造美，因此，我们必须广泛开展丰富多彩的社会美育活动，让审美文化进入千家万户，使每个人的心灵都受到美的启迪、滋润和教化，以“培养有理想、有道德、有文化、有纪律的社会主义公民，提高整个中华民族的思想道德素质和科学文化素质”。在广大群众中开展“五讲”（讲文明、讲礼貌、讲卫生、讲秩序、讲道德）、“四美”（心灵美、语言美、行为美、环境美)、“三热爱”(热爱祖国、热爱社会主义、热爱党)的活动，把审美教育与思想道德、科学技术、体育训练、生产劳动教育有机结合起来，充分发挥社会美育在社会主义物质文明与精神文明建设中的作用。

社会美育与遵纪守法

审美教育与遵纪守法相结合是社会美育重要内容和组成部分。遵纪守法为开展群众性的美育活动提供良好的条件，美育活动可以促进人们自觉地遵纪守法。社会生活的正常运行，个人的言行举动，都必须符合道德规范，法律制度，不可胡作非为，因此具有一定的规范性和强制性。人们遵纪守法，要正确和处理自由与纪律、民主与法治的关系，从而“造成一个又有集中又有民主，又有纪律又有自由，又有统一意志又有个人心情舒畅的一种政治局面”。遵纪守法不仅为审美教育创造了良好的社会环境和条件，而且丰富和充实了社会美育的内容，有利于美化人们的心灵，培育健康、科学、文明的生活方式。在社会美育、文化娱乐活动中，结合进行遵纪守法教育，既晓之以理，又动之以情，乐在其中，使人们在遵纪守法中“美善相乐”，从而成为一种自由自觉的活动，诚如孔子所说的：“知之者不如好之者，好知者不如乐之者”，做到“从心所欲而不逾矩”。审美教育与遵纪守法有机结合，就会取得相互促进、相得益彰的社会效果。

社会美育与生产劳动

马克思主义创始人从社会实践观点出发，极大地扩展了美育的内容和范围，不只是把它局限于学校和艺术教育领域，而是涉及到人类生活的一切方面，尤其是生产劳动。生产劳动是人类最基本的社会实践活动，它所创造的物质产品，是合规律和合目的有机统一，不仅具有实用价值，还有审美价值，是人的本质力量(包括审美能力)的对象化。“我们的生产同样是反映我们本质的一面镜子。”马克思在《1844年经济学-哲学手稿》中说：“动物只是按照它所属的那个种的尺度和需要来建造，而人却懂得按照任何一种的尺度来进行生产，并且懂得怎样处处都把内在的尺度运用到对象上去；因此，人也按照美的规律来建造”。他还指出：工业生产的对象性存在是一本打开了的关于人的本质力量的书，只是由于人的本质的客观地展开的丰富性，主体的、人的感觉的丰富性，如有乐音感的耳朵，能感受形式美的眼睛，总之，那些能成为人的享受的感觉，即确证自己是人的本质力量的感觉，才能一部分发展起来，一部分生产出来。”“五官感觉的形成是以往全部世界历史的产物”。这就告诉我们，人的审美能力产生、发展依赖于社会实践，在按照“美的规律”进行生产的同时也要按照“美的规律”塑造自己，培育和发展审美感觉，从中获得美的享受，确证自己创造美的本质力量。如《庄子》中讲的“庖丁解牛”那样，使劳动达到由“技”进“道”的自由境界，得心应手，运用自如，产生“莫不中音，合乎《桑林》之舞，乃中《经首》之会”的审美效应。今天，我们开展社会美育活动，必须紧密联系社会主义现代化建设实际，与生产劳动相结合，把培养具有审美实践能力，全面发展的创新型人才作为中心内容和基本任务，仅仅视为群众性的文化娱乐活动是不够的。我们应当认识“劳动创造美”的社会价值和深刻意义。我们要在按照“美的规律”进行生产劳动，在创造优质高效产品的同时，不断丰富和发展自己的创新能力，热爱劳动，无私奉献，把自己培养成新时代最美最优秀的人。

美育与社会理想

美育是进行社会理想教育的有效手段之一。社会理想是人们对社会生活的向往与追求，不同时代、不同阶级具有不同的社会理想。审美理想是社会理想在审美活动的反映和表现，其中必然包含着社会理想的内涵。美与“应当如此的生活”是紧密相连的。俄国革命民主主义美学家车尔尼雪夫斯基说：“任何事物，我们在那里面依照我们的理解应当如此的生活，那就是美的。任何东西，凡是显示出生活或使我们想起生活的，那就是美的。”社会主义、共产主义是人类最美好、最崇高的社会理想，反映着历史发展的必然要求，体现着人民群众的根本利益。在审美教育中，我们要根据马克思主义思想，阐明社会主义必然战胜资本主义的客观规律，讲清社会主义制度的优越性，引导人们善于发现新时代的美，将社会理想与审美理想统一起来，“按照美的规律”塑造起来的一代新人，培育信仰之美、崇高之美，为实现社会主义、共产主义理想努力奋斗。

美育与艰苦奋斗教育

艰苦奋斗是社会美的表现，是审美教育的重要内容。美是人类社会实践的产物，是人的本质力量的感性显现。劳动创造美。我们的劳动模范、战斗英雄在改造社会和夺取胜利的斗争中，努力实践，积极进取，艰苦奋斗，以至于壮烈牺牲。毛主席诗词中说：“为有牺牲多壮志，敢教日月换新天”，就是艰苦奋斗的本质力量的集中体现。艰苦奋斗中见出伟大，见出辉煌，是震撼人心的崇高美。如果把对美的追求与艰苦奋斗对立起来，以外表的奢侈华丽视为美，把吃喝玩乐当作美的享受，摆阔气，讲排场，求刺激，图安逸，那就失去美的真谛，而是精神生活贫乏、审美趣味低下的表现。因此，在审美教育中，我们要结合艰苦奋斗的教育，紧密联系实际，帮助学生树立正确的人生观、价值观、审美观，分清美与丑、崇高与卑下、伟大与渺小，懂得“一粥一饭，当思来之不易；半丝半缕，恒念物力维艰”的道理，发扬“先天下之忧而忧，后天下之乐而乐”的崇高精神，以艰苦奋斗为荣，以不劳而获可耻，努力使自己成为不怕困难、勇于担当，奋力拼搏，为实现崇高理想而献身的一代新人。

美育与科学技术发展

科学技术的发展为审美教育提供先进的物质条件，审美教育是推动科学技术发展的有利因素。在人类文明发展史上，科学技术与审美、艺术活动经历了由合而分、由分而合的过程。现代科学技术的发明、应用与审美活动、艺术创造的有机结合，已成为历史发展的必然趋势，大大拓展了审美教育的范围和内容，更新了审美教育的物质设施和技术手段。因此，审美教育不能局限于自然美、艺术美和日常生活美，还要与科学技术发展密切联系起来，以促进人的全面发展，为创造物质文明与精神文明服务。首先，美育要充分利用现代化的大众传播媒介，如录音、录像、摄影、传真等，把审美教育活动渗透到社会生活的各个领域，充实、丰富和发展审美教育的内容，使之成提高广大人民群众文化、审美素质的有力工具。其次，学校教育要把科学与美学、智育与美育结合起来，审美、艺术教育要科学化、智能化，科学技术教育要审美化、艺术化。再则，要把美育扩展到科学技术应用和物质生产领域，美化生产环境，美化操作工艺，制造实用与美观相统一的物质产品，努力使劳动变成自由的、创造性的活动，消除的职业的狭隘性，使劳动者得以全面发展，将科学理性与诗性智慧有机融合起来，和谐发展，相互促进，以培养高素质的创新人才。

美育与历史文物

历史文物是物质文化、精神文化的遗存，也是审美教育的形象化、立体化的教材。历史文物作为人类文明发展的实证材料，正如马克思所说的，“是一本打开了的关于人的本质力量的书本，是感性地摆在我们面前的心理学”，其中不仅包含着大量有关社会历史、生产生活、科学文化方面的历史知识，而且积淀着丰厚的审美文化内容。文博部门加以搜集、保管、陈列、展览，就成了“知识的宝库，艺术的殿堂”。在社会审美教育中要重视和加强发挥历史文物的作用。文物以物化的、直观的独特语言，对广大群众和青少年进行审美教育，可以帮助他们开阔眼界，增长知识，丰富想象力，陶冶审美情感，对他们树立历史唯物主义审美观、正确认识美和艺术的本质有着重要的意义。特别是革命历史文物，更可以使他们从审美体验中，受到深刻的革命传统教育。我们利用文物进行美育，要按照马克思主义的历史和美学相统一的观点，说明文物产生的时代背景，提供必要的历史知识，使受教育者正确认识和领会其中所蕴含的历史内容和审美价值。

美育与文明

文明是历史的概念，指人类创造的物质财富和精神财富所达到的程度，社会历史发展、进步的文化状态。文明是与落后、愚昧、野蛮相对立的。社会文明的发展程度制约和决定美育的内容和性质。审美教育是社会文明的重要表现，也是推进社会文明的必经途径和有力手段。人类社会早期生产的目的是为了自身的生存，解决衣、食、住、行的问题，即“生产物质生活本身”，产品的实用价值居于主导地位，审美价值依附于实用价值。美育尚处于自发的萌芽状态，是与生产劳动、巫术活动密切结合在一起的，原始人在制造工具和生产劳动过程中，唤醒和初步形成对“颜色和形式”的审美感觉。随着生产力水平的提高，人类社会由蒙昧、野蛮时代进入文明时代。恩格斯说：“文明时代是学会对天然产物进一步加工的时期，是真正工业和艺术生产的时期。”人类在满足物质生活需要的同时，还要追求精神生活的需要，审美活动便“具有巨大和独立的意义”，美育也成为整个教育活动的必不可少的重要组成部分。工业生产的发展和文化艺术的繁荣，标志着社会的巨大进步，为审美教育提供了物质条件，开拓了广阔的发展前景。但是，近现代文明是建立在阶级对立、私有制和社会分工的基础之上的，劳动者虽然创造无比丰富的物质财富和精神财富，却被剥夺了接受审美教育和享受美和艺术的权利。私有制和异化劳动把劳动者变成畸形发展的人。社会主义时代是人类社会文明发展的一个崭新阶段。它是以生产资料公有制为基础的，劳动人民成了社会的主人，能够逐步地按照“美的规律”进行自由自觉的创造性的劳动，把劳动由沉重的负担变成“乐生”的手段。美育对于培养全面发展的一代新人，社会主义物质文明和精神文明建设，为实现共产主义伟大理想发挥着前所未有的重要作用。新时代的美育任务是教育与生产劳动相结合，帮助人们“按照美的规律”改造客观世界和主观世界，把生产劳动从沉重的负担中解放出来，促进人的自由、全面发展，充分发挥每一个人的智慧和力量，为实现最美好、最文明的社会主义理想而努力奋斗。

美育与物质文明

物质文明是人类物质生产发展、进步的程度、状态，主要表现为生产工具、技术的进步和物质财富的增长，其中蕴含有工艺、审美的内容。物质文明为审美活动提供了物质基础和客观条件，审美教育促进物质文明的发展，既可美化物质生产过程及其产品，并使劳动者从生活中获得美的享受。墨子说过：“食必常饱，然后求美；衣必常暖，然后求丽；居必常安，然后求乐。”现代社会物质生产的高度发展，科学技术的快速进步，大众传播媒体的广泛运用，审美文化日益成为人民群众生产、生活的不可或缺的组成部分和重要内容，更加自觉地追求生产过程、劳动产品、日常生活的美化、艺术化，把生产与艺术、实用与审美有机统一起来。因此审美活动也必将广泛而深入地进入物质生产、日常生活的各个领域。但是，社会物质生产的发展与精神文明、审美和艺术教育的进步并不都是同步的，成正比的，两者之间会出现不平衡现象。马克思论述古希腊与近代资本主义社会艺术时就明确指出：资本家通过雇佣劳动生产商品以追求超额利润为目的，这种“异化劳动”是以牺牲劳动者为代价的。“一切情欲和一切活动都必然要湮浸在发财欲中”，其结果导致人们的“物质生活丰富，精神生活贫乏”，劳动者在生产、生活中得不到审美教育与艺术享受。在我国社会主义现代化建设中，物质文明与精神文明一起抓，日益重视发挥美育、艺术教育的作用，将物质生产与审美活动结合起来，相互渗透，相互促进，在美化生产过程、生产环境、劳动产品的同时，劳动者身心也得到美化和自由发展，使自己成为物质生活富足、精神生活充实的社会主义事业的建设者。

美育与精神文明

精神文明是指人类精神生产、文化生活发展、进步的程度和状态，其内容包括政法体制、伦理道德、科学技术、文学艺术等方面，是人们宇宙观、人生观、价值观的体现。美育是精神文明建设的重要的组成部分，对促进人类精神文明中起着重要的作用。“美是真理的光辉”，美育可以激发人们追求真理的热情，以丰富的感知、想象力把知识转化为智慧，从美的合规律的特点中探索宇宙的奥秘，推进科学技术的发展和创新。“美是道德的亲姐妹”。美具有合目的的特点，美育可以在“美善同乐”中，提高思想道德水平，鲁迅说：“美术可以辅翼道德。美术之目的，虽与道德不尽相符，然其力足的渊邃人之性情，崇高人之好尚，亦可辅道德以为治。”美育对于陶冶人的道德情操，提高人的思想觉悟，起着寓教于乐、潜移默化的作用。审美教育与精神文明是相互影响、相互促进的。社会精神文明建设决定着审美教育的性质和内容，使之得以健康的发展。我们在社会主义现代化精神文明建设中，必须切实改进和加强美育工作，充分发挥其“以美育人，以文化人”的作用。

社会美育与文化娱乐设施

文化娱乐设施是进行社会美育的一个重要方面。政府部门和企事业单位的文化娱乐设施，是开展社会美育活动的重要基地和场所，如影剧院、图书馆、俱乐部、游艺场、文化宫、音乐厅、博物馆、动植物园等。我们要根据其文化设施的特点和工作范围，开展丰富多彩，健康有益的文化娱乐活动，传播文化科学和美学的基本知识，丰富群众的精神文化生活，以提高广大群众和青少年的文化素质和审美情趣。文化娱乐的美育指导思想应当是坚持为社会主义、为人民服务的方向，高扬社会主义建设和改革开放时代的主旋律，坚决堵塞思想内容不健康、庸俗低级、色情下流的音像制品的散布和传播，引导广大人民群众进行健康、美好、雅俗共赏的文化娱乐活动，从而丰富他们的业余生活，提高他们的审美能力和思想文化水平。

家庭美育与父母自我教育

家庭是儿童最早接受美育的学校，父母是孩子的第一位教师。父母自我教育是实施家庭美育的基本保证，起着导向作用。父母与子女有着天然的感情联系，共同生活，朝夕相处，他们所作所为、思想品格、审美素养对孩子有很大影响。鲁迅说过，文学家的孩子熟悉笔墨，木匠的孩子先认识斧锯，军事家的孩子先会摆弄刀枪。家庭美育的关键在于父母加强自我教育，不断提高自己的思想文化水平和审美能力，在工作紧张、家务繁重的情况下，父母可参加学校、家庭美育讲座、家庭教育辅导站的学习，掌握教育子女的知识和能力，其中包括进行美育的内容和方法，但主要是利用业余时间进行自我教育，如养成业余读书学习的习惯，除看自己的专业书籍外，还要看些少年儿童读物，以拓宽文化视野，为孩子准备和提供精美的精神食粮，如音乐、绘画、诗歌、舞蹈作品等；还要自觉地接受艺术美育的陶冶，培养对美和艺术的爱好、兴趣，利用业余时间去听音乐会，参观画展，收听收看电视广播，以丰富自己的精神生活，提高审美能力，以适应家庭美育需要。父母也不是“完人”，有不良的生活习惯，不美、不文明的言行，要自觉地加以克服和改正，并勇于作自我批评，为孩子做出榜样。父母审美素质良好，品德高尚，教子有方，才能不断增强家庭美育的效果。

家庭环境与家庭美育

家庭环境的好坏其对家庭美育有着重要的影响。美化家庭环境是对儿童进行审美教育的重要因素之一。儿童生活的天地主要是家庭，对家庭周围环境和内部的设施、日常接触的事物，表现出他们最初的审美反映。家长对儿童进行美育，首先要组织和安排好家庭生活，美化家庭环境，做到整齐、清洁、舒适、美观，房间的布置、用具的陈设在形状、颜色、分寸上要协调统一，使他们在优美的日常生活环境中耳濡目染地接受美的熏陶。儿童对色彩的感觉先于其他事物审美感知，房间的装饰色彩鲜明、丰富，对发展儿童的视觉美感有着重要作用，但要适度，不可滥用，否则会过分刺激其神经系统，引起视觉疲劳，消减对色彩的美感。儿童兴趣容易转移，适时变换室内陈设，井然有序地摆放家具用品，给孩子以新鲜美观、和谐统一的印象，对发展和丰富他们审美视感知也是必要的。家庭环境的美化不能只由父母安排，孩子坐享其成。随着年龄的增长，要鼓励他们根据自己的兴趣和爱好，用自己的双手美化家庭生活环境，从而懂得美是劳动创造的，劳动是美的源泉，是不能坐享其成的。

家务劳动与家庭美育

儿童参加适当的家务劳动是进行家庭美育的重要内容之一。儿童发展到一定的年龄阶段，开始对家长的劳动过程及其成果发生兴趣，并观察和模仿父母干活、做事情。这时要让他们从事一些简单的、力所能及的家务劳动，起初主要是自我服务，如学会整理玩具、画书，自己穿衣、洗脸、吃饭等；稍大的儿童可以收拾房间，拿报纸，擦桌椅、摆家具，种植花木，打扫卫生，美化家庭生活环境等。儿童参加家务劳动，可以协调、活跃、美化家庭生活，从中获得劳动创造的喜悦和欢乐，从小就养成热爱劳动的习惯和对劳动的审美态度，开始培育自己欣赏美、创造美的能力。对儿童参加家务劳动，家长要有正确的态度，既不能把他们当劳动力使用，使之负担过重，影响身心健康，更要克服娇生惯养，不让他们从事家务劳动的倾向。“饭来张口、衣来伸手”的孩子，是不会懂得劳动的审美价值的。父母对待劳动的态度，其中包括审美态度，对孩子有着很大的影响。

家庭美育与游戏

游戏是家庭美育的重要方式，是对儿童进行审美教育的主要手段之一。席勒、斯宾塞、格罗斯等人认为，游戏是人的自由活动，儿童游戏是成人真实活动的表演和模仿，是他们未来生活所需要的实践活动的准备。高尔基说，游戏是儿童认识他们生活在其中和必将参与改造的世界的途径。少年儿童处于“游戏的年代”，游戏是他们生活中主要的活动形式，也是可以说自由成长的审美活动。儿童在游戏中可以多方面地接触和认识周围世界，发展体力、智力和审美感知能力。儿童游戏不仅具有模仿性，而且富有虚拟性、假想性，对于发展他们的审美创造力有很大作用。他们通过游戏活动还可以使自己渴求自我表现和发展的愿望得到满足，有助于培养独立意识和审美个性。游戏是儿童的一种积极的活动，绝不是无意义的“淘气”“顽皮”。父母不让儿童游戏就会压抑他们爱美天性，要充分认识游戏的审美教育功能，为儿童游戏提供必要的条件，加以正确的引导和评价，帮助他们克服依赖性，发挥创造性，让他们在游戏所获得美的喜悦和快乐中，热爱美、追求美，并能创造美。

家庭美育与儿童艺术才能的发现与培养

家庭美育对发现和培养儿童艺术才能有着重要作用。儿童在做游戏、绘画、唱歌、跳舞、吟诗和戏剧表演中，往往显露出自己的艺术爱好、才能和禀赋，其主要表现是：①对某种艺术活动有着鲜明的倾向性，会引起情绪兴奋、激动；②有着浓厚的兴趣和爱好；③表现出敏锐的感受力、丰富的想象力和特殊的创造力。家长会由此觉察、发现他们的艺术才能。对儿童艺术才能的发现，并加以培养，是家庭美育重要内容和有效途径，对美化心灵、促进其健康成长起着重要作用。若不能及时发现和培养，他们的艺术才能和禀赋就可能逐渐淡化和消失。家长对儿童艺术才能的培养，要因势利导，因材施教，进行适当的引导，使之得到不断地巩固、发展和提高。儿童正处于长身体、长知识时期，首先要做好通识教育，切忌操之过急，揠苗助长，过早进行专门化的艺术教育，这样既有害于儿童的健康成长，也不利于他们艺术才能的发展。

家庭美育与电视

电视是家庭美育的重要工具和手段。电视作为现代社会强有力的大众传播媒介，几乎进入了每一个家庭，收看电视成为儿童日常生活的内容之一，对他们具有很大的吸引力。如何对待儿童与电视的关系，是家庭美育所面临的一个复杂问题，电视具有以视听形式表现出来的复制、再现、纪录和艺术创造等综合功能，信息量大，内容复杂，富于艺术感染力，对于扩大儿童生活视野，丰富文化知识，发展审美能力，有着其他教育手段所不能代替的特殊作用。但是，如果儿童收看电视入迷，单纯为了好看、好玩，快快乐乐，每天数小时坐在电视机前，连续不断观看下去，就会引起体力和精力过度消耗，忽视看书学习及其他健康有益的文化娱乐活动，给身心发展带来不利影响。家长既要充分利用电视在家庭美育中的积极作用，又要防止它可能产生的消极影响。有的家长只注重书本知识的学习，禁止儿童收看电视，堵塞家庭美育的这一重要渠道，也不是正确的态度。家长对儿童看电影要进行正确引导和妥善安排，如控制儿童收看电视的时间和次数，选择适合他的年龄特征、有益于身心发展的节目，从中接受审美文化教育，避免负面影响，促进其健康成长。

（原载《美育词典》，江苏美术出版社，1993年，收入文集稍作修补）

艺术与生命

艺术作为生命系统的总体把握

一、艺术生命的大系统

1.艺术活动作为一种特殊的生产行为

艺术活动作为人类的一种生命现象，也是一种特殊的生产行为。

首先，艺术活动是从人类物质生产活动中分离出来的。就分离而言，它脱离了物质生产的一般特点、程序和规则；然而，这种脱离只是生产方式同一性的分离，并不意味着艺术活动已经完全丧失了它的生产性质。人类进入文明社会，艺术生产逐渐成为一种相对独立的社会职业，在实际上也就成为艺术家和一般艺术工作者的一种谋生手段，成为社会的一种交换方式。艺术家为交换而创作，便不能不以生产者的身份出现。巴尔扎克为了偿还沉重的债务，日以继夜地创作，就是一个例证。自19世纪以后，在世界范围内，艺术活动已从监护人的庇护下完全独立出来，艺术的生产性质表现得更加明显。

其次，由于艺术活动处于复杂的社会关系中，大批中间人的介入，使艺术成为一桩社会的公共事业。交响乐需要乐团去演奏，由此产生了交响乐团；戏剧需要导演、演员和组织者、服务人员，于是剧院出现；文学需要出版商，印刷业因此获得更大的发展；电影电视的创作和传播，需要综合运用各门艺术表现手法和技巧，使得中间人的介入更趋复杂和庞大。这些介入的中间人，大都有谋生之目的，在无利可图的情况下、他们可能会离去，或资产转移，影响到艺术活动的正常展开。中间人的介入加强了艺术活动的生产性质，是艺术发展的标志之一，也是促进艺术发展的动力之一。

再次，广大艺术消费者的存在，从客观需求一方面，把艺术活动变成了一种满足他人需要的生产行为，使艺术活动获得了生产的目的性。艺术活动是不能离开艺术消费者的。

从生产方面看，艺术活动乃是由艺术生产、艺术产品和艺术消费构成的一个完整的系统。作为一种生产，艺术生产者的生产能力之大小，至关重要。这一面是指生产者设计能力之大小.另一面是指生产者创造能力之强弱。黑格尔就曾指出过；“除才能和天才以外，艺术创作还有一个重要的方面，即艺术外表的工作，因为艺术作品还有一个纯然是技巧的方面，很接近于手工业；这一方面在建筑和雕刻中最为重要，在图画和音乐中次之，在诗歌中又次之。这种熟练技巧不是从灵感来的，它完全要靠思索、勤勉和练习。一个艺术家必须具有这种熟练技巧，才可以驾驭外在的材料，不至因为它们不听命而受到妨碍。”[①]艺术产品是艺术生产的直接结果，也是艺术消费的直接对象。艺术产品凝聚着人类的智慧、能力和技巧，是在一定的劳动时间里创造出来的，具有满足别人生活需要的社会价值，会像一般产品那样进入流通领域，服从供求规律。艺术消费是艺术价值的实现。艺术消费起于消费者的自我匮乏，自我需要是一种寻求补偿的行为。当然，艺术消费活动与一般物质产品的消费活动还是有区别的，后者是直接的物质补偿行为，是实用的、功利性的；例如一顿美味佳肴会改变一个人的饥饿状态，一件厚实大衣会给寒冷中的人带来温暖，而艺术产品消费却是一种心理的补偿，充实人们的心灵，满足人们的精神需要。但这种补偿和满足，是任何物质性的满足所不能替代的。

① 黑格尔:《美学》,第1卷,朱光潜译,商务印书馆,1979年,第35页。

2. 艺术生产、艺术产品与艺术消费共存互动

艺术生产、艺术产品和艺术消费，构成一个完整的系统，它们之间共存互动，相互依存，相互促进。

（1）艺术生产与艺术消费，决定着艺术产品的价值实现。艺术产品是艺术生产者将人的思想认识、情感意趣、生命状态运用一定的物质媒介、手法技巧予以审美物化的结果。没有艺术生产者的审美创造，艺术产品就不可能产生。一定的客观事物，只能作为一种外在于艺术创造的对象而存在，艺术生产者的一定的审美情思，也只能混沌、蒙昽、模糊地存在于自己的大脑之中。只有当客观对象与艺术家审美情思，获得了切合它们需要的物质表现形式之后，它们才是艺术的。用形象语言来说，就是郑板桥所说的由“眼中之竹”到“胸中之竹”再到“手中之竹”的创作历程。因此，离开艺术生产者的创造与表达，就没有艺术作品。另一方面是，艺术产品也与艺术消费的创造性接受与认同有着密切关系。作为一种审美对象，艺术产品并非仅仅具有了审美化的物化形态，就已十分完满。一件艺术产品，被艺术生产者创造出来，只是提供了一个可供审美的对象，如果没有接受者，不能引起接受者的审美反应，就不会产生它的社会价值。审美价值也像其他价值一样，其本质都包含在被接受、被认同之中。离开被接受、被认同，价值就不成其为价值。所以，艺术消费是艺术产品审美价值实现的一个必要环节，是艺术产品进入审美活动领域的又一关键因素。正如接受美学代表人物尧斯所说的：“在这个作者、作品和大众的三角形之中，大众并不是被动的部分，并不仅仅作为一种反应，相反，它自身就是历史的一个能动的构成。一部文学作品的历史生命如果没有接受者的积极参与是不可思议的。因为只有通过读者的传递过程，作品才进入一种连续性变化的经验视野。”[1]任何艺术产品，没有接受者，离开了艺术消费，它只是具有潜在价值的物质载体。不论是悲壮如屈原的诗歌，辉煌如拉斐

① 尧斯：《接受美学与接受理论》，辽宁人民出版社，1987年，第24页。

尔的绘画，雄壮如贝多芬的交响曲，都只能如此。因此，一种艺术产品，只有当它同时具有被生产、被消费的两面性时，它才不失其本性。正如萨特在《境遇集》中所指出的：“在写作行为里包含着阅读行为，两者辩证地相互依存。这两个相互关联的行为，需要两个不同的施动者。精神产品这种既具体又臆想的客体，只有在作者和读者的共同努力下才能出现，只有在为别人并通过别人才有艺术。”

（2）艺术生产与艺术消费间的关系，不是单一指向的制约关系.而是双向流动、相互促进的关系。马克思对生产与消费关系的辩证说明，同样适用于理解艺术生产与艺术消费的关系。马克思说：“生产媒介着消费，它创造出消费的材料，没有生产，消费就没有对象。但是消费也媒介着生产，因为正是消费替产品创造了主体，产品对这个主体才是产品。……没有生产，就没有消费，但是，没有消费也就没有生产，因为如果没有消费，生产就没有目的。”①这里明确了二点：生产是消费制约的生产，消费是生产制约的消费。生产不能离开消费而存在，消费也不能离开生产而存在。一旦生产与消费之间的制约关系被解除，生产就会丧失目的，消费就会丧失对象。故生产与消费是一个问题的两个方面，两个方面统一而不可分割。所以，肯定生产，就意味着肯定消费；肯定消费，就包含着肯定生产。

艺术生产与艺术消费正是这样的辩证相连接。艺术生产不仅创造了艺术消费的产品即艺术品，更通过这种消费创造着艺术消费者、艺术消费的方式和艺术消费的能力。一个艺术消费者，不是天生的，他只有在与艺术品的不断接触中，才能成为合格的消费主体。“一件艺术品——任何其它的产品也是如此——创造了一个了解艺术而且能够欣赏美的公众。”②如果艺术生产不能源源不断地为艺术消费主体提供必要的消费对象，艺术消费活动必将终止；在艺术生产只能提供低层级的艺术产品时，艺术消费的质量水准也就要随之降低。艺术消费包含着对于艺术生产的相适应一面。在

①《马克思恩格斯全集》，第46卷（上），人民出版社，1979年，第28页。

②《马克思　恩格斯论艺术》（一），人民文学出版社，1960年，第207页。

一个民族里，缺少某种艺术生产，必然缺少与此相应的艺术消费行为。要改变这一状况，就必须充分发展这种艺术生产。比如，在音乐欣赏上，交响乐还未被我国人民广泛接受，其中关键原因是我国的传统音乐中，没有交响乐的生产活动。听惯丝竹之乐的中国民众，对于《二泉映月》《春江花月夜》等作品更感兴趣。中国民众还缺少接受交响乐的必要心理基础和相应的感受能力。近些年来，随着交响乐生产情况的逐步恢复与发展，一些调查表明，它在一些大城市已开始获得越来越多的听众。这说明随着艺术生产的改变，艺术消费也是将发生改变。艺术消费正是在艺术生产的诱导、培育和强化作用之下，形成了对艺术生产的适应性，形成了它的主体及其消费能力与消费需求。

同样的，艺术消费也推动着、创造着艺术生产。离开艺术消费，艺术生产失去生产动机。没有动机的生产，难以维持。特别是艺术消费总是体现着一定的价值判断，这将直接影响到艺术生产的内容取舍、意向确定。别林斯基指出过；“只要是有读者群，就有明确表示出来的社会舆论，就有直截了当的批评，把小麦从莠草区别开来，并对庸劣无才或招摇撞骗予以斥责。读者群是文学的最高法庭、最高裁判。”[①]艺术消费者构成艺术活动的最高法庭，代表着对于艺术生产的严格监督。没有一个艺术生产者，会完全漠视这种影响力。对于绝大多数的艺术生产者来讲，不管他们是作家、画家，还是音乐家、电影电视艺术家，不管他们是面对广大观众即席创作，还是独居一室静静地写作，不管他们是以广阔的社会生活为表现对象，还是抒发一己之情思，都包含着对于艺术消费者审美需求的理解、认同与接纳。艺术消费总会在艺术生产的自觉或不自觉的状态下，投下其难以磨灭的影响。故在艺术消费的影响制约下，艺术生产的一个显著特点，就是它的创造过程乃是与艺术消费者展开潜在对话、潜在交流、潜在认同的过程。艺术生产并非仅仅只是艺术生产者的单方面行为，它也包含艺术消费者的意愿及其选择。匈牙利学者阿诺德·豪泽尔在《艺术社会学》中

① 《别林斯基论文学》，新文艺出版社，1958年，第256页。

提出的表达与传播合一的观点，正是对艺术生产接受艺术消费影响的一种说明：

> 真正的艺术作品不仅是表达，而且是传播；不仅要提出问题，而且还要引起对问题的讨论。没有人是用诗来跟自己说话的，也没有人希望自己的画不被人观赏的。如果我们认为艺术家在表达自己的感受的时候就是在进行传播，那么我们的意思一定是：他在跟某人说话。每一种艺术表现，每一次对思想、感情和目标的抒发，都是针对着真实或假想的接受者。那些纯粹为作者本人而说的话也不是完全的独白，而总是有着某个无名的接受者。

可见，接受者是时时在创作者的心中。所以，在复杂的艺术生产中，表达自己，使自己具有可理解性，只是第一步，只有在表达自己从而也表达了艺术消费者的需求时，艺术生产才算最终完成。假如某种艺术生产仅仅满足于上述的第一步，不论是对同代消费者，或是后代消费者，都不发生作用，不管这一步走得如何完美，这一生产行为都将显得十分片面，因而成为人类所不需要的东西。艺术生产，正是在艺术消费的不可忽略的积极制约下，成为一种被人类认同的创造行为的。

（3）艺术生产、艺术产品和艺术消费，共同依赖于艺术传播。艺术传播指艺术信息的传递、交流和融合。它对艺术活动系统加以有效的组织。艺术传播是沟通、激发艺术生产和艺术消费的中介物。艺术生产只有通过艺术传播，才能与艺术消费相接触，才能成为艺术消费者的对象，实现自己的生产目的。艺术消费也只有通过艺术传播，才构成对于艺术生产的影响。离开艺术传播，艺术生产、艺术产品和艺术消费都将陷入相互孤立的状态。故艺术传播正是艺术活动关系属性之体现，是艺术生产、艺术产品和艺术消费实现自身目的之手段和条件，其中最显明者如传播设施。文学需要书店，影剧需要影剧院，音乐需要音乐厅，绘画、雕刻等等需要美术馆。传播设施为艺术活动提供了必要的物质条件。在艺术传播活动中，介入的各种中间人，则代表着艺术传播性质的不同方面。出版商、书店老板、影剧院的拥有者，主要是从商业价值方面参与艺术活动的，艺术活动以其特有的商业活动方式存在着，是对于艺术活动的非审美监控与调节。艺术批评家、高明的鉴赏家、艺术研究方面的专家学者，才真正发挥着艺术传播的审美监控与调节作用。特别是艺术批评，是艺术活动按照其自身规律进行而不可缺少的一部分。艺术批评阐释的主要对象有三个：艺术生产、艺术产品、艺术消费。通过阐释艺术生产的性质、特征与活动过程，不仅促使艺术生产按照其自身规律进行，也为艺术产品与艺术消费提供必要的认识前提。它通过揭示艺术产品的结构、内涵、类型等，同时有助于向艺术生产和艺术消费这两个环节，传达必要的信息，指示出如何生产与如何消费的一些基本要点。通过分析艺术消费的特点、作用，也将产生对于艺术生产的有效导引，使艺术生产更加符合艺术消费。所以，艺术批评，其基本功能在于协调、沟通、创造一个完整的艺术活动系统，艺术生产、艺术产品、艺术消费要想突破自身的局限，走向相互影响、相互增长的系统链中，依赖艺术设施，不同的中间人，是其必然选择。

3.艺术活动的特殊性与系统性之辩证关系

但是，必须指明，艺术生产、艺术产品、艺术消费构成的这一系统活动，并不完全类同于物质生产、物质产品与物质消费的系统活动，而有其不同于物质生产系统的特点。

首先，艺术生产、艺术消费是一种远比物质生产与物质消费更富于精神自由与情感愉悦的活动。一个艺术生产者，创作作品只是为了赚钱谋利，把作品当作获得一己私利的工具和手段，他就玷污了艺术家的光荣称号。马克思说："诗一旦变成诗人的手段，诗人就不成其为诗人了。"[①]茅盾是个特别重视社会效果的现实主义小说家，论及创作也曾主张过不关舆论、不关别人评价的意见。这不是认为艺术生产可以不要消费者和文艺批

① 《马克思恩格斯全集》，第12卷，人民出版社，1962年，第7页。

评家，而是说明艺术生产如果不“外师造化，中得心源”，缺少创作激情，不论社会需要是如何强烈，也不能使得这一活动正常展开。艺术家正当心灵激情迸发时，不论社会舆论如何加以遏制，这一活动也将顽强进行。据张怀瓘《书断》评论，王献之书法创作“冥合天矩”，有自然万物之神妙。但他的创作完全发自内心的冲动，不为外界干扰所左右。“人有求书，罕能得者，虽权贵所逼，了不介怀，偶有兴会，则触遇造笔.皆发于衷，不从于外……。”中国古人强调的“发愤著书”、‘不平则鸣”，就表现出艺术生产活动与主体精神状态是否饱满、是否有创作冲动，有着直接的关系。艺术消费与物质消费也是不可同日而语的。它在消费者与消费对象之间建立的是一种精神联系。此种联系的结合都是灵魂与灵魂之何的撞击，生命与生命之间的砥砺。中国现代著名作家、批评家李健吾先生就曾表述过这样的创作经验与体会：

要不是我强迫自己和诗交访，我一定会是一块可怕的顽石，比顽石还要可怕，一具沉重的行尸。诗把灵魂给我。诗把一个真我给我。诗把一个世界给我，里面有现实在憧憬，却没有生活的渣滓。这是一种力量，不像一般文人说的那样空灵，而是一种充满人性的力量。人性是铁，诗是钢。它是力量的力量。好像一把菜刀，我全身是铁、就欠一星星钢，一点点诗，作为我生存的锋颖。我知道自己俗到什么样无比的程度。人家拿诗做装饰品。我用它修补我的生命。

这经验与体会对艺术消费提出了两条要求；启动艺术消费之心灵的必须是创造了生命的艺术品，获得艺术消费结果的必须是生命的修补与更生。如果艺术产品无力提供达到这一预期效果的条件与可能性，艺术生产就显得无意义；艺术消费不能获得这种最高意义上的精神满足，消费也就失败了。面对无意义的生产或失败的消费，正常的艺术生产可以超越失败的消费，正常的消费可以超越无意义的生产。

其次，艺术产品的思想蕴涵十分丰富、深远。它可能是对整个人类生命精神的某种程度的概括和结晶，如歌德的《浮士德》；也可能是对人的某种典型境遇的把握，如陈子昂的《登幽州台歌》；还可能是指向未来的一个永难实现的境界，如陶渊明的《桃花源记》。这样一种与现实既有联系，又超越现实、达到巨大的历史深度的思想情感之囊括，会给某些欣赏者造成某种欣赏困难，特别是一些较低层次的艺术消费者，往往与之失去共鸣的基础。这只能说明他们的接受能力和鉴赏水平有待提高，不能作为评价艺术产品之成败的依据，并指导艺术生产。

此外，艺术生产对于传统的继承，十分强固，艺术消费所形成的习惯，也难以一时改变。艺术生产与艺术消费，与一个民族的深层文化心理结构息息相关，水乳交融。当一种新的艺术生产方式或新的艺术消费行为出现时，新与旧的冲突往往十分尖锐。

艺术生产与艺术消费之关系，远远没有物质生产与物质消费之关系那么明朗、单一、直接。两者在相互依存之中，也以相互矛盾的形式表现出来。这种矛盾只是在被解决以后，才达到新的相互依存。艺术活动因其矛盾及其解决而获得发展动力。这是艺术发展动力不可忽略的一个源泉。此种情况表现在两方面：

一方面，艺术生产有时应当超越艺术消费。无可讳言，有些艺术消费者追求一种低级、庸俗、不健康的趣味，艺术生产者必须具有超越这种艺术消费的真正胆略，保证艺术生产按照其固有规律进行，发挥其正面的社会效应，否则就会导致艺术创作走上邪路，丧失真正的审美价值，在人民群众中产生负面效应。歌德对同代读者、观众不甚满意，很能说明这点。在与文克尔曼对话时，他就明确表示过："产生伟大作品所必不可少的那种不受干扰的、天真无邪的、梦游症式的创作活动，今天已不复可能了。今天我们的作家们都要面对群众。每天在五十个不同地方所出现的评长论短、以及在群众中所掀起的那些流言飞语，都不容许健康的作品出现。今天，谁要是想避开这些，勉强把自己孤立起来，他也就完蛋了。通过各种报刊的那种低劣的、大半是消极的挑剔性的美学评论，一种'半瓶醋'的文化渗透到广大群众之中。对于进行创作的人来说，这是一种妖氛，一种毒液，会把创造力这棵树从绿叶到树心的每条纤维都彻底毁灭掉。”[①]因此，他把自己的作品《少年维特之烦恼》的成功，看作是与当时社会生活中存在的消极的、低劣的艺术消费是对立的，即不是对于这些读者的迎合，而仅仅出于他的内心之冲动，出于他的人生经历，“原来我生活过，恋爱过，苦痛过，关键就在这里。”[②]歌德曾称作品是他的一根骨头，一块肉。艺术生产是一种春蚕吐丝般的工作，是创作者用生命来创造另一个生命的活动。在此，歌德并不是要彻底摆脱群众，而是看到了作为艺术的消费者，由于受到各种条件的限制，如文化水平较低，特别是不正确的艺术批评的引导，有些人可能在某些时期，形成不符合艺术创造规律的某些欲求，或低级的审美趣味，如果艺术家意在满足这些欲求和趣味，必将影响艺术生产的健康发展、审美价值和社会作用。故歌德希望创作者按照自己的意愿去自由地从事创作，超越艺术消费者中可能产生的不健康倾向，从而创造出无愧于时代的伟大作品。

另一方面，艺术生产出现低滞现象，发展不畅，保守而不创新，艺术消费可以其新思想、新情调唤醒艺术家加以纠正，跟上时代前进的步伐，使艺术生产走向正常发展的道路。清末民初，黑幕小说，言情小说，相当盛行。直至20年代初期，这种状态还是改变不大。这对一般读者产生了不良影响。接受西方近代进步文化影响的新文学阵营，形成了健康的艺术消费要求，对其进行了严肃的批判，不仅限制了这类作品的继续生产，也为新文学的发展开辟了道路，对新文学的创作繁荣局面的形成，起了直接的导引作用。

我们认为，上述事例并不证明艺术生产与艺术消费的互动关系失去了客观基础。任何艺术规律都只是对于较为普遍的艺术现象之主要方面的概括。艺术生产与艺术消费之间的分离，相互矛盾，远远没有两者之间的互动、互补关系更为紧密、频繁，更有规律性。但是这种矛盾性的出现，其实提出了理想的艺术生产与理想的艺术消费这样两个问题。理想的艺术生

① 《歌德谈话录》，人民文学出版社，1978年，第17页。

② 同上。

产指其虽然出于创作者个人冲动，由于这种冲动植根于人类文化之中，是从人类的生命精神之深处浮现出来的生命律动，故其虽然超越于一时一事，游离于同代一般的艺术消费要求，也能因其丰富的精神蕴涵与整个人类息息相通。理想的艺术消费指其能够深刻地把握、体认艺术创造的根本规律，代表着人类进步的审美理想，故在艺术生产偏离人类向上的、不断进化的主导指向时，可以对其加以遏制与纠正，从而用其影响力，促进艺术生产的创新发展。这说明艺术生产与艺术消费之间的互动统一，不是在任何时期、任何情况下，都能实现的，而是在理想的艺术生产与理想的艺术消费的交替引导下才有可能实现。

二、艺术生命的子系统

1.艺术创造

艺术创造，是整个艺术生命活动的起点。从根本上说，它是创作主体“实践—精神”的产物。这一过程大体上包括艺术感知、艺术构思和艺术表达三个阶段：

（1）艺术感知。

艺术感知是艺术生命孕育的第一步。创作主体在客观事物的刺激下，必然产生一种心理反应，这种反应不是单向活动（刺激→反应，即S→R公式），而是双向活动（刺激⇄反应。即S⇄R公式）。这种双向活动就是“情以物兴，物以情现”的交相感应，从而使创作主体与客观对象相沟通，相交融。如刘勰所说：“山沓水匝，树杂云合。目既往还、心亦吐纳。春日迟迟，秋风飒飒。情往似赠，兴来如答。”（《文心雕龙·物色》）艺术感知，是客观对象对于创作主体情思的引发、也是创作主体情思对客观对象的同化。

创作主体的认知图式、情感图式、审美创造图式，决定着艺术感知的不同反应与体验。面对同一个对象，不同的创作主体会产生不同的审美感受和审美体验，创造出具有不同感情倾向和美学风貌的艺术作品。例如朱自清、俞平伯的同题散文《桨声灯影里的秦淮河》，原为1923年8月的一天晚上，二人乘舟同游秦淮河后所作。朱文写实感，抒真情，表达了他想超脱现实，而又未能忘情现实的执着追求、奋力挣扎的情怀。俞文则着重渲染“怪异样的景色”，表现一种逃避现实的“浑然之感”，用他自己的话说，“这或近于佛家的‘空’”。对于艺术感知的这一特点，我国最早的音乐美学著作《乐记》，就有精辟的概括：“乐者，音之所由生也；其本在人心之感于物也。是故其哀心感者，其声噍以杀；其乐心感者，其声啴以缓；其喜心感者，其声发以散；其怒心感者，其声粗以厉；其敬心感者，其声直以廉；其爱心感者，其声和以柔。”随着创作主体心境之不同，艺术感知中所产生的审美反应也不同。离开创作主体对于客观对象的这种独特的感知活动，艺术创作就不会有独特的艺术个性。

艺术感知不是对客观对象的平面把握，而是要突入和占有对象的内在本质，把握其个性特点和深层意蕴。罗丹曾说过：“对伟大的艺术家来说，自然中的一切都具有性格——这是因为他的坚决而直率的观察，能看透事物所蕴藏的意义。”又说：“自然中的一切都是美的——因为他的眼睛，大胆接受一切外部的真实，而又毫不困难地，像打开的书本一样，懂得其中内在的真实。”[①]艺术感知是全身心的活动，必须用慧眼去观察，用情感去体验，用想象去开掘，用理性去领悟，才能由浅入深，由表及里，有血有肉，拥抱和把握对象。后期印象派画家梵高，惯用红色，他的整个身心都沉浸于红色之中，被红色所激动，为红色所驱使，又驱使红色，构成了骚动不安的生命之境象。这是梵高对红色的深度感知之结果。野兽派画家大师马蒂斯曾谈到过情感对色彩的内在占有：“由物质唤起和抚养并被心灵再造，色彩能够传达每一事物的本质，同时配合强烈的激情。”这也是对艺术感知要能占有事物的本质，又同时表达主题情感的一种肯定。

在艺术感知过程中，心物相摩相荡，渐趋同一时，物中有我，我中有

①《罗丹艺术论》，人民美术出版社，1978年，第26—27页。

物，创作者就会由此触发，进入构思阶段。

（2）艺术构思。

艺术构思是一种创造性的思维活动，是艺术创作活动中最重要的阶段。没有“十月怀胎”，就不会有“一朝分娩”。

由于创作主体个性气质和反映对象性质特点的不同，一般表现为两种不同的形式：一种是惨淡经营，构思时间漫长，运思过程艰辛，在动手之前，形象、情节、结构等已清晰地呈现于头脑之中。画家“胸有成竹”。“胸有全马”，小说家开列出详细的写作提纲，均属此类。一种是灵感突发，稍纵即逝，从构思到写成作品时间相隔甚短。这两个阶段虽有区别，但彼此交织，边界模糊。如郭沫若写《地球，我的母亲》、《凤凰涅槃》就是如此。但不管是“两句三年得，一吟双泪流”，还是“倚马可待”，“一挥而就”，艺术构思大都是创作主体在有意与无意、自觉与不自觉两重意识活动状态下进行的。普希金曾精辟地这样说过：“任何天才都说不出，雕刻家怎样在大理石中看到隐藏在里面的丘比特，并且用刀和锤打碎它的外壳，把它引导到世上来？为什么思想、诗句从诗人的头脑中跳出来时，已经以四韵武装着，带着匀称的节奏？除了他本人，别人无法理解为何印象传递得这样迅速，无法理解诗人的灵感同异己的外部意志之间如此紧密的联系……。”这种现象说明潜意识在构思中起着重要作用。人们难以轻易揭开艺术构思的心理奥秘，但理性之力量仍然渗透于其中。从‘僧推月下门”到“僧敲月下门”，从“春风又到江南岸”到“春风又绿江南岸”，都包含着创作主体的明确意识和特定的审美追求。艺术构思是在有意与无意、显意识与隐意识交互为用、相互转化中完成的。

艺术形象孕育成熟标志着构思的完成。此时，艺术形象不再是模糊不清的，游移不定的，而是鲜明生动、有血有肉的，作为一个活生生的感性生命存在于创作主体的脑海中。杜夫海纳在《艺术与哲学》中指出：“艺术的特点就在于它的意义全部投入了感性之中；感性在表现意义时非但不逐渐减弱和消失，相反，它变得更加强烈，更加光芒四射。”在艺术构思中，感性与理性、意义与形式，达到高度的统一并构成了生动的艺术形象，创作主体就会受到来自这一生命体的强烈作用，产生不可遏止的创作冲动，从而进入艺术表达阶段。托尔斯泰就指出过："写作必须只有在要表达的思想是如此缠绕着你，自你获得这思想以来，不把它表现出来，就不让你安静的时候。"[①]艺术表达的出现，正是水到渠成的事情。

（3）艺术表达。

艺术表达是艺术生命得以形成的关键之举，没有艺术表达，艺术感知和艺术构思就会付诸东流。创作主体要把"内部语言的思想表达"转化为"外部语言的思想表达"，往往会有"随手之变，良难以辞速"的现象。因此刘勰才发出"方其溺翰，气倍辞前，暨乎篇成，半折心始"的感叹。原因在于"非知之难，能之难矣。"我国古典美学很重视艺术表达的意义、作用。如语言艺术中主张"言以尽意""驯辞绎致'，绘画中要求"得心应手"、"意到笔到"，书法中做到"心手双畅"等。创作主体只有把头脑中存在的东西，运用特定的物质媒介和纯熟的技巧变成实体的东西，才是真正的艺术产品，为人们所接受。

在艺术表达中，艺术家既要对于物质媒介的适应、利用，又有对于物质媒介的征服与超越。在适应、利用方面，当物质媒介按照艺术内容的表现需要而组织起来时，就不是只有自然的、物理的性质，而具有了特殊的审美意义。美学家鲍山葵在《美学三讲》中说："任何艺人都对自己的媒介感到特殊的愉快，而且赏识自己媒介的特殊能力。这种愉快和能力当然并不仅仅在他实际进行操作时才有。他的受魅惑的想象就生活在他的媒介的能力里；他靠媒介来思索，来感受；媒介是他的审美想象的特殊身体，而他的审美想象则是媒介的唯一特殊灵魂。"艺术构思和表达是离不开物质媒介的，并通过媒介材料的审美质地来实现。艺术创造活动不同于一般的审美活动，其重要特点之一，就在于它是一种技巧性很强的媒介活动。不仅如此，艺术表达既要适应物质媒介，更要超越它，征服它，把它变成真正的艺术语言。如中国古代诗词在艺术表达上常常运用"通感"的手

①《致作家列·尼·安德烈也夫》,《文艺理论译丛》,1957年第1期。

法，有“晨钟云外湿”“无声生翠寒”之语，声中闻湿，声中生寒，是听觉向触觉的挪移；造型艺术中色彩有冷暖，线条有节奏，是视觉向触觉、听觉的滑行；音乐中的“成象构虚”、“听声类型”，则是听觉向视觉的靠近。“通感”所带来的艺术效果，说明综合地、整体地利用物质媒介的重要性。

2. 艺术作品

艺术作品是艺术创作主体审美意识的物态性成果。怎样确定艺术作品与非艺术作品的界限？历来有不同的看法，我们认为它至少具有三个方面的含义：第一，艺术作品是人自由自觉创造的产品，是人的一种创造物；第二，它是人的审美体验的物化形态，具有一种独特的审美属性与审美价值，而不是一般的文化产品；第三，它具有真善美相统一的动人魅力，令读者重构生命存在。为了较为具体地把握艺术作品的审美构成及其意义，我们可将它分为下列三个层面来理解。

（1）物质形式层面。这是艺术作品可以直接被感知的外在层面。它由物质材料构成，如语言、线条、色彩、形体、声音等，具有一定的组织构造。在艺术作品中，物质形式的运用和创造必须服从形式美的基本原则，如节奏、韵律、对称、均衡、和谐、杂多统一等，具有悦耳悦目的作用和效果。但这个层面不是独立存在的纯形式的东西。它是艺术的审美价值、思想意蕴的载体和体现者，与作品的艺术生命血肉相连，浑然一体。

（2）形象呈现层面。这是艺术作品以其形象反映主客体世界的层面，是现实世界与艺术世界的对接点。这个层面所反映的内容，不是附加的、外在于作品的东西，而是贯穿于艺术形象的体系本身。诚然，艺术作品在表现主客体世界时应具备真实性、思想性的品格，但是，只有当被反映的现实生活和思想内容不是赤裸裸的，公式化、概念化的，而是以具体生动的形象表现出来，才能成为真正的艺术作品。

（3）艺术意蕴层面。这不是对象直接呈现的内容，而是潜隐于作品深层的审美意味。形象呈现层面虽是作品不可或缺的，但它还不是作品的最高层面。黑格尔说："感性的形状和声音所以呈现出来，并不是为着它们本身或是它们直接现于感官的那种模样、形状，而是为着用那模样去满足更高的心灵的旨趣，因为它们有力量从人的心灵深处唤起反应和回响。"①艺术作品不是物质材料的堆砌，不是客观事物的模拟品，而是创作主体审美体验、审美理想的结晶，是创作主体满怀生命的激情创造的艺术生命，有其深刻的内在意蕴。

艺术作品的物质形式层面、形象呈现层面、艺术意蕴层面是一个互为表里的有机建构。它的构成虽然可以作层面划分，但彼此不是割裂的，而是一个有机统一的艺术整体。物质形式层面是其载体，赋予创作主体的审美体验以感性形式；形象呈现层面是艺术作品的生动确立，反映着客观对象与主观情感相统一的真实图式；艺术意蕴层面把作品感性形式、客观内容统一于审美意味、审美价值。这样，艺术作品才能达到真善美的内容与形象形式的辩证统一，才能像生命本身一样生气灌注，丰富多彩，具有永久的艺术魅力。

3. 艺术欣赏

艺术欣赏同艺术创造一起，成为艺术生命活动最集中、最典型的体现，因为艺术作品被创造出来，只有为人们所接受和欣赏，才能使它的审美价值由潜在的转化为现实的。概括起来，艺术欣赏这种身心活动具有下列特点与规律。

（1）限制与自由的统一。艺术作品对于欣赏者来说，具有两重性。一方面，它作为审美对象，对欣赏者的感受、理解起着制约、导向作用。另一方面，它又激发、兴起欣赏者的情感、想象，给予自由活动、再创造的广阔天地。创作主体在创作时，总是自觉或不自觉地表现出他对现实生活的认识、评价、情感态度和审美理想，并从其所描绘的形象、情节和场面中自然而然地流露出来，使作品具有思想倾向和艺术表现一定的确定性、

① 黑格尔：《美学》，第1卷，朱光潜译，商务印书馆，1979年，第9页。

明晰性和质的规定性。这就事先为欣赏活动限定了一定的范围，提供了一定的思路和方向，而不能以意为之，想入非非，主观臆测。例如有的画家把阿Q画成一个滑稽可笑、流气十足的“二流子”，鲁迅为之深表不满，在《寄〈戏〉周刊编者信》中就明确地说：“我的意见，以为阿Q该是三十岁左右，样子平平常常，有农民式的质朴、愚蠢，但也很沾了些游手好闲之徒的狡猾。……不过没有流氓样，也不像瘪三样。只要在头上戴上一顶瓜皮小帽，就失去阿Q，我记得我给他戴的是毡帽。”这里，鲁迅对阿Q形象的性格特征把握得多么具体明确，只要把头上戴的毡帽换成瓜皮小帽，作为被污辱、被损害者的阿Q就变样了，整个作品也就变味了。如果阿Q这个落后农民形象真是画家笔下的“二流子”，鲁迅那“哀其不幸，怒其不争”的忧愤深广的革命民主主义思想又怎样表现呢？艺术欣赏活动只能在比较正确地了解和把握对象的前提下和基础上进行，否则只会是痴人说梦。记得克罗齐曾说过；“要判断但丁，我们就须把自己提升到但丁的水平。”你要欣赏《神曲》，必须首先要了解《神曲》。

（2）体验与创造的统一。艺术欣赏是艺术创作的逆向运动。刘勰说：“夫缀文者情动而辞发，观文者披文以入情，沿波讨源，虽幽必显。”（《文心雕龙·知音》）托尔斯泰说：“作者所体验过的感情感染了观众或听众，这就是艺术。在自己心里唤起一度体验过的感情，在唤起这种感情之后，用动作、色彩、声音，以及言词所表达的形象来传出这种感情，使别人也能体验到这种同样的感情——这就是艺术活动。”[①]艺术作品总是使用特定的物质材料，创造艺术形象，表现思想感情的。欣赏者则通过视听感官感知物质材料，在头脑中“再现”形象，对艺术家“一度体验过感情”产生“二度体验”。这种对艺术形象的“再现”，对艺术感情的“再体验”，在艺术欣赏中起着重要作用，否则欣赏者就进入不了艺术世界的大门。但同时，还要依据自己的生活经验、个性特点、思想倾向，进行“再创造”。从一定意义上说，艺术作品是创作主体和欣赏主体共同创造的精

① 列夫·托尔斯泰：《艺术论》，人民文学出版社，1958年，第47页。

神成果。

（3）同化与顺应的统一。著名心理学家皮亚杰的发生认识论认为，人的内在图式是认识事物的基础，同化与顺应是人的认识的两种机能。在认识过程中，同化是把客体纳入主体的图式之中，引起图式量的变化；顺应是主体的图式不能同化客体，使之调整或改变原有的图式，以适应客体．从而引起图式质的改变。两种机制协调运动，认知能力也随之提高，主体心理由旧的平衡达到新的平衡，作为一种特殊认识活动的艺术欣赏，也是同化与顺应双向流动的。伽达默尔说："成见是理解的前提."'成见"也就是"图式"，在艺术欣赏活动中，人们总是带着原有的审美图式介入作品的，并对作品进行过滤、改造，使之与自己的心灵相契合，对上自己的口味，满足自己的审美欲求。这正如朱熹阐释孟子"以意逆志"所说的："当以己意逆取作者之志，乃可得之。"艺术欣赏中的"同化"活动，可以使主体的审美期待得以实现，心灵世界得以展示。没有这种满足，不是作品缺乏感人的力量，就是欣赏者还未能进入审美境界。但是，由于这种满足所得的心理平衡是暂时的，如果艺术欣赏只滞留于此，可能潜伏着一种危机，即审美趣味趋于保守、偏执、凝固，为自我陶醉所麻痹，就不能超越自我，去追求新的审美满足，从而失去心理上的平衡。因此，欣赏者必须具有开放的胸怀，面对艺术作品提供的新的艺术境界、新的审美信息，积极主动地去顺应它，调整或改变自己原有的审美图式，求得心理上的新平衡，审美上的新满足，精神上的自我超越，自我更新。高尔基在其自传体小说《在人间》中，生动地记述了文学作品为他打开了生活的大门，使这个出生于底层的青年认识了自己过去不了解的世界，懂得了爱与憎、美与丑。他写道："书籍使我变成不易为种种病毒感染的人。我知道人们怎样相爱，怎样痛苦，不可以逛妓院。这种廉价的堕落，只引起我对他的厌恶，引起我怜悯乐此不疲的人。罗庚保黎教我要做一个坚强的人，不要被环境屈服；大仲马的主人公，使我抱着一种必须献身伟大事业的愿望。"艺术欣赏完整的审美效应就是在同化与顺应的统一中实现的。艺术作品是为欣赏者的需要而创作的，对于欣赏者，这些作品既应是熟悉的，又要是新鲜的。不熟悉，就不能同化；不新鲜，就无由顺应。因此，艺术创作必须重视欣赏者的审美需要、艺术趣味，但又不能迁就、迎合某些人的庸俗、低级、不健康的欣赏习惯，而要把大众喜闻乐见的、高尚的精神食粮供给他们，以提升他们的人生境界。

三、艺术与人类文化系统

苏姗·朗格在他的著作中把艺术品称之为“生命的形式”。这一说法不外有两种意义：一是艺术以表现人的生命精神为己任；二是艺术在表现人的生命精神的同时，使自己获得了如同生命力一样的有机形式。然而，艺术既为人的生命之一种象征，那么作为文化系统中的一个重要组成部分，它与人类生命的某种联结，在很大程度上又要取决于文化系统本身与人类生命的关系。众所周知，人之为人，其生命的价值意义，在于它是一种“文化的人”。正如美国人类学家拉尔夫·林顿指出的：“没有无文化的社会，甚至没有无文化的个人。……从一个人跻身于一种或几种文化的意义上看，每个人都是有文化的人。”事实上，人类生命的最终实现，它之所以把自己的生命活动和动物的生命活动区别开来，正是在于它不是一种“自然动物”，而是一种“文化动物”，具有特殊的文化心理结构。卡西尔认为，人类创造的“符号系统”改变了整个人类生活，因此，人是“符号的动物”。他所说的“符号系统”实际上就是指的人类文化系统。因此，人的生命实现是与文化系统的存在密不可分的，毋宁说，文化就是人类自我实现的一种根本手段。莱斯利·A.怀特在《文化科学——人和文明的研究》中指出：“人创造了文化，因而文化与作为一个种类的人势必存在着密切的关联.作为一个系统的文化，适合于人而不适合于类人猿、蚂蚁或大象。反之，如果人的机体是另一种结构的话，那么文化也将有所不同。”这就是说，文化既是人的生命的象征，同时又是人类自我完成的手段。然而，文化作为一个系统却是方方面面的，正如有的学者指出的，它是指任何社会的全部生活方式，而不仅仅是被社会公认为更高雅、更令人心旷神怡的那部分生活方式。用爱德华·伯内特·泰勒的话说，“文化……是一个复合的整体，它包含知识、信仰、艺术、道德、法律、习俗和个人作为社会成员所获得的其他能力和习惯。”因此，艺术作为人的生命的文化中的一员而获得了其自身的意义。我们可以说，艺术是文化系统中最具生命意义的部分，因为它的确是最令人心旷神怡的一种生活方式，并且艺术在人的生命过程中也的确作用非凡，因为直到现在，生命在其多样性中还要人们借助于艺术去展示，人的生命存在的切身体验最充分地被艺术创造所表现。这样一来，弄清艺术的生命意蕴，弄清艺术在整个文化系统中的地位就显得非常重要了。为了弄清艺术在文化系统中的地位，就必须把它和其他文化形态加以比较研究，尤其要弄清它和哲学、宗教、道德和科技等文化形态的基本关系。

毫无疑问，艺术作为对人类生命的特殊表现，它具有自己的独特性质，正如苏姗·朗格在《艺术问题》中所说的，它是一种不同于任何其他文化实践活动的另一种活动，“它既不是哲学，又不是科学，既不同于宗教和道德活动，又不同于社会评论活动。”艺术的独特性虽然决定了它与诸如哲学、宗教、道德、科技等文化现象的显著区别，但就同属于文化系统中的一员而论，它们之间的相互影响和千丝万缕的联系也就在所难免。事实上，艺术在发挥自己的独特职能时，它不可能是孤立地进行的。正如A·齐斯在《马克思主义美学基础》中所说：“各种社会意识形式都不是孤立地发展而是相互充实，不是互不相关而是以一定方式相互联系”，“在艺术和其他意识形式之间也形成一种有意义的联系……脱离其他的社会意识形式，艺术就不可能完成它自己的社会使命”。我们也就无法确定它在社会文化系统中的特殊地位。

1.艺术与哲学的关系

在诸多的文化形式中，哲学和艺术的关系最为密切。这首先表现在他们共同关注对于人类生命之谜的探寻。如前所述，艺术就其本质上讲是一种生命的形式，它旨在表现某种“生命的意味”，以期达到对生命秩序的调节，体味出生命之谜的本质内容。毫无疑问，真正有价值的艺术作品，尽管受到来自其他各种强有力的文化意念的支撑，在形态上可能是倾向于宗教的、道德的甚至科学的，但对艺术起着最根本的支撑力量，并使艺术获得永久性魅力的则是源于艺术家生命本质力量的冲动。真正的艺术从来就不是一种生活的点缀，不是无聊的游戏或对某种利欲熏心事物的追求，而是要显示出生命的动态系统，并且成为生命需要的必不可少的一部分。正像黑格尔所说的："希腊人的艺术并不只是一种装饰，而是生命攸关的必须满足的一种急需。"与艺术相一致，哲学特别是生命哲学，它往往站在时代的最前列，以最深刻的方式来审视生命之源，显示出生命意识的最高体现。几乎在很早的时候，一批极具智慧的哲学家便强烈地意识到，真正的哲学决不应把焦点放在生命之外的任何地方，譬如不去探讨神秘的天国世界，不去设想远离现实的未来召唤等，这意味着哲学应关注的是人类的生存状况，特别是人的生命自由向度。这些哲学家们隐约地感到，如果人的生命被一股外力所支配，那就等于生命本身是不自由的，毋宁说就等于剥夺了人的生命。他们为此而焦躁不安，甚至借疯人的口高喊"上帝死了"的口号。"这一呼唤既针对农业文明中用彼岸或天国代替现在的人生观，又针对工业文明用'理想'（专指未来的某个阶梯或职位）代替'现在'的人生观。这一呼唤不仅是对人的机械式生活提出的抗议和诅咒，而且标志着生命的觉醒。"[①]因此，如果说艺术是人类对生命本体的自我观照，那么，哲学就是人类对生命本体的自我反思，它们二者在对生命奥秘的探索上不乏统一的可能性。特别是在当代，哲学和艺术在这一点上相互交织，艺术家同时也是哲学家。他们共同关注于人类在宇宙中所处的地位，关注于人类生命的自我完成。于是，走向"过程"（生命现实本身）的艺术便和走向"过程"的哲学不谋而合，他们所共同关注的乃是走向"过程"的生命本身。

毫无疑问，在生命的表现过程中，艺术表现是以哲学体验为根基的，

① 滕守尧:《审美心理描述》,中国社会科学出版社,1985年,第175页。

对世界的以及对人类生命本身的看法，作为哲学观念，无不每时每刻都在制约着作家、艺术家的创作生活，因为在真正的艺术创作中，艺术家不可能没有对自由深沉的思考，不可能没有社会性的理想。因此，如果说某些艺术作品具有鲜明的哲学情调或者说艺术的内容里融进了哲学的内涵，艺术价值中包含了认识的价值。那么这一切都是毫不奇怪的。艺术要给人们指出生命的意义、生命的价值和生命的实现，帮助人们去探究自身的内在属性，这一切离开了哲学将不可思议。也许正是这个缘故，许多评论家甚至把艺术作品的哲学深度看作是评判其价值的内在标准之一。当代著名美学家哈罗德·奥斯本在《美学的相关性》中就指出："文学艺术作品的伟大标志在于它包含着人性和人的命运的重要真理。……重要的真理和洞察力与文学的艺术的伟大密切相关……。"纵观古今中外，几乎任何一部优秀作品都表现出情思与哲理的融合，甚至直接表现哲学理念的艺术作品就可以举出许多，如歌德的《浮士德》、巴尔扎克的《人间喜剧》等。当然，我们强调艺术对于哲学的依赖性，丝毫也不意味着哲学可以孤高自傲、岿然不动地等待着艺术的碰撞。事实上，任何哲学对于艺术都几乎拥有同样的依赖关系，因为哲学对生命的理解尽管深刻，但毕竟是逻辑的判断，理论的抽象，要想使自己的价值转化到现实中去，它也需要从艺术中获得启发，并借助艺术来表达对于生命的理解。于是，许多哲学家又充当起了艺术家，他们不惜以艺术创作来推动自己的思想进程，将哲理与诗情融为一体。由此，我们可以看出，哲学和艺术不仅有着共同的探索目标，甚至在自我传播中也是相互依赖、相互为用的。

现代艺术的高度哲理化为我们提供了一个典型的实证。黑格尔曾经预言："艺术最终会走向哲学。"这在现代艺术特别是后现代艺术中似乎真正变成了现实。在这些艺术中，那些传统的轻松明快的形式不见了，代之而来的是极度扭曲与理性化的语言，渗透着极其深厚的哲学意味。这主要表现在：其一，现代艺术由娱乐走向思辨。许多传统艺术虽然也从未摆脱过对于生命真理的探寻，但娱乐性却总是其重要的功能。现代艺术不再满足于游戏性的娱乐，而着意挖掘更加深邃的哲理。它以理性的姿态来探索人的存在，探索生命的真谛。于是它不追求形式的完美，而追求思想的旷达，不追求严格的逻辑，而追求人性的真正复活。卡夫卡、乔伊斯的文学作品之所以受到人们的青睐，是因为它们在那种近乎荒诞不经的内在形式中隐含着对人生价值趋于实现的重新思考；毕加索的绘画之所以能牵动人心，是因为它理性化地宣示了现实的荒谬和人性的毁灭。当代作家福克纳认为那种满足于自我宣泄的作品，“描写的不是人的灵魂而是人的内分泌，”而真正的现代艺术恰恰相反，它描写的不是人的“内分泌”，而是人的“灵魂”。其二，现代艺术由感性走向了理性。当人们不失时宜地强调“艺术不是科学”，反对把艺术变成某种理性思维的传话筒时，人们一直是在强调文艺的情感性质，以至于把情感当成文艺唯一的性质，并不恰当地否定了理性在文艺创作中的应有地位。然而这种“情感表现论”在现实中是很难站住脚的。卡西尔在《人论》中说：“抒情诗人并不仅仅是一个沉湎于表现感情的人。只受情绪支配乃是多愁善感，不是艺术。”现代艺术的实践充分表明，艺术中的情感虽然仍很重要，但它并不是唯一的决定因素，而容纳了情感的理性则唱起了现代艺术的主角。那具有鲜明的社会倾向和政治倾向的布莱希特的艺术创作就渗透着他对艺术中理性思维的呼唤，而毕加索和康定斯基的绘画则可以被称作“理性的不同组合”、事实上，即使是那些情感表现论者也并不否认艺术中理性因素的意义。乔治·科林伍德在《艺术原理》中就曾指出：“诗人把人类体验转化为诗歌，并不是首先净化体验，去掉理智因素而保留情感因素，然后再表现这一剩余部分；而是把思维本身融合在情感之中，即以某种方式进行思维，然后再表现出用这种方式进行思维是怎样一种感受。”如果说理性在这里被看作隐匿在情感之中的，而现代艺术有时甚至赤裸裸地把理性推到人们面前。其三，现代艺术由形象走向抽象。由于现代艺术高度的理性化和思辨化，所以它的表现形式不可能不发生巨大的变化，而这一变化最根本地体现在传统性的“形象”与“情节”等要素遭到了淡化，以无情节和高度的抽象化使其面目一新。例如在绘画领域，自印象派绘画诞生以来，抽象性日益加剧。高更说：艺术就是抽象。但高更和他的印象派画友们只是触及了抽象的一部分——色彩抽象，而后来崛起的表现派、立体派、达达主义、风格主义等则达到了抽象的极端。大家也许还记得康定斯基的《小小的世界》、毕加索的《亚威农少女》、达利的《记忆的永恒》、蒙德里安的《百老汇热门音乐》、波洛克的《晨星》等作品。这些现代绘画的作品没有完美的形象，甚至根本就没有形象、而是靠抽象的线条、色彩、板块组成抽象的画面。然而这些抽象绘画却并非像有的论者所说的，是追求一些“抽象的美的形式”，相反，它却隐喻着现代人类的生命之维，包含着艺术家对生命真实的某种理性省察。法国美学家米盖尔·杜芙海纳在《哲学与美学》中说过：“抽象艺术.因此可以取消对主题的再现，它并不因此变成无意义，因为它可以是表现性的。”这一点已被众多的现代艺术精品所证明，并获得了广泛的社会性认可。

哲学和艺术尽管有以上相通之处，但我们无论如何也不能因此而忽视它们之间的区别。事实上，作为性质不同的两种社会意识形式，作为对人类生命的不同显现，它们之间的区别还是显而易见、有目共睹的。

人们常说：哲学使人聪明，艺术使人热情。这句话从接受者的角度道出了它们之间的一个根本区别。为什么哲学能在效果上使人聪明起来？为什么艺术接受者往往感情激荡，表现出情感的极大喷发？这说明二者在性质上确有区别。普列汉诺夫曾经讲过，任何艺术，只要它是艺术，它就总是渗透着激情，假如没有了激情和强烈的情感，那么它就会失去影响，缺乏魅力。A.齐斯在《马克思主义美学基础》中说：“在西蒙诺夫的小说《生者与死者》中，读者通过谢尔皮林和辛佐夫的经历，感觉到了强烈的爱国主义热情；在影片《士兵之歌》中那个女人在迎接从战争中负伤退伍归来的丈夫时，脸部的表情表现出一种饱受折磨的心灵的痛苦；在日本影片《裸岛》中，那个刚刚埋葬了她的孩子的妇人的哭喊声打破了裸岛上可怕的沉默，反映出她的绝望；当德米特里·卡拉玛卓夫默默地跪下来，标志着那撕裂他心灵的痛苦已经达到了高峰；爱玛的矛盾反映出她的惶惑和敏锐的痛苦；哈姆雷特的‘是或者不是’集中体现出人的情感生活的无限紧张。”这就是艺术，由于它的强烈的情绪色彩而给人们以深厚的感染力。

我们前面说过，现代艺术已从感性走向了理性，但这并不是说它完全以理智替代了情感。对于大多数艺术作品来说，理智和情感始终是交织在一起的，只不过有时理智是融化在情感之中又通过情感而表现出来，有时理智则把情感充溢自身，成为自身生命的一部分。我们说《战争与和平》包含着浓厚的哲理性，具有强烈的理性色彩.但并不是说它像哲学一样充满了论证与推理，而不去设法掘开人们情感的大门。并且当我们说艺术作品的理性因素时，这种所谓的理性其实远不是我们在谈论哲学著作时所说的那种理性，虽然它们有许多相同之处。正像詹姆斯·戴利在他最新发表的《文学中的哲学》一文中所说的“哲学不同于文学中的哲学”一样，哲学中的理性也不同于文学艺术中的理性。艺术中的理性渗透着强烈的情感（哪怕这种情感是以冷静的形式表现出来）因素，是情与理的统一，而哲学中的理性本身则较少地或根本不包含情感的因素。

即使从表现形式上来说，艺术中的抽象也不同于哲学或科学中的抽象。著名学者C.I.莱维斯（一译刘易斯）在他的《对认识和评价的分析》中指出：“这首诗是种抽象，它通过某种物质中介，由其表现形式具体化。从本质上来看，它是一种可以由任何表现它的形式重复的或为它们所共有的实体。但是我们又必须看到，这种抽象与诸如三角形、诚实或不可调和性等普遍概念的抽象不一样。后者使这些普遍概念与任何具有感觉性质或想象成分的东西截然对立。这种抽象具有感觉的忠实性，我们称之为审美本质。”[①]而哲学和科学却并不具有“感觉的忠实性”原则。关于这一点，苏姗·朗格说得更加明白：“艺术中的抽象过程却又完全不同于科学、数学和逻辑中的抽象，艺术中抽象出来的形式不是那种帮助我们把握一般事实的理性推理形式，而是那种能够表现动态的主观经验、生命的模式、感知、情绪、情感的复杂形式，这样的形式不能通过逻辑中使用的渐进式概括手法得到，这就使得艺术的发展和它使用的一切技术与推理性思维的发展及其使用的技术有了根本的区别。”这些道理似乎不难理解，只要我们

① 转引自M.李普曼编:《当代美学》,邓鹏译,光明日报出版社,1986年,第131页。

拿一些实例加以分析就可自然明了。即使从欣赏的角度，我们仍然可以很清楚地看到这一点。例如在你面对毕加索的《站在镜前的姑娘》这幅画时，你能立即给它下一个哲学式的判断吗？显然不能。因为它的表现形式不是清晰而分明的逻辑语言，不是哲学或科学的直接明了的形式，而是真正的艺术的形式，正如克莱夫·贝尔所说的“有意味的形式”。在这种形式面前，我们只能像阿尔都塞所说的那样“看见、觉察或感觉到某种暗示现实的东西”，而不能直接看到对现实本身的判断。艺术中的抽象不同于那些具有“种种名称的概念”，所以苏珊·朗格在《艺术问题》中说：“只有推理性语言才能比较成功和比较精确地把那些可限定的概念确定下来，而艺术表现所抽象出来的却是情感生活中那些不可言传的方面，这就是那些只能为感觉和直觉把握的方面，而不是那些以语言和注意为轴心的意识活动所能把握的方面。”

因此，我们可以概括地说，哲学以对世界的清醒认识的“真”的判断来启迪人们走向善，走向生命的完满与和谐；而艺术则以“美”使人们求真，以“美”向善，在情感的驱动下，走向真善美相统一的人生境界。

2. 艺术与宗教的关系

如果说，哲学和艺术往往是在不同的表达方式中体现了共同的内在主题，那么宗教和艺术的关系似乎也不例外。毫无疑问，无论是在艺术当中，还是在宗教当中，人的因素，毋宁说人的生命之相都是中心的因素．但对生命之相的认识却并不一致。为了弄清艺术在与宗教的交互作用中取得了怎样的效果，获得了怎样的地位，我们必须对它们之间的“恩恩怨怨”做一简要的说明。

D.M.乌格里诺维奇在他的《艺术和宗教》一书中指出：“在漫长的历史时期，特别是在中世纪，艺术和宗教所以密切地相互渗透，有时甚至浑然熔为一炉，这在很大程度上是由于审美活动和宗教活动、艺术和宗教具有某些共同特点的缘故。”那么，这些共同特点表现在哪里呢？

为了弄清这个问题，我们不得不从宗教和艺术的产生谈起。在人类历史上，宗教和艺术起初并没有分离，而是混融在一个对于人类生命来说极其重要的仪式——巫术活动中的。巫术活动，是一种原始人借幻想与想象以提高自己征服自然力的神秘仪式。巫术活动的基本特点，就是渗透着极其强烈的情感与想象因素。由于在这种活动当中，人们以最虚幻的想象为动力，相信这种想象的力量可以带来人类生命的完满。于是，就发生了图腾崇拜一类的迷信。它可以看作是宗教产生的一个最原始的胚胎。而艺术中的一些基本形式，在巫术活动、图腾崇拜中也同样有所体现。乔治·科林伍德在《艺术原理》中指出："巫术和艺术之间的相似是既强烈而又切近的，巫术活动总是包含着像舞蹈、歌唱、绘画或造型艺术等活动，并且它不是作为边缘因素，而是作为中心因素。"当然，这些因素还只不过是达到预想目的的手段，还不是真正的艺术。在这种活动当中，艺术、宗教甚至科学都是浑然一体的。只是由于社会历史的进一步发展，才使巫术活动发生分化，其中那些涉及情感与想象的因素分化为宗教和艺术，而涉及理性与思考的因素则形成了独立的科学。

因此，虽然由于社会需要的不同，宗教和艺术最终在旨趣上分道扬镳，但在原始的信仰仪式中，宗教的因素和艺术的因素却交混于充满想象与幻想的活动之中，在最原始的艺术形式——神话当中，宗教信仰的方面和艺术审美的方面还是交织在一起的。我们不难领会到艺术胚胎与原始宗教的内在联系与相互渗透，即使在真正的艺术和真正的宗教相互独立之后，它们之间仍然存在一定的联系和相似的因素。

马克思曾经指出，人的"思维着的头脑"，"用它所专有的方式掌握世界，而这种方式是不同于对世界的艺术的、宗教的、实践—精神的掌握的。"[①]很显然，马克思在这里把艺术和宗教归属于一个大类，并把它们和"思维着的头脑"加以区别。这说明，艺术和宗教不仅存在着相似的心理结构，而且这种心理结构是侧重于感性映象的，它和侧重于理性的哲学和科学是两种不同的掌握世界的方式。那么，这种相似的侧重于感性映象的

① 《马克思恩格斯全集》，第12卷，人民出版社，1962年，第752页。

心理结构有哪些具体内容呢？这就是：其一，二者都具有想象和幻想的因素；毫无疑问，艺术创作离开幻想与想象就根本无法进行，因为艺术家仿佛总是要以自己的想象力来表现对于生命的理解。因此，只要艺术家对于生命的理解是独特的，他就无法摆脱幻想和创造性想象在创作中的作用。而“宗教的观念和信仰没有人类幻想的活动也无从产生和发展。”我们前面提到的巫术活动就是以这种活动和他所预期的目标连在一起的。如德·谟·乌格里诺维奇所说：“往后在宗教向前发展的历史进程中，人们开始创造赋有意识和意志的超自然的虚幻形象，即精灵和诸神。所有宗教的主要标志就是相信超自然物，相信真实地存在着人类幻想所创造的各种实体、特性和关系。”其二，二者都带有情感的因素；前面我们说过，情感虽然不是艺术的唯一因素，但却是艺术获得完满性的主要因素之一。因此，没有最深刻的情感就难有深刻的艺术。那么，宗教又怎样呢？克莱夫·贝尔在《艺术》中所言颇具意味：“当理智和感情发生冲突的时候，那些信奉科学的人倾向于相信自己的理智而不相信感情，而信奉宗教的人即使他的感官经验与感情发生冲突时，也只相信自己的感情。”这对于任何一个信奉宗教或具备宗教意识的人来说似乎是不难理解的。所以克莱夫·贝尔还明确地说：“根据我个人的理解，宗教表达的是个人对宇宙的感情意味的感受。如果我发现艺术也是这同一种感受的表达，也决不会因此而感到诧异。”也许正因为宗教和艺术具有如此相似的心理结构，所以它们有时在其功能上也有相类似的一面。这就是说宗教有时也能包含某些审美教育的内容。譬如作为圣佛境界的极乐世界，不仅富丽堂皇，而且富有美的情趣。而佛教艺术和佛经故事往往也能给人以布施、仁慈、忍耐和不贪色等方面的启迪。当宗教中人的因素压倒异化世界的因素时，那么它对于人的生命的歌颂也许就和艺术对于生命的歌颂相接近了。如果从纯粹的欣赏角度来讲，我们还可以拿审美的“净化”和宗教的“净化”相比较。亚里斯多德曾谈到人们在欣赏悲剧艺术时的情感“净化”，就是通过欣赏悲剧，把消极的、酸涩的情感洗涤净尽，产生一种心理平衡。而宗教徒的祷告活动同样能使他们排除外界的心理干扰，使消极的感受为积极的感觉所排挤，产生一种愉快的心情、舒畅的感觉。

正因为宗教和艺术有着如此相似的之处，所以自古至今，宗教和艺术的相互作用、相互影响就不可避免。

首先，宗教意识强烈地影响到文艺和审美。宗教自它产生之日起，就开始了对于艺术的强有力的影响，这种影响最初产生于人们创造神像、图腾和庙宇。这些被创造出来的“像’或“柱”，其实就是最早的宗教艺术，它以奇特的宗教想象代替了对于现实的反映，成为最初的超验性艺术形式。自古典时代以来，艺术活动可以说与宗教的发展息息相关，我们可以从古希腊、古印度与古埃及，一直看到17世纪以前的世界各地，几乎所有的艺术都是伴随着各种形式的宗教而发展起来的，换句话说，它们都受到宗教的影响。譬如古希腊罗马艺术大都以神话为中心内容，而这些神话正是各种异教的基础。在此之后，除了少部分世俗艺术之外，几乎整个中世纪艺术一直受到教会的影响，甚至文艺复兴时期许多杰出的艺术作品，绝大多数也还是以宗教为题材的，不过人文主义思想渗透了进去。再横看各个艺术部门，无论是绘画、建筑与雕塑，还是舞蹈、音乐和文学没有任何一种艺术能够例外。那么，宗教何以能移对艺术产生如此巨大的影响呢？这确是一个十分复杂的问题，但是我们至少应当看到如下几点：其一，宗教采取了类似艺术的形式。例如最初的宗教表现为一种神话的形式，而神话本身则既具有宗教的因素也具有艺术的因素。其二，宗教进入人们的日常生活。例如佛教最初传入西藏时并未能对西藏艺术发生较大的影响，但公元11世纪以后，由于教派林立，得到了极大地传播，如珠昂奔在《佛教与藏族文学》中所说：“佛教诸派的形成，使它由王室贵族的尤物，成为中下层人民的‘朋友’；佛教与整个藏人的生活接近了、融合了！……这种‘接近’、‘融合’，使佛教自然地进入藏族文学。”这可以说宗教是通过影响生活而影响到艺术。其三，教会的政治统治。整个中世纪，艺术被教会禁锢起来，局限在宗教框框内发展，原因就在于此。

宗教之所以能强烈地影响到艺术，还由于宗教自身的发展一刻也离不开艺术，需要借助于艺术的生动感人的形式来传播自己的教义，维护自己的尊严和地位。黑格尔在《美学》中曾指出，宗教之所以利用艺术，是“要我们更好地感到宗教的真理，或是用图像说明宗教真理以便于想象。”如果从心理影响方面来看，“教会需要造型艺术以便从情感——心理和思想上加强对祈祷者的影响。神学家认为，在基督教会里之所以许可有画像，其理由就在于神可以通过耶稣基督的人的面貌出现。所以教堂里不仅可能，而且甚至必须有‘圣’像。”“所以在教会里，那些对宣传教义、维护教会有突出作用的艺术便会得到庇护，相反便会遭到排斥。因此，我们似乎不难得出这样的结论：‘正因为宗教价值有审美根源，所以宗教需要艺术，需要自身的审美潜在力的艺术展示。如果人类的艺术发展可以没有宗教的神圣化，那么宗教没有艺术活动作为它的侍从就从来不会存在。’”①

宗教如此需要艺术的支持，于是最终便产生了宗教艺术。宗教艺术就是以宣扬教义为动机，并专门为宗教服务的艺术。按照乌格里诺维奇在《艺术与宗教》一书中的说法，就是“纳入宗教体系并在其中履行一定职能的那些艺术作品称为宗教艺术”。这里有两个问题需要加以注意：其一是宗教艺术不同于以宗教为题材的艺术；例如但丁的《神曲》就是取材于中世纪的天主教，达·芬奇的《最后的晚餐》、拉斐尔的《西斯廷圣母》也都取材于基督教，但它们并不是真正的宗教艺术，因为它们既不是专门为宗教服务的，又不能被纳入宗教膜拜体系。而《圣经》才是真正的宗教艺术，它虽然汲取了神话、传说、民间故事等诸多文学样式，但它的创作动机、基本内容则都是直接为宗教服务的。其二是宗教艺术也不同于神话，因为神话中除了宗教的内容外，还有很多世俗的、现实的东西，并且神话是以幻想的形式来表现生命的伟大意义与不可战胜的力量。而宗教艺术则很少直接去赞颂人的现实力量和现世生命。我们明白了宗教艺术的基本属性，就会很自然地看到宗教艺术所具备的基本特征，这就是：虚幻性、理想性和神秘性。宗教艺术往往给人们描绘出一种光怪陆离而又虚无

① 斯托洛维奇：《审美价值的本质》，凌继尧译，中国社会科学出版社，1984年，第107页。

缥缈的理想境界，在这一境界中，那种超人的神力形象显得崇高而神秘，给人以威慑与震撼，并通过这种理想化的手段使宗教神灵既无所不能，又充满仁慈和布施之心，其目的自然是激发起人们的宗教热情，产生宗教信仰和宗教膜拜。

当然，宗教艺术既然是艺术，那么它除了宗教职能而外，还必然包含着审美的因素。这些审美因素也能给人们带来某种审美愉快和审美判断，但它的审美职能一般是处于从属的地位，是为宗教膜拜服务的、除非在那些“不信教或信仰不坚定的人们那里，宗教职能往往为审美职能所排挤，审美职能居于首位并获得至高无上的意义。”同时我们还应看到，那些无论是自愿还是被强制而成为宗教艺术家的人们，他们在创作宗教艺术作品时也往往表现出对艺术的不懈的追求和探索，有时甚至能表现出非凡的创造力。关于这一点，只要我们看一看那遍布世界各地的著名教堂、佛寺建筑，那规模巨大的石窟艺术等等，就会一目了然。

上面我们较多地谈论了宗教和艺术的某些共同因素，以及它们的相互联结与相互影响，但事实上，就其本质而言，宗教和艺术却是性质不同的两回事。它们往往在根本意旨、真实性质上表现出截然不同的两种倾向。

首先，在对生命的显现过程中，宗教的虚幻性和文艺的真实性是相对立的。我们前面说过.宗教和艺术拥有相似的心理结构，即都包含着对幻想、想象和情感的运用。但宗教的幻想与想象是根本缺乏真实基础的虚幻意念，也就是说宗教情感总是指向实际上并不存在的虚幻的客体，而文学艺术，尽管丰富多样，却总是指向实际存在着的或带有真实必然性的客体。譬如马克思在《神圣家族》中对欧仁·苏的小说《巴黎的秘密》的批判就能说明这一点。在欧仁·苏的笔下，玛丽花本来是“朝气蓬勃、精力充沛、愉快活泼、生性灵活”的少女，最后被认为她的现实生活是违背神意的罪恶和堕落，于是需要加以抛弃而投身于那种根本不存在的彼岸世界。把一个真实的文学形象最终改变为一个僵尸的宗教形象，把她周围的那些充满着真实事件，充满着矛盾与斗争的现实生活改变为虚幻的没有任何真实事件，从而也没有矛盾与斗争的彼岸世界。因此，我们可以说宗教的想象是指向“幻象”，而艺术的想象则指向“实象”。艺术对世界的映象是以真实性为基础的，而宗教则是以虚幻性为基础的。

据此，我们必须指出，如果说艺术是对现实生命的歌颂，那么宗教就是对现实生命的离异。我们认为一切艺术，特别是那些优秀的艺术产品，总是在对人的现实生活的真实反映中，在对人的生命非凡创造力的肯定和赞扬中而获得了永久的价值。然而那些被艺术家坚信不疑的人的生命之力，对于宗教来说则被看得极其微弱或缺乏力量。宗教所相信的只是这种力量的异化形式，只有上帝与神才具有非凡的才能和非凡的创造力，而人的力量相比之下则显得微不足道。例如基督教的圣人耶稣，“他是各种环境的主人，能支配各种环境，而不像其他人那样被环境所支配。”正因为这样，那些信徒们“对人的微不足道的意识激起他通过上帝成为伟大的需要；他把自己的烦扰沉入神圣的、只有神的活动所具有的永恒的寂静中；他用天启之光驱走自己的昏暗。”现实的人的生命力量被称作是“自己的昏暗”，是一种“微不足道”，于是就不得不投靠那位全知全能的上帝，把自己交给上帝，任其处置。由此可见，宗教完全背离了人的生命力量，它不是使人感到是自身的力量促成了生命力的强大，感到自身的自由和愉快，而是通过把自己的生命维系于某种神圣形象之上而获得了无穷的活力。这一点与艺术和审美则完全相反，因为“审美价值以实物的形式表达人在世界中的确证，人和社会的自由发展和自由的发展。审美体验使人感到自由和自己的创造可能性，感到‘作为人的幸福’”。斯托洛维奇对此总结得十分恰当，他说：“人的因素既参与到宗教价值中，又参与到审美价值中。不过我们不要忘记，它是以正相反的方式参与其中的。在宗教价值中它被异化，而在审美价值中它则被确证。”①

总之，宗教和艺术在对人的生命的渗透中既相互联系，又有着本质的区别。

---

① 斯托洛维奇：《审美价值的本质》，凌继尧译，中国社会科学出版社，1984年，第107页。

3. 艺术与道德的关系

高尔基在《论作家》中曾说过这样一句名言；“美学是未来的伦理学。”在别的著作中他还指出：从“伦理学中产生出美学是不言而喻的。”这些话向我们表明：作为美学研究对象的艺术和作为伦理学研究对象的道德之间有着极为密切的联系。高尔基的这一看法，无疑也是着眼于这两种不同的文化形态在对人的生命秩序的调节中所获得的共同性质。譬如在《母亲》这一作品中，他就明确指出，那些将以相互友爱为基础，并且变得纯洁真诚的人们，他们的生命力将是极其旺盛的，他们既有良好的道德秩序，同时又使生命变得自由而愉快，而“对自由人来说，一切高度都可以达到。”“自由人就是最优秀的人”，“因为他们身上有最大的美。”美与道德完美地融合在生命的无穷力量之中。因此，如果我们从生命的显现方面来谈论艺术与道德的关系，就是顺理成章之事了。

早在人类的蒙昧时代，人们就几乎把生命力的昌盛和强大看作是一种善的象征。一个显而易见的事实是，一个人的生命完结，意味着由个体出发的一切有生存价值意义的东西将随之丧失，这无论对于个体本身，抑或族类与社会来说，都是一种不幸，一种损失，自然会被看作是一种“恶”。而个体生命的完满发展，就会对整个人类生命、整个社会带来无穷的活力。因此生命的完满往往被看作人类之光的象征，看做是一种生存的美与崇高。当然，我们讲的生命是以族类生命为前提的，因为“个人……的生命表现，即使不采取共同的、同其他人一起完成的生命表现这种直接形式，也是社会生活的表现和确证。”①当个体生命在某种情况下不能与族类生命共存时，也绝不能贪生怕死、苟延残喘地维护自我的生存，尤其是族类生命受到外力威胁时，个体必须“舍生取义”，无私地奉献出自己的力量乃至宝贵生命，以实现自己的生存价值。中国儒家常说：“志士仁人，无求生以害人，有杀身以成仁。”讲的就是这个道理。这样的生命完结，

① 《马克思恩格斯全集》，第42卷，人民出版社，1979年，第122—123页。

因对整个族类生命昌盛增添了生机，所以它是一种善与美，而在这种时候去施行“自我保存”则是一种恶与丑。因此，“作为人的生命活动意义形成的因素，将会出现一种或几种价值，为了证明和实现这些价值，人们将努力奋斗、将经受苦难，甚至准备牺牲生命，并且，这些价值将成为指引人类生命活动的准则。”[①]

艺术审美与道德不仅在生命活动的价值趋向上获得了共同的意义，而且就艺术与道德这两种文化形态本身来说，它们之间也存在着相互渗透、交融的关系。

首先，艺术对人的生命伦理有特殊的显现作用。V.提吉拉（'Lr. Tejera）在《当代美学潮流》中曾引用过马戈利斯的一句话：“在美学和道德两个领域之间的简单明确的逻辑差异已经逐渐消失了。”事实上，作为艺术所追求的美，在很久以前就被看作是与道德所追求的善有着密切的联系。无论是西方的所谓“美即是善”，或是中国的所谓“尽善尽美”“美善同乐”，都说明了这一点。艺术不仅追求美，同时也追求善，而且美本身也是要追求善的。或许可以这样说，艺术在表现美的同时也表现着善，而且善在艺术中的根底也许更加深厚、牢固。刘勰曾说：“道沿圣以垂文，圣因文以明道，……辞之所以能鼓天下者，乃道之文也。”（《文心雕龙·原道》）顾炎武亦说：“文之不可绝于天地间者，曰明道也，纪政事也，察民隐也，乐道人之善也。”（《日知录·文须有益于天下》）这些都是强调文艺对道德伦理的显现作用。也许有人会认为，艺术对道德的显现将会有损于艺术本身的价值，因为在他们看来，艺术本身是不应体现出任何目的，艺术只追求美，不显现善。这种唯美主义、“为艺术而艺术”的理论，是难以让人赞同的。如齐斯在《马克思主义美学基础》中所说的：“道德问题总是出现在艺术作品之中，而美学问题也总是包含着伦理学问题，这种伦理学问题不是什么‘附加’给美学的东西，而是艺术自身的一个内在组成部分。”无数优秀的文艺作品都证明了这一点。当代英国文学评论家

① B.H.萨多夫尼科夫：《略论生活的价值》，载《列宁格勒大学学报》，1985年第3期。

T·雷德帕恩在他的《论美学中的评价、推理及描述之间的关系》一文中曾谈到奥斯汀的著名作品《爱玛》。他说，“假定一个人在被问到为什么他认为奥斯汀的《爱玛》是一部优秀的小说时，回答说（他的回答有无根据在此无关宏旨），这部小说之所以不错的理由，尤其是因为它显示了对人性的深刻认识，它的道德判断总有充分的理由……。”其实，这样的例子比比皆是。相反，如果艺术对道德评价模糊不清，甚至把恶的东西认为是美的，把善的东西认为是丑的，就会发生艺术作品中审美评价和道德评价的错位，这不仅会影响艺术对生命价值的表现，而且有损于艺术作品本身的审美价值。当然，艺术表现道德也不是无条件的，它必须遵循以下原则：其一是美对于善的追求必须以真为基础，也就是要以生命真实为尺度。艺术如果脱离了真实或者歪曲了生命的真实，就会宣扬非道德的原则，使艺术丧失道德意义；其二是艺术对于善的显现应以特定的“艺术性”为手段，而不是理性判断，也就是斯托洛维奇曾经指出的，在艺术性的特征不受破坏的场合，反映真正具有道德价值的思想和理性，并与艺术性有机统一起来。这艺术性就是“美”，也就是艺术应通过具体、生动的美的形象来显现善，而不是直接的、抽象的给善与恶下判断。

其次，艺术还可以通过情感的培养而获得道德所欲求的目标。克莱夫·贝尔指出：“通常，评价某一行为的标准总是看它的目的是什么。最终一切好的行为的目的都是产生或激起或使之成为可能的好的心理状态。因此，采用启发性的典型手法去激励人们做好事是可敬的作法，也是达到善的迂回手段。创造艺术品是人类力所能及地达到善这一目的的最直接的手段。从这个观点看，艺术具有巨大的重要性；没有比艺术更为直接地达到善这一目的的手段了。”[①]正是由于艺术具有显现德性这一审美功能，才使它成为达到善的目的的有效手段。那么艺术又是怎样获得这一意义的呢？众所周知，一个人的道德品质的高超，通常是通过他能够把人们需要意志努力去贯彻的道德规范化为自己内在的主体意识，或者称之为道德情

① 克莱夫·贝尔：《艺术》，周金环、马钟元译，中国文联出版公司，1984年，第77页。

感和内在信仰，并最终体现到道德行为中去。如果我们能够像鲁道夫·阿恩海姆（R. Arnheim）或其他格式塔美学家所指出的那样，认为情感本身是一个动力系统，它能够促使人们去把内在的主体意念转化到实际行动中去。这样我们就不难看到，一个人一旦被某种经过反复体验的情感所驱使，他就能获得特定的或与之相应的行为价值。而情感的获得往往是靠情感体验完成的，艺术正是具备了这种感性体验的性质，所以它能打动人的感情，激活人的思想，提升人的生命境界。如果正像我们前面所说的，艺术的审美价值中本身就溶化着、沉淀着、包含着特定的道德价值，那么不难想象，艺术的审美情感也包含有道德的情感和道德的评价，因而，艺术对于人的审美情感的培养就无形中也给人们注入了道德的信念，并最终促使人们不由自主地达到善的目标。这正是艺术的寓教于乐的特殊意义。俄国一位音乐指挥家谢·库谢维茨基曾说过一句很有启发性的话："在贝多芬以后，还没有一个作曲家能以他的那种巨大的感化力量与听众对话。"这说明，越是优秀的艺术就越具有感化人的力量，并越能获得"劝善惩恶"的效果。

我们这样讲艺术与道德的联系，丝毫也不意味着它们在一切方面都对生命活动有着同等性质和社会作用。

首先，道德判断是一种非此即彼的理性判断，而审美判断则是一种极为含蓄的情感判断。大家知道，在各种文化形态中，道德与政治最接近，因此它的社会功利性也最为鲜明与直接，它常常要求人们作出要么是对、要么是错、要么是好、要么是坏的明确判断，就像人们在科学中去判断黑与白、红与蓝的差别一样。而艺术则不需要这样，因为它并不具有直接的功利性，不在表达方式上直接去说明自己的肯定与否定，而是通过特定的"有意味的形式"去显示或象征某种道德判断。S.汉普夏尔（S Hasnp-.shire）在他的著名论文《逻辑与欣赏》中曾明确说道："一个人进行道德讨论为的是得出结论——哪些事情该做，哪些事情该做而没有做。这个人应该从实际问题出发，而结论（'这样比那样好些'）比起推出它的方法来总是更重要，因为他必须作出取舍。可是一幅画或一首诗却不是疑难问题，它不需要人们作出要么肯定、要么否定的回答。一位进行审美探讨的人的目的是在探讨过程中发现某些东西，他不指望得出某种结论、一种非此即彼的判断。”[①]这说明道德判断着重于义理而不重其形式的美观。审美判断则不然，它要求完美的艺术形式和积极的生命内容达到完美的统一。那些枯燥的、抽象的原则、概念和规范对于道德判断来说意义非凡，而对审美判断来说也许就是一种桎梏和枷锁，它需要栩栩如生的感性形象和情趣化的造型与语言、旋律来表现自己的内在气韵与精神境界。

其次，道德判断具有较大的普遍性，而审美判断则具有趣味性。道德判断是一种理性化的价值判断，它的社会性极强。对于某一特定的族类或阶级、阶层来说，道德判断是一种现实的必然，它要求每一个个体都必须遵循同一的标准，而不去过多地考虑个人的因素，例如我们中华民族就有着许多特定的道德标准，它要求每一个中国人都要在言论、行动上加以遵循。而审美判断则不然，它虽然也有相对统一的审美标准，但这种标准是极其有限的，而每一个个体的审美趣味往往则显得十分重要，它并不在审美趣味上强求一律，个体之间的差异往往巨大，但又是合情合理的，并不因为趣味的不同而说他们谁好谁坏。S.汉普夏尔在《逻辑与欣赏》中还指出：我们没有理由认为一切艺术品都能满足所有时代、所有人的利益和要求。艺术品和艺术家并不强求观赏者的兴趣.任何人在对一件艺术品不感兴趣时都可以不去理会它，所以他断言：“当有人在.美学中从特殊走向一般时，他的方向就是错误的。”另一位当代美学家W.E.肯尼克（W.E. Kennick）则指出：“道德评价像法律判断一样，是现实的必然。而审美评价则不然。正因为如此，我们才容忍了在艺术中趣味就是一切这一论点，哪怕这趣味是错误的。这种情况在道德范围内是不可思议的。”[②]尽管这话说得有些过分，但它用来说明道德判断与审美判断的性质差异却是很有意义的。

此外，道德判断和审美判断还有一些其他方面的区别，如从欣赏的角

① M.李普曼编:《当代美学》,邓鹏译,光明日报出版社,1986年,第224页。

② 同上,第237页。

度讲，审美判断只有在感性体验的情况下才具有充分的意义，而道德判断具有超越时间和感性的特点，即所谓“美到昨天为止，善则迄死方终。”（俄罗斯民谚）又如，道德行为由于具有普遍性，因此是可以模仿的，所以道德实践中很强调模范和榜样的作用，而艺术不能模仿，创作绝不能模仿他人之作，尽管是尽善尽美的。我们决不会找到两部完全一致的著名作品。在艺术领域中，模仿被看作虚假和缺乏创造力的表现，因而也是艺术作品丧失审美价值的祸源。

4.艺术与科技的关系

人类文化现象是一个有机整体，其中各种不同要素的和谐与交错便促成了人的自我实现，促成了人的生命之谜的一步步趋于解释。在文化的有机系统中，科学技术处于一种极为特殊的地位，它以自己非凡的力量推动着人类生命的进展。于是，我们在谈了艺术——这一生命之维的特性及其与哲学、宗教、道德的关系之后——就很自然地落脚于科技与艺术的交汇之地。科技和艺术在推动生命进展过程中有着怎样的关系呢？

如果从传统的观念来看，科技和艺术或许被看作文化系统中各执牛耳的两个极端，因为正像人们所常常谈论的那样，它们之间的的确确存在着巨大的差异。但是我们现在却想从另一个角度来谈论它们的关系——那种存在于它们之间的愈来愈明显的互补性。如弗罗洛夫《“超人”与“新人”》一书中指出的：“科学文化和艺术文化……在未来应当处于和谐的统一之中。在认识和发展人的本性的丰富性方面，在科学与艺术的相互作用中可以达到这种统一。”

首先我们要谈到的是，现代科学技术的迅猛发展毫无疑问地扩大了艺术表现生命的手段。众所周知，科学技术作为自然科学的物化手段，它不仅使艺术所产生的土壤发生了日新月异的变化，而且各种最新的技术手段使艺术家为之倾心不已。于是，艺术原来用以传达自己的媒介便得到不断的更新。当韦尔考斯夫人首次来到好莱坞的时候，或许她本人也没有想到，电子技术的发展并与艺术的联姻而征服了多少年代人们的情感，对现代艺术的发展产生了深刻的影响。譬如说电影艺术、电视艺术、光效应艺术、哈普宁艺术、集合艺术、计算机艺术、活动绘画以及各种各样的电声音乐、无线电音乐、机器音乐和立体声音乐等等，这些艺术都是随着有关电子技术的发明而相应出现并昌盛起来的。这些艺术一出现，不仅激动人心，持久地被人们所钟爱，而且能更直接地体悟出、表现出人类生命的某些本质方面。另外，那矗立于巴黎的埃菲尔铁塔，那坐落于悉尼的帆型歌剧院，那耸身于纽约的自由女神像等等，若非现代科技手段的进步则是不可想象的。如果我们简单地加以归纳，至少可以从以下方面看到现代科技的发展对艺术的表现功能所产生的巨大影响。首先是现代科学技术扩大了艺术的范围，使艺术种类不断增加，从而丰富了人们的审美视野；其次是科学技术深化了艺术的功能，使其在各个方面都能表现出一种前所未有的广阔性、深邃性；再次是现代科学技术使艺术更加大众化、生活化，因而使现代艺术成为走向“过程”的艺术，使现代生活成为艺术化的生活。有的学者举例说：“大城市中的物理空间的艺术，只要有幕布，无论在哪儿，都可以看到。那没有参与，只有观众的，能同时在几处放映的电影就是其象征。”[①]在一定意义上可以说，现代人的生命就是在科技与艺术化的相结合、融通过程中度过的。在家中，你可以尽情欣赏音响与电视，当你迈出门槛，又有各种公共艺术为你助兴——这都是现代技术的功劳。

那么，科学技术何以能如此强烈地渗透到艺术中去，以至于我们就不得不称现代艺术为“科技化的艺术”呢？这里至少有以下几点值得我们注意：第一，科学思维渗入了艺术思维。科学思维和艺术思维本来就有相通的地方，比如绘画艺术中的透视法就吸收了欧几里得几何学的思维方式，具有特定的逻辑性和整体和谐性，如张相轮在《科学艺术和谐论》所说：“欧氏几何学既是真的，也是美的。它体现在科学家的思维方法中，把深刻的抽象思辨、严谨的推理和天才的猜测、机敏的直觉有机地结合了起来．这就是科学思维和艺术思维交织互补的创造性思维。”在古希腊，人们习

① 今道友信:《美的相位与艺术》,周泽平、王永丽译,中国文联出版公司,1988年,第202页。

惯将数学和美联系起来，或许就是这个缘故，而文艺复兴时代达·芬奇的艺术实践则几乎使人们对此确信不疑。在现代流行的抽象艺术中，情感和理性的壁垒事实上已被打开。难怪H.加登纳在《艺术与人的发展》中指出："一个人发现在科学领域中有擅长抽象难题解决个体（像牛顿）；而在艺术领域中，有的画家（辽纳多）与建筑家也拥有这种能力及其伴随的气质。"事实上，科学思维中同样也包含着艺术思维的某些因素，像科学思维中那不可缺少的想象与直觉正是科学家取得成功的法宝之一。第二，科学方法渗入了艺术方法。法兰克福学派主要代表人物之一的阿多诺曾在他的《美学理论》一书中说："科学对艺术生产力的发展有着强大的然而至今鲜为人知的影响。有许多方法是艺术从科学中借用的。"这些方法很多，较显著的如抽象方法、符号象征方法、实验方法、组合与归纳方法等等。拿抽象方法与符号象征方法来说，它们本来是科学研究中的典型方法.它通过对具体的感性材料的分析、解剖，然后简化与概括为纯粹的形式，成为脱离感性具体的逻辑符号，并以此来探究事物的本质意义。而现代抽象艺术则吸收了这一方法，譬如毕加索和霍安·米罗、康定斯基和蒙德里安，他们的绘画创作也大都经历分解、简化、概括再到定型化的形式与符号这样一个极类似于科学抽象的过程。苏姗·朗格在《艺术问题》中谈到"艺术符号"时曾经指出："既然艺术品是一种在某些方面与符号相类似的表现形式，这种形式又可以表现某种与'意义'相类似的'意味'，那么创造一件艺术品也就必然成了一种逻辑抽象过程。"美学家阿恩海姆在《艺术与视知觉》中曾对造型艺术中的"简化"趋向作了详细说明："当某件艺术品被誉为具有简化性时，人们总是指这件作品把丰富的意义和多样化的形式组织在一个统一结构中。"这种所谓的"简化"其实就是通过抽象而使内在情感转化为简单的符号或线条。例如蒙德里安的《红、黄和蓝的构图》（1921）和瓦沙雷的《波动》（1969）等。立体派绘画理论家阿尔倍尔·格莱兹对绘画中的方法作了一个极为明确地说明，他指出："我们寻找把各种形式结合起来的紧密的组织，我们把它们化为简单的几何形象。我们掀开各容积体，首先是容积的观念，它的造型必须分解、描写出来，然后，进攻透视的统一体，同时在各个多视角下的复合的造型。然后，由于把这些不同透视点结合起来有不可克服的困难，进攻那对于平面的真实性质的认识，”第三，科学技术参与并推动了艺术功能的发挥。科学技术的功能因素，不言自明，而艺术的功能因素则相对来说较为复杂。譬如亚里斯多德就最早把音乐的功能概括为教育、净化和精神享受（娱乐）三个方面。然而科学功能和艺术功能本来就具有统一性和互补性，它们无论在信息传递、创造性和教育作用方面都有着不可分割的联系。如果说科学的功能在于认识自然，那么为什么当今科学的一些最新发展，却在很早以前就被诗人和艺术家无意识的表述过了呢？也许正是具有了这样一个特点，所以当今的科学成果一旦和艺术结合起来，便同时推动了科学功能和艺术功能的发挥。如果说科学文艺是借助艺术手段而普及了科学的成果，那么艺术借助科学手段来发生作用也许更为显著。正是科学技术发明了摄像机和电视机，才使各种艺术通过这一渠道而进入千家万户，更为普遍地发挥其独特的娱乐功能和认识、教育功能。还有一个极为有趣的事实是，没有先进的复制技术，那些世界名画就不可能被更多的人所观赏。而“在本世纪，随着技术的进步，世界性的搬运成为可能，因此，人们无论在世界的何处都可以看到艺术作品。所以我们的艺术视野并不比以往时代的巨匠们狭窄，甚至人们可以了解一切艺术倾向。”[①]这里需要说明的是，复制也许会被认为是对艺术作品的美的体验的破坏，但它的信息传递功能并非苍白无力。那些各种各样的画册以及那些复制性名曲、名画源源不断地进入千家万户，难道不是一个很好的说明吗？正如日本学者今道友信指出的：“虽然只有和原作的直接见面、对话才能有正统的感动，但复制给人们带来了技术性的鉴赏。人在复制品中也可以体验到自我的忘却。”[②]

另一方面，就科技与艺术本身对于生命发展的助益来说，它们之间还有许多并不相同的地方。

---

① 今道友信:《美的相位与艺术》,周泽平、王永丽译,中国文联出版公司,1988年,第175页。

② 同上,第179页。

首先，科学主要是通过对生命之外的东西进行解剖以助于生命的发展，而艺术则在帮助人们对生命之外的东西加以认识的同时，要注重对生命自身的认识与调节。科学注重的是对事物进行分析、解剖和理性鉴别，即使对生命个体——人的研究来说，它仍然是当作对象性的存在而加以探究，尽管科学技术也能以有力的手段使生命个体康健与完满，但它对生命运动的助益具有一种外在的间接性。艺术则不然，它能使生命个体"在艺术作品中重新发现自己。"（黑格尔语）因为艺术主要的目标不是对外在事实进行研究，而是对人的内在生命的体验进行表现。M.杜芙海纳在《美学与哲学》中指出："表现的真实性之所以不以再现的准确性为尺度，就是因为表现并不揭示科学所认识的那种客观化的宇宙，而是主体性感受到的一个世界的真理。它所说的是一个为了人的世界，一个从内部看到的世界，那种不能复制的世界。"毋宁说它表现的是人的内在生命的世界。在这一点上，科学技术则要相形见绌。尽管科学技术可以记录心理学实验的动与静，但它不可能表现出生命灵魂的呼吸。因此，"艺术家对主观世界感兴趣，他专注于传达他对人类个体的世界或对象的'活的'世界的理解与情感，而科学家则更普遍地研究对象世界，或者把个体当作对象来进行研究。"正是由于这种性质所决定，科学与艺术在对待客观事实的问题上往往也表现出极大的差异。毫无疑问，科学注重的就是事实本身，它容不得半点的虚构和任意的夸大，否则它将一事无成；而艺术则可以而且似乎是必须对事实加以改造，在艺术中的事实其实就不再是生活中的事物，而成为真正带主体性的事实，唯其如此，它才能完成自己的使命。正如鲍列夫在《美学》中所说的："科学家离开事实等于伪造；可是艺术家可以随心所欲地离开事实。"

科学和艺术另一个不同点，就是思维形式的不同。尽管我们在前面论证了科学思维对艺术思维的渗透及其互补性，但并不能因此而否定它们之间的本质差别。H.加登纳在《艺术与人的发展》中指出，科学家"用逻辑学家的方式去解决难题"，而艺术家则"以有效方式表达或实施其所欲表达的情感或主题"。因此，他断言："科学家需有形式运算能力，以了解科学群体的工作并为之作出贡献的目的；而艺术家——只要能胜任其媒介的操作——则追求其自己的创作，而无须具备在命题中进行推理的能力，也无须具有连贯的哲学体系。”虽然他本人并不否认“形式运算仍可能在某些艺术形式中起着促进或基本作用”，但他的这一断言更明确地宣告了艺术家与科学家之间那种确实存在的思维方式的本质差别。当然这是一种联系中的差别。如果说支配着科学家的是一种逻辑的或形式运算的思维，那么支配着艺术家的则主要是带情感性的形象思维。A.怀特对此有过很形象的说明：“虽然，科学和艺术致力于同一目标，但它们却是从两个相反的方向接近该目标。科学根据普遍性来处理特殊性：汤姆叔叔消失在黑奴群众中。艺术根据特殊性来处理普遍性：汤姆叔叔这一典型人物代表着整个黑奴群众出现在我们面前。”这一点无需赘言了。

再从它们的社会转化来看，二者仍然是不同的。苏姗·朗格在他的《哲学新解》中认为，艺术具有“不可译性”。也就是说，艺术作品的内容与形式之间有一种极为特殊的关系，内容是以一种难以言明的方式积淀在它特定的形式之中，或者像加登纳所说的那样，是“倾向于隐含在一种直接而有力地作用于感觉器官的模式之中”，因此它必然是含蓄地同他人交流。它的“形式语言”一旦成形就不能随意加以转译，否则就有可能改变作品本身的美学意味。而科学则不同，对同一事实可以用多种不同的媒介语言去加以说明，而它的本质意义却不会有任何改变。譬如水的成分既可以用语言来描述，也可以用“$2H_2 + O_2 = 2H_2O$”这样的公式来表示。这种差异使得艺术与科学在被人接受的过程中产生了不同的效应。“艺术的欣赏者必须直接与审美对象接触——听关于某个节目或关于某幅画的介绍并不能与看节目和看画相等同——而科学接受则可以通过第二手方式了解某个有趣的发现。”

此外，在艺术与科学的发展过程中，还有一种态势值得注意，那就是当艺术价值一旦确立之后，由于它的确揭示了生命意识的某些本质方面，便获得了永恒的意义。因此，艺术领域中的新陈代谢的规律并不象在科学中表现得那么鲜明。众所周知，科学技术的进步往往是以否定以往的成果为前提的，于是新的成果出现事实上就意味着旧的失落。库恩曾经指出，如果人们在图书馆发现了很少几本古代科学家的著作和肖像，那并不是为了业务上有大的发展，而是为了纪念前人或鼓励后人。艺术则不同，对于艺术发展来说，古希腊艺术的光辉绝不会随着近代艺术的发展而有所减色；相反，它却有着“永久的魅力”。同样，宋词的出现抹杀不了唐诗的价值，罗丹的才气并没有使米开朗琪罗相形见绌，毕加索、康定斯基的巨大成就都不能把达·芬奇和拉斐尔的作品送进贮藏室。由此可见，如果说天才的科学成果随时随地都隐藏着被后人否定的危险，而天才的艺术成果却能够成为不可企及的“经典”，成为真正的历史性峰巅。

总之，在人类文化系统当中，艺术与科学作为两个支系，既相互区别，又相互交织，在特定的矛盾统一中共同孕育着对生命之力的推动与开掘。

（与刘锋杰合作，原载《艺术与生命》，河南教育出版社，1993年）

艺术鉴赏——艺术生命的展开

既然艺术作品是艺术家生命意识的表现，那么，它一经和读者的情感、心灵交流、碰撞，就会产生巨大的生命能量。这就是说，艺术生命的展开是通过读者的鉴赏活动来实现的。这一活动，既是作品的思想情感在读者灵魂中的灌注，又是读者的生命情结、审美经验对艺术生命的体认、升华和再创造。总之，艺术鉴赏是艺术生命的展开。

一、鉴赏者审美经验的激活与系统化

艺术鉴赏是鉴赏主体和作品客体相互作用的过程，两者缺一不可。作者按照"美的规律"塑造的生动感人的艺术形象，是艺术鉴赏的前提，没有作品，就没有鉴赏；另一方面，没有经过读者心灵感应的作品，只是一种潜在的图式，无法呈现出鲜活、生动的艺术生命，显示其审美价值和社会作用。因此，艺术鉴赏实际上是读者心灵与艺术作品对流与呼应的双向运动。

艺术鉴赏的发生首先是读者的审美情感被作品对象所触发、激活，引发出一种神妙的心理活动过程。每个人都有自己独特的生活经历和审美经验，在观赏艺术作品时，总会自觉或不自觉地用它去感受、体认艺术作品所描绘的生命世界。当艺术作品触发和拨动了鉴赏者相应的生命脉搏和审美情感时，就会激发出的生命活力和审美经验，使整个身心处于一种异常状态。W.詹姆斯在《心理学原理》中曾生动地描述过鉴赏者审美经验被艺术形象激活的状态："当美激动我们的那一瞬间，我们可以感到胸际的一种灼热，一种剧痛，呼吸的一种颤动、一种饱满，心脏的一种翼动，全身的一种摇撼，眼睛的一种湿润……以及除此而外的千百种不可名状的征兆。"在这种状态中，读者的心灵、情感和作品的生命世界交互感发，同感共振，乃至进入心灵与对象合一、物我两忘的境界。这种审美经验的激活也就是我们常常谈起的艺术共鸣现象。正如厨川白村在《出了象牙之塔》中所说；"读者和作家的心境帖然无间的地方，有着生命的共鸣共感的时候，于是艺术的鉴赏即成立。所以读者、看客、听众从作家所得的东西，和对于别的科学以及历史家哲学家等的所说之所不同，乃是并非得到知识。是由于象征，即现于作品上的事象的刺激力，发现他自己的生活内容。"[①]没有这种审美经验的激活，就不会有真正的艺术鉴赏活动。

中国古代文论对审美经验的激活及其状态有着精辟的论述，审美经验的激活实际上就是"兴"的涵义。孔子最早提出"诗可以兴"。刘勰在《文心雕龙·比兴》篇中说："兴者，起也。".鉴赏者由于外物的触发而勃然起情，进入一种情牵意绕、心驰神往的状态。宋代梅尧臣在《宛陵集》中明确指出："因事有所激，因物兴以通。"兴既是诗人的思绪与外物的联结点；又是沟通鉴赏者与艺术作品交感互应的中枢。朱熹在《论语集注》和《孟子集注》里所提出的"感发志意"、"感动奋发"，则不仅说明审美主体被客体对象"感动"生情，而且又为这个正在"感动"着的主体自我所感动，从而使鉴赏者从单一对应的共鸣发展到多种情状交织渗透、扑朔迷离的状态。这些都充分表明，中国古代文艺美学已意识到读者审美经验的激活及其独特状态对艺术鉴赏活动的重要意义。

审美经验的激活是艺术鉴赏产生的前提和基础，但审美经验的激活本身又是有条件的，正确认识这些条件对我们理解和把握艺术欣赏的审美本质大有裨益。审美经验的激活是由艺术客体与鉴赏主体的矛盾统一的关系

①《鲁迅译文集》，第3卷，人民文学出版社，1958年，第45页。

决定的，只有主客体具有了相应的条件才有可能。从艺术客体来说，作家在进行创作时就要考虑到艺术的接受，要了解社会文化背景、读者的审美需求和艺术欣赏能力，要考虑自己的作品能否吸引读者以及如何吸引读者。按照接受美学的观点，就是作家必须考虑读者的“期待视野”，即作品能否为读者所理解和接受。尧斯说过；“一部文学作品，即便它以崭新面目出现，也不可能在信息真空中以绝对新的姿态展示自身。但它却可以通过预告，公开的或隐蔽的信号，熟悉的特点或隐蔽的暗示、预告为读者揭示一种特殊的接受。它唤醒以往阅读的记忆，将读者带入一种特定的情感态度中，随之开始唤起‘中间与终结’的期待，于是这种期待便在阅读过程中根据这类本文的流派和风格的特殊规则被完整地保持下去，或被改变、重新定向，或讽刺性地获得实现。”[①]只有不断唤醒读者审美经验的作品，才能使读者进入艺术鉴赏的状态和过程。萨特对此也有深刻的认识，他说：“作者是通过对世界的某个方面的选择来确定他的读者；反过来，作家正是通过对读者的选择来决定他的主题的。因此，所有精神产品本身都包含着它们所确定的读者的形象。”[②]这种在艺术家创作之始就考虑到读者的审美趣味和能力的艺术作品，自然就较容易激活起鉴赏者的审美经验。从鉴赏主体来说，需要具备较丰富的人生经验和艺术经验。艺术是人的生存境遇和生命活动的审美反映，一个读者只有具备了类似的生命经历和一定的审美能力，才能对作品有比较深刻的反应和体验。鲁迅说：“是弹琴人么，别人心上也须有弦索，才会出声；是发声器么，别人也须是发声器，才会共鸣。”唐代诗人刘禹锡所举的事例生动地说明了这个问题：“昔称韩非善著书，而《说难》《孤愤》尤为激切，故司马子长深悲之，为著于篇，显白其事。夫以非之书可谓善言人情，使逢时遇合之士观之，固无以异于他书矣。而独保悲之者，岂非遭罹世故，益感其言之至邪！”（《上杜司徒书》）那些没有《说难》《孤债》作者类似生命经历的“逢时遇合”之士，难以体会其中生命的激切悲壮、怨愤忧虑，而司马迁之所

① 尧斯：《接受美学与接受理论》，辽宁人民出版社，1987年，第29页。

② 萨特：《为谁写作?》，《文艺理论译丛》，1984年第2辑，第378页。

以能对《说难》《孤愤》“探悲之”，就在于他自身有着“遭催世故”的相似的生命经历。进一步说，刘禹锡本人之所以对司马迁的感情体会尤深，亦是因为诗人自己有着坎坷的生命遭遇。每一个体验着艺术作品的人都整个地把这种经验纳入到自身之中，即纳入到他整个的自我理解中，艺术作品在这自我理解中才对他来说意味着某种东西。鉴赏者要深刻理解作品，就要具备“个中人”条件，即对艺术作品所描写的生活和情感有一定的了解和体验，哪怕是间接的了解和体验，这样在鉴赏过程中才能兴趣盎然，激情澎湃，理解透彻。欣赏者的生活经历越丰富，对作品情感体验越深。高明的鉴赏者具备丰富的生活体验和审美经验，才能比一般人更敏锐、更深邃地感受和理解艺术作品，更容易被艺术作品所激活。

有了可供鉴赏的对象和具有审美能力的读者，并不意味着就一定可以使审美经验激活，如果艺术形象与鉴赏主体之间并没有建立真正的相互适应、相互吸引的联系，那么艺术鉴赏活动还是不能产生。美国的一位大学教授艾·威尔逊在《论观众》一文中写道：“我们每个人都有一张目录志，记载着个人的情感创伤、童年的记忆和秘密的幻想，舞台上所发生的任何事情，只要它使我们回想起了这些东西，就会对我们产生强烈的影响。”要想使戏剧能吸引我们，能激活我们的审美经验，就需要舞台上发生的事和我们的生活经历相近相似，至少是某点交叉以引起记忆和想象，从而给我们强烈影响和触动。接受美学也认为，当读者在鉴赏艺术作品过程中发现与自己审美经验不一致时，就会抵制接受，鉴赏过程就会中断。例如，读者一见那些无病呻吟、矫揉造作，并不是发自生命的根底的作品，内心就会本能地产生一种反感，当然无法激活自己的审美经验，去感应作品。而当读者在鉴赏艺术作品过程中体验到了与自己的审美经验相类似的真挚情感时，就容易与之发生呼应并顺利接受，更容易对作品审美意趣作出积极反应，并能潜移默化地丰富自己的审美经验。例如“五四”时期我国的妇女尤其是知识妇女，在观看与自己的生命境遇非常接近、审美趣味非常相似的易卜生的《玩偶之家》时，都不由自主地全身心投入到作品中去，和主人公娜拉同呼吸、共患难，体验到妇女追求自由、解放的丰富复杂的心灵律动和生命活动。当然，读者对作品的顺利接受，并不是说读者的审美经验应和作品的审美意蕴完全相同，如果真是这样的话，按接受美学的观点，读者反而会失去鉴赏这部作品的兴趣。实际上，审美经验的激活，是读者审美心理结构与作品审美意蕴的大致相似、相近，亦即读者具备和相应作品共振频率的内心情感，也就是郭沫若在《〈女神〉序诗》里所说的“振动数相同”“燃烧点相等”。如此才能激发出我们灵魂深处的欲望和感情，共振共荡趋于和谐、交融。对中国古代文论所讲的“同声相应，同气相求”，我们也应作如是观。此外，艺术作品与鉴赏主体之间的相互吸引、相互适应的关系并不是静止的、绝对的，它往往受审美心境和审美场的影响而发生变化。马克思曾举了这样一个例子，他说：“爱者在十分冲动时写给被爱者的信不是范文，然而正是这种表达得含混不清，极其明白、极其显著、极其动人地表达出爱的力量征服了写信者。爱的力量征服了写信者就是被爱者的力量征服了写信者。因此，热恋所造成的词不达意和语无伦次博得了被爱者的欢心。”[①]可见，形式上不美的东西，在特定审美场和审美心境下是可以变成美的东西的。

读者的审美经验一旦被激活，就会在鉴赏过程中随着艺术形象的展开而不断充实、丰富，并趋于系统化。相对于较分散、较粗糙的自然美、社会美来说，艺术美是作家审美体验的系统化和物态化，凝聚了具有普遍性的审美理想和意识，表现的是作者经过提炼和概括的审美情感。这就会自觉不自觉地对鉴赏者的审美经验起着组织、协调和有机统一的作用，正像卡西尔在《人论》中所说：“当我们进入了他的透镜，我们就不得不以他的眼光来看待世界。”另一方面，文学艺术作为人类审美经验积淀的一种形式，在鉴赏过程中亦要对主体经验起着定向导引作用，艺术客体的生命系统与鉴赏者先在的审美经验形成合力，就会使鉴赏者的感知、情感、想象、理解以至整个心灵和生命和谐发展，趋于完美统一，并使鉴赏者的审美心理结构得以提升、丰富、协调、完善。人们如果缺少艺术的熏染、陶

---

①《马克思恩格斯全集》，第42卷，人民出版社，1979年，第182—183页。

冶，其精神和情感可能是贫乏、浅陋的，甚至畸形的、病态的。人类审美经验的不断丰富、发展，艺术活动起着重要作用。人们通过以心感心，以心应心的艺术鉴赏活动，才可以进入自由和完美的境界。

二、鉴赏者生命情结的疏导与审美化

艺术鉴赏不只是艺术作品对读者审美经验的单向激活，而且也是读者生命力对作品的积极、主动的投入。我们在人生的旅途中，挣扎和奋斗需要力量和信心，曲折与失败需要慰藉和同情，成功和胜利需要欢乐和赞扬，艺术鉴赏活动是满足人们这种精神需要的高尚、有益的方式。鉴赏者之所以喜欢观赏那些和自己生命情结共节律、共振荡的艺术作品，正是希冀借他人之酒杯，浇自己之块垒，借艺术来表现自己的生命感受和体验，来丰富和提高自己的生命境界。艺术鉴赏可以使欣赏者的生命情结得以疏导和升华，自我生命得以觉醒和完善。

鉴赏者的生命情结泛指鉴赏者自身生命所具有的感性与理性、肉体与精神、欲望与理想等多方面的矛盾统一体。对鉴赏者这种生命情结的疏导，中国古代美学从艺术的功能角度作了深刻的阐述，认为舞蹈能够调和阴阳之气和疏散郁闷之情，诗歌可以借“兴观群怨”而达于心气平和，至于音乐，则更以“中和之音”发挥调节情感、“宣养下气”的作用。明代哲学家王阳明的论述，可以视作古代美学对生命情结疏导的代表性观点：“故凡诱之歌诗者，非但发其志意而已，亦所以泄其跳号呼啸于咏歌，宣其幽抑结滞于音节也。……所以顺导其志意，调理其性情，潜消其鄙吝，默化其粗玩。”[①]这段话确实生动地阐明了艺术对生命情结的疏导作用。从艺术心理学角度来看，它可以大致分为心理补偿、心理宣泄、心理净化三个方面。

人类的心理活动有一种补偿机制，在现实生活中未能经历，难以满

①《王文成公全书》(一),《四部丛刊》缩印本,第127页。

足，无法实现的，就会从艺术中寻求补偿。不会创作的，就把这种心理补偿寄希望于鉴赏艺术作品。心理补偿表现为愿望的想象性满足，但其指归则在于生命情结的丰富。阿多诺在《音乐社会学》里就谈到，不少听众在音乐中寻求的是精神的缓解和对现实生活缺陷的补偿，音乐可以帮助他们激发想象和热情，向他们提供了满足主观需要的机会。这并不是鉴赏音乐的特有现象，而是在整个艺术鉴赏活动中都存在的普遍精神现象。《红楼梦》中贾宝玉和林黛玉喜爱《西厢记》就是最好的例证。贾宝玉和林黛玉，一个是钟情公子。一个是怀春少女，各自都为对方秀色夺人的外貌、高雅聪颖的气质和纯洁灵透的心胸所吸引而为之倾心，加之朝夕相处、耳鬓厮磨所产生的无限柔情和爱意，早已心心相印。但由于封建制度和封建伦理道德的黑暗、专横，由于封建文化对年轻人身心的毒化和摧残，使贾宝玉和林黛玉虽相互爱恋，却不能也不敢直诉衷情。所以，两个人读《西厢记》就由衷地赞叹真是好文章，看了连饭也不想吃，边看边出神，心内还默默记诵，对《西厢记》产生的强烈情感共鸣。这既是受压抑、受束缚的爱情心理的一种尽情补偿，也是对对方倾心相爱的一种真情表露。而当代成年和已婚妇女对琼瑶小说的鉴赏则是另一种形式的情感补偿。广东两位四十多岁的女读者对“你为什么喜欢琼瑶的作品”的问题保持着一种有意味的沉默，调查者认为：从她们爱情上累受挫折、婚姻上未能尽如人意的经历揣摸，她们是感怀身世的不幸，借琼瑶笔下的理想的爱情境界来弥补自己心灵深处的创伤，因此以理想化的爱情婚姻为主旨的琼瑶小说，就正好成为不幸的女子们精神上的补偿形式。此外，自由受到限制的人，生理、心理有缺陷的人，也常常通过阅读作品来求得心理补偿，增强战胜疾病和获得自由与生命的信心，像车尔尼雪夫斯基的《怎么办?》、伏尼契的《牛虻》，就都是如此。艺术世界对读者来说总是富于理想色彩，当人们在现实生活中希望得到更高的满足和新的信念时，就有可能将目光投向艺术，以期获得精神的丰富和心灵的充实。人类心理补偿机制在艺术鉴赏中的活动，从总的方面来看，是使希望得以满足，生命得到丰富。

如果说艺术鉴赏中的心理补偿是读者生命情结的接纳和吸收，那么心理宣泄则是读者生命情结的疏通和排解。人类的心理活动也有一种宣泄机制，在人生征途中，郁闷痛苦和兴奋激情积聚过多，失去心理上的平衡，就会设法从艺术作品中寻求一种心理宣泄。随着生命能量的排遣，读者原有的精神压抑就会逐渐得到缓解和消除，心灵趋于平衡、和谐。新时期的伤痕文学为什么能拨动那么多人的心弦？读者尤其是知识分子读者为什么对《天云山传奇》《人到中年》产生强烈的共鸣？就其深层原因来看，正是因为这些作品表现了那不堪回首的岁月里人们饱受折磨的生活和坚强地承受精神十字架的心灵，点燃了读者情绪喷射的导火索，使读者得以尽情倾吐和宣泄。随着郁结已久的情绪的倾泻，精神得到放松，心理达至平衡，从而更好地投入到新的工作和事业中去。林黛玉对《牡丹亭》的深入欣赏过程，亦是一种心理宣泄不断强烈的过程。她从偶尔吹到耳内的两句，到止步侧耳细听，直至后悔不该胡想赶忙收心再听的鉴赏的不断深化，生命情结的排解和宣泄也由感慨缠绵到心动神摇，再到如醉如痴，最后是心痛神驰，眼中落泪，尽情地宣泄心中的愁苦和忧闷。这就是说，林黛玉虽出身富贵家庭，但父母早亡，家道衰微，寄人篱下的生活和对封建礼教的背离，使她常常感到无形却强大的“风刀霜剑”的威逼，痛苦和郁闷情结的累积，使她看花落泪，对月伤心，因此听到《牡丹亭》的曲词时，就不可避免地泪眼盈眶，尽情宣泄和舒放自己心中的不平和伤痛。《世说新语·豪爽》篇记载了这样一则有趣的故事：“王处仲每酒后，辄咏‘老骥伏枥，志在千里。烈士暮年，壮心不已’。以如意打唾壶，壶边尽缺。”王处仲之所以独钟曹操这首诗，并在鉴赏中身不由己地敲打唾壶，是因为他自己晚年也有类似曹操那样的抱负，但雄心壮志无法实现，这种痛苦和希冀的混合情绪只得借诵读诗歌加以排解和缓和。艺术鉴赏中的心理宣泄机制是人和社会以及人们相互之间的调节器，是人自身心理的平衡器，艺术不是也不应成为人们生命情结的麻醉剂，它本质上应成为人类心理健康发展的必不可少的工具。

“净化”一词最早见于亚里士多德的《诗学》，但对它的解释却是众说纷纭，莫衷一是。我们认为：净化主要是一种情绪的感化和心灵的净洁，读者在艺术鉴赏中的心理净化，既排解了一些消沉的情绪，又获取了积极向上的意念，使主体的灵魂在潜移默化中得到改造和重塑。俄国19世纪民粹派作家乌斯宾斯基的《舒展了》很能说明这个问题。小说写一个穷知识分子，生活没有出路，流浪到巴黎，悲观绝望。一天，他到了卢浮宫。看到维纳斯雕像时产生了如下的感受："我站在神像面前看她，不停地问自己："这是怎么啦?"从一开始看见塑像，我就问自己，因为从一开始我就感到自身出现了极大的欢乐，……有一种我自己无法了解的东西，朝着我的被歪曲、折磨的、揉成一团的心灵吹了一口气，立即使我挺直了腰杆，焕发了精神，仿佛那些失去知觉的部分都复苏了，促使我精神振奋，把惺忪的睡意一扫而光，用那活力和光明充实了我广阔的胸怀，充实了我壮大成熟的躯体……。"小说主人公在心理净化中，使自己的生命境界得以提高和升华。

在艺术鉴赏过程中，由于客体形象的情感意蕴强烈地作用于鉴赏者的心灵，使鉴赏者在沉浸于对象的情感体验之中，就会自然而然地产生一种对不健康心理的自我排除，从而获得情感升华的心理效应。苏联艺术心理学家维戈茨基特别强调艺术作品对鉴赏主体自身的感化作用，他在《艺术心理学》中说过："单是真诚地体验作者的情感、分析作品的结构是不够的，还必须创造性地克服自己的情感，使它得到净化。只有这样，艺术的作用才能充分显示出来。"狄德罗甚至认为，一个"坏人"在戏院里鉴赏戏剧时，亦"会对自己所犯过的恶行表示愤慨，会对自己给人造成的痛苦感到同情，会对一个正是具有他那样性格的人表示厌恶。当我们有所感的时候，不管我们愿意不愿意，这个感触总是会铭刻在我们心头的；那个坏人走出了包厢，已比较不那么倾向于作恶了，这比被一个严厉而生硬的说教者痛斥一顿要来得有效。"[①]戏剧是否具有那么强烈而直接的效应，以及这种劝人改恶从善的功能能维持多久暂且不论，但伟大的作品确实能以其深厚的意蕴和强大的魅力给人以感化，消解鉴赏者心灵中的卑劣意念，使

① 狄德罗：《论戏剧艺术》，《文艺理论译丛》，1958年第1期，第150页。

整个精神境界得到提高和升华。“观者在看完一场戏之后，或者听众在一场音乐会幕落之时，他们已经不再是看戏之前、听音乐会之前的人了。”这是许多理论家证明了的事实。不过，艺术鉴赏中的心理净化对大多数人来说，是引导人们走出无知与愚昧，激发人们追求理想和崇高，通过对人的灵魂的冶炼和重塑，达到人格气质的觉醒升腾，生命境界的提升超拔，从而不断丰富和完善自我，最终使人变得文明、聪颖、崇高。杜勃罗留波夫曾经回忆，他在少年时代读了庇雷姆斯基的长篇小说《阔气的求婚者》后，情感受到了很大的震动和强烈的感化，因为他体验到自己同小说中有钱而游手好闲的主人公有不少相似之处。他写道：“这个人物的描写深深地伤害了我的自尊心，我感到了害臊，假使不是马上就动手做事，那么至少已经认识了劳动的需要，我不再于上流社会里自尊自大了，现在正在逐渐改正……”杜勃罗留波夫从小说中萨米洛夫这个人物身上，照见了自己的影子，唤起了自己内心深处的正义感。通过鉴赏所经验到的眼界的开阔，精神的升华，从而果断地否定了自己身上的恶习、抛弃了往昔琐屑卑微的心态，提升了精神境界。

艺术鉴赏中主体生命情结的补偿、宣泄、净化是自然而然、不由自主地萌发和开展的，然而这种客观存在的现象只有归结为心灵的审美化，才称得上是真正的艺术鉴赏。那么艺术鉴赏者如何由生命情结的疏导达至审美化？换句话说，艺术鉴赏者如何由生命情结的补偿、宣泄、净化达到心理的和谐、心灵的自由和生命力的勃发？关于这一点，卡西尔在《人论》中有过精辟的论述。他说：“我们情感生活的最高度强化被看成同时也能给我们一种恬静感。我们在最大的范围和最高度的张力中经受住了我们的强烈感情。但是在通过艺术的门槛时，我们所抛掉的是感情的难以忍受的压力和压制。……审美的自由并不是不要情感，不是斯多葛式的漠然，而是恰恰相反，它意味着我们的情感生活达到了它的最大强度，而正是在这样的强烈中它改变了它的形式。”[1]痛苦、忧伤、悲愤、孤独和狂喜、兴

① 卡西尔：《人论》，甘阳译，上海译文出版社，1985年，第189页。

奋、激情等主体生命情结都在鉴赏过程中消解，失去了精神重压和机体紧张，导致心理平衡和机体舒适，超越生理和时空的限制，最终达到心灵的解放和自由。例如鉴赏悲剧，我们体验了怜悯、恐惧和崇高的情感，但我们的心灵并没有被这些痛苦和恶行、残忍与凌辱所压垮、扰乱，而是把它们都转化为一种自我解放的手段，从而进入一种积极进取的状态，达到精神的内在自由。鉴赏喜剧，我们感受到了这个世界中存在的琐碎、愚蠢、丑恶，但我们不再被它所束缚，而在轻蔑、鄙视的笑声中被否定了它。笑就是人的自由和解放。如果没有这种艺术鉴赏，人就会缺乏活力，缺乏情趣，害上一种“偏枯病”。达尔文对此有切身的深刻的体会：“在三十岁左右的时候，我对密尔顿、格勒、拜伦、华尔华滋、克勒律治、雪莱等人的诗是那样入迷（当然，对莎士比亚的诗，尤其是他的历史剧，从学生时代起，就已经入迷了）。我还敢说，自己对绘画和音乐也很感兴趣，但是现在就大不一样了。这许多年来，我竟没有读完过一首诗，有一度我曾试着去重读莎士比亚的诗，但一拿起来就感到它乏味和厌烦。到现在，我对绘画和音乐的兴趣也开始丧失了。……我的思想似乎已经变成了一种机器，它只是机械地从无数事实和原料中剔取出一般规律。我真的不明白为什么对艺术爱好的丧失会引起心灵的另一部分能力——能够产生更高级的意识状态的那一部分能力——的衰退。我在想，一个具有比我更高级和更为全面统一的意识的人是断然不会像我现在这样的。假如我能够从头再活一次，我一定要给自己规定这样一个原则：一星期之内一定要抽出一定的时间去读诗和听音乐。只有这样，我现在业已退化的那一部分能力才能在持续不断的使用中保持下来。事实上，失去这种趣味和能力就意味着失去了幸福，而且还能进一步损害理智，甚至可能会因为本性中情感成分的退化而危及道德心。”[①]这就告诉我们，艺术鉴赏对于人的心灵平衡、和谐、健康、完美、提高智能起着重要作用，一个完全丧失艺术爱好的人，就会造成精神的偏枯，思维能力的退化。所以澳大利亚美术理论家德西迪里厄

① 转引自滕守尧:《审美心理描述》,中国社会科学出版社,1985年,第351—352页。

斯·奥班恩正确地指出，鉴赏艺术的意义和指归就是把人们的精神生活提高到日常事务的枯燥单调之上，使人们超越他们的物质存在，而去扩展精神生活的无限丰富性。审美感受的这一特性和别的快感相比较就更加鲜明和突出。在其他类型的快感中，我们仅仅满足我们的感官和情绪，即沉浸在我们生命情结的宣泄和补偿之中；但在审美观照中，我们却能神驰身外，心平气和，胸襟开阔，消除私欲，以美为乐。尽管审美快感是以一定的生理快感为基础的，但审美快感既能超越生理快感，又能超越客体对象而迈入对主体自身的审美心理结构的重建。正如中国台湾学者柯庆明在《文学美综论》中所阐明的那样，在艺术经验中，“我们不但体验到的是一种自我意识的扩大与提升，更重要的还是一种不再疏离、不再残缺、不再分裂的内在完整”，从而达到精神的升华和心灵的自由翱翔。

三、鉴赏者对艺术本文的再创造

人们鉴赏艺术作品，既是接受其审美影响，从而完善自身的过程，又是突破作品的规定和限制，主动、积极地进行再创造的过程。诚如宗白华先生所说：“欣赏也是一种创造，没有创造，就无法欣赏。”艺术鉴赏的魅力，艺术鉴赏的愉悦正是蕴藏在这主动的再创造活动中，审美愉悦的本质就在于人的主动性的实现，在于读者生命意识得到高扬、拓展，艺术创作是以“语言”为媒介来表现作者的思想感情的，其指归和旨趣都在于用“语言”表现那些“语言”所无法和难以直接表述的东西。因此，艺术“语言”凝聚着创作主体对宇宙人生的体验和个体生命的律动，鉴赏者必须以心灵去感应，去捕捉，才能把握其深层的“不在文字”的意蕴。艺术创作本能地排斥太细密的无法给人想象的作品，尽可能地留有空、白、虚、无，以待鉴赏者去感受，去补充，去发现，去创造。对这一点，中外艺术家达到了惊人的共识。中国古代文艺美学讲求“超以象外”，重视“味外之旨”，“韵外之致”。诗歌求言外之意，音乐讲弦外之音，绘画则究象外之趣。强调审美创作要意蕴含蓄，要有无相生、虚实相应、以少寓多，以表现深远厚重、富于余蕴的审美意味。老子最早提出和强调“无言之美”，认为真正的美只能是心领神会的，这种美生机勃勃，生气灌注，鼓荡于天地之间，只可意会不可言传。老庄以后，孟子、司马迁、钟嵘、刘勰等也都积极标举这一主张。中唐以后，中国美学史上以“伦理中心”转向“意境中心”，更为突出、强调了对艺术文本的再创造作用。刘禹锡说的“片言可以明百意，坐驰可以役万里，工于诗者能之。”（《董氏武陵集纪》）王世贞提的“妙在愈小而大。”（《艺苑危言》）姜夔讲的“句中有余味，篇中有余意，善之善者也。”（《白石道人诗说》）金圣叹在《西厢记》批文中说：“从来妙文，决无实写一法，夫实写，乃是堆垛土子，虽乡里人犹过而不顾也。”这些已成为中国古代文艺家讲究无中生有、虚实相生，期待再创造的信条。

与中国古代文艺家信守这一点相同，西方艺术家和理论家也强调和追求艺术作品的空白和余地。狄德罗向作家呼吁：“当你写文章，需要什么都写吗？当你画画，需要什么都画吗？告个饶儿，请你留下几样东西，让我的想象把它们填补上去吧。”莱辛在《拉奥孔》中也反复申明：“艺术家只能选用某一顷刻……既然艺术家的作品之所以被创作出来，并不是让人一看了事，还要让人玩索，而且长期地反复玩索；那么，我们就可以有把握地说，……最能产生效果的只能是可以让想象自由活动的那一顷刻了。”事实正是如此，那种刻板单调、不留余地的作品，让人不动脑筋，必然是索然无味的，读之形同嚼蜡。达·芬奇笔下蒙娜丽莎的不可捉摸和无限神秘的微笑，就一再激发人类的想象力和创造力，使人“味之无极”。现代西方接受美学更是从理论高度，系统阐释了艺术作品的意义空白和意义不确定性。接受美学创始人之一的伊塞尔认为，文学作品使用的是形象化的“描写语言”，对于事物的描写不一定要求精确，也不一定要表现事物的全貌和全过程，要留下许多交代不清的、意义不固定的地方，伊塞尔称之为“意义空白”和“意义不确定性”，为鉴赏者留有“期待视野”，进行“再创造”的空间。

正是因为优秀作品所具有的空、白、虚、无等艺术空间，才使读者在艺术鉴赏过程中对本文的再创造不仅成为可能，而且是必要的。不具备丰富的生命体验，不充分展开想象的翅膀，观赏者就不可能鉴赏宋代画家马远的《水图》。画面上只不过是几条静止不动的虚线，并不是真正流动不息、变化莫测的江水，而那涌动奔腾着的长江大河，严格说来并不存在于画面之上，而是存在于每一个鉴赏者的心中，需要鉴赏者的再创造。在这种再创造中，鉴赏者才能“看到”或激流滚滚，或涟漪荡漾等各种水的形象，才能体验到自己的生命之流和作者的生命之流的交感互应。同样，读者不具备再创造的能力，就无法真正读懂现代的意识流小说。意识流小说是由人物直接表白自己的内心活动，按照人物的意识流程来结构作品的，人物的思绪不受时间、空间和逻辑因果关系的制约，跳跃、颠倒、重叠，异常纷杂矛盾，读者要真正领会它，就要努力去追踪人物的思路，还要把许多细节一一重新组装，在积极的审美再创造中，活跃和深化自己的意识之流。所以艺术鉴赏者只有在再创造中，才能感受美，领略美，才能不断丰富自己的生命经验和审美感情。

从鉴赏主体来看，审美鉴赏也并非简单消极地接受，而是积极主动参与的审美创造。中国古代美学强调：“作者用一致之思，读者各以其情而自得。”（王夫之《姜斋诗话·诗译》）“但文字之佳胜，正贵读者之自得。”（章学诚《文史通义》）“作者之心未必然，而读者之心何必不然。”（谭献《复堂词录叙》）西方传统美学也指出：真正懂诗的人会把作者诗句中只透露一星半点的东西拿到自己心中去发展。现代接受美学更是重视鉴赏主体的主动性，认为读者在整个阅读过程中，对语句的接续，情节的推进，意义的展开，都在不断作出自己的期待、预测和判断，并加以想象、补充和发现。读者不愿意鉴赏一部每句话都符合自己的预测，情节的发展完全在自己意料之中的作品，这样读来虽毫不费力，但也感觉不到奇绝的妙处，就会产生索然无味和厌倦的感受。相反，读者往往愿意阅读那些既符合自己的期待视野，又不断突破这种期待水平的作品，不由自主地被作品的出人意料而又在情理之中的描写所吸引，所震动。所以，从接受主体的角度来看鉴赏过程，实际上是作家作品被读者占有、消化、发挥的过程，是鉴赏者充分调动自己整个生命体验和审美经验对作品的“空白”框架加以想象性补充、充实、进行再创造的过程。

对艺术本文的再创造，首先是重构这一艺术品的创造过程。卡西尔《人论》说过：“从某种程度上可以说，如果不重复和重构一件艺术品藉以产生的那种创造过程，我们就不可能理解这件艺术品。”这种重构，主要是指对作家当时的情感经验的探源和再度体验，是用心灵去感应作家用语言无法传达出来的原初情感经验，以将符号化了的形象重新还原成意象世界，并进而熔铸为新的审美境界。如温庭筠《商山早行》中“鸡声茅店月，人迹板桥霜”二句，鉴赏者较深入地体验了诗人所极想传达的羁愁旅思之情，才能较好地把鸡声、茅店、月、人迹、板桥、霜一个个意象转化成一幅可感的鲜明图画，生发出感人的审美体验。当然这种探源和重构并不只是艺术家原有情感的复述，而是鉴赏主体发挥审美体验的能动性，用自己的生命去把握和领悟作品的言外之意，韵外之旨。

不过，重构艺术本文创作过程的主要目的，则是在于完成和填补作品的“空白”和“未定点”。诚如豪泽尔在《艺术社会学》中所说：“艺术创造不是可以被采撷的现成果实，为了欣赏它，我们必须继续艺术家本人未能完成的过程。”这“未能完成的过程”或者可以说是高明作者有意留下的叙述空隙，在读者再度体验作家的原初情感和复活审美意象过程中就显得尤为醒目和迫切，需要读者在鉴赏过程中发挥想象，加以充实，使之具体化。只有创造性地完成本文的“空白”和“未定点”，鉴赏者的脑海中才能呈现出一个完整丰富的艺术世界。例如画家格辽兹的构图非常简练，许多画都留下了“空白”和余地。像他的名画《姑娘和小鸟》，画的是一位满怀忧伤的妙龄少女，俯首在一个鸟笼上，笼内只有一只仰面朝天的死黄雀。画面本身是简单的，但又极富暗示性，如果鉴赏者没有深刻的体验，不能联想到少女在人生历程中的命运遭际和特定情境下的忧愁，使有限的画面具体化、深刻化，就难以领略画面所蕴含的丰富内容，也就不能在观赏者的头脑中构造一幅深深拨动自己心弦的有机的艺术境界。

其次，对艺术本文的再创造，是运用创造性的想象和体验，去发现作品的深层意蕴和独特价值。优秀的作品都有非常丰富的内涵，但又不是直接地一目了然地呈现出的，有时甚至不是作家意识到的，因此鉴赏者可以而且应当在正确把握作品的基础上，有自己独到的感受，挖掘出作品的丰富意义。如艺术家罗丹在乔尔乔内的油画《田园合奏》的斑驳色彩中领略到了“人生的哑谜”。再如杜勃罗留波夫从奥斯特洛夫斯基的《大雷雨》、《家庭幸福图》《没有陪嫁的女人》等作品中，敏锐地发现作者忠实地描绘了俄国社会的“黑暗王国”，同时也暗示了俄罗斯新生活的“一线之光”，这些都是奥斯特洛夫斯基所没有预料到的。杜勃罗留波夫运用自己的想象和体验，揭示了作家凭艺术感觉捕捉到的生活现象的内在含义。这些事例和我国观众对曹禺剧作《雷雨》《日出》的生发的体验几乎一样。观众在观赏过程中.发现了剧作对旧中国黑暗社会现实的匡正、讽刺的深层意蕴，而这些都是剧作家提笔之际没有明显意识到的。美国著名画家安德鲁·怀斯曾宣称：“画面表现出的东西越少，观众接受的东西就越多。”[①]艺术作品的这种“空意’框架，给鉴赏者的补充、想象、创造提供了极有利的机遇，自然能够使鉴赏者发现和接受更多的属于自己的东西。

读者在鉴赏艺术作品的过程中，甚至可以不顾或违背作者的初衷和原意而作“创造性的背离”，生发出更多地超越作品界限的新的感受和意义。按照接受美学的观点，作者提供的文本只是接受者加以“具体化”的起点，是激发读者想象的诱因，读者不一定被本文作者原意局限而可以和应该表现出一种创造精神。例如苏轼《水调歌头》后半阙的句子：“人有悲欢离合，月有阴晴圆缺，此事古难全。但愿人长久，千里共婵娟。”作者表现的是兄弟间的思念之情，但不同的鉴赏者完全可以根据自己的处境、审美情趣和人生经验作出各自不同的寄托，把它变成自己的创造物。青年人阅读此词，可以把它转化为对自己恋人的向往、思恋和忠贞不二、永相伴随的心迹表露；海峡两岸龙的传人阅读此诗，可以把它转化为对故乡、对亲人的怀念和对祖国统一、民族团结的向往之情。再如读苏轼悼念亡妻

① 《怀斯的世界》,《世界美术》,1981年第1期。

的《江城子》:"十年生死两茫茫,不思量,自难忘。千里孤坟,无处话凄凉。纵使相逢应不识,尘满面,鬓如霜。"鉴赏者可能根本不曾有妻子,也不曾如此凄苦.但完全可以以自己的创造来寄托甚至自己也说不清、道不明的情绪。这种情况,在鉴赏主体和作品对象融为一体、物我两忘时表现得更为突出,人们常常按照自己的心愿,作出独创性的解释,把自己心爱的作品,变成自己"创造"的作品。如歌德所说,既然"一件艺术作品是由自由大胆的精神创造出来的,我们也就尽可能地用自由大胆的精神去观照和欣赏。"读者尽可能用自己的生命感受和生命体验去捕捉、追寻作品里所力图加以呈现的生命本质和生存思索,使自己的生命意识在和作品的感应交流与回荡升腾中得到高扬和扩张。

当然,艺术鉴赏的再创造总是被引导的再创造,艺术本文既具有"空意"框架,又有着丰富的暗示性和顽强的自主性,总要给鉴赏者以一定的制约和限制。因此,鉴赏者的"再创造",也不是可以完全脱离文本,想入非非,胡编乱造的。此外,不同创作方法的作品和不同艺术类型作品给予人们再创造发挥的余地也是不一样的。古典主义、自然主义的作品,其形象所包含的内蕴比较明显,对鉴赏主体的制约较多,读者再创造的余地就较小。音乐作品具有时间的流动性和形象的非直观性,和直接呈现的空间造型艺术相比,更易引发听众的想象、体验和再创造。而优秀诗歌和某些现代主义的作品,其形象的内蕴是模糊的和不明确的,这就为鉴赏者的再创造提供了更多的可能性和更大的空间。

四、鉴赏者心理活动的过程

艺术鉴赏活动是鉴赏者和本文之间的信息交换与融合的过程,也是鉴赏主体各种心理因素综合发生作用的过程。一般来说,它可以具体描述为准备(初始)阶段、高潮(实现)阶段和效果延续阶段。伴随着这一从表层向深层运动的展开,交织着情景再现、情感交流、审美判断活动,构成了一个比较完整的审美过程。

艺术鉴赏的准备阶段是进行鉴赏的前提和基础。奥地利作家茨威格在其著名小说《象棋的故事》中，塑造了一个受迫害，被单独囚禁，与外界完全隔绝的律师形象。这个律师十分渴望能读到文学作品，甚至不惜冒着生命危险去偷书。小说细腻地表现了一个现代人在和外界隔离时渴求艺术的内心活动，以及把鉴赏初始阶段称作幸福的一瞬的动人情景。小说主人公这一艺术鉴赏的追求和准备阶段虽然独特，但却能说明这一阶段要求越充分、越迫切，对后两个阶段的鉴赏就越顺利。准备阶段最重要的是形成一种审美态度，亦即和日常生活不一样的非实用态度。但是它的形成并不是日常意识、日常经验完全中断的结果。审美态度虽不同于科学态度和实用态度，却并不排斥人生经验和人生意识，反而以丰富的人生经验和深刻的人生意识作为自身构成的内核。艺术本文是作家探寻人生意义的一种努力和表现，是和人们的生活和审美经验息息相通的，正如苏联作家艾特玛托夫所说："什么是好书呢？这就是人类经验的结晶。虽然书是个人写的，但它体现了集体的经验，人类的经验。"一个读者完全中断了自身的日常意识和经验，就不可能真正领会作品。艺术鉴赏的审美态度是对日常经验、情感的超越。只有摆脱了狭隘的功利主义的束缚，对事物进行自由的观照，才是真正的审美态度。像画家对古松的审美态度就超越了商人和科学家对古松的单一态度，而表现为丰富的情感体验。如陈毅的咏青松诗："大雪压青松，青松挺且直。欲知松高洁，待到雪化时。"读者如不能领悟到青松挺拔、坚韧的风格及其所象征的革命者坚定立场和崇高气节，就没有品尝到这首诗韵味，理解到它的审美价值。

审美态度在艺术鉴赏准备阶段具体表现为审美注意和审美期待。注意是心理活动对一定对象的指向和集中，指向是心理活动有选择地朝向一定事物，而离开其余事物；集中是指心理活动反映事物达到一定的清晰和完善程度。审美注意则是指向艺术本文的。审美注意的产生取决于内外部（主客体）两方面的条件。主体的内部动机与当下外部刺激的相互作用引起对这些艺术文本的注意。客体方面主要指艺术本文的结构形式的新异程度。审美注意和一般注意的不同点就在于它流连于对象的结构形式，并进而激发和展开其他心理因素如情感、想象等的渗入活动。新颖独特的本文总能引人注意，而过于熟悉或过于陌生的本文却容易使人视而不见、听而不闻。主体方面主要指鉴赏者的人生阅历、思想情感、审美趣味、审美理想等。一般来说，和主体的思想情趣相一致的本文容易引起审美注意。如《红楼梦》第二十三回中写林黛玉聆听《牡丹亭》唱词的那一段文字，林黛玉由寂寞惆怅无意听唱到吸引她的审美注意，就在于《牡丹亭》这一戏剧本文和她的人生经历、审美经验有相似和一致之处。

伴随着审美注意，鉴赏者对即将来临的鉴赏活动有一种憧憬和渴望，并由此产生一种朦胧的兴奋情绪，这种心理状态就是审美期待。审美期待是对美妙的艺术世界的积极、主动的精神追求，是过去的审美经验在主体大脑中形成暂时神经联系的产物。审美注意和审美期待这两种心理活动构成了审美定向系统，既为行将展开的鉴赏活动作好精神调节和准备，又为鉴赏进一步引向深入提供一种内驱力。

紧随前一阶段的审美注意，形成了审美知觉，即对艺术本文的感知。例如人们鉴赏音乐，需要辨别音高、节奏、力度、音色等音乐基本要素，并按照音乐的艺术规律把这些要素整合成为旋律、乐段、乐章等整体性的音乐结构，直到把它们合成为一首完整的乐曲。观赏绘画，从感受一块块色彩、一个个形体，到感知它的整个构图以及由各种要素组合而塑造出的鲜明、生动的艺术形象。艺术是由“语言”构成的意象，有的属于视觉意象，直接具有可视性；有的虽不属于视觉意象，但由于心理联觉的作用，视觉意象可以和听觉意象等互相转换，从而构成一个完整的审美意象。审美感知具有完整性、主动性、情感性等特征，即是说鉴赏主体的审美感知是一种完整的、统合的心理组织过程。这一过程中艺术本文审美意象的表层结构在鉴赏者脑海中浮现达到了情与景、意与象的初步融合，但还未触及本文的深层结构，有待于进一步扩展和深化。

艺术鉴赏的扩展、深化表现为鉴赏者在审美感知的基础上展开审美想象和审美体验。审美想象可分为再造性想象和创造性想象，再造性想象与创造性想象是相辅相成、相互为用的。作为艺术家对现实生活审美反映物化形态的艺术本文，既规定了接受想象的范围和方向，又具有的“空白点”“期待视野”和朦胧性、不确定性，为人们留下广阔的想象空间，使读者在阅读鉴赏过程中根据自己的生活经验、审美经验，充分发挥自己的想象力对艺术形象进行丰富、补充、扩展、延伸等再创造。例如读高尔基的《海燕》，我们可以在脑海中再现在暴风雨来临之际，海燕在波涛汹涌的大海上乘风破浪、展翅飞翔的英姿。同时我们亦可以运用自己的生活经验和审美体验，创造出俄国革命到来之前，革命者大无畏的战斗形象。再如观看京剧《打渔杀家》，舞台上演员的虚拟动作，使观众的想象来到了水边，来到了船上。观众的眼前仿佛已经浮现出浩荡水面和无数活蹦乱跳的鲜鱼。这种想象轨迹，既取决于表演者的规定动作，又渗透了观众的主观经验和情趣。所以，艺术鉴赏中的审美想象是再造性想象和创造性想象有机统一的产物。没有这种想象，就无法领略绘画中的“咫尺千里”，也无法感受诗词中的“象外之象”。艺术鉴赏中的想象能够突破时空的局限，进行二度体验、二度创造。

在整个艺术鉴赏过程中，是始终伴随着、弥漫着审美情感的，但在这一阶段，审美情感更加深刻和丰富，不仅具有鉴赏者对艺术本文的情感反应，而且更多地具有鉴赏者切身的内在体验。卡西尔在《人论》中谈到欣赏贝多芬的《第九交响曲》时曾说：“我们所听到的是人类情感从最低的音调到最高的音调的全音阶，它是我们整个生命的运动和颤动。”鉴赏者如果把艺术文本所表现的情感与自身的情感活动融为一体，那么这种鉴赏活动就从表层的、外在的情景再现进入到深层的、内在的情感交流，白居易对琵琶女弹奏的乐曲《琵琶行》的鉴赏是典型的例子。这就是黑格尔所说的：“在艺术作品里重新发现他自己。”当然，情感的体验也取决于想象的丰富与否。想象越活跃，体验就愈深刻，美感也就愈强烈。《约翰·克利斯朵夫》中的小克利斯朵夫，把贝多芬的乐曲想象为火，听之“身心如沸”，周围的一切都已不存在，达到了物我同一的审美境界。

审美体验是多种心理功能的协同活动，既渗透着情感和想象因素，又包含着理解因素。正如阿恩海姆所说：“人的各种心理能力中差不多都有心灵在发挥作用，因为人的诸心理能力在任何时候都是作为一个整体活动着，一切知觉中都包含着思维，一切推理中都包含直觉，一切观测中都包含着创作。”[①]对一件真正的艺术作品的接受决不单纯是愉悦和娱乐，还需要发挥智能的作用。每件艺术作品都是情与理的统一，它所具备的美总是要把握住超越外在形式、感性直观的人文价值才能完全达到，这就离不开理性的思索。葛洪也说过：“用思有限者，不能得其神。”对博大精深的经典性的作品来说更是如此，读者的感知不包含理解就根本无法领会作品。而且，经过费力得到的东西要比不费力就得到的东西，能使人产生更大的愉快。“夫唯深识鉴奥，必欢然内怿。”当然，艺术鉴赏中的理解并不等同于科学的、道德的理性认识、逻辑判断，而是一种审美判断，它是渗透在感知、情感、想象诸因素中并与它们融为一体的某种领悟。它在鉴赏中发挥着重要作用，却往往又无迹可寻，如水中之盐，花中之蜜，有性无痕，只可意会不可言传。如果缺少渗透着理解的审美判断，就不是完整的艺术鉴赏，也不能获得最大、最深刻的审美享受。

对一部优秀作品的鉴赏结束，并不意味着鉴赏者审美心理活动的完结。审美鉴赏的高潮虽已过去，但鉴赏者的内心活动还在继续，会引起鉴赏者审美情感、审美趣味、审美理想乃至整个人生经验的微妙的、内在的变化，这就是效果延续阶段。效果延续可分为直接和间接两种，直接效果指的是鉴赏者在鉴赏结束后，往往通过不断的回味，来延长和加深对艺术本文的审美鉴赏，领悟极度兴奋的高潮阶段所难以和无法发现把握的新的意蕴，从而产生一种新的审美欲望，这种审美欲望就会成为人们鉴赏美、追求美、创造美、为美而奋斗的内在动力。

间接效果指的是艺术鉴赏除了积累主体的审美经验、产生强烈的审美欲望外，还会产生较为深远的效果，这就是审美趣味、审美能力的提高，以及人的心灵趋于和谐、精神得到提升。人们多次聆听体现生命律动的音乐，观赏光彩夺目的绘画，领悟意味深长的诗篇，其审美心理结构就会不

① 阿恩海姆:《艺术与视知觉》,滕守尧译,中国社会科学出版社,1987年,第5页。

断被同化，被整合，思想境界、道德情操、审美趣味、审美能力也就随之提高。人的心灵和谐、情感丰富、自我完善、精神升华是艺术鉴赏的最终效果，也是艺术鉴赏的真正目的。人们透过与作者深刻内在的生命意识的感应交流，达到自己生命意识的觉醒和升华，从而更好地认识人生，投入人生，创造新的人生，这是艺术鉴赏的最高境界。马尔库塞在《审美之维》中对此作过深刻的论述："在艺术中所出现的那种远离变革实践的成分应被视为未来解放实践中的必要成分——视为'美的科学'，'补偿和满足的科学'。艺术不能（直接）变革世界，但它可以为变革那可能变革世界的男人和女人们的意识和内驱力做出贡献。"经常阅读优秀的艺术作品，就必然要被这种全新的艺术世界所吸引、所感化，就必然使驳杂的心灵得到净化，麻木的感性得到复活，沉睡的意识得到苏醒，从而使情感更加丰富，精神更加高扬，以一个完整的人去对待生活，参与生活，努力奋进，改善、变革的生存环境，创造自由、幸福、美好的生活。至此，一个完整的审美鉴赏过程才告完成。

五、艺术鉴赏的不同类型与层次

艺术鉴赏既是对艺术世界的展开，又是鉴赏者的自我发现和体认。由于人们的生活经历、思想情感、个性气质、审美趣味的千差万别，就会有不同的艺术爱好，产生不同的审美效应。刘勰《文心雕龙·知音》篇云："知多偏好，人莫圆该。慷慨者逆声而击节，蕴藉者见密而高蹈，浮慧者观绮而跃心，爱奇者闻诡而惊听。"因此，鉴赏者及其鉴赏活动就形成不同的类型与层次。这里我们从艺术心理学角度，把它划分为感性型、理性型、情绪型、联想型四种，以把握鉴赏者审美经验的差异，揭示艺术鉴赏活动的特点和规律。

感性型的鉴赏，是以偏重对艺术形象的感性知觉为显著特征。鉴赏者往往肌肤相亲、血肉相融地去感受、把握艺术，将艺术形象变为自己心中活生生、鲜灵灵的形象，既赋予艺术世界以生命和活力，又使自身的生命感性得到激活和满足，从而获得带有显著感性经验的审美愉悦。这类鉴赏多是以主体的视、听感官对艺术形象的直接感知，因而在绘画、音乐、舞蹈、戏剧等视听艺术的鉴赏中表现得更为显著、突出。譬如对中国绘画艺术的鉴赏，更多的是对作品的落墨用笔、敷彩上色、构图章法等的感知，以在脑海中浮现出一幅使人赏心悦目的艺术情境。感性型的鉴赏者常常沉醉于艺术世界的美妙与之肌肤相亲而忘返，获得比较充分的感性的艺术享受和满足。此外，这类鉴赏者对于艺术形象的外在特征，特别是富于特征性的形象细部，常常表现出一种敏锐的感知力。不过，感性型的鉴赏很难领略艺术作品的内在的、深层的意蕴。感觉如果没有情感、想象、理解的渗透，则往往把艺术鉴赏停留在怡耳悦目的低级阶段。

理性型的鉴赏以注重对艺术形象的冷静分析和理性思考为显著特征。鉴赏者往往具有较高的理论素养和文化修养，对艺术形象的内在意蕴有较为深刻的认识和理解，对艺术作品的精粗文野、高低优劣的评判也较准确，较少发生鉴赏过程中的情感冲动。这类鉴赏者对艺术作品的形式及技巧有着深入了解，并能够迅速超越外在形式而进入对艺术作品内在意蕴较为深入的捕捉与思考。如对贝多芬《第五交响曲》的鉴赏，他们能很快超越音响感知和结构复合阶段，而竭力把握乐曲所表现的人在与“命运”的殊死搏斗中，英雄意志战胜宿命论、光明战胜黑暗的哲理思想。理性型的鉴赏者可以出于艺术作品之外，甚至超于艺术作品之上，对其思想倾向、艺术表现的成败得失做出较为客观的理性评价，既能给予作者以有益的启示，又能给予其他鉴赏者以一定影响。不过，理性鉴赏如果不与情感体验相结合，变成完全的理性分析，是无法深得艺术真谛的。无情的人、冰冷的心是无法理解诗和艺术的。正如鲁迅在《诗歌之敌》中所说：“诗歌不能凭仗了哲学和智力来认识，所以感情已经冰结的思想家，即对于诗人往往有谬误的判断和隔膜的揶揄。”

情绪型的鉴赏以在鉴赏过程中带有强烈感情色彩为特征。他们对于艺术作品的欣赏往往受到主观情绪的支配，产生感情上的高度兴奋乃至冲动，或者和作品人物同呼吸、共命运，把自己幻化成作品主人公，如梁启超在《小说与群治之关系》中所说：“凡读小说者，必常若自化其身焉，入于书中，而为其书之主人翁。”甚至读完后亦不能从书中解脱。《庸闲斋笔记》的作者记述这样一个事例：“余弱冠时，读书将杭州。闻有某贾人女，明艳工诗，以酷嗜《红楼梦》故，致成瘵疾。当绵缀时，父母以是书贻祸，取投之火。女在床，乃大哭曰：‘奈何杀我宝玉’，遂死。”此女不只是和人物共患难，同悲喜，而且是把自己化为林黛玉，当然这是极端的例子，或者由于作品的情感基调与自身相类似、相融通，而激活和引发出丰富、深刻的人生情感和审美情感，即是中国美学所提出的，借他人之酒杯，浇自己之块垒。这种情绪不一定和作品情感完全一致，但必有部分的交叉或重合，否则激起的与作品无涉乃至对立的情感，已不是艺术鉴赏了。情绪型的鉴赏者容易感受到感性生命的律动与活力，能够比较迅速地进入角色和情感体验状态。不过这类鉴赏者一般不易拉开和审美对象的适当心理距离，难于对艺术形象作整体审美体验、认知。同时，如果情感没有以理解为基础，可能导致某种自然感情的发泄，脱离审美体验的正常轨迹。

联想型的鉴赏以在鉴赏过程中偏重通过联想来加强对艺术对象的再创造为特征。鉴赏者在对艺术形象的感知中，常常由眼前客体形象的引发而联想到与此相关的人物、事件、情景，主体的人生经验和审美经验被迅速组织和调动起来，展开超越时空的积极的、丰富的想象。莱辛在《拉奥孔》里曾表明，我们在艺术作品中发现美的东西，并不是直接由眼睛，而是由想象力通过眼睛去发现美的。事实正是如此，对齐白石的鱼、虾、蝌蚪等绘画作品进行鉴赏，虽然画面上不见水纹，但往往能通过对鱼、虾、蝌蚪活泼可爱、气韵生动的形象的感知，联想到它们在清澈的水中游动、嬉戏的状态，并进而想象到大自然生命的自由和蓬勃生机。再如对小提琴协奏曲《梁山伯与祝英台》的鉴赏，这类鉴赏者在听到乐曲开始那一段优美、深情的小提琴和大提琴对答的曲调时，就会自然地联想到梁祝在草桥结拜时的情景；在听到乐曲结尾那一段充满诗情画意和幻想色彩的音乐时，便会情不自禁地联想起梁祝死后化蝶双飞、翩翩起舞的情景。联想型的鉴赏者注重对艺术形象的想象的再创造，易于发掘艺术作品的内在意蕴，有益于审美体验的深化。不过，联想有较大的随意性和偶然性，如果想入非非、心猿意马，旁牵他涉，不能凝神观照审美对象，就会使审美鉴赏变成非审美鉴赏了。

上述四种艺术鉴赏类型的划分只是相对而非绝对的，只是表明其心理功能在艺术鉴赏活动中各有所侧重，而不是其他心理功能不起作用。一个高明的艺术鉴赏者，其形象感知、情感体验、想象联想、认识理解，总是相互渗透、相互作用，有机地、完美地结合在一起的。我们的划分只是说明鉴赏活动中根据主体和对象关系的双重规范和制约，某种心理功能发挥着主要的作用而已。

艺术鉴赏层次是对艺术作品审美内容深浅、价值高低的纵向把握。人们对一部艺术作品往往有不同的感受、体验和评价，这种情况的存在虽是鉴赏活动中的正常现象，但也表明不同的鉴赏者感受、体验、理解是存在着深浅、高低之别的，艺术鉴赏活动有着不同的层次。正如刘勰论及屈赋对后人的影响时所说："才高者菀其鸿裁，中巧者猎其艳辞，吟讽者衔其山川，童蒙者拾其香草。"（《文心雕龙·辨骚》）同是观看莎士比亚的《哈姆雷特》，歌德认为哈姆雷特的形象是"一个美丽、纯洁、高贵而道德高尚的人，他没有坚强的精力使他成为英雄，却在一个重担下毁灭了"，变成一个悲剧人物。赫尔岑则认为哈姆雷特是莎士比亚全部作品中的典型，说看完这部戏，"我不但两眼流泪，而且号啕大哭"。托尔斯泰却对哈姆雷特持冷漠态度，认为这是个"没有任何性格的人物，是作者的传声筒而已"。尽管三人都是文学巨匠，都有权对莎士比亚剧作中的人物作出自己的理解和判断，但就这部作品的鉴赏实际来看，鉴赏的层次是有上下高低之分。在音乐鉴赏中，这种情况更是屡见不鲜，鉴赏力高低很容易反映出来。英国音乐家柯克在他所著的《音乐语言》一书中曾举贝多芬《第七交响曲》第二乐章为例："一部分人似乎在其中感到深深的忧郁；另一部分人感到这是一首骂人的诙谐曲；第三部分人则感到这是一首具有压抑情绪的田园曲。"不同的人由于音乐修养的不同和鉴赏心境的差异，是可能对同一首乐曲引起不同的情感反应的，然而这些情感体验却有正确与错误、深刻与肤浅之分。在对比了贝多芬、舒伯特、肖邦等作曲家所写的同类乐曲之后，柯克得出了贝多芬《第七交响曲》第二乐章的情感性质属于含蓄的悲歌，从中感受和体验到深深的忧郁，是正确和深刻的，而其他两种感受则是肤浅甚或不合理的，可见，对艺术鉴赏层次的划分，是以大量鉴赏实际经验为依据的，并不能因为鉴赏者个体差异性的存在而否认鉴赏层次。

厘定艺术鉴赏层次高低的依据主要是鉴赏者的审美能力、审美经验、审美趣味的水平和程度。基于此，我们把它区分为理想型、消遣型和中间型三种基本的类型层次。理想型的鉴赏者具有较丰富的人生经验和审美经验，他们感知敏锐、情感充沛、想象丰富、理解透彻，对艺术作品的鉴赏既能“入乎其中”，即生动地再现艺术形象和深入地体验艺术作品的情感，又能“出乎其外”，即展开创造性想象和进行审美评价。正像美国作曲家柯普兰所说：“从某种意义上来说，一个理想的音乐听众同时既置身于音乐之中，又置身于音乐之外，既评判它，又欣赏它。……包含一种既主观又客观的态度。”①对鉴赏其他艺术门类的理想型接受者来说也是如此，在对艺术作品完整地感受和深刻地领悟中，鉴赏者主体整个生命受到震撼和觉醒，由审美感官的愉悦和享受进到心灵的满足和精神的激荡，产生丰富、深刻、持久的审美效应。

消遣型层次的鉴赏者人生经验和审美经验一般都不丰富，他们感知力不够敏捷，想象力不大活跃，情感不够深厚、充沛，领悟较为肤浅和片面。他们对艺术作品的鉴赏多滞留在形象表层，不愿或不能进入作品的深层，满足于审美感官的愉悦和享受，把消遣娱乐作为艺术鉴赏的唯一追求和目标。因而他们的期待视野狭窄，选择范围较小，兴趣和热点多在通俗艺术和直观艺术，不能产生强烈、深刻、持久的审美效应。

中间型层次的鉴赏者是介于上述两种类型层次之间的一种。他们的人

① 柯普兰:《听音乐》,《人民音乐》,1982年第1期。

生经验和审美经验高于消遣型又低于理想型，他们的感知、情感、想象、理解的能力亦居于两种类型层次的中间状态，对艺术作品的鉴赏往往能通过作品表层进入作品中层，即在形象再现的基础上，产生情感交流，但一般不能透彻领悟作品的深层意味，不能达到精神感奋、灵魂震颤这一高层次的美感效应。

艺术鉴赏层次虽然主要是由鉴赏者的生活经历、审美能力、审美趣味这些相对稳定的因素所决定的，但审美态度、审美心境的随机性因素也会给予一定影响。比如带着审美态度的人，就较易从娱乐性、趣味性、故事性中超越出来，进入较高的鉴赏层次。因此，鉴赏层次的提升，除了努力丰富和磨炼自己的审美经验和能力外，也应注意选择适当的阅读时机，培养良好的心理状态，以不断提高自己的鉴赏水平。总之，艺术鉴赏活动就是由不同的鉴赏类型和鉴赏层次所构成的丰富复杂、立体交叉的审美心理过程。

六、鉴赏个体与鉴赏群体的审美效应

艺术鉴赏主体有个体与群体之分。凡是艺术鉴赏可以说都是个人以自己独特的视听去感受、体验、理解艺术作品的，具有鲜明的个性特征，因此，在一定意义上说，鉴赏群体是鉴赏个体的集中、总和。但是，由于鉴赏群体与鉴赏个体所处的审美场不同，两者对艺术作品的鉴赏所产生的审美效应是不一样的。

艺术鉴赏中的审美效应是指鉴赏者对艺术客体的积极心理反应和情感体验。审美效应的表现形态多种多样，但大致可以分为这样三个由浅入深的过程：诱导效应——艺术文本对鉴赏者审美注意力的吸引和集中；震惊效应、启迪效应、感染效应——鉴赏者通过对艺术文本深入的审美体验，产生情感上的共鸣，心灵上的感染，思想上的领悟；净化效应、升华效应——艺术文本的内在意蕴和美的情境弥漫着鉴赏者整个心灵，撞击着鉴赏者的灵魂，从而引发出精神的净化和升华，生命的解放和自由。审美效应的发生和深化，取决于鉴赏主体的心理反应的积极程度和作品客体的审美素质状况，同时也取决于环绕主客体的审美场，是它们之间相互作用的产物。

在诱导效应方面，鉴赏个体和鉴赏群体的心理反应就出现了差别。鉴赏个体是独自一人面对艺术作品，没有其他鉴赏者的相互影响，其审美氛围是安宁平和的。此外，鉴赏个体所接受的艺术作品，由于现代电子技术和摄像技术的发展，虽然不乏直观的美术画册或者音乐磁带等，但也有非直观性的文学作品。这种非直观性的艺术，无论是它的表现功能如何，都需要个体读者通过想象与情感的运动去把握它、领悟它，对文字中介的转换和再现。文学作品字里行间既不直接呈现生活画面，又不直接跳动着感情脉搏，这就决定了鉴赏个体产生的诱导效应往往较为缓慢，不够强烈，延续时间较长。鉴赏群体则不同，可以从不同角度加以分类，既可指体现出某种相同或相近的接受倾向的鉴赏个体的集合，如时代性鉴赏群体、阶层性鉴赏群体、地域性鉴赏群体、职业性鉴赏群体等；又能指在同一鉴赏时空中个体鉴赏者的集合，如观看同一场电影、聆听同一台歌咏比赛、观摩同一出戏剧演出等。艺术审美氛围是浓厚的、热烈的，其鉴赏时空多是专门的场所，观众之间的情绪有形无形地相互影响和感染的。钢琴家朱贤杰在《维也纳印象》一文中介绍过维也纳国家歌剧院的演出氛围："歌剧院内部辉煌无比。沿着铺红地毯的石级往六楼去，简直和善男信女们上山朝圣差不多。歌剧院本身确也像一座艺术的宫殿，顶上有壁画，廊柱上雕有金色花纹，走廊里摆着皇帝用过的器具和服饰，气派之堂皇，给人一种'震慑'之感。观众都穿着夜礼服，态度十分庄重。一个彬彬有礼的身穿燕尾服的领票员领我到座位上，递上了印刷精致的一张节目单，厚达五六十页。……开幕之前，观众早已入席，绝无迟到者。大家都凝神屏息地等待着演出开始。"这种浓厚的艺术氛围、优雅的剧院环境、先进的视听设备所构成的审美场，对于鉴赏者来说，当然非常容易产生审美态度，进入审美境界，获得强烈的审美享受。其次，鉴赏群体所接受的艺术对象，一般是生动、鲜明、具体的直观艺术，凭藉感官就可以直接在脑海中浮现艺术形象，因此其诱导效应的产生往往比较迅速、比较强烈，但有时不易持久，心灵的浸透力要弱些。社会调查很能说明这个问题，很多年轻人读小说名著不容易被吸引，甚至读不下去，但是看根据小说改编的同名电影，审美注意力却容易集中，很快进入角色，这不能不说是不同审美环境和不同艺术表现方式对审美诱导效应的不同作用。

在震惊效应、启迪效应、感染效应方面，鉴赏个体与鉴赏群体的心理反应与情感体验也有不同。随着鉴赏活动的进行和深入，鉴赏个体的审美经验被激活，生命情结被疏导，会产生情感起伏、心灵陶冶、精神愉悦。不过，鉴赏者的生命意识和艺术作品中的生命世界只是在一个通道中回返往复、交流感应，审美反应虽比较深刻和持久，但缺少力度和变化，亦不强烈。鉴赏群体的审美效应在这一过程中却显示出自己强大、蓬勃的生命力。随着舞台上剧情的展开和演出的推进，鉴赏群体的生命情感被充分激活和调动起来，心灵受到极大的震撼和感染。格罗塞在《艺术的起源》里就提到，无论是南美洲的印第安人还是大洋洲的毛利人，或是太平洋诸岛屿上的土著，他们最初的文艺活动是舞蹈，舞蹈者和观舞的部落成员们都在同一块树林中空地上，一起呼喊、呻吟、歌唱，一起体验那种神秘的冲动和巫术交感，在共同的参与氛围中观舞者和舞蹈者都获得感情的共振和生命的交流。这种浓郁的审美氛围使鉴赏群体的情绪相互影响，相互感染，每个身临其境的人都无法不被吸引而深深地沉浸其中，使自我从日常生活中解脱出来。另一方面，观众的这种如痴如醉的感情又直接反馈给舞台上的演员，从而表演得更加自然生动、挥洒自如，发挥出超常的艺术创造力。这反过来又会给观众的情绪以极大的影响和感染。如此多通道、多方位的反复递升的情感交流和氛围渲染，自然会使鉴赏群体的审美效应显得迅猛、强烈。人们观看越剧《红楼梦》，随着剧情的展开和推进，不仅会产生阅读小说时的内在生理、心理活动，而且受审美氛围的影响，这种内在的情感活动常常见之于外，或表现为唏嘘感叹，或表现为抽泣落泪，或表现为痛哭失声，产生出强烈的欣赏效果。

在净化效应、升华效应方面，鉴赏个体与鉴赏群体的心理反应和情感体验发生了根本的改变。鉴赏个体面对非直观性的语言文学作品，在充分展开想象和理解活动后，对作品的体验和领悟渐趋深入，感情发生微妙变化，心灵得到澄明和自由。鉴赏个体艺术感知的非直接性有助于审美体验的深入，可以细加“品味”，探幽发微，发掘艺术作品的底蕴。豪泽尔在《艺术社会学》中说过：“接受艺术的群体越小，对艺术的体验就越直接，越能深入其中，最典型的例子就是独自一人静静地默诵诗篇。”这当然主要是因为读者独自一人的安静氛围，便于在想象和理解运转起来后，做进一步深入的灵魂探险和生命览胜。法国文学社会学研究者埃斯卡皮在其《文学社会学》一书中说：“看书的人，脱离周围的人总是一声不响，一动不动，不理睬周围的世界。”这样可以潜心于艺术世界之中，不受外力的干扰，作出独立、自由的判断和领悟。不过这也和文学对象并非瞬时交替的线性运动有关，文学鉴赏能够允许随时反复，当然有益于审美效应的深入和持久。最能说明问题的事例是，鉴赏者在观看过同名改编电影、电视后，往往想找原来的小说阅读，以便进一步对作品仔细体验、玩味。鉴赏群体面对的是具体生动的形象，这虽有利于艺术世界通过感官在脑海里的直接再现，但却不利于鉴赏者的想象力和理解力的发挥运用，且又处在那种身不由己的热闹的审美氛围中。这固然能使感知敏锐，情绪活跃，但往往会被周围氛围所影响，而不能专注于艺术对象本身，不能独立地对艺术形象加以仔细体验和品味。再加之一幕跟一幕、一场连一场地接踵而来，不管你感觉是否产生“麻木”，精神是否出现疲劳，都无法改变这一接受方式，这样就决定了鉴赏群体的审美效应虽强烈却不深刻，迅猛却不持久。

上面我们是从审美效应发生和深化的过程，简略地阐述了个体与群体在鉴赏活动中美感效应的不同特点和程度。然而处在不同审美场中的鉴赏群体自身，其审美效应也有诸多差异，需要我们进一步加以探讨、辨析。

审美场是指由不同门类的艺术、不同的审美场所（时间和空间）、不同的审美方式等综合而成的环绕着审美主体的丰富复杂的一种审美环境。场效应即指审美在这一环境中由内外各种因素交互作用连锁反应所构成的复杂境况。不同审美场的效应是不一样的。戏剧观众和音乐会的鉴赏者在剧场中看到的是舞台上的“活人”，鉴赏者与舞台上演员的情感交流是活人与活人的交流，因而鉴赏过程更为生动、独特，审美效应更为直接、强烈，甚至有因为观众情绪异常激动，而不得不中止戏剧演出的事例。如我国解放初期一次观看歌剧《白毛女》演出和法国一次观看莎士比亚悲剧《奥塞罗》演出，都因为一些观众由于激动而发生的出格举动，致使演出不能终场。音乐晚会虽不至于如此，但现代音乐晚会，尤其是通俗音乐晚会，演员边唱边舞，走下舞台来到观众之中，也会使鉴赏者身不由己地激动起来，投入进去。不过，戏剧观众和音乐会听众情感反应的积极主动，当然因为演员在场真情实感的表演而增加，但观众之间的相互影响、相互感染也起着很大作用。剧场光线的柔和，戏剧和音乐会演出所特有的幕与幕、节目与节目的转换、间歇，给观众情感交流、情感宣泄以机会，从而使整个剧场的审美氛围更加浓烈。电影、电视观众在银幕和荧屏上看到的人，并不是活生生的人，严格说来只是人的“影子”，是由声光技术造出的一种幻象，鉴赏者仿佛身临其境，却无法和演出者直接进行交流，这样戏剧观众的密切的热烈的现场感情交流和共振，就变成影视观众的单纯审美信息的接受和单向的审美情感的流动。据传，当年《群英会·借东风》演出时，观众的情绪达到了沸点，剧场的热烈气氛难以言表。几个主要角色的扮演者都是杰出的京剧表演艺术家：肖长华的蒋干、叶盛兰的周瑜、马连良的孔明、谭富英的鲁肃、裘盛戎的黄盖、袁世海的曹操、孔毓垒的赵云。观众热情地盼望着每一位表演艺术家出场，他们在台上刚一露面就博得雷鸣一般的掌声，给他们一个“碰头好”。艺术家们也沉浸在极热烈的创造境界中，竭尽平生掌握的表演技艺来报答观众，真是珠联璧合，异彩纷呈，美不胜收，观众和演员都感到异常亲切、融洽，是艺术上的知己。可是这出戏一拍成舞台艺术片搬上银幕，这一切都化为乌有了。银幕上的演员丝毫不受观众情绪反应的影响，这一事实必然压抑了观众直接情感交流和生命共振的愿望，也削弱了观众主动投入、主动参与的积极性，观众由“影子”所激发起来的情感，一般是不会激烈到忘乎所以的程度的。而演员也因失去和观众的情感交流，相互感染，而不那么神采飞扬、眉飞色舞了。《群英会·借东风》在拍电影时，演员表演十分严肃认真，技术上也无可挑剔，但亲切感、知己感则相对削弱了。此外，电影放映只能在暗场中进行，放映过程一般都是连续的，没有中断，观众都是静静隐没在黑暗中，互不干扰，把注意力集中在银幕上。这种审美方式的不同，使电影观众情绪的相互影响、相互感染比起戏剧观众来要弱得多，通常只是潜在地显示其功能。所以观看电影、电视与观看戏剧演出、文艺表演，其各自的审美效应是不同的。现代观众更愿意出席文艺晚会，而不想待在家看电视转播，其原因就在于前者可以直接感受情感的交流，体验感性生命的共振，获得完善的精神享受，而后者则要差些。

人们同样是观看电影，也会因审美场的差异而产生不同的审美效应。同一部故事生动感人、内蕴丰富深刻的影片，观众在不同的审美条件和审美环境中看，其效果大不一样。在环境幽雅、设备先进、秩序良好的电影院里观看，观众很容易进入境界，感觉器官能够迅速有效地工作，并进行最佳的形象组合和情感体验。人的整个身心也因为各种神经系统的顺利接通，心跳、呼吸、血流等运行频率的加快，鉴赏者精神兴奋即可达到高潮。相反在设施落后、秩序混乱的影院或露天广场，甚至出现重叠画面、变调音响，就会严重影响鉴赏者的注意力和感受、体验形象的能力，使之无法进入电影所表现的或优美、或悲壮、或深沉的意境中去。大脑皮层不同区域的神经系统不能顺利接通，就会大大减弱精神兴奋和心理反应的程度。所以，要取得比较理想的审美效应，就应创造优良的审美环境，只有在良好的艺术场中，才可能产生更加健康、理想的审美效应。

七、审美鉴赏与非审美鉴赏

人们鉴赏艺术作品，有的取审美态度，有的取非审美态度，因而存在着审美鉴赏与非审美鉴赏的区别。

非审美鉴赏是指偏离艺术的审美特性，而单纯追求和沉浸于感官享受、理性判断、道德认同的一种鉴赏现象。非审美鉴赏的表现形态很多，但主要是五个方面。一是追求快感，即以纯粹消遣、猎奇的态度，追求情节的离奇，题材的怪异，感性的刺激，以满足自己的好奇心和官能享受，对作品丰富审美蕴含不感兴趣，把美感当快感，以肉麻当有趣。许多作家、艺术家对这种现象深为不满，如车尔尼雪夫斯基在创作小说《怎么办?》时，开章就故意杜撰了一个侦探故事，引诱庸俗者上钩，进而揭穿这种非审美方式的错误。他希望人们能用正确的态度去阅读他的作品，去对待高尚的文学事业。二是考释训诂，训诂学家、版本学家从校勘、注释、考证等角度去研究艺术作品，他们的注意力往往集中于文学作品版本的考证，词语、典故的诠释，并不对艺术作品的语言符号所蕴含的审美内容和象征意义进行探寻。这种工作能为审美鉴赏提供一定的条件，是有意义和价值的，但其本身还不是审美鉴赏。三是科学实证，把艺术作品的某些内容作为科学观点的例证，或作为取得某种效益的经验、方法。19世纪德国美学家和心理学家费希纳曾经叙述过一个著名的医生，在观看拉斐尔绘画《西斯廷圣母》时宣称："婴儿瞳孔放大；他有肠虫病，应该给他开药丸。"还有人写过从医学观点分析列夫·托尔斯泰作品意义的著作。日本企业界对《三国演义》的阅读兴趣，则是为了研究在市场竞争中如何取胜。他们不是把艺术作品当作审美对象，而是当作历史事实、科学例证。四是比照事实，即把艺术情节与生活事实同等看待，用生活事实去机械地比照和裁断艺术作品。如北宋科学家沈括责难杜甫《古柏行》中"霜皮溜雨四十围，黛色参天二千尺"句不实；南宋严有翼嘲笑李白《北风行》中"燕山雪花大如席"和《秋浦歌》中"白发三千丈"的诗句是"奈无此理何"；明代学者杨慎指责杜牧《江南春》中"千里莺啼绿映红"句失真；清代戏曲理论家李渔认为宋祁《玉楼春》中"红杏枝头春意闹"句"殊难著解"，因为"争毕有声谓之闹"，等等。西方观众也常常不能区分艺术真实与生活事实，朗费尔德在《审美态度》一书中举了这样一个例子："一位名演员很喜欢讲述他在演《中间人》一剧时发生的一件趣事。他演一位穷发明家，已经到了山穷水尽的地步，买不起足够的燃料来维持烧制陶器的炉火。再过几刻，他的命运就会决定了。这时顶层楼座上有一位观众不禁大为感动，突然扔下五角钱来，一面大喊：‘喂.朋友，拿去买一点劈柴吧。’”尼柯尔教授也曾引述过一个故事，是说有位好心的太太曾大声警告哈姆雷特，要他提防毒剑。这种好心，只能说明这些观众头脑简单，把艺术当成生活，用道德同情替代艺术鉴赏。五是比附政治，即从一定的政治原则、概念出发，微言大义，穿凿附会，乱加比附、牵合，随意曲解作品的艺术内容。最典型的要算汉儒对《诗经》的解释了，他们把一些民间优美的情歌都说成是宣传封建教化的宣传品。如《关雎》被说成是赞美“后妃之德”的，这哪里是审美鉴赏，分明表现出一副道学家迂腐可笑的面孔。

非审美鉴赏的诸多表现有着惊人的共同点，这就是只有一种心理机制处于活跃状态，其他心理要素却处于休眠状态。追求快感只是对艺术感官的捕捉，训诂考释只是理智的活动，把艺术等同生活则是日常情感活动的延续，比附政治把艺术作为一种工具和手段。而审美鉴赏，却是以鉴赏者感知与想象、情感与理智、意识与无意识等一切心理机制都处于高度活跃状态为标志，是鉴赏者整个心灵的自由和升腾。例如我们观看莎士比亚的悲剧《奥塞罗》，如果只是从道义上同情主人公，想方设法帮助他摆脱不幸，并及时揭穿伊阿古的谎言和阴谋，甚至义愤填膺地上台刺杀伊阿古或者杀妻的奥塞罗，转化为实际行动，这不是审美鉴赏。相反，如果我们在观赏这一悲剧中，被悲剧形象所深深吸引，不由自主地根据自己的经验在想象中体验各种丰富、复杂的情绪，进而思索产生这种悲剧的深刻原因，整个心灵随着剧情的发展变化而受到震撼，最终达至升华和澄明，这就是审美鉴赏。所以审美鉴赏与非审美鉴赏的根本区别就在于是否以审美态度观赏艺术作品，产生深刻的审美体验，获得心灵的自由，精神的升华。

艺术是面向“整体的人”的，艺术鉴赏是人以全面的方式、具有多种心理功能的审美活动。一方面艺术对象是艺术家生命活动的审美化、物态化，这种生命活动当然也包含着艺术家对社会、人生的深刻认识，包含着艺术家的爱善憎恶的情感，但这种真和善都是蕴含在艺境之中，是通过美的形象表现出来的。不领略作品美的情感、美的形象，就无法窥见艺术作品的奥秘。另一方面，在科学和哲学蓬勃发展的时代，艺术之所以能够存在，艺术鉴赏之所以能够存在，其根本原因就在于自身鲜明的审美特性。黑格尔说过："审美带有令人解放的性质。"通过审美欣赏活动，可以使人的感知更加敏锐，情感更加活跃，想象更加丰富，体验更加深刻，整个心灵趋于和谐、宁静、澄明，人的精神世界得以健康发展。审美欣赏当然包含感官享受，但又超越感官，是对人的自由的追求和向往；审美鉴赏虽然潜存着功利目的，却又是超越一己私利，进入无私无欲的境界，"审美的无私性是功利的最高形式"。所以，真正的艺术鉴赏是审美鉴赏，它可以愉情悦性，求真励志，在塑造完美的人格中发挥着重要作用。总之，审美欣赏是人们面对艺术作品，由对形象的感性直观，激发出强烈的感情，并沉浸于深深的审美体验，主客交融、物我同一、同感共振，进入真善美统一的人生境界。非审美的欣赏则是人片面地单纯从功利需要对待艺术作品，或是追求生理性的官能快感，或是当作科学理论的例证和道德规范的认同。这哪里还是审美判断、艺术鉴赏呢?!

审美鉴赏不同于非审美鉴赏，审美鉴赏是真正的艺术鉴赏。那么怎样理解两者和生命的关系呢？换句话说，一些非审美鉴赏也是人的生命活动，也能激发人的生命感性，这如何解释呢？胡经之对这个问题有过透彻的分析。他在《文艺美学》中引述了中国古代艺术史上两个典型的鉴赏事例——《蛾术堂闲笔》记载的：女伶商小玲，色艺双全，尝有新属意，而势不得通，因此每次扮演杜丽娘都缠绵凄婉，泪痕盈目，真若身其事者。一日演《寻梦》，唱至"待打并香魂一片，阴雨梅天，守得个梅根相见，盈盈界面"，随声倚地，气绝身亡；《菁乡赘笔》记载的：一日，枫径镇演秦桧杂岳武穆文子，曲尽其态，忽一人从众中跃登台，挟利刃直前，刺桧流血满地，见官时说"一时愤激，愿与桧俱死，实不暇计真与假也。"他指出：这两种体验可谓都"以生命为底色而显示自己的血性、襟抱、心灵。但女伶小玲是属于审美体验者，她在深层的共鸣中投入了自己的全部情感，在艺术创造中奉献了生命；而后者，那位登台杀死扮演秦桧的演员的人，情感中更大部分是非审美体验，他因把艺术当成生活本身而没有保持适当的审美距离，从而激发出自己的伦理体验和情感义愤，以致误杀演员”。可见，审美鉴赏是鉴赏者深入艺术对象，沉浸于审美体验和自由观照的精神活动之中，非审美鉴赏则既没有入乎艺术作品之内，又不能出乎作品之外，缺乏审美体验，只是单纯的现实生活和伦理道德的认同。

审美鉴赏和非审美鉴赏虽有着本质的区别，但两者并非毫不相关，在一定的条件下，二者是可以互相转化的.一般地说，丰富的人生经验的积淀，将有助于审美鉴赏的深入，换言之，审美鉴赏中的深层体验，是以广泛的日常生活体验和深度的人生体验为杠杆的。例如读曹植的“明月照高楼，流光正徘徊”（《七哀》）这两句诗，一个没有受过相思之苦的人，就不易产生很深的感受，虽然他可以发挥自己的想象，在脑海中浮现出一幅生动感人的画面：在清冷的月光下面，一个独居高楼的妇人正举目凝望皎洁的明月，心中思念着千里宦游的丈夫，但很难体验诗歌里借清冷寂寥的景色所深刻传达的思妇乃至每一个相思者独处的悲苦孤独之情。或者说这种体验总有点“隔”，不如有此经验的人的体验来得细腻、精妙。读柳永的《雨霖铃》一词亦是如此。一个没有经历过离别之情的人，很难和它发生强烈、深刻的感应交流、生命共振。他们读这首词心中也能涌起离愁别绪，但其心底却并没有这种哀伤。再如白居易《琵琶行》结尾写道：“凄凄不似向前声，满座重闻皆掩泣。座中泣下谁最多？江州司马青衫湿。”琵琶女演奏的绝妙的乐曲以及她诉说的凄凉身世，自然感动了在座的听客，但为什么唯有诗人白居易流泪最多、感动最深呢？其根本原因就在于诗人自己的宦海风尘和琵琶女的沦落风尘有相似之处，即所谓“同是天涯沦落人”，因而引起了深层的审美体验。而前面我们所举的一些非审美鉴赏事例，并不是由于鉴赏者人生经验太丰富，恰恰相反，这些非审美鉴赏者的生活经验和人生经历多比较狭窄、单薄，无法从深度的人生体验过渡到深刻的审美体验。从另一方面看，审美鉴赏向非审美鉴赏的转化，也是多数鉴赏者所经常经验的。当你游离于作品之外，专注于对象的语言符号，满足于单纯的感官享受，或者把作品和生活比附，倾满腔道德同情于对象时，非审美鉴赏就产生了。对每一个想真正进入艺术鉴赏门槛的人来说，只有不断积累丰富的人生经验和审美经验，才能由必然王国走向自由的艺术王国。

（与陈宪年合作，原载《艺术与生命》，河南教育出版社，1993年。此文第五、六部分曾以《艺术欣赏的类型与效应》为题发表于《烟台师范学院学报》1992年第2期，人大复印资料转载）

论 通 感

通感是人的一种比较复杂的心理活动，既存在于一般的认识活动中，又在艺术和审美领域起着重要的作用。自十九世纪中叶西方象征主义诗派把通感标举为一种创作原则和表现方法以来，日益受到诗人、艺术家和美学家的关注和重视，在现代艺术的理论研究和创作、欣赏中表现得尤为鲜明、突出。艺术通感作为一种艺术活动的心理机制和表现方法，它与一般通感有着密切联系，也有显著的区别，前者是后者的审美净化和升华。我们要研究艺术通感这一审美心理学的课题，充分揭示它的心理特征和审美性能，必须首先对通感要有个初步的、概括的认识和了解。

一、什么是通感？

我们知道，人的认识活动是从感觉开始的。当外界事物刺激、作用于人的感官，引起生理和心理的反应，产生感觉。以逻辑思维的观点来看，五官感觉是各在其位，各谋其政，各司其职的，它们分别对客观对象的属性作出反应。例如，我国道家哲学创始人庄子说：“耳目口鼻，皆有所明，不能相同，犹百家技也，皆有所长，是有所用。”（《庄子・天下篇》）“目彻为明，耳彻为聪，鼻彻为颤，口彻为甘，心彻为知，知彻为德。”（《庄子・外物篇》）先秦儒家思想的集大成者荀子指出，人的各种感官“当薄其类”，“各有接而不相能”。他说：“形体，色理，以目异；声音清浊，调竽奇声，以耳异；甘苦，咸淡，辛酸，奇味，以口异；香臭，芬郁，腥臊，漏庮，奇臭，以鼻异；疾痒，冷热，滑铍，轻重，以形体异；说故，喜怒，哀乐，爱恶，欲，以心异。”（《荀子·正名篇》）这里，荀子对人的各种感官机能作了明确区分，简言之，就是眼观形色，耳听声音，口辨滋味，鼻嗅香臭之气，心察喜怒哀乐之情。他不仅把“心官”列入其中，并强调“心”为“天君”“心统五官”，对其他感官制约、统摄作用。“心居虚中，以治五官”，如果没有“心”的主宰作用，人的眼睛就不能看到形色，耳朵就不能听到声音。这在当时是很有见识的思想。在他看来，人的五官感觉各有分工，彼此不得混淆，否则就要“以名乱实”，因此必须“正名”。这不仅在一般认知意义上是合理的、正确的，对于艺术创作和欣赏来说也是最基本的条件和能力。音乐是声音的艺术，主要作用于听觉；绘画是造型的艺术，主要作用于视觉。人们要欣赏这两种艺术，必须首先具备相应的感觉能力，否则是不得其门而入的。所以，马克思指出：“眼睛对对象的感觉不同于耳朵，眼睛的对象不同于耳朵的对象。”我们要欣赏音乐的美，必须有“懂得音乐的耳朵”；要欣赏绘画的美，“必须有感受形式美的眼睛”。美国现代美学家帕克在其《美学原理》中说：“感觉是我们进入审美经验的门户；而且，它又是整个结构所依靠的基础。”[①]艺术通感正是以感觉为起点和基础衍生、发展起来的，并产生出一种不同感觉虚实结合、相互融通、发散辐射的审美效应。

我们知道，人作为有机的生命整体，各种感觉既有其各自的特定对象和相对独立的反应能力，又是可以相互沟通、相互融合和转换的。如钱锺书先生所说：“在日常经验里，视觉、听觉、触觉、嗅觉、味觉往往可以彼此打通或交通，眼、耳、舌、鼻、身各个官能的领域可以不分界线。颜色似乎会有温度，声音似乎会有形象，冷暖似乎会有重量，气味似乎会有锋芒。”[②]对于这种通感心理现象，中西方古代哲人均早已有所认识。在我国儒家提出了“比德说”。庄子在进行理性思考时，认为人的耳、目、口、

① 帕克:《美学原理》,张今译,商务印书馆,1985年,第319页。

② 钱锺书:《旧文四篇》,上海古籍出版社,1979年,第52页。

鼻“皆有所明，不能相通”；当他以诗性智慧看问题时，则又说“耳目内通”，“喜怒通四时”，一个“内”字把通感区别于“外于心知”的心理特征点了出来。《列子·黄帝篇》也说：“心不敢念是非，口不敢言利害。眼如耳，耳如鼻，鼻如口，无不同也，心凝形释，骨肉都融。”这里表明，它没有把通感看作不同感觉之间外在的、简单的“挪移”，而是人的内在心灵处于自由状态、物我同一的心理反应。应该说，它对于通感心理特征的揭示，是深刻、到位的。佛家与道家思想有着密切的融通关系，也提出了相似于道家的“六根互用”的通感思想。张融在《门论》中说：“道也，与佛，逗极无二，寂然不动，致本则同，感而遂通，达迹成异，其犹乐之不沿不隔。”（《弘明集》）在佛家看来，人的“六根”，接触外境，必有所“受”，如眼之于色，鼻之于香，舌之于味，身之于触，意之于法。受自心起，无心则无受。人不为尘俗感染，方能“明心见性”，“顿悟成佛”，“万滞同尽”，“六根一一为他根之用”，进入“无目而见”“无耳而听”“非鼻闻香”“异舌知味”“无身触觉”的境地。在西方古希腊罗马时代，荷马史诗中就有这样的句子：“像知了坐在森林中一棵树上，倾泻下百合花也是的声音。”罗马帝国的王公贵族惊叹中国丝绸的色彩美丽、质地轻柔，说它“真像一个美丽无比的梦”。亚里斯多德不仅在《心灵论》中以“尖锐”、“钝重”形容声音，还在《形而上学》中论及通感及其与艺术鉴赏的关系。他说：“如没有具备相应的官感，我们怎认识各种不同感觉的各类事物？可是，如果像复杂的声调可由适当的通用的字母（音注）组成一样，一切事物所由组成的要素苟能为各官感都能通用的要素，那么我们就能（看音乐或听图画）。”[①]他告诉我们，人的五官感觉既各有自己认识事物的独特功能，彼此又都是可以相通的，眼睛可以“看音乐”，耳朵可以“听图画”。这个观点与我国古代“听声类形”“以耳代目”的思想颇为一致。

在人类思维活动中，通感这一心理现象是普遍存在着的，经过长期的

① 亚里斯多德：《形而上学》，吴寿涛译，商务印书馆，1983年，第31页。

历史积淀，已经成为人们口中的日常用语。例如，形容人的唱腔好说是“字正腔圆”，声音仿佛有了形体；赞赏自然景色的美说是“秀色可餐”，色彩好像有了滋味。至于像“冷色”与“暖色”、“热闹”与“冷静”、“响亮”与“刺耳”之类的用语，更表现出视觉、听觉、味觉、触觉之间的相互感通与牢固结合，简直是不分彼此了。

人们日常生活中的通感是自发的、朴素的、一般的心理活动，而在科学家、艺术家那里，则表现为一种诗性智慧，用于发明创造的精神劳动。他们以特有的职业敏感，全神贯注于自己的对象，充分发挥想象联想的作用，就有可能产生更为丰富多彩、具有审美意味的“通感”。在艺术创作和欣赏活动中，通感的运用显得尤为突出、重要，具有独特的审美功能。视觉和听觉是人的两种重要的精神性的感觉，艺术通感大都产生于视、听两种感觉，也旁及味觉、嗅觉、触觉等生理性的感觉并得以审美净化和升华。听觉转化为视觉的，如马融《长笛赋》：“乃尔听声类形，状似流水，又似飞鸿。”诗人听到婉转悠扬、美妙动听的笛声，似乎看到滚滚不断的流水，自由飞翔的鸿雁，把听之于耳的、无形的声音与视之于目的、有形的景色沟通起来。视觉转化为听觉的，如白居易的《画竹歌》：“举头忽看不是画，低耳静听疑有声。”诗人看画不像是画，似乎从画中听到了声音。除视听感觉相互感通外，向嗅觉、味觉、触觉挪移、转化的精彩字句也是很多的，可以随手拈来。钱锺书先生在《通感》中对此作了具体生动地概括：“花红得发‘热’，山绿得发‘冷’，光度和音量忽然都有了体积——‘瘦’，颜色和香气忽然都有了生息——‘闹’……风声竟染成‘绿’，白云‘学’流水声……绿荫‘生’静寂感，日色和风共‘香’，月光有籁可‘听’，燕语和‘剪’一样‘明利’，鸟语如‘丸’一样可以抛落，五官感觉简直是有无相通，彼此相生。”[①]艺术家自由驰骋想象，各种感觉互通有无，亦真亦幻，虚实相生，能够创造出多姿多彩、神形兼备的艺术形象来。

综上所述可知，所谓“通感”，就是某一感觉器官受到外界事物的刺

① 钱锺书:《旧文四篇》,上海古籍出版社,1979年,第57页。

激，不仅触发自身的直接的、相应的感觉，还会引起其他感觉兴奋而产生的心理现象，实质上是一种有无相生、虚实结合的复合性的感觉。在心理学上，前者称为“中心感觉”或“主导感觉”，是真实的感觉，属于正常的感知方式、心理现象；后者称为“派生感觉”或“伴生感觉”，是想像联想的，连类而及的，是一种变态心理和诗性智慧的表现。正常心理与变态心理的有机结合、辩证统一，五官感觉不分彼此，相互沟通、转化，即形成通感。所以，钱锺书先生把通感称之为“感受之共产”。

二、通感的类型

人们在文学艺术创作和赏活动中，各种感觉之间相互沟通、转化和替代所产生的通感意象是多种多样、难以穷尽的，如果用数学的方法加以排列组合，那将是个很大的数字。正如刘勰《文心雕龙·物色篇》所说：“诗人感物，连类不穷。”对于如何进行归纳、综合，确定其基本类型，论者的看法颇不一致。这里，我们根据通感意象构成的不同方式、特点，将其分为三种类型，是否妥当，尚待进一步研究、讨论。

1.感觉挪移。有的论者把感觉挪移等同于通感，是否正确，尚可斟酌。我们认为，感觉挪移不能体现通感心理的全部特点和表现形式，只是通感的一种比较简单的形式和初级的类型。它表现为一种感觉为另一种感觉所取代，或者说一种感觉转移为另一种感觉。如朱自清《荷塘月色》：“塘中的月色并不均匀；但光与影有着和谐的旋律，如梵婀玲上奏着的名曲。”荷塘中月色的光与影，由于有着和谐的动感，便从中似乎听到了小提琴演奏的乐曲声，这是“眼里闻声”，视觉向听觉的挪移。严遂成《满城道中》：“风遂柳转声皆绿，麦受尘欺色易黄。”风遂柳转，绿柳拂拂，“耳中见色”，风声都仿佛“绿”了，听觉向视觉转移。感觉挪移一般是由接近联想或相似联想产生的，常用“好象”“仿佛”“如”“似”等词语，以比喻的形式把两种感觉连接起来，它只能反映事物的个别属性、特点。这里顺便指出，通感可以是比喻，但比喻不都是通感。喻体与本体属于同一感觉的，只是一般的比喻；只有喻体与本体是两种不同的感觉，才算得上是通感。如把琵琶声比作“大珠小珠落玉盘”，以声比声，属于前者；而以声比形，属于后者。如果两者不加以区别，就会造成“通感”内涵的泛化。语言学界在关于通感与修辞问题的讨论中，有一种颇有影响的观点，就是要把通感作为一个新的、独立的修辞格建立起来，其必然发生通感与其他修辞格的关系问题。通感除以比喻的形式表现外，还可以通过借代、拈连、移就、夸张等多种修辞手段表现出来，如果把它作为一种独立的修辞格，那么怎能同其他修辞格划清界限呢？我们认为，通感为诸多修辞格提供了心理依据和基础，而不能作为一种独立的修辞格，否则是有些说不清、道不明的。

2. 表象叠加。通感的另一种类型是表象叠加。如果说，感觉挪移只是两种感觉表象的联结和沟通，那么感觉叠加则是多种感觉表象的相互感通，构成一种意象群落。艺术家发挥联想作用，离方遁圆，秘响旁通，以一种感觉为中心引发多种感觉的连锁反应和齐响共鸣，形成有多重表象组成的意象群落。如李世熊《剑浦陆发次林守一》：“月凉梦破鸡声白，风霁烟醒鸟声红。”深秋拂晓，月“凉”而“梦破”，看到白色的月光，听到的雄鸡报晓声似乎也是“白”的，由触觉转到视觉、再由听觉向听觉转化。天气晴和，烟消云散，枫林尽染，一片火红，林中鸟叫声也变成“红”的，由听觉向视觉的转换。这里视觉、听觉、触觉相互感通，交替为用，表现了深秋时节，天将破晓，枫红鸟鸣，美妙动人的情景。韩愈《听颖师弹琴》：“呢呢儿女语，恩怨相汝尔。划然变轩昂，勇士赴敌场。浮云柳絮无根蒂，天地阔远随飞扬。喧啾百鸟群，忽见孤凤凰。跻攀分寸不可上，失势一落千丈强。”琴声初起，曲调轻缓柔和，如同少男少女切切私语，诉说衷情；它陡然变得高昂激烈，像勇士跃马扬鞭，奔赴杀敌战场。琴声又飘忽无定起来，如用浮云柳絮一般，在空阔广远的天地间随风飘荡。紧随着是高低错杂的声音，仿佛在百鸟喧叫中，忽然看见一只孤高不群、独自飞翔的凤凰，给人以百鸟朝凤的感受。最后乐曲进入高潮，最强音犹如攀登风光无限的险峰，真是寸步难上；尾声则猛然下跌，戛然而止，就像登高失势，一落千丈。诗人以自己的奇思异想，把整个乐曲转化为看得见、摸得着的视觉、触觉形象，使读者更为具体、真切地感受到平和轻柔与高昂雄壮、飘逸悠扬与错落有致、和谐统一与卓然不群、高潮强音直上与尾声低音突降的节奏、旋律之美。这些生动的艺术事例表明，由表象叠加构成的通感意象，多觉沟通，相互应和，虚实结合，对客观对象已能作出整体的审美反映。

3.意象互通。通感不能限于五官感觉之间，还应把五官感觉与思想、情感、意志等“心官”（或称“意觉”）沟通、转化包括在内。儒家的“天人合一”、“比德”说、道家的“耳目内通”说都含有这层意思；佛家的“六根互用”中就有“意根”，更为明确地主张人的精神感觉与五官感觉是相互感通、相互为用的。在西方，英国经验主义美学家夏夫兹博里、哈奇生等认为，人在耳、目、口、鼻、身五官之外，还有一个“第六感官”或“内在感官”，是专门用来感知美的。它虽然有点机械论和形而上学的味道，但肯定人的心灵感应作用，还是有其合理因素的。马克思、恩格斯有关“人的本质力量对象化”和认识问题的论述，应该对于我们正确理解这个问题是有指导意义的。马克思在《1844年经济学—哲学手稿》中写道：

> 人以一种全面的方式，也就是说，作为一个完整的人，占有自己的全面的本质。人同世界的任何一种人的关系——视觉、听觉、嗅觉、味觉、触觉、思维、直观、感觉、愿望、活动、爱，——总之，它的个体的一切器官，正像在形式上直接是社会的器官的那些器官一样，通过自己的对象性关系，即通过自己同对象的关系而占有对象。[①]

恩格斯在《自然辩证法》中也说：

> 人的眼睛的特殊构造并不是人认识的绝对界限。除了眼睛，我们

①《马克思恩格斯全集》，第42卷，人民出版社，1979年，第123—124页。

还有其他的感官，而且有我们的思维活动。[①]

这就告诉我们，人是以全面的方式认识和掌握客观对象的，除了五官感觉之外，还有情感、愿望、意志等精神感觉，而且它们之间并没有“绝对界限”，是可以相通的，其表现形式之一就是意、象互通。如刘勰《文心雕龙·比兴篇》中所说的“以物比理”“以声比心”“以响比辩”等，即属于这一通感类型。这里的“意”与“象”是两个并列、对应的概念。“意”是主观的，精神的，内在的，它无形，无色，无为，无空间的广延性；“象”是客观的，物质的，外在的，有形，有色，有声，有味，是具体可感的物象。《淮南子·齐俗训》说：“喜怒哀乐有感而自然者也，故哭之发于口，涕之出于目，此皆愤于中而形于外者也。”两者之间虽有物我、主客之分，按照格式塔心理学的观点，却可以产生一种“异质同构”、心物交感的关系，其实这就是意、象感通。在日常生活和审美活动中，它是大量存在的心理现象。如《周易·系辞上》云：“同心之言，其臭如兰。”魏晋南北朝时期的肖子良《与荆州隐士刘虬书》写道：“素志与白云同悠，高情与青松共爽。”最典型的例证要算明代李日华《六砚斋笔记》关于绘画创作“喜气写兰，怒气写竹”的记述了：“元僧觉隐曰：‘吾尝以喜气写兰，怒气写竹’。盖谓叶势飘举，花蕊吐舒，得喜之神；竹枝纵横，如刀刃错出，有饰怒之象。”人的喜悦心情与兰叶的飘举的之势、吐舒的花蕊，怒火中烧与纵横错出的竹枝，有着“异质同构”的对应关系，所以兰能“得喜之神”，竹“有饰怒之象”，形成心物感应、意象互通。

意象互通在艺术中主要表现为两种形式，一种是意通于象，即以象表意，以物类情，把主观情感物态化。如李煜词《虞美人》：“问君能有几多愁？恰是一江春水向东流。”“愁”是人的主观情感，“春水”是事物形象，一经沟通起来，以“一江春水向东流”喻愁情，就把这位亡国之君“以泪洗面”、无穷无尽的痛苦、哀愁，真切、具体地表现了出来。晏殊的《玉楼春》：“便叫春思乱如云，莫管世情轻如絮。”诗人即便让自己像春天的

①《马克思恩格斯全集》，第20卷，人民出版社，1971年，第583页。

思绪乱云飞动，也不去理会轻薄得像柳飞絮似的世道人情，他那对现实不满而又无力改变、不得平静安宁的心态，被具象化、视觉化了。另一种是象通于意，即以象比意，以物拟心，化景物为情思。我国古典诗词中常用的“杨柳伤别”、“海棠微醉”、“落日含悲”、“红情绿意”等均属于此类通感。秦观词《浣溪沙》：“自在飞絮轻如梦，无边丝雨细如愁。”梦、愁是无形的，没有轻重、粗细之分，飞絮、丝雨是有形的，有轻重、粗细之分的。飞絮在春风中自由自在地飘荡，像“梦”一样的轻松自如；春天丝雨无边无际地下着，细得像“愁”一样若有若无，迷蒙一片。这两种意象互通的表现形式是逆向而行的，意通于象，把主观情感具象化，化情为物，以实代虚，转内为外，以象显意；象通于意，则是把客观物象主体化，化景物为情思，以虚代实，转内为外，“象”以“意”传神。但究其实质都是心物交感、一气相通所产生的通感。这里应当指出的是，意象互通作为通感的一种类型，一般属于王国维所谓的“有我之境”，心与物、意与象并存不悖，相异而相感，相感而相通。钱锺书在《谈艺录》中论及物我同感问题时，曾以“思如流水”“忧若山来”“愁抵山重叠”“愁量海深浅”等诗语为例，概括其艺术特征说：

> 象物宜以拟衷曲，虽情景兼到，而内外仍判。……要须留连光景，即物见我，如我寓物，体异性通。物我之相未泯，而物我之情已契。相未泯，故物仍在我身外，可对而观赏；情已契，故物如同我衷怀，可与之融通。①

他所举的例句，全都是属于意象互通的，因而用这段话来说明其内涵是很确切的，具有质的规定性。至于“无我之境”，物我界限泯灭，意寓象中，体匿性存，则不能归之与意象互通的范畴。

我们将通感分为感觉挪移、表象叠加、意象互通三种类型，并对其特点作了分析，感觉挪移是两种不同感觉的沟通，多由直接感知引发的；表

① 钱锺书：《谈艺录》，中华书局，1984年，第53页。

象叠加是由多重感觉的叠加、递进、转化生成的，自由联想起着非常重要的作用；意象互通式是内在情感与外在物象交互感应的产物，移情、象征表现得甚为鲜明、突出。当然，这三种通感类型的划分和特点的概括只是相对的，不能将其绝对化。如直接感觉、想象联想、移情象征在不同类型的通感中都存在着和起作用的，只是表现得显隐、强弱有所不同。

三、通感的产生

人们对于同一个客观事物感受、体验，由于所处的社会环境不同，个性、气质、情感、心境的差异，会产生不同的、甚至对立的通感心理，如阳光是温暖的，而有人却感觉它是冰凉的、冷漠的；“红”是热色、暖色，一般给人以热烈、欢快的感觉，但在诗人笔下却出现“冷红”、“愁红”的字样。通感往往是缘情而发，感而遂通，具有不确定性、模糊性和偶发性的特点，这就为我们科学地揭示它产生的根源带来一定的困难。有的人甚至别有用心地把通感现象神秘化，为其反科学、反社会活动张目。我们认为，任何心理现象，包括通感在内，都是客观存在的主观反映，人的大脑机能的产物，只有从心与物、主体与客体的唯物辩证的统一关系中，才能探求出通感产生的真正根源。

首先从客体方面来看，任何事物都存在于一定的时间和空间之中，既没有脱离时间的空间，也没有脱离空间的时间，时间和空间是矛盾的统一体。不同的事物或同一事物的不同形态、属性之间都有着外在的和内在的联系，是相互依存、相互转化的。正如列宁所说：“自然界没有绝对的界限；运动着的物质会从一种状态转化为在我们看似乎和它不可调和的另一种状态。”[①]由此可知，各种事物及其不同属性在运动中相互联系、转化为通感心理的产生提供了客观基础，它并非无源之水，无本之木。《吕氏春秋·大乐篇》说：“万物所出，造于太一，化为阴阳，萌芽始震，凝寒于

①《列宁选集》,第2卷,人民出版社,1972年,第627页。

形，形体有处，莫不有声。”形体和声音是相联系的，因此可以以形求声，以声求形。陆机《文赋》：“课虚无以责有，叩寂寞以求音。”即是以无象求有象，以无声求有声。清代诗人黄钺在《繁昌谢澜工琵琶……赋四绝句赠之》其三，写他听谢澜弹奏《海东青》乐曲的艺术感受：

> 繁声剧响竦然听，写出摩天搏击形。
> 不是凭虚空想象，我曾眼见东海青。

“海东青”是一种健翮凌空、性气勇猛的鹰鹫一类的大鸟。诗人从“繁声剧响”琵琶弹奏声中，听声类形，感受到乐曲“写出摩天搏击形”。所以会如此，因为他曾亲眼看到过海东青，如果他从来不知道海东青是个啥东西，不管是怎样奇思异想，恐怕他头脑中也呈现不出海东青的形象来。这个事实生动地说明，通感这种心理现象，不论是多么玄妙莫测、变化无穷，它的产生都不是“凭虚空想象”，而是以丰富多彩的生活经验为基础的，根本不是什么神灵凭附或纯粹心灵的产物。

我国道家、佛家提出“耳目内通”“六根互用”都肯定了通感心理的存在，并强调虚静守一、明心顿悟等超越功利的心态和直觉体验对通感产生的作用，是可取的、合理的因素。但是，道家认为只有“弃圣绝智”“无知无欲”“外于心知”，才能“耳目内通”，真正进入“道通为一”“独与天地精神来往”的境界。这就陷入了自然主义和唯心主义，把通感生成的最后动因归结为绝对理念的“道”。佛家舍弃现实生活，泯灭人的感性生命的一切欲求，认为只有遁入“空门”，不染尘俗，处于“圆寂”“涅磐”状态，才能“万滞同尽”，“六根一一具他根之用。”这就把通感神秘主义化了。清初唯物主义思想家严习斋说：“有生方有性，若如佛教，则天下并亦无矣，又何觉?”（《四存编·存人》）钱锺书对道、佛两家的通感思想也作了一针见血的批评，他说：“道家之‘内通’，释氏之‘互用’，言出有因，充类加厉，遂成无稽尔。”[①]

① 钱锺书:《管锥编》,第2册,中华书局,1979年,第484页。

再从主体方面看，通感是人的大脑多种机能综合性的心理活动，它既要有客观的物质基础，又要有主体的生理、心理方面的依据和条件。物我互用，外感内通，产生通感。现代生理、心理科学研究表明，人的大脑神经系统由无数神经元组成，其结构和功能是极其复杂的，就是构造最复杂、功能最先进的电脑也不能与之相比，并且它同样是人的智慧创造出来的。人脑既有不同的层次和区域，又是有机统一的整体；既有明确的分工，又能进行的综合。人的感觉器官受到外在事物的刺激，经过内导神经传到大脑皮层，分别进入相应的区域，引起不同的兴奋点，载有视觉信息的结束于枕叶，载有听觉信息的结束于颞叶，载有触觉和动觉信息的结束于顶叶等。这种兴奋的“分化”的同时，其他区域产生“抑制”，从而不同区域对外物作出不同的反应，如视觉对光波、听觉对声波作出反应等。但是，大脑皮层的各个区域的边缘地带有着许多“叠合区”，发挥连接、协调、沟通的作用，在“兴奋抑制”的同时，产生“兴奋泛化”，从而引起各种感觉之间的挪移转化，互通互用，对客观事物作出综合的、整体的反应。感觉迅速转化为知觉，两者的界线是很难划分清楚的。通感已不是单纯的感觉，实际上是一种虚实相生、综合性的心理活动。

恩格斯在《自然辩证法》中批评直观、机械、形而上学的认识论观点，深刻地论述了五官感觉之间既相互区别又相互联系、相互转化的辩证关系。他说：

> 我们不同的感官可为我们提供在实质上绝对不同的印象。因此，我们靠着视觉、听觉、嗅觉、味觉和触觉而体验到的属性是绝对不同的。但是就在这里，这些差异也随着研究工作的进步而消失。嗅觉和味觉早已被认为是两种相近的同类的感觉，它们所感知的属性即使不是同一的，也是同类的。视觉和听觉所感知的都是波动，触觉和视觉是如此地相互补充，以致我们往往可以根据某物的外形来预言他在触觉上的性质。最后，总是同一个我接受这些不同的感性印象，对它们进行加工，从而把他们综合为一个整体；而这些不同的印象又是由同

一物所给予，并显现为它的一般属性，从而帮助我们认识它。说明这些只有不同的感官才能接受的不同的属性，确立它们之间的内在联系，这恰好是科学的任务，而科学直到今天并不抱怨我们有五个特殊的感官而没有一个总的感官，或者抱怨不能看到或听到滋味和气味。[①]

现代心理科学的研究成果进一步证明恩格斯的上述论断是完全正确的，为我们正确地把握通感的本质和产生根源，提供了科学的依据和理论基础。我们知道，人在认识活动过程中，客观事物作用于五官感觉，在头脑里产生各种不同的表象。由于客观事物彼此是相互联系的，经过多次反复的刺激，感知表象便在大脑皮质中形成稳定、牢固的神经联系，把各种感觉表象联接、沟通起来，从而引发想象联想，即著名心理学家巴甫洛夫所说的“主观现象之间的联系”。因此，人们在以特定感官感知客观事物时，不仅直接产生相应的感觉，还会把大脑中原来储存的感知表象、生活经验、记忆材料动员起来，用以补充、丰富和发展它，赋予他所没有直接感知到的东西。原生感觉与派生感觉相互联结、沟通，就是通感。这样，人们眼睛看到的就不只是直接呈现于视网膜上那一点形色，耳朵听到的得也不只是振动耳膜的那一点音响，还会“看到”原本看不到的东西，“听到”原本听不到的东西。鲁迅在谈到巴尔扎克小说人物对话写得高妙时说，他“并不写人物的模样，却能使读者看了对话，便好像目睹了说话的那些人。”他还举了个例子：在上海的弄堂里，租一间小房子住的人，“他和周围的住户，是不一定见过面的，但只隔一层薄板壁，所以有些人家的眷属和客人的谈话，尤其是高声的谈话，都大约可以听到，久而久之，就只待那里有那些人，而且觉得那些人是怎样的人了。”[②]在日常生活中，由听人们谈话即可想见他们是“怎样的人”；在艺术欣赏中，读者看巴尔扎克小说、《水浒传》、《红楼梦》的人物对话，“便好像目睹了说话的那些人”的“模

①《马克思恩格斯全集》，第20卷，人民出版社，1972年，第576页。

②《鲁迅全集》，第5卷，人民文学出版社1982年版，第530页。

样”。这都是根据自己以往的感觉经验，通过创造性的想象联想而产生的通感。德国十九世纪美学家费歇尔说：

> 各个感官本不是孤立的，它们是一个感官的分枝，多少能够互相代替，一个感官响了，另一个感官作为回忆、作为和声、作为看不见的象征，也就起了共鸣。这样，即使是次要的感官，也并没有排斥在外。①

他把通感看作是人的纯粹的“内心活动”，当然是唯心的，错误的，但他把五官感觉的感通看作不同感官互相代替和一种“回忆”“和声”“象征”和“共鸣”，并把“次要的感官”即嗅觉、味觉、触觉都包括进去，充肯定了想象的作用，则是很有道理的，符合“心灵的辩证法”。当然应当指出的是，人在感知客观事物时，本想像联想而生通感，但不管怎样的自由驰骋，天马行空，归根结底还是来自人的生活实践。一个艺术家如果脱离生活，心源枯竭，头脑空空，怎么能“灵心妙悟，感而遂通”呢?!

（与陈宪年合作，原载《文艺理论研究》，2000年第6期，人大复印资料转载）

① 费歇尔:《美的主观印象》,《古典文艺理论译丛》,第8册,人民文学出版社,1962年,第5页。

论艺术的互渗性

分化与综合

从艺术形态学的观点来看，艺术门类的历史经历着一个相反相成、对立统一的过程。一方面，各门艺术在不断分化中获得自身的特点，走向独立；另一方面，已经独立的艺术又相互作用、相互渗透、相互吸收。它们在分化中有综合，在综合中有分化，从而不断丰富自身的表现功能，并可创造出新的艺术样式来，以满足人们多种多样的审美需要。

原始人类刚刚脱离自然界，思维能力还没有得到发展，“万物有灵论”、“互渗律”和直觉思维支配着他们的意识活动。他们还不能把物质与精神、现实与幻想、物象与意象区别开来，更不能运用特定的物质媒介进行艺术创造，只能在生产劳动、巫术仪式、图腾崇拜中，用动作、声音、面具表达自己的情绪，人类艺术还处于萌芽阶段。原始艺术是一种融诗歌、音乐、舞蹈于一体的混合型的艺术。这种混合型艺术中的互渗现象，是原始人类认识水平和思维方式的产物，是对客观世界不真实的反映，如恩格斯所说的，是“形形色色的虚假观念。”不过，正是这种虚幻的观念、互渗的思维方式，为未来艺术朝着既分化又综合的方向发展，走出了第一步。早在古希腊时代，就有缪斯女神的传说。按照赫西俄德说法，九位缪斯女神分别掌管九种技艺：史诗、抒情诗、悲剧、喜剧、田园诗、爱情诗、颂歌、舞蹈、历史、天文等。这里尽管对艺术与非艺术没有做出明确的划分，绘画、雕刻和建筑还没有排上座位，但毕竟表现出古代人类对艺术的特征有了初步的认识，对艺术分类进行了可贵的尝试。

人类进入文明时代以后，艺术生产和物质生产有了分工。随着艺术创作的不断进步、发展，原始的、混合型的艺术便逐渐分离开来，如诗歌、绘画、音乐、舞蹈、戏剧、雕刻、建筑等，各以自身审美特点获得了独立的、彼此不可取代的地位。在西方美学史上，从古希腊的亚理斯多德开始，一直到十八、十九世纪的莱辛、康德、谢林、黑格尔等著名美学家，都从各自的美学思想体系出发，从艺术媒介、反映对象、认知方式、美感特点等方面，对各门艺术的特征进行了探讨，以揭示其反映现实的特殊规律和审美功能。但他们同时也注意到不同艺术之间相互融通、相互渗透的关系。古希腊诗人西莫尼德斯就说过："诗是有声画，画是无声诗。"罗马诗人贺拉斯那句被"创造性误解"名言"诗也犹画"，则影响更大。莱辛在其名著《拉奥孔》中针对新古典主义所固守的"诗画一律"的信条，从媒介符号、模仿方式、题材特点等方面，执拗地、严格地为语言艺术与造型艺术划清界限；即使如此，他也没有完全否定不同艺术门类之间互渗、结合的可能性和必要性。他说："多种美的艺术结合在一起，以便产生一种综合的效果，这种可能性和难易程度就要随这些艺术所用的符号差异而定。"[①]他还根据这个原则，具体地把不同艺术之间的结合分为三种类型：第一种是"最完善的结合"，是指艺术符号不同而感知方式相同的两种艺术的结合。如诗与音乐的媒介符号不同，一个是语言文字，一个是声音调式、节奏、旋律，用莱辛的话说，它们分别采用"诉诸听觉的先后承续的人为符号和诉诸听觉的先后承续的自然符号，"艺术符号虽然不同，感知方式却是相同的，"不仅涉及同一感觉，而且可以用同一感官去接受和复现，"因此可以达到"最完善的结合"。第二种是"较完善的结合"，这是指感知方式不同而存在形态相同的两门艺术的结合，如音乐与舞蹈的感知

① 莱辛：《拉奥孔》，朱光潜译，人民文学出版社，1979年，第189页。

方式是不同的，一个是以声音诉诸听觉，一个以形体诉诸视觉，但它们都是在时间中流动的，存在形态则是相同的。这是一种“诉诸听觉的先后承续的人为的符号与诉诸视觉的先后承续的人为的符号的结合。”第三种是“不完善的结合”，这是指媒介符号、存在形态和感知方式都不相同的两种艺术的结合，如诗与画。诗的符号是语言文字，存在于时间先后承续之中，主要作用于心灵；画的符号是色彩、线条、形体，存在于空间静态并列之中，主要作用于视觉。“由于画和诗所用的符号又在空间中并列和在时间上先后承续的分别，它们就不能有完善的结合，不能从结合中产生综合的效果。”[①]莱辛的看法不能说没有一定的道理，但由于他过分着眼于媒介符号的作用，只看到不同艺术之间直接结合、相融互渗的一面，而对于它们之间相互感通、神意契合的一面则认识不足，未免失诸片面。所以会如此，与西方艺术重模仿、再现不能说没有关系。

我国古代艺术不同于西方艺术，重在传神写意，不那么在意模仿、再现，虽然也重视不同艺术的区别，但更重视它们之间的内在联系和相融互渗，一方面说“宣物莫大于言，存形莫善于画。”（陆机）；另一方面又强调“文本同而末异”（曹丕）、“书画异名而同体”（张彦远）、“诗中有画，画中有诗”（苏轼），追求一种“得意忘象”、“不落言筌”境界。艺术家可以不为时空所限，不为绳墨所拘，“妙观逸想”，得心应手，意到便成。王维画物不问四时，置桃、杏、芙蓉于一景，画雪中芭蕉不论寒暑，以尽意趣。正如陈与义《题赵少尹青白堂》之二云：“雪里芭蕉摩诘画，炎天梅蕊简斋诗。”马致远小令《天净沙》省略连结语词，采用多重意象并列，表现出很强的造型性和可视性。中国诗与画不是对立的，画中有诗情，诗中有画境，是一对亲密的姐妹艺术。

十九世纪以来，西方传统艺术的“模仿说”逐渐为“表现说”所取代，不同艺术之间的交融互渗的范围日益扩大，艺术家在这方面的创造意识也大为增强。法国伟大雕塑家罗丹认为，绘画、雕塑、音乐、文学之间

① 莱辛：《拉奥孔》，朱光潜译，人民文学出版社，1979年，第190—193页。

并没有什么不可逾越的分界线，彼此是可以交流、沟通的。他说："对我本人，我很难忍受那些'禁止通过'的命令。在我看来，没有任何清规戒律可以阻止一位雕塑家随着自己的心意，创作一件美好的作品。……绘画、雕塑、文学、音乐，彼此的关系比常人所设想的更要接近。他们都是表现站在自然面前的人的感情，只是表现的方法不同罢了。"[①]稍后，罗曼·罗兰也说："事实上，各种艺术是经常互相影响的，它们彼此交流，或者由于自然的演化而越出自己的范围，侵入相近的艺术领域。有时音乐会变成图画，有时图画会化为音乐。……各种艺术之间并不像许多理论家所声称的那样壁垒森严；相反地，经常有一种艺术在向另一种艺术开放门户。各种艺术都会延展，在别的艺术中得到超绝的造诣。"[②]意大利表现主义美学家克罗齐则走得更远，趋于极端，根本否定艺术分类的必要性和重要意义。他说："就各种艺术作美学的分类那一切企图都是荒谬的。它们既没有界限，也就不可以精确地确定某种艺术有某某特殊属性，因此，也就不能以哲学的方式分类。讨论艺术分类与系统的书籍若是付之一炬，并不是什么损失。"[③]这种说法当然是错误的。各门艺术的不同特性所形成的区别和界限是客观存在的，它们相异而相通，相通而互渗。没有分化就没有综合。艺术的综合是在分化的基础上进行的。

现代艺术与高新科学技术的密切结合，各个艺术门类之间呈现出大交流、大融合、大渗透的局面。电影电视就是在运用声、光、化、电以及计算机技术基础上产生的一种不同于戏剧的综合艺术，场景、动作、语言、音响、色彩有机结合起来，取得了表现时间与空间的极大自由。各门艺术也都努力打破自身的局限，吸取其他艺术的表现方法以求发展，产生了诸如"色彩音乐"、"音响绘画"、"MTV"等艺术形式，提供了新的审美功能和价值取向。如在绘画方面，毕加索的《亚维农少女》《下楼梯的裸女》就打破了空间定位而表现时间流程。近年来，多媒体和全息技术的发展和

---

①《罗丹艺术论》，人民美术出版社，1978年，第84页。

② 罗曼·罗兰：《音乐在通史上的地位》，《音乐译文》，1958年第2辑。

③ 克罗齐：《美学原理》，朱光潜译，作家出版社，1958年，第124—125页。

运用，将进一步改变人们的审美观念和艺术思维方式，并向传统的艺术形态学发出挑战，为创造一种大众化、信息化的综合艺术开辟了广阔前景。

限制与超越

各种艺术都是以特有的物质媒介、方式方法创造出来的，具有各自的存在形态、艺术特性和审美功能。它们既有自己的长处和优势，又有各自的短处和局限。诗歌以自由灵活、表示意义的语言文字为艺术符号，能够充分描述纷繁复杂的人生世相和表现精微玄妙的心灵世界，极大地发挥和调动读者的想象力和理解力，但它缺乏绘画形色的直观可视性；绘画用形体、线条、色彩来架构空间形象，直接诉诸人们的视觉，栩栩如生，真切可感，但其艺术空间毕竟是瞬间的、静止的，无力直接再现事物运动和心灵变化的时间过程；音乐以音调、节奏、和声、旋律表现人的情感流程和心灵律动，直接诉诸人们的听觉，深入人心，感发情志，其他艺术难以与之抗衡，但它缺少诗歌的语义性和绘画的可视性，……如此等等。对于各种门类艺术的长短得失，波兰著名音乐理论家丽莎在《论音乐的特殊性》中作了颇为切实的概括。他说：

> 每一种艺术的客体范围都有自己的局限，并构成该种艺术的特性。正像造型艺术不能为我们直接地提供运动的因素一样，音乐不能为我们直接地提供视觉的因素；如果说音乐能为我们直接地提供运动—听觉现象，那么在建筑艺术中这却是不可能的。如果说雕塑能为我们直接地提供三维空间现象，那么，绘画就不能直接地做到这一点，而音乐则完全做不到。因此，对任何一种艺术来说，都很难说具有所谓“不受客体限制的范围”。[①]

然而，高明的艺术家在创作中总是立足于本门艺术，最大限度地发挥其物

① 转引自《艺术特征论》，文化艺术出版社，1991年，第298—299页。

质材料和媒介符号的长处和优势，借他山之石以攻玉，取众艺之长以补短，在限制中求超越，不断开拓和创造新的艺术境界。钱锺书先生曾深刻地指出：

> 每一种艺术，总要用材料或介体（medium）来表现。介体固有的性质，一方面可资利用，给表现以便宜，而同时也发生障碍，予表现以限制。于是最进步的艺术家总想超过这种限制，不受介体的束缚，能使介体表现它性质所不容许表现的境界。譬如画的介体是颜色和线条，可以表示具体的迹象，诗的介体是文字，可以传达思想感情，可是大画家偏偏不刻画迹象而用画来“写意”；大诗人偏偏不甘于“写意”，而要使诗有具体的感觉，兼图画的作用。诗和画都企图越出自己的本位。[①]

这就是说，艺术创作首先要适应自身物质媒介的特点，充分发挥其表现功能，同时艺术家又要突破它的束缚，“越出自己的本位”，吸取其他艺术的表现能力、技巧，以实现超媒体的审美效果。这是一种以限制为前提的超越，以适应为基础的同化。苏珊·朗格在《艺术问题》一书中正确地指出：“每一种艺术品，都只能属于某一特定种类的艺术，而不同种类的艺术作品又很不容易被简单地混为一体。然而，一旦不同种类的艺术结合为一体之后，除了其中的某一种个别艺术品之外，其余的艺术品都会失去原来的独立性，不再保留原来的样子。……这种适应于各门艺术之间交叉关系的无所不在的原则就是同化原则。”[②]她所提出的“同化原则”，应当是我们处理不同艺术互渗中限制与超越、适应与征服辩证关系的重要美学原则。席勒从艺术效果的角度，对这一原则曾做过具体生动地阐述。他说：

> 不同门类艺术的客观界限并没有推移，只是在它们对精神的作用

① 钱锺书：《中国诗与中国画》，《蓝田国立师范学院季刊》，1940年第6期。

② 苏珊·朗格：《艺术问题》，滕守尧译，中国社会科学出版社，1983年，第80—81页。

方面变得越来越接近了。音乐在它的最高度提炼中必然成为形象，并以古典静谧的力量作用于我们；造型艺术在它的最高度完美中必然变得像音乐，并通过直接的感性显现打动我们的心。诗歌在其最完美的创作中必然像声乐艺术那样强有力地抓住我们的心，同时又像雕塑以静穆而爽朗的氛围萦绕着我们。这里同样表现出每种艺术的完美的风格，它知道要排除自身艺术所特有的限制，而又不失去它自己的独特优点，并由于明智地运用它的独特性而赋予它一种更普遍的品格。[①]

艺术作品的“出位之思”“超媒体效果”，主要表现为不同门类的艺术实现“同化”后的相融互渗，意蕴相通，而不是不同媒介符号的拼凑撮合，貌合神离。人们常说“诗中有画，画中有诗”，但诗中之画并不是用颜色、线条和形体来表现的，而是用语言描绘出来的“文字的图画”，能够在读者想象中产生一种“内心视象”；画中之诗，也不是要在画里以语言文字来直接抒发情感，而是运用色彩、线条构成视觉形象，即以形写意，传达诗情，使人看一幅画仿佛在读一首诗。总之，“诗中有画”并非画中之画，它还是诗；“画中有诗”并非诗中之诗，它还是画。北宋孔武仲在《东坡居士画怪石赋》中说：“文者，无形之画；画者，有形之文。二者异迹而同趣。”超越而不离本体，异迹而归于同趣，此论言简意赅，道出了诗文、绘画以及各门艺术相通互渗的真谛。音乐被称为人类“通用的语言”，“万能的语言”，具有很强的扩张力和渗透力，几乎所有的艺术都能从它那里得到好处，这里使我们想起英国艺术评论家佩特的一句名言：“一切艺术都以逼近音乐为指归。”绘画通于音乐，但其节奏、韵律仍然是通过色彩、线条、构图来表现的。台湾水彩画家马白水在《绘画的音乐性》中对此作过具体的分析。他指出，绘画是一种无声的音乐，“这就是线、形的安排恰当，使人觉得有疏有密，有强有弱；色彩配合协调，使人感到有高有低，有暗有亮；触觉的运用流利，使人看了非常舒畅，有顿挫，也有抑扬。在绘画中虽然没有那种时间性的章节之分，但是它有一种

① 席勒:《美育书简》,徐恒醇译,中国文联出版公司,1984年,第114页。

占据空间不同面积的特点；有一种难以言喻的色彩、线条和块面给予我们视觉上的轻重强弱的节奏感。”音乐是流动的建筑，建筑是凝冻的音乐，两者之间确有相似相通之处，但音乐毕竟不是建筑，建筑也不是音乐。建筑用砖瓦木石、钢筋水泥构筑三维空间，通过各个部分间的比例、均衡、对称、和谐统一关系，表现一种类似音乐的节奏感，使人产生“此中无声胜有声”的审美感觉。如果我们无视建筑艺术的固有特性，真的把建筑变成了流动的音乐，那就会闹出苏珊·朗格所讲的笑话来：“西蒙尼德斯曾经提出过建筑是凝冻的音乐的见解，但是音乐本身不是溶化了的建筑，当（建筑）这种凝冻为冰淇淋的音乐恢复到液体状态时，它只会伴随着杂乱无章的声音四处流淌。”①西方有位名叫布拉格顿的音乐家对建筑类似于音乐提供了实证性的解释，认为罗马大马士革的圣劳伦斯教堂的大门可以用八度、五度和三度的音程来表现，吉劳德府邸的最上层可以用4/4拍来表现，而法尔尼纳府邸的檐部则可以用3/4拍来表现。这种类比如果看成是艺术家的丰富想象是完全可以理解的，假如真的把罗马的这些建筑物表现为五线谱融化成流动的乐曲，那只能是胶柱鼓瑟、刻舟求剑之举。

艺术创作实践表明，不同艺术之间结合并非机械的混合，而是有机的化合。这里存在着两种情况：一种是一门艺术超越媒体符号的限制，吸取、溶化其他艺术的表现功能，并未丧失自身固有的特性，它主要是创造出富于审美潜能的所谓“召唤结构”、“期待视野”，诱导、引发人们的想象力和创造力，以充实、丰富和发展原本的艺术形象，从而使人体验、领悟到另一种艺术的品位。黑格尔说：

> 在绘画里气韵生动的最高峰只有通过颜色才能表现出来。这种颜色的魔术最后还可以变成占很大的优势，以至比其他来，内容变成无足轻重的，从而使绘画变成只是一种芬芳的气息，一种色调的魔术，它的互相对立、互相辉映以及游戏性的谐和就开始越界转到音乐。②

① 苏珊·朗格：《艺术问题》，滕守尧译，中国社会科学出版社1983年，第83页。

② 黑格尔：《美学》，第3卷（上册），朱光潜译，商务印书馆，1979年，第287—288页。

这种审美效应在艺术创作和欣赏活动中是普遍存在的。一位法国记者在观赏罗丹的雕塑《维多克·雨果》时赞叹道："这件作品令人想到贝多芬的一首交响曲。"现代诗人庞德说："有一种诗，读来仿佛是一张画或一件雕塑，已欲发声为诗。"另一种是两种或多种艺术的复合互渗，优势互补，它已不再保有其中任何一种艺术的独立性，而在重新组合、有机统一中创造出新的艺术品种。如影视艺术、MTV等。这些新兴的艺术形式，拥有绘画的造型性而不丧失运动，拥有音乐的时间流动性而不丧失空间，并能突破戏剧艺术的时空限制，把语言叙说同视听直观形象同步结合起来，从而获得了表现时空一体的极大自由和全息性的、多功能的审美效果。

互渗与通感

各门艺术之间的超越限制、交融互渗，其原因是多方面的，如艺术反映对象的共同性，艺术内在规律的一致性等。然而，这些条件只提供了一种可能性；从艺术创作心理学的观点来看，艺术家的审美通感能力起着直接的、决定性的作用，它是不同门类艺术超越限制、交融互渗的心理基础和主题根源。所谓通感，就是五官感觉以及心觉的彼此沟通，六根互用。在日常生活经验里，人的各种感觉一般是各有所能，各司其职；但又是相互联系，相互沟通的，颜色似有温度，声音似有形象，冷暖似有重量，气味似有体质，自然物似有人的思想情感。各门艺术都有特定的媒介符号、表现手段，造就了各自的特性和感知方式，确立了相互区别的界限。但是，由于艺术家充分发挥通感的想象联想作用和特殊的表现功能，就能使艺术作品超越自身的限制，吸纳和融化其他艺术的审美因素。这样，人们不仅能以相应的感官获得直接的美感，还能间接产生出更为丰富的审美体验。关于艺术互渗与通感的内在联系，已为中外众多艺术理论家所认识和强调，法国象征派的诗学理论就是建立在这一理论基础之上的。托马斯·门罗写道：

> 法国象征派诗人（马拉美是一位有影响的成员）也大谈各类艺术和各种感觉之间的一致性。它们认为，要想将听觉、视觉、味觉、嗅觉和触觉接通，是一件（或者应该是一件）很容易的事情。相应说来，将绘画表现的感情和情绪转变成诗的感情，或者反过来将诗的感情用绘画去表现，将音乐的感情用诗去表现，或者将绘画的感情用音乐去表现，都是可能的。[①]

这也正是十九世纪以来众多流派的艺术家遵循的重要的艺术信条。各个门类的艺术家都很重视发挥审美通感能力，扩展和丰富自己的艺术手段和表现方法。象征派诗歌、印象派绘画、立体主义、抽象主义等等艺术流派的兴起和发展，从创作心理和审美观照方式看，都和艺术家对审美通感的自觉意识和创造作用的发挥有着密切的关系。

在艺术创作中，借助审美通感实现各门艺术、各种感觉之间的交融互渗，艺术家必须具备双重的条件和修养：一方面要有丰富的生活经验和“迁想妙得”的能力；另一方面要有精通本门艺术和广博的艺术修养。

丰富的生活经验和对客观事物整体、全面地感受体验是审美通感的基础。例如音乐的产生是以客观世界的各种音响为源泉的，鸟鸣喈喈，流水潺潺，雷鸣轰轰，狂风呼啸，人声不绝于耳，……然而，纯粹的音响在自然界是不存在的，声音总是从一定的物体中发出来的，必然伴随着具体、可感的景象。风吼时，飞沙走石；雷鸣时，地动山摇；水流时，浪花四溅；鸟鸣时，引吭张喙，振翅展羽；人言说时，也必有动作表情。人的对象世界是一个声、色、嗅、味、触浑然不可分的整体。与此相联系，“人以一种全面的方式”来掌握世界，即通过“视觉、听觉、嗅觉、味觉、触觉、思维、直观、情感、愿望、活动、爱——总之，他的个体的一切官能”来占有对象的。惟其如此，音乐家在感受客观生活时，不仅积累了丰

① 托马斯·门罗：《走向科学的美学》，石天曙、滕守尧译，中国文联出版公司，1985年，第323页。

富的听觉经验，同时在头脑中也储存了大量的视觉、嗅觉、味觉和触觉经验。因而，音乐家不仅能用音响谱写优美动听的旋律，还可能调动审美通感的心理功能，创造出丰富多彩的“音画”来。舒曼指出，在音乐创作中，“不能把外界事物的印象和形象作用估计得太低。在音乐的想象中往往无意之间掺进了某种思想，往往视觉对听觉起了配合作用。视觉这个永远在积极活动的感官，能把印象中产生的形象加以巩固和保持，随着音乐的进展，使它的轮廓变得愈来愈明确。音乐中产生的思想和形象，所包含其他艺术的因素愈多，音乐的结构愈是富有诗意的灵活的表现力。”当音乐艺术创造出优美的听觉形象时，大自然中美丽的景色往往会成为他审美通感心理的基础。如有位作曲家对舒曼说：“当他创作某首作品时，眼前浮现一只蝴蝶歇在叶子上顺着小溪的流水漂浮。这个形象使它的小曲带有一种异常柔和而天真烂漫的气味，使听众当真产生了和这幅图景相符合的印象。”①

如果说，艺术家丰富的生活积累和感觉经验是发挥审美通感作用的基本前提；那么，本门艺术的精深造诣与相邻艺术相融互渗则是它实现的直接条件。近代书画家吴昌硕有两句名言道出了其中的真谛：“诗文书画有真意，贵能深造求其通。”诗文书画要相互融通，相互渗透，相互为用，表现得情真意切，韵味无穷，就必须对本门艺术“能深造”，对其他艺术“求其通”，具有“深”与“通”的双重艺术造诣。

当然，从“深”与“通”的关系来看，专门技艺是“深造”的基础。艺术家首先对本门艺术要具有深厚的造诣和精湛的技能，各门艺术不仅具有自己的独特属性，而且有着内在相通的一致性和共同规律。因此，精通一门，就可能触类旁通，一通百通。很多艺术家的创作经验表明，对本门艺术造诣愈深，对其他艺术的优势看得愈透，从中吸收、溶化的东西也就愈多。中国有句古话，叫作“三句话不离本行”，如果离开了“本行”，就根本谈不上融通其他“行业”。“本行”是人们最熟悉、最喜爱而又念念在

① 舒曼：《音乐的想象力和表现力》，汪流等编《艺术特征论》，文化艺术出版社，1984年，第262—263页。

心的行当，也是自己感受最深、能够形成持久兴奋中心的东西。所以，艺术家总爱把“本行”与其他门类艺术联系起来，甚至用本门艺术称呼相邻艺术，如诗与画、音乐与建筑就是显例。从这里我们可以看到，在艺术创作中运用通感“一通”与“百通”的关系，其发端必须在“一通”上下功夫，只有“一通”方能“百通”，精通“一行”方能融通“百行”。

艺术家运用通感在于实现艺术之间的交融互渗，丰富和深化作品的审美蕴含，因此在深造一行的基础上，还要有“博通众艺”的修养。人们常用“诗书画三美合一”来赞赏杰出的书画作品，显然它只能出自诗书画三才俱全的艺术家之手。相反，如古代画家所说的：“作画而不通书道，则其画无笔；作书而不通画理，则其书无韵。”苏轼称王维“诗中有画，画中有诗”，因为，王维不仅是杰出的诗人，同时也是富于创造性的画家。王维善画为时人所称道，其于“人物、佛像、山水、花卉，无一不精。”他于晚年更独创“泼墨山水”，成为我国古代“文人画之祖”。[①]王维对自己的绘画才能也颇为自信和得意，有诗曰：“宿世谬词客，身前应画师。不能舍余习，偶被时人知。”[②]正是“词客”与“画师”集于一身，才使得王维之诗，“诗中有画”；王维之画，“画中有诗”。无独有偶，我国当代诗人艾青认为：“一首诗必须具有一种造型美，一首诗是一个心灵的活的雕塑。”[③]其实，这既是他审美理想的追求，也是其独特诗风的写照。而这与其早年对绘画艺术的迷恋和钻研是分不开的。艾青是从学习绘画开始他的艺术生涯的，作为西湖艺术院（今中国美术学院的前身）学生，他对色彩、形体、动作的美有一种特殊的敏感；他在写诗时，便能自如地“用语言捕捉美的光，美的色彩，美的形体，美的作动。”因而，他的作品洋溢着诗情画意，具有一种造型美。在法国文学史上，戈蒂耶是“以诗入画”著称的诗人，曾提出“艺术移植”的口号，追求用诗的语言表现雕刻的造型美，使诗歌具有“雕刻的效果”。在他的诗集《珐琅与雕玉》中，各种

① 潘天寿：《中国绘画史》，上海人民美术出版社，1983年，第72页。

② 王维：《偶然作六首》之六，《王右丞集笺注》，中华书局，1961年，第75页。

③ 艾青：《诗论》，人民文学出版社，1957年，第192页。

各样的题材都是“以造型精神处理的”，力图利用色彩的生动和细致的交融，形式的完整和精致，韵律的严谨纯净和整体和谐，产生出古人遗留给我们的类似碧玉玛瑙那样小巧玲珑的，以及与文艺复兴时期意大利、法国镶嵌在黄金上的珐琅彩绘不相上下的诗歌作品。戈蒂耶诗歌的这一艺术特点，也是同他博通众艺的才能和修养密切相关的。年轻的戈蒂耶不仅喜欢写诗，还热爱绘画，以致在中学最后一年离开学校，来到画家里欧的画室充当弟子，从而“养成了从画家角度观察事物的习惯”。[①]由此可见，如果艺术家只是“单打一”，对其他门类艺术一窍不通，也是不可能以“出位之思”，超越媒介符号的限制，实现艺术交融互渗的审美效应的。

常言道：不能绘画，不是画家；只能绘画，还不是好画家。不会写诗，不是诗人；只会写诗，还不是好诗人。确实，如果画家只能研究色彩线条，诗人只会推敲语言文字，音乐家只是埋头声调旋律，舞蹈家只知醉心于形体动作，这虽然是完全必要的，却难以成为出色的诗人、画家、音乐家、舞蹈家。因为这样，他们很容易沦为平庸浅薄、卖弄技术的匠人。在文学艺术的历史上，许许多多杰出的诗人、艺术家都是既能“深造一门”，而又“博通众艺”的。罗曼·罗兰既是伟大的文学家，也是著名的音乐家；泰戈尔不仅是蜚声世界文坛的诗人，还是造诣很深的画家和音乐家；舒曼既是杰出的音乐家，又是戏剧、诗歌的作者；长于肖像画的法国画家安格尔，同时是一位小提琴手。在我国，唐代郑虔工诗，善书画，能弹琴，被人誉为“郑虔三绝”；清代“扬州八怪”中郑板桥，不独以体貌疏朗、骨力劲峭的兰竹风靡画坛，还以风格奇特的诗作为人所称赏。英国现代诗人艾略特说：“我认为诗人可以通过研究音乐学到许多东西。”[②]其实，文学艺术家学习其他艺术，应学的不只是诗人，所学的也不只是音乐；他们对于与自己相关的艺术，都应当博学通识，兼采众长，不断开拓新的艺境。一言以蔽之，艺术家只有“贵能深造求其通”，才能自由地驰

① 勃兰兑斯：《十九世纪文学主流》，第五分册，人民文学出版社，1988年，第336—344页。

②《艾略特诗学论文集》，国际文化出版公司，1989年，第187页。

骋想象，取长补短，互渗互用，创造出众艺融通、众美兼擅的艺术精品来。

（与陈文忠合作，原载《江海学刊》，1995年第4期）

《心理学大词典》文艺心理学词条

中和之美(beauty of meutrotity)

中华民族以儒家政治伦理美学为基础的重要审美心理范畴。《礼记·中庸》云:“喜怒哀乐之未发谓之中,发而皆中节谓之和”。这就要求艺术抒情、言志必须符合仁义道德,宽严适度,不偏不倚,发而中节,性情和谐,即具有中和之美。孔子说:“《关雎》,乐而不淫,哀而不伤”。诗教给人快乐而不过分,使人悲哀而不伤心,才能发挥以美育人的作用,否则就会贻患于人。《国语·周语》中说:“夫乐不过以耳听,而美不过以目观。若听乐而震,观美而眩,患莫甚焉。”“中和之美”集中体出了儒家礼乐文化以理节情、美善相乐美学思想。汉代哲学家董仲舒在继承先秦儒家“中和之美”思想的同时,又把道家的自然观融入其中,加以充实,丰富和发展。他在《春秋繁露》中,把儒家以仁为美与“天人感应”的思想结合起来,以“天人合一”的观点看待“中和之美”。他认为:“仁之美者在于天”,“仁者爱人”之美是以天地之美为基础的。“中者,天地之美达理也;……和者,天地之正也,阴阳之平也,其气最良,物之所生也”。自然界一年四季、阴阳变化、生生不息的运动,化育万物、豢养黎民百姓,因而“天地之行,美也”。“举天下之道而美于和”。“人气调和,而天地之化美”。我们今天对于董仲舒“中和之美”的思想,应当剔除其神秘主义和“君权神授”的封建主义政治理念,汲取其合理的思想内容,还是有助于正确地理解和对待人与人、人与社会、人与自然美美与共、和谐共生的审美关系的。

美善相乐（Unity of beauty and goodness）

中国古典美学中礼乐思想的重要内容，由荀子在继承和发展孔子“尽善尽美”说的基础上首先提出，语出自《荀子・乐论》：“乐行而志清，礼修而行成。耳目聪明，血气和平，移风易俗，天下皆宁，美善相乐。”他认为，人的本性是“恶”，永远不得满足，如不加以限制，进行礼乐教育、修行，社会就要引起“争”和“乱”。因此，他说：“人性之恶，其善者伪”，“无伍则性不能自美”。“伪”是人为的意思。人的本性是恶的，要由恶变善，成为品德高尚、性格完美的人，必须靠后天的学习修养和实践，用“礼”来节制和规范人的行为，用“乐”来调和人的情感欲望。他说：“乐也者，和之不可变者也；礼也者，理之不可易者也。乐合同，礼别异，礼乐之统，管乎人心也。”（《乐论》），“礼”是区分人的等级身份的，“乐”是协调人的感情的，礼乐并用，相辅相成，百姓就会亲善和睦相处，社会就会长治久安。荀子正是从政治、道德的角度看待艺术（音乐、诗歌、舞蹈）的社会作用的。他明确提出：“乐者乐也，人情之所必不免也，故人不能无乐。”音乐能给人以情感、欲望上的快乐和满足，所以能起到“入人也深”、“化人也速”的作用。但是，它所表现的快乐感情必须有节制、符合“礼”的要求，才能“美善相乐”；如果是违礼乱雅的“邪音”，就会使人过分放纵情感欲望，危害国家。因此，他说：“君子乐得其道，小人乐得其欲。以道制欲，则乐而不乱；以欲忘道，则惑而不乐。故乐者，所以道乐也；金石丝竹，所以道德也。”“乐”的根本目的在于体现符合“礼”的“道”，人们“乐得其道”，才会获得真正的审美愉快，不至于犯上作乱，做到“乐而不乱”；如果“以欲忘道”，只是追求满足欲望的快感，丢掉了“道”，就会“惑而不乐”，丧失真正的审美乐趣。所以，音乐虽然要表现人的情感欲望，但需“以理节情”，“以道制欲”，明乎礼义，才能使人从快乐中明道、知礼，发挥“感动人之善心”的作用。他说：

“乐在宗庙之中，君臣上下同听之，则莫不和敬；闺门之内，父子兄弟同听之，则莫不和亲；乡里族长之中，长少同听之，则莫不和顺。故乐者，审一以定和者也”。音乐既能给人以快乐，又可以使人心气和平，和睦相处，等级制度得以维系，天下即可平安无事，所以是“美善相乐”的。荀子“美善相乐”的思想是以“礼”为核心的，“善”是体现“礼”的，目的是礼、乐结合，相互为用，使艺术为新兴地主阶级的等级制度服务。儒家“美善相乐”思想虽有其历史局限性，但它把人的审美活动的感性与理性、情感与道德、美与善统一起来，强调艺术“寓教于乐”的社会作用，对于中华民族审美文化心理结构的形成有很大的影响，其主导作用是积极的、健康的。

虚实相生(xu shi xiang sheng)

有与无，情与景，形与神的辩证法在艺术创作中的具体体现，涉及到形象直观与想象联想相互依赖，相互制约、相互促进的心理活动规律。在艺术创作中，虚实结合，有无相生，是经常运用的表现方法。所谓“实”，是有形的、外在的、直接的、有限的，是指作家使用特定的媒体材料，创造出具体可感的艺术形象；所谓“虚”，是无形的，内在的，间接的，无限的，是指作家“笔不到意到”所要表达的审美情趣意味。如我国古代绘画中的虚境空白，书法艺术中的“计白以当黑”，戏曲表演中的虚拟动作，园林艺术中的空间处理、音乐演奏中的“此处无声胜有声”等。清代笪重光在《画筌》中说：“空本难图，实景清而空景现；神无可绘，真境逼而神境生。位置相戾，有画处多属赘疣；虚实相生，无画处皆成妙境。”虚实结合是对立统一，相反相成，相互生发，相互映衬，创造出生动、美妙的艺术境界。如果虚实相乖，有实无虚，其形象往往失之于板滞、僵硬、平庸，缺乏生机活力；有虚无实，其形象往往失之于空泛、苍白、荒诞，没有生气骨力。就艺术欣赏来说，虚实相生的作品，能够适应人们的审美心理需要，激发起想象与联想活动，产生丰富多彩的审美效应。作品中“实”的部分，即具体可感的艺术形象，为审美活动提供了客观对象，为人们的形象直观、想象联想、情感体验提供了内容和方向；“虚”的部分，则诱导欣赏者在对实体形象感知的基础上，进行合乎情理的自由联想，对作品所表现的情感内容加以补充、丰富和再创造，从而进一步领悟其“言外之意”、“象外之旨”、“弦外之音”。如果作品“虚而不实”，贫乏空洞，就会使审美欣赏失去了客观依据，必然是一无所得。因此，作品虚实结合、有无相生，二者有机统一，方能使艺术作品具有丰富的审美内容和感染力量。

以意逆志(yi yi ni zhi)

首见于《孟子·万章上》：“故说诗者，不以文害辞，不以辞害志。以意逆志，是为得之。”这段话的意思是，解说诗歌作品，不能拘泥于文辞夸饰而曲解辞的本义，不能拘泥于辞的表面意思臆断作者的本意。读者必须根据作者之“意”，结合自己之“意”，即通过主观感受，情感体验、领悟理解，接受作品思想内容，探明它所表现的志趣倾向，这才能真正的得益于诗。对于“以意逆志”的解释，历来有两种不同的看法，一种观点认为是以说诗者之“意”推求作家之“志”，如汉代赵岐《注疏》解为“以己之意逆诗人之志”。朱熹《孟子集注》：“当以己意逆取作者之志，尤可得之”。朱自清也认为“是以己意己志推作者之志。”（《诗言志辨》）另一种观点认为是从作者之“意”推求作者之志。清代吴淇《六朝诗选定论缘起》：“以古人之意求古人之志，乃就诗论诗。”这两种观点都有一定道理。人们阅读、欣赏文艺作品，既要以作品的原意为根据，又要有读者的情感体验，两相结合，方能得其神髓，“体贴入微”，获得“每有会意，便欣然忘食”的审美效果。这样理解“以意逆志”可能较为全面，也是符合文艺欣赏的特点和规律的。孟子提出的“知人论世”“以意逆志”等理解诗人的原则方法，对后世颇有影响，是一种很有价值的艺术鉴赏论。

赋兴比(statement metaphor and allegory)

中国古典诗歌创作写景叙事、抒情言志的基本方法。赋，“敷陈其事"，"体物言志"，即以通过对具体事物形象的描述表达思想情感；比，"以此比彼""因物喻志"，即用明喻、暗喻、象征等手法，将主观的思想情感喻于客观事物中，从而具体、鲜明、生动的体现出来；兴，"触物起情"，"寓情于物"，即情起于物、物为情溶，情景交融、契合无间，将情感与物象有机、和谐统一起来。赋比兴说从它的原始意义发展到成熟阶段，逐渐积累了中国古典诗歌创作丰富经验，它不仅是一般的艺术表现手法，而且体现出中国古典诗歌创作抒情性与形象性相统一的基本原则，因而被视为"诗学之正源，法度之原则"，反映出中华民族的审美文化的特点和要求，产生了为广大人民群众所喜闻乐见的审美效应。这表现在：第一，创造出物我统一、情景交融的艺术形象；第二，诗歌艺术具有"含蓄无穷"，"味之无极"的妙境；第三，引导诗人关心现实人生，崇德尚善，重视审美活动的伦理道德作用，对中华民族"美善同乐"的审美文化心理的形成起了重要作用。

象外之象(image bagond another image)

中国古代文艺理论术语，其含义与境象、意境相近，是指超越形似、虚实相生的艺术形象。语出晚唐司空图《与极浦书》："戴容州云：'诗家之景，如蓝田日暖，良玉生烟，可望而不可置于眉睫之前也。'""象外之象，景外之景，岂容易可谭哉?"这里的"象外之象"，前一个"象"是指艺术家具体描写具体、有形的实象，为人们的视听感官所直接感知的；后一个"象"是由前一个"象"引发人们的想象、联想，读者在头脑中生成的虚象。这种"取之象外"的境象，"景外之景"，虽然可望而不可即，却可以引领人们进入"神与物游"、意蕴深远的审美境界。"象外之象"实质上是艺术形象的直接性与间接性的辩证统一。艺术创作既要描写具体感性的事物形象，否则就是空洞抽象的，但又不能拘泥于形似，还必须突破直观性的局限，运用比喻、象征、暗示、空白、动势等艺术表现功能，以小观大，以实出虚，"无"中生有，使间接性寓于直接性中，直接性引发出间接性的蕴意，两者相互制约、相互依存、彼此渗透融合，从而形成气韵生动、和谐统一的艺术整体。正因为艺术作品的“象外之象”具有直接性与间接性，虚与实、隐与显契合无间、和谐统一的特点，其思想内容不像抽象概念、逻辑推理那样确定、规范，而是具有不可言说的、不确定性，可以激发人们运用自己的生活经验，发挥想象联想作用、兴趣爱好、感受、体验，领悟“象外之象”的审美蕴含，品味其“言外之意”“韵外之致”，从而获得真切的艺术享受，进入真正自由的审美境界。

披文入情(pi wen ru qing)

首见于刘勰《文心雕龙·知音篇》：“夫缀文者情动而辞发，观文者披文以入情，沿波讨源，虽幽必显。世远莫见其面，觇文辄见其心。”刘勰明确地指出了文艺创作和文艺鉴赏是两个不同的、相反相成的过程。“情动而辞发”，是指作家观物生情，使用语言文字表达出来，形成文学作品；“披文以入情”，是欣赏者首先要披阅作品语言文字所描绘的形象，从此出发，进一步领会、体味其中所蕴含的作家的思想情感。“披文”是“沿波”，“入情”是“讨源”，溯流而上，探寻源头，虽然深幽隐微，也必然显露会出来。古代作家离我们年代久远了，无从见面，但观其文则能“见其心”，正如陆机《文赋》所说：“余每观才士之作，窃有以得其用心。”读者“披文以入情”不能像阅读科学理论著作那样，单纯靠抽象的理智，拘泥于事理，字字句句坐实，而要通过艺术形象、意境的感受，进而体验和把握其内在的感情意蕴。如陶渊明《饮酒诗》的名句：“采菊东篱下，悠然见南山”，宋人多改“见”为“望”，苏东坡则指出其谬误说：“陶潜诗‘采菊东篱下，悠然见南山’，采菊之次，偶然见山，初不用意，而景与意会，故可喜也”。“见”与“望”二字，意本相近，但“望”是有意而“望”，“见”则不经意而“见”。一个“见”字表现出陶渊明清高闲适、悠然自得精神风貌，改为“望”字则未得其情，丧失了诗的意趣、格调。“披文”必须“入情”，不“入情”谈不上艺术鉴赏。

品味(toappreciatl art as taslea good feed)

本意指人们用口舌品尝饮食的酸甜苦辣滋味的生理活动，古代的文艺家把它引入文艺批评和文艺欣赏领域，作为体会、品赏文艺作品思想蕴含、情趣意味的审美心理活动。如《论语·述而》说孔子“在齐闻《韶》，三月不知肉味，曰‘不图为乐之至于斯也’”。曹雪芹在《红楼梦》中写道：“满纸荒唐言，一把辛酸泪。都云作者痴，谁解其中味?”人们欣赏文艺作品，必须从对艺术形象的直接感受出发，通过体验、品味、辨别，才能正确掌握和理解艺术作品所蕴含的作家的才情、志向以及对生活的独特理解，才能品尝它的“滋味”。如果停留艺术形象的外在表现，不能深入其内在的丰富意蕴，那只是“食而不知其味。”所以，司空图在《与李生论诗书》中说：“辨于味，而后可以言诗也。”对文艺作品的“品味”，是一个反复吟诵、咀嚼、体味不断深化的过程，由外而内，由浅入深，从有限到无限，从而深得其中的“真味”“情味”“韵味”“意味”，获得“一唱三叹，味之不尽”的审美效果。如李白的《黄鹤楼送孟浩然之广陵》诗：“孤帆远影碧空尽，唯见长江天际流”。远行的帆影已在碧空中消失，送行者伫立江头，凝视滚滚东流的江水，可见其依恋之切、友情之深，这真是“目力虽穷而情脉不断”，“言有尽而意无穷”，读之令人感到“味之者无极”。所以，司马光在《温公诗话》中说：“作诗贵于意在言外，使人思而得之。”

中国古代文艺批评和欣赏理论中的“品味”说，不同西方现代美学中的“直觉”说，它虽然强调文艺欣赏要从艺术形象的直接感受出发，但并不排斥理性的作用。如贺贻孙《诗筏》中说：“反复朗诵，至数十百过，口令涎流，滋味无穷，咀嚼不尽。乃至自少至老，诵之不辍，其境愈熟，其味愈长”。这里，他把对诗的“品味”看作一个反复吟诵、咀嚼、体味、不断深化的欣赏过程，而不是排斥理性的、纯粹的直觉活动。“品味”说是比较符合人们审美心理的客观实际的，较之“直觉”说要高明得多。

迁想妙得(pian xiang miao de)

首见于我国东晋画家顾恺之《魏晋流画赞》："凡画，人最难，次山水，次狗马；台榭一定器耳，难成而易好，不待迁想妙得也。"画人物不同于画山水、狗马、台榭一般器物，它不仅要画其形，更要传其神，方能得其妙。他主张画人物要点睛传神，就是这一理论的具体发挥和运用。他说："四体妍媸，本无关于妙处，传神写照，正在阿堵之中"。他为谢鲲作画，以山谷丛岩为背景，人问这是什么道理，他回答说："此于宜置丘壑中。"谢鲲为当时名士，无意为官，终日流连山水，这样正可表现出他淡泊明志、超尘脱俗的精神风貌。顾恺之的"迁想妙得"说的内涵此后得到不断的丰富和发展，即艺术家把自己的主观情感迁移、注入到外界事物中去，心物感应，形具神生，不知何者为物，何者为我，达到物我两忘，契合无间的境界，这颇近于西方现代美学中的"移情说"。顾恺之对此未作明确的解说，但在后人的诗论、画品中则多有阐发。唐代张彦远在《历代名画记》中论及顾恺之的人物画时说："通观众画，唯顾生画古贤，得其妙理，对这令人终目不倦。凝神遐想，妙悟自然，物我两忘，离形去智。"这里讲的是绘画欣赏心理，与艺术创作的心理活动也是相通的。南宋罗大经《鹤林玉露》中所记曾云巢工画草虫，落笔时"不知我为之草虫，草虫之为我"的故事，就是"迁想妙得"中所包含的移情作用的生动说明。概而言之，"妙想妙得"，就是艺术家在创作时，必须将自己的情感迁入反映对象之中，取得深切感受、体验，发挥想象的作用，以形传神，才能深得其妙处。"迁想"方能"妙得"，主客统一，思与境偕，方能创造出美妙的艺术境界。

艺术直觉(artistic is art)

克罗齐美学体系的核心论点。他在《美学原理》中写道："没有在表现中对象化了东西就不是直觉或表象，就还只是自然和感受的事实，只有心灵借造作、赋形，表现才能直觉"。由此他得出结论：直觉即表现，表现情感的意象就是艺术品，于是形成一个公式：直觉=表现=艺术=美。艺术既然是纯粹的直觉，不依据现实生活的，必然是非理性的活动；艺术既然是纯粹的情感表现，要不要物质媒介传达出来，是无关紧要的；直觉既然是孤立绝缘的个别形象，艺术必然是与政治、经济、道德无关的；艺术既然是直觉品，是心灵独特、新颖的表现，只表现一种心境，物质媒介、艺术手段又是无关紧要的，因此艺术又是不可分类的。克罗齐直觉即表现的艺术理论，否定艺术是客观存在的审美反映，把它看纯粹主观情感的形式表现，显然是主观唯心主义的。它为艺术上的形式主义、唯美主义、反理性主义提供了理论依据。当然，其中也有某些合理因素，他指出，艺术是直觉的，但直觉产生的意象不是杂乱无章的拼凑，而是以生气蓬勃的情感原则，融汇成一个综合的意象整体，情感赋予艺术作品以生命力、完整性。他说："没有意象的情感是盲目的感情，没有情感的意象是空洞的意象"。如果排除掉它的主难唯心主义思想，其中关于艺术的整一性、意象与情感关系的论述，还是有一定道理的，可供我们有批判地吸取利用。

知音（bosom friend）

首见于《礼记·乐记》："凡音者，生于人心者也。乐者，通于伦理者也。是故知声而不知音者，禽兽是也；知音而不知乐者，众庶是也。唯君子为能知乐。"这里主要是就音乐欣赏而言的，意思是告诉人们："凡耳有所闻皆能知声，心有所识则知音，道有所通者乃能知乐。"欣赏音乐必须通过知声成文的音，通于伦理道德才能真正的"知乐"，它集中体现了"礼乐皆所谓之有德"的美学思想。后来，刘勰在《文心雕龙·知音》篇沿用这一词语，对文学鉴赏问题作了系统、深入的论述，确立了以文艺鉴赏为主要内容的"知音"说。他首先分析了"音实难知，知实难逢"的原因：一是人们往往由于"贵古贱今"、"崇己抑人"、"信伪迷真"的思想偏见，影响对文学作品的全面、正确的理解；二是"文情难鉴"，即作品所表现的作家思想情感不容易鉴别，需要有较高的欣赏能力，才能"得其用心"；三是"篇章杂沓，质文交加，知多偏好，人莫圆该。……会己则嗟讽，异我则沮弃，各执一隅之解，欲拟万端之变，所谓东向而望，不见西墙也。”这是说，由于人们审美爱好、艺术趣味的差异，往往各取所需，不能对作品进行完整的、客观的理解、判断。刘勰说：“操千曲而后晓声，观千剑而后识器；故圆照之象，务先博观。”人们只要博识多见，扩大自己的艺术视野，加强思想品德的修养，提高审美能力，运用正确的批评方法，克服艺术趣味上的“偏好”，“披文以入情”，“见异”而“知音”，就能够做到“平理入衡，照辞若镜”，对作品进行符合实际的评价，成为作家“深得吾心”的“知音”。“知音”实质上就是“知人”、“知心”，即读者通过对艺术作品的形象感受、体味、领悟，深入把握作家情志，激起感情上的“共鸣”，进入“同声相应，同气相求”、哀乐与共、契合无间的境界。

主观时空(subjecive time and space)

也称心理时空，是相对于客观时空而言的。艺术时空是现实时空的审美反映，但不是机械的、直观的、死板的再现，而是艺术家“外师造化、中得心源”，创造时空一体的心理时空，即情景交融的审美境界。艺术家在反映现实生活时，虽以现实时空为基础，但却“览古今于须臾，抚四海于一瞬”，从特定的艺术构思、表情达意、艺境独创的需要出发，依据形象思维，情感体验的逻辑，采取夸张、变形等表现手法，对现实时空进行重新组合安排，超越现实时空的束缚、限制，创造出“有意味的形式”、“表现性的形式”，将艺术家情感、意绪和对现实生活的领悟真切地呈现出来。艺术创作中的主观时空，虽不同于客观时空，如果处理得好，具有心理、情感的真实性和内在逻辑，会为欣赏者提供更加广阔的想象空间和吸引力，从而大大增强审美知觉的兴奋程度，激发出“探照究竟”的创造力量，取得一般“再现”艺术所不易产生的审美效果。当然如果滥用艺术的主观时空，胡编乱造，书不成文，画不成形，就会丧失其表现性能，损害作品的思想艺术价值，让读者看后如堕入五里雾中，不知东南西北，春夏秋冬，何谈艺术鉴赏。

多样统一(unity in variety)

艺术作品形式美的基本原则，包括对称、均衡，比例、节奏、韵律、和谐等诸多因素。它寓杂多于变化之中，把各种对立因素组合成有机统一、和谐完美的整体。如果只有“多”与“杂”，而无统一，就会“各弹各的调，各吹各的号”，散漫无序，杂乱无章；如果有“一”而无“多”，就会“千人一面，千部一腔”，刻板机械，贫乏单调。艺术家只有在多样中求统一，在变化中求和谐，才能创作出丰富多彩、富有生命活力的艺术作品。艺术作品的多样统一，是符合人们的审美心理规律和需求的。单调贫乏，使人感觉迟钝，厌倦乏味；杂乱无章，使人耳震目眩，心烦意乱，均难以产生审美的情趣、心境。艺术作品的多样统一，使人们身心快适，怡耳悦目，引发审美情趣，从中获得审美享受，产生以美育人的效果。

艺术气质(The Artistic Temperament)

一是指人的气质类型、特征，这不是艺术家所独有的；一是指艺术家的气质。俄国著名心理学家巴甫洛夫高级神经活动类型学说，把人的气质分为两大类型——艺术家型和思想家型。他说：“第一种类型包括各种艺术家，……他们完整地、全面地、从整体上去把握现实，把握活生生的现实，丝毫不去分割和分解现实。第二种类型是思想家，他们把现实加以分割，加以肢解，再用这些材料的一部分构成一副临时骨架，然后再把各个部分重新装配起来。”属于思想家类型的人，抽象思维能力强，善于通过分析、综合、逻辑推理，构造系统的科学理论、体系。属于艺术家类型的人，则长于形象思维，感情丰富，直观和想象能力强，善于从整体上形象地把握现实生活，我们往往称这种人是具有艺术气质的人，当然，它在艺术家身上表现得更为鲜明、突出、典型。

所谓“气质”，是指人在心理活动和行为动作中，所表现出来的个性稳固的特征，如情感体验和愿望的强烈或微弱，心境的稳定或易变，反应的迅速或迟缓以及注意力的指向性等，人们经常讲的风度、气派、格调等都是气质的表现。艺术家由于先天禀赋的差异和后天实践的不同，从而形成各自不同的艺术气质。艺术气质对于他们确定体验和反映生活的方向、范围，表现思想感情的方式、方法，特别是作品艺术风格的形成，都有着重要的影响和作用。明代宋濂曾说："诗，心之声也。声因于气皆随其而著形焉。是故凝重之人，其诗典以则；俊逸之人，其诗藻而丽；躁易之人，其诗浮以靡；苛刻之人，其诗峭厉而不平；庄严温雅之人，其诗自然从容而超于事物之表"。这里的"气"，就是气质。诗为心声，气质通过语言、声音表现出来，形成独特的艺术风格。柳永"忍把浮名，换了浅斟低唱"，与歌姑舞女为伍，依红偎翠，"浅斟低唱"，其词婉约柔媚；苏轼关心国事，横放杰出，其词豪放潇洒。《吹剑续录》说："柳郎中词，只好十七八女孩儿，执红牙拍板，歌杨柳岸晓风残月；学士（即苏轼）词须关西大汉执铁板，唱大江东去"。诗如其人。两位词人不同的思想品格、性格气质，使他们的作品具有不同的艺术风格。不同的创作个性、艺术风格体现了艺术家内在气质的差异性。

气质是人的相对稳定的、恒常的心理特征，但由于人的社会环境、生活实践和思想感情的发展、变化，其心理气质也会发生变化，从而呈现出比较复杂的状态，但其变中有常，常中有变。当一个艺术家思想性格、个人气质一旦成熟，并在创作中形成独特风格之后，虽然有所发展变化，但仍保持着相对的稳定性、连续性和一贯性。在他的整个创作之中，形成多种变调中的主旋律和主导风格。正如丹纳在《艺术哲学》中所说："一个艺术家的许多不同的作品都是亲属，好像一父所生的几个女儿，彼此有明显的相像之处。"艺术气质的研究，是文艺心理学的一个重要内容，对于深入理解艺术作品独特风格和审美价值，克服创作中的贫乏单调、缺乏艺术个性的倾向，创作出既富于时代精神又具有艺术独创性的作品，都是很有意义的。

审美联想（aesthetic association）

审美心理活动的一种重要的构成因素和表现形式。客观事物不是彼此孤立，而是相互联系的，反映在人们的头脑中，形成暂时的神经联系，由于受到外物的刺激，暂时的神经联系激活，便由一事物想到另一事物，产生了联想。审美活动与联想的关系，在西方美学史上存在着两种不同的看法，英国经验派哲学霍布士、洛克，实验美学创始人法国的费希特等，认为美的印象是由对事物的直接感知和联想两种因素构成的，只有在直接感知的基础上，通过联想形成愉快的图景，才能产生完全的美感。据此，费希特首先提出“审美联想”原则，并把它作为审美心理活动的基本特点。这就把联想在审美活动中的作用绝对化，甚至将它与美感等同起来。与其相反，康德、克罗齐从形式主义、直觉主义出发，否定联想在审美活动中的作用，认为它会影响、干扰和破坏美感的产生。在康德看来，审美判断不依赖抽象概念，不计较利害得失，是无目的而合目的的，是对象形式与人的心灵相契合而产生的愉快感情，而联想必然涉及对象的概念、关系和意义，如果渗入其中，就不是真正自由的、纯粹的审美判断。克罗齐认为，美感起于直觉，是对孤立绝缘的形象的观照，联想是“记忆的联络，有意识的回想”，不免要有思考，旁牵他涉，左顾右盼，使人们心思转移到与美感无关的事物上去。因此，联想是妨碍美感的。这两种观点都有其片面性。前者夸大了联想在审美活动的作用，无视审美心理的其他要素；后者只看到联想与审美区别，否认联想在审美活动中的作用。审美活动是形象感知、想象联想、情感体验、认识理解等多种因素综合的心理活动，联想是其中不可或缺的重要因素和组成部分，对美感产生、发展和深化有着重要的作用。在艺术创作和欣赏中，比兴、象征、对比、映衬等表现方法的运用，都是以想象联想为心理依据的，可以产生象外之象、意在言外、韵味无穷的审美效果。如韩愈《送桂林严大夫》中的名句：“江作青罗带，山如碧玉篸”，以身系碧罗带、头插碧玉篸的美丽少女，即是通过想象联想，形象而又真切地表现了桂林山水的绰约多姿、秀丽柔美。在艺术欣赏中，人们通过联想活动，由此及此，由表及里，迁想妙得，可以深入领悟其美的蕴意，会使审美体验更深切、更丰富。当然，审美联想不是胡思乱想，必须依从于审美规律。刘勰《文心雕龙·比兴篇》说：“诗人比兴，触物圆览。物虽胡越，合则肝胆。拟容取心，断辞必敢。攒杂咏歌，如川之澮”。联想只有经过情感陶冶，构成情景交融、和谐统一的艺术境界，才能使人们获得美感。审美联想是由此物想起彼物而产生的审美心理活动，如果面对美的事物和艺术作品，而想入非非，心生杂念，精神分散，则会影响。干扰对美的观照和体验，就背离了真正的审美联想，而是一种胡思乱想。这是我们不应忘记的。

审美统觉(aesthetic apperception)

审美感知的深化和升华，是一种具有综合性、创造性的心理能力。按照普通心理学的解释，统觉是人们把感觉所提供的表象，同过去的生活经验联系、融合起来，清晰地理解事物特征和意义。审美统觉以一般的统觉为基础，但又与一般统觉有所区别。艺术家创作活动是以形象直观、情感体验为中介的，审美统觉要把自己的全部身心融合进去，五官相通，“六根互用”，建构有机统一的艺术境界。正如王国维所说，“一切景语，皆情语也”。因此，不同的艺术家即使反映同一个事物，由于生活遭际、个性气质和思想品格的差异，他们的作品所表现的艺术个性、风格也会迥然有别。春花烂漫，春鸟和鸣，一般说来，令人心旷神怡，而杜甫面对山河破碎，兵荒马乱，无家可归，感时恨别，则有着独特的审美体验，写下千古名句：“感时花溅泪，恨别鸟惊心”。郑板桥关心百姓生活，听到萧萧竹吟，并不悠然开怀，却“疑是民间疾苦声”，所画之竹，“一枝一叶总关情”（《潍县署中画竹》）。艺术家在“神与物游”中，发挥审美统觉的作用，创造出情景交融、物我同一，生气灌注的艺术作品。所以，鲁迅说：“他的制作，表面上是一张画或一个雕像，其实是他的思想和人格的表现。”对于统觉产生的心理过程，历来有着不同的解释，有的认为它是心理活动的“内在状态的意识或反省意识”，有的说它是“心灵的先验综合”，有的把它等同于回忆和联想，有的视之为移情作用等等，这些看法都有一定道理，但用西方的格式塔（完形）心理学的“场”论和中国古代的“气韵”说来解释审美统觉的心理过程，似乎较为符合实际。格式塔学派认为，客观对象的物理结构的“力场”，与人的心理活动的“力场”，虽然质料不同，但在形式结构上有着“异质同构”或“同形同构”的关系，它们在大脑中激起的电脉冲是相同的，使得外在对象与内在情感相对应，从而产生共感，合拍一致，审美愉快。中国古代讲的“气”，实质上是物理、生理和心理一气贯通的生命力，与格式塔心理学讲的“力场”有相通之处。“气”在文学艺术创作中起着完形整合作用，所以才会有“气韵生动”“思与境偕，神合气完”，如“望秋云，神气扬；临春风，思浩荡”，“喜气写兰，怒气写竹”等等，即是由对象形式与人的情感心理有某种同构对应关系产生的，实际上是审美统觉发挥作用的表现与结果。

（原载朱智贤主编的《心理学大词典》，北京师范大学出版社，1989年，系国家级重点科研项目，荣获一等奖。收入文集稍作修补）